2025 김윤환의

교대
사대
구술면접

시대에듀

2025 김윤환의 교대사대 구술면접

Always **with you**

사람의 인연은 길에서 우연하게 만나거나 함께 살아가는 것만을 의미하지는 않습니다.
책을 펴내는 출판사와 그 책을 읽는 독자의 만남도 소중한 인연입니다.
시대에듀는 항상 독자의 마음을 헤아리기 위해 노력하고 있습니다. 늘 독자와 함께하겠습니다.

머리말

교대·사대 구술면접과 논술 강의를 해 오면서 학생들이 쉽게 읽을 수 있으면서도 유용한 자료들을 찾아왔습니다. 그리고 '어떻게 하면 실전에서 더 나은 평가를 받을 수 있을까?'를 항상 고민해 왔습니다. 그러나 숱한 과정을 거치며 구술면접에 정답은 없다는 결론에 도달했습니다. 물론 구술면접 준비의 무용론을 제기하려는 것은 아닙니다. 구술면접에는 다양한 반응과 대답이 있으므로 한 가지가 절대적인 답안이 되지는 않는다는 것입니다.

교대·사대 구술면접에서 절대적인 답안은 없지만, 상황과 맥락을 고려한 말하기와 태도는 정답만큼 중요합니다. 교대·사대 구술면접은 예비 교사를 선발하는 시험이기 때문에 사물과 현상을 조화적·객관적으로 분석할 수 있는 능력이 필요합니다. 이 책은 바로 그런 분석과 이해를 수월하게 해 주는 도구가 될 것입니다. 이 책의 기획과 제작에 이르기까지 직접적인 답안, 이른바 모범 답안을 제시하지 않고, 이미 교대·사대 구술면접을 치른 선배들의 답안을 반영했습니다. 그리고 그 답안을 채점자의 시각에서 다시 분석하고 부족한 부분을 제가 메우는 방식으로 책을 구성했습니다. 여러분도 이 책의 답안을 절대화하거나 암기하려 하지 말고, 왜 이 문제가 출제되었고 문제에 내포되어 있는 근본적인 문제의식과 대안은 무엇인지 고민하시기 바랍니다. 여러분이 생각하고 구성한 답안이 합격 선배들의 답안보다 더 좋은 답안이 될 수 있습니다.

2025학년도 교대·사대 입시에 대비하기 위한 학생부종합전형에 대한 설명과 더불어 학생부종합전형으로 대입을 준비하는 학생들이 어떤 것에 주안점을 두어야 하는지의 방향까지 함께 제시해 두었습니다. 이것은 수시와 정시 준비 모두에 도움이 될 것입니다. 이 책을 보면서 궁금한 점이나 제안은 언제나 환영입니다.

아토즈 논술 김윤환 논술 페이지를 통해 더 많은 소통과 대화를 나눌 수 있기를 기대합니다.

김윤환 씀

[아토즈 논술 김윤환]
우측 QR코드를 스캔 또는 포털 사이트에서 '아토즈 논술 김윤환'을 검색해 접속하실 수 있습니다.

이 책의 구성과 특징 STRUCTURES

2024 학년도 | 교대 면접 기출문제

1 경인교대

[수시]

1. 학생부교과(학교장추천전형) A형(문항 카드 1번)

※ 제시문을 읽고 물음에 답하시오.

본책 | 최신 기출문제

교대 · 사대 면접 기출문제

교대 · 사대 진학을 준비하기에 앞서 2024~2020학년도 면접 기출문제를 살펴보자. 나라면 어떻게 답변했을지 나만의 생각을 선배들의 예시 답안과 비교하고 정리해 보면 교대 · 사대 면접을 공략하는 방법이 보일 것이다.

제 1 편 | 교대 · 사대 면접의 유형과 기본

1 면접 유형

자신이 준비하는 교대의 면접 유형에 맞추어 시뮬레이션하는 것이 가장 좋은 면접 대비법이다. 아래 나와 있는 면접 유형과 팁을 통해 실제 상황과 같은 긴장감 속에서 연습을 반복해 보기를 바란다.

책 속의 책 | 제1편

교대 · 사대 면접의 유형과 기본

교대 · 사대에서 진행되는 면접을 유형별로 정리해 면접의 특징을 한눈에 파악할 수 있도록 했다. 면접에서 좋은 점수를 받을 수 있는 태도와 논지를 굳게 세우는 방법들을 공부해 철저하게 준비하자!

제 2 편 | 교육 소양

1 교사가 되려는 이유(지원 동기)

선배들의 TIP 및 교육 이론 ✏️

나는 왜 교사가 되려고 하는가, 이 문제야말로 가장 기본적이고 중요한 질문이라고 할 수 있어. 하지만 이 질문에 대한 정확한 해답은 없어. 왜냐하면 이것은 지극히 개인적인 이야기이니까. 이 질문의 관건은 얼마나 진실하고, 확신에 찬 어조로 얘기하느냐의 문제라고 생각해. 자신의 경험과 함께 이야기를 풀어 나가면서 교수님들이 너의 이야기에 흥미를 가지고 경청할 수 있도록 하는 게 중요해. 어릴적

책 속의 책 | 제2편

교육 소양

교대 · 사대 면접을 준비한다면 반드시 갖추어야 할 교육 소양을 정리했다. 함께 수록한 선배들의 TIP 및 교육 이론과 합격 선배들의 답안을 참고해 자신의 논리를 정립해 보자. 그리고 김윤환 선생님의 평가 및 보충을 통해 부족한 부분을 보완하자!

김윤환의 교대사대 구술면접

제3편 | 최근 이슈

1 가정에서의 아동 학대(특례법 추진!)

이슈의 정리

아동 학대는 신체적 또는 정신적으로 아동의 권리를 박탈하는 행위를 총칭한다. 보건 복지부에 따르면 전국 아동 보호 전문 기관에 접수된 아동 학대 실태 조사 결과, 신고 건수는 총 1만 146건으로 전년도에 비해 약 10% 증가했으며 이 중 아동 학대 의심 사례는 8천 325건, 아동 학대 판정 사례는 6천 58건이었다. 특히 아동 학대 판정 사례 가운데 가정 내 발생이 86.6%를, 부모에 의한 사례는 83.1%를 차지했다.

김윤환의 교대사대 구술면접

제4편 | 학생부종합전형 대비 전략

1 학생부종합전형이란 무엇인가?

1. 도입 배경

지금까지 대학들은 학생부, 수능 시험, 대학별 고사 등 성적 위주로 학생을 선발해 왔다. 그러다 보니 초·중등학교에서는 지나친 점수 경쟁을 초래했고, 대학 입장에서는 대학이나 모집 단위의 특성에 맞는 잠재력과 소질을 가진 학생을 선발하는 데 한계가 있었다. 따라서 대학의 학생 선발 권한을 확대하

김윤환의 교대사대 구술면접

제5편 | 면접 준비 기본 사항 및 체크리스트

■ 1단계 : 서류 준비 단계

학생으로서의 기본적 인성+지원하는 학교가 원하는 인재상+교사에게 요구되는 능력과 자질, 세 가지를 고려해서 작성하도록 한다. 동아리 경험에서는 학생으로서의 기본적 인성을, 봉사 활동 경험에서는 교사로서의 자질을 서술할 수 있다. 하나의 활동에 너무 많은 자질을 드러내려고 할 필요는 없다. 또한, 모든 인성, 적성 요소를 다 드러내려고 할 필요도 없다. 이런 식의 서술은 당연히 과장되기 마련이다.

교대·사대 구술면접 준비 TIP!

TIP 1

면접에 대한 정보를 미리 파악하자!

교대·사대 구술면접을 준비하는 학생들이 1순위로 할 일은 바로 지원하고자 하는 교대·사대의 면접 방식, 면접 기출문제를 파악하는 것이다. 자신이 지원하는 대학에서 면접은 어떠한 방식으로 진행되었으며, 면접 시간은 얼마나 되는지, 면접관과 면접자는 몇 명인지, 주로 무엇을 물어보는지 등을 파악해야 한다. 면접에 대한 정보를 미리 파악하고 임해야 실전에서 당황하지 않고 완벽하게 답할 수 있다.

TIP 2

각종 상식을 두루 익혀 두자!

구술면접에서는 다양한 질문이 출제될 수 있다. 준비해야 할 부분이 포괄적인 만큼 어느 한 부분에만 치우치지 말고 다양하게 공부해야 한다. 교육 소양과 더불어 최근 이슈에 관해 공부하는 것은 면접 준비에 있어 필수적이다. 신문, 뉴스, 상식 도서 등을 통해 일반 상식과 최신 시사 상식을 두루 익혀야 한다.

TIP 3

모의 면접을 통해 연습을 충분히 하자!

면접에 익숙하지 않은 학생이라면 실제 면접에서 긴장을 많이 해 자신의 기량을 모두 발휘하지 못할 수도 있다. 따라서 모의 면접을 통해 연습을 충분히 하는 것이 중요하다. 친구나 선생님, 부모님을 면접관이라 생각하고, 면접 예상 문제를 정리해서 실제 면접인 것처럼 자주 연습하도록 하자.

이 책의 차례 CONTENTS

이 책의 차례 CONTENTS

김윤환의
교대사대
구술면접

교대 · 사대 면접 기출문제

2024 학년도 | 교대 면접 기출문제

1 ▶ 경인교대

[수시]

1. 학생부교과(학교장추천전형) A형(문항 카드 1번)

※ 제시문을 읽고 물음에 답하시오.

> 학교에서 이루어지는 많은 교육 활동 중 운동회, 현장 학습, 수학여행은 학생들이 좋아하는 행사들이다. 팬데믹(pandemic) 등의 여파로 이러한 행사들이 사라졌다가 엔데믹(endemic) 전환 이후 운동회, 현장 학습 등은 다시 조심스럽게 시행되고 있지만, 수학여행은 여러 이유로 시행 비율이 상대적으로 낮은 상황이다.
>
> 전통적으로 수학여행은 교사의 인솔 하에 명승고적지를 방문하여 견문을 넓히는 목적으로 시행되어 왔었다. 그러나 지금은 가족 단위 여행의 증가로 유명 수학여행지들을 이미 방문한 학생이 많아져 수학여행이 불필요하다는 의견이 있다.

• 수학여행의 시행과 관련하여 교육 공동체의 의견이 나뉘고 있는데, 여러분이 생각하는 <u>수학여행의 장점과 단점 각각 두 가지를 그 이유와 함께</u> 제시하시오.

학교 측 해설 ✏️

【출제 의도】

교육 활동 관련 쟁점을 바라보는 다양한 관점을 이해하고, 자신의 의견을 타당한 근거를 들어 논리적으로 설명할 수 있는 능력을 파악한다.

【문항 해설】

〈사회 변화에 따른 수학여행 시행에 대한 이해〉

－ 수학여행의 경험을 바탕으로 수학여행이 어떤 교육적 의미를 갖는지 이해한다.

－ 수학여행이 갖는 교육적 효과를 바탕으로 수학여행의 장점과 단점을 제시한다.

－ 쟁점에 대한 자신의 의견을 타당한 이유나 근거를 들어 논리적으로 설명한다.

【채점 기준】

－ 면접 문항에 대한 이해를 바탕으로 본인의 의견을 충실히 제시하는지 평가한다.

－ 지문을 정확하게 이해하고 문제의 핵심을 명확하게 파악하는지 평가한다.

－ 자신의 의견을 뒷받침하는 이유가 적절한지 평가한다.

－ 블라인드 면접 평가 원칙을 준수하는지 평가한다.

－ 채점자의 개인적 의견이 반영되지 않도록 주의한다.

【예시 답안】

〈수학여행의 장점〉

－ 학교에서 배운 내용을 직접 현장에서 체험할 수 있다.

－ 현장에서 체험을 통해 새로운 호기심과 의문점을 갖게 할 수 있다.

－ 친구들과 함께 추억을 만드는 과정에서 교우 관계가 좋아질 수 있다.

－ 친구들과 함께하는 단체 생활을 통하여 의사소통 역량과 사회성을 함양할 수 있다.

－ 수학여행 현장에서 부딪히는 다양한 상황을 겪으며 문제 해결 역량을 기를 수 있다.

－ 학생이 수학여행의 준비 과정과 마무리 활동에 참여하면서 자기 주도적 역량을 기를 수 있다.

〈수학여행의 단점〉

－ 수학여행 과정에서 안전사고가 발생할 가능성이 있다.

－ 교육적인 경험보다는 일반적인 관광에 그칠 우려가 있다.

－ 다른 학교 행사에 비해 교사가 준비해야 하는 업무가 많다.

－ 집이나 학교와 다른 낯선 환경에 적응하지 못하는 학생이 있을 수 있다.

－ 다른 학교 행사에 비해 참가 비용이 상대적으로 높아 학부모에게 경제적 부담이 될 수 있다.

선배들의 TIP 및 예시 답안 🖊

학교 측 해설이 상세하므로 예시 답안은 생략한다.

2. 학생부교과(학교장추천전형) B형 (문항 카드 2번)

※ 제시문을 읽고 물음에 답하시오.

> 많은 분야의 전문가들이 자신의 전문성을 바탕으로 강연, 책 집필, 유튜브 활동 등을 하고 있다. 이러한 활동을 통하여 자신의 지식과 경험을 대중과 소통하며 전문성을 더 발전시키고 있다.
>
> 교육 분야에서도 학교 현장의 다양한 교육 활동들을 대중과 공유하는 교사들이 늘어나고 있다. 교사들은 수업 계획·실행·결과, 학생·학부모 상담 방법, 학교·학년·학급 업무의 효율적 운영 방법 등과 관련된 전문적 지식과 경험을 교육 공동체와 함께 나누고 있다. 특히, 최근에는 이러한 내용들을 동영상 콘텐츠로 제작하여 유튜브 활동을 하는 교사들이 많아지고 있다.

- 위와 같이 교육적 지식과 경험을 공유하기 위한 교사의 유튜브 활동이 갖는 <u>장점과 단점 각각 두 가지</u>를 <u>그 이유와 함께</u> 제시하시오.

학교 측 해설 ✏️

【출제 의도】

교사의 전문적 지식 공유 활동을 바라보는 다양한 관점을 이해하고, 자신의 의견을 타당한 근거를 들어 논리적으로 설명할 수 있는 능력을 파악한다.

【문항 해설】

〈교육적 지식과 경험을 공유하기 위한 교사의 유튜브 활동에 대한 이해〉

- 교사의 교육 활동을 교육 공동체와 공유하는 방법과 그 가치를 이해한다.
- 교사의 유튜브 활동이 지닌 장점과 단점을 제시한다.
- 쟁점에 대한 자신의 의견을 타당한 이유나 근거를 들어 논리적으로 설명한다.

【채점 기준】

- 면접 문항에 대한 이해를 바탕으로 본인의 의견을 충실히 제시하는지 평가한다.
- 지문을 정확하게 이해하고 문제의 핵심을 명확하게 파악하는지 평가한다.
- 자신의 의견을 뒷받침하는 이유가 적절한지 평가한다.
- 블라인드 면접 평가 원칙을 준수하는지 평가한다.
- 채점자의 개인적 의견이 반영되지 않도록 주의한다.

【예시 답안】

〈교육적 지식과 경험을 공유하기 위한 교사의 유튜브 활동이 갖는 장점〉

- 해당 콘텐츠에 관심이 있는 더 많은 사람들과 소통할 수 있다.
- 교육 공동체가 관심을 갖는 콘텐츠를 빠르게 만들어 공유할 수 있다.
- 동영상 콘텐츠를 통해 학교 현장의 모습을 더 생생하게 전달할 수 있다.
- 교육 공동체에게 친근한 영상 콘텐츠로 수업 내용의 이해를 도울 수 있다.
- 교직 생활에 대해 동료·예비 교사와 정보를 공유하고 자신의 수업과 업무 수행 등을 성찰하여 전문성을 신장할 수 있다.

〈교육적 지식과 경험을 공유하기 위한 교사의 유튜브 활동이 갖는 단점〉

- 학생의 개인 정보가 유출될 위험이 있다.
- 초상권, 저작권 등을 침해할 수 있는 위험이 있다.
- 해당 콘텐츠와 관련된 참가자의 동의를 얻는 것이 어렵다.
- 수익이나 인기를 추구하다 보면 교육적 본질을 벗어나는 콘텐츠를 제작할 수 있다.
- 빨리 콘텐츠를 업로드하다 보면 충분히 검토하지 못해 내용의 오류가 있을 수 있다.
- 교육 활동의 공유 과정에서 다른 교육 공동체의 비난이나 간섭이 야기될 수 있다.
- 동영상 제작에 시간을 많이 투자하다 보면 교사 본연의 업무에 지장이 있을 수 있다.

선배들의 TIP 및 예시 답안 ✏️

학교 측 해설이 상세하므로 예시 답안은 생략한다.

3. 학생부종합전형 A형(문항 카드 3번)

※ 제시문을 읽고 물음에 답하시오.

> 최 교사는 요즘 마음이 조금 무겁다. 의욕적으로 준비한 사회과 모둠 프로젝트 수업을 시작한 지 얼마 안 되어, 몇몇 학부모로부터 모둠 활동을 하지 말아 달라는 요청을 받았기 때문이다. 이러한 요청을 한 학부모들은 대개 모둠 활동 자체의 한계나 불편함을 이유로 내세웠다. 그러나 최 교사는 여기에 자기 아이가 겪는 개인적인 불편함이나 어려움도 들어 있음을 짐작할 수 있었다.
> 최 교사는 연수를 통해 학부모(보호자)의 학교 교육 활동 참여가 학생들의 성장에 도움을 줄 수 있음을 잘 알고 있다. 특히, 코로나19로 인한 팬데믹 이후 학부모(보호자)의 학교 교육 활동 참여 활성화와 학교–가정 간의 긴밀한 연계가 더욱 필요하다고 생각한다. 그러나 어떤 경우에는 오히려 학교 운영과 수업 등에 걸림돌이 될 수도 있다는 생각도 들었다. 그래서 최 교사는 사회과 모둠 프로젝트 수업을 밀고 나가야 할지 개인 프로젝트 형태로 바꾸어야 할지 결정하기 어려운 상황이다.

• 학교 운영 위원회, 재능 기부, 학부모 모니터링, 교원 평가 등과 같은 학부모(보호자)의 학교 교육 활동 참여에서 기대할 수 있는 효과와 발생할 수 있는 문제점을 <u>각각 두 가지</u> 제시하고, <u>교사와 학부모(보호자)의 이상적인 관계에 관한 자신의 생각</u>을 제시하시오.

학교 측 해설 ✏️

【출제 의도】

학부모(보호자)의 학교 교육 활동 참여가 가져올 수 있는 효과와 문제점을 이해하고, 교사와 학부모(보호자)의 이상적 관계에 대한 자신의 생각을 논리적으로 말할 수 있는지를 평가한다.

【문항 해설】

– 학부모(보호자)의 학교 교육 활동 참여가 가져올 수 있는 기대 효과를 예측한다.

– 학부모(보호자)의 지나친 학교 교육 활동 참여가 불러올 수 있는 문제점을 예측한다.

– 교사와 학부모(보호자) 간의 건강한 관계의 구체적인 내용을 파악한다.

【채점 기준】

– 지문을 정확하게 이해하고 문제의 핵심을 명확하게 파악하는지 평가한다.

– 자신의 입장을 뒷받침하는 논거를 명확하게 제시하는지 평가한다.

– 제시한 논거가 타당하고 합리적인지 평가한다.

– 논거가 적절하고 참신한 경우 가산점을 준다.

【예시 답안】

〈학부모(보호자)의 학교 활동 참여를 통해 기대할 수 있는 효과〉

- 학교 운영이나 수업 운영 등에 관한 새로운 의견을 들을 수 있다.
- 개별 학생들의 상황을 고려한 교육 프로그램을 운영할 수 있다.
- 학교 운영에 필요한 자원을 지원받을 수 있다.
- 학교와 지역 사회, 가정 간의 소통이 이루어질 수 있다.
- 학부모가 학교의 교육과정과 교육활동을 이해할 수 있다.
- 학부모도 교육의 주체로 참여할 수 있다.
- 식생활 습관, 가족 사랑, 생태 환경, 예절 등의 교육에서 학교와 가정 간의 연계를 통해 효과를 높일 수 있다.

〈지나칠 경우의 문제점〉

- 교사의 교육적 신념이나 학교장의 운영 방침이 무시될 수 있다.
- 자기 자녀만을 위한 이기주의가 팽배해질 수 있다.
- 학교의 자원이 특정 개인이나 집단의 이익을 위해 사용될 수 있다.
- 학생의 학습권이나 교사의 교권이 침해될 수 있다.
- 교육적으로 판단되어야 할 문제가 일부의 의견에 좌우될 수 있다.
- 학교의 의사결정이 비효율적으로 이루어질 수 있다.
- 학부모가 원치 않는 참여를 강요받을 수 있다.

〈교사와 학부모(보호자)의 이상적인 관계〉

- 존중, 배려, 공감, 신뢰, 협력 등 교사와 학부모 간의 건강한 파트너십을 맺는다.
- '교육'이라는 공동의 목표를 함께 추구한다.

선배들의 TIP 및 예시 답안 🖊

학교 측 해설이 상세하므로 예시 답안은 생략한다.

4. 학생부종합전형 B형(문항 카드 4번)

※ 제시문을 읽고 물음에 답하시오.

나는 평소에 학생들에게 좋아하는 일이 무엇인지 묻는다. 그리고 좋아하는 일을 직업으로 삼으면 무척 행복하다고 말해 준다. 그러면 많은 아이는 자신의 근사한 미래를 상상하듯 행복한 미소를 짓는다.

그런데 가끔은 좋아하는 일을 찾아 진로를 설계하라는 조언을 하기 조심스러울 때도 있다. 예를 들어 우리 반 A는 시 쓰기를 좋아하고 장래에 시인이 되고 싶어 하는 아이이다. 시인으로 활동 중인 옆 반 담임 선생님의 의견에 따르면, A의 시는 초등학교 6학년 수준을 훨씬 넘어선 수준이다. 그러나 시인은 직업으로 삼기에 안정성이 떨어지는 것도 사실이다. A의 부모님은 그래서 A가 시는 취미로 쓰고 경제적으로 안정적인 직업을 희망하길 바란다.

반면 B는 축구를 무척 좋아해서 장래에 축구 선수가 되고 싶어 하는 아이이다. 그러나 축구 선수가 되려면 진작에 축구부에서 전문적인 훈련을 받아야 했는데, B는 6학년인 지금까지도 축구부에 들어가지 않았다. 아니, 정확히 말하면 들어가지 못했다. 축구부 감독님이 보기에 B는 축구를 좋아하지만 재능이 뛰어난 편이 아니기 때문이다.

그래서 지금 나는 깊이 고민 중이다. 시인이 되겠다는 A를 응원하는 것이 잘 하는 걸까? 축구 선수가 되겠다는 B에게는 어떤 말을 해 주어야 할까?

• 담임 교사의 입장에서 진로와 관련하여 A와 B에게 조언을 하고, 왜 그런 조언을 해 주었는지 설명하시오.

학교 측 해설 ✏️

【출제 의도】

학생이 좋아하는 일이 직업으로서의 안정성이 떨어지는 경우와 학생이 좋아하는 일과 잘하는 일이 다를 경우 교사는 어떻게 진로 지도를 하는 것이 바람직한가를 학생의 입장을 고려하여 말할 수 있는지 평가한다.

【문항 해설】

– 학생이 좋아하는 일이 현실적으로 안정적이지 못한 직업과 연결될 경우 적용할 수 있는 진로 지도 방안을 추론한다.

– 학생이 좋아하는 일에 재능이 보이지 않을 때 적용할 수 있는 진로 지도 방안을 추론한다.

– 진로 지도 시 학생의 마음이나 상황 등을 고려하여 조언할 수 있는 방안을 이해한다.

【채점 기준】

- 지문을 정확하게 이해하고 문제의 핵심을 명확하게 파악하는지 평가한다.
- 자신의 입장을 뒷받침하는 논거를 명확하게 제시하는지 평가한다.
- 제시한 논거가 타당하고 합리적인지 평가한다.
- 논거가 적절하고 참신한 경우 가산점을 준다.

【예시 답안】

〈A에게 할 수 있는 조언〉

- 시인이 경제적으로 안정되지 않더라도 좋은 직업이 될 수 있다고 말해 준다.
- 꾸준히 시를 써서 뛰어난 시인이 되라고 격려한다.
- 시를 쓴다는 것이 가치 있고 의미 있는 일이라고 말해 준다.
- 직업 선택에 있어 경제적 안정을 무시할 수만은 없다고 조언한다.
- 안정적인 직업을 갖고도 시 쓰기를 계속할 수 있다고 말한다.
- 부모님과 진로에 관한 대화를 더욱 깊이 나누도록 조언한다.

〈B에게 할 수 있는 조언〉

- 운동선수가 되기 위해서는 상당한 재능이 뒷받침되어야 함을 들어 좀 더 고민하도록 조언한다.
- 좋아하는 축구는 취미로 꾸준히 할 것을 권한다.
- 더욱 노력하여 축구부(축구 클럽)에 들어가서 훌륭한 축구 선수가 되길 권한다.
- 좋아하는 것과 잘하는 것을 구별하여 신중히 선택하기를 조언한다.
- 다양한 경험을 통하여 다른 진로에도 관심을 가져보도록 조언한다.

선배들의 TIP 및 예시 답안 ✏️

학교 측 해설이 상세하므로 예시 답안은 생략한다.

[정시]

1. 정시모집 A형

※ 제시문을 읽고 물음에 답하시오.

인공 지능, 사물 인터넷, 빅 데이터 등 급변하는 디지털 기술이 일상생활, 업무, 교육 등에서 보편적으로 사용되는 사회 변화가 국내는 물론 세계적으로도 급속하게 진행되고 있다. 이에 따라 디지털 기술을 제대로 활용하는 사람들과 그렇지 못한 사람들 사이의 '디지털 격차'가 점점 더 커지고 있다.

디지털 격차는 디지털 기술을 잘 활용하지 못하는 사람들의 인식과 생각, 감정, 일상생활, 교육, 문화 및 경제적 기회의 격차를 심화시켜 소득 격차, 빈부 격차 등 사회적 불평등과 갈등의 주요 요인이 될 수 있다. 따라서 각국 정부, 민간 기업, 사회단체 등에서는 고령자, 장애인, 저소득 계층, 농어촌 지역 거주자, 이주민 등 사회적 약자와 취약 계층의 디지털 격차를 최소화하기 위한 정책과 지원을 위해 노력하고 있다.

이에 비해, 초등학생들에 대해서는 태어나면서부터 디지털 기술을 모국어처럼 친숙하게 다루며 살아온 '디지털 네이티브'이자, 초등학교 입학 전부터 스마트폰, 태블릿, 스마트 TV 등의 기기와 유튜브 동영상을 이용하며 자란 '알파 세대'라고 이름을 붙이며, 마치 초등학생들 모두가 디지털 기술을 능숙하게 다루는 것처럼 생각하는 사람들이 많다. 그러나 초등학생의 디지털 기술과 미디어 이용 실태에 대한 국내외 최신 연구들에 따르면, 가정의 소득, 부모의 교육 수준, 거주 지역의 여건, 초등학생 개인의 장애나 특수 교육 요구 등에 따라 일상생활과 학습을 위한 디지털 기기와 다양한 서비스 및 콘텐츠 이용에 상당한 격차가 존재한다. '디지털 네이티브'와 '알파 세대'라는 말 뒤에 가려진 초등학생들 사이의 디지털 격차에 주목하는 교육적 대응이 필요하다.

• 디지털 격차가 초등학생 개인에게 미치는 영향을 <u>두 가지</u> 제시하고, 이러한 문제들을 해결하기 위해 학교 교육에서 고려해야 할 사항이 무엇인지 적절한 이유를 들어 <u>두 가지</u> 제시하시오.

학교 측 해설 ✏

【출제 의도】

인공 지능을 포함해 급변하는 디지털 기술이 일상생활에서 보편적으로 사용되는 지능 정보 사회가 되면서 디지털 격차 문제 해결이 중요한 현안이 되었다. 이 문항은 디지털 격차가 교육, 문화, 경제적 격차로 이어져, 사회적 불평등과 갈등의 원인이 됨을 이해하고, 특히 디지털 격차가 초등학생 개인에게 미칠 수 있는 영향과 이 문제를 해결하기 위한 학교 교육 방안을 파악하고 있는지를 평가한다. 그리고 이를 통해 디지털 전환 시대를 살아가는 초등학생들의 보편적 권리로서 학교 교육의 역할에 대해 근거를 들어 타당하게 말할 수 있는 지식, 기능, 태도를 갖추었는지를 평가한다.

【문항 해설】

- 인공 지능의 발달 등 급변하는 디지털 기술이 보편적으로 사용되는 현대 지능 정보 사회에서 디지털 격차가 발생하고 있으며, 이는 교육 격차 및 사회적 불평등과 갈등을 불러일으킬 수 있는 중대한 문제이다.

- 정부, 지방 자치 단체, 시도 교육청 등을 포함한 다양한 기관과 단체에서는 고령층, 장애인, 저소득 계층, 농어촌 거주자, 이주민 등 다양한 사회적 취약 계층의 디지털 격차 해소를 위한 정책을 펼치고 있다.

- 초등학생들은 이른바 '디지털 네이티브', '알파 세대' 등으로 불리면서, 마치 초등학생들 사이에 디지털 격차 문제가 존재하지 않는 것처럼 오해를 받는 경우가 많다. 그러나 국내외의 최신 연구 결과들은 가정의 소득, 부모의 교육 수준, 거주 지역의 인프라, 학생 개인의 장애와 특수 교육 요구 등 다양한 요인에 따라 초등학생들의 디지털 격차가 존재함을 보여 주고 있다.

- 이 문항은 예비 교사가 되고자 하는 지원자들이 초등학생의 디지털 격차에 대해 인식하고, 이 문제가 초등학생의 일상생활과 학습을 위한 디지털 기술과 양질의 서비스 이용 격차를 유발해, 교육 격차 및 다양한 사회·문화·경제적 기회를 제약함으로써 궁극적으로 사회적 불평등과 갈등을 야기할 수 있음을 이해하고, 이 문제를 해결하기 위한 학교 교육 방안을 제시할 수 있는지를 평가한다.

【채점 기준】

- 지능 정보 사회에서 발생하는 디지털 격차가 무엇이며, 이것이 개인과 사회에 미치는 영향에 대해 이해하고 있는지를 평가한다.

- 초등학생들이 '디지털 네이티브'나 '알파 세대'라고 불리고 있으나, 이들에게도 다양한 이유로 디지털 격차가 존재함을 인식하고, 학교 교육은 모든 학생들이 사회적, 문화적, 경제적 기회를 공평하게 누릴 수 있기 위해 필요한 교육을 적절히 제공해야 하며, 따라서 디지털 격차 문제를 해결하기 위해서도 노력해야 함을 이해하고 있는지를 평가한다.

- 주어진 문제에 대응하기 위한 논리적이고 합리적인 이유를 제시할 수 있는지를 평가한다.

- 평가 시 평가자의 개인적·주관적 편향이 평가 결과에 영향을 미치지 않도록 주의한다.

【예시 답안】

〈디지털 격차가 초등학생 개인에게 미치는 영향〉

- 온라인을 통해 양질의 무료 및 유료 콘텐츠를 이용할 수 있는 기회에 제약이 생겨 문화 및 교육 격차가 발생할 수 있다.

- 온라인을 통해 가족, 친구, 공통의 관심사를 가진 사람들과 소통할 기회에 제약이 생겨 의사소통 및 사회적 연결망의 격차가 발생할 수 있다.
- 온라인 세계를 안전하게 누릴 수 있는 개인의 감정 조절 및 사회적 기술의 발달을 위해 가정에서 도움받을 기회가 제약됨으로 인해, 디지털 기술의 남용, 이용 조절 실패 등 디지털 세계와 실제 현실 세계에서 조화롭고 건강하게 살기 어려워지는 문제가 발생할 수 있다.
- 온라인 세계에서 사이버 괴롭힘, 개인 정보와 사생활 보호 및 사이버 보안 등 안전을 위한 행동과 대응 방법을 익히기 위한 성인의 도움과 보안 서비스 이용에 제약이 있어, 사이버 괴롭힘, 개인 정보와 사생활 및 보안 침해의 문제 등에 노출될 수 있다.
- 변화하는 디지털 기술 환경에서 요구되는 디지털 기술과 정보 이용 방법을 가정에서 자연스럽게 접하며 배울 기회가 제약됨으로 인해, 학교 학습 및 사회적 연결망 형성에 어려움을 겪고, 성인기의 직업 선택의 기회에서도 불이익을 받을 수 있다.

〈초등학생의 디지털 격차 문제 해결을 위해 학교 교육에서 고려해야 할 사항〉
- 학생들이 학교에서 정규 수업 시간에 양질의 디지털 기술 및 서비스 이용 교육을 받을 수 있도록 학교 교육과정을 편성하여 운영한다. 초등학교에서의 선택 과목 운영, 방과 후 수업 운영, 동아리 운영 등의 기회를 활용해 다양한 디지털 학습 기회를 제공한다.
- 학생들이 온라인 세계에서 스스로를 안전하게 보호하고 다른 사람과 어울리기 위해, 개인 정보 보호, 사이버 보안, 사이버 폭력 예방, 디지털 기기와 서비스 이용 시간 조절 등을 익히고 실천할 수 있도록 돕기 위한 디지털 시민 교육을 학생과 부모 대상으로 제공한다.
- 학생들이 신뢰할 수 있는 양질의 정보 이용, 디지털 기술을 활용한 학습, 디지털 놀이, 사회적 의사소통 등에 잘 참여할 수 있도록 하기 위해, 디지털 정보 문해력과 올바른 미디어 이해와 활용 교육을 학생과 부모 대상으로 제공한다.
- 가정에서 부모나 보호자가 학생의 자기 주도 학습을 도와줄 수 있도록, 학생이 사용하는 인공 지능 및 디지털 기술 활용 교육 프로그램의 이용 방법을 부모나 보호자에게 일대일 맞춤형으로 제공하고 지원한다.
- 교육부, 지방 자치 단체, 시도 교육청, 공공 기관, 교육 대학, 지역 사회, 기업, 아동 복지 단체, 지역 아동 센터, 공공 도서관, 학교 도서관 등의 다양한 정책 사업 및 프로그램에 학교 차원에서 참여하거나 학생과 부모에게 적극적으로 안내해 초등학생들이 양질의 디지털 기술과 서비스 이용을 지원받을 수 있는 정보를 제공한다.

학교 측 해설이 상세하므로 예시 답안은 생략한다.

2. 정시모집 B형

※ 제시문을 읽고 물음에 답하시오.

그간 간헐적으로 논의되어 온 "이민청" 신설안이 최근 탄력을 받고 있다. 대한민국에 정착하려는 외국인의 수가 꾸준히 증가하고 있다는 점을 고려하면, 이들의 삶을 포괄적으로 보살필 수 있는 국가 기관의 신설은 불가피해 보인다. 현재 외국인 체류는 법무부가, 다문화 정책은 여성 가족부가 주관하고 있는데, 이민청이 신설되면 여러 부처에 분산된 이주민 업무가 보다 체계적으로 집행될 것으로 기대된다.

그러나 이민청이 구체적으로 어떠한 역할을 수행할지는 미지수이다. 우선, 이민청이 이주자들의 신분을 관리 및 단속하는 기관 즉, 권력 기관으로 변질될 여지가 있다. 이민청을 이미 운영하고 있는 여러 나라의 사례를 보면 그러한 우려가 기우가 아니라는 점은 명백하다. 이민청 신설과 함께 논의되고 있는 일련의 이민법 역시 이민청을 둘러싼 걱정을 키우고 있다. 일례로 최저 임금제에 적용되지 않는 해외 가사도우미의 도입 및 관리안은 이주민에 대한 문화적 편견을 넘어 실질적인 차별을 초래할 것이라는 비판으로부터 자유롭지 못하다.

그럼에도 우리 사회에 필요한 해외의 인재를 확보하고 이들을 통해 우리 사회의 동력을 키워나가는 정책적 기조는 중요하다. 이에 이민청의 역할에 대한 사회적인 논의는 입체적으로 진행되어야 한다. 이는 정부뿐만 아니라 시민 사회 역시 이민청 신설의 문제에 적극적으로 목소리를 내야한다는 것을 의미한다.

• 이러한 점을 고려해 정부와 시민 사회는 이민청의 신설 및 운영과 관련해 각각 어떠한 역할을 해야 하는지 구체적인 사례를 들어 제시하시오.

학교 측 해설 ✏️

【출제 의도】

이민청 신설을 둘러싼 논의를 통해 (인구 변화, 산업 구조 변화, 이주 노동, 인권 보호 등) 우리 사회가 봉착한 거시적인 문제들을 지원자가 어느 정도로 인식 및 이해하고 있는지, 그리고 이에 대한 자신의 의견을 어떻게 풀어낼 수 있는지를 평가한다.

【문항 해설】

- 이민청 신설은 오랜 논의에도 불구하고 별다른 합의점을 찾지 못하다가 비교적 최근에 탄력을 얻고 있는 주제이다.

- 이민청 신설의 필요성에 대해서는 많은 이들이 공감하고 있다. 단, 이민청의 핵심 역할에 대해서는 의견이 갈리고 있다.

- 일부는 우리 사회의 노동력 부족을 해결하기 위한 방편으로 이주 노동의 확대를 지지하고, 이민청의 설립을 통해 이를 체계적으로 집행하고자 한다.

- 반면 다른 이들은 이주민을 단순히 해외노동자가 아니라 우리 사회의 동등한 구성원으로 인식하고, 이민청은 이주민의 인권을 보호하는 기구가 되어야 한다고 주장한다.

- 중요한 점은 이민청 신설이 정부가 위로부터 입안하는 정책일 뿐만 아니라 시민 사회가 많은 관심을 갖고 정책 수립에 깊이 관여해야 할 주제라는 점이다.

【채점 기준】

- 이민청 신설을 둘러싼 의미 및 사회적 쟁점을 명확히 이해하고 있는지 평가한다.

- 이민청 신설을 찬반의 문제로 환원하지 않고, 다층적인 문제로 파악하고 있는지 평가한다.

- 이주민의 권리를 인권의 차원에서 이해하고 있는지 평가한다.

- 사회의 중요한 문제와 관련해 정부 및 개인 차원의 역할을 합리적으로 제시할 수 있는지 평가한다.

【예시 답안】

〈시민 사회의 역할〉

- 시민들은 시민의 권리와 이주민의 권리가 비록 정치적으로는 상이해도 사회 · 경제적 차원에서는 동일하다는 점을 인식할 필요가 있다.

- 이주민의 원활한 정착을 위해서는 시민들이 개인적인 차원에서 이들을 환대하는 것을 넘어 국가가 이들을 제도적으로 보호할 수 있도록 정부에 적극적으로 목소리를 내야 한다.

- 과거 (그리고 현재에도) 우리나라의 많은 이들이 만주, 독일, 일본, 미국 등으로 이주했고, 우리나라의 시민 역시 다른 나라의 이민 정책의 대상이었다는 점을 상기할 필요가 있다.

- 다른 나라에 존재한 차별적인 이민 정책의 폭력성을 인지하고 이를 방지할 방안을 고민해야 한다.

- 반대로 우호적인 이민 정책을 실행한 나라들이 어떻게 발전했는지를 학습하고, 그러한 정책이 우리 사회에 시사하는 바를 고민할 필요가 있다.

〈정부의 역할〉

- 정부는 이주민의 권리를 명시하고 보호해야 한다.
- 정부는 이주민의 인권과 관련된 보고서를 정기적으로 발간하고, 문제점을 제도적으로 개선해야 한다.
- 정부는 해외에서 이미 비판의 대상이 된 이주 정책의 문제점을 파악하고, 이를 방지하기 위한 제도적 장치를 고안해야 한다.
- 의회 및 기타 감독 기관은 이민청이 이주민의 인권을 존중 및 보호하고 있는지 감시해야 한다.

선배들의 TIP 및 예시 답안 🖊

학교 측 해설이 상세하므로 예시 답안은 생략한다.

[정시]

1. 개별 면접

※ 제시문을 읽고 물음에 답하시오.

> 최근 지구촌은 유례없는 호우와 가뭄, 폭염과 한파 등 기상 이변으로 몸살을 앓고 있다. 그 주된 원인으로 산업화 이후 급증한 이산화 탄소에 의한 지구 온난화가 지목되고 있다. 인간이라는 한 생물 종의 행위가 지구 전체의 기후 변화를 주도하고 있다는 것이다. 기후 변화는 기상 이변 이외에도 빙하의 감소로 인한 해수면의 상승, 농어업 환경의 변화로 인한 식량난, 가뭄과 기온 상승으로 더 빈번해진 대형 산불 등의 여러 문제를 동반하고 있으며 이는 결국 인류와 자연의 공존을 위협할 수 있다. 따라서 이 문제의 해결을 위한 여러 가지 방안들이 제기되고 있다. 먼저 1) 원인 제거에 초점을 맞추는 입장에서는 탄소 배출을 억제하여 지구 온난화 속도를 늦추는 것이 시급하다고 주장한다. 한편 2) 과학 기술의 발전에 희망을 거는 입장에서는 새롭고 효율적인 친환경 에너지원이나 최소의 에너지로 최대의 효과를 내는 신소재, 자원 재활용 기술 등의 연구 개발에 주력해야 한다고 주장하기도 한다.

1. 기후 변화 해결을 위해 1)과 2) 중 자신이 더 중요하다고 생각하는 입장을 제시하고 그 이유와 구체적인 실천 방안에 대해 설명하시오.

2. 최근 기후 변화 문제 해결을 위해 생태 교육이 강조되고 있다. 인류와 자연의 공존을 위한 생태 교육의 필요성에 대해 설명하시오.

학교 측 해설 ✏️

【출제 의도】
- 타당한 근거를 들어 자신의 주장을 전개하는 능력
- 기후 변화와 환경 위기에 대한 비판적 안목을 확인
- 예비 교사로서 생태 교육에 대한 관점과 방안을 제시하는 능력

입장이 나뉘어 있을 때는 입장을 선택한 이유에 대해서 명확하게 밝히는 것이 좋다. 방안을 구술하기 전에 자신의 선택 이유에 대해 논리적으로 말할 수 있도록 해야 한다.

예시 답안 🖊

1. 가능하다면 두 가지 입장 모두를 취하고 싶지만 둘 중 하나를 선택한다면 앞으로의 기술 발전에 희망을 거는 입장입니다. 기후 변화의 원인을 제거하는 것이 중요하다는 것은 오래 전부터 대부분의 국가가 인지하고 있었지만, 지금까지의 상황을 살펴보면 중요성을 인식하고 있는 만큼 기후 문제를 해결하기 위한 실효성 있는 대책을 강구하고 시행해 왔다고 보기는 어렵습니다. 기후 변화의 주요 원인인 환경 오염에 대해 구체적으로 논의하기 시작한 것이 벌써 수십 년 전이라는 것을 보면 더욱 그렇습니다. 게다가 현재 세계 인구는 81억 명을 돌파하였습니다. 이들이 배출하는 탄소량을 생각한다면 탄소 배출 저감 정책 등을 실행한다고 해도 그 실효성을 장담하기 어렵다고 생각합니다.

   따라서 저는 새로운 기술을 통해 폐기물의 양을 줄이고 재활용률을 높이며, 이미 배출된 탄소를 다시 환원하는 것에 기대를 걸고 싶습니다. 실제로 생분해 플라스틱처럼 특정 조건이 되면 완전히 분해가 되어 폐기물 문제에 도움이 되는 신소재가 있으며 지구 온난화로 생성된 열과 배출된 탄소를 다시 집약해 오히려 역으로 활용하는 기술도 개발되었습니다. 기술 발달의 속도가 이전보다 더 가파르게 상승한다는 것을 볼 때, 이와 같은 기술에 대한 초국가적인 연구와 투자가 필요하다고 생각합니다.

2. 기후 위기, 환경 오염 등의 문제가 다음 세대의 문제가 아니라 당장 지금 세대의 문제가 되었습니다. 생태 교육은 다음 세대를 위한 교육이 아니라 남녀노소를 불문하고 현재 존재하는 사람들을 위해 필요한 것입니다. 학생들이 지금부터 생태 교육, 환경 교육을 받아야 지금 우리 세대에서부터 문제를 해결하고 다음 세대를 기약할 수 있습니다.

   학교 숲, 학교 화단 가꾸기와 같은 환경 교육이 최근 시행되고 있는데 얼핏 보면 너무나 사소해 보일 수 있습니다. 하지만 학교에서 활동하며 배운 지식은 무의식중에 평소 생활에도 반영될 것이며 그러한 개인이 모인 사회는 환경 문제에 적극적으로 대응하는 사회가 될 것입니다. 시험을 보고 문제를 푸는 보통의 교과와 달라 중요성이 덜해 보일 수 있으나 기후 변화 문제는 지금 사는 사람들, 학생들의 문제라는 것을 생각해 본다면 생태 교육은 필수적입니다.

[수시]

1. 개별 면접

※ 수시 학생부종합전형은 서류 평가를 바탕으로 개인별 문항을 작성하여 진행되는 점을 감안하고 아래의 문항을 단순 참고하시기 바랍니다.

1. (독서) 스티븐 리츠의 『식물의 힘』을 읽었다고 했는데, 책의 내용을 소개하고 책을 읽고 알게 된 초등학교 농업 교육의 방향을 설명해 보세요.

2. (윤리와 사상) 듀이의 사상에 대해 탐구했다고 했는데, 듀이의 실용주의 교육 철학의 특징과 시사점에 대해 설명해 보세요.

3. (기하) 지원자가 작성한 영유아가 인식하는 표상물 관점에 대해 조사한 내용을 설명하고, 초등 교육에서 기하를 어떻게 접근해야겠다고 생각하는지 말해 보세요.

4. (세계사) 로크와 루소의 이론을 비교 연구하는 활동을 했는데, 어떠한 내용을 발표했는지 설명하고, 지원자의 교직관 정립에 어떠한 영향을 주었는지 말해 보세요.

5. (교육학) 훌륭한 교사란 학생들에게 필요한 것이 무엇인지 파악하고 올바른 길로 나아갈 수 있도록 돕는 사람이라고 했는데, 본인이 생각하기에 자신이 이러한 교육을 실제로 받아 왔었는지, 만약 그렇지 않다면 한국 교육 제도의 문제점은 무엇이라고 생각하는지 이야기해 보세요.

6. (통합 사회) 파리 기후 협약의 한계점에 대해 조사한 내용을 설명하고, 환경 교육에 어떠한 시사점이 있는지 이야기해 보세요.

7. (사회·문화) '체벌과 학생들의 학습 태도와의 상관관계'라는 주제로 양적 연구를 수행했다고 했는데, 연구 내용을 간략하게 소개하고 체벌에 대한 본인의 생각을 말해 보세요.

8. (과학사) 포퍼의 반증주의를 사례를 들어서 설명해 보세요.

9. (한국 지리) 마강래의 『지방 도시 살생부』의 내용을 소개하고, 지방의 교육 문제와 이를 해결하기 위한 지원자의 생각을 말해 보세요.

10. (정치) 초중고 학년제를 633에서 542로 1년씩 단축하여 아이들이 진로를 탐색할 수 있는 충분한 시간을 주어야 한다고 제안했는데, 학년 1년 단축이 어떻게 아이들의 진로 설계에 도움이 될 수 있는지 설명해 보세요.

11. (수학 과제 탐구) 튜링 머신에 대해 조사하여 발표했는데, 튜링 머신의 개념을 설명하고 튜링 머신에서 찾을 수 있는 수학적 원리에 대해 설명해 보세요.

12. (영어 독해) Helga Schier의 『The Causes of School Violence』를 읽고, 사회적 관심사로 크게 부각되고 있는 학교 폭력의 실태와 원인, 그리고 그에 대한 대안을 학생의 관점에서 정리하여 발표했다고 했는데, 한국 사회에서 학교 폭력의 주원인이 무엇이라고 생각하는지 말해 보세요.

13. (심리학) 자폐성 장애를 다룬 영화를 감상했다고 기록되어 있는데, 주인공이 보여 준 긍정적 정서와 행동에는 무엇이 있었는지 말해 보세요.

14. (정보) 변수를 이용하여 삼각형의 넓이를 출력하는 프로그램을 작성했다고 했는데, 해당 변수의 개념에 대해 설명하고 초등학생들에게 변수를 쉽게 설명하는 방법을 말해 보세요.

15. (미적분2) 수학에서 미분의 의미를 물리의 속도의 개념과 연관 지어서 설명해 보세요.

16. (사회 · 문화) 아동기에 또래 효과가 중요하고 상호 작용을 잘할 수 있는 구체적인 방안에 대한 고민도 해 보았는데, 긍정적 효과와 부정적 효과까지 모두 고려하여 초등 교실에서 또래 효과를 긍정적으로 최적화할 수 있는 구체적인 방안을 설명해 보세요.

17. (한국사) 1920년대 이후 전개된 사회 운동을 다양하게 조사했다고 했는데, 가장 기억에 남는 사회 운동을 소개해 주고 이 운동이 지니는 의의나 오늘날 우리에게 주는 깨달음이 무엇인지 시사점 등도 함께 소개해 보세요.

18. (확률과 통계) 일상생활에서 발생하는 확률 자료의 해석 오류의 예를 제시해 보세요.

19. (기술 · 가정) 교과 시간에 작성한 논술에서 저출산 현상이 심화하면서 나타나는 문제로 경제 침체와 노인 부양 부담을 들고, 이를 위한 해결 방안을 제시했는데, 그 방안에 대한 한계는 없는지 보완 설명도 해 보세요.

20. (독서) 핀란드 교육 제도의 긍정적 측면에 대해 설명해 보세요.

21. '교권과 학생 인권'을 주제로 관련된 탐구 활동을 했다고 했는데, 이 두 가지 권리가 충돌할 때, 어떻게 해야 하는지 자신의 생각을 말해 보세요.

22. 인문 사회 분야에 관심이 많다고 했는데, 이러한 관심이 초등 교사로서 어떻게 긍정적으로 작용할 수 있을지 말해 보세요.

23. (행동 특성) 교사라는 장래 희망과 관련 있는 도서를 꾸준히 탐독했다고 했는데, 가장 기억에 남는 책을 소개해 보세요.

24. 함께 살아가는 다문화 사회를 만들기 위해 초등 교사로서 갖추어야 할 역량이 있다면 무엇이라고 생각하는지 말해 보세요.

25. (독서) '함께 지내기 힘든 성격들'을 읽었다고 했는데, 실제 본인이 겪었던 대인 관계의 어려움과 극복했던 경험에 대해 말해 보세요.

26. (진로) 1, 2학년 허클베리 핀 진로 탐험대에 참여했다고 했는데, 구체적으로 무슨 활동을 하는 프로그램인지 설명해 주세요. 그리고 AI 인공 지능 발달로 인해 인간 교사가 줄어드는 현상에 대해 멘토와 함께 구체적인 해결 방안을 모색한 내용을 간략하게 소개해 보세요.

27. (자율) 부회장 선거 공약으로 휴대폰 자율화 정책을 주장했다고 했는데, 이 공약이 필요하다고 생각한 이유와 공약 실행 이후에 긍정적 · 부정적인 변화가 있었다면 무엇인지 말해 보세요.

28. 공동체의 리더로서 자신의 리더십을 유감없이 발휘해 볼 수 있었던 경험에 관해 구체적으로 소개해 보세요.

29. (출결) 1~2학년 때 개근하다 3학년 때 질병으로 인한 조퇴가 한 번 있던데, 개근을 달성하고 싶지는 않았는지, 당시 내적 갈등이 있었다면 간단하게 말해 보세요.

30. 초등 교사에게 요구되는 덕목이나 자질들이 많은데, 그중 본인이 생각하는 가장 중요한 것은 무엇이며, 관련하여 본인 스스로를 객관적으로 평가해 보세요.

31. 사회의 불평등 문제의 해결 방안을 폭넓게 탐구했다고 했는데, 교육 불평등을 해소하기 위한 방안으로 무엇이 있을지 설명해 보세요.

32. 교육 선진국의 교육 방식을 예시로 앞으로 한국의 교육이 나아가야 할 방향을 제시했다고 했는데, 이에 대해 설명해 보세요.

33. (진로) ChatGPT의 교육적 활용 가능성에 대해 먼저 말해 보고, 그와 함께 우려되는 요소들에 관해서도 이야기해 보세요.

34. 세계의 인권 문제에 관심이 많다고 했는데, 이러한 관심이 교직에 어떻게 긍정적으로 작용할 수 있을지 설명해 보세요.

35. (출결) 미인정 지각 2회의 배경에 대해 설명해 보세요.

36. (교육학) 미래를 선도하기 위해 우리나라 교육이 지향해야 할 가치에 대해 발표했다고 했는데, 어떤 내용이었는지 설명해 보세요.

37. (진로) 교육 관련 진로 부스 운영팀을 꾸렸다고 했는데, 당시 했던 역할과 느낀 점을 이야기해 보세요.

38. (행동 특성) 공식적인 학급 임원을 맡지 않았지만 임시 반장을 자원하여 그 수행을 아주 잘했다고 했는데, 어떤 이유와 생각에서 임시 반장에 자원했는지 말해 보세요.

39. 초등 교육 환경이 직면한 문제점 중에 가장 중요한 것은 무엇이며, 왜 그렇게 생각하는지 이유를 말해 보세요.

40. 진로 선택 과목 선택에서 진로와 연계한 면이 있다면 무엇인지 설명해 보세요.

학교 측 해설 ✏️

광주교대는 서류에 따른 개인별 문항 예시에 대한 학교 측 해설이 없기에 생략한다.

선배들의 TIP 및 예시 답안 ✏️

학생마다 질문이 다르므로 예시 답안은 생략한다. 다만, 본인의 생기부를 미리 출력하여 꼼꼼히 검토하고, 특정 활동과 연계하여 예상 문제를 만들어 본 후 각 문제에 대한 답변을 작성하여 대략적인 흐름을 암기하기를 바란다. 대략적인 흐름을 암기하는 이유는 면접관의 추가 질문이나 예상하지 못한 상황에 대해 융통성 있게 대처하기 위이다. 예상 문제와 상황별 답변 전략을 구상했다면, 실제로 말로 표현하는 연습을 진행해야 한다. 글로 작성한 것을 입 밖으로 말하는 것은 매우 다르기 때문에 충분한 연습이 필요하다. 자신의 목소리, 표정, 눈빛, 시선, 불필요한 손동작, 다리 떨기에 유의해야 하며, 특히 "어… 음… 그 뭐냐." 등과 같은 습관성 말투를 없애도록 노력해야 한다.

[수시]

1. 심층 면접(예시)

제출 서류	질문 예시
학교생활기록부	– 2학년 1학기 수학 성적이 향상된 이유는 무엇인가? 어떤 방법으로 공부했는가? – A 독서 활동을 통해 교사로서 어떤 자질이 필요하다고 생각했는가? – B 동아리 활동 중 갈등 관리의 경험이 교직에서 어떻게 활용될 수 있다고 생각하는가?
기타 질문	– 본인은 어떤 강점을 가진 교사가 될 수 있다고 생각하는가? – 자신의 공부법 중 초등학생에게 도움이 될 수 있다고 생각하는 것과 그 이유는 무엇인가?

학교 측 해설 🖋

교과 지식과 무관한 지원자의 학교생활 내의 경험을 통해 유추할 수 있는 지원자의 교사로서의 자질을 평가했다.

선배들의 TIP 및 예시 답안 🖋

생기부 기반 면접이므로 예시 답안은 생략한다.

[정시]

1. 집단 면접

※ 다음 글을 읽고, <u>지원자가 생각하는</u> 초등학교 교사에게 가장 중요한 역량은 무엇인지 설명하고, 그 역량을 발전시키기 위해 어떤 노력을 할 것인지 구체적인 계획을 말하시오.

> 최근 연구에 따르면 일반 시민들은 교사에게 가장 필요한 역량을 학습 지도 역량, 생활 지도 역량, 진로ㆍ진학 지도 역량, 학생 및 학부모와의 소통 역량, 학급 경영 역량 순으로 응답했다. 그러나 초ㆍ중ㆍ고등학교 학교급별 차이는 있었는데, 고등학교 교사에게는 진로ㆍ진학 지도 역량이, 중학교 교사에게는 학습 지도 역량이 가장 중요하다고 응답했다. 마지막으로 시민들은 초등학교 교사에게 가장 필요한 역량은 생활 지도 역량, 학생 및 학부모와의 소통 역량, 학급 경영 역량 중 _____ 역량이라고 응답했다.

학교 측 해설 ✐

- 교직 상황을 상정한 대학의 자체 문항을 통해 지원자의 의사소통 능력, 문제 해결 능력, 교직 소양 및 인성을 파악하고자 했다.
- 교과 관련 선행 학습이 아닌 초등~고등학교 교육과정 전반을 통해 통합적으로 학습하는 교직 적성과 교직 인성을 파악함으로써 교사로서의 준비 정도를 파악하고자 했다.
- 초등~고등학교까지의 창의적 체험 활동 등의 통합적인 교육 체험을 통해 습득된 교사로서의 적성과 인성을 파악하고자 했다.

선배들의 TIP ✐

교대 면접 주제는 기본적으로 '초등학생'이 학생으로 전제되어 있음을 기억해야 한다. 문제에서 직접적으로 언급하지 않더라도 제시문에 있는 학생이 다양한 학년의 초등학생임을 염두에 두고 구술해야 한다.

예시 답안 ✐

저는 초등학교 교사에게 학습 지도 역량과 생활 지도 역량이 중요하다고 생각합니다. 저학년 단계에서 기초 학력이 중요한 이유는 학생들이 신체적, 정신적으로 매우 빠르게 발달하는 시기이기 때문입니다. 이 단계에서 아주 작은 차이가 난다 하더라도 성장 가속도가 붙어 1, 2년 후에는 큰 차이로 이어질 수 있습니다. 게다가 발달 과정에 따라 하루가 다르게 변하는 학생들에게 해당 과정에 맞는 적절한 학습이 이루어질 수 있도록 하는 것이 중요합니다. 적절한 학습 시기를 놓치면 이후에 더 많은 노력을 들여야 할 수도 있기 때문입니다.

그리고 제가 교사가 된다면 심리·사회적 역량에서 아쉬움이 있는 학생을 지도할 때 역할극을 활용해 보고자 합니다. 자아상이 명확하지 않아 자기 인식 능력이 떨어지거나 사회성이 부족해 인간관계 능력이 떨어지는 학생들의 경우, 연극적인 방법을 통해 상황마다 적절하게 행동하는 방법을 배울 수 있습니다. 문제 상황에서 상대방의 입장이 되어 볼 수 있으며, 다른 사람 입장에서 연기하다 보면 자신이 무엇을 원하고 느끼는지 더 분명히 알 수 있게 되고 자아상 또한 보다 명확하게 정립할 수 있을 것입니다. 이러한 역할극은 도덕 시간에 이루어질 수 있으며 학생들의 흥미를 자극해 효율적인 수업으로 이어질 수 있을 것이라 생각합니다.

[수시]

1. 면접고사 가형(A)

※ 다음 글을 읽고 답하시오.

- 최근 교원의 정당한 생활 지도와 교육 활동 보호를 위한 법안이 개정되었다. 개정의 핵심은 교원의 정당한 생활 지도를 「아동 복지법」에 명시된 금지 행위 위반으로 보지 않는 것이다. 그렇다면 교사의 교육 활동 보호를 위한 방안에는 무엇이 있는지 말해 보시오.

학교 측 해설 🖉

【출제 의도】

- 최근 국회 본회의에서 의결된 「교원 지위법」, 「초·중등 교육법」, 「유아 교육법」 및 「교육 기본법」 등 교권 보호 4법 개정안에는 ① 교원 대상 무분별한 아동 학대 신고로부터 보호, ② 학부모 악성 민원으로부터 교원의 교육 활동 보호, ③ 보호자 권리와 책임 간의 균형을 위한 의무 부여, ④ 피해 교원의 확실한 보호 및 가해 학생 조치 강화, ⑤ 정부 책무성 및 행정 지원 체제 강화, ⑥ 유아 생활 지도 권한 명시 등의 내용이 포함되어 있다.
- 교권 보호 4법 개정안은 교사의 정당한 생활 지도와 교육 활동 보호를 목적으로 한다. 이를테면, 「초·중등 교육법」 제20조 2를 개정해 교원의 정당한 학생 생활 지도를 「아동 복지법」에 금지 행위 위반으로 보지 않도록 했다. 이러한 상황에서 지원자가 교사의 교육 활동을 보호하기 위한 방안으로 어떤 내용을 포함할지(또는 포함해야 할지) 제시하게 함으로써 교직 인성 및 전문성 개발 역량, 의사소통 역량 등을 평가하고자 했다.

【문항 해설】

지난 9월 21일 국회 본회의에서 의결된 「교원 지위법」, 「초·중등 교육법」, 「유아 교육법」 및 「교육 기본법」 등 교권 보호 4법 개정안은 교사의 정당한 생활 지도와 교육 활동 보호를 목적으로 한다. 이를테면, 「초·중등 교육법」에는 학교장의 민원 처리 책임, 교원의 정당한 생활 지도 면책, 보호자의 의무, 교원의 개인 정보 보호 등이 개정되었다. 또한, 「교원 지위법」(교원의 지위 향상 및 교육 활동 보호를 위한 특별법)에는 교원의 직위 해제 제한, 아동 학대 사안에 대한 교육감의 의견 제출 의무화, 교육 활동 침해 행위에 관한 행정 체계 개편, 교육 활동 침해 학생과 교원의 즉시 분리, 교육 활동 침해 행위의 신고 의무 신설, 교원 치유 지원 센터를 교육 활동 보호 센터로 확대 · 개편, 교권 보호 위원회의 회의 비공개 및 비밀 누설 금지 등 교원의 지위 향상과 교육 활동 보호를 위한 내용 등이 개정되었다. 그 중에서도 교권 보호 4법의 구체적인 내용 가운데 교원의 정당한 학생 생활 지도를 「아동 복지법」에 금지 행위 위반으로 보지 않는다는 것은 중요한 대목인데, 초등 교사로서 삶을 살아갈 지원자의 입장에서 이러한 교권 보호 4법 개정안의 취지를 이해하는 것은 중요하다. 이와 관련하여 지원자가 교원의 지위 향상 및 교육 활동 보호를 위한 특별법의 개정안을 바탕으로 학교 현장에서 요구되는 추가적인 교육 활동 보호를 위한 개선안을 제안할 수 있는지를 평가함으로써 교육 현장에 대한 지원자의 이해 수준을 평가한다.

【채점 기준】

하위 문항	채점 기준
의사소통 역량 (수용 능력, 표현 능력, 토론과 조정 능력)	– 교원의 정당한 생활 지도와 교육 활동의 범주에 대해 설명할 수 있는가? – 교권 보호를 위한 최근의 다양한 이슈를 조리 있게 설명하는가?
교직 인성 및 전문성 개발 역량 (교직 인성, 교사 전문성 개발 노력)	– 교권 보호 4법 개정안의 취지를 제대로 이해하고 있는가? – 교권 보호 4법 개정안을 통한 학교 현장의 변화로 교사의 정당한 생활 지도와 함께 교육 활동 보호를 위한 방안을 제시할 수 있는가?
창의 융합 역량 (문제 해결 능력, 창의성, 정보 기술 활용 능력)	– 기존의 방안과 함께 자신의 방안을 제안할 때, 타당한 근거를 제시하는가? – 제시하는 방안과 그 내용이 학교 현장에 적용될 수 있는 수준에서 교육적으로 보편타당한가?

【예시 답안】

– 교직에 대한 적성과 인성을 갖춘 학생을 선발함을 목적으로 하므로 정답을 요하지 않는다.

선배들의 TIP 🖊

최근 화제가 된 교권 이슈와 관련한 문제다. 교권과 관련해 구술할 때 가장 주의해야 할 점은 교권과 학생 인권을 양립 불가능한 것으로 보지 않는 것이다. 교권과 학생 인권은 같은 파이를 나누어 가지는 개념이 아니므로, 한쪽을 신장한다고 하여 다른 쪽이 침해되지 않는다는 점에 유의하자.

예시 답안 ✏️

개정된 법안에 따르면 교사가 학생을 지도할 때 이루어지는 정당한 훈육은 금지 행위 위반이 아닙니다. 이번 개정은 고소나 민원 등을 제기하여 정당한 교육 활동을 침해하는 보호자들로부터 교사를 보호하기 위해 이루어진 것으로 파악됩니다. 교사는 사회 규범에 맞춰 적절하게 사람들과 소통하고 그에 맞게 행동할 수 있는 방식을 학생들에게 알려 주어야 합니다. 이를 위해 학생을 칭찬하는 것뿐만 아니라 학생에게 쓴소리를 해야 하는 순간도 있으며 훈육의 과정을 거쳐야 하는 경우도 있습니다. 하지만 교사의 훈육에 수많은 제약이 있어 많은 교사가 무력감을 느끼고 있습니다. 법안은 개정되었지만 교사와 교사의 교육 활동을 보호하기 위해 교육부나 각 교육청은 보다 적극적으로 나서야 합니다. 현재 학교나 교사와 관련해 민원이 들어오면 교사 개인의 일로 떠넘기는 경우가 많다고 합니다. 게다가 말도 안 되는 민원에도 답해야 하거나 소송에 휘말리기까지 합니다. 부적절한 민원에 대해서는 교육청 수준에서 반려할 수 있도록 제도를 개선하고, 소송과 관련한 문제가 발생하면 교사가 도움을 구할 수 있는 방법이 체계적으로 마련되어야 할 것입니다.

2. 면접고사 가형(B)

※ 다음 글을 읽고 답하시오.

• ICT*의 발달은 새로운 교육 환경 조성과 다양한 학습 경험을 가능하게 만들었다. 이에 학생들은 유튜브(YouTube), 한국형 온라인 공개강좌(K-MOOC*) 등의 학교 밖 교육 서비스를 통해서도 교과 지식을 습득할 수 있게 되었다. 이러한 상황에서 교실 수업의 역할에 대해 말해 보시오.

* ICT: Information and Communications Technology
* K-MOOC: Korean Massive Open Online Cours

학교 측 해설 ✏️

【출제 의도】

학생들은 지금 교실 수업뿐만 아니라, 교실 밖에서도 많은 학습 기회를 가지게 되었다. 이는 ICT를 비롯한 첨단 기술을 통해 가능하게 되었는데, 학교 밖에서도 필요한 지식을 습득할 수 있는 다양한 방법이 존재하는 현 시대에서 교실 수업이 어떤 의미를 가지며 어떤 역할을 해야 하는지에 대한 고민이 필요하다. 이에 새로운 교육 환경과 학습에 대한 지원자의 의견을 제시하게 함으로써 교직 인성 및 전문성 개발 역량, 의사소통 역량 등을 평가하고자 했다.

【문항 해설】

학생들이 교실 수업과 책에 전적으로 의존해야 했던 과거와 달리, 현재는 동영상 강의 등 새로운 학습 방법을 채택하고 다양한 학습 경로를 제공하는 여러 온라인 강좌를 이용할 수 있다. 공공 도서관의 접근성이 높아졌고 모바일 기기로 인터넷 자료의 자유로운 활용이 가능해졌으며, ICT를 비롯한 첨단 기술을 통해 교실 밖에서도 많은 학습 기회를 가질 수 있게 되었다. 이렇게 학교 밖에서 필요한 지식을 습득할 수 있는 다양한 방법이 존재하는 시대에 교실 수업은 ICT를 비롯한 첨단 기술을 통한 교육들과 경쟁하면서 한편으로는 이를 이용하며 새로운 역할을 정립해 나가야 할 것이다. 이에 예비 교사로서 이러한 현 시대 교실 수업에 대한 의견을 묻고 지원자의 교직 인성 및 전문성 개발 역량, 의사소통 역량 등을 평가한다.

【채점 기준】

하위 문항	채점 기준
의사소통 역량 (수용 능력, 표현 능력, 토론과 조정 능력)	– 문제에 주어진 상황을 이해하여 관련성 있는 답을 제시하는가? – 자신의 생각을 설득력 있게 표현하는가?
교직 인성 및 전문성 개발 역량 (교직 인성, 교사 전문성 개발 노력)	– 학교 밖 교육 서비스와 경쟁 또는 그것을 활용하는 구체적인 방안을 제시하는가? – 문제 상황을 분석하여 교사 전문성 개발의 내용을 제시하는가?
창의 융합 역량 (문제 해결 능력, 창의성, 정보 기술 활용 능력)	– 대처 방안을 통해 문제를 효과적으로 해결할 수 있는가? – 문제 상황에 대비하는 방안이 교육적 가치를 가지고 있는가?

【예시 답안】

– 교직에 대한 적성과 인성을 갖춘 학생을 선발함을 목적으로 하므로 정답을 요하지 않는다.

선배들의 TIP 🖊

제시문에 생경한 어휘가 출제되었을 때는 제시문 전체 맥락을 고려해서 주제를 파악한 뒤 답변해야 한다. 잘 모르는 내용을 아는 것처럼 말하는 것은 위험할 수 있으므로 제시문의 보충 설명이나 참고할 만한 자료를 제시해 주는 경우, 이를 적극적으로 활용해 의미를 빠르게 습득하고 문제에 적용해야 한다.

예시 답안 ✏️

   기술의 발달로 더 이상 지식을 종이책에만 의존하지 않아도 되며 학교에 소속되어 있지 않은 사람에게도 유명 대학의 강의가 온라인으로 제공됩니다. 인터넷 강의나 정보 도서관 등의 매체 제공처가 얼마든지 있지만 교실 수업은 현장성이 있다는 것과 지도에 있어서 구심점을 갖추는 것으로 의미를 가진다고 생각합니다. 앞서 말한 매체들에 의한 지식 전달은 모두 일방향적으로 이루어집니다. 또, 정보 도서관에서 자료를 자유롭게 열람하며 스스로 학습할 수 있다고 하더라도 구심점이 되어줄 교사 없이는 보통의 학생이 학습의 방향과 전략을 조정하기 어렵습니다.

   교실 수업은 특정한 시공간을 전제로 하고 있다는 점에서 현장성이 있습니다. 지식 전수가 이루어지는 순간과 장소에 함께 존재함으로써 학습의 효율을 극대화할 수 있습니다. 그리고 일방향적이지 않은 소통이 가능하다는 점, 학습이나 생활 지도의 구심점이 되어주는 교사가 존재하여 학습의 방향과 전략을 학생들과 조율할 수 있다는 점은 여타 매체가 가지지 못한 강점이라고 생각합니다.

3. 면접고사 가형(C)

※ 다음 글을 읽고 답하시오.

• '팝콘 브레인*(popcorn brain)' 증상을 지닌 사람들은 즉각적이고 산발적으로 사고하기 때문에 지속적이고 심층적인 활동을 하기 어렵다. 또한, 타인의 감정이나 서서히 변화하는 현실에는 둔감하게 반응하여 사회적 상호 작용에 문제를 초래한다. 팝콘 브레인을 예방하기 위한 방안을 제시하시오.

* 팝콘 브레인: 튀어 오르는 팝콘처럼 강렬하고 즉각적인 자극에만 반응하는 뇌 구조의 변형을 일컫는 용어

학교 측 해설 ✏️

【출제 의도】

– 최근 과도한 디지털 기기의 사용 등으로 인해 팝콘 브레인 현상이 사회적 문제로 부상했다. '팝콘 브레인'이란 인간의 뇌가 디지털 기기의 빠르고 강렬한 자극에 익숙해져 그것을 중심으로 작동하는 상태로 변형된 현상을 일컫는 단어로, 디지털 기기를 과도하게 사용하면 발생하기 쉬우며 나이가 어릴수록 발생 위험이 높다.

– 이러한 현상은 현실 적응을 어렵게 만듦으로써 대인 관계뿐 아니라 지식 습득과 학습의 지체를 초래한다는 점에서 문제를 가지는데, 이에 최근 사회적 이슈에 대한 관심과 이해 수준에 대한 지원자의 인지적 역량을 확인하고 문제 해결을 위한 방안을 제시하도록 유도함으로써 창의 융합 역량과 의사소통 역량을 평가하고자 했다.

【문항 해설】

– 최근 인터넷에 장시간 노출된 사용자의 뇌를 촬영한 MRI 영상을 분석한 결과, 인간의 뇌에서 생각 중추를 담당하는 회백질의 크기가 줄어든 것으로 조사돼 우려를 낳고 있다. 이러한 뇌 구조 변형 현상은 팝콘이 곧바로 튀어 오르는 것처럼 즉각적인 현상에만 반응할 뿐 다른 사람의 감정 또는 느리고 무던하게 변화하는 현실에는 무감각하게 만든다는 점에서 문제적이다. 멀티 태스킹이 가능한 노트북과 스마트폰의 급속한 보급으로 언제 어디서나 컴퓨터 및 인터넷 사용이 가능해지면서 이러한 현상이 확산되고 있으며, 스마트폰 사용이 그 원인 중 하나로 지목되고 있다. 컴퓨터 및 스마트폰 등 각종 디지털 기기를 손에서 놓지 못하고 SNS를 하거나 가족이나 주변인들과 함께하는 시간보다 스마트폰을 하는 것이 더 좋은 경우, 또는 수시로 이메일 체크를 하지 않으면 불안한 경우 등이 이러한 문제 증상에 해당된다.

– 팝콘 브레인 현상은 특히, 나이가 어릴수록 발생 위험이 높게 나타났다는 연구 결과를 고려할 때, 예비 초등 교사로서 최근 사회적 이슈 중 하나인 '팝콘 브레인'의 문제점을 인식할 필요가 있다. 또한, 학교 현장에서 마주할 학생들의 팝콘 브레인 현상을 예방할 수 있는 방안을 모색해 봄으로써, 문제 해결 능력을 갖출 수 있도록 할 필요가 있다. 이에 본 문항을 통해, 주어진 문제 상황을 파악하여 적절한 문제 해결 방법을 도출할 수 있는지를 확인함으로써 창의 융합 역량과 의사소통 역량을 평가한다.

※ **참고**

〈팝콘 브레인 예방을 위한 실천 방안〉

– 인터넷 사용 시간을 2시간 이내로 줄이기

– 최소 2분간 창밖 응시하기

– 오후 6~9시까지 온라인에서 해방된 자유 시간 만들기

– 친구나 주변 사람들에게 문자나 메일 대신 전화하기 등

〈팝콘 브레인 현상으로 인한 문제점〉

- 집중력 부족: 정보를 흡수하거나 프로젝트를 효율적으로 완료하는 데 어려움을 줄 수 있다.
- 짧은 주의 집중 시간: 새로운 자극을 계속 원하므로 깊고 지속적인 의미 있는 활동에 참여하는 것을 어렵게 느낄 수 있다.
- 충동성: 잠재적인 결과는 고려하지 않고 즉각적인 욕구에 따라 행동한다.
- 의사 결정의 어려움: 새로운 정보의 과도한 유입으로 너무 많은 옵션과 가능성을 생각하기 때문에 의사 결정이 어려울 수 있다.
- 스트레스와 불안: 많은 자극은 스트레스를 일으키는 요인임. 정신적 안정을 찾을 수 없다.

【채점 기준】

하위 문항	채점 기준
의사소통 역량 (수용 능력, 표현 능력, 토론과 조정 능력)	- '팝콘 브레인'의 의미를 정확히 이해하고 있는가? - 문제점을 정확하게 판단하고 타당한 문제 해결 방안을 도출하여 표현하는가?
교직 인성 및 전문성 개발 역량 (교직 인성, 교사 전문성 개발 노력)	- '팝콘 브레인'이 학습자의 일상생활에 미치는 효과를 제대로 이해하고 있는가? - '팝콘 브레인'에 대한 본인의 생각을 바람직한 가치관을 바탕으로 명확하게 제시하는가?
창의 융합 역량 (문제 해결 능력, 창의성, 정보 기술 활용 능력)	- '팝콘 브레인' 현상의 문제점을 정확하게 분석하여 비판적인 관점을 제시하는가? - 제시한 해결 방안이 문제 상황에 부합하며 보편타당한가?

【예시 답안】

- 교직에 대한 적성과 인성을 갖춘 학생을 선발함을 목적으로 하므로 정답을 요하지 않는다.

선배들의 TIP ✏️

방안이나 대안을 제시해야 하는 문제에서는 모호하게 답변하지 않는 것이 중요하다. 구체적으로 어떻게 할 것인지에 대해 말할 수 있어야 하는데 완전히 새롭지 않은 것이라도 구체성을 갖추고 있다면 점수를 받을 수 있다.

예시 답안 ✏️

첨단 디지털 기기와 숏폼 콘텐츠 등의 과도한 사용으로 인해 수많은 사람들이 팝콘 브레인 현상을 겪고 있습니다. 팝콘 브레인 현상은 집중력을 떨어뜨려 학습력 저하를 야기할 수 있고, 지속적인 활동 참여를 제한하여 사회적 소통에 문제를 유발할 수 있습니다. 또한, 강한 자극에 지속적으로 노출된 사람들은 정신적으로 피폐해질 가능성도 큽니다. 저는 팝콘 브레인 현상을 예방하기 위한 방법으로 '디지털 디톡스' 캠페인을 대대적으로 벌이는 것을 제안하고 싶습니다. 제도를 통해 개개인의 매체 활용을 통제할 수 없기 때문에 정적인 것, 꾸준한 것 등의 가치를 일깨워주는 공익 광고를 제작하고 의도적으로 잠시 숏폼과 같은 짧고 자극적인 콘텐츠에서 멀어지는 시간을 갖는 것이 필요하다는 사회적 분위기를 조성해야 합니다.

팝콘 브레인 현상은 어릴수록 더 부정적으로 작용하기 쉽다고 생각합니다. 아직 뇌가 다 자라지 않은 학생들에게는 그 영향이 지대할 것이기 때문에 학교 측에서도 학생들의 팝콘 브레인 현상을 방지하기 위한 조치를 취해야 합니다. 저는 그 방안으로 학교에서 명상 시간을 운영하여 학생들이 정적인 것에 익숙해지도록 하는 것이 좋다고 생각합니다. 또, 편지 쓰기 프로젝트나 공용 일기 쓰기 등을 통해 학생들이 SNS가 아니라 손으로 직접 쓴 글을 통해 소통하는 것의 즐거움과 가치를 깨달을 수 있도록 하는 것도 좋은 방법이라고 생각합니다.

4. 면접고사 나형(A)

※ 다음 글을 읽고 답하시오.

• 학생 인권 조례는 학생의 존엄과 가치, 자유와 권리를 보장하기 위해 제정된 조례이다. 최근 일부 교육청에서는 '학생의 책임과 의무' 조항을 담은 학생 인권 조례 개정안을 입법 예고했다. 초등 교사로서 학생의 책임과 의무 조항에 담고 싶은 내용을 제시하시오.

학교 측 해설 ✐

【출제 의도】

– 최근 몇몇 시도 교육청에서는 학생 인권 조례 개정안을 입법 예고했다. 개정안의 핵심은 '학생의 책임과 의무'를 명시하는 것으로, 학생의 인권 보장과 함께 책임에 관한 규정을 명시하고, 학생의 책임과 의무 내용을 담은 조항도 신설한 것이다. 예를 들어, 서울시 교육청이 입법 예고한 개정안의 신설된 조항으로는 교직원 및 다른 학생 등 다른 사람의 인권 침해 금지(제1항), 학생의 권리는 다른 사람의 자유와 권리를 침해하지 않는 범위로 제한(제2항), 다른 학생의 학습권 존중과 수업 활동에 대한 방해 금지(제3항 제4호), 정당한 교육 활동(수업 및 생활 지도 등)에 대한 존중 및 방해 금지(제3항 제5호) 등이 있다.

– 학생 인권 조례는 학생의 존엄과 가치, 자유와 권리를 보장하기 위한 것이다. 하지만 최근 교육 현장의 이슈를 반영하여 이에 대한 다양한 의견이 개진되었으며, 이를 반영하여 학생 인권 조례 개정안을 입법 예고했다. 이러한 상황에서 지원자가 학생의 책임과 의무에 대해 생각해 보고 이와 관련된 내용을 제시하게 함으로써 교직 인성 및 전문성 개발 역량, 창의 융합 역량 등을 평가하고자 했다.

【문항 해설】

지난 9월 22일 서울시 교육청은 학생 인권 조례 개정안을 입법 예고했다. 개정안의 핵심은 '학생의 책임과 의무'를 명시하는 것으로, 학생의 인권 보장과 함께 학생의 책임과 의무에 관한 규정을 명시하고 있다. 신설된 조항의 세부 내용은 ① 교직원 및 다른 학생 등 다른 사람의 인권 침해 금지(제1항), ② 학생의 권리는 다른 사람의 자유와 권리를 침해하지 않는 범위로 제한(제2항), ③ 학교 공동체 구성원 간에 합의된 학교 규범의 준수(제3항 제2호), ④ 다른 학생 및 교직원에 대한 신체적·언어적 폭력의 금지(제3항 제3호), ⑤ 다른 학생의 학습권 존중과 수업 활동에 대한 방해 금지(제3항 제4호), ⑥ 정당한 교육 활동(수업 및 생활 지도 등)에 대한 존중 및 방해 금지(제3항 제5호), ⑦ 흉기, 마약, 음란물 등 다른 학생 및 교직원의 안전을 해하거나 학습권을 침해하는 소지품의 소지 금지(제3항 제6호) 등이다. 또 제25조 징계 등 절차에서의 권리 부분에 제5항을 신설, 학교의 장과 교원은 정당한 교육 활동을 위하여 필요한 경우 법령과 학칙이 정하는 바에 따라 조언, 상담, 주의, 훈육, 훈계 등의 방법으로 학생을 교육할 수 있도록 했다. 이와 관련하여 지원자가 학생 인권 조례의 취지를 이해하고, 학교 현장에서 요구되는 학생의 책임과 의무에 대한 생각을 바탕으로 초등 교사로서 학생의 책임과 의무 조항에 담고 싶은 내용과 그 범주를 제안할 수 있는지를 평가함으로써 학교 교육 현장에 대한 지원자의 이해 수준을 평가한다.

【채점 기준】

하위 문항	채점 기준
의사소통 역량 (수용 능력, 표현 능력, 토론과 조정 능력)	– 학교 현장에서 학생 인권이 강조되어 온 배경을 설명할 수 있는가? – 학생 인권과 관련된 최근의 다양한 이슈를 조리 있게 표현하는가?
교직 인성 및 전문성 개발 역량 (교직 인성, 교사 전문성 개발 노력)	– 학생 인권 조례의 취지와 그 내용을 제대로 이해하고 있는가? – 학생 인권 조례 개정안에서 제시하고 있는 학생의 책임과 의무 조항을 이해하고 이와 관련하여 초등 교사로서 어떤 조항이 필요한지 제시할 수 있는가?
창의 융합 역량 (문제 해결 능력, 창의성, 정보 기술 활용 능력)	– 학생 인권 조례 개정안이 등장하게 된 배경을 타당한 근거와 함께 제시하는가? – 초등 교사로서 제시하는 내용, 학교 현장에 적용될 수 있는 수준에서 교육적으로 보편타당한가?

【예시 답안】

– 교직에 대한 적성과 인성을 갖춘 학생을 선발함을 목적으로 하므로 정답을 요하지 않는다.

선배들의 TIP ✏

인권 문제는 현재 가장 뜨거운 이슈이므로 이러한 문제에 대해 평소에 생각해 보아야 한다. 향후 몇 년간은 교권과 학생 인권에 대한 논의가 진행될 것이므로 면접 준비 기간에 관련 자료와 기사를 찾아볼 것을 권한다.

예시 답안 ✏

수직적이었던 과거의 교사–학생 관계에서 벗어나 학생들의 인권을 보장하기 위해 학생 인권 조례가 제정되었습니다. 하지만 학생 인권 보호에 너무 큰 강조점을 두어 오히려 학생을 훈육하기 어려워지는 등의 부작용이 생기고 있습니다. 이 때문에 제시문에서처럼 조례의 개정이 논의되고 있다고 생각합니다.

저는 학생들이 자신의 선택에 대해 책임을 질 줄 알아야 한다고 생각합니다. 그러나 아직은 어리다거나 시험을 앞두고 있다는 등의 이유로 학생들의 자유로운 선택과 주체적인 행동을 제한하는 경우가 드뭅니다. 게다가 일부 보호자는 학생 스스로가 학교생활에서 시행착오를 겪으며 배워 나가야 하는 친구 사귀기, 친구와 싸웠을 때 화해하기 등과 같은 것도 교사에게 해결해 줄 것을 요구하기도 합니다. 하지만 학생들은 작게는 이러한 사회적 인간관계에서부터 크게는 자신의 진로 설정 등까지 주체적으로 생각하며 스스로 결정할 수 있어야 하고, 그로 인한 결과를 받아들일 수 있는 담대함도 길러야 합니다. 이를 위해 교사와 보호자는 학생들의 선택을 존중하고 지지해 주어야 합니다. 이렇게 자신의 주체적 선택을 존중받고, 자신의 선택으로 인한 결과를 책임질 줄 아는 학생들이 다른 학생의 인권과 학습권, 교사의 교육 활동을 존중할 수 있을 것이라고 생각합니다.

5. 면접고사 나형(B)

※ 다음 글을 읽고 답하시오.

• 인공 지능(AI)은 의료, 보안, 교육 등 다양한 분야에서 혁신적인 변화를 일으키고 있다. 특히, 교육 분야에서는 교과 지식 및 문제 풀이를 요구하는 질문에 정확하게 답하고 설명하는 인공 지능의 활용이 예상된다. 그렇다면 교과 수업에서 교사의 역할에 대해 말해 보시오.

학교 측 해설 ✎

【출제 의도】

인공 지능은 기존에 교사가 담당한 역할의 많은 부분을 대신할 수 있도록 발전할 것이다. 교과의 지식 그리고 문제 풀이와 관련된 모든 질문에 정확히 답하고 설명해 주는 인공 지능을 학생들이 자유롭게 이용할 수 있는 상황은 수업에서 교사의 역할을 새로 정립해야 할 필요성을 제기한다. 이에 대한 지원자의 의견을 제시하게 함으로써 교직 인성 및 전문성 개발 역량, 의사소통 역량 등을 평가하고자 했다.

【문항 해설】

인공 지능은 사회의 많은 분야에서 큰 영향을 미치고 있다. 교수 학습과 관련하여, 인공 지능은 기존에 교사가 담당한 역할의 많은 부분을 대신할 수 있도록 발전할 것이다. 인공 지능은 예를 들어 평가와 피드백을 도와주는 조력자로서 교사를 도울 수 있다. 더 나아가 인공 지능이 교과의 지식과 문제 풀이와 관련된 모든 질문에 정확히 답하고 설명할 수 있는 능력을 갖추는 상황을 생각할 수도 있다. 이러한 상황에서 수업에서 교사의 역할에 대한 예비 교사로서의 의견을 묻고 지원자의 교직 인성 및 전문성 개발 역량, 의사소통 역량 등을 평가한다.

【채점 기준】

하위 문항	채점 기준
의사소통 역량 (수용 능력, 표현 능력, 토론과 조정 능력)	– 문제에 주어진 상황을 이해하여 관련성 있는 답을 제시하는가? – 자신의 생각을 설득력 있게 표현하는가?
교직 인성 및 전문성 개발 역량 (교직 인성, 교사 전문성 개발 노력)	– 인공 지능과 경쟁 또는 그것을 활용하는 구체적인 방안을 제시하는가? – 문제 상황을 분석하여 교사 전문성 개발의 내용을 제시하는가?
창의 융합 역량 (문제 해결 능력, 창의성, 정보 기술 활용 능력)	– 대처 방안을 통해 문제를 효과적으로 해결할 수 있는가? – 문제 상황에 대비하는 방안이 교육적 가치를 가지고 있는가?

【예시 답안】

– 교직에 대한 적성과 인성을 갖춘 학생을 선발함을 목적으로 하므로 정답을 요하지 않는다.

선배들의 TIP ✏️

아직 오지 않은 미래의 교육 현장을 상상하며 구술해야 하는 문제다. 따라서 자유롭게 상상하며 내용을 구상해도 되지만 현재의 교육 현장과의 연결성이 떨어지지 않도록 주의해야 한다.

예시 답안 ✏️

최근 인공 지능의 발달로 수많은 직업들이 대체될 것이라는 이야기가 있습니다. 특히, 빅 데이터를 이용해 정보를 전달하는 능력이 뛰어나 인공 지능이 언젠가 교사를 대체할 것이라는 전망도 나오고 있습니다.

저는 인공 지능이 발달하는 이 상황에서 수업에 인공 지능을 활용하는 것에 대해 충분히 고려하는 것이 좋다고 생각합니다. 교사는 학생들이 인공 지능의 기능을 이용해 더 쉽게 학습에 도움을 얻을 수 있도록 적절한 가이드를 제시할 수 있어야 하는데, 그러기 위해서는 인공 지능 활용 방식에 대해서 교사가 잘 알고 있어야 할 것입니다. 학습 과정에는 적절한 가이드와 피드백이 필요하며, 면 대 면 소통이 필수적입니다. 따라서 인공 지능은 교사를 대체할 위협적인 요인이 될 수 없을 것이라 생각합니다. 오히려 교사가 학교 수업에서 인공 지능을 적절히 활용하면 학생들의 수업 만족도 더 높일 수 있을 것이라 생각합니다.

6. 면접고사 나형(C)

※ 다음 글을 읽고 답하시오.

- '그린 워싱*(green washing)'을 내세운 기업 마케팅을 통해 자사의 평판과 이윤을 높이려는 시도가 늘고 있다. 이로 인해 소비자는 친환경 제품을 구분하기 어려워졌을 뿐 아니라 그린 워싱 소송도 급격히 증가하고 있다. 똑똑한 소비를 위해 그린 워싱을 판별할 수 있는 기준을 제시하시오.

* 그린 워싱: 녹색(green)과 세탁(washing)의 합성어. 친환경적인 가치를 표방하지만 실제로는 친환경적이지 않은 것을 의미하며, '위장 환경주의'라고도 함

학교 측 해설 ✐

【출제 의도】
　'그린 워싱'이란, 녹색(green)과 세탁(washing)의 합성어로 '위장 환경주의'라고도 하며, 실제로는 친환경적이지 않으나 친환경적인 가치를 표방하는 것을 의미한다. 최근 환경과 생태계 보전에 대한 관심이 높아지면서 친환경 제품에 대한 소비 또한 증가하는 경향이 확산되고 있다. 이에 일부 기업들은 소비자들은 값이 비싸도 친환경 제품을 소비한다는 점을 마케팅 전략으로 악용함으로써 사회적 문제로 부상하고 있다. 이와 관련하여 최근 사회적 이슈에 대한 관심과 이해 수준에 대한 지원자의 인지적 역량을 확인하고, 이에 대한 비판적인 관점 및 문제를 해결하기 위한 실천적인 방안에 대한 의견을 물음으로써 창의 융합 역량과 의사소통 역량을 평가하고자 했다.

【문항 해설】
- 최근 많은 기업들이 ESG(Environment, Social, Governance) 경영 전략을 내세워 친환경 제품을 출시하고 있다. 특히, 기후 위기의 심각성에 대한 사회적 공감을 바탕으로 환경(Environment)에 대한 기업과 소비자의 관심이 증가하면서 ESG 경영 실천과 함께 '그린 워싱' 문제도 사회적 문제로 부상하고 있다. '에코', '친환경' 등의 표현을 기업의 마케팅 수단으로 무분별하게 사용하여 이윤을 창출하는 시도가 증가되면서 소비자는 어떤 것이 진짜 '친환경'인지 구분하기 어려워졌을 뿐 아니라 그린 워싱 관련 소송도 급격하게 증가하고 있는 상황이다.
- 전 세계 인구의 33%를 차지하는 MZ세대들이 친환경 소비에 민감하게 반응하는 그린 슈머(Green + Consumer)로 성장 중임을 고려할 때, 최근 사회적 이슈 중 하나인 '그린 워싱'의 문제점을 인식하고 친환경 마케팅을 재점검할 수 있는 안목을 형성함으로써 문제 해결 능력을 갖

출 수 있도록 도울 필요가 있다. 이에 본 문항을 통해 주어진 문제 상황을 파악하여 적절한 문제 해결 방법을 도출할 수 있는지를 확인함으로써 창의 융합 역량과 의사소통 역량을 평가한다.

【채점 기준】

하위 문항	채점 기준
의사소통 역량 (수용 능력, 표현 능력, 토론과 조정 능력)	– '그린 워싱'의 의미를 정확히 이해하고 구체적인 사례를 제시하는가? – 문제점을 정확하게 판단하고 타당한 문제 해결 방안을 도출하여 표현하는가?
교직 인성 및 전문성 개발 역량 (교직 인성, 교사 전문성 개발 노력)	– '그린 워싱'이 학습자의 일상생활에 미치는 효과를 제대로 이해하고 있는가? – '그린 워싱'에 대한 본인의 생각을 바람직한 가치관을 바탕으로 명확하게 제시하는가?
창의 융합 역량 (문제 해결 능력, 창의성, 정보 기술 활용 능력)	– '그린 워싱'에 따른 문제 상황을 정확하게 분석하여 비판적인 관점을 제시하는가? – 제시한 해결 방안이 문제 상황에 부합하며 보편타당한가?

【예시 답안】
– 교직에 대한 적성과 인성을 갖춘 학생을 선발함을 목적으로 하므로 정답을 요하지 않는다.

선배들의 TIP 🖋

익숙하지 않은 주제가 출제될 때에는 제시문에 나와 있는 참조를 중심으로 구술 내용을 구상하는 것이 필요하다. 신선한 예시를 제시하기 어렵다면 천편일률적이어도 좋으니 적절하고 구체적인 예시를 제시하는 것이 좋다. 무리해서 짜내는 것은 좋지 않다.

예시 답안 🖋

환경에 대한 관심이 늘어나면서 전 세계적으로 친환경적인 제품을 사용하는 것이 하나의 붐이 되었습니다. 우리나라에서도 에코 백, 텀블러 등이 유행했었고 이에 맞춰 마트에서도 에코나 친환경, 그린 등의 단어가 붙은 제품을 많이 확인할 수 있습니다. 하지만 생분해 플라스틱처럼 친환경적으로 분해가 될 것처럼 보이지만 특정 조건이 아니면 일반적인 플라스틱처럼 분해되지 않는 제품들이 많습니다. 이렇게 환경 보호를 하는 것처럼 위장을 하는 것을 그린 워싱이라고 합니다.

소비자로서 그린 워싱에 속지 않기 위해서는 조금 귀찮을지라도 자신이 소비한 것이 어떤 폐기물을 생산할지 따져보는 것이 필요합니다. 어떤 종류든 소비는 폐기되는 부산물을 만들어 냅니다. 생산되면서 생기는 폐기물과 소비하면서 생기는 폐기물을 고려하면 일용품을 쓰는 것이 더 나은 경우도 있습니다. 앞에서 예를 들었던 텀블러도 충분히 제 가치를 하려면 최소 2, 3년을 써야 하며 그 이하로 쓰는 경우는 오히려 더 많은 환경 오염을 일으키게 된다고 합니다. 제품을 구입하기에 앞서 해당 제품이 얼마나 환경 오염에 기여하는지, 얼마나 폐기물을 만들어 내는지 고려하고 따져 보는 습관이 필요합니다. 이를 위해 개인에게만 그 책임을 전가하는 것이 아니라 국가에서도 소비자원 등을 통해 생산되는 공산품들의 환경 오염 지수를 체크해 공개하는 것이 필요합니다.

[정시]

1. 면접고사(A)

※ 다음 글을 읽고 답하시오.

- 초 · 중등학교 교육의 문제를 한 장의 사진으로 표현한다면, 어떤 사진을 찍고 싶은지 자세히 묘사해 보시오. 그 문제의 원인과 해결 방안을 말해 보시오.

학교 측 해설 ✏️

【출제 의도】
- 우리나라 초 · 중등학교 교육의 문제점을 설명하고 그 문제의 원인과 해결 방안을 제시하는 과정에서 자신의 생각을 논리적으로 전달하고 표현할 수 있는 의사소통 역량을 평가하고자 했다.
- 교육 문제 상황을 한 장의 사진으로 묘사하도록 하여 지원자의 교육 문제 인식에 대한 구체성과 보편타당성을 확인할 수 있으며, 교육 문제의 원인과 해결 방안을 제안하는 과정에 지원자의 교육적 신념을 파악하여 교직 인성 및 전문성 개발 역량을 평가하고자 했다.
- 교육 현장에서 발생하는 각종 문제의 원인을 종합적으로 파악하고 문제를 해결하기 위한 창의적인 대안을 마련하여 제시하는 과정에서 지원자의 창의 융합 역량을 평가하고자 했다.

【문항 해설】
　이 문항은 지원자의 초 · 중 · 고 학교생활 경험을 바탕으로 우리나라 교육의 문제를 인식하고 그 원인과 해결 방안을 제시하도록 했다. 특히, 교육 문제 상황을 한 장의 사진으로 자세히 묘사하도록 한 장치를 통해 교육 문제 인식의 구체성을 확인하고 언어적 · 비언어적 표현 역량을 확인할 수 있도록 했다. 또한, 지원자가 교육 문제의 원인을 종합적으로 파악하고 창의적인 문제 해결 방안을 제안하는 과정에서 지원자의 교육적 신념을 파악하여 교직 인성 및 전문성 개발 역량을 평가한다.

하위 문항	채점 기준
의사소통 역량 (수용 능력, 표현 능력, 토론과 조정 능력)	– 자신의 생각을 논리적으로 전달하고 있는가? – 언어적 · 비언어적 표현을 잘 사용하고 있는가?
교직 인성 및 전문성 개발 역량 (교직 인성, 교사 전문성 개발 노력)	– 교육 문제 인식에 대한 설명이 구체적이며 보편타당한가? – 자신의 교육적 신념을 반영하여 교육 문제를 해결하기 위해 노력하고 있는가?
창의 융합 역량 (문제 해결 능력, 창의성, 정보 기술 활용 능력)	– 교육 현장 문제의 원인을 종합적으로 파악하고 있는가? – 창의적인 관점으로 문제 해결 방안을 제시하고 있는가?

【예시 답안】

– 교직에 대한 적성과 인성을 갖춘 학생을 선발함을 목적으로 하므로 정답을 요하지 않는다.
– 채점 기준을 바탕으로 지원자의 의사소통 역량, 교직 인성 및 전문성 개발 역량, 창의 융합 역량을 평가한다.

선배들의 TIP 🖊

자유롭게 자신이 생각하는 교육 현장의 문제를 제시하는 과정이 필요한 주제다. 이 경우 많은 학생들이 고등학교 시절을 중심으로 생각하는데 가능하다면 초등학교 시절부터 염두에 두고 내용을 구술하는 것이 좋다.

예시 답안 🖊

저는 교실에서 악동처럼 떠들며 주변 학생들을 짜증나게 하는 학생을 보고도 교사가 교탁에서 손 놓고 보기만 하는 상황을 사진으로 표현하고 싶습니다. 현재 학생 인권에 대한 지나친 강조로 교사의 훈육권이 거의 전무한 정도입니다. 물론, 학생 인권과 교권은 양립 불가한 것이 아니기 때문에 학생 인권에 대한 강조는 분명 필요합니다. 하지만 아동 학대라는 명목으로 사실상 학생의 부적절한 행동을 물리적으로 막고 규범을 가르치기 위해 훈육하는 것이 제한되어 있습니다. 학생들의 인권을 침해하는 과도한 제재는 경계해야 하지만, 적어도 다른 학생들에게 피해가 가지 않도록 학생을 제지하고, 이후에 잘못된 것에 대해 깨달을 수 있도록 훈육하는 과정이 필요하며, 이를 위해서는 교사의 권한이 보장되어야 합니다. 이를 위해 학생 인권 조례에 학생의 책임에 대한 조항을 추가하고 교사의 훈육에 대해 제도적으로 보장하여 문제가 없도록 해야 할 것입니다.

2. 면접고사(B)

※ 다음 글을 읽고 답하시오.

• 초등학교의 돌봄 기능을 확대한 '늘봄학교' 운영이 전국에서 가장 먼저 부산에서 오는 3월 새 학기부터 실시된다. 이에 대해 학교 현장에서는 아직 준비가 제대로 안 되었다거나, 초등학교가 돌봄 기능을 담당하는 게 맞느냐는 논란이 벌어지고 있다. 이에 대한 자신의 생각을 말해 보시오.

학교 측 해설 🖉

【출제 의도】

시행을 앞두고 있는 초등학교에서의 늘봄학교 운영 개시와 관련하여 그것이 교육적으로 바람직한지 여부에 대한 교육적 논의가 가능하다. 이러한 논쟁적 문제에 대해 지원자가 자신의 생각과 의견을 제시함으로써 교직 인성 및 전문성 개발 역량, 의사소통 역량 등을 평가하고자 했다.

【문항 해설】

이 문항은 지원자의 평소 교육에 대한 관심을 바탕으로 우리나라 교육의 문제를 인식하고 그 원인과 해결 방안을 제시하도록 했다. 특히, 늘봄학교 운영과 관련한 교육 문제 상황에 대한 인식의 구체성을 확인하고 언어적 · 비언어적 표현 역량을 확인할 수 있도록 했다. 또한, 지원자가 늘봄학교 운영에 대한 문제의 원인을 종합적으로 파악하고 창의적인 문제 해결 방안을 제안하는 과정에서 지원자의 교육적 신념을 파악하여 교직 인성 및 전문성 개발 역량을 평가한다.

【채점 기준】

하위 문항	채점 기준
의사소통 역량 (수용 능력, 표현 능력, 토론과 조정 능력)	– 자신의 생각을 논리적으로 전달하고 있는가? – 언어적 · 비언어적 표현을 잘 사용하고 있는가?
교직 인성 및 전문성 개발 역량 (교직 인성, 교사 전문성 개발 노력)	– 교육 문제 인식에 대한 설명이 구체적이며 보편타당한가? – 자신의 교육적 신념을 반영하여 교육 문제를 해결하기 위해 노력하고 있는가?
창의 융합 역량 (문제 해결 능력, 창의성, 정보 기술 활용 능력)	– 교육 현장 문제의 원인을 종합적으로 파악하고 있는가? – 창의적인 관점으로 문제 해결 방안을 제시하고 있는가?

【예시 답안】

- 교직에 대한 적성과 인성을 갖춘 학생을 선발함을 목적으로 하므로 정답을 요하지 않는다.

- 늘봄학교 운영에 관한 자신의 의견을 논리적으로 설명할 수 있는지를 평가한다.

- 채점 기준을 바탕으로 지원자의 의사소통 역량, 교직 인성 및 전문성 개발 역량, 창의 융합 역량을 확인한다.

선배들의 TIP ✏️

해당 년도에 가장 이슈가 되는 교육 주제 중 하나가 출제되었다. 교육에 대해 어떻게 인식하고 있는지 볼 수 있는 문제이므로 돌봄과 교육을 혼동하지 않도록 주의하자.

예시 답안 ✏️

제가 예전에 본 기사에서 양육, 보육, 교육이 비슷하지만 다른 것들이라고 했습니다. 양육은 기르는 것, 보육은 돌보는 것, 교육은 가르치고 이끄는 것입니다. 학교는 교육의 공간이며 가르치고 지도하는 곳입니다. 돌봄은 보육의 영역이며 교육과는 구분되는 것입니다. 단순히 학생들을 모아 놓고 돌보는 것이기 때문에 학교에서 담당해야 한다는 것은 교육을 잘못 이해한 것이라 생각합니다. 돌봄은 기본적으로 어린 미성년자가 부모의 보호 아래 있을 수 없을 때 안전하게 시간을 보낼 수 있도록 하는 것입니다. 이것은 교육 활동이 아니며 따라서 학교와 교사가 담당해야 하는 일이 아닙니다. 늘봄학교는 돌봄의 책임과 의무를 교사와 학교에 떠넘기는 일이라 생각합니다. 맞벌이나 다른 사정으로 인해 돌봄 서비스가 필요하다면 직장 어린이집이나 전문 돌봄 교실 등을 이용해 해결해야 합니다. 방과 후에 돌봄 서비스가 학교에서 진행된다면 학교 업무나 교사 수업 연구 등에 차질이 생길 수 있으며 행정적으로 운영 주체를 명확히 할 수 없다는 문제점 등이 있습니다. 따라서 학교가 돌봄 기능을 확대할 필요가 없다고 생각합니다.

3. 면접고사(C)

※ 다음 글을 읽고 답하시오.

• 〈보기〉에 제시된 네 가지 교사상 중에서 자신이 가장 강조하고 싶은 교사상을 하나 선택하고, 그 이유를 말해 보시오.

〈보기〉

• 훌륭한 인격과 성품을 지닌 교사
• 학생에 대한 관심과 사랑을 지닌 교사
• 효율적인 학습 지도를 할 수 있는 교사
• 사회 변화에 능동적으로 대처할 수 있는 교사

학교 측 해설 ✏

【출제 의도】

– 〈보기〉에 제시된 네 가지 교사상 중에서 자신이 가장 강조하고 싶은 교사상을 하나 선택하고, 그 이유를 설명하는 과정에서 자신의 생각을 논리적으로 전달하고 표현할 수 있는 의사소통 역량을 평가하고자 했다.

– 자신이 가장 강조하고 싶은 교사상에 대한 이야기를 통해 다양한 교사상 유형에 대하여 얼마나 이해하고 있는지 확인하고, 지원자의 교육적 신념과 가치를 파악하여 교직 인성 및 전문성 개발 역량을 평가하고자 했다.

– 다양한 교사상 유형에 대하여 얼마나 종합적인 관점으로 파악하고 있는지 확인하고, 자신이 해당 교사상을 강조하는 이유를 얼마나 창의적인 관점으로 설득할 수 있는가를 확인하여 지원자의 창의 융합 역량을 평가하고자 했다.

【문항 해설】

이 문항은 다양한 교사상 유형 중에서 대표적인 네 가지 교사상 유형(훌륭한 인격과 성품을 지닌 교사, 학생에 대한 관심과 사랑을 지닌 교사, 효율적인 학습 지도를 할 수 있는 교사, 사회 변화에 능동적으로 대처할 수 있는 교사)을 〈보기〉로 제시하고, 이 중에서 지원자가 가장 강조하고 싶은 교사상을 하나 선택하도록 하여 지원자의 교사관, 교직관, 교육관을 확인할 수 있도록 했다. 또한, 자신이 가장 강조하고 싶은 교사상을 선정한 이유를 이야기하는 과정에서 지원자의 교육적 신념과 가치를 확인할 수 있다.

【채점 기준】

하위 문항	채점 기준
의사소통 역량 (수용 능력, 표현 능력, 토론과 조정 능력)	– 자신의 생각을 논리적으로 전달하고 있는가? – 언어적 · 비언어적 표현을 잘 사용하고 있는가?
교직 인성 및 전문성 개발 역량 (교직 인성, 교사 전문성 개발 노력)	– 다양한 교사상 유형에 대하여 충분히 이해하고 있는가? – 자신의 교육적 신념과 가치를 반영하여 교사상을 파악하기 위해 노력하고 있는가?
창의 융합 역량 (문제 해결 능력, 창의성, 정보 기술 활용 능력)	– 네 가지 교사상 유형에 대하여 종합적인 관점으로 파악하고 있는가? – 자신의 선택 과정과 그 이유를 창의적인 관점으로 설명하고 있는가?

【예시 답안】

– 교직에 대한 적성과 인성을 갖춘 학생을 선발함을 목적으로 하므로 정답을 요하지 않는다.
– 채점 기준을 바탕으로 지원자의 의사소통 역량, 교직 인성 및 전문성 개발 역량, 창의 융합 역량을 확인한다.

선배들의 TIP ✎

교대 면접에서 면접관들이 가장 중요하게 보는 것 중 하나가 교직관, 교사상이다. 많은 경우 지식 전수에만 집중하는 경향이 있는데 그 외의 부분을 살펴보는 것을 추천한다.

예시 답안 ✎

제시된 교사상 모두 매우 중요한 것들이지만 전 훌륭한 인격과 성품을 지닌 교사가 되고 싶습니다. 초등학교 수준에서 학생들은 가르치는 대로 배우기만 하는 것이 아니라 자신이 우러러 보는 어른을 모방하면서 성장합니다. 정말 원하거나 하고 싶은 것이 아니어도 아이가 엄마의 화장품을 쓰는 것처럼 자신이 이상적으로 생각하는 성인의 모습을 모방하는 것이 본능적으로 이루어집니다. 그렇기 때문에 저는 학생들이 우러러 볼 수 있도록 제가 훌륭한 인격과 성품을 지녔으면 좋겠습니다. 그러면 거기서 끝나는 것이 아니라 학생들이 저를 닮고 싶다고 생각하며 행동과 사고를 모방할 것이라 생각하기 때문입니다. 도덕적인 삶의 방식을 가르치는 것은 단순히 말로만 남고 지나갈 수 있습니다. 도덕적인 삶을 사는 사람을 보며 닮고 싶다고 생각하는 것은 무엇보다 더 강한 동기와 효과를 지닌다고 생각합니다. 따라서 저는 인격과 성품 면에서 학생들이 닮고 싶어 하는 부분이 많은 교사가 되고 싶습니다.

[수시]

1. 교직 인성(오전)

※ 다음 글을 읽고 답하시오.

> 야구 대회 결승전이 벌어지고 있다. 팀에서 타격 능력이 우수한 새록이의 마지막 타석이다. 감독은 확실한 승리를 위해 새록이에게 희생 번트를 지시했다. 하지만 새록이는 감독의 지시를 거부하고, 타격하여 득점을 했다. 내가 감독이라면, 새록이를 어떻게 지도할 것인가? 그 이유는 무엇인가?

학교 측 해설 ✏️

【출제 의도】

- 지원자의 초·중·고 학창 시절 경험에 기반한 판단을 유도한다.
- 학습자가 아닌 초등학교의 교사 입장에서 자신의 경험과 인식의 성장을 평가할 수 있는 문항이다.
- 하나의 입장을 선택하기보다는 개인과 공동체의 두 차원, 교수자의 지도 관리 측면을 종합적으로 고려한 합리적인 방안 제시 능력을 확인할 수 있는 좋은 문항으로 보인다.

【문항 해설】

- 학교 현장에서 개인의 욕구 충족과 공동체 목표 달성 과정에서 갈등이 발생할 수 있으며 이러한 상황 발생 시 대처 및 지도 방안을 묻고 있다. 특히, 교육 상황에서 공동의 목표를 달성했다고 하지만, 교사의 지시를 따르지 않는 일탈 행위 발생 시 이를 해결하기 위한 다양하고 구체적인 방안을 모색하여 제시할 수 있는지를 확인할 수 있는 문항이다.
- 야구 대회 결승전에서 팀의 승리를 결정지을 수 있는 중요한 순간에 타격에 자신감을 보이고 있는 학생이 감독의 사인을 거스르고 자신의 원하는 방식으로 타격하여 득점을 한 상황이다. 이 문항은 이와 같은 상황에서 문제 해결을 위한 지도 방안과 그 이유를 묻고 있다.
- 교육 현장에서 있을 수 있는 교수자의 지도와 개인의 판단에 의한 행동의 불일치 상황을 제시하고 이러한 상황에서 지원자가 어떻게 지도할 것인지에 대한 의견을 물어보는 것으로 상황에 따른 지원자의 논리적인 답변을 요구하고 있다.

【채점 기준】

　팀 경기에서 규율 준수의 중요성, 개인의 공명심과 팀의 안정적인 승리, 지시 거부로 인한 감독의 지도 관리 능력 훼손 등을 종합적으로 고려하여 설득력 있는 답변을 제시하면, 높게 평가한다.

【예시 답안】

서울교대는 해당 문항에 대한 예시 답안을 제시하지 않았으므로 생략한다.

선배들의 TIP 🖊

　문제의 의도가 보이는 경우 그 의도에 맞춰 접근하는 것이 좋다. 이 문제의 경우 야구 대회라는 배경을 상정하고 있지만 교사-학생, 지도자-피지도자 등으로 확장해 생각하는 것이 필요하다.

예시 답안 🖊

　제가 감독이라면 새록이의 득점에 대해 큰 문제를 삼지 않을 것 같습니다. 비록 새록이가 감독의 지시를 따르지 않았지만 새록이가 주체적으로 한 판단이 타격 전에 있었을 것이며 그 주체적인 판단이 좋은 결과를 냈다는 점에 조금 더 점수를 주고 싶습니다. 단체 운동이라는 특성상 감독의 지시를 어긴 것은 다른 팀원들에게 좋지 않은 선례가 될 수도 있지만 득점을 위해 순간적으로 판단한 것은 지도자의 지시를 의도적으로 어기는 반항과는 다르다고 생각합니다. 이를 학교에 연결해 보겠습니다. 제가 교사가 되었을 때 프로젝트 수업을 하는데 어떤 학생이 제가 제시한 가이드라인에서 벗어났지만 창의적인 결과를 보여주었다면 저는 학생이 가이드라인을 따르지 않은 것을 지적하는 것보다 학생이 스스로 창의적인 방식으로 생각한 것을 먼저 고려할 것입니다. 물론 결과가 좋지 않을 때에는 가이드라인을 따르는 것의 중요성을 알려 주며 새로운 지도 상황이 될 수 있습니다. 그것 또한 교육의 일환이 될 수 있기 때문에 저는 결론적으로 지시에 따르지 않은 것을 문제 삼지 않을 것입니다.

2. 교직 적성(오전)

※ 다음 글을 읽고 답하시오.

> 교육의 방식은 철도, 도로, 항해 모형에 빗대어 설명할 수 있다. 각 모형은 목적지에 도달하는 방식이 다르다. 철도 모형은 정해진 경로를 따르는 것이다. 도로 모형은 다양한 경로 중 최선의 경로를 탐색하여 선택하는 것이다. 항해 모형은 경로를 스스로 만드는 것이다. 교사 입장에서 각 모형이 지니는 장점과 단점을 설명하시오. 그리고 철도, 도로, 항해 모형을 효과적으로 적용할 수 있는 수업 상황을 각각 제시하시오.

학교 측 해설 ✏️

【출제 의도】
- 이 문항은 철도, 도로, 항해 모형의 교육적 함의를 이해하고, 실제 수업 상황에 적용하여 그 사례를 제시하고, 모형의 장단점을 제시할 수 있는지를 평가하는 문항이다.
- 이 문항은 논리력, 교육 현장에서 모형의 적절한 예시를 찾아내는 응용력 등 종합적 사고력을 평가하는 문항이다.

【문항 해설】
- 교육은 교수자와 학습자 간의 교육적 상호 작용의 과정이다. 이 과정에는 다양한 요인들이 관여하지만, 수업 운영 전반의 주도권을 중심으로 교육 방식을 범박하게 세 가지로 구분할 수 있다. 그것은 교사 중심 교육, 학습자 중심 교육 그리고 양자를 혼합한 절충식 교육이다. 철도, 항해, 도로는 이 세 가지 교육 방식을 은유적으로 표현하여 제시한 것이다.
- 철도, 도로, 항해 모형은 수업 운영의 주도권을 중심으로 설정한 것이나, 이 모형은 결과적으로 교육 목표의 효율적 달성과 학습자의 교육적 자율성 보장 사이의 길항 관계를 보여 주기도 한다. 예컨대 철도 모형은 효과적으로 교육 목표를 달성할 수 있으나, 학습자의 자율성을 존중하기 어렵다. 반면에 항해 모형은 학습자의 자율성을 최대로 보장하나 교육 목표의 달성 여부를 장담하기 어렵다. 이처럼 각각의 모형은 장단점을 지니기에, 특정 교육 모형이 수업 상황을 우선적으로 적용해야 하는 절대적인 표준으로 간주할 수 없다. 따라서 각각의 모형은 교육 목표, 상황, 학습자의 특성을 종합적으로 고려하여 수업 상황에 적용해야 한다.

【채점 기준】
- 각 모형의 장·단점을 고려하여 적절한 수업 상황을 제시한 경우에 높게 평가한다. (철도 모형-직접 교수법 / 도로 모형-문제 해결 학습, 가치 갈등 학습 / 항해 모형-프로젝트 학습)

【예시 답안】

- 철도 모형 장점: 교육 목표의 효율적 달성, 검증된 교육 방식을 활용하여 안정적인 교육 가능, 교수·학습 과정 전반을 효과적으로 관리 통제
- 철도 모형 단점: 학습자의 자율성이 보장되지 않음, 획일화된 교육, 교사 주도의 형식화된 학습이 이루어질 가능성
- 도로 모형 장점: 학습자의 자율성을 부분적으로 보장, 학습자의 요구와 흥미를 부분적으로 반영할 수 있음, 학습 활동의 과정과 결과 예측 가능
- 도로 모형 단점: 교사의 수업 부담이 늘어날 수 있음, 학생 요구를 전적으로 반영할 수 있음, 주어진 선택지 외에 다른 방안을 선택할 수 없음
- 항해 모형 장점: 학습자의 자율성을 최대한 보장, 다양한 결과를 산출할 수 있음, 학습자의 다양한 요구 수용
- 항해 모형 단점: 다양한 시행착오를 겪을 수 있음, 학습자의 능력에 따라 교육의 성과가 달라짐, 학습 시간이 많이 걸림
- 철도 모형-직접 교수법 / 도로 모형-문제 해결 학습, 가치 갈등 학습 / 항해 모형-프로젝트 학습

선배들의 TIP ✏️

철도, 도로, 항해로 비유가 되어 있어 수험생들이 적절한 답변을 생각해 내기 어려울 수 있다. 교육학적인 요소를 연결하기 위해 억지로 짜낼 필요 없이 각 비유가 어떤 방식의 수업을 의미하는지 차분히 생각하는 것이 더 좋다.

예시 답안 ✏️

철도 모형은 정해진 길을 따라가기만 하면 예상 가능한 결과를 산출할 수 있다는 장점이 있습니다. 학생들에게 지식을 전수할 때 정해진 방식을 통해 전달하고 평가하면 대부분의 학생이 해당 지식을 알게 된다는 결과가 나올 것을 높은 확률로 예상할 수 있습니다. 하지만 교사 중심의 수업으로 학생들의 자율성이 고려되지 않을 수 있으며 강의식 수업으로 학생들이 학습에 흥미를 잃을 수 있다는 단점이 있습니다.

도로 모형은 정해진 목적지에 다양한 방식으로 접근할 수 있는 모형입니다. 학생들의 자율성을 어느 정도 고려할 수 있다는 장점이 있으며 학생들이 참여할 수 있는 문제 해결 중심의 활동 등을 포함한 수업으로 학습 흥미를 높일 수 있습니다. 하지만 다양한 활동 가능성을 위해 교사가 수업

을 구성할 때 고려해야 할 것이 너무 많아질 수 있다는 단점이 있으며, 학생들의 흥미에 집중한 나머지 실제 학습의 효율은 떨어질 수도 있습니다. 또한, 도로 모형에 정해진 목적지가 있다는 것은 철도 모형과 같으며 따라서 학생의 창의성과 자율성을 온전히 고려한 것은 아니라는 단점도 있습니다.

항해 모형은 프로젝트 수업처럼 학생들이 주체가 되어 탐구 대상과 목표, 방식 등을 모두 학습자가 스스로 설정하게 하는 모형입니다. 학생들 스스로가 모든 것을 정하고 조율해야 하기 때문에 학생이 자기 효능감을 크게 느낄 수 있다는 장점이 있으며 학생의 자율성을 최대로 발휘할 수 있게 해 줍니다. 하지만 학습자의 수준에 따라서 수업의 성패가 크게 갈릴 수 있으며 장기적인 기간을 두고 이루어지기 때문에 학습 효율이 떨어질 수 있다는 단점이 있습니다.

3. 교직 교양(오전)

※ 다음 글을 읽고 답하시오.

> 생성형 인공 지능은 대규모 데이터 세트를 기반으로 이용자의 요구에 따라 창의적인 산출물을 신속하게 만들어 준다. 생성형 인공 지능을 수업 상황에 도입할 경우, 교사의 역할에서 많은 변화가 예상된다. 이때 교사는 학습자에게 어떤 능력을 길러주는 데 초점을 두어야 하는지 말하시오.

학교 측 해설 ✏️

【출제 의도】

– 생성형 인공 지능은 기술의 발전에 따른 사회적 변화뿐만 아니라 교육에서의 변화도 요구하고 있다는 점에서 교직 소양의 문항으로 적절하며 학교 교육에서의 예상되는 모습을 예측하게 하는 문항이다.

– 생성형 인공 지능을 통해 학교에서의 변화로서 학습자에게 요구되는 역량뿐만 아니라 교사들에게도 새로운 역량과 가치를 생각해 보게 한다는 점에서 최근의 국가적인 디지털 소양 및 인공 지능 교육에 대한 부분과 관련지어 생각해 볼 수 있는 문항이다.

– 학습의 과정과 결과를 통해 기존의 전통적인 교수 학습으로 지식을 전달하고 기억하는 데 초점을 맞추었던 부분에서 정답을 찾기보다는 문제를 발견하고 효과적인 문제 해결의 과정을 발견할 수 있는 역량을 기르도록 할 수 있는 교사의 역량을 묻는 문항이다.

【문항 해설】

- 생성형 인공 지능이 수업에 적용되는 상황에서 교사가 학습자에게 길러주어야 하는 능력으로 문제 의식을 갖는 능력과 질문을 할 수 있는 능력 및 원리에 대한 이해와 인공 지능이 산출한 결과물에 대한 비판적 수용을 응답할 수 있다.

- 창의적 결과물을 제시하는 것이 인간의 고유한 영역이 아니라 인공 지능 또한 수행할 수 있다는 점을 고려하면서 정보 사회에서 지식과 기술이 활용되는 분야를 살펴보고 정보화로 인해 변화된 모습을 알아볼 수 있는 문항이다.

- 생성형 AI의 경우 이용자의 요구에 따라 다양한 산출물을 생성하는 특성을 안내하고, 교육 현장에 적용될 때 많은 변화를 가지고 온다는 설명을 통해 학습자의 학습 목표가 지식의 생성이나 산출물을 만드는 것이 아니라는 것을 인식할 수 있도록 하고 있다. 학습자가 생성형 AI를 이용해 오류가 없는 산출물 또는 요구하는 바를 모두 갖춘 산출물을 얻도록 하기 위해 교사는 생성형 AI에 의사를 전달하는 방법, 질문하는 방법 등을 지도해야 한다. 제시문을 분석하고 적절한 추론 과정을 거쳐 논리적으로 답변할 수 있는지 평가하는 문항이다.

【채점 기준】

인공 지능이 창의적 결과의 산출 과정에서 상당한 부분을 담당할 것으로 예측된다. 적절한 이유나 근거를 제시하지 않고 창의적 사고 능력 함양이나 지시문 활용 등과 같이 일반적이거나 단순하게 답변하면 낮게 평가한다.

【예시 답안】

- 현상에 대한 문제의식을 갖는 능력
- 문제에 대한 답을 찾기보다 질문을 할 수 있는 능력
- 지식의 암기보다 원리에 대한 이해 능력
- 인공 지능이 생성한 산출물에 대한 비판적 수용

선배들의 TIP 🖉

인공 지능에 대한 문제가 매년 다수의 교대에서 출제되고 있다. 인공 지능에 대한 개념을 미리 알아두는 것이 필요하며, 교육 현장과 관련해서는 자유롭게 생각해도 좋지만 기술 만능주의에 빠지지 않도록 주의해야 한다.

예시 답안 ✏️

 ChatGPT 등 빅 데이터로 학습하는 생성형 인공 지능이 대중적으로 많이 알려졌으며 교육 현장에도 학생들의 숙제 도우미처럼 이미 어느 정도 이용되고 있습니다. 이제 학교에서 제시하는 숙제나 활동 등에서 학생들이 인공 지능을 이용해 정보를 수월하게 찾아내는 것을 막을 수 없습니다. 정보를 찾아내는 과정을 통해 학습을 이루게 했던 종래의 방식보다는 새로운 학습 방식이 필요할 것입니다.

 학생들이 인공 지능을 이용할 것을 고려한다면 산출해 내는 결과에만 평가 주안점이 있는 방식은 적절하지 못할 것입니다. 앞으로는 지식을 무작정 찾고 많이 아는 능력보다 인공 지능에 묻고 요구하는 능력이 더 중요해질 것입니다. 생성형 인공 지능은 질문의 구체성과 체계성에 따라 산출하는 결과가 달라집니다. 학생들은 창의적이면서도 체계성을 갖춘 질문 방식으로 인공 지능을 이용하는 법을 배워야 할 것입니다. 또한, 제대로 묻기 위해서는 묻고자 하는 주제의 핵심적인 원리나 기본 지식을 정확히 알고 있어야 합니다.

 생성형 인공 지능이 의미 있는 지식만 학습하는 게 아니라 무작위의 빅 데이터를 학습하는 만큼, 아무리 좋은 질문으로 결과를 산출해도 신빙성이 떨어질 수 있습니다. 따라서 학생들이 산출된 결과를 무조건적으로 수용하는 것이 아니라 크로스 체크 등으로 검증하고, 비판적으로 살펴보는 과정을 거칠 수 있도록 지도하는 것이 필요합니다.

4. 교직 인성(오후)

※ 다음 글을 읽고 답하시오.

> 한국 초등학교 합창단이 전국 합창 대회를 준비 중이다. 합창 대회에서 입상하려면 가창 능력이 우수한 학생이 독창 파트를 맡아야 한다. A 교사는 가창 능력이 우수한 새록이에게 독창을 맡기려 했다. 그런데 합창단원들은 청람이에게 독창을 맡길 것을 요청했다. 청람이는 가창 능력이 다소 부족하지만 대회 준비에 기여도가 높은 학생이다. 내가 A 교사라면, 누구에게 독창을 맡길 것인가? 그 이유는 무엇인가?

학교 측 해설

【출제 의도】
- 21세기 학습자에게 요구되는 문제 해결력과 공동체 의식, 갈등 해결 능력 등을 설득력 있게 전달할 수 있는 능력을 평가하는 문항이다.
- 학생들이 주어진 문제를 해결하기 위하여 학창 시절의 경험 또는 사례를 참고하여 발표할 수 있도록 했다.
- 대회 입상을 통한 합창단의 위상 제고와 공동체 의식을 기반으로 한 민주적 의사 결정 존중 가운데 하나를 선택해야 하는 딜레마 상황에서 학생의 생각을 논리적으로 답할 수 있는지 확인할 수 있는 문항이다.
- 다만, 하나를 선택하여 이를 정당화할 때 다른 선택지는 중요하지 않다고 생각할 수 있어 이를 종합적으로 고려할 수 있는 발문을 제시했다.

【문항 해설】
- 합창 대회 입상을 위해 준비하는 과정에서 학급 내 우수한 능력을 보이는 학생과 능력은 조금 부족하지만 대회 기여도가 높은 학생 중 누구를 선발해야 하는지 갈등하는 상황에서 선발 이유에 대한 합리적인 근거를 묻는 문항이다.
- 대회 입상이라는 현실적인 목표 달성을 위한 선택과 학급 구성원들의 의견 수렴을 통한 의사 결정 사이에서의 갈등, 교사와 학생 사이에서 발생할 수 있는 갈등과 같이 공동체 또는 타인과의 관계에서 갈등 발생 시 이에 대한 효과적인 대처 및 해결 방안을 제시할 수 있는 능력을 평가한다.
- 공동체의 의사 결정 과정에서 갈등이 발생했을 때 특히, 교수자와 구성원 사이에 의사 결정이 발생하는 상황에서 교수자의 판단에 대한 질문이며 이러한 갈등을 해결하는 과정에 대한 논리적인 답변을 요구하는 문항이다.

【채점 기준】

– 합창 대회 입상 여부에 따른 득실, 합창 대회 준비에 대한 기여도, 새록이와 청람이의 가창 역량 등을 종합적으로 고려하여 설득력 있는 답변을 제시하면, 높은 점수를 부여한다.

【예시 답안】

서울교대는 해당 문항에 대한 예시 답안을 제시하지 않았으므로 생략한다.

선배들의 TIP ✏️

실제 교사라고 생각했을 때 문제 상황을 어떻게 해결할지 묻는 문제이다. 정답이 정해져 있는 것은 아니지만 문제 해결 과정에서 교사로서의 태도가 보일 수 있도록 해야 한다. 평소 자신이 교사가 된다면 어떻게 행동할 것인지 생각해 보는 것이 도움이 된다.

예시 답안 ✏️

제시문과 같은 상황에서 저라면 청람이에게 독창을 맡길 것입니다. 대회 우승이라는 결과만 고려한다면 새록이에게 독창을 맡기는 것이 좋겠지만 함께 합창하는 다른 학생들의 추천이 있다는 점이 더 고려되어야 할 것입니다. 독창 부분을 제외하고 합창은 학생 모두가 조화를 이루는 과정이 필요한 활동입니다. 청람이의 기여도가 높은 것 외에도 학생들에게 귀감이 될 만한 부분이 있어 학생들의 추천을 받았을 것이라 생각하며, 그 기대에 부응하는 것이 합창의 조화를 위해서 필요하다 생각합니다.

결과가 좋지 못할 것이 보이는 것에 대해 반론이 있을 수 있습니다. 열심히 준비하는 만큼 당연히 좋은 결과가 있는 것이 교사뿐만 아니라 다른 학생들 모두에게 보람으로 다가오고 적절한 보상감을 줄 수 있을 것입니다. 하지만 큰 대회를 준비하며 공동의 목표를 위해 다 함께 힘든 준비 과정을 공유하는 경험이 목표를 성취하는 것 말고도 목표에 가까워지기 위해 들인 노력과 그 노력을 함께 하는 공동체 의식에 대한 긍정적인 학습으로서 학생들에게 더 가치 있을 것이라 생각합니다. 따라서 청람이를 독창으로 세워 학생들의 합창 대회 준비를 더 가치 있는 경험으로 만들고 싶습니다.

5. 교직 적성(오후)

※ 다음 글을 읽고 답하시오.

A 교사와 B 교사는 동일한 교육 내용으로 수업을 실시했다. A 교사의 수업에서 학습자는 심리적 부담을 느끼며 활동에 소극적으로 참여했다. 반면 B 교사의 수업에서 학습자는 심리적 부담 없이 활동에 자발적으로 참여했다. 두 교사의 수업에서 어떤 요인들이 학습자의 반응에 영향을 주었을지를 생각하여 말하시오. 또 학습자가 심리적 부담을 느끼지 않고 적극적으로 수업에 참여할 수 있는 방안을 제안하시오.

학교 측 해설 🖋

【출제 의도】

– 교육적 상황을 바라보는 수험자의 태도, 관점, 성향 등을 자유롭게 드러내도록 의도했다.

– 수험자가 답변 시에 자신의 교육적 경험을 동원하여 해당 지문을 이해하여 답변할 것으로 기대하는 문항이다.

– 수험자의 교육적 자질과 역량 등을 판단하기 위해 답변에서 자신의 교육관, 학습 태도 등이 드러나도록 했다.

【문항 해설】

– 이 문제 상황을 제시한 이유는 두 가지이다. 하나는 교수자의 수업 설계 및 운영 능력의 유무에 따른 학습의 결과가 결정적으로 달라질 수 있음을 인식시키기 위함이고, 다른 하나는 이 상황이 학습자에게 친숙하기 때문이다. 따라서 자신의 경험을 활용하여 무리 없이 답변을 할 수 있는 문항이다.

– 두 교사의 수업에서 학습자가 부담을 느끼게 되는 원인에 대해 수험자가 초·중·고 시절의 경험을 바탕으로 찾을 수 있을 것이라고 생각한다. 이러한 경험을 바탕으로 자신이 교사가 된다면 학습자를 고려하여 어떻게 수업을 운영하고, 학습자와 래포 형성을 할 것인지에 대한 생각을 들을 수 있는 문항이다.

【채점 기준】

이 문항의 목적은 예비 교육자로서 자질과 역량을 평가하는 데에 있다. 이를 위해 교육적 문제 상황을 제시하고 그 상황을 초래한 원인에 대한 진단과 판단, 해결책을 설득력과 논리력을 갖추어 답변을 제시할 수 있는가를 평가한다.

【예시 답안】

〈학습자 반응의 영향 요인〉

학습자의 인지적 발달 단계를 고려한 활동 구안 / 동기 유발에서 흥미 있는 주제 활용 / 학습자 중심의 교수 학습 모형 또는 방법 활용 / 학생들이 친근하게 느낄 수 있는 교사 화법 / 수업 사전 준비 철저 / 최신의 주제와 연계한 활동 구성 등

〈참여 방안〉

학습자의 인지적 발달 단계를 고려한 소재 또는 활동 구성 / 흥미를 고려한 동기 유발 소재 활용 / 수업 설계 과정에서 학습자의 능력과 흥미 고려 / 최신의 주제와 연계된 활동 제시 등

선배들의 TIP 🖊

학습 효율을 높이기 위해 교사가 어떤 노력을 해야 하는지 묻는 문제이다. 이러한 문제에서 제일 중요한 점은 구체성을 잃지 않도록 해야 한다는 것이다. 무작정 '학생들의 흥미를 높인다.'가 아니라 '어떻게 해서 흥미를 높인다.'는 식으로 구체적인 내용이 있어야 한다.

예시 답안 🖊

동일한 수업 내용이지만 학생의 반응이 달랐다면 교사의 화법이나 교수 전달 방식 등에 차이가 있었을 거라 생각합니다. 초등학교 교실이라 가정해 본다면 교사의 화법이 다소 고압적이고 딱딱할 경우에 학생들은 학습에 부담을 느낄 수 있습니다. 또한, 평가를 강조하는 경우 평가에 대한 불안 때문에 학습 과정이 부담스럽게 느껴질 가능성이 있습니다. 그리고 수업에 학생이 참여할 수 있는 여지가 적을 경우 강의식 수업으로 다가와 흥미를 잃고 부담을 느낄 수도 있습니다.

학습자가 부담을 느끼지 않도록 하기 위해 교사로서 저는 화법에 대해 고민하겠습니다. 학생들이 무언가 의무적으로 반드시 잘 해내야 한다는 부담감을 느끼지 않을 수 있도록 엄격하지 않은 말투로 수업을 진행하는 것이 좋을 것 같습니다. 하지만 부드럽게만 말하는 것에 집중하지 않고 학습 목표 달성을 위해 강조점을 정해 확실히 말하는 등 화법의 강세에도 신경을 쓸 것입니다. 또한, 학생들이 흥미를 잃지 않을 수 있도록 수업 초반에 동기 유발을 고려한 부분을 넣을 것이며 학생들의 참여가 필요한 활동 등을 배치해 수업의 유기성을 높이면서 학생들의 흥미까지 증진할 것입니다.

6. 교직 교양(오후)

※ 다음 글을 읽고 답하시오.

오늘날 교사는 온라인 네트워크를 통해 교실을 글로벌 교육 공간으로 활용할 수 있다. 글로벌 교육 공간이란 시공간을 초월하여 다른 나라의 학생들과 함께 수업할 수 있는 공간을 의미한다. 교실을 글로벌 교육 공간으로 활용하기 위해 교사가 갖추어야 할 역량을 설명하시오.

학교 측 해설 ✐

【출제 의도】
- 학교 현장에서의 모습이 변화됨에 따라 물리적 공간으로 제한된 교실 공간이 최신의 기술을 통해 글로벌로 확장되는 모습에 대해 교사가 갖추어야 할 역량을 묻는 문항이다.
- 협업과 협력적 학습이라는 관점에서 물리적인 제한을 넘어설 수 있는 정보화를 기반으로 세계화 시대에서 교육이 갖는 기능과 교사의 역할을 물어보도록 구성했다.
- 네트워크의 발달로 학교 교실의 기능과 경계가 확장됨은 시공간을 초월하여 학습자가 상호 교류할 수 있음을 의미하며, 이러한 변화 속에서 학교 교육이 나아가야 할 방향에 대해서 물어보도록 했다.

【문항 해설】
- 교사가 갖추어야 할 역량으로 교사의 디지털 기기 활용 능력과 글로벌 협력을 위한 이중 언어 능력 및 교육과정 재구성 능력을 답안으로 구성할 수 있다.
- 교육과정 재구성을 위해 주제 중심 지구촌 연계 활동을 구성하고 상호 문화를 이해하는 능력을 교사 스스로도 갖추어야 하며 학생들이 활동을 통해 이러한 역량을 갖출 수 있도록 답을 구성할 수 있다.
- 수험자는 초·중·고 시절 코로나19 감염병으로 인한 교육 환경의 변화를 경험했던 세대이며, 특히 온라인 수업에 대한 경험이 많았을 것이라고 판단된다. 이러한 온라인 수업에 대한 수험자의 경험이 시공간을 초월하는 글로벌 교육에 필요한 역량을 구체적으로 설명할 수 있는지 평가한다.

【채점 기준】

– 이 문항의 목적은 예비 교육자로서 자질과 역량을 평가하는 데에 있다. 이를 위해 교육적 문제 상황을 제시하고 그 상황을 초래한 원인에 대한 진단과 판단, 해결책을 설득력과 논리력을 갖추어 제시할 수 있는가를 평가한다.

【예시 답안】

– 교사의 이중 언어 능력

– 디지털 기기 활용 능력

– 글로벌 시민성 함양

– 교육과정 재구성 능력

– 주제 중심 교육과정 재구성을 통한 지구촌 연계 활동 구성

– 상호 문화 이해 능력 등

선배들의 TIP ✏️

글로벌 교육과 관련해 교사의 자질을 묻는 문제이지만 면접자가 가진 교사상을 묻는 문제로 볼 수 있다. 해당 질문에 답하기 위해 교사를 슈퍼맨처럼 묘사해 많은 자질이 필요하게 말한다면 비현실적이라는 평을 받을 수 있으니 주의해야 한다.

예시 답안 ✏️

기본적으로 교사가 글로벌 교육을 고려한 수업을 하려면 국외 교실과 연결해 수업하기 위한 디지털 프로그램 활용 능력이 있어야 하며 언어적으로 수월하게 소통할 수 있게 하는 능력 또한 필요합니다.

조금 더 구체적으로 말해보자면, 학교 컴퓨터로 모두가 동시에 수업에 참여하기 위해서는 네트워크 문제 등에 대처할 수 있는 컴퓨터 능력이나 프로그램 활용 능력이 필요합니다. 또한, 수업을 이끌어 가고 문제 상황이 발생했을 때 수업의 흐름이 끊기지 않도록 하기 위해 이중 언어 능력이 필요합니다.

글로벌 교육이 가능하게 하는 물리적인 능력 이외에 수업 내용을 글로벌 교육에 맞춰 구성할 수 있는 능력이 필요합니다. 한국의 교육과정에 중심을 두면 교류하는 국외 교실에서는 수업에 따라가기 어려워 파행이 빚어질 가능성이 있습니다. 세계 시민주의를 염두에 두고 특정 국가나 민족에게만 적용되는 내용보다 글로벌한 공감을 얻도록 수업을 설계해야 할 것입니다.

마지막으로 글로벌 수업 중에 서로의 문화에 대한 존중이 이루어질 수 있도록 교사가 대상 국가의 문화에 대해 잘 알고 있어야 하며 이를 미리 학생들에게 수업으로 전수해 글로벌 수업에서 문제가 생기지 않도록 해야 합니다.

[정시]

1. 교직 인성(오전)

※ 다음 글을 읽고 답하시오.

교내 수영 대회에 출전할 학급 대표로 1등을 한 청람이를 추천하려고 한다. 그런데 간발의 차이로 2등을 한 사항이는 청람이가 부정 출발을 했다며 자신이 대표가 되어야 한다고 주장한다. 자신이 교사라면 이 상황을 어떻게 해결할 것인지 이유를 들어 설명하시오.

학교 측 해설 ✏️

【출제 의도】
- 초등학교 현장 및 일상생활에서 종종 일어날 수 있는 일로 대처가 매우 중요한 상황을 도출해 낸 문항이다.
- 딜레마 상황에서 요구하는 내용을 수용하거나 거부할 때 상대방을 비롯한 다른 학생들을 배려하고 또 고려해야 하는 맥락 요소를 알고 있는지 여부를 확인할 수 있는 문항이다.
- 선택에 따른 답안을 제시하는 수준에 그치지 않고 상황에 대해 이해하고 당사자의 입장을 충분히 공감하며 본인의 생각을 솔직하게 제시할 수 있는 문항이다.

【문항 해설】
- 면접자의 답변 속에 자신의 주관적 생각을 비롯한 규칙 준수, 공정, 정직, 자기 책임감 등의 가치를 도출해 내는 것이 관건이며 그 과정에서 면접자의 인성을 확인할 수 있는 문항이다.
- 질문의 문제점이 무엇인지 그리고 이와 같은 문제점을 해결하기 위해 자신이 교사라면 어떤 조치를 해야 할 것인지와 같이 문제 상황에 대한 명확한 인식과 해결 방안을 제시할 수 있는 문항이다.
- 공동체 내에서 대표를 선발하는 문제와 선발의 문제에 대해 이의를 제기하는 경우 어떤 조치를 취해야 공동체 구성원이 모두 만족할 수 있을지 묻고 있다. 수험자가 생각하는 방법이 공동체

구성원을 모두 만족시킬 수 있는 대답이 될 수 있는지 보는 문항이다.

【채점 기준】

사향이와 청람이, 학생들의 입장을 공감하고 설득력 있는 답변을 제시하면 높게 평가한다.

【예시 답안】

- 사향이, 청람이, 다른 학생들과의 관계 등을 종합적으로 고려한 지도 방안 제시
- 사향이의 의견을 수용할 경우 규칙 준수의 가치 강조, 공정성 유지의 가치 강조 측면을 고려할 수 있음
- 사향이의 의견을 수용하지 않을 경우 규칙 미준수에 대한 명확한 근거 부재, 공정성 측면 역차별, 수용 불가 이유를 사향이 부모에게 설명하는 등의 내용을 들 수 있음
- 또한, 다른 학생들의 의견을 종합적으로 청취할 필요가 있으며, 학생들에게 배려와 이해에 대한 지도가 필요하다고 볼 수 있음

선배들의 TIP ✏️

실제 교육 현장에서 자주 있을 법한 갈등 상황에 어떻게 대처할 것인지 묻는 문제이다. 이 경우 갈등 해결을 위해 노력하는 방식이 수험생 본인의 친구 간 싸움처럼 연결되어서는 안 된다. 교사로서 조금 더 높은 위치에 있는 사람이 가지는 말과 행동의 무게에 대해 인지하고 해결 방안에 접근해 보자.

예시 답안 ✏️

실제로 부정 출발이 있었다면 출발 순간에 심판이나 판정단 등이 인지를 했을 것이므로 사향이의 이의 제기가 정당하다고 보기 어렵습니다. 사향이가 거짓말을 하고 있다는 의미로 말씀드리는 것이 아니라, 사향이가 보기에 아주 미묘하게 자신보다 빨리 출발한 모습을 봤을 수 있지만 부정 출발의 기준에 맞을 정도는 아니었을 것이며 그렇기 때문에 사향이가 억울한 감정을 가지고 이의 제기를 하고 있다고 생각합니다. 제가 교사라면 사향이의 이의 제기에 충분히 공정한 판정 기준이 있으며 그 기준을 청람이가 깨지 않았다고 말할 것입니다. 그리고 사향이의 억울한 감정, 분한 감정 등을 수용하며 사향이가 결과에 대해 아쉽게 생각하는 것을 근원적으로 다루며 결과를 납득할 수 있도록 할 것입니다. 시험이나 경기에서 개인적으로 아쉬움을 느끼는 경우가 앞으로도 많을 것입니다. 그러한 경우에 자신이 할 수 있는 한 최선을 다하고 결과에 승복할 수 있는 태도를 배울 수 있게 하겠습니다.

2. 교직 적성(오전)

※ 다음 글을 읽고 답하시오.

> 인공 지능을 활용한 개인 학습 시대가 도래함에 따라 미래 교육 방식에 있어서 '학교는 존속해야 한다.'는 의견과 '학교는 더 이상 필요하지 않다.'는 의견이 있다. 이 두 입장에 대해 각각 근거를 말하고, 학교의 존속 여부에 대한 자신의 견해를 논하시오.

학교 측 해설 ✏️

【출제 의도】

- 인공 지능이 개인의 삶, 사회와 직업을 어떻게 변화시키는지 탐색하고 인공 지능 역할의 필요성과 중요성을 얼마나 논리적으로 설명할 수 있는지 평가하는 문항이다.
- 인공 지능에 대한 일반적인 이해력을 교양 수준에서 어느 정도 가지고 있을 것으로 기대했으며, 사전 지식이 없더라도 질문의 목적과 의도를 충분히 유추할 수 있는 문항이다.

【문항 해설】

- 인공 지능 시대에 인공 지능의 활용법을 넘어서서 인공 지능에 대한 사회적 판단을 어떻게 해야 하는가를 확인할 수 있는 문항이다.
- 인공 지능이 교육 현장에 접목되면서 학교 교육에 대한 패러다임의 변화가 있다고 생각하며 이러한 변화에 대해 장단점을 바탕으로 자신이 생각하는 학교 교육에 대한 생각을 이야기하면서 예비 교육자로서의 교육관을 확인할 수 있는 문항이다.

【채점 기준】

- 미래 사회의 변화와 자신의 학교 교육을 연결시켜 생각할 수 있는가를 평가한다.
- 인공 지능 시대에 새로운 학교의 역할과 학습 스타일 등을 고려하여 평소 본인 자신이 교육자로서 가지고 있는 가치관과 교육관 등을 평가한다.

【예시 답안】

〈두 입장의 근거〉

- 학교 필요: 기초 교육, 사회 문화적 교류, 관계 형성, 정의적 발달, 진로 교육, 시민 참여 능력 향상, 자기 개발 등의 가치를 고려
- 학교 불필요: 학교의 의미와 학교 공간에 대한 인식 변화, 홈스쿨링 등 교육 형태의 다변화, 온

라인에 따른 학습 공간의 변화, 대학 입시와 취직만을 위한 제한된 학습 목적 심화, 학교를 배움을 위한 외주업체로 생각하는 학부모 인식의 증대 등 고려

〈자신의 견해〉

– 미래 교육을 준비하는 학교 모습의 변화를 중심으로 자신이 지지하는 입장과 이유 제시

– 각각 입장의 장단점을 반영하여 정반합적인 입장을 논리적으로 설명

– 반대편의 견해를 논리적으로 반박하면서, 자신의 입장을 명확히 제시

선배들의 TIP 🖊

인공 지능은 매우 자주 출제되는 주제이다. 본래 두 가지 중 한 가지를 선택해 답하는 문제는 어떤 것을 선택해도 점수를 얻을 수 있다. 하지만 코로나19 시기를 겪은 후이기 때문에 학교의 존재의 중요성에 손을 들어주는 입장을 선택하는 것이 더 바람직하게 보일 수 있다.

예시 답안 🖊

저는 아무리 기술이 발달하더라도 학교가 존재해야 한다고 생각합니다. 학교가 존재해야 하는 첫 번째 이유는, 학교가 사회화 기관이기 때문입니다. 학교에서 학생들은 면 대 면으로 서로, 그리고 교사와 마주하며 상호 작용하고 사회화 과정을 거치게 됩니다. 과거 인터넷이 처음 등장했을 때는 원격 소통만으로 물리적인 만남을 대신할 수 있다는 믿음이 사람들에게 있었지만, 코로나 시기를 겪고 실제 원격 수업으로 학교가 운영되었을 때 생겨난 수많은 문제점들은 그 믿음에 대한 반증이 됩니다. 기술이 발전해 AI 교사가 나타나거나 학교 공간을 VR로 바꿔 체험할 수 있더라도 결국 감각적으로 바로 마주하고 소통하는 실물 학교는 사회화 과정을 위해 필수적입니다.

두 번째 이유는, 학습의 효율성을 높이기 위해 학교가 필요하기 때문입니다. 수험생이나 성인들은 자신들에게 공부가 필요하기 때문에 강의나 수업이 지루하게 느껴지더라도 집중하려고 노력합니다. 반면 입시를 목전에 두고 있지 않은 학생들의 경우 수업을 주체적으로 듣지 않을 가능성이 높은데, 교실에서 실제 교사에게 직접 수업을 듣고 학급 학생들과 수업 시간을 함께 하는 것만으로도 학생들의 부족한 학습 동기를 끌어올려 줄 수 있습니다. 코로나 시기 원격 수업으로 학생들의 언어 발달이 지연되었다거나 기초 학습 능력이 떨어졌다는 것을 볼 때, 학습 효율을 위해서라도 학교는 존재해야 합니다.

3. 교직 교양(오전)

※ 다음 글을 읽고 답하시오.

> LMS(Learning Management System)는 학습 과정에 필요한 다양한 기능과 도구를 제공하는 소프트웨어 플랫폼이다. 게이미피케이션(gamification)을 통해 게임적 요소를 LMS에 통합할 경우 학습자 입장에서의 긍정적 효과를 설명하고, 나타날 수 있는 문제점들과 이에 대한 해결 방안을 설명하시오.

학교 측 해설 ✏️

【출제 의도】

이 문항은 게이미피케이션의 게임적 요소가 적용된 LMS를 잘 활용할 수 있는 교사의 역량을 평가하는 문항이다.

【문항 해설】

- 게이미피케이션은 사용자에게 특정 행동을 유도하도록 게임 기법을 활용하는 것으로, 교육 분야에서는 주로 학습자의 학습 동기 등을 고취하기 위해 사용하고 있다. 하지만 아무리 좋은 에듀 테크라 하더라도 단점도 있기 마련이다. 따라서 교사는 사용하려는 시스템의 장점과 함께 유의 사항에 대해서도 충분히 숙지하고 있어야 할 필요가 있다. 이 문항은 이에 대한 인지 여부를 확인할 수 있다.
- LMS와 게이미피케이션이라는 새로운 용어를 사용했지만 설명에서 학습 과정 플랫폼에 게임적인 요소가 들어갔을 때 생기는 문제점과 이를 해결하는 방안이라는 질문을 찾는 것은 어려워 보이지 않으며, 이 문항은 면접자가 학습 과정 플랫폼에 게임적 요소가 도입되었을 때 발생 가능한 문제점을 생각해 보고 이러한 문제점에 대한 해결 방안을 제시할 수 있는지 살펴봄으로써 창의 융합 역량을 평가한다.

【채점 기준】

LMS의 특성과 관련지어 답을 한 경우 높게 평가한다.

【예시 답안】

〈긍정적 효과〉

- 학습 행동에 대한 즉각적인 보상을 통해 학습 동기 등 고취 (예 배지, 포인트 등)
- 적절한 경쟁을 통한 긴장감과 재미를 통한 학습 동기 등 고취 (예 리더 보드, 챌린지 등)

〈문제점과 해결 방안〉

- 게임적 요소에 중독 및 매몰될 수 있음

  → 게임적 요소와 학습 목표 간의 긴밀한 연계 필요

- 시간이 지남에 따라 게임적 요소에 대한 흥미를 잃을 수 있음

  → 학습자의 피드백을 반영한 주기적 업데이트 필요

- 학습자마다 게임적 요소에 대한 선호도와 수준이 다를 수 있음

  → 개인의 선호와 동기 부여 요인을 분석하여 다양한 맞춤형 콘텐츠를 제공

선배들의 TIP 🖊

수험생들에게 생소한 용어가 출제되는 경우가 많다. 이럴 경우 제시문에서 파악할 수 있는 정도에서만 답변을 하는 것으로도 충분하기 때문에 억지로 지어내듯 말하지 않는 것이 좋다.

예시 답안 🖊

LMS와 게이미피케이션을 연결해 수업에 적용한다면 학생들이 흥미를 가지고 수업에 능동적으로 참여하게 할 수 있으며 이를 통해 학습 효율이 높아질 것을 기대할 수 있습니다. 하지만 수업을 구성하는 교사의 부담이 과해질 수 있고, 실제 학습은 이루어지지 않은 채 게임에 매몰되어 학생들의 기억에 게임, 놀이 활동 등을 했다는 것으로만 남을 수 있습니다. 또한 아무리 게임 요소를 수업에 도입한다 하더라도 실제 게임만큼이나 재미있기는 어렵기 때문에 장기적으로는 지속적으로 학생들의 주의를 끌 수 있는 가능성이 떨어질 수 있습니다.

LMS와 게이미피케이션을 활용하되, 위에서 제시한 한계를 극복하기 위해서는 교사 개인에게만 학습 활동을 구성하는 부담을 지게하는 것이 아니라 LMS의 목적대로 교사에게 도움이 될 수 있는 교보재 콘텐츠 등이 제공되어야 합니다. 실제로 교과서를 만드는 출판사에서는 현장의 교사들이 활용할 수 있도록 다양한 감각 매체가 통합된 콘텐츠를 온라인 등으로 언제든 활용할 수 있게 제공해 주고 있습니다. 이러한 콘텐츠를 활용할 수 있게 된다면 교사는 부담을 덜고 수업을 조직할 수 있게 될 것입니다.

또한 게임 형식의 활동에 학생들이 흥미를 잃지 않도록 지속적으로 학생들의 요구 사항과 특성에 맞게 수업과 활동 방식이 업데이트 되어야 합니다. 그리고 단순히 게임 활동에만 집중하는 것이 아니라 학습으로 연결될 수 있도록 학습 요소가 게임 활동에 긴밀히 연결된 수업을 조직해야 할 것입니다.

4. 교직 인성(오후)

※ 다음 글을 읽고 답하시오.

> 운동회 청백 계주에 참가할 학급 대표가 연습 중 부상을 당했다. 학생들은 두 번째로 달리기를 잘하는 새록이가 출전해야 한다고 주장하고 있다. 그런데 새록이는 자신이 원래 학급 대표가 아닌 데다가 계주에서 질 경우 친구들로부터 비난받을 수도 있다는 것을 염려하여 주저하고 있다. 자신이 교사라면 어떻게 교육할 것인지 이유를 들어 설명하시오.

학교 측 해설 ✍

【출제 의도】
- 제시문은 학교 현장 또는 주변에서 일어날 수 있는 사례로 문제 상황에 대한 명확한 인식 여부를 확인하고, 교사로서 해결방안을 제시하도록 하는 질의가 가능한 의미 있는 문항이다.
- 이 문항은 새록이와 학생들 간의 갈등이 고조될 수밖에 없는 문제 상황에서 면접자가 도덕적 민감성을 바탕으로 올바른 판단을 내릴 수 있는지, 합리적인 근거를 들어 설명할 수 있는지 여부를 평가하기 위한 문항이다.

【문항 해설】
- 이 문항에서는 문제 해결을 위해 상대에 대한 배려, 도전 의식, 자신감 고취, 민주적 의사 결정 등의 다양한 가치들을 기반으로 적절한 답변을 제시하는지 여부를 평가할 수 있다.
- 이 문항은 답변을 위한 개념적 지식을 요구하지 않으며, 도덕적 사태에 대한 면접자의 가치 판단을 토대로 설득력 있는 근거를 제시하도록 함으로써 종합적인 사고력과 문제 해결력을 평가할 수 있는 문항이다.

【채점 기준】
새록이와 학생들의 입장을 고려한 지도 방안과 근거 제시 여부를 확인하고, 새록이와 학생들의 입장을 모두 고려하여 설득력 있는 답변과 이유를 제시하면 높게 평가한다.

【예시 답안】
- 교사는 새록이에게 자신감을 고취하고 도전할 수 있는 기회를 제공하도록 노력하고, 원하지 않은 결과가 나오더라도 학생들이 비난하지 않는 분위기를 조성할 수 있다고 판단되면 새록이의 출전을 설득하도록 한다.

– 새록이의 의사를 존중하여 출전에 대한 부담을 경감하길 원하면 학생들에게 새록이의 판단을 존중, 이해하도록 지도하고 다른 학생을 선발한다.

선배들의 TIP ✏️

갈등 상황에 대해 교사가 어떻게 대처할지 묻는 문제는 보통 둘 중 하나의 방식을 택하도록 되어 있지만 위 문제처럼 다양한 접근이 가능한 문제에서는 여러 경우의 수를 고려해 방안을 다양하게 말하는 것도 좋은 점수를 받을 수 있다.

예시 답안 ✏️

위 사안에 대해 저는 두 가지 해결 방안을 생각해 보았습니다. 첫 번째는 새록이가 부담을 덜 느낄 수 있도록 하는 것입니다. 학생들은 평소 이기고 지는 것에 굉장히 예민하게 반응합니다. 체육 대회가 아니라 체육 시간에 있는 작은 경기에서도 승패 때문에 울기까지 합니다. 이러한 분위기를 새록이가 알고 있기 때문에 출전을 주저하는 것이라고 생각합니다. 따라서 저는 일차적으로는 새록이에게 잘 하지 못하더라도 절대 원망의 소리를 듣지 않게 해 줄 것이라 말하며 다독일 것입니다. 이차적으로는 학생들에게 결과에 상관없이 최선을 다한 대표를 위해 박수를 쳐줘야 한다며 스포츠맨십의 가치에 대해 교육할 것입니다.

두 번째는 새록이의 의사를 존중해 새록이를 출전시키지 않는 것입니다. 새록이가 이 정도로 부담을 느끼고 있는 상태라면 출전을 종용하는 것 자체가 굉장히 폭력적인 상황으로 느껴질 수 있을 것입니다. 학생들은 최선의 결과를 위해 새록이에게 많은 것을 기대할 테지만, 그 부담을 이길 만큼 새록이의 마음이 강하지 않다면 저는 새록이 대신 다른 학생을 출전시키는 쪽으로 학생들을 설득할 것입니다.

5. 교직 적성(오후)

※ 다음 글을 읽고 답하시오.

> 일부 인플루언서들은 자신의 사회적 영향력을 확대하기 위해 대중이 관심을 보일 만한 주제들을 소셜 미디어(social media)로 소개한다. 이러한 목적을 위해 소셜 미디어를 활용할 때 나타날 수 있는 부작용의 예를 들고, 이를 완화하기 위한 교육적 방안을 설명하시오.

학교 측 해설 ✏

【출제 의도】
- 향후 미래 교육을 책임질 초등 교사라면 반드시 생각해 보아야 할 주제이다.
- 일상에서 자주 접하고 가볍게 생각해 볼 수 있는 주제임에도 불구하고, 교육적 방안을 묻는 것은 예비 교사로서 해당 주제에 대해서 한 번 더 숙고하게 하는 바람직한 문항이다.
- 단순히 소셜 미디어를 덜 사용하는 차원이 아니라, 소셜 미디어로 인해 발생할 수 있는 문제에 대해 교육적 차원에서는 어떻게 접근해야 할지를 생각해 보게 함으로써 교육자로서의 가치관과 평소에 소셜 미디어에 대해서 자신이 가지고 있는 가치관을 확인해 볼 수 있는 문항이다.

【문항 해설】
- 익숙한 주제에 대한 논리적 연결성을 파악하는 문항으로 자연스럽게 답변할 수 있으면서도 상당히 논리적인 사고를 요하는 문항이다.
- 현재 학교에서 일어나는 문제 중 SNS로 인해 발생하는 문제가 많으며 이러한 문제에 대한 인식과 함께 이를 해결하기 위한 답안을 논리적으로 설명하게 하는 질문은 예비 초등 교사의 교직 적성을 확인하기에 적합하다.

【평가 기준】
　내용적인 측면보다는 부작용 예와 지도 방안 간의 논리적 연결성, 사회성과 윤리성을 바탕으로 사고하고 표현하는 것에 평가의 강조점을 둔다.

【예시 답안】
〈부작용의 예〉
- 영향력 확대를 위한 거짓 정보 제공, 개인의 욕망에 기반한 자극적인 정보 제공, 원하는 정보에 대한 맹목적 신뢰, 사회적 관계의 불균형 심화, 혐오 및 폭력적 표현의 일상화, 개인 정보 유출,

소셜 미디어 중독 등의 문제점을 고려한 답변 제시

〈지도 방안〉

- 정보의 사실 관계 파악 방안, 소셜 미디어 콘텐츠 주제 선택 방식, 콘텐츠 제작 방법에 있어서의 윤리성, 편향되지 않은 정보 공유 방안, 개인 정보 보호 방안, 저작권 문제, 비폭력적 표현 방법 지도 측면 등을 고려하여 논리적으로 답변 제시

선배들의 TIP 🖊

SNS와 관련된 문제는 해당 주제로만 끝나는 것이 아니라 SNS를 활발히 이용하는 학생들과도 연결될 수 있다. 과도하게 교육으로 연결하는 것은 좋지 않지만 학생들의 문제로 이어질 수 있는 부분을 고려해 답변하면 좋다.

예시 답안 🖊

많은 인플루언서들이나 크리에이터들이 조회 수나 좋아요 수에 혈안이 된 나머지 과도하게 자극적인 콘텐츠를 다루거나 조작된 자료를 이용해 거짓된 콘텐츠를 만들기도 합니다. 얼마 전 나이가 많은 유명 배우가 유튜브에 자신이 죽었다는 가짜 뉴스가 퍼져서 자신의 지인들이 정말인지 확인하려고 전화를 했다는 이야기가 있었습니다. 전혀 사실이 아니지만 자극적인 썸네일, 피드 등으로 사람들의 이목을 집중시키기 때문에 이러한 가짜 콘텐츠가 진짜처럼 받아들여지고 있습니다.

이는 콘텐츠 제공자들만의 문제가 아닙니다. 본문은 제대로 보지 않은 채 헤드라인이나 썸네일만 보고 일차원적으로 매체를 수용하는 대부분의 대중들에게도 책임이 있습니다. 우리나라는 다른 선진국에 비해 디지털 문해력, 매체를 비판적으로 수용하는 능력이 떨어진다고 합니다. 그렇기 때문에 자극적인 제목만으로도 위와 같은 상황이 쉽게 만들어질 수 있습니다.

이를 해결하기 위해서는 정보 윤리가 먼저 필요합니다. 조회 수를 올리거나 좋아요를 받기 위해 무슨 일이든 하는 것이 비윤리적 행위라는 것을 학생들에게 가르치기 위해서는 정보 윤리의 기준이 세워져야 하며 그것을 학생들에게 알려줄 수 있어야 합니다. 둘째로, 학생들이 일찍부터 디지털 문해력을 기를 수 있도록 가르쳐야 합니다. 헤드라인이나 제목, 썸네일만 보고 판단하는 것이 아니라 전체 자료를 보고 판단할 수 있어야 하며, 하나의 자료뿐만 아니라 다른 매체를 통해서 확인하는 크로스 체크 방식 등을 배운다면 콘텐츠 제작자들의 의도에 쉽게 흔들리지 않게 될 것입니다.

6. 교직 교양(오후)

※ 다음 글을 읽고 답하시오.

사이버 도박 위험군으로 조사된 청소년의 연령이 점점 낮아짐에 따라 여성 가족부는 올해부터 사이버 도박 진단 조사 대상에 초등학생을 포함하기로 했다. 사이버 도박 위험군 학생에게 나타날 수 있는 문제 상황을 말하고, 청소년 사이버 도박의 폐해에 대처할 수 있는 방안을 설명하시오.

학교 측 해설 ✏️

【출제 의도】
- 사이버 도박 위험군에 속한 청소년에게 나타날 수 있는 문제 상황을 이해하고, 교사로서 그에 대한 대처 방안을 얼마나 잘 설명할 수 있는지 평가하는 문항이다.
- 거의 모든 영역에서 교육적 효과를 얻기 위해서는 학교뿐만 아니라 학교와 가정, 지역 사회의 유관 기관들의 잘 어우러진 협조가 중요하다는 것을 보여 주는 문항이다.
- 사이버 도박에 대해 내용을 접해보지 못한 면접자라도 접근성이 용이한 온라인에서 도박의 문제점과 이를 해결하기 위한 노력에 대해 생각해 볼 수 있는 문항이다.

【문항 해설】
- 사이버 도박은 인터넷 중독이나 게임 중독과는 달리 학교 폭력이나 극단적 선택 등을 야기할 수 있고, 특히 코로나19를 거치면서 IT 기기와 한층 더 친근해진 청소년들이 쉽게 빠질 수 있으므로 초등학교에서도 중요하게 다뤄져야 할 내용이다.
- 사이버 도박에 빠진 청소년에 관한 폐해 사례와 통계 자료가 제시되어 있지 않더라도 도박 중독에 빠진 성인들에게 나타날 수 있는 폐해를 청소년에게 적용했을 어떠한 폐해가 일어날 수 있는지는 쉽게 유추할 수 있다.

【채점 기준】
게임 중독과 차별성을 두고 답변하는 경우와 가정, 학교, 지역 사회와 연계한 다양한 대처 방안을 제시한 경우 높게 평가한다.

【예시 답안】
〈문제 상황〉
- 도박 자금 마련을 위해 학교 폭력, 마약 배달, 보이스 피싱 등 2차 범죄로 이어짐

– 도박 빚을 감당하지 못해 극단적 선택으로 이어짐

– 돈에 대한 왜곡된 가치관 및 직업관 형성 등

〈대처 방안〉

– 가정, 학교, 지역 사회가 연계한 교육이 중요

– 가정: 밥상머리 교육처럼 집에서 돈이 전부가 아니라는 것을 가르쳐야 함

– 학교: 사이버 도박 폐해 사례 제시, 금융 교육 실시

– 유관 기관: 청소년 상담 복지 센터, 한국 도박 문제 예방 치유원 등 관련 기관을 통한 상담

선배들의 TIP ✎

최근 큰 문제로 부상하고 있는 청소년 도박 관련 문제이다. 도박을 게임처럼 생각하지 못하게 하는 정도로 답변하면 도박 문제를 제대로 이해하지 못하고 있다는 평가를 받을 수 있다. 도박이 중독의 문제라는 것을 인지해야 하며 교사 혼자서 해결할 수 없다는 것을 기억하고 답변하는 것이 좋다.

예시 답안 ✎

얼마 전 본 뉴스 기사에 따르면 우리나라 청소년들의 술·담배 이용 정도가 많이 감소했다고 합니다. 하지만 그렇게 감소한 것보다 더 많은 수가 도박과 마약에 중독되었다고 합니다. 중독에 취약한 사람들은 어떤 것에든 중독됩니다. 디지털 매체가 발전하면서 음지에서 도박과 마약을 쉽게 접할 수 있게 되어 술·담배가 아닌 도박과 마약에 중독되는 것입니다. 특히, 도박의 경우 학생들이 건강하고 바람직한 경제관념을 가지지 못하게 할 수 있기 때문에 장기적으로도 해롭습니다. 그리고 아직 경제적 능력이 없는 학생들이 도박을 하기 위해 무리하게 돈을 마련하려고 학교 폭력에 가담하거나 범죄와 연루되는 일이 있을 수 있습니다. 심지어는 도박 빚이 생겨 절박한 마음에 극단적인 선택을 할 수도 있습니다.

이러한 문제를 해결하기 위해서는 교사나 학교 차원 이상의 도움이 필요합니다. 국가는 관련 제도를 마련하여 청소년 도박 중독 문제를 해결하기 위해 앞장서야 합니다. 또한, 학교급에서는 주기적으로 도박의 위험성에 대해 모든 학생이 공통적으로 교육받을 수 있도록 해야 합니다. 교사는 담당하는 학생들이 돈과 관련해 문제가 생기는 경우가 있는지 면밀히 살펴봐야 하며, 만약 도박 문제와 관련된 학생이 있을 경우 그 학생에게 도박 치료 프로그램, 청소년 상담 등을 제공할 수 있어야 합니다.

[수시]

1. 일반 교양 및 교직(문항 카드 1번)

※ 다음에 제시된 (가)와 (나)의 글을 읽고 물음에 답하시오.

(가) 텍스트, 음성, 이미지 등 기존 콘텐츠를 활용해 유사한 콘텐츠를 새롭게 만들어 내는 ChatGPT와 같은 인공 지능(AI)을 생성형(generative) AI라고 한다. 기존 AI가 데이터와 패턴을 학습해서 대상을 이해했다면, 생성형 AI는 기존 데이터와 비교 학습을 통해 새로운 창작물을 만들어 낸다. 즉, 콘텐츠의 생성자와 만들어진 콘텐츠의 평가자가 끊임없이 서로 대립하고 경쟁하면서, 새로운 콘텐츠를 만드는 과정을 통해 현실에 있을 법한 새로운 콘텐츠가 탄생하게 된다. 예를 들어, 텍스트 분야에서는 특정 소재로 시나 소설을 창작할 수 있으며, 음성 분야에서는 특정 장르의 음악을 작곡하거나 특정 노래를 원하는 가수의 음색으로 재생성할 수 있다. 또한, 이미지 분야에서는 특정 작가의 화풍을 모사하여 그림을 재생성하거나 가짜 동영상을 생성할 수 있다.

정예린, "[ICT 시사용어] 생성형 인공 지능", 『전자신문』 기사 (2022.11.15.) 재구성

(나) 현재 학교 시스템은 학생들의 평균적인 수준에 적합한 내용과 속도를 고려하여 교육과정을 설계하고, 그에 따라 교육하고 있다. 이러한 교육 시스템은 학생들의 개인별, 수준별 차이를 충분히 고려하지 못해, 교육의 효과를 극대화할 수 없다는 한계가 있다. 이러한 한계를 극복하기 위해서는 '교육과정-수업-평가-기록' 과정의 혁신이 필요한데, 이 과정에서 AI 활용 교육이 도움이 될 것이다. AI 활용 교육의 대표적인 예가 수업에서 'AI 보조 교사'를 사용하는 것이다. AI 보조 교사는 수업 과정에서 학생의 질문을 이해하고 그에 따라 정확한 답변을 제공하며, 학생의 학습 진행 상황과 활동을 실시간으로 모니터링해 줄 수 있다. 또한, 학생과 관련된 데이터를 수집하고 분석하여, 학생 수준에 적합한 콘텐츠를 추천해 줄 수 있으며, 과제의 채점과 피드백 제공과 같은 반복적인 작업을 자동화하여 교사의 업무량을 경감시켜 줄 수 있다.

정제영, "교육의 미래, AI 융합 교육과 교사의 역할", 『서울교육』 (2021 겨울호) 재구성

---

1. (가)와 (나)의 글을 근거로 AI 기술의 확산에 따른 ① 사회 현상의 변화와 ② 학교 교육의 변화에 대해서 말하시오.

2. AI 시대의 학교 교육에서 인간 교사는 어떠한 역할을 해야 하는지에 대해서 말하시오.

학교 측 해설 ✏️

【채점 기준】

하위 문항	채점 기준
1	– (가)와 (나)의 글을 정확하게 파악하고 있는가? – (가)와 (나)에서 제시한 글을 참고하여 사회 현상의 변화와 학교 교육의 변화를 설명하는가?
2	– AI를 활용한 교사의 역할을 제시하는가? – AI 보조 교사와 차별되는 교사의 역할을 제시하는가?

【예시 답안】

1. 〈사회 현상의 변화〉

　직업군의 변화, AI 관련 직종 발굴 및 교육, 새로운 서비스와 콘텐츠 생산 가속화, 효율적인 업무 관리, 사람과 AI의 협업을 통한 창의적인 활동 증가, 저작권 및 산출물 등의 진위 여부를 판별하는 기술의 중요성 증대, 신종 범죄 및 저작권/법률 분쟁 심화, 세대 간 디지털 격차 심화 등

〈학교 교육의 변화〉

　개인별·수준별 맞춤형 교육, 다양한 테크놀로지 활용(실감 콘텐츠, 지능형 학습 관리, 학습 도우미 서비스 등), 학교와 교사의 역할 및 교육 내용의 변화, 시공간을 초월한 교육, 교사의 잡무 경감, 진로 및 직업 교육의 변화, 단순 지식 전달 교육 탈피, 고가의 서비스 활용에 따른 교육 격차 심화, 교사의 지적인 권위 약화, 정보 윤리 교육 강화 등

2. 생성형 AI 기술을 활용하여 다양한 교육용 콘텐츠 개발, 학생들의 비판적 사고, 창의성, 문제 해결 능력, 협업 능력 신장, 디지털 리터러시 및 AI 활용 교육, 학생의 진로 지도 및 지식 융합/통찰력 교육, 인성 교육, 정보 윤리 교육, 정서 교육, 신체적 건강, 생활 지도 및 심리 상담, 의사소통, 공감 능력, 유연한 상황 대처 능력, 바른 인성과 가치관 형성, 학생들의 롤(role) 모델 역할 등

위와 같이 문제에서 문항을 설정해 요구 사항을 분명히 제시한 경우에는 명확하게 답을 제시할 수 있어야 한다. 답변 내용 또한 구체성을 가져야 좋은 점수를 받을 수 있다.

예시 답안 🖋

1. 먼저 AI 기술로 사회에 일어날 변화를 말씀드리겠습니다. AI 기술이 발달하면서 사람 손을 타지 않아도 되는 노동이 증가하며 직업군에 다양한 변화가 일어날 것입니다. AI를 활용해 그림 솜씨가 없는 사람도 화려한 일러스트를 그릴 수 있으며, 영상 편집도 AI에게 지시만 하면 이루어집니다. 이로 인해 관련 직군은 축소될 것이며 AI를 개발하고 활용하는 데 필요한 새로운 직업들이 생길 것입니다. 하지만 딥페이크와 같은 기술로 인해 악의적으로 감쪽같이 합성한 이미지나 영상으로 피해를 보는 일이 발생하는 등 새로운 유형의 범죄가 나타날 수도 있습니다.

   학교 교육에도 새로운 변화가 있을 것입니다. ChatGPT와 같은 빅 데이터 기반 인공 지능을 활용하면 지식을 검색하고 산출하는 과정이 대폭 축소될 것입니다. 학생들이 하나하나 찾아가면서 학습하게 되는 과정이 생략되므로 생략된 학습 과정을 채우지 않으면 자칫 학습이 미진해질 수도 있습니다. 따라서 이를 보완할 수 있는 방안이 마련되어야 할 것입니다.

2. 제가 생각할 때 교사는 AI가 쉽게 대체할 수 없는 직업입니다. 아무리 인공 지능이 발달하더라도 눈앞에서 직접 소통하는 존재를 대신할 수는 없습니다. 따라서 교사는 교육 현장에서 학생들을 마주하고 소통하는 존재로서의 장점을 유지할 것이므로 학생들과 정서적 신뢰를 쌓으며 지도하도록 해야 합니다.

   추가적으로, AI가 교육에 반영될 수밖에 없는 현 흐름상, 교사는 인공 지능을 수업에 활용할 수 있을 정도의 지식을 갖춰야 합니다. 또한, ChatGPT 등으로 학습이 생략되는 경우를 대비해 인공 지능을 활용해 더 효율적인 학습이 이루어질 수 있도록 수업을 고안해야 합니다. 또, 학생들이 앞으로 인공 지능을 활용하는 데 있어 윤리적인 문제가 발생하지 않도록 정보 윤리를 가르칠 수 있어야 합니다.

2. 일반 교양 및 교직(문항 카드 2번)

※ 다음 글을 읽고 물음에 답하시오.

세계 각계 전문가들은 올해 인류가 당면한 최대 위험으로 '기후 위기'를 꼽았다. 세계 경제 포럼(WEF · 다보스 포럼)이 2024년 1월 20일 학계와 재계, 정부 기관, 국제 기구 관계자 등 전 세계 전문가 1,490명을 대상으로 34가지 글로벌 리스크를 복수로 선택하도록 한 설문 조사 결과를 발표했다. 조사 결과를 담은 "글로벌 리스크 리포트 2024"에 따르면, '극한의 날씨'를 꼽은 응답자가 전체의 3분의 2에 해당하는 66%에 달했다.

지난해 여름 북반부가 기상 관측이 시작된 이래 가장 더웠던 것으로 나타났다. 지구 온난화를 가속하는 엘니뇨가 5월까지 기승을 부릴 것으로 예상되어, 날씨 관련 우려가 커졌다. 엘니뇨가 기후에 미치는 영향은 지역별로 다양하다.

최근 지구상 곳곳의 나라에서 급격한 기후 변화로 인해 산불, 폭우, 폭설, 폭염과 같은 재난 상황이 급격하게 증가하고 있다. 이러한 현상은 특정한 나라나 인종 계층에 국한되지 않은 전 인구, 전 지구인의 삶이 걸린 문제이므로 중지를 모아 공동의 노력으로 해결해야 할 것이다. 이때 가장 의미 있고 중요한 역할을 할 수 있는 것이 바로 '교육'이다. 기후 위기에 대응하기 위한 우리의 미래 교육은 어떻게 이루어져야 할까?

서필웅, "2024년 인류 최대의 위험, 기후 위기, AI, 사회 · 정치적 대립", 『세계일보』 기사 (2024.1.21.) 재구성

1. 제시된 글을 참고하여 '기후 위기'의 원인을 설명하고, 인간의 생활이 어떻게 달라져야 하는지 자신의 견해를 말하시오.

2. 제시된 글을 참고하여 '기후 위기 대응을 위한 미래 교육'의 방향을 제시하고, 이에 맞는 교육 방법을 사례를 들어 말하시오.

학교 측 해설 ✏️

【채점 기준】

하위 문항	채점 기준
1	– 기후 위기 원인을 인간의 생활과 연결하여 파악하고 있는가? – 응답한 내용이 '인간의 생활 변화'와 적절하게 부합하는가?
2	– 미래 교육의 방향이 제시된 글과 정합성이 맞는가? – 적절한 사례를 들어 교육 방법을 제시하는가?

【예시 답안】

1. 〈기후 위기의 원인〉

　　무분별한 개발과 자연 환경의 파괴로 인한 지구 온난화, 물질 중심의 사회와 급속한 소비의 증대로 인한 온실가스 증가, 인간 중심의 사회로 인한 생태계 파괴 등

〈달라져야 할 인간의 생활〉

　　자연 환경과 조화되는 인간의 생활, 다음 세대를 위한 절제된 소비, 탄소 배출이나 온실가스 배출을 줄이는 생활, 식생활 개선 및 채식 문화 확산, 생활 속 플라스틱 줄이기, 친환경 제품 사용, 자원 재활용, 에너지 절약, 대중교통 이용, 자전거 타기 등

2. 〈미래 교육의 방향〉

　　환경 교육의 강화, 실천 중심 생태 시민 교육 중시, 글로벌 시민성 강화, 학교급별 교육과정 운영에 기후 환경 요소가 담긴 성취 기준 마련, 신·재생 에너지 중심 산업과 연결하는 교육, 인간의 생활 방식 변화와 환경 친화적인 교육 강화 등

〈교육 방법〉

　　기후 변화에 대한 인식과 실천을 위한 학습 과정을 중시하는 교육, 지식을 암기하는 교육이 아니라 지식을 실천하고 체험하는 교육(예 쓰레기 재활용 및 일회용품 줄이기, 기후 환경 프로젝트 실천단 등), 온실가스 감축 및 탄소 중립 에너지 전환 학교 만들기 등

선배들의 TIP ✏️

　기후 변화와 관련된 주제도 종종 교대 면접 문제로 출제되므로 해당 주제에 대해 평소 생각해 보는 것이 좋다. 기후 위기가 전 지구적 문제인 만큼 강조해야 하는 포인트를 고려해야 하며 구체적인 대처 방안을 제시해 주면 좋은 점수를 받을 수 있다.

예시 답안 ✏️

1. 기후 위기는 인간이 먹고 사는 과정에서 자연히 이루어지는 소비 때문에 발생되었다고 생각합니다. 산업 혁명 이후 대량 생산 시대가 시작되면서 사람들은 필요한 것 이상으로 소비하게 되었으며 그 생산 과정은 물론 소비한 뒤 폐기하는 과정에서도 어마어마한 환경 오염이 진행됩니다. 실제로 기후 위기와 관련하여 최근 소비하지 않기 운동이 있었습니다. 가능한 한 최소한도로 새로운 소비를 함으로써 생산에서 나오는 오염 물질과 에너지 낭비, 소비 후 나오는 폐기물

등을 줄이려는 시도였습니다. 이처럼 기후 위기 문제에 대응하기 위해서는 근본적으로 전 세계 사람들이 불필요한 소비를 줄이는 것이 필요합니다. 개인이 실천할 수 있는 방안으로는 음식물 쓰레기 남기지 않기, 분리수거로 재활용 잘 하기 등 폐기물을 최대한 줄이는 것이 있으며, 제도적인 보완으로 생산자들의 과열 경쟁을 막고 친환경적 공정을 거치게 하는 방법이 있습니다.

2. 기후 위기가 미래의 일이 아니라 당장의 문제가 된 만큼, 미래의 교육은 기후 문제를 중점적으로 다뤄야 할 것입니다. 앞서 말씀드린 것처럼 기후 위기의 큰 원인 중 하나인 불필요한 소비를 막기 위해 학생들은 소비하는 것이 단순히 돈을 쓰는 경제적인 영역의 것만이 아니라 환경 오염에 직결되는 문제임을 알아야 할 것입니다. 이와 관련된 교육은 사회나 도덕 교과에서 담당할 수 있으며 시민 의식과 함께 환경을 고려하는 마음을 고양할 수 있도록 해야 할 것입니다.

제가 교사라면 이러한 방향에 맞춰 쓰레기통을 비우지 않는 주간을 정해 볼 것입니다. 학생들은 교실에서 사용하는 모든 종류의 물건들, 준비물 등에서 나오는 포장지나 부수적인 것들을 한데 모으면 그렇게 모인 쓰레기가 얼마나 쌓이는지 교실 공간을 얼마나 차지하는지 알게 될 것입니다. 이렇게 당장 우리가 생활하는 교실에서 발생되는 폐기물의 양을 눈으로 직접 보게 되면 소비에 있어 폐기물 문제를 고려하게 될 것입니다.

[정시]

1. 일반 면접

※ 다음에 제시된 (가)와 (나)의 글을 읽고 물음에 답하시오.

(가) 합계 출산율은 가임기 여성(15~49세) 1명이 가임 기간(15~49세) 동안 낳을 것으로 예상되는 평균 출생아 수를 의미한다. 2000년대 들어 저출산 현상이 가속화되면서, 우리나라의 합계 출산율은 2000년 1.48에서 2010년 1.23, 2022년 0.78로 계속 낮아지고 있다.[1] 저출산 문제를 해결하기 위해서, 임신과 출산에 대한 경제적 지원, 교육 시스템 개혁, 주거 지원, 다문화 가정 지원, 이민자 수용 등을 통한 장기적인 사회·구조적 변화가 필요하다. 2023년 노벨 경제학상을 수상한 클로디아 골딘 미국 하버드대 교수는 한국의 저출산에 대해 "특정 가정의 문제가 아니라 기성세대, 남성, 기업 문화 등이 모두 변해야 한다."고 지적했다.[2]

1) 한국지표체계 합계 출산율, 지표누리 (2023.02.22.) 발췌 및 재구성
2) 조윤영, ""0.86명입니다" 노벨상 수상자도 아는 한국 저출생 문제", 『한겨레신문』 기사 (2023.10.6.) 발췌 및 재구성

(나) 전국 초중고교 다문화 학생 수가 2014년 6.7만 명에서 2020년 14.7만 명, 2023년 18만 명으로 지속적으로 증가하고 있다. 전라북도 교육 통계에 따르면 도내 다문화 학생(초중고)의 수는 2020년 7,720명에서 2021년 8,105명, 2022년 8,228명, 2023년 8,664명으로 점점 증가하고 있다. 다른 시도에 비해 외국인 학생 비율이 높고 소규모 학교가 많은 전북 지역에는 2023년 기준 다문화 학생 비율이 50%가 넘는 학급 수가 전체 8,952개 학급 중 279개이다.[1]

다문화 학생들이 한국 사회에 적응하고 교육을 받는 과정에서 언어적 문제, 문화적 문제, 사회적 문제 등 다양한 문제를 겪고 있으며, 이를 해결하기 위해서는 국가와 지자체, 학교, 가정 등이 함께 협력하고 노력해야 한다. 교육부는 2023년 열린 제8차 사회 관계 장관 회의에서 '이주 배경 학생 인재 양성 지원 방안'을 발표했다. 지원 방안에는 차별 없는 교육 기회 제공과 우수 인재 지원 강화 등을 통해서 빠른 속도로 증가하고 있는 이주 배경 학생을 산업 역군으로 키우겠다는 내용이 포함되어 있다.[2]

1) 2013~2023년 다문화 학생 수 및 비율, 전북교육포털 (2023.02.22.) 발췌 및 재구성
2) 제8차 사회 관계 장관 회의, 교육부 (2023.09.26.) 발췌 및 재구성

---

1. (가)와 (나)에서 제시한 저출산 현상과 다문화 학생들의 증가가 우리 사회와 학교 교육에 미치는 영향에 대해 말하시오.

2. (가)와 (나)의 글을 근거로 저출산 현상 및 다문화 사회에 대응하기 위한 학교 교육 방향을 제시하고, 이를 위한 교육 방법을 사례를 들어 말하시오.

학교 측 해설 ✏️

【채점 기준】

하위 문항	채점 기준
1	– 질문의 요지를 정확하게 판단하고 응답하는가? – 저출산 현상과 다문화 학생 증가가 사회와 학교 교육에 미치는 영향을 적절하게 제시하는가?
2	– 질문의 요지를 정확하게 판단하고 응답하는가? – 응답한 교육 방향과 교육 방법의 사례가 적절한가?

【예시 답안】

1. 〈사회에 미치는 영향〉

인구 고령화, 생산성과 경제 성장 저하, 노동 인구 감소로 인한 숙련된 인력의 부족, 외국인 근로자의 수요 증가, 지역 및 국가 소멸의 위험 가능성 증대, 국가의 국방력과 국제적 영향력 약화, 다문화 가정의 증가로 사회적 응집력 약화, 다문화 학생들의 증가로 인한 사회 갈등 확대 등

〈학교 교육에 미치는 영향〉

학생 수와 교사 수 축소에 따른 소규모 학교의 증대, 소인수 학급 증가로 학생들의 성장과 발달에 부정적인 영향을 줄 수 있음, 교육 재정의 효율성 약화, 학생들의 문화와 언어의 차이에 따른 교육의 어려움, 다문화에 따른 갈등 발생, 학교 교육과정의 변화 필요성 증대 등

2. 〈학교 교육의 방향〉

개인 맞춤형 교육의 강화, 고령 인구의 생산성과 복지를 높이기 위한 교육, 디지털 전환의 시대에 적합한 교육 시스템 구축, 작은 학교 연대 및 도농 간 교류를 통한 어울림 교육의 확대, 다양한 감수성과 세계 시민성 함양, 인권과 평등, 인종과 성에 대한 인식 개선, 다문화 학생의 교육적 소외 방지, 문화 상대주의적 인식 확산, 다양한 배경의 학생과 협력할 수 있는 교육 등

〈교육 방법의 사례〉

개인 맞춤형 수업 운영, 다양한 문화와 가치를 체험하는 학습 공동체 운영, 다문화 인식과 인권 존중 교육 프로그램 개발 및 운영, 문화적 차이를 이해할 수 있는 교육 프로그램 운영, 이중 언어 교육의 확대, 다문화와 저출산 문제에 관련된 교육 콘텐츠 개발 및 홍보, 학습 멘토링을 통한 교육 협력체 운영 등

저출산 문제, 다문화 문제가 따로 제시된 것이 아니라 함께 제시되었다. 각각의 주제에 대한 이해를 분명하게 보이되, 두 주제를 연결해 유기적으로 구술하는 것이 중요하다.

예시 답안 ✎

1. 저출산과 다문화 학생들의 증가로 인해 우리 사회는 다양한 국가 배경을 가진 다인종 사회가 될 것입니다. 지금까지 단일 민족을 강조해 오던 방식과는 달리 국가, 민족의식에 있어서 새로운 인식이 필요할 것이며 이는 교육에 반영되어야 할 것입니다.

　사회 경제적으로는 다문화 가정이 마주하고 있는 여러 편견과 양육 방임, 부적응 등의 문제가 다양한 사회 문제를 야기할 수 있습니다. 또한, 다문화 인구의 수가 점차 증가하면 이들이 하나의 집단처럼 뭉쳐 또 다른 사회 갈등의 원인이 될 수도 있습니다.

　학교에서도 인구 감소로 인해 학생 수와 교사 수가 줄어들 것이며 이 과정에서 교육 예산이 삭감되는 문제가 생길 수 있습니다. 이는 교육의 질 문제와도 연결될 수 있습니다. 또한, 서로 다른 문화 배경을 지니고 다른 언어를 사용하는 학생들이 한 학급에 속하게 되면 언어의 차이로 인한 교육의 어려움이 발생할 수 있습니다. 따라서 이에 대한 고려가 필요합니다.

2. 학생 수가 줄어드는 만큼 학교는 작은 학급을 운영하는 방식에 익숙해져야 할 것입니다. 저출산으로 학급 당 학생 수가 줄어드는 것이 오히려 개인 맞춤형 교육에 가까워지는 기회가 되어야 합니다. 증가하는 다문화 학생들을 위해서는 세계 시민적인 가치에 중점을 두는 교육 방향이 필요합니다. 다문화 학생들을 배척하지 않도록 새로운 시민 의식이 교육에 반영되어야 하며 관대함의 가치를 배우는 기회가 되어야 합니다. 이를 위해 교육과정 측면으로 인권과 관련한 영역이 더 강조되어야 합니다. 그리고 다문화 학생들이 가정에서 겪는 문제에 대해 도움을 받을 수 있도록 제도적인 측면에서 다문화 학생 도움 프로그램이 체계적으로 갖춰져 있어야 합니다.

[정시]

1. 심층 면접(오전)

※ 다음 〈제시문〉을 읽고, 아래 물음에 답하시오.

〈제시문〉

(가) OECD는 2021년 '국가 AI 전략 및 정책 개요(An Overview Of National AI Strategies and Policies)' 보고서에서 AI가 빠르게 도입되는 분야에 교육을 포함했다. (중략) AI를 교육 분야에 도입하는 가장 큰 이유는 AI가 그간 해결하기 어려웠던 '개인 맞춤형 교수·학습·평가'를 실현해 줄 수 있는 유용한 도구이기 때문이다.

KDI, 세계는 지금 (2023년 9월호)

(나) 교육부는 2023년 2월 23일 '모두를 위한 맞춤 교육의 실현'을 위해 '디지털 기반 교육 혁신 방안'을 발표했다. 이는 디지털 대전환 시대에 대응해 공교육 분야도 변화와 혁신이 필요하다는 인식에 따라 마련됐으며, AI 등 첨단 기술을 활용해 학생들에게 자신의 역량과 배움의 속도에 맞는 '맞춤 교육'을 제공함으로써 학생 한 명 한 명을 소중한 인재로 키우고 교사들이 학생과의 인간적 연결에 더욱 집중할 수 있도록 함으로써 창의성·비판적 사고력·인성·협업 능력 등 디지털 시대의 핵심 역량을 키우는 교육 환경을 구축하는 것을 목표로 한다. (중략) 학생들이 AI 보조 교사로부터 사전에 지식을 전달 받은 후 교사와는 토론, 프로젝트 학습, 거꾸로 학습 등 문제 해결 역량을 함양할 수 있는 다양한 방식의 수업에 참여할 수 있다. 이러한 교실의 변화를 통해 학생들은 자신만의 학습 경로를 구축할 수 있고, 교실 속에서 교사 및 동료 학생들과 함께 수업을 만들어 가는 능동적 학습자로 성장할 것으로 기대된다.

· 위 제시문에 언급된 '디지털 기반 교육 혁신 방안'을 성공적으로 실현하기 위해 교사가 갖추어야 할 전문성은 무엇인지 제시하고 그 이유를 설명해 보시오.

학교 측 해설 ✎

2단계 심층 면접은 문제에 대한 정답을 요하는 대학별 고사가 아니며 지원자의 고교 교육과정에서 습득한 다양한 학습과 올바른 진로 교육, 정보화 및 정보 윤리 교육, 다문화 교육, 미디어 교육 등에 대한 내용을 통해 초등 교사로서 갖추어야 할 긍정적 자아 개념, 교사로서의 자질, 전문성 및 발전 가능성 등 3개 영역에 대해 종합 평가를 실시하여 지원자의 역량 및 교직 인성과 적성을 평가하고 있다.

'교사가 갖추어야 할 역량이나 전문성'은 교대 면접 문제로 자주 출제되는 주제이다. 자유롭게 상상해 구술해도 좋지만 교육 현장에 현실적으로 맞지 않는 동떨어진 답변을 하지 않도록 주의해야 한다.

예시 답안 ✏️

현재 전 세계적으로 기술이 발달하여 과거에는 상상할 수 없었던 것들이 가능해졌습니다. 불완전하기는 했으나 코로나 시기에 원격 수업을 진행했고, 인공 지능 기술을 활용해 적재적소에 필요한 지식을 빠르게 찾아 원하는 방식으로 가공까지 할 수 있었습니다. 이러한 기술의 발전에 따라 디지털 기반 교육 혁신 방안이 발표되었습니다. 교사로서 이에 발맞추기 위해서는 먼저 디지털 기술 활용 능력이 필요합니다. 수업에 활용하게 될 프로그램이나 디지털 매체를 교사가 제대로 다루지 못한다면 수업은 파행 운영될 것입니다. 특히, 코로나 시기에는 원격으로 수업을 하는 방식에 익숙하지 않은 세대의 교사들이 크게 애를 먹었다고 알고 있습니다. 마찬가지로 인공 지능 기술 또한 수업에 얼마든지 활용될 수 있도록 교사가 먼저 인공 지능 기술을 다루는 것에 능숙해져야 합니다. 기술 활용 능력이 받쳐 준다면 수업의 형태나 방식이 변하여도 교사가 당황하지 않고 학생들을 이끌어 나갈 수 있다고 생각합니다.

2. 심층 면접(오후)

※ 다음 〈제시문〉을 읽고, 아래 질문에 답하시오.

〈제시문〉

(가) 새 학기인 올해 3월부터 교권 침해 신고 직통 전화번호 '1395'가 생긴다. 교육부와 과학 기술 정보 통신부는 악성 민원, 형사 고발 등 교육 활동 침해가 발생하면 교원이 즉시 신고할 수 있도록 '1395'를 올해 1월부터 특수 번호로 사용하기로 합의하고, 3월 개통을 준비 중이라고 밝혔다. 특수 번호란 공공질서 유지와 공익 증진을 목적으로 과학 기술 정보 통신부 장관이 부여하는 번호로, 119 · 112가 있다. 교원이 '1395'로 긴급 전화를 걸면 발신 지역 시 · 도 교육청 교권 민원 팀과 즉시 연결돼 교권 침해 사안 신고를 할 수 있다. 또한, 사안과 관련된 법률 상담 지원이나 마음 건강 진단 · 치료 프로그램도 안내받을 수 있다.

[농민신문, 2024.1.4.]

(나) 국책 연구 기관인 한국 교육 개발원이 지난 10월 발간한 '지방 교육 자치 법규에 대한 사후 입법 영향 분석: 학생 인권 조례를 중심으로' 보고서도 학생 인권 조례 시행 여부에 따른 학생들의 인권 인식을 살펴본 결과 학생 인권 조례 시행 지역 학생들이 미시행 지역보다 일반적인 인권에 대한 인식이 높고 시간이 갈수록 우상향하는 것으로 나타났다고 밝혔다. 연구진은 "학생 인권 조례의 시행과 학생 인권 교육, 학생 인권 옹호관 제도 등 다양한 입법 수단을 통해 학생 인권 조례라는 규범의 실효가 있을 수 있다는 점을 시사한다."라고 짚었다. 서울시 교육청의 학생 인권 실태 조사에서도 학생 인권 조례가 학생들의 인권 보장에 도움이 되는지를 묻는 질문에 '그렇다'라고 응답한 초 · 중 · 고 학생 비율이 2015년 64.2%에서 2019년 70.7%로 높아졌다.

[경향신문, 2023. 12. 25.]

• 교권 보호법과 학생 인권 조례의 필요성에 대해 설명하고, 학생의 인권을 존중하면서도 교권을 보호할 수 있는 방안을 예를 들어 설명해 보시오.

학교 측 해설 ✎

수시 심층 면접(토요일 오전)의 해설과 동일하므로 생략한다.

선배들의 TIP ✎

사회적으로 이목이 집중되었던 교권 관련 주제이다. 교권에 대해서 논할 때 교권이 학생 인권과 반대되는 개념인 것처럼 구술하는 일차원적 방식은 피하는 것이 좋다. 학생 인권은 그대로 존중해야 하며 그와 별개로 교권에 대해 따로 논하는 것이 좋다.

예시 답안 🖊

　학부모의 압박에 시달려 세상을 등진 교사의 사례가 뉴스에 보도되는 등 교권 침해는 심각한 사회 문제로 부상하고 있습니다. 이에 따라 최근 교권 보호와 관련해 많은 논의가 진행되고 있습니다. 또한, 교권을 강화하고 보호해야 한다는 의견과 함께 교권 약화의 원인으로 학생 인권 조례를 지목하는 의견도 함께 제기되고 있습니다. 저는 학생 인권과 교권이 어느 것이 더 커지면 다른 것이 작아지는 관계에 놓여 있다고 생각하지 않습니다. 학생 인권 조례는 과거 학생들의 인권이 보장되지 않았던 것에 대한 반성으로 생긴 것이며 앞으로도 필요한 것이고 유효할 것이라 생각합니다. 학생 인권을 보장하는 것과 별개로 교권 보호를 위한 방안을 강구하는 것이 적절할 것입니다.

　교권 보호를 위해서 기본적으로 교권이 침해되는 사안을 교사 개인의 문제로만 치부하지 않는 것이 중요합니다. 현재는 학부모에게 민원이나 고소 등의 압박을 받을 때 교사가 받을 수 있는 도움이 사실상 많지 않습니다. 따라서 소속 학교나 교육청, 교육부 등의 상급 기관 및 직속 기관이 교권 침해를 방지하고 교권을 보호하기 위해 적극적으로 나서야 한다고 생각합니다. 현장 교사를 대상으로 한 민원이나 고소 문제에 도움을 주는 체계를 만들고, 과도한 민원에 대해서는 교육청 급에서 반려할 수 있어야 한다고 생각합니다.

[수시]

1. 교직 인 · 적성 면접(오전)

※ 다음 〈사례〉를 읽고 물음에 답하시오.

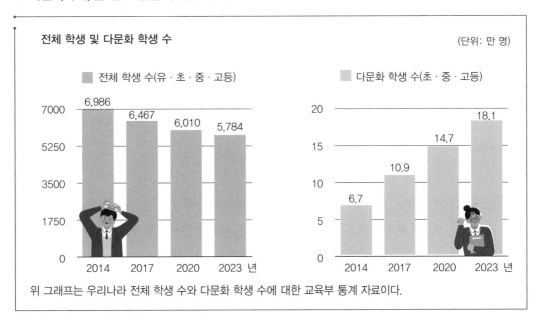

전체 학생 및 다문화 학생 수 (단위: 만 명)

위 그래프는 우리나라 전체 학생 수와 다문화 학생 수에 대한 교육부 통계 자료이다.

1. 전체 학생 수의 추이를 고려할 때, 교육 현장에 어떠한 변화가 나타날지 말하고 이에 대응하는 교육의 방향에 대해 설명해 보시오.

2. 다문화 학생 수의 추이를 고려할 때, 교육 현장에 어떠한 변화가 나타날지 말하고 교사가 갖추어야 할 역량에 대해 설명해 보시오.

학교 측 해설 ✏️

【출제 의도】

면접 대상 학생의 그래프 해석 및 분석 능력을 알아보고, 저출생 현상과 다문화 사회로의 진입에 따른 교육의 변화를 설명할 수 있는지에 대해 평가한다.

최근 저출생의 영향으로 우리나라의 학생 인구는 지속적으로 감소할 것으로 전망된다. 학령 인구 감소에 대한 교육의 이슈를 살펴보기 위해서는 단지 직접적으로 보이는 미래의 학생 수 감소 그 자체에만 중점을 두는 것이 아닌 학령 인구 감소 상황이 인구 변화, 학생의 특성, 교육 여건 변화에 미칠 영향 등을 두루 살펴서 나아갈 교육의 방향을 탐색할 필요가 있다.

다문화 가정의 학생들은 삶의 많은 부분에서 '다름'이라는 존중이 아닌 차별을 느끼고 있으며, 사회생활의 대부분을 학교에서 보내고 있다. 교사는 다문화 교육에 대한 이해와 다문화 감수성을 높이기 위해 다양한 방식으로 노력해야 한다. 이에 면접 대상 학생이 다양성에 대한 어떠한 시각과 견해가 있는지를 확인하고자 한다.

【채점 기준】

1. 그래프에 대한 해석을 바탕으로 미래 사회의 변화를 예측하여 교육적 상황으로 적용할 수 있는지 평가한다. 그리고 저출생 문제의 단점뿐만 아니라 장점까지 볼 수 있는 종합적 사고 능력을 평가한다.

2. 면접 대상 학생이 교사가 되었을 때 마주하는 학생들이 다양한 문화적 배경을 갖고 있을 수 있다는 사실을 인식하고 있는지 평가한다. 아울러 그래프에 대한 해석을 바탕으로 다양성을 존중하는 태도를 교사 역량과 연결하여 논리적으로 제시하는지 평가한다.

선배들의 TIP ✎

자료가 제시되어 있지만 이에 대한 분석 능력이 많이 필요하지는 않다. 자료를 분석하느라 도표를 읽어 주는 식으로 접근하면 오히려 점수를 얻지 못할 수 있으므로 자료가 말하는 주제에 집중해 자신의 생각을 덧붙여 말하는 것이 필요하다.

예시 답안 ✎

1. 자료에 따르면 전체 학생 수는 감소하는 추세를 보이고 있으며 저출생 문제가 심각하다는 것을 고려할 때 앞으로 감소세가 더 커질 것으로 예상됩니다. 학생 수가 줄어들면서 학교와 교사의 수를 줄여야 한다는 등의 부정적인 의견이 주를 이루는 것으로 알고 있습니다. 하지만 교육 현장에서 학생 수가 줄어든다는 것은 제공하는 교육의 질이 더 향상될 수 있는 계기가 된다고 생각합니다. 과거에는 한 반에 50명이 넘게 있을 정도로 학생 수가 많았지만 지금은 그 절반 정도로 줄었고, 그 덕에 다양한 활동을 고려해 유기적으로 수업을 계획하고 진행할 수 있는 여지가

늘었습니다. 학생 수가 줄어드는 것은 교육의 위기가 아니라 새로운 세대로의 진입이라 생각합니다.

　구체적으로 말씀드리자면, 학급 구성원인 학생들은 각기 다른 가정 환경과 성장 배경을 가지고 있고, 기질 등의 차이가 있으므로 담임 교사는 이를 고려하여 학생을 대해야 합니다. 학생 수가 감소하면 담임 교사가 학생 개개인과 인격적 교감을 할 수 있는 여력 또한 늘어날 것이라고 생각합니다. 그리고 학생 개개인의 특성에 맞춰 지도하기도 보다 수월해질 것입니다.

2. 오른쪽 그래프에 의하면 다문화 학생 수가 매우 빠르게 증가하고 있습니다. 다문화 학생 수가 늘어나는 것은 중국이나 동남아시아 등 다양한 문화 배경과 사고방식을 가진 학생들이 늘어난다는 것입니다. 하지만 다문화 학생들은 언어 문제 등으로 학교 수업을 따라가기 힘든 경우도 있고, 학교와 보호자, 학생과 보호자 사이에 효율적인 소통이 이루어지지 않는 경우도 있습니다. 이로 인해 학교나 사회에서 소외되는 문제가 발생하기 쉽고, 이는 다른 사회 문제로 연결될 수 있습니다.

　다문화 학생 수가 늘어남에 따라 첫 번째로 교육과정의 대전제가 바뀔 가능성이 있습니다. 이전에는 한국이 단일 민족 국가임을 강조해 단군 신화 등을 필수적으로 교육했지만, 다문화 학생 수가 증가한 지금은 단일 민족임을 강조하는 것은 오히려 많은 다문화 학생을 배제하는 결과를 낳을 수 있습니다. 새롭게 한국인과 한국 문화에 대해 접근하는 것이 필요하며, 교육에 대해서도 다시금 고찰해 보아야 하는 시기가 온 것입니다.

　두 번째로는 교사가 학생 상담을 하거나 지도안을 작성할 때 고려해야 하는 요인이 더욱 다양해졌습니다. 교사는 세계 시민적인 입장을 고려해 모든 학생이 수업 내용에 공감할 수 있도록 숙고해야 할 것입니다. 따라서 교사는 다양한 학생들의 가정 환경과 배경을 수용할 수 있는 포용력을 가져야 하며 다문화 문제와 관련된 현안에 대해 많은 지식을 충분히 가지고 있어야 한다고 생각합니다.

2. 교직 인·적성 면접(오후)

※ 다음 글을 읽고 물음에 답하시오.

'판옵티콘'은 원래 인간의 신체를 효율적으로 감시하면서 길들이고자 한 근대 감옥이었다. 판옵티콘은 감옥 중앙의 감시탑에 간수가 없더라도 죄수들은 항상 감시당하고 있다고 생각하게 만들어 효과적으로 죄수들의 신체와 정신을 통제하도록 만든 장치이다. 프랑스의 철학자 푸코는 사회 전반에 걸쳐 판옵티콘과 같은 방식으로 인간이 권력에 길들여지고 있다고 비판했다. 최근에는 푸코의 이론에 근거하여 학교 교육의 생활 규정, 학교 공간 배치, 평가 등 다양한 방면에서 규율을 통해 학생들을 통제하고 교육하는 것에 대해 비판하고 있다.

(A) 푸코의 관점에 근거한다면 학생들을 규율로 통제하는 방식은 비판 받을 수 있다. 따라서 현재 학교에서 학생들의 행동과 생활 태도를 규정하는 '학생 생활 규정' 등도 비판 받을 수 있다. 이는 규율을 통해 학생들의 개성과 특성을 일정한 틀로 규격화하고 제한하기 때문에 학생의 자유 실현을 저해한다는 입장이다.

(B) 반면에 학생들을 일정 수준 통제하여 규율을 지키도록 하지 않으면 교권 추락, 학생들의 일탈과 방종 등을 막을 방법이 없어 학교 교육 활동의 정상적인 기능이 마비된다는 주장도 있다. 따라서 학생들이 건전한 사회성을 함양하기 위해서는 학교 규율을 통해 학생들을 통제하는 방식의 교육 운영이 필요하다는 입장이다.

1. 위에서 설명한 (A)와 (B)의 주장 중에서 면접 대상 학생이 찬성하는 하나의 입장을 선택하여, 그렇게 생각한 이유에 대해 두 가지 이상 근거를 들어 설명해 보시오.

2. 면접 대상 학생이 1번에서 선택하여 설명한 주장에는 단점이 있을 수 있다. 그것을 보완할 수 있는 방안에 대해 설명해 보시오.

학교 측 해설 ✏️

【출제 의도】

최근 논란이 되고 있는 교권과 학생 인권 사이에서 균형 있는 시각과 입장을 견지하는 것이 교육계의 중요한 현안이라 할 수 있다. 이 문항은 이에 대해 학생들이 얼마나 균형 있는 시각을 가지고 논리적으로 표현할 수 있는지를 평가한다.

특히, 최근 학생 생활 규정을 통한 학생의 통제가 중요한가, 학생의 인권과 자율권이 우선인가에 대한 논란이 더욱 커지고 있다. 이에 나름대로의 입장을 피력하고, 이 주장에 대한 단점을 보완·개선할 수 있는 방안을 제시하는지 평가한다. 아울러 교사로서 갖추어야 할 학생들의 인권과 규율 통제에 대한 조화로운 시각을 얼마나 잘 피력할 수 있는지를 평가한다.

【채점 기준】

1. 제시한 두 가지 관점은 각각 찬반의 입장이 나누어져 있거나 어느 한 쪽만의 선택에 유불리가 존재해서는 안 된다. 따라서 면접 대상 학생이 어느 한쪽을 지지하여 논리적으로 타당한 근거를 두 가지로 들어 설명할 수 있는가를 중점적으로 평가한다.

2. 1번에서 지지한 주장에는 상대적으로 단점도 존재한다. 이에 따라 어느 한쪽의 주장을 선정하더라도 그 주장의 단점을 보완할 수 있는 방안을 나름대로 설득력 있게 제시할 수 있는가를 중점적으로 평가한다.

선배들의 TIP ✏️

두 가지 사안에서 선택하는 문제에서는 가장 매력적으로 보이는 입장이 있을 수 있다. 하지만 어떤 입장을 선택해도 감점의 위험이 없으니 자유롭게 자신의 생각을 개진하는 것이 좋다.

예시 답안 ✏️

1. 저는 B의 입장에 찬성합니다. 학교는 사회화를 위한 기관이며 사회화의 과정에는 필수적으로 사회 규범이라는 큰 틀을 인식하는 것, 틀을 벗어날 때 겪을 충돌, 훈육을 받으며 좌절하는 부분이 포함됩니다. 요즘 가장 화제가 되고 있는 교권 추락 문제의 원인으로 학생들의 훈육을 용납하지 않는 분위기와 제도가 꼽히고 있습니다. 자율이라는 말의 '율'은 규율의 '율'과 같습니다. 스스로 규율을 인식해 자신을 조절하는 법을 배워야 자율적으로 살 수 있습니다. 그리고 규율을 인식하기 위해서는 학교에서 규율에 대해 확실히 알려줄 수 있어야 합니다. 훈육이 어려운 현재의 학교에서는 학생들이 도의적으로 교사의 말을 들어주기를 바라는 것 이외에 규율을 가르칠 수 있는 마땅한 방안이 없습니다. 이는 나아가 사회화가 완전하게 진행되지 않은 학생들이 사회 구성원이 된다는 것을 의미하며 그렇기 때문에 학생들의 교육적인 측면 이외에도 사회 전체 발전을 위해서 규율을 학습하는 과정이 반드시 필요하다고 생각합니다.

2. 규율을 강화하자는 주장은 자칫 교사의 폭력적인 행위가 횡행하던 과거로 회귀하자는 것처럼 보일 수 있습니다. 하지만 학생들의 사회화를 위해 규율을 가르치는 것이니 만큼, 과거에 있었던 교사의 폭력적인 행위나 학생 개인의 개성을 매몰하는 압력 등은 사라져야 할 것입니다. 이를 위해서는 교사의 훈육이 적절했는지에 대해 학생이 심의를 청구할 수 있도록 하는 제도를 마련하는 것이 필요하다고 생각합니다. 단순히 심의 청구만 가능하게 하는 것이 아니라, 학생

의 청구가 적절한지에 대해서도 교육청 급의 위치에서 살펴볼 수 있어야 합니다. 현재는 교육청이 교사에게 들어오는 악성 민원을 수수방관하고 있어 교권 침해 문제가 더 심각해지고 있는 측면이 있다고 생각합니다. 교육청이 제도적 장치를 마련하여 학생뿐만 아니라 현장 교사들을 보호하기 위해 앞장선다면 교사들은 민원이나 기타 외부 압력을 두려워하지 않고 학생들을 훈육할 수 있게 될 것입니다. 또한, 훈육 적절성에 대해 심의해 달라는 청구 또한 올바른 절차대로 수행될 수 있을 것입니다. 이러한 제도적 보완은 교사의 훈육권이 비대해지는 것을 견제하면서도 적절한 훈육이 이루어질 수 있도록 돕는 장치가 될 수 있을 것이라고 생각합니다.

3. 개방형 질문 예시

개방형 질문 예시
1. 고등학교 수업 중 지원 전공과 관련하여 가장 흥미 있었던 주제는 무엇인지 말해 보시오.
2. 실생활에서 지원 전공과 관련된 지식을 확인하거나 응용해 본 경험이 있다면 말해 보시오.
3. 지원 전공과 관련하여 최근에 읽은 책이 있다면 간단하게 소개해 보시오.
4. 학교생활 중 지원 전공 또는 특정 분야에 몰두하여 최선을 다한 경험이나 사례가 있다면 말해 보시오.
5. 지원자가 생각하는 좋은 교사란 무엇인지 자유롭게 말해 보시오.

선배들의 TIP 및 예시 답안 🖉

개방형 질문이므로 예시 답안은 생략한다.

2024 학년도 | 사대 면접 기출문제

Ⅰ. 일반 면접

어느 사범대학교에 지원하든 공통적으로 출제될 수 있는 질문들이 있다. 여기에서는 실제로 출제된 질문들을 중심으로 종합해서 소개한다. 사범대학교 전형 특성상 면접이 당락을 결정하는 경우는 드물고, 학교생활기록부 기반 면접 문항이 많다. 따라서 학생마다 천차만별의 답변이 가능하므로 아래의 답변 예시는 참고만 하고, 질문에 따라 본인에게 최적화된 답변을 정리하는 것이 필요하다. 서울대, 고려대처럼 제시문을 주고 푸는 면접은 예외적인 방식에 해당된다.

1. 교직 관련

• 교사가 되고자 했던 직접적인 계기는 무엇인지 말해 보시오.

선배들의 TIP 및 예시 답안 ✏️

존경하는 선생님, 봉사 활동 경험 등 다양한 계기가 있을 수 있다. 지원자의 교직관을 점검하고자 하는 질문이므로 이를 고려해서 답변하도록 한다. 주의할 점은, 학교 측에서 부모의 직업 등에 대해 쓰지 못하게 했을 경우이다. 이 기준을 엄격하게 적용하면 부모님이 교사, 교장, 장학관이라는 식의 답변은 면접관에 따라서는 탈락으로 이어질 수 있으니 주의하도록 한다.

• 교사로서의 자신의 자질과 장점을 말해 보시오.

선배들의 TIP 및 예시 답안 ✏️

먼저 교사의 자질이 무엇인지 고민해 보고, 자신의 자질과 장점을 말해야 할 것이다. 중·고등학교 교원은 초등학교 교원에 비해 전문성이 높이 요구되는 것은 사실이다. 그리고 무엇보다 교원이 가져야 할 본질적인 자질은 전인 교육(능력 및 적성 개발+민주 시민의 소양, 인성을 함양시키는 교육)을 할 수 있는 능력이다. 입시 교육 중심의 현실을 인정하면서 전문성에 관해서도 어필을 하되, 인성 교육과 관련해서 어떤 자질을 갖고 있는지 답변해야 할 것이다.

• 교육의 사회적 의의는 무엇인지 말해 보시오.

선배들의 TIP 및 예시 답안 🖊

교육의 목적에 관한 교육 기본법의 정의를 참고하라. 학생 개인에 대한 전인 교육을 실시하여 인간다운 삶을 살게 하는 것도 교육의 목적이지만, 사회적 차원에서는 민주 국가의 발전, 인류 공영의 이상을 실현하는 것도 있다. 물론 '민주 국가의 발전과 인류 공영의 이상'에 부합하는 내용을 자기만의 표현으로 말해야 한다.

• 바람직한 교사상(자신의 교육관)에 대해 말해 보시오.

선배들의 TIP 및 예시 답안 🖊

교직관을 점검하는 문제이다. 교사가 되고자 했던 계기와 유사한 맥락이다. 본인이 생각하는 교직관을 정리한 후, 실제 그런 선생님이나 인물 등 롤 모델을 설정해서 답변해도 좋다.

• 엄격한 선생님과 자상한 선생님 중에 자신이 되고 싶은 교사상은 무엇인지 말해 보시오.

선배들의 TIP 및 예시 답안 🖊

엄격한 선생님이라고 답하면 엄격한 선생님의 한계, 자상한 선생님의 필요성을 꼬리 질문으로 물어볼 것이고, 자상한 선생님이라고 답하면 자상한 선생님의 한계, 엄격한 선생님의 필요성 등을 꼬리 질문으로 물어볼 것이다. 꼬리 질문을 통해 학생의 의사 표현력, 논리력, 교직관을 점검하고자 하는 것이므로 당황하지 않도록 한다. 유일무이한 정답을 말할 필요도 없다. 타당한 지적은 순응하면서 본인의 주장을 전개하면 된다.

• 우리나라 교육 제도의 문제점을 말해 보시오. / 우리나라 교육 제도의 개선 방안에 대해 말해 보시오.

선배들의 TIP 🖊

교육 제도이므로 거시적 차원으로 접근해도 된다. 그리고 거시적 차원의 문제가 실제 학교 현장에서 어떤 식으로 발현되었는지 본인의 경험을 섞어서 말해도 좋다. 한편, 개선 방안은 지엽적인 제도에 집착하기보다는 큰 방향성을 제시하는 것으로 충분하다. 답이 있는 문제는 아니기 때문이다. 꼬리 질문이 이어질 수 있으니 미리 마음의 준비를 하도록 한다.

예시 답안 ✏️

　입시 위주의 교육 제도인 수능으로 인해 학생들의 적성이 제대로 발휘되지 못하는 문제가 있습니다. 이는 다양성을 가진 개인들의 창의적·융합적 사고가 필요한 4차 산업 혁명 시대에 국가 경쟁력을 저하시킬 뿐 아니라, 개인의 자아실현 차원에서도 바람직하지 않습니다. 실제로 독서를 엄청 좋아해서 박학다식한 친구가 있었는데, 그 친구는 객관식 문제 풀이에는 능하지 못했고, 높은 성적을 받지 못했습니다.

- 무너져 가는 공교육에 대한 대책을 말해 보시오.

- 공교육을 정상화하기 위해 사교육을 억제하는 정책에 대해 본인의 견해를 말해 보시오.

선배들의 TIP 및 예시 답안 ✏️

　공교육을 정상화하기 위해 사교육을 억제하는 정책에 익숙해져서 자칫 다른 문제들을 고려하지 못할 수 있다. 단기적으로는 사교육과 보완적인 관계를 형성하되, 장기적으로 공교육 중심의 교육으로 나아가야 한다는 식의 답변도 고민해 보기 바란다. 또한, 공교육이 무너지는 이유는 시험 제도에만 있는 것은 아니다. 학벌주의 문화, 고졸이나 전문대졸 출신들이 주로 취업하는 직군에서 임금이 낮거나 열악한 노동 환경을 감수해야 하는 문제 등이 엮여 있다. 종합적으로 고민해 보기 바란다.

- 체벌에 대한 자신의 생각을 말해 보시오.

선배들의 TIP ✏️

　당위적으로 당연한 질문은 현실적 이유들이 꼬리 질문으로 이어질 수 있다. 따라서 당위적인 답변에 더해서 현실적 측면도 고려하면서 꼬리 질문에 대비할 필요가 있다.

예시 답안 ✏️

　체벌은 당연히 금지되어야 한다고 생각합니다. 범죄자에게조차 체벌이나 고문을 가하지 않는데 학생에게 체벌을 가하는 것은 개인의 인권 측면에서 당연히 바람직하지 않기 때문입니다. 또한, 민주주의 사회에서는 물리적 폭력이 아닌 대화와 합의로 갈등을 해결하는 것이 기본적인 원리이기에 교육 현장에서 체벌을 하는 것은 바람직하지 않습니다. 그뿐만 아니라 체벌로 어떤 학생의 행동이 교정된 것을 지켜본 학생들이 마치 체벌이 적절한 수단인 것처럼 착각할 우려가 있습니다.

→ (꼬리 질문) 그런데 학교 현장에서 교권이 추락하고 있다. 실제로 학생이 교사를 폭행하는 경우도 있다. 이런 교권 추락 문제를 심화시킬 수 있지 않은가?

교권이 추락한 이유는 다양하겠지만, 입시 위주의 교육으로 흘러가고 사교육 시장은 비대해지다 보니 공교육 교사의 역할이 축소되고 이로 인해 교권이 추락한 것이 가장 큰 원인이라 생각합니다. 체벌이 금지되었기 때문에 교권이 추락했다고 보기보다는, 체벌 이전에 교사의 권위가 회복되는 환경을 조성해야 합니다. 그리고 이를 위해서는 교사 개인의 체벌권을 강화하는 방안보다는 교사-학부모-정부의 협업이 필요합니다. 한편, 권위에는 상대방의 자발적 복종이 있어야 합니다. 체벌은 자발적 복종보다는 강제적·표면적 복종에 그치므로 교사의 권위를 회복시키는 데 큰 도움이 되지 않는다고 생각합니다.

• 자립형 교육에 대한 본인의 견해를 말해 보시오.

선배들의 TIP 및 예시 답안 🖊

일장일단이 있는 문제이다. 자립형 교육을 극단적으로 강조하면 제도권 교육 내에서 표준화된 교육을 담당하는 교사의 역할은 줄어들기 마련이다. 이를 고려하여 균형 잡힌 답변을 하도록 한다.

• ○○ 교육학과를 지원한 이유는 무엇인가? ○○ 과목을 좋아하는 이유를 말해 보시오.

선배들의 TIP 및 예시 답안 🖊

지원 학과에 대한 애정, 지원 학과 과목에 대한 열정을 드러낼 필요가 있다. 가볍게 대답해도 되는 문제이고, 학과 특성을 열심히 조사해서 멋지게 대답할 수도 있는 질문이다.

• 만약 교장이 된다면 어떤 방식으로 학교를 운영하고 싶은지 말해 보시오.

선배들의 TIP 및 예시 답안 🖊

언뜻 보기에는 리더십이나 이런 것들을 평가하는 문항처럼 보이지만, 사실 이러한 질문은 최근의 교육 현안에 관심이 있는지 평가하는 문제이다. 교장에게 집중된 학교 운영권이나 인사권 문제가 실제로 있고, 그로 인해 수평적 관계여야 할 교사들 간의 관계가 수직적 관계가 되는 문제가 있다. 민주적 학교 운영의 중요성을 고려하면서 답변하도록 한다.

• 학생이 수업 시간 중에 인터넷에서 배운 잘못된 지식에 근거해 교사에게 이의를 제기했다. 어떻게 대처할 것인지 말해 보시오.

선배들의 TIP 및 예시 답안 ✏️

의사소통 능력을 중심으로 답변하면 된다. 해당 학생을 배려하는 자세, 설득하는 자세, 원만한 수업 운영을 할 수 있는 능력 등을 고려하면서 답변한다.

• 맞춤형 학습이 중요하다고 하는데, 막상 그와 같은 제도를 시행하려고 하면 여론의 반발이 거센 경우가 있다. 왜 여론의 반발이 있는지 설명하고, 맞춤형 학습을 시행해야 한다고 할 때 여론을 설득할 방안에는 무엇이 있는지 말해 보시오.

선배들의 TIP 및 예시 답안 ✏️

학생의 능력 수준이나 적성에 맞추어 교육하는 것이 맞춤형 학습이다. 이에 대해 여론의 반발이 있는 이유는 열등한 학생으로 분류된 학생들의 자신감 상실, 낙인 효과 때문이다. 또한, 열등한 학생들에 대한 교육이 소홀해서 교육 격차가 확대되는 문제 등도 있을 수 있다. 이런 문제점들을 해소할 수 있는 방안을 제시하면서 설득 방향을 잡아야 한다.

• 4차 산업 혁명이 산업 전반에 영향을 미친다고 한다. 교육 분야에는 어떤 영향을 끼칠 것이며, 4차 산업 혁명 시대에 교사에게 필요한 능력과 자질은 무엇인지 말해 보시오.

선배들의 TIP 및 예시 답안 ✏️

4차 산업 혁명은 인공 지능, 딥 러닝 등 다양한 키워드로 출제된다. 지식 전달자로서의 교사의 역할이 축소될 것이라 전망할 수 있다. 또한, 교육 목표에서 창의성 증진, 융합적 사고력 증진 등이 더 중요해질 것이다. 이를 토대로 교사에게 필요한 능력과 자질을 답변하도록 한다. 예를 들어, 급변하는 교육 목표와 환경에 맞추어 자기 계발을 게을리하지 않는 능력이라 답변해도 좋다. 한편, 4차 산업 혁명 역시 인간에 대한 이해를 기반으로 해야 하므로 인문학적 교육의 중요성이 보다 강조될 것이고, 교사 스스로의 인문학적 소양이 중요하다는 식으로 답변할 수 있다. 4차 산업 혁명이 교육 분야에 끼친 영향에 기초해서 교사에게 필요한 능력과 자질도 답변하도록 한다.

• 학교에서 반드시 사라져야 할 교칙이나 교육 제도에는 무엇이 있는지 말하고, 그 이유를 설명해 보시오.

선배들의 TIP 및 예시 답안 ✏️

교칙, 교육 제도 중에 무조건 사라져야 할 악습은 거의 없다. 나름의 이유가 있어서 만들어진 것이고 순기능도 존재할 것이다. 역기능을 강조해서 폐지를 주장하되, 순기능을 보완할 수 있는 다른 방안도 고민해 두는 것이 필요하다.

• 다문화 가정의 학생들을 어떤 식으로 교육해야 한다고 생각하는가? 다문화 가정 학생의 적응을 돕는다고 했는데, 다문화 학생만 잘 적응시키면 되는 것인지 말해 보시오.

선배들의 TIP 및 예시 답안 ✏️

지역마다 편차가 있겠지만, 다문화 교육은 초·중·고 각급 학교가 당면한 현안이다. 게다가 저출산 사회에서 점차 다문화 현상은 심화될 것이다. 저출산에 대한 대책은 출산율 증가도 있지만, 이민 장려도 있다. 오늘날 다문화 교육의 핵심은 동화주의 교육에서 벗어나 상호주의 교육으로 전환하는 것이다. 기존에는 다문화 가정의 학부모나 학생을 한국 사회에 적응하도록 돕는 방식이었는데, 이런 방식에 대한 비판이 많다(예 일방적으로 적응을 강요하는 점에서 문화적 폭력, 다문화 가정의 문화적 다양성을 존중하지 않는 문제, 일반 학생과 학부모의 인식 미흡으로 효과가 저해되는 문제 등). 최근에는 상호주의 교육, 즉 문화적 다양성을 다문화 가정의 학생뿐 아니라 일반 학생들에게도 가르치는 교육을 중시하고 있다. 한편, 다문화 가정에 대해 잘못된 인식을 가진 학생이 생각보다 많다. 대표적으로 외국인 노동자, 불법 체류자와 결혼 이민자를 구별하지 않는 것이다. 외국인 노동자나 불법 체류자는 외국 국적의 외국인이지만 결혼 이민자는 합법적으로 한국 국적의 한국인이 되었음에 유의한다. 국민 중 사회적 약자 내지는 소수자에 대한 문제로 접근해야지, 외국인에 대한 특혜 조치로 착각하면 안 된다.

- 교실 내 집단 따돌림을 목격한 적이 있는가? 교실 내 집단 따돌림을 어떤 방식으로 해결할 수 있을지 말해 보시오.

선배들의 TIP 및 예시 답안 ✎

집단 따돌림을 목격했다고 했을 때 무슨 일을 했는지 물어볼 수 있다. 정의로운 행동을 했던 학생들은 솔직하게 답변하면 될 것이나, 그런 경험이 없다고 하더라도 너무 걱정할 필요는 없다. 동정심은 들었으나 용기가 없었고, 이를 해결할 만한 제도가 없었다는 식으로 답변하면 된다. 용기가 없었다는 점에서는 지금도 부끄럽게 생각하고, 학교에서의 제도가 어떤 방식으로 개선될 필요가 있는지 등을 답변하면 된다.

2. 학과 관련 질문

전공 학과와 관련된 교과 내용을 묻기도 한다(예 국어 교육과–문학의 효용성, 역사 교육과 - 역사의 의미, 지리 교육과–지리 교육의 필요성, 영어 교육과–학교에서 영어 교육을 하는 것의 어려움, 독어 교육과 등 다른 외국어 교육학과–영어 패권주의 시대에 해당 언어를 공부하는 것의 의미).

- 학과 지원 동기를 말하시오. 다른 사범대에도 ○○학과가 있는데 왜 우리 학과를 지원했는지 말해 보시오.

3. 인성 일반

- 대학 진학 후 자기의 수학 계획을 구체적으로 말해 보시오.

선배들의 TIP 및 예시 답안 ✎

학교 수업 및 교원 임용 시험과 관련해서만 답변할 필요는 없다. 전공 과목 및 임용 시험과 관련한 수학 계획도 언급해야 하겠지만, 교사로서의 인성 함양을 위한 활동들을 함께 말해도 좋다(예 '어떤 봉사 단체에 가입해서 어떤 활동을 하겠다.', '어느 정도 실력을 쌓았을 때 지역 교육 봉사를 하겠다.' 등).

• 본인의 삶의 목표를 말해 보시오. / 본인의 좌우명을 말해 보시오.

선배들의 TIP 및 예시 답안 ✏

지원자의 가치관을 검증하기 위한 문항이다. 개인적 차원의 자기 계발에 더해서 공동체적 가치를 담고 있는 내용으로 구성해야 하겠다. 삶의 목표에 공동체적 가치에 대한 고민이 없다면 이기적인 사람으로 비추어질 수 있다.

• 본인이 좋아하는 과목과 싫어하는 과목을 말해 보시오.

선배들의 TIP 및 예시 답안 ✏

솔직하게 답변하면 된다. 단, 지원 학과의 교과목과 연관성이 있는 과목을 싫어한다고 했을 경우에는 그에 대한 답변을 준비할 필요가 있다. 예를 들어, 국어 교육학과를 지원하면서 사회 교과가 싫다고 할 경우, 국어 교육에서 비문학 같은 쪽에서는 사회과 주제가 많이 나오는데 어떻게 가르칠 것인가 등의 꼬리 질문이 가능하다.

• 본인이 싫어하는 선생님과 좋아하는 선생님을 말하고 본인의 성격에는 어떤 장점이 있다고 생각하는지 말해 보시오.

선배들의 TIP 및 예시 답안 ✏

교직관을 살펴봄과 동시에 인성도 확인해 보고자 하는 문항이다.

• 주변에 친구가 많은지 적은지, 그리고 그 이유는 무엇인지 말해 보시오.

선배들의 TIP 및 예시 답안 ✏

특별히 고민할 필요는 없는 문제이다. 친구가 많은 외향적 성격이든, 친구가 적은 내향적 성격이든 각각 장단점이 있다. 외향적이지만 진정한 친구는 적다는 식으로 답변해도 좋다. 평소 인간관계의 중요성을 인식하고 있는지, 본인의 관계 형성 능력에 대해 점검을 하고 있는지 물어보는 질문이다. 꼬리 질문으로 각 성격의 단점에 대해 질문하더라도 차분하게 답하면 된다 (예 내향적 성격이라서 친구가 적다면 동료 교사와 협력이 잘 될까요?).

- 일선 학교 선생님들이 학생의 대학 진학을 위해 학교생활기록부를 허위·과장해서 작성하는 경우가 있어 문제가 되고 있다. 이에 대한 본인의 견해를 말해 보시오.

- 만약 본인이 실제 교사가 되었을 때 허위·과장을 해서 학교생활기록부를 작성해야 하는 상황에 처한다면 어떻게 행동할 것인지 말해 보시오.

선배들의 TIP 및 예시 답안 🖋

먼저 허위·과장 평가가 면접관 입장에서 상당히 불쾌한 문제임을 이해할 필요가 있다. 학교생활기록부만 보면 완벽에 가까운 능력과 자질을 가진 사람들인데, 이런 것들이 오히려 지원자를 제대로 평가하는 데 방해되는 요소일 수 있기 때문이다. 한편, 당위적으로 옳지 않지만 현실적으로 어쩔 수 없는 이유도 있다는 점도 고려해야 한다. 또한, 본인 성격의 단점에 대해서도 객관화가 필요하다. 자신의 성격에 이런 단점이 있었는데, 학교생활기록부에는 그런 내용이 없다는 점에서 과장이 있었다고 생각한다는 식으로 솔직하게 답변해도 좋다.

- 거짓말에는 어떤 것이 있는지 말해 보시오.

- 교사에게 선의의 거짓말이 필요한 상황은 무엇이 있는지 말해 보시오.

- 본인은 거짓말을 해 본 적 있는지 말해 보시오.

선배들의 TIP 및 예시 답안 🖋

당위적 문제와 현실적 필요성이 충돌하는 문제이다. 선의의 거짓말이 필요한 경우에는 다양한 상황이 있겠지만, 학생과의 관계에서 주로 고민해 보도록 한다(예 능력과 적성이 없어 보이는 분야에 관심을 갖는 학생이 있는 경우 너무 냉정하게 말하지 않는 것, 학부모에게는 솔직하게 말해 주고 보다 적합한 진로로 차츰 유도하는 것 등).

또한, 거짓말을 해 본 적이 있냐는 질문에 대해서도 솔직하게 답변하면 된다. 책임져야 할 잘못에 대해 거짓말을 했다가 크게 혼난 이후로 이런 문제나 공적인 문제에서는 거짓말을 하지 않는다는 식으로 답변해도 좋다. 혹은 "어떤 거짓말을 해서 안 들키고 넘어갔는데 이후 죄책감에 시달렸다, 그래서 이제 거짓말을 안 한다."라는 식으로 답변해도 좋다. 악의적인 거짓말을 추호도 한 적이 없고 선의의 거짓말만 했다고 하면, 실제 그런 학생에게는 다소 억울할 수 있으나 믿기 어려운 답변이다. 이는 진정성을 평가하는 질문이다.

- 거짓말과 빈말의 공통점과 차이점을 말하시오. 거짓말도 빈말도 아니지만 청자로 하여금 잘못된 판단을 하게 만드는 사례가 있는지 말해 보시오.

선배들의 TIP 및 예시 답안 🖋

자신의 생각을 정리하여 답변하면 된다(예 거짓말과 빈말의 공통점은 상대를 속인다는 것, 차이점은 거짓말은 선의든 악의든 의도하는 효과가 있는 반면, 빈말은 특별히 의도하는 효과가 없다는 것).

거짓말도 빈말도 아니지만 청자로 하여금 잘못된 판단을 하게 하는 것에는 신문 기사나 통계 자료가 있는데 이는 거짓을 말하지는 않지만 여러 장치로 착시를 유도한다(예 다양한 요인 중 일부만을 강조하는 것, 혹은 그래프의 크기 등을 조작해서 판단 착오를 일으키는 것).

- 학생이나 학부모로부터 받는 감사의 선물과 촌지의 차이점을 설명하시오. 김영란법에 따르면 학생에게서 감사의 선물을 받는 것도 어려울 수 있다. 이에 대해 어떻게 생각하는지 말해 보시오.

선배들의 TIP 및 예시 답안 🖋

교사로서의 윤리 의식을 점검하는 문제이다(예 감사의 선물은 순수한 선의이겠지만, 촌지는 부당한 이익을 목적으로 하는 것이다).

촌지가 유발하는 사회 문제, 즉 교사에 대한 신뢰 저하, 다른 학생에 대한 차별, 불공정한 평가 등을 고려하면 일체의 선물을 금지하는 것으로부터 얻는 공익이 감사의 선물을 주고받음으로써 달성되는 사익보다 크다. 따라서 촌지를 둘러싼 인식이 바뀌기 전까지 일체 금지하는 것이 옳다. 진정한 감사는 굳이 선물을 주고받지 않아도 느낄 수 있다.

- 동정심만으로 봉사 활동을 하는 것은 문제가 있다는 사람도 있다. 그 이유를 추론해 보시오.

- 고등학교에서 봉사 활동을 특정 시간 의무화하는 것에 대해 어떻게 생각하는지 말해 보시오.

봉사 활동 관련한 기록 사항이 있다면 이런 질문들을 할 수 있다(예 '동정심과 같이 단순한 감정에 의존하면 현실적으로 마주하는 어려움들을 만났을 때 지속적인 봉사 활동이 안 될 수 있다. 이는 수혜자들에게도 악영향을 초래할 수 있다.', '교육 봉사 같은 경우 학생들과 신뢰감 있는 관계를 형성하는 것이 중요한데, 시간 부족 등을 이유로 봉사 활동을 게을리하면 학생들에게 교사에 대한 신뢰감 저하를 유발할 수 있다.' 등).

의무 봉사 활동의 장단점을 균형 있게 고려해서 답변한다. 보통 봉사의 가치를 경험할 계기를 제공한다는 점, 실제 일손이 부족한 현장에서 일시적이나마 도움을 준다는 점과 봉사 활동이 형식화되고, 봉사의 진정한 의미를 깨닫게 하는 것에는 한계가 있으며, 미흡한 봉사 활동으로 수혜자들에게 의도치 않은 상처를 줄 수 있다는 점이 대립한다.

- 교육 양극화의 원인과 문제점이 무엇인지, 그리고 해결 방안을 말해 보시오.

- 소득에 의한 교육 양극화 말고, 서울과 지방이라는 지역적 요인에 의한 교육 양극화도 있는데, 이에 대해 어떻게 생각하는지 말해 보시오.

- 몇 년 후, 정부에서 농·어촌학생특별전형 폐지를 발표한다고 가정하자. 이에 대한 찬성 또는 반대 입장을 말해 보시오.

- 대학 입시에서 지역 균형 선발 제도 등에 대해서는 어떻게 생각하는지 말해 보시오.

선배들의 TIP 및 예시 답안 ✐

우리 사회의 양극화 문제에 대한 인식을 점검하는 문제이다. 부의 재분배나 적극적 우대 조치의 필요성이 무엇인지, 그 과정에서 발생하는 문제점(예 재원 마련, 선별적 복지와 보편적 복지의 문제, 역차별 등)이 무엇인지, 그럼에도 불구하고 왜 양극화를 해소하기 위한 제도들을 실천할 수밖에 없는지 등을 중심으로 답변하면 된다. 마지막 항목은 '대체로 공익이 사익보다 더 크다.', '양극화가 해소됨으로써 얻는 장기적 이익이 단기적 비용보다 크다.' 등으로 답변하면 될 것이다.

- 지원자가 대학생이 된 후 조별 과제를 준비하면서 비협조적인 조원 한 명 때문에 결국 조 전체가 낮은 점수를 받게 되었다. 지원자는 어떻게 행동하겠는지 말해 보시오.

• 학급 내에서 다른 학생과 직접 갈등을 겪은 경험이 있는지, 혹은 학생 간 갈등을 목격한 경험이 있는지? 이때 지원자는 어떻게 행동했는지 말해 보시오.

선배들의 TIP 및 예시 답안 ✏️

갈등 관리 능력을 묻는 것이다. 기본적인 원칙(⑩ 갈등의 원인을 탐구하는 자세, 갈등 유발자를 배려하면서 해결, 향후 유사한 갈등을 예방할 수 있도록 해결 등)에 따라 답변하면 된다.

• '좋아하는 것'과 '잘하는 것' 중 무엇이 더 중요하다고 생각하는가? 그 이유를 말해 보시오.

선배들의 TIP 및 예시 답안 ✏️

딱히 정답은 없는 문제다. 본인의 생각대로 답하면 된다. 다만 꼬리 질문이 이어질 수 있다. 열심히 하는 것이 더 중요하다고 답변할 경우, '학생이 잘하는 것보다 좋아하는 분야를 열심히 하는 것에 치중한다면, 학생의 미래 차원에서 바람직하지 않은 것은 아닌지?' 등의 꼬리 질문이 이어질 수 있다.

• 성실성과 책임감의 차이는 무엇이라 생각하는가? 본인은 둘 중 어느 것에 더 가치를 두고 행동하는지 말해 보시오.

• 본인이 생각하는 배려란 무엇이며, 이와 관련된 경험을 말해 보시오.

선배들의 TIP 및 예시 답안 ✏️

성실, 책임, 배려, 존중, 협동, 참여 의식 등 교사의 기본 품성과 관련한 질문이다. 이에 대한 본인의 생각대로 답변하면 된다. 딱히 정답은 없다. 예를 들어, 성실성은 일을 수행하는 과정에 충실하다는 것을 의미하고, 책임감은 일의 결과에 대해 스스로 충실하다는 것을 의미한다. 책임감을 더 중시하는 것은 결과에 대해 책임감을 가진다는 것이기 때문에 성실함은 자연적으로 생길 수 있다.

• 인생의 멘토와 그 사람을 멘토로 정한 이유를 말해 보시오.

선배들의 TIP 및 예시 답안 ✏️

교사의 자질, 품성과 연관 지어 답변하면 될 것이다. 멘토는 굳이 유명한 인물일 필요가 없다. 유명한 인물이든, 유명하지 않은 주변 지인이든 멘토의 어떤 행동이 귀감이 되었는지 구체적으로 설명하는 것이 필요하다.

4. 학교생활기록부 기반

지원자마다 학교생활기록부 기재 사항이 다를 것이므로 별도로 예시 답안은 소개하지 않는다. 본인의 기재 사항에 비추어서 어떤 방식의 질문이 나올 수 있는가를 점검하고, 제3자를 통해 실제 질문을 받아 보는 연습이 중요하다.

- ○○학과에 지원하기 위해 고등학교 교육과정 중 본인이 가장 많이 노력을 기울인 활동은 어떤 것인지 말해 보시오.

- 학교생활기록부를 보면 ○○ 봉사 활동을 지속적으로 했는데, 그 이유와 활동을 하면서 기억에 남는 일이 있었다면 무엇인지 말해 보시오.

- 자치 법정반에서 본인이 맡았던 역할에 대해 구체적으로 설명해 보고, 이 활동을 통해 법에 관한 생각이나 인식이 달라진 것이 있다면 말해 보시오.

- 1학년 때 교내 수학 UCC 공모전에서 4명이 공동 수상했는데, 본인이 맡은 역할은 무엇이었으며, 수학 UCC 제작 활동이 수학에 대한 이해를 높이는 데 어떻게 도움이 되었는지 말해 보시오.

- 독서 활동을 보면 3학년 1학기에 넥스터스의 『아름다운 거짓말』을 읽은 것으로 되어 있는데, 가장 기억에 남는 내용은 무엇이며, 진로 희망인 사회 교사와 관련하여 이 책이 주는 교훈은 무엇이라고 생각하는지 말해 보시오.

- 자기 주도 학습 교육 활동(2016년 1학기 및 여름 방학)에 참여해서 자신의 학습 능력 향상을 위해 노력한 경험에 대해 말해 보고, 이를 통해 배운 점이 있다면 말해 보시오.

- 학생 회장으로 있을 때 급식 문제가 가장 큰 이슈였다고 했는데, 학생과 교사 간 이해관계를 어떻게 조정했으며, 리더의 역할은 무엇이라고 생각하는지 말해 보시오.

- 어려운 환경의 중학생들을 대상으로 학습 멘토링 봉사를 하는 과정에서 학생들의 눈높이에 맞춘 수업과 고민 상담으로 멘티에게 도움을 주었다고 했는데, 그 과정을 통해 깨달은 점이 있다면 말해 보시오.

5. 일반 시사 이슈

일반 시사 이슈에는 지속적으로 문제가 되는 이슈와 그 해에만 회자되는 이슈가 있다. 후자의 경우에는 특별히 준비한다기보다는 면접을 보는 시기에 중요하게 언급되는 최신 이슈를 정리하면 된다. 마찬가지로 별도의 답안을 소개하지는 않는다. 시험을 보는 시점에서 중요한 이슈들을 선별해서 정리한다면 어렵지 않게 대답할 수 있을 것이다.

- 총 인구 중 65세 이상 노인의 비율이 14~20%인 경우를 고령 사회라고 한다. 우리나라도 고령 사회를 앞두고 있다. 이로 인해 야기되는 사회적 문제와 해결 방안을 제시해 보시오.

- '부정 청탁 및 금품 등 수수의 금지에 관한 법률(일명 '김영란법')'의 시행으로, 부정부패가 없어질 것이라는 기대와 사회생활과 경제 활동이 위축될 수 있다는 우려가 공존한다. 이에 대한 자신의 견해를 제시해 보시오.

- 현대인의 일상생활은 스마트폰과 함께 이루어진다고 해도 과언이 아니다. 스마트폰이 대인 관계의 형성 및 유지에 미치는 긍정적인 측면과 부정적인 측면을 제시해 보시오.

- 전국 각지의 혁신 도시에 있는 공공 기관에 대해 지역 인재 35%를 의무 채용하는 법률(일명 '혁신 도시 지역 인재 의무 채용법')이 추진 중이다. 이는 지역 인재 할당제를 통해 지역 출신 인재들을 우대하려는 취지를 갖고 있다. 하지만 여기에는 지역 균형 발전에 기여한다는 기대와 기회 균등을 해친다는 우려가 공존한다. 이에 대해 자신의 견해를 제시해 보시오.

- 최근 종교적 신념, 윤리적 견해 등을 비롯한 다양한 이유로 병역을 거부하는 것에 대한 사회적 논란이 크다. 이른바 '양심적 병역 거부'가 사회적 쟁점이 되고 있는 이유와 이에 대한 자신의 견해를 제시해 보시오.

- 인공 지능 알파고와 바둑 기사 이세돌의 대결에서 알파고가 승리했다. 앞으로 인공 지능이 우리의 일상생활에 많은 영향을 미치게 될 것이라고 예측된다. 인공 지능의 사용이 가져올 미래의 삶을 긍정적 측면과 부정적 측면으로 구분하여 제시해 보시오.

- 복지 급여란 기초 생활 수급자, 차상위 복지 급여 수급자 등의 취약 계층에게 국가가 제공하는 경제적 지원을 의미한다. 그런데 자격을 갖추지 못한 사람들이 편법으로 복지 급여를 수령하는 경우가 늘고 있다. 부정 수급자의 증가가 복지 사회 실현에 미치는 영향과 대처 방안을 제시해 보시오.

Ⅱ. 학교별 면접 문항

면접 문항의 특색이 두드러지는 학교를 중심으로 소개한다. 여기서 소개되지 않은 학교는 대체로 학교생활기록부 기반 면접이고, 일반 면접 문항과 관련된 질문을 한다.

1 ▶ 서울대학교

[수시]

1. 인문학(오전)

※ 제시문을 읽고 물음에 답하시오.

(가) 진실을 추구하지만 이야기라는 틀을 벗어날 수 없는 혼종 학문인 역사학은 인문학의 경계에 위치하면서 다른 학문보다 더 어렵기도 하고 더 쉽기도 하다. 역사가들은 원하는 정보 모두를 획득할 때까지 사료를 끊임없이 파헤치고, '사실'을 다루는 자신들의 깊이를 앞세워 여타 학문의 동료들을 괴롭히는 콧대 높은 경험주의자들이다. 이와 동시에 역사책은 흔히 이야기를 중심으로 전개되며, 가장 성공적인 역사서들은 대체로 훌륭한 소설의 속성을 일정하게 갖고 있다. 역사학의 본질적 혼종성은 과거를 재구성하는 데 있어서 사실성과 허구성 사이의 경계에 관한 논쟁의 핵심적 이유이다.

(나) 크리스토퍼 브라우닝(Christopher Browning)은 1942~1943년에 걸쳐 약 38,000명의 유대인 학살 명령을 수행한 독일 101 예비 경찰대의 재판 기록을 통해 '평범한 사람들'이 학살에 가담했던 이유를 설명한다. 유대인을 죽이라는 명령을 받고 당황한 대원들에게 상관은 나이가 좀 더 많은 사람들은 임무를 수행하지 못할 것 같으면 빠져도 좋다고 말했지만, 선택의 가능성에도 불구하고 80~90%의 대원들이 대량 학살에 가담했다. 브라우닝은 사회적 관계로 인해 나약한 인간이 부당한 일을 행할 수 있다고 보았다. 순응주의, 권위에 대한 복종, 임무를 거부할 때 동료들로부터 따돌림을 당할지도 모른다는 두려움이 학살 가담의 결정적 원인이라는 것이다. 브라우닝은 무엇이 보통 사람들을 그토록 잔혹한 범죄에 가담하도록 이끌었는가를 이해하려 했던 것이고 그의 결론은 집단적 순응성의 압도적인 영향이었다.

(다) 대니얼 골드하겐(Daniel Goldhagen)은 브라우닝과 동일한 사료를 검토하고 정반대의 결론을 내렸다. 그의 결론은 101 예비 경찰대의 압도적 다수가 동료들의 압력, 복종, 혹은 자신들의 경력 때문에 학살에 가담했던 것이 아니라, 섬뜩할 정도로 냉담하고 잔인한 행동을 묘사한 기록들에서 드러나듯 유대인 학살의 적극적 욕망을 가지고 행동했기 때문이라는 것이다. 골드하겐은, 학살 가담이 내키지 않았고 자신들의

행동을 혐오했다는 대원들의 진술이 자기변호에 불과하며, 그들은 '평범한 보통 사람들'이 아니라 '비정상적인 정치 문화의 보통 사람들'이라고 보았다. 그의 명제는 단순하고 명확하다. "독일인의 반유대주의적 신념이 홀로코스트를 유발한 핵심 동인이다." 골드하겐은 사회적 관계에 초점을 맞추기보다는 반유대주의라는 당시 독일 사회의 특수성을 문제시했다. 그의 자명한 주장은 앞선 역사가들과 달랐지만, 상당한 대중적 찬사를 받았다.

1. (가)에서 말한 역사학에서의 허구성을 구체적으로 설명하고, (나)와 (다)에서 발견되는 허구적 요소가 각각 무엇인지 설명하시오.

2. (가)에서 말한 '혼종성'이 다른 학문 분야에서 어떻게 나타날 수 있는지 예를 들어 설명하시오.

학교 측 해설 🖊

【출제 의도】

1. 제시문에 대한 독해력과 제시문들의 관계와 차이를 논리적으로 설명할 수 있는 능력을 평가하고자 했다. 또한, 제시문의 내용을 바탕으로 합리적 추론을 할 수 있는지 확인하고자 했다.

2. 제시문에 대한 독해력과 제시문을 바탕으로 한 합리적 추론 능력, 종합적 사고력과 응용 능력을 평가하고자 했다.

【문항 해설】

1. 역사학에서의 허구성은 역사의 재구성과 해석에서 사료의 사실성에 의해 결정될 수 없는 부분을 역사가가 서사적으로 구성하는 것을 말한다. 다만, 문학에서의 허구성과는 달리 사실에 기반해야 하고 그 서사적 구성이 논리적 설득력을 갖추어야 한다.

   (나)와 (다)의 다른 해석은 두 역사가가 중요하게 생각한 지점의 차이에서 비롯된 것이다. (나)는 인간의 집단적 순응성을 중시했는데, 이는 독일 사회의 특수성보다는 인간이 사회적 관계 속에서 부당한 일을 행할 수 있다는 보편성에 초점을 맞춘 입장이다. (다)는 당시 독일인들의 반유대주의적 신념의 영향을 중시하여 인간의 보편성보다는 독일 사회의 특수성을 강조한 입장이다. 더욱이 (다)에서는 가해자 진술은 자기변호에 불과하므로 사료적 가치가 없다고 보았음을 알 수 있다. 그러나 이와 상반된 해석을 한 (나)에서는 가해자 진술을 적절하게 받아들였다고 추론할 수 있다.

2. 역사학의 혼종성이란 역사학이 사실성과 허구성을 모두 지니고 있다는 것이다. 이러한 혼종성은 역사학만의 특성이 아니다. 사회 과학은 물론이고 자연 과학에서도 증거에 기반하여 현상을 해석하고 이론을 정립하지만, 연구자의 해석에 따라 현상에 대한 이해는 달라질 수 있다.

선배들의 TIP ✏️

1. 1번 질문은 제시문에 나타나 있는 개념과 논리만으로 답하도록 문제가 구성되어 있다.

   답변이 길어지는 만큼, 면접자는 자신의 논점에서 이탈하지 않도록 주의해야 한다. 특히, 긴 답변에서 이를 방지할 수 있는 좋은 방법 중 하나는 답변을 '수미상관 구조'로 구성하는 것이다. 서두에서 하고자 하는 말을 꺼낸 이후, 한 문단이 마무리될 때마다 자신이 했던 말을 되뇌면서 정리하는 습관을 들이고 나면, 긴 분량의 답변이라도 좀 더 논리적이고 일관적으로 설명해 낼 수 있다.

2. 2번 질문은 각 제시문을 정확히 파악하고, 면접자 개인의 배경지식이나 신념, 가치관 등을 활용하도록 구성되어 있는 문제이다.

   혼종성이 '사실성과 허구성의 혼합된 지식'임을 감안한다면, 그 혼종성의 예를 효과적으로 드러내기 위해서는 '허구성'의 측면에서 상반된 믿음이나 가치관이 충돌하고 있음을 보여야 할 것이다.

예시 답안 ✏️

※ 서울대 면접은 지원자와 면접관이 마주앉아 토론하는 방식으로, 면접관이 지원자에게 꼬리 질문이나 힌트를 주면서 사고 확장을 돕는 형식이다. 지원자의 대답에 따라 다양한 답변이 나올 수 있으므로 아래 예시 답안은 참고만 하도록 한다.

1. (가)에서 말하는 역사학에서의 허구성이란, 역사가 이야기라는 형식을 빌려 재구성되어야 함에 따라, 사료의 사실적 근거만으로 설명될 수 없는 내용을 역사가가 의도적으로 추가하는 과정에서 생겨나는 특징을 말합니다.

   모든 이야기, 즉 서사는 원인과 결과로 구성된 흐름을 그 특징으로 가집니다. 그리고 그 흐름에서 나타나는 인과 관계가 충분히 개연적일 때, 우리는 그 이야기가 좋은 서사적 구성을 가진다고 말합니다. 그렇다면 역사책이 흔히 이야기를 중심으로 전개된다는 (가)의 설명을 고려해 보면, 역사 또한 그 서사적 구성의 개연성을 평가받는다고 볼 수 있습니다. 그런데 과거 사건의 흐름을 사료만으로는 온전히 파악할 수 없으므로, 역사가는 과거 사건들과 사료를 바탕으로 그럴듯한 서사적 구성을 만들어 내야 합니다. 그리고 이때 역사학에서의 허구성이 발생합니다. 사실로 존재했는지를 정확히 판별하기 어려운 상상의 산물과 해석이 역사의 서사적 구성에 개입되기 때문입니다.

하지만 모든 역사가가 동일한 내용의 해석을 추가한다고 기대하기는 어렵습니다. 역사가가 자신의 삶에서 직접 경험하거나 간접적으로 습득한 지식에 따라 그 해석이 상이할 수 있기 때문입니다. 그러므로 역사가가 역사를 서사적으로 재구성할 때, 역사가의 주관적인 해석이 개입되는 것 또한 역사학에서의 허구성이라고 말할 수 있습니다. 예컨대 동일한 과거 사건을 두고 상반된 정치적 성향을 가진 집단이 이를 서로 다르게 평가하는 것도 역사학에서의 허구성에 해당합니다.

이러한 (가)의 허구성을 바탕으로 볼 때, (나)와 (다)에서 발견되는 허구적 요소 또한 각 역사가의 주관적 해석과 관련된다고 말할 수 있습니다. 먼저 (나)의 브라우닝은 과거 나치 대원들의 유대인 학살 사건이 사회적 관계로 인한 집단적 순응 현상이라고 해석했습니다. 이러한 해석이 가능한 이유는 브라우닝이 인간의 사회성이라는 보편적 특성을 중심으로 해당 사건을 바라보았기 때문입니다. 즉, 그는 나치의 유대인 학살 사건이 인간의 보편적 특성에 의해 설명될 수 있는 사건이어야 한다고 믿었기 때문에 그렇게 해석한 것입니다.

한편 (다)의 골드하겐은 과거 나치 대원들의 유대인 학살 사건이 반유대주의적 신념에 의한 혐오 현상이라고 해석했습니다. 이는 골드하겐이 브라우닝과 같은 인간의 보편적 특성보다는 과거 독일 사회의 특수성에 주목했고, 다른 나라에서는 발생하지 않고 독일에서만 발생한 이유를 설명하기 위해 독일의 반유대주의 신념을 그 원인으로 채택했다는 점을 시사합니다.

2. (가)에서 말한 혼종성이란 역사학 분야의 지식이 사실적인 근거와 허구적인 해석을 통해 구성된다는 것을 의미합니다. 이를 조금 더 확장해 보면, 어떤 학문적 지식은 사실적 근거와 연구자의 주관적 해석에 의해 구성된다는 말로도 이해할 수 있습니다.

그렇다면 (가)가 말한 혼종성은 역사학만이 아닌 다른 학문 분야에서도 얼마든지 나타날 수 있다는 점을 알 수 있습니다. 오직 논리적인 연역과 추론만으로 지식을 정립해 가는 수학과 같은 학문 분야를 제외하면 대부분의 학문 분야는 사실적 근거와 해석을 통해 그 지식 체계를 마련해 가기 때문입니다. 이 같은 확장 가능성은 과거에 대한 해석에 제한되지 않고, 미래 지향적인 지식을 체계화하는 과정에서도 혼종성이 나타날 수 있음을 시사합니다.

이러한 맥락에서 저는, 혼종성이 다른 학문 분야에서 나타나는 예 중 하나로 국제 정치학에서 논의되는 '자유주의 이론과 현실주의 이론'을 제시하고자 합니다. 이 두 이론은 상이하고 복잡한 국제 관계 속에서 어떤 정치적 태도가 합리적인지에 대해 서로 다른 주장을 제시합니다. 이는 각 이론의 연구자들이 가진 주관적인 신념과 가치관에 의해 동일한 국제 현상에 대해서도 상이한 해석이 가능하다는 사실을 보여 줍니다.

현재 전 세계는 각자의 주권과 독립성을 갖춘 여러 국가가 함께 공존하는 상태라고 이해할 수 있습니다. 그러나 이 동일한 상태에 대한 자유주의 이론과 현실주의 이론의 이해는 상반됩니다. 자유주의 이론에 따르면 현재 전 세계는 각 국가의 자유와 권리를 동등하게 인정하고 그에 기반하여 평화가 유지되는 상태로 해석됩니다. 설령 전쟁이 발생하더라도 각 국가는 그 전쟁을 막고 평화를 유지하기 위해 노력하므로 자유주의 이론의 해석은 유지될 수 있습니다. 이때 이 같은 해석은 정치적 자유와 평등이라는 가치가 중시되어야 한다는 믿음에 기반합니다. 반면 현실주의 이론에 따르면 현재 전 세계는 각 국가의 국력에 의해 서열이 정리된 상태로 해석됩니다. 국가 간 서열은 언제든 뒤바뀔 수 있으며, 이를 위해 전쟁이 발생한다면 각 국가는 기존의 서열과 관계를 유지하기 위해 노력할 것입니다. 이 같은 해석은 정치적 자유와 평등과 같은 명목적인 가치보다는, 힘(국력)과 자기 이익(국익)이라는 현실적이고 실질적인 가치가 중시되어야 한다는 믿음에 기반합니다.

정리해 보면 두 이론은 동일한 현상을 두고도 서로 다른 믿음과 가치관에 기반하여 상반된 이론과 주장을 제시합니다. 이는 (가)에서 말하는 혼종성이 국제 정치학 분야에서 나타나는 대표적인 사례에 해당한다고 생각합니다.

2. 인문학(오후)

※ 제시문을 읽고 물음에 답하시오.

(가) 사람을 믿는 것과 사실을 믿는 것은 사뭇 다른 일이다. 다음 주에 있을 과제 발표를 준비하는 데에 있어 같은 반 친구 유진이가 당신에게 도움을 줄 것인가? 당신이 유진이가 과제를 도와줄 것이라는 사실을 믿는다면, 그것은 주변 친구들을 기꺼이 도와주었던 유진이의 평소 행동 등 증거에 바탕을 둔 것일 수 있다. 반면 과제를 도와줄 것이란 사실과 관련하여 당신이 유진이라는 사람을 믿는 것은 그와의 개인적 관계에 기반한다. 설령 유진이와 친하지 않더라도 당신은 유진이가 과제를 도와줄 것이란 사실을 믿을 수 있지만, 당신이 유진이를 믿는 것은 그에 대한 당신의 개인적 태도 없이는 성립할 수 없다. '믿음'을 사실에 대한 믿음에, '신뢰'를 사람에 대한 믿음에 한정해서 말한다면, 당신이 유진이가 과제를 도와줄 것이라고 '믿는' 것과 유진이가 과제를 도와줄 것이라고 '신뢰하는' 것은 같은 것이 아니다.

(나) 믿음의 기반과 신뢰의 기반의 차이는 믿었던 바가 참이 아닌 것으로 드러난 경우와 신뢰했던 바가 참이 아닌 것으로 드러난 경우에 나타나는 반응의 차이를 만든다. 오후 날씨가 맑을 것이라고 믿었지만 그렇지 않은 것으로 드러났다면, 실망스럽거나 짜증이 날 수 있다. 그리고 앞으로 날씨 예측과 관련해 더 많은 증거를 찾거나 다른 종류의 증거를 찾기도 할 것이다. 반면 절도 혐의를 받고 있는 친구가 결백을 호소하여 그가 결백하다고 신뢰했지만 그렇지 않은 것으로 드러난 경우, 우리가 느끼는 바는 단지 실망스러움이나 짜증이기보다는 배신감이다.

(다) 여행을 하다가 낯선 도시에 들러 식당을 찾아갈 때, 우리는 처음 보는 사람에게 길을 묻고 그가 일러 주는 방향으로 간다. 이때 우리는 그 사람이 어떤 사람인지 특별히 아는 바가 없고, 그가 잘 알지 못하면서 무책임하게 답했다거나 우리를 골탕 먹이기 위해 엉뚱한 방향을 알려주지 않았다는 사실을 아는 것도 아니다. 그럼에도 불구하고 그 낯선 이가 말해 준 방향대로 길을 간다.

(라) 사람들이 서로를 잘 신뢰하는 사회에서는 타인의 말을 쉽게 믿어 버리고 타인의 말에 더 쉽게 속을 수도 있기 때문에 거짓이 팽배해질 수 있을 것이라 생각할 수 있다. 그러나 이 사회는 거짓이 배제되고 참이 증진되는 건강한 사회로 유지된다.

1. (가)의 내용에 기반하여 (다)의 상황이 가능한 이유를 설명하시오.

2. (가), (나)를 바탕으로, (라)의 '건강한 사회'가 유지될 수 있는 이유를 설명하시오.

학교 측 해설 ✏️

【출제 의도】

1. (가)에서 설명하는 믿음과 신뢰의 개념을 분명히 구별하고, 이에 기반하여 (다)에 나타난 현상을 설명할 수 있는지, 분석력, 이해력, 응용력을 평가하고자 했다.

2. (가), (나)를 통해 얻게 된 신뢰에 대한 이해를 바탕으로, (라)의 신뢰 사회가 유지되는 과정, 즉 거짓이 배제되고 참이 증진되는 결과가 어떻게 나타날 수 있는지 창의적으로 추론하는 능력을 평가하고자 했다.

【문항 해설】

1. (다)의 상황이 무엇인지, 그리고 그 상황이 어떻게 가능한지 의문이 제기되는 이유, 그리고 이 의문에 대한 답변을 (가)에서 설명하고 있는 믿음과 신뢰의 구별에서 실마리를 찾아 제시할 수 있는지를 평가하는 문항이다.

2. 신뢰의 본성에 대한 특징을 고려하여 신뢰 사회가 거짓이 배제되고 참이 증진되는 건강한 사회로 어떻게 유지될 수 있는지, 즉 남을 속여 거짓을 양산하는 '이탈자'를 어떻게 배제할 수 있는지 창의적으로 추론해 볼 것을 기대하는 문항이다. 여기서, (가), (나)를 통해 유추할 수 있는 신뢰의 본성으로는 신뢰 관계의 사회적·윤리적 본성과 신뢰 형성에서의 증거 제약성이 있다. 이 중 어느 것을 바탕으로 답해도 좋다.

선배들의 TIP ✏️

1. 1번 질문은 (가)의 '믿음'과 '신뢰'의 의미를 구분하여 (다)의 현상을 설명하는 데 적용하라고 요구하고 있다.

   사람에 대한 신뢰는 개인적인 관계(사적인 관계)를 전제하므로, 낯선 이의 말을 믿을 때는 사람에 대한 신뢰 개념이 적용되기 어렵다는 점을 언급하여 답변할 수 있다.

2. 2번 질문은 (라)에 나타나 있는 '건강한 사회'가 유지될 수 있는 이유를 설명하라고 요구하고 있다.

   이는 '1번 질문'의 형식과 매우 유사하지만 내용의 추상성이 좀 더 큰 문제라고 이해할 수 있다. '건강한 사회'라는 개념은 '낯선 이의 말을 믿는 현상'에 비해 그 구체성이 현저히 떨어지기 때문이다. 그러므로 학생들은 (라)의 '건강한 사회'의 의미를 좀 더 정확히 이해하고 답을 준비해야 한다. 비록 제시문의 길이는 짧지만 (라)에는 매우 중요한 논점이 제시되어 있다. "거짓이 팽배해질 수 있을 것이라 생각할 수 있다."는 문장은 이러한 조건을 배제하는 방안에 대해서 (가) 혹은 (나)를 근거로 제시해 보라는 출제 의도를 담고 있다. 이러한 출제 의도를 읽지 않은 채 '모두가 서로를 신뢰하는 행복한 사회'와 같은 긍정적인 이미지만 담아서 답하지 않도록 주의해야 한다.

예시 답안 ✏️

1. (가)는 일반적으로 사용되는 '믿음'이라는 개념이 사실을 대상으로 사용되는 경우와 사람을 대상으로 사용되는 경우, 서로 구분될 수 있다고 설명합니다. 전자가 그 사실을 뒷받침하는 증거에 기반하여 정당화될 수 있다면, 후자는 그 사람과 '나' 사이의 개인적 관계에 기반하여 정당화된다는 것입니다. 그러므로 우리는 우리와 개인적 관계를 맺고 있는 사람이 한 말이 있을 때, 그 말을 뒷받침하는 증거가 있는지 고려하여 그 말의 내용을 믿을 수도 있고, 혹은 그 말을 한 사람과의 관계를 고려하여 그 사람이 한 말이라면 그냥 신뢰할 수도 있습니다.

그러나 (다)에서 제시된 상황은 앞서 설명한 경우와 상이한데, 왜냐하면 해당 상황은 낯선 곳에서 처음 만난 사람의 말을 믿는 상황이기 때문입니다. 처음 만났다는 것은 곧 그 사람과 '나' 사이에 그 어떤 개인적 관계도 사전에 형성된 적 없다는 것을 의미합니다. 그럼에도 불구하고 우리는 (다)에서 말하는 바와 같이 그 낯선 이의 길 안내를 믿고 그대로 따라가곤 합니다. 그렇다면 이러한 현상이 어떻게 가능한지 설명되어야 할 필요가 있습니다. 그러므로 이러한 상황이 가능한 이유를 (가)의 내용을 바탕으로 설명해 보도록 하겠습니다.

앞서 (다)의 상황을 요약하면서 언급한 바와 같이, 여행을 하다가 낯선 도시에 들러 처음 만난 사람은 아무런 개인적 관계도 맺고 있지 않은 상대입니다. 즉, 그러한 상대에 대해 신뢰를 가진다고 말하기는 어려워 보입니다. 그러므로 낯선 이의 길 안내를 믿는다고 할 때, 우리는 그 사람을 신뢰하기 때문에 믿는 게 아니라 그 길 안내의 내용을 뒷받침하는 증거 때문에 믿는다고 설명할 수 있습니다. 그리고 이때 길 안내의 내용을 뒷받침하는 증거는 크게 두 가지로 제시할 수 있습니다. 하나는 우리가 도착한 도시를 목적지로 삼고 여행하기 위해 모아 놓았던 정보이며, 다른 하나는 낯선 이와 대화할 때 드러나는 비언어적 정보입니다.

먼저 전자와 관련하여, 여행을 가는 데에는 적지 않은 정보 수집이 필요하다는 것을 근거로 제시할 수 있습니다. 머무는 곳에 관한 정보 없이는 출입국 사무소를 쉽게 통과할 수 없다는 점을 고려한다면, 계획 없이 여행을 가려 하더라도 여행자는 이미 자신의 도착지와 숙소 등에 관한 정보를 미리 알고 있어야 합니다. 그리고 이러한 정보들은 낯선 이의 길 안내를 믿을 수 있는 증거로 활용될 수 있습니다. 또 후자와 관련하여, 우리는 낯선 이와 대화하면서 그 사람의 표정이나 몸짓 등을 통해 이 사람이 말하는 내용의 진실성을 일정 수준 판단할 수 있습니다. 즉, 일반적인 의사소통 과정에서 사용되는 비언어적 정보는 이 같이 낯선 이의 말을 믿는 중요한 증거 중 하나가 됩니다. 이러한 근거들을 바탕으로 우리는 처음 가보는 여행지에서도 낯선 이의 길 안내를 믿고 여행을 할 수 있다고 설명할 수 있습니다.

2. (가)는 사실에 대한 믿음과 사람에 대한 신뢰를 구분하고 있습니다. 사실에 대한 믿음은 그 사실을 뒷받침하는 증거에 기반하여 정당화되는 반면 사람에 대한 신뢰는 그 사람과 맺고 있는 개인적 관계에 기반하여 정당화된다는 것입니다. 이러한 믿음과 신뢰의 구분은 (나)를 통해 추가로 설명되는데, (나)는 사실에 대한 믿음이 거짓으로 밝혀졌을 때 실망과 짜증을 느끼는 반면, 사람에 대한 신뢰가 거짓으로 밝혀졌을 때 배신감을 느낀다는 점을 근거로 둘을 구분합니다. 이러한 (가)와 (나)의 믿음과 신뢰의 구별 기준을 바탕으로, (라)의 건강한 사회가 유지될 수 있는 이유에 대해 설명하겠습니다.

(라)의 건강한 사회란 서로를 잘 신뢰하는 사회로서 사람들이 타인의 말을 쉽게 믿는다는 특징을 지니고 있습니다. 그런데 사람들에게 다른 사람의 말을 잘 믿는 성향이 있다면, 이를 악용하여 다른 사람을 속이려 드는 사람도 존재할 것이라는 점도 예상할 수 있습니다. 그렇다면 이처럼 거짓된 말로 다른 사람을 속이려는 사람이 해당 사회에서 배제되지 않는 한, 건강한 사회가 유지될 수 있다고 기대하기는 어렵습니다. 그러므로 건강한 사회가 유지되는 첫 번째 이유로는 거짓말쟁이가 배제되는 원리를 제시할 수 있습니다. 저는 그 원리를 (나)를 참고하여 제시할 수 있다고 생각합니다. (나)에서 제시된 '배신감'이라는 감정은 거짓말쟁이가 해당 사회로부터 소외되고 배제되도록 만드는 중요한 기제로 작용합니다. 누군가가 배신감을 느끼고 나면, 사람들은 배신감을 느끼게 한 사람의 말을 앞으로 믿지 않는 것은 물론이고 그 사람과 그 어떤 상호 작용이나 약속도 하지 않으려 들 것입니다. 대부분의 사회 체계가 일종의 약속 체계로 이루어져 있다는 점을 고려하면, 배신자가 사회 체계 내에 잔존하거나 새로 진입할 가능성은 낮아집니다. 특히, 배신을 당한 사람은 다른 사람들에게도 배신자의 존재를 알려 자신이 속해 있는 사회가 배신자에 의해 악용되는 것을 방지하고자 할 것입니다. 이러한 과정이 조금만 중첩되더라도 해당 사회 내에서 거짓말쟁이는 곧 배제되리라 예상할 수 있습니다.

나아가 건강한 사회가 유지되는 두 번째 이유로는 (가)를 참고할 때, 신뢰에 전제되는 개인적 관계를 제시할 수 있습니다. 사람들이 서로를 잘 신뢰한다는 것은 (가)에 의하면 여러 개인적 관계가 중첩되고 다양하다는 것을 시사합니다. 즉, (라)의 사회 구성원들은 다양한 방식으로 다른 구성원들과 개인적 관계를 맺고 있을 것입니다. 이러한 사회에서 거짓말쟁이가 배제되는 기제를 확보하고 나면, 기존의 구성원들 간에 맺고 있던 신뢰 관계는 어려움 없이 유지될 수 있을 것이라 예상할 수 있습니다.

3. 사회과학(오전)

※ 제시문을 읽고 물음에 답하시오.

(가) 도로에서 "아이가 타고 있어요"라는 안내문을 붙인 승용차를 많이 볼 수 있다. 아마도 대부분의 선한 운전자들이 아이가 탑승한 차량과의 사고를 피하려는 최선의 노력을 할 것이니 이 안내문은 다른 차량들의 경각심을 일으켜 안전 운전을 하게 만드는 효과를 기대할 수 있을 것이다. 이 효과의 크기를 측정하기 위하여 안내문 부착 여부에 따라 교통사고 발생률이 어떻게 달라지는지 알아본 결과, 안내문을 붙인 차량의 사고 발생률이 그렇지 않은 차량보다 낮게 나타났다고 하자. 그렇다면 이 차이가 오로지 다른 차량들이 안내문을 보고 조심하기 때문이라고 할 수 있을까? 교통사고 발생률은 다른 차량들이 조심하는 정도 외에도 다른 요인에 의해 영향을 받을 수 있다. 예를 들면, 안내문을 붙인 부모는 아이의 안전을 걱정하는, 더 조심성 있는 운전자일 가능성이 높다. 반면 안내문을 본 다른 차량들이 더 조심해서 운전하리라고 생각하는 부모들은 안내문을 붙인 후에 오히려 더 부주의해질 가능성도 있다.

(나) 제2차 세계 대전 당시 미군은 전투기의 피격률을 낮추기 위해서 전투기 기체를 보강하려는 계획을 세웠다. 무게 제한 때문에 기체 전부를 보강하기는 불가능한 상황에서 기체의 어느 부분을 보강할지 선택해야 했다. 이를 위하여 전투에 참여한 후 귀환한 전투기를 대상으로 총알구멍의 개수 분포를 조사하여 전투기에서 가장 많은 총알구멍 개수가 관측된 부위를 중점적으로 보강하려고 했다. 하지만 가장 치명적인 부위에 피해를 입은 전투기는 피격되어 귀환하지 못했을 가능성이 높으므로 귀환한 전투기에서 총알구멍이 집중적으로 관측된 부위는 치명적이지 않은 부위일 것이라는 견해가 제기되었다. 그 견해에서는 피격되어 자료에 포함되지 못한 전투기까지 종합적으로 고려할 때, 귀환한 전투기에서 총알구멍이 가장 적게 관측된 엔진 부위가 가장 취약하여 보강이 필요한 부위라는 결론을 도출했다.

1. (가)와 (나)의 밑줄 친 사례에서 관찰되는 문제점의 공통점과 차이점을 구체적으로 설명하시오.

2. (가) 또는 (나)에서 문제가 된 상황과 유사한 다른 사례를 제시하고 그 이유를 설명하시오.

학교 측 해설 ✏️

【출제 의도】

1. 제시문을 정확하게 독해하고 이해하는 능력과 논리적 · 분석적 · 비판적 사고력을 평가하고자 했다.

2. 제시문의 실증적 사실과 문제점을 추론하고, 이를 토대로 본인의 주장을 사례를 통해 뒷받침하는지 측정하고자 했다.

【문항 해설】

1. (가)와 (나) 모두 자료가 현상을 정확히 반영하지 못하는 것으로서 '편향성'의 문제를 가지고 있는 상황을 제시하고 있다. 특히, 실생활의 예를 통해 주어진 자료만으로는 질문에 대한 참된 답변을 얻어내기 어렵다는 점을 보여 준다. 두 예시에서 편향성이 발생하는 이유와 그 차이를 파악하는지 평가한다.

  (가)의 경우는 부모들의 운전 성향이 안내문을 부착하는 행위 자체와 상관성을 가지게 되어 두 집단의 특성 자체가 처음부터 동일하지 않게 나타나는 '자기 선택 편향'의 문제점이 있다. 두 집단의 차이는 안내문 부착 여부뿐만 아니라 부모의 운전 성향 자체의 차이도 포함하고 있으므로 집단 간 부모 운전 성향의 차이를 통제하지 않고 제시된 실증 자료를 다른 차량의 반응으로 해석하는 경우 부모의 운전 성향 차이까지 포함되는 왜곡이 발생한다.

  (나)의 경우는 출격한 전투기가 사전적으로는 균일하지만 시간이 지남에 따라 격추된 전투기의 자료는 관측될 수 없게 됨으로써 사후적으로 자료가 균일하지 않게 구성되며 확보된 자료는 '생존자 편향'을 가지게 된다.

2. 자료의 편향성 문제를 이해하여 이와 동일한 문제가 있는 상황을 제시하고 편향된 자료 해석의 한계점을 이해하고 비판적으로 해석하는지를 측정한다. 자료가 지닌 문제점을 이해하고 실생활에 적용하여 추론하고 해석하는 종합적 · 비판적인 사고 능력을 평가한다.

선배들의 TIP ✏️

1. 1번 질문은 제시문에 나타나 있는 개념과 논리만으로 답하도록 문제가 구성되었다.

  두 제시문에 나타난 사례의 문제점이 보여 주는 공통점은 찾아냈더라도, 차이점을 서술하기가 쉽지 않았을 것이다. 이 문제는 자기 선택 편향과 생존자 편향이라는 '선택 편향' 문제가 발생하는 세부적인 원인을 비교하기 위해 출제된 것이라 이해할 수 있다. 그러므로 학생들은 두 제시문의 차이를 찾아내기 위해 각 사례에서 표본이 대표성/무작위성을 띠지 못하는 이유를 세부적으로 추론해 내야 한다. 제시문에 드러난 내용을 중심으로 구체적으로 설명하려 하다 보면, 비록 각 편향 개념을 정확히 모르더라도 충분히 그 차이를 서술할 수 있을 것이다.

2. 2번 질문은 사례를 제시하는 문제라는 점에서 면접자 개인의 배경지식이나 신념, 가치관 등을 활용하도록 문제가 구성되어 있다.

　어떤 예시를 제시하게 되는 경우, 학생들은 그 예시에 대하여 어느 정도의 배경 설명이 필요한지 감을 잡기 어려워하는 경향이 있다. 그러나 중요한 점은 그 예시에 대해 정확히 알고 있느냐 보다는 그 예시가 현재 문제에서 요구한 논점에 들어맞는가이다. 만약 예시에 대해 잘못 알고 있는 경우, 면접관이 나서서 직접 그 오류를 바로잡아 주는 경우도 존재하므로 학생들은 예시의 정확성보다 논점의 정확성에 좀 더 유의해야 한다.

예시 답안 🖊

1. (가)와 (나)의 밑줄 친 사례는 각각 안내문 부착 여부와 차량의 사고 발생률의 관계, 그리고 귀환한 전투기의 총알구멍 분포와 보강 필요 위치의 관계에 관한 연구를 보여 주고 있습니다. 이 두 사례의 첫 번째 문제점은 모두 연구 결과가 타당하지 않다는 점입니다. (가)의 사례는 안내문 부착 여부와 차량의 사고 발생률의 상관성을 충분히 설명하지 못했으며, (나)의 사례 또한 귀환한 전투기만으로는 보강해야 할 위치를 확보하기 어렵다는 결론이 도출되었기 때문입니다. 이 같은 공통점은 두 사례의 두 번째 문제점인 근거 자료의 불충분성으로 인한 것입니다. (가)의 사례에서 안내문 부착 여부는 교통사고 발생률에 영향을 미치는 충분한 상관 근거가 되지 못하며, (나)의 사례에서의 귀환한 전투기는 모든 전투기를 대표하지 못하므로 보강 위치를 결정하는 충분한 근거가 되지 못합니다.

　이러한 (가)와 (나)의 연구 사례들을 좀 더 심층적으로 분석해 보면, 각 사례에서 나타나는 문제점이 상이한 특징을 지니고 있다는 사실을 알 수 있습니다.

　먼저 (가)의 연구 사례는 아이 보호를 위한 안내문 부착 여부를 차량의 사고 발생률을 설명하기 위한 변인으로 설정했으나, 그 안내문 부착 여부 또한 부모의 성향에 의해 좌우될 수 있다는 점을 충분히 고려하지 못했다는 세부 문제를 보여 줍니다. 예컨대 아이를 보호하고자 하는 부모라면 안내문을 부착하고 나아가 안전하게 운전할 것이라고 추측할 수 있습니다. 이는 안내문 부착 여부라는 변인에 영향을 끼칠 수 있는 다른 조절 변인을 고려하지 못했음을 의미합니다. 반면 (나)의 연구 사례는 전쟁에서 전투기가 살아남기 위해 보강해야 할 위치를 파악하고자 귀환한 전투기의 총알구멍 분포 양상을 확인하고자 했으나, 표본으로 삼은 귀환한 전투기만으로는 격추된 전투기의 상황을 고려할 수 없다는 세부 문제를 보여 줍니다. 오히려 귀환하지 못한 전투기의 총알구멍을 조사해야 비로소 어떤 위치를 보강해야 하는지 정확히 알 수 있게 될 것입니다.

앞서 비교한 두 연구 사례의 차이점으로 인해, (가)와 (나)의 연구 결과가 타당하지 못한 이유 또한 상이해집니다. (가)는 파악하고자 했던 두 변인 간의 상관성 자체가 모호하기 때문에 연구 결과가 타당하지 못하다고 말할 수 있습니다. 즉, 안내문 부착 여부와 차량의 사고 발생률이라는 두 변인 사이에 부모의 성향이라는 추가적인 변수가 개입되어 파악하고자 했던 상관관계를 모호하게 만들었다고 볼 수 있습니다. 반면 (나)는 두 변인 간의 상관성 자체는 유효하나, 표본의 대표성이 확보되지 못했기 때문에 타당하지 못한 연구 결과가 도출되었다고 말할 수 있습니다. 즉, 귀환한 전투기 이외에 귀환하지 못한 전투기까지 모두 표본으로 삼지 않는 한, 전체 표본은 확보되지 않은 상태라고 볼 수 있습니다.

2. 〈(가)의 문제 상황과 유사한 사례 (자기 선택 편향)〉

저는 (가)에서 문제가 된 상황과 유사한 사례를 제시하고자 합니다. (가)에서 문제가 된 상황은 참가자들의 자발적 선택에 의해 영향을 받는 자료를 변인으로 삼은 '자기 선택 편향' 문제가 나타나 있다는 것입니다. 이러한 자기 선택 편향 문제는 자발적으로 참가한 참가자와 그렇지 않은 참가자 간의 성향 차이를 전제하며, 따라서 도출해 내고자 하는 연구 결과가 과대평가될 수 있다는 한계를 가집니다.

이러한 자기 선택 편향 문제가 나타나는 유사한 다른 사례로, 저는 다이어트 약의 체중 감소 효과에 관한 실험을 제시하고자 합니다. 다이어트 약의 효과에 관한 실험은 다이어트 약을 섭취한 사람들을 실험군으로 삼고, 그렇지 않은 사람들을 비교군으로 삼아 설계하고, 다이어트 약을 통한 체중 감소 효과를 측정할 것입니다.

그러나 다이어트 약을 섭취한 실험군에 속한 사람들은 평소에도 다이어트나 운동, 건강 등에 관심이 많은 성향의 사람이라고 추론할 수 있습니다. 따라서 이들에게는 다이어트 약 섭취 이외에도 체중 감소에 영향을 미칠 수 있는 추가 요인이 존재할 가능성이 있습니다. 만약 실험에 영향을 미치는 다른 요인을 통제하지 않는다면 비교군과 대비하여 볼 때 실험군의 다이어트 효과가 과대평가될 가능성이 있습니다. 그러므로 저는 다이어트 약의 체중 감소 효과에 관한 실험이 (가)의 자기 선택 편향 문제를 보여 주는 한 가지 사례라고 생각합니다.

〈(나)의 문제 상황과 유사한 사례 (생존자 편향)〉

저는 (나)에서 문제가 된 상황과 유사한 사례를 제시하고자 합니다. (나)에서 문제가 된 상황은 이미 생존한 대상만을 표본으로 삼아 전체 표본을 대표할 수 있는 것처럼 착각한 '생존자 편향' 문제가 나타나 있다는 것입니다. 이러한 생존자 편향 문제는 조사하고자 한 연구에 이미 성공한 대상만을 표본으로 삼기 때문에, 표본의 대표성을 떨어뜨리고 결과의 부정확성을 야기할 가능성이 있다는 한계를 가집니다.

그렇다면 이러한 생존자 편향 문제가 나타나는 유사한 다른 사례로, 저는 유명 학원가의 수강생 몰림 현상을 제시하고자 합니다. 현재 우리나라에는 대치동이나 목동 등의 유명 학원가가 존재하며, 수많은 수험생이 그 유명 학원가에 속한 학원들에 가서 수업을 듣고자 합니다. 그런데 그들이 그 유명 학원가에 속한 학원에 등원하는 이유는 해당 학원에서 자신이 목표로 하는 대학에 합격한 합격생들이 많이 존재하기 때문입니다. 즉, 수험생 자신도 그 학원에 다니면 원하는 입시 결과를 얻을 수 있다고 기대하기 때문입니다.

그러나 이는 해당 학원의 수강생 전체를 표본으로 삼고 추론한 결과라기보다는 이미 합격한 수험생들만을 표본으로 삼고 추론한 결과라고 이해할 수 있습니다. 즉, 합리적으로 추론한다면 전체 학원 수강생 중에서 합격한 비율이 얼마인지 확인한 후 학원에 등록해야 할 것입니다. 따라서 합격생 수만 주목한 후 이를 바탕으로 학원을 선택한다면, 이는 전체 표본의 대표성을 망각하고 부정확한 결과에 의존한 선택이라고 말할 수 있습니다. 그리고 이 때문에 많은 수강생이 등록한 유명 학원가는 더 많은 합격생을 배출하게 되고, 그에 따라 수강생이 몰리는 현상이 가중된다고 이해할 수 있습니다. 그러므로 저는 유명 학원가의 수강생 몰림 현상이 생존자 편향 문제가 나타나는 유사한 사례라고 생각합니다.

4. 사회과학(오후)

※ 제시문을 읽고 물음에 답하시오.

(가) 소득은 물질적 풍요와 주관적 안녕에 큰 영향을 미치는 요인이다. 실업 등 다양한 원인에 의한 불충분한 소득은 빈곤한 삶을 초래하는 강력한 요인이다. 소득은 객관적 수치로 측정하기 용이하기 때문에 빈곤 상태에 있는 개인 또는 가구를 선별하거나 생활 수준을 나타내는 지표로 광범위하게 사용되어 왔다. 일정 기준 이하의 소득은, 생활필수품의 구매가 제한되고 경제적으로 궁핍한 상황을 나타내는 것으로 간주된다. 이러한 장점에도 불구하고, 소득을 중심으로 빈곤 여부나 생활 수준을 측정하는 방식의 한계점도 꾸준히 제기되었다. 소득의 측정만으로는 실제 생활에서 건강, 주거, 교육, 사회참여 등의 다양한 욕구가 충족되고 있는지 그렇지 않은지를 제대로 파악하기 어렵다는 것이다. 그럼에도 불구하고 소득은 우리가 할 수 있는 것과 없는 것에 막대한 영향을 미치기 때문에 중시되어 왔다.

(나) 한 개인의 역량이란 성취할 수 있는 여러 가지 기능들의 조합을 말한다. 여기에서 기능들은 적절한 영양 공급이나 질병으로부터 자유로워지는 것처럼 아주 기본적인 것에서부터 공동체의 삶에 참여하고 자존감을 갖는 것과 같은 사회적 활동이나 개인적 상태에 이르기까지 다양하다. 소득의 결여는 개인의 역량을 박탈하는 주요 요인이기는 하지만, 소득이나 부는 역량을 만들어 내는 하나의 도구일 뿐이다. 소득이 많지만 정치적 참여 기회가 제한된 사람은 일상적 의미에서 빈곤하지 않아도 자유라는 측면에서는 가난하다. 치료비가 많이 드는 질병으로 고통 받는 사람은 소득 기준으로는 빈곤층으로 분류되지 않더라도 궁핍할 수 있다. 고용 기회를 갖지 못해 국가로부터 실업 수당을 받는 사람은 만족스러운 직업을 가질 기회는 없어도 소득 기준으로는 빈곤하지 않을 수 있다.

(다) 2022년 실시된 사회 조사 결과에 따르면, 일주일간 혼자 밥을 먹는('혼밥') 횟수는 평균 4.5회로 2020년보다 증가했고 혼밥을 자주 하는 경우는 저소득층과 고연령층에서 많이 나타났다. 이들에게는 단백질은 물론 채소류와 과일류를 적절하게 섭취하지 못하는 영양 불균형의 문제가 있었다. 또한, 혼밥의 이유로는 '같이 먹을 사람이 없어서'(69.3%)라는 답변이 가장 많아서 사회적 고립의 문제가 제기되었다.

1. (가)에 기술된 소득의 중요성과 (나)에 기술된 역량의 중요성을 각각 적용하여 (다)에 나타난 문제를 설명하시오.

2. 실업 상태의 개인에게 소득을 보조하기 위해 실업 수당을 지급할 때, (가)와 (나)를 종합적으로 고려하여 기대할 수 있는 효과와 한계를 구체적으로 설명하시오.

학교 측 해설 ✏️

【출제 의도】

1. 제시문을 정확하게 독해하고 이해하는 능력과 이를 실제 자료에 적용할 수 있는 종합적 사고력을 평가한다. 소득의 중요성과 역량 관점에 대한 이해를 바탕으로 실제 사회 현상의 특징을 설명하는 능력, 자료를 이해하고 추론하는 능력을 평가하고자 했다.

2. 소득의 중요성과 역량의 중요성을 이해하는 능력, 자신의 이해를 구체적인 사례에 적용하는 능력, 사회 문제 해결 방안의 장점과 한계를 파악하는 종합적 사고력을 평가하고자 했다.

【문항 해설】

1. 최근 사회조사 결과는 '혼밥'이 늘고 있고, 저소득층과 고연령층에 더 많으며, 혼밥하는 이들은 영양 불균형과 사회적 고립의 문제를 가질 위험이 크다는 것을 보여 주고 있다. 조사에서 관찰된 현상을 소득 중심 접근과 역량 관점을 적용하여 설명할 수 있는지를 평가하는 문항이다.

2. 실업 상태의 사람에게 실업 수당과 같이 소득을 보조하는 방식의 사회적 개입을 실행한다고 할 때 기대할 수 있는 효과와 그 한계가 무엇인지를 제시문 (가)에서의 소득의 중요성과 제시문 (나)에서의 역량의 중요성을 종합적으로 이해하고 적용하여 설명할 수 있는지를 평가하는 문항이다.

선배들의 TIP ✏️

1. 이 문제를 풀 때 까다로운 지점은 '(다)의 문제를 설명하라'는 요구를 어떻게 이해할 것인지이다. (다)에는 혼밥 현상과 관련된 문제들이 제시되어 있으며, 이를 '설명'하라는 말은 그 현상이나 문제가 발생하는 원인을 제시하라는 의미로 이해할 수 있다. 그러므로 (가)와 (나)에 나타나 있는 소득과 역량 개념이 사회 현상을 설명할 수 있는 원인과 관련된다고 이해할 수 있다. 이러한 문제를 대할 때는 원인을 충분히 설명하지 않은 채 문제에 관한 해결 방안을 제시하지 않도록 주의해야 한다.

　(가)의 소득 관점과 (나)의 역량 관점이 서로 분리될 수 있다는 점을 감안해볼 때, 그 둘의 차이점을 더 살리면서도 각각의 관점에서 (다)의 혼밥 문제를 설명할 수 있는 구성의 답변 또한 적합하다고 말할 수 있다. 특히, 이러한 구성의 효과적인 부분 중 하나는 면접자의 논점 이탈을 방지할 수 있다는 점이다.

2. 2번 질문의 경우, 학교 측의 의도는 실업 수당이라는 물질적 보조 수단으로 기대할 수 있는 효과와 그 한계를 분석하여 제시하라는 것으로 이해할 수 있다.

이 같은 출제 의도를 고려한다면 (가)의 소득의 관점으로는 기대 효과를, (나)의 역량의 관점으로는 한계를 제시하는 게 정석적인 답이라고 볼 수 있다. 다만, 주의할 점은 이를 '구체적으로' 설명하라는 요구 사항이다. 이를 단순히 실업 수당의 장단점에 대해 기술하라는 문제로 이해하면 곤란해지는데, 왜냐하면 (가)와 (나) 모두에서 소득과 역량이 개인의 삶을 이해하고 문제를 해결하는 데 어떻게 활용될 수 있는지 설명되고 있기 때문이다. 학생들이 구체적으로 설명해야 하는 지점은 '실업 수당을 받은 개인'에게 기대되는 효과와 한계로 초점화할 수 있다.

예시 답안 ✏️

1. (가)는 소득이 그 사회의 물질적 빈곤과 밀접하게 연결되는 지표라고 설명합니다. 일정 기준 이하의 소득은 곧 그 가구가 빈곤하다는 것을 의미하기 때문입니다. 물론 소득만으로 구성원들의 삶을 모두 파악하기는 어렵겠지만, 적어도 최소 생활 기반을 보조해야 할 필요성이 있는지 여부를 파악할 수 있다는 점에서 소득은 유효한 사회적 지표 중 하나입니다.

먼저 이러한 (가)의 소득 개념을 바탕으로 (다)의 혼밥 문제를 설명해 볼 수 있습니다. 조사 결과에 따르면 혼밥은 저소득층에서 자주 발견되는데, 이는 혼밥이라는 현상이 물질적 빈곤과 연결되어 있음을 시사합니다. 일반적으로 다른 사람과 교류하기 위해서는 혼자일 때에 비해 더 많은 돈이 필요합니다. 따라서 돈이 부족하다면 혼자 지내는 것이 더 합리적입니다. 그러므로 소득 수준이 낮은 상태라면 혼밥을 할 가능성이 높습니다. 나아가 이러한 고립 문제와 더불어 영양 불균형 문제도 주목할 만한데, 왜냐하면 식사 가격에 부담이 될 만한 채소류나 과일류는 배제할 가능성이 높기 때문입니다. 그러므로 소득의 관점에서 볼 때 혼밥은 저소득층이 불가피하게 선택한 결과로 이해할 수 있으며, 따라서 이를 해결하기 위해 그들의 소득 수준을 향상하는 방안이 마련되어야 합니다.

다음으로 (나)는 역량이 소득만으로 파악할 수 없는 구성원들의 삶의 질을 파악하는 중요한 지표라고 설명합니다. 소득마저도 역량을 만들어 내는 도구에 불과하며, 설령 물질적으로 풍요롭더라도 역량 측면에서 빈곤한 상태에 놓여 있을 수 있다는 것입니다.

이번에는 이러한 (나)의 역량 개념을 바탕으로 (다)의 혼밥 문제를 설명해 볼 수 있습니다. 조사 결과에 따르면 혼밥은 고연령층에서도 자주 발견되는데, 이는 혼밥이 사회적 관계라는 역량과 연결되어 있음을 시사합니다. 고연령층은 직장뿐만 아니라 사회적 생활 전반에서 은퇴한 사람의 비율이 높습니다. 더군다나 사회의 핵가족화 및 1인 가구 증대에 따라 고연령층 부모와 함께 지내는 형태의 대가족도 감소하고 있는데, 이는 고연령층에 속하는 노년층이 타인과 교류할 사회적 기회가 거의 없음을 시사합니다. 이러한 사회적 기회나 관계는 소득만으로는 파악되지 않는 역량 지표를 통해 설명되어야 합니다. 특히, '같이 먹을 사람이 없어서' 혼밥을 한다고 답한 비율이 70%에 육박한다는 점이 이를 뒷받침합니다. 돈이 없기 때문이 아니라 사람이 없기 때문에, 즉 사회적으로 빈곤하기 때문에 이들은 혼밥을 선택했다는 것입니다. 그러므로 역량의 관점에서 볼 때, 혼밥이란 물질적 빈곤을 넘어 사회적 빈곤 상태로 내몰린 구성원들의 최후의 선택으로 이해할 수 있으며, 이를 해결하기 위해서는 소득을 넘어 다양한 삶의 역량 지표를 바탕으로 사회 구성원들의 삶을 파악하려는 노력이 수반되어야 합니다.

2. (가)는 '소득'의 중요성에 관하여 설명하고 있습니다. 소득은 사회 구성원들이 물질적 풍요를 누리고 빈곤에서 벗어날 수 있도록 하는 가장 결정적인 요인이라는 것입니다. 물론 소득만으로 삶의 질이 완성되지는 않지만, 적어도 기초 생활을 보장한다는 점에서 소득의 중요성은 간과되어서는 안 될 것입니다. 한편 (나)는 '역량'의 중요성을 강조하고 있습니다. 역량이란 개인이 성취할 수 있는 기능의 조합을 의미하는데, 소득마저도 역량을 갖추는 데 필요한 수단에 불과하며, 물질적 풍요로는 환원될 수 없는 정신적 만족과 안녕은 역량이 갖춰질 때 비로소 충족될 수 있습니다. 이는 역량이 자신의 삶에 만족할 수 있도록 하는 중요한 요인임을 시사합니다.

이러한 (가)와 (나)의 논점을 종합적으로 고려하여 실업 상태의 개인에게 소득을 보조하는 실업 수당을 지급했을 때 기대할 수 있는 효과와 한계를 제시해 보도록 하겠습니다. 먼저 실업 수당의 기대 효과는 물질적 빈곤 상태에서 벗어나는 '물질적 충족감과 안녕'을 선사한다는 점입니다. 실업 수당이란 실업 상태의 개인에게 도움을 제공하는 것이며, 이때 실업 상태란 개인의 소득이 현저히 줄어들거나 부재한 상태를 의미합니다. 그러므로 해당 개인은 물질적으로 빈곤한 상태이며, 실업 수당은 그러한 개인을 빈곤 상태에서 벗어나도록 돕는 보조 수단으로 이해할 수 있습니다. 물론 실업 수당만으로 삶의 질이 완성될 것이라고 보기는 어렵습니다. 그러나 소득이 최소한의 생활 기반을 유지하는 데 필요한 중요 요인임을 고려한다면 적어도 실업 수당은 그것을 받는 개인에게 물질적 충족감과 최소한의 안녕을 선사해 줄 수 있을 것입니다.

반면, 실업 수당의 한계는 자칫 역량 부족으로 인한 정신적 빈곤감을 느끼게 하고, 자존감 결여를 야기할 수 있다는 것입니다. 앞서 언급한 바와 같이 실업 상태의 개인은 물질적으로 빈곤한 상태이므로 소득을 보조하는 수단인 실업 수당을 지급하는 것은 그러한 개인이 역량을 갖추는 데 필요한 수단을 제공하는 일이기도 합니다. 그러나 실업 수당은 어디까지나 소득을 '보조'하는 수단에 불과한 만큼, 개인의 삶의 질을 좀 더 완성된 형태로 나아가도록 하는 결정적 요인이 될 수는 없습니다. 오히려 개인의 삶은 자신의 인생 계획을 세우고 이를 자신의 힘으로 실현해 나갈 때 완성될 수 있습니다. 즉, 개인의 역량을 충분히 실현할 수 있을 때 비로소 개인은 정신적 만족감과 자존감을 확보할 수 있습니다. 그러나 실업 수당은 개인의 역량을 발휘할 기회를 제공하기에는 충분하지 않을뿐더러, 자칫 개인이 현재의 삶에 안주하도록 만들 가능성까지 있습니다. 만약 그렇게 된다면 개인은 자신의 힘으로 자신의 삶을 개척해 나가지 못하는 데서 오는 정신적 빈곤감을 느끼게 되는 것은 물론 자존감까지 결여되어 다시는 재기하기 어려운 상태에 머무를 수 있습니다.

[수시]

1. 학업우수형 인문 계열(오전)

※ 제시문을 읽고 물음에 답하시오.

(가) 싱가포르는 공공 시설물 파손을 엄격하게 처벌하는 것으로 유명하다. 싱가포르 정부는 지난 1994년 미국의 10대 소년인 마이클 페이에게 자동차와 공공 자산을 파손한 혐의로 **태형** 6대를 집행했다. 당시 미국의 대통령은 싱가포르 정부에 선처를 호소했고, 여러 인권 단체가 태형이 인간 존엄성을 훼손하는 처벌 방법이라고 항의했다. 그러나 싱가포르는 법원의 명령에 따라 태형을 집행하여 국제적 논란이 일어났다.

(나) 흥보 아내 이른 말이,

"그 돈은 웬 돈이며 삼십 냥은 웬 돈이오?"

흥보 이른 말이,

"천기누설이라, 말부터 앞세우면 이뤄질 일 없으니, 그 돈으로 양식 팔아 배불리 질끈 먹고."

흥보 아내 이른 말이,

"먹으니 좋소만 그 돈은 어디서 났소?"

흥보 이른 말이,

"본읍 좌수 대신으로 병영 가서 곤장 맞기로 삼십 냥에 결단하고 마샀* 돈 닷 냥 받아 왔네."

흥보 아내 이 말 듣고 기가 막혀 이른 말이,

"그놈의 죄상**도 모르고 병영으로 올라갔다가 저 모습 저 몰골에 곤장 열을 맞으면 곤장 아래 혼백 될 것이니 제발 덕분 가지 마오."

흥보 이른 말이, "볼기의 구실이 있나니."

"볼기가 구실이 있단 말이오?"

"그렇지. 볼기 구실 들어 보소. (중략)

쓸데없는 이내 볼기 놀려 무엇한단 말인가. **매품**이나 팔아먹세." (중략)

흥보 가슴이 끔쩍하여, "거기는 무엇하러 왔소?"

"나는 평안도 사방동 동팔풍촌서 사는 솔봉 애비 모르시오. 이십오 대 가난으로 매품 팔러 왔소."

또 한 놈 나 앉으며,

"나는 경상도 문경 땅의 제일 가난으로 사십육 대 호적 없이 남의 곁방살이로 내려오는 김딱직이란 말 듣도 못하였소."

* 마샀: 말을 타는 데 대한 삯. 흥보가 매품을 팔기 위해 병영으로 갈 때 드는 비용

** 죄상(罪狀): 범죄의 구체적인 사실

(다) 프로타고라스는 상대주의적 윤리관을 잘 보여 준다. 그는 인간의 모든 판단이 상대적이고, 우리가 진리라고 믿는 것도 오로지 개인의 의견일 뿐 보편적이지 않다고 주장한다. (중략) 이를 삶의 문제에 적용하면 윤리적 상대주의가 된다. 이러한 관점에서는 바람직한 삶의 태도와 방식에 관해 사람마다 의견이 다르며, 공동체의 법과 관습, 윤리적 원칙도 사회나 시대마다 달라서 모두 상대적일 뿐이며 절대적이고 보편적인 것은 없다고 주장하기 때문이다. 프로타고라스에 따르면, 최선의 삶은 다른 사람을 설득하고 이해시켜 자신의 관점과 의견을 최대한 인정받고, 자신의 공동체가 지키는 관습과 규범에 충실하게 사는 삶이다. 더 나아가 다른 사람을 인정하고 다른 사회를 존중하면서 최대한 평화로운 공존을 모색해야 한다. (중략) 하지만 이러한 태도를 따르면 윤리적 허무주의에 빠질 위험이 있다. 윤리적 문제에 관해 무엇이 옳고 참된 것인지를 판단하거나 공동체의 합의를 이끌어 내려는 노력이 의미가 없기 때문이다. 더 나아가 자신의 주장만을 내세우고, 다른 사람을 그럴듯하게 속여 이익과 권력을 얻으려는 경향까지 나타나면 정치적·도덕적 질서가 무너져 사회가 혼란에 빠질 수도 있다.

(라) 모든 인간은 인간이라는 이유만으로 국가나 다른 사람으로부터 존중받아 마땅하며, 어떤 목적을 위한 수단으로 취급될 수 없는 존엄한 존재이다. 이러한 **인간 존엄성**을 실현하기 위해 반드시 보장되어야 하는 것이 바로 인권이다. 하지만 한 사람의 권리는 다른 사람의 권리와 충돌할 수 있으므로 인간이 자율적으로 상호 간의 인권을 동등하게 보장하기는 쉽지 않다. 또한, 통치자나 국가 기관들이 자신들에게 부여된 권력을 남용하여 국민의 권리를 부당하게 침해하는 경우도 나타날 수 있다.

1. (가) 싱가포르의 '태형'과 (나) 흥보전의 '매품'을 서로 비교하시오.

2. (다)를 바탕으로 (나) 흥보의 행위에 대해 평가하시오.

3. (가), (나), (다)를 참조해서 (라)의 '인간 존엄성' 실현을 위해 어떤 노력이 필요한지 말해 보시오.

학교 측 해설 ✏️

【출제 의도】
- 1번 질문은 (가)의 싱가포르에서 시행되고 있는 범죄에 대한 처벌인 '태형'과 (나)의 흥보가 가난을 해결하고자 자발적으로 선택한 하나의 방편인 '매품'을 서로 비교하는 과정을 통해 분석력을 평가하고자 했다.
- 2번 질문은 (다)의 윤리적 상대주의 관점을 (나) 흥보의 '매품' 행위에 잘 적용하는지를 평가하고자 했다.
- 3번 질문은 (가), (나), (다)를 참조하여 (라)에 소개된 인간 존엄성 실현을 위해 고려되어야 할 요소들을 밝히게 함으로써 종합적 사고력을 평가하고자 했다.

【문항 해설】

- 1번 질문은 (가)의 싱가포르에서 시행되는 범죄에 대한 처벌인 '태형'과 (나)의 홍보가 가난을 해결하고자 자발적으로 선택한 하나의 방편인 '매품'의 공통점과 차이점을 논리적으로 설명해야 한다.

- 2번 질문은 (다)의 윤리적 상대주의 관점을 (나) 홍보의 '매품' 행위에 잘 적용해서 설명해야 한다.

- 3번 질문은 (가), (나), (다)를 참조하여 (라)에 소개된 인간 존엄성 실현을 위해 고려되어야 할 요소들을 논리적으로 설명해야 한다.

【채점 기준】

하위 문항	채점 기준
1	– 두 가지 차원 (공통점: 범법 행위에 따른 처벌이라는 점, 차이점: 법의 집행 주체, 자발성 여부, 범죄 당사자와 처벌 대상자의 일치 여부, 사회적 동기 등)을 포착해서 논리적으로 설명하는 경우 좋은 점수를 부여함
2	– 윤리적 상대주의 관점에서 매품 행위를 수용하는 입장과 비판하는 입장을 포착해서 논리적으로 설명하는 경우 좋은 점수를 부여함
3	– (가), (나), (다)를 모두 참조하여 인간 존엄성 향상에 필요한 요소를 구체적이고 논리적으로 설명하는 경우 좋은 점수를 부여함

【예시 답안】

1. 〈공통점〉

- (가)와 (나)는 모두 육체적 처벌에 대해 서술하고 있다.
- (가)의 '태형'이나 (나)의 '매품'은 모두 범법 행위에 따른 형벌의 집행 과정에서 발생한다.

〈차이점〉

- (가)의 '태형'은 죄상을 알고 있는 상태에서 법원의 명령에 따라 본인에게 행해진 '처벌 행위'이며 (나)의 '매품'은 가난을 해결하고자 자발적으로 선택한 하나의 방편으로 타인의 죄상을 모른 채 본인이 대신하여 받은 '영리 행위'이다.

- (가)의 경우에는 범죄를 저지른 자와 형벌을 받는 자가 일치하는 반면, (나)의 경우에는 처벌을 받는 자와 범죄를 저지른 자가 일치하지 않는다.

- (가)의 태형은 범죄를 저지른 자의 의사와 관계없이 법원의 명령에 따라 집행되어 비자발적으로 처벌을 받은 반면 (나)는 타인을 대신해서 자발적으로 벌을 받은 행위에 해당된다.

- (가)의 '태형'과 (나)의 '매품'은 다른 사회적 동기를 갖고 있다. 전자의 '태형'이 범법으로 인해 처벌받은 것이라면, 후자의 '매품'은 빈곤으로 인해 돈을 버는 것을 목적으로 한 행동이다.

2. 《(다)의 입장을 정리하면 다음과 같다》

  – 상대주의 윤리관에 따르면 인간의 모든 판단은 상대적이고, 사람마다 바람직한 삶의 태도나 방식에 대한 의견이 다르다.

  – 상대주의 윤리관에 따르면 윤리적 원칙도 사회나 시대에 따라 상대적이며, 절대적이거나 보편적인 기준은 없다.

  – 최선의 삶은 자신의 공동체가 지키는 관습과 규범에 충실하게 사는 삶이며, 타인과 다른 사회를 인정하면서 최대한 공존을 모색해야 한다.

〈흥보의 매품 행위를 수용하는 입장〉

  – 흥보의 매품 행위는 가난을 모면해보려는 목적을 가지고 행해진 것이다.

  – 인간의 모든 판단은 상대적이며 다양하다는 상대주의 윤리관에 따를 때, 비록 타인의 범죄를 자신이 대신하여 처벌받았다 하더라도 흥보 개인의 가치 판단에 따라서 행해진 것이라면 정당하다고 말할 수 있다.

  – 매품을 위해 여러 사람이 경쟁하는 등 당시 사회에서 매품은 당시 공동체 사회에서 만연했다. 흥보의 행위는 가난한 처지의 가족을 위해 개인적인 판단에 따라 결정한 것이다.

〈흥보의 매품 행위를 비판하는 입장〉

  – 흥보의 매품 행위는 개인적 판단에 따른 것이지만, 이로 인하여 죄를 짓고도 처벌을 받지 않는 부당한 이익을 얻는 사람이 생긴다.

  – 타인의 범죄에 대한 처벌을 대신 받는 매품 행위는 처벌을 시행하는 목적에 부합하지 않으므로 사회 정의상 옳다고 보기에 어렵다.

  – 흥보의 행위는 다른 사람(법 집행자)을 그럴듯하게 속여 이익을 얻으려는 것이다.

  – 매품처럼 돈으로 자신의 죄과를 대속할 수 있듯, 죄지은 사람 따로 벌 받는 사람 따로 있다면 정치적·도덕적 혼란이 생길 수도 있다.

  – 공동체에서 옳고 그름에 대한 판단에 있어서 합의 부재는 윤리적 허무주의에 빠질 수 있다.

3. (라)는 누구나 인간이라는 이유만으로도 국가나 다른 사람으로부터 존중받아야 하며, 인간을 목적을 위한 수단으로 취급될 수 없는 존엄한 존재라고 설명한다.

  – 모든 사람이 인권을 존중받아야 한다는 점에서 (가)의 '태형'과 (나)의 '매품'은 인권과 관련된 문제를 제기한다. 인권의 문제는 (다)의 상대주의 윤리만으로 판단해서는 안 되는 측면이 있다.

《(가) 참조》

- (가) 싱가포르에서 집행되는 '태형'이라는 제도는 법에 근거하지만 인권의 문제를 제기한다.
- 누구나 존중받아야 한다는 인간 존엄성의 관점에서 볼 때, 비록 법에 의해 집행된다 하더라도 태형은 폭력성과 잔인함으로 인해 기본적인 인권을 경시하는 행위라고 할 수 있다.
- 인간 존엄성 실현을 위해서는 법에 의한 집행이라도 신체를 잔인하게 체벌하는 식의 처벌은 금지해야 한다.

《(나) 참조》

- (나) 흥보는 돈을 벌기 위해 죄를 지은 사람을 대신해서 매를 맞았으나 부자들은 돈으로 자신에게 부과된 벌을 대리하는 자를 고용하여 처벌받지 않는다.
- 흥보 자신은 죄상을 모르면서 처벌을 받았다(대리 처벌). 이는 법률에 근거한 처벌이지만 범죄 당사자가 아니라 흥보에게 내려진 처벌이다.
- 인간 존엄성 실현을 위해서는, 죄를 지은 당사자가 처벌을 받게 해야 한다. 또한, 가난 등의 이유로 타인을 대신해서 형벌을 받는 등 인간이 목적을 위한 수단으로 취급되는 상황도 금지되어야 한다.

《(다) 참조》

- (다)에 따르면 윤리적 상대주의에서는 자신의 공동체가 지키는 관습과 규범에 충실해야 한다고 설명하고 있으며, 또한 지나친 윤리적 상대주의가 낳을 수 있는 윤리적 허무주의와 같은 비판에 대해서도 함께 언급하고 있다.
- 인간의 존엄성이 훼손되어서는 안된다는 인식은 범국가적, 범사회적으로 존재한다. 한편 인간 존엄성 실현을 위해 보장되어야 하는 인권에 대한 정의, 인권 보장의 방식과 적용 범위는 사회적, 국가적으로 다양할 수 있다.
- 개인의 의견이 중요하고 최대한 인정해야 하는 윤리적 상대주의 관점이라고 하더라도 인권 말살, 인종 차별, 폭력 등 명백한 잘못에 대해서라면 개인적이고 주관적인 주장만을 내세울 수 없다.
- 인간 존엄성 실현을 위해 통치자나 국가 기관들의 권력이 남용되는 것을 방지하는 공동체 합의를 이끌어 내려는 노력이 필요하다.

※ 참조: 교육과정에 등장하는 내용을 바탕으로 다음과 같이 대답할 수 있다.

- 모든 인간의 존엄성을 지키기 위해서는 인권 보장 방식에서도 범국가적인 협의와 공감대 형성이 필요할 것이다.

– 이를 실현하기 위해서는 국제기구의 활발한 활동을 지원하고 인정하며, 국제시민으로서의 인식을 키우기 위한 교육적 관심을 기울이는 노력이 필요하다.

선배들의 TIP 🖊

1. 1번 질문은 논술이나 구술에서 흔히 찾아볼 수 있는 비교하기 유형에 해당한다. 비교하기 유형을 풀 때는 반드시 비교를 위한 공통 기준(비교 기준)을 찾아내야 한다. 이번 답안에서는 태형과 매품의 '성격/목적'이라는 비교 기준을 활용했다. 만약 공통된 기준이 부재한 채 두 제시문을 일방적으로 설명할 경우, 채점자(면접관)에게는 단순한 요약이나 나열에 불과한 말로 들릴 수 있다는 점에 유의해야 한다.

2. 2번 질문은 평가하기 유형의 전형적인 모습이 담긴 문제이다. 평가하기 유형을 풀 때는 가장 먼저 평가 기준과 평가 대상을 정확히 정리해야 하고 평가 대상을 평가하는 내용에서 평가 기준이 어떻게 구체적으로 적용될 수 있는지 고민하면서 답변을 준비해야 한다. 특히, 평가하기를 풀 때 주의할 점은 평가 기준이 오로지 제시문으로부터 도출되어야 한다는 점이다. 문항에서 직접 학생 자신의 견해를 덧붙이라는 서술이 등장하지 않는 한, 면접자는 주어진 제시문에서 평가의 기준이 되는 문장을 정리해 두어야 한다.

3. 3번 질문은 (가), (나), (다)로부터 인간 존엄성 실현의 구체적인 방안을 도출하도록 요구하고 있다. 이러한 유형을 마주했을 때 학생들이 자주 저지르는 실수 중 하나는, '단어 하나'에 의존하여 제시문의 내용과 구체적 방안의 연결성을 만들어 내려 한다는 점이다. 단순히 단어가 아니라 제시문의 핵심 '논리'에 기반하여 구체적인 방안이 도출되어야 한다는 점에 유의하도록 하자. 이를 연습하는 방법은 어떤 구체적 방안을 떠올린 후, 그 방안이 제시문에 의해 어떻게 뒷받침될 수 있는지 고민해 보는 것이다. 즉, 제시문으로부터 그 구체적 방안을 뒷받침할 수 있는 근거를 함께 마련함으로써, 단순히 단어 하나에 의존하여 해결 방안을 제시하는 실수를 방지할 수 있다.

예시 답안 🖊

1. (가)에 나타난 싱가포르의 '태형'과 (나)에 나타난 흥보의 '매품'은 둘 다 위법 행위에 관한 처벌, 그중에서도 신체를 훼손할 수 있는 태형과 관련된 개념이라는 공통점이 있습니다. 그러나 두 개념은 크게 두 가지 측면에서 차이점을 보여 주고 있습니다.

먼저 해당 개념의 성격은 다음과 같은 차이가 있습니다. 태형은 법원의 명령에 의해 처벌하는 제도인 반면, 매품은 자발적으로 매를 맞고 돈을 받는 행위입니다. (가)에서 싱가포르는 미국의 대통령과 여러 인권 단체의 항의와 호소에도 불구하고 법원의 명령에 따라 마이클 페이에게 태형을 집행했습니다. 반면 (나)의 흥보는 가족을 먹여 살릴 돈을 벌기 위해 매를 맞을 것을 자처했습니다. 즉, 태형은 강제적이지만 매품은 자발적입니다.

이러한 두 개념의 성격 차이는 태형과 매품의 상이한 목적에서 비롯되었습니다. 태형의 목적은 사법을 집행하는 것입니다. 여러 반대가 있었음에도 불구하고 싱가포르가 태형을 집행한 이유는 그것이 법원의 명령이었기 때문입니다. 반면 흥보가 매품을 파는 목적은 가족의 생계를 책임지기 위함입니다. 흥보는 자신의 볼기가 구실이 있다는 말을 통해 가족을 위해서라면 몸을 팔아서라도 돈을 벌어야 한다는 의식을 보여 주고 있습니다.

2. 〈흥보의 행위를 긍정적으로 평가하는 경우〉

(다)를 바탕으로 볼 때, (나)의 흥보의 행위는 충분히 허용 가능한 행위라고 평가할 수 있습니다. (다)는 도덕이란 사람마다 혹은 사회나 시대마다 달라서 모두 상대적일 뿐 절대적이고 보편적이지 않다는 상대주의 윤리관을 보여 주고 있습니다. 이에 따르면 인간은 자신이 속한 공동체의 규범과 관습을 충실히 따르며 평화로운 공존을 추구해야 합니다.

그렇다면 (나)의 흥보를 비난할 만한 절대적인 기준이나 근거는 존재하지 않는다고 볼 수 있습니다. 그는 단지 그가 속한 공동체의 관습 중 하나인 매품을 충실히 따르고 있을 뿐이며, 나아가 가족의 생계를 책임지고 돈을 벌기 위해 자신의 몸을 사용하고 있을 뿐입니다. 그러므로 흥보의 행위를 부정적으로 평가할 수는 없습니다.

정리하면, 흥보의 행위를 평가할 기준이 부재한 상황에서는 그의 '죄'가 성립하기 어려울뿐더러 그 행위의 목적 또한 가족을 위한 것이었다는 점에서 흥보의 행위는 충분히 허용 가능하다고 평가할 수 있습니다.

〈흥보의 행위를 부정적으로 평가하는 경우〉

(다)를 바탕으로 볼 때, (나)의 흥보의 행위는 부정적으로 평가할 수 있습니다. (다)에 의하면 윤리적 상대주의는 옳고 그른 것에 대한 공동의 합의를 무위로 돌리고 윤리적 허무주의로 이끌 수 있으며, 나아가 질서를 무너뜨려 사회적 혼란을 야기할 수 있습니다.

따라서 (나)의 홍보의 행위를 윤리적 상대주의라는 명목으로 허용할 경우, 윤리적 허무주의와 사회적 혼란이 야기될 수 있으므로 주의해야 합니다. 그의 행위는 범죄를 저지른 자에게 마땅한 처벌을 내리고자 하는 사회적 규준을 어지럽히고, 나아가 빈부 격차에 따라 죄를 짓고도 처벌을 받지 않는 모습을 보여줌으로써 상대적 박탈감과 허무주의를 야기할 수 있습니다.

그러므로 공동체의 사회적 기준을 바로 세우고 도덕의 유의미성을 보여 주기 위해 홍보의 매품 행위는 허용되어서는 안 되며, 부정적으로 평가되어야 합니다.

3. (라)는 인간은 누구나 그 존재 자체만으로 존중받아 마땅하며, 단순히 수단으로 취급될 수 없는 존엄한 대상이라고 주장하고 있습니다. 이러한 인간 존엄성을 실현하기 위해 확보해야 하는 것이 바로 인권입니다. 따라서 (가), (나), (다)를 바탕으로 인권이 보장되고 인간 존엄성이 실현될 수 있는 방안에 대해 말씀드리겠습니다.

먼저 (가)는 싱가포르의 태형 집행 사례를 통해 국가 기관이 인권을 보장하기 위해 지켜야 하는 제한선을 시사하고 있습니다. 사법적 권한을 보장하는 것은 그 사회의 질서와 치안 유지를 위해 필수적이지만, 그 권한이 개인의 인권을 훼손하는 방식의 처벌까지 용납해서는 안 됩니다. 왜냐하면 사법적 권한 또한 사회와 사회 구성원을 지키기 위해 부여한 것이기 때문입니다. 특히, 육체적 체벌은 개인의 신체에 대한 권리를 침해하는 것이므로, 인권을 보장하고 인간 존엄성을 실현하기 위해서는 법에 의해 집행되는 것일지라도 태형과 같이 물리적 폭력을 동반한 처벌은 금지되어야 합니다.

다음으로 (나)는 홍보의 매품 사례를 통해 인간이 다른 인간을 위한 수단으로 취급되어서는 안 된다는 점을 보여 주고 있습니다. 홍보는 가난한 처지에 가족을 먹여 살리기 위해 자신의 몸을 희생하여 매품을 팔려 하고 있습니다. 매품을 파는 사람이 있다면 사는 사람도 있어야 하는데, 본읍 좌수를 그러한 사람으로 이해할 수 있습니다. 이때 본읍 좌수는 자신의 안위를 위해 홍보의 몸을 돈으로 사고 있습니다. 이러한 본읍 좌수의 행위는 홍보를 자신의 목적을 위한 수단으로 취급하는 행위로서 인권을 심각하게 훼손합니다. 그러므로 인권을 보장하고 인간 존엄성을 실현하기 위해서는 생명이나 신체에 대한 자기 결정권과 같은 중요한 권리를 매매할 수 없도록 해야 합니다.

마지막으로 (다)는 윤리적 상대주의와 그 한계를 보여 주는데, 이는 인권이 상대주의 윤리관에 의해 평가될 수 있는 대상인지 생각해 보아야 함을 시사합니다. 상대주의 윤리관에 의하면 모든 도덕적 판단과 가치관은 상대적입니다. 그리고 이로 인해 사회적 혼란이 야기될 수도 있습니다. 그러나 인권과 인간 존엄성이라는 가치는 상대화될 수 없으며, 보편적이고 절대적으로 지켜야 하는 가치입니다. 다만, 인권이 보장되는 구체적인 방식에 있어서는 각 공동체의 관습과 규범의 상대적 특징이 반영될 수 있도록 해야 합니다. 그러므로 인권을 보장하고 인간 존엄성을 실현하기 위해서는 그 절대적 가치는 지키되 구체적인 방법은 상대적으로 허용할 수 있도록 규준을 마련해야 합니다.

2. 학업우수형 인문 계열(오후)

※ 제시문을 읽고 물음에 답하시오.

(가) 복지 제도는 모든 국민이 인간다운 생활을 유지할 권리를 실질적으로 보장하는 것이 목적이다. 즉, 인간이 인간다움을 유지하며 살아갈 수 있도록 국가는 그들에게 필요한 도움을 주고 문제를 해결하도록 도와야 한다. 더불어 국가의 개입을 통하여 계층 간의 갈등과 사회 불안을 야기하는 빈곤이나 사회 불평등 문제를 해결해야 한다. 오늘날 전 세계 시장을 주도하고 있는 자유 무역과 무한 경쟁은 이른바 20 대 80의 사회*를 만들어 내고 있다. 이에 따라 소수에 대한 부의 집중과 상대적 박탈감의 확산, 그리고 양극화 현상의 심화로 인하여 사회의 안정과 통합이 저해되고 있다. 이런 상황에서 복지 제도는 사회 불평등 현상을 극복하고 실질적 평등의 원리를 실현할 수 있는 좋은 대안이 될 수 있다. 또한, 사회 문제에 대한 사회적 책임을 강조함으로써 **복지 사회**가 지향하는 가치인 인간의 존엄성을 실질적으로 보장해 줄 수 있다.

* 20 대 80의 사회: 세계화 시대에서 세계 인구 중 20%만이 안정적인 생활을 할 수 있고, 80%의 빈곤층과 20%의 부유층으로 사회가 양분될 것이라 보는 이탈리아의 경제학자 빌프레도 파레토의 주장

(나) 도가 윤리는 자연의 순리에 따르는 삶을 강조한다. 노자는 "도(道)는 자연을 본받아 어긋나지 않는다."라고 하여, 천지 만물의 근원인 도의 특성이 인위적으로 강제하지 않고 자연스러움을 따르는 무위자연(無爲自然)이라고 주장했다. 도가 윤리는 이러한 무위자연을 이상적 삶의 모습으로 제시하며, 무위의 다스림이 이루어지는 소국 과민**을 **이상 사회**로 본다. (중략) 도가 윤리는 내면의 자유로움을 추구함으로써 부와 명예 등 세속적 가치에서 벗어나 진정한 행복에 이를 수 있게 한다.

**소국 과민(小國寡民): 영토가 작고 인구가 적은 나라

(다) **나 홀로**

　　그렇게 숲속을 걸었지.
　　아무것도 찾지 않으리라.
　　그런 생각에 잠긴 채.

　　그늘 속에서
　　나는 한 떨기 꽃송이를 보았어.
　　별처럼 반짝이며
　　작은 눈동자처럼 아름다웠지.
　　나는 그 꽃을 꺾으려 했지.
　　그러자 꽃은 속삭였어.
　　난 꺾여
　　시들어 버릴 테죠?

　　나는 그것을
　　아름다운 정원에다 심으려고
　　뿌리째 파내어
　　집으로 가져왔지.

　　그러자 그 꽃은 조용한 구석에서
　　다시 살아났어.
　　이제 가지가 뻗어 나가고
　　자꾸자꾸 꽃을 피우고 있네.

(라) 지방 자치 단체가 수행하는 사무에는 중앙 정부로부터 위임을 받은 국가 사무와 지방 자치 단체 스스로 결정하는 지방 사무가 있다. 그중 국가 사무가 차지하는 비중이 높아(80% 내외) **실질적인 지방 분권**이 이루어지지 못하고 있다. 국가 사무의 경우 국가의 지도·감독이 중심을 이루지만 조례 제정을 비롯한 지방 의회의 개입이 쉽지 않아 지역 자율성이 제대로 실현되지 못하는 결과를 가져온다. 지방 재정법 제21조는 위임 사무 처리 비용을 국가가 부담하도록 규정하고 있으나 실제로는 위임 사무 처리 비용을 지방 자치 단체가 부담하는 경우가 적지 않다. 그뿐만 아니라 주민의 삶의 질과 직결된 지방 자치 단체의 정책이 국가 사무에 가로막혀 좌절되는 경우도 있다.

1. (가)의 '복지 사회'와 (나)의 '이상 사회'를 비교하시오.

2. (나)의 관점에서 (다)의 화자인 '나'의 행위를 평가하시오.

3. (가), (나), (다)를 두루 참고하여 (라)의 '실질적인 지방 분권'을 위해 필요한 요건을 말해 보시오.

학교 측 해설 ✏️

【예시 답안】

1. 〈공통점〉
   - 모두 바람직한 사회상을 제시한다는 점에서 같다.
   - 모두 궁극적으로 국민의 행복을 추구한다는 점에서 같다.

   〈차이점〉
   - (가)의 '복지 사회'는 국가가 모든 국민의 인간다운 생활을 보장하고자 부의 집중과 양극화 등 계층 간의 갈등과 불평등을 해결하고자 노력하는 반면, (나)의 '이상 사회'는 세속적 가치에 대한 지나친 욕망에서 벗어나고자 한다.
   - '중시하는 가치'의 측면에서 (가)의 '복지 사회'는 사회적 책임과 평등을, (나)의 '이상 사회'는 내면의 자유로움을 강조한다.
   - '지향하는 사회의 모습'과 관련해 (가)의 '복지 사회'는 안정되고 통합된 사회를, (나)의 '이상 사회'는 소국과민의 사회를 중시한다.
   - '인간다운 생활'과 관련해 (가)의 '복지 사회'는 인간의 외형적 지표를, (나)의 '이상 사회'는 인간의 내면적 가치를 중시한다.
   - '부'와 관련해 (가)는 부의 집중이 해소된 실질적 평등의 사회를 지향하고, (나)는 부를 세속적 욕망으로 규정하고 그것 자체를 추구하지 않는 사회를 지향한다.

2. 〈비판〉
   - (다)에서 화자는 꽃을 본래 자리인 숲속에 두지 않고 굳이 파내어 자신의 정원에 옮겨 심었다.
   - 처음에 숲속을 산책하면서 "아무것도 찾지 않으리라"라고 생각했음에도 불구하고 꽃의 아름다움을 보고 이를 꺾어 소유하려 한 행위는 도가의 무위 · 무욕 원칙에 어긋나는 것으로 볼 수 있다.
   - 꽃은 원래 있던 숲속에서 그 자체로 이미 아름다운 상태였음에도 불구하고, 화자가 이를 굳이 자신의 정원으로 옮겨 심어 감상하고자 한 행위는 자연의 흐름을 거스르는 인위적인 개입이므로 도가 윤리의 무위자연 존중 원리에 어긋날 수 있다.
   - 또한, 꽃이 자라던 숲속과 생장 조건이 다를 수 있는 정원으로 옮겨 심음으로써 꽃이 시들 위험을 감수하면서까지 가까이 두려 했다는 점에서 자연스러움을 존중하는 도가 원칙에 어긋나는 행위로 볼 수 있다.

〈옹호〉

- (다)에서 화자는 꽃을 꺾지 않고 다시 심음으로써 생명을 유지할 수 있도록 했다.
- (나)가 제시하는 무위자연의 입장을 고려할 때, (다)의 화자 '나'의 행위는 인위적인 개입을 최소화하는 행위로 해석할 수 있다.
- 꽃을 꺾는 대신 뿌리째 파내어 가져와 정원에 심음으로써 본래의 생장 조건을 최대한 유지해 주려고 노력한 흔적이 보인다.
- 나아가, 화자의 정원으로 옮겨 심은 후에 가지가 뻗어 나가고 자꾸자꾸 꽃을 피우는 모습으로 보아 전보다 오히려 더 번성했다고 볼 수 있다.

3. 〈'실질적인 지방 분권'을 위해 필요한 요건〉

- (라)는 지방 자치 단체에 대한 중앙 정부의 개입을 줄여 실질적인 지방 분권을 이룩하는 사회를 지향한다.
- (가)에서 국가가 복지 제도를 통해 국민의 인간다운 생활을 보장하는 것을 목적으로 하듯이, 지방 자치 단체는 정책의 활성화를 통해 주민의 삶의 질 향상을 도모해야 한다. 그러기 위해서는 국가 사무가 차지하는 비중이 지나치게 높은 현 상황을 개선하고, 지방 자치 단체가 실질적으로 떠맡고 있는 위임 사무 처리 비용을 국가가 부담하게 함으로써 중앙과 지방 정부 간의 불평등을 해소해야 한다.
- (나)에서는 도가 윤리가 자연의 순리를 따르는 삶을 강조한다고 언급하고 있다. 이에 따르면 지방 자치의 발전을 위해서는 지역의 특성을 이해하고 존중하는 정책과 계획이 필요하다.
- 또한, (나)는 도가 윤리가 무위자연을 강조하며 세속적 가치에서 벗어난 내면의 자유로움을 추구함으로써 진정한 행복에 이를 수 있게 하는 데 기여할 수 있다고 언급했다. 이를 지방 자치에 적용하면, 정책을 수립하고 실행하는 과정에서 지역 주민의 실질적인 삶의 질 향상을 고려해야 한다. 그리고 지방 의회 및 자치 단체의 권한을 확대하여 자치 행정에 적극적으로 참여할 수 있도록 하는 정책을 수립하고 실행해야 한다.
- (다)에서는 화자가 꽃의 아름다움을 가까이 두고 감상하려는 자신의 욕구와 시들지 않고 잘 살아가고자 하는 꽃의 소망을 모두 충족시키는 대안을 고안하여 실행하고 있다. 이러한 접근 방식을 지방 자치에 적용한다면, 중앙 정부는 지방 정부가 지역 고유의 특장점을 지속 가능한 형태로 살려 나갈 수 있도록 지원하고 배려함으로써 상생을 추구해야 할 것이다.

선배들의 TIP ✎

1. 1번 질문은 논술이나 구술에서 흔히 찾아볼 수 있는 비교하기 유형으로 이런 유형을 풀 때는 반드시 비교를 위한 공통 기준(비교 기준)을 찾아내야 한다. 복지 사회와 이상 사회에서 각각 '추구하는 이상적인 가치'와 '세속적 가치에 대한 태도'라는 비교 기준을 활용하면 좋다. 이 같은 견해를 일종의 '이상 사회론'이라고 말하는데, 제시문 내에서 이상적인 사회가 제시될 경우 그 사회가 이상적으로 그려내는 모습이 어떠한 모습인지 좀 더 구체적으로 상상한다면 비교 기준을 찾아내기 어렵지 않다. 물론 만약 공통된 기준이 부재한 채 두 제시문을 일방적으로 설명할 경우, 채점자(면접관)에게는 단순한 요약이나 나열에 불과한 말로 들릴 수 있다는 점에 유의해야 한다.

2. 2번 질문에서 주의할 점은 도가 윤리 사상의 본래 주장과 견해를 고려해 볼 때, '세속적 욕망'은 단지 부나 명예와 같은 인위적 가치를 추구하는 욕망만으로 제한되지 않는다는 점이다.

3. 3번 질문은 (가), (나), (다)로부터 실질적인 지방 분권에 필요한 요건을 도출하도록 요구하고 있다. 이러한 문제를 마주했을 때 학생들이 빠뜨려서는 안 되는 과정이 있다. 그 과정이란, 문제의 원인들 중에서도 핵심적이고 결정적인 원인을 찾아내는 것이다. 이번 문제의 경우 명시적으로 국가 사무가 차지하는 비중이 높은 것을 핵심 원인으로 제시하고 있으며, 뒤에 제시되는 세부 문제들 모두 이 핵심 원인과 관련되어 있다. 이처럼 해소되어야 하는 문제가 명료할수록 답변의 방향도 명확해질 수 있다. 문제의 원인을 해결하는 방법을 각 제시문에 근거하여 제시하면 되기 때문이다. 다만, 이번 문제에서는 특히 (다)의 논점이 애매하기 때문에, 이를 어떻게 구체적으로 적용할 수 있을지에 대해서 좀 더 많이 고민해 보아야 한다. 따로 답이 정해진 경우는 아니므로 가능한 개연적인 인과 관계/상관 관계를 설정하여 구체적으로 답변하는 것이 좋다.

예시 답안 ✏️

1. (가)의 '복지 사회'와 (나)의 '이상 사회'는 모두 특정한 사회상을 제시함으로써 각 사회가 나아가야 할 이상향을 그려내고 있다는 공통점이 있습니다. 그러나 두 제시문에서 드러나는 사회상에는 두 가지 차이가 있는데, 하나는 각 사회에서 추구하는 가치가 다르다는 것이고, 다른 하나는 부와 같은 세속적 가치에 대한 태도가 다르다는 것입니다.

먼저 (가)의 복지 사회는 모든 국민이 빈곤이나 사회적 불평등으로부터 벗어나 생활에 필요한 여건이 실질적으로 보장되고 인간적으로 살아갈 수 있는 사회를 이상적인 사회로 그려내고 있습니다. 이는 (가)의 사회에서 추구하는 가치가 평등과 인간 존엄성이라는 점을 보여 줍니다. 반면 (나)의 이상 사회는 도가 윤리의 무위자연으로서의 삶을 수용하고 이를 실현할 수 있는 소국 과민 사회를 이상적인 사회로 그려내고 있습니다. 이는 (나)의 사회에서 추구하는 가치가 도(道)와 내면의 자유로움(혹은 자연스러움)이라는 점을 보여 줍니다.

각 사회가 추구하는 이상적인 가치가 다르기 때문에, 부와 같은 세속적 가치에 대한 각 사회의 태도 또한 상이합니다. 먼저 (가)의 복지 사회는 부 자체를 부정적으로 취급하기보다는 그것의 집중 현상과 그에 따른 불평등을 지양합니다. 반면 (나)의 이상 사회는 인위적으로 형성된 부와 같은 세속적 가치 자체를 부정적으로 취급하면서 그로부터 벗어나는 것이 진정한 행복이라고 주장합니다.

2. 〈'나' 행위를 부정적으로 평가하는 경우〉

(나)는 세속적인 욕망과 더불어 그에 입각한 인위적인 개입을 지양하고, 내면의 자유로움과 자연스러움을 추구해야 한다고 주장합니다. 이러한 (나)의 관점에서 볼 때, (다)의 '나'의 행위는 부정적으로 평가할 수 있습니다. 왜냐하면 '나'는 세속적 욕망에 의해 숲속에 있던 꽃에 인위적으로 개입했기 때문입니다.

먼저 (다)에 의하면, 시적 화자인 '나'는 숲속에서 마주친 아름다운 꽃을 꺾으려 했습니다. 이때 먼저 '나'가 본래 아무것도 찾지 않으리라는 다짐을 한 채 숲속을 걷다가 꽃을 마주치고 이를 꺾으려 한 모습은 아름다움을 추구하는 세속적 욕망에 휘둘린 행위라고 이해할 수 있습니다. 다행히 그 꽃을 꺾지 않았지만, '나'는 거기서 그치지 않고 꽃을 뿌리째 자신의 집 정원에 옮겨 심었습니다. 이는 결국 '나'가 세속적 욕망에 굴복하고 나아가 꽃의 자연스러움에 인위적으로 개입한 행위라고 말할 수 있습니다. 특히, 꽃이 다시 살아났다는 말은 '나'의 행위가 꽃을 시들게 만들 수도 있었다는 위험성을 시사합니다. 즉, '나'는 자신의 욕망 때문에 꽃을 해칠 뻔했으며, 결국 자연을 훼손하고 꽃에 인위적으로 개입했습니다. 따라서 무위자연을 강조하는 (나)에 의하면 '나'의 행위는 부정적으로 평가되어야 합니다.

〈'나'의 행위를 긍정적으로 평가하는 경우〉

(나)는 인위적인 개입과 세속적 가치를 부정하고, 내면의 자유로움과 무위자연을 추구해야 한다고 주장합니다. 이러한 (나)의 관점에서 볼 때, (다)의 '나'의 행위는 충분히 허용되는 행위로 평가할 수 있습니다. 왜냐하면 '나'는 꽃의 자연스러움을 최대한 보존하고자 했고, 꽃을 옮겨 심은 이유 또한 부와 같은 인위적인 세속적 가치를 추구한 것이 아니었기 때문입니다.

먼저 (다)에 의하면, 시적 화자인 '나'는 숲속에서 마주친 아름다운 꽃을 꺾을 뻔했으나 이를 꺾지 않고 뿌리째 옮겨 자신의 집 정원에서 살게 했습니다. 이때 꽃을 꺾으려 한 행위는 자연을 해치는 인위적인 개입이 맞지만, 결과적으로는 시행되지 않았으며, 오히려 화자는 꽃 전체를 온전히 옮겨 그 생명과 자연을 유지하게 두었습니다. 이는 본래의 자연적인 조건을 해하지 않은 채 최대한 꽃의 본래 모습을 보존하고자 한 시도로 이해됩니다. 나아가 화자인 '나'가 꽃을 옮겨 심고자 한 이유는 부와 명예와 같은 세속적 가치 때문이 아니라, 꽃이 보여 주는 자연의 아름다움 때문입니다. 또한, '나'의 행위는 비록 인위적인 개입이었지만, 그 개입은 최소화되었습니다. 따라서 (나)에 의해 '나'의 행위는 허용 가능한 행위로 평가할 수 있습니다.

3. (라)에 의하면 지방 자치 단체가 위임 받은 국가 사무로 인해 실질적인 지방 분권이 이루어지지 않고 있습니다. 그러므로 실질적인 지방 분권이 이루어지기 위해서는 국가 사무가 차지하는 비중을 줄여 지방 자치 단체가 지방 사무에 좀 더 집중할 수 있도록 해야 합니다. 이와 관련된 구체적인 방안을 (가), (나), (다)를 참고하여 말씀드리겠습니다.

국가 사무가 차지하는 비중을 줄이기 위한 첫 번째 방안은 국가 사무에 있어 지방 의회의 개입을 인정하고 지역 자율성을 보장하는 것입니다. (라)에 따르면 국가 사무의 경우 국가가 직접 지도 · 감독하기 때문에 지방 의회의 자율성이 보장되지 않습니다. 이를 (나)에 비추어 보면, 지역 내에서 자연스럽게 해결될 수 있는 문제까지 국가가 인위적으로 개입하는 행위로 이해됩니다. 그러므로 (나)에서 강조하는 무위의 중요성에 근거하여 지역 내의 자율성과 자생성을 충분히 인정하고 허용하는 방안이 필요합니다.

다음으로 두 번째 방안은 위임 사무 처리 비용을 지방 자치 단체가 부담하지 않도록 하는 것입니다. (라)에 따르면 해당 비용은 본래 국가가 부담하게 되어 있으나 지방에 떠넘기는 경우가 적지 않습니다. 이를 (다)에 비추어 보면, 지방 예산이 뿌리까지 온전히 보장되지 않고 쉽게 국가에 의해 꺾이는 모습으로 해석됩니다. 그러므로 (다)에서 뿌리까지 옮긴 꽃이 다른 장소에서도 번성하듯이, 지방 자치에 필요한 예산이 충분히 보장되는 방안이 필요합니다.

마지막 세 번째 방안은 주민의 삶의 질과 직결된 정책과 관련해서는 지방 자치 단체의 권한을 보장하는 것입니다. (라)에 따르면 국가 사무에 가로막혀 주민의 삶의 질을 증진하는 정책임에도 좌절되는 경우가 있습니다. 이를 (가)에 비추어 보면, 중앙 정부와 지방 정부 간 권한 불평등으로 인해 지방 주민들의 삶의 질이 충분히 보장되지 않는 상황으로 이해할 수 있습니다. 그러므로 해당 불평등 구조를 해소하고 주민들의 생활과 존엄성을 보장하기 위해서 지방 정부가 사회적 책임을 다할 수 있도록 충분한 권한이 보장되어야 합니다.

이러한 세 가지 방안을 바탕으로 지방 자치 단체에서 수행하는 업무 내 국가 사무의 비중이 줄어든다면, 비로소 지방 분권이 실질적으로 이루어질 수 있을 것이라고 생각합니다.

3. 계열적합형 인문 계열(오전)

※ 제시문을 읽고 물음에 답하시오.

(가) 형이 말했다. 형은 말을 근사하게 했다.

"우리는 우리가 받아야 할 최소한도의 대우를 위해 싸워야 돼. ㉠ 싸움은 언제나 옳은 것과 옳지 않은 것이 부딪쳐 일어나는 거야. 우리가 어느 쪽인가 생각해 봐."

"알아."

형은 점심을 굶었다. 점심시간이 삼십 분밖에 안 되었다. 우리는 한 공장에서 일했지만 격리된 생활을 했다. 노동자들 모두가 격리된 상태에서 일만 했다. 회사 사람들은 우리의 일 양과 성분을 하나하나 조사해 기록했다. 그들은 점심시간으로 삼십 분을 주면서 십 분 동안 식사하고 남은 이십 분 동안은 공을 차라고 했다. 우리들은 좁은 마당에 나가 죽어라 공만 찼다. 서로 어울리지 못하고 간격을 둔 채 땀만 뻘뻘 흘렸다. (중략) 사장은 종종 불황이라는 말을 사용했다. 그와 그의 참모들은 우리에게 쓰는 여러 형태의 억압을 감추기 위해 불황이라는 말을 이용하고는 했다. (중략) 옆에 있는 동료도 믿기 어려웠다. 부당한 처사에 대해 말한 자는 아무도 모르게 쫓겨났다.

(나) 조선 초기 지방 양반은 향촌의 자치를 실현하기 위해 유향소를 설치했다. 유향소에서는 수시로 지방 양반들의 총회인 향회를 소집하여 여론을 수렴했다. 또한, 수령을 보좌하고 향리를 감찰했다. 사림은 향촌의 자치 규약인 향약을 보급했다. 유교적인 덕목을 강조하는 향약은 풍속 교화는 물론 질서 유지에도 큰 역할을 했다. 하지만 지방의 유력자가 주민을 수탈하기 위해 향약을 악용하기도 했다. 경제 환경이 변하고 신분제가 동요하자 양반은 점차 향촌 내에서 영향력을 잃어 갔다. 한편 부농층은 수령과 결탁하여 향안에 이름을 올리고 향회에 참석했다. 이에 구향과 신향(구향은 전통적인 사족을, 신향은 새롭게 양반이 된 부농층을 의미함) 사이에서 향촌 주도권을 둘러싼 다툼인 ㉡ 향전(鄕戰)이 발생했다. 그 결과 구향의 영향력은 점차 약화되었다. 그러나 신향도 향촌 사회를 완전히 장악하지 못했다. 이러한 상황에서 수령과 향리 등 관권의 힘이 강화되었다.

(다) 시민 ㉢ 불복종은 시민 참여의 한 형태로, 정의롭지 못한 법을 개정하거나 정부 정책을 변혁하려는 목적으로 행하는 의도적인 위법 행위이다. 시민 불복종을 하는 사람은 자신이 생각하는 정의에 관한 규범적·윤리적 근거를 널리 알리기 위해 법을 공개적·의식적으로 위반한다. 시민 불복종은 자연법이나 양심 등의 도덕률에 의해 지지된다. 인간이 만든 실정법은 상위의 자연법이나 도덕률을 바탕으로 해야 하는데, 만약 이에 위배될 때 시민 불복종이 요구될 수 있다는 것이다. 특히, 어떤 법이 인간의 존엄성이나 사회 정의를 훼손하는 경우 이러한 법을 시정하기 위한 노력은 정당하다고 본다. 반면에 시민 불복종을 반대하는 주장도 존재한다. 시민 불복종 행위는 법에 대한 존중심의 토대를 파괴하고, 민주적 절차를 무시한다는 것이다. 또한, 이러한 행위가 무정부 상태를 초래하여 사회 질서가 무너질 수 있다는 것이다.

(라) 물론 역감시의 기능을 하는 것도 있다. 의회와 언론이 그러하다. 그렇지만 지금 사회에서는 의회와 언론이 비대해지면서 스스로가 권력화하는 경향을 보인다. 이런 상황에서 정부와 행정 기관은 물론 의회와 언론을 포함해서 사회의 권력 집단을 감시하고 대안적인 정책을 제시하기 위해 등장한 것이 다양한 시민운동이다. 우리나라의 시민운동은 정치권의 부패, 권력의 남용, 선거, 대기업, 언론에 대한 감시를 유지해 왔는데, 이러한 시민운동에 필수 불가결한 것이 권력 단체에 대한 정보 공개이다. 강력한 정보 공개 법은 국민의 역감시의 권리를 적극 보장하고 행정의 투명성을 감시하는 중요한 법률적 장치이며, 정보 공개를 통한 역감시는 투명한 사회를 향한 첫발이다. 또, 시민운동은 신문, 라디오, 텔레비전과 같은 기존의 언론은 물론, 인터넷을 통해서 자신의 활동을 알리고 성과를 공유하며 연대를 강화하고 있다. 특히, 인터넷과 같은 쌍방향의 분산된 통신망은 "빅 브라더가 당신을 감시하고 있다."라는 전통적인 감시를 "당신이 바로 감시하는 빅 브라더이다."라는 역감시의 기제로 바꾸기 용이하다.

1. (가)의 ㉠ '싸움', (나)의 ㉡ '향전', 그리고 (다)의 ㉢ '불복종'의 공통점과 차이점에 대해서 말해 보시오.

2. (다) 내의 '시민 불복종을 반대하는 주장'의 관점에서 (가)의 '사장'과 (나)의 '지방의 유력자'의 행위를 평가하시오.

3. (라)가 지향하는 사회를 만들기 위해 어떠한 노력이 필요한지 (가), (나), (다) 모두를 활용하여 설명하시오.

학교 측 해설 🖊

【출제 의도】
- 고등학교 〈문학〉, 〈독서〉, 〈한국사〉, 〈생활과 윤리〉 교과가 다루는 '문학의 시대 상황', '비판적 읽기', '시민의 윤리', '조선시대 지배 체제' 등을 바탕으로 권력에 대한 감시와 사회 구성원의 참여를 다각적으로 이해하는 능력을 평가하고자 했다.
- 1번 질문은 공동체 내 다양한 형태의 갈등을 비교하는 능력을 갖추고 있는지 평가하고자 했다.
- 2번 질문은 시민 불복종을 반대하는 사람의 입장에서 (가)의 '사장'과 (나)의 '지방의 유력자'의 행위를 어떻게 판단할 수 있는지 평가하고자 했다.
- 3번 질문은 (가), (나), (다)에 나타나는 부당한 대우에 대한 저항, 감시집단의 부패와 분열, 불의한 법에 대한 불복종을 통해 시민이 권력기관을 감시하는 시민 참여를 설명할 수 있는지 평가하고자 했다.

【문항 해설】

- 1번 질문은 (가)의 '싸움', (나)의 '향전', 그리고 (다)의 '불복종'의 공통점과 차이점을 파악하는 능력을 갖추고 있는지를 통해 분석력을 평가한다.

- 2번 질문은 (다)의 '시민 불복종을 반대하는 주장'의 관점에서 (가)의 '사장'과 (나)의 '지방의 유력자'의 행위를 평가하게 함으로써 적용력을 평가한다.

- 3번 질문은 (라)가 지향하는 사회를 만들기 위해 어떠한 노력이 필요한지 (가), (나), (다) 모두를 활용하여 설명하게 함으로써 종합적 사고력을 평가한다.

【채점 기준】

하위 문항	채점 기준
1	(가), (나), (다) 모두에서 공통점과 차이점을 다양하게 도출하여 비교할 경우 높은 점수를 부여함
2	시민 불복종에 반대하는 입장의 근거 3가지(준법 의식의 훼손, 민주적 절차 무시, 사회 질서 붕괴)에 맞추어 (가)의 '사장'과 (나)의 '지방의 유력자'의 행위에 대한 분석과 평가가 충분히 이루어질 경우 높은 점수를 부여함
3	(가), (나), (다)를 종합적으로 활용하여 (라)가 지향하는 사회를 위한 노력을 체계적이고 구체적으로 제시한 경우 높은 점수를 부여함

【예시 답안】

1. 〈(가), (나), (다)에 나오는 용어의 공통점〉

   - 모두 저항, 대립, 갈등의 의미를 지니고 있다.

   〈(가), (나), (다)에 나오는 용어의 차이점〉

   - (가)의 '싸움'은 노사 갈등으로, 공장 노동자들이 회사 사람들의 억압에 대항하는 것이다. 이 싸움의 목적은 공장 노동자가 최소한의 대우(즉, 노동 조건의 개선)를 받게 하는 것이다. '형'에 따르면 이 싸움은 옳은 것과 옳지 않은 것 사이의 대립이다.

   - (나)의 '향전'은 향촌의 주도권을 둘러싼 구향과 신향의 다툼이다. 향촌의 자치와 질서 유지 기능을 담당하던 양반들 간의 경쟁, 기득권 싸움의 성격이 크다.

   - (다)의 '싸움'과 '향전'이 당사자 간의 충돌인 반면, '불복종'은 개인이 정의롭지 못한 법 또는 정부 정책에 저항하는 것이며, 법을 위반하는 형태로 이루어진다. 불복종에 동의하지 않는 입장도 있다.

2. 〈시민 불복종을 반대하는 주장: 준법 의식의 훼손, 민주적 절차 무시, 사회 질서 붕괴〉

적용	(가) '사장'	(나) '지방의 유력자'
분석	– 사장의 행위: 노동자들의 격리, 식사 시간 제한, 불황을 핑계로 억압을 정당화, 노동량을 일방적으로 늘림, 항의하는 노동자 해고 등	– 지방 유력자의 행위: 주민 수탈, 향약(자치 규약)의 악용으로 권력을 남용
평가	– 민주적 절차를 무시하는 사장의 행위를 부정적으로 평가할 것이다. – 사장의 노동자 억압이 사회의 질서 유지가 목적은 아니었다. – 사장의 노동자 수탈은 사회 질서 유지에 도움이 안 된다.	– 유력자의 주민 수탈은 공동체 내 갈등을 유발한다. – 행위 자체는 윤리적으로 지탄할 수 있다. 향약을 악용했다는 표현이 있으나, 향약 자체를 위반했다는 의미는 아니므로 준법 의식과 민주적 절차의 기준에서 비난하긴 어렵다. – 유력자의 역할은 긍정적으로 볼 수 있는 측면도 있다(향촌 자치 확립, 풍속 교화, 질서 유지).

3. 《(라)가 지향하는 사회를 만들기 위한 노력》

– (라)는 투명한 사회 건설을 위해 정보 공개와 연대 방식의 다양화로 시민 참여와 감시가 강화되는 사회를 지향한다.

– (가)에서는 정보의 비공개와 왜곡, 노동자의 연대 방해, 권력의 남용 등으로 인해 노동자들이 부당한 대우를 받고 있다. '형'은 투철한 현실 인식과 개선의 의지를 보여 준다. (라)가 지향하는 바를 실현하기 위해서는 사회의 문제를 인식하고 참여 의식을 고취해 적극적인 시민 참여를 이끌어낼 필요가 있다.

– (나)에서는 향촌의 질서 유지와 풍속 교화를 담당하던 계층이 권력화하면서 부패하고 권력을 남용하기에 이르렀다. 세력 다툼으로 감시의 기능을 상실함으로써 이들이 원래 감시해야 할 권력 기구의 힘을 키워주는 결과를 초래했다. (라)가 지향하는 바의 실현을 목적으로 감시 기구가 제대로 기능하기 위해서는 내부 공익 신고 제도 및 부패 방지법의 제정과 시민 단체의 감시 활동 강화가 필요하다.

– (다)에서는 시민 참여의 한 방법으로 시민 불복종을 제시했다. 어떤 법이 인간의 존엄성과 사회 정의를 훼손하는 경우, 시민 불복종이 정당화된다. (라)가 지향하는 바를 실현하기 위해서는 시민 불복종의 방법도 가능하나 법을 존중하고 민주적 절차를 따라야 한다는 반론이 제기될 수 있다.

선배들의 TIP ✏️

1. 세 제시문을 비교하는 문제 유형은 종종 찾아볼 수 있는데, 이를 비교할 때에는 주의를 기울여야 한다. 주요 원리는 비교하기와 마찬가지로 '공통 비교 기준'을 찾아내는 것이다. 이러한 유형의 문제를 풀 때는 '이단 구분'을 활용할 수도 있다. 이는 세 제시문을 하나와 둘로 먼저 나누어 그 하나의 차이를 두드러지게 보여준 다음, 묶어 두었던 나머지 두 제시문의 차이를 보여 주는 방법이다. 이는 순차적으로 글을 전개하거나 말을 할 때 상대방에게 제시문 간 차이를 확인시켜 주는 효과적인 방법이므로 알아 두도록 하자.

2. 구술면접에서 답변의 형식적인 요소 중 중요한 점을 하나 꼽으라면, 두괄식 구성을 말할 수 있다. 특히, 고려대 구술 계열적합형 면접의 경우 문항이 3개로 구성되어 있으며, 각 문항은 개별적으로 분리되어 있다. 이처럼 복잡한 답변을 준비할 때 두괄식으로 구성하지 않으면 답변하다가 논점이 이탈되는 경우가 많다. 그러므로 면접자는 의식적으로라도 각 문항에 대한 답을 두괄식으로 구성하도록 준비해야 한다. 특히, 문제가 평가하기 유형에 해당할 경우, 그 평가의 방향성을 서두에 먼저 제시하여 자신의 답변이 띠고 있는 방향성을 각인시켜야 한다. 미괄식으로 답변하는 경우, 채점자(면접관)는 발화자의 어떤 말이 평가를 위한 근거인지 확인해야 하므로 듣는 내내 집중하느라 불편해 할 수 있다는 점에 유의하도록 하자.

3. 3번 질문은 고려대 구술면접 문제에서 자주 등장하는 유형으로, 제시문들을 종합적으로 고려하여 대안을 제시하는 '대안 논증' 유형에 해당한다. 대안 논증 유형의 문제를 풀 때 가장 중요한 점을 꼽으라면, 특정 대안을 제시하는 이유나 그 방향성이 제시문에서 주어진 문제 상황과 잘 부합해야 한다는 점이다. 이번 문제의 경우에는 주어진 문제 상황을 (라)의 투명한 사회로 나아가는 데 필요한 노력이 무엇인지 제시해야 하는 것으로 이해할 수 있다. 그러므로 제시문 (가)~(다)를 참고하여 어떤 노력을 제시할 때는 왜 그 노력들이 투명한 사회로 나아가는 데 필요한지 혹은 어떻게 투명한 사회로 나아가는 데 기여할 수 있는지를 보여 주어야 한다.

예시 답안 ✏️

1. (가), (나), (다)에는 다양한 형태의 갈등과 대립이 나타나 있습니다. (가)에는 노사 간의 대립이, (나)에는 지역 내 정치 권력 간 대립이, 그리고 (다)에는 시민과 정부의 갈등 양상이 각각 나타나 있습니다. 이러한 갈등 양상을 압축적으로 보여 주는 단어가 각각 '싸움'과 '향전', 그리고 '불복종'입니다. 그러므로 세 단어의 공통점은 모두 갈등과 대립의 양상을 보여 준다는 점입니다.

그러나 세 갈등의 양상이 조금 다른 만큼 각 단어의 차이점도 두드러지게 나타납니다. 먼저 강자에 대한 약자의 저항을 보여 주는 싸움이나 불복종과 달리, 향전에는 동등한 힘을 가진 두 집단이 지역 내 정치적 권력과 이익을 위해 싸우는 모습이 나타납니다. 이는 싸움과 불복종의 목적이 정의와 공공선을 실현하기 위한 것인 반면, 향전의 목적이 사익을 위한 것이라는 차이를 보여 줍니다.

한편 싸움과 불복종은 모두 강자에 대한 약자의 저항이지만, 그 저항의 양상과 목적이 다르다는 차이가 있습니다. 먼저 싸움은 노동자의 부조리한 처우를 개선하기 위해 상대 집단을 적으로 간주하고 모략을 준비하면서도 이를 숨기는 양상을 보여 줍니다. 반면 불복종은 부정의한 법을 개정하기 위해 공개적으로 위법 행위를 저지르는 양상을 보여 줍니다. 즉, 싸움은 비공개적인 갈등 양상이, 불복종은 공개적인 갈등 양상이 나타난다는 차이가 있습니다.

2. (다)에는 '시민 불복종'을 동의하는 입장과 더불어 이에 반대하는 입장도 제시되어 있습니다. 이 때 시민 불복종에 반대하는 이유는 시민 불복종 행위가 법에 대한 존중을 파괴하고 민주적 절차를 무시하며, 사회 질서에 혼란을 야기할 수 있기 때문입니다. 그렇다면 이러한 (다)의 '시민 불복종을 반대하는 주장'의 관점에서 볼 때, (가)의 '사장'과 (나)의 '지방 유력자'의 행위는 모두 부정적으로 평가할 수 있습니다.

먼저 (가)의 사장의 행위는 사내 노동자들을 억압하는 행위로 이해할 수 있습니다. 특히, 노동자들에게 부당한 처사를 일삼으면서도 이를 교묘하게 감추고자 불황이라는 핑계를 대는 모습에서 사장이 의도적으로 노동자를 억압했다는 것을 추론할 수 있습니다. 이는 민주적 절차가 결여된 행위이자, 나아가 노동자들의 저항 운동을 야기할 수 있는 행위입니다. 따라서 (다)의 시민 불복종에 반대하는 입장에서 사장의 행위는 비판 받을 수 있습니다.

한편 (나)의 지방 유력자의 행위는 주민들을 수탈하고 향약을 악용하여 권력을 남용하는 행위로 이해할 수 있습니다. 이는 사회적 규범이라는 명목 하에 사익을 추구하고 타인에게 해를 끼치는 행위로, 사회 질서를 유지하기 위해 만들어진 법과 규범을 전혀 존중하지 않는 행위입니다. 혹자는 향약을 악용하는 것은 윤리적으로 비판 받을 만한 행위이지만, 향약 자체를 위반한 것은 아니지 않느냐고 반문할 수 있습니다. 그러나 질서 유지를 위해 만들어진 향약이 본래의 목적대로 사용되지 않고 단지 일부의 사익을 위해 악용되었습니다. 이는 주민들이 집단적인 불만을 품게 하고, 기존 규범에 대한 저항을 야기하며, 나아가 사회적 규범인 향약에 대한 냉소까지 불러일으킬 수 있습니다. 따라서 (다)의 시민 불복종에 반대하는 주장의 관점에서 볼 때,

(나)의 지방 유력자의 행위는 (가)의 사장의 행위보다도 더 비난 받아야 할 행위로 평가될 수 있습니다.

3. (라)가 지향하는 사회는 시민 참여로 역감시가 이루어지고, 정보에 의한 권력 불균등이 야기되지 않는 투명한 사회로 이해할 수 있습니다. 이를 위해 (라)는 법적으로 정보를 모두에게 공개하여 국민이 권력 기구를 역감시할 수 있어야 하며, 나아가 이를 위해 시민들이 연대하고 비판 의식을 키워야 한다고 주장합니다. (라)가 지향하는 이러한 투명한 사회로 나아가는 데 필요한 노력을 (가), (나), (다)를 바탕으로 좀 더 구체화하여 말씀드리겠습니다.

먼저 (가)에는 자신들의 부당한 처우를 인식하고 이를 개선하기 위해 비판적으로 사고하는 노동자들의 모습이 나타나 있습니다. 특히, 사장이 억압을 정당화하는 '불황'이라는 용어에 대해 노동자들이 비판적으로 의식하는 모습은 투명한 사회가 유지되기 위해 시민들이 비판 의식과 더불어 현실 개선 의지와 현실 참여 의식을 키워야 함을 시사합니다. 그러므로 교육을 통해 시민들이 자발적으로 권력 기구를 감시하고 비판할 수 있도록 도와야 합니다.

다음으로 (나)에는 지역 내 세력 다툼과 더불어 관습을 악용하는 기득권층의 모습이 나타나 있습니다. 이 같은 모습은 권력 기구는 감시하지 않으면 쉽게 부패할 수 있다는 점과 권력자들은 자신의 사익을 위해 권력과 법을 남용할 수 있다는 점을 시사합니다. 그러므로 투명한 사회로 나아가기 위해서 시민이 권력 기구를 감시하고 제한할 수 있는 법적·사회적 제도가 마련되어야 합니다. 예컨대 시민 중심의 의회 기구나 공익 신고 제도 등을 고려해 볼 수 있습니다.

마지막으로 (다)에는 부정의한 법을 개정하고자 하는 시민 불복종에 관한 논의가 나타나 있습니다. 이를 고려할 때 투명한 사회가 되기 위해서는 시민이 자발적으로 사회 정의를 유지하는 데 필요한 적법한 절차와 법을 인지하고 지켜야 한다고 말할 수 있습니다. 나아가 시민이 입법 과정과 사법 절차에 관한 정보를 모두 볼 수 있도록 정보가 공개된다면, 시민들은 법을 준수하고 사회를 투명하게 유지해 나갈 수 있을 것입니다.

4. 계열적합형 인문 계열 사회(오후)

※ 제시문을 읽고 물음에 답하시오.

(가) 아랍 산유국 국민에게 석유는 축복일까? 아랍 산유국 대부분에서는 국민의 납세 의무가 없어서 축복일 수 있다. 하지만 천연자원 수입으로 국가 운영이 가능한 나라에서는 정치 권력이 한곳에 모이게 된다. 정부가 국민 세금에 의존하지 않기 때문에 국가 지도자는 여론을 신경 쓰지 않고 모든 것을 결정할 수 있다. 또한, 아랍 산유국에서는 대개 국내 총생산(GDP) 대비 국방비가 상당한 비중을 차지한다. 자원을 지키고 국민의 불만을 억압하기 위해서이다. 강력한 군대를 두는 것이 채찍이라면, 선심성 정책을 펼치는 것은 당근 역할을 한다. 막대한 양의 지원금과 복지 정책으로 국민의 충성심을 사고 있다. 예를 들어, A 국가는 모든 국민에게 14개월간의 무료 급식권과 현금 3,600달러를 지원했고, B 국가는 치과 및 약값 일부를 제외한 의료비 전액을 모든 국민에게 지원하고 있다.

(나) 다음 표는 석유 생산 여부와 정치 체제 유형에 따른 세계 180개국의 분포를 보여준다.

	민주주의 국가	권위주의 국가	전체
산유국	14	16	30
비(非)산유국	120	30	150
전체	134	46	180

(다) 인도의 경면왕이 시각 장애인들에게 코끼리라는 동물을 가르쳐 주기 위해 이들을 궁중으로 불러 모았다. 왕은 신하를 시켜 코끼리를 끌어오게 한 다음 그들에게 만져 보라고 했다. 그들이 코끼리를 다 만져 보고 나자 경면왕이 물었다. "이제 코끼리가 어떻게 생겼는지 알았느냐?" 그러자 이들은 이구동성으로 입을 모아 대답했다. "예, 알았나이다." "그럼, 어디 한 사람씩 말해 보아라." 상아를 만져 본 사람이 먼저 대답했다. "무와 같사옵니다." 머리를 만져 본 사람이 말했다. "돌과 같사옵니다." 코를 만져 본 사람이 말했다. "절굿공이 같사옵니다." 이처럼 사람들은 자신이 만져 본 부위만을 가지고 코끼리 전체 모습을 다 본 것처럼 말했다.

(라) 테슬라가 오늘날 세계 1위 전기차 업체가 된 배경에는 목표를 향해 앞만 보고 달려온 머스크의 몰입이 크게 작용했다. 테슬라뿐만 아니라 애플, 아마존, 우버 등 초고속 성장으로 주목받고 있는 공룡 기업들의 공통점은 대담한 비전을 실현하기 위해 집요하고 지독하게 일에 몰두한 리더가 존재했다는 점이다. 머스크뿐만 아니라 고(故) 스티브 잡스 애플 창업자, 제프 베이조스 아마존 창업자, 트래비스 캘러닉 우버 창업자는 모두 일에 미쳐 자기 삶을 바친 일 중독자들이었다. 따라서 성공한 기업의 비결은 강박적으로 일에 몰두한 리더들에 있다.

(마) 누군가 타인에게 직접적인 피해를 주지 않으면서 노동을 통해 어떤 재화를 소유하게 되었다면, 그는 그 재화에 대해 배타적인 권리를 가진다. 개인의 재산이 적법한 과정을 통해 취득된다면, 그 결과가 비록 현저한 불평등으로 나타나더라도 그것은 정의를 위하여 치러야 할 대가로 보아야 한다. 그 결과가 불평등으로 나타난다고 해서 이를 정의롭지 않다고 느끼는 것은 타당하지 않다. 개인의 권리를 부당하게 간섭하여 정의를 침해하면 삶의 만족감은 떨어질 수밖에 없다.

(바) 정의롭지 않은 사회에서는 시민들이 삶에 대한 만족감을 느끼기 힘들기 때문에 불평등은 해소되어야 한다. 불평등은 사회적 지위나 가정 환경 등에서 오는 불평등과 타고난 재능에서 오는 불평등으로 구분할 수 있다. 흔히 재능에서 오는 불평등은 자연스러운 것으로 여기기 쉽지만, 분배의 문제에 큰 영향을 끼칠 수 있다. 예컨대 100의 재능을 갖고 태어난 사람과 10의 재능밖에 타고나지 못한 사람이 자유 경쟁을 하면 대부분 100의 재능을 타고난 사람이 이길 것이다. 따라서 정의를 실현하기 위해서는 불리한 사회적 지위를 가진 사람뿐만 아니라 천부적 재능을 적게 가진 사람에게도 많은 관심을 가져야 한다. 이는 천부적 재능을 한 사회의 공동 자산으로 생각하고 이 재능이 산출하는 이익을 구성원들이 함께 나누어야 한다는 것을 의미한다.

(사) A 연구소는 시민들의 정의에 관한 인식이 삶에 대한 만족도에 어떤 영향을 미치는지 알아보기 위해 설문 조사를 실시했다. 결과는 다음과 같다.

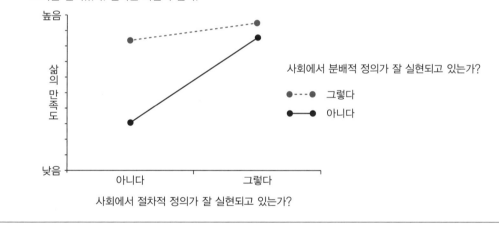

1. (나)의 표가 (가)의 핵심 주장을 지지하는지 설명하시오.

2. (다)의 관점을 바탕으로 (라)의 주장을 평가하시오.

3. (사)의 결과를 활용하여 (마)와 (바)의 견해를 각각 뒷받침하시오.

【출제 의도】

- 고등학교 〈통합사회〉 교과가 다루는 '민주주의', '정의', '불평등' 등의 내용을 바탕으로, 〈사회 · 문화〉 교과가 다루는 '자료 분석과 해석', '자료 수집 방법', '대표성과 표본 추출', '연구 설계' 능력을 평가하고자 했다.
- 석유 자원과 민주주의 간의 관계에 관한 제시문의 내용을 이해하고, 그 관계를 보여 주는 자료를 해석할 수 있는 능력을 평가한다.
- 제시문 내용을 이해하고 대표성 없는 표본에 근거한 추론의 문제점을 파악하는 능력을 평가한다.
- 제시문의 주장을 이해하고 설문 조사 결과를 해석하여 주장을 뒷받침하는 종합적 사고 능력을 평가한다.

【문항 해설】

- 1번 질문은 고등학교 〈통합사회〉 교과가 다루는 '민주주의'와 〈사회 · 문화〉 교과가 다루는 '자료 분석과 해석' 내용을 바탕으로, 석유 자원과 민주주의 간의 관계에 관한 제시문의 내용을 이해하고, 그 관계를 보여 주는 자료를 해석해야 한다.
- 2번 질문은 〈사회 · 문화〉 교과가 다루는 '자료 수집 방법', '대표성과 표본 추출', '연구 설계' 내용을 참조하여, 대표성 없는 표본에 근거한 추론의 문제점을 파악해야 한다.
- 3번 질문은 고등학교 〈통합사회〉 교과가 다루는 '정의', '불평등'과 〈사회 · 문화〉 교과가 다루는 '자료 분석과 해석' 내용을 토대로, 제시문의 주장을 이해하고 설문 조사 결과를 해석하여 주장을 뒷받침해야 한다.

【채점 기준】

하위 문항	채점 기준
1	(가)의 주장을 이해하고, (나)의 표를 정확하게 해석하여 결론을 내리면 좋은 점수를 부여함
2	(다)의 관점을 이해하여 (라)의 주장을 정확하게 평가하면 좋은 점수를 부여함
3	(마), (바)의 주장을 정확하게 이해하고, (사)를 활용하여 (마), (바)의 주장을 둘 다 명확하게 뒷받침하면 좋은 점수를 부여함

【예시 답안】

1. 〈(나)의 표를 바탕으로 (가)의 주장과의 관계 해석〉
   - (가)는 아랍 산유국에서 석유 자원이 민주주의에 부정적인 영향을 미친다고 주장한다.
   - (나)의 표에 따르면 산유국 중에서 민주주의 국가 비율은 50% 미만(14/30)이지만, 비산유국 중에서 민주주의 국가 비율은 80%(120/150)이다. 비산유국에 비해 산유국에서의 민주주의 비율이 훨씬 낮다. 이는 석유 생산과 민주주의가 서로 부정적 상관관계를 갖고 있음을 보여 준다.
   - 따라서 (나)의 표는 (가)의 주장을 뒷받침한다고 볼 수 있다.

2. 〈(다)의 관점에서 (라)의 주장 평가〉
   - (다)에서는 시각 장애인들이 만져 본 부위만으로 코끼리 전체 모습을 추론하는 데서 발생하는 문제점을 설명하고 있다.
   - (라)는 일부 성공한 기업의 사례만을 조사하여 그들의 공통점인 강박적으로 일에 몰두한 리더를 기업 성공의 원인으로 간주하고 있다. 따라서 더 많은 사례 조사가 필요하다.
   - 실패한 기업에도 강박적으로 일에 몰두한 리더들이 존재했을 수 있다. 그 경우 강박적으로 일에 몰두한 리더가 기업 성공의 원인이라는 추론은 그릇되었다. 따라서 실패한 기업 사례와의 비교가 필요하다.

3. 〈자료 (사)를 활용하여 (마)의 주장을 뒷받침할 때〉
   - (마)는 절차적 정의의 중요성을 주장하는 글이다. (마)는 적법한 절차를 통해 나타난 불평등은 정당하며, 이를 부당하게 간섭하는 경우 삶의 만족도가 떨어질 수 있다고 주장한다.
   - (사)의 결과 중 절차적 정의가 잘 실현되고 있다고 믿는 집단은 그렇지 않은 집단에 비해 전반적으로 더 높은 삶의 만족도를 보여주고 있으므로 (마)의 주장을 뒷받침한다고 말할 수 있다. 또한, 절차적 정의가 실현되고 있다고 느끼는 집단에서는 분배적 정의 실현 여부와 상관없이 삶의 만족도가 상당히 높으므로 (마)의 주장을 뒷받침한다고 말할 수 있다.

   〈자료 (사)를 활용하여 (바)의 주장을 뒷받침할 때〉
   - (바)는 분배적 정의의 중요성을 주장하는 글이다. (바)는 능력과 환경으로부터 야기되는 불평등을 해결하기 위해서는 적극적 분배가 필요하다고 주장하고 있다.
   - (사)의 결과 중 분배적 정의가 잘 실현되고 있다고 믿는 집단은 그렇지 않은 집단에 비해 전반적으로 더 높은 삶의 만족도를 보여주고 있으므로 (바)의 주장을 뒷받침한다고 말할 수 있

다. 또한, 분배적 정의가 실현되고 있다고 느끼는 집단에서는 절차적 정의 실현 여부와 상관 없이 삶의 만족도가 상당히 높으므로 (바)의 주장을 뒷받침한다고 말할 수 있다.

선배들의 TIP ✎

1. 1번 질문은 논술이나 구술에서 흔히 찾아볼 수 있는 자료 해석하기 유형의 문제로, 이 유형의 문제를 풀 때는 반드시 자료와 제시문의 관계를 정확히 설정해 두어야 한다. 만약 답변에서 '(가)의 주장을 근거로 (나)의 표를 평가'하거나 '타당하다'는 표현이 나타날 경우 가차 없이 감점될 것임에 유의해야 한다. 문제의 요구 사항은 (나)의 표를 바탕으로 (가)의 주장을 지지하는 설명을 해내는 것임을 기억하도록 하자.

2. 2번 질문은 (라)의 주장을 정확히 파악하는 것이 중요하다. 자칫 (라)의 주장을 '성공하기 위해서는 일에 몰두해야 한다'로 이해하는 경우, (다)의 관점을 잘못 적용할 가능성이 높다. 심지어 이렇게 (라)를 이해해도 답이 어느 정도 구성될 수 있는 것처럼 보이기 때문에, 스스로 잘 이해하고 있는지 반복적으로 검토하지 않으면 어느새 학교 측에서 설계해 놓은 함정에 빠지기 쉽다.

3. 3번 질문의 요구 사항이 크게 세 가지로 구성되어 있음을 우선 파악해야 한다. 첫째, (사)의 결과를 요약할 것, 둘째, (사)를 바탕으로 (마)의 견해를 뒷받침할 것, 셋째, (사)를 바탕으로 (바)의 견해를 뒷받침할 것. 이 세 가지를 고려하여 답변해야 한다.

예시 답안 ✎

1. (나)의 표는 (가)의 주장을 뒷받침합니다. 왜냐하면 (나)의 표에 의하면 석유 생산과 민주주의는 부정적 상관관계를 가지기 때문입니다.

　(가)에 의하면, 석유와 같은 천연자원으로 운영되는 국가가 민주주의 체제를 갖기는 어렵습니다. 국민 세금에 의존하지 않으므로 정치 권력자는 민주주의 제도보다는 자신의 권력을 강화할 수 있는 정치 체제를 선호할 것이며, 오히려 국민에게 아낌없이 지원하여 자신의 권력을 정당화할 수 있기 때문입니다.

　이 같은 (가)의 주장은 (나)의 표에 의해 뒷받침됩니다. 해당 표에 따르면 산유국이 민주주의 체제를 채택한 비율은 14/30으로 50%가 되지 않는 반면, 비산유국이 민주주의 체제를 채택한 비율은 120/150으로 80%입니다. 이는 산유국이 민주주의 체제보다 권위주의 체제를 선호하며, 천연자원을 가진 국가와 민주주의 체제가 서로 부정적 상관관계를 가진다는 점을 시사합니다. 그러므로 해당 상관관계는 산유국이 민주주의 체제를 갖기 어렵다는 (가)의 주장을 뒷받침합니다.

2. (다)의 관점에서 볼 때, (라)의 주장은 편협하고 제한적이라고 비판할 수 있습니다. 왜냐하면 (라)는 제한된 일부 사례만을 바탕으로 일반화된 결론을 이끌어 내고 있기 때문입니다.

　(다)는 시각 장애인들이 코끼리의 제한된 부위만을 만진 후 코끼리의 전체 모습을 상상하는 사례를 보여 줍니다. 누군가는 상아만을 만진 후 무와 같다고 답하고, 누군가는 머리만을 만진 후 돌과 같다고 답하는데, 이 같은 모습은 제한된 일부 지식만으로 전체 모습을 추론하거나 상상해서는 안 된다는 점을 시사합니다. 따라서 (다)는 전체를 파악하기 위해 다각도의 시각이 필요하다는 것을 보여준다고 이해할 수 있습니다.

　이 같은 (다)의 관점에서 고려할 때, (라)의 주장은 부분만으로 전체를 추론한 잘못된 결론에 해당합니다. (라)는 테슬라나 애플, 우버와 같이 성공한 기업 사례만을 조사하여 그 기업의 성공 원인이 일에 대해 강박적으로 몰두하는 리더에 있다고 주장합니다. 그러나 이 같은 주장은 리더가 일에 몰두했음에도 실패한 기업 사례나 리더가 일에 몰두하지 않았음에도 성공한 기업 사례 등 다각적인 시각이 담긴 다른 사례들은 조사하지 않은 채 부분만으로 전체를 일반화한 주장에 해당합니다. 그러므로 (라)의 주장은 타당하지 않습니다.

3. (사)는 정의에 관한 두 가지 인식이 삶의 만족도에 끼치는 영향을 그래프로 제시하고 있습니다. 먼저 절차적 정의에 관한 인식과 관련한 그래프를 보면, 절차적 정의가 잘 실현되고 있다고 인식한 시민들의 삶의 만족도가 전부 높게 나타나 있습니다. 다음으로 분배적 정의에 관한 인식과 관련한 그래프를 보면, 마찬가지로 분배적 정의가 잘 실현되고 있다고 인식한 시민들의 삶의 만족도가 전부 높게 나타나 있습니다. 이 같은 결과는 절차적 정의나 분배적 정의의 실현이 삶의 만족도를 높인다는 사실을 보여준다고 이해할 수 있습니다.

　그렇다면 (사)의 정의에 관한 두 가지 인식을 바탕으로 볼 때, (마)와 (바)의 견해는 각각 뒷받침될 수 있습니다. 먼저 (마)는 절차적 정의의 중요성을 강조합니다. 적법한 절차를 거친다면 그 결과에 상관없이 정의가 실현된다고 보기 때문입니다. 결과에 부당하게 간섭한다면 오히려 삶의 만족감이 떨어질 수 있다는 (마)의 설명은 절차적 정의가 실현될 때 삶의 만족도가 보장된다는 견해를 보여 줍니다. 그리고 이는 (사)의 절차적 정의가 잘 실현되고 있다고 믿는 집단의 그래프 양상에 의해 뒷받침됩니다. '그렇다'고 답한 집단의 만족도가 '아니다'라고 답한 집단의 만족도보다 높기 때문입니다. 특히, 분배적 정의가 실현되지 않았다고 보는 집단일지라도 절차적 정의가 잘 실현되고 있다고 인식한다면 삶의 만족도가 높게 측정된다는 결과를 통해, 결과에 관계없이 절차에 의한 정의 실현을 강조하는 (마)의 견해가 뒷받침된다는 점을 알 수 있습니다.

다음으로 (바)는 분배적 정의의 중요성을 강조합니다. 불리한 사회적 지위와 천부적 재능으로 인해 나타나는 불평등한 결과를 조정해야 한다고 보기 때문입니다. 사회적 지위와 천부적 재능이 절차에 영향을 끼쳐 정의롭지 않은 결과가 발생하면 삶의 만족감을 느끼기 힘들다는 (바)의 설명은 분배적 정의가 실현될 때 삶의 만족도가 보장된다는 견해를 보여 줍니다. 그리고 이는 (사)의 분배적 정의가 잘 실현되고 있다고 믿는 집단의 그래프 양상에 의해 뒷받침됩니다. '그렇다'고 답한 집단의 만족도가 '아니다'라고 답한 집단의 만족도보다 높기 때문입니다. 특히, 절차적 정의가 실현되지 않았다고 보는 집단일지라도 분배적 정의가 잘 실현되고 있다고 인식한다면 삶의 만족도가 높게 측정된다는 결과를 통해, 절차에 간섭하더라도 결과의 불평등을 조정하면서 분배적 정의 실현을 강조하는 (바)의 견해가 뒷받침된다는 점을 알 수 있습니다.

2023 학년도 | 교대 면접 기출문제

[수시]

1. 학생부종합전형 A형(문항 카드 1번)

※ 제시문을 읽고 물음에 답하시오.

> 송 교사는 5학년 1학기 과학 '다양한 생물과 우리 생활' 단원을 모둠 수행 프로젝트 수업으로 진행하기로 했다. 학생들은 개별 과제로 진행하기를 원했지만, 자신의 수업에 모둠 프로젝트 수업을 적용해 보고 싶은 생각에 조 편성을 하고 모둠 과제를 부여했다. 그런데 프로젝트 수업의 중간에 모둠별로 진행 상황을 살펴보니 어떤 조는 학업 능력이 떨어지는 학생들이 모여 있고, 어떤 조는 친한 학생들의 친목 모임이 되었다. 또 모둠장을 하겠다고 선뜻 나서는 학생이 없는 조가 있는가 하면, 몇 명만 참여하고 나머지는 빈둥거리는 조도 있고, 자기주장이 강한 모둠장과 모둠원들 사이에 갈등이 생긴 조도 있었다. 큰 기대를 갖고 시작한 프로젝트 수업인데 그대로 하자니 진행이 안 되고, 조 편성을 다시 하자니 학생들이 혼란스럽고, 개별 과제로 바꾸자니 교사의 권위가 안 살 것 같아 난감한 상황이다.

• 여러분이 송 교사라면 1) 현재의 모둠 유지, 2) 새로운 모둠을 구성, 3) 개별 과제로 전환하는 세 가지의 선택 중 어떤 선택을 할 것인지 <u>그 이유와 함께</u> 제시하시오.

학교 측 해설 🖋

【출제 의도】

 교수–학습 과정에서 진행 방식에 대한 자신의 판단과 실제 진행이 다르게 이루어지는 딜레마 상황에서 합리적인 판단을 내리고, 자신이 선택한 행동을 논리적으로 설명할 수 있는 능력을 파악한다.

【문항 해설】

〈모둠별 프로젝트 수업 운영에 대한 기대와 실제 실행 사이에서 발생할 수 있는 딜레마〉

- 학습자와 학습 목표에 따라 적절한 수업을 방법을 선택하고 실행할 수 있다.
- 갈등 상황을 해결할 다양한 관점이 있음을 이해하고 합리적인 근거를 제시할 수 있다.
- 학생 개개인에 따라 수업 및 과제 수행의 방식에 대한 선호가 다를 수 있음을 이해할 수 있다.
- 프로젝트 수업에서 모둠별 협동 학습과 개별 학습의 장점과 단점을 고려하여 이를 적절히 반영할 수 있다.

【채점 기준】

- 자신의 의견에 대한 이유를 타당하게 제시하는지 평가한다.
- 갈등을 조정하는 합리적인 대안을 제안할 수 있는지 평가한다.
- 프로젝트 모둠 수업에서 발생할 수 있는 문제 상황에 대해 문제의 핵심을 명확하게 파악하고 자신의 교육적 신념에 대해 판단을 내릴 수 있는지 평가한다.

【예시 답안】

〈현재의 모둠 유지〉

- 이미 결정된 사항이고 교사가 결정 사항을 자꾸 번복하는 것은 이 수업뿐만 아니라 다른 수업에서의 교사의 권위에도 영향을 주기 때문에 결정 사항을 번복하지 않는 것이 바람직하다.
- 학년 초이므로 학생들의 협업 과정에서 갈등과 어려움은 당연히 발생할 수 있다. 하지만, 다양한 상황에서 발생할 수 있는 갈등을 극복하는 경험 역시 중요하므로 현재 모둠 내에서 문제를 해결할 수 있도록 해야 한다.
- 현재 모둠을 유지하되 대신 현재 모둠 활동을 저해하는 요소들을 배제하고 학습 목표에 집중할 수 있도록 교사가 촉진하는 역할을 해야 한다.

〈새로운 모둠을 구성〉

- 교사의 권위보다는 학생들의 학습 목표 달성이 우선이 되어야 한다고 생각한다. 따라서 현재 모둠 구성에 문제가 있다면 실패를 인정하고 다시 모둠을 편성하여 활동이 이루어질 수 있도록 독려해야 한다고 생각한다.
- 학생 상호 간의 긍정적인 상호 작용을 촉진하고, 개인적인 책임을 분명히 하며, 모든 학생이 동시다발적으로 참여하게 함으로써 수업에 소외되는 학생들이 없도록 하는 협동 학습의 장점을 잘 살릴 수 있도록 모둠을 재편성해야 한다.

– 개별 과제는 오히려 교사가 신경 써야 할 모둠이 더 많아지는 것과 같다. 모둠별로 학습 과정을 돕고 평가하는 것이 더 낫기 때문에 모둠 학습을 유지하되 학습 목표 달성을 위해 교사가 더 자주 개입을 해야 한다.

〈개별 과제로 전환〉
– 교사의 권위보다는 학생들의 학습 목표 달성이 우선 되어야 한다. 따라서 모둠 과제의 진행이 학습 목표 달성을 어렵게 하고 있다면, 더 학습이 잘 이루어질 수 있도록 개별 과제로 전환하는 것이 바람직하다.
– 무임승차하여 이득을 보는 학생들을 방치하는 것은 바람직하지 않으므로 개별 과제로 전환하는 것이 바람직하다.

선배들의 TIP 및 예시 답안 🖉

학교 측 해설이 상세하므로 예시 답안은 생략한다.

2. 학생부종합전형 B형(문항 카드 2번)

※ 제시문을 읽고 물음에 답하시오.

권 교사가 근무하는 초등학교는 올해 학교 예산 중 사용하고 남은 금액을 내년 예산에 포함하여 사용하기로 결정했다. 다음 예산 관련 회의에서 해당 예산을 어떻게 사용할 것인지 논의할 예정이다. 이와 관련하여 의견을 수렴한 결과, 어떤 선생님들은 현장 체험 학습 예산을 증액하여 학생들의 체험 학습을 좀 더 의미 있게 구성하길 기대하고 있다. 다른 선생님들은 전교생에게 태블릿 PC를 지급하여 수업 및 학습에서 다양하게 활용할 수 있게 되기를 기대하고 있다. 또 다른 선생님들은 효율적인 수업 운영을 위해 새로운 학습 보조 도구(예 칠교, 도형판 등의 수학 교구, 과학 실험 도구, 악기)들을 구매하여 수업에 활용하기를 희망한다.

• 여러분이 권 교사라면 어떤 방안을 지지할 것인지 <u>그 이유와 함께</u> 말하시오.

학교 측 해설 🖉

【출제 의도】

교육 예산 사용의 우선순위를 둘러싼 다양한 생각을 이해하고 자신이 선택한 행동을 논리적으로 설명할 수 있는 능력을 파악한다.

【문항 해설】

〈교육 예산 사용의 우선순위를 둘러싼 다양한 생각〉

– 교육 현장의 필요를 상상하고 이를 적절히 반영할 수 있다.

– 갈등 상황을 해결할 다양한 관점이 있음을 이해하고 합리적인 근거를 제시할 수 있다.

– 체험의 중요성, 미래 역량 함양의 중요성, 교실 수업 보조 도구의 중요성의 우선순위가 경쟁하는 상황에 대해 이해할 수 있다.

【채점 기준】

– 자신의 의견에 대한 이유를 타당하게 제시하는지 평가한다.

– 각 주장의 장단점을 합리적으로 비교할 수 있는지 평가한다.

– 교육 예산 사용의 우선순위를 둘러싼 다양한 요구 사이에서 각 주장의 핵심을 명확하게 파악하는지 평가한다.

【예시 답안】

– 초등학생의 경우 추상적인 문자를 통한 학습보다는 직접적인 체험을 통해 배우는 경험이 중요하기 때문에, 가능하다면 현장 체험 학습의 양과 질을 높일 수 있는 방향으로 예산을 사용해야 한다.

– 지난 몇 년간 코로나19 상황으로 인해 현장 체험 학습 경험이 감소했기 때문에, 보다 적극적으로 체험 학습 경험을 제공할 필요가 있다.

– 가정에서 현장 체험 학습 경험이 부족한 아이들에게는 학교의 현장 체험 학습이 중요하다.

– 태블릿 PC가 모든 학생에게 지급된다면 교사가 다채로운 교수 학습 방법을 적용하기가 더 용이해져서 수업 개선에 도움이 될 수 있다.

– 태블릿 PC를 수업 시간에 적극적으로 활용함으로써 미래 사회를 위한 디지털 역량을 보다 효과적으로 길러줄 수 있다.

– 태블릿 PC가 모든 학생에게 지급된다면, 가정에서 태블릿을 경험하기 어려운 학생에게 컴퓨터를 활용한 학습 경험을 제공할 수 있어 교육 격차 해소에 도움이 될 수 있다.

– 고학년(4, 5, 6학년)에게는 태블릿 PC를 지급하고, 저학년(1, 2, 3학년)에게는 현장 체험 학습 예산을 증액시키는 방안도 생각해 볼 수 있다. 저학년의 경우 태블릿을 활용할 수 있는 교육 상황이 적을 수 있고 보다 직접적인 체험이 중요하다. 반면, 고학년의 경우 태블릿을 활용하여 다채롭게 수업을 구성할 수 있을 것이다.

- 학교 교육의 기본은 교실에서, 운동장에서, 특별실에서 이루어지는 수업이다. 학생들이 다양한 교구를 직접 조작하면서 겪게 되는 학습 경험이 학교 교육에서 가장 중요하다.
- 수업에 적합한 교구를 활용할 경우, 학생의 흥미를 돋우고, 개념을 쉽게 이해하게 할 수 있으므로 교구를 구매하는 것이 중요하다.
- 교구(칠교, 공깃돌)를 학생들에게 나누어줄 경우, 학생들이 수업 이후에도 놀이처럼 활용하기 때문에 수업 시간 중의 일회적 학습에 그치지 않고 반복적인 학습이 이루어질 것을 기대할 수 있다.

선배들의 TIP 및 예시 답안 ✐

학교 측 해설이 상세하므로 예시 답안은 생략한다.

3. 학생부종합전형 A형(문항 카드 3번)

※ 제시문을 읽고 물음에 답하시오.

최근 '학교 숲 조성 사업'에 대한 사회적 관심이 높아지고 있다. '학교 숲 조성 사업'은 말 그대로 학교 안에 숲을 조성하는 것이다. 운동장이나 담장, 교사(校舍) 주변 등 학교 안의 다양한 공간이 이 사업을 통해 숲으로 탈바꿈된다. '학교 숲 조성 사업'은 지난 1999년부터 지금까지 꾸준히 진행되어, 산림청 및 지자체, 교육청, 시민 단체 등의 지원으로 지난 20여 년간 총 4,000여 개소의 학교 숲이 조성되었다. 최근에는 이렇게 조성한 학교 숲을 지역 사회에 개방해 지역 주민들로부터 환영받는 경우도 많다. 이렇게 학교 숲은 학생들의 생활 공간이자 학습 공간, 나아가 지역 주민의 휴식 공간으로 자리 잡고 있다.

- 이러한 '학교 숲 조성 사업'의 <u>장점과 단점</u>을 <u>각각 두 가지씩</u> 제시하고, 만약 초등학교 교사인 자신이 근무하는 학교에서 해당 사업을 추진한다고 가정할 때, <u>사업 추진에 대한 자신의 생각</u>을 적절한 이유를 들어 제시하시오.

학교 측 해설 ✐

【출제 의도】
교육 정책 관련 쟁점을 바라보는 다양한 관점을 이해하고, 자신의 생각을 타당한 근거를 들어 논리적으로 설명할 수 있는 능력을 파악한다.

【문항 해설】

〈사회가 당면한 문제 상황에 따른 학교 교육 공간의 변화 및 활용에 대한 이해〉

– 변화 이전과 이후의 상황을 바탕으로 장단점을 제시한다.

– 사회가 당면한 문제 상황에 따른 학교 교육 공간 변화의 필요성을 이해한다.

– 쟁점에 대해 자신의 생각을 타당한 이유나 근거를 들어 논리적으로 설명한다.

【채점 기준】

– 정책의 장점과 단점을 두 가지씩 명확하게 제시하는지 평가한다.

– 자신의 생각을 뒷받침하는 이유를 타당한 근거를 들어 논리적으로 제시하는지 평가한다.

– 사회가 당면한 문제 상황과 교육 공간 변화의 관계를 명확하게 파악하고 있는지 평가한다.

【예시 답안】

〈학교 숲 조성 사업의 장점〉

– 학생들의 생태 감수성을 높일 수 있다.

– 학교 주변 경관을 보기 좋게 만들 수 있다.

– 숲 걷기 활동 등을 통해 건강을 유지할 수 있다.

– 미세 먼지가 심한 날에도 야외 활동을 할 수 있다.

– 학생들의 정서 안정 및 감성 발달에 도움을 줄 수 있다.

– 학생, 학부모, 교사, 지역 주민들이 숲을 체험할 수 있다.

– 더운 여름철에 학교 주변 온도를 주변보다 낮출 수 있다.

– 지역 사회와의 협력을 강화하여 학교에 필요한 지원을 얻어내기 수월해진다.

〈학교 숲 조성 사업의 단점〉

– 유해 생물이나 감염병에 노출될 수 있다.

– 학교 숲에서 안전사고 발생의 위험이 있다.

– 학교 숲을 관리하는 책임 소재가 불분명하다.

– 숲으로 조성한 공간으로 인해 학교에서 활용 가능한 공간이 줄어든다.

– 외부인들이 학교 내로 들어오기 때문에 건물 보안 문제가 생길 수 있다.

선배들의 TIP 및 예시 답안 🖊

학교 측 해설이 상세하므로 예시 답안은 생략한다.

4. 학생부종합전형 B형(문항 카드 4번)

※ 제시문을 읽고 물음에 답하시오.

> 숙제란 복습이나 예습 등을 위해 학생들이 방과 후에 해결하도록 내주는 과제를 뜻한다. 배운 내용을 심화·확장하여 학습 효과를 높이는 데 효과가 있다는 점을 근거로, 예로부터 지금까지 많은 학교에서 학생에게 숙제를 내주었다. 그러나 최근 들어 숙제를 내주지 않는 것이 더 교육적이라는 주장이 주목받고 있다. 숙제가 학교에 대한 흥미를 떨어뜨리거나 학습 효과를 높이는 데 별로 도움이 되지 않는다는 주장은 20세기 초반부터 지금까지 꾸준히 제기된 바 있다. 이러한 주장은 숙제를 내주는 관행에 묻혀 한동안 큰 주목을 받지 못했지만, 교육 환경 변화에 힘입어 최근 그 의의가 새롭게 조명되고 있다. 그 결과 미국, 영국, 독일 등에서는 숙제 대신 독서나 다양한 체험을 장려하는 정책을 추진하고 있다. 우리나라에서도 지난 2018년부터 일부 교육청에서 '숙제 없는 학교' 정책을 추진 중이다.

- 초등학교에서 '숙제 없는 학교' 정책을 실행할 때의 <u>장점과 단점</u>을 <u>각각 세 가지씩</u> 말하고, '<u>숙제 없는 학교</u>' 정책에 관한 <u>자신의 생각</u>을 적절한 이유를 들어 말하시오.

학교 측 해설 🖊

【출제 의도】

교육 정책 관련 쟁점을 바라보는 다양한 관점을 이해하고, 자신의 생각을 타당한 근거를 들어 논리적으로 설명할 수 있는 능력을 파악한다.

【문항 해설】

〈숙제의 의미와 역할을 바탕으로 숙제 없는 학교 정책에 대한 이해〉

– 효용과 문제점을 중심으로 숙제의 장단점을 제시한다.

– 쟁점에 대해 자신의 생각을 타당한 이유나 근거를 들어 논리적으로 설명한다.

– 숙제의 의미를 바탕으로 지금까지 숙제가 학교에서 어떤 역할을 하고 있는지 이해한다.

【채점 기준】

– 정책의 장점과 단점을 세 가지씩 명확하게 제시하는지 평가한다.

– 숙제가 학교생활에서 하고 있는 역할을 명확하게 파악하고 있는지 평가한다.

– 자신의 생각을 뒷받침하는 이유를 타당한 근거를 들어 논리적으로 제시하는지 평가한다.

【예시 답안】

〈'숙제 없는 학교' 정책의 장점〉

– 자신에게 주어진 시간을 관리할 힘을 기를 수 있다.

– 가족이나 친구들과 어울릴 수 있는 시간이 늘어난다.

– 학생들이 자율적(자기주도적)으로 학습하는 습관을 기를 수 있다.

– 학생들이 뛰어놀거나 체험 학습을 하는 등 다양한 경험을 할 기회를 제공할 수 있다.

– 수업에서 모든 학습을 완료시켜야 하므로 학교 수업의 질을 높이는 계기가 될 수 있다.

〈'숙제 없는 학교' 정책의 단점〉

– 학생들이 사교육에 더욱 의존하게 만들 수 있다.

– 가정 환경 등 학생의 여건에 따라 학력 격차가 더 벌어질 수 있다.

– 자신이 부족한 부분을 판단하기 어려워 효율적 학습이 어려울 수 있다.

– 학습에서 수업의 역할이 커지므로 교사의 수업 부담을 가중할 수 있다.

– 스스로 학습할 기회가 적어져 학생들이 자율적 학습 습관을 기르기 어려울 수 있다.

– 교육 전문가인 교사의 전문적인 진단과 안내, 지원 등을 받을 기회가 줄어들 수 있다.

선배들의 TIP 및 예시 답안 ✏️

학교 측 해설이 상세하므로 예시 답안은 생략한다.

[정시]

1. 정시 모집 A형

※ 제시문을 읽고 물음에 답하시오.

> '깊이 파고들기', '꽂힌 상태'를 표현하는 말로 '디깅 모먼트(digging moment)'라는 용어가 유행 중이다. 이 말은 단순한 취미 생활을 넘어서 나의 행복과 성장을 위해 좋아하는 것에 과몰입하는 행태를 의미한다. 디깅 모먼트에 빠진 사람들은 운동, 요리, 여행, 식물 재배와 같은 취미 분야뿐만 아니라 운동화, 화장품, 정밀 모형(피겨)과 같은 특정 상품, 나아가 군사학, 의학, 역사학 등의 학문 영역에 이르기까지 시간과 돈과 열정을 아낌없이 투자하며 방대하고 해박한 지식을 쌓아나간다. 이들은 같은 취미를 가진 사람들과 적극적으로 소통하고 자신이 쌓은 지식과 수집품을 개인 미디어를 통해 발표하거나 적극적인 비평 활동을 하면서 몰두의 정도를 높이기도 한다.
>
> 이렇게 개인의 행복과 성장이라는 개인적인 동기로 시작한 취미가 사회적인 인지도와 영향력을 바탕으로 온라인상의 유명 전문가가 되어 활동하는 경우도 많아졌다. 취미형 전문가의 등장은 과거에는 접근조차 어려웠던 전문 지식을 다양한 방법으로 얻을 수 있게 된 지식 정보 사회의 긍정적인 측면으로 볼 수 있지만 부정확하거나 편향된 내용으로 대중들을 오도하기도 하고, 기존 전문가 집단의 지식과 견해를 폄하하거나 무시하는 경향이 생길 수 있다는 비판도 제기되고 있다.

- 어떤 한 분야에 몰두하는 취미형 전문가의 활동이 사회에 미칠 수 있는 영향을 **두 가지** 제시하고, 취미형 전문가의 비평 활동을 사회 관계망 서비스(SNS)나 동영상 공유 사이트에서 접하게 될 때 고려해야 할 사항을 **두 가지** 제시하시오.

학교 측 해설 🖊

【출제 의도】

현대 사회 현상에 관심을 가지고 이를 포착하여 그 의미를 분석해 보고, 온라인 매체 정보의 적절성과 사실성을 비판적으로 수용할 수 있는지 파악한다.

【문항 해설】

- 취미형 전문가의 긍정적인 영향과 부정적인 영향을 두루 넓고 균형 있게 사고하여 타당하고 적절하게 제시한다.
- 미디어 리터러시 교육에서 자주 언급되는 사실 확인(팩트 체크)의 주요 요소들을 알고 이를 문항의 상황에 대응하여 열거한다.

- 지식 정보 사회에서 지식을 제공하는 원천과 정보를 제공하는 참여자들이 급속히 늘어나고 있는데, 여기에서 정보 및 정보 생산자와 관련된 내용들을 주체적인 관점으로 비판적으로 수용할 수 있는지 확인한다.

【채점 기준】
- 평가 시 평가자의 개인적 의견이 반영되지 않도록 주의한다.
- 제시된 사회적 쟁점의 의미와 맥락을 이해하고 있는지 평가한다.
- 취미형 전문가의 활동이라는 사안을 분석하면서 미디어 리터러시의 쟁점을 제시할 수 있는지 평가한다.
- 취미형 전문가가 사회 구성원들에게 미칠 수 있는 긍정적·부정적 영향을 타당하고 논리적으로 살펴보고 있는지 평가한다.

【예시 답안】
〈개인 전문가 활동이 사회에 미치는 긍정적 영향〉
- 지식의 해박함, 또는 방대함을 접하는 사람들에게 학습과 전문성 강화의 동기 부여가 될 수 있다.
- 기존의 전문가 집단이 은폐하거나 잘 보여주지 않았던 지점을 지적하고 드러내어 보여줄 수 있다.
- 일반인의 이해 수준과 눈높이를 고려하여 친근하고 알기 쉽게 전문 지식을 설명할 수 있어 지식 확산에 도움이 된다.
- 새로운 관점으로 전문성을 발휘하여 기존의 지식 체계, 제품의 질이나 마케팅 방법 등 다양한 부분에서 변화를 줄 수 있다.

〈개인 전문가 활동이 사회에 미치는 부정적 영향〉
- 전문가라는 미명 아래 부정확하거나 잘못된 정보를 확산시킬 수 있다.
- 단편적이고 지엽적인 지식이 전문적이고 세밀한 지식인 양 오도될 수 있다.
- 자기 과시, 영향력 확장에 치우쳐 자극적이거나 비도덕적이거나 편향된 목소리를 낼 수 있다.
- 전문성을 갖기 위해 오랜 시간 교육받거나 연구한 사람들의 활동이 소외되거나 관심을 받지 못할 수 있다.

〈개인 전문가의 자료를 접할 때 고려해야 할 사항〉
- 해당 전문가가 그간 충분히 그 분야에서 활동해 왔는지 살펴본다.
- 해당 전문가가 활동 분야에서 전문성을 쌓아 온 이력을 검색해 본다.

- 해당 전문가가 제시한 자료나 데이터가 정확한지 출처를 확인해 본다.
- 해당 전문가의 비평과 언급을 다른 전문가는 어떻게 이야기하고 있는지 찾아본다.
- 해당 전문가가 일부의 주장이나 내용만을 강조하고 있는 것은 아닌지 확인해 본다.
- 해당 전문가가 이전에 생산한 콘텐츠나 글 중에서 공론화된 문제가 있었는지 확인해 본다.
- 해당 전문가가 인용한 사람이나 서적이 어떤 것인지, 어떤 평판을 받고 있는지 검색해 본다.

선배들의 TIP 및 예시 답안 ✏️

학교 측 해설이 상세하므로 예시 답안은 생략한다.

2. 정시 모집 B형

※ 제시문을 읽고 물음에 답하시오.

> 호주의 한 초등학교에서 과학 실험 도중 폭발 사고가 일어나 학생 11명과 교사 1명이 화상을 입는 사고가 발생했다. 이 실험은 알코올로 적신 모래 위에 탄산수소 나트륨과 설탕을 섞어 쌓고, 여기에 불을 붙여 설탕을 연소시키면 남은 탄소 덩어리가 모래를 뚫고 기둥처럼 뻗어 나오면서 검은 뱀 모양으로 굳어지는 모습을 관찰하는 것이다. 이날 사고는 야외에서 실험이 진행되던 중 갑자기 거센 바람이 불어 실험에 쓰인 화학 물질이 흩날려 불길이 커지면서 발생한 것으로 조사되었다.
>
> 우리나라 초등학교 과학 수업에서도 안전사고가 발생한 실험은 교과서에서 간단한 실험으로 대체하거나 제외하기도 했다. 교사들도 위험한 실험의 경우 실험 과정이 담긴 동영상을 보여 주는 것으로 실제 실험을 대신하는 경우가 많아지고 있다.

- 학교 과학 수업에서 위험한 실험을 동영상으로 대신하는 것에 대한 **긍정적인 측면**과 **부정적인 측면**을 적절한 이유를 들어 **각각 두 가지씩** 제시하시오.

학교 측 해설 ✏️

【출제 의도】

학교 과학 수업에서 위험한 수업을 실험 동영상으로 대신하는 것과 관련하여 이에 대한 다양한 관점을 이해하고, 긍정적인 측면과 부정적인 측면을 적절하게 제시할 수 있는지 평가한다.

【문항 해설】

- 과학 수업에서 안전사고가 발생하는 원인을 파악한다.
- 긍정적 · 부정적인 측면이 일어나는 원인을 적절한 근거를 들어 논리적으로 제시한다.
- 위험한 실험 과정을 시청각 자료를 활용하는 방안에 대한 긍정적인 측면과 부정적인 측면을 파악한다.

【채점 기준】

- 평가 시 평가자의 개인적 의견이 반영되지 않도록 주의한다.
- 초등학교 과학 수업에서 발생하고 있는 안전사고에 대해 이해하고 있는지 평가한다.
- 쟁점 관련 문제에 대응하기 위한 논리적이고 합리적인 근거를 제시할 수 있는지 평가한다.
- 과학 실험 안전사고 예방이라는 취지에서 이루어지는 시청각 실험 자료 수업의 쟁점과 관련하여 다양한 입장을 파악하고 있는지 평가한다.

【예시 답안】

〈실험 동영상 시청으로 위험한 실험을 대체하는 것의 긍정적 측면〉

- 코로나19와 같은 상황에서 실제 실험을 하면 실험 도구들을 만지는 과정에서 감염의 위험이 있지만 동영상 시청은 이러한 감염의 위험으로부터 학생들을 안전하게 보호할 수 있다.
- 위험한 실험의 경우, 실험 과정을 자세히 관찰할 수 없지만, 실험 동영상은 반복해서 볼 수 있어 학생들이 실험 과정과 실험에서 발생할 수 있는 위험성을 이해하고 실험 결과를 관찰하거나 서술하는 데 더 용이하다.
- 교사가 아무리 안전사고 예방과 관련하여 학생들에게 교육을 철저히 해도 한 번 안전사고가 발생하면 인명과 재산의 피해로 연결될 수 있다. 실험 동영상은 이러한 위험으로부터 교사와 학생을 안전하게 지켜줄 수 있다.
- 생체 해부와 같은 실험은 생명을 이해하는 데 필요하지만, 생명 존중의 관점에서 문제를 야기할 수 있다. 또한, 해부 과정에서 칼의 사용으로 안전사고 문제가 발생할 수 있다. 실험 동영상은 이러한 문제를 해결할 수 있다.

〈실험 동영상 시청으로 위험한 실험을 대체하는 것의 부정적 측면〉

- 실험 동영상은 간접 경험을 통해 얻는 지식이지만, 실제 실험은 직접 경험이자 과학 시간을 통해서만 얻을 수 있는 지식이기 때문에 중요하다.
- 실험 동영상 시청만 본 학생들은 실험 기구들을 다루어 볼 기회가 없다. 따라서 실험 기구의 사용법이나 실험 시 주의 사항 등을 제대로 알지 못할 수 있다.

- 실제 실험을 하는 경우 그 과정에서 일어나는 현상 속에서 새로운 의문점들을 가질 수 있지만, 실험 동영상의 경우에는 실험 과정에서 의문점들을 갖기가 어렵다.
- 실제 실험을 통해 학생들은 흥미와 호기심을 갖고 과학 탐구에 참여하게 되며, 분야 간 협동 연구 등을 통해 협력적 탐구 활동을 수행할 수 있다. 그러나 실험 동영상 시청으로는 이러한 과정을 수행할 수 없다.
- 실제 실험을 하는 경우에는 실험 시 유의 사항에 대해 교사가 충분히 교육한 후에 실험이 이루어지지만, 동영상 실험의 경우에는 실험 시 유의 사항에 대한 교육이 소홀해질 수 있어 이후 실제 실험을 하는 경우 안전사고가 일어날 가능성이 있다.
- 과학 교과는 과학의 탐구 방법을 이해하고 자연 현상과 일상생활의 문제를 과학적으로 탐구하는 것을 목표로 하고 있다. 따라서 일상생활 속에서 의문점을 갖고 이러한 의문점을 해결하기 위해 가설을 세우고 가설 검증을 위해 실험을 설계하고, 실험을 통해 가설을 검증해 보려는 태도를 가져야 한다. 이러한 태도는 실제 실험의 경험이 많을수록 길러질 수 있다.

선배들의 TIP 및 예시 답안 🖊

학교 측 해설이 상세하므로 예시 답안은 생략한다.

[수시]

1. 개별 면접

※ 수시 학생부종합전형은 서류 평가를 바탕으로 개인별 문항을 작성하여 진행되는 점을 감안하고 아래의 문항을 단순 참고하시기 바랍니다.

1. (생명 과학 II) 생명 과학이 다른 학문 분야와 연계되어 인류의 복지에 기여한 사례 중 '피아제의 인지 발달 이론'을 주제로 탐구 보고서를 작성하고 발표했는데, 관련 내용과 이로 인해 자신의 교육에 대한 생각에 어떠한 변화를 가져왔는지 말해 보세요.

2. 「사회 문제 탐구」 과목에서 '교육 불평등 해결의 개인적 측면과 구조적 측면'에 대한 보고서를 작성했다고 했는데, 보고서의 내용을 간략하게 요약하고 교육 불평등을 해결하기 위한 방안은 무엇이라고 생각하는지 말해 보세요.

3. 과학에 흥미가 없는 학생들에게 과학을 재미있게 가르칠 수 있는 방법에는 어떤 것들이 있는지 말해 보세요.

4. (한국사) 삼국 시대, 고려, 조선 시대의 교육 기관은 서로 어떻게 다른가요? 그리고 현재 한국의 교육 기관 및 시스템과의 차이점은 무엇인지 말해 보세요.

5. 미적분 시간에 '미적분과 주식과의 연관성'에 대해 설명하면서 미래 세대의 아이들에게 경제와 금융 교육이 필요하다고 했는데, 미적분과 주식이 어떤 관계에 있으며, 아이들에게 경제, 금융 교육은 어떻게 하면 좋겠는지 말해 보세요.

6. (교육학) 북유럽 교육의 장점을 우리 현실에 맞게 접목한 교육을 펼치고 싶다고 했는데, 북유럽 교육의 장점을 우리 초등학교 현장에서 어떻게 접목할 수 있는지 말해 보세요.

7. 영어1 시간에 '창의성과 다중 지능의 관계와 교육적 접근'이라는 주제로 발표했는데, 그 결과에 대해 말해 보세요.

8. 기술 · 가정 시간에 아동기의 발달 특징에 관해 조사를 했는데, 아동기 발달에 따른 교사의 역할은 무엇인지 말해 보세요.

9. 교육학 시간에 현대 사회에 필요한 교육적 인간상으로 인성을 겸비한 창의적이고 융합적인 인간이라고 제시했는데, 수업을 통해 구현할 수 있는 방법은 무엇이 있는지 말해 보세요.

10. 2-2학기 성적이 다른 학기에 비해 상대적으로 낮은 것으로 보이는데, 특별한 이유가 있는지 말해 보세요.

11. 세계 지리 시간에 인구 성장 및 인구 구조의 차이와 이로 인한 문제점과 해결 방안을 사례를 통해 탐구하고, 초등 교육의 내실화가 저출산 문제를 해결할 수 있는 대안이 될 수 있음을 제시했는데, 구체적으로 말해 보세요.

12. 윤리 시사 논술 활동에서 '아동 학대를 마주한 교사의 대처'에 관한 윤리적 딜레마와 그 쟁점에 대해 칸트와 공리주의 윤리의 입장에서 타당한 근거를 들어 논증했는데, 본인이 교사가 된다면 어떻게 대처할 것인지 말해 보세요.

13. (정치와 법) '일본 후쿠시마 원전 오염수 방류 결정에 대한 각국의 의견, 우리 정부의 대응 방안'에 대해 윤리적, 경제적 등 통합적 관점으로 분석했는데, 어떻게 결과를 도출했고 어떤 결과를 얻었는지 말해 보세요.

14. 영어2 시간에 'Can artificial intelligence replace teachers?'를 주제로 선택하여 '인공 지능은 정서적 교류를 할 수 없으므로 보조 도구로 써야 하며…'라는 영어 보고서를 썼다고 했는데, 논리의 근거들은 무엇이었나요? 정서적 교류가 가능한 AI는 나오지 않을 것이라고 생각하나요? 만약에 정서적 교류가 가능한 AI가 나온다고 했을 때 학교에서의 AI와 교사의 역할은 각각 무엇이 될지 말해 보세요.

15. (지구 과학) '위험한 행성 지구'에서 제시하는 아홉 가지 자연 재해의 원인과 이것을 역사와 관련지어 자연과 친화적인 삶을 모색해야 한다고 했는데, 예를 들어 설명해 보세요.

16. 수학과 영어 성적을 비교하면 수학이 상대적으로 우수한 성적을 보이고 영어는 등급이 상대적으로 낮은 경향이 있는데, 두 과목의 특징과 본인의 학습 스타일과 관련해서 원인을 설명해 보세요.

17. 심화 수학Ⅱ 시간에 통계적 추정에 따른 인구 추계와 교사의 전망을 탐구해 보았는데, 느낀 점과 향후 전망은 어떻게 될지 말해 보세요.

18. 한국사 시간에 일제의 사립 교육 통제에 맞서 민족 운동가들이 강습소나 개량 서당 등을 세워 민족 교육을 전개해 민족의식과 사회의식을 고취하게 되었다는 점을 정리하고, 중립적인 교육을 하는 교육자가 되고 싶다고 했는데, 이것이 어떤 의미이며, 자신의 교육관은 무엇인지 말해 보세요.

19. 초등학생들에게 인문학적 소양을 길러주는 데 있어서 가장 효과적인 방법은 무엇이라고 생각하는지 말해 보세요.

20. 초등 교사에게 가장 중요한 자질은 무엇이라고 생각하며, 초등 교사로서 자신의 강점은 무엇이라고 생각하는지 말해 보세요.

21. 3학년 진로 활동에서 '지혜로운 교사는 어떻게 말하는가', '에밀'을 선택하여 활동을 했는데, 그로부터 자신에게 변화된 점은 무엇인지 말해 보세요.

22. 교권 보호 교육을 통해 교권 침해가 선생님들의 의욕을 저하시켜 교육의 질이 떨어질 것이 우려된다고 했는데, 이를 위해 어떤 제도나 방법이 있으면 좋겠는지 말해 보세요.

23. 다문화 사회의 의미와 긍정적인 측면을 조사했는데, 이로 인해 나타날 수 있는 갈등과 해결 방안을 말해 보세요.

24. 2학년 때 미인정 결과가 있는데, 그 이유가 무엇이었을지 말해 보세요.

25. 공감 토론 대회에서 최우수상을 받았는데, 대회의 내용과 대회를 통해 느낀 점은 무엇인지 말해 보세요.

26. 학교 체육에서 남학생과 여학생이 함께 체육 수업을 진행하는 것과 구분하여 체육 수업을 진행하는 것에 대해 지원자의 의견은 어떠한지 말해 보세요.

27. '존경하는 교육 사상가 발표하기'에서 '알렉산더 닐'을 소개했는데, 그 이유는 무엇이고, 지원자의 교육에 대한 포부는 무엇인지 말해 보세요.

28. 코로나19 시기임에도 2학년 때 봉사 활동을 많이 한 것으로 보이는데, 주로 학습 지도를 한 것 같습니다. 어떤 봉사였는지 구체적 활동과 느낀 점은 무엇인지 말해 보세요.

29. 수학 관련 수상도 많고 자율, 동아리 활동에서 수학 관련 활동을 많이 한 것 같은데, 초등 교사로서 어떤 점에서 도움이 될 수 있을지 말해 보세요.

30. 3년 동안 학급의 임원(실장, 부실장)을 했던 경험이 나중에 초등 교사가 되었을 때 어떤 도움이 될지 말해 보세요.

31. 고등학교 1학년 시절 영어 교과 시간에 『죽은 시인의 사회』를 읽고 어떠한 점이 감동적이었으며, 어떤 교사가 되어야겠다고 다짐했는지 말해 보세요.

32. 초등 교사가 되어서 온라인 수업을 해야 하는 상황이라면 어떻게 효과적으로 지도를 할 수 있을지 말해 보세요.

33. 의료 분야를 진로로 생각하고 있었던 것 같은데, 중간에 바뀐 계기가 있는지 말해 보세요.

34. 사형 제도 토론에서 폐지를 주장했는데, 그 이유에 대해 설명해 보세요.

35. 봉사 활동 시간이 다른 학생에 비해 많지 않은 편인데, 그 이유는 무엇인지 설명해 보세요.

36. 통합 교육에 관심이 많다고 하는데, 우리나라의 통합 교육이 어떤 문제점이 있고 그것을 해결하기 위해 어떤 변화가 필요한지 말해 보세요.

37. 다양한 경험이나 활동 중 교사라는 꿈에 대한 호감을 넘어서 자신의 꿈을 더욱 확고하게 다지게 했던 활동은 무엇이고, 그 이유는 무엇인지 구체적으로 설명해 보세요.

38. 임용 시험에 합격하여 대학 졸업 후 섬 지역이나 소규모 학교에 근무하게 된다면 어떻게 할 것인지 말해 보세요.

학교 측 해설 ✏️

광주교대는 서류에 따른 개인별 문항 예시에 대한 학교 측 해설이 없기에 생략한다.

선배들의 TIP 및 예시 답안 🖊

　학생마다 질문이 다르므로 예시 답안은 생략한다. 다만, 본인의 생기부를 미리 출력하여 꼼꼼히 검토하고, 특정 활동과 연계하여 예상 문제를 만들어 본다. 그리고 각 문제에 대한 답변을 작성하여 대략적인 흐름을 암기한다. 대략적인 흐름을 암기하는 이유는 면접관의 추가 질문이나 예상하지 못한 상황에 대해 융통성 있게 대처하기 위함이다. 예상 문제와 상황별 답변 전략을 구상했다면, 실제로 말로 표현하는 연습을 진행해야 한다. 글로 작성한 것을 입 밖으로 말하는 것은 매우 다르기 때문에 충분한 연습이 필요하다. 자신의 목소리, 표정, 눈빛, 시선, 불필요한 손동작, 다리 떨기에 유의해야 하며, 특히 "어… 음… 그 뭐냐." 등과 같은 습관성 말투를 없애도록 노력해야 한다.

3 ▶ 대구교대

[수시]

1. 심층 면접(예시)

제출 서류	질문 예시
학교생활기록부	– 2학년 1학기 수학 성적이 향상된 이유는 무엇인가? 어떤 방법으로 공부했는가? – A 독서 활동을 통해 교사로서 어떤 자질이 필요하다고 생각했는가? – B 동아리 활동 중 갈등 관리의 경험이 교직에서 어떻게 활용될 수 있다고 생각하는가?
기타 질문	– 본인은 어떤 강점을 가진 교사가 될 수 있다고 생각하는가? – 자신의 공부법 중 초등학생에게 도움이 될 수 있다고 생각하는 방법과 그 이유는 무엇인가?

학교 측 해설 🖊

교과 지식과 무관한 지원자의 학교생활 내의 경험을 통해 유추할 수 있는 지원자의 교사로서의 자질을 평가했다.

선배들의 TIP 및 예시 답안 🖊

생기부 기반 면접이므로 예시 답안은 생략한다.

[정시]

1. 집단 면접

※ 아래 글을 읽고 왜 장래 희망이 없다고 대답하는 학생 비율이 높아지는지 유추하여 설명하고, 만약 여러분이 학생 A의 담임 선생님이라면 1년간 학생 A를 어떻게 지도할 것인지 여러분의 직·간접 경험을 토대로 이야기해 보세요.

　　2022년 말 교육부에서는 진로 교육과 관련하여 초등학교 6학년 학생들에게 장래 희망에 대한 설문 조사를 실시했습니다. 그 결과 1순위는 운동선수, 2순위는 교사, 3순위는 유튜버 등 크리에이터로 나타났습니다. 그러나 장래 희망이 있는지 묻는 말에 '없다'고 답한 학생 비율은 설문 참여 학생의 약 19%였고, 이 수치는 코로나19 이전인 2019년 조사 결과인 12.8% 보다 훨씬 높은 비율이었습니다. 희망 직업이 없다고 답한 이유에 대해서는 '무엇을 좋아하는지 잘 몰라서(37.8%)' 또는 '잘하는 것과 못하는 것을 몰라서(39.2%)'가 큰 비중을 차지했습니다.

　　우리 반 학생 A 역시 언제나 희망 직업은 무직 혹은 모르겠다고 하는 친구입니다. 농담인 듯했으나, 실제로 「진로 적성 및 흥미 검사」 결과에서도 특별히 높은 흥미나 적성을 보이는 직업군이 없었고, 상담에서도 특별히 관심 있는 직업이나 해 보고 싶은 일은 없다고 하는 학생입니다. 학교 성적도 좋고, 친구들과의 관계도 좋으며, 부모님과의 관계도 좋아 걱정이 없는 학생이라고 생각했지만, 담임 교사로서 진로 검사 및 상담 이후 오히려 고민이 많아졌습니다. 학부모님께서는 학생 A에게서 특별히 하고 싶은 일은 없다는 이야기는 들었지만, 성적만 떨어지지 않는다면 언젠가는 자기가 하고 싶은 일을 할 수 있을 것이라고 생각하시는 것 같습니다.

학교 측 해설 🖊

- 교직 상황을 상정한 대학의 자체 문항을 통해 지원자의 의사소통 능력, 문제 해결 능력, 교직 소양 및 인성을 파악하고자 했다.
- 교과 관련 선행 학습이 아닌 초등~고등학교 교육과정 전반을 통해 통합적으로 학습하는 교직 적성과 교직 인성을 파악함으로써 교사로서의 준비 정도를 파악하고자 했다.
- 초등~고등학교까지의 창의적 체험 활동 등의 통합적인 교육 체험을 통해 습득된 교사로서의 적성과 인성을 파악하고자 했다.

선배들의 TIP 🖊

　　대구교대의 경우 실제 교육 현장의 상황을 상정한 문항을 주로 출제한다. 그러므로 평소 면접을 준비할 때 교육 현장 관련 기사 등을 접하면서 실제로 교사가 된다면 어떻게 대응할 것인지 고민해 보는 연습이 필요하다.

예시 답안 ✏️

　제가 제시문에 나온 담임 선생님이라면 기초 경제 교육을 통해 학생 A에게 직업을 가져야 하는 이유를 먼저 알려줄 것입니다. 얼마 전 우연히 어린이 방송을 보다가 놀란 적이 있습니다. 제빵사 직업을 체험하는 내용이었는데, 제빵사가 실제로 어떤 일을 하며, 어떤 과정을 거쳐야 제빵사가 될 수 있고, 본인의 삶에 어떻게 경제적으로 보탬이 되는지를 중심으로 방송 내용이 구성되어 있었습니다. 빵을 만드는 모습이나 빵의 맛 등만 단편적으로 보여주던 과거와 달리, 하나의 '일'이자 '직업'으로서 제빵사를 분석하는 방송이었습니다. 유치원, 초등학교 학생들을 대상으로 하는 방송이었는데, 그 방송을 통해 단순히 빵을 좋아하기 때문에 제빵사가 되고 싶다고 막연하게 생각하는 것이 아니라, '직업'이자 '생업'으로서 제빵사를 바라볼 수 있을 것 같았습니다.

　장래 희망이 없다고 대답하는 학생의 비율이 높아지는 이유는 진로를 결정하는 목적과 과정이 막연하고 추상적이기 때문이라고 생각합니다. 학생들은 진로 교육에 앞서 앞으로 성인이 된 뒤 본인이 경제 활동을 해야 하고, 원활한 경제 활동을 위해 자신의 적성에 맞는 직업을 선택해야 한다는 점을 배워야 합니다. 제시된 글의 학생 A의 경우에도 재미나 흥미로 진로를 결정하기보다는 기초적인 경제 교육을 우선적으로 진행한 뒤, 앞으로의 생업을 위한 활동으로 진로를 인식한다면 조금 더 열성을 가지고 장래 희망에 대해 생각해 볼 수 있을 것입니다.

[수시]

1. 면접고사 가형(A)

※ 다음 글을 읽고 답하시오.

- 최근 교육부가 발표한 국가 수준의 학업 성취도 평가 실시에 대한 논란이 확대되고 있다. 이러한 평가 실시에 대한 긍정적 · 부정적 측면을 말하고, 자신의 입장을 제시하시오.

학교 측 해설 ✏

【출제 의도】
- 국가 수준 학업 성취도 평가는 학생들이 학교에서 배운 내용을 잘 이해하고 있는지와 교육 목표에 얼마나 도달했는지를 체계적으로 진단하기 위해 국가에서 실시하는 평가이다.
- 학교 현장에 실시되고 있는 국가 수준 학업 성취도 평가의 긍정적인 측면과 부정적인 측면에 대한 지원자의 생각을 통해 교직 인성 및 전문성 개발 역량을 파악하고자 했다.

【문항 해설】
　국가 수준 학업 성취도 평가는 국가에서 정한 교육과정에 근거하여 학생들의 학업 성취도 현황 및 변화 추이를 파악하고 학교 교육의 질을 체계적으로 관리하기 위해 매년 실시된다. 해당 평가는 교사, 학생, 학부모에게 학업 이해 수준 및 교육 목표 도달 정도 등의 교육적 정보를 제공한다는 점과 학업 성취 수준을 파악 및 분석한 내용을 교육 정책 수립의 기초 자료를 제공한다는 점에서 긍정이라 할 수 있으나, 학교 간 경쟁을 심화하여 집단을 상대적으로 서열화하거나 균형적인 학습 내용이 아닌 일부 학습 영역에서 제한적인 평가 결과를 제공하여 정보를 왜곡할 수 있다는 점에서 부정적인 측면을 가지고 있기도 하다. 이와 관련하여 지원자가 국가 수준의 학업 성취도에 관한 상황을 인식하고 이 문제를 해결하는 과정에서 할 수 있는 역할과 노력 그리고 교육적 방법에는 어떠한 것들이 있는지 그 제시 내용에 대해 평가한다.

【채점 기준】

하위 문항	채점 기준
의사소통 역량 (수용 능력, 표현 능력, 토론과 조정 능력)	– 국가 수준의 학업 성취도 평가의 취지를 이해하는가? – 긍정적인 측면과 부정적인 측면을 의미 있게 구성하여 표현하는가?
교직 인성 및 전문성 개발 역량 (교직 인성, 교사 전문성 개발 노력)	– 국가 수준의 학업 성취도가 학교 현장에 미치는 효과를 제대로 이해하고 있는가? – 국가 수준의 학업 성취도로 인해 나타날 수 있는 긍정적인 측면과 부정적인 측면에 대한 본 인의 입장을 바람직한 가치관을 바탕으로 명확하게 제시하는가?
창의 융합 역량 (문제 해결 능력, 창의성, 정보 기술 활용 능력)	– 자신의 입장을 제시할 때, 타당한 근거를 제시하는가? – 제시하는 입장이 교육적으로 보편타당한가?

【예시 답안】

교직에 대한 적성과 인성을 갖춘 학생을 선발함을 목적으로 하므로 정답을 요하지 않는다.

선배들의 TIP 🖉

국가 수준 학업 성취도 평가와 같은 제도는 몇몇 부정적 결과를 초래하기도 하지만, 교육 정책적 측면에서 포기할 수 없는 평가 자료이기도 하다. 그렇다면 단점을 보완하고 장점을 최대한으로 취할 수 있는 방향을 생각해 보면 현명한 답안을 도출할 수 있을 것이다. 예를 들어, 국가 수준 학업 성취도 평가 제도 자체는 유지하여 이점을 취하되, 평가 내용을 공개하지 않음을 통해 지나친 경쟁의식을 예방하는 방법이 있을 것이다.

예시 답안 🖉

국가 수준 학업 성취도 평가는 전국의 학생들을 대상으로 기초 학력을 측정해 통계적으로 활용할 수 있다는 장점이 있습니다. 학생들의 학력을 지역·경제·연령별 차이를 바탕으로 분석하여 복지 제도나 교육 제도를 개선하거나 만드는 데 큰 도움이 될 수 있습니다. 또한, 전국적으로 실시되는 평가인 만큼 학생들에게 긴장감을 주어 학력 전반의 수치를 올리는 데 도움이 될 수 있습니다.

하지만 대학 입시를 앞두지 않은 대부분의 학생들은 일괄적으로 실시되는 평가에 부담을 느낄 수 있고, 전국적인 평가인 만큼 학교·지역별 차이를 학력의 기준으로 인식하게 되어서 학교·지역별 경쟁을 부추길 수 있다는 단점도 있습니다.

저는 국가 수준 학업 성취도 평가를 잘 활용한다면 앞서 언급한 부정적인 효과가 큰 문제가 되지 않을 것이라고 생각합니다. 국가 수준 학업 성취도 평가는 기초 학력을 측정하기 위해 만들어진 시험인 만큼 난이도가 높지 않으며, 상대적으로 특정 등급 구간에 들어야 한다는 압박 또한 없습니다. 학생들도 이 부분을 인지하고 있어 성취도 평가에 경쟁적으로 임하지 않는 경향을 보입니다. 다만, 저는 평가 자체보다는 오히려 평가 결과를 공개하는 것에 반대합니다. 국가 수준 학업 성취도 평가를 통해 정부가 전국적으로 학력을 측정하는 것은 앞으로의 제도의 개선과 신설을 위해 필요하지만, 성취도 평가 결과를 대중에게 공개하는 것은 경쟁의식을 부추겨 학교·지역별 차이를 극명하게 드러내고, 부수적인 문제를 일으킬 것이라 생각합니다.

2. 면접고사 가형(B)

※ 다음 글을 읽고 답하시오.

• 통합 학급 상황에서 특수 교육 대상자를 지도하는 초등 교사에게 요구되는 중요한 역량을 말하고, 이를 개발하기 위해 어떤 노력을 기울일지 말해 보시오.

학교 측 해설 ✏️

【출제 의도】
- 통합 학급에 대한 지원자의 종합적인 인식과 교직관에 대해 평가하고자 했다.
- 통합 학급 운영을 위한 지원자의 구체적인 지도 방안이 초등학교 현장에서 적용 가능한지에 대해 평가하고자 했다.
- 통합 학급 운영을 위해 다른 사람의 의견을 경청하고 존중하며, 타인의 말과 글에 나타난 생각과 감정을 올바르게 해석할 수 있는지를 통해 의사소통 역량을 평가하고자 했다.

【문항 해설】
통합 학급의 교사는 학급의 모든 학생들이 가치 있는 구성원으로서의 역할을 다하고 학습 활동에 최대한 참여할 수 있도록 하며, 또래와 긍정적인 사회적 관계를 형성할 수 있는 방안을 모색하여 학급을 운영해 나가야 한다. 또한, 장애 학생을 포함한 학급 구성원 모두가 상호 작용할 수 있도록 기회를 부여하고 협력적인 교실 분위기를 조성하여 교우 관계를 형성 및 발전시킬 수 있도록 하며, 학습이 일어날 잠재적 기회가 최대한 제공될 수 있도록 학급을 구조화할 필요가 있다. 따라서 해당 문제에서는 효과적으로 통합 학급을 운영하기 위한 예비 교사로서의 인식 및 지도 방안을 통해 공감 능력을 평가하도록 했고, 또 나아가 이러한 부분들이 교육의 효과를 극대화할 수 있는지를 평가 요소로 했다.

【채점 기준】

하위 문항	채점 기준
의사소통 역량 (수용 능력, 표현 능력, 토론과 조정 능력)	– 자신의 생각을 의미 있게 구성하여 표현하는가? – 특수 학급 상황에서 특수 교육 대상자를 지도하는 상황을 이해하고 있는가?
교직 인성 및 전문성 개발 역량 (교직 인성, 교사 전문성 개발 노력)	– 문제 상황을 분석하여 교사 전문성 개발의 내용을 제시했는가? – 특수 교육 대상자를 지도하기 위해 필요한 역량을 제시하고 있는가?
창의 융합 역량 (문제 해결 능력, 창의성, 정보 기술 활용 능력)	– 대처 방안을 통해 문제를 효과적으로 해결할 수 있는가? – 문제 상황에 대비하는 방안이 교육적 가치를 가지고 있는가?

【예시 답안】

교직에 대한 적성과 인성을 갖춘 학생을 선발함을 목적으로 하므로 정답을 요하지 않는다.

선배들의 TIP 🖋

통합 교육은 1980년대에 이르러 세계의 특수 교육 흐름과 함께 진지하게 논의되어 오고 있는 중요한 교육 이슈이다. 이는 단순히 장애 학생의 인권과 교육 기회 확충이라는 장점 외에도 비장애 학생에게 미래 사회 인재로서 반드시 추구해야 하는 공존과 다양성이라는 가치를 습득할 수 있는 역할을 하기도 한다. 즉, 통합 교육은 장애 학생과 비장애 학생에게 모두 필요한 과정으로, 교수·학습적 통합을 넘어서 사회적 통합까지 추구하는 것을 목적으로 실천되어야 하는 것이다. 다만, 아직까지는 현실적인 교실 상황에서의 문제나 제도적 차원의 미흡함으로 인해 그 필요성이 학생과 학부모, 교사 개개인에게 완전히 와 닿지 않고 있다. 따라서 관련 교육 기사와 사례들을 다양하게 접하면서 미래의 교사로서 어떠한 가치관을 가지고 어떻게 대처할 수 있을지 깊게 고민해 보아야 한다.

　초등학교 학급 수준에서 통합 학급 운영을 위해 교사에게 요구되는 역량은 학생들로 하여금 함께하는 것을 손해로 여기지 않게 하는 것이라고 생각합니다. 모든 것이 경쟁으로 점철된 현대 사회에서는 선행을 실천하고 남을 위해 희생과 배려를 하는 것을 자신의 몫을 챙기지 못하는 어리석은 일이라고 치부하는 경향이 있는 것 같습니다. 특히, 지필 평가, 시험 등과 같이 점수나 수치로 학업 수준을 평가하고 결과를 줄 세우기하는 대한민국에서는 학교에서도 이러한 삭막한 분위기가 조성될 수 있습니다. 이와 같은 분위기에서는 '잘하지 못하는 사람들'이 개인의 성과에 방해된다는 이유로 부정적 취급을 받게 되고, 배려와 협동의 가치가 평가 절하될 것입니다.

　제가 교사가 된다면 수업 중의 활동을 통해 함께 하는 조원이나 모둠원과의 상호 작용, 배려의 가치를 강조하고 싶습니다. 이를 위해 평가 기준을 활용하여 다른 조원과의 협동 능력을 측정하는 것도 하나의 방법일 것입니다. 물론, 평가 기준이 생기면 억지로 그 기준을 만족시키고자 진정한 '도움'의 의미를 알지 못한 채 돕는 시늉만 할 수도 있습니다. 이러한 경우, 저는 함께 과업을 진행하는 사람이 잘하지 못할 때, 그 사람을 돕는 것이 오히려 개인의 능력을 향상하는 데 도움이 될 수 있음을 강조할 것입니다. 그러한 과정을 통해 학생들은 현대 사회를 살아갈 때 필수적인 가치인 동행과 배려, 협동의 중요성을 깨닫게 될 것입니다.

3. 면접고사 가형(C)

※ 다음 글을 읽고 답하시오.

• 기후 변화와 자연 생태계 훼손으로 생태계 보전에 대한 관심이 증가하고 있다. 초등학생을 대상으로 생태계 보전의 가치와 중요성을 일깨워줄 수 있는 활동 방안을 제시하시오.

학교 측 해설 ✏️

【출제 의도】
– 인간을 포함한 지구상의 모든 생명의 생존과 번영을 책임지는 안전망에 대해 이해하고 있는지와 예비 교사로서 생태계 보전을 위해 어떠한 교육 활동을 전개해 나갈 것인지 그 제시 방안을 통해 창의·융합적 역량을 평가하고자 함

– 물과 공기의 오염 물질을 정화하고 토양과 기후를 유지 및 조절하여 질병을 막을 수 있는 실질적인 해결 방안에 대해 공감하고 소통할 수 있는지에 대해 평가하고자 함

【문항 해설】

생태계란 생물들이 물리적·생물적 환경 속에서 함께 체계를 이루어 살아가는 공간을 말한다. 생태계 안에서는 서로 의존하는 유기체 집단이 체계적인 구조를 이루며 기능을 하는데, 이 구조가 교란되어 제 기능을 다하지 못하는 경우, 생태계는 위기에 있다고 할 수 있다. 생태계를 위기에 빠뜨리는 가장 큰 주요 원인은 기후의 변화이다. 이들은 상호 밀접한 연관 관계에 있다고 할 수 있으며, 기후의 변화로 인해 생태계는 생물 다양성 손실, 식물·계절 이상, 종의 이동 패턴 및 적합한 서식지 분포의 변화 등을 경험하고 있다. 현재 그 속도가 매우 빠르게 진행되고 있기 때문에 얼마 가지 않아 인간의 힘으로는 이전의 상태로 회복하기 힘들지도 모른다. 이렇게 인류가 직면하고 있는 가장 시급한 해결 과제인 생태계 보존을 위해 초등 교육 현장에서도 생태계 보전의 가치와 중요성을 지도하는 교육이 필요하다. 따라서 지원자가 가지고 있는 생태계 보전에 관한 인식과 교육의 효과를 높이기 위한 실질적 방안 제시를 통해 예비 교사로서의 역량을 평가한다.

【채점 기준】

하위 문항	채점 기준
의사소통 역량 (수용 능력, 표현 능력, 토론과 조정 능력)	– 생태계 보전의 필요성에 대해 제대로 이해하고 있는가? – 생태계 보전을 위한 활동 방안을 구체적으로 표현하고 있는가?
교직 인성 및 전문성 개발 역량 (교직 인성, 교사 전문성 개발 노력)	– 제시하는 교육적 가치가 보편타당한가? – 교사의 입장에서 제시하는 활동 방안이 전문성을 내포하고 있는가?
창의 융합 역량 (문제 해결 능력, 창의성, 정보 기술 활용 능력)	– 제시하는 활동 방안이 교육적 가치를 가지고 있는가? – 제시하는 활동 방안이 타당하고 활용 가능성이 높은가?

【예시 답안】

교직에 대한 적성과 인성을 갖춘 학생을 선발함을 목적으로 하므로 정답을 요하지 않는다.

기후 위기 대응을 위한 환경 교육은 학생들이 환경의 중요성을 알고, 자신이 기후 변화에 직접적으로 영향을 주는 주체임을 인식하도록 하는 것을 목표로 한다. 환경 교육은 지속 가능한 미래 사회를 위해 학생들이 환경 보전과 개선에 참여할 수 있도록 의식을 고취하여 지식, 태도, 가치관 등을 형성할 수 있도록 하기 때문에 필요하다. 그러나 아직까지는 기후 변화에 대해 많은 사람들이 그 심각성을 제대로 인식하지 못하고 있다. 이러한 문제를 해결하기 위해 학교에서의 환경 교육의 역할이 크게 작용하고 있다. 이는 현재 전국적으로 교육 현장에서 그 중요성이 대두되고 있으며, 교사로서 구체적인 교육 방안을 모색해 보아야 할 것이다.

예시 답안 ✏️

기후 변화는 생태계에 직접적으로 영향을 주기 때문에 생태계 보전을 위해서는 무엇보다 기후 위기에 대한 문제의식을 가져야 합니다. 저는 학생들이 기후 위기에 대한 경각심을 갖게 하기 위해 시장 놀이를 해 보고 싶습니다. 학생들에게 농부, 방앗간, 제빵사 등 식량을 생산하고 가공하는 역할을 각각 배분하고, 모든 참여자는 역할에 관계없이 일정 시간마다 빵을 먹어야 한다는 가정을 합니다. 이때, 선생님인 저는 '날씨'를 맡아 농부 역할을 하는 학생에게 곡식을 제공할 것입니다. 그리고 시간이 흐르면서 기후 변화로 인해 농부 역할을 하는 학생에게 제공되는 곡식이 줄어드는 상황을 제시할 것입니다. 기후 변화의 영향을 받아 농부 역할을 하는 학생은 방앗간에 곡식을 적게 팔게 되고, 방앗간 역할을 하는 학생은 빵을 만들 곡식 가루가 줄어들게 됩니다. 이러한 연쇄적인 사건들로 인해 결국 모든 학생이 빵을 먹을 때마다 빵이 줄어드는 현상을 경험하고, 종국에는 아무도 빵을 구하지 못하면서 놀이가 끝나게 될 것입니다.

지금 면접장에서 고안한 것이기 때문에 손보아야 하는 부분이 많지만, 이와 같은 구성으로 놀이를 계획하여 기후 변화가 단순히 날씨가 평소보다 덥거나 추워지는 것으로 끝나는 것이 아니라, 실제로 우리가 먹고 살아가는 문제와 깊은 관련이 있다는 사실을 알게 하고 싶습니다. 더 나아가, 놀이를 하는 동안에는 학생들이 날씨를 위해 아무것도 하지 못했지만, 놀이가 끝난 실제 세상에서는 날씨 변화와 기후 위기를 위해 노력할 수 있는 방법이 여러 가지 있음을 보여준다면 기후 위기를 극복하고자 하는 실천 의욕을 고취시킬 수 있다고 생각합니다.

4. 면접고사 나형(A)

※ 다음 글을 읽고 답하시오.

- 코로나19 시기를 지나며 학교 현장에도 이전에 경험하지 못했던 다양한 문제점이 대두되고 있다. 자신이 생각하는 대표적인 문제점을 말하고, 이를 해결하기 위한 방안을 제시하시오.

학교 측 해설 🖊

【출제 의도】

2022년 4월 정부가 발표한 사회적 거리두기 해제는 새로운 일상 회복을 알리는 신호탄이 되었다. 그러나 지금은 코로나19 이전의 일상으로의 긴급 회복보다는 아동 청소년의 기초 학력 보장, 학교 일상 회복, 돌봄 공백에 대한 논의가 필요한 시기라 할 수 있으므로 이러한 문제를 해결하기 위해 예비 초등 교사가 갖추어야 할 교직 인성 및 전문성 개발 역량에 대해 평가하고자 했다.

【문항 해설】

코로나19로 인한 사회적 거리두기와 등교 수업 중단은 학생들의 심리에 적잖은 영향을 미쳤다. 학교 안에서 친구 관계를 통해 자아를 형성하는 학생들에게 찾아온 급격한 환경 변화는 심리적·정서적 우울감과 불안감을 증폭시키는 요인으로 작용했다. 뿐만 아니라 집에 머무는 시간이 늘어남에 따라 디지털 기기를 과다하게 사용하게 되어 인터넷·스마트폰 과의존 위험군 비율이 이전에 비해 크게 늘었으며, 비대면 수업으로 인한 학습 격차 발생 등 다양한 문제들이 나타나고 있다. 이처럼 코로나19로 인해 발생한 학교 현장의 변화와 그 변화에 대처할 방안 제시를 통해 지원자가 가지고 있는 예비 교사로서의 역량을 평가한다.

【채점 기준】

하위 문항	채점 기준
의사소통 역량 (수용 능력, 표현 능력, 토론과 조정 능력)	– 자신의 생각을 의미 있게 구성하여 표현하는가? – 코로나19로 인한 학교 현장의 변화에 대한 의미를 이해하는가?
교직 인성 및 **전문성 개발 역량** (교직 인성, 교사 전문성 개발 노력)	– 코로나19로 인한 교육 현장의 변화에 대처할 교사의 역량을 구체적으로 제시하는가? – 교육과 학생에 대한 바람직한 가치관을 바탕으로 교육 현장에서 실천 가능한 방안을 책임감 있게 제시하는가?
창의 융합 역량 (문제 해결 능력, 창의성, 정보 기술 활용 능력)	– 학교 현장의 변화에 대응할 수 있는 방안을 효과적으로 제시하는가? – 새롭고 독창적인 역할 수행과 노력을 제시하는가?

【예시 답안】

교직에 대한 적성과 인성을 갖춘 학생을 선발함을 목적으로 하므로 정답을 요하지 않는다.

선배들의 TIP ✐

최근 코로나19로 인한 학생 간 교육 격차가 심각한 문제로 대두되고 있다. 현재 등교가 정상화되기는 했지만, 당시 등교일 수가 적어짐과 동시에 특히 초등학생들에게 학습 결손과 같은 학업적 구멍이 생기면서 벌어져버린 격차를 메울 수 있는 방안과 돌파구를 찾을 필요성이 생겼다. 또한, 코로나19와 같은 전국적 팬데믹 상황은 언제든지 다시 발생할 수 있으므로 이러한 상황에 대비하여 교육의 질을 높이고 교육 공백을 메울 수 있는 학교 및 교사 측면의 대응 방안을 모색해야 할 것이다.

예시 답안 ✐

코로나19 시기에 학교 현장에서 나타나는 현상 중 제가 생각하는 가장 큰 문제는 기초 학력의 격차입니다. 코로나19 첫 해에 학교에서 수업이 진행될 수 없는 상황으로 인해 원격 수업이 도입되었고, 이로 인해 집 안에서 모든 수업이 진행되었습니다. 가정마다 디지털 기기가 충분히 보급되어 있다고는 하지만, 노트북이나 컴퓨터가 두~세 대씩 구비되어 기존의 학교처럼 두 명 이상의 학생이 동시에 원활하게 수업을 들을 수 있는 환경은 아니었으며, 원격 수업 프로그램이 제대로 설치되도록 안내해 줄 만큼 원격 수업에 대한 이해도가 높고 시간적 여유가 있는 학부모 또한 없었습니다. 그렇기 때문에 원격 수업이 자리 잡을 때까지 시간이 꽤 오래 걸렸는데, 학부모가 자녀 교육에 신경 쓸 여력이나 관심이 적어 비협조적인 경우에는 수업을 듣고 싶더라도 등교가 정상화될 때까지 방임되는 학생도 많았습니다. 실제로 얼마 전에 본 기사에서는 코로나19 사태로 인해 학생들의 기초 학력 격차가 심각하게 커졌으며, 특히 사회적 소통과 밀접한 관련이 있는 국어에서 가장 격차가 크게 벌어졌다고 합니다.

코로나19로부터 비교적 자유로워진 지금, 이러한 문제를 해결하기 위해서는 기초 학력에 문제가 생긴 세대를 중심으로 학력 보완책을 시행해야 할 것입니다. 일차적으로는 해당 세대를 위한 특별한 교육과정을 적용하여 조금 더 수업에 몰입할 수 있는 환경을 제공하고, 교사는 코로나19로 타격을 입은 세대가 있다는 것을 주지하여 그 세대에 적합한 맞춤 수업과 지도 방안을 고안해야 할 것입니다. 이를 위해 교사 연수 프로그램을 짜고, 수강하게끔 하는 것처럼 학교, 정부 등 여러 영역에서의 노력이 필요합니다.

5. 면접고사 나형(B)

※ 다음 글을 읽고 답하시오.

• 초등학생의 스마트폰 사용 시간이 늘어나고 있다. 스마트폰 사용의 긍정적 측면과 부정적인 측면을 말하고, 초등 교사로서 스마트폰을 올바르게 활용할 수 있도록 지도하는 방안을 제시하시오.

학교 측 해설 ✎

【출제 의도】

- 초등학생들에게 스마트폰은 이제 단순한 전화기나 게임기로서의 역할만이 아닌 또래들과 세계 속에서 소통하는 매개체 그 이상의 역할을 한다. 이러한 스마트폰의 역할에 대한 본인의 생각과 느낌, 경험들의 표현을 통해 스마트폰의 가치를 제대로 이해하고 있는지 평가하고자 했다.
- 교사가 스마트폰을 게임이나 놀이의 도구로만 생각하여 엄격하게 통제하려고만 한다면 학생의 스마트폰 사용을 억제할 수는 있겠지만, 나아가 학생과의 관계를 악화시킬 수도 있다. 그러므로 교사는 학생이 스마트폰을 올바르게 절제하며 사용할 수 있도록 교육하는 등 스마트폰 사용에 대한 인식을 바꿀 수 있는 현명한 대처를 할 필요가 있다. 따라서 해당 문제를 통해 스마트폰 사용 과정에서 발생하는 긍정적인 측면과 부정적인 측면을 정확하게 이해하고 갈등 상황에서 가장 적절한 문제 해결 방법을 제시할 수 있는지를 확인하는 인지적 역량을 평가하고자 했다.

【문항 해설】

2년 넘게 장기화되고 있는 코로나19 상황은 사람들의 삶 속 많은 부분을 변화시켰다. 코로나 팬데믹 상황으로 인해 학생들이 가정에 있는 시간이 증가하다 보니 스마트폰 사용 시간이 과거에 비해 크게 증가했는데, 단순히 사진을 찍고 게임을 하는 기능 이외에도 SNS로 친구들과 소통하거나 학교 수업을 듣는 등 다양한 기능을 스마트폰을 통해 사용하고 있다. 스마트폰은 이러한 다양한 편의를 제공하고는 있지만, 과도하게 사용한다면 스마트폰 의존도가 높아져 중독에 빠지게 하는 등의 문제점을 발생시키기도 한다. 따라서 스마트폰 사용으로 인한 긍정적·부정적 측면을 종합적으로 인식 및 분석하고 아직 절제력이 부족한 초등학생들을 지도하기 위해 효과적으로 활용할 수 있는 지도 방안에는 무엇이 있는지 그 제시하는 내용에 대해 평가한다.

【채점 기준】

하위 문항	채점 기준
의사소통 역량 (수용 능력, 표현 능력, 토론과 조정 능력)	– 자신의 생각을 의미 있게 구성하여 표현하는가? – 스마트폰 사용과 관련된 문제 상황을 이해하고 있는가?
교직 인성 및 전문성 개발 역량 (교직 인성, 교사 전문성 개발 노력)	– 교육 현장에서 실천 가능한 방안을 책임감 있게 제시하는가? – 스마트폰 활용과 관련하여 구체적인 지도 방안을 제시하고 있는가?
창의 융합 역량 (문제 해결 능력, 창의성, 정보 기술 활용 능력)	– 새롭고 독창적인 역할 수행과 노력을 제시하는가? – 학교 현장의 변화에 대응할 수 있는 방안을 효과적으로 제시하는가?

【예시 답안】

교직에 대한 적성과 인성을 갖춘 학생을 선발함을 목적으로 하므로 정답을 요하지 않는다.

선배들의 TIP ✏

초등학생 스마트폰 사용 및 과의존 현상 등의 시의성이 높은 주제를 바탕으로 출제된 문제이다. 스마트폰은 그 자체로 유용한 면이 있지만, 성장하는 학생의 입장에서 과도하게 사용할 경우, 풍부한 직간접적 경험이나 사고력 확장, 대인 관계 형성 등에 어려움을 겪는 문제가 발생할 수 있다. 이로 인해 각 가정과 교실 환경에서 적절한 스마트폰 사용 규칙 수립 및 적용이 필요하다. 스마트폰 과의존을 예방하고, 스마트 기기를 정말로 '스마트'하게 활용할 수 있도록 하기 위해 교사로서 어떠한 지도를 할 수 있는지 고려해 보아야 할 것이다.

예시 답안 ✏

저 또한 초등학생 때부터 스마트폰을 사용한 경험이 있기 때문에 그것의 장점과 단점을 몸소 체험했습니다. 먼저, 장점으로는 모든 문제를 즉각적으로 해결할 수 있다는 점이 있습니다. 궁금한 것이 있으면 바로 검색하여 원하는 정보와 지식을 얻을 수 있고, 그 덕분에 학교 수업에서 모르는 것이 있어도 답답함을 오래 느낄 필요 없이 해결하며 공부할 수 있습니다.

하지만 이러한 장점이 단점이 되기도 합니다. 저도 스마트폰의 편리함에 익숙해져 과거보다 훨씬 더 효율적으로 공부하고 있다고 착각한 적이 있습니다. 그런데 영어 문제를 풀 때 모르는 단어를 바로 찾아보고 문제를 푸는 제 모습을 보다가 아차 했습니다. 즉각적으로 모르는 것을 해결할 수 있기 때문에 모르는 것에 대한 두려움이 없어진다는 장점은 동시에 모르는 것을 중요하지 않게 여기게 만든다는 단점이 되었습니다. 실제로 영어 단어를 찾아보기만 하고 그것을 기억해야 한다는 인식이 없어서 이전에 찾아본 단어를 다시 찾아보는 일이 잦아졌습니다. 효율적으로 학습을 하기 위해 스마트폰을 활용했으나, 오히려 동일한 내용을 반복적으로 검색하게 되어 결과적으로 비효율적 학습이 이루어진 것입니다. 이후 저는 스마트폰을 충분히 활용하되, 찾아본 것의 중요성을 인지하고 다시 복습할지 말지를 정하여 단어장에 정리해 두는 습관을 가지게 되었습니다.

제가 교사가 된다면 기본적으로 학교에서는 스마트폰을 활용하지 못하게 하는 경우가 많으므로 교칙에 따라 교실에서는 스마트폰을 사용하지 않도록 할 것 같습니다. 하지만 학교 밖에서 스마트폰을 활용할 때 그 편리함에 기대 자기 주도적 학습 태도를 잊지 않게끔 스마트폰을 활용한 공부 방법을 알려주고, 습관을 들일 수 있게 하고 싶습니다. 모르는 단어나 개념을 찾아보더라도 나중에 기억을 잘하기 위해 기억 노트나 메모장을 활용하는 공부법을 안내하여 학습의 효율을 높이는 도구로서 스마트폰을 인식할 수 있게 할 것입니다.

6. 면접고사 나형(C)

※ 다음 글을 읽고 답하시오.

- 최근 비대면 소비 확산으로 일회용품 사용이 증가하고 폐기물 처리나 자원 순환에 대한 관심이 증가하고 있다. 초등학생을 대상으로 에너지나 자원 순환의 중요성을 일깨워 줄 수 있는 활동 방안을 제시하시오.

학교 측 해설 ✏️

【출제 의도】
- 환경 교육은 환경 보전을 위해 필요한 지식과 태도 등을 갖추게 하고 환경 문제를 해결할 수 있도록 도움을 주는데, 특히 초등학생은 미래를 살아가는 사람이라는 점에서 환경 교육의 중요성을 강조할 필요가 있다.
- 자원 순환에 관해 문제점을 발견하고 이를 해결하기 위해 스스로 환경의 질을 관리할 수 있는 활동 방안을 제시할 수 있는지를 통해 창의·융합적 역량을 평가하고자 했다.

‘대량 생산–대량 소비–대량 폐기’가 주류를 이루는 현재의 사회 경제 시스템으로는 당면한 환경·자원·에너지 위기를 극복하기에 한계가 있다. 이에 생산, 유통, 소비, 폐기 등 전 과정에서의 폐기물 발생을 억제하고 발생된 폐기물과 순환이 가능한 자원을 경제 활동의 순환계로 되돌려 천연 자원과 에너지의 사용을 최소화하는 ‘자원 순환 사회’로의 전환이 시급하다. 만약 자원 순환 사회로의 전환이 이루어지면 순환 자원의 사용이 확대되어 천연 자원을 대체 사용하게 됨으로써 자원의 해외 의존도가 낮아질 것으로 기대된다. 또한, 재활용 자원이 연간 약 1천만 톤 증가하여 1.7조 원의 재활용 시장이 창출되고, 약 11,000여 개의 일자리 또한 창출되는 경제적 효과도 예상된다. 그 외에도 환경적으로 재활용 가능 자원의 직매립 제로화를 통해 매립지 수명이 20년 이상 연장되고, 매립·소각 물질이 최소화됨에 따라 환경 오염을 예방 할 수 있을 것으로 기대된다.

【채점 기준】

하위 문항	채점 기준
의사소통 역량 (수용 능력, 표현 능력, 토론과 조정 능력)	– 에너지, 자원 순환의 의미를 제대로 이해하고 있는가? – 에너지, 자원 순환을 위한 방안을 구체적으로 제시하고 있는가?
교직 인성 및 전문성 개발 역량 (교직 인성, 교사 전문성 개발 노력)	– 제시하는 교육적 가치가 보편타당한가? – 교사의 입장에서 제시하는 활동 방안이 전문성을 내포하고 있는가?
창의 융합 역량 (문제 해결 능력, 창의성, 정보 기술 활용 능력)	– 제시하는 활동 방안이 교육적 가치를 가지고 있는가? – 제시하는 활동 방안이 타당하고 활용 가능성이 높은가?

【예시 답안】

교직에 대한 적성과 인성을 갖춘 학생을 선발함을 목적으로 하므로 정답을 요하지 않는다.

선배들의 TIP 🖊

우리나라는 2050 탄소 중립을 목표로 여러 가지 환경 정책들을 시행하고 있다. 그중 탄소 중립 목표를 이루기 위해 해결해야 할 사안으로 ‘자원 순환 사회로의 전환’이 문제로 제시되었다. 지속 가능한 미래 사회와 환경을 만들기 위해서는 초등학생 시절부터 환경 관련 교육이 이루어져야 하므로 교사가 된다면 학생들에게 이러한 환경 문제를 효과적으로 교육할 수 있는 방법들에 무엇이 있을지 생각해 보아야 할 것이다. 2023학년도 부산교대는 시의성이 높은 주제와 학생이 교사가 된다면 실제 수업에 어떠한 활동들을 진행할 것인지를 결합하여 구체적 답변을 요구하는 문제를 출제했다. 이러한 경향에 유의하여 면접을 준비할 때 교육 이슈 해결을 위해 실제 현장에 적용할 수 있는 다양한 수업 활동을 고안해·보는 연습이 필요하다.

예시 답안 ✏️

　저는 '자원 순환 게임'을 만들어 학생들이 에너지와 자원이 순환하는 과정을 볼 수 있는 활동을 진행하겠습니다. 에너지 자원을 채굴하는 팀, 에너지를 만드는 팀을 나누어 서로 누가 더 많은 점수를 얻는지 경쟁하는 원리를 바탕으로, 채굴하는 팀은 자원을 많이 채굴할수록, 만드는 팀은 에너지를 많이 만들수록 점수를 얻는 설정입니다. 자원을 채굴할 때는 에너지가, 에너지를 만들 때는 자원이 들어서 에너지와 자원을 쓸 때마다 폐기물이 쌓이고 공간이 좁아지게 됩니다. 두 팀은 점수에 따라 폐기물을 정화하거나 재활용하는 티켓을 얻게 되며, 티켓을 활용해야 오래 살아남을 수 있습니다. 간단한 구조이지만 이렇게 수업을 진행하면 학생들은 자원을 채굴하거나 에너지를 만들면 폐기물이 나오게 된다는 사실을 알게 되고, 이러한 폐기물을 제대로 관리하거나 재활용하지 않으면 공간이 좁아져 활동이 제한되어 점수를 얻지 못하게 된다는 것을 몸소 체험하게 됩니다. 그리고 이것을 실생활에 적용하여 에너지 자원 절약과 순환, 재활용 등이 환경 문제와 우리 삶에 얼마나 중요한지 가르쳐 줄 것입니다.

[정시]

1. 면접 고사(A)

※ 다음 글을 읽고 답하시오.

• 자신이 초등 교사가 되어 10년 후 제자로부터 감사 편지를 받았다고 가정하고, 자신이 꿈꾸는 교사상을 바탕으로 그 편지에 들어가 있을 내용을 상상하여 말해 보시오.

학교 측 해설 ✏️

【출제 의도】

– A형 문제를 출제한 의도는 바람직한 초등 교사상에 대한 지원자의 생각을 알아보고자 함이다.

– 미래에 제자로부터 받을 감사 편지의 내용을 상상하여 말하는 과정에서 나타나는 의사소통 역량, 교직 인성 및 전문성 개발 역량, 창의 융합 역량을 종합적으로 평가하고자 했다.

【문항 해설】

‒ 자신이 꿈꾸는 교사상을 명확히 드러내고 이를 감사 편지의 내용과 긴밀하게 연결하여 말하는
지 살펴봄으로써 의사소통 역량을 평가할 수 있다.

‒ 지원자의 교사상이 감사 편지의 내용에서 교사의 교육적 행위를 통해 드러나게 되는데, 이러한
교육적 행위가 교육적으로 바람직하면서도 교육 현장에서 실현 가능한 것인지 살펴봄으로써 교
직 인성 및 전문성 개발 역량을 평가할 수 있다.

‒ 지원자는 자신이 꿈꾸는 교사상을 바탕으로 미래의 제자가 감사하게 생각할 만한 사건을 창의
적으로 생각해 내야 하므로 이를 통해 창의 융합 역량을 평가할 수 있다.

【채점 기준】

하위 문항	채점 기준
의사소통 역량 (수용 능력, 표현 능력, 토론과 조정 능력)	‒ 자신이 꿈꾸는 교사상을 명확하게 제시하는가? ‒ 감사 편지의 내용을 자신의 교사상과 적절하게 결부시키는가?
교직 인성 및 전문성 개발 역량 (교직 인성, 교사 전문성 개발 노력)	‒ 편지에 나타나는 교사상이 교육적으로 바람직한가? ‒ 편지에 나타나는 교사상이 교육 현장에서 실현 가능한가?
창의 융합 역량 (문제 해결 능력, 창의성, 정보 기술 활용 능력)	‒ 감사 편지의 내용이 창의적인가? ‒ 문제에 접근하는 방식이 새롭고 독창적인가?

【예시 답안】

교직에 대한 적성과 인성을 갖춘 학생을 선발함을 목적으로 하므로 정답을 요하지 않는다.

선배들의 TIP ✏️

지원자의 인성과 교육 철학적 관점을 파악하기 위한 문제로, 이 질문에 답하기 위해서는 평소 어
떠한 교사가 되고 싶은지 깊이 생각해 보는 시간이 필요하다. 교사라는 직업은 바른 인성과 소명
의식, 올곧은 교사상을 갖추어야만 하기 때문에, 항상 왜 교대에 지원하고자 하는지, 왜 초등 교사
가 되고자 하는지 등의 동기를 명확하게 인식하고 있어야 한다.

예시 답안 ✏️

　제가 바라는 감사 편지의 내용은 '저 자신도 발견하지 못했던 특별한 장점을 찾아주셔서 감사합니다.'입니다. 상황을 가정해 보겠습니다. 평소에 학교에 흥미도, 열의도 없이 모든 시간에 심드렁하고 잘 참여하지 않는 학생이 있습니다. 그때, 저는 그 학생을 유심히 관찰하여 그만의 장점을 찾아내고, 학생이 스스로 갖고 있는 잠재적 가능성을 인식할 수 있게 해 줄 것입니다. 그것은 인생에 있어 아주 찰나의 순간일 수 있지만, 그때의 감정을 기억한 그 학생은 자신의 장점을 인식하고 집중하게 되어 무언가에 열정을 쏟고 열심히 하는 기쁨을 깨우치게 될 것입니다. 그리고 훗날 저에게 그 순간을 언급하며 자신이 지금 이 분야를 선택한 데에는 저의 작은 칭찬과 발견이 큰 영향을 주었다고 감사 편지를 전해 준다면 정말 행복할 것 같습니다. 수업을 잘하거나 학생들의 마음을 잘 헤아리는 것은 교사로서 당연하고도 중요한 태도일 것입니다. 그러므로 저는 그 외에 학생이 스스로 발견하지 못했던 각자의 장점이나 특성을 발견할 수 있도록 해 주고 싶습니다. 학업에 있어 줄 세우기를 하고 압박하는 사회에서 공부를 잘하지 못하거나 좋아하지 않는 학생들은 자신의 재능을 알아보지 못하고 스스로를 평균 이하라고 생각하며 평가 절하할 수 있습니다. 저는 모든 학생이 자신의 삶을 살아갈 가치를 깨달을 수 있도록 개개인의 장점을 발견하게 하고 싶습니다.

2. 면접 고사(B)

※ 다음 글을 읽고 답하시오.

- 오늘날 초등학교에서 집단 따돌림이 어떤 특징을 보이고 있는지 말하고, 교사로서 집단 따돌림을 예방하기 위해 학생들을 어떻게 지도할지 말해 보시오.

학교 측 해설 ✏️

【출제 의도】
- B형 문제를 출제한 의도는 최근 초등학교 현장에서 학교 폭력이 심각한 문제로 대두되고 있는 현실을 고려하여, 학교 폭력의 유형 중 하나인 집단 따돌림에 대한 지원자의 생각을 알아보고자 함이다.
- 초등학교에서 일어나는 집단 따돌림의 특징을 설명하고 이와 관련하여 학생 지도 방안을 제시하는 과정에서 나타나는 의사소통 역량, 교직 인성 및 전문성 개발 역량, 창의 융합 역량을 종합적으로 평가하고자 했다.

【문항 해설】

– 집단 따돌림의 특징과 이의 예방을 위한 지도 방안을 논리적이면서도 명료하게 설명하는지를 살펴봄으로써 의사소통 역량을 평가할 수 있다.

– 지원자가 제시한 지도 방안이 집단 따돌림과 관련된 다양한 요인에 대한 종합적 이해를 바탕으로 생성된 독창적 방안인지 살펴봄으로써 창의 융합 역량을 평가할 수 있다.

– 집단 따돌림에 대한 지원자의 관점과 이와 관련하여 지원자가 제시한 지도 방안이 윤리적 측면과 실천 가능성 측면에서 적절한지를 살펴봄으로써 교직 인성 및 전문성 개발 역량을 평가할 수 있다.

【채점 기준】

하위 문항	채점 기준
의사소통 역량 (수용 능력, 표현 능력, 토론과 조정 능력)	– 지도 방안을 논리적으로 설명하는가? – 집단 따돌림의 특징을 명확히 이해하고 제시하는가?
교직 인성 및 전문성 개발 역량 (교직 인성, 교사 전문성 개발 노력)	– 교육 현장에서 실천 가능한 지도 방안을 제시하는가? – 인성 교육에 대한 바람직한 가치관과 윤리 의식을 갖고 있는가?
창의 융합 역량 (문제 해결 능력, 창의성, 정보 기술 활용 능력)	– 새롭고 독창적인 대응 방안을 제시하는가? – 문제 상황을 정확히 이해 · 분석하고 종합하여 최선의 해결책을 제시하는가?

【예시 답안】

교직에 대한 적성과 인성을 갖춘 학생을 선발함을 목적으로 하므로 정답을 요하지 않는다.

선배들의 TIP ✎

일부 대학교에서 입시 전형에 학교 폭력 조치 사항을 평가에 반영하는 방식을 도입하는 등 현재 학교 폭력 근절은 교육계를 넘어 국가적으로 크나큰 이슈이다. 과거와 달리 학교 폭력은 학생들의 스마트폰 사용으로 인해 사이버 공간으로까지 확대되었다. 실제로 눈에 보이지 않는 은밀한 괴롭힘과 폭력은 지역과 학교를 뛰어넘어 발생할 수 있기 때문에 피해자와 피해 규모가 더 늘어날 수 있다. 교육 현장에서는 이러한 학교 폭력, 특히 사이버 폭력도 범죄 행위에 해당함을 알 수 있도록 피해자의 입장에서 인식하고 공감하는 능력을 키워 주어야 한다.

예시 답안 ✏️

　저는 오늘날의 학교 폭력이나 따돌림이 과거와 완전히 다르다고 생각하지는 않지만, 두 가지가 드러나는 양상에 대해 조금 다른 부분이 있다고 생각합니다. 스마트폰이 보급되면서 학생들은 채팅방에서 인간관계를 맺고 강화합니다. 과거에는 교사가 관찰을 통해 친구 관계에 문제가 있는지 눈으로 보고 확인할 수 있었다면, 이제는 눈으로 확인할 수 없는 경우가 더 많습니다. 또한, 현대 사회에서 위와 같은 학교 폭력과 따돌림은 은근하고 은밀한 방식으로 진행됩니다. 단순히 단체 채팅방에 초대되지 않은 것을 문제 삼아 억지로 초대를 강요할 수도 없고, 괴롭히기 위해 만든 것으로 보이는 채팅방을 더 만들지 말라고 한다고 해도 실질적으로 해결되지 않을 것입니다.

　제가 교사라면, 현실에서의 대화나 SNS는 모두 사람을 대하고 소통하는 곳이므로 그 경중을 따질 수 없다는 경각심을 심어줄 것입니다. 국어나 사회 교과 시간에 실질적인 사례를 활용하여 화법이나 SNS 사회 문제 등을 다루어 학생들이 지금 사용하고 있는 애플리케이션도 똑같은 무게와 위험성을 가지고 있다는 것을 인식하도록 할 것이며, 그래서 실제로 말하는 것을 조심하는 만큼 SNS에서도 주의가 필요하다는 사실을 깨달을 수 있도록 지도할 것입니다.

3. 면접 고사(C)

※ 다음 글을 읽고 답하시오.

- 〈보기〉의 빈칸을 채워 비유적 표현을 완성하고, 이를 바탕으로 초등 교육이 지향해야 할 바에 대해 자신의 생각을 말해 보시오.

〈보기〉

아이들은 (　　　　)와/과 같다.

학교 측 해설 ✏️

【출제 의도】

– C형 문제를 출제한 의도는 아동에 대한 지원자의 관점과 초등 교육의 지향에 대한 지원자의 생각을 알아보고자 함이다.

– 아동에 대한 관점을 투영하여 비유적 표현을 완성하고 이를 바탕으로 초등 교육이 지향해야 할 바에 대한 의견을 말하는 과정을 통해 의사소통 역량, 교직 인성 및 전문성 개발 역량, 창의 융합 역량을 종합적으로 평가하고자 했다.

【문항 해설】

– 아동의 특성을 나타내는 비유적 표현을 바탕으로 초등 교육의 지향에 대한 의견을 논리적이면서도 명료하게 제시하는지 살펴봄으로써 의사소통 능력을 평가할 수 있다.
– 아동에 대한 지원자의 관점이 바람직한지를 살펴보고, 초등 교육에 대한 지원자의 신념이 지속적인 탐색 과정을 통해 확고하게 형성된 것인지 판단해 봄으로써 교직 인성 및 전문성 개발 역량을 평가할 수 있다.
– 지원자는 자신이 주목하는 아동의 특성에 어울리는 비유의 대상을 생각해 내고 이를 바탕으로 초등 교육의 지향에 대한 의견을 제시해야 하므로 이를 통해 창의 융합 역량을 평가할 수 있다.

【채점 기준】

하위 문항	채점 기준
의사소통 역량 (수용 능력, 표현 능력, 토론과 조정 능력)	– 자신의 의견을 논리적으로 전달하고 있는가? – 언어적, 비언어적 표현을 잘 사용하고 있는가?
교직 인성 및 전문성 개발 역량 (교직 인성, 교사 전문성 개발 노력)	– 아동에 대한 관점이 교직 인성 측면에서 바람직한가? – 초등 교육에 대한 자신의 신념이 잘 구축되어 있는가?
창의 융합 역량 (문제 해결 능력, 창의성, 정보 기술 활용 능력)	– 창의적인 관점으로 비유적 표현을 제시하는가? – 비유적 표현에 부합하는 교육관을 설명하는가?

【예시 답안】

교직에 대한 적성과 인성을 갖춘 학생을 선발함을 목적으로 하므로 정답을 요하지 않는다.

선배들의 TIP 🖊

초등학교 교사로서 어떠한 교육관을 갖고 있는지 묻는 문제이다. 어느 정도 창의력을 요구하고 있기 때문에 면접 현장에서는 잘 생각이 나지 않을 수 있다. 평소 어떤 선생님이 되고 싶은지 고려해 본 학생에게 유리한 유형이다.

예시 답안 ✏️

　아이들은 '밀가루 반죽'과 같습니다. 밀가루 반죽은 무엇이든 될 수 있습니다. 그대로 뜯어 수제 비로 만들 수도 있고, 밀어서 국수로 만들 수도 있습니다. 반죽을 조금 더 발효시켜 빵이나 과자를 만들 수도 있습니다. 우리는 밀가루 반죽이 어떤 모양이나 상태로 있든 더 낫거나 못하다고 평가 하지 않습니다. 되고자 하는 것이 무엇인지에 따라 발효가 필요할 수도, 아닐 수도 있기 때문에 발 효를 기준으로 평가할 수 없으며, 모양도 납작해지면 다시 뭉쳐 쓰면 되기 때문에 모양을 기준으 로도 평가할 수 없습니다. 이처럼 초등 교육은 아이들마다 고유한 조건을 가지고 있기 때문에 하 나의 기준만으로 판단할 수 없으며, 특정 조건을 갖추고 있지 않다고 더 못한 존재가 되는 것이 아 니라는 인식을 바탕으로 이루어져야 합니다. 아이들의 무한한 가능성을 믿어주고, 우열을 가릴 것 없이 모두 소중한 존재라는 생각을 토대로 방향을 잡아야 합니다.

[수시]

1. 교직 인성(오전)

※ 다음 글을 읽고 답하시오.

> ○○초등학교에서 학급 간 축구 대회가 열릴 예정이다. 이 대회에서 우승하면, 학급의 모든 학생에게 상품이 제공된다. 학생들 사이에 팀 구성 방법을 두고, 두 가지 의견이 팽팽하게 대립하고 있다. 하나는 축구를 잘하는 학생 위주로 팀을 구성하자는 것이고, 다른 하나는 여러 학생이 골고루 참여하게 팀을 구성하자는 것이다. 여러분이 교사라면, 학생들에게 어떤 조언을 할 것인가? 그 이유는 무엇인가?

학교 측 해설 ✎

【출제 의도】
- 지원자의 초·중·고 학창 시절 경험에 기반한 판단을 유도했다.
- 고등학교가 아닌 초등 교사 입장에서 자신의 경험과 인식의 성장을 평가할 수 있는 문항이다.
- 둘 중 하나의 선택이기보다 학급 학생의 상황과 의지, 눈빛을 보고 효율적인 대안과 조율의 과정을 볼 수 있을 듯하다.
- 지식보다는 공동체 합의와 방향을 제시할 수 있는가를 보는 좋은 문항으로 보인다.

【문항 해설】
- 초등학교 현장에서 발생할 수 있는 다양한 갈등 상황에서 갈등의 평화적 해결의 중요성과 갈등 해결을 위한 공감 능력의 필요성 인지 여부를 확인할 수 있다.
- 더불어 사는 공동체 속에서 갈등을 평화적으로 해결하기 위해 경청, 도덕적 대화, 합리적인 대안 제시 등 다양하고 구체적인 방안을 모색하여 제시할 수 있는지를 확인할 수 있는 문항이다.
- 학급 간 축구 대회를 앞둔 상황에서 운동 능력이 뛰어난 학생들을 대표로 선발하여 학급 구성원 모두가 상품을 받을 수 있는 확률을 높이는 팀 구성 의견과 모든 학생에게 축구 대회 참가 기회를 부여하자는 의견이 서로 대립되고 있다. 이 문항은 이와 같은 상황에서 갈등 해결을 위한 조언과 그 이유를 묻고 있다.

【채점 기준】

- 양측의 입장을 고려하여, 구체적이고 설득력 있게 조언한 경우 높은 점수를 부여한다.
- 미참여 학생들에 대한 배려심, 학급 대표로서의 책임감, 공동체 의식, 협동심 등의 포함 여부를 판단하여 평가한다.

【예시 답안】

서울교대는 해당 문항에 대한 예시 답안을 제시하지 않았으므로 생략한다.

선배들의 TIP ✏️

제시된 문제와 같이 선택지가 존재하는 상황형 문제에서는 특정 상황을 선택했다고 가점되거나 감점되지 않는다. 어떤 선택지를 고르든 교육 현장 상황에 맞게 학생들을 설득하고 이끌어 긍정적인 방향으로 갈등을 해소할 수 있게 하는 것이 중요하기 때문에 학생들에게 어떤 말을 어떻게 할 것인지 고려하여 답안을 준비해 보자.

예시 답안 ✏️

제시된 상황에서 가장 먼저 고려해야 하는 것은 학급의 평소 분위기와 학생들의 성향이라고 생각합니다. 학교, 같은 학년이더라도 학급 분위기를 주도하는 학생들이나 시기에 따라 학생들이 원하는 것, 만족도 등이 달라질 것이라고 생각합니다. 학급이 평소 잘하는 학생들이 반을 대표해 대회에 나가 이기는 것을 선호하는 효율 추구적 성향인지, 아니면 모두가 재미있게 행사를 즐기는 것에 만족하는 성향인지에 따라 담임 선생님으로서 제 선택이 달라질 것입니다.

만약 두 입장이 팽팽히 맞선 경우라면, 어느 한 가지 방안을 선택했을 때 기대되는 이익을 중심으로 생각하기보다는 다른 방안의 입장이 좌절하며 얻게 될 아쉬움이나 불만족감을 우선적으로 가늠해야 한다고 생각합니다. 잘하는 학생들이 대표로 나가게 될 경우, 상품을 얻을 가능성이 높아지지만, 참여하지 못하게 된 학생들이 아쉬움을 느낄 수 있고 모두의 행사가 되어야 하는 교내 대회로부터 소외되었다는 생각을 할 수 있습니다. 그로 인해 대표로 출전한 학생들이 우승하지 못해 상품을 얻지 못하면 새로운 갈등이 일어날 수도 있습니다. 반면, 모든 학생들이 골고루 참여했을 경우, 모두가 즐겁게 대회에 임할 수 있지만 당장의 경기 결과가 좋지 못할 가능성이 높아져 그 결과에 실망감을 느낀 학생들은 대회에 대해 좋지 않은 추억을 가지게 될 수 있습니다.

제가 담임 선생님이라면, 잘하는 학생들을 대표로 내보내는 쪽에 힘을 실어줄 것입니다. 학급의 인원수를 현실적으로 고려하면 일반적으로 전 인원이 축구 대회에 참여할 수 없을 것입니다. 또한, 축구 대회에 참여하고 싶지 않은 학생이 분명히 있을 것이며, 그러한 학생을 제외하고 참여를 희망하는 인원을 생각해 보면 '골고루 참여'라는 기준이 무의미해질 수 있다고 생각합니다. 대신, 대표로 뽑히지 못한 학생들의 실망감을 참작하여 교체 선수 제도를 도입하고, 희망하는 학생들이 돌아가며 참여할 수 있도록 해서 경기 효율도 높이고 모두가 참여하고 있다는 느낌도 줄 수 있도록 할 것입니다.

2. 교직 적성(오전)

※ 다음 글을 읽고 답하시오.

> 강자는 더욱 강해지고, 약자는 더욱 약해지는 현상을 '마태 효과(Matthew effect)'라고 한다. 예를 들어, 저명한 과학자에게는 무명의 과학자보다 명성과 보상을 받을 기회가 더 많이 주어진다. 학교 현장에서 마태 효과에 해당하는 상황을 구체적으로 제시하고, 그 상황에서 마태 효과를 최소화하기 위한 방안을 교사 차원과 학교 차원에서 각각 제안하시오.

학교 측 해설 ✏

【출제 의도】
- 이 문항은 '마태 효과(Matthew Effect)'에 관한 성명을 이해하고, 학교 현장에서 해당 사례를 제시하여, 그에 따른 해결 방안을 제시할 수 있는지를 평가하는 문항이다.
- 이 문항은 사회 전반을 불평등 현상을 인식하고, 실질적인 정의의 기준을 탐구하는 고등학교 사회 교과의 내용 요소와 연계된다.

【문항 해설】
이 문항은 용어 개념의 이해에 관여하는 문해력과 학교생활에서 예시를 찾아내는 응용력, 그리고 예시를 중심으로 정의로운 사회를 만들기 위해 다양한 제도와 실천 방안 제시와 같은 종합적 사고력을 평가할 수 있다. 이 문항에서는 '마태 효과(Matthew Effect)'라는 심리학 용어를 지문에 제시했으나, 그 용어의 설명과 예시를 함께 제공했다. 이에 따라 전문 용어에 관한 지식 학습 여부와 무관하게 충분히 문항을 이해할 수 있다. 따라서, 이 문항에서 고등학교 교육과정을 넘어서는 선행 학습을 요구하지 않는 것으로 판단된다.

【채점 기준】

– 교대 면접 문항 중 재미있고 의미 있는 문항으로 보인다.

– 학교 활동에 관심과 참여가 있었으면 사례를 제시할 수 있다.

– 교사와 학교에서 하방 전달 혹은 상방 수렴을 합의와 참여로 조율할 수 있는 인재인지 평가가 가능하다.

– 성적, 계산이 아닌 멀리서 혹은 가까이서 학습을 잘 바라보고 참여하고 문제 해결을 할 수 있는 인재를 찾는 문항이다.

– 교육의 주체인 교사와 학교 차원에서 학교 현장을 바라볼 수 있는 문항으로, 학교를 다니면서 주변을 관찰하고 살았는가를 판단할 수 있다.

【예시 답안】

〈사례〉

승자 독식, 부익부 빈익빈, 강자의 후광 효과, 기회의 불평등 요소를 포함하고 있는 학교 현장의 사례(예 교사의 관심, 혜택, 기회가 성적 우수 학생에게 집중 / 학습 및 운동 능력이 우수한 학생들끼리의 모둠 구성 / 명문대 진학을 위한 특별반 운영 등)

〈교사 차원 방안〉

성적 부진 학생의 실패에 대한 관용적인 태도, 지역, 부모 학력, 소득 등 후광 효과에 대한 경계, 성적의 우열에 따른 편견이나 선입견 방지, 소외 및 취약 계층에 대한 관심과 배려 등

〈학교 차원 방안〉

저소득층에 대한 경제적 지원, 학습 부진 학생의 학력 향상 방안 실행, 소외 계층 교육 여건 개선, 양질의 교육 기회 균등 제공 및 보장 등

선배들의 TIP ✏️

서울교대는 전에 들어보지 못한 용어를 문제에 제시하여 수험생을 일부러 당황시키는 경향이 있다. 실제로 잘 알지 못하고 처음 들어보는 용어라고 하더라도 그것이 어떤 의미를 지니는지 충분히 이해할 수 있도록 제시문에서 설명해 주고 있으며, 이러한 설명을 읽고 알지 못했던 용어도 빠르게 습득하고 이해하여 문제에 적용 및 답변할 수 있는지 평가하는 것이 서울교대의 목적이므로 용어의 생경함에 놀라지 않도록 해야 한다.

예시 답안 ✏️

제시된 '마태 효과'처럼 양극화가 심해지는 모습을 학교 현장에서도 찾아볼 수 있습니다. 수시 제도가 학교생활기록부 중심으로 강화되며 교내 대회나 수상 실적을 성적이 우수한 학생에게 몰아주는 등 입시 과정에서도 여러 가지 병폐가 나타나고 있습니다. 이 정도로 부조리한 일은 아니지만, 제가 다니는 학교에서도 학생들이 자율적으로 신청한 보충 수업에서 성적별로 반이 나누어졌던 일이 있었습니다. 단편적으로만 보면 문제가 없어 보일 수 있지만, 애초에 보충 수업의 반을 개설할 때 특정 학생들이 더 많이 지원할 수 있도록 성적 조건이나 수업 난이도에 대한 설명을 달아놓아 수업 시작 전부터 성적이 우수한 학생들만 모으고자 했던 의도를 볼 수 있었습니다. 그렇게 개설된 수업은 학교에서 진행되는 대회나 관련 교과 행사를 담당하는 선생님이 진행했고, 그 수업을 듣는 학생들은 다른 학생들보다 정보 면에서 조금 더 앞서는 일이 생겼습니다. 의도적으로 학생들을 다르게 대한 것이 아니더라도, 이와 같은 방식으로 우수한 학생들이 더 많은 정보와 혜택, 기대를 받으며 성장하게 된다면 형평성에 어긋나고, 그 외의 학생들은 상대적 박탈감과 무력감을 느끼게 됩니다. 이러한 사례 외에도 약자나 소수자, 취약 계층 등이 강자나 기득권에 비해 성장할 수 있는 기회를 얻지 못하는 일이 많다고 생각합니다.

제가 교사가 된다면 적어도 학교에서는 이런 일이 없도록 하고 싶습니다. 초등학교 시절은 학생들이 신체적, 정신적으로 빠르게 성장하는 시기이며, 사회 규범을 학습하고 내재화하는 때입니다. 수업에서 잘하고 못하고의 차이는 적지만, 그 상대적인 차이가 나중에 더 커질 수 있으므로 학습이 부진한 학생들에게 조금 더 신경을 쓰고 싶습니다.

학교 차원에서는 경제적으로 어려운 보호자와 학생에게 관련 지원을 찾아보는 습관을 들일 수 있도록 안내하는 것에 신경 써야 합니다. 경제적인 어려움은 여러 지원을 찾아볼 기회나 적극성을 없애버릴 수 있기 때문에 양극화가 더 심화된다고 생각합니다. 따라서 학생들이 나중에 마태 효과를 겪는 일이 없도록 학교에서도 관련한 지원과 안내에 힘을 써야 할 것입니다.

3. 교직 교양(오전)

※ 다음 글을 읽고 답하시오.

> 1980년대에 제시된 '모라벡의 역설(Moravec's paradox)'에 의하면, 인간은 컴퓨터보다 지각과 인지를 잘하고, 컴퓨터는 인간보다 복잡한 계산을 쉽게 할 수 있다. 그러나 최근 빅 데이터 기반 인공 지능의 발달로 모라벡의 역설을 반박하는 사례들이 나타나고 있다. 이에 해당하는 사례를 두 가지 제시하고, 그 이유를 설명하시오.

학교 측 해설

【출제 의도】
- 인간의 고유 영역이라고 여겨졌던 지각과 인지 및 추론과 판단에 대한 기능을 인공 지능이 할 수 있게 되는 시대에서 교육의 변화를 생각할 수 있는 문항이다.
- 최근의 인공 지능 기술의 발달에 따른 사회적 변화와 인간의 역할 및 관계에 대한 고민과 교육에서 인공 지능과 인간의 역할이 상호 보완될 수 있는 방향을 제시할 수 있다.
- 정보화에 따른 컴퓨터 기능의 발달과 우리 사회와 생활에 미치는 영향을 인공 지능과 연계하여 고민할 수 있다는 점에서 일상생활과 연계한 문제 해결의 아이디어를 생각하는 사고 과정을 중심으로 평가할 수 있다.
- ChatGPT 등 새로운 기술의 발달과 함께 평균 수명이 증가함은, 학교 교육에서 지식 중심의 교육보다는 다양한 문제 상황에서 문제를 해결할 수 있는 창의적인 아이디어를 구성함이 필요하다는 것을 생각할 수 있는 문항이다.
- 인공 지능의 발달은 결국 빅 데이터와 컴퓨팅 기술의 향상에 따라 이루어졌음을 생각해 볼 때, 학교 현장에서 다양한 학습 데이터를 기반으로 인공 지능에 대한 이해와 함께 이를 활용하여 학습자의 활동을 지원할 수 있는 방안에 대해 생각해 볼 수 있는 문항이다.
- 자율 주행 자동차, 웨어러블 장비 등을 사용하여 생활의 편리성을 높일 수 있는 것은 결국 데이터를 기반으로 인공 지능으로 문제를 해결할 수 있는 알고리즘의 구성이라는 점에서 일상생활에서 생활 양식과 공간의 변화에 어떤 변화가 나타났는지 생각해 볼 수 있다.

【문항 해설】
인간의 편의성 측면만 보면 컴퓨터와 빅 데이터 세상이 나을 수 있지만, 소외되는 계층이나 일자리 창출 측면에서 극복할 문제 등은 없는지를 답하면서 양쪽의 면을 볼 수 있는 시선과 문제 해결력을 평가할 수 있는 문항으로 보인다.

【채점 기준】

- 짧은 제시문이지만 미래 사회와 미래 교육, 교수 학습 방식에 대한 고민과 대안을 제시하는 문제 해결력을 요구하는 문항으로 보인다. 더불어 세상을 향한 가치관까지 평가할 수 있다.

- 사례로는 자율 주행이나 인공 지능 등을 답할 수 있다.

- 자율 주행은 컴퓨터가 인간의 인지, 지각을 돕고 연료 절감. 인공 지능은 빅 데이터를 통해 사람의 동선, 성향을 알고 비즈니스 공공 부문 활용 가능 등의 순작용이 있다. 하지만, 컴퓨터의 세상이 인간을 위한 빅 데이터 세상으로 가야 함을 함께 보여주어야 한다.

【예시 답안】

〈사례〉

실시간 네비게이션 / 얼굴 인식 잠금 해제 / 음성 인식 시스템 / 자율 주행 자동차 / 외국어 번역기 / 온라인 챗봇 / 스마트 안경 / 온라인 쇼핑몰의 추천 시스템 / 영상 추천 알고리즘 / 과거의 컴퓨터는 개와 고양이를 인식하여 구분할 수 없었으나, 현재의 인공 지능은 개와 고양이를 인식하여 구분할 수 있음 / 과거의 네비게이션은 출발지와 목적지로 하나의 길을 안내했으나, 지금은 데이터를 기반으로 실시간 최적 경로를 추천하거나 미래의 교통 상황을 예측할 수 있음 등

〈이유〉

데이터를 학습하여 인공 지능 모델을 생성할 수 있음 / 인공 지능으로 이미지와 음성을 인지할 수 있음 / 인공 지능으로 추론을 수행할 수 있음 / 정형 데이터 이외의 비정형 데이터에 대해서도 학습과 처리가 가능함 / 실시간 데이터 처리가 가능해짐 등

선배들의 TIP ✏️

사회적으로 시의성 있는 주제를 가지고 답변을 구상해 말하다 보면 분명 새롭지 않고 전형적인 예시를 들 때가 생긴다. 면접장에서 많은 수험생들은 신선한 사례를 제시해야 한다는 압박을 받는데, 오히려 이로 인해 답안이 논리적이지 못하게 되거나 문제와 관련이 없는 내용을 말하며 감점을 받기도 한다. 학교 측에서는 새로운 예시나 대안을 원하는 것이 아니다. 전형적이더라도 자신이 구상한 내용을 설득적으로 전달할 수 있는지를 보기 때문에 제시하는 사례 자체보다는 그것을 제시한 이유나, 그것이 면접 문제와 지금의 사회와 어떠한 관련이 있으며 어떠한 의미를 갖는지 등을 풍부하게 구술하는 것에 더 중점을 두어 구상해야 할 것이다.

예시 답안 ✏️

제시문에 나온 '모라벡의 역설'에서부터 40년이 넘게 지난 지금은 인공 지능의 수준이 매우 크게 발전했습니다. 단순히 그림을 보여주는 것에 지나지 않았던 지도 앱은 이제 각종 지리 정보 및 네비게이션 정보를 실시간으로 전달해 줄 수 있는 수준이고, 음악 재생 앱도 사용자의 바이오리듬이나 스케줄에 맞추어 음악을 추천해 주는 수준까지 발전했습니다.

이러한 사례 중 가장 먼저 눈에 띄는 것은 인공 지능 일러스트 창작입니다. 인공 지능에게 비슷한 일러스트를 대량으로 학습시킨 뒤 몇 가지 조건을 달아 스스로 일러스트를 그리도록 해 보자, 약간의 수정을 거치면 당장 시장에서 판매해도 손색이 없을 정도의 결과물을 냈습니다. 단순히 그림을 잘 그리는 것을 넘어서 원하는 화풍에 따라, 입력한 조건에 따라 다양한 결과를 냈으며, 이로 인해 일러스트 창작자들이 앞으로 인공 지능에 대체될 것이라는 위기의식까지 생겼습니다.

또 다른 사례로 자율 주행 자동차가 있습니다. SF 영화에서나 볼 법한 기술이었던 자율 주행 자동차가 인공 지능의 발전과 함께 이제 현실에서 사용할 수 있는 정도로 진보했습니다. 단순히 자동차가 카메라를 통해 도로를 보고 운전하는 것으로 그치지 않고 근처 교통 상황, 사고 여부 등을 고려하여 사용자의 선호도에 맞게 승차감과 속도를 조절하는 수준까지 발전했다고 합니다.

이러한 것이 가능하게 된 이유에는 두 가지가 있습니다. 첫째는 빅 데이터를 통한 인공 지능 학습의 발달입니다. 일러스트처럼 사람들의 선호도에 맞게 창작하는 일은 결국 사람들이 지금까지 선호해 온 그림들을 창작의 요소로 활용한 것이며, 인공 지능이 빅 데이터 분석을 통해 요즘 유행에 맞는 조건을 도출하는 것도 가능합니다. 또한, 작가들마다의 화풍도 빅 데이터 분석을 통해 일반화하여 흉내 낼 수 있게 되었습니다. 아직은 디자인이나 일러스트와 같은 응용 예술에 적용 중이지만, 추후 순수 예술의 영역에도 인공 지능이 진출할 수도 있을 것입니다.

둘째는 전 지구적인 데이터 연계입니다. 인공 지능이 빅 데이터를 학습할 수 있다고 해도 그러한 데이터를 사람이 하나하나 입력해야 했다면 인공 지능의 발전이 이 정도로 빠를 수는 없었을 것입니다. 그럴 필요 없이 네트워크상에 축적된 모든 데이터와 그에 대한 사람들의 평가를 실시간으로 조회하여 학습할 수 있다는 것이 인공 지능을 비약적으로 발전하게 한 원동력 중 하나일 것입니다. 어쩌면 사람보다도 더 빠르게 전 세계적인 동향을 확인할 수 있기 때문에 단순히 실시간으로 데이터를 활용하는 자율 주행 이외에도 주식 투자, 패션 산업 등에서도 인공 지능이 사람보다 더 나은 결과를 만들어 낼 수 있다고 생각합니다.

4. 과제 발표(오후)

【과제】

※ 코로나19 확산 이후, <u>또래들 간의 면대면 소통 및 교류의 부재</u>가 사회적 문제로 대두되었다. 이 문제를 해결하기 위한 창업 아이템(제품, 앱, 서비스 등)을 발굴하여 개발할 예정이다. 아래의 【과제 수행 지침】에 따라 '<u>사업 계획서</u>'를 작성하여 발표하시오.

【과제 수행 지침】

1. 사업 계획서는 제공되는 필기구와 용지를 사용하여 자유롭게 작성하되, 다음의 〈내용〉을 포함한다.

> 〈내용〉
> • 아이템 이름
> • 아이템에 관한 설명(개발 목적 또는 의도, 기능 등)
> • 아이템에 관한 그림
> • 아이템 홍보를 위한 광고 카피

2. 사업 계획서는 다음의 〈조건〉을 고려하여 작성한다.

> 〈조건〉
> • 구체적이고 실현 가능할 것
> • 사회 · 윤리적 가치를 추구할 것
> • 광고 카피는 한 줄 이내로 작성할 것

3. 발표 방법은 제한이 없으며, <u>10분 발표</u> 시간을 갖는다.

학교 측 해설 🖊

【출제 의도】

- 21세기 학습자에게 가장 요구되는 문제 해결력과 창의력 그리고 이를 사람들에게 설득력 있게 전달할 수 있는 역량을 평가하는 문항이다.
- 문제 상황은 코로나19 이후 초등학교 현장에서 제기되고 있는 면대면 소통과 교류 부재의 문제를 제시하고, 문제 상황을 해결하기 위한 해결책을 도출해 내는 창의성을 평가하고자 했다.

- 특히 단순한 문제 해결 방안이 아니라 이를 창업 아이템으로 연결시킴으로서 보다 실효성이 있는 해결책을 마련하도록 요구했으며, 자신이 구상한 창업 아이템을 '사업 계획서'라는 주어진 조건에 맞추어 작성하도록 했다.
- 수행 평가 방식으로 출제하는 문항으로 문제 해결력, 창의성, 의사소통 역량을 다각적으로 다면 평가가 가능하도록 구성했다.
- 학생들이 주어진 문제 상황을 해결하기 위한 창업 아이템을 구상하고 이를 간결하고 설득력 있는 사업 계획서로 작성하고 구두로 발표하는 것을 평가하도록 했다.

【문항 해설】
- 창업가 정신(entrepreneurship; 앙트레프레너십)은 실패를 두려워하지 않는 혁신적이고 창의적인 사고를 바탕으로 빠르게 변화하는 사회에 능동적으로 대응하여 새로운 가치를 창출하려는 태도나 행동 양식으로, 불확실성이 높아지는 미래를 살아갈 21세기 모든 학습자들이 갖추어야 하는 정신이다.
- 소통과 교류를 위한 아이템이라는 아이디어를 평소에도 생각하고 있었는지를 묻는 좋은 문항으로 보인다.
- 하지만, 실현 가능과 사회 윤리적 가치 측면 뿐 아니라 경제적 이익이나 사회적 기업 등에 대한 범위와 창업의 타겟이 어디에 있는지, 예를 들어, 또래라면 초등학생인지 아니면 일반인 그 모두를 포함하는지에 대한 단서가 있으면 조금 더 구체적으로 접근하는 창업 아이템을 제안할 수 있을 듯하다.

【채점 기준】
　창업 아이템(아이디어)의 창의성, 혁신성 / 창업 아이템(아이디어)의 사회적 가치 / 창업 아이템(아이디어)의 실현 가능성 / 창업 아이템(아이디어)의 구체성 / 사업 계획서 구성과 발표의 논리성, 설득력 / 의사소통 및 발표 능력에 따라 평가한다.

【예시 답안】
서울교대는 해당 문항에 대한 예시 답안을 제시하지 않았으므로 생략한다.

선배들의 TIP 및 예시 답안 ✏️

과제형 문항이므로 예시 답안은 생략한다.

[정시]

1. 교직 인성(오전)

※ 다음 글을 읽고 답하시오.

> 사향이는 담임 선생님에게 과제물 제출 기한 연장을 요청했다. 사향이에게는 기한 내에 과제물을 제출할 수 없었던 사정이 있었다. 선생님은 고민에 빠졌다. 모든 학생들을 대상으로 과제물 제출 기한을 연장하려고 했지만, 일부 학생들이 이의를 제기했기 때문이다. 여러분이 선생님의 입장이라면, 어떤 결정을 내릴 것인가? 그 이유는 무엇인가?

학교 측 해설 ✎

【출제 의도】
- 자유로운 답변에 따른 면접자의 사고를 관찰할 수 있는 의미 있는 문항이다.
- 일상생활에서 흔히 일어날 수 있지만, 가볍게 지나칠 수 없는 상황을 도출해 낸 의미 있는 문항이다.

【문항 해설】
- 예비 교사가 되고자 하는 지원자의 입장에서 담임(교사)의 판단을 요구하는 문항으로, 학교 현장에서 지원자도 충분히 경험할 수 있을 법한 상황을 제시했다.
- 그러한 상황에서 지원자의 의견과 관점을 교직과 학생 지도에 연계해 지원자의 가치관과 문제 해결력 뿐 아니라 인성과 가치관을 볼 수 있는 문항으로 보인다.
- 어떠한 결정과 이유를 묻는 문항으로 지원자의 답변 후 추가 질문이 가능한 문항으로 보인다. 즉, 학생 답변 후 학창 시절 이러한 경험이 있었는지, 예를 들어, 교사가 된 입장이라면 어떻게 할지를 질의 가능하다고 보는 의미 있는 문항이다.

【채점 기준】
- 일상적 딜레마 상황에서 지원자가 취해야 하는 의견이 무조건 선(善)이기보다는 본인의 생각을 솔직하게 제시할 수 있는 문항이 효과적이라 생각된다.
- 인성 문항이라 하더라도 최대한의 주관성을 배제하고 적절한 객관성의 발판을 마련하는 것이 관건이다.

【예시 답안】

〈제출 기한 연장〉

사향이의 피치 못할 사정을 고려하여 전체 학생의 제출 기한 연장 / 규칙도 중요하나 상황에 따라 예외를 둘 수 있음

〈제출 기한 연장 불가〉

형평성에 문제가 있어 연장하지 않음 / 한 학생을 위해 전체와의 약속을 변경하는 것도 바람직하지 않음

〈사향이만 기한 연장〉

공정성 시비를 최소화하기 위해 사향이만 부분 감점 후 연장함

선배들의 TIP ✏

실제 교실 상황을 제시하고 교사로서 어떻게 행동할 것인지 보여주길 바라는 문제로, 서울교대 외의 다른 교대에서도 자주 시행되는 방식이다. 서울교대의 경우, 최근 출제 경향이 변화되어 답변에서 교육적 고려를 바탕으로 구술하는 방식의 문제가 출제되는 중이며, 이러한 문제에 대비하기 위해 타 교대 기출문제를 참고하면 많은 도움을 받을 수 있을 것이다.

예시 답안 ✏

제가 담임 선생님이라면 사향이의 제출 기한만 연장해 줄 것입니다. 이에 대해 일부 학생들은 선생님이 모두와 한 약속을 깼다고 생각할 수 있으며, 사향이만 혜택을 받는다고 오해할 수도 있습니다. 하지만 이러한 상황은 '차이'와 '차별'을 구분하지 못했기 때문에 발생한 일이며, 앞으로 학생들이 사회에서 마주할 상황과 연결될 수 있다고 생각합니다. 약속은 지켜야 하는 것이고, 모두가 동등하게 대우받아야 하는 것도 당연합니다. 그러나 모두가 같은 상황에 놓여있는 것은 아니며, 사회적 · 경제적 입지에 따라 같은 사안도 다르게 접근하고 다른 속도로 해결할 필요가 있습니다. 즉, 이러한 '차이'에 따른 대응이 달라져야 한다는 것입니다. 사회에 나가서도 각자의 사정, 상황 등의 '차이'로 인해 생기는 대우들을 '차별'로 인식하지 않도록 지도하는 것이 중요하다고 생각합니다.

학생들은 아직 이러한 것을 쉽게 이해할 수 없기 때문에 초등학생 수준에 맞게 키와 같은 요소에 빗대어 설명하는 것이 좋을 것 같습니다. 모두 다 같은 학생이지만 학생마다 성장 속도와 키가 다

를 수 있고, 그렇기 때문에 소풍 사진을 찍을 때나 공연을 관람할 때 키에 따라 다른 높이의 받침
대가 필요하다는 점을 제시하면 대부분의 초등학생들은 쉽게 이해할 것입니다. 그러한 받침대의
높이와 개수가 다른 것이 '차별'이 아니라 '차이'에 의한 것임을 학생들이 주지할 수 있도록 한다
면, 당장 사향이의 문제 외에도 앞으로 마주하게 될 수많은 '차이'에 기반을 둔 일들에 대해서도 관
대하고 성숙한 태도를 가질 수 있을 것이라고 생각합니다.

2. 교직 적성(오전)

※ 다음 글을 읽고 답하시오.

> 알파 세대는 2010년 이후 태어난 세대이다. 이들은 출생과 동시에 인터넷에 언제나 연결된 디지털 기기를
> 사용하고 있다. 알파 세대는 숏폼(short form) 위주의 영상 콘텐츠 소비와 생산에 익숙하다. 알파 세대의 학습
> 특성을 제시하고, 이를 고려한 교육 방안을 말하시오.

학교 측 해설 ✏

【출제 의도】

- 무선 인터넷 접속이 되는 스마트폰 사용에 익숙한 알파 세대의 특성을 기반으로 이들을 학습 특
  성과 교육 방안을 얼마나 논리적으로 설명할 수 있는지 평가하는 문항이다.
- 알파 세대에 대한 일반적 특징은 교양 수준에서 어느 정도 알고 있을 것으로 기대했으며, 사전
  지식이 없더라도 지문의 내용으로 충분히 유추할 수 있도록 구성했다.

【문항 해설】

  학습과 교육에 있어 매체의 역할, 주의력, 학습 스타일 등을 고려하여 평소 본인 자신이 학습자
로의 가지고 있는 학습 태도, 교육관 등을 평가할 수 있는 문항이다.

【채점 기준】

  주어진 알파 세대의 특성을 바탕으로 이를 학습과 교육 측면으로 연결시켜 생각할 수 있는가를
확인한다.

【예시 답안】

〈학습자 특성〉

영상 위주의 정보 검색 및 처리를 선호 / 긴 문장 독해 능력 부족 / 궁금증이 있을 때 즉각적, 지속적 정보에 접근하여 답을 얻는데 익숙 / 개별 맞춤형 정보 제공에 익숙 / 교사 중심의 획일적 교수 학습 상황에 부적응 / 변별 자극이 없는 수업 상황에 집중하기 어려워함 / 현실과 가상을 넘나드는 콘텐츠 크리에이터로서 학습자 주체성 높음 / 온라인 상호 작용 및 인간관계에 익숙

〈교육 방안〉

영상, 이미지 중심의 교수 학습 자료 개발 / 학습자 맞춤형·즉각적 피드백 제공 / 온라인 상호 작용 / 궁금증에 대해 스스로 탐구하는 역량 강화 / 개별적 맞춤형 콘텐츠(내용, 난이도, 형식) 제공 / 인지적 인내심, 집중력 강화 지도 / 학습자의 텍스트 독해력 신장/ 디지털 정보 윤리, 사회 구성원으로의 책임감 등에 대한 지도 / 면대면 소통 강화

선배들의 TIP 🖊

세대 차이는 빠르게 발전하는 기술과 그에 따라가지 못하는 사회 분위기로 인해 발생하는데, 최근 기술 발전과 스마트 기기 도입으로 관련 문제가 다수 출제되고 있다. 이와 같은 문제는 면접관이 지원자와 같은 세대가 아니라는 점에 유의해야 한다. 특히 이 문제처럼 기술과 관련된 문제가 출제되면 일부 용어를 면접관이 알아듣지 못하는 불상사가 생길 수 있으므로 기기 이름이나 브랜드명 같은 고유 명사 활용에 주의하고, 부연 설명을 통해 면접관이 충분히 이해할 수 있도록 하며 답변 전달에 신경을 써야 한다.

예시 답안 🖊

'디지털 네이티브'라는 말이 있습니다. 아날로그 시대에 태어나 디지털, 스마트 기기를 접한 부모님 세대와 달리 요즘 세대는 태어날 때부터 이미 모든 것이 '스마트화'되어 있으며, 그렇기 때문에 스마트 기기를 활용하는 것이 어릴 때 걸음마를 배우는 것만큼이나 당연한 일이 되었습니다. 이러한 세대를 가리키는 말이 디지털 네이티브이자 알파 세대입니다. 알파 세대들은 변화에 빠르게 적응하고 새로운 것을 쉽게 삶에 적용하며 창조적으로 디지털, 스마트 매체를 활용할 수 있습니다. 그렇기 때문에 어릴 때부터 새로운 것을 학습할 때 유튜브와 같은 영상 매체로 접하는 것이 편하며, 영상 매체의 장점을 극대화하여 초기 학습을 수월하게 해낼 수 있습니다. 특히 글로 설명하기 어려운 동작이 포함된 사용법이나 지식 등을 다른 세대에 비해 아주 쉽고 빠르게 습득할 수 있습니다. 단순히 체육 활동 말고도 소리와 입의 움직임이 필요한 언어 학습이나 자연 현상에 적용되는 과학 지식 등을 책과 같은 간접 경험보다 직접 경험을 통해 더 효과적으로 체득할 수 있습니다.

하지만 이러한 효율성과 관련된 장점 외에 단점도 존재합니다. 스마트 기기를 활용한 학습에 익숙해 기본적인 글 읽기 능력이 떨어지게 되고, 이는 문해력 저하로 이어집니다. 특히 아무리 스마트 시대라고 하더라도 제품 설명서와 같은 기초적인 정보는 글로 읽어야 하는데, 이러한 기본적인 정보를 읽어내는 능력이 떨어지게 되는 것입니다. 또한, 스마트 기기를 통해 남이 알려주는 것을 일방적으로 수용하며 학습하다 보니 자기 주도성이 떨어지는 문제가 발생할 수도 있습니다.

이러한 단점을 보완하고 장점을 강화하려면 학생들 스스로 매체 활용에 대한 기본자세를 기를 수 있도록 지도해야 합니다. SNS의 정보나 유튜브 영상을 단편적으로 수용하는 것이 아니라, 비판적인 사고를 기반으로 하여 수용할 수 있어야 합니다. 학교에서는 비판적 사고력을 기를 수 있도록 매체 수용 방법에 대한 교육을 진행하고, 교사는 학생들의 선호도나 매체 수용 능력에 맞추어 스마트 기기를 활용한 수업을 제공해야 할 것입니다. 학생들에게 텍스트를 바탕으로 상상하게만 하는 것이 아니라, 영상 매체 등을 활용하여 직접 보여주며 수업한다면 학생들의 이해도에 긍정적인 영향을 줄 수 있을 것이고, 더 나아가 텍스트에 대한 부담을 덜 어 주어 영상 매체와 비교하며 복습하는 기회도 줄 수 있습니다.

3. 교직 교양(오전)

※ 다음 글을 읽고 답하시오.

집단 토의 과정에서 개인은 자신의 의견을 고수하기보다 집단의 의사 결정에 수렴하는 경향을 보인다. 예를 들어, 어떤 사안에 대한 개인별 설문 조사에서 사람들은 대부분 소신대로 응답했다. 그런데 집단 토의를 거친 후 동일한 설문 조사를 실시했더니, 사람들은 집단의 의사 결정을 따르는 응답 결과를 보였다. 이런 현상이 발생하는 원인을 제시하고, 집단 토의를 통해 최선의 결과를 얻을 수 있는 방안을 말하시오.

학교 측 해설 ✏️

【출제 의도】

토의와 토론의 개념을 아는지, 개인의 의견과 토의를 거쳐 합의한 부분을 수긍하는지, 그리고 공동체를 위한 합의 부분을 받아들일 수 있는 가치관을 가지고 있는지를 알아볼 수 있는 문항이다.

【문항 해설】

이 문항은 집단 토의 과정에서 구성원 간의 비합리적인 의사 결정 현상의 원인과 해결 방안을 설득력 있고 논리적으로 설명할 수 있는지를 평가한다. 지원자가 집단 토의에 따른 의사 결정의 비합리성을 이해하고 있다면, 그 원인과 합리적인 의사 결정을 유도할 수 있는 방안을 제시할 수 있다. 이 문항은 공동체의 구성원 간 의사 결정을 위한 토의 및 토론 과정에 관해 국어 교과의 내용과 연계된다. 국어 교과에서는 개인의 의견을 집단의 의견에 종속하지 않고, 토의 및 토론 과정에서 의사 결정을 위해 조율하고 함께 만족할만한 대안을 모색하는 화법 교육을 지속적으로 지도한다. 이에 따라 교육과정을 넘어서는 지식을 요구하지 않는다. 따라서 이 문항에 응답하기 위해 고등학교 교육과정 수준을 넘는 사교육이나 선행 학습이 필요하다고 볼 수 없다.

【채점 기준】

방안을 창의적이고 설득력 있게 제안할 수 있는 문제 해결력을 평가하고, 적성과 인성, 교양을 함께 평가할 수 있는 문항이다.

【예시 답안】

〈원인〉

집단 의사 결정에 대한 동조 압박 / 집단 사고가 개인보다 합리적이라는 믿음 / 토의 과정에서 반대 의견 탐색 및 표현 기회 부재 / 만장일치에 대한 환상 / 고립과 배척이 두려워 침묵하는 경향 / 의사 결정 책임 전가

〈방안〉

발언 부담 감소 및 발언의 기회 증가를 위한 토의 집단의 규모 조정 / 집단 토의의 편향성을 극복하기 위한 레드팀 운영 / 대안을 제시하고 평가할 수 있는 절차 마련 / 다중 투표를 통한 복수의 선택권 보장

선배들의 TIP 🖊

토의, 토론 등의 소재가 출제되면 지원자는 학생으로서 경험했던 사례들을 활용하여 내용을 구상하는 경우가 많다. 이는 분명 좋은 방식이며, 구체성을 갖출 수 있어 내용 전달에도 좋다. 하지만 추가적으로 지원자 본인이 교사나 지도자의 입장에 있을 수 있다는 것을 고려하여 내용을 구상한다면 더 좋은 점수를 받을 수 있을 것이다. 스스로 교사가 되고 싶어 관련된 내용에 대해 고민해왔다는 것을 피력할 수 있는 방식이기 때문이다.

예시 답안 ✏️

우리나라는 예전부터 공동체주의를 중시하는 나라였고, 개인주의가 만연해진 지금도 그 관성이 남아있습니다. 집단을 개인보다 더 중시하는 분위기는 초등학교 때부터 경험해 볼 수 있습니다. 대부분의 의사 결정이 다수결로 진행되며, 다수결로 결정된 사안에 만족하기 어렵거나 손해를 보는 친구들은 조용히 삭이고 있도록 다수로부터 무언의 압박을 받기도 했습니다. 의사를 표현해도 반영이 안 되는 현상이 반복되면 아예 의사를 표현할 의지를 접기까지 합니다. 집단이 단 한 가지를 선택해야 하는 상황이라면 어쩔 수 없지만, 집단 토의나 토론처럼 다양한 의견과 제안을 수렴하여 더 나은 방안을 고안해야 하는 상황에서는 이러한 분위기가 발전을 저해할 수 있습니다. 제시문처럼 개별적으로 의견을 제시해야 하는 순간에는 자신의 의사를 자유롭게 표현하다가도 집단에 속하는 순간 의견을 수렴하고 말없이 순응하게 될 수도 있는 것입니다.

이것의 원인으로 저는 앞서 말씀드린 공동체주의적인 분위기를 들고 싶습니다. 더 세부적으로 말씀드리자면, 집단을 중시하는 분위기 속에서 개인이 다수와 다른 의견을 내면 일의 진행에 차질을 빚는 것처럼 바라보는 시선이나, 집단의 생각과 의견이 개인의 것보다 더 안정적으로 수용되기 때문에 옳다고 받아들이는 사회적인 분위기 등이 문제입니다.

이를 해결하기 위해서는 초등학교 때부터 표현의 자유를 강조하는 교육이 필요하다고 생각합니다. 집단의 의견에 따르는 분위기는 분명 효율적이고 대다수에게 만족을 주며, 안정적이면서도 간편하게 학교나 기관 등을 운영할 수 있게 해줍니다. 하지만 비록 의견 수렴 과정이 더뎌지거나 행사 진행 및 운영에 효율성이 조금은 떨어지더라도 그러한 분위기를 벗어나서 개인의 의사 표현을 무한히 존중하는 태도가 필요하다고 생각합니다.

실제 집단 토의와 같은 구체적인 상황에서는 주어진 시간 내에 모두의 의견을 쉽게 파악하기 어려울 수 있으므로 익명 앱을 활용하여 사전에 자유롭게 의견을 개진해 수합한 뒤 토의가 시작될 때 의견을 확인하고, 개별 의견을 평가하는 방식을 활용할 수 있을 것입니다. 이러한 방식은 큰 부담 없이 개인의 의사를 반영할 수 있습니다.

4. 교직 인성(오후)

※ 다음 글을 읽고 답하시오.

> 청람이는 친한 친구로부터 탐구 보고서를 보여 달라는 요청을 받고 흔쾌히 빌려주었다. 친구는 탐구 대회에서 우수한 성적으로 입상했다. 친구의 탐구 대회 출품작을 보니, 아이디어와 내용이 청람이의 탐구 보고서와 전반적으로 유사했다. 청람이는 억울한 생각이 들었다. 만약 여러분이 청람이라면, 어떻게 할 것인가? 그 이유는 무엇인가?

학교 측 해설 ✏️

【출제 의도】

- 최근 화두가 되는 연구 윤리, 학습 윤리에 대한 의견을 묻고 있어 시의적절한 문항이다.
- 지원자가 겪었을 수도 있는 문항으로 인간관계와 문제 상황 과정과 결과에서 아이디어를 참고하여 스스로 내용을 생산하는 학습과 태도의 문제를 풀어가는 역량을 볼 수 있는 문항이다.

【문항 해설】

이 문항은 도덕적 문제 상황을 제시하여 지원자의 도덕적 민감성을 토대로 올바른 도덕적 판단을 내릴 수 있는지를 평가하는 데에 그 목적이 있다. 이 문항은 도덕과에서 도덕성의 가능 근거를 탐구하고, 도덕적 민감성을 키우고 도덕적인 삶을 키우려는 태도와 관련 내용 요소와 관련된다. 제시문에서 최근에 강조되고 있는 연구 윤리의 측면을 담은 문제 상황을 제시했다. 이 문항에서는 지원자에게 도덕적 문제 상황에 관한 청람이의 문제의식을 인식하고, 청람이가 적절한 행동을 취할 수 있는지에 대해 도덕적 사고력을 평가한다. 따라서 이 문항은 답변을 위한 개념적 지식을 요구하지 않으며, 선행 학습이 응답에 미치는 영향은 없다.

【채점 기준】

판단에 대한 근거와 이유를 적절히 구술하여 과학적인 사고와 문제 해결력을 평가하는 문항이다.

【예시 답안】

〈공개적으로 문제 제기를 함〉

친구의 입상은 표절에 해당할 수 있음 / 친구가 부정직한 학습 활동으로 부당한 이득을 취함 / 평가의 공정성을 훼손하고 평가 결과를 왜곡 / 표절에 대한 경각심을 일깨움

〈공개적으로 문제 제기를 하지 않음〉

친구와의 친분 관계 유지 / 공개적 문제 제기로 인한 친구의 평판 하락을 우려함 / 개인적 충고로도 충분하다고 판단함

선배들의 TIP 🖋

이 문제는 실제 본인의 경험을 활용하기 좋은 문제이며, 직접 겪지 않았더라도 학생이었던 순간을 생각하여 자신이 겪은 것처럼 상상하기 쉬운 문제이기 때문에 구체적으로 답하는 것이 좋다. 본인의 경험을 활용하고 싶다면 완전히 동일하지 않더라도 제시문과 연결고리가 있는 지점을 강조한다면 전달력도 높일 수 있고 문제 이해도가 높아 보이는 효과도 얻을 수 있다.

예시 답안 🖋

저 또한 청람이와 비슷한 경험을 했던 적이 있어 공감이 갑니다. 제시문에서 청람이는 친구가 자신의 아이디어를 차용했다고 느끼고 있습니다. 제가 고등학교 2학년 때, 사회 연구 보고서 발표 대회가 있었습니다. 당시 저는 사회 문화 시간에 배웠던 내집단, 외집단, 준거 집단 개념을 이용하여 사람들이 자기가 속한 내집단을 무엇으로 여기는지, 자기가 바라는 준거 집단을 무엇으로 설정하는지에 따라 특정 사안에 대해 반응하는 태도가 달라질 것이라는 내용으로 연구 보고서를 준비하고 있었습니다. 세, 네 명이 조를 짜 진행하는 대회였는데, 대회에 참여하는 학생들이 조별로 어떤 주제를 준비하고 있고 얼마나 진행되는지 중간중간 만나서 발표하는 과정이 있었습니다. 그 중한 조가 분명 처음 주제 선정 때 정한 것과 전혀 다른 주제로 바꾸었는데, 그 주제가 저희 조의 주제와 너무 비슷했습니다. 나중에 알고 보니 저희 조의 친구가 가지고 있던 진행 파일을 그 조 학생이 보았다는 정황이 있었습니다. 하지만 제시문의 청람이의 경우처럼 완전히 동일하지는 않았기 때문에 무작정 아이디어를 차용했다고 공론화할 수도 없었습니다. 다행히 그 조가 좋은 성적을 거두지 못해 청람이처럼 억울한 일은 없었으나, 제시문처럼 억울하게 될 가능성이 얼마든지 있었다고 생각합니다.

그렇지만 대회가 끝나고 막상 다시 생각해 보니 사실 아이디어를 차용 당했다고 화를 낼 일은 아니지 않을까라는 생각을 했습니다. 왜냐하면 대학이나 회사에서도 비슷한 일이 있을 것이고, 그렇게 생각하다 보면 아이디어 자체보다 아이디어를 어떻게 발전시키고 연구하는지가 더 중요하겠다는 생각이 들었습니다. 저희 조의 주제를 참고했던 다른 조는 분명 흥미로운 주제를 쉽게 얻은 것이지만, 결국 그 주제를 좋은 결과물로 발전시키지는 못했습니다. 단순히 유사한 수준을 넘어서서 표절에 가까운 수준으로 과정까지 비슷하게 따라갔다면 그것은 분명 표절 측면에서 공론화해야

한다고 생각합니다. 하지만 비슷한 주제를 선택했지만, 진행 과정과 구현 방식에서 차이가 있다면 그것은 결국 그 사람의 능력이라고 생각합니다.

따라서 저는 청람이 입장에서 표절 수준이 아니라는 전제로, 친구에게 개인적으로 퉁명스럽게 섭섭함을 드러낼 수는 있지만, 그 이상으로 크게 고발하지는 않을 것 같습니다.

5. 교직 적성(오후)

※ 다음 글을 읽고 답하시오.

> 4학년 3반 사향이는 아직 글 읽기가 서툴고 문제 풀이가 느리다. 평소 선생님의 설명을 이해하지 못하는 경우가 많고, 눈치가 부족하다. 이로 인해 사향이와 같은 모둠이 되는 것을 싫어하는 학생들도 있다. 담임 선생님의 입장에서 사향이의 학교생활 적응을 도울 수 있는 방안을 말하시오.

학교 측 해설 ✏️

【출제 의도】
- 현장 교사라면 반드시 혹은 자주 접할 수 있는 상황을 제시했다.
- 학교생활 적응을 도울 수 있는 해당 학생에게 적합한 학습 방법과 교우 관계-생활 태도를 맞춤식으로 제시할 수 있는 방안을 만들 수 있는가를 묻는 좋은 문항으로 보인다.
- 사람마다 차이가 있고, 그 차이를 적절하게 어우러지게 하는 시선과 방법을 고민할 수 있는 인재를 발굴하게 하는 문항으로 보인다.

【문항 해설】
- 초등 교사로서 학교 현장에서 쉽게 접할 수 있는 문제 상황을 제시하고, 이에 어떤 역할을 할지 설명하게 함으로써 교사로서의 기본 자질을 평가하는 문항이다.
- 학생으로서 초·중·고 과정 중에 한번쯤은 접해 보았던 상황으로, 교대 지원자로서 자신과 다른 상황의 학습자들에 대한 이해를 하고 있는지 파악하려는 의도로 개발된 문항이다.

【평가 기준】

미래 사회에 더욱 더 강조되는 개념으로, 초등 교사의 기본 자질로 반드시 갖추어야 할 역량 중 하나인 학습자의 다양성 존중을 평가하는 문항이다.

【예시 답안】

〈학습 지도 측면〉

난이도, 제시 방식 등에 있어서 맞춤형 눈높이 설명 / 다양한 성취 경험 제공 / 반복적인 연습 기회 제공 / 효과적인 학습 기술·전략 지도 / 구체적 학습 경험 제공 / 학습 동기 고취 / 성실한 노력에 대한 보상과 인정 등

〈생활 지도 측면〉

사회적, 정서적 지지 제공 / 공감 능력 키우기 / 정서 조절 / 배려와 협력의 학급 문화 조성 / 각자가 가진 서로 다른 장점 찾기 등 사향이 대상의 생활 지도뿐 아니라 학급 전체 학생 대상의 생활 지도 내용도 포함될 수 있음

선배들의 TIP 🖋

문제 행동을 하는 학생이나 학습에 지연이 있는 학생 등 다른 학생과 다른 방식으로 지도할 필요가 있는 경우를 상정하는 문제이다. 이러한 문제들에서 주의해야 할 점은 교사가 모든 것을 다 완벽하게 해낼 수 있다는 식의 답변을 지양해야 한다는 것이다. 실제로 교사가 학급에서 마주하는 학생은 아무리 적어도 한두 명이 되기 어려우며, 그렇기 때문에 학생 맞춤형 지도, 수업 등으로 모호하게 답변하면 현실성이 떨어진다는 평가를 받을 수 있다. 학생에게 맞춤형으로 접근한다는 것은 1:1 관리를 하는 것이 아니라, 학생의 특성을 각각 고려하여 개별적으로 다르게 대하는 것에 가깝다는 것을 기억해야 한다.

예시 답안 🖋

제가 담임 선생님이라면 일단 일차적으로 사향이가 보이는 모습의 원인부터 파악을 할 것 같습니다. 사향이가 학습이 느리고 소통이 원활하지 않은 것이 단순히 다른 친구들에 비해 느리게 배워서인지, 아니면 난독증과 같은 문제로 인한 것인지, 혹은 가정환경 등의 외부 요인으로 정서적으로 위축되어서인지 확인하는 것이 우선일 것 같습니다. 만약 난독증이나 ADHD 등의 문제라면, 단순히 교사 한 명의 노력만으로는 한계가 있을 수 있기 때문에 보호자에게 병원에 가서 진단을 받아보는 것을 권할 것입니다.

그 이외의 문제라면, 교사로서 저는 학급에서 결과보다 과정을 중시하는 분위기가 정착될 수 있도록 할 것입니다. 담임으로서 홀로 사향이에게 칭찬과 지지를 해 주는 것은 일시적인 효과가 있을 수 있지만, 다른 학생들과의 관계에 문제를 일으킬 수도 있으며, 지속되기 어렵습니다. 그리고 모둠 활동이 많은 초등학교 수업에서 결과물을 중심으로 학생들을 평가하면 사향이는 어느 학생에게서도 환영받기 어려울 것입니다. 따라서 중간 평가 제도를 이용하여 과정을 중심으로 학생들을 평가하고, 모둠 활동에 학생들이 어떻게 참여하는지, 어려워하는 학생을 다른 학생이 어떻게 돕고 이끌었는지를 평가 기준으로 두어 학생들이 다른 학생을 챙기는 것이 손해로 느껴지지 않도록 유도하고 싶습니다. 평가에 이러한 요소들이 반영되면 사향이처럼 배움이 느린 아이도 모둠 활동에 함께 할 수 있도록 노력할 것이고, 자연스럽게 부정적인 반응 없이 사향이가 수업에 적응할 수 있게 될 것이라 생각합니다.

6. 교직 교양(오후)

※ 다음 글을 읽고 답하시오.

> 과학 기술 발달은 인류의 삶을 혁신적으로 변화시켰지만, 동시에 예상하지 못했던 부작용을 초래했다. 예를 들어, 항생제는 질병 치료에 효과적이지만, 내성이 강한 슈퍼 박테리아를 출현시키는 부작용을 낳았다. 이러한 사례를 한 가지 제시하고, 과학 기술 발달에 따른 부작용을 최소화하기 위해 어떤 노력이 필요한지에 대해 말하시오.

학교 측 해설 ✏️

【출제 의도】
- 과학 기술의 양면성은 고등학교의 여러 교과에서 다루고 있는 내용이며, 교양과 시사 수준에서도 알고 있을 것으로 예상된다.
- 초등 교사에게 과학 지식과 교양이 필요하고, 이를 학교 현장과 학생의 생활 습관, 태도로 확장해 그런 문제를 해결해갈 수 있는지를 묻고 있다.

【문항 해설】
- 현장에서 다양한 패턴으로 발생할 수 있는 전염병 등에 대한 과학적 지식을 알고, 부작용 등으로 발생할 수 있는 문제를 극복할 수 있는 노력과 방안을 제시할 수 있는가를 묻는 문항이다.
- 폭넓게 알고 필요한 부분을 깊게 알고 있어야 하는 인재인지를 판단하는 문항으로 보인다.

【채점 기준】

　과학 기술의 발전으로 앞으로 더 가속화될 것이며, 이에 초등 교사로서 사회 변화, 기술 변화에 대한 기본적 이해를 갖추고 있는 것이 필요하기 때문에 교사로서의 기본적 자질을 평가하는 문항이다.

【예시 답안】

〈부작용 사례〉

　원전 기술 → 핵무기 / 수송용 드론 → 군사 무기 / 플라스틱 → 환경 오염 / 인공위성 → 우주 쓰레기 / 보안용 CCTV → 사생활 침해 / AI 기술 → 딥페이크 등 디지털 범죄 / SNS → 왕따, 사회적 고립 문제 등

〈부작용 최소화 노력〉

　무분별한 개발을 지양하기 위한 국가 간 모니터링 / 국제적 협약과 공조 / 부작용 예방 차원의 연구 지원 / 장기 효과성 연구 / 과학 기술 개발에 대한 사회적 책임과 윤리 의식 / 기술 영향 평가(새로운 기술이 국민 생활의 편익 증진, 산업 발전에 기여하는 정도, 부작용이 초래될 가능성과 방지 방안 여부 등에 대한 평가) / 법적, 윤리적 가이드라인 / 정책적, 제도적 관리 / 계층과 집단에 따른 취약성 평가 등

선배들의 TIP 🖊

　교육과 연결될 수 있는 부분이 적어 보이는 문제이다. 이러한 경우 무리하게 연결지어 답변하려고 하면 오히려 제시된 문제와 관련이 없는데 억지로 교육 이야기만 하는 것처럼 비칠 수 있으니 주의해야 한다. 교육을 중심으로 제시문들을 파악하는 것은 매우 좋으나, 교대 면접이기 때문에 무조건 교육으로 연결하여 답변해야 한다는 압박은 버려야 한다.

예시 답안 🖊

　제시문과 같은 신기술의 부작용으로 의학 기술의 발달을 들고 싶습니다. 아픈 사람을 아프지 않게 만드는 의학 기술이 발달한 것을 예시로 들어 의아하실 수 있습니다. 의학 기술의 발달은 많은 사람을 고통과 불편, 장애에서 자유롭게 해 주었으며, 의학의 발달 덕분에 인간의 수명이 엄청나게 길어졌습니다. 과거에는 잔치를 했다는 환갑이 이제는 비교적 큰 의미를 지니지 않게 될 정도가 되기도 했습니다. 하지만 수명이 늘어나면서 자연스럽게 암과 같은 세포 노화, 돌연변이와 관련된 병이 크게 늘었으며, 난치병으로 오래 고통받으며 생명을 유지해 가는 환자들도 많아졌습니

다. 이러한 질병 문제를 넘어 사회적으로도 노인 인구 증가로 인한 부양 부담 증가와 같은 문제가 발생하고 있으며, 연명 치료와 안락사, 존엄사에 대해서도 논란이 뜨겁습니다. 반려동물도 수의학의 발전으로 수명이 대폭 늘어나 암에 걸리는 경우가 많아지고 이로 인해 진료비 부담이 커지는 등의 문제도 생겼다고 합니다.

이러한 부작용을 최소화하기 위해 저는 역설적으로 의학이 더 발전해야 한다고 생각합니다. 다만, 거기에 더해 살아 있는 동안 건강하게 사는 방안을 고려하는 의학으로 연구 방향이 달라져야 한다고 생각합니다. 의학의 발전이 매우 빠른 속도로 이루어졌기 때문에 지금까지는 수명이 늘어난 뒤의 삶이나 연명 치료 이후의 삶을 고려할 일이 없었고, 앞서 말한 문제들이 발생했다고 생각합니다. 앞으로는 고령화 사회 속 노년의 삶을 미리 준비하기 위한 의학이 필요합니다. 건강한 삶을 위해 운동이나 영양 섭취 등을 미리 관리해야 한다는 사회적 분위기도 공존해야 할 것입니다.

[수시]

1. 일반 교양 및 교직(문항 카드 1번)

※ 다음 글을 읽고 물음에 답하시오.

(가) 미래학자 버크민스터 풀러는 인류가 가진 지식의 총량이 비약적으로 늘어날 것으로 예측한 바 있다. 그가 발표한 '지식 두 배 증가 곡선'에 따르면 인류 지식의 총량이 두 배로 증가하는 주기는 점점 짧아지고 있다. 전문가들은 앞으로 이 주기가 최대 12시간으로 단축될 것으로 예측한다. 이러한 지식의 폭발, 이른바 지식의 빅뱅은 우리가 지금까지 한 번도 경험하지 못했다. 이것이 오랜 전통을 갖고 있는 브리태니커 백과사전이 인쇄본 발매를 중단한 이유이기도 하다. 244년의 전통을 가진 세계적 권위의 백과사전이 종말을 고했다는 것은 곧 지금까지 사용된 지식의 종말을 의미한다. 인류가 그래왔던 것처럼, 자신의 시대가 도달한 지식수준을 따라잡는 것은 이제 불가능한 일이 되고 말았다. 학교에서 배운 지식도 1~2년이 지나면 금방 옛 지식이 되고 만다. 한번 배운 것으로 평생 먹고 사는 시대는 다시 오지 않을 것이다.

(나) 매년 11월이면 수능이 치러진다. 열아홉 살에 치르는 이 한 번의 시험으로 인생의 많은 부분이 좌우된다. 그 한 번의 기회에 모든 것이 결정된다고 여기기에 우리는 경쟁하듯 천문학적인 비용과 시간, 노력을 투자한다. 하지만 이 시험이 과연 한 사람의 인생을 판가름할 만한 가치를 지니고 있을까? 중요한 건 이제 이런 시스템이 우리 사회의 미래를 보장해 주지 않는다는 사실이다. '정답 기계'만을 쏟아내는 우리의 교육은 지금 변화하지 않으면 살아남을 수 없는 중대한 위기에 놓여 있다. '19세기의 교실에서 20세기의 교사들이 21세기 아이들을 가르치는' 이 모순에서 어떻게 벗어날 수 있을까? 우리가 삶을 살아가며 겪게 될 문제들은 모두 시험지 밖에 있다. 몇 개의 보기 중에서 정답을 고르는 객관식일 리도 없다. 이제 많은 지식을 스마트폰으로 검색할 수 있는 시대가 되었다. 단순히 많이 아는 것만으로는 살아갈 수 없다. 앞으로의 경쟁력은 누가 어떤 지식을 얼마나 많이 갖고 있느냐가 아니라, 지식을 활용해 새로운 것을 만들어 낼 수 있느냐에 달렸다.

KBS 명견만리 제작진(2017). 『명견만리』 교육편, 257~263 재구성

1. (가)에서 제시한 사회 현상의 변화를 요약하고, 이에 근거하여 (나)에서 추론할 수 있는 교육 문제가 무엇인지 말하시오.

2. (가)와 (나)의 글을 근거로 미래 교육의 방향을 제시하고, 이에 맞는 교육 방법을 사례를 들어 말하시오.

학교 측 해설 ✏️

【채점 기준】

하위 문항	채점 기준
1	– (가)의 글을 정확하게 파악하고 있는가? – (가)와 (나)에서 제시한 글을 참고하여 교육 문제를 제시하는가?
2	– 미래 교육의 방향이 제시된 글에 근거를 두고 있는가? – 미래 교육의 방향과 교육 방법의 연계성이 적절한가? – 적절한 사례를 들어 교육 방법을 제시하는가?

【예시 답안】

1. 〈사회 현상의 변화〉

　정보 사회로 인한 지식의 폭발적 증가와 유용성 약화, 지식과 정보의 선택적 수용의 중요성 증가, 학교 교육뿐만 아니라 평생 교육의 중요성 증가, 지식의 생명 주기 단축 등

〈추론할 수 있는 교육 문제〉

　암기 위주의 주입식 교육 문제, 인간의 능력을 지적 능력 중심으로 평가하는 문제, 정답 기계를 만드는 교육 문제, 사고력 중심 교육 부족 등

2. 〈미래 교육의 방향〉

　지식을 선별하여 활용할 수 있는 판단력을 기르는 교육, 핵심 내용을 파악해 내는 통찰력을 기르는 교육, 상호 지식들을 연결하는 통섭력을 기르는 교육, 지식 습득뿐만 아니라 예술성과 심미성을 강조하는 교육, 살아가는 힘을 기르는 교육 등

〈교육 방법〉

　학습 결과보다는 과정을 중시하는 교육, 지식을 암기하는 교육이 아니라 지식을 창조하는 교육, 지식을 전달하는 교육보다 융합을 통한 문제 해결 중심 교육 등

선배들의 TIP ✏️

　미래 사회이자 4차 산업 혁명 사회는 거대한 정보의 홍수 속에서 자신에게 필요한 정보들을 선별하고, 조합하여 적용하는 창의 융합형 인재를 필요로 하고 있다. 변화된 사회는 단순히 많은 정보를 숙지하고 있는 것을 넘어서 모든 분야에 열린 사고방식을 바탕으로 원활하게 소통하는 의사소통 능력과 창의적 사고력을 요구한다. 이러한 미래 사회의 수요에 맞추어 미래 교육 또한 발맞

추어 나아가야 하며, 앞으로 교사가 되고자 한다면 4차 산업 시대에 필요한 역량을 키울 수 있는 교육 방법들을 고안해 두어야 할 것이다.

예시 답안 ✏️

1. 이제 현대 사회는 자신의 사용하는 기기의 원리를 한 마디만으로는 설명할 수 없을 정도로 고차 원적으로 발전했습니다. 불과 50년 전만 해도 TV나 라디오가 전기를 이용해 돌아간다고까지는 설명할 수 있었습니다. 하지만 지금은 스마트 기기들이 어떻게 데이터를 처리하는지에 대해 간략하게 요약할 수 없을 정도로 기술이 발전했고, 그러한 기술들이 우리 생활 전반에 자리 잡고 있습니다. 기술과 지식의 발전 속도와 양은 기하급수적으로 늘었지만, 현대인들은 그것을 수용할 수도, 그럴 필요도 없어졌습니다. 자기 분야를 전문적으로 잘 아는 것이 더 가치 있고 중요한 시대가 된 것입니다. 이로 인해 (나)에서 말하는 것처럼 고정적인 교육과정과 교과서를 통해 지식을 있는 그대로 전수 받고 지필고사 형식으로 시험을 보는 것이 점점 의미가 없어질 수 있습니다. 변화무쌍한 현대 사회는 개인이 어떤 분야로 진출할지 알 수 없으며, 자신이 진출한 분야에 필요한 지식이 무엇인지도 알기 어렵기 때문입니다. 주입식 교육을 바탕으로 시험에서 정답을 찍어내는 지금의 교육 체계는 더더욱 우리 사회와 실제적으로 멀어질 수 있습니다.

2. 이에 맞추어 교육이 나아가야 할 방향은 다음과 같습니다. 획일적인 교육 체계는 비판받을 수 있지만, 그럼에도 학생들이 공통적으로 배워야 하는 것이 아예 없는 것은 아닙니다. 저는 학생들이 공통적으로 중요하게 익혀야 하는 것을 '문해력'이라고 생각합니다. 문해력은 글자를 넘어 새로운 형태의 것을 받아들이고 이해하는 능력이라 생각하며, 그렇기 때문에 이러한 문해력을 기를 수 있도록 학교에서 국어 과목을 넘어 전반적인 과목에서 통합적으로 가르쳐야 합니다. 문해력은 글을 읽고 이해하는 것으로 끝나지 않고, 앞으로 우리가 마주할 새로운 영역의 지식을 배우고 적용하는 데 중요한 역할을 할 것입니다. 또한, 앞으로 지속적으로 새로운 기술이 우리의 삶에 나타날 것이고, 그것을 활용할 때도 문해력이 중요하게 작용할 것입니다.

2. 일반 교양 및 교직(문항 카드 2번)

※ 다음 글을 읽고 물음에 답하시오.

(가) 미래 학교의 모델로 회자되었던 알트 스쿨(Alt School)은 개별 맞춤 학습이 가능한 플랫폼을 구현해 학생 개개인의 학습 목표와 진도에 따라 일과표를 다르게 구성했다. 디지털 플랫폼을 토대로 학생이 저마다 자신의 교육과정을 설계하고 관리하도록 했으며, 학생의 흥미, 학습 방식, 교사의 과제 피드백 등의 정보를 수집하고, 이를 알고리즘으로 분석하여 제공함으로써 학생들이 주도적으로 학습 과정을 관리할 수 있게 했다. 그러나 알트 스쿨은 문을 닫았다. 비싼 학비도 원인이었지만 지나치게 개인화된 콘텐츠로 학생들의 기초 학력이 저하된 점이 가장 큰 이유로 지적되었다. 뿐만 아니라 알트 스쿨에서는 학습자가 실수를 통해 배울 수 있는 기회가 차단되었다. 예컨대 학습자가 맞춤법을 틀렸을 때 프로그램이 자동으로 수정해 주기 때문에, 정작 학습자는 왜 틀렸는지 스스로 알기 어려웠다.

남미자(2022). 자기주도학습이 미래 교육의 방향일까, 『민들레』 141, 60~69 발췌

(나) 형태가 어떻든 많은 학생들이 수업 시간에 잠을 잔다. 자는 행위가 꼭 나쁘다고만 할 수 없다. 잠은 피로를 풀어주고 기분을 상쾌하게 만든다. 시끄럽게 코를 골지 않는다면 다른 사람에게 피해를 주지도 않는다. 그러나 수업 시간에 자면 배울 기회를 잃어버리기 때문에 안타깝다. 그렇다면 교사는 자는 학생을 깨워야 할까? 가르쳐야 하는 교사가 잠을 자는 학생을 깨우는 것은 일견 타당해 보인다. (중략) 최근 언론 보도에 따르면, 수업 중 잠을 자는 학생을 강제로 깨우다 법적 사건으로까지 비화한 사례도 있다. 경기도교육연구원(2018)의 조사에 따르면 "선생님이 수업 시간에 자는 학생의 몸을 흔들어 깨우는 것도 성적 괴롭힘이라고 생각하느냐"는 질문에 학생과 교직원 4명 중 1명은 '그렇다'라고 대답했다.

정태윤(2022). 교실에서 잠을 선택하는 아이들의 유형, 『민들레』 140, 71~72 재구성

---

1. (가)가 제시한 알트 스쿨의 문제점을 지적하고, 이를 해결하기 위한 방안을 말하시오.

2. 만약, 자신이 (나)와 같은 상황에 처한 교사라면, 학생 지도를 어떻게 할지 말하시오.

학교 측 해설 ✐

【채점 기준】

하위 문항	채점 기준
1	– 알트 스쿨의 문제점이 제시된 글에 근거를 두고 있는가? – 문제점과 해결 방안이 적절하게 연계되었는가?
2	– 미래 교육의 방향이 제시된 글에 근거를 두고 있는가? – 학생 지도 방안이 현실성이 있는가?

【예시 답안】

1. 〈알트 스쿨의 문제점〉

비싼 학비, 지나치게 개인화된 콘텐츠, 기초 학력 저하에 대한 우려, 실수를 배울 수 있는 기회 차단 등

〈해결 방안〉

교사의 적절한 개입 필요, 기초 학력에 대한 정기적인 진단과 적절한 교수·학습 지원, 즉각적인 피드백 이외에도 지연된 피드백 제공, 협력적 학습 경험 제공, 비판적 창의적 사고력을 기를 수 있는 과제 제시 등

2. 〈학생 지도 방법〉

학생 상황을 이해하고, 인권을 침해하지 않는 범위 내에서 적극적인 교사 개입이 필요, 부주의한 학생에게 스토리텔링 방식으로 주의 집중할 수 있도록 지도, 평소에 교사와 학생 간의 신뢰 관계를 돈독하게 유지, 주기적인 학생 상담이나 학부모와의 소통 채널 마련, 학교의 공공성을 강조함으로써 건전한 생활 윤리 교육 강화 등

선배들의 TIP 🖋

(가)와 (나)의 개별적 사례를 연결 지어 유기적으로 답변한다면, 논리적으로 구조화된 답변이라는 평가를 받을 수 있을 것이다. 알트 스쿨의 사례와 수업에서 잠을 청하는 학생들의 유사점을 찾는 연습을 통해 답안의 논리성을 확보해 보자.

예시 답안 🖋

1. 제시문에 나온 알트 스쿨의 가장 큰 문제점은 교사의 관찰이 없었다는 점입니다. 알트 스쿨의 시스템은 분명 굉장히 선진적이고 효율적이며 간편합니다. 교사가 다수의 학생 개개인에게 동시다발적으로 해 줄 수 없었던 일들을 매우 빠른 속도로 자동화해 처리합니다. 하지만 이 과정에서 학생이 반드시 겪어야 하는 '스스로 고민하는 시간'이나, 이미 알고 있다고 생각하더라도 정규 과정을 따르며 발생할 수 있는 빈틈을 채우는 과정이 제외되었습니다. 아무리 학생이 주체적으로 자신의 학습을 계획하고 알트 스쿨 시스템의 도움을 받는다고 하더라도 학생이 스스로 학습 수준을 평가하는 것은 쉽지 않을 것입니다. 유명한 운동선수나 음악가들도 자신의 실력을 객관적으로 바라보고 향상하기 위해 레슨을 받는다고 합니다. 자신의 모습을 타인처럼 볼 수 없기 때문에 반드시 옆에서 감독해 줄 누군가가 필요한 것입니다. 그러한 역할을 해 주는 사

람이 교사이며, 알트 스쿨의 학생들은 교사가 없었기 때문에 본인이 부족한 점을 쉽게 알아차리기 어려웠을 것입니다. 이로 인해 기초 학력 저하와 같은 문제가 생겼다고 생각합니다.

2. 알트 스쿨은 학생이 필요로 하는 것만 할 수 있게 해 주는 최고의 지식 제공 시스템이지만, 교사의 관리 감독이라는 과정을 건너뛰며 결국 문제가 발생하게 되었습니다. (나)에서 학생들이 잠을 자는 이유 또한 알트 스쿨의 개념과 이어집니다. 본인이 필요로 하는 지식이 없으면 수업을 들을 필요가 없고, 잠을 자는 것이 더 이득이라고 판단한 것입니다. 하지만 학교는 지식 제공만이 목표인 곳이 아닙니다. 사회적인 규범을 몸소 체험하여 배우고 익히는 사회화 기관이기도 합니다. 수업 중에 잠을 자는 것은 지식 제공 측면에서 문제가 없지만, 다른 학생, 교사와 상호 작용하는 측면에서 부적절한 행동일 수 있습니다. 당장은 불필요해 보이더라도 이러한 규칙에 따르는 것 또한 사회 집단을 구성하는 방식인 것을 이해할 수 있도록 해야 합니다. 물론, 이 과정에서 신체적인 접촉 없이 설득하는 것을 원칙으로 하여 학생이 수업에 깨어있을 수 있게 하고, 그 이유를 납득시킬 것입니다.

[정시]

1. 일반 면접

※ 제시문을 읽고 물음에 답하시오.

> (가) 우리나라는 큰 위기에 빠져 있다. '불평등'은 세계 최고 수준이고, '불공정'은 공동체의 존립 자체를 위협하고 있으며, '차별과 혐오'는 사회적 약자의 삶을 벼랑으로 내몰고 있다. 불평등, 불공정, 차별과 혐오는 바로 한국 민주주의의 결함을 보여주는 예이다. 불평등은 경제 민주화의 부재에 근본 원인이 있고, 불공정은 사회 민주화의 결함에서 기원하며, 차별과 혐오는 문화 민주화의 결여와 밀접한 관련이 있다. 정치 민주화는 어느 정도 이루었지만, 사회, 경제, 문화 민주화가 거의 이루어지지 않은 현실이 불평등, 불공정, 차별과 혐오의 사회를 만든 주범인 것이다.
>
> (나) 민주주의가 결판나는 곳은 투표장이 아니라 교실이다. 교실은 민주주의의 훈련장이기에 한 나라가 성취한 민주주의의 수준은 교실에서 결정된다. 우리가 위대한 광장 민주주의의 전통에도 불구하고 여전히 성숙한 민주사회에 이르지 못한 이유는 무엇보다도 교실에서 성숙한 민주주의자를 기르지 못했기 때문이다.
> 김누리, "민주주의의 성패는 교실에서 갈린다.", 「한겨레신문」 칼럼 (2022년 1월 4일) 재구성

• (가)에서 언급하고 있는 ① '불평등, 불공정, 차별과 혐오의 사회 문제'가 무엇인지 교육과 관련하여 설명하고, ② 이를 해결하기 위한 교육 방안을 (나)를 참고하여 말하시오.

학교 측 해설 ✏️

【예시 답안】

〈교육과 관련한 불평등, 불공정, 차별과 혐오의 사회 문제〉

– 다문화 가정 아동에 대한 편견과 차별

– 지역에 따른 교육 격차 및 교육 기회 박탈

– 부모 찬스로 명명되는 교육 평가의 불공정

– 학부모의 경제력과 사회적 지위에 따른 교육 불평등

– 나이, 성별, 장애 유무 및 성소수자에 대한 차별 또는 혐오 등

〈사회 문제를 해결하기 위한 교육 방안〉

– 인성 교육 강화

– 민주 시민 교육 강화

– 학교 운영 및 학급 자치의 민주화

– 다양성 체험 교육 및 훈련 프로그램 운영

– 합리적 의사 결정 과정에 학생 참여 보장 등

– 인종, 민족, 성별, 성적 지향, 장애, 외모, 나이, 지역, 가족 형태, 종교, 소득, 고용 형태, 학력
  등의 차별 사례에 대한 교육과정 운영

선배들의 TIP ✏️

다문화 교육, 통합 교육 등 교실 안에서 다양성을 존중하는 교육의 실천은 현대 사회에서 중요하게 대두되는 과제이다. '다른' 것이 '틀린' 것은 아니라는 개념을 학생들에게 효과적으로 전달할 수 있는 교사로서의 인식과 노력이 필요하다.

예시 답안 ✏️

교실에서 발견되는 사회 문제는 경제적, 신체적 차이 등이 차별로 이어지는 것이라 할 수 있습니다. 아직 어린 초등학생들의 입장에서는 아주 작은 차이이더라도 그것이 더 크고 이질적이게 느껴질 수 있습니다. 여기에 획일성을 중시하는 집단주의적인 우리나라의 사회적 분위기가 더해진다면, 차이를 고치거나 통제해야 하는 대상으로 보게 되고, 자연스럽게 남들과 다른 대상을 이상하다고 낙인찍게 됩니다. 이로 인해 학급 내에서 집안의 경제적 차이가 따돌림의 원인이 되기도 하고 다문화 가정의 학생들이나 신체적 장애를 지닌 학생들이 학교 폭력에 노출되기도 합니다.

이러한 문제들을 해결하기 위해서는 제시문에 나온 것처럼 학생들이 민주적으로 사고할 수 있도록 도와야 합니다. 정치적으로는 모두 동일한 한 표를 행사한다는 면에서 민주적인 세상이지만, 사회적으로는 서로의 차이를 받아들이지 못해 문제가 발생하고 서로를 동등하게 바라보지 못하기도 합니다. 학생들이 다양성과 차별에 대해 인지할 수 있도록 교사가 힘써야 하며, 교사 개인을 넘어 학교에서 학생들을 가르칠 때 민주 시민 의식을 고양할 수 있는 교육을 위해 노력해야 합니다. 예를 들어, 교실 내에서 '1인 1역할' 학급 등을 운영하여 개개인이 민주적 주체로서 활동할 수 있도록 하거나, 사회 참여 동아리 활동을 통해 지역 사회의 문제를 해결하는 민주 시민 교육 등을 진행할 수 있을 것입니다. 더 나아가, 교육 당국이 교과를 떠나 전반적으로 시민 의식을 고취할 수 있는 방향으로 교육과정을 구성해야 합니다.

[수시]

1. 심층 면접(토요일 오전)

※ 다음 〈제시문〉을 읽고 물음에 답하시오.

〈제시문〉

(가) 학력 저하가 심각해졌다는 경고는 객관적 지표와 현실 체감, 양쪽에서 모두 나타난다. PISA(국제학업 성취도평가) 지표를 보면, 기초 학력 미달률에서 경제 협력 개발 기구(OECD) 평균은 큰 변화가 없는데, 한국만 두 배 가까이로 증가(2012년 8%에서 2018년 15%)했다. 국내의 국가 수준학업 성취도 평가에서도 고2 기초 학력 미달률이 2016년 3~5%에서 2021년 7.1~14.2%까지 급증했다. 이러한 지표상 위기가 코로나19 사태로 더 극명하게 수면 위로 드러나면서 모두 문제를 체감하게 되었다.

[중앙일보, 2022.10.27.]

(나) 코로나19 감염병 사태 이후 학생들의 기초 학력 저하와 학습 격차 문제는 교육계 최우선 과제가 되었다. 근 2년 넘게 이어진 원격 수업은 학생들의 학습 결손, 정서 결손, 사회성 결손 등에 영향을 주어 전반적인 학력 저하 문제로 불거졌다. 학력 저하 문제는 단기간에 회복하는 데는 한계가 있으며, 특히 초등 저학년에서 발생한 학습 결손은 누적되어 중·고등학교에서도 기초 학력 미도달로 연결될 우려가 큰 상황이다.

[문화일보, 2022.10.25.]

• (가)와 (나)에 의하면 기초 학력 저하와 학습 격차에 대한 문제가 심화되고 있다. 이를 해결하기 위한 구체적인 방안을 말해 보시오.

학교 측 해설 🖊

2단계 심층 면접은 문제에 대한 정답을 요하는 대학별 고사가 아니며, 지원자의 고등학교 교육과정에서 습득한 다양한 학습과 올바른 진로 교육, 정보화 및 정보 윤리 교육, 다문화 교육, 미디어 교육 등에 대한 내용을 통해 초등 교사로서의 갖추어야 할 긍정적 자아 개념, 교사로서의 자질, 전문성 및 발전 가능성으로 3개 영역에 대해 종합 평가를 실시하여 지원자의 역량 및 교직 인성과 적성을 평가하고 있다.

선배들의 TIP ✏️

초등학생들의 기초 학력 저하와 학습 결손은 코로나19 시기 이후로 해결되어야 하는 과제이다. 교사 개인적 차원의 노력도 좋지만, 이러한 사태에 대해서는 학생과 학부모, 학교, 정부의 정책적 측면을 통합적으로 고려하여 교육 현장에 유기적으로 연결되어 있는 모든 주체들의 노력이 필요함을 언급하는 것도 좋은 방법이다.

예시 답안 ✏️

(가)와 (나)에 나온 것처럼 코로나19 사태로 인해 원격 수업을 해야 했던 2020년과 2021년을 겪은 학생들에게서 기초 학력 저하와 학습 격차 문제가 나타나고 있다고 합니다. 저의 경우, 그 2년이 중·고등학생 시절에 있었기 때문에 문제를 크게 느낄 수 없었고, 혹여나 있더라도 쉽게 극복될 수 있었던 시기였다고 생각합니다. 하지만 초등학생들의 경우, 몸과 뇌가 빠르게 성장하는 시기인 만큼 학력 저하 문제를 크게 겪었을 것입니다. 학문적 지식을 배우는 중·고등학교와 달리 초등학교, 특히 4학년 이하의 저학년들은 실생활과 관련된 지식이나 사회 규범, 사람들과의 상호작용 등을 학교생활에서 배워야 한다는 점에서 그 타격이 컸을 것입니다.

하지만 (가)를 보면 이러한 현상이 전 세계적으로 나타나는 것이 아니라 유독 한국에서 크게 나타나고 있음을 알 수 있습니다. 만약 학습 격차가 코로나19로 인한 것이라면 기초 학력 미달률 OECD 평균치도 변화해야 하지만, 그렇지 않은 것으로 보아 한국의 교육 상황이 코로나19 사태와 맞물려 더 큰 문제로 번진 것이라 생각합니다.

개인적 관점에서 보았을 때 이러한 결과는 우리나라 보호자들의 학습과 교육에 대한 잘못된 인식으로 인해 발생한 것 같습니다. 우리나라는 학교를 '공부할 내용을 배우러 가는 곳'이라고 바라보며 학생에게 '공부 열심히 해라', '시험 잘 봐라' 등을 덕담으로 합니다. 살면서 자연스럽게 배워야 하는 것들과 몸으로 익숙하게 익혀야 하는 규범 및 삶의 방식은 그러한 '공부'에서 빠져 있습니다. 그렇기 때문에 학교에 갈 수 없는 동안 원격 수업으로 가정에서 학습하며 원격 수업이 충분히 채워주지 못한 부분을 보호자들이 메워주지 못한 것입니다. 이를 해결하기 위해서는 사회 전체의 분위기가 바뀌어야 하며, 의식적인 변화가 촉구되어야 합니다. 또한, 교육의 완성은 가정에서 이루어진다는 관점을 바탕으로 교육 구성원으로서의 학부모 역할을 강조해야 하며, 국가와 학교 차원에서 학부모 교육을 진행하여 학부모-학교-학생 간의 올바른 소통과 교육 공동체 형성이 필요합니다.

이제 원격 수업 대신 다시 대면 수업이 진행되므로 학교에서도 학생들의 미진한 학력을 증진하기 위해 노력해야 합니다. 정부 차원에서 학교와 교사를 지원하여 보충 수업이나 수업 밀도를 늘릴 수 있어야 하며, 인력 면에서도 보조 교사를 지원하는 등 적극적으로 나서야 합니다. 중·고등학생 때 발생한 학력 저하는 금방 회복될 수 있지만, 초등학생 때 발생한 학력 저하는 회복이 어려울 수 있고 이후에도 이어질 수 있기 때문에 많은 지원이 필요합니다.

2. 심층 면접(토요일 오후)

※ 다음 〈제시문〉을 읽고 물음에 답하시오.

〈제시문〉

(가) 이태원 핼러윈 참사 사망자 중에는 중·고등학생 6명(부상 5명), 교사 3명이 포함되어 있다. 우리 사회에서 그나마 재난·안전 교육을 시행하는 곳이 일선 학교인데, 이번 사고는 학교 재난·안전 교육 현실을 되돌아보는 계기가 되고 있다. 미국, 영국 등은 안전을 정규 교과로 지정해 실습 위주로 교육하고 있다. 반면, 한국에선 독립 교과로는 초등 1, 2학년 때 '안전한 생활'이 있을 뿐이다. 유치원부터 고등학교까지 교육부의 단계별 매뉴얼인 '학교 안전 교육 7대 영역 표준안' 어디에도 군중 밀집 상황 관련 항목은 찾아볼 수 없다.

[한경오피니언, 2022.11.1.]

(나) 지난달 29일 서울 용산구 이태원동에서 발생한 '이태원 핼러윈 참사'를 계기로 정부가 학교 안전 교육을 강화하기로 했다. 2022 개정 교육과정 총론에 학생들의 발달 수준에 맞게 체험 중심의 안전 교육을 명시한다. 중고교 보건 교과에서는 '다중이 밀집된 곳에서의 위험 요인을 파악하고 안전 방안을 세운다'는 내용이 신설되었다. 그러나 실제 학생들의 안전 의식을 키우기 위해서는 지금보다 체계적인 형태의 실습 교육이 이루어져야 한다는 지적이 많다.

[동아일보, 2022.11.22.]

• (가)와 (나)를 참고하여 학교에서 실제적인 안전 교육을 위한 적절한 방법을 말해 보시오.

학교 측 해설 ✏

수시 심층 면접(토요일 오전)의 해설과 동일하므로 생략한다.

선배들의 TIP ✏️

학교에서의 안전 교육은 코로나19 사태부터 세월호 참사, 이태원 핼러윈 참사와 같이 여러 차례 발생한 상황들을 대비하기 위해 실시되어야 한다고 강조되었지만, 그 중요성만큼 실제적 교육은 이루어지지 않은 현실이다. 이러한 이슈들을 접할 때 미래의 교사로서 어떠한 시야를 가지고 바라보아야 할지, 교육적 관점에서의 접근이 필요하다.

예시 답안 ✏️

제시문에 나타난 참사 이외에도 최근 10년간 안전 문제와 관련하여 다수의 사람이 사망한 사건들이 있었습니다. 대표적으로 세월호 참사가 있습니다. 세월호 참사 이후 학생들의 안전 문제가 매우 강조되었지만, 언론 등을 통해 안전의 중요성만 언급되었을 뿐 학교 현장에서 실질적 안전 교육의 실행으로 연결되지는 못했습니다. 생존 수영의 중요성을 강조하면서도 생존 수영이나 수영 수업이 이루어진 학교는 매우 드뭅니다. 이는 안전 교육을 시행할 시설이나 기관이 미비하기 때문입니다. 제시문에 나온 것처럼 군중 밀집 상황을 예방하기 위한 안전 교육은 생각보다 간단하게 시행될 수 있습니다. 체육관 등지에서 학생들이 밀집 상황에서 안전을 위해 취해야 하는 행동을 체험하면 되기 때문입니다. 하지만 생존 수영은 수영장이 필요하며, 수영장을 갖추지 못한 경우 사설 수영장에 교육을 위탁해야 하는데, 지역에 수영장이 없는 경우가 매우 많습니다. 생존 수영 말고도 당장 화재 안전 교육과 관련해 소화기를 직접 사용해 보는 교육 경험이 있는 학생이 매우 적을 것입니다. 위험 상황이 달라지는 것과 별개로 애초에 안전 교육이 실시되지 않는 경우가 대부분이라는 것입니다.

따라서 특정 교과에서 안전 교육을 담당하도록 하는 것이 아니라, 전국의 모든 학교가 의무적으로 수업 시간을 할애하여 진행할 수 있도록 해야 합니다. 학년별, 상황별 수업 방식을 고안해야 하고, 안전 교육을 이행하기 위해 필요한 시설이나 도구를 마련하여 전국적으로 시행할 수 있도록 확충한 뒤 진행해야 할 것입니다. 이를 위해서는 학교 단위나 교육청 단위가 아닌, 정부 단위에서 안전 교육을 위한 부서를 만들어 진행하는 것이 필요하다고 생각합니다.

3. 심층 면접(일요일)

※ 다음 〈제시문〉을 읽고 물음에 답하시오.

〈제시문〉

(가) 코로나19 유행 기간 동안 떨어진 학생들의 체력을 끌어올리기 위해 교육부와 17개 시도교육청이 학교별 지역별로 맞춤형 건강 체력 교실을 운영한다. 교육부는 17개 시도교육청과 함께 저하된 학생의 체력을 강화하고, 학교 체육 활동을 통한 학생의 정서 교육 결손 회복을 위해 건강 체력 교실 등 학교 체육 지원 프로그램 운영을 본격적으로 지원한다고 밝혔다.

[교육문화신문, 2022.6.29.]

(나) 학교 체육 진흥회가 지난해 발표한 '코로나19 시대 학생 신체 활동 실태 분석 및 정책 방향 설정'을 보면 코로나19 시기 학교 안팎에서 이뤄지는 신체 활동은 현격히 감소했다. 학교 안 신체 활동의 경우 2020년 초등학생은 하루 평균 20.86분, 중·고등학생은 70.61분을 전년보다 적게 한 것으로 조사되었다. (중략) 연구 작업에 참여한 교수는 "대체로 우리나라 청소년들은 학교 영역에서의 신체 활동 의존도가 높다. 하루 8시간 학교에 있는 가운데 20분에서 70분까지 신체 활동이 줄어든 것은 비율로 보면 큰 것이다. 학생들의 신체 활동 확대를 위해 학교가 기능을 해줘야 한다"고 지적했다. 교육부가 초·중·고(초1~4년 제외) 전체 학생을 대상으로 매년 1회 이상 실시하는 학생 건강 체력 평가(PAPS) 자료에서도 저체력 학생의 증가는 눈에 띈다. 팝스는 2009년 도입된 체력 시스템으로 과거 '모형 수류탄' 등을 던지던 체력장과는 토대가 다르다. 심폐 지구력, 근력, 순발력, 체질량 지수(BMI) 등을 과학적으로 산출하고, 이를 바탕으로 신체 활동 처방을 내린다. 국가가 초·중·고 학생 전체를 대상으로 건강 통계, 팝스 측정을 하는 것은 학교 체육의 중요성을 스스로 인정한 것으로 볼 수 있다. 물론 교육부도 팝스가 실질적으로 학생들의 건강과 체력을 증진할 수 있도록 방법을 고민하고 있다.

[한겨레, 2022.11.11.]

- (가)와 (나)의 내용에 의하면 학생들의 기초 체력의 중요성이 강조되고 있다. 학교에서 기초 체력을 함양할 수 있는 구체적인 방안을 말해 보시오.

학교 측 해설 ✏️

수시 심층 면접(토요일 오전)의 해설과 동일하므로 생략한다.

2020년 코로나19로 학생들이 학교로부터 멀어지면서 발생하게 된 문제 중에는 학생들의 비만과 저체력 현상도 있다. 2019년과 비교하여 초등학교 학생의 체중은 4.47kg으로 증가했고, 학생 건강 체력 평가(PAPS) 결과에 의하면 저체력 학생의 경우에도 5.3~8.2% 급증했다고 한다. 학생의 체력은 미래와 직결되기 때문에, 이 또한 놓쳐서는 안 되는 중요한 이슈이다.

예시 답안 ✏

코로나19 시기에 많은 학생들이 집을 나가지 못해 답답해했습니다. 운동량이 줄어 살이 찌는 것 말고도 정서적으로 스트레스를 해소하지 못해 예민해지고 가족들과 충돌하는 등의 문제가 많았습니다. 가볍게 산책이라도 하고 오면 그날 기분이 가벼워지고 가족들과도 부딪치지 않게 된다는 것을 느끼고 저 또한 체육 활동의 중요성을 깨달을 수 있었습니다.

코로나19가 잠잠해진 이후 다시 학교에 가게 되었지만, 그렇다고 체육 활동을 적극적으로 할 수 있게 되지는 않았습니다. 빠르게 성장하는 초등학교 학생들의 경우, 기초 체력이 떨어진 것은 앞으로의 성장에도 영향을 미칠 수 있기 때문에 학교에서 기초 체력을 향상하기 위한 해결책을 모색해야 합니다.

이를 위해 저는 학교에서 동아리 활동을 장려해야 한다고 생각합니다. 미국이나 일본처럼 수업과 관계없이 동아리 형태로 체육 활동을 하는 것이 일반적인 나라는 생활 체육이 탄탄하게 자리 잡고 있으며, 국민 전체 체력에도 큰 영향을 주고 있다고 합니다. 특히 미국은 체육 활동을 즐기는 것이 학생의 사회성과 관련이 있다고 보고 대학 입시에 반영하기도 한다고 합니다. 하지만 우리나라의 경우, 공부를 너무 강조한 나머지 뛰어노는 아이들을 보고 공부도 안 한다며 핀잔을 주기 일쑤입니다. 그리고 수업 시간에 체육 활동을 하는 것은 결국 뒤에 이어지는 다른 수업에 영향을 주기 때문에 공부를 위해 체육 시간에 소극적으로 임하는 학생들도 있을 수 있습니다. 그러므로 앞서 말씀드린 동아리 형태의 체육 활동을 장려하여 수업에 영향을 미치지 않도록 하면서 동시에 학교에서 학생들이 자연스럽게 체육 활동을 즐기고 기초 체력을 향상할 수 있도록 하는 것이 좋다고 생각합니다.

[정시]

1. 면접 고사

※ 다음 〈제시문〉을 읽고 물음에 답하시오.

〈제시문〉

영어의 'Student centered education', 'Learner centered education'을 우리말로 번역한 학생 중심 혹은 학습자 중심 수업은 최근 교실 개혁과 관련하여 가장 많이 회자되는 말 중 하나이다. 현재 우리나라 학교 현장에서 학습자 중심의 배움 중심 수업을 하라는 요청은 하나의 당위로 받아들여지고 있다. 교사들도 이상적인 수업을 학생들의 요구에 민감한 수업, 학생들의 흥미를 유발하는 수업, 학생들의 개별성을 존중하는 수업 등으로 생각한다. 그러나 지향해야 할 수업이기는 하지만 이 용어를 접하면 부담스럽고 당혹스럽기까지 하다. 한국의 교실 상황에서 학습자 중심 수업을 실현하기가 너무 어렵다고 느끼기 때문이다. 강력한 국가 수준 교육과정, 차시 단위로 설계된 표준적 교과서, 다인수 학급, 객관화된 학업 성취도 평가 등을 고려할 때 어떻게 학생 중심 수업을 할 수 있을까?

이런 현실을 딛고 학습자 중심 수업을 시도하기도 어려울 뿐 아니라 시도해도 잘되지 않는다. 그리고 무엇이 학습자 중심 수업인지도 합의하기가 쉽지 않다. 혹자는 교사가 말을 적게 하고 활동을 중심으로 수업하거나, 개별화 수업과 토의·토론식 수업을 학습자 중심 수업이라고도 생각한다. 그러나 학습자 중심 수업은 다양한 교수 기법이나 전략을 넘어서는 교육에 대한 새로운 성찰을 요구한다.

• 위 〈제시문〉을 참고하여 '학습자 중심 수업'이 의미하는 바를 이야기하고, 이러한 수업을 실현하기 위해서는 어떤 변화가 필요한지 말해 보시오.

학교 측 해설 ✍

수시 심층 면접(토요일 오전)의 해설과 동일하므로 생략한다.

선배들의 TIP ✍

혁신 학교 수업은 과거 교육 체제를 넘어서 학생 간 경쟁 구도나 주입식 교육을 하는 것이 아닌 자연스러운 배움의 관계가 형성되는 '전문적 학습 공동체'를 기반으로 교육을 실천하고자 한다. 이때 교사의 역할은 정보 전달자에서 격려자, 촉진자가 되며, 학생은 배움의 주체가 되어 스스로 탐구하고 창의 사고력을 키우게 된다. 이는 현재 교육 혁신적인 측면에서 중요한 개념으로, 면접을 대비하며 보평 초등학교, 버들개 초등학교와 같이 각종 혁신 학교 우수 사례들을 찾아보는 것도 좋은 방법이다.

예시 답안 ✎

　학습자 중심 수업은 학습자, 즉 학생들의 주체성을 중시해 학생이 흥미를 느끼고 스스로 탐구 및 학습할 수 있게 하는 수업입니다. 우리나라의 경우, 모든 세대가 수능을 향해 달려가야 한다는 전제가 있기 때문에 학교에서 이루어지는 수업들이 수능에 도움이 되는지 안 되는지를 기준으로 평가받는 분위기가 만연합니다. 사회 전체의 분위기가 그렇다 보니 학생들도 앞으로의 삶에 그 수업이 도움이 되는가를 떠나 당장 눈앞에 시험에 나오는 지식을 제시해서 보여주는 강의식 수업이나 주입식 수업 등을 선호하게 됩니다. 입시에 대한 사회적인 의식이 바뀐다면 이는 조금 더 나아질 수 있습니다. 모두가 공부할 필요 없이 자신의 삶에 집중하는 것이 중요하다는 인식이 생긴다면 다양한 방식으로 수업을 짜더라도 학생과 보호자들이 만족할 수 있습니다.

　하지만 제시문 마지막 문단에서 알 수 있듯이, 학습자 중심 수업을 무작정 도입하게 되면 여러 가지 한계에 부딪히고 말 것입니다. 이를 해결하기 위해서는 우선 학습자 중심 수업이 무엇인지에 대해 충분히 숙고하는 시간이 필요합니다. 수업 시간이 고정되어 있고, 특정 교과에 어떤 교과서를 쓰고 어떤 식으로 평가해야 하는지가 정해져 있는 우리나라의 상황 아래에서 학습자 중심 수업에 대한 논의는 활발히 진행되기 어렵습니다. 최근 이슈가 된 혁신 학교 등은 이러한 현실적인 한계를 극복하기 위해 학습자 중심의 교육과정과 교육 방식을 진행하는 자율적인 학교를 출범했습니다. 물론 학습 내용과 관련하여 여러 찬반 논란이 있을 수 있지만, 혁신 학교와 같이 교육과정, 시수, 방식 등에서 자유로운 학교를 운영하며 충분한 연구 결과가 모인 뒤에 일선 학교들에 적용할 수 있는 지점을 찾을 수 있다고 생각합니다. 따라서 학습자 중심 수업을 위해 기존 학교 체제보다 자유롭게 운영되는 학교를 참고하여 교사들과 교육 당국이 더 많이 연구해야 한다고 생각합니다.

[수시]

1. 개별 면접

- 제출 서류(학교생활기록부)를 참조하여 면접 위원이 지원자를 상대로 질의

학교 측 해설 ✏️

청주교대는 각 기출문제 예시에 대한 학교 측 해설이 없기에 생략한다.

선배들의 TIP 및 예시 답안 ✏️

생기부 기반 문제이므로 예시 답안은 생략한다.

[정시]

1. 개별 면접

- 면접 위원이 지원자를 상대로 인 · 적성 관련 개방형 질의

학교 측 해설 ✏️

청주교대는 각 기출문제 예시에 대한 학교 측 해설이 없기에 생략한다.

선배들의 TIP 및 예시 답안 ✏️

생기부 기반 문제이므로 예시 답안은 생략한다.

[수시]

1. 교직 인 · 적성 면접(오전)

※ 다음 〈사례〉를 읽고 물음에 답하시오.

〈사례 1〉

　○○시 소재 학교에서 근무하는 교사가 학생이 던진 교과서에 얼굴을 맞아 다치는 사건이 발생했다. 보도에 따르면 5학년 학생 '갑'이 수업을 하던 A 교사에게 교과서를 두 차례 집어 던진 것으로 전해졌다. 당시 학생 갑은 수업 도중 "시험을 봐야 하니 자지 말고 일어나라."라고 말한 A 교사에게 교과서를 던진 후 교사의 지적을 듣자 다시 얼굴에 교과서를 던졌다. A 교사는 다행히 큰 부상은 입지 않았고, 「교원의 지위 향상 및 교육활동 보호를 위한 특별법」에 따른 피해 교원 보호 조치에 따라 특별 휴가 5일을 받았다가 복귀했다. 한편, 학교는 학생 갑을 징계했다.

〈사례 2〉

　△△시 소재 학교에서 학생 '을'이 수업 중 스마트폰을 들고 교단에 드러누워 동영상을 찍는 듯한 영상이 누리 소통망 서비스(SNS)에 게시되어 논란이 되었다. 12초 분량의 동영상에는 학생 '을'이 드러누운 채 칠판에 글씨를 쓰는 B 교사를 뒤에서 촬영하는 것으로 보이는 모습이 담겼다. 한편, 영상이 올라온 계정에는 수업 중 또 다른 학생이 상의를 벗은 채 교사에게 말을 거는 모습이 담긴 영상도 게시되었다. 이에 학교는 관련 학생을 징계했다.

---

1. 면접 대상 학생이 A 교사, B 교사라면 각각의 사례에 어떻게 대처했겠는가? 이와 같이 최근 논란이 되는 다양한 교권 침해가 발생하는 원인에 대해 설명해 보시오.

2. 교사의 교권과 학생의 인권은 대립된다는 주장도 있으나, 일부 학생의 과도한 행위는 다른 학생들의 학습권을 침해할 수 있다. 이런 측면에서 교사의 교권과 학생의 인권을 조화시킬 수 있는 적절한 방안을 설명해 보시오.

학교 측 해설 ✏️

【출제 의도】

이 문항은 교사의 교권과 학생 인권의 대립을 인식하고 그 조화 방안을 탐색하는 것이다. 2022년 1월 24일 한국 교육 개발원(KEDI)이 발표한 '2021년 교육 여론 조사' 결과에 따르면, 조사 대상자의 36.2%가 '교원의 교육 활동 침해 행위의 이유'로 '학생 인권의 지나친 강조'를 선택했다. 26.2%는 '학교 교육이나 교원에 대한 학생·보호자(부모 등)의 불신'이라고 응답했고, 17.5%는 '교육 활동 보호에 대한 학생·보호자(부모 등)의 인식 부족'이라고 응답했다.

'교원의 교육 활동 보호 강화를 위한 과제'로는 '침해 행위자에 대한 엄정한 조치 강화(36.9%)'를 선택한 응답자가 가장 많았고, '예방 교육, 캠페인 등 교육 활동 보호에 대한 전 사회적 인식 제고(23.8%)'가 그 뒤를 이었다.

학생의 인권을 강조하다 보면 교사의 교권이 제약될 수 있다. 그리고 그 반대의 경우도 있을 수 있다. 그러나 교사의 교권은 학생의 학습권을 보장하기 위해 인정되는 권한이다. 그리고 교권을 침해하는 학생의 행위를 적절히 규제하지 못하면 교육 활동 침해 학생 외 일반 학생의 학습권을 침해할 수 있다. 따라서 교육 활동 침해 학생에 대해서는 적절한 규제가 필요하다.

【채점 기준】

1. 면접 대상 학생이 A 교사, B 교사라면 현장에서 어떻게 대처했겠느냐는 질문은 정답이 있는 것이 아니다. 현장에서 교육 활동을 침해하는 학생의 행위를 적절히 규제하여 일반 학생의 학습권과 교사 자신도 보호할 수 있는 대처 능력을 평가한다. 학생 인권을 지나치게 강조하여 정당한 지도도 주저하는 학교 분위기, 학교 교육에 대한 불신으로 인해 교사의 정당한 권위도 인정하지 않는 사회 분위기 등 교권 침해의 구조적 원인을 적절히 설명하는지 평가한다.

2. 교사의 교권과 학생의 인권이 대립된다는 주장이 있다. 교사의 교권은 교사의 이익을 보호하기 위한 '권리'가 아니라, 학생의 학습권을 보장하기 위한 '권한'의 성격이 강하다. 교사의 교육 활동을 침해하는 학생의 행위를 적절히 규제하지 못하면 일반 학생의 학습권을 침해하는 결과를 가져올 수 있다. 따라서 교육 활동을 침해하는 학생에 대해 적절하게 규제할 때 일반 학생의 학습권이 보호될 수 있다. 이와 같은 관점에서 학생이 양자의 조화 방안을 적절히 제시하는지 평가한다. 답변에서 제시한 내용의 다양성과 창의성도 중요하지만 관련 내용의 논리적 정합성과 균형 잡힌 가치관도 중요한 평가 기준으로 활용한다.

교권 추락과 학생 인권 보호의 이슈는 날이 갈수록 교육 현장에서 중요한 이슈로 대두되고 있다. 만약 교사가 되어 이러한 상황을 마주하게 된다면, 현실적으로 어떻게 대처할 수 있을지 자신만의 매뉴얼을 고민해 보아야 한다.

「교원의 지위 향상 및 교육 활동 보호를 위한 특별법 시행령」 제2조의3(교육 활동 침해 행위 관련 보고 사항)에는 교육 활동 침해 행위를 다음과 같이 규정하고 있다.

① 형법상 상해·폭행죄, 협박죄, 명예에 관한 죄, 손괴의 죄에 해당하는 범죄 행위
② 성폭력 범죄 행위(「성폭력 범죄의 처벌 등에 관한 특례법」 제2조 제1항)
③ 불법 정보 유통 행위(「정보 통신망 이용 촉진 및 정보 보호 등에 관한 법률」 제44조의7 제1항)
④ 그 밖에 교육부 장관이 정하여 고시하는 행위로서 교육활동을 부당하게 간섭하거나 제한하는 행위

예시 답안 ✏️

1. 〈사례 1〉의 경우, 즉각적인 대처가 필요한 상황이라 생각됩니다. 제가 교사라면 이 경우 적극적으로 나서 학생을 물리적으로 제지하기보다 학급에서 학생을 분리한 뒤 적합한 지도와 처벌을 생각할 것입니다. 〈사례 1〉과 같이 공격성이 드러나는 경우에는 다른 학생들이 이 상황을 보며 충격을 받을 수도 있으며, 교사와 학생이 격하게 대치하는 모습으로 인해 스트레스를 받을 수 있습니다. 학생을 학급에서 내보내는 것은 문제가 될 수 있으나, 다른 학생들을 위해 문제 학생과 함께 학급을 나서는 방식으로 분리가 필요합니다.

〈사례 2〉의 경우, 이전부터 문제 행동이 관습적으로 이어져 왔음을 추론할 수 있습니다. 교사가 모르는 사이에 일어나는 일이 아닌, 학생이 공개적으로 문제 행동을 하며 교사를 시험하면서 우월감을 느끼고 있는 것입니다. 이러한 일이 있기 전에 문제 학생을 벌하면 좋겠지만, 그러기 어렵다는 전제 하에 학교 교장 선생님, 교감 선생님 등 책임자와 상의하여 지도, 징계 등을 할 것입니다.

현재 교사가 개인적으로 학생을 지도하고 훈육할 때 사용할 수 있는 방법은 사실상 전무합니다. 하지만 교권 침해가 일어나는 것이 단순히 교사의 지도 수단이 없어졌기 때문만은 아닙니다. 가정 내에서 교사들의 지도를 불신하는 분위기가 형성되면 학생들이 학교에서 교사들의 지도에 불만을 가지고 따르지 않게 됩니다. 즉, 과거와는 달라진 보호자들의 태도가 문제가 될 수 있다는 것입니다. 제시된 두 가지 사례와 같은 문제 행동을 학생이 했다면 보호자의 지도가 함

께 병행되어야 가장 효과적이지만, 보호자가 오히려 학생을 두둔하는 태도로 나선다면 교사의 지도가 무의미해질 것이라고 생각합니다.

2. 제시된 사례의 문제 행동은 아무리 교권이 하락했다고 하더라도 보통의 학생들 사이에서 일반적으로 발생하는 현상이라고 보기 어렵습니다. 그렇기 때문에 사례를 보고 학생 인권이 과도하게 존중된 결과라고 생각하지는 않습니다. 하지만 문제는 만일의 경우 이러한 학생들이 나타나더라도 다른 학생들의 학습권을 방해하지 않도록 분리하여 대처하는 것이 어렵다는 것입니다. 학생을 교실에서 나가게 하는 것 자체가 아동 학대로 연결될 가능성도 있기 때문에 문제 상황에서 교사가 즉각적으로 급한 불을 끄기 어렵습니다. 학생이 문제 행동을 했을 경우, 지도실이나 교무실 등에 분리할 수 있다면 제시된 사례와 같은 침해 사례가 다른 학생들에게 영향을 덜 주는 방향으로 해결될 수 있습니다. 따라서 학생의 인권을 존중하는 분위기는 유지하되, 학급 내 문제 상황에 즉각적으로 대처할 수 있도록 최소한의 매뉴얼을 정해 학교와 교사, 학생 및 사회 전체가 합의할 수 있어야 합니다.

이를 위해서는 단순히 학교, 교사가 교칙으로 정하는 것으로는 부족하며 실제 교육 현장을 반영한 대응 방안이 공식화될 수 있도록 교육청이나 입법 기관에서 정식으로 명문화해야 합니다. 교사가 기댈 수 있는 제도가 있어야 교권이 충분히 보호될 수 있다고 생각합니다.

2. 교직 인·적성 면접(오후)

※ 다음 글을 읽고 물음에 답하시오.

교단에 들어선 지 얼마 되지 않아 교직에 들어선 것을 후회하는 경우가 많아졌다. 교사들에게는 높은 수준의 도덕성이나 책임감을 요구하고 많은 양의 교과 지식을 습득하기를 바란다. 또한, 교수 방법도 잘 익히기를 기대하고 생활 지도를 잘하여 학생들이 인격적으로 성장하도록 돕기를 요구한다. 이에 더해 학생들의 진학 지도와 학교 행정 업무에도 적극적으로 참여하기를 바란다. 이처럼 교사에게 많은 책임과 의무를 요구하는 반면, 그들의 사기를 높이는 방안을 찾는 것에는 소극적인 편이다.

이에 교육계 안팎에서 교사들의 사기를 높이는 방안을 찾고 있다. 교육계 안에서는 교사들의 직급을 세분화해서 그에 맞는 적절한 보상을 제공하자는 의견이 있다. 현재 교직은 평교사, 부장 교사, 교감, 교장으로 나뉘는데, 이를 군대의 계급처럼 다양한 직급으로 나눠 승진의 기회를 많이 주자는 것이다. 이는 교사들이 의욕적으로 교직에 임하도록 적절한 보상과 대우를 하자는 의도이다.

교육계 밖에서는 교사들에게 많은 경제적 혜택을 주자는 의견이 있다. 예를 들어, 교사들이 비행기를 탈 때 할인 혜택을 주거나 자동차나 가전제품 등 고가의 물건을 구입할 때도 혜택을 주자는 것이다. 또한, 주택 구입 시 세금 감면 혜택을 주어 경제적인 이익을 제공하자는 것이다.

1. 위에서 제시한 교육계 안과 밖에서 주장하고 있는 사기 진작 방안 각각에 대해 지지하거나 반대하는 의사를 밝히고, 그렇게 생각하는 이유를 구체적으로 설명해 보시오.

2. 교사들의 사기가 떨어지는 중요한 이유는 무엇인지 말해 보고, 위에서 제시한 방안 이외에 구체적인 사기 진작 방안에 대해 설명해 보시오.

학교 측 해설 ✎

【출제 의도】

이 문항은 현장 교사들이 겪는 사기 저하 문제에 대해 면접 대상 학생들이 잘 인식하고 있는지, 이러한 문제를 해결하기 위한 다양한 방안에 대해 비판적 시각을 가지고 있는지를 알아보고자 한다. 또한, 사기 저하 문제의 원인에 알맞은 해결책을 창의적으로 생각해 낼 수 있는지를 평가하고자 한다. 학생들의 인권은 향상되었지만, 상대적으로 교권은 추락하고 있고 교원 임용 경쟁률은 치열해지는 상황에서도 본교에 진학하기를 원하는 학생들이 교직에 대해 얼마나 심도 있게 생각해 봤는지를 알아보고자 한다.

【채점 기준】

1. 교육계 안과 밖에서 추진할 수 있는 사기 진작 방안, 각각에 대해 지지하거나 반대하는 이유를 구체적이고 상세하게 설명하는지를 확인해 봄으로써 객관적이고 비판적인 시각을 갖고 있는지를 평가한다. 예를 들어, 교직의 직급을 세분화하여 승진의 기회를 많이 주게 되면 교사들이 좀 더 의욕적으로 자기 계발을 위해 노력함으로써 학교 현장의 발전을 도모하고 교직에 활력을 불어넣어 지지한다든지, 승진에 지나친 집착이 오히려 동료 간의 갈등이나 위화감을 조성하여 바람직한 교직 문화를 저해할 수 있어 반대한다는 것과 같이 구체적인 방안을 제시하는지를 평가한다.

2. 사기 저하 원인과 사기 진작 방안에 대해 면접 대상 학생이 심도 있게 고민했는지, 그리고 구체적인 시행 방안까지 잘 제시했는지를 평가한다. 예를 들어, 교권 침해를 겪은 교사에게는 무조건 휴양하게 하고, 상담 치료를 제공한 후 현장 복귀가 가능한 상태라는 전문가의 판단이 있은 후에만 복귀를 추진하는 등의 구체적 방안을 제시하는지 평가한다. 만약 제시한 방안이 덜 구체적이거나 실현 가능성이 적을 경우에는 좀 더 구체적으로 말하게 유도하고 실현 가능성이 높은 새로운 방안을 제시할 수 있도록 유도하여 학생들의 생각을 잘 이끌어 내도록 한다.

선배들의 TIP

OECD 34개 회원국의 중학교 교사 10만 5,000여 명을 분석한 결과, 한국 교사가 직업 만족도가 가장 낮으며, '교사가 된 것을 후회한다.'라는 답변을 가장 높은 비율(20.1%)로 제시했다고 한다. 직업 안정성이 높은 측에 속함에도 이러한 현상을 보이는 한국 교육의 현실은 반드시 해결되어야 하는 교육 현장의 숙제이다.

현실적인 관점에서 보았을 때, 단순히 사명감만으로 교직에 종사하고 싶다는 답변은 오히려 진정성이 떨어질 수도 있다. 그렇기 때문에 이러한 문제에 답변할 때는 현실적 해결 방안을 모색하고, 학교 자체, 사회적 분위기, 제도적 차원의 노력이 모두 필요함을 명시하여 논리적인 답변을 구성하는 것이 바람직하다.

예시 답안

1. 저는 제시된 방안 중에서 교사 직급 세분화에는 반대하고 경제적 혜택 강화에는 찬성합니다. 제가 아직 학교에서 직접 일해 본 것은 아니지만, 학교는 직급이 크게 의미를 가지기 어려운 곳

이라 생각합니다. 이미 관료제적인 구조가 강한 학교에서 직급을 나누는 것은 새로운 수직적 위계와 압박을 만들어 내는 일이라 생각하며, 교사 입장에서도 특별히 더 매력적인 요인으로 다가오지 않을 것 같습니다. 수직적인 위계가 큰 차이를 만드는 다른 회사나 국가 기관의 경우, 승진하는 것이 큰 이점으로 여겨질 수 있을 것입니다. 그렇지만 학교 내에서는 그렇게 큰 이점은 아닐 수 있습니다.

반면, 경제적 혜택을 강화하는 것은 교사 사기 진작에 많은 도움이 될 것이라 생각합니다. 공무원들과 교사들의 연봉이 과거에 비해 충분하게 인상되지 않았다는 기사를 본 적이 있습니다. 저도 교사가 되고 싶기 때문에 교사 및 공무원 연봉 자료를 찾아본 적이 있습니다. 지금 학생 입장에서 피부로 와 닿지는 않았지만, 제가 앞으로 감당해야 할 일에 비해 보상이 충분하지 않다는 느낌을 받았습니다. 학교에서도 종종 경제적인 부분과 관련해서 체념한 듯한 선생님들의 모습을 보고는 했습니다. 노동법으로 관리되는 다른 직업이나 아르바이트와 달리, 교사는 공직이라는 이유로 연봉에 크게 변화가 없었고, 불만이 있더라도 상위 기관이 국가이기 때문에 시위나 파업이 불가하여 협상의 기회가 없었던 것이 그 원인이라 생각합니다. 따라서 교사 연봉이나 감세 혜택 등으로 교사들이 경제적인 혜택을 크게 받을 수 있다면 이미 일하고 있는 교사에게도 긍정적일 것이며, 교사라는 직업을 희망하는 사람들에게도 열정을 줄 수 있을 것입니다.

2. 최근 합격한 뒤 5년 내에 그만두는 공무원들이 많아져 공공 기관에서도 문제가 되고 있는 상황이라고 합니다. 학생을 대한다는 특성 때문에 직업의식이 강한 편에 속하는 교사는 그럼에도 그만두는 정도가 덜하지만, 현실적인 측면에서 앞으로 별다른 변화가 없다면 교사 일을 지속해야 하는 필요를 느끼지 못하는 사람들이 많아질 것입니다.

앞서 말씀드린 경제적인 측면을 제외하고 교사들이 가장 무력감을 느끼는 부분이 교권 추락 문제입니다. 과거처럼 교사를 떠받드는 분위기를 원하는 것이 아니라, 어떤 문제 상황에서 교사 개인이 보호받을 수 있는 제도가 있어야 한다는 것입니다. 학생을 지도하다가 생기는 문제에 대해서도 학생 인권 침해라며 교사에게 책임을 묻거나, 학부모나 외부인의 민원에 대해 교사가 항변할 기회 없이 책임져야 하는 사례가 많습니다. 특히 보호자가 교사를 고소하여 교사를 정신적으로 고통스럽게 만드는 경우도 있다고 합니다. 문제는 이러한 경우에 상급자인 교감 선생님, 교장 선생님이 교사 개인에게 책임을 미루기도 하며, 교육청에서 교사를 보호하기 위한 지원책이 없어 스스로 모든 것을 감당하고 해결해야 하는 경우가 있다는 것입니다. 요즘은 회사에 지원하기 전에 그 회사의 분위기나 복지, 문제점과 같은 정보를 미리 인터넷에서 조사하고 그것 때문에 회사도 눈치를 보며 관리하는 시대입니다. 하지만 문제점이 명백하고 오래 지속되었지만, 변화의 여지가 없는 학교라는 직장에 계속 다닐 교사는 없다고 생각합니다.

따라서 교감 선생님과 교장 선생님처럼 학교의 상급자는 학생을 직접 대면하는 교사들을 보호할 책임을 갖도록 조례를 제정해야 하고, 보호자와 외부인의 민원에 대해 학교가 받는 직접적인 타격을 줄여 교사나 학교가 몸을 덜 사릴 수 있도록 해야 합니다. 또한, 교사가 사적인 문제가 아니라 학교 일로 고소를 당하게 되거나 진행하게 된다면 교육청 차원에서 소송 비용 지원이나 교육 전문 변호사 선임 등의 혜택을 제도화해서 제공할 수 있어야 합니다.

3. 개방형 질문 예시

개방형 질문 예시
1. 고등학교 수업 중 지원 전공과 관련하여 가장 흥미 있었던 주제는 무엇인지 말해 보시오.
2. 실생활에서 지원 전공과 관련된 지식을 확인하거나, 응용해 본 경험이 있다면 말해 보시오.
3. 지원 전공과 관련하여 최근에 읽은 책이 있다면, 간단하게 소개해 보시오.
4. 학교생활 중 지원 전공 또는 특정 분야에 몰두하여 최선을 다한 경험이나 사례가 있다면 말해 보시오.
5. 지원자가 생각하는 좋은 교사란 무엇인지 자유롭게 말해 보시오.

선배들의 TIP 및 예시 답안 ✏️

개방형 질문이므로 예시 답안은 생략한다.

2023 학년도 | 사대 면접 기출문제

1 ▶ 서울대학교

[수시]

1. 인문학(오전)

※ 제시문을 읽고 물음에 답하시오.

(가) 생태계가 어떻게 작동하는지 알면 알수록 많은 환경 정책이 부적절하다는 사실이 드러난다. 얼핏 봐서는 상관없어 보이지만 실제로는 다른 동식물에게 유난히 큰 영향력을 미치는 종에 대해 조사하는 과정에서, 나는 친환경을 표방하는 많은 농장과 그곳의 관리체계가 빈껍데기에 불과하다는 것을 점점 더 깨닫게 되었다. 그들 농장은 많은 생물의 서식처인 나무와 관목과 죽은 나무를 잃음으로써, 물리적 구조뿐 아니라 생태계를 구성하는 다양한 종들의 관계 또한 상실했다. 그러한 공간에는 생명의 거미줄이 거의 몇 줄 남아 있지 않다.

(나) 환경 파괴와 기후 위기에 대한 경각심이 커지면서 플라스틱 빨대는 일회용품 중에서 대표적인 퇴출 대상으로 지목되었다. 하지만 플라스틱 빨대를 금지하는 정책은 빨대를 반드시 필요로 하는 사람들의 요구와 충돌한다. 빨대의 기본 형태는 오래전부터 있었지만 입구 부분이 휘어지는 플라스틱 주름 빨대는 환자들을 돕기 위해 처음 발명되었다. 플라스틱을 대체하는 친환경 빨대로 제공되는 종이 빨대, 쌀 빨대, 옥수수 전분 빨대 같은 것들은 플라스틱처럼 부드럽게 휘어지지 않아 불편하고, 뜨거운 음료에서는 쉽게 분해되므로 사용이 쉽지 않다. 플라스틱 주름 빨대를 굽은 금속 빨대 등으로 대체하는 것 역시 신체 기능이 저하된 사람들에게는 위험한 상황을 만들 수 있다. 따라서 주름 빨대를 비롯해 현대에 대량 생산되는 빨대는 부드럽고 얇은 플라스틱으로 제조되므로 신체를 움직이기 어려운 사람들이 다른 사람의 도움 없이 음료를 마실 수 있는 유일한 방법이다.

(다) 너희 인간들은 코로나 때문에 한 명만 죽어도 호들갑을 떨면서, 우리 동물은 수천만 마리 땅에 묻고 손을 탁탁 털더라! 자기 새끼는 끔찍이 아끼면서 남의 새끼는 끔찍하게 죽이더라! 우리의 모성애를 무시하는 당신들은 그 고매한 자식 사랑으로 무얼 했는가. 미래의 하늘에 탄소를 뿜고 미래의 땅에 분뇨 폐수 살처분 시체를 버리고 미래의 숲을 마구 베고 미래의 바다를 플라스틱으로 채운 것 말고?

1. 환경 정책을 수립할 때 유념해야 할 점에 대한 (가)와 (나)의 입장을 비교하시오.

2. (다)의 화자를 만났을 때, (가)와 (나)의 글쓴이가 자신의 입장을 각각 어떻게 변호할지 논하시오.

학교 측 해설 ✏️

【출제 의도】

1. 각각의 제시문에 대한 정확한 문해력과 두 제시문을 연결하여 사고하는 응용력을 평가하고자 했다.

2. 각각의 제시문에 드러난 글쓴이의 입장을 정확히 파악하고, 이를 제3의 입장에 비추어 비판적으로 이해하는 응용력과 융합적 사고력을 평가하고자 했다.

【문항 해설】

1. 오늘날의 생태 환경 문제와 관련하여 제시문에 담겨 있는 관점의 공통점과 차이점을 잘 판별하여 설명하라는 문제이다. (가)에는 생태계 전체를 고려할 때 환경 정책이나 환경 시설이 부적절하다고 지적하는 생태주의적 입장이 드러나 있다. (나)는 사회적 약자와 사회적 소수자를 고려하지 않는 환경 정책의 맹점을 지적하는 글이다.

2. (가)는 생태계의 복잡성과 자립성을 강조하는 생태주의의 입장에서, 인간의 환경 정책이 의도한 것과 반대의 결과를 유발할 수 있다고 지적하고 있다. (가)의 글쓴이는 환경 정책이 오히려 자연 생태계의 자율성을 해치는 결과를 초래할 수 있다는 점을, (나)의 글쓴이는 플라스틱 빨대 퇴출 정책이 노인이나 장애인의 권리를 침해할 수 있다는 점을 근거로 환경 정책을 비판한다. (다)는 동물들이 내는 목소리이다. 동물들의 눈에 비친 인간은 이기적이고 무책임하여 공생의 윤리를 실천하지 않는 생명체이다. 동물의 입장에서 (가)의 환경 정책 비판은 일면적이고 부분적이다. 또한, 친환경 정책에 분명 맹점은 있겠지만, 진정한 문제는 인간 중심주의의 극복 여부에 달려 있다. 반면, (나)의 환경 정책 비판은 인간 중심주의의 한계에서 벗어나지 못한다. 장애인과 노약자의 권리가 중요하다는 이유로 여전히 플라스틱 사용을 호소하는 인간들은 동물의 권리를 인정하지 않는다. (가)와 (나)의 입장에서 얼마나 논리적이며, 창의적인 답변을 내놓는지를 평가하는 문항이다.

선배들의 TIP ✏️

1. 1번 질문은 각 제시문에 대한 정확한 문해력과 제시문을 연결하여 사고하는 응용력을 묻고 있다.

    '비교하기' 문제에서는 제시문의 공통점을 간략히 제시한 후 차이점을 상세하게 논의하는 전략이 필요하다. 이때 서로 대립하는 개념어를 통해 입장 차이를 정리해 주는 방법이 편리하다 예시 답안에서는 '생태주의'와 '인본주의'라는 개념을 통해 양자의 입장을 선명하게 대비했다.

2. 2번 질문은 각 제시문에 드러난 입장을 정확히 파악하고, 이를 제3의 입장에 비추어 비판적으로 평가하는 응용력과 융합적 사고력을 묻는 문제이다.

    동물의 관점에서 (가)는 '은밀한 인간 중심주의', (나)는 '노골적인 인간 중심주의'로서 비판할 수 있다. 이에 대해 예시 답안은 인간 중심주의라는 비판에 대해 두 가지 다른 방향의 반론을 제시했다. 먼저 (가)의 입장에서는 인간 중심주의적이라는 동물의 비판이 타당하지 않으며, (가)에 나타난 내용은 인간 중심주의가 아니라는 태도로 반론할 것이다. 이와 달리 (나)는 인간 중심주의적이라는 동물의 비판을 받아들이면서 역으로 동물도 동물 중심주의적으로 사고하고 행동할 것이므로 각자의 이익 추구는 정당하다고 반론할 것이다.

예시 답안 ✏️

※ 서울대 면접은 지원자와 면접관이 마주앉아 토론하는 방식으로, 면접관이 지원자에게 꼬리 질문이나 힌트를 주면서 사고 확장을 돕는 형식이다. 지원자의 대답에 따라 다양한 답변이 나올 수 있으므로 아래 예시 답안은 참고만 하도록 한다.

1. (가)와 (나)는 모두 환경 정책을 수립할 때 자칫 간과하기 쉬운 맹점을 지적하는 글입니다. 그러한데 (가)와 (나)가 생각하는 맹점의 종류 및 원인에는 차이가 있습니다.

    (가)는 많은 환경 정책이 생태 보호라는 목적을 제대로 달성하는 데 실패한다고 비판합니다. (가)가 보기에 그 원인은 생태계를 각각의 생물종 단위로만 인식하고 그들의 상호간의 관계의 중요성을 제대로 인식하지 않는 '지식 부족'에 있습니다. (가)가 사례로 든 친환경 농장은 나무와 관목과 죽은 나무를 제거하면 많은 생물이 서식처를 잃게 된다는 관계적 차원을 고려하지 않은 바람에 유명무실한 환경 정책이 되어 버렸습니다. 그러므로 (가)는 생태주의적 입장에서 현행 환경 정책을 비판하는 관점이라고 할 수 있습니다.

(나)는 일부 환경 정책이 생태 보호만을 우선시하면서 인간의 권리와 편의라는 다른 가치를 도외시하는 결과를 낳을 수 있다고 비판합니다. 이는 수단과 목적이 전도된 현상으로, (나)의 관점에서 그 원인은 인간에게 도움이 되기 위한 환경 정책이 생태 보호라는 대의에만 맹목적으로 빠져든 나머지 인간의 필요를 성찰하지 못하게 된 데에 있습니다. (나)는 플라스틱 빨대 금지 정책이 플라스틱 빨대의 발명으로 이익을 얻었던 환자, 장애인 같은 약자와의 이해관계 충돌을 고려하지 않고 환경 보호라는 자체의 목적만을 절대시하게 되었다고 비판합니다. 그러한 점에서 (나)의 환경 정책 비판은 인본주의적 입장에 서 있다고 볼 수 있습니다.

2. (다)는 환경 파괴로 인해 죽어가는 동물의 목소리를 의인화해 들려주는 글입니다. (다)의 화자는 동물들도 인간과 같이 사랑과 고통을 느끼는 소중한 존재임을 역설합니다. 또한, 동물을 해치고 인간 자신의 미래마저 해치고 있는 어리석은 인간들을 힐난하고 있습니다.

(다)의 화자는 (가)의 생태주의적 관점을 비판적으로 볼 것이라고 생각합니다. (가)의 친환경 농장이 친환경을 표방하면서도 나무와 관목과 죽은 나무들을 베어내는 것처럼, (가)가 성공적인 환경 정책이라고 여기는 것들조차 결국 인간 중심주의 사고를 바탕으로 인간이 생태에 미치는 파괴를 '최소화'하는 것을 목표로 삼고 있으며, 생태계의 거미줄을 '극대화'하는 진정한 생태주의는 아니라고 평가할 것입니다. 이러한 비판에 대해 (가)의 생태주의자는 인간도 생물계의 일부이므로 탄소, 분뇨, 폐수가 생물에게 해가 된다면 인간에게도 이로울 리 없다는 점을 들어 그 이익이 결코 다르지 않다는 점을 들어 반박할 수 있습니다. 현재 환경 정책이 인간과 자연의 공생을 달성하지 못하는 이유는 궁극적 목적이 달라서가 아니라 수단적 지식이 부족해서일 뿐이며, 충분한 생태적 지식을 축적한다면 인간과 자연 모두에게 이로운 생활방식을 이룩할 수 있을 것이라고 주장할 것입니다.

한편, (다)의 화자는 (나)의 인본주의적 관점을 노골적으로 동물의 권리를 무시하는 내용이라고 비판할 것입니다. 인간의 불편을 해소하기 위해서는 동물에게 유해한 플라스틱 빨대도 계속해서 사용할 수 있다고 주장하는 내용이기 때문입니다. 이러한 비판에 대해 (나)의 인본주의자는 인간이 인간의 이익을 가장 우선시하는 것은 당연하다고 반박할 수 있습니다. '생태'라는 것은 결국 인간이 자신을 둘러싼 환경을 통틀어 구성한 개념일 뿐이고, 실제로는 생물종 각자의 이익 추구가 있을 뿐이라고 말입니다. 동물 각자가 이익 추구를 위해 행동하는 것이 정상인 것처럼, 인간이 인간의 이익을 추구하는 인본주의도 정상이라고 주장할 것입니다.

2. 인문학(오후)

※ 제시문을 읽고 물음에 답하시오.

> (가) 고전 비평은 결코 독자를 다룬 적이 없다. 고전 비평에서는 저자 이외에 누구도 존재하지 않았다. 그러나 현대의 비평에서 독자는 역사도 전기도 심리도 없는 사람으로 재탄생한다. 그는 이미 쓰인 것들의 흔적을 한곳에 모아 새롭게 쓰는 자다. 그러므로 누군가 고전 비평에서처럼 인본주의라는 이름 아래 위선적으로 독자의 권리를 옹호하며 이 새로운 글쓰기를 비난한다면 그것은 가소로운 일일 터이다. 이제 우리는 독자의 새로운 글쓰기를 위해 저자의 신화를 전복해야 한다는 것을 안다. 독자의 탄생은 저자의 죽음이라는 대가를 치러야 한다.
>
> (나) 창작은 오직 독서를 통해서만 완성된다. 작가는 자기가 시작한 작품의 완성을 독자에게 맡기지 않으면 안 되며, 작가가 작품의 본질적 요소로 파악되는 것은 오로지 독자의 의식을 통해서만 가능하다. 따라서 문학 작품은 하나의 호소다. 작품을 쓴다는 것은 작가가 언어라는 수단을 통해 자신이 드러내고자 한 바를 독자에게 객관적 현실로 만들어 달라고 '호소'하는 것이다. 작가는 다만 독자에게 호소할 뿐이고, 그의 작품이 어떤 효과를 가지려면 독자가 자유롭게 그 작품을 갱신해야 한다.
>
> (다) 고전은 한 시대의 특정한 사회 집단이 자신들의 이익이나 관심을 반영하여 선별한 작품이다. 고전이 선별되는 과정에는 작품의 직접 생산자(작가, 필사자, 인쇄업자 등), 작품의 가치를 생산 또는 재생산하고 그 가치를 인정하여 소유하려는 소비자나 청중, 그리고 소비자와 청중을 만들어 내는 관계자 및 제도·기관(이를테면 후원자, 사원, 학교, 박물관, 출판사, 정치 단체 등)이 적극적으로 참여한다. 여기에서 무엇보다 중요한 문제는 이러한 가치가 누구에 의해 어떤 목적으로 어떻게 생성되고 보존되며 전달되는가 하는 것이다.

1. 독자와 저자(혹은 작가)의 관계에 관해 (가)와 (나)에 제시된 입장을 비교하시오.

2. (가)와 (나)에 나타난 독자에 대한 공통된 이해 방식을 (다)의 맥락에서 평가하시오.

학교 측 해설 ✏️

【출제 의도】

1. 제시문을 정확히 분석하고 이해하는 능력과 두 제시문 간의 공통점과 차이점을 적절히 설명하는 능력을 평가하고자 했다.

2. 각각의 제시문에 대한 독해력과, 제시문 간의 관계를 설정하는 논리적 사고 및 응용력을 평가하고자 했다.

【문항 해설】

1. (가)와 (나)는 모두 저자와 독자의 관계를 다루면서 공통적으로 독자의 역할에 더 큰 의미를 둔 글이다. (가)는 저자의 죽음을 통해 독자가 재탄생된다는 입장이고 (나)는 저자가 독자에게 호소하는 것이 바로 문학이라는 다소 고전적인 입장이다. (가)와 (나)의 유사점을 제대로 파악하고 있는지, 그리고 그 안에서 태도의 차이를 발견하고 이를 논리적으로 풀어낼 수 있는지를 평가하는 문항이다.

2. (가)와 (나)는 공통적으로 글쓰기의 완성은 독자 없이 이루어질 수 없다고 주장한다. 그러나 (다)는 독자의 자율성이 현실적으로 제한될 가능성을 암시한다. (다)에 따르면 소비자나 청중을 만들어 내는 것은 바로 학교나 출판사, 도서관 등과 같은 여러 제도와 기관들이다. 결국 독자와 저자의 2항 관계는 생산(저자), 소비(독자), 유통(제도)의 3항 관계로 확장될 수밖에 없다는 것이다. (가)와 (나)의 글쓴이들이 이상적으로 그려낸 것과 다르게, 전체 독서 시장에서 독자가 누릴 수 있는 자유의 폭은 제한될 수 있다는 사실을 (다)로부터 적절히 유추하는지를 평가하는 문항이다.

선배들의 TIP ✏️

1. 문제를 풀기 위해서는 제시문을 정확히 분석, 이해하고 두 제시문 간의 공통점과 차이점을 적절히 설명하는 능력이 필요하다.

    일반적으로 비교 문항은 먼저 양자의 비교를 가능하게 하는 소재 · 주제 · 입장상의 공통점을 제시하고, 다음으로 차이점을 상세하게 제시하는 구조로 답변하는 것이 정석이다. 키워드가 될 수 있는 개념들을 본문에서 발견하거나 유추해 보고, 이를 답변에 활용해 보는 과정이 필요하다. 특히 비교하기 문항에서는 서로 대립하는 개념을 활용해 보는 것도 좋은 방법이다. 예시 답안은 '죽은 것을 살리는' 관계와 '산 것을 죽이는' 관계를 대조했고, '협업'과 '대결'이라는 개념도 대조시켰다.

2. 문제를 풀기 위해서는 각 제시문에 대한 독해력과, 제시문 사이의 관계를 파악하는 논리적 사고 및 응용력이 필요하다.

    예시 답안은 (가)와 (나)의 공통점을 짚어내기 위해 고전 비평의 특징과 대조하는 전략을 사용했다. 고전 비평은 저자 1항 구도였고 (가)와 (나)는 저자-독자 2항 구도였다는 대조가 바로 그것이다. 한편, (다)의 차이점을 짚어내기 위해 (가)와 (나)의 특징과 다시 한 번 대조하는 전략도 사용했다. (가)와 (나)는 저자–독자 2항 구도이지만, (다)는 저자–제도–독자 또는 생산–유통–소비의 3항 구도이다. 평가하기 유형의 문항은 '긍정적으로 평가합니다', '비판적으로 평가합니다'와 같이 '어떻게' 평가했는지를 명확하게 밝히는 것이 바람직하다.

예시 답안 ✎

1. 전통적으로 문학 비평은 작품 해석에서 창조자인 저자의 역할만을 중시했습니다. 그에 반해 (가)와 (나)는 독자 역시 저자만큼이나 문학 작품에 창조적으로 참여하는 주체라고 여긴다는 공통점이 있습니다. (가)에 따르면 독자는 쓰인 것을 모아 재창조하는 사람이며, (나)에 따르면 작가의 주관적 호소를 객관적 현실로 변모시키는 사람입니다.

   다른 한편 (가)와 (나)의 독자상은 작가와의 관계에 있어서 상반되는 점도 있습니다. (나)의 경우 독자는 작가의 호소에 반응해 그의 작품을 '갱신(更新)'하는 사람입니다. 갱신은 '새로 고침'이라는 의미이므로 여기서 독자의 역할은 작가가 쓴 '죽은 것'을 살려내는 데 있다고 할 수 있습니다. 즉, (나)의 독자와 저자는 협업 관계입니다.

   그에 비해 (가)는 독자의 역할이 그 이상이어야 한다고 주장합니다. (가)는 독자의 역할이 저자가 이미 쓴 생각에 동의하는 데만 그쳐서는 안 됩니다. 차라리 독자는 저자가 생각하지 못한 방식으로 문학을 전복적으로 읽고 의미를 재창조하는 사람, '새로운 글쓰기'를 하는 사람이어야 합니다. '독자의 탄생은 저자의 죽음'이라고 했으므로 (가)의 독자는 살아 있는 작가를 '죽이는' 사람이라고도 표현할 수 있습니다. 즉, (가)의 독자와 저자는 대결 관계입니다.

2. (가)와 (나)의 비평은 오로지 '저자'라는 유일자밖에 없었던 비평의 구조를 '저자'와 '독자'라는 양자 구조로 확장했다는 점에서 공통점이 있습니다. 이를 위해 (가)와 (나)는 전통적 관점보다 더 나아가 독자에게 훨씬 큰 주체성을 부여했습니다. (나)는 독자에게 저자와 균형을 이루는 권력을 부여했고, (가)는 아예 독자에게 저자를 넘어서는 권력을 부여했습니다.

   (다)의 맥락에서 보면 (가)와 (나)의 양자적 비평 구도는 여전히 부족합니다. 저자–독자 구조는 문학에 가치가 부여되는 과정을 '심리적'으로만 분석하고 있을 뿐 '사회적' 맥락은 보지 못하고 있기 때문입니다. (다)는 문학에 가치가 부여되는 사회적 과정을 밝히기 위해 저자, 독자 외의 3번째 행위자인 '제도'라는 매개체를 비평에 도입합니다. (다)는 문학이 생산자인 저자의 손을 떠나 소비자인 독자의 손으로 전달되는 과정을 중간에서 매개하며 지식을 선별하고 편집하고 유통하는 자의 권력이야말로 진정으로 중하다고 봅니다. (다)는 시대마다 영향력 있는 특정

한 사회 집단이 스스로의 이익과 관심에 맞추어 어떤 작품의 가치 여부를 선별하는 문지기 (gatekeeping) 역할을 한다고 봅니다.

이와 같은 매개 권력은 (가)와 (나)가 강조한 소비자 독자의 권력보다도 더욱 강력하다고 평가할 수 있을 것입니다. 왜냐하면 소비자는 결국 매개 권력이 선별한 작품만을 전달받고, 그들에 의해 부여된 가치 체계에 따라서 문학 작품을 소비하게 될 것이기 때문입니다. 요약하자면, 생산-유통-소비의 삼자 관계를 중시하는 (다)의 관점에서 볼 때 (가)와 (나)는 독자의 주체적 역할을 과장하는 한편 문학에 가치를 부여하는 제도 권력의 역할은 간과했다는 점에서 비판적으로 평가할 수 있습니다.

3. 사회과학(오전)

※ 제시문을 읽고 물음에 답하시오.

(가) 사람들은 최근에 물가가 너무 올라 살기 힘들어졌다고 말한다. 물가는 경제의 전반적인 가격 수준을 의미하는데, 정부는 소비자 물가 지수(consumer price index; CPI)라는 지표를 통해 물가의 변동을 파악한다. CPI는 가계가 구매하는 쌀, 담배, 술, 블루베리, 컴퓨터 수리비 등 480여 개의 대표적 소비재 및 서비스 가격의 가중 평균을 이용해 산출한다. 가중 평균의 가중치는 전체 가계의 총 소비 지출에서 각 품목이 차지하는 지출 비중에 따라 결정된다. 따라서 CPI는 평균적인 소비자들의 생계비 변화, 혹은 '장바구니' 물가 변화 추이를 보여주는 지표라 할 수 있다. 물가 상승 시에도 가계가 동일한 생활수준을 유지할 수 있도록, 정부는 국민연금, 최저 생계비 등 각종 지급액을 'CPI의 변동'에 맞추어 조정하는 정책을 시행하고 있다. 물가 연동 정책 의 유용성에 대해 대부분의 사람들은 공감하나, 일부는 CPI 적용의 맹점을 지적하고 있다.

(나) 최근 곡물 가격 및 유가 급등에 따른 생산 비용 상승에 대한 대응으로 한 분식집이 떡볶이 가격을 올리려고 했다. 하지만 급격한 가격 상승이 단골손님 이탈로 이어질 가능성을 우려한 분식집 주인은 가격을 올리는 대신 떡볶이 1인분의 양을 조금 줄이기로 결정했다.

(다) 한 도시의 정책 당국은 임차인을 보호하기 위해 월세 통제(rent control) 정책을 시행했다. 이 정책에 따르면 임대인이 임차인을 들일 때 월세로 받을 수 있는 금액에 상한선이 있을 뿐만 아니라, 임차인은 본인이 원할 때까지 입주 당시 가격으로 임차해서 살 수 있다. 이 정책은 정책 당국이 미처 예상치 못한 부작용을 가져왔다. 건물주는 어차피 월세를 시세대로 받지 못하므로 건물 유지 및 보수를 게을리 하고 쾌적한 공간을 제공하려는 노력을 하지 않았다. 결과적으로 시간이 지나면서 주택의 전반적인 질은 낮아졌고, 그나마 적절하게 유지 및 보수가 된 주택에 대한 수요는 폭증하여 뒷돈을 주고라도 들어오려는 사람들이 늘어났다.

(라) 1인 가구는 주택·수도·전기·연료 부문의 지출이 크지만, 교육 부문의 지출 비중은 2인 이상 가구에 비해 낮을 수 있다. 또한, 영유아가 있는 가구, 취학 자녀가 있는 가구 등도 그렇지 않은 가구와 다른 지출 구조를 보인다. 저소득층에서 지출 비중이 상대적으로 높은 품목은 휴대 전화, 담배, 쌀, 채소 등이다. 반면, 고소득층의 경우에는 총 소비 지출에서 고급 주류, 해외여행, 골프 회원권 등의 비중이 상대적으로 높다.

1. (나), (다), (라) 각각에 근거하여 (가)에 나타난 정부의 물가 변동 파악 방식의 한계점을 설명하시오.

2. (라)를 참고하여 물가 상승이 경제적 불평등에 어떠한 영향을 미칠 수 있을지 논하시오. 자신의 주장을 뒷받침하려면 어떤 가정 또는 자료가 필요할지도 함께 설명하시오.

학교 측 해설 🖋

【출제 의도】

1. 논리적, 분석적, 비판적 사고력과 독해력, 사례를 이용하여 자신의 견해를 논리적으로 전개하는 능력을 평가하고자 했다.

2. (라)에서 실증적 사실을 추론하고, 이를 토대로 물가 상승의 분배적 함의를 도출한다. 본인의 주장을 뒷받침하는 데 필요한 가정과 자료를 생각해 내는 능력을 측정하고자 했다.

【문항 해설】

(가)는 두 가지 사실을 설명한다: (1) CPI는 가계가 구매하는 품목들의 가중 평균이다.; (2) 정부는 CPI를 '물가 연동 정책'에 활용하나, CPI 적용의 맹점 또한 존재한다.

(나), (다), (라)는 모두 그 맹점을 보여주는 사례로 활용될 수 있다. 이 제시문들은 모두 소비자 물가 지수가 생계비(cost of living)의 변화를 정확히 보여주지 못하는 사례이다. 따라서 가계의 동일한 생활 수준을 유지하는 것이 목적이라면, 정부 지급액을 CPI에 연동하는 것이 적절하지 않다는 주장을 할 수 있다.

(나)와 (다)는 재화 또는 서비스 공급자가 어떤 이유로 가격을 못 올리는 경우, 가격 대신 해당 상품의 양(quantity)을 줄이거나 질(quality)을 떨어뜨린 사례를 보여준다. 즉, CPI에는 반영이 안 되지만, 동일한 상품(즉, 재화나 서비스의 종류뿐만 아니라 질과 양도 동일한 상품)의 가격은

실질적으로 상승한 사례이다. 따라서 CPI가 생계비의 상승 정도를 실제보다 축소해서 보여주는 경향이 있다고 주장할 수 있다. (라)는 개별 소비자 또는 개별 가계의 소비 지출 구조, 즉 '장바구니'가 각각 다르다는 사실의 몇 가지 사례를 나열한다. 반면, CPI는 평균적인 가계의 생계비만을 보여준다. 따라서 개별 가계에 주어지는 정부 지급액을 CPI에 연동하는 정책이 불합리하다고 주장할 수 있다.

(라)에 주어진 몇 가지 사례를 통해 개별 소비자들의 소비 지출 구조, 즉 '장바구니(소비 바구니)'가 다르다는 일반적인 사실을 추론하게 한다. 그리고 이 사실을 바탕으로 물가 상승이 가져올 분배적 함의에 대해 생각해 보도록 유도하고자 했다. 또한, 자신의 의견을 뒷받침하는 데 필요한 가정과 자료를 적절히 제시하는지 평가한다.

선배들의 TIP 🖊

1. 1번 질문에 답하기 위해서는 논리적·분석적·비판적 사고력과 독해력이 필요하며, 사례를 활용하여 견해 를 논리적으로 전개하는 응용력 등이 필요하다. 교육과정을 바탕으로 한 주요 개념에는 물가, 소비자 물가 지수(CPI), 물가 연동 정책, 소비 지출 구조 등이 있다.

   CPI의 유용성에 한계가 있을 경우, 각종 정부 지급액을 CPI에 연동시키는 물가 연동 정책도 결국 한계가 있을 것임을 함께 추론하여 언급할 수 있다.

2. 2번 질문에 답하기 위해서는 (라)에서 실증적 사실을 추론하여 물가 상승의 분배적 함의를 도출하고, 주장을 뒷받침하는 데 필요한 가정과 자료를 생각해 내는 논리적 사고력이 필요하다. 교육과정을 바탕으로 한 주요 개념에는 경제적 불평등이 있다.

   2번 문제는 물가 상승, 즉 인플레이션의 소득 재분배 효과에 대한 문제이다. 물가 상승은 실질 소득 감소를 일으키며, 실질 소득 감소 효과는 소득 계층별로 다르게 나타난다. 이는 첫째, 소득 계층별로 장바구니 구성이 다르고, 둘째, 자산의 구성이 다르기 때문이다. 주어진 제시문은 주로 '장바구니'에 대한 내용에 집중하고 있으므로 일부분만 추론할 수 있더라도 훌륭한 답변이다.

예시 답안 🖊

1. (가)에 따르면 정부는 물가 변동을 파악하기 위해 소비자 물가 지수(consumer price index; CPI)라는 지표를 사용합니다. CPI를 계산하기 위해 정부는 가장 우선적으로 '평균적인 소비자'

를 상정해서 그 소비자의 전형적인 장바구니 구성을 추론합니다. 이어서 정부는 장바구니에 담긴 각 소비재 혹은 서비스의 '가격'을 알아내 품목별 지출 비중을 곱한 가중 평균을 계산합니다. 이 두 개의 단계 각각에서 CPI의 한계점이 생겨납니다.

첫 번째, '평균적인 소비자'의 상정과 관련된 CPI의 한계점은 (라)를 통해 파악할 수 있습니다. (라)에 따르면 1인 가구와 2인 가구, 영유아나 취학 자녀가 있는 가구와 없는 가구, 저소득 가구와 고소득 가구 등은 품목별 지출 비중이 서로 상당히 다릅니다. 이처럼 가구별로 지출 구성이 지나치게 다양할 경우, '평균적인 소비자'가 대표할 수 있는 집단의 범위는 매우 작아지고, CPI의 유용성은 감소하게 됩니다.

두 번째, '가격'의 변화를 추적하는 CPI의 한계점은 (나)와 (다)를 통해 파악할 수 있습니다. 정부가 어떤 품목의 가격 변화를 조사할 때는 조사 기간 동안 해당 품목의 비가격적 요소, 예컨대 수량이나 품질 등은 변화 없이 일정할 것이라는 가정이 전제되어 있습니다. 반면, (나)에서는 분식집 주인이 떡볶이의 가격 대신 양을 조정했으며, (다)에서는 건물주가 임대 주택의 가격 대신 질을 조정했습니다. 이처럼 공급자는 가격 외에도 양과 질을 조정할 수 있음에도 불구하고 CPI는 비가격 요소의 변화에 둔감하므로 실제의 경제 변동을 과소평가하게 되는 한계가 있습니다.

2. (라)는 다양한 종류의 경제 주체들, 특히 저소득층과 고소득층이 서로 상이한 지출 구성을 나타내는 사례를 예시하고 있습니다. 물가 상승이 저소득층과 고소득층 각각에게 미치는 영향을 파악하면 곧 물가 상승이 경제적 불평등에 어떤 영향을 미치는지 파악할 수 있게 됩니다.

저는 물가 상승이 고소득층보다 저소득층에게 더 큰 타격을 줌으로써 경제적 불평등을 악화시킬 것이라고 주장합니다. 이를 뒷받침하기 위해서는 두 가지 가정 또는 자료가 필요합니다. 첫 번째 가정은 저소득층의 장바구니에는 필수재의 지출 비중이 높고 고소득층의 장바구니에는 사치재의 지출 비중이 높다는 가정입니다. 이를 뒷받침하는 자료는 이미 (라)에 제시되어 있습니다. 저소득층의 지출 비중은 휴대전화, 담배, 쌀, 채소 등 필수재에서 높았고, 고소득층의 지출 비중은 고급 주류, 해외여행, 골프 회원권 등 사치재에서 높았습니다. 필수재는 가격이 높아져도 소비를 많이 줄일 수 없으므로 총지출은 증가하게 됩니다. 반면, 사치재는 가격이 높아지면 일시적으로 소비를 줄여 대응할 수 있으므로 총지출의 증가를 피할 수 있습니다. 이는 곧 물가 상승으로 인한 피해가 저소득층에 집중되어 경제적 불평등이 악화되리라는 결론을 의미합니다.

두 번째로 필요한 가정은 저소득층은 화폐 자산의 비중이 높고 고소득층은 실물 자산의 비중이 높다는 가정입니다. 실물 자산이란 주택, 건물, 토지, 실물 재고 등을 의미하는데, 대부분 고가의 품목이므로 저소득층보다는 고소득층일수록 실물 자산을 가지고 있을 확률이 높을 것입니다. 물가 상승이 일어나면 동일량의 화폐로 구입할 수 있는 재화와 서비스의 양이 줄어들게 되므로 화폐 자산은 가치가 하락합니다. 반면, 실물 자산은 물가 상승과 더불어 가격이 오르게 됩니다. 자산이 화폐 자산에 집중된 저소득층은 물가 상승으로 인해 큰 피해를 보지만, 고소득층은 보유한 실물 자산의 가격 상승 덕에 손해를 상쇄할 수 있으므로 결국 물가 상승은 경제적 불평등을 악화시킬 것입니다.

4. 사회과학(오후)

※ 제시문을 읽고 물음에 답하시오.

(가) 본 연구는 오늘날 관측되는 지구 온난화가 대부분 인간의 활동으로 야기되었을 가능성이 높다는 데 과학자들이 얼마나 합의하는지 조사했다. 1991년부터 2011년까지 출판된 11,944편의 논문 중 7,930편(66.4%)은 '인간에 의한 지구 온난화'에 대해 별다른 입장을 표명하지 않은 것으로 확인되었다. 32.6%는 인간에 의한 지구 온난화가 존재함을 명시했다. 32.6%에 해당하는 위 논문에서 97.1%는 인간에 의한 지구 온난화가 이미 과학적으로 합의된 것임을 지지했다. 반면, 인간에 의한 지구 온난화에 대한 과학적 합의를 부정하는 논문들은 조사된 전체 논문에서 극히 낮은 비율을 차지하는 것으로 나타났다.

(나) 나는 늘 기후 변화가 현실이고 미래에 심각한 위협이 되리라 믿었다. 지난 30년간 기후 변화에 대한 과학적 예측이 점점 더 많이 이루어졌고 기후 변화가 인간 활동으로 초래되었다는 점에 과학계는 거의 만장일치로 합의했다. 기후 변화 메시지가 수십 년째 울려 퍼지며 온실가스 감축이나 신재생 에너지 개발을 위한 국제 사회의 시도로 이어져 왔다. 그럼에도 불구하고 아직도 많은 사람이 기후 변화 문제의 심각성을 실감하지 못하거나 외면하는 현실이 개탄스럽다.

(다) 분명히 말하면, 과학이 하는 일은 합의라는 것과 아무 관련이 없다. 합의란 정치판 같은 곳에서 벌어지는 비즈니스일 뿐이다. 이와 반대로, 과학은 정답을 발견한 연구자 한 명으로도 충분하다. 이 말은 실제 세계에서 증명할 수 있는 연구 결과가 도출된 경우를 의미한다. 과학에서 합의라는 것은 타당성을 갖추지 못했음을 의미하는 것이다. 타당하다는 것은 동일한 결과가 재현될 수 있음을 뜻한다. 역사상 가장 위대한 과학자들은 정확히 말하면 그들이 합의라는 것으로부터 단절되었기 때문에 위대한 것이다. 합의라는 과학은 없다. 만약 무언가가 합의된 것이라면 그것은 과학이 아니다. 만약 과학이라면 그것은 합의를 통한 것이 아니다.

1. (가), (나), (다)를 읽고 과학적 합의에 대한 본인의 견해를 밝히시오.

2. 실제 사례를 들어 과학적 합의가 정책 결정의 타당한 근거가 될 수 있는지 (가), (나), (다)와 연계하여 논하시오.

학교 측 해설 ✏️

【출제 의도】

1. 제시문의 내용을 이용하여 자신의 견해를 논리적으로 전개하는 능력을 평가하고자 했다.

2. 과학적 합의에 대한 입장을 실제 사례에 적용하여 자신의 견해를 논리적으로 전개하는 능력을 측정하고자 했다.

【문항 해설】

1. '과학적 합의' 또는 '과학자들 사이의 합의'라는 주제에 대한 수험생의 견해를 묻고자 했다. 답변 의 범위가 너무 넓어질 수 있기 때문에, (가), (나), (다)를 바탕으로 논리를 전개할 필요가 있다. (가)와 (나)의 경우, 과학적 합의 가능성에 긍정적인 반면, (다)는 과학적 합의 자체를 부정한 다. 하지만 (가)와 (나) 사이에도 차이점이 존재한다. (가)는 과학적 합의에 관한 조사 결과를 객 관적으로 전달하는 반면, (나)는 이러한 합의를 많은 사람들이 여전히 외면한다고 문제를 제기 한다. 엄밀히 말해, (다)의 내용만으로 필자가 인간에 의한 기후 변화 자체를 부정한다고 확신 할 수는 없다. (다)의 필자는 기후 변화가 인간의 활동에 의한 것인지는 과학적으로 타당한 과 정을 거쳐 '확인해야' 할 사안이지, '합의해야' 할 사안이 아니라는 입장에 가깝다.

2. '과학적 합의'가 사회 문제 해결과 의사 결정의 타당한 근거가 될 수 있는지 논의를 유도했다. 실제 사례를 들되, 답변의 범위가 너무 넓어질 수 있기 때문에 (가), (나), (다)에 바탕을 둔 논 리를 전개할 필요가 있다.

선배들의 TIP ✏️

1. 1번 질문에 답하기 위해서는 제시문을 이용하여 견해를 논리적으로 전개하는 능력이 필요하다.

자유롭게 의견을 말하는 것이 아니라 '(가), (나), (다)를 읽고' 답변해야 하는 문제이므로 (가), (나), (다)를 '어떻게' 읽었는지 해석을 제시해야 한다. 제시문을 해석할 때 유용한 일반적 방식은 요약과 비교이기 때문이다.

(가), (나), (다)와 같은 세 제시문의 내용을 비교할 때 '2단 비교' 구조가 유용할 것이다. 먼저 두 가지 큰 입장으로 세 제시문을 나눈 다음, 하나의 큰 입장 안에 있는 두 개의 제시문들의 세부적인 차이점을 다시 한번 비교하는 방법을 말한다. 견해를 밝힐 때는 (가), (나), (다)의 내용과 '관련지어서' 제시해야 체계적이고 전달 효과가 두드러지는 답변이 될 것이다.

2. 2번 질문에 답하기 위해서는 제시문의 입장을 실제 사례에 적용하고, 견해를 논리적으로 전개하는 능력이 필요하다.

예상되는 반론과 그에 대한 재반론을 제시한다면 한 가지 입장만을 고려한 경우보다 더 논리적인 인상을 남길 수 있을 것이다. 재반론 제시에는 두 가지 방법이 있다. 하나는 상대의 입장을 전면적으로 반박하는 '강한 재반론'이고, 다른 하나는 상대의 입장을 일부 수용하면서 자신의 입장을 완화하여 조정하는 '약한 재반론'이다.

예시 답안 ✏️

1. (가)와 (나)는 공통되게 과학적 합의를 신뢰하고 중시하는 입장인 반면, (다)는 과학이 합의와 무관함을 주장하는 입장입니다. (가)는 지구 온난화에 대해 과학자들의 합의 수준을 양적으로 조사했습니다. 이러한 조사는 과학자들의 합의 자체가 갖는 중요도를 인정하는 관점을 바탕으로 한 것입니다. 조사 결과 지구 온난화에 대한 과학자들의 합의 정도는 높았고 부정은 극소수에 불과했습니다. (나)도 과학적 합의를 중시한다는 입장은 동일하지만, 세부적인 태도에는 차이가 나타납니다. (가)가 비교적 건조한 어조로 과학자들의 합의 수준만을 사실적 차원에서 제시했다면, (나)는 과학자들의 합의를 사회가 마땅히 따라야 하는 당위적인 차원으로 바라보고 있습니다.

(다)는 (나)와 반대로 과학자들의 합의에 당위적 가치를 부여하지 않습니다. 또한, (가), (나)와 달리 과학적 합의라는 것이 사실 관계로서 존재할 수 있다는 주장조차도 인정하지 않습니다. (다)가 보기에 합의는 '진리의 확인'이라는 과학의 본질과 무관합니다. 진리의 타당성은 '믿음과 대상 세계의 일치'를 뜻하지만, 합의라는 것은 고작해야 '믿음과 믿음끼리의 일치'만을 의미할 뿐이기 때문입니다.

원론적으로는 (다)의 과학관이 옳을 것입니다. 믿음은 대상 세계와 일치할 때 진리이지, 믿음끼리 일치한다고 해서 그것이 보장된 진리가 되는 것은 아니기 때문입니다. 그러나 우리가 과학을 탐구하는 실질적 이유는 대상 세계의 진리를 완벽하게 확신할 수 없기 때문입니다. 그렇기 때문에 충분한 증거를 확보해 나가는 과정에서 과학자들은 잠정적 판단을 내릴 수밖에 없습니다. 과학자들이 과학적 방법에 따라서 자신의 믿음을 형성하는 한, 다수 과학자들에 의해 합치된 믿음은 해당 시점에 실용적, 일반적으로 내려질 수 있는 최선의 결론이라고 볼 수 있습니다. 그 믿음이 틀린 것으로 밝혀지는 예외적인 경우도 있지만, 그렇다고 해서 예외를 원칙으로 삼을 수는 없습니다. 그러므로 과학적 합의는 '절대 진리는 아닐지언정 일반적으로 유용한 지식'으로서 그 가치를 인정받아야 합니다.

2. 저는 과학적 합의가 정책 결정의 타당한 근거가 될 수 있다고 생각합니다. 왜냐하면 과학적 합의는 비록 절대 진리성이 보장되지는 않지만, 해당 시점에 정책 결정자가 이용할 수 있는 최선의 정보이기 때문입니다.

(다)의 저자는 과학자들이 합의하는 믿음이라고 해서 그 절대적 타당성이 보장되는 것은 아니라고 반박할 것입니다. 이는 원칙적으로는 올바르지만 실용적으로는 무의미한 반론입니다. 왜냐하면 현실의 정책 결정자는 과학자들의 믿음과 절대 진리 중에서 선택을 할 수 있는 입장이 아니고, 과학자들이 믿는 것과 과학자들이 믿지 않는 것 중에서 선택을 할 수 있는 입장일 뿐이기 때문입니다. 따라서 정책 결정자가 과학적 합의를 받아들이지 않고 그 반대를 따른다면 오히려 (다)가 지적한 문제가 더더욱 악화됩니다.

과학적 합의 대신에 정책 결정자가 받아들일 수 있는 대안은 두 가지가 있습니다. 먼저, 자기 스스로의 판단입니다. 다만, 정책 결정자는 스스로 과학을 수행하는 사람이 아니므로 정책 결정자의 판단이 과학 공동체의 판단보다 더 나을 것이라고 믿어야 할 이유가 전혀 없습니다. 과학적 합의는 진리를 보장하지 않지만, 그 반대는 더더욱 진리를 보장하지 않는 것입니다.

정책 결정자가 받아들일 수 있는 또 하나의 대안은 유권자들의 민주적 합의입니다. 그러한데 유권자들의 합의는 민주적 정당성은 가질 수 있을지 몰라도 (다)가 중요시하는 절대 진리성과 마찬가지로 무관합니다. 유권자들에 비해 과학자들은 신념을 형성할 때 과학적 방법론을 따르기 때문에, 과학자들의 합의는 유권자에 비해 실제 대상 세계의 모습에 근접할 가능성이 더 높습니다. 그러므로 기후 위기와 같은 위험한 사안에서 정책 결정자가 과학자 공동체의 다수 의견을 신뢰하는 것은 '일반적으로', '실용적으로' 유익하다고 볼 수 있습니다.

[수시]

1. 학업우수형 인문 계열(오전)

※ 제시문을 읽고 물음에 답하시오.

(가) 아리스토텔레스는 국가가 단지 개인의 사적 이익을 위해 만들어진 결사체가 아니라 공공선과 가치 있는 삶을 위해 만들어진 공동체라고 보았다. 그는 국가가 단순한 공동생활이 아니라 정치 도덕 공동체로서 고귀한 가치를 위해 존재한다고 주장했다. 한편 노직은 개인이 가진 권리와 재산을 보호하는 선에서만 행동하는 최소 국가를 정의롭다고 보았다. 국가가 특정한 사람에게 더 많은 세금을 거두어 복지 정책을 펼치는 것을 개인 재산권의 침해라고 간주했다. 국가는 가난한 사람들을 돕기 위해 소득 재분배 정책과 같은 강제적인 수단을 사용해서는 안 된다고 주장했다.

(나) 시장 경제의 운영 원리를 전통적으로 신봉하던 미국 정부는 1930년대 대공황을 해결하기 위해 뉴딜 정책(New Deal, 소외된 이들을 위한 새로운 정책)을 펼친 바 있다. 루스벨트 대통령은 대공황이 발생하자 시장의 가격 조정 기능에만 맡겨두는 것으로는 경기 침체가 해결되지 않는다는 것을 깨달았다. 그는 "정치에서 우연히 일어나는 일이란 건 없다. 만약 우연히 일어났다면 그건 그렇게 계획된 것이라고 봐도 무방하다"라고 말했다. 1933년에 전국 산업 부흥법을 제정했는데, 이는 산업에서 일어나는 과잉 생산, 지나친 경쟁, 실업 사태를 막기 위해 정부가 산업을 통제한 것이었다.

(다) 세상에 금지하는 것이 많으면 백성들은 더욱 가난해지고
　　백성이 이로운 기물을 많이 가지게 되면 국가는 더욱 혼미해지고
　　사람들이 재주가 많아지면 기이한 일들이 더 불어나며
　　법령이 복잡해질수록 도둑이 더 많아진다.
　　그러므로 성인께서 말씀하셨다.
　　내가 무위하니 백성들이 절로 교화되고
　　내가 고요함을 좋아하니 백성들이 절로 바르게 되고
　　내가 일을 만들지 않으니 백성들이 절로 부유해지며
　　내가 무욕하니 백성들이 절로 소박해진다.

(라) 세계 보건 기구에서는 2016년 설탕이 함유된 제품 가격의 20퍼센트 정도를 세금으로 부과하도록 하는 설탕세(Sugar Tax) 도입을 각국에 공식적으로 권고한 바 있다. 1922년 노르웨이가 최초로 도입한 설탕세는 비만 등을 예방하기 위해 초콜릿이나 설탕이 들어간 제품에 부과하는 세금이다. 최근 한국에도 도입이 논의되고 있으며, 다른 나라의 경우 도입 초기 실제로 설탕 섭취량을 줄이는 효과를 낳기도 했다. 하지만 가격 상승에 대한 불만을 표출하는 개별 소비자들도 있었다.

1. (가)의 내용을 참고하여 (나)와 (다)를 비교하시오.

2. (다)의 관점에서 (나)를 평가하시오.

3. (나)와 (다)의 관점에서 (라)의 설탕세를 설명하고 설탕세 도입에 대한 자신의 견해를 밝히시오.

학교 측 해설 ✎

【출제 의도】

- 고등학교 「통합 사회」, 「경제」, 「윤리와 사상」 교과가 다루는 '공동체주의', '자유주의', '복지 국가' 등의 키워드를 바탕으로 출제했다.
- 1번 질문은 (가)를 통해 국가관의 개념과 그 특성을 파악한 뒤, 국가와 정부에 대한 (나)와 (다)의 상이한 관점을 큰 정부와 작은 정부(최소 국가), 공동체주의와 자유주의 개념에 따라 비교할 수 있는지를 평가한다.
- 2번 질문은 (다)의 자유주의 성향, 위정자의 정치적 개입 최소 지향 등의 관점을 파악한 뒤 이를 (나)에 잘 적용하는지를 평가한다.
- 3번 질문은 (라)에서 소개된 설탕세의 취지를 파악하고, 제도의 실행에 따른 순기능과 역기능을 추론할 수 있는지를 평가한다. 이 사례를 큰 정부의 관점과 작은 정부의 관점에서 자신의 견해를 밝히게 함으로써 종합적 사고력을 평가한다.

【문항 해설】

- 1번 질문은 (가)를 통해 국가관의 개념과 그 특성을 파악한 뒤, 국가와 정부에 대한 (나)와 (다)의 상이한 관점을 큰 정부와 작은 정부(최소 국가), 공동체주의와 자유주의 개념에 따라 비교해야 한다.
- 2번 질문은 (다)의 자유주의 성향, 위정자의 정치적 개입 최소 지향 등의 관점을 파악한 뒤 이를 (나)에 잘 적용해야 한다.
- 3번 질문은 (라)에서 소개된 설탕세의 취지를 파악하고, 제도의 실행에 따른 순기능과 역기능을 추론하여 이 사례를 큰 정부의 관점과 작은 정부의 관점에서 자신의 견해를 밝혀야 한다.

【채점 기준】

하위 문항	채점 기준
1	– 두 가지 비교의 차원(큰 정부와 작은 정부, 공동체주의와 개인적 자유주의)를 모두 포착해서 설명할 수 있으면 최고점을 부여함 – 두 가지 비교 차원 중에서 한 가지만 활용하면 중간점을 부여함
2	– 정책과 통치의 입장을 함께 평가하고, 변화에 관한 분석을 언급하면 최고점을 부여함 – 일부만 평가하면 중간점을 부여함
3	– (나)의 정부 개입의 타당성과 (다)의 인간의 기본권 침해를 모두 설명하고 자신의 의견을 논리적으로 설명하면 최고점을 부여함 – 설탕세에 대한 설명 혹은 자신의 의견 하나만 언급하면 중간점을 부여함

【예시 답안】

1. 〈(가)의 내용〉

– 아리스토텔레스는 국가의 공동체적 측면을 강조하고, 단순한 집결체를 넘어선 가치와 의미를 추구하는 존재로 상정하고 있다. 이러한 국가관은 사회 실재론적 관점에서 국가의 개입에 정당성(큰 정부)을 제공할 수 있는 철학적 기반이 된다. 이에 반해 노직은 국가의 공공성과 개인의 개인성을 대립하는 쌍으로 이해하고, 개인의 재산권을 국가가 '선의'를 위해서라도 침해할 수 없음(작은 정부)을 선언하고 있다.

– 개인과 국가가 지향하는 가치가 상충할 때 위의 두 국가관은 정부의 서로 다른 정책적 결정을 지지하게 된다.

〈(나)와 (다)의 비교〉

– 큰 정부와 작은 정부의 관점에서 (나)는 적극적인 정부의 개입을 통해서 경제적 문제를 해결하고자 한다. 반면, (다)는 노직의 최소 국가와 유사한 방식으로 정책적 개입을 최소한으로 하는 것을 미덕이라고 주장한다.

– 큰 정부와 작은 정부의 관점에서, 뉴딜 정책은 작은 정부에서 큰 정부로의 정책적 변화를 의미한다.

– 공동체주의 관점에서 (나)는 소외된 이들을 위한 정책적 변화를 꾀한다는 점에서 공동체 중심적 가치를 추구하는 모습을 엿볼 수 있다.

– 자유주의 관점에서 (나)는 국가가 어려운 상황에 처한 시민들을 돕기 위한 대규모 사업의 발주를 통해 국민의 세금을 특정 경제 계층에게 더 유리하고 도움이 되는 정책에 사용했다는 것은 형평성에 어긋나는 것으로 비판할 수 있다.

2. 《(다)의 관점》

개인적 가치를 억압하는 규제를 비판하는 태도의 자유주의 성향을 보이며, 위정자의 정치적 개입을 최소화하는 것을 지향한다.

《(나)에 대한 평가》

- 작은 정부의 역사를 가진 미국 자본주의 체제가 위기에 봉착하여 소극적인 정책을 고수할 수 없는 상황에서 정책 노선에 변화를 꾀하고자 한다.
- 금지와 법령을 통한 정부의 개입이므로 (다)의 입장에서 보았을 때 부정적으로 평가할 것이다.
- 시장 중심주의 전통을 지지하는 미국 자본주의 체제에 대해, (다)의 입장에서 보았을 때 긍정적으로 평가할 것이다.
- (다)의 성인의 관점에서 (나)의 루스벨트의 통치 방식에 대해서 비판적으로 평가할 수 있다.

3. 《(나), (다)의 관점에서 본 설탕세》

- (나)의 관점에서 볼 때, 정부는 국민의 건강한 삶을 위해서 필요한 정책적 규제를 가함으로서 장기적으로 설탕의 과다 섭취로 비롯될 수 있는 다양한 건강 문제를 미연에 방지하고 이와 관련된 정부의 지출을 최소화할 수 있다. 공동체의 건강한 삶이라는 가치를 위해서 정부의 개입은 타당성을 확보할 수 있다.
- (다)의 관점에서 볼 때, 개인의 식생활에 대한 정부의 지나친 규제는 인간의 기본권을 침해할 수 있다. 특정 사회 구성원에 대해서 차별적 과세를 부과하는 것은 법령이 복잡해지는 것을 경계한 (다)의 관점에서 우려를 낳을 수 있다.

〈설탕세 도입에 대한 견해〉

- 찬성할 경우, 국가(혹은 정부)는 국민의 비만과 당뇨 등으로 인한 정부 지출이 증가한다면, 이에 대한 적극적 개입을 통해서 현실을 개선할 의무가 있다. 따라서 담배나 술에 다른 세율을 부과하듯, 건강에 좋지 않은 설탕에도 이와 유사한 증세가 타당한 선택이라고 생각한다. 흡연과 음주를 금지하는 것이 아니라 절제를 돕기 위한 것이듯, 설탕을 금지하는 것이 아니라 과다 섭취가 낳을 수 있는 부작용을 막기 위한 훌륭한 사회적 장치가 될 수 있다.
- 반대할 경우, 사회적으로 심각성이 증대하고 있는 비만의 문제를 감안하면 정부의 개입으로 비만을 예방하려는 취지에는 공감할 수 있지만, 개인의 기본권을 국가가 적극적으로 제약할 수 있는 긴급한 사안이라고 판단할 수 없다. 확실하지 않은 미래의 가정태를 근거로 현재 개인의 미각적 자유를 국가가 추가적 세금 징수를 통해서 제한해서는 안 된다.

선배들의 TIP ✏️

1. 1번 질문에 답하기 위해서는 (가)를 통해 국가관의 개념과 그 특성을 파악한 뒤, 국가와 정부에 대한 (나)와 (다)의 상이한 관점을 큰 정부와 작은 정부, 공동체주의와 자유주의의 개념에 따라 비교해야 한다. 비교하기 유형의 구술면접에서는 답안의 키워드가 될 수 있는 '공동체' vs '개인', '공공선' vs '자유', '큰 정부' vs '작은 정부' 등을 사용하면 좋다.

2. 2번 질문에 답하기 위해서는 (다)의 자유주의 성향, 위정자의 정치적 개입 최소 지향 등의 관점을 파악한 뒤 이를 (나)에 잘 적용해야 한다. (다)는 (나)와 반대되는 정부론을 대변하므로 (나)에 대해 비판적으로 평가할 것임을 먼저 밝히고, 비판점을 두 가지 이상 찾아보아야 한다(예 정책 변화에 대한 비판, 통치 철학에 대한 비판).

3. 3번 질문에 답하기 위해서는 (라)에 소개된 설탕세의 취지를 파악하고, 제도의 실행에 따른 순기능과 역기능을 추론해야 한다. 이 사례를 큰 정부와 작은 정부의 관점을 바탕으로 분석한 후 자신의 견해를 밝혀야 할 것이다. (나)의 정부 개입의 타당성과 (다)의 인간의 기본권 침해를 모두 설명하고 자신의 의견을 논리적으로 설명해야 하는 문제이다.

예시 답안 ✏️

1. (가)는 아리스토텔레스의 공동체주의적 '큰 정부론'과 노직의 자유주의적 '작은 정부론'을 대조하여 설명한 글입니다. 두 가지 정부론은 국가와 정부가 존재해야 하는 목적과 사용 가능한 수단에 대해 입장을 달리합니다. 우선 '목적' 면에서 큰 정부론은 국가가 사익을 넘어선 '공공선'을 다함께 추구하는 '공동체'라고 봅니다. 반면, 작은 정부론은 국가가 공익이 아닌 '개인'의 '자유'를 보장해 주는 기구일 뿐이라고 봅니다. 또한, '수단' 면에서도 큰 정부론은 공동체의 공공선을 위해 '강제적인 수단'을 사용해도 된다고 보지만, 작은 정부론은 타인을 위해 누군가의 희생을 강제하는 건 '개인의 자유와 권리 침해'라고 여기므로 그러한 정책 수단의 사용에 반대합니다.

   (가)의 내용을 참고할 때 (나)는 큰 정부론, (다)는 작은 정부론에 해당합니다. (나)는 공공선과 가치 있는 삶을 위해서는 국가가 주도적으로 과잉 생산, 지나친 경쟁, 실업 사태 등을 예방해야 한다고 규정하고 있습니다. 이에 따라 정부는 전국 산업 부흥법이라는 강제적 수단을 활용하여 시장에 개입하고 산업을 통제했습니다. 이와 달리 (다)는 국가가 나서서 무엇을 금지하거나, 이로움을 추구하거나, 재주를 가르치거나, 법령을 만드는 등의 적극적 공공선 추구를 하

지 말 것을 권고하고 있습니다. 오히려 이러한 강제적 수단을 활용하지 않을 때 개인들은 '절로', 즉 자치와 자율을 통해 스스로 선을 달성할 것이라고 보았습니다.

2. 작은 정부를 지향하는 (다)의 관점에서 (나)에 그려진 미국의 변화는 비판적으로 평가될 것입니다. 정책적인 변화 측면에서 (나)에 그려진 1930년대 미국은 자율적 시장 경제 원리를 벗어나 정부가 생산, 경쟁, 고용 부문에 대해 강제적 '산업 통제'를 도입하고 있습니다. '산업 부흥'이라는 명목은 (다)가 비판한 이로운 기물을 늘리려는 '개입'에 해당하고, '산업 통제'는 (다)가 비판한 '금지'에 해당하며, '전국 산업 부흥법'은 '복잡한 법령'의 실례에 해당할 것입니다. (다)는 이러한 조치들이 설사 좋은 의도를 가졌더라도 역효과 또는 부작용이 생길 수도 있다고 우려합니다. 오히려 시장 원리에 기반을 둔 전통적 운영 방식을 (다)는 더 높이 평가할 것입니다.

   (다)의 관점에서 루즈벨트의 통치 철학 또한 비판의 여지가 많습니다. 루즈벨트는 '정치에 우연은 없으며, 우연도 계획의 일부'라고 주장했는데, 이는 시장 자율도 정부의 계획 가능한 선택지 중 하나일 뿐이라는 생각과 더불어 정부의 영향력이 전지전능하다는 시각을 드러내고 있습니다. 반면, (다)의 성인은 올바르고 현명한 지도자의 모습인데, 그는 자신의 한계를 바르게 인식하고 자제하는 미덕을 갖고 있습니다. 정부의 능력에는 한계가 있으므로 의도와 달리 역효과와 부작용을 낼 수 있습니다. 그렇다면 차라리 무위 무욕의 소극적 통치를 펼치면서 혼란이 스스로 가라앉기를 바라는 것이 낫습니다. (다)의 관점에서 보면 (나)의 통치 철학은 자유로운 개인들의 역량은 과소평가하면서 정부와 지도자 자신의 능력은 과신하는 자세라고 비판할 수 있습니다.

3. 큰 정부를 지향하는 (나)의 관점에서 (라)의 설탕세는 바람직한 정책입니다. 그 이유는 첫째, (나)는 정부의 목적이 공공선과 가치 있는 삶의 형태를 추구하는 것이기 때문입니다. 비만은 보편적으로 나쁜 건강 상태이므로 (나)가 생각하는 공동체주의적 큰 정부는 이를 예방할 권위와 책임이 있습니다. 둘째, 정부의 수단에 있어 (나)는 강제성을 인정하므로 설탕세처럼 가격을 통해 행동을 강제하는 데에 찬성할 것입니다.

   반면, 작은 정부를 지향하는 (다)의 관점에서 설탕세는 바람직한 정책이 아닙니다. 그 이유는 첫째, (다)는 가치의 결정을 정부보다 개인이 자유롭게 내려야 한다고 믿는 자유주의적 관점이기 때문입니다. 정부는 그런 자유를 보호하기 위한 목적을 지닌 기구인데, (라)의 정부는 자유 보호라는 소극적 역할을 넘어 가치를 적극적으로 규정하는 잘못을 저지르고 있습니다. 둘째,

정부의 수단에 있어 (다)의 자유주의는 강제성을 인정하지 않습니다. 설탕세는 개인의 자유로운 구매 결정을 정부가 제약하는 것이므로 용납되기 어렵습니다.

저는 설탕세 도입에 반대합니다. 우선, 오늘날과 같이 세계화되고 다양한 사람들이 함께 살아가게 된 현대 사회에서는 사람들의 가치관도 다원화되었으므로 정부가 일괄적인 판단을 강제해서는 안 된다고 생각합니다. 또한, 대중 교육의 발달로 현대인 개개인의 지적 판단 능력이 높아졌으므로 정보는 전달하되 강제적 수단은 자제해야 할 것입니다.

2. 학업우수형 인문 계열(오후)

※ 제시문을 읽고 물음에 답하시오.

(가) 자연 생태계가 시사하는 바에 따르면 모든 생물은 상호 연결되어 있으며, 서로 영향을 주고받는 네트워크를 통해 존재한다. 하나의 생태계 내에 있는 어떠한 요소라도 손상을 입으면 전체 시스템이 위험에 빠질 수 있다. 이것은 언어에도 그대로 적용될 수 있다. 가장 튼튼한 생태계는 가장 다양한 생태계이며, 언어의 네트워크도 생태계와 같다. 언어 생태계의 다양성이 무너지면 인류가 참조할 지적 기반이 점점 줄어들고 결국 인류의 적응력을 감소시키는 결과를 낳을 것이다. 그러나 안타깝게도 수많은 소수 언어들이 사멸하면서 다양성이 약화되고 있다. 소수 언어의 사멸은 그 언어로 표현되던 지식의 소멸로 이어질 수 있다. 소수언어를 보존해야 할 결정적 이유는 실제로 엄연히 존재하는 어떤 대상이 그 언어의 사멸로 인해 존재할 수 없게 된다는 점이다.

유네스코에 따르면 세계에 존재하는 약 6천 개의 언어 중에서 거의 절반이 소멸 위기에 처해 있다고 한다. 1950년 이후부터 지금까지 이미 약 230개 언어가 소멸했고, 현재 소멸 위기에 처한 언어의 상당수도 다음 세기면 사라질 것으로 예상하고 있다. 한편, 어떤 지역에서는 정부가 사회 통합을 이유로 학교 교육에서 소수 민족 언어의 사용을 금지하는 등 단일 공용어 사용을 강제하고 있기도 하다. 소수 언어 보존을 위해 유엔(UN)은 2019년을 '국제 토착어의 해'로 지정하는 등 국제 사회의 공동 노력을 촉구하고 있으며, 국제단체 등에서 언어 보존을 환경 보호 운동에 포함시키거나 '언어 인권' 구현을 위한 국제적 차원의 언어 정책 수립을 추진하는 등 여러 방안을 모색하고 있다.

(나) 다음은 'G. M. 홉킨스(G. M. Hopkins, 1844~1889)'의 시(詩) 한 편의 일부를 발췌한 것이다.

얼룩무늬 만물을 지으신 신께 영광을—
얼룩빼기 암소 같은 두 가지 색깔의 하늘,
헤엄치는 송어 등에 빼곡히 점각한 장밋빛 점들,
땅에 떨어져 갓 피운 석탄처럼 열매를 드러내는 밤,
피리새의 날개들, 구획되고 결합한 풍경—방목지와 휴경지와 경작지,

그리고 온갖 교역, 의복과 연장과 배의 장비들에 대해.

만물은 상반되고 색다르고 희귀하고 낯설다.

무엇이든 변하기 쉽고 반점들 생기니 (누가 연유를 알리?)

빠르거나 느리고, 달거나 시큼하고, 눈부시거나 흐릿하다.

이 모든 것을 변치 않는 아름다움을 지닌 그가 낳으셨다.

(다) 프랑스 남부 지역의 니스, 칸 등 30여 곳 지방 자치 단체가 부르키니 단속에 나섰다. 부르키니란 눈을 제외한 신체 전부를 덮는 무슬림 여성 의상 부르카와 비키니 수영복을 합한 말이다. 율법에 따라 온몸을 천으로 가려야 하는 무슬림 여성들은 더운 날씨에도 물놀이할 엄두를 못 냈는데, 디자이너 아헤다 자네티는 2003년 신체를 노출하지 않고도 물놀이를 즐길 수 있는 수영복 부르키니를 디자인했다. 일각에서는 부르키니를 부르카와 마찬가지로 '여성의 신체를 가두는 옷'이라고 비난하지만 디자이너 자네티는 '억압이 아닌 건강한 삶과 자유의 상징'이라고 강조했다. 프랑스는 2011년에 유럽국가 중 처음으로 공공장소에서 얼굴을 가리는 복장을 금지하는 '부르카 금지법'을 시행했다. 이러한 배경에는 프랑스의 엄격한 정교분리·세속주의 원칙인 '라이시테(Laïcité)'가 깔려 있다. 이는 사회 통합을 이루기 위해 공공장소에서 자신의 종교를 드러내는 걸 자제해야 한다는 취지로 마련된 법안이다. 프랑스 정부는 이 원칙에 따라 공공기관, 공립학교 등에서 종교적 상징물을 착용하는 것도 금지해 왔는데, 부르키니 역시 공공장소에서의 종교적 중립성을 위반할 뿐 아니라 여성의 권리를 억압하는 복장이라고 보고 부정적으로 여기는 것이다. 반면, ㉠ 부르키니 규제를 반대하는 쪽에서는 자유를 억압하고 이슬람에 대한 차별을 노골적으로 드러내는 것이라며 반발하고 있다.

1. (가)와 (나)의 다양성에 관한 관점을 비교하시오.

2. (가)의 관점에서 (다)의 ㉠에 대해 평가하시오.

3. 다양성을 존중하기 위한 정책이 다른 가치와 충돌하는 구체적 사례를 들고, (가)와 (다)의 내용에 기반하여 사례로 든 정책에 대한 찬성 또는 반대의 견해를 밝히시오.

학교 측 해설 ✏️

【출제 의도】

　고등학교 「통합 사회」, 「사회·문화」 교과가 다루는 '문화 다양성', '문화 상대주의', '다문화 사회' 등을 바탕으로 문화와 다양성을 다각적으로 이해하는 능력을 평가한다.

【문항 해설】

- 1번 질문은 다양성의 효용 가치를 중시하는 (가)의 관점과 다양성 그 자체가 추구해야 할 가치임에 주목한 (나)의 관점을 비교할 수 있는지 평가한다.

- 2번 질문은 (가)에서는 다양성의 효용 가치를 중시하여 언어의 다양성이 필요하다는 점을 말하고 있고 ㉠ 부르키니 규제가 다양성과 어떤 관련을 맺는지 설명할 수 있는가를 평가한다.

- 3번 질문은 제시문 다양성을 위한 정책이 다른 가치와 충돌하는 구체적 사례를 적절히 들고 (가)와 (다)의 내용을 종합적으로 파악하여 해당 사례에 대한 자신의 의견을 논리적으로 제시할 수 있는지를 평가한다.

【채점 기준】

하위 문항	채점 기준
1	(가)와 (나)에서 공통적으로 다양성이 중요함을 파악했고, (가)에서 다양성의 효용 가치를 중시하므로 소수 언어를 보존해야 한다는 점을 설명하며, (나)에서 다양성 그 자체에 가치가 있다고 본 점을 논리적으로 설명한 경우 높은 점수를 부여함
2	(가)의 관점을 제대로 파악하고 ㉠ 부르키니 규제가 문화 다양성을 약화시킨다는 점을 논리적으로 비판하는 경우 높은 점수를 부여함
3	위에 제시된 사례를 적절히 들고 해당 사례가 다른 가치와 어떻게 충돌하는지를 설명한 후 (가)와 (다)를 토대로 자신의 입장을 논리적으로 제시하는 경우 높은 점수를 부여함

【예시 답안】

1. 〈(가), (나) 다양성 관점〉

- (가)와 (나)의 공통점은 모두 다양성을 강조하고 존중해야 한다고 말하고 있다는 점이다.

- (가)와 (나)의 차이점은 다양성이 왜 중요한지에 대해 다른 방식으로 접근하고 있다는 점이다.

- (가)는 다양성의 효용 가치를 중시하는 관점을 취한다. 생태계의 유지를 위해서 다양성이 필요하듯이 인류의 적응력을 유지하기 위해서도 언어의 다양성이 필요하다는 점을 이야기하고 있다. 소수 언어가 사멸하면 언어의 다양성이 약화되고 소수 언어를 통해 표현하던 지식이 소멸될 수 있으므로 인류의 지적 기반을 유지하기 위해서 소수 언어를 보존해야 하며 정책적 노력도 필요하다.

- (나)는 다양성 그 자체가 추구해야 할 가치라는 관점을 취한다. 시적 화자가 아름다움의 본질이 "얼룩무늬 만물", "상반되고 색다르고 희귀하고 낯선" 만물에 있다고 말함으로써 결국 아름다움의 본질은 다양성 그 자체에 있고, "누가 연유를 알리"라고 말하면서 어떤 다른 이유나 가치를 따질 필요가 없다고 한 것을 파악할 수 있다. 시적 화자는 다양성 그 자체가 추구해야 할 가치임을 말하고자 했다.

2. 〈(가) 관점에서 (다) ㉠ 평가〉

- (가)에서는 생태계의 유지를 위해 다양성이 필요하듯이 인류의 적응력을 유지하기 위해서도 언어의 다양성이 필요하므로 소수 민족 언어의 사용을 금지하는 정책을 비판한다. 소수 언어가 사멸하면 언어의 다양성이 약화되고 소수 언어를 통해 표현하던 지식이 소멸될 수 있으므로 인류의 지적 기반을 유지하기 위해 소수 언어를 보존해야 하고 정책적 노력도 필요하다.

- (가)에서 언급한 소수 민족 언어의 사용을 금지하고 단일 공용어 사용을 강제하는 정책은 사회통합을 목적으로 다양성을 약화시키는 것이다. 이는 엄격한 정교분리 · 세속주의와 사회통합을 위해 공공장소에서 자신의 종교를 드러내는 걸 자제해야 한다는 취지로 부르키니를 규제하는 것과 유사한 관점이라고 할 수 있다. 이를 토대로 ㉡ 부르키니 규제가 종교의 자유를 억압하고 기본권을 침해하며 결국 문화 다양성을 약화시키는 결과로 이어지는 것을 비판적으로 설명할 수 있는지 평가한다.

- ㉡의 양가적 측면까지 파악하는 경우 가산점을 부여할 수 있다. '부르키니'가 소수자인 이슬람 여성의 인권을 억압하는 것이고 이는 다양성을 저해시키는 결과라는 것을 추가로 언급하는 경우를 말한다.

3. 〈다양성 존중 정책 사례와 견해〉

- 다양성을 위한 구체적 사례로 성할당제, 지역할당제, 소수 인종 우대 정책, 입시에서의 기회균등전형, 다문화 정책 등을 언급할 수 있다.

- 이러한 정책은 다른 가치와 충돌할 수 있는데, 예를 들어 성할당제는 소수인 성을 보호하고 다양성을 존중하기 위한 정책이지만 역차별을 초래하거나 기회의 공정과 충돌할 수 있다. 지역할당제, 소수 인종 우대 정책이나 기회균등전형 등도 마찬가지이다. 다문화 정책은 문화적 상대주의에 입각하여 문화적 다양성을 지키려는 노력이기도 하지만 경우에 따라서는 보편적 인권에 어긋나거나 사회통합을 저해하기도 한다.

- (가)에서는 언어 생태계의 유지를 위해 다양성이 필요하고 정책 등 적극적 노력이 필요함을 역설하였고, (다)에서는 부르키니 규제의 사례에서처럼 사회 통합을 위한 노력이 다양성을 지키려는 노력과 충돌할 수 있음을 보여준다. 이를 바탕으로 하나의 견해를 제시할 수 있다.

- 성할당제 찬성의 예시로, 역차별을 초래하거나 기회의 공정에 어긋난다는 비판도 있지만, 성평등을 이루고 다양성을 확보하기 위해 선택해야 하는 정책의 일환임을 언급할 수 있다.

- 성할당제 반대의 예시로, 성할당제는 특정 분야에서 사회적 약자인 성을 보호하고 다양성을 확보하기 위한 방편으로 볼 수도 있으나, 능력이 더 우수함에도 역차별을 받는 경우가 발생하거나 기회의 공정에 어긋나므로 잘못된 정책이라고 주장할 수 있다.

선배들의 TIP ✏️

1. 1번 질문에 답하기 위해서는 다양성의 효용 가치를 중시하는 (가)의 관점과 다양성 그 자체에서 그 가치를 찾는 (나)의 관점을 비교할 수 있어야 한다. 비교하기 문항은 비교가 가능할 만큼의 공통점과 비교를 유의미하게 만드는 상세한 차이점이 존재하기에 출제된다. 그러므로 답변을 할 때는 기본적인 공통점을 간단히 밝힌 다음 차이점이 무엇인지, 그 근거는 어떤 것들이 있는지 면접관 선생님에게 자세히 설명해야 한다.

2. 2번 질문에 답하기 위해서는 (가)에 언급된 다양성의 효용 가치와 언어의 다양성을 이해하고, 부르키니 규제가 다양성과 어떠한 관련이 있는지 설명할 수 있는 능력이 필요하다.

3. 3번 질문에 답하기 위해서는 다양성을 위한 정책이 다른 가치와 충돌하는 구체적 사례를 적절히 들고, (가)와 (다)의 내용을 종합적으로 파악하여 해당 사례에 대한 의견을 논리적으로 제시할 수 있는지를 평가하는 문항이다. 논의하고자 하는 사례가 면접관 선생님께 낯설 수도 있으므로 필요한 경우 그 사례가 어떤 내용인지 간략히 소개해 주는 것도 좋은 방법이다.

예시 답안 ✏️

1. (가)와 (나)는 공통적으로 다양성을 옹호하는 입장입니다. 그런데 (가)는 다양성의 '효용 가치'를 중시했고, (나)는 다양성의 '심미적 가치' 자체를 중시했다는 차이가 있습니다.

   (가)는 자연 생태계와 언어 네트워크를 나란히 비교하면서 다양성의 효용 가치를 역설합니다. 생태계를 이루는 부분들은 상이하고 다양하며, 그러한 부분들이 다양해질수록 서로의 관계가 중첩되어 전체가 튼튼해지는 '효용'이 발생합니다. 이와 마찬가지로 다양한 언어도 세계를 다른 방식으로 인식하고 표현합니다. 언어의 다양성 보존이 중요한 이유는 각 언어에 담긴 독특한 지식과 세계관을 보존할 수 있는 도구적 '효용' 때문입니다.

   반면, (나)에 실린 시는 다양성의 내재적 가치를 찬미합니다. (나)는 신이 만물을 '상반되고 색다르고 희귀하고 낯설'게, 즉 다양하게 창조했기 때문에 위대하다고 노래합니다. 또한, 만물이 다양하게 변화하는 모습은 인간이 '연유를 알' 수 없더라도 그 다양성 뒤에는 그것들을 만든 '변치 않는 아름다움을 지닌' 신이 있기에 각자의 보편적인 가치가 보장됩니다. 즉, 인간에게 발견되는 쓸모 때문에 다양성이 가치 있다고 보는 (가)와 달리, (나)는 신의 위대한 창조 능력이 그 자체로 가치 있다고 봅니다.

2. (가)의 저자는 다양성의 가치를 옹호하는 입장입니다. 정부가 사회 통합을 명분으로 학교 교육에서 소수 민족 언어의 사용을 금지한다면 소수 언어의 사멸과 함께 소수 언어로 표현되던 지식도 소멸되는 결과로 이어질 것이라고 염려하고 있습니다. 그러한 (가)의 관점에서 (다)의 부르키니 금지는 소수 언어 사용 금지와 별반 다르지 않습니다. 프랑스 사회가 사회 통합을 이루기 위해 공공장소에서 종교 표현을 금지하는 것은 사회 통합을 위해 단일 공용어를 사용하도록 강제하는 것과 마찬가지이기 때문입니다. 부르키니가 종교적 신념의 표현이라면 이를 금지하는 것은 신념의 다양성을 억압하는 조치입니다. 그리고 종교적 중립성을 종교적 획일성으로 해석함으로써 다양한 신앙에 담긴 지혜를 무시했다는 비판을 받을 수 있습니다.

다만, 부르키니를 금지한 두 가지 이유 중 종교적 중립성이 아닌 여성 권리 억압 문제는 (가)의 관점에서 긍정적으로 해석될 여지도 있습니다. 부르키니는 율법으로부터 무슬림 여성을 해방해 준다고 주장하지만, 실제로는 수영장에서조차 여성들에게 부르카를 강요하는 억압적 율법의 연장선에 불과할 수도 있기 때문입니다. 이처럼 소수 종교가 그 내부에서 다양성을 억압하고 있을 경우, 국가가 종교적 억압을 금지함으로써 다양성을 해방하는 역할을 담당할 수도 있습니다. 따라서 정책의 양면적인 측면을 충분히 검토해야 할 것입니다.

3. 다양성과 다른 가치가 충돌할 수 있는 정책의 사례로 '장애인 의무 고용률 제도'를 들어보겠습니다. 장애인 의무 고용률 제도란, 지방 자치 단체 및 공공 기관에서 일정 비율의 장애인을 고용할 의무를 지는 제도를 말합니다. 어느 사회나 상당 비율의 장애인이 살고 있음에도 불구하고 가시적 · 비가시적 차별로 인해 고용 기회를 얻지 못하는 경우가 있습니다. 따라서 국가가 인구 비례에 걸맞은 장애인 고용을 의무화해서 다양한 재능을 갖춘 비장애인과 장애인이 평등하게 존중받도록 돕는다면, 이는 (가)에서 논의하는 소수 언어 보존 정책과 마찬가지로 다양성을 존중하는 정책이 될 것입니다.

(다)에서 부르카 금지법이 종교적 다양성과 공공적 중립성의 충돌 때문에 문제를 낳은 것처럼, 특정 정책들은 다양성과 상반된 가치와 충돌하여 논란에 휘말리기도 합니다. 저는 특정한 장애를 가졌더라도 대부분은 공무를 할 능력이 충분하다고 믿습니다. 하지만 공공 기관 취업 선호도가 높고 경쟁이 치열한 현대 사회에서는 장애인 등 특정 사회 집단에 대한 의무 고용 제도가 능력주의라는 가치와 충돌하면서 형평성론, 역차별론 등을 낳을 수 있습니다.

그렇다 하더라도 저는 장애인 의무 고용률 제도에 찬성합니다. 왜냐하면 저는 공무 집행을 위해 필요한 능력을 가진 사람들을 한 줄로 세워 평가할 수 있다고 보는 능력주의의 가정에 반대하기 때문입니다. 공공 기관은 일반 국민의 요구에 민감히 반응하고 필요를 충족해야 합니다.

이때 우리나라 인구 중 장애인들의 요구와 필요는 특히 장애인 공무원들이 더 빠르고 정확히 파악할 수 있을 것입니다. 이처럼 능력이라는 기준만으로 평가할 수 없는 다양한 관점과 입장이 공직 안에 존재하게 된다면, 국가의 공공성에 귀중한 자원이 될 것입니다. 그러므로 저는 공공 기관에 장애인 의무 고용률 제도가 반드시 필요하다고 생각합니다.

3. 계열적합형 인문 계열(오전)

※ 제시문을 읽고 물음에 답하시오.

(가) 과학계는 가정, 기법, 방법론 등을 공유하는 동시에 동일한 전문 용어와 세계관을 지님으로써 작동한다. 이 모든 것을 통틀어서 패러다임이라고 부른다. 패러다임 내에서 행해지는 일은 정상 과학이라 부르며, 주로 세부 사항을 채우고 난제를 해결한다. 만일 해결할 수 없는 난제와 부합하지 않는 경험적 사실 등이 더 이상 견딜 수 없을 정도로 많아지면 과학 혁명이 일어난다. 정상 과학이 이행되고 있을 당시에는 모든 사람들이 같은 규정에 동의하며 같은 학술 용어를 쓰기 때문에 타당성을 결정하는 것은 비교적 간단한 일이다. 하지만 서로 다른 두 패러다임이 경쟁하며 과학 혁명이 일어나는 와중에는 단순히 경험적 비교만으로 타당성을 결정하는 것은 매우 어려운 일이 되고 만다. 왜냐하면, 과학자들이 서로 다른 학술 용어를 쓰고 세계관도 서로 다를 수 있기 때문이다. 하지만 그럼에도 불구하고 결국에는 새로운 패러다임이 정착하게 된다. 이 새 패러다임은 과학계의 합의에 의해 종래의 패러다임보다 나은 것임이 확정된다. 이러한 패러다임 변화를 추진하는 과정에는 경험적 기준(예 반증된 진술이 더 적다)과 비경험적 기준(예 새 패러다임이 활발한 활동과 진보를 이끈다)이 조합을 이룬다. 과학계에서 일하는 개인들이 이론에 부합하는 관찰 결과를 정리하려는 가운데 이치에 맞는 통일된 세계관이 나타나는 것이다. 결국에는 이 개별적인 결정들이 모여 통일된 새로운 형식이 나타나면서 전체 과학계의 합의된 결정으로 거듭난다. 여기에 설득되지 않는 사람들은 전체 과정의 가장자리에 남겨진 사람, 즉 소위 괴짜가 된다.

(나) 예측 불가능성 앞에서 합리적인 행위자들이 해야 할 일은 명백하다. 위험에 대비해야 한다. 어느 탐구 노선이 결국 우리의 목표점에 도달할지 모른다는 점을 감안하여 우리는 (모두는 아니더라도) 다수의 노선들을 열어두어야 한다. 한 노선만을 충실하게 추구하다가 막다른 곳에 다다른 시점 후에야 다른 노선을 시도하면 안 된다. 사회, 문화, 정치, 경제적인 변수들을 고려해야 하는 기업의 경우가 그 좋은 예시이다. 기업 가치의 극대화라는 궁극적인 목표를 달성하기 위해, 기업은 기존 자원을 활용한 기존 사업 활동을 유지하는 동시에 미래의 수익을 확보하기 위한 새로운 도전을 끊임없이 추구해야 한다. 기존 사업에 중점을 두고 활동하면 현재의 성과를 높일 수 있다. 그러나 소비자의 기호는 시간의 흐름에 따라 달라지기 마련이며, 미처 예측하지 못한 대규모 재난의 발생으로 시장의 규모 또는 공급망의 특성이 급격히 변화할 수도 있고 경쟁 상품이나 서비스가 출현하기도 하는 등 기업의 이익에 부정적인 영향을 미칠 수 있는 다양한 요소가 상존한다. 이와 같은 환경의 변화에 능동적으로 대처하기 위해서는 신규 사업으로의 진출을 모색하여 사업을 다각화하는 등 새로운 도전의 준비와 실행이 필요하다. 하지만 도전이란 본질적으로 위험하기에 지나칠 경우 기업의 도산으로 이어질 수도 있다.

(다) 알파고는 바둑 형세(환경 상태)에서 바둑을 잘 두는(행위) 방법을 배우기 위해 먼저 대량의 바둑 기보를 통해 인간 바둑 기사들의 행위를 모방 학습했다. 그러한 다음 복제한 자신을 상대로 수없이 많은 판의 바둑을 두면서 시행착오를 거쳐 경기력을 개선했다. 그러한 과정을 통해 알파고는 어떠한 환경 상태에서 어떠한 행위가 적절한지 지속적으로 학습하고 그에 따른 보상을 받는다. 보상은 즉각적으로 좋은 것을 나타내는데, 환경 상태에 따른 행위 선택은 즉각적인 보상뿐 아니라 앞으로 받게 될 보상의 예상된 합을 기반으로 이루어진다. 다시 말하면, 알파고는 일부 인간 기사들처럼 승리의 규모를 최대화하려고 하거나 즉각적인 형세를 최적화하려고 시도하지는 않는다. 대신, 알파고는 최종적인 승리의 가능성을 극대화하는 수를 선택한다. 한 집 차이로 이기든 50집 차이로 이기든 알파고에게는 아무런 상관이 없다. 알파고는 지금까지의 학습 내용을 바탕으로 최종적인 승리의 가능성을 가장 높인다고 판단한 행위를 실행하면서 한편으로는, 다른 행위를 무작위적으로 선택하여 승리 가능성을 더 높일 수 있을지 탐색하기도 한다. 이러한 학습 과정을 통해 알파고는 이전까지 특정 환경 상태에서 최적이라고 여겼던 행위를 수정한다.

(라) 소머필드의 가족은 대대로 미국 T주에서 농업에 종사해 왔다. 소머필드뿐 아니라 지역의 주민들 모두가 몇 년 전부터 지속된 유례없는 가뭄으로 인해 작물이 시들어가는 현상을 경험하고 있었다. 대부분의 지역 주민들이 이를 근년의 이상 기온 때문이라고 생각하고 있었으므로 소머필드도 별다른 생각 없이 그렇겠거니 했다. 결국, 날로 악화되는 작황을 견디다 못해 농사를 접은 그는 새 출발의 기회를 찾아 C주로 이사했다. 그러한데 그가 반복된 흉작 때문에 가업을 포기할 수밖에 없었다는 이야기를 꺼내자 인사 온 동네 사람들이 다들 입을 모아 C주도 지난 몇 년간 극심한 가뭄으로 인한 산불에 시달리는 등 기후 변화의 타격이 크다고 위로했다. 그 말을 들은 소머필드는 고향에서 경험했던 가뭄도 사실은 기후 변화 때문이 아니었는지 하는 생각이 들었다. 기후 변화 문제를 둘러싼 위의 사례와 같이 특정 사안에 대한 관점이 지역별로 극명하게 갈리는 현상을 볼 수 있다.

1. (가)에 나타난 '과학'과 (나)에 나타난 '기업 활동'에 관한 관점을 비교하시오.

2. (다)에서 설명한 알파고의 '학습 방법'이라는 관점에서 (가)의 '과학', (나)의 '기업 활동'에 대해 설명하시오.

3. (가), (나), (라)를 종합적으로 활용하여 (라)에서와 같이 의견이 나뉘는 상황이 발생하는 이유를 설명하시오.

학교 측 해설 ✏️

- 고등학교 「통합 사회」, 「사회 · 문화」 교과가 다루는 '다원주의', '패러다임', '학습 방법' 등의 키워드를 바탕으로 과학과 기업 활동의 시간 흐름에 따른 전개 과정을 다각적으로 읽고 이해하는 능력을 평가한다.
- 과학과 기업 활동에 대한 상이한 관점을 비교하는 능력을 갖추고 있는지를 평가한다.
- (다)에 나타난 알파고의 학습 방법을 이해하고, 이를 토대로 (가) 과학과 (나) 기업 활동을 제대로 설명할 수 있는지를 평가한다.
- (가), (나), (라)가 각각 보여주는 과학 발전사, 기업 활동, 지역 공동체 의견 형성 과정을 통해 기후 변화와 같은 특정 사안에 대한 입장 차이의 원인을 설명할 수 있는지를 평가한다.

【문항 해설】

- 1번 질문은 (가)와 (나)가 각각 제시하는 관점 간의 공통점과 차이점을 비교하여 도출할 수 있는지 봄으로써 분석력을 평가한다.
- 2번 질문은 (다)가 설명하는 알파고의 학습 방식을 적확하게 이해하고 그 내용이 (가)와 (나)의 경우에 각각 어떻게 적용 가능, 혹은 불가능한지 설명하라고 함으로써 적용력을 평가한다.
- 3번 질문은 (라)의 특정 사안에 관한 지역 공동체별 의견의 차이라는 상황이 발생할 수 있는 이유를 (가), (나), (라)의 내용을 바탕으로 다양하게 고찰해 볼 수 있는 능력을 봄으로써 종합적인 사고력을 평가한다.

【채점 기준】

하위 문항	채점 기준
1	- (가)와 (나) 모두에서 공통점과 차이점을 다양하게 도출하여 비교할 경우 최고점을 부여함 - (가)와 (나) 모두에서 공통점과 차이점을 일부만 도출한 경우 중간점을 부여함 - (가)와 (나) 모두에서 공통점과 차이점을 도출하지 못한 경우 하위점을 부여함 - (가)와 (나)의 공통점과 차이점을 도출하고, 일원주의와 다원주의, 공시적 그리고 통시적 측면에서 체계적으로 비교한 경우 가산점을 부여함
2	- (다)에서 제시한 알파고의 학습 방식이 (가)와 (나)의 경우에 어떤 면에서 적용이 가능하거나 불가능한지 설명하면 최고점을 부여함 - 위의 내용에서 적용 가능한 측면과 불가능한 측면 중 한 가지만 설명한 경우 중간점을 부여함 - 이외의 경우 하위점을 부여함
3	- (가), (나), (라)를 종합적으로 활용하여 세 가지 이유를 제시한 경우 최고점을 부여함 - (가), (나), (라)를 종합적으로 활용한 세 가지 이유 중 두 가지만 제시한 경우 중간점을 부여함 - 이외의 경우 하위점을 부여함

【예시 답안】

1. (가)와 (나)에서 제시하는 관점의 공통점과 차이점 비교〉

공통점	차이점
특정 시점에서 유용하다고 판단되는 '활동'을 주요하게 활용하고, 시간이 지나면서 유용성이 떨어진다고 판단되면, 대안을 모색하여 더 유용하다고 판단되는 활동으로 전환한다는 공통점을 지닌다.	– (가)에서는 과학 혁명 시기를 제외하면 하나의 패러다임이 지배적인 우위를 점하는 반면, (나)에서는 중점적인 사업 부문과 더불어 새로운 사업 부문이 공존한다는 차이가 있다. – (가)에서는 해결할 수 없는 난제와 들어맞지 않는 경험적 사실이 너무 많아질 경우에만 새로운 경쟁 패러다임이 등장하지만, (나)에서는 기존의 사업을 유지하면서도 상시 대안 사업을 모색한다는 점에서 차이가 있다.

2. 〈학습 방법 관점에서 본 (가), (나)〉

적용	(가) 과학계–패러다임	(나) 기업–사업 노선
적용 가능한 측면	– 과학계에서 반증된 진술의 숫자라는 경험적 기준은 알파고 학습에서의 즉각적인 보상에 상응한다. – 앞으로 해결할 수 있는 문제의 양이라는 비경험적 기준은 알파고 학습에서 앞으로 받게 될 보상의 합에 상응한다고 볼 수 있다. – 위 두 가지 요소를 바탕으로 등장하는 지배적인 패러다임은 알파고 학습에서 최종적인 승리 가능성을 높이는 행위에 상응한다는 측면에서 알파고의 학습방식이 적용된다고 할 수 있다.	– 기업의 현재 수익이 알파고 학습에서 즉각적인 보상에 상응한다. – 미래 수익의 합은 알파고 학습에서 앞으로 받게 될 보상의 합에 상응한다. – 따라서 위 두 가지 요소를 바탕으로 한 기업 가치의 극대화 행위는 알파고 학습에서 최종적인 승리 가능성을 높이는 행위에 상응한다는 측면에서 알파고의 학습방식이 적용된다고 할 수 있다.
적용이 어려운 측면	과학계는 난제 및 경험적 부적합성이 급격히 증가할 때만 대안적 패러다임을 모색한다는 점에서, 때때로 무작위적으로 대안을 탐색하는 알파고의 학습방식을 적용할 수 없다.	기업의 사업방식은 어느 시점에서건 기존 사업을 중심으로 활동하면서도 미래의 환경 변화에 대비하여 항상 새로운 도전을 준비하고 실행한다는 점에서 알파고의 학습 방식과 유사하지만, 기업에서의 도전이란 본질적으로 위험하고, 지나칠 경우 기업 도산으로 이어질 수 있기 때문에 알파고의 무작위적인 탐색 방식은 적용하기 어렵다.

3. 〈(라)의 상황 발생 이유〉

– (가)에서는 '반증 가능성에 기반한 경험적 기준'이 사용된다. 이를 바탕으로 보면 기후 변화가 일어나고 있다는 주장에 대한 명확한 증명이나 반증이 어렵기 때문에 분명한 결론에 이르지 못한 채 이견의 여지가 항상 있다.

– (나)에서는 어느 한 노선만 추구하는 것은 위험할 수 있다는 주장의 근거로 예측 불가능성을 제시하고 있다. 이상기온이든 기후 변화든, 예측 불가능한 변동성이 있기에 그 원인에 대한 다양한 의견이 존재할 수 있다.

- (라)에서는 뚜렷한 주관이 따로 없는 사람들이 공동체를 구성하는 다수에 동조하는 경향으로 인해 지역 내에서 지배적인 의견이 형성되고, 지역 간에 의견 차이가 생겨난다.

선배들의 TIP ✏️

1. 1번 질문에 답하기 위해서는 (가)와 (나)가 각각 제시하는 관점들의 공통점과 차이점을 비교하여 도출해 내는 분석력을 갖추고 있어야 한다.

2. 2번 질문에 답하기 위해서는 (다)가 설명하는 알파고의 학습 방식을 정확하게 이해하고 (가)와 (나)에 각각 적용하는 적용력이 필요하다.

3. 3번 질문에 답하기 위해서는 (라)의 사례에 관한 지역 공동체별 의견의 차이가 발생하는 이유를 (가), (나), (라)의 내용을 바탕으로 다양하게 고찰할 수 있는 능력과 종합적 사고력이 필요하다.

예시 답안 ✏️

1. (가)의 과학과 (나)의 기업 활동 사이에는 두 가지 공통점과 세 가지 차이점이 있습니다. 첫 번째 공통점은 과학과 기업 활동 모두 내부에 '주요 활동'과 '부수 활동'이 존재한다는 사실입니다. 과학에서 정상 과학은 주요 활동이고, 경쟁 패러다임은 부수 활동입니다. 기업의 경우, 기존 사업이 주요 활동에 해당하고, 사업 다각화는 부수 활동에 해당합니다. 두 번째 공통점은 장기적으로 보았을 때 부수 활동이 주요 활동을 '대체'한다는 사실입니다. 과학에서는 주요 패러다임이 신규 패러다임에 의해 대체되어 과학 혁명이 일어납니다. 기업은 전망이 어두운 기존 사업을 대체해 신규 사업으로 적극 진출할 수 있습니다.

과학과 기업 활동 사이에는 차이점도 많습니다. 첫 번째 차이점은 부수적 활동의 상시성입니다. (가)에 따르면 과학에서 두 패러다임이 경쟁하는 일은 '이따금씩만' 일어나는 현상입니다. 그에 비해 (나)에서 기업은 상시적으로 발생하는 부수 활동에 능동적으로 대처하기 위해 하나의 노선이 아닌 다수의 노선을 열어놓고 위기에 대비합니다. 두 번째 차이점은 부수적 활동의 의도성입니다. (가)에서 새로운 과학적 세계관은 의도적으로 창조되는 것이 아니라, 해결할 수 없는 난제와 부합하지 않는 경험적 사실 등이 축적된 결과에 대응하다가 '비의도적'으로 나타나는 것에 가깝습니다. 이와 달리 (나)에서 기업의 사업 다각화는 '의식적이고 선제적'인 스스로의 선택입니다. 세 번째 차이점은 과유불급이 나타나는 영역입니다. (가)에서 새로운 패러다임은 과학자들이 의도적으로 추구하는 게 아니기에, 끝까지 설득되지 않고 '옛 영역'에 과도하게 집착하는 사람들이 생겨 '괴짜'라고 불리게 됩니다. 이와 반대로 (나)에서 새로운 사업은 기업이 의도적으로 추구하는 것이기에, 간혹 '새로운 영역'을 지나치게 추구하다가 '도산'을 맞게 되는 경우도 있습니다.

2. (다)를 살펴보면 알파고의 학습 방법에는 세 가지 특징이 있습니다. 첫째, 알파고의 학습 목표는 단기 승률이 아니라 장기 승률을 높이는 것입니다. 알파고는 즉각적인 보상과 앞으로 받을 것으로 예상되는 보상의 합을 기준으로 바둑의 수를 선택합니다. 둘째, 알파고의 학습 과정은 승부와 탐색을 의도적, 상시적으로 병행합니다. 현재 경기의 승리를 노리면서도 미래 경기의 승률을 높이기 위해 여러 가지 경우의 수를 '일부러' 그리고 '계속' 시험해 봅니다. 셋째, 알파고의 탐색 방식은 '무작위와 반복'입니다. 알파고가 무작위로 선택한 행위들은 알파고가 자기 복제를 상대로 두는 수많은 경기에서 시행착오를 통해 효과가 검증됩니다.

'앞서 제시한 세 가지 특징을 (가)의 과학과 (나)의 기업 활동에도 적용해 보겠습니다. 첫째, 장기 승률 추구라는 특징은 과학 활동과 기업 활동에 모두 적용됩니다. 과학은 정상 과학과 새로운 패러다임의 경쟁을 통해 장기적으로 반증된 진술의 양을 줄이고 활발한 활동과 진보를 이끌어갑니다. 기업도 기존 사업과 신규 사업을 함께 추구함으로써 기존 수익과 미래 수익의 총합을 극대화합니다.

둘째, 알파고의 탐색은 의도적이고 상시적인데, 이는 (나)의 기업 활동에는 잘 들어맞습니다. 기업이 가치를 극대화하기 위해 신규 사업에 도전하는 것 또한 의도적이고 상시적인 과정이기 때문입니다. 그러나 (가)의 과학 활동은 의도적, 상시적으로 새로운 패러다임을 탐색하는 것이 아닙니다. 과학자들은 대부분의 기간 동안 정상 과학을 행할 뿐입니다. 그리고 어긋난 세부 사항과 난제가 축적되면서 부득이하게, 그리고 결과적으로 새로운 패러다임으로의 이행이 일어날 뿐입니다.

셋째, 알파고의 탐색은 무작위와 시행착오에 의거하는데, 이 특징만큼은 (가)의 과학 활동과도 (나)의 기업 활동과도 다릅니다. 과학자들은 이치에 맞는 설명을 최대한 합리적으로 시도할 뿐이지 무작위적인 설명을 하는 것은 아닙니다. 기업 또한 시행착오의 대가가 너무 크기 때문에 무작위적으로 반복할 수 없습니다. 그 대가는 치명적인 기업 도산이기 때문입니다. 알파고가 무작위적 시행착오에 의존할 수 있는 것은 비용을 거의 들이지 않고 자신과 수많은 경기를 반복할 수 있는 고유의 학습 조건 덕분입니다.

3. (라)의 소머필드 가족은 가뭄에 시달리다 C주로 이사하는데, 이사 간 지역에서 가뭄에 대한 새로운 관점을 접하게 됩니다. 전 동네 사람들 대부분은 가뭄을 일시적인 이상 기온 탓으로 돌린 반면, 새로운 동네 사람들은 모두가 가뭄을 장기적인 기후 변화 때문이라고 여기고 있었습니다. 이렇게 사안에 대한 관점이 지역별로 극명하게 갈리는 원인을 각각의 제시문을 통해 찾아볼 수 있습니다.

우선 (라)에서는 '다수의 분위기에 동조하는 성향'이라는 원인을 발견할 수 있습니다. 소머필드 씨 본인이 대표적으로 예전 동네 지역 주민들의 의견에 '별다른 생각 없이' 동조했고, 새로운 동네에서 새로운 의견을 듣자 금세 '사실은 기후 변화 때문이 아니었는지' 하고 생각을 바꾸고 있습니다. 이처럼 뚜렷한 주관과 이성을 따르기보다 집단의 분위기에 휩쓸리는 비합리적이고 집단적 사고 성향이 있는 경우에 지역이나 집단별로 관점의 극명한 차이가 생겨날 수 있습니다.

(가)에서는 '패러다임 경쟁'이라는 원인을 발견할 수 있습니다. 가뭄이라는 경험적 사실이 이상 기온설을 지지하는 것인지 기후 변화설을 지지하는 것인지 두 패러다임이 경쟁하고 있을 때는 판단을 내리기 매우 어렵습니다.

(나)에서는 '예측 불가능성'이라는 원인을 발견할 수 있습니다. 날씨는 극히 복잡한 대상이므로 가뭄이 올해로 끝날지 앞으로도 이어질지 누구도 완전히 예측할 수가 없습니다. 그러한 상황에서는 가뭄이 단기적인 이상 기온 때문인지 장기적인 기후 변화 때문인지를 판단하기가 본질적으로 어렵습니다. 이처럼 합리적인 행위자들의 모임에서조차 패러다임이 경쟁하거나 예측이 불가능한 경우에는 지역이나 집단별로 관점의 극명한 차이를 마주하게 될 수 있습니다.

4. 계열적합형 인문 계열(오후)

※ 제시문을 읽고 물음에 답하시오.

(가) 문학은 권력에의 지름길이 아니며, 그러한 의미에서 문학은 써먹는 것이 아니다. 그러나 역설적이게도 문학은 그 써먹지 못한다는 것을 써먹고 있다. 문학을 함으로써 우리는 서유럽 한 위대한 지성이 탄식했 듯 배고픈 사람 하나 구하지 못하며, 물론 출세하지도, 큰돈을 벌지도 못한다. 그러나 그것은 바로 그러 한 점 때문에 인간을 억압하지 않는다. 인간에게 유용한 것은 대체로 그것이 유용하다는 것 때문에 인간 을 억압한다. 억압된 욕망은 그것이 강력하게 억압되면 억압될수록 더욱 강하게 부정적으로 작용한다. 그러나 문학은 유용한 것이 아니기 때문에 인간을 억압하지 않는다. 억압하지 않는 문학은 억압하는 모 든 것이 인간에게 부정적으로 작용하는 것을 보여준다. 인간은 문학을 통해 억압하는 것과 억압당하는 것의 정체를 파악하고, 그 부정적 힘을 인지한다. 그 부정적 힘의 인식은 인간으로 하여금 세계를 주체적 으로 개조하지 않으면 안 된다는 당위성을 느끼게 한다. 인간은 문학을 통해, 그것에서 얻는 감동을 통 해, 자기와 다른 형태의 인간의 기쁨과 슬픔과 고통을 확인하고 그것이 자기의 것일 수도 있다는 것을 느 낀다. 문학은 배고픈 거지를 구하지 못한다. 그러나 인간을 억누르는 억압의 정체를 뚜렷하게 보여준다. 그리고 그것은 인간의 자기기만을 되돌아보고 날카롭게 고발한다.

(나) 질문하는 일은 우리에게 지금도 여전히 중요합니다. 우리도 호모사피엔스이니까요. 묻는다는 것은 살아 있음을 뜻합니다. 아직, 기계는 많은 경우 입력된 정보를 질문 없이 받아들일 뿐입니다. 곧 질문하지 않 는 사람은 기계에 불과하다고도 말할 수 있습니다. 질문한다는 것은 사람으로서 능동적으로 존재한다는 의미가 있습니다. 어린아이들이 왜, 뭔데, 하고 물으며 주위를 받아들이면서 한 명의 주체로 성장하는 것 을 떠올릴 필요가 있습니다. 질문은 사유의 한 행위로, 이미 결정되어 있는 개념이나 미리 규정되어 내려 오는 가치들을 선험적으로 무조건 수용하지 않기 때문에 발생합니다. 질문은 삶의 가능성을 제한하고 한 계짓는 체제를 거스르면서 생명의 자연스러움을 회복하는 행위입니다. 세상의 단순 부속품이 되지 않으 려면 질문해야 합니다. 또한, 질문하는 일은 반성한다는 의미입니다. 반성한다는 것은 판단의 조건들을 성찰하고 사유한다는 것으로 곧 돌이켜보는 일이죠. 반성은 모두가 확고하다고 여기는 현재의 질서에서 잠시 벗어나는 질문입니다.

(다) 장자가 산속을 거닐다가 가지와 잎사귀가 무성한 큰 나무를 보았는데 벌목하는 사람들이 그 옆에 머물러 있으면서도 그 나무를 베지 않았다. 그 까닭을 물었더니 "쓸 만한 것이 없다."고 했다. 장자가 말했다.
　"이 나무는 쓸모가 없기 때문에 천수를 다할 수 있구나."
　장자가 산에서 나와 옛 친구의 집에서 묵게 되었다. 친구가 기뻐하며 아이 종에게 거위를 잡아서 요리 하라고 시켰더니, 아이 종이 여쭙기를 "한 마리는 잘 우는데, 한 마리는 울지 못합니다. 어느 것을 잡을까 요?" 했다. 친구가 말했다. "울지 못하는 놈을 잡아라."

다음 날 제자가 장자에게 물었다. "어제 산중의 나무는 쓸모없었기 때문에 천수를 다할 수 있었고 지금 주인집 거위는 쓸모없었기 때문에 죽었습니다. 선생께서는 장차 어디에 몸을 두시겠습니까?" 장자가 웃으면서 말했다. "나는 쓸모 있음과 쓸모없음의 사이에 머물 것이다. 그러한데 쓸모 있음과 쓸모없음의 사이에 머무는 것은 한편으로는 그럴 듯 하지만 아직 완전한 올바름이 아니기 때문에 세속의 번거로움을 면치 못할 것이다. 하지만 도(道)와 덕(德)을 타고 어디든 정처 없이 떠다니듯 노니는 사람은 그렇지 않다. 명예도 없고 비방도 없이 한번은 하늘에 오르는 용이 되었다가 또한 한번은 땅속을 기는 뱀이 되어 때와 함께 변화하면서 한 가지를 오로지 고집하는 것을 기꺼워하지 않는다. 한번 하늘 높이 올라가고 한번 땅 속 깊이 내려감에 조화로움을 도량으로 삼아서 만물의 시초에 자유롭게 노닐며, 만물을 만물로 존재하게 하면서도 스스로는 외물(外物)에 의해 사물로 규정 받지 않으니 어떤 외물이 번거롭게 할 수 있겠는가! 이것이 옛날 신농과 황제가 지켰던 삶의 법칙이다."

(라) 과학 기술자는 과학의 양면을 제대로 파악하여 인류의 복지에 긍정적으로 기여하려는 선한 의도와 사회적 책임을 가져야 한다. 과학이 우리의 삶에 엄청난 영향을 미치고 있는 만큼 과학 기술자는 사회적 책임과 의무로부터 결코 자유로울 수 없으며, 전문가로서 그에 상응하는 윤리적 책임과 자기 정당화의 의무를 지니고 있어야 한다. 과학적 지식을 사회의 선을 위해 사용하고자 할 때 가장 중요한 것은 반성적 사고이다. 반성적 사고를 통해 과학 기술은 보다 바람직한 방향으로 나아갈 것이다. 따라서 반성적 사고는 과학 기술자들의 행위를 규제하고 억압하는 것이 아니라 과학 기술자들이 인류에 해악을 끼치지 않고 바른 방향으로 나아갈 수 있도록 해 주는 길잡이라고 할 수 있다.

소비에트 연방의 안드레이 사하로프는 20세기 후반 수소 폭탄 개발에 결정적으로 기여했다. 당시 그는 동서 냉전의 상황에서 조국의 군사적 열세를 만회하는 데 도움이 되고 싶다는 생각으로 개발에 매진하여 정부로부터 그 공로를 크게 인정받았다. 하지만 시간이 지날수록 자신의 판단과 행동이 옳았던가를 되짚어 보며, 나중에는 소비에트 체제에 대한 저항 운동에 적극적으로 나서게 되었다. 영국의 제너는 18세기 후반 천연두를 예방하기 위해 우두법(牛痘法)을 개발했다. 시행 초기에는 대중의 몰이해로 많은 반대에 부딪혔으나, 그는 우두법의 효능을 확신하고 설득에 나섰다. 이후 영국 과학계로부터 그 효능을 인정받아 우두법이 널리 보급되었다.

1. (가)의 '문학'과 (나)의 '질문'의 유사성을 설명하시오.

2. (다)의 밑줄 친 부분을 토대로 (가)를 평가하시오.

3. (가), (나), (다)를 종합적으로 고려하여, (라)의 '사하로프'와 '제너'의 행적에 대해 자신의 의견을 자유롭게 말하시오.

학교 측 해설 ✏️

【출제 의도】

- 고등학교 「국어」, 「윤리와 사상」, 「생활과 윤리」 교과가 다루는 '독서', '학문', '유용함과 무용함', '과학과 윤리' 등을 바탕으로, 학문 연구와 사회적 책임에 대한 인식과 이해를 평가한다.
- 제시문에 기술된 내용에 기반을 두어, '문학'과 '질문' 간의 유사성을 유추해낼 수 있는 분석적 사고 능력을 갖추고 있는지를 평가한다.
- 쓸모 있음과 쓸모없음을 넘어서는 '완전한 올바름'이라는 장자의 생각을 토대로 (가)에 나타난 문학의 무용 / 유용함에 대해 어떻게 이해하고 있는지를 평가한다.
- 제시문들에서 소개된 유용함과 무용함의 의미, 질문과 반성의 기능 등을 토대로 (라)에 소개된 구체적인 사례들을 종합적으로 이해하고 분석하는 능력을 알아본다.

【문항 해설】

- 1번 질문은 각 제시문에 기술된 내용에 기반하여, '문학'과 '질문' 간의 유사성을 유추해 내고 분석적 사고 능력을 보여주어야 한다.
- 2번 질문은 쓸모 있음과 쓸모없음을 넘어서는 '완전한 올바름'이라는 장자의 생각을 이해하고, (가)에 나타난 문학의 무용 / 유용함에 대해 올바로 적용시켜야 한다.
- 3번 질문은 제시문들에 소개된 유용함과 무용함의 의미, 질문과 반성의 기능을 종합적으로 유추해 (라)의 사례를 설명해 내야 한다.

【채점 기준】

하위 문항	채점 기준
1	각각 제시문에서의 핵심어인 '문학(가)'과 '질문(나)'의 특징과 유사성을 적절하게 비교, 분석, 체계적으로 설명할 수 있는지를 평가함
2	– (다)인 장자의 글에서 '완전한 올바름'이 무엇인지 명확하게 이해하는지를 평가함 – 장자의 '완전한 올바름'을 (가)에 타당하게 적용해 분석해 내는지를 평가함
3	– (가), (나), (다)를 종합적으로 고려, 판단해 (라)의 두 구체적 사례를 타당하고 적실하게 평가하는지를 평가함 – '자유롭게 말하라'는 문제의 지문에 대해 자신의 의견을 얼마나 설득력있게 표현하는지를 평가함

【예시 답안】

1. ⟪(가) 논지 요약⟫
   - 억압과 부조리한 세계에 대한 인식과 개조의 필요성 자각을 위한 '문학'의 의의
   - 무용한 문학이지만, 유용해야 한다는 억압을 고찰하게 해주는 '문학'의 다른 유용함
   - 유용함만을 좇는 자기기만을 파헤치고 고발하는 '문학'
   - '문학'과 (나) '질문'의 상호 구조적 연계성에 대한 파악과 이해

   ⟪(나) 논지 요약⟫
   - '질문'하는 존재의 능동성
   - '질문'은 생명의 자연스러움을 회복하는 행위임
   - '질문'하는 일은 반성한다는 의미
   - '질문'과 (가)의 '문학'의 의미상 유사성 파악

2. ⟪(다)의 '완전한 올바름'에 대해⟫
   - 장자가 말하는 '완전한 올바름'이란 무용 / 유용을 초월하는 일종의 개념임
   - 외물의 무용 / 유용을 그 누구도 항구히 결정할 수 없으며, 그러한 결정의 시도 자체가 의미 없음을 말하고 있는 것임
   - 무용 / 유용의 상대성으로 들릴 수도 있지만, 결국 장자가 말하는 '완전한 올바름'이란 구체적 시공간과 구체적 목적, 무용 / 유용 판단의 주체와 객체 등의 외부적 조건을 뛰어넘는 것임

   ⟪(가)의 문학의 무용 / 유용⟫
   - 김현이 말하는 문학의 무용함은, 사회적 통념의 유용함에 맞서는 무용함으로 일단 출발하나, 무용하기에 유용해야 한다는 강박과 억압으로부터 거리를 두고 독립할 수 있으며, 그렇기에 그 억압 자체를 고찰할 수 있다는 문학의 유용함을 갖는 것으로 주장
   - 어떤 의미에서는, 김현 역시 문학의 무용함을 애써 유용함으로 환치하려는, 장자가 말하는 '완전한 올바름'에 아직 도달하지 못한 상황임을 정확하게 이해하는 것이 중요함

3. 《(가)의 내용》

문학의 무용함과 유용함에 대한 이해를 토대로, 사하로프의 유용하려 했으나 무용함, 제너의 유용하려 했고 유용했음을 언급

《(나)의 내용》

질문과 반성을 토대로, 사하로프의 과학자로서의 사회적 책무의식에 대한 인식과 자각, 그리고 제너의 과학자로서의 사회적 책무의식에 대한 인식과 자각을 파악

《(다)의 내용》

완전한 올바름에 도달하려 하는 사하로프와 제너의 양상 이해

《(라)의 사례 적용》

- 사하로프의 경우 무용과 유용의 양상이 핵개발 시기와 이후의 시기 태도와 관점이 달라졌음을 파악함
- 질문과 반성의 경우, 그는 핵개발 시기 질문과 반성보다 애국심이라는 유용함에 경도되었음
- 완전한 올바름 또한 사하로프는 도달하지 못했음
- 제너의 경우 무용과 유용의 양상이 전도되었음을 파악해야 함
- 질문과 반성이란 맥락에서 그는 과학자로서 자신의 사회적 책무의식을 인식했음
- 완전한 올바름 또한 제너는 비교적 가까이 다가가려 했음을 이해해야 할 것임

선배들의 TIP ✏️

1. 1번 질문에 답하기 위해서는 각 제시문에 기술된 내용을 토대로 '문학'과 '질문' 간의 유사성을 유추해 내는 분석적 사고 능력과, 핵심어인 '문학'과 '질문'의 특징과 유사성을 적절하게 비교 · 분석하고 체계적으로 설명하는 능력이 필요하다.

2. 2번 질문에 답하기 위해서는 쓸모 있음과 쓸모없음을 넘어서는 (다)에 나타난 '완전한 올바름'이라는 장자의 사상을 명확하게 이해하고, (가)에 나타난 문학의 무용 / 유용함에 타당하게 적용하고 분석하는 능력이 필요하다.

3. 3번 질문에 답하기 위해서는 유용함과 무용함의 의미, 질문과 반성의 기능을 종합적으로 유추한 내용을 바탕으로 제시문 (라)의 사례를 타당하고 적실하게 평가하는 능력이 필요하다. '자유롭게 말하라'는 지문에 대해 자신의 의견을 얼마나 설득력 있게 표현하는지를 평가하는 문제 유형이다.

예시 답안 ✏️

1. (가)와 (나)는 문학도, 질문도 얼핏 보기엔 비효율적이고 군더더기 같은 행동들이지만, 거기에는 우리를 인간답게 만드는 깊은 의미가 있다고 주장하고 있습니다. 문학과 질문은 두 가지 유사한 방식으로 우리를 인간답게 만들어 줍니다.

  첫 번째 유사성은 문학과 질문이 우리를 능동적이고 주체적인 인간으로 만들어 준다는 점입니다. (가)에서 저자는 문학이란 세상에 효율과 쓸모가 있는 행위가 아니기 때문에 인간을 억압하거나 착취하는데도 가세하지 않는다고 말합니다. 오히려 문학은 '억압하는 것'의 실상을 독자에게 전달해 그동안 '수동적'으로 억압당하던 인간들이 세계를 '주체적'으로 개조하겠다는 능동적 결심을 하게 만든다는 것입니다. (나)에서도 질문은 하나의 인간적 행위로서, 정보를 기계적으로 받아들이는 행위와 대조됩니다. 질문은 타인이나 체계가 미리 규정해 놓은 개념과 가치를 그대로 수용하기를 거부하는 저항의 행위, 능동적 주체성을 되찾는 행위입니다.

  두 번째 유사성은 문학과 질문이 우리를 반성하는 인간으로 만들어준다는 점입니다. (가)에 따르면 인간이 문학을 통해 억압의 정체를 뚜렷하게 바라보게 될 때, 인간은 외부에서만이 아니라 바로 개인의 내면에서도 억압의 일부를 발견할 수 있으며, 그를 통해 그동안의 자기기만을 반성할 수 있게 됩니다. 이와 마찬가지로 (나)에 따르면 인간은 질문을 하는 순간 자신의 판단이 어떠한 조건 위에서 내려진 것인지 멈추어서 성찰할 수 있는 기회를 얻게 됩니다. 이를 통해 현재의 질서와 관성을 벗어나 반성적으로 전환할 수 있게 된다는 것입니다.

2. (가)의 저자는 문학의 인간적 의의를 논하면서 '문학은 쓸모없기 때문에 인간에게 쓸모 있다'라는 하나의 역설을 제시하고 있습니다. 이 역설적 지혜를 '무용함의 유용함'이라고 부르겠습니다. 저자에 따르면 문학은 유용한 것이 아니기에 억압된 욕망을 발생시키지 않으며, 억압하는 것과 억압당하는 것을 담담히 보여줌으로써 인간이 눈을 뜨게 해 준다고 합니다. 이 과정을 통해 문학은 비록 실용적으로는 무용하나, 궁극적으로 인간 주체성에 유용한 것으로 거듭나게 됩니다.

  흥미롭게도 (가)에 나타나는 '무용함의 유용함'은 (다)에서도 발견됩니다. 나무는 쓸모가 없었기 때문에 벌목 당하지 않고 천수를 누릴 수 있었습니다. 그런데 장자의 이야기는 더 나아가 거위의 사례를 보여줍니다. 울지 못하는 거위는 쓸모가 없다는 이유로 죽임을 당해 요리가 되는데, 이는 '무용함의 유용함'이라는 나무의 교훈과 상충되는 것처럼 보입니다. 이에 대해 장자는 '완전한 올바름'이라는 가치를 제시합니다. 이는 여러 세속적 구분을 벗어나서 어떠한 입장도 고집하지 않는 초월적 경지입니다. 완전한 올바름의 경지에서는 무용함과 유용함의 구분을 묻는 것 자체가 무용한 일이 됩니다.

따라서 (다)의 '완전한 올바름'의 경지에서 (가)의 '무용함의 유용함'의 논리를 살펴본다면, 여전히 무엇이 무용하고 무엇이 유용한지 시시콜콜 구분하려는 부분적 경지로 보일 것입니다. 즉, (가)의 화자는 나무의 교훈까지는 깨달았지만 그를 초월한 '완전한 올바름'의 경지에는 아직 이르지 못했다고 평가할 것입니다.

3. (라)에 제시된 사하로프는 조국 소련을 위해 수소 폭탄을 개발하고 공로를 인정받았으나, 나중에는 후회를 거듭하여 소련 체제에 저항한 과학자입니다. 그리고 제너는 대중의 몰이해와 반대를 견디고 우두법을 개발하여 천연두를 퇴치한 과학자입니다.

(가), (나), (다)는 두 사람의 행적을 평가하기 위한 개념과 기준들을 제공합니다. 먼저 (가)에 실린 유용과 무용의 기준을 두 사람에게 적용해 볼 수 있습니다. 사하로프는 조국에 유용한 역할을 하고자 했지만, 그에 부수적으로 따라온 인정 욕구는 그를 체제의 어둠에 눈멀게 해 결국 그의 업적을 무용하게 만들고 말았습니다. 이러한 사하로프는 '유용함의 무용함'의 사례입니다. 한편, 제너는 유용함을 추구했으나, 다행히 억압된 욕망에 휩싸이지는 않은 덕분에 결과적으로도 유용한 업적을 남겼습니다.

이어서 (나)에 실린 질문과 반성의 기준을 적용해 보겠습니다. 사하로프가 늦게나마 체제의 억압에 눈을 뜨고 저항한 것은 '자신의 판단과 행동이 옳았던가?'라는 질문이 주는 반성의 힘 덕분이었습니다. 제너는 기술 발명의 초기부터 스스로에게 꾸준히 질문을 던진 덕분에 잘못을 예방할 수 있었으리라고 추측할 수 있습니다.

마지막으로 (다)에 실린 완전한 올바름의 기준을 적용해 보겠습니다. 사하로프는 정부의 인정을 추구하면서 세속의 번거로움에 붙들렸기에 완전한 올바름과는 거리가 멀었습니다. 제너는 대중의 몰이해와 많은 반대에 부딪혔는데도 우두법 개발에 힘썼는데, 이는 명성이나 비난에 얽매이지 않는 모습입니다. 이와 같은 자유로움은 완전한 올바름에 가까운 모습이라고 평가할 수 있습니다.

2022 학년도 | 교대 면접 기출문제

1 ▶ 경인교대

[수시]

1. 학생부종합전형 A형(문항 카드 1번)

> 학교 교육 정책은 공통성과 개별성의 균형을 추구한다. 모든 학생은 학교 교육을 통해 사회 구성원으로서 살아가는 데 필요한 일반적인 지식과 기능을 체계적으로 습득해야 한다. 이와 함께 학생 개개인의 특성과 흥미는 존중되어야 하며, 이를 바탕으로 교육 내용과 교육 방법이 구성될 필요가 있다.
> 최근에는 학교 교육의 개별성을 강화하기 위해 학생들의 과목 선택권을 확대하는 정책이 고등학교를 중심으로 추진되고 있다. 이는 학생들이 자신의 진로를 고려하여 다양한 과목을 선택하고 학생들이 원하는 경우 학교가 새로운 과목을 개설하게 하는 것을 주요 내용으로 한다.

• 과목 선택권을 확대하는 정책의 장점과 단점 각각 **두 가지**를 이유와 함께 제시하시오.

학교 측 해설 🖊

【출제 의도】

최근의 교육 정책상의 쟁점에 대해 다양한 관점들을 이해하고 자신의 생각을 타당한 근거를 들어 논리적으로 설명할 수 있는 능력을 파악하고자 했다.

【문항 해설】

〈교육 정책에서 공통성과 개별성〉

- 교육 정책에서 추구하는 두 가지 목표를 공통성과 개별성의 관점에서 이해한다.

- 교육에서 개별성을 실현하는 구체적인 방안을 탐색한다.

- 쟁점에 대해서 다양한 관점이 있음을 이해하고 장단점을 제시할 수 있다.

【채점 기준】

– 공통성과 개별성 사이의 긴장과 균형을 중심으로 문제의 핵심을 명확하게 파악하는지 평가한다.

– 정책의 장점과 단점을 두 가지씩 명확하게 제시하는지 평가한다.

– 정책의 장점과 단점을 뒷받침하는 이유를 각각 타당하게 제시하는지 평가한다.

【예시 답안】

〈과목 선택권 확대 정책의 장점〉

– 자신의 흥미와 관심에 따라 과목 구성을 다양화할 수 있다.

– 학생이 원하는 과목을 선택하게 함으로써 학습 동기를 유발할 수 있다.

– 학생 개개인이 자신의 진로에 따른 맞춤형 교육과정을 설계할 수 있다.

– 고등학교 졸업 후 자신이 원하는 분야에 취업하는 데 도움이 된다.

– 학생들이 자신의 진로와 적성에 대해 좀 더 진지하게 고민할 수 있다.

〈과목 선택권 확대 정책의 단점〉

– 진로에 대한 충분한 고민 없이 쉽고 재미있어 보이는 과목을 중심으로 학교 교육과정이 구성될 수 있다.

– 흥미 중심으로 과목을 선택하면 충분한 도전이 이루어지지 않아 학생들의 성취도가 하락할 수 있다.

– 학생들의 다양한 요구에 맞추어 과목을 모두 개설하면 학교 공간의 확보와 교사 수급에 문제가 생길 수 있다.

– 다양한 교과목 개설이 가능한 지역과 그렇지 못한 지역 간 격차가 생길 수 있다.

– 진로에 따라 과목들을 한번 선택하게 되면 이후에 진로를 바꾸기 어려울 수 있다.

선배들의 TIP 및 예시 답안 ✏️

학교 측 해설이 상세하므로 예시 답안은 생략한다.

2. 학생부종합전형 A형(문항 카드 2번)

> 초등학교 5학년 담임인 김 교사가 약수와 배수를 가르칠 때였다. 수업을 진행하던 중 김 교사는 A 학생이 수업 내용을 전혀 이해하지 못한다는 것과 그 이유가 곱셈구구를 하지 못하기 때문이라는 것을 알게 되었다. 김 교사는 약수와 배수 수업에 참여하는 것이 A 학생에게 무의미하고 지루한 시간 낭비라고 생각했다. 그래서 A 학생을 위한 별도의 곱셈구구 학습 자료를 만들었고, 다음 수학 시간이 시작되자마자 만든 자료를 건네주었다. 학습 자료를 받아든 A 학생은 같은 반 학생들의 눈치를 살피다가 기어드는 목소리로 "저도 약수와 배수 공부할래요."라고 말했다. 다급하고 간절한 눈빛이었다. 김 교사는 무척 당황했다.

• 이와 같은 상황에서 학생을 위해 교사가 취할 수 있는 지원 방안은 무엇이라고 생각하는지 이유와 함께 말해 보시오.

학교 측 해설 ✎

【출제 의도】

　개별적인 학습 지원과 학생에 대한 공감이 충돌하는 상황을 이해하고 자신이 선택한 방안을 논리적으로 설명할 수 있는 능력을 파악하고자 했다.

【문항 해설】

〈교육에서 개별적인 학습 지원과 학생에 대한 공감〉

－ 교육에서 개별적인 학습 지원을 실현하는 다양한 방안을 탐색한다.

－ 교육에서 학생에 대한 공감을 실현하는 구체적인 방안을 탐색한다.

－ 갈등 상황을 해결할 다양한 관점이 있음을 이해하고 합리적인 근거를 제시할 수 있다.

【채점 기준】

－ 교육에서 개별적인 학습 지원과 학생에 대한 공감 사이의 균형을 중심으로 문제의 핵심을 명확하게 파악하는지 평가한다.

－ 지원 방안을 명확하게 제시하는지 평가한다.

－ 지원 방안에 대한 이유를 타당하게 제시하는지 평가한다.

【예시 답안】

－ A 학생의 자존감과 다른 학생과의 관계를 고려하여 그대로 수업에 참여하게 한다.

– 학습 목표에 도달하지 못하더라도 잠재적으로 학습되는 교육 내용이 있을 수 있으므로 그대로 수업에 참여하게 한다.

– 학습 결손이 누적되지 않도록 방과 후에 추가 지도를 해 준다.

– 이해할 수 없는 내용이 다루어지는 수업에 참여하는 것은 매우 어렵고 힘든 일이므로 기초 학력 부진 학생을 위한 별도의 프로그램을 마련하여 지원한다.

– 학생의 수준에 맞는 학습이 이루어질 수 있도록 가정에서 할 수 있는 온라인 프로그램을 추천해 주고, 학습 상황을 적극적으로 확인한다.

– 효과적인 해결 방안을 마련하기 위해 학습 부진의 구체적인 원인을 파악하고 진단한다.

– 자아 존중감을 높이고, 학습에 대한 긍정적인 태도를 형성할 수 있도록 학생의 마음에 공감하고 정서적 지원을 한다.

선배들의 TIP 및 예시 답안 ✏️

학교 측 해설이 상세하므로 예시 답안은 생략한다.

3. 학생부 종합전형 B형(문항 카드 3번)

교육 환경의 변화에 따라 디지털 교과서에 대한 관심이 높아지고 있다. 디지털 교과서는 말 그대로 디지털화된 교과서를 가리키는 말로, 여기에는 멀티미디어 자료 탑재, 자료 검색, 메모 등 다양한 기능이 포함될 수 있다. 종이를 책 형태로 묶은 기존의 서책형 교과서와 디지털 교과서 사이의 가장 큰 차이점은 자료 구성의 가변성이다. 서책형 교과서의 경우, 제작과 보급에 상당한 시간과 비용이 들어 자료를 수정하거나 새롭게 구성하기 어렵다. 반면, 디지털 교과서의 경우, 콘텐츠의 형태와 내용만 바꾸면 되기 때문에 서책형 교과서에 비해 자료를 수정하거나 새롭게 구성하기 쉽다.

최근에는 디지털 교과서의 이러한 장점을 수업에 구현하기 위한 방안으로 '만들어 가는 교과서'가 주목을 받고 있다. '만들어 가는 교과서'란 교사와 학생이 온라인 기반의 다양한 디지털 콘텐츠로 교수 · 학습 자료 등을 직접 개발하여 활용하는 것을 말한다.

• 위에 제시된 '만들어 가는 교과서'의 장점과 단점 각각 <u>두 가지</u>를 이유와 함께 제시하시오.

학교 측 해설 ✏️

【출제 의도】

최근의 교육 정책에 대해 다양한 관점들을 이해하고 자신의 생각을 타당한 근거를 들어 논리적으로 설명할 수 있는 능력을 파악한다.

【문항 해설】

〈교육 환경 변화에 따른 디지털 교과서의 활용〉

– 정보 통신 기술의 변화가 교육에 미치는 영향을 파악할 수 있다.

– 디지털 교과서의 장점을 이해하고 설명할 수 있다.

– 디지털 교과서의 단점을 보완할 수 있는 방안을 설명할 수 있다.

– 사용자 중심의 만들어 가는 교과서의 의의와 한계를 이해한다.

【채점 기준】

– 디지털 교과서 도입을 둘러싼 문제의 핵심을 명확하게 파악하는지 평가한다.

– 정책의 장점과 단점을 두 가지씩 명확하게 제시하는지 평가한다.

– 정책의 장점과 단점을 뒷받침하는 이유를 각각 타당하게 제시하는지 평가한다.

【예시 답안】

〈만들어 가는 교과서의 장점〉

– 학습자의 수준, 흥미, 요구 등에 따라 교과서 내용을 다양하게 구성할 수 있다.

– 교사의 교육적 의도에 따른 내용 구성이 가능하다.

– 개별 학교의 특성을 살린 교육과정 운영이 가능하다.

– 다양한 형태와 내용의 자료를 활용할 수 있어 학습 효과가 높아진다.

– 원격 수업에서 활용하기 편리한 교과서를 구성할 수 있다.

– 시사적인 내용을 교육 내용에 적절하게 반영할 수 있다.

– 최신의 이론을 교육 내용에 적절하게 반영할 수 있다.

〈만들어 가는 교과서의 단점〉

– 교수자의 교과 전문성이나 온라인 활용 능력 등에 따라 교과서의 질이 크게 달라진다.

– 국가 수준의 교육과정 내용이 교과서에 충분히 반영되지 못해 학습의 위계와 순서를 고려하지
  못한 자료가 만들어질 수 있다.

– 특정 이념이나 관점에 편향된 교육이 이루어질 수 있다.

– 충분히 검증되지 않은 자료나 이론을 수업 시간에 다루어 학습자가 오개념을 갖게 되거나 혼란
  스러워할 수 있다.

– 온라인 환경 구축과 디지털 기기 보급 및 성능의 최신화 등에 막대한 비용이 든다.

선배들의 TIP 및 예시 답안 🖊

학교 측 해설이 상세하므로 예시 답안은 생략한다.

4. 학생부 종합전형 B형(문항 카드 4번)

초등학교 5학년 담임인 최 교사는 경도 지적 장애가 있는 A 학생 때문에 요즘 고민이 많다. A 학생은 어렵거나 지루한 수업을 견디기 어려워한다. 특히 국어와 수학 시간에 큰 소리로 짜증을 내기도 했고, 이로 인해 수업 분위기가 흐트러지기도 했다. 이에 최 교사는 A 학생을 특수 학급에 보낼까도 생각했지만, A 학생 부모의 반대를 무시하기도 어려운 상황이다. 게다가 답답한 마음에 관련 연구를 찾아본 최 교사는 경도 지적 장애 학생과 비장애 학생이 상호 작용을 하며 공부하는 것이 교육적으로 효과가 크다는 것을 확인했다. 학습 효과는 장애 학생에게뿐만 아니라 비장애 학생들에게도 해당되었다.

A 학생을 특수 학급으로 보낼까, 말까? 최 교사는 이제 결정할 때가 되었다고 생각한다.

· 여러분이 최 교사라면 어떠한 의사 결정을 할지 이유와 함께 설명하시오.

학교 측 해설 ✏

【출제 의도】

장애 학생에 대한 통합과 분리의 딜레마 상황을 이해하고 자신의 의사 결정을 논리적으로 설명할 수 있는 능력을 파악한다.

【문항 해설】

〈장애 학생에 대한 통합과 분리〉

– 장애 학생에 대한 통합의 효과를 파악한다.

– 장애 학생을 위한 분리 교육이 필요한 상황을 이해한다.

– 딜레마 상황을 해결할 다양한 관점이 있음을 이해하고 자신의 의사 결정에 대한 합리적인 근거를 제시할 수 있다.

【채점 기준】

– 교육에서 장애 학생에 대한 통합과 분리 사이의 균형을 중심으로 문제의 핵심을 명확하게 파악하는지 평가한다.

– 장애 학생과 비장애 학생 모두를 위한 통합 교육에 대해 자신의 의견을 명확하게 제시하는지 평가한다.

– 자신의 의견에 대한 이유를 타당하게 제시하는지 평가한다.

【예시 답안】

- 효과적인 학습을 위해 학생이 가장 힘들어하는 과목인 국어와 수학 시간에만 특수 학급에서 수업할 수 있게 한다.
- 학생의 장애 특성에 맞는 최적의 교육이 이루어질 수 있도록 특수 학급에 배치하여 특수 교사와 협력한다.
- 학급에서 공동체 문화를 형성하고 서로에 대한 이해를 높이기 위해 비장애 학생들이 장애 학생의 특성을 이해하고 받아들일 수 있도록 교육한다.
- 장애 학생들뿐 아니라 비장애 학생들의 학습 효과를 높이기 위해 수업을 최대한 일반 학급에서 진행한다.
- 비장애 학생들의 사회, 정서적 능력을 기를 수 있도록 장애 학생이 일반 학급에서 함께 생활하도록 한다.
- 차이와 다양성에 대한 이해와 존중을 어려서부터 키울 수 있도록 장애 학생을 일반 학급에서 지낼 수 있도록 한다.

선배들의 TIP 및 예시 답안 ✏️

학교 측 해설이 상세하므로 예시 답안은 생략한다.

[정시]

1. 면접 고사

코로나19 팬데믹이 장기화되면서 학생 간 교육 격차가 커졌다는 조사 결과가 발표되고 있다. 한국교육학술 정보원의 '초·중등 원격 교육 실태 조사(2021)'에서 대다수의 교사들은 상위 10% 학생의 성적은 유지되고 있는 반면, 중·하위권 학생의 학업 성취도는 낮아졌다고 응답했다. 이러한 문제를 해결하기 위해 일부 시·도 교육청에서는 민간 기업이 개발한 에듀테크(edutech) 학습 프로그램을 학교 수업에 활용할 수 있도록 예산을 지원하고 있다. 이 프로그램은 각 학생에게 일대일 맞춤형 진단과 처방을 제공하는 특징을 띤다. 교사는 학교와 교실 상황, 그리고 학생 특성에 맞는 에듀테크 학습 프로그램을 선택하여 수업에 활용할 수 있다. 하지만 이러한 시도로 인해 공교육이 결과적으로 사교육 확대를 조장할 수 있다는 비판도 제기되고 있다.

• 학교 수업에서 민간 기업의 에듀테크 학습 프로그램 활용을 지지하는 입장과 반대하는 입장의 근거를 각각 <u>두 가지</u> 제시하고, 교육 격차 해소를 위해 교사가 에듀테크 학습 프로그램을 활용할 때 고려해야 할 사항 <u>두 가지</u>를 제시하시오.

학교 측 해설 🖊

【출제 의도】
  사회적 쟁점과 그에 대한 다양한 관점 및 주장을 이해하고, 관련 문제를 해결하기 위한 방안을 논리적이고 합리적인 근거와 함께 제시할 수 있는지 평가한다.

【문항 해설】
- 코로나19 상황의 지속으로 인한 학생 간 교육 격차 현상을 이해하고 이러한 문제에 대한 대응의 필요성을 이해한다.
- 민간 기업의 에듀테크 학습 프로그램을 공교육 현장에서 활용하는 방안의 배경과 장단점을 파악하고, 각각 프로그램 활용 지지 및 반대의 근거로 활용한다.
- 교육 격차 해소라는 목적을 위해 교사가 학교 수업에서 에듀테크 학습 프로그램을 활용할 때 고려해야 할 사항에 대해 논리적이고 타당한 근거를 제시한다.

【채점 기준】
- 제시된 사회적 쟁점의 의미와 맥락을 이해하고 있는지 평가한다.
- 학교에서의 에듀테크 학습 프로그램 활용이라는 쟁점과 관련한 다양한 입장을 파악하고 있는지 평가한다.

- 쟁점 관련 문제에 대응하기 위한 논리적이고 합리적인 근거를 제시할 수 있는지 평가한다.
- 평가 시 평가자의 개인적 의견이 반영되지 않도록 주의한다.

【예시 답안】

〈학교 수업에서 민간기업의 에듀테크 학습 프로그램 활용을 지지하는 입장의 근거〉
- 학생 수준에 적합한 개인별 맞춤형 수업 및 학습 지원이 가능하다.
- 학생의 흥미에 맞는 다양한 학습 콘텐츠를 활용한 수업 및 학습 지원이 가능하다.
- 에듀테크 학습 프로그램을 통해 누적된 학습 데이터를 활용하여 학생의 학습 수준 변화를 정확하게 진단하고 평가할 수 있다.
- 에듀테크 학습 프로그램을 통해 교사와 학생의 디지털 리터러시(digital literacy) 역량이 향상될 수 있다.
- 교육 격차 해소를 위해 학교 자원과 민간 부문 자원의 협력 체계를 구축할 수 있다.

〈학교 수업에서 민간기업의 에듀테크 학습 프로그램 활용을 반대하는 입장의 근거〉
- 공교육 기관에서의 사교육 업체 프로그램 사용으로 인해 학생과 학부모의 공교육에 대한 신뢰가 약화될 수 있다.
- 수업에서 사교육 프로그램 사용 정도가 높아짐에 따라 교수자로서의 교사의 역할은 축소되는 반면, 프로그램 관리자로서의 역할이 강조될 수 있다.
- 학교에서 활용한 사교육 콘텐츠에 익숙해짐에 따라 학생 및 학부모의 사교육 의존도(사교육 참여 및 사교육비 증가 등)가 높아질 수 있다.
- 에듀테크 학습 프로그램을 통해 수집된 학생 개인 데이터가 사익(私益)을 위해 사용될 수 있다.
- 교사가 여러 민간 기업의 에듀테크 학습 프로그램 활용법을 배우는데 시간과 비용이 들 수 있다.

〈교육격차 해소를 위해 교사가 에듀테크 학습 프로그램을 활용할 때 고려해야 할 사항〉
- 에듀테크 학습 프로그램을 목적 그 자체가 아니라, 교사의 수업 목표 달성을 위한 하나의 방법(수단)으로 활용한다.
- 다양한 에듀테크 학습 프로그램의 장단점을 파악하여 교실과 학생의 특성에 가장 적합한 프로그램을 선택·적용한다.
- 기초 학력 부진 학생들에 대해 에듀테크 학습 프로그램 적용 시 낙인 효과가 나타나지 않도록 유의한다.
- 에듀테크 학습 프로그램을 통해 확보된 학생 개인 정보가 노출되거나 악용되지 않도록 보호한다.

– 교육 격차 해소를 위한 에듀테크 학습 프로그램의 효과성을 지속적으로 점검하고 필요시 프로그램을 수정, 보완, 대체하는 등 유연하게 활용한다.
– 에듀테크 학습 프로그램 활용이 학생들의 인터넷이나 스마트폰 과몰입으로 이어지지 않도록 지도한다.

선배들의 TIP 및 예시 답안 ✏️

학교 측 해설이 상세하므로 예시 답안은 생략한다.

2 ▶ 광주교대

[수시]

1. 개별 면접

※ 수시 학생부종합전형은 서류 평가를 바탕으로 개인별 문항을 작성하여 진행되는 점을 감안하고 아래의 문항을 단순 참고하시기 바랍니다.

1. 자연 계열 이수 과목이 상당히 많고 진로 역시 의료, 생명 공학 등의 분야를 희망하는 것으로 확인되는데, 교육대학교에 지원하게 된 동기를 설명해 보세요.

2. 윤리와 사상 수업에서 관심이 있었던 철학자나 내용에 대해 소개해 보세요.

3. 이왕과 기대승의 논쟁에 관한 초등 교육적 방법 탐구 보고서를 작성했다고 했습니다. 초등 교육과 중등 또는 일반 교육의 방법이 구별될 텐데, 어떤 점에서 초등 교육의 방법으로 의미 있다고 생각했는지 말해 보세요.

4. 윤리와 사상을 수강했는데, 칸트에게 있어서 도덕 법칙을 따르는 삶이 어째서 타율이 아닌 자율로 파악되는지 설명해 보세요.

5. (확률과 통계) 조건부 확률이 마케팅 전략에 어떻게 사용되는지에 대해 설명해 보세요.

6. (한국사) 수업을 통해 환자를 위해 희생하고 봉사하는 의사가 되겠다는 다짐을 했다고 했는데, 교육대학교 지원 동기는 무엇인지 말해 보세요.

7. 수학 성적이 2학년부터 꾸준히 상승했는데, 성적 향상을 위해 어떤 노력을 했는지, 가장 효과적이라고 생각하는 학습법은 무엇이었는지 말해 보세요.

8. 초등학교 학생들 중 수학이나 물리와 같은 성격의 과목들에 특히 어려움을 호소하는 경우들이 많습니다. 지원자의 경우 상대적으로 수학과 물리 성적이 좋은 편인데, 특별한 노하우가 있는지, 그리고 또 그러한 과목들을 보다 더 재미있게 가르칠 수 있는 방법이 있다면 무엇인지 말해 보세요.

9. 과학 탐구 대회에서 수상한 것으로 나와 있는데, 그때 연구 주제와 이 활동을 통해 새롭게 알게 된 점에 대해 설명해 보세요.

10. 전 학년 동안 교과 성적이 꾸준히 향상되었는데, 그렇게 향상된 이유나 비법에 대해 말해 보세요.

11. '스포츠 활동과 청소년의 공동체 의식과 관계'를 주제로 연구 계획서를 작성하고, '스포츠 활동 시간이 많은 청소년일수록 공동체 의식이 높을 것이다.'라는 가설을 설정했는데, 이러한 가설을 설정한 이유를 설명해 보세요.

12. 수학 성적이 계속 큰 폭으로 상향된 것을 볼 수 있었는데, 그 같은 큰 발전을 보인 계기나 어떤 공부 방법의 변화가 있었는지 말해 보세요.

13. 2학년 '사회·문화' 시간에 '사형 제도 폐지'에 대해 토론하고 보고서를 작성했는데, 당시 자신의 입장은 무엇이었는지, 그리고 상대방을 설득할 때 사용했던 내용이 있다면 말해 보세요.

14. 독서 시간에 핀란드 교육에 대한 책을 읽고 우리나라 교육에 시사점을 발표했는데, 이 발표 내용에 대해 구체적으로 설명해 보세요.

15. 특정 교과의 성적이 상대적으로 떨어지는데, 이에 대한 이유와 이를 극복하기 위한 방법은 무엇이라고 생각하는지 말해 보세요.

16. 선행, 봉사 부분에서 표창장을 다수 수상했는데, 어떤 이유로 본인이 표창장을 받을 수 있었는지 설명해 보세요.

17. 어려운 책을 많이 읽었는데, A 책과 B 책의 공통점과 차이점이 무엇인지 말해 보세요.

18. 재능 기부로 동화 번역을 했는데, 어떤 동화를 어떤 수준으로 번역했는지 구체적인 활동 내용을 설명하고 활동 소감을 말해 보세요.

19. 자신의 독서 경험을 토대로 지금까지 읽었던 책 중 교육학적 안목이나 시사를 제공한 도서가 있었다면 어떤 책이었는지 설명해 보세요.

20. 교외 봉사 실적보다 교내 봉사 실적이 적은 이유가 무엇인지 말해 보세요.

21. 교사가 되기 위해 다양한 독서 활동을 했는데, 읽은 책 가운데 초등학생에게 전해주고 싶은 책이 있는지, 있다면 그 이유와 무슨 내용을 소개하고 싶은지 말해 보세요.

22. 초등 수학 학습 지도 및 초등 돌봄 보조 봉사 활동을 많이 했는데, 활동 계기는 무엇이고, 활동을 통해 얻은 것은 무엇이 있는지 말해 보세요.

23. 회장, 부회장 등의 활동을 수행하면서 리더십을 발휘한 예가 있다면 말씀해 주시고, 리더가 갖추어야 할 자질은 무엇이라고 생각하는지 말해 보세요.

24. 코로나19 사태였음에도 남다른 봉사 활동 실적이 눈에 띄는데, 지원자가 봉사 실적을 위해 많은 시간을 할애한 특별한 이유가 있나요? 그리고 가장 기억에 남는 봉사 활동은 무엇이었는지 간단히 말해 보세요.

25. 다른 학생에 비해 상대적으로 봉사 활동이 적은 것으로 나오는데, 이 이유에 대해 설명하고, 수행했던 봉사 활동 중 인상 깊었던 것이 있으면 말해 보세요.

26. 청소년들에게 봉사 활동이 필요한 이유가 무엇이라고 생각하는지 말해 보세요.

27. 많은 독서 활동 중 『핀란드 교육의……』를 읽고, 우리 교육의 현실과 비교했을 때, 우리 교육에 반드시 적용하고 싶은 내용이 있다면 무엇이 있는지 말해 보세요.

28. 3학년 때 『핀란드 교실 혁명』을 읽었는데, 그중 가장 기억에 남는 구절과 그 내용을 선택한 이유에 대해 말해 보세요.

29. 지원자의 동아리 활동이나 진로 활동 중 지원자를 가장 크게 성장시킨 활동에 대해 말해 보세요.

30. 다문화에 관심이 많아 다문화에 대한 인식 수준을 높이는 교육 방법을 연구했는데, 그 결과를 이야기하고 이를 통해 변화된 점은 무엇인지 말해 보세요.

31. 봉사 활동으로 참여한 '다문화 가정 비대면 학습 지도'의 구체적 활동 내용을 소개하고, 참여하면서 어려웠던 점과 성장했던 점을 말해 보세요.

32. 초등 교직에 대한 단순한 이해가 아니라, 지원자 자신의 적성에 맞는지 알아보기 위해 어떤 노력을 했고, 그 노력을 통해 지원자의 초등 교직 적성과 관련해서 알게 된 점은 무엇이었는지 말해 보세요.

33. 동아리 활동을 통해 아이들의 창의성과 상상력을 끊임없이 북돋아 주는 교사가 되고 싶다는 목표를 확고히 했다고 기술되어 있는데, 창의성이란 무엇이라고 생각하는지와 창의성 발달을 위해 교사로서 어떤 도움과 지원을 하고 싶은지 말해 보세요.

34. 고등학교 1~3학년 동안 계속해서 학생 자치회 임원으로 활동했는데, 교사로서의 진로와 관련해서 기억에 남는 경험과 그 이유를 말해 보세요.

35. 고등학교 3학년 봉사 시간이 전체 봉사 시간의 78%인데, 학업과 병행하며 이수했던 특별한 이유나 방법이 있었는지 말해 보세요.

36. 교육 봉사 활동을 통해 배운 점, 느낀 점을 말해 보세요.

학교 측 해설 ✏️

광주교대는 서류에 따른 개인별 문항 예시에 대한 학교 측 해설이 없기에 생략한다.

선배들의 TIP 및 예시 답안 ✏️

  학생마다 질문이 다르므로 예시 답안은 생략한다. 다만, 본인의 생기부를 미리 출력하여 꼼꼼히 검토하고, 특정 활동과 연계하여 예상 문제를 만들어 본다. 그리고 각 문제에 대한 답변을 작성하여 대략적인 흐름을 암기한다. 대략적인 흐름을 암기하는 이유는 면접관의 추가 질문이나 예상하지 못한 상황에 대해 융통성 있게 대처하기 위함이다. 예상 문제와 상황별 답변 전략을 구상했다면, 실제로 말로 표현하는 연습을 진행해야 한다. 글로 작성한 것을 입 밖으로 말하는 것은 매우 다르기 때문에 충분한 연습이 필요하다. 자신의 목소리, 표정, 눈빛, 시선, 불필요한 손동작, 다리 떨기에 유의해야 하며, 특히 "어… 음… 그 뭐냐." 등과 같은 습관성 말투를 없애도록 노력해야 한다.

[정시]

1. 개별 면접

1. 지구 온난화, 환경 오염 등 전 지구적 생태계 파괴는 인간의 삶에 심각한 위협을 주고 있습니다. 지속 가능한 생태계 보전을 위해 학교에서 할 수 있는 교육 활동을 말해 보세요.

2. 최근 교육 양극화 현상이 중요한 사회적 문제로 주목받고 있습니다. 교육 양극화 현상의 원인은 무엇이고, 이를 극복하기 위한 해결 방안을 말해 보세요.

3. 책 읽기를 싫어하는 학생이 있습니다. 본인의 경험을 바탕으로 읽기 지도를 효과적으로 할 수 있는 방법을 말해 보세요.

4. 학교에서 개인 또는 공동 과제를 수행하는 과정 중 표절 문제가 발생하고는 합니다. 표절 문제가 발생하는 원인은 무엇이고, 표절을 예방하기 위해 학생들을 어떻게 지도할지 말해 보세요.

학교 측 해설 ✏️

【출제 의도】

1. 지속 가능한 생태계 보전에 초점을 두고, 최근 사회적 쟁점이 되고 있는 지구 온난화, 환경 오염 등의 원인과 지속 가능한 생태계 보전을 위해 학교에서 할 수 있는 교육 활동이 무엇인지를 알아보기 위한 문항이다. 생태계 파괴의 원인과 해소 방안을 올바로 인식하고, 지속 가능한 생태계 보전을 위해 학교에서 할 수 있는 교육 방안을 탐색해 보는 것은 교원 양성 대학의 예비 교사가 염두에 두어야 할 중요한 문제에 해당하기 때문이다.

2. 사회 불평등 현상에 초점을 두고, 최근 사회적 쟁점이 되고 있는 교육 양극화 문제의 원인과 이를 극복하기 위한 방안이 무엇인지를 알아보기 위한 문항이다. 교육 문제와 관련한 불평등의 양상을 올바로 인식하고, 그로 인한 차이와 차별을 개선하기 위한 방안을 탐색해 보는 것은 교사 양성 대학의 예비 교사가 염두에 두어야 할 중요한 문제에 해당하기 때문이다.

3. 학교에서 책 읽기를 싫어하는 학생들이 증가하고 있는 현상을 개선하기 위해, 읽기 지도를 효과적으로 할 수 있는 방안을 알아보도록 하는 문항이다. 장차 교사가 되어 책 읽기를 싫어하는 학생들에게 읽기 지도를 어떻게 할 것인지를 염두에 둔 문항이다.

4. 학교에서 개인 또는 공동 과제 수행 시 발생하는 표절 문제의 원인을 개인적·사회적 측면에서 탐색하고, 표절을 예방하기 위한 지도 방안을 알아보도록 하는 문항이다. 장차 예비 교사, 교사가 되어 표절 문제를 어떻게 학생들에게 지도할지를 염두에 둔 문항이다.

【예시 답안】

<table>
<tr><td colspan="1">**1**</td></tr>
<tr><td>**교육 활동**</td></tr>
</table>

교육 활동
– 지속 가능한 발전의 개념과 의의 알려주기
– 에너지 낭비 줄이기
– 대중교통 수단 이용 및 가까운 거리 걷기 지도
– 과소비 안 하기 지도
– 가정 및 학교에서의 분리배출 지도
– 불필요한 냉난방 줄이기 지도
– 일회용품 줄이기 지도
– 환경 보전에 관한 인식 제고 및 녹색 환경 조성 지도 등

2

원인	해결 방안
– 부모의 경제적 지위 – 도시와 농산어촌 간의 문화 격차 – 교육받을 수 있는 여건 차이 – 부모의 양육 태도와 방식 차이 – 환경적 요인에 따른 교육 혜택의 차이 – 코로나19 상황으로 인한 공교육 학습 기회 저하 – 최근 비대면 온라인 수업 또는 학습 활동 증가 – 입시 위주의 교육 시스템(서열 세우기 등)	– 기초 학력 증진을 위한 국가 사회의 관심 증대 – 도시와 농산어촌의 균형 있는 교육 혜택 – 교육 양극화 현상의 심각성 공유 및 국가 정책적 차원의 대책 마련 – 교육 기관의 사회적 책무성 및 공공성 강화 – 교육 양극화 현상을 극복하기 위한 교사 양성 대학 및 학교의 노력 – 입시 위주, 능력 위주의 교육 시스템 개선 – 쌍방향, 실시간 수업 비중의 확대 – 교육 여건 개선(교육용 SW 및 HW, 에듀테크 등 보급)

3

지도 방법
– 읽기 과정별(전·중·후) 여러 기능(동기 및 흥미 유발, 중심 내용 파악하기, 내용 추론, 자기 점검 및 조정하기 등) 지도
– 질문 생성 후 답을 찾으며 읽기
– 단계별 권장 도서 목록 지정 후 토론하기(실생활 연계)
– 읽기의 중요성과 효과 알게 하기
– 실생활과 관련된 주제의 책 읽기
– 글쓰기와 연계한 후속 활동 안내(독후감, 비평문 쓰기 등)
– 사실적 이해(내용 확인), 비판적 이해, 추론하기 등을 통해 내용 파악 및 비판적 활동하기 지도
– 읽기 과정을 자기 점검 및 조정하기 등

발생 원인	대책 방안
– 표절에 대한 인식 부족 – 표절이 초래하는 문제에 대한 민감성 부족 – 지적 정직성, 양심(죄책감, 수치심 등)의 문제 – 인용, 출처 표기 방법에 대한 이해 부족 – 정직한 글쓰기, 쓰기 윤리에 대한 이해 부족 – '나 하나쯤이야 또는 이 과제 하나쯤이야 괜찮겠지.' 하는 이기적 마음 – 손쉽고 편안하게 과제를 해결하려는 잘못된 욕망의 발동 – 표절 예방 교육이 제대로 이루어지지 않음 – 표절이 개인 차원을 넘어 사회 차원의 문제라는 인식 부족 – 표절이 초래하는 문제에 대한 사회적 공감대 결여	– 표절 문제가 초래하는 개인적 사회적 문제에 대해 지도 – 지적 정직성의 중요성 강조 – 표절이 초래하는 문제에 대한 민감성 향상 교육 – 체계적이고 구체적인 표절 예방 교육 실시 – 인용을 달고 출처를 명확하게 밝히는 방법 지도

선배들의 TIP 및 예시 답안 ✏️

학교 측 해설이 상세하므로 예시 답안은 생략한다.

[수시]

1. 심층 면접(예시)

※ 대구교대 수시 구술면접은 심층 면접 질문 예시만을 공개했다는 점을 감안하여 아래의 문항을 단순 참고하시기 바랍니다.

1. 2학년 1학기 수학 성적이 향상된 이유는 무엇인가? 어떤 방법으로 공부했는가?

2. A 독서 활동을 통해 교사로서 어떤 자질이 필요하다고 생각했는가?

3. B 동아리 활동 중 갈등 관리 경험을 교직에서 어떻게 활용할 수 있다고 생각하는가?

4. 본인은 어떤 강점을 가진 교사가 될 수 있다고 생각하는가?

5. 자신의 공부법 중 초등학생에게 도움이 될 수 있다고 생각하는 방법과 그 이유는 무엇인가?

학교 측 해설 ✎

– 지원자별 제출 서류를 통해 의사소통 능력 · 문제 해결 능력 · 교직 소양 및 인성을 파악할 수 있는 개별화된 면접 문항을 개발, 1인 10분 내외의 심층 면접을 실시했다.
– 교과 지식과 무관한 학교생활 내의 경험을 통해 유추할 수 있는 지원자의 교사로서의 자질을 평가했다.

선배들의 TIP 및 예시 답안 ✎

생기부 기반 면접이므로 예시 답안은 생략한다.

[정시]

1. 집단 면접

※ 다음 교실 상황에 대한 글을 읽고, 여러분이 '동아리 담당 선생님'이라면 학생 A를 어떻게 지도할 것인지 이야기해 보고, 그렇게 지도하는 이유를 설명하세요.

6학년 동아리 활동 시간이다. 학생들은 자신의 경험을 떠올려 한 편의 시를 쓰고 있다. 한참 시간이 지났지만 여전히 어떤 내용으로 시를 쓸지 고민하는 학생이 있고, 썼다가 지웠다가를 반복하며 열심히 쓰는 학생도 있다. 그리고 벌써 시를 다 쓰고 나서 친구와 장난치는 학생도 있다. 그래서 선생님은 아직까지 시 쓰기를 시작하지 못한 학생을 도와주어야겠다고 생각하면서 전체 학생들에게 큰 소리로 말했다.

"시를 다 쓴 학생은 시의 내용과 어울리는 그림을 그려 보세요."

그러자 시를 다 쓰고 나서 짝꿍에게 장난을 걸던 학생 A가 선생님에게 이렇게 말했다.

"선생님, 그림을 꼭 그려야 하나요? 안 그리면 안 돼요?"

• 동아리 담당 선생님: _____

학교 측 해설 ✏️

– 교직 상황을 상정한 대학의 자체 문항을 통해 지원자의 의사소통 능력 · 문제 해결 능력 · 교직 소양 및 인성을 파악하고자 했다.

– 교과 관련 선행 학습이 아닌 초등학교~고등학교 교육과정 전반을 통해 통합적으로 학습하는 교직 적성과 교직 인성을 파악함으로써 교사로서의 준비 정도를 파악하고자 했다.

선배들의 TIP ✏️

대구교대의 경우 실제 교육 현장에서 있을 수 있는 상황을 제시해 구체적으로 교사 행동을 구술해 주기를 원한다. 현실성, 효율성을 고려해 답변하는 것이 좋다.

예시 답안 ✏️

제가 동아리 담당 선생님이라면 학생 A에 대해 다음과 같이 지도할 것입니다. 첫째, 그림의 효과와 역할을 학생에게 설명해 주겠습니다. 시로 표현하지 못한 것을 그림으로 표현할 수 있고, 이로써 더 다채로운 작품이 완성될 수 있음을 알려주겠습니다. 둘째, 남은 시간을 알차게 보낼 수 있는 활동으로 그림을 그리는 활동이 필요함을 설명할 것입니다. 다른 친구들을 시를 쓰고 그림을 그리며 시간을 의미 있게 보내고 있는데, 미리 끝낸 학생 A가 놀고만 있다면 그것은 학생 자신에게 손해가 됨을 알려주겠습니다. 또한, 시와 관련된 그림을 그려봄으로써 남은 동아리 시간을 학생 A가 더 성장할 수 있는 시간으로 활용할 수 있다는 점을 가르치겠습니다. 그림을 그리지 않고 장난을 친다면 다른 학생에게 방해가 될뿐더러 본인에게도 시간을 낭비하는 것이므로 모두가 열심히 집중하는 분위기를 위해서는 그림을 그리는 추가적인 활동이 필요함을 설명할 것입니다.

[수시]

1. 면접고사 가형(A)

※ 다음 글을 읽고 답하시오.

> 부산교대는 초등학생의 기초학력 부진 예방을 위해 초등학교 1~2학년을 대상으로 '다깨침 서포터' 사업을 운영하고 있다.
>
> 〈참고〉 '다깨침 서포터'는 부산교대 재학생으로 초등학교 1~2학년의 정규 수업에 참여하여 학생들의 한글, 수학 등 기초 문해력과 수해력을 향상시키고, 코로나19 상황에서 우려되는 기초학력 부진을 예방하는 역할을 한다.

- **지원자가 '다깨침 서포터'로 활동한다면, 어떤 교육적 방법을 사용할 것인지 자신의 경험을 바탕으로 말해 보세요.**

학교 측 해설 ✏️

【출제 의도】
- 부산교대에서 진행하고 있는 대학 재정 지원 사업 중 많은 학생들이 참여하고 있는 '다깨침 서포터' 사업에서 기초 학력 부진과 이를 극복하기 위한 교육적 논의가 가능하다. 이러한 교육 봉사 프로그램과 연결하여 지원자의 교직 인성 및 전문성 개발 역량, 의사소통 역량 등을 평가하고자 했다.
- 코로나19가 처음 발생한 2020년부터 올해까지 진행된 비대면 수업 등으로 인해 초등학생의 기초 학력 부진 및 학력 격차에 대한 우려가 커지고 있다. 이러한 상황 속에서 지원자가 제시하는 기초 학력 부진 예방에 대한 이해와 대처 방안을 통해 의사소통 역량, 창의 융합 역량을 파악하고자 했다.

【문항 해설】
기초 학력은 어떤 교육을 받는데 기초적으로 필요한 학습 능력을 의미한다. 초등학교에서 기초 학력 부진 학생은 정상적인 학교 학습을 할 수 있는 능력이 있으면서도 선수 학습 요소의 결손으로 인해 설정된 교육 목표에 비추어 볼 때 허용할 수 있는 최저 학업 성취 수준에 도달하지 못한 학습자를 말한다. 부산교대는 코로나19 상황 속에서 초등학교 1~2학년 군 학생들을 대상으로 기초 학력 부진 예방을 위한 '다깨침 서포터' 학습 보조 인력 사업을 진행하고 있다. 이는 초등학생들의 한글, 기초 수학 등 기초 문해력과 수해력의 향상을 이끌어내는 것을 목표로 한다. 이와 관련해서 지원자가 초등학생의 기초 학력 부진에 관한 상황을 인식하고 이 문제를 해결하는 과정에서 할 수 있는 역할과 노력, 교육적 방법에는 어떠한 것들이 있는지 각자의 경험을 바탕으로 제시하는 의견을 평가한다.

【채점 기준】

하위 문항	채점 기준
의사소통 역량 (수용 능력, 표현 능력, 토론과 조정 능력)	– 교육 봉사의 목적과 역할을 이해하는가? – 자신의 경험과 생각을 의미 있게 구성하여 표현하는가?
교직 인성 및 전문성 개발 역량 (교직 인성, 교사 전문성 개발 노력)	– 기초 학력 부진 예방을 위한 교사의 역량을 구체적으로 제시하는가? – 교육과 학생에 대한 바람직한 가치관을 바탕으로 교육 현장에서 실천 가능한 방안을 책임감 있게 제시하는가?
창의 융합 역량 (문제 해결 능력, 창의성, 정보 기술 활용 능력)	– 기초 학력 부진의 문제를 해결하는 방안이 효과적인가? – 새롭고 독창적인 역할 수행과 노력을 제시하는가?

【예시 답안】

– 교직에 대한 적성과 인성을 갖춘 학생을 선발함을 목적으로 하므로 정답을 요하지 않는다.

– 다음 내용을 참조하기 바란다.

　　기초 학력은 어떤 교육을 받는데 기초적으로 필요한 학습 능력을 의미한다. 이는 어떤 과제의 학습에 직접적으로 요구되는 학습 능력이 아니라 여러 과제의 학습에 포괄적으로 필요한 일반적 학습 능력에 해당한다. 예컨대, 읽기 · 쓰기 · 셈하기와 같은 능력은 기초 학력이 되며, 기초 학력의 수준은 교육 수준과 교육 방법에 따라 차이를 보인다. 만약 부산교대의 '다깨침 서포터'로 활동하게 된다면, 먼저 초등학교 1~2학년 학생들의 기초 학력 수준을 파악하고 이해하기 위해 담임 교사 등을 통해 학생들의 한글, 수학 등에 대한 이해 수준을 조사할 것이다. 그런 다음 학생들의 수업 참여 정도 및 수업 성과 등을 지속적으로 관찰하여 그 결과를 토대로 학생들의 기초 학력에 대한 수준을 결정하고 그에 따라 학생들을 지도할 것이다(본인이 학교생활 중 경험했던 학력 부진의 어려움을 추가하고 이 경험에 근거하여 합리적인 방안을 제시할 수 있다). 특히 수학과의 기초 학력 부진은 지속적인 영향력을 미치게 되고 결국 학교 수학에 대한 이해 전반을 어렵게 만드는 근본적인 원인이 되기 때문에 초등학교 저학년 때부터 기초적인 수해력을 갖추는 것이 중요하다. 이를 위해 초등학생의 수학에 대한 기본적인 이해 능력(구체적으로 초등 수학의 내용을 추가할 수 있음)을 기르기 위해 수학 일기, 수학 편지 쓰기, 수학 교구, 수학 게임 등을 활용하여 기초 학력 증진 프로그램을 꾸준하게 진행하고자 한다(한글 또는 다른 교과에서 독창적인 아이디어를 통해 기초 학력 부진을 개선하기 위한 교육적 방법을 함께 제시할 수 있다).

선배들의 TIP 및 예시 답안 ✏️

학교 측 해설이 상세하므로 예시 답안은 생략한다.

2. 면접고사 가형(B)

※ 다음 글을 읽고 답하시오.

- 초등학교에서는 예상하지 못한 상황이 발생합니다. 만약 저학년에서 학생 간의 다툼으로 인해 화장실에 들어가서 나오지 않는 학생이 있을 경우, 교사로서 대처 방안을 말하고, 이러한 상황에 대비하여 예비 교사로서 어떤 준비를 할 것인지 말해 보세요.

학교 측 해설 ✏️

【출제 의도】

- 학생과의 소통 내용을 구체적으로 제시하고 있고, 표현하는 내용이 저학년 학생에게 전달될 수 있는지를 평가하고자 했다.
- 제시하는 대처 방안이 학습 운영 능력으로 적절한 것이며, 실천할 수 있는 생활 교육 내용을 제시하고 있는가를 평가하고자 했다.
- 문제 상황에 대처하기 위한 예비 교사의 전문성 개발의 내용을 제시하고 있는가를 평가하고자 했다.

【출제 의도】

학생 간의 갈등을 조절하여 학급 운영의 전문성이 무엇인지를 보여 주려고 노력하고, 저학년 학생의 눈높이에서 공감하고 소통하는 교사의 역할을 제시하는 것을 평가 요소로 했다. 문제 상황에 대처하기 위한 예비 교사의 전문성 개발 내용이 적절한지를 평가 요소로 했다.

【채점 기준】

하위 문항	채점 기준
의사소통 역량 (수용 능력, 표현 능력, 토론과 조정 능력)	– 학생과의 공감과 소통의 내용을 구체적으로 제시하고 있는가? – 표현하는 내용이 저학년 학생에게 전달될 수 있는가?
교직 인성 및 전문성 개발 역량 (교직 인성, 교사 전문성 개발 노력)	– 제시하는 대처 방안이 학급 운영 능력으로 적절한 내용인가? – 문제 상황을 분석하여 교사 전문성 개발의 내용을 제시했는가?
창의 융합 역량 (문제 해결 능력, 창의성, 정보 기술 활용 능력)	– 대처 방안이 효과적으로 문제를 해결할 수 있는가? – 문제 상황에 대비하는 방안이 교육적 가치를 가지고 있는가?

【예시 답안】

– 교직에 대한 적성과 인성을 갖춘 학생을 선발함을 목적으로 하므로 정답을 요하지 않는다.

– 다음 내용을 참조하기 바란다.

학생 간의 갈등을 해결하는 것은 교사의 학급 운영 역량과 관계가 있다. 그래서 교사는 학생 간의 갈등을 해소하기 위해 공감과 소통을 계속해야 한다. 위 상황에서 교사는 학생 간의 다툼으로 화장실에 들어간 학생의 심리 상태를 이해하는 것이 중요한데, 그 심리 상태가 불안정하다는 것을 감안하여 해결 방법을 모색해야 한다. 왜 학생 간의 다툼이 발생했는지에 대한 상황 파악이 우선되어야 하며, 이를 토대로 화장실에 들어간 학생과 교사의 상호 작용을 통한 공감을 기반으로 계속해서 이야기를 전달하는 노력이 필요하다. 충분히 학생의 이야기를 경청하고, 그 학생이 원하는 것이 무엇인지를 파악하여 해결 방법을 제시해야 한다. 교사 입장에서의 해결 방법은 오히려 학생의 상황을 더 악화시킬 수 있으므로 반드시 학생 입장에서 해결책을 제시해야 한다. 이 해결책은 교육적 가치를 지니고 있어야 하며 모든 학생에게 공평하게 적용되어야 한다. 따라서 학생의 입장에서 해결책을 찾는 노력이 필요하고, 마지막까지 학생의 이야기를 듣고 호응해 주는 자세도 필요하다. 그리고 문제 상황에 대비해서 상담 심리 등의 전문성 역량을 강화하려는 개발 노력이 필요하다.

선배들의 TIP 및 예시 답안 🖊

학교 측 해설이 상세하므로 예시 답안은 생략한다.

3. 면접고사 가형(C)

※ 다음 글을 읽고 답하시오.

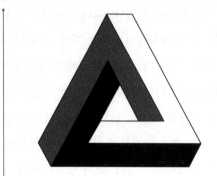

왼쪽 그림은 입체로 보이는 2차원의 펜로즈 삼각형입니다.

• 이 그림을 통해 생각해 볼 수 있는 교육적 가치를 말하고, 그 가치를 구현하기 위한 교사의 실천 방안을 제안해 보세요.

학교 측 해설

【출제 의도】

　펜로즈 삼각형은 현실에서 존재할 수 없는 형태로 착시에 의해 3차원으로 보이는 다면체이다. 다만 이 문제는 펜로즈 삼각형의 착각이나 착시와 같은 정확한 특징에 대해서 분석하는 것에 주안점을 두는 것이 아니라, 주어진 형태를 보고 그 특징을 분석해 내거나 가치를 도출해 낼 수 있는지에 대한 내용을 보는 것으로 전혀 다른 관점에서의 특징을 이야기할 수 있다. 이를 통해 지원자의 창의 융합 역량을 살펴보고, 교육적 가치, 교육 방안과 연계하면서 교직 인성 및 전문성 개발 역량과 연결할 수 있는 융합적 역량을 점검하고자 출제했다.

【문항 해설】

　수학적 도형은 일견 교육적 가치와 관련이 없는 것처럼 느껴질 수 있다. 하지만 무엇을 어떻게 관찰하고 느끼는지에 따라 의미는 다양해질 수 있으며 가치를 부여할 수 있게 된다. 따라서 어떠한 사물을 교육적 관점에서 접근할 수 있는지를 점검함으로써 지원자들이 교사로서의 자질을 가지고 있는지 확인하고자 했다.

【채점 기준】

하위 문항	채점 기준
의사소통 역량 (수용 능력, 표현 능력, 토론과 조정 능력)	– 논리적으로 분석 내용을 전달하고 있는가? – 언어적, 비언어적 표현을 잘 사용하고 있는가?
교직 인성 및 전문성 개발 역량 (교직 인성, 교사 전문성 개발 노력)	– 제시하는 교육적 가치가 보편타당한가? – 교육 전문성을 보여 주기 위해 노력하고 있는가?
창의 융합 역량 (문제 해결 능력, 창의성, 정보 기술 활용 능력)	– 개방적이고 새로운 관점으로 그림을 분석할 수 있는가? – 그림의 분석을 통해 교육적 가치를 찾아낼 수 있는가?

【예시 답안】

– 교직에 대한 적성과 인성을 갖춘 학생을 선발함을 목적으로 하므로 정답을 요하지 않는다.

– 다음 내용을 참조하기 바란다.

　펜로즈 삼각형이 실제 세상에서 구현되었을 때는 정면에서 보면 삼각형으로 보이지만 옆면에서 보면 연결되어 있지 않은 입체물로 보인다. 정면에서 보았을 때 삼각형으로 보이는 것은 우리 눈의 착시에 의한 것이다. 실제 그것이 어떠한 모습을 갖추고 있는지 알아보기 위해서는 하나의 방향에서만 살펴보는 것으로는 부족하다. 다양한 관점에서 살펴보아야지만 그것이 어떠한 모습인지 보다 정확히 확인할 수 있다. 펜로즈 삼각형의 착시와 같은 편견은 우리 사회에도 많이 존재하고 있다. 정치의 문제, 성별의 문제와 같은 사회적 이슈뿐만 아니라 교육 현장에서의 다문화 교육과 같은 부분에서도 편견이 존재한다. 편견은 잘못된 것이지만 우리 역시 편견을 가질 수 있다는 점을 학생들에게 교육할 필요가 있다. 또한, 교사로서 편견을 가지지 않기 위해 학생들을 다방면으로 관찰함으로써 편협한 시각에서 벗어나서 보다 다양한 시각에서 볼 수 있도록 노력할 필요가 있다. 펜로즈 삼각형과 같은 예시를 제시함으로써 학생들도 사회에 존재하는 수많은 편견을 직접 경험할 수 있음을 주지시키고, 편협한 시각에서 벗어나 다양한 시각을 가질 필요성이 있다는 것을 교육할 수 있다.

선배들의 TIP 및 예시 답안 🖍

학교 측 해설이 상세하므로 예시 답안은 생략한다.

4. 면접고사 나형(A)

※ 다음 글을 읽고 답하시오.

> 부산교대는 취약 계층 교육 지원을 위해 교원과 학생이 참여하는 교육 봉사 프로그램으로 'Learning Clinic Center(LCC)' 사업을 운영하고 있다.
>
> 〈참고〉 'LCC(Learning Clinic Center)' 사업은 교육 격차 해소를 위해 초등학생의 학습, 진로, 정신 건강 등 어려움을 겪고 있는 취약 계층 학생을 포함하여 모든 학생을 대상으로 학습 클리닉과 심리-상담 프로그램 등을 지원하기 위한 것이다.

- 지원자가 LCC 교육 봉사에 참여한다면 어떤 교육적 방법을 사용할 것인지 자신의 경험을 바탕으로 말해 보세요.

학교 측 해설 ✎

【출제 의도】

- 부산교대에서 진행하고 있는 대학 재정 지원 사업 중 교원과 학생이 함께 참여하고 있는 교육 봉사 프로그램 'Learning Clinic Center' 사업에서는 교육 격차 해소를 위해 학습 클리닉과 심리-상담 프로그램을 운영하고 있다. 이러한 교육 봉사 프로그램과 연결하여 교직 인성 및 전문성 개발 역량, 의사소통 역량 등을 평가하고자 했다.
- 2020년부터 올해까지 코로나19 상황에 따른 비대면 수업 등으로 인해 취약 계층에 대한 교육 지원 및 교육 격차 발생이 사회적 문제로 대두되었다. 이러한 상황 속에서 지원자가 제시하는 취약 계층을 위한 교육 지원 방안 설명 과정을 통해 의사소통 역량, 창의 융합 역량을 파악하고자 했다.

【문항 해설】

취약 계층은 다른 계층에 비해 무르고 약하여 사회적으로 보호가 필요한 계층을 의미한다. 이러한 취약 계층을 위한 교육 지원은 초등 교육에서부터 필요하며 교육 격차 해소를 위한 방안 검토 과정 또한 필요하다. 이를테면, 취약 계층의 조손 가정과 다문화 가정에 대한 교육 봉사가 학생들의 교육에 어떠한 영향을 미칠 수 있는지 생각해 볼 수 있다. 부산교대는 코로나19 상황 속에서 취약 계층 초등학생들의 기초 학력 향상을 위해 학습 클리닉, 찾아가는 교실, 현장 조사, 심리-상담 프로그램 등을 운영해 왔으며 이를 통해 초등학생의 학습, 진로, 정신 건강 등의 어려움을 이해하고 이를 해소하거나 긍정적인 방향으로 유도하기 위해 노력해 왔다. 이와 관련하여 취약 계층의 기초 학력 향상을 위해 지원자가 할 수 있는 역할과 노력 그리고 교육적 방법에는 어떠한 것들이 있는지 각자의 경험을 바탕으로 제시하는 의견을 평가한다.

【채점 기준】

하위 문항	채점 기준
의사소통 역량 (수용 능력, 표현 능력, 토론과 조정 능력)	– 교육 봉사의 목적과 의미를 이해하는가? – 자신의 경험과 생각을 의미 있게 구성하여 표현하는가?
교직 인성 및 전문성 개발 역량 (교직 인성, 교사 전문성 개발 노력)	– 취약 계층 교육 지원을 위한 교사의 역량을 구체적으로 제시하는가? – 교육과 학생에 대한 바람직한 가치관을 바탕으로 교육 현장에서 실천 가능한 방안을 책임감 있게 제시하는가?
창의 융합 역량 (문제 해결 능력, 창의성, 정보 기술 활용 능력)	– 취약 계층 교육을 지원하는 방안을 효과적으로 제시하는가? – 새롭고 독창적인 역할 수행과 노력을 제시하는가?

【예시 답안】

– 교직에 대한 적성과 인성을 갖춘 학생을 선발함을 목적으로 하므로 정답을 요하지 않는다.

– 다음 내용을 참조하기 바란다.

오늘날 사회에는 사회, 의료, 교통 등 여러 분야의 취약 계층이 존재하는데, 교육 분야에도 취약 계층은 존재하며 이들을 위한 체계적이고 지속적인 교육 지원이 요구되고 있는 상황이다. 이러한 취약 계층에 대한 교육 지원 요구는 경제 수준에 따른 학력 격차 등 사회적 문제와 맞물려 있다. 이러한 문제의 해결을 위해 국가적 차원에서뿐만 아니라 대학에서도 교육 격차 해소를 위한 지원에 동참할 수 있다. 만약 부산교대의 'Learning Clinic Center' 사업에 참여하게 된다면, 먼저 클리닉의 의미에 대해 생각해 보고자 한다. 클리닉은 진단을 의미하고, 진단은 처방과 함께 이루어진다. 여기서 클리닉은 긍정적인 효과를 지향하면서 조금 더 나은 상태로 나아가는 것을 의미한다. 따라서 효과적인 교육 지원을 위해 학습자의 어려움을 파악하고 초등학생들의 학습, 진로, 정신 건강 등을 모니터링하는 동시에, 기초 학력의 향상을 이끌어내기 위한 접근을 할 필요가 있을 것이다. 또한, 찾아가는 교실을 통해 여러 지역에 있는 학생들과 만나면서 이들에게 새로운 교육 정보와 함께 교육적 도구를 제공할 수 있을 것이다. 이를테면, 최근 정보로의 주된 접근 방법이 온라인 및 비대면화되어감에 따라 취약 계층들이 이러한 정보 인프라에 쉽게 접근하지 못하거나 어려움을 겪고 있다. 이를 극복할 수 있도록 디지털 활용 역량 강화 교육을 제공하는 등 다양한 방안을 마련하여 지원할 수 있다. 그 외 현장 조사에 동참하여 다양한 교육적 경험을 공유할 수 있으며, 심리-상담 프로그램을 통해 학습에 대한 자신감과 효능감을 키울 수 있을 것이다(이와 관련하여 자신의 경험을 바탕으로 교육적 방법의 아이디어를 제시하고 이를 통해 취약 계층에 대한 교육 지원 방안을 제안할 수 있다).

선배들의 TIP 및 예시 답안 ✏️

학교 측 해설이 상세하므로 예시 답안은 생략한다.

5. 면접고사 나형(B)

※ 다음 글을 읽고 답하시오.

- 2022 개정 교육과정에서는 초등학교에 선택 과목이 도입될 예정입니다. 초등학교 교사로서 어떤 선택 과목을 지도하고 싶은지 말하고, 그 이유를 설명해 보세요(단, 선택 과목은 기존 과목이 아닌 자신이 새롭게 만든 과목도 가능합니다).

학교 측 해설 ✏️

【출제 의도】
- 제시한 선택 과목의 실현 가능성을 구체적으로 표현하고, 이에 대한 교육적 가치를 반영하고 있는가를 평가하고자 했다.
- 제시한 선택 과목에 필요한 전문성을 제시하고 있으며, 새롭게 변화를 이끌어 낼 수 있는 교육적 가치가 포함되어 있는가를 평가하고자 했다.

【문항 해설】
　초등 교육과정에 대한 이해 정도와 자신의 교육적 가치관에 따라 학생 교육에 필요한 다양한 선택 과목을 제시할 수 있고 제시된 선택 과목을 통해 학급 운영에 대한 교직관 등 개인 특성을 평가할 수 있다.

【채점 기준】

하위 문항	채점 기준
의사소통 역량 (수용 능력, 표현 능력, 토론과 조정 능력)	– 자신의 교육 가치관이 반영된 선택 과목을 제시할 수 있는가? – 제시한 선택 과목의 실현 가능성을 구체적으로 표현하는가?
교직 인성 및 전문성 개발 역량 (교직 인성, 교사 전문성 개발 노력)	– 제시한 선택 과목이 학생 교육에 대한 가치관을 반영하고 있는가? – 선택 과목 지도에 필요한 전문성을 제시하고 있는가?
창의 융합 역량 (문제 해결 능력, 창의성, 정보 기술 활용 능력)	– 선택 과목이 새롭고 변화를 이끌어 낼 수 있는 교육적 가치를 가지고 있는가? – 제시한 선택 과목의 선정 이유가 타당한가?

【예시 답안】

– 교직에 대한 적성과 인성을 갖춘 학생을 선발함을 목적으로 하므로 정답을 요하지 않는다.

– 다음 내용을 참조하기 바란다.

　　선택 과목은 학생이나 학부모가 필요하다고 생각하는 것들로 제시할 수 있는데, 최근 시대 흐름에 따라 디지털 소양을 함양할 수 있는 과목을 신설하는 것이 학생들의 흥미를 유발할 수 있을 것이다. 예를 들어 비교과 과목으로 온라인 시스템을 이용하여 외국 학생들과 자국의 문화, 교육 등을 소개하며 대화를 나눌 수 있는 내용의 과목을 생각해볼 수 있다. 이는 간접적으로 외국 문화를 이해하고 우리나라 문화와 자연스럽게 비교할 수 있는 효과를 얻을 수 있을 것이다. 또한, 도시와 지방을 온라인으로 교류할 수 있는 과목을 신설하여 그 지역이 가지고 있는 역사나 문화, 예술 등을 공유하고 기타 수업 활동을 통해 지방에 대한 인식과 편견의 문제를 해결하는 데 도움을 줄 수도 있을 것이다. 이처럼 시대 상황에 맞는 다양한 과목들을 신설할 수 있으며 그 내용에 교육적 가치가 있다면 어떤 과목이든 학습 역량에 도움이 될 것으로 생각된다. 또한, 자신의 성향에 맞는 과목을 만들어야 수업의 질과 함께 학생의 수업 만족도도 상승할 수 있을 것이다.

선배들의 TIP 및 예시 답안 ✏️

학교 측 해설이 상세하므로 예시 답안은 생략한다.

6. 면접고사 나형(C)

※ 다음 글을 읽고 답하시오.

왼쪽 그림은 에스허르(M. C. Escher)의 「도마뱀」입니다.

• 이 작품에서 찾을 수 있는 교육적 가치를 말하고, 그 가치를 구현하기 위한 교사의 실천 방안을 제안해 보세요.

학교 측 해설 ✏️

【출제 의도】

　에스허르의 판화 작품 「도마뱀」은 현실과 가상의 조화, 평면의 입체화, 동일한 형태의 도마뱀 모양으로 모든 면을 덮는 수학적 방법(테셀레이션) 등 다양한 의미를 담고 있다. 이 문제는 에스허르의 작품이 수학적으로 매우 정교한 원리를 가지고 있다는 것에 초점을 두지는 않는다. 에스허르의 작품이 가지는 창의성이나 세계관, 작품에서 느낄 수 있는 다양한 의미들도 그 특징이라고 할 수 있기 때문에 제시된 그림을 보고 그 가치를 분석해 낼 수 있는지 알아보기 위해 출제했다. 이때 수험생이 그림을 통해 찾을 수 있는 교육적 가치들을 이야기해 보고 그것을 구현하기 위한 방안들에 대해 고민해 봄으로써 교직에 대한 고민이 담겨 나올 수 있도록 출제했다.

【문항 해설】

　이 문제에서는 수학적 도형으로서의 교육적 가치를 이야기하기 보다는 다양한 관점에서 작품을 관찰하고 그에 따른 지원자의 다양한 해석이 등장할 수 있도록 문항을 구성했다. 공간을 덮는 테셀레이션의 관점, 불가능한 상황을 그림으로 표현해내는 창의성, 그림 속의 도마뱀이 현실로 나오는 과정에 있어서 교사의 역할 등 다양한 관점에서 분석이 가능하다. 이를 통해 지원자의 창의적 역량을 살펴보고 그것을 교육적 관점과 연결할 수 있는 능력을 중심으로 평가하고자 했다.

【채점 기준】

하위 문항	채점 기준
의사소통 역량 (수용 능력, 표현 능력, 토론과 조정 능력)	– 논리적으로 분석 내용을 전달하고 있는가? – 언어적, 비언어적 표현을 잘 사용하고 있는가?
교직 인성 및 전문성 개발 역량 (교직 인성, 교사 전문성 개발 노력)	– 제시하는 교육적 가치가 보편타당한가? – 교육 전문성을 보여 주기 위해 노력하고 있는가?
창의 융합 역량 (문제 해결 능력, 창의성, 정보 기술 활용 능력)	– 개방적이고 새로운 관점으로 그림을 분석할 수 있는가? – 그림의 분석을 통해 교육적 가치를 찾아낼 수 있는가?

【예시 답안】

– 교직에 대한 적성과 인성을 갖춘 학생을 선발함을 목적으로 하므로 정답을 요하지 않는다.

– 다음 내용을 참조하기 바란다.

　에스허르의 「도마뱀」에서는 평면에 있던 도마뱀이 입체로 나오는 모습을 확인할 수 있다. 이 부분에서 교사가 학생의 잠재력을 끌어내어 줄 필요성을 찾을 수 있다. 학생들이 가지고 있는 잠재력은 2D 평면과 같이 눈에 잘 띄지 않거나 두드러져 보이지 않을 수 있다. 하지만 교사가 학생을 잘 관찰함으로써 그것이 3D 형태로 드러나도록 만들어줄 수 있다. 누군가의 가치를 발견하고 그것을 잘 이끌어 주는 것은 교사와 학생 사이에서 일어나는 일이기도 하지만, 학생과 학생 간에도 있을 수 있는 일이기도 하다. 평소에 친구들을 잘 관찰하고 장점을 찾아주며 칭찬해 주는 것을 통해 학생들 사이에서도 그들의 장점이 드러나도록 만들어줄 수 있다. 이러한 부분을 학생들에게 교육하기 위한 가장 기본적인 방법은 생활 지도라고 생각한다. 특정 시간에만 친구들의 장점을 찾는 것이 아니라 학생들이 평소에 친구들을 긍정적으로 바라볼 수 있도록 학급 분위기를 형성하고, 교사가 나서서 장점을 찾고 칭찬해 줌으로써 서로서로 격려하는 분위기를 만든다면 학생들이 가지는 잠재력이 자연스럽게 발현될 수 있을 것이라고 생각한다.

선배들의 TIP 및 예시 답안 ✎

학교 측 해설이 상세하므로 예시 답안은 생략한다.

[정시]

1. 면접 고사

1. 10년 후 초등학교 수업의 변화를 예측해 보고, 예비 교사로서 이러한 변화에 대응할 수 있는 방안을 이야기해 보세요.

2. 다문화 학생을 교육하기 위해서 초등 교사로서 갖추어야 할 핵심 역량을 한 가지 말하고, 이를 개발하기 위해 어떠한 노력을 기울일지 이야기해 보세요.

3. 〈보기〉에 제시된 단어 중 세 가지를 사용하여, 자신의 교육관을 이야기해 보세요.

〈보기〉
망원경, 돋보기, 색연필, 지우개, 나무, 꽃

학교 측 해설 🖊

1.

【출제 의도】

- 1번 질문을 출제한 의도는 미래 교육에 관한 학생들의 생각을 알아보기 위함이다.
- 미래 교육의 변화를 합리적인 근거를 토대로 예측하고, 이러한 변화에 대응하는 방안을 제시하는 과정에서 나타나는 예비 교사의 창의 융합 역량과 교직 인성 및 전문성 개발 역량을 평가하고자 했다.

【문항 해설】

- 미래 교육을 예측하는 과정에서 창의 융합 역량을 평가할 수 있다.
- 미래 교육에 대비하기 위한 방안을 제시하는 과정에서 교직 인성 및 전문성 개발 역량을 평가할 수 있다.
- 합리적인 근거를 토대로 미래 교육을 예측하고 이를 논리적으로 표현할 수 있는 의사소통 역량도 평가할 수 있다.

【채점 기준】

하위 문항	채점 기준
의사소통 역량 (수용 능력, 표현 능력, 토론과 조정 능력)	– 10년 후의 변화 예측에 합리적 근거를 제시하는가? – 대응 방안을 논리적으로 전달하는가?
교직 인성 및 전문성 개발 역량 (교직 인성, 교사 전문성 개발 노력)	– 교육과 학생에 관한 바람직한 가치관을 바탕으로 10년 후의 변화를 예측하는가? – 교육 현장에서 실천 가능한 대응 방안을 제시하는가?
창의 융합 역량 (문제 해결 능력, 창의성, 정보 기술 활용 능력)	– 창의적인 관점에서 10년 후 초등학교 수업의 변화를 제시하는가? – 새롭고 독창적인 대응 방안을 제시하는가?

【예시 답안】

교직에 대한 적성과 인성을 갖춘 학생을 선발함을 목적으로 하므로 정답을 요하지 않는다.

2.

【출제 의도】

– 2번 질문을 출제한 의도는 최근 초등학교 현장에서 다문화 교육의 중요성이 강조되고 있는 추세를 고려하여 지원자의 다문화 교육에 대한 관심과 교직 인성을 평가하기 위함이다.

– 2번 질문을 통해 지원자의 다문화 교육에 대한 관심과 발전 가능성을 평가할 수 있다.

【문항 해설】

– 발표 시 초등 교사로서 다문화 교육을 위해 필요한 중요한 핵심 역량을 이야기하면서 다문화 교육에 대한 관심과 초등 교육의 사명감을 평가할 수 있는 문항이다.

– 다문화 교육의 전문성을 함양할 수 있는 구체적인 실천 전략을 제시할 수 있는지를 평가하는 문항이다.

하위 문항	채점 기준
의사소통 역량 (수용 능력, 표현 능력, 토론과 조정 능력)	– 핵심 역량을 명확히 제시했는가? – 대응 방안을 논리적으로 전달하는가?
교직 인성 및 전문성 개발 역량 (교직 인성, 교사 전문성 개발 노력)	– 다문화 교육에 대한 바람직한 가치관과 윤리 의식을 갖고 있는가? – 교육 현장에서 실천 가능한 대응 방안을 제시하는가?
창의 융합 역량 (문제 해결 능력, 창의성, 정보 기술 활용 능력)	– 문제 상황을 정확히 인식하고 문제 상황을 분석, 비판, 종합하여 최선의 해결책을 제시하는가? – 새롭고 독창적인 대응 방안을 제시하는가?

【예시 답안】

교직에 대한 적성과 인성을 갖춘 학생을 선발함을 목적으로 하므로 정답을 요하지 않는다.

3.

【출제 의도】

– 3번 질문을 출제한 의도는 의사소통 역량, 교직 인성 및 전문성 개발 역량, 창의 융합 역량을 종합적으로 파악하기 위한 것으로, 제시된 단어에 교육적 의미를 부여하고 자신의 의견을 논리적으로 제시할 수 있는지 확인하기 위함이다.

– 자신의 교육관을 이야기하는 과정에서 〈보기〉의 단어 중 세 가지를 포함하도록 하여 창의적인 사고 능력과 융·복합 능력을 확인할 수 있다.

【문항 해설】

– 주어진 보기에서 세 가지 단어를 선택하고 해당 단어에 교육적 의미를 부여하며 이를 자신의 교육관과 연결하여 논리적으로 표현하는 능력을 확인할 수 있다.

– 자신의 교육관을 다양한 관점으로 표현하는 문항으로써 제시하는 교육관을 통해 수험생의 교육적 신념을 확인할 수 있다.

– 발표에 사용한 세 가지 단어에 담긴 의미를 창의적인 관점에서 찾아내고 여기에 교육적 의미를 부여할 수 있는 창의 융합 능력을 확인할 수 있다.

【문항 해설】

하위 문항	채점 기준
의사소통 역량 (수용 능력, 표현 능력, 토론과 조정 능력)	– 자신의 의견을 논리적으로 표현하고 있는가? – 언어적·비언어적 표현을 잘 사용하고 있는가?
교직 인성 및 전문성 개발 역량 (교직 인성, 교사 전문성 개발 노력)	– 제시하는 교육관이 보편타당한가? – 자신의 교육적 신념을 구축하기 위해 노력하고 있는가?
창의 융합 역량 (문제 해결 능력, 창의성, 정보 기술 활용 능력)	– 창의적인 관점으로 단어의 의미를 제시하는가? – 단어의 의미에 부합하는 교육관을 설명하는가?

【예시 답안】

교직에 대한 적성과 인성을 갖춘 학생을 선발함을 목적으로 하므로 정답을 요하지 않는다.

선배들의 TIP 및 예시 답안 ✎

학교 측 해설이 상세하므로 예시 답안은 생략한다.

5 ▶ 서울교대

[수시]

1. 교직 교양(오전)

※ 다음의 〈자료〉를 보고, 각 질문에 답하시오.

〈자료〉

(A) 실옹이 말하기를, "(중략) 내가 너에게 묻겠다. 생물의 종류는 셋이 있으니, 사람·금수·초목이 그것이다. 초목은 거꾸로 나는 까닭에 지(知)는 있어도 각(覺)이 없으며, 금수는 가로 나는 까닭에 각(覺)은 있어도 지혜(慧)가 없다. 이 세 가지 생물은 한없이 얽혀서, 서로 망하게 또는 흥하게 하는데, 귀천의 등급이 있겠는가?"

허옹이 대답하기를, "천지 간 생물 중에 오직 사람이 귀합니다. 저 금수나 초목은 지혜도 깨달음도 없으며, 예법도 의리도 없습니다. 사람이 금수보다 귀하고 초목이 금수보다 천한 것입니다."

실옹이 고개를 젖히고 웃으면서 말하기를, "(중략) 사람으로서 물(物)을 보면 사람이 귀하고 물(物)이 천하지만, 물(物)로서 사람을 보면 물(物)이 귀하고 사람이 천하다. 하늘이 보면 사람이나 물(物)이 마찬가지다."

홍대용, 「의산문답」 중에서

(B) '인류세'는 인류를 뜻하는 '안트로포스(anthropos)' 와 '세(–cene)'를 합쳐서 만든 용어이다. (중략) 우리가 살고 있는 시대는 '홀로세(holocene)'로, 대략 1만 2천 년 전 마지막 빙하기가 끝나면서 시작된 간빙기이다. 간빙기의 따뜻하고 안정적인 기후 덕분에 인류는 농업을 시작하면서 문명을 발전시킬 수 있었다. 한편 인류세를 주장하는 학자들은 홀로세의 기후 안정성이 점점 사라져 가고 있으며, 이것이 인류세라는 새로운 시대로 들어선 증거라고 말한다. (중략) 인간이 화석 연료를 사용하면서 대기 중 탄소량이 급증했고, 이로 인해 대기의 화학적 조성과 지구의 환경 조건이 돌이킬 수 없이 변화했다는 것이다. (중략) 모든 것이 연결되어 있으며 인간도 물질적인 세계의 구성 요소의 하나라는 생태적 인식은 인류세라는 새로운 시대에 인간의 생존이 인간 이외의 모든 것들의 생존과 떼어서 생각할 수 없는 문제임을 뜻한다.

송은주, 「포스트 휴머니즘과 인류세」 중에서

---

1. 실옹과 허옹의 '인간과 자연을 바라보는 관점'을, (A)의 내용에서 근거를 찾아 비교하시오.

2. (A)에 나타난 실옹의 관점과 (B)에 나타난 인류세 주장 학자의 관점 사이의 공통점을 말하시오.

이 문항은 조선 시대 실학자가 집필한 과학 사상서와 현대에 출간된 인문 잡지에서 연관된 내용을 이해하고 비교·분석하여 설명할 수 있는지를 묻는 문항이다. 1번 질문을 통해서는 (A)에서 두 인물의 자연관을 구체적 근거에 기반하여 비교할 수 있는지를 평가한다. 2번 질문을 통해서는 (A)와 (B)의 연관성을 찾아내고 과거와 현재를 아우르는 공통된 관점을 파악할 수 있는지를 평가한다.

이 문항에서 기본적으로 평가할 수 있는 역량은 글을 읽고 그 내용을 심도 있게 이해하고 분석할 수 있는 문해력이다. 고등학교 「국어」 교과의 '읽기' 영역과 '독서' 영역에서 '읽기의 방법'으로 제시된 다섯 가지 방법(사실적 이해, 추론적 이해, 비판적 이해, 창의적 이해, 읽기 과정의 점검) 중 특히 '추론적 독해'와 연계된다. 추론적 독해는 '읽기' 영역에서 글의 맥락에 따라 의미를 이해할 수 있는 기능적 측면의 '추론' 영역으로, 'ⓑ 필자의 의도, 목적, 숨겨진 주제 등을 추론한다.'와 'ⓓ 글의 내용을 여러 가지 관점에서 분석하고 종합한다.'라는 내용 요소를 포함한다. 따라서 추론적 독해는 서로 다른 두 글을 읽고 이해하며, 공통적인 주제를 추론해내는 능력을 평가하는 본 문항과 연계된다고 할 수 있다.

내용적으로는 고등학교 「도덕」 교과의 '윤리와 사상'의 내용과 연계된다. 이 문항은 인간과 자연의 관계를 거시적으로 성찰하는 철학적 사고를 다루며, 동양과 서양, 과거와 현재의 자연에 대한 사상을 비교하면서 그 안에서 공통점을 찾아내도록 한다. 이는 「도덕」 교과의 '동양과 한국 윤리 사상' 내용 영역에서 다룬 불교 사상(모든 것이 서로 의존하는 관계 속에 있음)과 '서양 윤리 사상' 내용 영역에서 다룬 보편성의 윤리와 연계되며, '기능' 측면에서는 '사상의 관점 비교·성찰하기'와 밀접히 연관된다.

고등학교 「과학」 교과의 '과학사'의 내용과도 연계된다. 과학사의 내용 체계에서 '과학이란 무엇인가?'의 내용 영역 중 '과학과 자연과의 관계', '과학에 대한 철학적 접근' 등은 (B)의 지구의 역사에서 '홀로세'와 '인류세' 등을 다룬 것과 유사한 내용 요소를 가진다고 할 수 있다.

종합적으로 볼 때, 이 문항은 어려운 철학이나 특정 개념에 대한 전문적 지식 유무를 묻는 것이 아니라 주어진 제시문의 숨은 의미를 이해하고, 서로 다른 주장을 비교·분석하여 논리적으로 설명할 수 있는 능력을 평가하므로 선행 학습을 유발한다고 할 수 없다. 또한, '인류세'와 같은 전문 용어의 경우 제시문에서 그 의미를 충분히 설명했으므로 이 용어에 대한 사전 인지가 문제 풀이에 미치는 영향은 거의 없다고 보아도 무방하다.

동양 고전 제시문이 출제될 경우 내용의 난이도와 무관하게 어렵다고 선입견을 가지는 경우가 있다. 찬찬히 읽어보면 수험생 수준에서 충분히 이해할 수 있으므로 겁내지 말자.

예시 답안 ✏️

1. 실옹은 인간과 동물을 포함한 천지 만물이 서로 조화롭게 공존하고 있다고 하며 인간 또한 자연의 일부라고 보는 유기체적 자연관을 주장합니다. '한없이 얽혀서, 서로 망하게 또는 흥하게 하는데,'라는 말에서부터 천지 만물은 음양오행의 상생과 상극처럼 서로 긍정적·부정적 영향을 미치며 균형을 유지한다고 보는 실옹의 관점을 알 수 있습니다.

   반면, 허옹은 인간이 가장 중요하다고 하며 인간 중심주의적인 자연관을 주장합니다. '사람이 금수보다 귀하고 초목이 금수보다 천한 것입니다.'라는 말에서부터 허옹이 움직임과 감각 능력을 지닌 동물을 더 중시하며, 나아가 인지 능력을 지닌 인간이 가장 우위에 있다고 보는 것을 알 수 있습니다. 이는 인간이 자연을 사용할 권리를 지닌다는 도구적 자연관과도 연결된다고 할 수 있습니다.

2. 실옹은 인간과 천지 만물이 서로 얽혀 균형을 유지하고 있다고 주장합니다. 어떤 종이 더 우세하고 쇠락하는 것 없이 적정한 선에서 서로의 존재에 영향을 주는 운명 공동체라고 보는 것입니다. 마찬가지로 인류세를 주장한 학자도 인간의 존립이 인간 이외의 존재들의 생존과 엮여있다고 말하며, 인간과 자연의 다른 존재들이 운명 공동체 관계를 맺고 있다는 점을 강조합니다. 실옹과 학자의 관점은 현재 기후 위기 등으로 미래를 예측할 수 없는 우리 세대에게 인간이 생존하기 위해 인간 외의 종과 공존하고 환경 문제에 신경 써야 한다는 중요한 깨달음을 줍니다.

2. 교직 적인성(모전)

※ 다음의 〈자료〉를 보고, 각 질문에 답하시오.

〈자료〉

(A) 그래프는 기술 수준과 도전 과제 수준의 관계에 따른 심리 상태를 나타낸 것이다. 기술 수준과 도전 과제의 수준은 '몰입(Flow)' 경험에 영향을 준다. 칙센트미하이(M. Csikszentmihalyi)에 따르면, 몰입은 '무언가에 흠뻑 빠져 있는 심리적 상태'를 의미한다. 몰입을 자주 경험한 사람들은 성취도가 높을 뿐만 아니라 직업 만족도도 높다.

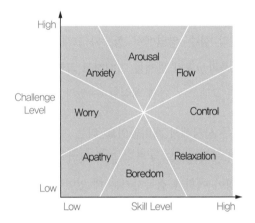

(B) 다음은 수영 수업에서 교사와 학생이 나눈 대화의 일부이다.

> 교사: 지민아, 너는 왜 발차기 연습을 열심히 안 하니?
> 지민: 부판을 잡고 발차기하는 것이 너무 시시해서 재미없어요.
> 교사: 그럼 부판 없이 한번 해 보자.
> 지민: 저는 한 번도 안 해 보았는데 어떡하죠? 잘 할 수 있을까요?

---

1. (B)에 나타난 '지민'의 심리 상태 변화와 그 원인을 (A)의 그래프에 포함된 용어를 사용하여 말하시오.

2. (A)의 내용을 바탕으로 '지민'이 몰입 경험을 하도록 지도하려고 할 때, 교사가 갖추어야 할 능력 <u>두 가지</u>를 말하시오.

이 문항은 기술 수준과 도전 과제의 수준의 관계에 따른 심리 상태를 보여 주는 그래프를 읽을 수 있는 역량과, 이를 구체적인 상황인 수영 수업에 적용하여 교수-학습의 관점에서 시사점을 이끌어낼 수 있는지를 평가하는 문항이다.

1번 질문에서는 (A)의 그래프 해석 능력과 함께 영어 어휘의 이해가 요구된다. 또한, 일상적이고 구체적인 (B)의 대화 내용을 보편적이고 추상적인 제시 자료 (A)로 확장시킬 수 있는 사고력이 필요하다.

(A)는 고등학교 「수학」 교과의 '함수' 영역에서 '함수와 그래프' 개념을 다루는 단원과 연계된다. 수학의 기초적인 내용으로, x축과 y축의 관계를 이해하고 그래프를 그리거나 이해하기, 표현하기 등의 내용을 학습했으면 (A)의 그래프는 쉽게 해석할 수 있다.

(B)에서 '지민'의 발화는 '너무 시시해서 재미없어요.'라는 지루함과 '잘 할 수 있을까요?'라는 걱정과 불안을 보여준다. 국어의 관점에서는 초등 수준의 어휘이므로 쉽게 이해될 것이나, 이를 (A)에서 심리 상태를 나타내는 영어 어휘와 접목시키는 데 있어 영어 어휘 능력이 요구된다. 제시된 영어 단어들은 고등학교 영어 교과에서 배울 수 있는 수준이며, 다의적 단어인 'Flow(몰입)'의 경우에는 이 문항의 맥락에서 쓰이는 의미를 덧붙여 설명하고 있어 지원자가 이해하는 데에는 별 어려움이 없다.

2번 질문은 지원자가 두 제시문을 이해하고 연결할 수 있는 능력과 더불어, 학생의 몰입 경험을 이끌어 내기 위해 교사에게 요구되는 역량에 대한 이해를 평가하는 문항이다. 이를 통해 교직을 희망하며 교육대학교를 지원한 면접 지원자들이 가진 교수-학습에 관한 생각과 교사로서의 자세와 태도 등을 파악할 수 있다. 특히 학생의 입장에 대한 공감 능력과 이를 교육적 성과로 전환시킬 수 있는 아이디어를 통해 지원자의 창의성과 확산적 사고 역량을 평가할 수 있다. 이 문항에서는 교육 철학이나 특정 교수법에 대한 사전 지식을 요구하는 것이 아니라 미래 교사로서 지원자의 관찰력, 학생의 정의적 특성(수영에 대한 흥미, 심리적 성향 등)에 대한 관심과 이해, 단계적 학습에 대한 이해와 이를 유도해 낼 수 있는 확산적 사고 역량을 평가하고자 했다. 따라서 특정 지식의 유무나 사교육을 통한 과도한 수준의 교육을 요구하지 않으므로 선행 학습을 유발한다고 할 수 없다.

이 문항은 (A)의 그래프와 (B)의 글을 연계하여 본 제시문이 전달하는 내용을 정확히 이해했는지, 그리고 추상적인 이론과 실제 상황을 연계시킬 수 있는지를 평가하는 문항이다. 심리학적 소양이나 이 모형에 대한 사전 이해가 없다 하더라도 통합적인 사고력을 갖춘 지원자는 그래프 해석 능력 및 해당 모형의 활용에 대한 이해를 기반으로 문제를 해결할 수 있다. 고등학교 교육과정 수준의 수학과 영어 능력, 그리고 문해력을 가진 학생들이라면 별도의 사교육 경험 없이 충분히 대답할 수 있는 수준의 난이도이므로 특별한 사교육이나 선행 학습이 요구되지 않는다.

선배들의 TIP ✏️

서울교대 문제는 도표가 자주 출제되는 편인데, 주로 수치와 큰 관계가 없는 형태로 제시된다. 따라서 단순히 양적인 비교를 하기보다는 도표가 말하고자 하는 바를 읽어내 문제와 연결하는 것이 중요하다.

예시 답안 ✏️

1. 제시된 도표에 따르면 기술 수준이 낮고 과제 수준이 그에 비해 높으면 걱정과 불안을 느끼게 됩니다. 반면, 기술 수준이 높은데 과제 수준이 그에 비해 낮으면 지루함 혹은 소일거리로 느끼게 됩니다. 또한, 기술 수준과 과제 수준이 둘 다 낮으면 무관심해지고, 반대로 기술 수준과 과제 수준이 같은 정도로 높으면 몰입을 경험하게 됨을 알 수 있습니다. 이를 정리하면 몰입을 위해서는 개인의 수준에 맞는 수준의 과제가 제공되어야 하며, 그렇지 못할 경우 집중하기 어려워집니다.

대화 속 지민이의 경우 이전에 주어진 부판 잡고 발차기라는 과제에 이미 익숙해져 있는 상태입니다. 지민이의 기술 수준은 어느 정도 발전했지만, 과제 수준이 낮아 'boredom', 지루함을 느끼고 있습니다. 이를 본 교사는 과제의 수준을 한 단계 높여 부판 없이 발차기를 하도록 제안했고, 과제의 수준이 올라 지민이는 약한 정도의 'worry', 걱정을 느끼게 되었습니다.

2. 도표와 대화를 통해 학습에 있어서 학생의 수준에 맞는 적절한 정도의 과제가 있어야 한다는 것을 알 수 있습니다. 이를 위해 교사는 학생의 현재 수준이 어느 정도인지 가늠할 수 있는 평가 능력을 지녀야 한다고 생각합니다. 수업의 난이도와 과제의 부담 정도를 조절하기 위해서는 학생의 현재 수준을 알아야 하기 때문입니다. 학생의 수준에 비해 너무 쉬운 과제가 제시되면 학생은 흥미를 잃고 지루함을 느끼거나 무관심해질 것이고, 너무 어려운 과제가 제시되면 걱정과 불안으로 인해 학습을 포기할 수도 있습니다.

또한, 학생의 수준에 맞게 수업과 과제를 설계할 수 있는 수업 능력이 있어야 합니다. 학생의 수준을 알고 있어도 그에 맞게 수업과 과제의 난이도를 유연하게 설정할 수 있어야 하기 때문입니다. 특히 수업은 여러 차시로 미리 계획되는데 중간중간 학생의 발전에 맞추어 조금씩 변화를 줄 수 있어야 학습을 효율적으로 이룰 수 있다고 생각합니다.

3. 교직 교양(오후)

※ 다음의 〈자료〉를 보고, 각 질문에 답하시오.

(A) 다음은 병목 사회를 설명한 내용이다.

여기서 병목이란 사람들이 건너편에 펼쳐진 광범위한 기회에 도달하기 위해 통과해야만 하는 비좁은 지점을 가리킨다. (중략) 사회 전체가 하나의 시합을 중심으로 구조화되어 있기 때문에, 모든 사람이 성공과 행복으로 가는 똑같은 경로를 추구한다. (중략) 이러한 단일한 모델에서는 사람들이 바라는 모든 직업과 역할이 경쟁적인 지위이며, 그 정원이 정해져 있다.

조지프 피시킨, 『병목 사회』 중에서

(B) 이제 예술은 유일한 예술적 가치라는 의미에서 미, 진리, 혹은 조형성 등을 찾아 제시하려는 시도에서 벗어나 다양한 목적을 충족시키기 위해 다양한 양식을 제시하는 방식으로 진행될 것이다. (중략) 오늘날의 미술관은 형식적인 기준에 의해서 작품이 선정되고 전시되는 모더니즘 미술관이 아니라 우리 사회의 다양한 요구와 그에 따른 다양한 가치를 보여 줄 수 있는 미술관이 되어야 한다. 오늘날의 미술관은 미의 보고가 아니라 다른 사람들의 삶의 형식과 삶의 가치를 이해하는 장소가 되어야 할 것이다.

미학 대계 간행회, 『현대의 예술과 미학』 중에서

1. (A)에서 추론할 수 있는 병목 사회의 부작용 **두 가지**를 말하시오.

2. (B)에 나타난 관점을 바탕으로 1번 질문에서 언급한 부작용의 해결 방안을 말하시오.

학교 측 해설 ✏️

이 문항은 사회의 특성 및 그로 인한 영향력과 변화를 보여 주는 2개의 제시문을 읽고 이해할 수 있는 문해력, 사회 현상을 비판적으로 읽고 문제점을 파악하여 해결해 내는 다각적 사고력과 문제 해결력 등을 평가하는 문항이다. 즉, 이 문항에 바르게 답하려면 (A)와 (B)를 읽고, 서로 다른 사회의 특성에 따라 개인의 삶의 방식이나 예술의 역할 등이 어떻게 달라지는지를 비교·분석하여 내포된 메시지를 바르게 추론할 수 있어야 한다.

1번 질문과 2번 질문에 응답하기 위해 공통으로 요구되는 능력은 문해력이다. 특히 고등학교 「국어」 교과의 '읽기' 영역과 '독서' 영역에서 배우는 읽기의 방법 중에서 '추론적 이해' 및 '비판적 이해'와 연계된다. 추론적 독해력은 저자의 의도, 목적, 숨겨진 주제 등을 추론하고 글의 내용을 여러 가지 관점에서 읽고 종합적으로 이해하는 능력이다. 비판적 독해력은 어떤 글을 있는 그대로 이해하는 것이 아니라 그 글의 내용이 어떠한 맥락에서 어떠한 목적으로 쓰였는지를 보다 분석적으로 이해하는 것이다.

이 문항에서는 지원자가 (A)의 '병목 사회'에 대한 설명글을 읽으면서 이 글에 내재된 문제점인 치열한 경쟁, 획일화된 사회, 개인성의 부재, 불공정한 기회 등을 비판적으로 유추해낼 수 있는 '비판적 읽기' 역량을 갖추었는지를 평가한다. 또한, 이러한 읽기 기술을 통해 두 제시문에서 공통으로 다루는 사회적 요구와 이에 따른 개인 삶의 형식과 변화라는 주제를 파악하고, 두 글을 비교하여 심도 있게 이해할 수 있는지를 평가한다.

(B)에서는 획일적이고 경쟁적인 병목 사회와 대조적으로 다양성의 가치를 강조한다. 심미적이거나 유일 가치 기준이었던 예술이 시대의 변화와 함께 다양한 가치를 표현하는 것으로 변화하는 것을 기술했다. 내용적으로는 「사회」 교과의 '문화와 사회' 영역에서 '④ 지역 문화, 세대 문화, 반문화 등의 하위문화와 대중문화에 나타나는 현대 사회의 다양한 문화적 양상을 파악한다.'라는 내용 요소와도 연계된다.

이 문항은 특정 사회 현상(병목 현상)이나 모더니즘, 포스트모더니즘과 같은 전문적인 예술이론을 다루고 있지만 이러한 이론들에 대한 지식 유무를 묻는 것이 아니므로 고등학교 교육과정의 범위를 넘어서지 않는다. 제시문에는 '병목 사회'에 대한 설명이 포함되어 있어 이 용어를 모르는 학생들이 불이익을 당하지 않고 문제를 풀 수도 있다. 또한, 이 문항은 지원자가 주어진 텍스트를 비교·분석하고 사회와 개인의 관계라는 큰 틀에서 다각적으로 이해하여 명료하게 설명할 수 있는지 등 종합적 역량을 평가하므로 선행 학습이나 사교육을 유발하지 않는다.

선배들의 TIP ✏️

인문 사회 제시문을 읽을 때 전에 보지 못한 개념이나 용어가 나오더라도 당황하지 말고 다른 제시문과 문항 발문을 보며 그 뜻을 짐작해 보자. 그 개념과 용어를 알아야 풀 수 있는 문제보다는 그 개념과 관련된 제시문을 읽고 추론하는 것을 요구하는 문제가 출제되기 때문에 제시문을 잘 읽는 것에 집중하는 것이 좋다.

예시 답안 ✏️

1. (A)의 그림은 사회 전체가 하나의 관문을 중심으로 구조화되어 있는 병목 사회를 보여 주고 있습니다. 모든 고등학교 3학년이 수험생이 되어 대학 가기에 매달리는 모습이나 대학 졸업 후 취업을 하거나 공무원 시험에 매달리는 모습 등에 적용될 수 있습니다. 병목 사회의 부작용으로는 첫째, 획일화된 성공과 행복의 기준으로 과도한 경쟁 사회가 되어 경직된 사회 분위기가 된다는 점이 있습니다. 둘째, 한 가지 경로로만 사회가 구조화되어 선천적으로 타고나는 재산이나 장애 등의 조건으로 인해 불공정한 기회를 제공받을 수 있다는 점이 있습니다.

2. (B)는 획일적이고 경쟁적인 병목 사회와 대조적으로 다양성의 가치를 강조합니다. 유일한 가치에 머물러 있던 예술이 시대의 변화와 함께 다양한 가치를 표현하는 것으로 변화하는 양상을 강조하며 다양성에 중점을 두는 것을 알 수 있습니다. 이를 바탕으로 병목 사회의 부작용을 해결하는 방안에 대해 말씀드리겠습니다. 병목 사회가 부작용을 가지는 근본적인 이유는 사회가 한 가지 시험이나 기준으로만 구조화되어 있다는 것입니다. (B)에서처럼 다양성의 가치가 강조된다면 사회에서 성공과 행복을 판별하는 기준이 다양해질 것이며, 따라서 한 곳에 몰려 경쟁하는 형태의 부작용도 줄어들 것입니다. 반드시 대학에 가지 않아도, 남들처럼 취업 준비를 하거나 공무원 시험을 준비하지 않아도, 남들과 다른 시기에 새로운 도전을 하더라도 본인이 부여하는 가치에 따라 성공과 행복이 결정된다는 의식이 만연해진다면 획일화된 경쟁 구도가 해소될 것입니다. 또한, 불평등한 기회로 박탈감을 느꼈던 사람들도 자신만의 길을 가면 된다는 사실에 만족감을 느낄 수 있을 것입니다.

4. 교직 적인성(오후)

※ 다음의 〈자료〉를 보고, 각 질문에 답하시오.

〈자료〉

(A) 모든 우연한 발견에는 공통점이 있다. 페니실린은 인류 최대의 우연한 발견으로 평가된다. 1928년 플레밍 (A. Fleming)은 인플루엔자 연구를 위해 접시에 배양하던 포도상구균이 우연히 곰팡이에 의해 죽은 것을 보았다. 이를 흥미롭게 여겨 본래 연구를 뒤로 하고 곰팡이균을 연구한 끝에 항생제인 페니실린을 발견했다. 비즈니스 분야에서 가장 유명한 행운은 3M이 개발한 포스트잇이다. 어디에도 쉽게 붙였다 뗄 수 있는 포스트잇은 얄궂게도 강력 접착제를 만드는 과정에서 나왔다. 의도와 반대로 접착력이 매우 약한 물질이 만들어진 것을 다른 부서의 엔지니어인 프라이(A. Fry)가 버리지 않고 새로운 제품을 개발하는 데 활용했다. 플레밍과 프라이 모두 애초 다른 의도였고 우연히 나타난 현상을 놓치지 않았다.

이병주, 「모든 우연한 발견에도 공통점이 있다」 중에서

(B) "지능은 노력해서 얻어야 하는 것이라고 생각해요. 그저 주어지는 것이 아니지요. 대부분의 아이들은 해답을 모를 경우에도 손을 들지 않아요. 그러나 저는 달라요. 손을 드는 거죠. 설령 내가 틀린다 해도 선생님께서 실수를 바로잡아 주시기 때문이죠. 어떤 때는 손을 들고 '이 문제는 어떻게 풀어요?'라거나 '답을 모르겠습니다. 선생님께서 도와주실 거죠?'라고 해요. 그런 식으로 질문함으로써 저의 지능을 높이고 있어요."

캐롤 드웩, 「성공의 새로운 심리학」 중에서

1. (A)의 내용을 바탕으로 플레밍 또는 프라이가 성과를 거둘 수 있었던 이유 <u>두 가지</u>를 말하시오.

2. 플레밍 또는 프라이의 탐구 자세에 비추어, (B)의 화자를 성공적 학습자로 이끌기 위해 교사가 어떻게 해야 하는지 말하시오.

학교 측 해설 🖊

이 문항에서는 제시문을 통해 전달하고자 하는 바를 이해하는 문해력과 이를 교육 현장에 활용하는 방안을 도출해 낼 수 있는지를 평가한다. 1번 질문에서는 (A)에서 기술하고 있는 역사 속 우연한 발견 사례를 통해 저자가 전달하고자 하는 의미를 유추해 낼 수 있는지를 평가한다.

이 문항은 기본적으로 글을 읽고 이해하는 문해력을 평가하는데, 그 난이도가 높지 않다. (A)에서는 저자의 의도를 나타내는 여러 가지 언어 요소, 즉 '인류 최대의 우연한 발견', '흥미롭게 여겨', '가장 유명한 행운', '우연히 나타난 현상을 놓치지 않았다.' 등의 표현이 제시되어 있다. 이에 우연한 상황을 지나치지 않고 적극적으로 관찰하고 노력하여 큰 성공을 거두었음을 긍정적으로

평가하고 있음을 쉽게 이해할 수 있다. (B) 역시, 화자가 지능은 타고난 자질이 아니며 적극적인 질문을 통해 지능을 높일 수 있다고 생각한다는 것은 기본적인 문해력만 있으면 쉽게 이해할 수 있다.

국어 교과의 「읽기」 영역에서 중학교 과정의 '내용 예측', '내용 요약', '매체의 표현 방법 및 의도 평가' 내용 요소와 고등학교 1학년에서 '관점과 표현 방법의 평가' 내용 요소 등을 학습했다면 이 글을 잘 이해할 수 있다.

2번 질문에서는 (B)에서 타고난 지능과 노력의 관계에 대한 학생의 생각을 보여 주는 발화를 응시자가 교사의 입장에서 분석하고 (A)의 사례와 연계하여 적절한 교수 전략을 도출할 수 있는지를 평가한다. 또한, 교직을 희망하는 지원자로서 학생의 이야기를 이해하고 그 특성을 파악할 수 있는지, 그리고 이러한 특성을 역사적인 사례와 연계하여 학생의 성공적인 학습 경험으로 이끌어 주는 방안을 제시할 수 있을 정도로 창의적이고 융합적인 사고를 하는지를 평가할 수 있다. 예를 들면 (B)에 포함된 학생의 적극성과 노력하는 태도는, 실패에 좌절하지 않고 오히려 성공으로 바꾸는 (A)의 플레밍과 프라이의 사례와도 연결된다. 이 학생에게 도전적인 과제를 경험하는 기회를 제공하거나 '정답'과 '오답'의 차이가 결정적이지 않다는 것을 경험하게 하는 등의 교수 전략을 생각해 낼 수 있다면 교사로서 창의적인 문제 해결 역량이 있다고 평가할 수 있다.

이 문항은 고난이도의 이론이나 역사적 지식에 관해 묻지 않으며 단일한 정답을 찾는 질문이 아니다. 지원자는 자신의 역량에 따라 플레밍과 프라이의 성공 이유와 교사의 역할에 대해 다양한 각도에서 사고하고 응답할 수 있다. 즉, 이 문항은 지식 위주의 사교육을 통한 학습 경험이 응답에 영향을 미칠 가능성이 매우 적다는 점에서 선행 학습을 유발한다고 할 수 없다.

선배들의 TIP 🖊

교사로서의 태도나 입장을 묻는 문항에서는 현실적인 접근이 필요하다. 교사로서 학생을 위해 많은 것을 희생할 각오가 되어있다는 답변보다는 현실적으로 취할 수 있는 방안을 생각해 보는 것이 더 좋다.

예시 답안 ✏️

1. (A)에서 플레밍과 프라이가 발견을 해낼 수 있던 이유는 첫째, 목적을 달성하지 못한 결과물에 실망하지 않고 오히려 적극적으로 활용하는 끈기와 적용 능력 덕분이라 할 수 있습니다. 과학 실험처럼 결과가 명확하게 나오는 경우 예상과 다른 결과물이 나오면 바로 폐기되고는 하는데, 플레밍과 프라이는 예상치 못한 결과를 역으로 이용해 큰 발견으로 이끌어냈습니다. 실패에 그치지 않고 적극적이며 지속적으로 연구한 끝에 좋은 결과를 얻은 것입니다. 둘째, 남들과 다른 관점에서 새로운 것을 포착해 내는 안목을 들 수 있습니다. 보통 사람이었다면 넘기고 지나갈 수 있을 법한 경우이지만 플레밍과 프라이는 다른 관점에서 결과물을 바라보았습니다. 이처럼 실험 결과를 단순한 실패작으로 보는 것이 아니라, 호기심을 가지고 새로운 곳에 적용할 수 있는 가능성을 발견하는 태도를 통해 완전히 새로운 것을 만들어낼 수 있었다고 생각합니다.

2. (B)의 화자는 스스로 지능을 타고나지 못했다고 평가하며 모르는 것을 솔직히 인정하고 적극적으로 수업에 참여하는 것으로 자신의 발전을 도모합니다. 교사로서 (B)의 화자와 같은 학생을 만난다면 단순히 결과물로 학생의 수준을 판단하는 것이 아니라, 결과로 향하는 과정을 중시하며 지속적으로 도전할 수 있게 지도해야 한다고 생각합니다. 결과를 성공과 실패만으로 구분 짓지 않고, 플레밍과 프라이처럼 과정 속에서 유연하게 대처하고 새로운 것을 발견해 내는 자세를 가질 수 있도록 해야 합니다. 또한, 끈기를 가지고 탐구에 몰두할 수 있도록 틀에 박힌 연습이나 평가 대신 다양한 형태의 도전을 경험하게 하는 것이 중요합니다. 플레밍과 프라이가 적극성과 끈기를 가지고 남들과 다른 안목을 빛낼 수 있었던 것처럼 학생이 과제에 지치지 않고 임할 수 있도록 격려하는 것이 필요합니다.

4. 사향인재추천전형 발표 면접 출제 기반 개별 면접(오전)

1. 새로운 일에 열심히 참여했는데 성과가 안 좋아서 마음이 힘든 상황이다. 이때 자기 자신에게 하고 싶은 한 마디를 제시하고, 그 이유를 말하시오.

2. 내가 생각하는 '성공적인 삶'을 정의하고, 이런 삶을 이루기 위해 대학 생활에서 어떤 노력을 기울일지 말하시오.

3. 소외당하는 친구가 없는 학급을 만들기 위해 노력했던 자신의 경험을 말하시오.

4. 인류가 직면한 문제를 <u>한 가지</u> 제시하고, 그 문제를 해결하기 위해 대학 생활 동안 자신이 국내외에서 실천할 수 있는 일이 무엇인지 말하시오.

학교 측 해설 ✏

1번 질문은 '도전 의식', 2번 질문은 '자기 계발', 3번 질문은 '공동체 의식', 4번 질문은 '글로벌 교사상'을 평가하기 위한 문항이다.

모든 문항은 특정한 내용 지식을 요구하는 것이 아니라, 지원자가 자기 생각과 가치관 및 경험 등에 근거하여 답변할 수 있는 문항이다. 즉, 모든 문항은 지원자의 학교생활기록부 비교과('수상', '동아리 활동', '독서 활동', '봉사 활동' 등) 및 자기소개서에 기재된 내용을 토대로 종합적으로 답변할 수 있는 문항으로 구성되어 있다. 실제로 면접 과정에서 지원자는 학교 생활 경험과 자기 생각 등을 토대로 답변했으며, 면접 위원은 각 문항에 대한 지원자의 답변을 듣고 이와 관련된 지원자의 학교생활기록부와 자기소개서의 내용을 토대로 추가 질문을 했다.

평가 기준은 학교생활기록부 비교과에 기재된 내용의 진위성을 기반으로 하며, 각 문항에 대한 구체적 평가 기준은 다음과 같다. '도전 의식'은 끈기와 열정, 도전적 · 진취적 사고, 구체적 실행력, 미래 지향적 가치관이다. '자기 계발'은 교직 인성에 대한 이해, 반성적 성찰, 자기 관리 역량(목표 의식, 계획성)이다. '공동체 의식'은 공동체 생활 경험, 의사소통 능력, 리더십, 다양한 입장과 견해에 대한 수용성이다. '글로벌 교사상'은 글로벌 시대 인식, 한국 교육에 대한 이해, 글로벌 교사상에 대한 인식이다.

모든 문항과 평가 기준은 서울교대가 추구하는 교직 적성 및 교직 인성과 관련 있는 5C(인성, 융합, 창의성, 코칭, 의사소통) 역량에 포함되는 것으로, 선행 학습 내용과는 무관하다.

선배들의 TIP 및 예시 답안 ✏

학교 측 해설에 자세한 평가 포인트가 적혀 있는 만큼 예시 답안은 생략한다. 자신의 경험과 생각을 어떻게 정리하면 위의 평가 포인트를 가장 잘 만족시킬 수 있을지 고민해 보도록 하자.

5. 사향인재추천전형 발표 면접 출제 기반 개별 면접(오후)

【과제】

※ '테마 마을'은 특정한(Theme)에 따라 조성된 마을이다. 세계 명작 동화를 테마로 담벼락에 색칠하여 만든 동화 마을이 대표적인 예이다. 이외에도 별자리 마을, 힐링 체험 마을, 농촌 체험 마을 등이 있다. 아래의 【과제 수행 지침】에 따라 테마 마을을 구상하여 테마 마을 안내판을 제작하여 발표하시오.

【과제 수행 지침】

1. 테마 마을 안내판은 제공되는 필기구와 용지를 사용하여 자유롭게 작성하되, 다음 내용을 포함해야 한다.

> 〈구성 내용〉
> • 테마 마을 제목
> • 기획 의도를 잘 보여 주는 간단한 홍보 문구
> • 마을 안내 지도(전체 프로그램 구성과 배치 포함)
> • 3개 이상의 핵심 프로그램과 구체적인 내용(명칭, 주요 활동 등)

2. 테마 마을의 프로그램은 다음의 조건을 고려하여 기획해야 한다.

> 〈조건〉
> • 가능한 한 새로워야 한다.
> • 마을에 있는 폐교, 작은 호수, 목장 등을 활용해야 한다.
> • 일회성이 아니라 지속 가능해야 한다.
> • 구체적이고, 실현 가능해야 하며, 프로그램 사이에 연계성이 있어야 한다.
> • 프로그램의 종류, 범위, 형식(체험, 전시, 공연, 세미나 등)에는 제한이 없다.

3. 발표 방법은 제한이 없으며, <u>5분 발표 / 5분 질의응답</u> 시간을 갖는다.

[안내판 예시]

※ 안내판의 형식(모양, 구조, 디자인 등)에는 제한이 없음

학교 측 해설 🖉

이 문항에서는 '테마 마을'을 주제로 한 기획안을 인포그래픽인 안내판으로 작성하여 발표하는 과제를 제시한다. 즉, 이 문항에서는 특정한 내용 지식을 요구하는 것이 아니라 테마 기획안, 테마 마을에 대한 이해를 바탕으로 학생들의 창의적 문제 해결 능력, 정보 처리 및 해석 능력, 자료 구성 능력, 논리적 사고력 및 비판적 사고력, 디자인 감각, 공감 능력, 의사소통 능력 등을 종합적으로 요구한다.

이 활동은 현행 고등학교 교육과정에서 제시하고 있는 '교수 · 학습 방법' 요소(예 개방형 탐구)에 해당하므로 학생들이 현행 고등학교 교육과정을 통해 충분히 경험했다고 볼 수 있다. 따라서 이 과제는 선행 학습 유발 요인을 가지지 않으며 고등학교 교육과정 내에서 충분히 수행할 수 있는 과제라고 할 수 있다.

각종 테마 마을, 인포그래픽 작성 활동 등은 고등학생들이 TV, 유튜브, 체험 활동, 앱 등을 통해 직접 또는 간접적으로 경험했을 가능성이 크다. 또한, 주제를 '테마 마을'로 한정하고 마을 안내판에 포함될 내용과 테마 마을 프로그램의 조건을 구체적으로 제시하여 안내판 작성 경험이나 테마마을 체험 경험 여부에 따른 차이를 통제한 점은 선행 학습 영향을 감소시키는 데 긍정적인 영향을 미쳤을 것으로 판단된다.

평가 기준은 창의 역량, 실행 역량, 소통 역량 등 고등학교 교육과정에서 강조하고 있는 목표로서 선행 학습을 통해 특별한 이득을 얻을 수 있는 기준이 아니므로 고등학교 교육과정을 넘는 수준의 선행 학습을 유발할 가능성은 매우 적다고 볼 수 있다.

발표는 자신 있는 태도로 하도록 한다. 설사 자신감이 부족하더라도 자신감을 연기한다는 마음으로 임하기 바란다. 발표 내용도 중요하지만, 발표자의 태도 역시 듣는 이가 받는 인상을 좌우하기 때문이다.

[정시]

1. 면접 고사(오전)

※ 다음을 읽고 답변이 준비된 질문부터 답하시오.

1. '낯설게 하기'는 습관화된 인식의 틀을 벗어나 사물이나 현상을 새롭게 보게 만드는 예술적 기법이다. 예를 들어 뒤샹은 소변기에 「샘」이란 작품 제목을 붙여 낯설게 하기를 시도했다. 시, 소설, 영화, 드라마, 광고, 회화, 조각 작품 중에서 낯설게 하기 기법이 적용된 예를 제시하고, 그 효과나 가치를 말하시오.

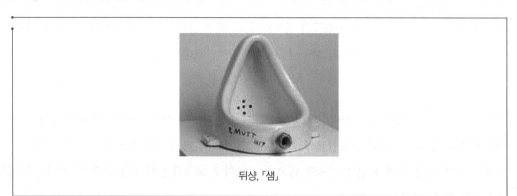

뒤샹, 「샘」

2. 과학자들은 과학(science)과 유사 과학(pseudo-science)을 구분하고 있다. 좋은 말을 들려준 식물은 나쁜 말을 들려준 식물보다 더 잘 자란다거나, 전자파 스티커로 휴대전화의 전자파를 차단할 수 있다는 주장은 유사 과학의 대표적인 사례이다. 유사 과학을 과학으로 볼 수 없는 까닭을 세 가지 이상 말하시오.

3. 청소년의 심야 인터넷 게임을 제한하는 제도를 '셧다운제'라고 한다. 셧다운제는 2014년 합헌 결정이 내려졌지만, 올해 1월 1일 폐지되었다. 셧다운제 사례에 비추어 볼 때, 새로운 제도를 마련하는 과정에서 고려할 점을 말하시오.

4. 다음 구절에 함축된 교육관의 특성을 추론하고, 학교에서 이러한 교육관을 실행할 수 있는 방안을 말하시오.

> "누군가 배를 만들고자 하면, 그에게 목재를 다듬거나 못 박는 일을 가르치는 대신 저 광활하고 끝없는 바다에 대한 동경심을 키워주어라."

학교 측 해설 ✏️

1. 제시문의 '낯설게 하기'에 대한 설명을 이해하여 적절한 예시를 제시하고 그 효과나 가치로서 일상성이나 관습성의 탈피, 대상에 대한 새로운 가치 발견, 고정 관념의 탈피 등을 생각해 낼 수 있는지를 평가하는 문항이다. 고등학교 미술 교과의 '표현' 영역에서 주제를 다양한 방식으로 탐색, 상상, 구상하는 '주제의 확장' 내용 요소와 연계된다. 이 문항을 통해 용어 개념을 이해하는 기본적인 문해력과 일상에서 예시를 찾아낼 수 있는 응용력, 그리고 예술 기법이 만들어 내는 효과나 가치에 대해 다각적이고 종합적으로 사고할 수 있는 능력을 평가할 수 있다. 이 문항은 '낯설게 하기'라는 전문적인 예술 기법이 제시문에 있으나 그 용어에 대한 설명과 예시, 그리고 관련 이미지도 함께 제공되므로 이 전문 용어에 대한 사전 지식이 없어도 충분히 문항을 이해할 수 있다. 즉, 이 문항에서는 특정 지식의 유무를 묻지 않아 고등학교 교육과정을 넘어선 선행 학습이 요구되지 않는다.

2. 과학과 유사 과학의 차이를 이해하고 유사 과학의 문제점을 설득력 있고 논리적으로 설명할 수 있는지를 평가하는 질문이다. 지원자가 과학 교과의 학문적 특성을 이해하고 있다면 이를 토대로 유사 과학의 특징과 문제점을 제시할 수 있다. 구체적으로는 고등학교 「과학」 교과의 '과학사' 내용 체계에서 '객관성'과 '자연과 과학의 관계' 등을 다루는 '과학의 본성'과 연계된다. 또한, '과학 탐구 실험'에서 과학적 태도로서, '증거에 근거한 결과 해석', '연구 진실성'과 '과학 탐구의 과정' 등에 대한 기본적인 이해와 정성적·정량적 데이터 수집 및 분석의 과정에 대한 내용 요소와 연계된다. 즉, 이 문항은 초·중·고등학교 과학 교육과정에서 배우는 과학의 기본적인 특성인 체계적인 데이터 수집과 분석, 객관성, 귀납적 사고, 증거에 기초한 검증 및 논증 등에 대한 이해를 묻는다는 점에서 교육과정을 넘어서는 과학 지식을 요구하지 않는다. 또한, 전문 용어인 '유사 과학(pseudo-science)'의 예가 제시되어 이 용어에 대한 지식이 없어도 개념을 쉽게 이해할 수 있다. 따라서 이 문항에 응답하기 위해 고등학교 교육과정 수준을 넘는 사교육이나 선행 학습이 필요하다고 볼 수 없다.

3. '셧다운제'라는 선례에 대한 타당한 분석과 이를 토대로 새로운 제도의 도입과 관련한 적절한 절차에 대해 종합적으로 사고하여 발전된 대안을 제시할 수 있는지를 묻는 문항이다. 내용적으로는 고등학교 「사회」 교과의 '정치와 법'에서 개인 생활 및 사회생활과 법의 관계를 이해하는 내용 요소와 연계된다. 또한, 사회과의 사회·문화에서 다양한 개인들이 사회를 구성하고 제도를 만들 때 필요한 절차에 대한 내용 요소와도 연계된다. 제시문에서 2014년 제정되고 2022년에 폐지된 '셧다운제'라는 특정 제도가 예시로 나왔으나 이 제도가 무엇인지는 중요하지 않다. 이 문항에서는 어떤 제도가 십 년도 못 되어 폐지된 상황으로 야기될 문제점을 파악할 수 있는 비판적 사고력과 이러한 사례의 재발을 방지하는 방안으로서 충분한 의견 수렴의 과정, 제도의 실효성 점검, 제도 도입의 적절성 등을 고려해야 함을 추론해 낼 수 있는 지원자의 종합적인 사고력과 문제 해결 능력을 평가한다. 즉, 이 문항은 특정 제도에 대한 지식이 요구되지 않으며, 획일적인 답이 아니라 다양한 문제 해결 방안을 제시할 수 있다는 점에서 선행 학습이 응답에 미치는 영향은 거의 없다.

4. 제시문에서 직접적으로 말하지 않아도 그 안에 함축된 의미를 읽어내는 문해력과 지원자가 가진 교육에 대한 이해와 현장 적용 역량을 평가하는 문항이다. 즉 이 문항에서는 지원자가 목적에 대한 동기 부여를 강조하는 교육관을 유추해 내는 문해력과 미래 교사로서 이러한 교육관에 대한 인식과 실천 가능성을 평가한다. 이 문항은 고등학교 「국어」 교과의 '읽기'와 '독서'에서 '추론적 독해'라는 읽기 방법과 연계된다. 추론적 독해는 '필자의 의도, 목적, 숨겨진 주제 등을 추론한다.'와 '글의 내용을 여러 가지 관점에서 분석하고 종합한다.'라는 내용 요소를 포함한다. 또한, 제시문에서는 학생의 배움을 배를 만드는 일과 빗대어 은유적으로 표현했는데, 이는 「국어」 교과의 '문학'에서 '비유, 상징의 효과'라는 내용 요소와도 연계된다. 인용된 글에 대한 사전 지식이 필요하지 않고 교육관의 실행 방안 역시 획일적인 답이 있을 수 없다. 이 문항은 지원자의 문해력, 사고력, 문제 해결력 등을 종합적으로 요구하기 때문에 지식 위주의 사교육을 통한 학습 경험이 답변에 영향을 줄 가능성이 매우 적다. 따라서 본 문항은 고등학교 교육과정을 넘어서는 선행 학습을 유발한다고 할 수 없다.

선배들의 TIP ✏️

2022학년도 서울교대 정시 면접은 준비 시간 없이 즉석에서 구술하는 것으로 진행되었기 때문에 각 문항별로 깊이 있는 내용을 구성하기 쉽지 않았다. 다양한 요소를 활용하려고 하기보다는 제시된 문항을 잘 읽고 이해한 것을 보여줄 수 있도록 하는 것이 좋다.

예시 답안 🖊️

1. 낯설게 하기의 예시로 백석의 시 「멧새 소리」를 들고 싶습니다. 이는 교과서에서 처음 접한 작품이었는데 제목만 보고 예상했던 것과 달리 '멧새'는 시 내용 중에 단 한 번도 등장하지 않습니다. 하지만 시를 모두 읽고 나면 멀리서 새 소리가 들려올 것 같은 분위기에 제목이 「멧새 소리」인 이유를 납득하게 됩니다. 제목에서 소개한 소재를 내용에 서술하지 않음으로써 그 존재를 더욱 강화하는 방식으로 낯설게 하기가 구현된 것입니다. 이처럼 낯설게 하기는 수용자를 당황하게 하며 낯설게 하는 대상에 대해 오히려 더 깊이 생각하게 만드는 효과가 있습니다.

2. 유사 과학을 과학으로 볼 수 없는 이유는 첫째, 검증과 반증이 가능하지 않기 때문입니다. 과학적 지식은 실험이나 관찰을 통해 검증과 반증으로 참, 거짓을 나눌 수 있습니다. 하지만 전자파 스티커처럼 애초에 검증할 필요가 없거나 신화처럼 반증의 여지가 없는 것들은 과학적이라고 볼 수 없습니다. 둘째, 과학적 사실을 떠나 미리 결론을 정해놓고 관찰되는 현상들을 유리한 증거로 차용하기 때문입니다. 식물을 향해 좋은 말, 나쁜 말을 하는 실험도 말의 힘을 강조하기 위해 만들어진 가상의 에피소드이며 전자파 스티커 또한 전자파가 좋지 않다는 통념에 맞춘 상품일 뿐이라는 것을 보면 알 수 있습니다. 셋째, 유사 과학 중 다수가 특정 상품의 판매를 위해 만들어졌기 때문입니다. 코로나19로 혼란한 시기에 코로나바이러스 방지 목걸이가 유행한 적이 있습니다. 이는 사람들의 불안한 심리를 이용한 비과학적 마케팅입니다. 목걸이에는 바이러스 방지 효과가 없을뿐더러 바이러스를 기체 상태에서 없앨 시 인체에 치명적인 부작용이 발생한다는 것은 단순한 과학 지식만으로도 알 수 있습니다. 이는 목걸이를 판매하기 위해 거짓 과학 지식을 활용한 예시라 할 수 있습니다. 이러한 행태 때문에 유사 과학은 과학으로 인정받을 수 없습니다.

3. 셧다운제의 폐지는 정책을 입안할 때 정치적이거나 사회적인 입장을 떠나 장기적인 효용이 있을지 고려하는 것이 중요하다는 것을 시사합니다. 게임이 청소년에게 유해하다는 인식은 90년대부터 있어 왔으며 이는 마치 공공의 적처럼 학부모 단체, 교육계 등에 작용해 왔습니다. 이러한 여론을 반영해 2014년에 셧다운제가 실시되었지만, 실질적으로 청소년의 심야 게임 이용을 제한하기 어렵고 효용성이 없다는 이유로 폐지되었습니다. 실제로 게임이 청소년에게 해로운지의 여부를 떠나 정책의 장기적인 효용을 고려하지 않은 정책으로 10년도 되기 전에 폐지된 것입니다. 따라서 새로운 제도를 마련하는 과정에서는 급변하는 사회와 기술, 윤리 등에 효용이 얼마나 영향을 받을지 고려해야 합니다.

4. 제시된 구절은 특정 목표에 다가가기 위한 방법론을 가르치는 데 집중하기보다 목표에 대한 추진력과 흥미를 강화해 꾸준히 도전할 수 있도록 하는 것이 중요하다는 의미입니다. 보기에 나온 것처럼 사진을 잘 찍는 것이 목표라면 사진을 찍는 법을 배우는 것보다 좋아하는 대상을 기록으로 남기고자 하는 열망을 가지는 것이 훨씬 효과적일 것입니다. 이렇게 흥미와 열정을 가지게 하는 것은 학생의 주체적인 학습을 이끄는 데 필수적입니다. 학교에서 이러한 교육관을 실행하기 위해서는 특정 과목의 지식을 학습하는 것이 학생의 삶에 어떠한 도움이 될지 와닿도록 하는 것이 필요합니다. 기계적으로 지식을 머리에 넣는 것이 아니라 더 큰 목적을 위한 과정으로 학습을 인식하게 하는 것입니다.

2. 면접 고사(오후)

※ 다음을 읽고 답변이 준비된 질문부터 답하시오.

1. 문학적 의도는 두 가지로 구분할 수 있다. 하나는 작가가 창작 과정에서 갖는 '저자의 의도'이고, 다른 하나는 독자가 작품에 부여하는 '독자의 의도'이다. 다음 작품을 저자의 의도와 독자의 의도를 각각 적용하여 해석하시오.

> 남들은 자유를 사랑한다지마는, 나는 복종을 좋아하여요. / 자유를 모르는 것은 아니지만, 당신에게는 복종만 하고 싶어요.
>
> 한용운, 「복종」의 일부

2. 생태계 내에서 갖는 한 종의 역할이나 위치를 '생태적 지위'라고 한다. 한 생태계 내에서 이용할 수 있는 자원이 한정되어 있을 때, 생태적 지위가 중복되는 종은 서로 배타적으로 경쟁하게 된다. 생태적 지위 개념을 활용하여 외래종의 생태계 유입에 따른 문제점을 말하시오.

3. 그림은 시간에 따른 물질문화와 비물질문화의 변동 속도를 나타낸 것이다. (A)에 해당하는 사례를 한 가지 제시하고, 그 사례에 대한 사회적 차원과 개인적 차원의 대응 방안을 말하시오.

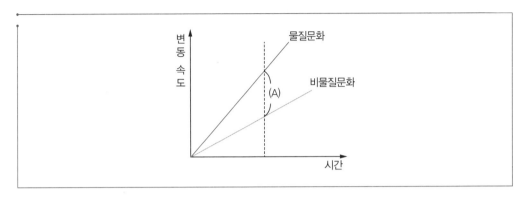

4. 어떤 상황이 발생했을 때, 주변에 사람이 많을수록 개인이 느끼는 책임감이 적어져 상황에 필요한 행동을 취하지 않고 방관하기 쉬워지는 현상을 '책임감 분산'이라고 한다. 학교에서 책임감 분산이 나타날 수 있는 예시 상황을 한 가지 제시하고, 그 상황에서 구성원들이 책임감을 갖고 적극적으로 행동하게 하는 방안을 말하시오.

학교 측 해설 🖊

1. 문학 작품 감상에서 저자와 독자라는 기본적인 개념을 이해하고 있는지, 그리고 이를 제시된 시에 적용하여 창의적으로 설명할 수 있는지를 평가하는 문항이다. 내용적으로는 국어 교과 초·중등 학년에서 광범위하게 다루어지는 '문학의 수용과 생산'에서 문학 작품에 나온 '비유, 상징의 효과'와 '작품의 사회·문화적 배경'과 같은 내용 요소와 연계된다. 또한, 국어과 교육과정의 「문학」에서 한국 문학 작품을 '문학과 시대 상황'에 따라 이해하고 해석하는 내용 요소와 연계된다. 제시문의 시를 쓴 저자의 의도를 해석하기 위해 한용운 시인에 대한 배경지식이 필요하지만, 한용운의 시는 중·고등학교 교과서에 두루 소개되고 있으며, 그 중 일제 강점기에 조국과 종교 등 절대자를 노래한 시가 유명하다. 한용운의 시에 대한 기본적인 지식은 국어과 수업뿐 아니라 독서 등을 통해 얻을 수 있는 기본적인 지식이라 할 수 있으므로 이 문항을 통해 지원자의 인문학적 역량을 파악할 수 있다. 또한, 독자의 의도에 관한 질문을 통해서는 지원자의 경험이나 배경지식 등을 동원하여 작품을 재해석하는 능력과, 이를 납득할 수 있게 표현할 수 있는 창의성과 의사 전달력을 평가할 수 있다. 각기 다른 배경을 지닌 지원자들이 같은 대답을 할 수 없고 정답도 없으므로 선행 학습이나 사교육이 이 문항의 응답에 영향을 미칠 가능성은 매우 적다.

2. '생태적 지위'라는 개념을 이해하고 생태계에서 토착종과 외래종이 경쟁하게 되는 현상에 대한 문제점을 구체적으로 파악할 수 있는 분석력과 종합적 사고력을 평가하는 문항이다. 생태계의 균형에 대해서는 고등학교 「과학」 교과의 '통합 과학'에서 '생물 다양성과 유지'와 '생태계와 환경'에서 자세히 다루어진다. 특히 과학 교과에서 생태계의 구성 요소가 서로 밀접한 관계를 맺고 있다는 점, 생물은 환경에 적응하며 진화한다는 점 등의 내용 요소는 이 문항에서 묻는 현상, 즉 토착종과 외래종의 배타적으로 경쟁하는 상황과 연계된다. 제시문에서 '생태적 지위'라는 전문 용어가 나오지만, 이 용어에 대한 설명이 제시되고 있으므로 이 개념을 사전에 알고 있지 않아도 응답에는 영향을 미치지 않는다. 즉, 이 문항은 고등학교 교육과정의 범위를 넘는 지식을 요구하지 않으며 문제를 파악하는 사고력과 분석력을 평가하므로 선행 학습을 필요로 하지 않는다.

3. '문화 지체 현상'에 대한 이해와 이에 대한 대응 방안을 제시할 수 있는지를 평가한다. 이 문항에 응답하기 위해서는 먼저 시간과 변동속도를 x축과 y축으로 하고 물질문화와 비물질문화를 나타내는 그래프와 그 사이의 격차인 (A)가 나타내는 바를 이해해야 한다. 이는 「수학」 교과의 '함수' 영역에서 함수가 그래프를 통해 시각적으로 표현된다는 것을 이해하고 있다면 이해할 수 있다. 「수학」 교과뿐 아니라, 고등학교 「사회」 교과의 '사회 문제 탐구' 영역에서 그래프나 통계자료 등을 활용해 사회 현상을 이해하고 탐구하는 교수·학습 방법과도 연계된다. 내용적으로 이 문항은 고등학교 「사회」 교과의 '사회·문화'에서 '현대의 사회 변동' 영역과 연계된다. 특히 '세계화 및 정보화로 인한 변화 양상을 설명하고 관련 문제에 대처하는 방안을 모색한다.'라는 성취 기준과 연계된다고 할 수 있다. 즉, 이 문항은 그래프 해독력과 현대 사회의 특징에 대한 이해력을 평가하며, 문제를 파악하고 그 대응 방안을 다각적으로 도출해 낼 수 있는 종합적 사고력을 평가하는 문항이다. 지원자가 제시하는 사례와 대응 방안에 대한 설명은 단일화된 답변이 될 수 없고 획일화된 정답이 있을 수 없다는 점에서, 본 문항에 응답하기 위해 교육과정을 넘어서는 수준의 사교육이나 선행 학습이 요구되지 않는다.

4. '책임감 분산' 현상을 이해하고 이를 학교 현장에 적용하여 미래 교사로서 문제 해결 역량을 가졌는지를 평가하는 문항이다. 책임감 분산 현상은 특수한 상황이 아니라 학교생활을 하면서 흔히 겪을 수 있는 보편적 상황이다(예 학급 내 따돌림이나 폭력에 대한 방관, 전체 학급 활동에 대한 무관심, 조별 과제에서 참여 저조 등). 따라서 이러한 상황에 대해 지원자가 민감하게 인식하거나 문제의식을 느끼고 있는지를 파악함으로써 지원자의 공동체에 대한 책임 의식과 외

부 환경에 대한 참여 의식을 파악할 수 있다. 또한 해결 방안에 관한 질문을 통해 지원자가 문제의 핵심을 파악할 수 있는지와 다각적이고 종합적 사고로 문제 해결 방안을 도출해 내는 능력이 있는지를 평가할 수 있다. 내용적으로는 고등학교 「도덕」 교과의 '생활과 윤리' 중 '현대의 삶과 실천 윤리'에서 현대 사회의 다양한 문제를 탐구하고 성찰하여 이를 위한 실천 방안을 제시하는 내용 요소와 연계된다. 또한, 도덕과의 '사회와 윤리' 중 '공정한 사회', '참여하는 시민', '도덕적 공동체 의식'에 대한 내용과도 연계된다. 즉, 이 문항을 통해 지원자의 관찰력과 공감 능력, 문제에 대한 통합적 사고력 및 창의적 문제 해결 역량과 함께 미래 교사로서의 실천력도 함께 평가할 수 있다. 이 문항에서는 지원자에게 예시와 방안을 제시하도록 하므로 전문 영역에 대한 지식을 묻거나 획일화된 답변을 요구하지 않는다. 따라서 본 문항은 고등학교 교육과정을 넘어서는 선행 학습이나 사교육을 유발한다고 할 수 없다.

선배들의 TIP 🖊

모든 문항을 다 언급하며 답해야 하므로 시간 안배하기 어려울 수 있다. 말하는 중간중간 자신이 한 문항에 너무 많은 시간을 쓰지는 않았는지 점검하고, 이후 문항 내용을 조절해야 한다.

예시 답안 🖊

1. 저자의 의도로 시를 파악하기 위해서는 저자가 어떤 시대와 사회를 살았고 어떤 삶을 살았는지 먼저 이해해야 합니다. 한용운은 일제 강점기에 활동했던 독립운동가이자 승려, 문인입니다. 이러한 맥락을 중심으로 시를 파악한다면 시에서의 복종은 독립운동에 대한 열정으로 연결될 수 있습니다. 독립운동을 하지 않고 자신의 삶을 살 '자유'도 있었지만, 자신의 삶을 독립운동에 던지는 '복종'을 선택했다고 해석할 수 있습니다.

   독자의 의도로 해석한다면 저는 「복종」을 사랑의 구속적인 면을 보여 주는 시라고 하고 싶습니다. 사랑하는 대상에 매여 살지만, 대상에 대한 생각을 떨칠 수 없고 앞으로도 매일 수밖에 없는 강한 사랑을 '복종'이라는 역설적인 시어로 표현한 시라고 생각합니다.

2. 황소개구리가 우리나라에 들어와 참개구리, 뱀, 심지어 작은 조류까지 잡아먹는다는 뉴스는 생태적 지위를 아주 잘 설명해 줍니다. 근래 새로운 천적 관계가 형성되어 황소개구리의 개체가 줄어들기 전까지 황소개구리는 기존 토착종의 자리를 밀어내며 한정된 자원을 독식하고 있었습니다. 이로 인해 생태계가 교란되어 단순히 토착 양서류의 개체만 준 것이 아니라, 양서류에게 잡아먹히는 곤충이나 양서류를 먹이로 하는 조류들도 영향을 받았습니다. 또한, 개불이 우

연히 미국 해안에 유입되었는데, 한정된 자원 내에서 개불이 유입된 만큼 다른 해양 생물의 개체에도 영향을 주었다는 뉴스가 있었습니다. 개불과 같은 생태적 지위를 가지는 해양 생물의 먹이나 그 해양 생물을 먹이로 하는 동물들에게도 영향이 미쳤다고 합니다. 이처럼 외래종의 생태계 유입은 같은 층위의 생태적 지위를 가지는 종에게 경쟁을 불러일으키고 천적 관계가 형성되기 전까지 한 종이 우세하게 되어서 주변 생태계에 영향을 준다고 할 수 있습니다.

3. (A)는 물질문화의 변동 속도를 비물질문화가 따라잡지 못하는 문화 지체 현상을 나타냅니다. 쉽게 말해, 과학 기술이 발전하는 속도에 비해 의식적 측면, 문화, 제도 등이 뒤처지는 것이라 할 수 있습니다. 인터넷이 등장하고 자유롭게 소통할 수 있게 되면서 악성 댓글과 같은 부정적인 문화가 크게 문제가 되었지만, 최근에야 악성 댓글에 대해 자정의 목소리를 내는 분위기가 형성되었습니다. 이는 기술에 비해 의식과 문화의 발전이 더디다는 증거입니다. 이를 위해서는 개인적 측면에서 타인을 배려하는 문화가 확대되어야 합니다. 인터넷에서 소통할 때 타인과 함께하고 있다는 의식이 있었다면 악성 댓글 문화가 큰 문제를 일으키기 전에 줄어들었을 것입니다. 사회적 측면에서는 미리 예상 가능한 부작용을 고려해 규제를 하는 등의 제도적인 기반이 마련되어 사람들이 정해진 틀 안에서 규범에 따라 부정적인 행동을 주의할 수 있도록 해야 할 것입니다.

4. 학교에서 책임감 분산이 나타날 수 있는 경우는 학교 폭력을 목격한 때라고 생각합니다. 왕따나 괴롭힘 등의 학교 폭력은 대부분 교내에서 일어나며 가해자가 아무리 보이지 않는 곳에서 문제를 일으키려 한다 해도 주변 학생들의 시야에서 벗어나기 어렵습니다. 하지만 학교 폭력을 목격한 학생의 대부분은 보복에 대한 두려움으로 인해 다른 학생이나 선생님에게 책임감이나 죄의식을 전가하는 경향이 있습니다. 자신이 아닌 다른 누군가도 이미 목격했을 것이라 생각하며 고발해야 한다는 책임감을 모호하게 만드는 것입니다. 이러한 상황에서 책임감을 가지고 적극적으로 학교 폭력을 고발하게 하려면 단순히 책임감을 고양하는 교육을 하는 대신, 책임감을 모호하게 해서 두려움을 덜어주는 것이 필요합니다. 신고자의 신변이 드러나지 않게 인터넷이나 SNS의 익명 기능을 이용해 제보하게 하면 고발자가 드러날 것이라는 두려움이 덜어지게 될 것입니다. 이를 통해 본인이 가진 책임감에 따라 신고할 학생이 늘어날 것입니다.

[수시]

1. 일반 교양 및 교직(문항 카드 1)

※ 다음 글을 읽고 물음에 답하시오.

(가) 정말 일상생활에 쓰이는 모든 숫자들을 잘 뜯어보면 처음부터 숫자인 것은 거의 없습니다. 마지막 한 가지 예로 '강우량'을 생각해 봅시다. 한국인들은 학교에서 세종대왕이 얼마나 훌륭한 분인지를 배웁니다. 저도 많이 들으며 자랐습니다. 세종대왕의 업적 중 우리가 자랑스럽게 여기는 측우기 발명이 있습니다. 저도 막연하게 "야, 세종대왕이 측우기를 발명하셨으니까 역시 훌륭하다."라고 생각했는데 어느 날 갑자기 배반감이 들었습니다. 측우기라는 게 깡통에다가 그냥 자 하나 대놓은 것 아닙니까? "다른 나라에서는 몇천 년 전부터 피라미드를 지었는데, 우리는 이게 무슨 대단한 발명이라고…"하며 실망했었는데, 나중에 철학 공부를 하면서 "깡통에 자를 붙였다는 것이 중요한 게 아니라 비가 얼마나 왔는가를 측정할 생각을 했다는 것 자체가 중요하다."는 것을 또다시 깨달았습니다. 또 그 측우기를 표준적으로 만들어 전국에 보내서 통계자료를 수집하도록 했다는 사실이 중요하지요. 그냥 "아, 오늘 비 많이 왔어." 하는 생각에 멈추지 않고, "그럼 과연 얼마나 왔는지 수량화해 보자." 하는 생각을 처음으로 했다는 것이 과학적인 업적이었습니다.

장하석 저, 『과학, 철학을 만나다』(2015)

(나) 오늘날 사람들은 수를 통해 평가하고 평가받으며, 수를 통해 통제하고 통제받는다. 연봉을 나타내는 숫자, 재산을 나타내는 숫자를 개개인의 능력으로 인정하고 평가하는 인식이 강화되면서 숫자를 위한 만인의 만인에 대한 투쟁이 심화되어만 간다. 이제 수는 권력이 되었다. 어느새 수는 인간의 생각을 지배하면서 우리 마음속에 '인생의 목표는 숫자'라는 인식을 심어주고 있는 듯 보인다.

수는 사회 구성원들 간의 계층 차이를 극명하게 나타내는 수단으로서의 역할을 적극적으로 수행한다. 수로 인해 계층 간 차이가 만들어지는 방식에 항쟁하는 일이 독재에 항쟁하는 것보다 더 힘든 사회가 되어버렸다. "우리는 서로 좀 달라."라는 생각은 "우리는 차이가 많이 나."로 바뀌었다.

숫자에 의한 차이가 두드러지면서 다양하고 소중한 다른 가치들이 서서히 붕괴되어가고 있다. 모든 것을 희생하고서라도 서로 더 큰 숫자를 취하려다 보니 숫자들은 점점 더 커질 수밖에 없고, 숫자의 합이 일정한 제로섬에서는 누군가가 점점 더 작은 숫자를 취할 수밖에 없다. (중략)

숫자를 위한 투쟁이 과열된 사회에서는 숫자로 나타내기 어려운 것까지도 숫자로 표현하려고 한다. 하다못해 봉사하는 마음도 숫자로 평가해 대학 입시에 반영함으로써 그것의 가치를 훼손한다. 우리 사회에서 이런 일들은 비일비재하게 일어난다. 축의금의 숫자가 결혼을 축하하는 마음의 기준으로 오도되는가하면, 그림마저 숫자로 평가되어 마치 고흐의 그림과 모네의 그림에 우열이 있는 것 같은 착각을 일으키게 한다.

최영기 저, 『이토록 아름다운 수학이라면』 (2019)

1. (가)의 관점에서 학습자의 능력을 측정하기 위한 평가 방법이 무엇인지 제시하고, 그 평가 방법의 긍정적 측면과 부정적 측면을 몇 가지 말하시오.

2. (나)의 관점에서 학습자의 능력을 측정하기 위한 평가 방법이 무엇인지 제시하고, 그 평가 방법의 긍정적 측면과 부정적 측면을 몇 가지 말하시오.

학교 측 해설 🖊

전주교대는 각 기출문제에 대한 학교 측 해설이 없기에 생략한다.

선배들의 TIP 🖊

위와 같이 임용 문제와 비견될 수 있을 만큼 교육학적인 함의가 있는 문제가 출제되는 경우가 많다. 하지만 답변에서 실제 교육학적 지식을 요구하는 것이 아니므로 자신의 교직관이 드러날 수 있게 자연스럽게 답변하면 된다.

예시 답안 🖊

1. (가)의 관점에서 학습자의 능력을 측정하기 위한 평가 방법은 학생의 성적을 수량화해 나타내는 양적 평가입니다. 양적 평가는 맞힌 문제의 개수에 따라 점수를 부여하거나 학생의 성취 정도에 따라 등급을 부여하는 방식으로, 학생의 성취 정도를 수량화해 평가합니다. 이 평가 방법의 긍정적인 측면은 학생의 성취 정도를 객관적으로 파악할 수 있다는 것입니다. 학생은 수량화된 지표를 통해 자신의 수준이 어느 정도인지 가늠할 수 있습니다. 교사도 학생들을 점수에 따라 줄 세워서 성취 정도가 뛰어난 학생과 그렇지 않은 학생을 구분하고, 상대적으로 비교할 수 있습니다. 반면, 부정적인 측면으로는 학생의 현재 수준만 알 수 있을 뿐, 자신의 능력을 개선하기 위한 방안이나 보완점들을 구체적으로 알 수 없다는 점이 있습니다. 학생의 수행이나 성취 정도에 대한 구체적인 피드백이 불가능하므로 학생의 성장을 도울 수 없다는 것이 가장 큰 단점입니다. 또한, 학생은 자신의 점수만 알 수 있을 뿐 무엇을 어떻게 더 학습해야 하는지에 대한 정보를 얻을 수 없으므로 학습에 대한 의욕을 신장시키지 못한다는 점도 있습니다.

2. (나)의 관점에서 학습자의 능력을 측정하기 위한 평가 방법은 질적 평가입니다. 학생의 수행에 대해 서술형으로 평가 결과를 작성하는 방법이 질적 평가에 해당합니다. 이 평가 방법의 긍정적 측면은 학생의 부족한 점과 우수한 점을 구체적으로 알 수 있으며, 이후 이루어질 학습에 대한 방향성을 설정하는 데 도움이 된다는 것입니다. 학생은 자신의 성취 수준에 대한 구체적인 피드백을 들을 수 있으므로 자신이 부족한 점을 보충하려는 학습 동기를 높일 수 있고, 잘한 점에 대해서는 성취감과 효능감을 느낄 수 있습니다. 반면, 수량화되지 않은 자료로는 학생들 간비교가 불가능하며 이를 통한 경쟁심 고취도 어렵다는 부정적인 측면이 있습니다. 게다가 서술형으로만 제공되는 평가 결과는 학생들이 자신의 달성 정도가 어느 정도 위치인지 파악하기 어려워 오히려 혼란을 가중할 수도 있습니다.

2. 일반 교양 및 교직(문항 카드 2)

※ 다음 우화를 읽고 물음에 답하시오.

구석기 시대에 아이들에게 의식주와 안전에 보탬이 되는 일을 하도록 가르치기 위해서 학교를 만들었습니다. 이 학교에서는 「맨손으로 물고기 잡기」, 「몽둥이로 말 때려잡기」, 「불로 호랑이 몰아내기」 과목을 개설했습니다. 시간이 지남에 따라 이 세 과목은 학교의 핵심 교육과정으로 자리를 잡았습니다. 하지만 빙하기가 오면서 흙탕물 속에서 맨손으로 물고기를 잡기가 쉽지 않았고, 말들이 다른 평원을 찾아 떠나버렸습니다. 또한, 대기에 습기가 차서 호랑이들이 폐렴에 걸려 대부분 죽고 말았습니다. (중략)

시대 변화에 맞추어 일부 사람들은 「그물 짜기」, 「올가미 설치하기」, 「함정 파기」 등과 같은 새로운 과목을 학교 교육과정에 넣어 가르치자고 주장했습니다. 그러자 부족의 원로들은 이렇게 답했습니다.

"이미 기본 교양과목으로 학교 교육과정은 포화 상태라네. 우리는 「그물 짜기」, 「올가미 설치하기」, 「함정 파기」와 같이 일시적으로 유행하는 교육 내용을 학교 교육과정에 추가할 수는 없네."

이러한 반대 논리에 사람들은 「맨손으로 물고기 잡기」, 「몽둥이로 말 때려잡기」, 「불로 호랑이 몰아내기」의 무용성을 지적하면서 폐지를 주장했습니다. 그러자 원로들은 다시 이렇게 답했습니다.

"그런 소리 하지 말게. 우리는 물고기를 잡기 위해 「맨손으로 물고기 잡기」를 가르치는 것이 아니라네. 이 과목은 단순한 훈련으로는 발전시킬 수 없는, '일반화된 민첩성'을 기르는 역할을 한다네. 우리는 말을 잡기 위해 「몽둥이로 말 때려잡기」를 가르치는 것이 아니라네. 우리는 '학습자의 일반화된 능력'을 개발하기 위해 「몽둥이로 말 때려잡기」를 가르친다네. 우리는 호랑이를 몰아내기 위해 「불로 호랑이 몰아내기」를 가르치는 것이 아니라네. 우리는 생활의 모든 일과 관련되면서도, 함정 파서 곰 잡기와 같은 일로는 기를 수 없는 '고상한 용기'를 기를 목적으로 「불로 호랑이 몰아내기」를 가르치는 것이라네."

이러한 원로들의 주장에 대부분의 사람들은 입을 다물 수밖에 없었습니다. 그러나 한 사람이 마지막으로 항변했습니다. "하지만 시대가 변했다는 것을 시인해야 합니다. 그리고 그 시대에 맞는 새로운 과목이 학교 교육과정에 들어가야 합니다."

H. Benjamin 저, 『검치호랑이 교육과정(The Saber-Tooth Curriculum)』 (1939)에서 재구성

1. 원로들의 주장에 대한 자신의 찬반 입장을 밝히고, 그 근거를 몇 가지 말하시오.

2. 오늘날 초등학교 교육과정에 새롭게 추가되었으면 하는 교육 내용을 몇 가지 제시하고, 그 이유를 말하시오.

학교 측 해설 ✏

전주교대는 각 기출문제에 대한 학교 측 해설이 없기에 생략한다.

제시문이 이야기처럼 제시된 경우, 제시문을 이해하고 간결하게 요약하는 능력이 요구된다. 본인의 답변을 자유롭게 구상하기 전에 제시문을 제대로 이해했는지 확인하는 과정이 필요하다.

예시 답안 🖉

1. 저는 원로들의 주장에 대해 반대합니다. 일반화된 능력을 기르기 위한 방법으로 기존의 교육과정이 최선이라는 보장이 없기 때문입니다. 동일한 학습 목표를 달성하기 위해 다양한 학습 활동이 활용될 수 있는 것처럼, 일반화된 능력을 기르기 위해 하나의 교육과정만을 고집할 필요는 없습니다. 또한, 「맨손으로 물고기 잡기」 등의 기존 교육과정은 빙하기 때는 전혀 쓸모가 없다는 것이 입증되었으며, 빙하기 이후 새롭게 변화한 환경에 맞는 교육과정이 신설될 필요가 있습니다. 그리고 맨손으로 물고기 잡기보다 그물을 짜서 물고기를 잡는 것이 더 효과적입니다. 학생의 삶에 실제적으로 도움이 되는 교육과정을 마련해 실생활과 밀접한 교육 활동이 이루어져야 할 것입니다.

2. 오늘날 초등학교 교육과정에 새롭게 추가되었으면 하는 교육 내용은 첫째, 금융·경제 교육입니다. 자본주의 사회에서 돈은 우리 생활과 직결되는 요소입니다. 사회인이 되어 늦게 경제를 공부하기보다는, 어렸을 때부터 경제와 금융에 관심을 갖게 해서 올바른 경제관념을 기르고, 자본주의 사회에서의 효과적인 생활을 영위할 수 있도록 해야 합니다. 둘째, 지역 사회 기관이나 네트워크 활용 교육입니다. 교육 공간은 더 이상 학교에만 국한되지 않습니다. 학생이 살아가는 지역 사회와 마을에서도 충분히 배움이 일어날 수 있습니다. 예를 들어 마을 도서관 이용 교육이나, 지역 하천을 활용한 생태 교육 등을 실시함으로써 학생들은 자신의 삶과 밀접한 교육을 경험할 수 있습니다. 셋째, 민주 시민 교육입니다. 투표권 연령이 낮아지고 청소년들도 정치에 관심이 높아지는 만큼 어린 나이부터 정치의 개념과 필요성에 대해 이해하고 민주 시민으로 성장할 수 있는 교육이 필요합니다. 교실 내에서 발생하는 사람간의 문제를 이해하고 이를 민주적으로 해결해 나가는 과정을 통해 민주 시민 교육이 이루어질 수 있습니다. 넷째, 코딩을 비롯한 IT 교육이 이루어져야 합니다. 학생들이 살아갈 디지털 사회에서는 문제 해결력과 사고력이 매우 중요해졌습니다. 수학 교과와 연계해서 교육과정에 편성한다면 학생들의 흥미도 높이고 사고력 신장에도 도움이 될 것입니다.

[정시]

1. 일반 면접(A)

※ 현재 초등학교 학생들은 스마트 기기를 일상적으로 사용하고 있고, 교과서에서도 스마트 기기를 활용한 자료 검색 및 읽기 활동들이 제시되어 있다. 아래의 교과서 내용 및 인용문을 참고하여, 초등학교 학생들이 학습 도구로 스마트 기기를 활용하는 것에 대한 자신의 견해를 밝히시오.

   한 연구에 따르면, 종이책 읽기가 우수한 학생들 가운데서 화면 읽기는 형편없는 경우가 흔하게 있었고, 역으로 화면 읽기가 우수한 학생들 가운데 종이책 읽기는 형편없는 경우도 많았다. 이러한 결과는 화면 읽기와 종이책 읽기는 두뇌에서 서로 다른 회로를 사용한다는 것을 암시한다. 분석적으로 심사숙고하면서 천천히 읽기를 반복하다가는 빠르게 훑어보는 읽기를 할 수 없고, 화면으로 빠르게 읽기만을 계속하면 깊은 읽기를 할 수 없게 되는 것이다. 종이책으로 깊이 사고하면서 읽기를 오래전부터 잘해 오던 사람들도 생활 속에서 화면으로 빨리 읽기를 자꾸 하다 보면 깊이 읽기 능력을 상실하게 된다.

박세근(2021). 독서와 난독증의 뇌과학. 서울: ㈜북랩. p.26.

학교 측 해설 ✏️

전주교대는 각 기출문제에 대한 학교 측 해설이 없기에 생략한다.

선배들의 TIP ✏️

독서 교육적 측면, 디지털 소양적 측면에서 다양한 요소를 고려해야 하는 문제다. 전자 기기 읽기와 관련해서는 여전히 논의가 많으나, 학교에서 학생들을 대하는 교사로서 접근한다면 완전한 자율성을 부여하는 것보다는 제한적인 방식으로 지도해야 하는 경우가 많다. 예상 학생들의 수준을 고려해 본인의 답안을 구상하는 것이 좋다.

예시 답안 ✏️

제시문을 참고할 때 초등학교 학생들이 학습 도구로 스마트 기기를 활용할 필요가 있다고 생각합니다. 교과서에 실린 인터넷 창의 기사는 실제 삶의 맥락과 동떨어진 예시로서 학생들의 흥미나 동기를 자극하지 못합니다. 이보다는 직접 학생들이 인터넷에서 관련 기사나 글들을 찾아봄으로써 학생들의 실제 삶에서 이루어지는 교육을 실시해야 할 것입니다. 또한, 학생들이 정보의 홍수 속에서 적절한 자료를 찾고 수집·분류하는 능력을 기르기 위해서도 디지털 기기는 학습 장면에서 빼놓을 수 없는 도구입니다. 그러나 수업이 디지털 기기만으로 이루어져서는 안 됩니다. 제시문에 나온 연구에 따르면, 종이책 읽기 능력과 디지털 화면 읽기 능력이 별개임을 알 수 있습니다. 한쪽 능력만을 신장하는 것으로는 미래 사회를 대비할 인재로 성장할 수 없습니다. 종이책을 통해 기존의 전통적 지식을 효과적으로 학습하면서도, 디지털 화면 읽기를 통해 빠르게 생산되는 새로운 정보를 효율적으로 습득하여 두 가지 능력 모두 자유자재로 활용할 수 있어야 할 것입니다. 이를 위해 교사로서 염두에 두어야 할 것은, 종이책에 맞는 텍스트 자료와 디지털 기기를 활용할 때 학습 내용을 구분 지어 적재적소에 사용할 수 있도록 수업을 구상하는 것입니다. 학생들은 수업을 통해 디지털 기기를 효과적으로 이용할 뿐만 아니라, 종이책을 읽는 독해 능력도 갖출 수 있을 것입니다.

[수시]

1. 개별 면접(토요일 A)

※ 다음 〈제시문〉을 읽고, 아래 질문에 답하시오.

〈제시문〉

(가) 미래 사회에서 학생들이 성인이 되어 건강한 사회 구성원으로서의 역할을 수행하기 위해서 학교 교육은 어떠한 방향으로 이루어져야 할 것인가에 대한 고민으로 OECD는 2015년부터 '미래 교육 2030' 프로젝트를 진행하고 있다. 이 프로젝트에서는 미래 사회에 살아갈 학생을 길러내기 위한 핵심 역량으로 '학생 주도성(student agency)'을 제시했다. 학생 주도성은 자기 삶의 목적과 학습의 목표를 정하고, 그것을 능동적으로 달성하도록 노력하고 자신의 행동에 책임지는 역량을 말한다. 미래의 학교 교육에서는 18세기 산업사회에서 만들어진 전통적인 수업 패러다임을 근본적으로 바꾸어서 학생이 주체성을 갖고 능동적으로 학습할 역량을 길러주어야 한다.

박상준(2021), 「코로나 이후 미래 교육」

(나) 2024년 초등학교 1~2학년부터 적용되는 2022 개정 교육과정에서는 '학생 주도성'이 핵심 가치로 자리 잡는다. 학교는 수업 시간의 수를 조정해 다양한 교육과정을 운영하는 자율성이 확대되고, 초등학교에서부터 진로 교육이 강화된다. 대입 제도는 고교 학점제 등 교육의 자율성과 다양성, 선택권 확대와 맞물려 개편된다. 대통령 직속 국가 교육 회의는 이와 같은 내용의 '2022 개정 교육과정을 위한 사회적 협의 결과 및 권고안'을 9일 발표했다. 국가 교육 회의는 지난 5월부터 온라인 대국민 설문 조사와 공개 포럼, 청년·청소년 토론회 등을 실시하고 사회적 협의로 도출된 권고안을 마련해 교육부에 전달한다. 국가 교육 회의는 교육부에 2022 개정 교육과정에서 '학생 주도성'을 주요 방향으로 제시할 것을 권고했다. 학생들이 스스로 무엇을 배울지를 기획하고 설계하는 '선택권'이 확대되어야 한다는 것이다.

서울신문, 2021.09.10.

• (가)와 (나)를 참고하여 자신이 생각하는 학생 주도성의 모습을 제시하고, 학교에서 학생 주도성을 함양할 수 있는 방안과 그에 대한 이유를 말해 보시오.

학교 측 해설 ✐

2단계 심층 면접은 문제에 대한 정답을 요하는 대학별 고사가 아니다. 지원자의 고등학교 교육 과정에서 습득한 다양한 학습과 올바른 진로 교육, 정보화 및 정보 윤리 교육, 다문화 교육, 미디어 교육 등에 대한 내용을 통해 초등 교사로서 갖추어야 할 긍정적 자아 개념, 교사로서의 자질, 전문성 및 발전 가능성 3개 영역에 대해 종합 평가를 실시하여 지원자의 역량 및 교직 인성과 적성을 평가하고자 했다.

선배들의 TIP ✐

수험생 입장에서 생각해 보기 어려울 법한 교육적 문제가 출제되는 경우가 굉장히 많다. 실제 교육학적 지식을 묻기보다 교육 이슈에 접근하는 방식에서 평소 교육에 대한 고민을 해 본 학생인지 알아보기 위함이므로 진솔하게 대답하면 된다.

예시 답안 ✐

(가)와 (나)를 참고했을 때 제가 생각하는 학생 주도성은 자신이 세운 목표를 달성하기 위해 스스로 계획·실행하고 성찰하는 능력입니다. 이를 위해서는 학생이 배울 내용을 직접 선택할 수 있어야 하고, 학생 스스로 자신이 학습한 과정을 돌아볼 수 있어야 합니다. 학교에서 학생 주도성을 함양할 수 있는 방안은 학생 개인의 흥미와 관심을 고려해 학습 자료를 선택하게 하고, 자신만의 학습 목표를 정하게 하는 것입니다. 개개인의 특성을 고려하지 않은 자료를 천편일률적으로 학습하는 것이 아니라, 자신이 원하는 자료를 선택해 공부하게 함으로써 주도성을 높일 수 있기 때문입니다. 또한, 학생이 자신의 수준에 맞는 목표를 설정하게 해 출발점이 다른 학생들이 성취감을 맛보게 함으로써 학습 의욕을 신장시킬 수 있습니다. 이와 더불어 학습의 전 과정을 성찰하는 과정도 필요합니다. 학생이 학습 과정을 통제하고 더 나은 발전을 이루기 위해서는 자신이 설정한 목표가 성취되었는지, 목표를 달성하기 위한 방법은 효과적이었는지, 다음 학습에서 보완할 점은 무엇인지 반성하고 성찰하는 것이 필요합니다. 이렇게 해야 학생의 학습 주도성이 점차 신장되어 미래 사회를 이끌 핵심 인재로 성장할 수 있습니다.

2. 개별 면접(토요일 B)

※ 다음 〈제시문〉을 읽고, 아래 질문에 답하시오.

〈제시문〉

OO시의 학생과 교사는 미래 교육 방향의 최우선 순위로 '메타버스'를 꼽은 것으로 나타났다. 24일 OO 교육청의 'OO 교육 비전 2030 플러스' 정책 연구 영역 중 교육 요구 조사 분석 결과를 보면 초·중·고등학생은 미래 교육에서 메타버스가 가장 중요하다고 인식했다. 학생들은 이어 맞춤형 진로지도, 정서적 건강 증진 시스템, 개인화된 맞춤형 교육 서비스, 인공지능(AI)과 같은 지능화된 시스템 등을 우선순위로 꼽았다. 교사 역시 미래 교육에 가장 필요한 요소로 메타버스 교육을 꼽았고 AI 지능화 시스템, AI 상담, 주체적 학습자 등이 중요하다고 답했다. 학부모들의 답변은 학생·교사와 조금 차이가 났다. 최우선 순위로 학습 도우미 콜 서비스와 학습 설계 코디네이터가 중요하다고 답해 학습 시 실질적인 도움을 받을 수 있는 교육 서비스를 원했다. 메타버스 교육은 세 번째 우선순위였고 맞춤형 진로 지도, AI 지능화 시스템이 그 뒤를 이었다.

메타버스는 초월을 의미하는 '메타(Meta)'와 세상이나 우주를 뜻하는 '유니버스(Universe)'의 합성어다. 교육적 측면에서 메타버스를 잘 활용하면 가상과 현실을 오가며 오프라인 위주의 기존 교육의 한계를 뛰어넘을 수 있다는 평가도 나온다.

연합뉴스, 2021.11.24.

• '메타버스'에 바탕을 둔 미래 학교에서 교사로서 학생을 가르치는 자신의 교실 구조를 상상하여 말해 보시오.

학교 측 해설 ✏️

2022학년도 수시 모집 학생부종합전형 심층 면접 문항 평가 결과 기본 원칙으로, 상동하다.

선배들의 TIP ✏️

가상 현실, 증강 현실에 대한 문제가 출제된 후로 다양한 디지털 기술과 관련된 문제가 출제되기 시작했다. 메타버스와 관련해서는 아직 많이 알려진 바가 없고 발전 가능성이 많기 때문에 자유롭게 교육과 연결해 구술할 수 있다.

예시 답안 ✏️

메타버스를 통해 교사는 오프라인 환경의 한계를 극복할 수 있습니다. 제가 상상하는 미래 학교의 교실 구조는 학생 저마다 디지털 기기를 갖고 메타버스에 접속해 개인 맞춤형 학습을 진행하는 것입니다. 학생들은 온라인에서 자신이 원하는 수업을 듣고 관심 있는 분야의 지식을 학습하며 능동적으로 학습할 수 있습니다. 가상 공간에서 학생이 능동적으로 학습하고, 교사는 교실을 순회하며 학생의 학습 과정을 점검하고 피드백을 제공함으로써 온·오프라인 환경이 조화를 이루는 교실 구조를 만들 것입니다. 또한, 학생들이 메타버스에서 친구, 교사뿐 아니라 학습 도우미와 학습설계 코디네이터 등 교육 전문가와 온라인으로 소통할 수 있도록 한다면 제시문에 제시된 학부모의 바람도 충족시킬 수 있습니다. 메타버스를 통해 학생, 교사, 교육 전문가가 연결된 온라인 환경에서 학생의 특성에 맞춘 진로, 진학 로드맵을 그려간다면, 학생의 능동성을 보장하면서도 체계적인 교육이 가능해질 것입니다.

3. 개별 면접(토요일 C)

※ 다음 〈제시문〉을 읽고, 아래 질문에 답하시오.

〈제시문〉

'Global Mobile Market Report'라는 보고서에 의하면 우리나라의 스마트폰 사용자 수는 약 3,800만 명으로 인구 대비 약 76.5%라고 한다. 각종 정보 검색뿐만 아니라 사회관계망 서비스(SNS) 및 1인 미디어에 이르기까지 스마트폰이라는 이기를 통해 혜택을 누리며 생활한다. 그러나 최근 모든 연령층의 스마트폰 이용 시간 증가로 스마트폰이 어느새 가족 간 대화와 인간관계, 나아가 삶의 질까지 잠식해 가고 있어 스마트폰 과의존 예방과 대처가 필요하다는 목소리도 제기되고 있다. 대한민국 의학 한림원은 코로나19로 온택트(Ontact) 환경 전환이 빨라지면서 나타난 디지털 미디어 과의존 문제와 함께 정신·신체 건강상의 문제도 늘어나는 흐름이라 지적했다. 이 단체에서 발표한 '디지털 미디어 과사용 실태 대국민 인식 조사 결과'에 따르면 스마트폰 이용, 스크린 타임 시간이 길수록 스마트폰 과의존, 인터넷 게임 장애, 소셜 미디어 중독 고위험군이 될 가능성이 크다. 그뿐만 아니라 이들에게는 안과 질환, 근골격계 질환, 우울증, 충동성 등 정신·신체 건강 문제 발생 비율도 높은 것으로 나타났다. 특히 초등학생의 스마트폰 과의존 현상에 대한 한 연구 결과에 따르면 스마트폰 과의존은 학교생활 만족도에 부정적인 영향을 미치는 것으로 나타났다. 따라서 초등학생의 스마트폰 과의존 예방과 학교생활 만족도를 높이기 위한 가족과 학교 당국의 적절한 방안이 필요하다.

• 위 제시문에서처럼 온택트(Ontact) 환경에서 디지털 미디어의 사용은 점차 늘어날 수밖에 없을 것이다. 이러한 환경 아래에서 초등학생의 스마트폰 과의존 예방과 학교생활 만족도를 높이기 위한 적절한 방안을 말해 보시오.

학교 측 해설 🖊

2022학년도 수시 모집 학생부종합전형 심층 면접 문항 평가 결과 기본 원칙으로, 상동하다.

선배들의 TIP 🖊

비대면 수업이 확대되어 미디어 활용에 대해 교사가 고민해야 하는 시기이므로 관련 문제가 출제될 수 있다. 디지털 미디어로 비대면 수업을 진행할 경우와 관련해 긍정 / 부정 측면에서 접근하는 문제가 자주 출제되므로 미리 생각해두는 것을 권한다.

예시 답안 🖊

첫째, 가정과 연계해 학생이 스스로 스마트폰 사용 일지를 작성하고 가족과 이야기를 나누는 것입니다. 학생은 스스로 자신의 스마트폰 이용 습관을 돌아보고 자신의 습관에 문제가 있는지 점검할 수 있습니다. 또한, 부모를 비롯한 가족과 함께 스마트폰 이용 습관에 대해 이야기함으로써 부모가 아이의 상태를 점검할 수 있으며 적절한 방향으로 지도할 기회를 지속적으로 가질 수 있습니다. 학생 혼자가 아니라 가장 가까운 사람과 함께 건강한 이용 습관을 길러간다는 점에서 긍정적 효과를 거둘 수 있다고 생각합니다.

둘째, 친구와 함께하는 게임과 경쟁을 통해 바람직한 스마트폰 이용을 장려하는 것입니다. 친구와 함께하면 경쟁심을 북돋을 수 있고, 스마트폰과 디지털 미디어를 무분별하게 사용하려는 태도를 상호 점검할 수 있습니다. 친구와의 상호 작용을 통해 스마트폰 과의존도 예방하고, 학교생활의 만족도도 높일 수 있는 방안이라고 생각합니다.

셋째, 필요시 언제든 전문가의 도움을 받을 수 있도록 하는 것입니다. 스마트폰 과의존과 관련한 검사를 진행해 학생이 우려하는 수치가 나온다면, 교사는 전문가를 학생과 연결해 학생이 건강한 디지털 생활을 할 수 있도록 도와야 합니다. 위험군으로 분류된 학생들은 지속적인 치료를 받을 수 있게 하고, 위험 수치가 아닌 학생들도 전문가의 안내 하에 스마트폰 과의존을 예방할 수 있도록 해야 할 것입니다.

4. 개별 면접(토요일 D)

※ 다음 〈제시문〉을 읽고, 아래 질문에 답하시오.

〈제시문〉

(가) 2016년 경기도교육청이 도내 7개 초·중·고등학교 561명을 대상으로 한 '2016 독서 교육 실태조사' 결과에 따르면 응답자 중 59.1%가 '책을 많이 읽지 않는다.'고 답했다. 책을 읽지 않는 이유로는 '스마트폰, 컴퓨터 등을 하느라'가 29.1%로 가장 많았다. 이외에도 '책 읽는 시간이나 장소가 별로 없음' 27.8%, '책 읽는 자체가 지루함' 24.5%, '무슨 책을 읽어야 할지 모름' 11.1%, '독서가 또 다른 공부라 생각됨' 4.4% 등으로 답변해 독서를 위한 환경 조성이나 독서 교육이 부족한 것으로 나타났다. 독서도 능동적이기보다 수동적이었다. 책을 읽는 목적에 대해 응답자 중 24.8%는 '책 읽기가 즐거워서'라고 답했으나, '선생님 또는 부모님이 읽으라고 해서' 20.5%, '학교 또는 학원 숙제를 위해' 14.5%, '진로·진학에 도움이 되어서' 12.5% 등 절반에 가까운 학생이 수동적인 이유에서 책을 읽는 것으로 나타났다.

연합뉴스, 2016.7.8.

(나) 2019년에 수행된 '청소년 독자·비독자 조사 연구'에서는 전국 17개 시도의 초·중·고등학생 2,011명을 대상으로 설문조사와 심층 인터뷰를 수행했다. 이 연구를 통해 청소년의 독서에 대한 관심과 흥미의 변화 양상을 알 수 있었다. 청소년의 독서 흥미는 초등학교 저학년 때 최고점이고, 초등 3~4학년 이후 감소하여 고등학생 때까지 지속적으로 낮아졌다. 특히 고등학생에 비해 초등학생의 독서 흥미의 감소 시점이 더 빠르고, 감소 폭도 더욱 컸다. 이 결과는 청소년이 책에서 멀어지는 시기가 초등 중학년(3~4학년) 때로 매우 빠르며, 그 연령이 해마다 낮아지고 있음을 보여준다.

월간 아침 독서 154호, 2020.11.

- (가)와 (나)를 참고하여 학생들의 독서를 장려하기 위한 방안과 그에 대한 이유를 말해 보시오.

학교 측 해설 ✎

2022학년도 수시 모집 학생부종합전형 심층 면접 문항 평가 결과 기본 원칙으로, 상동하다.

선배들의 TIP ✎

시의성 있는 문제가 자주 출제된다고 해서 기본적인 측면의 문제를 잊어서는 안 된다. 독서 교육은 근 몇 년간 가장 큰 이슈 중 하나였으며 학생들의 문해력과 관련한 측면에서 독서 교육에 접근할 필요가 있다.

예시 답안 ✏️

  (가)와 (나)에서 드러나는 학생들의 문제점은 책에 대한 흥미가 없고 책을 읽으려는 동기나 의지가 없거나, 있더라도 빠르게 감소한다는 것입니다. 이를 해결하기 위한 방안으로는 첫째, 학생들이 읽고 싶은 분야의 책을 직접 선정할 수 있는 선택권을 부여하는 것입니다. 학교에서 제시하는 추천 도서 목록이 아니라 학생이 평소 관심 있는 분야나, 자신이 희망하는 진로와 연관된 책을 선택하게 한다면 책에 대한 흥미를 높일 수 있습니다. 둘째, 친구와 함께하는 독서 활동을 계획하는 것입니다. 책을 혼자 읽는 경우에는 흥미가 떨어지면 금방 질리고 읽기 싫어집니다. 그러나 친구와 함께 책에 대해서 이야기를 나누고 궁금한 점이나 더 알고 싶은 점을 공유한다면 독서 활동이 지속될 수 있을 것입니다. 셋째, 책을 가까이 할 수 있는 환경을 조성하는 것입니다. 교실에 학급 문고를 설치하거나 학교 도서관에 이벤트를 실시해 학생들의 방문을 격려하는 등 학생들이 책을 손쉽게 접할 수 있도록 해야 합니다. 도서관에 푹신한 소파를 두거나 다양한 좌석 배치를 활용해 편안한 분위기를 느낄 수 있도록 하는 것도 학생들이 책을 가까이 하는 데에 도움이 될 것입니다.

5. 개별 면접(일요일 A)

※ 다음 〈제시문〉을 읽고, 아래 질문에 답하시오.

〈제시문〉

(가) 지난해 코로나19로 인해 개학이 연기되고 원격 수업이 장기화되면서 제기되었던 학력 저하 우려가 국가 통계로 공식 확인되었다. 중·고등학생들의 행복도와 학습에 대한 자신감, 흥미도 함께 하락했다. 특히 수학은 기초 학력 미달 학생 비율이 중·고교 모두 13% 수준을 넘어 다른 과목에 비해 심각했다. 교육부는 오는 14일부터 수도권 지역 중학교의 등교 수업을 확대하고, 2학기부터는 전체 학년 등교를 추진할 계획이다.

Newsis, 2021.06.02.

(나) 4차 산업 혁명 시대가 가속화되면서 인공 지능(AI), 가상 현실(VR), 증강 현실(AR), 메타버스 등을 활용한 다양한 수업 방식이 설계되고 있다. 학교는 학생들이 이러한 상황에 적극적으로 참여할 수 있는 환경을 조성하고, 디지털 기기를 제대로 활용할 수 있는 교육과정을 편성해야 한다. 이러한 기반을 온전히 갖추어야 '디지털 역량'을 갖춘 미래 인재를 제대로 양성할 수 있을 것이다.

충청일보, 2021.11.22.

(다) 코로나19로 인한 원격 수업이 지난해 심각한 학습 결손을 유발한 가운데 특히 대도시 지역보다는 읍·면 지역에서, 여학생보다는 남학생에게서 학력 저하 현상이 두드러진 것으로 나타났다.

매일경제, 2021.06.02.

- (가)에서 코로나19로 인한 비대면 수업으로 기초 학력 저하가 초래된 원인을 (나)와 (다)의 내용과 연계하여 말해 보시오.

학교 측 해설 ✎

2022학년도 수시 모집 학생부종합전형 심층 면접 문항 평가 결과 기본 원칙으로, 상동하다.

선배들의 TIP ✎

　기초 학력 저하와 관련한 문제는 코로나19 사태 이전에도 제기된 적이 있으며 코로나19로 심화되었다. 코로나19와 관련된 내용을 구성하는 것도 좋지만 그 외의 요소도 고려해 보는 것이 좋다.

예시 답안 ✏️

(가)에서 알 수 있듯, 코로나19로 인한 비대면 수업은 학생들의 기초 학력 저하를 초래했습니다. 이와 관련해 (나)를 보면 디지털 역량을 제대로 갖추지 못했을 경우 디지털 환경에서 이루어지는 수업을 따라가기 어려워 기초 학력 저하가 일어날 수 있음을 알 수 있습니다. 또한, 디지털 환경에서만 상호 작용이 이루어지다 보니 학생들은 하루 종일 모니터만 쳐다보게 되고, 학생들은 친구나 교사와 연결되어 있다는 느낌을 받기 어려워 소외감을 상당히 느꼈을 것입니다. 소외감과 이로 인한 피로도도 학습 능력 저하에 기여했을 수 있습니다.

(다)는 지역이나 성별에 따른 학력 저하의 차이를 설명하고 있습니다. 읍·면 지역은 대도시 지역보다 디지털 환경의 조성이 열악하거나 비대면 수업의 학업 격차를 해소해 줄 교육적 인프라가 부족합니다. 디지털 기기의 보급률이 낮거나 인터넷 연결망이 덜 보급되었을 수 있고, 개개인의 학업 결손을 보충해 줄 학원이나 사교육이 열악하기 때문에 대도시 지역보다 읍·면 지역에서 학업 격차가 더 크게 나타났을 것입니다. 또한, 남학생의 경우 여학생들보다 집중도나 자율 학습 능력이 낮은 경향을 보이므로 이로 인해 학업 격차가 크게 나타났을 가능성이 있습니다.

6. 개별 면접(일요일 B)

※ 다음 〈제시문〉을 읽고, 아래 질문에 답하시오.

〈제시문〉

(가) 수업의 과학성을 추구하여 보편적 법칙을 발견하려는 사람들은 과학적인 언어를 빌어 수업을 이해하고자 했다. 미국의 손다이크(Thorndike)나 스키너(Skinner)와 같은 학자들은 수업을 바람직한 반응을 산출하기 위한 관찰 가능한 자극 행위로 보았다. 수업 현상을 과학적으로 접근하는 학자들은 수업의 명료성, 수업 방법의 다양성, 수업 활동에의 전념 정도, 학생의 적극적인 참여 등이 학습의 효율성을 높인다는 것을 발견했다. 이와 같이 수업을 과학으로 보는 접근 방식은 학생의 학업 성취에 유의미한 교사 행동 변인을 찾아냄으로써 수업 설계와 교실 관찰의 발전에 영향을 미쳤으며 교사 교육을 과학화하는 데 기여했다.

이혁규(2013), 「수업」

(나) 수업의 예술성을 추구하는 사람들은 수업의 복잡성과 개별성을 이해하고, 수업을 바라보는 기존의 과학적인 접근 방식을 탈피하고자 했다. 미국의 듀이(Dewey)나 아이즈너(Eisner)와 같은 학자들은 수업의 과정이 교실 상황, 교과, 학생 등에 따라 다양하고 복잡하기 때문에 바람직한 수업 방법을 단순하게 요약하여 정리할 수 없음을 주장했다. 이들은 '가르침은 예술'이라는 은유를 통해 교사는 형식화된 수업 모형에 만족하지 않고 새로운 길을 찾아 나서는 예술가임을 강조했다. 아동과 상황에 대한 민감성, 즉각적이고 사려 깊은 행동 능력, 교육적 주의력과 배려 등은 과학적으로 측정하거나 계량화하기 어려운 것들이다.

이혁규(2013), 「수업」

• 수업은 과학인가 예술인가? 위 제시문을 참조하여 자신이 생각하는 이상적인 수업의 모습을 말해 보시오.

학교 측 해설 ✎

2022학년도 수시 모집 학생부종합전형 심층 면접 문항 평가 결과 기본 원칙으로, 상동하다.

선배들의 TIP ✎

교사가 아닌 수험생이 수업의 본질에 대해 생각해 본 적이 없을 것이기 때문에 당혹스러운 문제일 것이다. 하지만 수업과 관련해서는 연구자들도 정답을 내리지 못하므로 현실적이고 구체적인 측면에서 대답하면 된다.

예시 답안 ✏️

수업은 과학에 기반한 예술이어야 합니다. (가)를 참고할 때 여러 수업을 분석하면 공통적인 원인 행위와 결과가 있고, 이를 찾아내서 수업의 과학화와 효율화를 도모할 수 있습니다. 수업의 비효율적인 요소를 찾아내서 개선할 필요가 있으므로 교사는 수업의 전 과정을 분석해서 효과적인 교사의 행동 변인과 그로 인한 학생의 학업 성취의 연관성을 파악할 수 있어야 합니다. 이를 통해 수업 전반의 효율성을 제고하고 전체적인 틀을 긍정적으로 수정해 나갈 수 있을 것입니다.

그러나 이러한 전체적인 관점에서 수업을 들여다보는 것만으로는 한계가 있습니다. 학생 개개인은 모두 독특한 특성을 갖고 있는 독립적인 개체입니다. 학생의 개별적인 특성을 파악하고 이를 교육 활동에 반영하기 위해서는 예술적 관점에서 접근할 필요가 있습니다. 학생 성취의 미묘한 차이나 학생의 배경, 특성을 온전히 이해하기 위해서는 수량화, 계량화된 자료와 방법으로는 한계가 있습니다. 교사는 수업에서 학생을 관찰하고 학생과 대화함으로써 학생의 수준에 맞는 섬세한 피드백을 제공하고, 학생의 상황에 맞는 학습 전략을 적재적소에 활용해야 합니다. 이러한 교육적 처치는 정량화된 기술로는 이행될 수 없고 교사의 심미적인 안목을 통해 이루어집니다.

7. 개별 면접(일요일 C)

※ 다음 〈제시문〉을 읽고, 아래 질문에 답하시오.

〈제시문〉

교육부의 이주 배경 학생('다문화 학생') 현황 자료에 따르면, 우리나라 학교에 재학 중인 이주 배경 학생 수는 교육부의 다문화 교육 관련 정책이 수립되기 시작한 2006년 9,572명으로 채 1만 명이 되지 않았으나, 10년 만에 10배가 넘게 증가하여 2016년에는 99,186명을 기록했다(교육부, 2019). 또한, 2013년부터는 매년 약 1만 명 이상 증가하여 2020년에는 147,378명에 이르렀는데, 이는 전체 학생 수의 약 2.75%에 달한다(국가교육통계센터, 2020). 같은 해 외국인 주민 비율인 4.3%에 비하면 상대적으로 낮은 숫자이지만, 외국인 주민의 꾸준한 증가세를 볼 때 이주 배경 학생의 수 또한 앞으로 계속 증가할 것으로 예측할 수 있다. 학교 급별로는 2006년부터 지금까지 변함없이 초등학생의 비율이 가장 높아 70% 안팎을 기록하며, 중학생, 고등학생 순인 것으로 나타났다. (중략) 또한, 이주 배경 학생의 유형이 다양화되었고, 한국어를 모국어로 하지 않는 학생이 차지하는 비중이 점차 높아지고 있다. 더욱이 이주 배경 학생의 밀집도가 뚜렷이 증가하는 경향을 보이는 지역도 다수 등장하고 있다. 국가 교육 통계 센터의 최근 자료에 의하면, 전국 17개 시·도 중 경기, 서울, 경남, 경북, 충남 순으로 이주 배경 학생의 수가 많은 것으로 나타났으며, 전체 학생 대비 비율은 전남, 충남, 전북, 경북, 충북 순인 것으로 나타났다. 이들 상위 5개 도의 경우 초등학교의 이주 배경 학생의 비율은 더욱 높아 약 5% 이상인 것으로 나타나 전체 인구 대비 국제 이주 배경 주민의 수를 상회했다. 이주 배경 학생 밀집도의 측면에서 볼 때, 우리나라 초등학교의 상당수가 이미 다문화·다인종화 되었음을 알 수 있다.

한국 교육 개발원, 교육 개발(2021 가을호, 통권 220호)

· 위 제시문을 참고할 때 다문화 학생들의 수가 점차 증가하고 있음을 알 수 있다. 다문화 학생을 가르치는 초등학교 교사에게 필요한 자질과 역량이 무엇인지 제시하고 그에 대한 이유를 말해 보시오.

학교 측 해설 🖋

2022학년도 수시 모집 학생부종합전형 심층 면접 문항 평가 결과 기본 원칙으로, 상동하다.

선배들의 TIP 🖋

도시 권역을 제외하면 다문화 학생의 수가 현격히 증가했으며 지역적인 차이로 인해 많은 사람들이 중요성을 인지하지 못하는 경우가 많다. 당면한 문제에 대해 장기적인 안목에서 접근해 답변할 수 있어야 한다.

예시 답안 ✏️

　다문화 학생의 수가 증가함에 따라 다문화 학생에 대한 이해와 관심이 초등학교 교사에게도 중요하게 요구되고 있습니다. 다문화 학생을 가르치는 초등학교 교사에게 필요한 자질과 역량은 첫째, 학생의 문화적 배경을 이해하고 다문화주의의 관점에서 접근하는 태도입니다. 자칫하면 다수가 갖고 있는 문화적 배경이 우월한 것으로 여겨져 소수 문화에 대한 배척과 소외가 일어날 수 있습니다. 때문에 교사는 모든 문화가 저마다의 가치를 갖고 있으며 존중받아야 한다는 다문화주의의 입장에서 학생들이 서로의 문화를 받아들이고 이해할 수 있도록 지도해야 합니다. 이를 위해서는 다문화 학생이 속한 문화를 수업에 적극적으로 활용해야 하며, 다문화 학생의 문화적 배경을 학습 내용과 접목하거나 부가적으로 다루어 학생들이 다른 문화에 대한 거부감을 갖지 않고 개방적인 태도로 수용할 수 있도록 해야 합니다. 또한, 다문화 학생이 주인공이 되어 보는 경험을 할 수 있도록 적절한 수업이나 학급 활동을 구성할 수 있어야 합니다. 이를 통해 다문화 학생은 자기 문화에 대한 자부심을 키울 수 있으며 다른 학생들은 타문화에 대한 이해와 존중을 증진할 수 있습니다.

[정시]

1. 면접 고사(A)

※ 다음 〈제시문〉을 읽고, 아래 질문에 답하시오.

〈제시문〉

(가) 인공 지능은 많은 양의 기존 데이터를 학습하여 문제를 풀기 때문에, 데이터 암기와 해석에는 탁월한 능력을 보인다. 하지만, 기존 데이터의 한계를 넘어서는 창의적인 발상은 못 하므로 창의력은 인간만의 전유물이다.

(나) 구글은 딥러닝 기술을 이용하여 인공 지능 프로그램이 고흐의 '별이 빛나는 밤'을 모사하도록 했다. 인공 지능 프로그램은 자신의 학습 기억에 들어있는 형상과 고흐의 작품을 연결하여 매우 독특한 작품을 그려냈다. 따라서 인공 지능도 창의력이 있다고 할 수 있다.

• 제시문을 참고하여 인공 지능(AI)도 창의력을 가질 수 있는지 없는지 본인의 생각을 말하고, 그 이유를 설명하시오.

학교 측 해설 ✏️

2022학년도 정시모집 일반(특별)전형에서 면접고사는 1단계 합격자 2배수에 대해 이루어지며, 출제 문제는 교직 적성과 인성을 평가하기 위해 「공교육 정상화 촉진 및 선행 교육 규제에 관한 특별법」 제10조에 근거하여 출제했다. 또한, 선행 학습 방지를 위해 지원자의 고등학교 교육과정 학습 범위 내에서 출제하여, 면접 시 지원자가 3분 이내에 답변이 가능한 교양, 교직관, 표현력, 인성에 대해 질문을 통해 평가하고자 했다.

선배들의 TIP ✏️

코로나19 이전에 가장 시의성 있는 문제로 자주 출제되었던 인공 지능 문제이다. 여전히 유효한 문제이므로 본인의 삶에서 찾아볼 수 있는 지점을 중심으로 인공 지능과 관련한 답안을 구성하는 것이 좋을 것이다.

예시 답안 ✏️

　인공 지능은 기존의 것을 조합할 수는 있으나, 기존의 것과 전혀 관련 없는 새로운 것을 창안해내는 창의력은 가질 수 없습니다. (나)에서는 인공 지능 프로그램이 학습 기억에 들어있는 형상과 고흐의 작품을 연결해 독특한 작품을 그려냈다고 했습니다. 이는 기존의 자료들을 조합해서 얻어낸 결과물일 뿐이지, 새로운 작품을 만든 것이라고 보기는 어렵습니다. 인공 지능이 기반을 두고 있는 시스템은 많은 양의 데이터를 통한 학습 기억입니다. 이는 인공 지능이 스스로 만들어낸 것들이 아니라, 외부에서 들어온 정보의 집합체에 불과합니다. 여기에 속한 요소들을 조합해 낸 결과물은 진정한 의미의 창의력이 발현된 작품이라고 보기 어렵습니다. (가)에서도 언급되었듯, 기존의 것들의 차원을 넘어서는 새로운 경지의 '창의적'인 발상은 아직 인간의 영역에 속합니다. 기존 데이터를 이리저리 연결해서 얻어낸 결괏값이 아니라, 기존에 없던 것을 새로이 만들어내는 창의력은 인공 지능이 가질 수 없다고 생각합니다.

2. 면접 고사(B)

※ 다음 〈제시문〉을 읽고, 아래 질문에 답하시오.

〈제시문〉

　A는 한때 학교 폭력 가해자였습니다. 취재진은 어렵게 수소문해서 그를 만나 그의 솔직한 이야기를 들었습니다.

　"그냥 그냥 눈에 거슬렸어요. 행동이라든지 말투, 이런 게 거슬린 거죠."

　거슬리는 '그 녀석'을 한 번 두 번 괴롭혀 봅니다. 그런데 딱히 덤벼들지도 않고 슬슬 피하는 그 반응을 재밌어하다가 세 번 네 번 반복적으로 괴롭히기 시작합니다. 그렇게 학교 폭력이 자신도 모르게 시작됩니다. 여기에 다른 아이들도 가해자로 하나둘 가세합니다. 또래 집단 사이에서 비뚤어진 동료애가 발휘되는 겁니다.

　일이 커지면 학폭위가 열리고, 경찰이 학교를 드나들기도 합니다. 하지만 상황은 그때뿐, 멈추지 않습니다. 가해 집단 속 일부는 반성하고 폭력을 그만두기도 하지만, 일부는 계속합니다. '재미있다며' 그만둘 이유를 찾지 못합니다.

△△신문

• 제시문을 참고하여 학교 폭력의 원인을 설명하고, 만일 본인이 담임 교사라면 이 사태에 대한 대처 방안을 말해 보시오.

2022학년도 정시모집 일반(특별)전형 면접 고사 문항 평가 결과 기본 원칙으로, 상동하다.

선배들의 TIP ✏️

학교 폭력과 관련해 학생들 입장에서만 접근하는 경우는 일차원적인 답안으로 멈출 수 있다. 교사, 학교, 사회 측면에서 다각적으로 접근해 답변하거나 담임 교사로서 현실적으로 어떻게 대응할 것인지 생각해 답변하는 것이 좋다.

예시 답안 ✏️

제시문에 드러난 학교 폭력의 원인은 학교 폭력이 초기에 처벌되지 못했다는 것입니다. 학교 폭력 피해자가 곧바로 피해 사실을 알리지 못했고, 가해자는 자신의 행동이 잘못된 것으로 인지하지 못했기 때문에 학교 폭력이 지속되었습니다. 만일 제가 담임 교사라면 먼저 학교 폭력을 조기에 발견할 수 있도록 주기적인 설문과 상담을 진행하겠습니다. 학생들이 직접적으로 교사에게 와서 알리기 힘들어한다면 설문지를 돌려서 학생이 자신의 피해 사실을 간접적으로라도 알릴 수 있게 하고, 평소 친절하고 따뜻한 모습으로 인간적인 관계를 형성해 학생들이 스스럼없이 문제를 말할 수 있는 교사가 되겠습니다. 다음으로 학교 폭력 가해자가 다른 학생을 괴롭히는 행동을 '재미있는 놀이'로 여기는 것이 잘못되었으므로 이러한 인식을 변화시킬 수 있는 역할극을 진행하겠습니다. 제시문에서는 방관자가 가해자로 점차 변화하는 문제도 있습니다. 가해자, 방관자 모두 학교 폭력에 책임이 있음을 느끼고 피해자의 아픔에 공감할 수 있도록 할 것입니다. 역지사지의 태도로 학교 폭력 사안을 바라보게 된다면 학교 폭력의 심각성을 절감하고 자신의 행동을 삼갈 수 있는 태도를 기를 수 있을 것입니다.

3. 면접 고사(C)

※ 다음 〈제시문〉을 읽고, 아래 질문에 답하시오.

〈제시문〉

(가) 다문화 가정 아이들은 이중 언어 능력을 가질 수 있는 환경에 있다. 이중 언어 능력을 갖춘 아이들은 수수께끼를 포함해 다양한 문제 해결 능력에서 우수한 것으로 보고된다. 이중 언어 경험이 두뇌 명령 센터의 효율성을 향상시켜 계획 수립, 문제 해결, 난도가 높은 인지 과제를 수행하는 데 도움이 되는 것으로 보인다.

(나) 다문화 가정 아이들은 어릴 때 부모로부터 한국어 교육을 제대로 받지 못해 학교 수업을 따라가지 못하는 경우가 많다. 보통 다문화 가정 학생들은 일상 언어에는 별문제가 없지만 학교에 입학하면 사정이 달라진다. 수업 중 사용되는 용어를 잘 이해하지 못해 학습 부진이 누적되면서 학교생활에 적응하지 못하는 학생이 적지 않은 것이다.

• 제시문을 참고하여 다문화 학생들이 겪는 상황을 설명하고, 만일 본인이 담임 교사라면 어떻게 할지 대처 방안을 말해 보시오.

학교 측 해설 🖊

2022학년도 정시모집 일반(특별)전형 면접 고사 문항 평가 결과 기본 원칙으로, 상동하다.

선배들의 TIP 🖊

도시 권역을 제외하면 다문화 학생의 수가 현격히 증가했으며, 지역적인 차이로 인해 이에 대해 많은 사람들이 중요성을 인지하지 못하는 경우가 많다. 당면한 문제에 대해 장기적인 안목에서 접근해 답변할 수 있어야 한다.

예시 답안 🖊

제시문에서는 다문화 학생들이 뛰어난 문제 해결 능력을 갖추었음에도 한국어 능력이 부족해 학교생활에 적응하지 못하는 경우가 많음을 설명하고 있습니다. 만일 제가 담임 교사라면 우선적으로 한국어 능력을 신장할 수 있도록 다방면으로 도울 것입니다. 수업 시간에는 또래 도우미를 통해 교사가 일일이 도움을 주지 못해도 가까이 앉은 친구가 도움을 주어 학습이 진행되도록 할 것입니다. 방과 후에는 한국어 보충 지도를 통해 다문화 학생의 한국어 능력을 또래 수준으로 끌어올릴 수 있도록 지속해서 지도하겠습니다. 그리고 다문화 학생의 장점인 뛰어난 문제 해결 능력을 수업 시간에 활용할 수 있도록 수업을 설계할 것입니다. 언어적인 장벽을 해소해 문제를 이해하고, 이를 바탕으로 다양한 방법을 통해 문제를 해결할 수 있게 함으로써 학생의 성취감을 고취할 것입니다. 이렇게 한다면 학생의 성취욕을 자극해 학습 부진을 극복하고 능동적인 학습자로 성장시킬 수 있을 것입니다.

4. 면접 고사(D)

※ 다음 〈제시문〉을 읽고, 아래 질문에 답하시오.

〈제시문〉

(가) [2022 개정 교육과정의 중점]

　　교육 환경 변화에 적극적으로 대응하기 위해 국가 · 사회적 요구를 반영하여 미래 사회가 요구하는 포용성과 창의성을 갖춘 주도적인 사람으로 성장할 수 있도록 초 · 중등학교 교육과정 개선

(나) (1) 학습자의 삶과 연계한 깊이 있는 개념적 학습과 탐구 능력 함양

　　(2) AI 소프트웨어 교육을 비롯한 디지털 기초 소양 강화

　　(3) 기후 생태 환경 변화 등에 대한 대응 능력 및 공동체적 가치를 함양하는 교육 강화

　　(4) 기초 학력 보장 지원 및 특수 교육 대상 학생, 다문화 학생 등 모두를 위한 교육과정 강화

• (가)와 관련하여 (나)의 (1)~(4) 중, 본인이 생각하기에 초등학교에서 가장 중시되어야 할 항목 <u>한 가지</u>를 고르고, 그 이유를 말해 보시오.

학교 측 해설 ✎

2022학년도 정시모집 일반(특별)전형 면접 고사 문항 평가 결과 기본 원칙으로, 상동하다.

선배들의 TIP ✎

　기초 소양과 관련해 어떤 요소가 가장 중요한지를 선택하는 것에 따라 본인이 가진 교직관, 교사상을 알 수 있기 때문에 점수를 얻기 위한 선지를 선택하기보다 본인의 성향에 맞게 구술하는 것이 좋다.

초등학교에서 가장 중시되어야 할 항목은 (3)번, 기후 생태 환경 변화에 대한 대응 능력과 공동체적 가치를 함양하는 교육을 강화하는 것입니다. 기후 위기로 인해 기후 생태 환경의 중요성이 대두됨에 따라 미래 사회를 살아갈 학생들은 기후 생태 환경을 보호하려는 태도를 배울 필요가 있습니다. 또한, 초등학교는 학생들이 가족의 울타리에서 벗어나 처음 맞닥뜨리는 사회로, 초등학교에서 타인과 긍정적으로 상호 작용하는 방법과 태도를 함양해 공동체적 가치를 이해하고 체득해야 이후 중 · 고등학교에 진학하거나 사회에 진출할 때도 올바른 인재로 성장할 수 있습니다. 게다가 초등학교 시절은 가치관이 막 형성되는 시기이므로 가치관이 고정되기 전에 기후와 생태에 대한 적극적인 관심이 필요하며, 기후 생태 문제를 해결하기 위한 공동체적 협력의 중요성에 대한 이해가 선행되어야 한다고 생각합니다. 이는 그 어떤 인지적인 능력과 기능보다도 우선적으로 학습되어야 할 태도와 가치라고 생각하며, (가)에서 요구하는 포용성과 창의성을 기르는 밑거름이 될 것입니다. 인성 교육의 필요성에 대한 문제가 떠오르고 있는 지금, 사회적인 관심과 올바른 인성을 갖춘 학생을 길러내기 위한 노력은 초등학교에서부터 시작되어야 한다고 생각합니다.

[수시]

1. 개별 과제 발표 면접

1. 수시 개별 면접 문항(오전) 예시

• 체육 대회, 수학여행, 동아리 등에서 자신이 했던 기발하고 재미있는 활동을 소개해 보시오. 없는 경우, 다시 기회가 주어지면, 해 보고 싶은 기발하고 재미있는 활동을 말해 보시오.

2. 수시 개별 면접 문항(오후) 예시

• 자신은 원하지 않았지만 공동체를 위해 감내하고 참여한 활동을 소개하고 그렇게 한 이유를 말해 보시오. 없는 경우, 공동체 일원으로서 감내하고 참여해야 한다고 생각하는 활동을 말해 보시오.

학교 측 해설 🖉

청주교대는 각 기출문제 예시에 대한 학교 측 해설이 없기에 생략한다.

선배들의 TIP 및 예시 답안 🖉

생기부 기반 문제이므로 예시 답안은 생략한다.

[정시]

1. 개별 과제 발표 면접

1. 정시 개별 면접 문항 예시

• 학교에서 친구가 옳지 않은 행동을 하는 것을 목격했을 때 자신은 어떻게 대응을 했는지, 그렇게 대응한 이유는 무엇인지 말해 보시오.

학교 측 해설 🖉

청주교대는 각 기출문제 예시에 대한 학교 측 해설이 없기에 생략한다.

생기부 기반 문제이므로 예시 답안은 생략한다.

9 ▶ 한국교원대

[수시]

1. 개별 면접(오전)

우리나라의 교사 임용 방식을 보면 대체로 ㉠ <u>대학의 해당 교육과에서 관련 교과의 교사 자격증을 취득하고, 이러한 자격을 갖춘 사람들을 대상으로 임용 시험을 볼 수 있는 자격을 부여하며, 그 시험에서 합격한 사람들이 임용되어 학교 현장에서 교사로 복무하는 체제</u>로 되어 있다. 그런데 ㉡ <u>미래 사회를 살아갈 학생을 교육하기 위해서는 과거보다 훨씬 다양한 전공 능력과 경험을 갖춘 교사가 교육 현장에 필요하다</u>는 주장이 최근 관심을 모으고 있다. 특히 고교 학점제 시행이나 선택 과목제의 운영, 교육에 대한 여러 사회적 요구가 있는 현재 상황에서 기존의 해당 교육과를 중심으로 한 교사 임용 방식으로는 이러한 요구에 적절하게 대응하기 어렵다는 지적이 있다. 다양한 전공과 전문성을 갖춘 전문가들이 교직에 접근할 수 있도록 하는, 보다 개방적인 교사 임용 체제가 필요하다는 것이다. 그런데 이렇게 교직을 개방하면 다양한 전공 능력과 경험을 가진 전문가들이 교육 현장에서 교육적 요구에 맞추어 다채롭고 새로운 수업을 진행할 수는 있을 것이다. 하지만 교육에 대한 전문성이 떨어지는 사람들이 교사가 된다면 학교 현장에서 여러 가지 문제가 발생할 수 있다는 지적도 있다.

---

1. 관련 교육 전공자 이외의 다양한 전문가에게 교직을 개방해야 한다는 주장에 대해서 면접 대상 학생의 입장을 찬성이나 반대로 분명히 밝히고, 그렇게 생각한 이유에 대해 근거를 들어 설명해 보시오.

2. 면접 대상 학생이 ㉠ 관련 교사 양성 과정에 있는 학생이라고 할 때, ㉡의 주장과 관련한 교사의 역량은 무엇인지, 그렇게 생각한 이유는 무엇인지 지원한 학과의 특성을 고려하여 설명해 보시오.

학교 측 해설 ✏️

【출제 의도】

　이 문항은 최근 사회적 변화와 관련한 교육적 대응에서 고려되고 있는 교직 개방 논의와 우리나라 현 교사 양성 체제의 특징에 대한 것이다. 교육대학교나 사범대학교 중심의 교사 양성 체제를 갖춘 우리의 현실과 관련하여 이러한 교사 양성 방식의 특징을 이해하고, 다양성의 확대 측면에서 고려되고 있는 교직 개방이라는 논의에 대해 면접 대상 학생의 입장을 우선 확인하고자 한다. 특히 이 문항은 특정 교사 양성 체제의 우수성이나 장점을 제시하라는 것이 아니다. 현재의 양성 방식과 이에 대해 문제를 제기하는 입장을 일차적으로 이해한 상태에서 우수한 교사 양성이라는 목표를 중심으로 자신이 생각하는 교사 양성 제도에 대해 근거를 들어 밝힐 것을 요구한 것이다. 또한, 우리 대학에 지원하여 현 교사 양성 체제를 따를 경우, 교직 개방의 측면에서 제기되고 있는 다양성의 문제점을 보완할 수 있는 구체적인 방안을 학과별 특성에 따라 모색하고, 현 제도 내에서의 우수 교사 양성에 대한 면접 대상 학생의 생각을 파악해 볼 수 있다.

【평가 주안점】

1. 교직 개방의 문제에 대한 찬반 입장은 정답이 있는 것이 아니며, 그러한 입장을 정리한 근거나 이유가 명확하고 논리적인가에 따라 평가를 진행해야 한다. 우리 대학에 진학한다고 해서 교직 개방을 반대해야 하는 것은 아니며, 교직 개방을 반대하는 경우에도 그 반대의 근거나 논리가 명확하고 충분하게 드러났는지에 따라 평가를 진행했다.

2. 기본적으로 교육 현장에서 요구하는 다양성을 보완하기 위해서 논의하고자 하는 내용은 기본적인 전공 교육 능력 이상의 것을 대상으로 한다. 전공 교육 능력에 대한 함양은 기본적인 것이고 이것 이외에도 다양한 사회적 요구에 따라 교사로서 갖추어야 할 중요한 역량에 대해 의미 있는 내용을 합리적인 근거를 들어 제시하고 있는지를 평가한다. 특히 최근 학교 교육에서 중시되는 융합 교육이나 학생 생활 지도, 상담의 전문성 등의 문제도 관련 전공과의 연계성을 중심으로 구체적으로 제시될 수 있을 것이다.

3. 관련 내용의 답변에서 제시한 내용의 다양성과 창의성도 중요하지만, 관련 내용과 근거의 논리적 정합성과 타당성 역시 중요한 평가 기준으로 활용한다.

한국교원대 문제의 경우 교육과 관련한 이슈를 중심으로 문제가 출제되며 이에 교사나 사범대 학생 입장에서 접근해 답변해야 한다. 관련 이슈에 대해 자세히 알지 못하더라도 평소 교육에 대해 생각해 본 바가 있는지 묻는 것이 목적이므로 자연스럽게 답하면 된다.

예시 답안 🖊

1. 현재 교직은 사범대를 졸업하거나 교직 이수를 하는 등 교원 자격증을 가진 자에게만 열려있습니다. 하지만 급변하는 사회에 맞추어 장기적인 안목에서 개방적으로 교사를 임용해야 한다는 주장이 제기되고 있습니다. 저는 이러한 의견에 찬성합니다. 현재의 교사 임용 체계는 오랫동안 공고히 유지되어 온 형태의 것입니다. 과거에는 아무에게나 교사가 될 수 있는 자격을 주지 않음으로써 교사의 전문성을 강화하는 데 도움이 되었다고 할 수 있지만 사회, 문화, 기술적으로 격변하는 시대에 이와 같은 교사 임용 체계는 유연하게 대처하기 어려울 수 있습니다. 인공지능, 가상 현실 등의 기술이 교과를 초월해 적용되는 상황에서 이미 임용된 교사들은 변화한 사회상에 맞는 교육을 제공하기 어려울 수 있습니다. 게다가 이미 임용된 교사들은 임용을 위해 노력했던 때보다 자기 계발에 대한 의무감이나 동기가 떨어질 수 있기 때문에 현재의 임용 체계만으로는 한계점이 있을 수 있습니다.

(국어과 예시)

2. 저는 개방적인 교원 임용 체계에 찬성합니다. 이와 관련해 필요한 교사 역량은 끊임없이 자기 계발에 임하는 자세라고 생각합니다. 제가 지원한 국어 교과의 경우, 겉으로 보기에는 변화하는 사회에 크게 영향을 받지 않는 것처럼 보일 수 있습니다. 하지만 사회·문화적으로 사람들의 의식이 바뀌고 사용하는 언어가 달라지며 언어를 전달하는 매체 또한 다양하게 변화했습니다. 시대에 맞는 변화 없이는 적절한 교육을 학생에게 제공할 수 없다고 생각합니다.

2. 개별 면접(오후 1)

교육에 대해 19세기의 교실에서 20세기의 교사가 21세기의 학생들을 가르친다는 말을 하고는 했다. 그렇지만 역설적으로 이러한 교육 상황은 교육과는 하등의 관련이 없는 코로나19 상황으로 인해 큰 변화가 발생할 수밖에 없게 되었다. 정보화와 4차 산업 혁명, 인공 지능의 시대라는 말을 해 왔음에도 좀처럼 변할 것 같지 않던 우리의 교실이, 이제는 코로나바이러스가 세상의 여러 가지 모습을 바꾸는 와중에 가장 근본적인 변화를 요구받고 있는 것이다. 교실 대신 컴퓨터 속 '교실'로 학생들은 입장을 하고 교사는 손톱만 한 학생들의 얼굴들을 바라보면서 수업을 한다. 비대면 수업은 코로나19의 상황 속에서 일상화되었으며 새로운 변이 바이러스의 출현에 의해 전면 등교의 어려움이 발생할 때마다 비대면 수업으로의 전환이 끊임없이 요구되고 있는 실정이다. 이러한 비대면 수업은 시간과 공간의 제한을 극복할 수 있는 교육이 가능하며 안전한 교육 환경을 유지할 수 있다는 장점이 있다. 하지만 교사와 학생, 그리고 학생과 학생 사이의 친밀도가 떨어지는 문제를 포함하여 학생들의 학력 격차 등 여러 가지 면에서 교육적 제한점을 드러내고 있는 것도 현실이다.

1. 비대면 수업 상황에서 교사가 겪게 될 어려움을 면접 대상 학생이 지원한 전공 분야의 교육 내용 및 교육 활동의 특성과 관련지어 **세 가지** 키워드로 제시하고, 이를 해결하기 위한 구체적인 교육 방안을 설명해 보시오.

2. 면접 대상 학생이 지원한 전공 분야의 학습자 특성을 고려해 볼 때 해당 학교급(예 유치원, 초등학교, 중·고등학교)의 비대면 수업 상황에서 소외될 수 있는 학생을 예측해 보고, 이에 대한 효과적인 지원 방안을 제시해 보시오.

학교 측 해설 🖊

【출제 의도】

이 문항은 비대면 수업 상황을 경험한 면접 대상 학생이 전공하고자 하는 분야의 교육 내용과 결부 지어 생각할 때 자신의 비대면 교육 경험을 어떻게 해석하고 의미화하는지 묻고 있다. 지원자는 비대면 수업 경험을 근거로 각 전공 분야의 교육 내용이 비대면 상황에서 전달되고 전수될 때 어떤 어려움을 겪게 되는지 자신만의 키워드로 해석해 내도록 요구받는다. 이때 세 개의 키워드는 지원 전공 분야의 특성도 반영해야 하지만 비대면 수업에서 겪게 될 교사의 어려움도 반영할 수 있어야 한다. 또한, 지원자는 지원한 분야의 학교급, 즉 유아, 초등, 중등 교육에서 학습자 특성을 고려했을 때 예측되는 어려움 역시 생각해 본 후 현재 교육 현실을 고려한 실현 가능한 방안을 합리적으로 제시해야 한다. 이를 확인함으로써 교과 내용과 학습자에 대한 지식, 비대면 수업 등 원격 수업 적용에 대한 판단력, 의사 표현 능력, 교육에 대한 통찰력 등을 확인할 수 있을 것이다.

【평가 주안점】

1. 면접 대상 학생이 지원한 전공 분야의 교과 내용 및 활동과 관련지어 비대면 수업의 어려움을 자신만의 키워드로 유목화하여 설명하는지 확인한다. 이때 키워드는 세 개를 제시하도록 하고, 세 개의 키워드가 교과 특성, 원격 수업의 특성을 반영하여 듣는 사람에게 이해와 공감을 얻는 단어들인지 확인하여 평가한다. 앞에서 말한 어려움에 대해 현재 우리의 교육 현실을 고려하여 실행 가능한 수준에서 구체적인 해결 방안을 제안하는지 확인하고 평가한다.

2. 해당 학교급의 학습자 특성을 잘 파악하고 있는지, 그리고 그 특성을 고려해 볼 때 비대면 수업에서 소외될 가능성이 있는 학습자를 얼마나 합리적으로 판단하는지 평가한다. 앞에서 말한 소외될 가능성이 있는 학습자에게 적합한 지원 방안을(교사, 학교, 지역 사회, 국가 등 폭넓은 범위에서) 제안하는지, 또한 그 방안이 얼마나 효율적일지를 판단하여 평가한다.

3. 관련 내용의 답변에서는 내용 이해에 근거한 참신성과 더불어 현실적 적용 가능성과 효율성 역시 중요한 평가 기준으로 활용한다.

선배들의 TIP ✏️

코로나19와 관련한 주제가 계속 출제될 수 있으므로 관련 이슈에 대해 미리 생각해 보는 것이 좋다. 다른 학교 문제에서도 비슷한 주제가 얼마든지 출제될 수 있기 때문에 이와 관련한 문제를 연습해 보는 것이 도움이 된다.

예시 답안 ✏️

1. 비대면 수업 상황에서 국어과 교사로서 겪을 어려움을 세 가지 키워드로 제시해 보겠습니다. 첫째, '입'입니다. 굉장히 단순해 보이는 단어이지만 현재 학교에서 학생과 교사가 겪는 가장 큰 문제를 상징하는 단어라 생각합니다. 초등학교의 경우 교사의 얼굴, 특히 입을 중심으로 언어 학습이 이루어지는데, 마스크를 써야 하는 상황 때문에 학생들의 언어 발달이 지연되고 있다는 뉴스를 보았습니다. 중·고등학교 또한 여기서 크게 벗어나지 못한다고 생각합니다. 이미 어느 정도 언어 발달이 이루어졌지만, 상대방의 표정을 면밀히 관찰해 소통할 수 없다는 점에서 언어 사용 측면의 사회화가 더뎌질 수 있습니다. 이를 위해서 교사는 비대면 수업에서 마스크를 쓰지 않고 화면을 크게 송출하는 방식을 활용해 수업 화면에서 언어 사용이 원활하도록 하는 것이 필요합니다. 둘째, '집중도'입니다. 수업은 집중하는 구간과 잠시 이완되는 구간이 있어야 합

니다. 교사는 학생들의 집중도를 조절하며 수업을 이끌어 나갑니다. 하지만 비대면 수업의 경우 학생들의 집중도를 판단하기 어려우며 반응 또한 즉각적으로 확인할 수 없습니다. 게다가 마스크를 쓰고 있어 학생들 입장에서도 교사의 모습을 움직이지 않는 사진처럼 인식해 몰입하기 어려워할 수 있습니다. 이를 위해서 교사는 단순히 강의하는 식의 수업에서 벗어나 다양한 멀티미디어 매체를 활용해 학생들의 집중도를 향상해야 합니다. 셋째로 '친밀도'입니다. 비대면 수업의 경우 매체를 통해 교사와 학생이 연결되지만 물리적으로는 거리감이 있습니다. 따라서 교사와 학생, 학생과 학생 간의 친밀도를 쌓기 어려우며 학교생활에 적응하기 어렵게 될 수 있습니다. 이를 위해 현재 존재하는 비대면 수업 프로그램의 다양한 기능을 활용해야 합니다. 줌 등의 프로그램에서는 조별 활동이 가능하도록 수업 내에서도 조를 나누어 구획할 수 있고 조 내에서 따로 음성 소통이 가능합니다. 또한, 교사는 마치 실제 교실에서 돌아다니며 조별로 가이드를 주는 것처럼 조 음성 소통에 즉각적으로 참여해 나갈 수 있습니다. 이러한 기능을 활용하면 교사와 학생의 친밀도 문제를 보완할 수 있을 것입니다.

2. 비대면 수업을 할 경우 학생은 소유하고 있는 매체 기기에 가장 큰 영향을 받습니다. 대부분의 가정에는 컴퓨터나 노트북이 한 대뿐이고 학생은 둘 이상이어서 문제가 생기기도 합니다. 이 때문에 스마트폰으로 수업을 듣는 학생들이 대부분인데, 경제적인 문제로 학생이 스마트폰을 소지하지 못한 경우에는 수업에 참여하기 어려워질 수 있습니다. 이를 위해서는 제도적으로 미디어 취약 계층에 있는 학생들에게 관련 기기를 대여해 주는 방향으로 접근하는 것이 좋을 것입니다. 실제로 정보 취약 계층을 위해 컴퓨터나 노트북을 지원해 주는 제도가 있는데 이를 참고해 미디어 취약 계층 학생들에게도 비슷한 지원을 하면 좋을 것입니다.

3. 개별 면접(오후 2)

최근 교육부에서 발표한 새 교육과정은 미래 사회 변화에 적극적으로 대응할 수 있는 기초 소양과 역량을 함양하여, '포용성과 창의성을 갖춘 주도적인 사람'으로 성장할 수 있도록 우리 교육의 체제를 혁신하고자 한 것이다. 특히 AI 소프트웨어 교육을 비롯한 디지털 소양*을 키울 수 있게 교육과정을 개정하며 학교급별 발달 단계에 따라 디지털 관련 내용 기준을 개발하고 전 교과에 디지털 소양 강화 목표를 반영하도록 계획했다. 여러 교과를 학습하는 데 기반이 되는 능력인 기초 소양은 전통적으로 3R(읽기, 쓰기, 셈하기)로 대표되어 왔는데 이번 교육과정 개정에서는 디지털 소양이 기초 소양으로 새롭게 부각되었다. 학생들이 배우는 교육과정에 변화가 생긴다면 교사 교육에도 일정 부분 변화가 필수적이다. 특히 해당 학령기 학생들의 교육과정에 디지털 소양이 직접적으로 포함되지 않는다 하더라도 교수 · 학습 상황에서 다양한 디지털 콘텐츠를 개발하고 활용해야 하는 교사의 입장에서 보면 디지털 소양은 학생보다도 교사에게 더 중요하다고 할 수 있다. 또한, 교육부는 교육과정 개정의 중점으로 디지털 · AI 교육 환경에 맞는 교수 · 학습 및 평가 체제 구축을 제안한바 교사 양성 과정에서도 디지털 소양의 강조는 필수적일 것으로 예상된다.

* 디지털 소양: 디지털 지식과 기술에 대한 이해와 윤리 의식을 바탕으로, 정보를 수집 · 분석하고 비판적으로 이해 · 평가하여 새로운 정보와 지식을 생산 · 활용하는 능력

1. 새롭게 부각된 기초 소양인 디지털 소양이 우리 교육 전반에 미칠 긍정적 · 부정적 영향에 대해 각각 설명해 보자.

2. 면접 대상 학생이 지원한 전공 분야의 학습자 및 교과 내용 특성을 고려했을 때 교사 양성 과정에서 디지털 소양으로 어떤 능력의 계발이 요구되는지 설명해 보자.

학교 측 해설 🖊

【출제 의도】

이 문항은 교육과정 개정 등 사회 변화를 수용한 교육의 여러 변화 양상에 대한 지원자의 이해와 수용 태도를 확인하기 위한 질문이다. 2021년 11월 발표된 2022 개정 교육과정 총론에서는 언어 소양, 수리 소양과 함께 기초 소양으로 디지털 소양이 대두되었다. 일반적으로 국가 수준 교육과정에서 기초 소양으로 설정하고 이를 전 교과에 반영하게 되면 우리 교육 전반은 긍정적이든 부정적이든 혹은 부작용으로 인한 것이든 영향을 받게 된다. 또한, 교육과정 변화에 따른 교육 전반의 변화는 교사 양성 과정의 변화 역시 주도하게 된다. 지원자는 이러한 영향과 변화에 대해 이해하고, 특히 양성 과정에서 자신이 전공하고자 하는 교육 내용을 고려할 때 디지털 소양으로 어떤 능력을 기르는 데 더 노력을 기울일 것인지에 대해 응답할 수 있어야 한다. 지원자의 응답은 상황 판

단력, 종합적 이해력, 의사 결정 능력을 평가할 수 있는 근거가 되리라 본다.

【평가 주안점】

1. 디지털 소양을 주어진 제시문 안에서 이해하고 이 소양이 교육 전반에 미칠 영향을 긍정적·부정적인 면에서 검토한 후 그 근거가 될 만한 사례나 사실을 들어 설명하는지 확인하여 평가한다. 특히 제시문에는 디지털 소양을 디지털 지식과 기술에 대한 이해, 디지털 윤리 의식, 정보 수집·분석 능력, 비판적 이해·평가 능력, 새로운 정보와 지식의 생산·활용 능력으로 설명하고 있다. 면접 대상 학생은 긍정적인 영향으로 해당 능력의 신장을 제시할 수 있을 것이다. 제시문에서 밝힌 것이 아니더라도 디지털 소양으로 인한 영향과 논리적으로 정합한 것은 언급될 수 있다. 이때 긍정이나 부정 하나의 측면만을 이야기한다면 면접자가 다른 측면에 대해서 추가 질문을 할 수 있다.

2. 면접 대상 학생이 전공 분야 교육 내용 및 학습자 특성과 결부 지어 해당 교과 지도 교사 또는 유치원 및 초등학교 교사에게 필요한 구체적인 디지털 소양을 설명하는지 확인하고 평가한다. 교사가 함양해야 할 구체적 디지털 소양의 예는 온라인 콘텐츠 개발 능력, AR·VR과 같은 첨단 장비 사용 능력, 메타버스 등 첨단 기술의 수업 적용 능력이 있을 수 있으며, 그 외에도 다양한 예가 제시될 수 있다. 이때 교육 내용이나 학습자 특성 중 한 가지만 답한다면 답변하지 않는 특성이나 학교 상황 등을 결부 지어 생각해 보도록 추가 질문을 할 수 있다.

선배들의 TIP ✏️

한국교원대에서는 지원한 전공에 맞추어 대답하기를 요구한다. 관련 교육 이슈에 대해 미리 생각해 두는 것 이외에도 본인이 지원하는 교육과의 특성을 생각해 접근하는 것이 필요하다.

예시 답안 ✏️

1. 교육 과정에 디지털 소양이 기초 소양으로 새로 등장하게 된다면 긍정적·부정적인 면에서 영향이 있을 것입니다. 긍정적 측면으로는 현재 학생들의 상황에 맞는 적절한 교육을 제공할 수 있게 된다는 것입니다. 요즘 학생들은 기존 교사 세대와는 다르게 디지털 네이티브(digital native)로, 아주 어릴 적부터 스마트 기기를 활용해 온 세대입니다. 따라서 교사들은 일반적인 세대 차이 이상의 것을 느낄 수 있습니다. 기초 소양으로 디지털 소양이 강조된다면 이를 기반으로 교육 체계가 설정될 것이며, 교사들의 학생 지도, 수업에도 반영되기 쉬워질 것입니다. 부정적 측면으로는 아직 그 뿌리가 모호하다는 것입니다. 오랫동안 논의되어 온 다른 기초 소양

과는 달리 디지털 소양은 아직 구체적으로 연구되지 않았으며 교사들에게도 익숙한 개념이 아닙니다. 따라서 디지털 소양의 등장은 교사들에게 혼란을 줄 수 있습니다.

(국어과 예시)

2. 제시문에 나온 것처럼 디지털 소양은 디지털 지식뿐만 아니라 윤리 의식도 포함하며 동시에 다각적으로 디지털 정보를 수용하고 판단하는 복합적인 능력을 아우릅니다. 학생들은 다양한 매체를 읽음으로써 디지털 정보 수용을 시작하며 정보의 홍수 속에서 무엇이 옳고 그른지 가려내는 능력을 가져야 합니다. 따라서 디지털 소양을 키우기 위해 중요한 것은 무엇보다 문해력이며, 교사는 학생들의 복합적인 문해력을 증진하기 위해 노력해야 합니다. 가짜 뉴스나 바이럴 마케팅 등 디지털 문해력이 낮은 이를 겨냥한 유해한 매체 요소가 새로운 사회 문제로 떠오르고 있습니다. 이를 위해 비판적 문해력을 기를 수 있도록 수업 중에 비판적으로 글을 읽고 이해하며 필요한 정보를 선별하는 능력을 가르치는 것이 교사에게 요구된다 생각합니다.

2022 학년도 | 사대 면접 기출문제

1 ▶ 서울대학교

[수시]

1. 인문학(오전)

※ 제시문을 읽고 문제에 답하시오.

(가) 우정의 본질은 모든 사람을 평등하게 대하지 않는다는 데 있다. 우리는 자신의 친구들에게 더 우호적이며, 나와 무관한 제3자들에게보다 나의 친구들에게 더 많은 윤리적 의무와 책임을 진다. 우정은 서로의 '차이'와 '다름'을 인정한다. 그러므로 우정은 인간의 삶을 인간답게 만드는 소중한 가치이다. 친구는 상대의 특별한 상황에 관심을 기울이면서 '바로 이 한 명의 남다른 인간'으로 살아가도록 서로를 인도하는 인생의 안내자이기 때문이다.

따라서 좋은 친구와 맺는 우정의 관계를 본(本)으로 삼는 곳에서만, 진정한 소통과 상생이 가능하다. 나로부터 멀리 있는 타인들, 그리고 멀리서 온 이방인들의 차이를 반기며 그들과 '친구가 될 준비'를 하라! 그런 마음이 준비된 자들의 세계에서만 비로소, 참된 '우리'의 역사가 시작될 것이다.

(나) 나에게 가까운 타인이 행복할 자격이 있든 없든 그가 행복하기를 바라는 마음을 편애(偏愛)라 한다. 공정하게 판단한다는 것은, 이런 치우친 편애의 마음 없이 모두를 똑같이 대한다는 의미이다. 공정한 사람은 '모두'를 나와 연관이 없는 제3자로 바라볼 줄 아는 객관적인 판관의 태도를 취한다. 자기 자신과 가까운 이를 편애하는 마음은 결국 자기를 편애하는 마음에서 생긴다. 편애는 자기애의 확장인 것이다. 나 자신과 가까운 이를 대할 때, 우리 마음속에 공정한 판관의 태도보다 편애의 태도가 앞서는 까닭은 여기에 있다.

그러나 진정으로 좋은 삶을 위해서는, 어떤 경우든 항상, 공정한 판관의 마음이 치우친 편애의 마음을 능가하고 앞서도록 해야 한다. 그 누구를 대하든지, 그의 선함과 옳음을 '먼저' 따져 물은 다음에 그의 행복에 관한 물음이 '뒤따라' 오도록 하라! 이와 반대되는 순서로 묻는 세계가 있다면, 그런 세계에는 경멸만이 넘쳐날 것이다.

1. (가)의 관점에 대해 (나)는 어떤 입장을 취할지 설명하시오.

2. 모두가 존엄하고 품위 있게 사는 사회를 만들기 위해서는 (가)와 (나)의 견해 중 어느 쪽이 더 절실히 요구되는가? 사회적으로 소외되거나 배제된 사람들의 사례를 제시하면서 구체적으로 설명하시오.

학교 측 해설 ✏️

【출제 의도】

1. 각각의 제시문에 대한 깊이 있는 문해력과 두 제시문을 연결 지어 유기적으로 생각할 수 있는 사고력과 응용력을 평가하고자 했다.

2. (가)와 (나)의 관점을 삶의 현실에 잘 적용하면서 그 함의를 유의미하게 이해하는 데까지 나아갈 수 있는 사고력과 응용력을 평가하고자 했다.

【문항 해설】

1. (가)의 입장은 우정이 좋은 삶의 원리이며 우정의 본질은 모든 사람을 평등하게 대하지 않는 데에 있다는 것이다. 반면, (나)의 관점은 나와 가까운 사람의 옳고 그름을 먼저 따져 묻지 않고 그냥 그의 행복부터 바라는 마음은 편애라는 것이다. 극명하게 대조되는 모습을 띠는 이 두 입장의 실질적인 논점을 정확히 이해한 다음, 두 입장이 서로 어떤 관계에 있는지를 다각도로 사유해 본 후, (나)가 (가)에 대해 어떤 입장을 표명할지 추론해 보도록 요구하는 문제이다.

2. (가)의 관점은 우정의 공동체를 지향한다면, (나)의 관점은 공정한 공동체를 지향한다고 말할 수 있다. (가)의 우정의 공동체는 차이를 있는 그대로 다름으로 인정하면서 각자의 특수한 사정과 고유한 상황에 주목하는 타인에 대한 정서적 공감을 중시하며, 추상적인 동일시나 획일화의 경향을 가장 시급히 해결할 문제로 상정할 것이다. 반면, (나)의 공정한 공동체는 선과 옳음의 견지에서 모두를 치우침 없이 객관적으로 판정한 다음에 합당한 보상과 처벌을 부과하는 것을 중시할 것이다. 이런 공동체에서는 누군가에게 도덕적으로 용납될 수 없는 특혜를 주는 것이 가장 큰 이슈로 비판될 수 있다. 자신이 제시한 사회적으로 소외된 사람들의 사례가 해결되려면 (나)의 공정의 이념과 (가)의 공감의 관계 중 무엇이 더 시급히 필요한지 묻는 문항이다.

선배들의 TIP ✏️

1. 면접에서는 두괄식으로 답변하는 것이 중요하다. 주어진 질문이 (가)에 대한 (나)의 입장(즉, 평가)이므로 먼저 어떤 입장인지를 밝히는 것이 좋다. 면접관의 입장에서도 수험생이 묻는 바에 대한 답을 먼저 제시할 때, 이어지는 답변에 대해서도 집중하고 싶어진다.

   평가 기준이 되는 (나)의 개념 '편애'를 평가 대상이 되는 (가)의 개념 '우정'에 접목했다. 이와 같은 개념의 활용·적용은 두 제시문을 연결 지어 분석했음을 면접관에게 어필한다.

   보다 다각적인 평가를 하고 싶은 학생이라면, (가)의 '우정'을 세부적으로 나누어볼 수 있다. (나)에 따르면, '우정'의 대상이 선함과 옳음을 갖추었는지 자격을 검토한 후 차이를 인정한다면, 이는 더 이상 '편애'에 해당하지 않으며, 공정에 반하지도 않는다. 그렇다면 (나)가 부정적으로 보는 대상은 자격을 따지지 않는 우정이라는 결론이 도출될 수 있다.

2. 두 제시문의 견해 중 무엇이 더 요구되는지를 묻는 문제에서는 ① 두 제시문의 견해가 무엇인지, ② 각 제시문이 문제 된 사안을 어떻게 바라보는지에 대한 검토가 필요하다. 이때 제시문의 견해를 단순 요약하는 것에 그치지 않고, 함의를 지적해 준다면 좋은 점수를 받을 수 있다. 또한 2번 질문은 사례를 활용할 것을 요구하고 있으므로 이를 각 제시문의 견해와 연결해 주는 것이 중요하다. 이때 사례는 일반적인 것으로 설정하는 것이 안전하다. 지나치게 지엽적인 사례인 경우 설득력을 갖기 어렵다.

   두 제시문의 견해를 절충하는 견해가 좋다고 답하는 학생들이 종종 있다. 그러나 이는 문제의 요구를 잘못 이해한 답변이다. 문제는 분명 어떤 견해가 '더 절실히' 요구되는가를 묻고 있다(즉, 양자택일이다). 실제 시험장에서 두 견해의 절충이 필요하다고 답한다면, 아마도 면접관은 둘 중 하나를 꼭 골라야 한다면 무엇을 택하겠냐고 재차 물을 것이다.

예시 답안 ✏️

1. (나)는 (가)에 대해 부정적인 입장을 가질 것으로 생각됩니다. 먼저, (가)는 모든 사람을 평등하게 대하지 않는 '우정'을 중시하고 있습니다. 우리는 나 자신과 무관한 제3자보다는 우정을 나눈 친구에게 더 우호적일 뿐만 아니라, 더 많은 책임과 의무를 부담하고자 합니다. 왜냐하면 친구는 우리 삶의 안내자가 될 수 있기 때문입니다. 나아가, (가)는 우정의 대상을 주변 사람으로 제한하지 않고, 멀리 떨어진 타인까지 포함하고 있습니다. 이는 우정을 바탕으로 한 관계의 확장이 우리를 더욱 풍요롭게 해줄 수 있음을 시사합니다.

한편, (나)는 (가)와 상반된 논지를 담고 있는 것으로 이해됩니다. (나)는 '공정'을 강조하고 있습니다. 공정은 편애의 마음이 없는 것을 의미하는데, 편애는 나와 가까운 사람이 자격을 갖추었는지 여부를 따지지 않고, 그저 행복하기를 바라는 것을 뜻합니다. (나)는 이 같은 편애의 마음을 자기애의 확장으로 보고, 객관적 판단의 자세를 갖추는 공정심이 앞서야 한다고 주장합니다. 만약, 심리적 거리만을 기준으로 편애의 마음이 공정심보다 우선된다면, 그러한 세계는 경멸만 가득할 것으로 예측합니다.

따라서 두 제시문의 논지를 고려할 때, (나)는 (가)에 대해 비판적인 입장을 취할 것입니다. 왜냐하면, (가)가 말하는 우정의 마음이 대상의 자격과 무관하게 발현되어 차이와 다름을 인정하게 된다면, 이는 '편애'에 해당될 수 있기 때문입니다. 나아가, 사회에서 '우정이라는 이름'으로 '편애'가 '공정'보다 우선된다면, 그 사회는 경멸만이 넘쳐나게 될 것입니다. 그러므로 공정을 중시하는 (나)는 차이를 인정하는 (가)에 대해 부정적인 입장을 가집니다.

2. 사회적으로 소외되거나 배제된 사람들도 존엄하고, 품위 있게 사는 사회가 되기 위해서는 우정을 중시하는 (가)의 견해가 요구된다고 생각합니다. (가)는 우정에 기반을 둔 공동체를 지향하며, 각 개인의 차이와 다름을 인정하고, 상대의 특별한 상황에 주목합니다. (가)의 관점에서, 모든 사람을 차별 없이 대하고 각 개인이 갖는 본질적 차이를 외면하는 사회는 진정한 소통이 부재한 사회입니다. (가)의 관점에서 볼 때 문제에서 말하는 사회적 소외와 배제는 한 개인의 '특별한 상황'이 될 수 있다고 생각합니다. 따라서 이러한 특별한 상황에 관심을 가질 때, 비로소 그 개인이 '남다른 인간'으로 살아갈 수 있도록 인도할 수 있습니다.

사회적 소외의 대표적인 사례로 장애를 가진 사람들의 불편을 들 수 있습니다. 장애의 정도에 따라 상이하겠지만, 그들은 일상에서의 자유로운 이동, 교육, 취업 등 여러 가지 측면에서 어려움이 있다고 생각합니다. 하반신이 불편한 사람은 특정 지역을 방문할 때 대중교통 이용에 어려움이 있을 뿐만 아니라, 장애인용 화장실이 근처에 있는지 여부도 고려해야 합니다. 시청각에 장애가 있는 사람은 다른 일반 학생들처럼 대학에서 강의를 수강하기 어렵습니다. 이와 같은 장애인들의 '특별한 상황'과 어려움에 사회 구성원들이 공감하고 다름을 인정할 때, 장애를 가진 사람들 또한 보다 품위 있게 살아갈 수 있다고 생각합니다.

반면, 공정을 중시하는 (나)의 관점에서는 사회적 소외와 배제를 경험하는 이들의 존엄성을 회복하기 어렵다고 생각합니다. (나)는 선함과 옳음을 기준으로 모든 이들을 객관적으로 따질 것을 주장합니다. 그러므로 (나)의 관점에서 특혜를 주는 것은 편애에 해당하므로 원칙적으로 허용되기 어려우며, 특혜를 줄 수 있는 선함과 옳음의 정도가 사회적 합의의 대상이 될 것입니다. 그러나 바로 이러한 점이 사회적으로 소외와 배제를 겪는 장애인들의 존엄성 회복을 더디게 만들 수 있다고 생각합니다. 장애를 가진 사람들의 '선함과 옳음'에 따라 그들에 대한 대우가 결정되는 것은 장애와 그로 인한 사회적 소외라는 그들의 '특별한 상황'을 전혀 고려하지 않는 결과를 낳을 수 있기 때문입니다. 뿐만 아니라, 오직 그 개인의 '선함과 옳음'만을 기준으로 한다면, 장애라는 '동일한 상황' 하의 여러 사람들이 상이한 대우를 받을 수 있고, 이것이 곧 '공정'이 될 수 있다는 점에서 타당하지 않다고 생각합니다.

2. 인문학(오후)

※ 제시문을 읽고 문제에 답하시오.

(가) 일반적으로 문화적 담론에 의해 전달되는 것은 '진실'이 아니라 '표상'이다. 언어는 그 자체가 고도로 조직화되고 기호화된 시스템으로, 표현, 암시, 메시지 및 정보의 교환, 그리고 표상 등을 위해 여러 장치를 활용한다. 그리고 이러한 담론 속의 언어는 존재 자체를 그대로 전달하는 것이라기보다는 작성자에 의해 재현되고 표상되는 것이다. 따라서 동양에 관해 작성된 서술의 가치와 유효성 및 진실성이 반드시 동양 그 자체에 기반한다고 할 수 없다. 오히려 동양을 실질과 다르거나 대체된 존재로 전달할 위험이 있다.

(나) 사탄의 끔찍한 후손들, 즉 타타르인들(몽골인)의 거대한 무리가 마치 지옥에서 악마들이 풀려나듯이 산으로 둘러싸인 그들의 땅으로부터 갑자기 나타나 결코 통과할 수 없는 암석을 관통하며 나아갔다. 그들은 나라를 파괴하고 메뚜기 떼처럼 지면을 뒤덮으며 가는 곳마다 불 지르고 학살하며 폐허로 만들며 동쪽으로부터 다가오고 있다. 그들은 잔혹하고 짐승의 본성을 가지고 있었다. 사람이라기보다는 괴물로 불러야 마땅했고, 피를 갈망하고 마셨으며, 개와 사람의 살을 찢어 먹었다. 그들에게는 인간의 법이 없었고, 자비를 몰랐으며, 사자나 곰보다 더 잔인했다.

(다) 타타르인들은 이 세상 어느 누구보다도 자기 주인에게 순종적이며, 가볍게 거짓말을 하지 않습니다. 싸움, 언쟁, 상해, 살인과 같은 일은 그들 사이에서 전혀 발생하지 않으며, 남의 물건을 훔치는 강도나 도적도 찾아볼 수 없습니다. 가진 음식이 많지는 않아도 서로 기꺼이 나눕니다. 또한, 고난을 오래 참아 하루나 이틀 동안 먹지 않아도 되고, 행군할 때에는 매서운 추위와 혹독한 더위도 잘 참습니다. (중략) 그들은 다른 사람들에 대해서 극도로 오만하며 모두를 깔보고, 다른 사람에게 금세 화를 내며 성격이 조급합니다. 또한, 남에게 거짓말을 잘하는데, 거의 진실을 찾아보기 어렵습니다. 그들은 만약 할 수만 있다면 누구나 속이려고 합니다. 그들은 지나칠 정도로 탐욕스러우며, 남에게 주는 것에는 매우 인색합니다. 다른 사람을 학살하는 것을 아무렇지도 않게 생각합니다.

1. (나)와 (다)의 저자는 모두 13세기 중엽 몽골의 대외 팽창 시기 유럽 사회의 구성원이다. (가)의 관점에서 (나)와 (다)에 포함되어 있는 '표상된 이미지'와 '객관적 사실'을 논하시오.

2. (나) 또는 (다)의 저자가 느꼈으리라 생각하는 감정 중 하나를 아래의 보기에서 선택하여 그 이유를 설명하고, 본인이 읽은 문학 작품 중 해당 감정이 가장 두드러지게 표출된 사례를 이야기해 보시오.

〈보기〉
두려움, 멸시, 분노, 비탄, 시기, 우월, 이질감, 절망

학교 측 해설 ✏️

【출제 의도】

1. 정확한 독해력을 기반으로 제시문의 내용을 파악하고 다른 텍스트에 적용하여 분석할 수 있는 응용 및 사고 능력을 평가하고자 했다.

2. 제시문에 대한 정확한 이해를 바탕으로 자신의 독서 경험과 연결할 수 있는 창의력을 평가하고자 했다.

【문항 해설】

1. (가)는 '동양'에 관한 서술이 모두 사실은 아니며 글로 옮기는 과정에서 저자에 의한 이미지 표상이 이루어지기 때문에 텍스트를 비판적으로 읽어야 할 필요성을 보여준다. (나)와 (다)는 몽골에 대한 당시 유럽인의 기록으로서 몽골의 표상된 이미지와 객관적 사실이 혼재되어 있다. 이 문항은 (가)의 관점에서 (나)와 (다)를 분석하면서 양자를 구분하고 그와 같이 판단한 근거를 제시하도록 했다.

2. (나)와 (다)의 저자는 각각 당시 몽골에 대한 서술을 남겼다. 그리고 (가)를 통해 이 저자들의 서술에는 그들의 시각이 투영되어 있음을 알 수 있다고 밝혔다. 이 문항에서는 수험생이 (나)와 (다)를 통해 각 저자가 몽골의 침략이라는 위협에 대해 어떤 감정을 느꼈을 것인가 추론하고, 자신의 독서 경험을 통해 유사한 사례를 제시하게 함으로써 텍스트를 정확하게 이해했는지, 창의력 및 응용 능력을 갖추었는지를 평가하고자 했다.

선배들의 TIP ✏️

1. (가)의 요지를 정확히 파악하는 것이 중요하다. 핵심은 언어 서술이 사실만을 담고 있는 것은 아니며, 일부는 저자에 의해 표상된 이미지라는 것이다. 이를 바탕으로 (나)와 (다)를 해석할 때, 무엇이 사실이고 무엇이 표상인지 분류해 내야 한다. 이때, 무엇이 객관적 사실인지를 분류하는 것은 결국 사실에 대한 정보가 있어야 가능하다. 다만 이를 너무 걱정할 필요는 없는데, 몽골이 대외 팽창을 했다는 정보는 질문에 주어져 있으며, 그들이 유목 민족이라는 점은 두루 아는 사실이므로 이 두 가지 사실만을 활용해도 된다.

(나)는 다소 과장된 표현들이 주를 이루고, (다)는 그렇지 않다는 점에서 전자를 표상된 이미지로, 후자를 객관적 사실로 해석하는 학생들이 있을 수 있다. 그러나 출제자의 의도는 하나의 텍스트 내에서 사실과 표상을 가려내는 문해력이(Literacy) 있는지를 시험하고자 하는 것이라고 생각된다.

2. 제시문을 분석하고 요약한 뒤 답을 구상하는 것으로 끝나지 않는 문항이라 쉽지 않을 수 있다. 특히 문학 작품을 직접적으로 제시하도록 하는 문항이기 때문에 평소 모의고사 공부하듯 문학 작품을 접했던 학생들에게는 당혹스러울 수 있다. 구체적으로 작품을 언급할 때 문학 작품의 내용을 풀어 설명하는 방식은 지양해야 한다. 문학 작품의 작가는 기억하지 못한다고 솔직하게 말해도 좋지만, 문학 작품의 제목은 답과 직결되기 때문에 정확히 말할 수 있도록 하는 것이 좋다.

문항에서 요구한 대로 감정을 제시하고 세부적으로 설명하는 구조의 답안이다. 어떤 감정을 선택해도 점수에는 영향이 없지만, 제시만 하는 것에서 그치면 점수를 얻기 힘들다. 보기의 단어 중 한 가지를 제시하더라도 그 감정이 제시문, 문학 작품과 어떤 식으로 연결되어 분석될 수 있는지 상세히 말하는 것이 중요하다.

예시 답안 🖊

1. (가)에 따르면, 문화적 담론 속의 언어는 사실 그 자체를 전달하기보다는 그것을 작성한 저자에 의해 표상됩니다. 특히 (가)는 그 예시로 동양에 대한 서술을 제시하며, 그것이 모두 역사적 사실에 해당하지는 않는다는 점을 지적하고 있습니다. 그러므로 우리는 비판적인 시각을 바탕으로 특정 텍스트가 담고 있는 객관적 사실과 표상된 이미지를 구별할 필요가 있습니다.

이러한 관점을 바탕으로 할 때, (나)와 (다)는 객관적 사실과 표상된 이미지 모두를 담고 있는 것으로 생각됩니다. 먼저, (나)는 '동쪽으로부터 다가오고 있다.'는 객관적 사실을 담고 있으나, 대부분의 서술은 표상된 이미지에 가깝습니다. 예를 들어, '사탄의 끔찍한 후손', '지옥에서 악마들이 풀려나듯', '괴물'과 같은 표현은 몽골인들을 원초적으로 악랄한 존재로 표상하는 것으로서, 현실성을 갖추었다고 보기 어렵기 때문입니다. 또한, 당시 몽골의 유럽 공격이 대부분 성공적이었으며, 그 과정에서 전쟁 물자의 보급과 확보가 충분했다는 점을 고려한다면 '사람의 살을 찢어 먹었다.'와 같은 표현도 당시 몽골의 침략 하에 놓인 저자에 의해 표상된 이미지라고 생각합니다.

다음으로, (다)의 경우 '고난을 오래 참는다.', '행군할 때 매서운 추위와 혹독한 더위도 잘 참는다.'는 서술은 객관적 사실에 해당한다고 생각합니다. 유목 민족인 몽골인들은 날씨 변화에 잘 적응하는 능력이 유럽인들보다 상대적으로 우수했을 가능성이 높기 때문입니다. 그러나 (다)의 서술 초반부에서는 몽골인들이 '가볍게 거짓말을 하지 않는다.'고 언급된 반면, 중략 이후의 내용은 정반대의 내용을 담고 있는 것으로 보아, 둘 중 무엇이 객관적 사실인지 불분명합니다. 또한, '학살을 아무렇지도 않게 생각한다.'는 표현은 몽골인의 공격을 받은 저자의 입장에서 표상된 이미지에 해당할 것입니다.

2. (나)와 (다)의 저자는 '분노'의 감정을 느꼈을 것이라고 생각합니다. (나)의 저자는 몽골인들의 잔혹성, 무자비함을 두고 '악마', '괴물'이라고 표현하며 그들을 향한 자신의 분노를 표출하고 있습니다. 또한, '메뚜기 떼처럼 가는 곳 전부를 폐허로 만들어버린다.'는 표현을 통해, 저자의 삶의 공간을 파괴한 몽골인들에 대한 분노가 담겨 있음을 알 수 있습니다. 나아가 (다)의 저자는 중략 이후의 서술에서 몽골인들의 오만함, 탐욕, 잔혹성을 지적하고 있는데, 이는 몽골의 침략에 대한 저자의 분노를 표출하는 표현이라고 생각합니다. 즉, (나)와 (다)에는 공통적으로 몽골의 침략을 당한 저자의 분노라는 감정이 투영되어 있습니다.

저는 이러한 분노의 감정이 잘 드러나는 문학 작품으로 이상화 시인의 「빼앗긴 들에도 봄은 오는가」를 들고 싶습니다. 실제로 제시문에서 나타나는 분노의 감정은 단순히 개인끼리 충돌해 생기는 것이 아니라 삶의 터전을 잃은 민족 공통의 감정에 가깝습니다. 따라서 일제 강점기에 저항 시인으로서 우리 민족의 울분을 표출한 이상화 시인의 「빼앗긴 들에도 봄은 오는가」라는 시가 제시문의 감정과 직접적으로 연결된다고 생각합니다. 제시문의 주체들은 몽골인들의 침략으로 삶의 터전이 훼손되어 일차적으로는 큰 분노를 느꼈을 테지만 동시에 크나큰 슬픔을 느꼈을 것입니다. 정서적인 슬픔을 넘어서 미래가 무너진다는 생각과 좌절을 느끼며 탄식하는 상태가 되었을 것이므로 분노라는 감정을 섬세히 파악해 시와 연결할 수 있다고 생각합니다.

3. 사회과학(오전)

※ 제시문을 읽고 문제에 답하시오.

(가) 기업의 사회적 책임 활동은 기업의 소유주인 주주의 이익을 넘어, 소비자, 노동자, 투자자 및 지역 사회 등 다양한 이해관계자의 이익을 도모하는 일이다. 인도 정부는 2013년에 회사법을 개정함으로써 기업의 사회적 책임을 다음과 같이 의무화했다. 회계연도 순자산이 50억 루피(한화 약 800억 원) 이상이거나 매출 100억 루피(한화 약 1,600억 원) 이상 또는 순이익이 5천만 루피(한화 약 8억 원) 이상인 회사는 직전 3개년도의 평균 순이익의 2% 이상을 기업의 사회적 책임 활동에 지출해야 한다. 2% 이상 미집행 시 사유를 공시해야 한다.

(나) 온라인 경매 사이트에서 자선 단체에 기부하는 프로그램을 도입했다. 이 사이트의 판매자들은 판매 대금 중 일부를 기부할 때 경매 참가자들이 어떻게 반응하는지에 대한 실험을 진행했다. 다른 조건은 동일한 상태에서 기부 프로그램의 참여 유무에만 차이를 두어, 판매 가능성과 낙찰 가격에 미치는 영향을 살펴보았다. 기부 프로그램에 배정된 매물은 그렇지 않은 동일한 매물에 비해 판매 가능성이 훨씬 높았고, 판매된 경우에는 평균 낙찰 가격도 높았다.

(다) 시장에서 기업은 경쟁으로 인해 사회적 책임을 소홀히 할 수 있다. 예를 들어, 독점적 지위를 확보한 기업은 사회적 요구에 응하여 다양한 이해관계자의 이익을 도모할 처지가 된다. 반면, 생존의 기로에서 경쟁하는 기업들은, 비록 장기적으로 기업의 비용과 위험을 줄이는 행위임을 인지함에도 불구하고, 노동자의 안전과 환경 문제 등에 소홀할 수 있다.

---

1. (나)와 (다)를 통해, 사회적 책임 활동을 수행하는 기업의 특정 동기와 상황을 추론할 수 있다. 기업들의 다양한 동기와 상황을 고려하여, (가)의 인도 정부의 회사법 개정이 기업의 사회적 책임 활동과 이윤 창출에 미칠 수 있는 영향에 대해 논하시오.

2. 사회 문제 해결을 위한 정부와 기업의 바람직한 역할 구분에 대해 설명하고, 그 관점에서 (가)의 회사법 개정에 대해 평가하시오.

학교 측 해설 ✏️

【출제 의도】

1. 제시문의 내용을 바탕으로 정책 효과에 관한 판단 능력을 평가하고자 했다.

2. 정부와 기업의 바람직한 역할 구분에 대한 생각과 이를 토대로 한 인도 회사법 개정에 관한 평가 능력을 측정하고자 했다.

【문항 해설】

1. (나)와 (다)는 사회적 책임 활동의 동기나 처한 상황이 기업에 따라 다를 수 있음을 제시한다. 이를 통해, 사회적 책임 활동과 이윤 창출의 관계가 일률적이지 않음을 이해하고, 추가로 다른 동기와 상황에 대해 추론하도록 유도하고자 했다. 이러한 다양한 동기와 상황을 고려하여, 인도 정부의 회사법 개정이 기업들에 미치는 효과가 어떻게 달라질 수 있는지 논의하기를 기대한다.

2. 정부와 기업의 역할에 대해 생각해 보고, 외부성, 공공재의 불충분한 공급 등으로 야기된 시장 실패 혹은 사회 문제에 대해 정부와 기업이 어떻게 역할 분담을 하는 것이 바람직한지에 대해 생각해 보도록 유도하고자 했다. 이를 통해 (가)에 제시된 인도의 법 개정에 대해 규범적 판단을 유도했다.

선배들의 TIP ✏️

1. (나)와 (다)에 대한 분석에 앞서 두괄식으로 두 제시문의 함의를 종합하는 문장을 제시해야 한다. 각 제시문에 대한 분석 이후에 두 내용을 종합한 함의를 말하는 순서도 틀린 것은 아니지만, 두괄식으로 답변하는 것이 전달에 있어 효과적이다. 두 제시문을 통해 기업의 이윤 창출과 사회적 책임 수행의 관계가 동기와 상황에 따라 달라질 수 있음을 지적해야 한다.

다수의 학생들이 회사법 개정의 긍정적 영향을 주장할 것으로 생각되어, 답안에서는 회사법 개정이 기업의 사회적 활동과 이윤 창출 모두에 부정적일 수 있다는 결론을 도출했다. 중요한 것은 긍정 / 부정 중 '어떤(which) 결론인지'가 아니라, '왜(why) 그렇게 생각하는지'이다. 그러므로 실제 면접장에서는 스스로 판단하기에 근거 확보가 용이한 결론을 선택할 것을 권한다.

2. 기업의 역할을 이야기할 때, (나)에 나타나는 시장 원리를 활용했다. 정부의 역할을 이야기하기에는 제시문 내 정보가 다소 부족할 수 있는데, 시장 실패(공공재, 외부 효과, 정보의 비대칭성)에 대한 내용은 고등학교 교육과정에서 다루어지는 내용이므로 이를 활용한 것이다.

만약 회사법 개정을 긍정적으로 평가하고 싶다면, 정부의 역할을 보다 넓게 설정해야 할 것이다. '시장 실패가 나타날 때에만 정부의 개입이 정당하다.'와 같은 논리는 신자유주의적 사고에 근거한 주장으로, 이를 절대적 진리라고 생각할 필요가 없다. 예컨대 칼 폴라니는 자유 시장을 가리켜 사회를 파괴하는 악마의 맷돌이라고 명명한 바 있다.

예시 답안 ✏️

1. (나)와 (다)를 통해, 기업의 사회적 책임 활동 수행은 기업의 동기와 상황에 대한 정확한 분석이 필요할 뿐만 아니라, 사회적 책임의 이행이 반드시 기업의 이윤 창출로 이어지지는 않는다는 점을 파악할 수 있습니다. 먼저 (나)는 기업의 사회적 책임 활동의 동기 중 하나가 이윤 창출임을 나타냅니다. (나)에 따르면, 기부를 조건으로 내세운 매물이 상대적으로 더 높은 가격에, 더 잘 판매되고 있습니다. 이와 같은 기부 행위는 사회적 책임 활동의 하나로서 제품을 홍보하는 효과를 가지며, 곧 기업의 이윤 창출에 기여하게 됩니다.

다음으로 (다)는 기업이 처한 경쟁의 정도라는 상황에 따라 사회적 책임 활동 수행에 대한 접근성이 달라질 수 있음을 나타내고 있습니다. (다)에 따르면, 독점적 지위를 가진 기업은 사회적 요구에 응할 여유가 있는 반면, 치열한 경쟁을 하는 기업들은 사회적 책임 활동의 유효성을 인지하고 있음에도 불구하고, 당장의 상황 때문에 비용 절감에 더 민감하며 사회적 책임 활동에 소극적입니다. 그러므로 경쟁이 치열한 산업 하의 기업은 사회적 책임 활동을 수행하기 어려우며, 이는 기업의 이윤 창출에 단기적으로 부정적 영향을 끼칠 수 있습니다.

이러한 점을 고려할 때, (가)의 인도 정부의 회사법 개정은 의무화에 따른 사회적 책임 수행의 일시적 증가는 야기할 수 있으나, 장기적으로는 사회적 책임의 동기를 약화시켜 자발적인 수행을 감소시키고, 일부 기업의 이윤 창출을 저해할 수 있다고 생각합니다. 왜냐하면, 사회적 책임이 의무화되는 경우, (나)가 언급한 판매 홍보 효과가 약화될 수 있으며, 이를 인지한 기업의 입장에서는 자발적으로 사회적 책임을 수행할 동기가 저하될 수 있기 때문입니다. 또한, 각 기업이 처한 경쟁 상황을 고려하지 않은 채 자산이나 순이익만을 기준으로 하는 의무화는 기업의 비용을 증가시킬 수 있고, 이는 다시 기업의 순이익을 악화시켜 결국 개정된 회사법의 기준

보다 낮은 순이익을 얻게 될 가능성이 있습니다. 그 결과 기업의 사회적 책임 활동을 위축시키고 이윤 창출을 저해할 수 있다고 생각합니다.

2. 사회 문제 해결을 위해서는 정부와 기업의 적절한 공조가 요구된다고 생각합니다. 먼저, 기업은 사적인 이윤 창출을 추구하며 시장에 참여하는 주체입니다. 그러므로 시장 내에서 사회 문제의 해결을 도모하거나, 시장과 연계해 그 해결을 모색하는 역할을 수행하는 것이 바람직할 것입니다. (나)에서 기업의 사회적 책임 활동 수행이 기업의 이윤 확대로 이어지는 경우가 대표적인 예시입니다.

반면, 정부는 사회의 원만한 운영과 같은 공적 목표를 달성하는 것을 주된 목적으로 하며, 시장의 참여 주체가 아니라는 점에서 기업과는 근본적으로 다릅니다. 동시에 정부는 때로 시장 내 경쟁 상황, 조건, 기업의 비용 구조에 대한 정확한 정보를 갖추지 못할 수도 있다고 생각합니다. 따라서 정부는 시장에 대한 간섭을 최소화하여, 시장 내 가격 체계와 같이 질서를 교란시키지 않는 범위 내에서 역할을 수행하는 것이 바람직하다고 생각합니다. 또한, 공공재의 불충분한 공급, 정보의 비대칭성, 외부 효과와 같은 시장 실패 현상이 나타는 경우에 한해서만, 시장에 개입하는 것이 적절한 효과를 가질 수 있다고 생각합니다.

이와 같은 관점에서 (가)의 회사법 개정을 부정적으로 평가하고자 합니다. 기업의 사회적 책임 활동은 사회의 다양한 이해관계자의 이익을 도모할 수 있다는 점에서 긍정적이지만, 그것이 이루어지지 않는 상황을 시장 실패의 상황으로 볼 수는 없기 때문입니다. 오히려 정부의 시장에 대한 개입은 시장의 질서를 교란해 '효율성'을 저해할 가능성이 크다고 생각합니다. (다)에서 언급하듯 치열한 경쟁 구조를 가진 산업 하의 기업에 대한 사회적 책임 이행 강제는 기업의 비용 구조를 악화시키고, 이윤을 감소시켜 경쟁력을 잃게 만들 수 있습니다. 이는 결국 '기업의 사회적 책임 활동 활성화'라는 본래의 목표마저 좌절시킬 수 있을 것입니다.

4. 사회 과학(오후)

※ 제시문을 읽고 문제에 답하시오.

(가) 공공 정책은 비선출직 전문가들에 의해 좌우되고 있다. 로비 활동이 늘고 정치 자금의 규모가 커지면서 정치인과 국민 사이의 거리도 멀어졌다. 정치가 국민의 뜻과 유리되어버린 것이다. 독일 대안당의 한 지도자는 기성 정치인들은 현상 유지만을 바라고 있지만 대안당은 그들과 다르게 독일 국민이 스스로의 운명을 결정하기를 바란다고 주장했다. 그는 국민에게 중요한 결정을 내릴 권한을 주고 있는 나라로 스위스를 언급하며 그 나라의 정치를 높게 평가했다. 스위스는 2009년 국민 투표를 실시해 58%의 찬성률로 이슬람 첨탑의 건립을 금지했던 것이다. 한편, 네덜란드의 한 정치가는 2017년 총선에서 11개의 선거 공약을 내세웠는데, 그중 두 번째는 "코란을 금지한다."였다. 그러나 세 번째 공약은 민주적으로 보였다. "법적 구속력이 있는 국민 투표를 도입한다."

(나) 현대 대의제 민주주의는 선거가 있기 때문에 고대 도시 국가의 직접 민주주의보다 우월한 정치 체제다. 선거는 본질적으로 엘리트를 선출하는 방식이기 때문이다. 대의제 민주주의는 선거로 선출한 대표에게 통치를 위임하는 귀족주의의 장점과 평등한 인민 주권을 실현하는 민주주의의 장점을 결합한 체제이기에 더 우월한 것이다.

(다) 잠재적 선동가가 대중의 인기를 얻어 중앙 무대로 올라서려 할 때 기성 정치인들은 힘을 합쳐 그들을 고립시키고 무력화한다. 미국의 대선 예비 경선은 이 문제의 해결책으로서는 지나치게 민주적인 방식인지 모른다. 대선 후보 지명을 오로지 투표자의 손에 맡겨둠으로써 정당이 지니는 문지기 역할을 약화시켰고, 동료에 의한 평가 절차를 생략함으로써 아웃사이더에게 문을 열어 놓았다.

(라) 국민의 뜻이 개인의 권리와 충돌하면서, 개인 권리 존중과 국민 자치의 독특한 조합인 자유 민주주의가 분리되고 있다. 대신 두 가지 체제, 즉 권리 보장 없는 민주주의라고 할 ⊙ 반자유주의적 민주주의, 그리고 민주주의 없는 권리 보장이라고 할 ⓒ 비민주주의적 자유주의가 부상하고 있다. 그렇다면 여기서 우리는 개인의 권리를 포기할 것인가? 국민의 뜻을 외면할 것인가?

1. (가)에 제시된 사태에 대해 (나)와 (다)가 어떤 입장을 취할지 설명하고 그 두 입장에 대한 자신의 견해를 제시하시오.

2. (라)의 ⊙과 ⓒ 중 어느 경향이 심화되는 것이 바람직한 정치 체제에 더 큰 위협이 될 것인지 (가)에 제시된 사태와 연관 지어 자신의 생각을 이야기해 보시오.

학교 측 해설 ✏️

【출제 의도】

1. 제시문에 대한 이해력, 그것을 구체적 상황에 적용해 분석하는 응용력과 분석력, 그리고 자신의 관점에서 평가하는 비판력과 창의력을 평가하고자 했다.

2. 제시문에 대한 이해력, 그것을 구체적 상황과 연관 짓는 응용력, 그리고 유추하고 추론하는 창의력과 논리력을 평가하고자 했다.

【문항 해설】

1. (가)는 정치가 국민의 뜻과 유리된 상황에서 기성 정당은 현상 유지를 바라지만 일부 대안 정당은 국민에게 국민 투표 같은 직접 민주주의적 권한을 부여할 것을 주장하는 상황이다. 그런데 국민 다수가 원하는 정책은 종교의 자유 등 소수의 권리를 침해할 소지가 있다.

    (나)는 대의제 민주주의가 직접 민주주의에 비해 더 우월한 체제라고 주장한다. 그것은 선거를 통해 선출된 지식, 덕성, 지혜 등의 미덕을 갖춘 엘리트가 통치하는 체제라는 점에서 비롯한다. (나)는 국민 투표와 같은 직접 민주주의적 제도에 비판적이다. 이슬람 첨탑 건립 금지와 같은 종교의 자유 침해는 그러한 폐해를 잘 보여준다.

    (다)는 선거에서 위의 미덕을 갖춘 엘리트가 선출될 보장이 없다는 점에 주목한다. 선동가가 대중의 지지에 힘입어 선출되는 것을 방지하기 위해서는 특히 정당 체제 내에서 그러한 문지기 기능이 잘 작동되어야 한다. 스위스와 네덜란드는 기성 정치 지도자들이 선동가 / 선동 정치의 출현을 제대로 막지 못한 실패 사례에 해당한다.

    (나)와 (다)의 입장은 엘리트 통치에 편중되어있다는 비판이 가능하다. (나)의 주장을 비판하면, 선출된 대표의 통치가 일반 국민의 뜻과 너무 거리가 멀고 많은 결정이 비선출직에 의해 내려진다. (다)의 주장을 비판하면, 정당 체제가 지나치게 폐쇄적으로 운영될 경우 정치가 사회의 변화와 다양한 요구를 제대로 반영하지 못하고 국민의 소외가 심화된다. 결국은 (나)와 (다)가 우려하는 포퓰리즘 정치의 등장을 초래할 수도 있다.

2. (라)는 국민의 뜻이 개인의 권리와 충돌하면서 자유 민주주의가 민주 없는 자유주의와 자유 없는 민주주의로 분리되며, 자유의 가치(개인의 권리)와 민주의 가치(국민의 뜻)가 양립하기 어려운 상황이 현재 민주주의 위기의 성격이라고 주장한다.

(가)에 제시된 사태는 (라)가 말하는 자유 민주주의의 분리 현상의 현실 사례이다. 기성 체제는 민주주의 없는 권리 보장인 비민주주의적 자유주의이고 대안 정당이 주장하고 있거나 실천한 정치 체제는 반자유주의적 민주주의이다. 두 경향 중에 어느 것이 심해질 때 민주주의에 더 심각한 위협이 될 것인지를 묻는 질문이다.

선배들의 TIP ✏️

1. 이처럼 문제가 요구하는 바가 여러 가지인 경우, 문제가 묻는 순서 그대로 답을 해나가면 된다. 반드시 두괄식으로 모든 답을 제시해야 한다는 강박을 가질 필요는 없다. 문제가 묻는 바에 따라 두괄식 답변이 어려운 경우가 있기 때문이다. 이러한 경우 답변 순서를 고민하기보다는 문제가 묻는 바를 빠짐없이 답할 수 있도록 해야 한다.

   (다)의 논지 파악이 다소 헷갈릴 수 있다. (다)는 오직 대중의 인기에 의해 힘을 얻은 선동가의 등장을 예방하고자 한다. 그러나 그것을 예방하는 기제로서 '투표자의 손'에 맡기는 방식을 비판하고 있다. 이는 직접 민주주의의 강화에 대해 회의적임을 시사한다.

   두 제시문에 대한 자신의 견해를 밝힐 때, 공통점을 먼저 언급하는 것이 좋다. 이를 통해 두 제시문에 대해 정확하게 이해했다는 것을 면접관에게 드러낼 수 있으며, 각 제시문에 대한 자신의 견해를 보다 용이하게 이어갈 수 있다.

2. 자유와 민주의 충돌이 나타나고 있음을 지적하는 것이 중요하다. 이는 곧 다수인 국민의 뜻이 소수인 개인의 자유를 빼앗는 경우로 발전할 수 있으며, 반대의 경우에는 다수 국민의 뜻을 외면하는 결과를 나타낼 수 있음을 의미한다.

   물론, 양자 간의 적절한 조화와 균형이 필요하다. 그러나 이것은 문제가 묻는 바가 아니다. 둘 중 무엇이 '더' 위협이 되는지를 묻고 있으므로 둘 중 하나를 택해서 답하는 것이 묻는 바에 대해 답하는 것이다.

   자연 계열 사범대학교 입시를 준비하는 학생들은 서울대 홈페이지에 공개된 문제를 참고하기 바란다.

예시 답안 🖋

1. (가)는 국가의 공공 정책이 비선출직 전문가에 의해 좌우되어 국민의 뜻을 온전히 반영하지 못하고 있음을 지적합니다. 이에 독일의 대안당 지도자는 국민의 의사가 정치에 보다 적극적으로 반영될 수 있는 직접 민주주의를 주장하고 있습니다. 그러나 스위스의 사례에서 드러나듯, 직접 민주주의는 종교의 자유와 같은 기본적 권리를 침해하는 결과를 낳을 수도 있습니다.

(나)의 입장에서 (가)는 직접 민주주의의 폐해를 드러내는 사례입니다. (나)는 대의제 민주주의가 귀족주의와 민주주의의 장점을 결합한 우월한 체제라고 정의하며, 직접 민주주의 제도에 회의적입니다. 따라서 (가)에 나타나는 이슬람 첨탑의 건립 금지, 코란의 금지와 같은 사태는 직접 민주주의의 부작용을 전적으로 드러내는 경우로 해석될 수 있습니다.

(다)의 입장에서도 (가)는 직접 민주주의의 실패 사례에 해당합니다. (다)는 미국의 대선 예비 경선과 같이 직접 민주주의가 강화되면, 정당의 역할이 약화되고, 동료에 의한 평가가 생략되므로 선동가가 출현하는 것을 막지 못한다고 주장합니다. 이러한 관점에서 (가)에 나타나는 일련의 종교의 자유 침해 사례는 직접 민주주의의 실패로 선동가의 등장을 막지 못한 결과입니다.

(나)와 (다)는 공통적으로 직접 민주주의에 대해 비판적이며, 소수 엘리트에 의한 정치를 주장하고 있습니다. 그러나 이는 권력의 독점화, 엘리트들의 지대 추구 행위 등을 야기할 수 있다는 점에서 한계가 있다고 생각합니다. 먼저 (나)의 경우, 대의제의 결과로 시행된 정책이 국민의 의지와 유리될 가능성, 나아가 선출된 대표가 그 자신의 이익만을 추구할 가능성을 외면하고 있습니다. 또한, (다)의 경우, 정당 체제의 강화가 정치 환경의 경직성을 강화시켜, 정당이 국민의 이익을 대변하는 것이 아닌 각 정당의 이익만을 추구하는 결과를 낳을 수 있음을 간과하고 있습니다.

2. ㉠ 반자유주의적 민주주의의 강화가 바람직한 정치 체제를 더욱 크게 위협한다고 생각합니다. (라)에 따르면, 현재 자유 민주주의는 개인의 권리 보장이 없는 ㉠ 반자유주의적 민주주의와 민주주의 없는 ㉡ 비민주주의적 자유주의로 나뉘어, 자유의 가치와 민주의 가치가 마치 양립 불가능한 두 개념으로 대립하고 있습니다.

이러한 내용을 바탕으로 할 때 (가)는 자유와 민주가 괴리된 현실 사례에 해당한다고 생각합니다. 독일의 대안당 지도자의 주장 및 스위스와 네덜란드의 사례는 반자유주의적 민주주의에 해당하는 반면, 국민의 뜻을 반영하지 않고 있는 기성 정치인들의 현상 유지는 비민주주의적 자유주의로 해석할 수 있습니다.

이러한 상황에서 반자유주의적 민주주의의 강화는 오히려 종교의 자유와 같은 인간의 기본적 권리에 대한 침해를 가속화시킬 가능성이 크기 때문에, 바람직한 정치 체제에 더욱 큰 위협이 된다고 생각합니다. '국민의 뜻'이라는 절차적 정당성이 반드시 그 내용적·실질적 정당성을 의미하는 것이 아님에도 불구하고, 국민의 뜻이라는 이유로 (가)와 같이 자유 침해가 정당화되는 풍토가 만연하면, 여기에 반대하는 소수의 의견은 묵살당할 가능성이 큽니다. 이는 정치 체제 내의 자정 기능을 약화시켜, 종교 이외의 영역에서도 개인의 자유가 제한되는 상황마저 초래할 수 있을 것입니다. 반면, 비민주주의적 자유주의의 강화는 그 자체로서 국민의 뜻을 온전히 반영하지 않는다는 한계가 있지만, 적어도 (가)와 같은 자유 침해 사태를 방지할 수 있다는 점에서 반자유주의적 민주주의보다는 상대적으로 덜 위험하다고 생각합니다.

[수시]

1. 학업우수형 인문 계열(오전)

※ 다음 제시문을 읽고 질문에 답하시오.

(가) 고전적 공리주의자 벤담과 밀은 행복은 곧 쾌락이고 불행은 고통이라는 인식을 공유하며, 인간 행위의 목적을 고통을 피하고 쾌락을 늘리는 것에 두었다. 특히 이들이 중시한 것은 최대 다수의 최대 행복이었는데 여기에서 공공선의 문제가 제기되기도 했다. 한편, 20세기 사상가 칼 포퍼는 불행의 최소화를 중시하며 ㉠ '소극적 공리주의'를 제시했다. 개인의 자유가 억압되는 일에 민감하게 반응한 그는 공공의 영역을 인정하되 최대 행복을 명분으로 개인의 자유가 침해받는 일을 경계했다. 세계사적 비극인 전체주의의 폐해를 떠올리면 그의 우려가 지나치다고 말하기는 어려울 것이다. 고전적 공리주의가 행복을 극대화하려 한다면, 소극적 공리주의는 행복이 아닌 불행을, 쾌락이 아닌 고통을, 선이 아닌 악을 제거하고 최소화하려 한다.

소극적 공리주의에 따르면, 행복이나 선이라는 목표는 항상 미래에 오는 것이므로 불확실하며 대체로 추상적이다. 반면, 고통이나 악을 제거한다고 할 때, 그 고통이나 악은 항상 현재에 존재하는 구체적인 것이다. 불확실한 미래의 추상적인 선을 추구하기보다는 확실한 현재의 구체적인 악을 제거하는 것이 우리가 해야 할 일이다. 또한, 행복이나 선은 사람들마다 서로 다른 것인 경우가 많아서 일률적으로 산출하기 어렵다. 무엇이 좋은 것인지는 지극히 주관적이기 때문에 사람들 간에 의견 일치가 쉽게 이루어지지 않는다. 반면, 고통이나 악은 사람들이 쉽게 합의할 수 있다는 것이 소극적 공리주의의 주장이다. 맛있는 음식에 대해서는 각각 의견을 달리하는 사람들도 배고픔의 고통에 대해서는 쉽게 의견 일치를 볼 수 있다.

(나) 일반적으로 국가를 평가할 때 국내 총생산(GDP) 등 경제적 지표를 사용하는 경향이 있으나 이것만으로 국민의 행복과 불행을 종합적으로 판단하는 데에는 한계가 있다. 이를 보완하기 위해 도입된 ㉡ 국가 행복 지수는 국내 총생산뿐만 아니라 건강 상태, 자유, 기대 수명, 부정부패 등을 바탕으로 집계된다.

국민 소득이 2,000달러에도 미치지 못하는 작고 가난한 나라지만 국민의 97%가 '행복하다.'고 하는 부탄이 널리 알려진 것도, 선진국 대열에 합류한 나라의 국민이지만 한국인의 불행이 주목받게 된 것도 국가 행복 지수 때문이다. 2018~2020년 평균을 산출한 결과 한국은 국가 행복 지수 10점 만점에 5.85점으로 OECD 회원국 중 거의 끝자리를 차지했는데, 미세먼지 농도는 가장 높았고, 연간 근로 시간은 멕시코 다음으로 가장 길었다. 또한, 2020년 유니세프가 발표한 어린이 행복 지수에 따르면 한국은 OECD 및 EU 회원국 38개국 가운데 21위였다. 신체 건강(13위), 학업 및 사회 능력(11위)은 상위권이었지만 정신적 행복은 34위로 최하위권이었다.

(다) 나는 이사하기를 좋아한다. 인간이라는 것은 크게 나누면 대충 두 가지 타입으로 나눌 수 있다. 즉, 이사하기를 좋아하는 인간과 싫어하는 인간이다. 특별히 전자는 행동적이고 진취성이 풍부하나 후자는 그 반대라는 식의 이야기가 아니다. 단순히 이사하기를 좋아하느냐 싫어하느냐라는 극히 단순한 차원의 이야기이다. 짐을 챙겨 동네에서 동네로, 집에서 집으로 옮겨 다니노라면, 정말로 ⓒ 행복한 기분이 든다.

　　그렇다고 해서 내가 적극적인 인간인가 하면 그렇지도 않다. 오히려 그 반대로, 생활 습관을 바꾸거나 사물에 대한 가치 판단을 바꾸거나 하는 걸 극단적으로 싫어하는 편이다. 양복만 해도 15년 전과 거의 같은 것을 입고 있다. 하지만 이사 가는 것만은 좋아한다. 이사의 좋은 점은 모든 것을 '무(無)'로 만들 수 있다는 것이다. 이웃과의 교제, 인간관계, 그 밖의 온갖 일상생활에서의 자질구레한 일, 그러한 것이 전부 한순간에 소멸해버리는 것이다. 이 쾌감은 한 번 맛보면 결코 잊어버릴 수가 없다. 야반도주야말로 이사의 기본적 원형이다. 나는 지금까지 굉장히 여러 번 이사를 하고, 여러 곳에 살았으며, 여러 종류의 사람들과 상종을 해 왔다. 그리고 그때마다 모든 것을 '무'로 만들고 지금에 이른 것이다.

1. ㉠의 특성을 바탕으로 ㉡, ㉢에 제시된 '행복'에 대한 관점을 평가하시오.

2. (나)의 내용을 참고하여 ㉠의 견해를 비판하시오.

3. (가)의 '소극적 공리주의'를 반영한 정책을 예로 들고 그것의 순기능과 역기능에 대해 설명하시오.

학교 측 해설 ✏️

【출제 의도】

　고등학교 「통합 사회」, 「사회 · 문화」, 「윤리와 사상」 교과가 다루는 '공리주의', '국가 행복 지수', '공공선', '소극적 공리주의' 등의 키워드를 바탕으로 출제했다.

　1번 질문을 통해 '소극적 공리주의'의 개념과 그 특성을 파악한 뒤, 제시문 (나)와 (다)의 상이해 보이는 행복의 관점을 소극적 공리주의의 개념을 통해 정리할 수 있는지 평가하고자 했다.

　2번 질문을 통해 국가 행복 지수의 산출 가능성과 동일 층위에 놓인 행복과 불행의 반비례 관계를 바탕으로, 소극적 공리주의에 전제된 행복의 산출 불가능성과 다른 층위에 배치된 행복과 불행의 관계를 비판적으로 파악하는 능력을 알아보고자 했다.

　3번 질문을 통해 소극적 공리주의의 내용을 종합적으로 파악하여 현실 영역에 적용하고 그것의 순기능과 역기능을 고찰하는 능력을 알아보고자 했다.

【문항 해설】

1. 고등학교 「통합 사회」 교과서에 제시된 행복의 의미 및 「윤리와 사상」 교과서에 제시된 공리주의의 개념을 참조하여, (가)에 제시된 소극적 공리주의의 개념을 파악하고 이에 맞추어 (나)와 (다)에 소개된 '행복'의 차이를 정리해야 한다.

2. 산출 가능한 국가 행복 지수의 속성과, 행복과 불행의 반비례 관계를 파악하여 이를 바탕으로 소극적 공리주의의 내용을 비판해야 한다.

3. 고등학교 「윤리와 사상」 교과서에 소개된 공리주의를 바탕으로 확장된 '소극적 공리주의'의 개념을 활용하여 답변을 해야 한다.

【채점 기준】

하위 문항	채점 기준
1	소극적 공리주의의 특성을 제대로 파악한 경우 점수를 부여한다. 이를 기반으로 ⓒ과 ⓒ의 행복에 대한 관점의 차이를 체계적으로 설명한 경우 점수를 가산점을 부여한다.
2	행복의 산출 가능성 여부 또는 행복과 불행의 층위에 대하여 답변할 경우 점수를 부여한다. (나)에 나타난 행복의 산출 가능성을 이해하고 동일 층위에 놓인 행복과 불행의 관계를 바탕으로, ㉠에서 거론된 행복의 산출 불가능성 및 다른 층위에 배치된 행복과 불행의 관계를 비판하면 가산점을 부여한다.
3	문제가 요구한 합당한 정책의 예를 제시하고 이에 대한 순기능과 역기능을 논리적으로 설명할 경우 점수를 부여한다. 제안한 정책의 예와 설명이 설득력을 갖추고 독창적일 경우 가산점을 부여한다.

【예시 답안】

1. 《(가) 내용 요약》

   - 소극적 공리주의는 공공의 영역을 인정하되 인간이 누릴 수 있는 최대한의 자유를 보장하기 위해 국가의 최소 개입을 강조하며, 행복의 증진 요소보다는 불행의 최소화를 중시한다.
   - 행복과 선은 미래 지향적, 추상적, 주관적 특성을 지녀 그것이 무엇인지 합의에 이르기 어려운 반면, 고통과 악은 현실적, 구체적, 객관적 특성을 지녀 그것이 무엇인지 쉽게 합의에 이를 수 있다.

   《(나) 내용 요약》

   - 국가 행복 지수는 산출 항목에 경제적 수치 이외에도 행복과 불행을 측정하는 여러 영역이 포함되어 종합적인 성격을 지녔다.

- 산출 가능한 행복과 불행의 영역이 제시되고 있으며 행복 지수에는 불행의 요소도 가미되어 있다.
- 행복과 불행은 현재화, 현실화의 특성을 지니며 같은 층위에서 반비례 관계를 형성한다.

〈(다) 내용 요약〉
- '행복한 기분'은 공공의 영역을 중시하기보다는 작가의 개인적 쾌락의 차원에서 형성된다.
- '이사하기'는 작가에 따르면 사회적 관계를 무(無)로 만드는 것이며, 따라서 소극적 공리주의가 전제로 하고 있는 사회적 관계를 부정하는 행위이다.

〈예상 답안 예시〉
　㉠은 '최대 다수의 최대 행복'의 공리주의를 전제로 하되 행복의 측정 불가능성으로 인해 불행의 최소화에 주목해야 한다는 입장이며, ㉡은 불행과 행복의 반비례 관계를 전제로 공리주의적 관점에서 행복의 측정 가능성을 중시한 입장이다. ㉢은 사회관계를 끊음으로써 발생하는 공리주의와 무관한 행복, 즉 개인의 쾌락을 중시한 입장이다.

2. 〈(나)의 내용〉
- 국가 행복 지수 산출 영역에는 불행의 요소와 행복의 요소가 포함되어 있다.
- 행복의 요소는 늘리고 불행의 요소를 줄이는 경우 국가 행복 지수가 상승한다.
- 이를 통해 불행뿐만 아니라 행복도 미래가 아닌 현재적 관점에서 파악할 수 있다는 것을 추론할 수 있다.

〈㉠의 견해〉
- 소극적 공리주의는 산출 불가능한 행복의 증진보다는 합의에 이르기 쉬운 불행의 최소화에 주목하며 '최대 다수의 최대 행복'을 추구한다.
- 행복이나 선은 미래 지향적, 추상적, 주관적 특성을 지니는 반면, 고통과 악은 현실적, 구체적, 객관적 특성을 지녀 다른 층위에 있다.

3. 〈소극적 공리주의의 내용〉
- 소극적 공리주의는 공공의 영역을 인정하되 인간이 누릴 수 있는 최대한의 자유를 보장하기 위해 국가의 최소 개입을 강조한다.
- 소극적 공리주의는 행복의 증진 요소보다는 불행의 최소화를 중시한다.

– 행복이나 선은 미래 지향적, 추상적, 주관적 특성을 지녀 산출하기 어려운 반면, 고통과 악은 현실적, 구체적, 객관적 특성을 지녀 그 정체에 대해 쉽게 의견 일치를 보인다.

〈예상 답안 예시〉

사회 안전망, 빈곤 퇴치, 백신 접종, 기본 소득, 공공 의료, 의료 보험, 임대 주택, 학생 급식, 노숙자 쉼터 등의 예가 있을 것이다. 이들의 순기능은 사회적 고통을 최소화하여 '최대 다수의 최대 행복'의 가치를 실현하는 것이며 이들의 역기능으로는 근로 의욕 저하, 도덕적 해이, 국민의 선택권 억압, 사회적 비용 증가 등을 꼽을 수 있다.

선배들의 TIP ✏️

소극적 공리주의의 개념을 정확하게 파악하는 것이 중요하다. 개인의 자유를 중시한다는 것, 공리주의적 가치를 지향한다는 것, 불행의 최소화를 추구한다는 것 등의 내용을 면접관에게 제시해야 한다.

(나)와 소극적 공리주의의 대조점을 정확하게 파악하는 것이 어려운 문제이다. 두 제시문을 가르는 근본 지점은 '행복과 불행을 별개의, 독립된 개념으로 바라보는지'이다. 이 부분에 대한 분석이 있어야만 2번 질문에서 점수를 온전히 받을 수 있다.

사례를 제시할 때 지나치게 창의적인 것을 떠올려야 한다는 강박을 가질 필요는 없다. 일반적인 사례를 제시하더라도, 문제가 요구하는 바에 대해 적절히 답한다면 좋은 점수를 받을 수 있다.

예시 답안 ✏️

1. 소극적 공리주의의 관점에서 ⓛ 국가 행복 지수와 ⓒ 행복한 기분은 모두 한계가 있다고 생각됩니다. 먼저 소극적 공리주의는 전체의 행복 증진을 위한 공공의 영역을 인정하는 동시에, 개인의 자유를 보장할 것을 요구합니다. 또한, 소극적 공리주의는 행복의 증진보다는 불행의 최소화를 중시합니다. 왜냐하면 행복은 추상적, 주관적 특성을 가져 그 정의에 대한 합의가 어렵지만, 불행은 구체적이고 객관적이므로 그 정의에 대한 합의가 용이하기 때문입니다.

반면, ⓛ은 행복을 측정 가능한 것으로 여기며 행복과 불행을 동일한 영역에 두고 양자를 반비례 관계로 설정합니다. 그러므로 행복과 불행을 별개의 영역에 속한 것으로 취급하며, 행복의 기준을 합의하기 어렵다고 보는 소극적 공리주의는 국가 행복 지수의 관점을 부정적으로 평가할 것이라고 생각합니다.

다음으로 ©은 개인의 이사를 통한 관계의 단절에서 비롯됩니다. 이러한 행복은 공공의 영역과 무관하며, 오히려 사회적 관계로부터의 절연을 필요로 합니다. 따라서 공공의 행복을 중시하는 소극적 공리주의는 ©의 관점을 비판적으로 평가할 것입니다.

2. (나)에 따르면, 국가 행복 지수를 구성하는 요소에는 행복과 불행이 모두 포함되며, 이를 통해 행복의 정도가 산출될 수 있습니다. 또한, 행복과 불행은 반비례 관계를 가지는데, 이에 따라 불행의 요인이 줄어드는 것으로도 국가 행복 지수가 증진되는 결과가 나타날 수 있습니다.

  이와 같은 (나)의 관점에서 ㉠의 견해는 행복의 산출 가능성을 간과하고, 행복의 성격을 미래적인 것으로 단정 지었다는 한계가 있습니다. 먼저, ㉠은 행복이 주관적, 추상적 특징을 지니기 때문에 일률적으로 산출하는 것이 어렵다고 주장합니다. 그러나 (나)의 견해에 따르면 행복은 산출 가능한 대상입니다. 뿐만 아니라 ㉠은 행복을 미래에 오는 것으로, 불행은 현재에 존재하는 것으로 파악합니다. 하지만 (나)에 따르면 행복 또한 미래가 아닌 현재에서 산출·측정될 수 있습니다.

3. 소극적 공리주의는 구체적, 객관적 특성을 가진 불행의 최소화를 목표로 함과 동시에 공공 영역에 있어 개인의 자유 보호를 중시합니다. 이러한 관점이 반영된 대표적 정책으로 최저 임금제를 들 수 있다고 생각합니다. 최저 임금제는 최소한 인간다운 삶을 위해 필요한 임금을 보장함으로써, 노동자들의 불행의 최소화를 목표로 하고 있습니다. 또한, 그러한 공적 목표 달성 과정에서 개인의 자유를 침해하지는 않는 것으로 생각됩니다.

  최저 임금제는 빈곤 계층, 사회적 약자 계층의 고통을 최소화해서 최대 다수의 최대 행복이라는 공리주의적 가치 실현에 기여하는 순기능을 갖는다고 생각합니다. 반면, 최저 임금제의 도입은 노동자들의 근로 의욕을 저하시킬 수 있으며, 균형 임금보다 높게 설정되는 경우 실업률을 증가시킬 수 있다는 역기능도 있습니다. 뿐만 아니라 소규모 자영업자들은 최저 임금 보장으로 인한 비용 증가로 필요한 노동 인력을 고용하지 못할 수도 있다는 한계도 존재합니다.

2. 학업우수형 인문 계열(오후)

※ 다음 제시문을 읽고 질문에 답하시오.

(가) 사람들은 살면서 여러 가지 선택을 해야 합니다. 오늘 무엇을 먹을지, 어떤 옷을 입을지 같은 사소한 결정을 하는 경우에는 자신의 선택에 대해 뒤돌아보지 않지만, 진로나 결혼 같은 중요한 결정을 내린 경우에는 자신의 선택이 적절했는지 반추하기도 합니다. 사람들이 어떤 것을 선택한 후에 '만약에 내가 다른 선택을 했더라면'하고 생각하는 것은 매우 흔하며, 대부분의 사람은 무의식적으로 이러한 ⊙ 반사실적(反寫實的) 사고를 하고 있습니다. 반사실적으로 생각한다는 것은 '사실과 반대' 혹은 '대안 선택 시 일어날 수 있었던 (현실에 대비되는) 상황'에 대해 상상하는 것과 같은 의미를 가집니다. 이 개념은 고대 그리스 철학자인 플라톤과 아리스토텔레스의 가정법 시제에 대한 논의에서 시작되었고, 대안 세계에 관해 쓴 17세기 독일 철학자 라이프니츠에 의해 더욱 발전되었습니다. '반사실적 사고'라는 용어는 1940년대 중반에 처음 사용되었는데, 이후 학자들은 1980년대 초에 사회 인지적 관점에서 이 주제를 체계적으로 연구하기 시작했고, 반사실적 사고 뒤에 후회나 만족과 같은 특정한 감정이 발생한다는 것을 발견했습니다. ⓒ 반사실적 사고는 현실과 대비해 상황이 더 나은 경우와 상황이 더 나쁜 경우를 생각하는 방향으로 나뉩니다. 상상할 수 있는 대안적 상황과 현실을 비교하면 후회, 수치심, 죄책감 또는 비난과 같은 감정이 발생할 수도 있고, 반대로 안도와 만족과 같은 감정이 생길 수도 있습니다.

(나) 노란 숲속에 두 갈래 길 나 있어,
　　나는 둘 다 가지 못하고
　　하나의 길만 걷는 것 아쉬워
　　수풀 속으로 굽어 사라지는 길 하나
　　멀리멀리 한참 서서 바라보았지.
　　그러고선 똑같이 아름답지만
　　풀이 우거지고 인적이 없어

　　아마도 더 끌렸던 다른 길 택했지.
　　물론 인적으로 치자면, 지나간 발길들로
　　두 길은 정말 거의 같게 다져져 있었고,

　　사람들이 시커멓게 밟지 않은 나뭇잎들이
　　그날 아침 두 길 모두를 한결같이 덮고 있긴 했지만.
　　아, 나는 한 길을 또 다른 날을 위해 남겨두었네!
　　하지만 길은 길로 이어지는 걸 알기에
　　내가 다시 오리라 믿지는 않았지.

ⓒ 지금부터 오래오래 후 어디에선가

나는 한숨지으며 이렇게 말하겠지.

숲속에 두 갈래 길 나 있었다고, 그리고 나는—

나는 사람들이 덜 지난 길 택하였고

그로 인해 모든 것이 달라졌노라고.

(다) A는 한 음료 업체의 마케팅 부서에서 근무하고 있는데, 현재 회사에서는 음료의 매출을 높이기 위해 광고를 띄우려고 한다. 어느 날 A는 상사로부터 과거에 회사에서 광고를 집행했을 때 음료 매출이 얼마나 올랐는지를 분석하라는 지시를 받고, 데이터를 살펴보았다. 그 결과 2020년에 회사가 음료를 광고했더니 2019년에 비해 음료 매출이 20% 상승했다는 사실을 알게 되었다. 이 사실을 발견한 A는 그 즉시 상사에게 음료를 광고한 덕분에 2020년 음료 매출이 전년도보다 20% 상승했으며, 따라서 올해도 광고를 하게 되면 음료 매출이 20%가량 증가할 것이라고 보고했다.

1. (가)의 내용을 참고하여 제시문 (나)의 화자가 ⓒ과 같이 표현한 이유에 대해 말하시오.

2. (가)의 내용을 바탕으로 (다)에 나타난 A의 주장을 평가하시오.

3. (가)의 ⓛ에 제시된 두 가지 반사실적 사고가 사람들에게 어떠한 영향을 줄 수 있는지 구체적인 예시를 들어 설명하시오.

학교 측 해설 ✐

【출제 의도】

고등학교 「사회·문화」 교과에 나타난 '성찰적 태도', '사회·문화 현상을 보는 관점'에 대한 이해를 바탕으로, 반사실적 사고를 통해 개인과 타인의 삶을 성찰하고, 사회현상에 대한 인과 효과를 분석하는 능력을 평가하고자 했다.

【문항 해설】

1. (가)의 반사실적 사고의 개념을 이해하고, 이를 토대로 구체적인 상황을 분석하고 설명할 수 있는지 평가하고자 했다.

2. (가)의 반사실적 사고를 토대로 구체적인 상황에 대해 적용할 수 있는지 평가하고자 했다.

3. (가)의 이해를 토대로 현실보다 더 나은 대안적 상황을 비교하는 방향과 더 나쁜 대안적 상황을 비교하는 방향의 반사실적 사고가 사람들의 감정에 미치는 영향에 대해 이해하고, 이러한 감정이 어떠한 영향을 줄 수 있는지 사고하는 능력을 평가하고자 했다.

【채점 기준】

하위 문항	채점 기준
1	(가)에서 제시된 반사실적 사고의 개념을 이해하고, (나)에서 화자가 ⓒ과 같이 표현한 심리 상태(후회와 자기 합리화)를 반사실적 사고와 연결 지어 설명한 경우 높은 점수를 부여한다.
2	(가)를 토대로 반사실적 사고가 인과관계를 파악하는 데 사용될 수 있음을 이해하고, 이를 근거로 (다)의 A의 주장을 비판적으로 평가하는 경우 높은 점수를 부여한다.
3	두 방향의 반사실적 사고가 사람들에게 미치는 영향에 대해 모두 적절한 예를 들어 설명하는 경우 높은 점수를 부여한다.

【예시 답안】

1. 〈(가) 내용 요약〉

반사실적 사고의 개념을 설명하고, 반사실적 사고를 통해 현재 혹은 과거 상황보다 나은 경우 또는 현재 혹은 과거 상황보다 나쁜 경우를 생각할 때 느낄 수 있는 감정에 대해서 설명한다.

〈(나) 내용 요약〉

화자는 두 개의 길 중에서 하나를 선택한 상황에 대해 이야기하며(1~2연), 먼 미래에 자신의 선택을 되돌아볼 때 느낄 수 있는 감정과 이러한 선택을 하게 된 이유에 대해서 언급하고 있다 (3~4연).

〈예상 답안 예시〉

화자가 ⓒ과 같이 '사람들이 덜 지나간 길'이라고 표현한 이유는 미래에 가지게 될지도 모르는 후회로부터 자신을 보호하기 위해서 자신의 과거 선택을 합리화하거나 미화하려는 의도가 있기 때문이다.

요약하면 이 시의 화자는 '반사실적 사고'를 통해 먼 미래에 자신의 과거 선택에 대해 후회할 가능성이 있음을 예상하고 후회로 인한 피해를 줄일 수 있도록 자기변명을 미리 준비한 것이다.

2. 《(가)의 내용》

(가)에서는 반사실적 사고를 통해 특정 선택을 하지 않은 경우에 일어날 수 있는 상황을 상상하는 것에 대해 설명한다. 따라서 반사실적 사고는 특정한 선택을 한 후의 결과(상황)와 하지 않은 경우의 결과(상황)를 비교하여 이 특정 선택이 결과에 미치는 효과(인과관계)를 파악하는 데 사용될 수 있다.

〈예상 답안 예시〉

(가)의 내용을 (다)의 상황에 적용하면 다음과 같다. 회사가 2020년에 광고를 하는 것과 광고를 하지 않는 것이라는 두 가지 선택에 따른 결과를 비교하여 그 차이를 통해 광고가 음료 매출에 미치는 효과를 파악하는 데 활용할 수 있다.

(다)에서는 2020년에 광고를 했고, 그 반사실이 2020년에 광고를 하지 않은 것이다. 따라서 광고의 매출 효과는 광고를 했을 경우의 매출과 광고를 하지 않았을 경우의 매출을 비교하여 그 차이로 측정할 수 있다.

반사실적 사고를 이용하지 않은 A의 주장에는 오류가 있다. 왜냐하면 A의 주장대로 광고 매출 효과를 측정하는 것은 2020년에 음료 매출이 증가한 이유가 음료 광고 때문인지 아니면 다른 요인(예 그 해의 기온 상승) 때문인지 구분할 수 없기 때문이다. 이를 구분하기 위해 반사실적 사고가 필요하다.

3. 〈예상 답안 예시〉

현실과 대비되는 대안적 상황이 현실보다 더 좋을 것이라고 생각할 경우(상향적 반사실적 사고), 현재의 상황에 대한 불만족, 과거의 선택에 대한 아쉬움, 후회, 죄책감, 비난과 같은 부정적 감정이 발생할 수 있다. 과거에 대한 후회와 현재에 대한 불만족으로 인해 자포자기할 수도 있고, 과거와 같은 실수를 반복하지 않고, 더 나은 미래를 만들기 위한 성찰적 노력을 할 수도 있다.

선배들의 TIP ✏️

반사실적 사고의 개념을 정확히 파악해야 할 뿐만 아니라, 이를 각각 문학과 특정 주장에 적용해야 한다는 점에서 난이도가 있는 문제이다.

(나)의 화자는 현재 시점에서 미래를 상상하고 있는 것이므로 현재 진행형으로 반사실적 사고를 하고 있는 것이 아니다. 반사실적 사고를 하게 될 미래의 자신을 예상한 것이다. 요컨대, 반사실적 사고를 통해 후회하게 될 가능성을 현재 시점에서 차단하고자 한 것으로 이해할 수 있다.

(다)의 A는 전혀 무관할 수도 있는 두 사실 관계, 즉 광고 시행과 매출 증대의 인과성을 단정하고 있다. 이 같은 오류는 '광고를 시행하지 않았더라도, 매출이 증가할 수 있었는가?'라는 물음을 던지지 않았기 때문에 발생한 것이다. 광고 시행은 일종의 '선택'이 되며, 매출 증가는 그러한 선택을 한 '현재 상황'에 해당한다. 그렇다면 반사실은 광고를 시행하지 않는 것이다.

예시 답안 ✏️

1. (나)의 화자가 ⓒ과 같이 말한 이유는, 자신이 먼 미래에 반사실적 사고를 하게 될 때 후회하지 않기 위해서라고 생각합니다. (가)에 따르면 반사실적 사고는 사실과 반대되거나 대안 선택 시 발생 가능한 상황에 대해 상상하는 것을 말합니다. 사람들은 무의식적으로 반사실적 사고를 하는 경향이 있는데, 이를 통해 현실과 대안적 상황을 비교하며 더 나은 것에 따라 긍정적 감정이나 부정적 감정을 느끼기도 합니다.

   한편 (나)의 화자는 '똑같이 아름다운 두 길' 중 더 끌렸던 하나의 길을 선택했던 상황에 대해 이야기한 후, ⓒ에서 나타나듯 미래에 반사실적 사고를 하는 자신을 상상하고 있습니다. ⓒ에 따르면 화자는 '한숨지으며' 자신의 선택을 '후회'할 수도 있기 때문에, 이러한 후회의 감정을 예방하고자 '사람들이 덜 지나간 길'을 선택한 것이라며 자신의 선택을 정당화하고 있습니다.

2. (다)에서 A의 주장은 반사실적 사고를 하지 않은 한계가 있다고 생각합니다. (가)에 나타나는 반사실적 사고는 대안적 상황과 현재를 비교할 수 있도록 합니다. 그러므로 어떤 선택의 결과로 현재의 상황이 나타났다면, 그러한 선택을 하지 않았을 경우에 예상되는 대안적 상황과의 비교를 통해 특정 선택과 결과 간 인과관계를 유추할 수 있습니다.

하지만 A는 '2020년의 광고'라는 선택과 매출이 전년 대비 20% 상승한 현재 상황의 인과관계를 성급하게 단정하고 있습니다. 이와 같은 주장은 광고 이외의 다른 요인이 매출 증대에 개입했을 가능성을 간과하게 된다는 점에서 오류가 있습니다. 광고의 매출 증대 효과를 정확하게 파악하기 위해서는 '광고'라는 선택을 하지 않았을 경우의 대안적 상황에서 매출이 어떠한지를 분석하는 반사실적 사고가 필요합니다.

3. 먼저, 현실보다 대안적 상황이 더 좋았을 것이라고 생각하는 경우 사람들은 후회, 죄책감, 자기 비난과 같은 감정을 느끼게 됩니다. 예를 들어, 수험생들은 종종 수능 사회 탐구 영역에서 자신이 선택한 과목이 아닌 다른 과목을 선택했더라면 더 좋은 점수를 얻었을 것이라고 생각하는 경우가 있습니다. 이러한 경우에 나타나는 후회나 자기 비난은 자포자기하는 태도로 이어질 수도 있지만, 다른 한편으로는 같은 실수를 반복하지 않기 위해 더욱 노력하는 계기가 될 수도 있다고 생각합니다.

이와 반대로, 현실이 대안적 상황보다 더 좋다고 생각할 수도 있습니다. 이때 사람들은 안도와 만족을 느끼게 됩니다. 예를 들어, 합격한 여러 대학 중 특정 대학에 진학한 현재 상황이 대안의 나머지 대학에서의 생활보다 더 좋을 것이라고 생각할 수 있습니다. 이러한 만족은 자기 확신과 자신감으로 이어져, 추후에도 발전적인 학교생활을 해나갈 수 있는 힘이 될 수 있다고 생각합니다. 반면, 자기 확신이 지나칠 경우, 자만하게 되어 자기 자신을 객관화하지 못하는 경우도 발생할 수 있습니다.

3. 계열적합형 인문 계열(오전)

※ 다음 제시문을 읽고 질문에 답하시오.

(가) 유토피아(Utopia)는 1516년에 토마스 모어가 펴낸 책으로, 이 말은 '이루어질 수 없는 좋은 세상'이라는 의미의 일반 명사로 사용되고 있다. 본문을 보면, 초승달 모양의 섬 유토피아에는 같은 말과 비슷한 풍습, 제도, 법률을 가진 54개의 마을이 있다. 그곳의 시민들에게는 빈곤도 없고 사치나 낭비도 없다. 이 섬의 성인들은 남녀를 가리지 않고 생산적 노동에 종사한다. 시민이면 누구나 각기 특수한 기술을 배워서 농부, 직조공, 석공, 철공 또는 목공이 된다. 한 가지 기술을 충분히 익히고 난 다음에는 본인이 원하면 다른 기술을 배울 수 있으며, 본인의 기호에 따라 어느 기술에나 종사할 수 있다. 하루에 여섯 시간 일하는데, 오전에 세 시간 일하고 점심을 먹고 두 시간 휴식을 취한 후에 세 시간 일한다. 잠자고 남은 시간은 기호에 따라 자유롭게 보낼 수 있다. 하루에 여섯 시간을 일하지만 안락한 생활을 하는 데 필요한 물품이 전혀 부족하지 않다. 집집마다 열쇠를 채우거나 빗장을 거는 일도 절대로 없다. 왜냐하면 집 안에 들어

간들 어느 개인의 소유물이란 없기 때문이다. 그리고 그곳의 시민들은 10년마다 제비를 뽑아 집을 교환할 수 있다.

(나) 규율 사회는 부정성의 사회이다. 이러한 사회를 규정하는 것은 금지의 부정성이다. '~해서는 안 된다.'가 규율 사회의 지배적인 조동사가 된다. '~해야 한다'에도 어떤 부정성, 강제의 부정성이 깃들어 있다. ㉠ 성과 사회는 이런 부정성에서 점점 더 벗어난다. 점증하는 탈규제의 경향이 부정성을 폐기하고 있다. 무한정한 '할 수 있음'이 성과 사회의 긍정적 조동사이다. "Yes, we can."이라는 복수형 긍정은 이러한 사회의 긍정적 성격을 정확하게 드러내 준다. 규율 사회에서는 여전히 'No'가 지배적이며, 규율 사회의 부정성은 광인과 범죄자를 낳는다. 반면, 노동의 긍정성을 강조하는 성과 사회는 우울증, 소진 증후군 등 사회 병리 현상을 가져오며, 이런 점에서 노동 사회, 성과 사회는 자유로운 사회가 아니며 계속 새로운 강제를 만들어낸다. 생산성의 향상을 위해서 규율의 패러다임은 '성과의 패러다임' 내지 '할 수 있음'이라는 긍정의 도식으로 대체된다. 생산성이 일정한 수준에 도달하면 금지의 부정성은 그 이상의 생산성 향상을 가로막는 걸림돌로 작용하기 때문이다. 능력의 긍정성은 당위의 부정성보다 훨씬 더 효율적이다. 따라서 사회적 무의식은 당위에서 능력으로 방향을 전환하게 된다. 성과 주체는 규율 단계를 마치고 규율로 단련된 상태를 유지한다. 능력은 규율의 기술과 당위의 명령을 통해 도달한 생산성의 수준을 더욱 상승시킨다. 생산성 향상이란 측면에서 당위와 능력 사이에는 단절이 아니라 연속적 관계가 성립한다.

(다) 막스 베버는 『프로테스탄트 윤리와 자본주의 정신』에서 자본주의가 경제적 번영을 이루게 된 원인을 분석하며, 개신교의 직업 윤리관인 프로테스탄트 윤리가 근대 자본주의의 성립과 발달에 기여했다고 주장했다. 그는 노동을 인류 최초의 죄에서 비롯된 고통으로 보지 않고, 직업 노동을 통해 부를 축적하는 것이 신의 은총을 받는 방법이라고 말했다. 즉 자신의 직업에 최선을 다하고 완전함을 추구하는 것이 신의 소명이기 때문이다. 프로테스탄트 윤리에서 강조한 금욕주의는 사치와 낭비를 배격하고 근검절약을 실천하는 생활 윤리를 가리키며, 금욕주의를 실천하기 위한 가장 훌륭한 방법은 직업 노동을 하는 것이라고 했다. 따라서 사람들은 현세에서 사치와 향락을 누리는 생활을 멀리하면서 최대한 많은 시간 동안 직업 노동을 하는 것이 올바른 삶의 자세라고 생각하게 되었다. 이렇게 절제된 생활과 성실한 노동을 통해 얻은 사적인 이윤이 결국 신의 뜻이라는 인식이 ㉡ 근대 사회의 노동 윤리로 서서히 자리 잡기 시작했다. 이러한 프로테스탄트 윤리로 인해 사람들은 기업 경영과 상거래를 통한 이윤 추구를 탐욕적인 행위라기보다는 신의 소명에 따라 맡은 일을 성실하게 하는 행위로 인식하게 되었다.

(라) 많은 학자들이 AI 기술의 발달로 인한 일자리의 소멸을 예견하고 있다. 노동 시장의 노동력을 98% 이상 컴퓨터, 인터넷, 로봇이 대신하는 시대, 즉 '인간 없는 노동' 시대의 도래가 멀지 않았다는 것이다. 이것은 인간이 노동으로부터 벗어날 수도 혹은 소외될 수도 있다는 것을 의미한다. 이런 의미에서 ㉢ 노동 없는 사회에서 살게 될 인간은 이제까지 당연하게 여긴 노동, 이전보다 많아진 여분의 시간 등에 대해 생각해야 할 것이다. 즉 지금까지 생계 수단일 뿐 아니라 자아를 실현하고 삶의 의미를 찾는 원천으로 이해한 노동 그리고 남는 시간의 사용에 관한 논의가 어느 때보다 중요해졌다는 것이다. 가령 인간은 예술과 창조적 활동, 지식의 재창조 등으로 개인 삶의 질을 높일 수도 있고, 권태와 무기력에 대해 고민해야 할 수도 있다.

1. (가), (나), (다)에 나타난 노동에 대한 관점을 그 목적과 결과의 측면에서 비교하시오.

2. (나)와 (다)의 내용을 바탕으로 제시문 (라)에 나타난 상황을 평가하시오.

3. (가)를 활용해서 제시문 (나)의 ㉠ '성과 사회', (다)의 ㉡ '근대 사회', (라)의 ㉢ '노동 없는 사회'에 대해 비판적으로 평가하시오.

학교 측 해설 ✏️

【출제 의도】

고등학교 「윤리와 사상」, 「생활과 윤리」 교과가 다루는 '이상 사회', '노동' 등을 바탕으로 시대의 변화에 따른 노동의 의미를 다각적으로 이해하는 능력을 평가하고자 했다.

1번 질문을 통해 각 제시문에 나타난 노동에 대한 관점을 '노동의 목적'과 '노동의 결과'라는 측면에서 파악하고, 각 제시문에 나타난 노동의 특성을 비교·분석할 수 있는지를 평가하고자 했다.

2번 질문을 통해 제시문 (나)와 (다)의 내용을 바탕으로 제시문 (라)에 나타난 구체적인 상황에 적용할 수 있는지 평가하고자 했다.

3번 질문을 통해 ㉠ '성과 사회', ㉡ '근대 사회', ㉢ '노동 없는 사회'에서의 노동과 관련된 현상을 (가)에 나타난 노동의 필요성과 강도를 기반으로 비판할 수 있는지를 평가하고자 했다.

【문항 해설】

1. 이상 사회, 성과 사회, (신앙 기반) 근대 사회에서의 노동에 대한 상이한 관점을 노동의 목적과 결과를 고려하여 비교하는 능력을 갖추고 있는지를 통해 분석력을 평가하고자 했다.

2. (나)의 요지, 노동에 대한 과잉 긍정과 생산성 제고를 위한 무한정한 강박적 노동으로 인간이 우울증에 빠질 수 있는 사회와 (다)의 요지, 신의 소명에 의한 생활 윤리로서의 건강하고 성실한 노동이 이루어지는 사회의 내용을 바탕으로 (라)의 상황, 즉 기술의 발달로 노동이 사라진 상황을 어떻게 접근하고 이해하는지를 통해 적용력을 평가하고자 했다.

3. (가)에서 소개하는 유토피아 사회를 기반으로 ㉠ '성과 사회', ㉡ '근대 사회', ㉢ '노동 없는 사회'에서의 노동과 관련된 현상을 비판할 수 있는지를 통해 종합적 사고력을 평가하고자 했다.

【채점 기준】

하위 문항	채점 기준
1	(가), (나), (다) 모두에서 '노동의 목적', '노동의 결과'를 요약하고, 각 에 나타난 노동의 특성을 도출하여 비교할 경우 높은 점수를 부여한다.
2	(나)의 입장에서 (라)를 설명하는 두 가지, (다)의 입장에서 (라)를 설명하는 두 가지를 모두 포함하는 경우 높은 점수를 부여한다.
3	(가)의 구체적인 내용을 정확하게 이해하고, 이를 바탕으로 개별 사회를 분석하고 각각을 비판한 경우 좋은 점수를 부여한다. 기타 노동과 사회의 관계를 설득력 있게 언급하는 경우 가산점을 부여한다.

【예시 답안】

1. 〈(가), (나), (다) 관점 비교〉

	노동의 목적	노동의 결과
(가)	시민의 기본 활동	안락한 생활을 하는 데 필요한 물품 생산
(나)	생산성 수준의 상승	우울증, 소진 증후군 등의 사회 병리 현상
(다)	신의 소명 실현	사적 이익, 자본주의 경제 번영

- (가)에서 최소한의 기본 활동으로 노동이 유토피아에 거주하는 시민에게 요구된다. 안락한 생활을 하는 데 필요한 물품이 농사, 직조, 목공, 석공 등의 노동을 통해 넉넉하게 생산된다.
- (나)에서 생산성 향상에 대한 본인 스스로의 과도한 요구로 인해 개인은 과도한 노동을 지속적으로 하게 되며, 이로 인해 노동 강제의 악순환에 빠질 수 있다.
- (다)에서 개인은 신의 소명을 따르기 위해 성실하게 노동을 수행하고 이를 통해 부를 축적할 수 있다. 이 과정을 통해 노동은 생활 윤리로 자리 잡게 된다.

2. 〈(라)의 상황〉

(라)의 상황은 노동이 사라진 사회, 그 결과 인간이 노동으로부터 벗어날 수도, 소외될 수도 있다는 것을 의미한다.

〈(나)의 내용을 바탕으로 (라)의 상황 평가〉

- 자기 강박적 노동에서 벗어나 해방감을 느끼며 여가 시간에 대한 고민을 시작한다. 개인의 휴식을 위한 여가를 고려할 수 있다.
- 생산성 확대라는 일상을 지배하던 노동의 목적이 사라지면서 삶의 방향성 상실과 불안감을 느낄 수 있다.

《(다)의 내용을 바탕으로 (라)의 상황 평가》
- 생활 윤리로서의 노동의 부재로 정체성의 혼란이 올 수 있다.
- 신의 소명에 대한 확신의 부재로 삶의 방향성 상실과 불안감을 가질 수 있다.

3. 《(가)에 나타난 노동의 필요성과 강도로 볼 때》
- ㉠에서 구성원은 생산성을 높여야 한다는 노동 강박증에 시달리고, 긍정의 과잉으로 유도된 강제 노동에 의해 우울증, 소진 증후군 등과 같은 사회적 병리에 노출될 수 있다.
- ㉡에서 구성원은 소명에 따르지만, 과도한 노동 시간에 노출될 수 있으며, 신의 소명이라는 명분으로 사적 이윤을 지나치게 추구할 수 있다.
- ㉢에서 구성원은 과도하게 남는 시간으로 인해 권태, 허무, 무기력 등에 빠질 수 있으며, 노동으로 얻을 수 규칙적 생활 리듬을 잃을 수 있다.

선배들의 TIP ✏️

(가)에서 노동의 목적을 명확하게 드러내고 있지 않기 때문에 찾는 것이 다소 어려울 수 있다. 그러나 '시민이면 누구나'라는 표현에 주목할 필요가 있다. 이는 노동이 사회 구성원 모두에게 할당되는 의무임을 시사한다. 그러므로 노동의 목적은 시민으로서 기본적인(최소한의) 활동인 셈이다.

(나)와 (다)를 바탕으로 (라)를 평가할 때, 평가 지점을 정확하게 지적하는 것이 중요하다. 이것에 어려움을 느끼는 학생들은 앞선 1번 질문에서 언급했던 목적과 결과를 활용해 볼 것을 권한다. 이를 통해, 노동 없는 사회에서는 노동의 목적과 결과 또한 사라지게 된다는 결론을 도출할 수 있다.

예시 답안 ✏️

1. (가)의 유토피아에서 노동은 그 사회의 구성원으로 살아가기 위한 최소한의 조건이라는 목적을 바탕으로 합니다. 사람들은 자유롭고 여유롭게 노동에 임하며, 그 결과 안락한 생활을 하는 데 필요한 물품이 모자람 없이 생산됩니다. 한편, (나)의 성과 사회는 규율 사회의 부정성에서 벗어났지만, '할 수 있다.'는 긍정성이 노동자들에게 끊임없이 강제됩니다. 즉, 노동의 목적은 능력 혹은 생산성의 향상에 있으며, 그 결과 우울증과 같은 사회 병리 현상이 나타나게 됩니다. 마지막으로 (다)의 근대 사회에서 노동은 개인이 신으로부터 부여받은 소명을 실현하고자 하는 목적을 바탕으로 합니다. 그 결과 성실한 노동은 하나의 윤리로 작동하게 되며, 자본주의 경제가 발전하게 됩니다.

2. (라)의 관점에서 노동 없는 사회는 AI 기술 발달에 의해 인간이 기술, 기계로 대체되어 사람들이 노동으로부터 벗어나기도 하고 소외되기도 하는 사회입니다. (나)의 관점에서 노동 없는 사회는 인간이 여가를 누리고 생산성 향상이라는 강제에서 벗어나게 함으로써, 사회 병리 현상을 줄일 수 있다는 점에서 일면 긍정적입니다. 그러나 동시에 사회를 지배하던 생산성 향상이라는 목적이 소실되므로 사람들은 불안감을 느낄 수 있으며 사회적 차원에서 혼란이 확대될 수도 있습니다. 이러한 점에서는 부정적으로 평가될 여지가 있다고 생각합니다.

   반면, (다)의 관점에서 노동 없는 사회는 노동의 목적과 결과를 모두 좌절시키는 부정적 사회라고 평가될 수 있습니다. 노동 없는 사회에서는 신의 소명을 실현하는 행위인 노동이 사라짐에 따라 신의 소명에 대한 의심이 증폭되어 사회적 혼란을 야기할 수 있습니다. 뿐만 아니라 노동의 부재는 성실한 노동과 그를 통한 사적 이윤 추구라는 생활 윤리를 부정하는 결과를 야기해 정체성의 혼란을 경험하게 될 수도 있습니다.

3. (가)는 모든 사회 구성원이 적절한 시간의 노동을 하고, 그 반대급부로서 안락한 생활을 누리는데 필요한 물품을 얻는 유토피아를 보여줍니다. 이를 기준으로 ㉠ '성과 사회'는 생산성 향상이라는 끊임없는 강제가 노동자에게 가해져, 적절한 시간과 강도를 넘어서는 노동을 해야 한다는 문제가 있습니다. 또한, 이러한 강제는 사회 병리 현상을 야기한다는 점에서도 비판의 여지가 있습니다. 이와 유사하게 ㉡ '근대 사회'는 신의 소명이라는 명분하에 과도한 시간의 노동이 요구될 수 있다는 점에서 문제가 있습니다. 또한, 안락한 생활에 필요한 정도 이상의 사적 이윤 추구가 나타날 수 있다는 점에서도 부정적으로 평가됩니다. 끝으로, ㉢ '노동 없는 사회'는 사회 구성원들이 최소한의 노동도 하지 않으며, 그 결과 나태함, 무기력함이 사회 분위기로 자리 잡을 수 있다는 점에서 비판의 대상이 됩니다.

4. 계열적합형 인문 계열(오후)

※ 다음 제시문을 읽고 질문에 답하시오.

(가) 신이 그대를 축복하기를! 나의 아들이여 그대에게 내가 가진 가장 귀중한 보물을 선사할까 합니다. 신을 공경하고 인류를 사랑하는 사람으로서 나는 그대에게 솔로몬 학술원에 대해서 상세하게 이야기하겠습니다. 우리 학술원의 목적은 사물의 숨겨진 원인과 작용을 탐구하는 데 있습니다. 가령 저희는 온갖 종류의 짐승과 새들이 있는 공원을 보유하고 있습니다. 희귀한 동물을 보고자 하는 목적도 있지만, 이들을 해부하고 실험해서 인간 육체의 비밀을 밝히는 도구로 사용하는 데 더욱 큰 목적이 있습니다. 실험을 통해서 우리는 귀중한 결과를 얻었습니다. 동물의 중요 부위가 어떻게 생명을 유지시키고 죽음에 이르도록 하는지에 대해 많은 지식을 얻었습니다. 이를테면 언뜻 보기에 기능하지 않는 듯한 부분을 재생하는 방법도 우리는 알게 되었습니다. 이들 동물들에게 실험적으로 독약이나 약을 투여하며 해부를 하기도 합니다. 그 결과 우리는 동물을 원래보다 크게 만들거나 작게 만들 뿐만 아니라 성장을 멈추게 하는 방법도 터득했습니다. 천연의 종보다 더욱 왕성하게 번식하도록 만들 수도, 아니면 아예 번식하지 못하도록 불임으로 만들어 놓을 수도 있습니다.

(나) 지구 온난화에 대처하기 위해 당신은 무엇을 하고 있는가? 비닐봉지를 줄이려고 에코백을 샀는가? 페트병에 담긴 음료를 구입하지 않기 위해 텀블러를 들고 다니는가? 하이브리드 자동차를 구입했는가? 단언컨대, 당신의 그런 선의만으로는 무의미할 뿐이며, 오히려 유해하기까지 하다. 왜 그럴까? 온난화 대책으로 스스로 무언가를 한다고 믿는 당신이 진정 필요한 더 대담한 활동을 하지 않게 되기 때문이다. 오늘날 에코백과 텀블러 등을 구입하는 소비 행동은 양심의 가책을 벗게 해 주며 현실의 위기에서 눈을 돌리는 것에 대한 면죄부가 되고 있다. 그런 소비 행동은 그린 워시(green wash), 즉 기업이 실제로는 환경에 유해한 활동을 하면서도 환경을 위하는 척 소비자를 기만하는 행위에 너무도 간단히 이용되고 만다. 근대화에 의한 경제 성장은 분명 풍요로운 생활을 약속했다. 하지만 환경 위기로 인해 점점 명확해지는 사실은, 얄궂게도 경제 성장이야말로 인류의 번영을 기반부터 무너뜨리는 주범이라는 것이다. 기후 변화가 급격히 진행되어도 초부유층은 지금까지처럼 방만한 생활을 계속할 수 있을 것이다. 하지만 우리 같은 서민 대부분은 일상 자체를 잃어버리고 살아남을 방법을 필사적으로 찾아 헤매게 될 것이다. 그런 사태를 피하기 위해서는 더 이상 정치가나 전문가에게만 위기 대응을 맡겨서는 안 된다. '남에게 맡기면' 결국 초부유층의 배만 불릴 것이다. 더 좋은 미래를 선택하기 위해서는 시민 개개인이 당사자로서 일어나 목소리를 높이고 행동해야 한다. 다만 그저 무턱대고 소리를 지른들 귀중한 시간을 낭비하게 될 뿐이다.

(다) 지속 가능성이란 현재 세대의 필요를 충족하기 위하여 미래 세대가 사용할 경제, 환경, 사회 등의 자원을 낭비하거나 여건을 저해하지 않고 서로 조화와 균형을 이루는 상태를 말한다. 그렇다면 지속 가능한 발전이 왜 필요할까? 지구촌에는 자원 고갈, 환경 오염, 생태계 파괴, 빈부 격차의 확대, 갈등과 분쟁 등과 같은 다양한 문제가 끊임없이 나타나고 있다. 특히 한정된 지구의 자원을 지나치게 많이 사용하여 환경을 파괴하는 오늘날의 생활 방식은 현세대의 안정적인 생활을 어렵게 할 뿐만 아니라 미래 세대의 권리까지 빼앗고 있다. 따라서 이러한 문제를 해결하고자 총체적이면서도 포괄적으로 문제에 접근하는 '지속 가능한 발전'이 주목받았다. 지속 가능한 발전의 개념이 처음 등장했을 때에는 자연의 자정 능력을 초과

하지 않는 범위 내에서의 발전을 강조했다. 그러나 이것으로는 심각해지고 복잡해지는 지구촌의 위기에 알맞은 해답을 제시해 줄 수 없었다. 따라서 지속 가능한 발전은 경제 성장, 환경 보호, 사회 안정을 통합하는 개념으로 발전했다. 지속 가능한 발전을 위해서는 생태계 수용 능력의 한계 내에서 경제를 개발하고, 사회적 통합과 안정을 위해 빈곤 문제를 해결하며, 질적인 성장과 공정한 배분을 통해 평등한 사회를 지향해야 한다.

(라) 우리는 생물학적 진화를 '진보'로 파악하는 데 너무나 익숙해져 있다. 어떤 종이 한 단계 진화할 때마다 더 많은 양의 에너지를 유용한 상태에서 무용한 상태로 변환시킨다. 진화의 과정에서 나중에 오는 종은 앞선 종보다 더 복잡하고, 따라서 더 많은 양의 에너지를 변환시키도록 진화되었다. 엔트로피 법칙에 따르면, 진화로 인한 생명체의 활동으로 인해 유용한 에너지의 전체 총량은 줄어들게 된다. 우리가 받아들이기 힘든 것은 진화하면 할수록 에너지 흐름의 값은 더욱 커지고 이로 인해 환경 전체에 더 큰 무질서가 발생한다는 사실이다. 그런데 오늘날 우리가 알고 있는 진화의 개념은 이와는 정반대이다. 우리는 ㉠ 진화가 어떤 마술처럼 더 큰 총체적 가치와 질서를 창출해낼 것이라고 믿지만, 우리가 살고 있는 환경이 너무도 분산되고 무질서해진 것은 눈으로 보아도 알 수 있다. 물질과 에너지의 흐름을 극대화하는 것은 어떤 생태계의 발전 초기, 즉 유용한 에너지가 아직 남아돌 때 흔히 보이는 현상이다. 진화는 한편으로 거대한 무질서의 바다를 만들면서 군데군데 점점 더 큰 질서의 섬을 만들어내는 과정이다. 그러나 주어진 생태계를 다양한 종의 생물들이 채우기 시작하면 이들은 에너지 흐름을 좀 더 효율화함으로써 환경이 갖는 용량의 한계에 적응한다. 우리는 처음으로 진화, 진보, 그리고 물질적 가치가 있는 것들의 창조 등에 대한 우리의 시각을 다시 한번 생각해 보기 시작했다.

1. 자연환경을 바라보는 인간의 시각에 대한 (가), (나), (다)의 관점을 비교하시오.

2. (라)의 ㉠에 상응하는 개념을 (나)에서 찾고 그 이유를 기술하시오.

3. (나), (다), (라)를 종합적으로 활용하여 지속 가능성을 위한 올바른 발전 방향을 제안하시오.

학교 측 해설 ✏️

【출제 의도】

　고등학교 「통합 사회」 교과에서 다루는 '지속 가능한 발전', '지속 가능한 사회', '자연환경', '환경 문제', '인간 중심주의' 등의 키워드를 바탕으로 출제했다.

　1번 질문을 통해 각 제시문에서 자연환경을 바라보는 인간의 관점을 파악하고, 이들 간의 관계를 추론할 수 있는지 평가하고자 했다.

2번 질문을 통해 진화와 경제 성장이라는 개념 간의 유사성을 파악하기 위해 해당 개념을 확장하고 적용하는 능력을 알아보고자 했다.

3번 질문을 통해 제시문들을 종합하고 이를 통해 도출된 논리적 근거에 기반하여 지속 가능성을 위한 올바른 발전 방향을 제안하는 능력을 알아보고자 했다.

【문항 해설】

1. 고등학교 「통합 사회」 교과서에서 다루는 지속 가능한 발전, 자연환경, 환경 문제, 인간 중심주의와 관련된 내용을 참조하여 각 제시문에서 소개된 인간과 자연환경 간의 관계에 대한 관점을 비교해야 한다.

2. (라)에 제시된 진화의 의미를 이해하며 해당 개념을 (나)의 경제 성장의 개념과 연결시켜 정리해야 한다.

3. 고등학교 「통합 사회」 교과서에 소개된 지속 가능한 미래에 대한 이해를 바탕으로 확장된 '소극적 공리주의'의 개념을 활용하여 답변을 해야 한다.

【채점 기준】

하위 문항	채점 기준
1	자연환경을 바라보는 인간의 관점을 제대로 파악한 경우 점수를 부여한다. 이를 기반으로 세 관점의 차이를 체계적으로 설명한 경우 가산점을 부여한다.
2	경제 성장과 진화에 대한 사람들의 잘못된 낙관적인 믿음, 환경 위기와 무질서를 가속화시키고 빈부 격차와 질서-무질서 간 격차를 심화시키는 경제 성장과 진화의 현실에 대해 모두 언급하면서 두 개념 간의 연결성을 답변할 경우 가산점을 부여한다.
3	문제가 요구한 바와 같이 제시문 (나), (다), (라)의 내용을 종합적으로 활용하여 논리적으로 지속 가능성을 위한 올바른 발전 방향을 제시할 경우 가산점을 부여한다.

【예시 답안】

1. 《(가) 내용 요약》

  – 과학을 통해 인간의 삶을 개선하는 것을 강조한다.

  – 자연환경은 인간의 목적에 맞게 활용되고 조작되는 대상으로 인식한다.

  – 과학에 기반한 발전 추구가 자연환경에 부정적 영향을 초래할 수 있다는 점은 고려하지 않는다.

《(나) 내용 요약》

– 자연환경은 인간 번영의 기반임을 전제한다. 따라서 인간도 자연으로부터 독립된 존재가 아니라 자연을 구성하는 일부라고 본다.

– 인간의 물질적 풍요를 위한 경제 성장은 결국 자연환경을 파괴한다. 따라서 경제 성장과 자연환경 보호는 양립할 수 없다고 여긴다.

– 자연환경을 지키고 인간과 자연의 공존을 위해서 경제 성장은 포기해야 한다고 본다.

– 자연환경을 바라보는 주체로서의 인간은 초부유층과 서민의 두 부류로 나누어 관점을 이야기할 수 있다.

《(다) 내용 요약》

– (나)와 비슷하게 인간과 자연은 서로 영향을 주고받는 관계로 여기고, 인간과 자연의 공존을 강조한다.

– 지나친 경제 성장은 환경 위기를 야기하여 결국 인간 삶의 기반을 붕괴시킨다고 주장한다. 자원의 한계와 자연환경의 중요성을 인식한다.

– (나)와의 차이점은 생태계 수용 능력의 한계 내에서 경제를 개발하는 것이 가능하다고 여긴다는 것이다. 따라서 경제 성장과 환경 보전 간의 균형을 이루면서 발전하는 것이 가능하다고 여긴다.

– (가)는 인간 중심적 사고, (나)는 자연 중심적 사고에 해당한다. (다)는 (나)와 더 가깝기는 하지만 중간적인 입장이다.

2. 《(라)에 나타난 진화에 대한 이해》

– 사람들은 진화가 더 큰 총체적 가치와 질서를 창출해낼 것이라고 믿어 왔다.

– 하지만 진화의 과정을 통해 나타나는 새로운 종은 점점 더 많은 양의 에너지를 무용하게 변환함으로써 점점 더 많은 양의 무질서를 양산해 내는 결과를 초래하게 된다.

《(나)에 나타난 경제 성장에 대한 이해》

– 사람들은 근대화에 의한 경제 성장이 인간에게 풍요로운 생활을 약속해줄 것으로 기대했다.

– 하지만 경제 성장은 환경 위기를 초래할 뿐 아니라 환경 보호를 위한 소비 행위들까지도 동력으로 이용하고 있으며 점점 더 심화되는 빈부 격차와 사회적 갈등의 원인이 될 수 있다.

3. ⟪(나)의 내용⟫

- 자연의 자정 능력을 초과하지 않는 범위 내에서의 경제 성장을 추구하는 것은 불가능하다. 경제 성장은 결국 자연환경을 파괴하기 때문에 경제 성장과 환경 보전은 양립할 수 없다고 여긴다.
- 게다가 경제 성장은 불평등도 악화시켜 사회 안정 및 통합도 어렵게 만든다고 주장한다.
- 자연환경을 지키고 평등한 사회를 이루기 위해 경제 성장은 포기해야 한다고 본다.
- (다)의 '지속 가능한 발전'은 불가능하다고 여긴다.

⟪(다)의 내용⟫

- (나)와 비슷하게 자원의 한계와 자연환경의 중요성을 강조한다. 지나친 경제 성장은 환경 위기를 야기하여 결국 인간 삶의 기반을 붕괴시킨다고 주장한다.
- 그러나 (다)는 생태계 수용 능력의 한계 내에서 경제를 개발하는 것이 가능하므로 경제 성장과 환경 보전 간의 균형을 이루면서 발전하는 지속 가능한 발전이 가능하다고 여긴다.
- 더 나아가 지속 가능한 발전은 경제 발전과 환경 보전뿐만 아니라 사회 안정 및 통합도 함께 이루어야 한다고 여긴다.

⟪(라)의 내용⟫

- 진화의 과정을 통해 나타나는 새로운 종은 점점 더 많은 양의 에너지를 무용하게 변환시킴으로써 더 큰 총체적 가치와 질서를 창출해내는 대신 오히려 점점 더 큰 무질서를 초래해 왔다.
- 다양한 종들 간 경쟁으로 인해 생태계가 포화 상태에 이를 때 생명체는 에너지 흐름을 더 효율적으로 전환함으로 제한된 환경에 적응하고 생존을 지속해갈 수 있다.

⟨예상 답안 예시⟩

- 경제 성장을 우선으로 한 기존의 소극적인 의미에서의 지속 가능성 개념을 확장시켜 경제 성장, 환경 보호, 사회적 안정을 모두 통합할 수 있는 발상의 전환이 요구된다((다) 활용).
- 이를 위해 우리는 그동안 긍정적인 의미로만 받아들였던 진화와 경제 성장의 정확한 원리와 의미를 다시 한번 점검함으로써 성장을 위한 동력의 과도한 소비를 조절하고 최대한 효율적으로 활용할 방안을 모색해야 한다((라) 활용).
- 이러한 과정에서 이윤 추구를 목적으로 한 기업들의 친환경 마케팅에 단지 죄책감을 덜기 위해 맹목적으로 동조하는 소비 행위는 지양하고, 경제 성장과 환경 보호 간의 관계를 보다 명확히 인식하여 주체적이고 적극적으로 지속 가능성을 위한 변화의 노력을 집중시킬 필요가 있다((나) 활용).

선배들의 TIP ✏️

각 제시문의 관점을 비교할 때, 두괄식으로 각 제시문 관점을 요약 제시해 주는 편이 좋다. '인간 중심 / 자연 중심'과 같은 표현은 교육과정에서 접할 수 있는 표현이므로 사용하는 데 큰 무리가 없다. 또한, 해당 제시문의 관점이 가장 잘 드러나는 부분을 답변으로 활용하는 것이 좋겠다.

진화와 경제 성장이 대응되는 개념이라는 점은 어렵지 않게 찾을 수 있다. 이 문항에서 중요한 것은 사람들의 낙관적 믿음, 그와 반대되는 실제 결과 모두를 지적해 주는 것이다.

특히 3번 질문은 답변 구성에 있어 수험생에게 자율성이 꽤나 부여된 것으로 생각된다. 이러한 경우 제시문의 내용에 근거하면서도 그것을 자신만의 논리로 만들어낼 수 있는 능력이 중요하다. 위 답안의 내용이 학교 측 예시 답안과 어떻게 다른지 비교해 본 후, 그와 또 다른 자신만의 논리를 만들어내기를 기대한다.

예시 답안 ✏️

1. (가)는 인간 중심적으로, (나)는 자연 중심적으로, 그리고 (다)는 두 관점을 절충하는 시각으로 자연환경을 바라보고 있습니다. 먼저 (가)는 실험을 통해 인간의 삶을 발전시키는 것을 '보물'이라고 생각하며, 이를 위해 자연환경의 일부인 동물들을 도구로 취급합니다. 또한, 그러한 행태가 자연환경에 끼치는 부정적 영향은 전혀 고려하지 않고, 인간의 발전을 자연환경보다 우위에 두는 인간 중심적 사고를 드러내고 있습니다. 반면, (나)는 인류 번영의 기반이 다름 아닌 자연환경이며, 경제 성장은 자연환경을 파괴한다고 주장합니다. 나아가 자연환경을 우위에 두고 그것의 보호를 위해 인간의 경제 성장은 포기되어야 함을 강조합니다. 끝으로 (다)는 지속 가능성한 발전이라는 개념을 언급하면서, 발전의 필요성을 인정함과 동시에 환경 보호의 중요성을 강조하고 있습니다. 이 개념은 발전 과정에 환경 보호가 통합되는 것을 핵심 가치로 하고 있다는 점에서, 인간 중심적 사고와 자연 중심적 사고의 결합이라고 생각합니다.

2. (나)에서 (라)의 진화에 상응하는 개념은 '경제 성장'입니다. 왜냐하면 두 제시문은 공통적으로 사람들이 진화와 경제 성장에 대해 지나치게 낙관적인 믿음을 가지고 있음을 지적한 후, 두 개념이 실제로는 부정적인 결과를 야기할 수 있음을 드러내고 있기 때문입니다. 먼저 (라)에 따르면, 사람들은 진화가 마술처럼 더 큰 총체적 가치를 창출할 것으로 믿지만, 실제로 진화는 우리가 살아가는 환경을 더욱 무질서하게 만듭니다. 마찬가지로, (나)에 따르면 근대화에 의한 경제 성장은 우리에게 풍요를 약속한듯 했으나, 실상은 환경 위기를 초래하고 부의 양극화를 가속화합니다.

3. 지속 가능한 발전의 올바른 방향으로 발전과 환경을 동등한 위치에 놓는 것을 꼽을 수 있습니다. (다)에 따르면 지속 가능한 발전의 주된 가치는 경제 성장과 환경 보호가 통합되는 것입니다. 그러므로 발전을 강조하는 초기 지속 가능한 발전 개념에서 벗어나, 발전과 환경을 동등하게 중시하는 태도가 필요하다고 생각합니다.

　　다음으로 지속 가능한 발전을 추구하는 과정에서 동 개념이 내포하는 위험성을 끊임없이 경계해야 합니다. (나)에 따르면 경제 성장 및 발전은 결국 환경 파괴를 야기하기 때문에, 발전과 환경 보호는 동시에 달성되는 것이 불가능합니다. 이 같은 (나)의 논지는 지속 가능한 발전이라는 개념이 발전과 환경이 양립할 수 있다는 과도한 믿음, 나아가 과학 기술의 발전을 통해 환경 위기를 극복할 수 있다고 보는 지나친 자신감에서 비롯된 위험성을 시사합니다. 그러므로 지속 가능한 발전을 추구하는 가운데 그것이 실제로 실현 가능한 범위를 정확하게 설정할 필요가 있다고 생각합니다.

　　끝으로, 발전의 결과 야기될 수 있는 무질서와 낭비를 경계해야 합니다. (라)에 따르면, 진화는 에너지 흐름의 값을 더욱 크게 만들고 환경 내 더 큰 무질서를 발생시킵니다. 따라서 지속 가능한 발전의 결과가 과도한 에너지 낭비를 야기하지 않도록 조절하고, 생태계의 무질서를 확산시키지 않도록 관리할 필요가 있다고 생각합니다.

5. 고른기회전형 인문 계열

※ 다음 제시문을 읽고 질문에 답하시오.

(가) 인도에서 성립된 불교는 동북아시아로도 전해졌는데, 중국으로 넘어간 대승 불교는 경전에 대한 관점에 따라 다양한 종파로 나뉘었다. 중국 북조의 전진과 남조의 동진으로부터 불교를 받아들인 우리나라는 그와 달리 여러 종파를 통합하려는 경향을 보였다. 또한, 팔만대장경의 사례와 같이 신앙을 통해 국가를 보전하려는 호국 불교의 전통이 나타난 것도 우리나라 불교의 주체적 양상이다.

(나) 아라비아 커피의 원산지는 아프리카 에티오피아의 고원 지대이다. 커피가 아라비아반도로 전해지자, 그 지역의 이슬람교도들이 계율에 따라 졸음을 쫓으며 명상을 하기 위해 커피를 마셨다. 커피를 마시는 전문점인 '카페하네'가 생겨났고, 아라비아반도 남부의 모카항을 통해 커피가 유럽 각지로 확산했다. 그 결과 영국에서는 인구 50만의 런던에만 3,000개의 커피 전문점이 들어설 정도로 성황을 이루었다. 이 커피 전문점들은 영국 시민사회의 태동기에 시민들이 커피를 마시며 정치적 의견을 교환하는 교류의 장소였다.

(다) 문화 변동은 문화 동화, 문화 병존, 문화 융합의 세 가지 유형으로 나타난다. 문화 동화는 한 사회의 문화가 다른 사회의 문화로 흡수되거나 대체되는 경우이다. 문화 병존은 다른 사회의 문화가 한 사회 속에서 나란히 각각 존재하는 경우이다. 문화 융합은 서로 다른 사회의 문화 요소가 결합하여 기존의 두 문화 요소와는 성격이 다른 새로운 문화가 만들어진 경우이다.

(라) 이른 봄이면 진달래가 / 천지꽃이라는 이름으로 / 다시 / 피어나는 곳이다 / 사래 긴 밭을 갈면 가끔씩 / 오랜 옛말이 기와 조각에 묻어 나오고 / 룡드레 우물가에 키 높은 버드나무가 늘 푸르다 / 할아버지는 마을 뒤 산에 낮은 언덕으로 누워 계시고 / 해살이 유리창에 반짝이는 교실에서 / 우리 아이들이 공부가 한창이다/ 백두산 이마가 높고 / 두만강 천 리를 흘러 / 내가 지금 자랑스러운 / 여기가 연변이다

중국 조선족 시인 석화의 「천지꽃과 백두산」

1. (가)의 '중국'과 (나)의 '아라비아반도'의 공통점과 차이점을 말해 보시오.

2. (다)의 관점에서 (가)의 '팔만대장경'과 (나)의 '커피 전문점'을 각각 설명해 보시오.

3. (가), (나), (다)를 참고하여 (라)에서 '연변'이 가지는 의미를 말해 보시오.

【출제 의도】

　이 문항은 문화와 다양성을 다룬 제시문을 읽고 문화 변동의 양상, 문화 교류의 중개자, 한국 문학의 공간적 전개 등에 대해 지원자의 의견을 정리해 보도록 하는 문항이다.

　(가)는 고등학교 「윤리와 사상」에서 한국 불교의 윤리적 특징을 설명한 내용이다. 인도의 대승 불교가 경유지인 중국을 거쳐 한국으로 전래되는 과정에서 발생한 문화 융합의 양상을 살펴볼 수 있다.

　(나)는 에티오피아가 원산지인 커피가 아라비아반도를 거쳐 유럽에 전해진 과정을 설명한 내용으로, 고등학교 「통합 사회」에서 '인간, 사회, 환경의 탐구와 통합적 관점'의 사례로 커피를 든 것을 바탕으로 구성했다.

　(다)는 문화 변동의 양상을 설명한 내용으로, 고등학교 「통합 사회」에서 정리한 부분으로 구성했다.

　(라)는 중국 국적의 조선족 시인이 창작한 시를 인용한 것으로, 고등학교 「문학」에서 한국 문학의 공간적 전개를 설명한 내용으로 구성했다.

【문항 해설】

1. 문화의 전파와 변동 과정에서 중개지 또는 경유지가 수행하는 역할을 중심으로 주어진 제시문의 내용을 정확하게 이해하고 설명할 수 있는지 측정함으로써 분석력을 평가하고자 했다.

2. 문화 변동의 세 가지 유형을 정리한 제시문의 내용을 바탕으로 구체적인 사례를 정확하게 이해하고 설명할 수 있는지 측정함으로써 적용력을 평가하고자 했다.

3. 문화의 전파와 변동에 대해 이해한 내용을 정리해 문학 작품에 담긴 작자의 의도를 정확히 파악할 수 있는지 측정함으로써 종합적 사고력을 평가하고자 했다.

【채점 기준】

하위 문항	채점 기준
1	– '중국'과 '아라비아반도'의 공통점으로 중개지 또는 경유지의 개념을 제시하는지를 살펴 평가한다. – '중국'과 '아라비아반도'의 차이점으로 원산지에서 전파된 문화의 수용과 재전파 방식을 지적하는지 살펴 평가한다.
2	– '팔만대장경'의 경우 문화 융합의 성격이 강함을 설명하는지 살펴 평가한다. – '커피 전문점'의 경우 문화 동화의 성격이 강함을 설명하는 가운데 문화 융합의 성격도 존재함을 지적하는지 살펴 평가한다.
3	– 문화 전파의 관점에서 한인의 연변 이주의 의미를 설명하는지 살펴 평가한다. – 문화 병존의 관점에서 중국 국적의 조선족 시인이 한국어로 창작 활동을 하는 것의 의미를 설명하는지 살펴 평가한다. – 문화 융합의 관점에서 '진달래'가 연변 사투리로 '천지꽃'으로 불리는 점을 지적하는지 살펴 평가한다.

【예시 답안】

1. 〈예상 답안 예시〉

– '중국'과 '아라비아반도'의 공통점은 이 두 지역이 모두 문화 전파 과정에서 중개지 또는 경유지의 기능을 수행했다는 사실이다.

– '중국'은 인도의 대승 불교를 우리나라에 전해 주었고, '아라비아반도'는 에티오피아의 커피를 유럽에 전해 주었다.

– '중국'과 '아라비아반도'의 차이점은 원산지에서 전파된 문화의 수용과 재전파 방식에 있다.

– '중국'은 인도에서 전해진 대승 불교 경전을 이해하는 다양한 관점에 따라 여러 종파로 나뉜 반면, '아라비아반도'에서는 종교적인 명상 수행을 돕기 위한 음료로 그 기능을 단순화시켰다.

– '중국'에서 우리나라로 재전파된 불교는 '중국'의 북조(전진)와 남조(동진)으로 분산되어 전해진 반면, '아라비아반도'에서 유럽으로 재전파된 커피는 모카항으로 창구가 일원화되었다.

2. 〈예상 답안 예시〉

– '팔만대장경'의 경우 중국을 거쳐 전래된 불교의 교리를 담은 간행물이면서 불력을 빌려 외침을 격퇴하고자 하는 염원을 아울러 담아 '호국 불교'라는 우리나라 불교 특유의 전통을 형성했다는 점에서 문화 융합의 사례로 평가된다.

– '커피 전문점'의 경우 영국 런던에만 3,000개가 생길 정도로 크게 유행했다는 점에서 영국 문화가 이슬람 문화에 동화된 것으로 이해할 수 있다. 이와 달리 명상을 위해 커피를 마시던 이슬람 문화가 영국의 시민 사회·문화와 결합되어 정치 토론장으로서 '커피 전문점'을 탄생시켰다는 점에서 문화 융합의 사례로도 간주할 수 있다.

3. 〈예상 답안 예시〉

– 문화 전파의 관점에서 볼 때 연변은 '할아버지 대'로부터 한인이 이주해 '오랜 옛말이 기와 조각에 묻어 나'올 만큼 한인 사회가 성립되어 민족의식을 고취했던 곳이다.

– 문화 병존의 관점에서 볼 때 이 시는 중국 국적의 조선족 시인이 한국어로 창작 활동을 한 결과이므로 연변은 한족이 중심인 중국에서 조선족이 한족 문화와 공존하며 살아가는 곳이다.

– 문화 융합의 관점에서 볼 때, 시인은 표준어인 '진달래' 대신 연변 사투리인 '천지꽃'이라는 시어를 사용했다. 따라서 연변은 우리 민족의 고유한 정서를 담은 진달래가 현지의 말과 어우러져 '천지꽃'으로 다시 태어나는 곳이다.

– 이상과 같은 창작 배경으로부터 이 시를 지은 조선족 시인 석화는 연변에 대해 큰 자부심을 느끼고 있다.

선배들의 TIP ✏️

중국과 아라비아반도의 차이점을 명확하게 표현하는 것이 어려울 수 있다. 그러나 '문화의 수용과 재전파 경로'라는 차이의 기준점이 떠오르지 않더라도 당황하지 말고, 말로 풀어서 어떤 차이가 있는지 답변해도 괜찮다.

커피 전문점의 경우, 기본적으로 영국의 문화가 이슬람 문화로 흡수 / 대체된 것이 문화 융합의 성격보다 더 강하다. 답변 시 이러한 점을 지적해 주면 좋은 점수를 받을 수 있다.

연변의 의미를 답변함에 있어서, 연변은 문화 융합 및 병존을 의미하는 지역이므로 (가)와의 유사성 및 (나)와의 대비를 드러내는 방식을 통해 (가), (나), (다)를 빠짐없이 활용할 수 있다.

예시 답안 ✏️

1. 중국과 아라비아반도는 공통적으로 문화 전파의 중개지, 경유지의 역할을 담당하는 지역입니다. 중국은 인도의 대승 불교가 우리나라로 전파되는 경로였으며, 아라비아반도는 아프리카의 커피가 유럽으로 전파되는 통로였습니다. 반면, 문화의 수용과 재전파 과정에서 두 지역은 차이를 보입니다. 중국으로 전파된 불교는 다양한 종파로 나뉘었으나, 아라비아반도로 전파된 커피는 명상이라는 하나의 기능만을 수행하게 되었습니다. 나아가 불교는 우리나라로 재전파될 때 남북조로 분산되어 전파된 반면, 커피는 유럽으로 재전파될 때 모카항이라는 하나의 출구를 통해 전파되었다는 차이가 있습니다.

2. (다)에 따르면 문화 변동은 동화, 병존, 융합의 세 유형으로 나눌 수 있습니다. 이를 바탕으로 할 때, (가)의 팔만대장경은 문화 융합의 사례에 해당합니다. (가)에 따르면 팔만대장경은 중국으로부터 전파된 불교와 신앙을 통해 국가를 보전하려는 우리나라의 문화 요소가 결합되어 나타난 호국 불교라는 새로운 전통을 만들어냈기 때문입니다.

한편, (나)의 커피 전문점은 런던에만 3,000개가 생기는 등 크게 유행했다는 점에서 영국 문화가 이슬람 문화에 동화된 사례로 이해할 수 있습니다. 그러나 동시에, 커피를 마시는 이슬람 문화 영국 시민 사회 문화와 결합해 정치적 의견을 교류하는 장소가 되었다는 점에서 문화 융합의 사례로도 해석할 수 있습니다.

3. 연변은 한인의 문화가 전파된 지역이라는 의미를 갖습니다. (라)에 따르면 연변에는 오랜 옛말이 기와 조각에 묻어올 정도로 한인들이 이주해, 그들의 문화가 크게 전파되었다는 것을 알 수 있습니다. 또한, 연변으로의 한인 이주는 문화 병존과 융합이라는 의미를 갖습니다. 중국 국적의 조선족 시인이 한국어로 시를 창작하는 것은 중국 문화와 한국의 문화가 병존하고 있음을 보여준다고 생각합니다. 이러한 모습은 (나)에서 커피 전문점이 영국에서 성황을 이루었던 것과는 대조적이라고 생각합니다. 나아가, 시인은 연변을 '진달래가 천지꽃이라는 이름으로 다시 피어나는 곳'으로 표현하고 있는데, 이는 한민족의 정서를 담고 있는 '진달래'가 연변 현지의 표현으로 재탄생함을 의미합니다. 이것은 (가)의 팔만대장경과 같은 문화 융합으로 이해할 수 있으며, 연변은 문화 융합이 일어나는 지역으로도 의미를 갖는다고 생각합니다.

2021 학년도 | 교대 면접 기출문제

[정시]

1. 집단 면접 교직적성전형 문제 A형

> 2020년에 이어 새해에도 전 세계는 코로나19로 인해 어려움을 겪고 있다. 특히 새로운 변이 바이러스가 발견된 영국의 경우 잉글랜드 동부와 남동부 여러 지역에서는 비필수 업종 가게는 문을 닫고 재택근무가 불가능한 경우와 등교, 보육과 같은 목적 외에는 집에 머물러야 하며 야외 공공장소에서도 다른 가구 구성원 1명만 만날 수 있도록 하는 등 코로나19 확산을 억제하기 위해 강력한 거리두기 조치를 취했다.
>
> 우리나라도 영국처럼 강력한 조치를 취하여 코로나19의 확산을 막아야만 한다는 요구가 커지고 있다. 반면에 현재까지의 조치에도 사회·경제적으로 다양한 분야에서 심각한 문제가 발생하고 있기 때문에 거리두기 조치를 오히려 완화해야 한다는 주장도 제기되고 있다.

- 강력한 거리두기 조치를 통해 코로나19의 확산을 막자는 의견에 대해 동의하는 입장의 근거와 동의하지 않는 입장의 근거를 각각 <u>두 가지</u> 제시하고 강력한 거리두기 조치를 시행하고자 할 때 고려해야 할 사항을 <u>두 가지</u> 제시하시오.

학교 측 해설 🖊

강력한 거리두기 필수 업종 외 운영 금지 재택근무 필수(재택근무 불가능 업종 제외), 외부 활동 금지, 2인 이상 모임 금지 등 코로나19 감염증과 관련한 사회적 쟁점에 대해 이해하는지를 평가하는 문항이다. 거리두기 조치와 관련한 반대되는 논제에 대해 명확한 근거를 제시하고, 강력한 거리두기 조치 시행에 고려할 점에 대해 본인이 제시한 근거에 기반하여 의견을 제시해야 한다.

사회적 쟁점에 대해 자신의 생각과 다른 생각을 가진 사람들을 이해하는지 평가하고, 동의하는 입장과 동의하지 않는 입장에 대해 각각 두 가지씩 명확하게 제시하는지 평가한다. 또한, 문제 상황을 해결하기 위한 논리적인 사고를 수행할 수 있는지 평가하기 위한 출제이다.

〈강력한 거리두기 조치에 동의하는 입장〉
- 현재의 느슨한 조치가 확산 방지에 미흡하다.
- 강력한 조치만이 확실하게 확산을 막을 수 있다.
- 코로나19를 빠르게 종식시키기 위해서는 보다 강력한 조치가 필요하다.
- 강력한 거리두기 조치는 빠르고 확실하게 코로나19 확산을 막아 오히려 경제 회복에 효과적이다.
- 보다 강력한 거리두기 조치가 시행될 경우 정부에 지원을 요청할 수 있다.

〈강력한 거리두기 조치에 동의하지 않는 입장〉
- 강력한 조치로 인해 소상공인들의 경제적 어려움은 더욱 커질 것이다.
- 강력한 조치를 취하더라도 확산이 계속 진행될 수 있다.
- 국가의 경제 활동 전반에 심각한 위기가 발생할 수 있다.
- 강력한 거리두기 조치는 사회적 약자에게 더욱 큰 생존의 위기를 가져올 수 있다.

〈강력한 거리두기 조치 시행 시 우선적으로 고려해야 할 사항〉
- 사회적 약자의 생계 · 안전 문제를 고려한다.
- 경제 활동 중지에 따른 소상공인의 경제적 어려움 해소 방안을 고려한다.
- 사회 구성원들에 미치는 차별적 영향을 고려한다.
- 부득이한 계약 해지에 따른 분쟁을 해결하기 위한 방안을 마련한다.
- 국가 간의 무역 및 외교 문제 해결을 위한 방안을 마련한다.

선배들의 TIP 및 예시 답안 🖊

학교 측 해설이 상세하므로 예시 답안은 생략한다.

[수시]

1. 개별 면접

※ 수시 학생부종합전형은 서류 평가를 바탕으로 개인별 문항을 작성하여 진행되는 점을 감안하여 아래의 문항을 단순 참고하시기 바랍니다.

【학생 1】

1. 1학년 ○○동아리 경진 대회에서 ○○상을 수상했는데 어떤 내용의 수상이었나요? 공동 수상 ○인 중 본인은 어떠한 역할을 했는지 말해 보세요.

2. 초등 교사로서 갖추어야 할 인성의 덕목 중 가장 중요하게 생각하는 한 가지를 이유를 들어 말해 보세요.

3. 2학년 때 많은 시간 봉사 활동을 했는데 힘든 점은 없었나요? 또한, 아동 센터에서 아이들끼리 의견 충돌하는 경우가 있었다고 하는데 그때 어떻게 해결했는지 말해 보세요.

4. 1학년 사회 시간에 기후 변화 신문을 제작해 보며 지구촌의 환경 문제와 관련한 선진국과 개발 도상국 간의 입장 차이를 밝혔는데 우리나라는 환경 문제를 어떻게 해결하면 좋을지 말해 보세요.

5. 중학생 대상 멘토링 활동 중 비대면 수업을 한 경험이 있는데 비대면의 장단점과, 단점을 극복하기 위한 방법은 무엇이 있을지 말해 보세요.

6. 심리학 수업에서 교사가 된다면 교육 심리학을 어떻게 활용할 것인지 구체적인 방안과 적용법을 보여 주었다고 하는데 그 내용을 말해 보세요.

【학생 2】

1. 고등학교 3년 동안 ○○○를 꿈꾸다가 교대에 지원하게 된 계기는 무엇인가요? 지원자는 어떤 교사가 되고 싶은지 말해 보세요.

2. 『교실 속 딜레마 상황 100문 101답』 내용 중 가장 기억에 남는 내용을 한 가지만 말해 보세요.

3. 아이들이 게임이나 활동에서 반칙을 하거나 우기고 떼를 쓰는 등 옳지 않은 행동을 할 때 수험생은 교사로서 어떻게 지도할 것인지 말해 보세요.

4. 1학년 동아리 시간에 한 토론 중 '다수의 이익을 위한 소수의 희생은 정당하다.'에 찬성을 했는데 그렇게 생각하는 이유는 무엇인지 말해 보세요.

5. 수학 UCC 만들기 대회에서 수상을 한 기록이 있는데 어떤 내용으로 구성했는지와 여기서 본인의 역할은 무엇이었는지 말해 보세요.

6. 1, 2, 3학년 모두 임원을 하면서 학급에서의 갈등 해결을 했던 경험과 본인만의 해결 방법이 있다면 말해 보세요.

【학생 3】

1. 1학년 때 『교사는 수업으로 성장한다』라는 책을 읽었는데 책을 읽고 교사는 수업으로 성장하는 이유가 무엇이라고 생각하는지 말해 보세요.

2. 고교 시절 본인이 학업 향상을 위해 가장 많은 노력을 기울인 과목은 무엇이고 그러한 노력을 통해 무엇을 느끼게 되었는지 말해 보세요.

3. 초등학교 기간을 인성 지도에 절대적인 중요한 시기라 생각하는데 올바른 인성 함양을 위해 어떠한 교육이 필요하다고 생각하는지 말해 보세요.

4. 1학년 음악과 생활 시간에 음악이 인간의 정서에 미치는 영향에 대해서 논술로 잘 표현한다고 적혀 있는데 이에 대해 말해 보세요.

5. 3학년 진로 활동으로 '초등학생의 비속어 사용 문화'에 대해서 탐구했다고 하는데 조사한 내용에 대해 구체적으로 말해 보세요.

6. 우수 멘토상을 수상한 기록이 있는데 멘토로서 어떤 활동을 했나요? 가장 기억에 남는 멘티가 있다면 말해 보세요.

학교 측 해설 ✏️
───────────

광주교대는 위의 서류에 따른 개인별 질문 문항 예시에 대한 학교 측 해설이 없기에 생략한다.

학생마다 질문이 다르므로 예시 답안은 생략한다. 다만, 본인의 생기부를 미리 출력하여 꼼꼼히 검토하고 어느 부분에서 어느 활동과 연계하여 어떤 질문이 나올 것인지 예상 문제를 만들어 본다. 그리고 각 문제에 대한 답변을 작성하여 대략적인 흐름을 암기한다. 대략적인 흐름을 암기하는 이유는 면접관의 추가 질문이나 예상하지 못한 상황에 대해 융통성 있게 대처하기 위함이다. 예상 답안과 상황별 답변 전략을 구상했다면, 실제로 말로 표현하는 연습을 진행해야 한다. 글로 작성한 것을 입 밖으로 말하는 것은 매우 다르기 때문에 충분한 연습이 필요하다. 자신의 목소리, 표정, 눈빛, 시선, 불필요한 손동작, 다리 떨기에 유의해야 하며, 특히 "어… 음… 그 뭐냐." 등과 같은 습관성 말투를 없애도록 노력해야 한다.

[정시]

1. 개별 면접

1. 최근 우리는 온라인 소통이 강조되는 언택트 시대에 살고 있습니다. 비대면 온라인 수업의 장점과 단점을 한 가지씩 소개하고, 교사의 입장에서 단점을 극복하기 위한 방안을 말해 보세오.

2. 인공 지능 시대로의 변화에 의해 현재의 직업이 새로운 직업으로 많이 대체될 전망입니다. 대체가 예측되는 직업의 종류와 그 이유를 설명하고, 이러한 변화에 대응하여 초등학교 교사의 역할이 어떻게 변화되어야 하는지 말해 보세요.

3. 세계화 시대에 국제 연합(UN)은 '세계 문화 다양성의 날'을 지정하여 문화 다양성 존중을 강조하고 있습니다. 우리 사회에서 문화 다양성 존중이 중요한 이유를 설명하고, 미래 교사로서 학생들을 위한 문화 다양성 교육 방안을 말해 보세요.

4. 우리는 때로 공정하지 못한 상황에 직면하고는 합니다. 그러한 상황이 발생하는 근본 원인이 무엇인지 제시하고, 공정한 사회가 갖추어야 할 핵심 가치를 한 가지 말해 보세요.

학교 측 해설 🖊

【평가 기준】
- 문제 해결 능력(50점): 이해력, 분석력, 창의력, 의사소통 능력 등(매우 우수~매우 미흡 5단계)
- 인성 및 교직 적성(25점): 적성, 사회성, 가치관, 도덕성 등(우수~미흡 3단계)

– 기초 소양 및 태도(25점): 품행, 태도, 기초 소양 등(우수~미흡 3단계)

【출제 의도】

1. 현대인의 다양한 삶에서 나타나는 쟁점, 특히 코로나19로 인해 온라인 소통이 강조되는 언택트 상황에서 온라인 수업에서의 의사소통에 대한 지원자의 입장을 미래의 예비 교사 그리고 교사라는 점을 염두에 두어 알아보기 위함이다. 또한, 사이버 공간에서 지켜야 할 정보 윤리, 매체 윤리의 문제를 염두에 두고 장차 교사가 되어 온라인 수업을 어떻게 효과적으로 진행할 것인지, 그리고 소통과 담론은 어떻게 이끌어 갈 것인지의 문제를 알아보기 위한 문항이다. 출제 근거는 고등학교 선택 중심 교육과정의 「생활과 윤리」 과목의 내용 요소에 해당되는 '정보 기술 발달과 정보 윤리', '정보 사회에서의 매체 윤리', '소통과 담론의 윤리'이다.

2. 미래 인공 지능 시대로의 변화에 의한 직업의 변화를 이해하고 있는지, 그리고 이러한 변화 속에서 초등학교 교직이 대체되지 않고 유지되기 위해서는 교사의 역할이 어떻게 변화되어야 하는지를 알아보기 위한 문항이다. 출제 근거는 교양 교과 교육과정의 「진로와 직업」 과목에서 추구하는 '학생 자신의 진로를 창의적으로 개발하고 지속적으로 발전시켜 성숙한 민주 시민으로서 행복한 삶을 살아갈 수 있는 역량'에 근거를 두며 자기 관리 역량과 지식 정보 처리 역량 등과 관련되어 있다.

3. 세계화 시대에 문화 다양성이 중요한 이유가 무엇인지, 문화 다양성이 강조되는 사회에서 학생들을 위한 교육 방안을 제시할 수 있는지를 알아보기 위한 문항이다. 출제 근거는 사회과 교육과정의 「통합 사회」 과목에서 추구하는 '나와 다른 사람들과의 관계의 중요성에 대한 인식을 토대로 다른 사람을 존중·배려하고, 다양성을 인정하고 갈등을 조정하여 원만한 대인 관계를 유지하고 협력하는 능력'에 근거를 두며 비판적 사고력과 문제 해결 능력 등과 관련되어 있다.

4. 국가와 시민의 윤리적 문제들 중에서 공정의 문제가 개인의 행복과 공동체의 번영, 그리고 행복한 삶과 공정하고 정의로운 사회를 실현하는 것과 어떤 관련을 맺고 있는지에 대한 지원자의 입장을 알아보기 위해, 특별히 불공정 발생의 원인과 공정한 사회가 갖추어야 할 핵심 가치를 파악하기 위함이다. 출제 근거는 고등학교 선택 중심 교육과정의 「생활과 윤리」 과목의 내용 요소에 해당하는 '공정한 사회로 발전하기 위해 우리에게 필요한 정의는 무엇인가.'이다. 하위 내용 요소는 분배적 정의, 교정적 정의의 의미와 윤리적 쟁점들이다.

【문항 해설】

1. 현대인의 삶에서 나타나는 다양한 현상 중 최근 일어나고 있는 코로나19는 정보 기술과 매체의 발달에 따른 온라인 소통을 강조하고 그에 따른 소통 행위를 요구하고 있다. 이 문항은 지원자가 장차 예비 교사, 그리고 교사라는 점을 염두에 둘 때 제기될 수 있는 교수·학습 사태에서 온라인 수업을 올바르게, 그리고 효과적으로 진행할 수 있는 방안을 알아보기 위해 출제한 문항이다.

2. 미래에는 인공 지능, 로봇 등 디지털 시대로 변화하여 많은 직업들이 사라지거나 새롭게 등장하게 될 것이다. 로봇으로의 기능 대체, 물리적·지적 업무의 대체, 인공 지능 활용, 단순 반복 업무의 대체 등에 따라 함에 따라 제조업, 의사, 재무 관리사, 변호사, 텔레마케터, 도서관 사서, 택시 기사 등의 직업이 빠르게 대체될 전망이다. 초등학교 교직도 대체되지 않기 위해서는 초등학교 교사의 역할이 학습 동기를 부여하거나 학생의 학습 활동 관찰과 피드백을 제공하는 학습 촉진 및 조력자, 프로젝트 계획 및 학습 진전 정도를 관리하는 프로젝트 관리자, 학습 상담 및 심리 지원, 안내 등을 코칭하는 코치 등으로 변화되어야 함을 알고, 변화된 역할 습득을 위해 노력할 필요가 있다.

3. 세계화 등으로 인적 교류가 증가하고 다양한 문화가 공존하기 시작하면서 문화 충돌과 갈등이 사회, 국가적 문제로 대두되고 있다. 이에 따라 문화 다양성을 존중하고 유지, 발전시키기 위한 문화 다양성 교육이 강조되고 있다. 이에 따라 다양한 문화의 이해와 가치 고양, 문화 다양성 인정 및 상호 존중, 문화적 감수성 신장, 세계 문화의 획일화 방지, 민족 간 갈등과 대립 극복, 인권, 평등, 사회적 정의 실현 등과 같이 문화 다양성이 갖는 여러 가지의 가치를 이해하는 것이 중요하다. 그리고 교사는 학교 현장에서 교과 및 창의적 체험 활동 교육과정과 기타 활동을 통해 문화 다양성 관련 주제 중심의 수업, 세계 문화 기행, 세계 전통 놀이, 다문화 관련 시설 견학 및 체험, 문화 다양성 행사 참여 등과 같은 세부 프로그램을 운영할 수 있는 역량을 습득할 필요가 있다.

4. 국가와 시민의 윤리적 문제들 중에서 공정의 문제가 개인의 행복과 공동체의 번영, 그리고 행복한 삶과 공정하고 정의로운 사회를 실현함으로써 도덕적 공동체 의식을 함양하는 데 중요한 문제라는 점을 알아보기 위해 출제한 문항이다.

【예시 답안】

1

장점	단점 극복 방안
– 시간의 구애를 받지 않음 – 공간의 구애를 받지 않음 – 다양한 자료를 공유하는 데 있어서의 편리성 등	– 정서와 태도 측면의 역량 강화를 위한 활동 – 온라인 소규모 방 개설을 통한 토의 · 토론 활동의 활성화 – 학습자의 활동 영상 자료 탑재 및 공유 – 수업 중 학습 내용 이해 정도 확인 및 피드백 – 수업 이후 개별 또는 모둠별 피드백 등
단점	
– 인공 지능 및 기계에 의한 단순 노동력 중심의 전체 일자리 감소 – 기술 수준에 따른 직업의 양극화 – 소득 수준 격차로 인한 사회 불안 및 갈등 심화 – 독과점(구글, 유튜브, 아마존, 페이스북 등) 발생 – 인공 지능에 대한 소유권 문제 발생 등	

2

대체 직업 및 이유	교사의 역할
– 제조업 종사자 등: 단순 기능 업무 대체 – 의사, 재무 관리사, 변호사 등: 물리적, 지적 업무 대체, AI를 활용한 진단 및 판단 – 텔레마케터, 도서관 사서, 택시 기사 등: 단순 반복적인 업무 대체 등	– 인간 중심 교육: 공감 능력 함양 지도 – 학습 경험의 기획 및 디자인 – 학습 촉진 및 조력자: 학습 동기 부여, 학습 활동 관찰 및 피드백 – 프로젝트 관리자: 프로젝트 계획, 학습 진전 정도 관리 – 비판적 사고력, 창의력 신장을 위한 학습 경험 제공 등

중요한 이유	교육 방안
– 다양한 문화 이해 및 가치 고양 – 다양한 문화의 가치 인정 및 상호 존중 – 문화적 감수성 신장 – 세계 문화의 획일화 방지 – 민족 간 갈등과 대립 극복 – 인권, 평등, 사회적 정의 실현 등	– 교과 　• 문화 다양성 관련 주제 중심의 수업 　• 세계 문화 기행(동영상) 등 – 창의적 체험 활동 　• 세계 전통 놀이 　• 다문화 체험관 견학 등 – 기타 활동 　• 문화 다양성 주간 행사 등

사례 발생 원인	공정한 사회가 갖추어야 할 핵심 가치
– 개인적 측면 　• 도덕적(혹은 윤리적) 기준의 부재 　• 욕망(혹은 사욕) 추구에 따른 비도덕적 마음 또는 이기적 마음 　• '나 하나쯤이야 괜찮겠지.'라는 안일한 태도 　• 공정한 행동을 하면 오히려 손해를 보기 때문 　• 인간은 본래 불완전한 존재이기 때문 등 – 사회적 측면 　• 개인이 공정함을 추구해도 사회는 불공정할 수밖에 없기 때문 　• 우리 사회의 제도, 문화가 불평등한 구조이기 때문 　• 우리 사회는 원래 불완전한 사회이기 때문 등	공평, 평등, 책임, 갑질 근절, 불편부당, 성찰 등

선배들의 TIP 및 예시 답안 ✏

　다양한 문제들 중에서 스스로 선택해서 푸는 문제이므로 평소에 관심이 있고 낯설지 않은 소재를 골라서 답변을 준비할 수 있는 장점이 있다. 선택을 망설이면서 너무 오랜 시간을 쓰지 말고 최대한 빨리 한 가지를 골라 답변 준비에 집중하도록 하자.

　각각의 문항에 대한 학교 측 예시 답안과 해설이 잘 제공되어 있으므로 이를 주의 깊게 참고하여 연습해 보자.

3 ▶ 대구교대

[수시]

1. 개별 면접

1. 2학년 1학기 수학 성적이 향상된 이유는 무엇인가? 어떤 방법으로 공부했는가?

2. A 독서 활동을 통해 교사로서 어떤 자질이 필요하다고 생각했는가?

3. B 동아리 활동 중 갈등 관리의 경험이 교직에서 어떻게 활용할 수 있다고 생각하는가?

4. 본인은 어떤 강점을 가진 교사가 될 수 있다고 생각하는가?

5. 자신의 공부법 중 초등학생에게 도움이 될 수 있다고 생각하는 방법과 그 이유는 무엇인가?

학교 측 해설 ✎

– 지원자별 제출 서류를 통해 의사소통 능력·문제 해결 능력·교직 소양 및 인성을 파악할 수 있
   는 개별화된 면접 문항을 개발, 1인 10분 내외의 심층 면접 실시
– 교과 지식과 무관한 지원자의 학교생활 내의 경험을 통해 유추할 수 있는 지원자의 교사로서의
   자질 평가

선배들의 TIP 및 예시 답안 ✎

생기부 기반 질문이므로 예시 답안은 생략한다.

[정시]

1. 집단 면접

• 다음 교실 상황에 대한 내용을 읽고, 여러분이 '담임 선생님'이라면 학생 A를 어떻게 지도할 것인지 학교생활에서의 직접 또는 간접 경험(졸업자 등은 졸업 후 경험 가능)을 토대로 이야기해 보고, 그렇게 지도하는 이유를 설명하시오.

5학년 4반 담임 선생님은 초등학생 때 책 읽는 습관을 갖는 것이 중요하다고 생각한다. 그래서 기회가 있을 때마다 학생들에게 독서의 중요성을 강조하고 아침 자습 시간에 책 읽기 활동을 한다. 4반 학생들은 매일 학교에 등교하면 수업이 시작될 때까지 자신이 읽고 싶은 책을 읽는다. 학생 A는 책 읽기를 좋아하여 다른 학생들보다 많이 읽는 편이다. 쉬는 시간에 친구들과 놀지 않고 혼자서 책을 읽고는 한다. 특히 과학 분야의 책을 즐겨 읽고 관련 지식도 풍부하여 친구들과 선생님을 놀라게 하기도 한다. 그런데 가끔은 공부 시간에도 수업에 집중하지 않고 책을 읽는다. 오늘도 국어 시간이 시작되었는데 학생 A는 공부할 준비를 하지 않고 여전히 책을 읽고 있다.

※ 담임 선생님: _____

학교 측 해설 🖊

학교 측 해설이 공개되지 않았기에 생략한다.

선배들의 TIP 🖊

대구교대는 실제 교육 현장에서 교사라면 어떻게 할 것인지 상황을 제시하는 문제를 출제한다. 큰 틀에서 바뀌지 않으므로 예비 교사로서 어떻게 교실에서 행동할 것인지 평소 시뮬레이션해 두는 것이 좋다.

예시 답안 🖊

제가 초등학생일 때 수학 교과서의 한 문제를 골똘히 생각하다가 다음 시간까지 이어진 적이 있었습니다. 당시 선생님께서는 다른 책을 펴 놓고 있다는 걸 지적하셨는데 어렸던 저는 단순히 그 시간에 다함께 같은 책을 펴야 하기 때문에 혼난 것으로 잘못 이해했습니다. '열심히 공부하는 건 좋지만 남들이랑 같은 책을 펴야 하는구나.'라고 잘못 이해한 것입니다. 지금이야 왜 지적받았는지 알지만 그 때는 명확하게 이해하지 못했습니다. 제가 담임 선생님이라면 A에게 때와 장소를 가려야 한다는 것을 지적해 줄 것입니다. 단순히 때와 장소라는 것으로 끝나는 것이 아니라 조금 더 확장해 사회 규범이라는 개념으로 접근해서 왜 지정된 시간에 무언가를 해야 하는가에 대해 납득하게 할 것입니다.

[수시]

1. 면접고사 가형

1. 초등학생을 대상으로 기후 변화 문제의 심각성을 알리는 캠페인을 기획하고자 합니다. 캠페인에서 다루고 싶은 기후 변화 문제와 이유를 말하고 어떤 방식으로 캠페인을 할지 설명해 보세요.

2. 교육부는 미래 사회를 대비한 창의 융합 교육을 위해 학교 공간의 혁신적인 변화를 추진하고 있습니다. 이와 관련하여 학교 공간을 어떻게 바꾸고 싶은지 말하고, 그 이유를 설명해 보세요.

3. 학습 속도가 느린 학생을 교사가 방과 후에 개별 지도하는 것은 공정하지 않다는 의견이 있습니다. 이러한 의견에 대해 자신의 입장을 밝히고 그 이유를 설명해 보세요.

학교 측 해설 ✎

1.

【출제 의도】

– 최근 사회적 이슈인 '기후 변화' 문제에 대한 관심 정도와 내용의 이해 정도를 파악하고 초등학생 수준에 맞는 캠페인 방식을 구상할 수 있는 능력을 파악하고자 했다.

– 융·복합 역량, 유연한 사고력, 문제 해결력, 발표 능력을 평가할 수 있도록 했다.

【문항 해설】

　최근 기후 변화로 인해 기후 재난, 멸종 생물체 증가, 식량 위기 등 다양한 문제가 발생하면서 국내외적으로 관심이 고조되고 있으며 '탄소 중립' 등 기후 변화를 완화시키기 위한 다각적인 노력이 시도되고 있다. 이러한 시대적 환경에서 초등학생들도 이에 대한 심각성을 알 필요가 대두되었다. 이에 본 문항은 기후 변화 문제를 구체적으로 이해하고 있으며 이를 초등학생에게 알릴 수 있는 방안을 구상할 수 있는지를 평가하고자 했다.

【채점 기준】

　면접 문항을 명료하게 이해하는지 그리고 기후 변화 문제 중 중요하다고 여기는 것을 분명하게 제시하고 그 이유를 구체적으로 제시하는지를 통해 문제 이해력과 유연한 사고력, 자신의 의견에 대한 발표 능력을 평가하도록 했다. 기후 변화 문제를 알리는 캠페인을 초등학생 수준에 맞게 구상할 수 있는지에 대해 창의 지성으로서 융·복합 역량과 유연한 사고력 그리고 문제 해결력을 평가하도록 했다. 또한, 기후 변화 문제에 대한 이해와 이를 알리는 캠페인을 초등 수준에 맞게 구상하는 내용을 통해 초등학생에 대한 이해와 자신의 교직관을 드러낼 수 있는지를 파악하여 교육적 가치관을 평가한다.

하위 문항	채점 기준
기후 변화 문제 선정 이유	기후 변화 문제를 명확하게 제시하고 선정 이유를 기후 변화 문제와 연관 지어 제시하는가?
캠페인 구상	– 캠페인의 주제나 내용이 제시한 기후 변화 문제와 관련되어 있는가? – 캠페인의 방식과 내용이 초등학생 수준에 적절한가?

【예시 답안】

교직에 대한 적성과 인성을 갖춘 학생을 선발함을 목적으로 하므로 정답을 요하지 않는다.

2.

【출제 의도】

　최근의 교육 현안인 학교 공간 혁신과 관련하여 교육 환경이 갖추어야 할 조건을 파악하고 그 대안을 제시할 수 있는지를 파악하여 유연한 사고력과 의사소통 역량을 평가하려고 했으며, 제시하는 대안을 통해 학생의 교육적 가치관을 파악하고자 했다.

【문항 해설】

　최근 교육부는 그린 스마트 미래 학교 정책을 추진하면서 전국의 노후 학교 시설을 교체하고, 미래 교육을 대비할 수 있는 교육 환경을 조성하고 있다. 기존의 획일적인 학교 공간을 지양하고, 교사와 학생이 함께 스스로의 교육 환경을 설계할 수 있는 방향으로 정책이 추진되고 있다. 따라서 교사와 학생의 입장에서 학교 공간 혁신에 대한 구체적인 대안을 제시할 수 있는지를 평가하고자 했다.

【채점 기준】

인재상	핵심 역량	채점 시 고려 사항
창의 지성 (Creative intelligence)	융·복합 역량	– 학교 공간의 대안을 구체적으로 제시하는가? – 타당하고 실현 가능한 대안인가?
	유연한 사고력	
상호 협력 (Mutual cooperation)	소통 능력	– 의견을 정확하게 전달하고 발표하는가? – 기존 학교 공간의 교육적 문제점을 파악하는가?
	문제 해결 능력	
교직 가치관 (Occupational value)	바른 교사상	– 올바른 교육적 관점에서 대안을 제시하는가? – 제시한 대안의 교육적 가치를 설명하는가?
	교육적 가치관	

【예시 답안】

구분	예시
대안	– 획일적이고 고정된 공간에서 벗어나 다양한 수업 방식이 가능하도록 유연한 변경이 가능한 교실 – 다양한 ICT 교육 기자재(스마트 패드, 3D 프린터, 전자 칠판 등)를 갖춘 교실 – 에너지 절약, 친환경 에너지 사용 건물
이유	– 창의적, 학생 맞춤형 수업이 가능하고 학생의 창의성 신장 – 실생활과 문제 해결 수업 가능, 학생 흥미 향상 – 일상생활에서 환경 교육이 가능하고 직접 체험 가능

3.

【출제 의도】

– 실제 교육 현장에서 발생하는 교육 관련 문제 및 갈등 상황을 제시하여 이에 관한 개인의 교육적 견해를 확인할 수 있으며 갈등 해결 과정에서 예비 교육자로서 어떤 가치관을 따르고 있는지를 확인할 수 있다.

– 비판적 사고 역량, 의사소통 역량을 볼 수 있고 초등 교사로서 교실 수업과 평가를 바라보는 바른 관점을 가졌는지 알 수 있다.

【문항 해설】

교사가 학습이 느린 학생을 방과 후에 지도하여 학력 향상을 지원한 것에 대해 공정하지 않다고 항의한 것이 교육의 본질적 목적에서 바라볼 때 맞는 것인지 생각하고, 더불어 교육에서 공정과 공평의 개념을 명확히 구분하고 이를 바탕으로 갈등 상황을 해결할 수 있는 적절한 대처를 하는 것이다.

【채점 기준】

〈예비 교육자로서 바른 가치관을 가지고 문제 상황을 비판적으로 바라보고 핵심 요인이 무엇인지 파악하기〉

– 예비 교육자로서 서로 다른 능력을 가진 사람들에게 적합한 교육 환경을 제공해야 한다는 것에 기본적으로 동의하는가?

– 예비 교육자로서 교육자 본연의 임무(모든 학생이 성장할 수 있도록 지원하기)를 인식하고 있는가?

〈갈등 상황 해결을 위해 다른 사람과 효과적으로 의사소통하기〉

– 서로 다른 생각을 가진 사람과 의사소통할 때 그들의 입장을 먼저 고려하는 말하기를 하는가?

– 자신의 생각을 강요하지 않으면서 교육적으로 맞다고 생각한 것을 상대가 이해할 수 있는 전략을 사용하여 말하는가?

〈적극적으로 문제 해결 노력하기〉

– 갈등 해결 전략이나 말하기가 소극적 대처가 아닌 적극적으로 갈등 상황을 해결하려고 노력하는가?

【예시 답안】

'제 생각에 느린 학습자를 방과 후에 지도한 것은 공정성에 어긋난다고 항의한 것에 동의합니다.'의 의견을 이야기하고 자신의 생각을 논리 정연하게 제시할 수도 있다.

선배들의 TIP 및 예시 답안 ✏️

학교 측 해설이 상세하므로 예시 답안은 생략한다.

2. 면접고사 나형

1. 반려동물을 키우는 가구가 증가함에 따라 다양한 갈등이 발생하고 있습니다. 그 갈등 사례를 제시하고 이러한 갈등이 발생한 원인과, 완화 방안을 말해 보세요.

2. 비대면 학습의 단점으로 학생의 사회성 결여를 우려하는 목소리가 있습니다. 사회성 결여로 인한 문제점을 제시하고, 비대면 학습 상황에서 초등학생의 사회성을 키워 줄 방안에 대해 말해 보세요.

3. 수행 평가가 도입된 지 20년이 지났으나, 교육 현장에서는 여전히 논란이 많습니다. 자신의 경험에 비추어 수행 평가의 장점이나 한계를 제시하고, 수행 평가를 어떻게 개선하면 좋을지 말해 보세요.

학교 측 해설 ✏️

1.

【출제 의도】

– 반려동물을 키우는 가구가 증가함에 따라 발생하는 다양한 유형의 갈등 상황에 대처하기 위해 그 갈등 상황의 원인을 파악하는 능력과 서로의 입장을 이해하고 배려하여 문제를 해결하는 능력을 파악하고자 했다.

– 유연한 사고력, 문제 해결력, 인성, 발표 능력을 평가할 수 있도록 했다.

【문항 해설】

최근 반려동물을 키우는 가구가 증가하면서 반려동물과 관련한 다양한 사회 문제와 갈등이 발생하고 있어 이러한 갈등을 완화할 필요성이 있다. 서로 원활한 관계를 유지하기 위해서는 이런 갈등 원인을 파악하는 것이 중요하며 갈등을 완화하는 방안을 모색하고자 하는 노력이 필요하다. 이에 본 문항은 반려동물이 증가하는 현 상황에서 발생할 수 있는 갈등을 이해하고 원인을 파악하여 그에 맞는 완화 방안을 찾을 수 있는지를 평가하고자 했다.

【채점 기준】

면접 문항을 명료하게 이해하고 갈등 사례를 분명하게 제시하고 있는지를 측정하여 문제 이해력과 발표 능력을 평가한다. 갈등 상황에 대한 원인을 다각도로 파악하여 제시하며 이를 완화시키기 위한 방안을 보다 구체적으로 제시하는지를 살펴 갈등 상황에 대한 문제 해결을 통해 유연한 사고력과 문제 해결력, 인성을 평가한다. 또한, 갈등 상황에 대한 원인 파악과 완화 방안 내용이 교육적이고 자신의 교직관을 드러낼 수 있는지를 파악하여 교육적 가치관을 평가한다.

하위 문항	채점 기준
유연한 사고력	– 갈등 원인을 다각도로 파악하여 설명하는가? – 갈등 완화 방안을 양자 간의 입장을 고려하여 제시하는가?
문제 해결 능력	– 갈등 사례에 맞는 원인을 제시하는가? – 갈등 사례를 완화시킬 수 있는 구체적인 방안을 제시하는가?

【예시 답안】
교직에 대한 적성과 인성을 갖춘 학생을 선발함을 목적으로 하므로 정답을 요하지 않는다.

2.

【출제 의도】

　최근 코로나로 인해 비대면 온라인 학습이 확산하면서 나타난 교육 현안인 학생의 사회성 결여에 대한 문제점을 이해하고 있는지를 파악하여 문제 해결 능력을 평가하려고 했으며, 교육적 대안을 제시하는 과정에서 유연한 사고력과 교육적 가치관을 평가하고자 했다.

【문항 해설】

　최근 코로나로 인해 비대면 온라인 학습이 급격히 확산되었고 앞으로도 비대면 학습이 학교 교육의 일정 부분을 차지할 가능성이 높다. 비대면 학습 환경에서 학생의 사회성 교육이 쉽지 않기 때문에, 이를 보완할 수 있는 교육적 방안이 필요하다. 따라서 비대면 온라인 학습 환경에서 학생의 사회성을 키워 줄 수 있는 구체적 대안을 제시할 수 있는지를 평가하고자 했다.

【채점 기준】

인재상	핵심 역량	채점 시 고려 사항
창의 지성 (Creative intelligence)	융 · 복합 역량	– 사회성 교육 방안을 구체적으로 제시하는가? – 비대면 학습을 고려한 실현 가능한 방안인가?
	유연한 사고력	
상호 협력 (Mutual cooperation)	소통 능력	– 의견을 정확하게 전달하고 발표하는가? – 사회성 결여로 인한 문제점을 파악하는가?
	문제 해결 능력	
교직 가치관 (Occupational value)	바른 교사상	– 올바른 교육적 관점에서 대안을 제시하는가? – 제시한 방안의 교육적 가치를 설명하는가?
	교육적 가치관	

【예시 답안】

구분	예시
문제점	– 타인과의 협력이 요구되는 공동체 생활에 어려움을 겪을 수 있다. – 타인과의 의사소통이 어려워 원만한 사회생활이 힘들 수 있다.
방안	– 실시간 화상 강의로 학생의 발표 기회와 상호 토론의 기회를 제공한다. – 비대면 협력이 필요한 과제를 제시하여 상호 작용의 기회를 제공한다. – 비대면 환경에서 가능한 게임이나 놀이를 함께 하도록 한다.

3.

【출제 의도】

– 수험생이 자신의 교육 경험을 어떤 기준으로 분석하는지를 봄으로써 예비 교육자로서 어떤 가치관과 태도를 따르고 있는지 확인할 수 있다. 또한, 자신이 드러낸 문제 상황에 타당한 해결 방안을 제시할 수 있는지를 볼 수 있다.

– 반성적 사고 및 분석적 사고 역량을 볼 수 있고 초등 교사로서 교실 수업과 평가를 바라보는 바른 관점을 가졌는지 알 수 있다.

【문항 해설】

　　수험생 자신의 수행 평가 경험에 비추어 수행 평가가 어떤 부분에서 학습 성취도에 대해 평가하는 데 강점을 가지고 있고 어떤 부분에서 한계가 있었는지를 몇 가지 언급한다. 더불어 학생의 입장에서 자신이 경험한 수행 평가의 한계를 보완하여 개선할 것들에 관해 말하는 것이다.

【채점 기준】

〈자신의 교육 경험에 관해 기준을 세워 강점과 한계를 분석하기〉

– 강점과 한계를 분석하는 기준이 교육적으로 적절한 기준인가?

– 강점과 한계는 기준에 따라 학생의 학습 관점에서 분석한 것인가?

〈기준에 따라 분석한 한계를 극복할 수 있는 발전적인 개선 방안 마련하기〉

– 앞서 분석하여 제시한 한계와 관련된 개선 방안인가?

– 학생의 입장에서 성장을 지원하는 방향으로 개선 방안이 제시되는가?

【예시 답안】

교직에 대한 적성과 인성을 갖춘 학생을 선발함을 목적으로 하므로 정답을 요하지 않는다.

선배들의 TIP 및 예시 답안 🖊

학교 예시 답안이 상세하게 제시되어 있기 때문에 별도의 예시 답안은 생략한다.

[정시]

1. 면접고사

1. 초등 교사를 꿈꾸게 된 계기를 말하고 꿈을 이루기 위해 어떠한 노력을 해 왔는지 말해 보세요.

2. 자신의 학교생활에서 겪거나 보았던 교사와 학생 간의 갈등 사례를 제시하고 교사가 된다면 자신은 이를 어떻게 해결할지 말해 보세요.

3. 〈보기〉에 제시된 단어 중 세 가지를 사용하여 자신이 바라는 대학 생활의 모습을 말해 보세요.

〈보기〉

인형, 지도, 신발, 용기

학교 측 해설 ✏️

1.

【출제 의도】

- 인재상 중 교직 가치관에 대한 학생들의 생각을 알아보기 위한 것으로 일상적인 학생들의 경험을 토대로 하고 있기 때문에 자신의 경험에 근거하여 표현할 수 있다.
- 초등 교사를 꿈꾸게 된 계기와 노력을 토대로 교직 태도와 사명감 가치관 및 인성을 평가할 수 있도록 했다.

【문항 해설】

- 발표 시 초등 교사를 꿈꾸게 된 계기를 이야기하면서 교직에 대한 태도를 확인할 수 있으며 꿈을 이루기 위해 해 왔던 자신의 경험들을 토대로 학생들이 어떠한 사명감과 가치관 그리고 인성을 갖추고 있는지 확인할 수 있다.
- 초등 교사를 꿈꾸게 된 계기가 활동 경험, 책, 가족의 권유 등 다양할 수 있으나 그 계기를 토대로 초등 교사를 꿈꾸며 노력하는 모습들을 살펴봄으로써 교직에 대한 학생의 의지를 확인하도록 했다.

【채점 기준】

- 교직 가치관 항목(Occupational value)에 있어서 주요 채점 항목
- 교직 태도와 사명감 가치관 및 인성 등을 판단
- 가족의 이름이나 직업 등 블라인드 면접에 부적합한 언급을 한 경우 최저점을 부여

【예시 답안】

교직에 대한 적성과 인성을 갖춘 학생을 선발함을 목적으로 하므로 정답을 요하지 않는다.

2.

【출제 의도】

- 인재상 중 상호 협력에 해당하는 상호 협력 능력에 있어서 학생들의 반응을 알아보기 위한 것으로 학생들이 학교생활을 하는 동안 경험할 수 있는 교사와 학생 간의 갈등 상황을 토대로 하고 있기 때문에 자신의 경험에 근거하여 제시할 수 있다.
- 이를 통해 문제 상황을 해결하는 능력과 그 속에서의 소통 의지나 능력을 평가할 수 있도록 했다.

【문항 해설】

- 발표 시 교사와 학생 간의 갈등 사례를 제시하는 과정에서 자신 혹은 주변에서 일어나는 다양한 문제 상황에 대해 얼마나 민감하게 받아들이고 문제 상황을 내재화하여 의미 있는 경험으로 받아들이려는 노력이 있었는지 확인할 수 있다.
- 해당 문제 상황에 대해 자신이 교사가 되었을 때 어떻게 문제를 해결할지 이야기하는 부분에서 학생들의 문제 해결 능력과 그 속에서 교사 학생 간 의사소통의 중요성을 이해하고 있는지 확인하도록 했다.
- 보조적으로 이 문항을 통해 교직 가치관에서 바른 교사상 올바른 교육적 가치관을 가지고 있는지 확인할 수 있다.

【채점 기준】

- 상호 협력 항목(Mutual cooperation)에 있어서 주요 채점 항목
- 교직 가치관 항목(Occupational value)에 대해 보조적인 채점 항목으로 사용
- 소통 능력 · 문제 해결 능력 등을 판단
- 가족의 이름이나 직업 등 블라인드 면접에 부적합한 언급을 한 경우 최저점을 부여

【예시 답안】
교직에 대한 적성과 인성을 갖춘 학생을 선발함을 목적으로 하므로 정답을 요하지 않는다.

3.
【출제 의도】

- 인재상 중 창의 지성에 해당하는 학생들의 능력을 알아보기 위한 것으로 평범한 단어들의 조합 속에서 자신의 의견을 제시하기 위한 논리적인 글의 흐름을 만들어 낼 수 있는지 확인하고자 했다.
- 자신이 바라는 대학 생활의 모습을 이야기하는 과정에서 보기의 단어 중 세 가지를 필수적으로 포함하도록 함으로써 학생들의 창의성을 평가할 뿐만 아니라 글을 논리적으로 구성하고 표현할 수 있는 유연한 사고력을 평가함으로써 융·복합 역량을 함께 확인하고자 했다.

【문항 해설】

- 자신이 바라는 대학 생활의 모습은 학생이 바라는 바이기 때문에 '나는 이러한 학교생활을 하겠다.' 혹은 '학교가 나에게 어떠한 것을 해 주면 좋겠다.' 등 다양한 방향으로 의견을 표현할 수 있다.
- 자신이 바라는 대학 생활의 모습에는 정해진 답은 없으나 주어진 단어 세 가지는 필수적으로 사용해야 하며 이 단어를 활용함에 있어 문장이 어색하지 않게끔 만들어 자신의 의견을 발표하는 것이 중요하다.
- 글의 내용 자체가 짧거나 길다고 가점 혹은 감점을 받는 것은 아니지만 글 자체가 논리적으로 전개되어 있어야 하며 해당 단어들이 문장 속에서 의미 있게 사용되는 것이 중요하다.

【채점 기준】

- 창의 지성 항목(Creative intelligence)에 있어서 주요 채점 항목
- 융·복합 역량, 유연한 사고력 등을 판단
- 가족의 이름이나 직업 등 블라인드 면접에 부적합한 언급을 한 경우 최저점을 부여

【예시 답안】
교직에 대한 적성과 인성을 갖춘 학생을 선발함을 목적으로 하므로 정답을 요하지 않는다.

선배들의 TIP 및 예시 답안 ✏️

학교 측 해설이 상세하므로 예시 답안은 생략한다.

[수시]

1. 교직 교양(오전)

※ 다음의 자료를 보고, 각 질문에 답하시오.

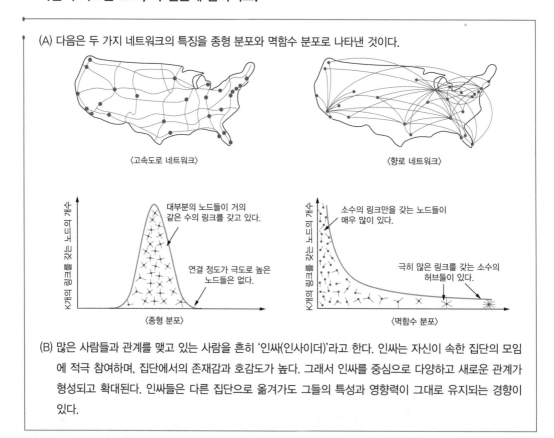

(A) 다음은 두 가지 네트워크의 특징을 종형 분포와 멱함수 분포로 나타낸 것이다.

〈고속도로 네트워크〉 〈항로 네트워크〉

대부분의 노드들이 거의 같은 수의 링크를 갖고 있다.

연결 정도가 극도로 높은 노드들은 없다.

소수의 링크만을 갖는 노드들이 매우 많이 있다.

극히 많은 링크를 갖는 소수의 허브들이 있다.

〈종형 분포〉 〈멱함수 분포〉

(B) 많은 사람들과 관계를 맺고 있는 사람을 흔히 '인싸(인사이더)'라고 한다. 인싸는 자신이 속한 집단의 모임에 적극 참여하며, 집단에서의 존재감과 호감도가 높다. 그래서 인싸를 중심으로 다양하고 새로운 관계가 형성되고 확대된다. 인싸들은 다른 집단으로 옮겨가도 그들의 특성과 영향력이 그대로 유지되는 경향이 있다.

1. (A)에 제시된 두 가지 네트워크의 특징을 각각 말하고, 이를 바탕으로 (B)에 제시된 내용을 설명하시오.

2. 우리 주변에서 멱함수 분포를 보이는 사례를 제시하고, 이 사례의 긍정적 측면과 부정적 측면을 설명하시오.

이 문항은 두 가지 유형의 네트워크를 분포도 그래프로 제시하고 이를 텍스트와 연계하여 구체적으로 설명할 수 있는지를 묻는 문항이다. 1번 질문은 자료 (A)에 제시된 고속도로 네트워크와 항로 네트워크의 특징을 종형 분포와 멱함수 분포의 특징과 연계하여 정확히 이해하고 있는지와 (B)의 '인싸' 현상이 멱함수 분포의 오른쪽 부분에 해당하는 사례(극히 많은 링크를 갖는 소수의 노드, 즉 항로의 허브)와 연결됨을 설명할 수 있는지를 평가한다. 2번 질문은 많은 링크를 갖는 소수의 노드와 적은 링크를 갖는 다수의 노드가 존재하는 멱함수 분포의 개념을 이해하고 이 현상이 초래할 수 있는 긍정적 측면과 부정적 측면을 추론할 수 있는 사고 능력을 평가한다.

이 문항은 고등학교 「수학」 교과의 '함수' 영역에서 '함수와 그래프' 개념을 다루는 단원과 연계된다. 이 문항을 통해 함수의 극한과 연속을 이해하고 이를 그래프로 표현하거나 혹은 그래프를 보고 이해하고 설명할 수 있는 능력을 평가할 수 있다.

(B)의 '인싸'에 대한 내용은 고등학교 「사회 · 문화」 교과에서 '사회 · 문화 현상의 탐구' 영역에서의 '상호 작용론' 내용 요소와 '개인과 사회 구조' 영역에서의 '사회화 이론', '사회적 상호 작용', '사회 집단' 등의 내용 요소와도 연계된다.

「사회」 교과의 '문화와 사회' 영역에서 '④ 지역 문화, 세대 문화, 반문화 등의 하위문화와 대중문화에 나타나는 현대 사회의 다양한 문화적 양상을 파악한다.'는 내용 요소와도 연계된다. 특히 '인싸'라는 새로운 세대 문화를 사회적 맥락에서 고찰하고 이러한 현상을 비판적으로 분석할 수 있는지를 평가할 수 있다.

이 문항은 특정 사회 현상이나 전문적인 개념에 대한 지식 유무를 묻는 것이 아니라 주어진 자료들을 연결하여 이해하는 능력과 사회 안에서 개인의 특성이 미치는 영향력을 다각적으로 이해하고 설명할 수 있는 능력을 평가하므로 선행 학습을 유발한다고 할 수 없다. 또한, 최근 유행어인 '인싸(인사이더)'를 사용했으나, 제시문에 이 단어의 의미를 자세히 설명함으로써 이 용어를 모르는 학생들이 불이익을 당하지 않고 문제를 풀 수 있다.

선배들의 TIP ✏️

교육과정 속에서 배울 수 있는 분산 개념을 활용한다면 각 도표의 특징을 보다 구체적으로 명확하게 비교할 수 있다. 주어진 도표에 대한 단순 설명에 그치지 않고, 이를 개념화하여 명시적으로 제시해 보도록 하자.

【예시 답안】

1. 1번 질문에 답변하도록 하겠습니다. 자료 (A)에는 각각 종형 분포, 멱함수 분포를 보이고 있는 고속도로 네트워크와 항로 네트워크가 나타나고 있습니다. 종형 분포의 경우 각각의 노드가 가지고 있는 링크의 수가 고르게 나타나고 있는 반면, 멱함수 분포는 노드에 연결된 링크의 수가 불균형적이라는 점을 알 수 있습니다. 요컨대, 노드에 연결된 링크 숫자의 분산이 종형 분포에서는 작게 나타나고, 멱함수 분포에서는 크게 나타난다는 것입니다. 그리고 멱함수 분포에서 두드러지게 나타나고 있는 특성으로는 상당히 많은 링크를 가지고 있는 소수의 노드가 존재한다는 점을 들 수 있을 것입니다. 이를 (B)에서 나타나고 있는 '인싸' 개념과도 관련지어 살펴볼 수 있습니다. (A)의 항로 네트워크에서 몇몇 소수의 노드들이 수많은 링크를 바탕으로 네트워크의 허브로 기능하듯이, (B)에서 나타나고 있는 인싸 또한 높은 호감과 존재감을 바탕으로 구성원들 간 관계 형성에 큰 영향을 미치고 있기 때문입니다.

2. 2번 질문에 대해 살펴보도록 하겠습니다. 저는 멱함수 분포를 보이는 사례로 대형 마트의 사례를 들 수 있다고 생각합니다. 대형 마트는 소형 슈퍼마켓이나 재래시장에 비해 훨씬 다양한 품목을 공급한다는 점, 그리고 상당히 많은 수의 소비자들이 방문한다는 점에서 다양한 링크를 가진 노드, 즉 허브로서의 성격을 보이고 있습니다. 게다가 최근에는 쿠팡과 같이 대형 마트보다도 큰 규모의 플레이어가 나타나고 있다는 점에서 멱함수 분포는 더욱 심화되고 있다고 할 수 있습니다. 이러한 양상은 소비자들의 편의가 증대되고 각종 소상공인들의 새로운 판매처가 생겨날 수 있다는 점에서 긍정적 영향을 미친다고 할 수 있습니다. 하지만 그 과정 속에서 기존 상인 및 소형 슈퍼마켓의 생존이 어려워질 수 있다는 부정적 영향도 존재할 수 있을 것입니다.

2. 교직 적인성(모전)

※ 다음의 자료를 보고, 각 질문에 답하시오.

(A) 하늘의 뜻을 받은 것을 성(性)이라 하고, 성(性)을 따르는 것을 도(道)라 하며, 그 도(道)를 닦는 것을 교(敎)라고 한다. 도(道)라는 것은 잠시라도 떨어질 수 없는 것이다. (중략) 그러므로 군자는 그 아무도 보지 않는 곳에서 경계하여 살피고, 그 아무도 듣지 않는 곳에서도 두려워한다.

『중용(中庸)』 중에서

(B) 애덤 스미스는 당대의 도덕적 타락의 원인 중 하나가 도시화가 낳은 익명성이라고 지적했다. 자기 마을에 있을 때에는 어떻게 행동해야 하는지가 정해져 있고 스스로 그것을 의무로 여긴다. 그러한 규범을 어길 경우에는 마을에서 평판이 나빠지기 때문이다. 하지만 대도시로 나오면서부터 아무도 그의 행동에 주의를 기울이지 않고 그는 변덕스러운 악과 방종에 놀아나고 싶다는 유혹을 느낀다.

로랑 베그(Laurent Bègue), 『도덕적 인간은 왜 나쁜 사회를 만드는가?』 중에서

(C) 한 연구팀은 몇몇 자전거 보관소에 '쓰레기 투기 금지' 표지판을 세우고 자전거마다 광고 전단을 꽂아 두었다. '쓰레기 투기 금지' 표시에도 불구하고, 쓰레기가 많은 자전거 보관소에서는 자전거 사용자들의 69%가 광고 전단을 땅바닥에 버렸다. 반면 쓰레기가 없는 깨끗한 자전거 보관소에서 광고 전단을 버린 사람은 33%였다.

---

1. (A), (B), (C) 내용에서 추론할 수 있는 '사회 규범을 따르는 이유'를 각각 설명하시오.

2. (A), (B), (C) 내용을 참고하여, 학생의 생활 지도를 위한 교사의 실천 방안을 제안하시오.

학교 측 해설 🖉

이 문항은 사회 규범의 준수와 관련된 3개의 제시문을 읽고 각각 전달하고자 하는 바를 이해하고 이를 교육 현장에 적용하는 방안에 관해 묻는다. 1번 질문을 통해서는 서로 다른 장르의 글을 읽은 뒤 그 맥락을 파악하고 내용을 분석하여 내포된 메시지를 바르게 추론할 수 있는 능력을 평가할 수 있다. 2번 질문을 통해서는 3개의 제시문이 공통으로 다루는 주제를 추출하거나 각 제시문의 메시지를 종합하여 교사의 학생 생활 지도와 관련된 문제 해결력을 평가할 수 있다.

이 문항은 고등학교 「국어」 교과의 '읽기' 영역과 '독서' 영역에서 '읽기의 방법'으로 제시된 다섯 가지 방법(사실적 이해, 추론적 이해, 비판적 이해, 창의적 이해, 읽기 과정의 점검) 중 특히 '추론적 독해'와 연계된다. 추론적 독해는 '읽기' 영역에서 글의 맥락에 따라 의미를 이해할 수 있는 기능적 측면의 '추론' 영역으로, 'ⓑ 필자의 의도, 목적, 숨겨진 주제 등을 추론한다.'와 'ⓓ 글의 내용

을 여러 가지 관점에서 분석하고 종합한다.'라는 내용 요소를 포함한다. 따라서 추론적 독해는 다양한 글을 읽고 이해하며, 공통적인 주제를 추론해 내는 능력을 평가하는 본 문항과 연계된다고 할 수 있다.

내용적인 측면에서는 고등학교 「생활과 윤리」 교과에서 '현대의 삶과 실천 윤리' 영역과 연계된다. 이 영역에서는 이론 윤리와 실천 윤리를 구분하여 다루는데 이 문항 역시 사회 규범을 지켜야 한다는 이론적 이해와 실천과의 괴리, 그리고 이에 대한 설명으로 익명성이나 사회적 압박감 등을 제시하고 있다.

이 문항은 교사가 교육을 통해 학생들의 사회 규범 준수를 이끌어내는 방안을 물어 교육자라는 전문직 종사자가 가져야 할 도덕성과 도덕 문화 선도자로서 해야 할 역할에 대한 이해와 생각을 묻고 있다. 이 내용은 고등학교 「현대 생활과 윤리」에서 '사회 정의와 직업 윤리'와 '문화와 윤리'의 내용 영역과 연계되며, 특히 '문화와 윤리' 내의 '청소년 문화와 윤리'의 내용 요소와 관련된다.

이 문항은 미래 교사로서 응시자의 역량을 알아보는 문항이라 할 수 있다. 즉, 이 문항을 통해 미래 교사로서 교육대학교를 지원한 면접 응시자들이 가진 사회 규범에 대한 이해 및 교육적 활용에 관한 생각을 알아보는 동시에 교사의 실천 방안에 대한 아이디어를 통해 응시자의 창의성과 확장적 사고 역량을 평가할 수 있다. 응시자가 난해한 인문학 서적을 읽었는지, 혹은 사회학적인 연구 결과에 대한 지식이 있는지를 묻는 것이 아니므로 선행 학습을 유발한다고 할 수 없다.

선배들의 TIP 🖊

도덕이나 철학과 관련된 지문이라 해도 겁먹지 말 것. 추론적 독해력을 판단하는 질문이라고는 하지만 실상 글이 전하고자 하는 의미가 무엇인지 파악해낸다면 쉽게 문제에 접근할 수 있다. 교사의 실천 방안과 같이 교직 적성과 역량을 물어보는 문제에는 본인의 가치관이나 생각이 드러나는 것이 중요하다. 이 때 자신의 경험을 녹여내는 것이 하나의 방법이 될 수 있다.

예시 답안 🖊

1. 1번 질문에 답변하도록 하겠습니다. (A)에서는 '도', 즉 도덕이라고 하는 것은 하늘의 뜻을 받드는 것이자 잠시라도 떨어질 수 없는 것으로 보며, 설령 그 아무도 보지 않는 곳이라 하더라도 도덕적인 품위를 유지해야 한다고 말하고 있습니다. 따라서 (A)는 도덕과 규범 그 자체가 옳은 것이기 사람들이 사회적 규범을 따른다고 보고 있습니다.

(B)에서는 도시화의 익명성이 도덕적 타락의 원인이라고 보고 있습니다. 즉, 자신의 정체성이 드러나는 사회적 환경에서는 도덕적으로 행동하지만, 그렇지 않은 경우 도덕적으로 행위하지 않음을 추론할 수 있습니다. 따라서 (B)는 타인의 시선 때문에 혹은 자신의 평판을 지키기 위해 사회적 규범을 따른다고 보고 있습니다.

(C)에서는 다른 사람들이 한 행동을 바탕으로 도덕적 행위를 모방함을 알 수 있습니다. 즉, 사람들은 도덕적 규범이 표지판과 같은 수단으로 명시되어 있는 것보다, 다른 사람들이 어떻게 행동했느냐에 더 큰 영향을 받는 것입니다. 따라서 (C)에서는 사람들이 타인의 행위를 모방하고 학습하기 때문에 사회적 규범을 따른다고 볼 수 있습니다.

2. 2번 질문에 답변하도록 하겠습니다. 학생들의 생활 지도는 학생들의 도덕적 판단력과 품성을 높여 주는데 있어 매우 중요합니다. 교사가 생활 지도를 어떻게 지도하느냐에 따라 학생들이 형성할 도덕적 가치관이 달라지기 때문입니다. 저는 (A)가 학교에서 추구해야 할 도덕적 가치라 생각했고, 그를 위한 실천 방안을 (C)에서 찾았습니다. 학생들이 사회에 나가서도 자신의 익명성과는 관계없이 도덕적 행위를 실천할 수 있게 하기 위해서는 올바른 도덕적 가치관과 행위가 내재화되어야 합니다. 이를 위해서는 (C)에서처럼 타인의 행위를 모방하고 습득하는 것이 매우 중요합니다. 첫 번째로 교사가 그 모방의 대상이 될 수 있습니다. 학급 환경에서 교사가 솔선수범하여 환경미화 활동을 하거나 하루 한 가지 착한 말 쓰기 등을 실천하면 학생들도 자연스럽게 교사의 행동을 모방하면서 올바른 도덕적 가치관을 형성할 수 있습니다. 두 번째로 학생들 서로가 모방의 대상이 될 수 있습니다. 한 주마다 선행을 베푼 학생들을 지목하는 활동이나 학급 내 옳은 말 쓰기 프로젝트 등을 통해 학생들은 서로를 보고 배우며 올바른 도덕적 행위를 습득할 수 있습니다. 이러한 방법으로 생활 지도를 실천한다면 학생들로 하여금 사회적 규범을 따라야 하는 이유를 알려줌과 동시에 도덕적 행위를 내재화할 수 있는 교육적 효과가 있습니다.

3. 교직 교양(오후)

※ 다음의 자료를 보고, 각 질문에 답하시오.

(A) 다음은 개인이 새로운 사태에 직면했을 때 보이는 태도의 변화를 나타낸 그래프이다.

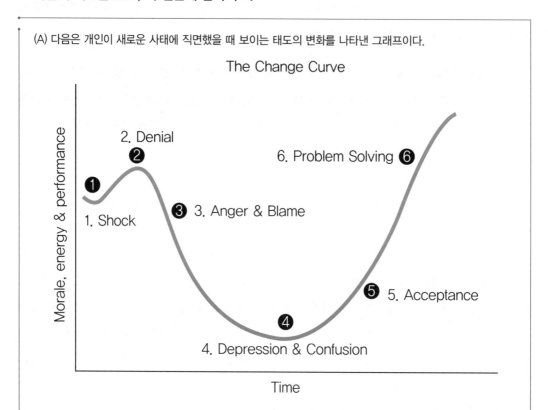

(B) K씨는 코로나19 확진자의 수가 몇 주째 계속 증가하자 충격을 받았다. 그는 코로나19 상황은 조작된 음모일 수 있으며, 자신과는 크게 상관없는 일이라며 친구에게 불만을 토로했었다. 그런데 며칠 전 다녀온 식당에서 확진자가 발생했다는 문자를 받고, '하필 내가 왜 그 식당에 갔지? 코로나19에 걸리면 어떡하지!'라며 매우 걱정하고 혼란스러워했다. 다행히 K씨는 음성 판정을 받았지만, 코로나19 상황으로 자신의 삶이 바뀌었다고 생각하게 되었다. 그 후 코로나19와 관련된 새로운 뉴스와 정보에 관심을 갖게 되었으며, 대면 모임 대신 화상 통화를 자주 하게 되었다.

1. (B)의 상황을 참고하여 (A)에 제시된 그래프의 내용과 의미를 설명하시오.

2. 우리 주변에서 (A)의 그래프로 이해할 수 있는 또 다른 상황을 찾아 설명하시오.

학교 측 해설 ✏️

이 문항은 개인이 새로운 상황에 직면했을 때의 태도 변화를 보여 주는 그래프와 코로나19 상황에 대한 제시문을 보고 이를 연계하여 해석하고 적용할 수 있는지를 평가하는 문항이다. 1번 질문을 통해서는 자료 (A)의 그래프와 (B)의 텍스트를 연계하여 본 제시문이 전달하는 내용을 정확히 이해했는지, 그리고 추상적인 이론과 실제 상황을 연계시킬 수 있는지를 평가한다. 2번 질문을 통해서는 (A)에 대한 정확한 이해를 기반으로 이와 유사한 상황을 찾아낼 수 있는 유연한 사고력을 평가한다.

이 문항은 「사회」 교과에서 '사회 문제에 대한 이해와 탐구를 위한 교수·학습 방향'에 대한 제언 중에서, '현대 사회의 다양한 사회·문화 현상에 대한 다각적인 이해를 위해 관련 학문이나 관점을 폭넓게 활용한다.'와 '교수·학습의 효율성을 높일 수 있도록 그래프, 통계표, 슬라이드, 영화, 연감, 신문, 방송, 사진, 기록물, 민속자료, 유물, 여행기 등 다양한 자료를 활용한다.'와 연계된다.

구체적으로 개인이 예상치 못한 상황에 직면했을 때 일어나는 반응의 변화를 'The Change Curve'로 모형화한 그래프를 이해하고 이를 구체적인 상황에 응용할 수 있는 역량을 평가한다. 심리학적 소양이나 이 단계 모형에 대한 사전 이해가 없다 하더라도 논리적이고 통합적인 사고력을 갖춘 응시자는 그래프 해석 능력 및 해당 모형의 활용에 대한 이해를 기반으로 문제를 해결할 수 있다.

이 문항은 그래프를 명확히 이해하고 이에 기반한 다른 사례를 제시하도록 하여, 단일화된 정답이 아니라 응시자들의 응용력과 유추 능력을 평가할 수 있는 답변을 요구하므로 선행 학습을 유발한다고 할 수 없다.

선배들의 TIP ✏️

(A)와 (B)가 유사한 내용을 담고 있기 때문에 각 제시문 내용을 요약하여 나열하는 수준의 답변은 충실한 답변이 될 수 없다. (A)의 그래프 각각의 단계와 (B)에 나타나 있는 구체적인 상황들을 대응시켜 유기적인 답변을 구성할 수 있어야 한다.

예시 답안 🖊

1. (B)에서는 코로나19 유행 상황에 직면한 K씨의 심리 변화 과정이 나타나고 있습니다. 이는 (A)에 제시된 그래프의 내용과 유사한 단계를 거치고 있습니다. 사람들은 기존 환경에 알맞은 사고 체계와 배경지식을 가지고 있기 때문에, 변화된 환경과 기존 인식의 괴리에 혼란을 느끼게 됩니다. (B)에서 K씨가 변화된 주변 상황에 대해 충격을 받고, 상황을 부정하며, 불만을 가지고, 혼란을 느꼈던 일들 모두 이러한 맥락에서 해석할 수 있습니다. 그리고 이는 그래프 속 1~4단계에 대응한다고 할 수 있으며, 사람들의 사고 체계와 배경지식 및 변화된 환경 사이에 존재하던 괴리는 위와 같은 일련의 과정을 거쳐 조정됩니다. 이후 비로소 개인은 변화를 받아들이고 변화된 환경에 적응하게 되는데, 이 과정이 그래프에 나타난 5~6단계에 해당한다고 할 수 있습니다. 요약하자면 일반적으로 사람들은 변화된 상황에 곧바로 적응하거나 대처하지 못하며, 기존의 인식과 변화된 상황 간 괴리를 조정하는 과정을 거친 후에야 문제 상황에 대처하고 적응할 수 있다는 것입니다.

2. 2번 질문과 관련하여 아이들이 초등학교에 입학하는 상황을 예로 들 수 있을 것 같습니다. 몇몇 아이들은 초등학교에 입학할 때 유치원을 떠나기 싫다며 떼를 쓰고는 합니다. 익숙한 환경인 유치원을 벗어나게 되었다는 점에 충격을 받고, 새로운 환경인 초등학교에 적응하는 과정에서 혼란을 느끼게 되는 것입니다. 이에 초등학교에 입학한 직후에는 잘 적응하지 못하고 침울한 태도를 보이기도 합니다. 하지만 일정 정도의 기간이 경과하면 변화된 환경에 적응하여 새로운 친구도 사귀고 즐거운 학교생활을 보내게 됩니다. 이러한 일련의 과정은 (A)에 제시된 그래프의 내용과 부합하는 것이라고 할 수 있습니다.

4. 교직 적인성(오후)

※ 다음의 자료를 보고, 각 질문에 답하시오.

(A) 문자의 발명이 인간의 인지적 능력을 획기적으로 고양시킨 것처럼 디지털 기기의 발달도 비슷한 영향을 끼쳤다. 우리는 상당량의 기억을 기계에 의존하고 있다. 전화번호는 물론이고, 오늘 해야 할 일도 스마트폰에 저장한다. 이런 방법은 인류에게 익숙한 '분산 기억(transactive memory)'의 일종으로 누가 무엇을 아는가를 기억하는 것에 해당한다. 디지털 기기는 단순히 기억과 검색의 보조 도구로 쓰이는 것을 넘어 우리가 생각하는 방식에 변화를 가져오고 있다.

(B) 정보는 이제 젊은이들 다수에게 힘을 주는 도구도 해방의 도구도 아닌 기분 전환이나 오락거리가 되었다. (중략) 학생들은 정보 속에서 헤엄만 치다 보니, 정작 자신들이 가치 있게 여겨 온 모든 것을 의심해 보고 삶의 새로운 방식을 바라볼 기회로부터는 차단되어 왔다. (중략) 그들에게 교육이란 그저 아는 것이자 거만한 관객이 되는 것일 뿐, 인생을 어떻게 살아야 하는지에 관한 대화는 결코 아니다.

매리언 울프(Maryanne Wolf), 『다시, 책으로』 중에서

---

1. (A)에 제시된 분산 기억의 뜻을 말하고, 우리 주변에서 분산 기억이 활용된 사례를 찾아 설명하시오.

2. (A)와 (B)의 내용을 종합하여 추론할 수 있는 바람직한 교육의 모습을 설명하고, 이를 위해 교사가 해야 할 일을 제시하시오.

학교 측 해설 🖊

이 문항은 제시문을 통해 '분산 기억' 개념을 정확히 이해하고 이를 교육 현장에 활용할 수 있는 방안을 도출해낼 수 있는지를 평가하는 문항이다. 1번 질문에서는 제시문이 전달하는 의미를 명확히 이해하여 유사 사례를 찾을 수 있는지를 묻고 있다. 2번 질문을 통해서는 분산 기억이 가지는 문제점에 대한 (B)를 이해하고 이를 학교 상황과 연계하여 응용하는 역량을 평가할 수 있다.

이 문항은 응시자가 교육대학교를 지원한 미래의 교사 지망생으로서 현대 정보화 시대에 대한 정확한 인식, 비판적 분석력, 그리고 창의적 문제 해결력을 가졌는지를 평가할 수 있다.

내용 면에서는 고등학교 「국어」 교과에서 '매체 언어의 탐구와 활용' 영역 중 전자 매체, 대중 매체, 복합 양식성 등에 관한 내용과 직접적으로 연계된다. 특히 매체의 소통 방식 변화에 따른 기억과 사고방식의 변화를 다루는 본 문항은 '매체 언어에 대한 이해는 인간관계 형성 및 정보 사회와 문화의 이해'와 연결되어 있다는 내용 요소와 밀접한 연관이 있다.

(B)는 「국어」 교과의 '매체 언어의 탐구와 활용' 영역에서 '매체 자료를 비판적으로 수용하고 창의적으로 생산해 내기 위해' 이러한 매체 자료에 대한 이해가 중요함을 강조하는 것과 연계된다. 특히 2번 질문에서는 학생들이 파편화된 정보 습득이나 단순 오락으로서 정보의 늪에 빠지지 않게 하기 위한 교사의 역할을 질문함으로써 미래 교사로서의 역량뿐 아니라 창의적인 문제 해결 역량을 파악할 수 있다.

이 문항은 고등학교 「기술·가정」 교과의 정보 교과목에서 '정보 문화' 영역과도 연계된다. 특히 정보 사회를 올바로 이해하고 문제 해결을 위해 정보를 어떻게 활용해야 하는지에 관한 내용 요소와 관련이 있다.

'분산 기억'이라는 용어가 응시자에게 생소하고 난해할 수 있으나 제시문에서 용어의 의미를 설명했으므로 응시자들은 그 개념을 이해하는 데에 어려움이 없다. 또한, 이 문항은 제시문을 토대로 특정 이론을 이해하고 응용 및 추론하여 구체적 사례를 제시해야 하므로 응시자의 사고력의 차이가 명확하게 드러날 수 있다. 특히 획일적인 답을 요구하는 것이 아니기 때문에 지식 위주의 사교육을 통한 학습 경험이 답변에 영향을 줄 가능성이 매우 적다. 따라서 이 문항은 교육과정을 넘어서는 선행 학습을 유발한다고 할 수 없다.

선배들의 TIP ✏️

지문에 나와 있는 것들이 답이다. 제시문을 잘 읽어 보고 질문에서 요구하는 것에 맞추어 답변하면 된다. 2번 질문에서와 같은 경우 교사가 해야 할 일을 물어보고 있지만, 학생들이 학교에서 접할 수 있는 다양한 수업이나 활동들을 생각해 보면 오히려 쉽게 접근이 가능하다. 바람직한 교육의 모습은 곧 학생들이 받고 싶은 교육과도 밀접한 관련이 있다. 교사의 입장은 곧 자신이 가진 교직 철학이나 가치관에 대한 것이기 때문에 평소 교육에 대해 자신이 생각했던 것을 설득력 있게 답변해 주면 된다.

예시 답안 ✏️

1. 1번 질문에 대해 답변드리겠습니다. 분산 기억이란 제시문에 나와 있는 것처럼 우리가 스마트폰을 통해 필요한 정보를 습득하거나, 누가 무엇을 아는가에 대해 기억하는 것을 의미합니다. 분산 기억은 스마트폰 뿐만 아니라 책, 컴퓨터, 대중매체 등을 통해서도 얻을 수 있습니다. 이러한 분산 기억이 활용된 단적인 예시로 저는 학급 내 모둠 활동을 생각했습니다. 모둠 활동에서 학생 개개인은 자신이 맡은 역할을 책임감 있게 해내야 하며, 본인이 조사하는 정보에 대한

깊은 이해가 필요합니다. 학생들이 함께 모둠 활동을 진행하면서 서로 가진 정보들을 신뢰하고, 그 결과로 성공적인 학습이 이루어지게 됩니다. 즉, 어떤 모둠원이 무엇을 아는지에 대해 기억하면서 학습이 진행되기 때문에 모둠 활동이 분산 기억의 하나의 사례가 될 수 있다고 생각합니다(그 외에 팀원들 간의 의존도가 높은 스포츠 활동, 기업 내 팀 프로젝트, 협동 중심 학급 활동 모두 가능).

2. 2번 질문에 대해 답변드리겠습니다. (A)는 디지털 기기의 발달과 함께 분산 기억에 대해 설명하고 있고, (B)는 오늘날의 정보화 시대가 학생들에게 미치는 부정적 영향에 대해 서술하고 있습니다. 디지털 기기는 인간이 정보를 기억하고 처리하는 데 있어 더없이 좋은 발명품입니다. 다만 디지털 기기에 대해 정확히 이해하고, 올바르게 정보를 습득하는 능력이 뒷받침되어야 합니다. 이러한 능력 없이 무분별하게 디지털 기기를 활용한다면 (B)에서처럼 학생들은 정보의 늪에 빠져 주체적인 사고와 삶을 바라보는 새로운 시야를 갖지 못하게 됩니다. 따라서 교사는 학생들의 주체적 정보 처리 능력과 비판적 사고력을 향상시키기 위해 노력해야 합니다. 저는 디지털 기기를 학습 환경에 적극적으로 활용하는 것이 하나의 방법이 될 수 있다고 생각합니다. 예를 들어, 학급 내에서 최근 이슈가 된 사회적 문제를 주제로 한 토론의 장을 연다고 가정했을 때, 학생들이 스마트폰을 활용하여 자신의 주장을 펼칠 수 있는 기회를 제공하는 것입니다. 이는 학생들로 하여금 주어진 시간 내에 신뢰 가능한 정보를 정확하게 찾아내는 능력을 길러 주는 데 효과적일 것입니다. 그리고 정보를 직접 찾는 과정에서 스스로가 학습의 주체가 되고 이는 결국 관객으로서의 학습자가 아닌 주인으로서의 학습자로 거듭나는 데 도움이 될 것입니다(이 외에도 학습 환경에서 디지털 기기를 활용할 수 있는 예시들이 많음. 스마트폰 게임을 활용한 단어 암기, 모둠 활동에서 각자 맡은 정보 찾아오기, 유튜브 영상을 교육적 측면에서 접근하기 등 모두 가능).

5. 사향인재전형 면접(오전)

1. 코로나19 상황에도 불구하고 대학 생활 동안 가장 도전해 보고 싶은 일이 무엇인지 제시하고, 그 이유를 말하시오.

2. 교사가 갖추어야 할 인성 한 가지를 제시하고, 이를 개발하기 위해 어떤 노력을 기울일지 말하시오.

3. 조별 과제에 적극적으로 참여하지 않는 조원과 협력할 수 있는 방안을 자신의 경험에 비추어 말하시오.

4. 세계에 알리고 싶은 한국 교육의 장점을 말하고, 이러한 장점을 키우기 위해 자신이 할 수 있는 일이 무엇인지 말하시오.

학교 측 해설 ✎

1번 질문은 '도전 의식', 2번 질문은 '자기 계발', 3번 질문은 '공동체 의식', 4번 질문은 '글로벌 교사상'을 평가하기 위한 문항이다.

모든 문항은 특정한 내용 지식을 요구하는 문항이 아니라, 지원자가 자기 생각과 가치관 및 경험 등에 근거하여 답변할 수 있는 문항이다. 즉, 모든 문항은 지원자의 학교생활기록부 비교과('수상', '동아리 활동', '독서 활동', '봉사 활동' 등) 및 자기소개서에 기재된 내용을 토대로 종합적으로 답변할 수 있는 문항으로 구성되어 있다. 실제로 면접 과정에서 지원자는 학교생활 경험과 자기 생각 등을 토대로 답변했으며, 면접 위원은 각 문항에 대한 지원자의 답변을 듣고 이와 관련된 지원자의 학교생활기록부와 자기소개서의 내용을 토대로 추가 질문을 했다.

평가 기준은 학교생활기록부 비교과에 기재된 내용의 진위성을 기반으로 하며, 각 문항에 대한 구체적 평가 기준은 다음과 같다. '도전 의식'은 끈기와 열정, 도전적·진취적 사고, 구체적 실행력, 미래 지향적 가치관이다. '자기 계발'은 교직 인성에 대한 이해, 반성적 성찰, 자기 관리 역량(목표 의식, 계획성)이다. '공동체 의식'은 공동체 생활 경험, 의사소통 능력, 리더십, 다양한 입장과 견해에 대한 수용성이다. '글로벌 교사상'은 글로벌 시대 인식, 한국 교육에 대한 이해, 글로벌 교사상에 대한 인식이다.

모든 문항과 평가 기준은 서울교대가 추구하는 교직 적성 및 교직 인성과 관련 있는 5C (인성, 융합, 창의성, 코칭, 의사소통) 역량에 포함되는 것으로, 선행 학습 내용과는 무관하다.

선배들의 TIP 및 예시 답안 🖊️

학교 측 해설에 자세한 평가 포인트가 적혀 있는 만큼 예시 답안은 생략한다. 자신의 경험과 생각을 어떻게 정리하면 위의 평가 포인트를 가장 잘 만족시킬 수 있을지 고민해 보도록 하자.

6. 사향인재전형 면접(오후)

【과제】

※ '인포그래픽'은 인포메이션 그래픽(Information Graphics)의 줄임말이다. 즉, 복잡하고 다양한 정보를 직관적이고 효율적으로 파악할 수 있도록 문자, 사진, 그림, 그래프 등으로 단순하게 시각화하여 표현한 것이다. 아래의 【과제 수행 지침】에 따라 '고등학생의 힐링(Healing)'을 주제로 한 박람회 기획안을 인포그래픽으로 제작하여 발표하시오.

【과제 수행 지침】

1. 박람회는 다음의 〈조건〉을 고려하여 기획해야 한다.

〈조건〉
- 이 박람회는 고등학생의 힐링을 위한 프로그램들로 구성되어 있다.
- 이 박람회는 고등학교 안에서 진행된다.
- 프로그램의 종류, 범위, 형식(체험, 전시, 공연, 세미나 등)에는 제한이 없으나, 실현 가능해야 한다.
- 기존 프로그램을 그대로 사용하기보다는 새로운 프로그램을 기획하여 제안한다.

---

2. 인포그래픽 기획안은 제공되는 필기구와 용지를 사용하여 자유롭게 작성하되, 다음의 〈내용〉을 포함해야 한다.

〈내용〉
- 박람회 제목 및 기획 의도
- 전체 프로그램 구성과 배치
- 3개 이상의 핵심 프로그램과 구체적 내용(명칭, 내용, 참여 대상, 주요 활동 등)
- 기대 효과

---

3. 발표 방법은 제한이 없으며, 5분 발표 / 5분 질의응답 시간을 갖는다.

학교 측 해설 ✎

이 문항은 '고등학생의 힐링(Healing)'을 주제로 한 박람회 기획안을 인포그래픽으로 작성하여 발표하는 과제를 제시한다. 이는 특정한 내용 지식을 요구하는 것이 아니라 힐링, 박람회, 기획안에 대한 이해를 바탕으로 학생들의 창의적 문제 해결 능력, 정보 처리 및 해석 능력, 자료 구성 능력, 논리적 사고력 및 비판적 사고력, 디자인 감각, 공감 능력, 의사소통 능력 등을 종합적으로 요구하는 활동이다.

이 활동은 현행 고등학교 교육과정에서 제시하고 있는 '교수 · 학습 방법' 요소(예 개방형 탐구)에 해당하므로 학생들이 현행 고등학교 교육과정을 통해 충분히 경험했다고 볼 수 있다. 따라서 이 과제는 선행 학습 유발 요인을 가지지 않으며 고등학교 교육과정 내에서 충분히 수행할 수 있는 과제라고 할 수 있다.

각종 힐링 프로그램이나 박람회, 인포그래픽 작성 활동은 고등학생들이 TV, 유튜브, 체험 활동, 앱 등을 통해 직접 또는 간접적으로 경험했을 가능성이 크다. 또한, 주제를 '고등학생의 힐링(Healing)'으로 한정하고 인포그래픽의 정의, 박람회의 조건과 인포그래픽 기획안에 포함될 내용을 구체적으로 제시하여 인포그래픽 작성 경험이나 박람회 체험 경험 여부에 따른 차이를 통제한 점은 선행 학습 영향을 감소시키는 데 긍정적인 영향을 미쳤을 것으로 판단된다.

평가 기준은 창의 역량, 실행 역량, 소통 역량 등 고등학교 교육과정에서 강조하고 있는 목표로서 선행 학습을 통해 특별한 이득을 얻을 수 있는 기준이 아니므로 고등학교 교육과정을 넘는 수준의 선행 학습을 유발할 가능성은 매우 적다고 볼 수 있다.

선배들의 TIP 및 예시 답안 ✎

발표는 자신 있는 태도로 하도록 한다. 설사 자신감이 부족하더라도 자신감을 연기한다는 마음으로 임하기 바란다. 발표 내용도 중요하지만 발표자의 태도 역시 듣는 이가 받는 인상을 좌우하기 때문이다.

[정시]

1. 교직 교양(오전)

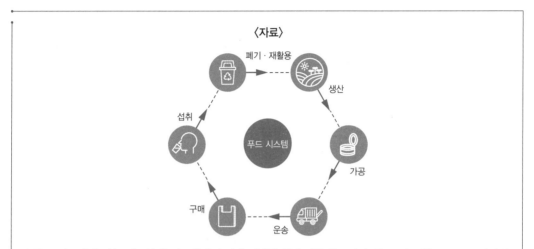

〈자료〉

푸드 시스템의 지속 가능성 확보는 현재와 미래 세대를 위해 매우 중요하다. 푸드 시스템(food system)이란 인간에게 식품을 공급하는 것과 관련된 모든 과정과 인프라, 즉, 농업을 통한 식품의 생산, 가공, 운송, 구매, 섭취, 폐기·재활용까지의 전체 순환 체계 및 각 과정에서의 투입과 산출을 포함한다. 따라서 푸드 시스템은 사회, 경제, 환경적 영향을 받을 수밖에 없다.

1. 위의 자료를 참고하여 푸드 시스템의 지속 가능성을 저해하는 요인을 사회·경제·환경적 측면에서 각각 예를 들어 설명해 보시오.

2. 소비자 입장에서 푸드 시스템의 지속 가능성에 기여할 수 있는 방안을 구매, 섭취, 폐기·재활용의 세 단계별로 예를 들어 설명해 보시오.

학교 측 해설 ✏️

이 문항에서는 지속 가능한 푸드 시스템의 구축을 사회·경제·환경적 측면에서, 그리고 실천의 차원에서 설명할 수 있는지 묻는다. 1번 질문은 푸드 시스템의 지속 가능성에 대한 이해도를 평가하고, 2번 질문은 구체적인 실천 방안에 관한 생각을 평가하는 문항이다.

이 문항은 고등학교 「사회」 교과의 '사회 변화와 공존' 영역 중 '지속 가능한 삶'에서 '[10통사09-02] 지구적 차원에서 사용 가능한 자원의 분포와 소비 실태를 파악하고, 지속 가능한 발전을 위한 개인적 노력과 제도적 방안을 탐구한다.'와 연계된다. 또한, 「사회」 교과의 경제 과목에서 '[12경제

01-03] 경제 문제를 해결하는 다양한 방식의 장단점을 비교하고, 시장 경제의 기본 원리와 이를 뒷받침하는 사회 제도를 파악한다.'와도 연계된다.

이 문항은 고등학교 「도덕」 교과의 '생활과 윤리'에서 '평화와 공존의 윤리' 영역 중 지구촌 평화 윤리와 연계된다. 특히 지속 가능성을 저해하는 요인에 대한 비판적 분석과 개인이 기여할 수 있는 실천 방안을 묻는다는 점에서 이 영역에서 제시하는 '도덕적 공동체 의식', '윤리적 관점에서 비판하기', '윤리적 실천 방안 제안하기'의 학습 활동과 연계된다.

'푸드 시스템'의 개념을 제시문에서 자세히 설명함으로써 전문 용어에 대한 단순 지식을 평가하지 않으며, 교육과정과 연계되어 있으므로 선행 학습을 유발한다고 할 수 없다.

선배들의 TIP ✏️

지문 내용에 대한 이해보다는 배경지식이 요구되는 논제인 만큼, 당황하지 말고 일상생활 속에서 경험한 사례들을 잘 떠올려 답안에 반영할 수 있도록 하자.

예시 답안 ✏️

1. 1번 질문에 대해 답변드리도록 하겠습니다. 우선, 사회적 측면에서는 푸드 시스템의 지속 가능성에 대한 인식 결여를 들 수 있을 것 같습니다. 푸드 시스템의 지속 가능성에 대한 관심도가 낮은 사회에서 식품 생산 기업들은 단기적인 이익 극대화에 치중하게 될 것이고, 이는 푸드 시스템의 지속 가능성을 저해하는 요인으로 작용하게 됩니다. 경제적 측면에서는 가격 변동으로 인한 원자재 및 상품 공급의 불안정을 들 수 있을 것입니다. 각종 과일이나 축산물 가격은 매해 변화하는데, 이는 해당 원자재를 활용하는 식품 생산 기업의 경영에도 불안정 요인으로 작용하여 결국 푸드 시스템의 지속 가능성을 저해하는 요인이 됩니다. 마지막으로 환경적 측면에서는 각종 폐기물 및 탄소 배출 문제를 들 수 있습니다. 식품 가공 과정 및 포장 과정에서 발생하는 폐기물, 그리고 각종 농·축산물 생산 과정에서 발생하는 탄소 배출은 환경 오염을 초래하여 장기적으로 푸드 시스템의 지속 가능성을 저해하는 요인이 된다고 할 수 있습니다.

2. 2번 질문에 대해 답변드리도록 하겠습니다. 우선 구매 측면에서는 지속 가능성 확보에 중점을 두는 기업의 상품을 주로 구매하는 방안을 들 수 있을 것입니다. 최근 ESG 경영이 화제가 되고 있는 가운데 환경 친화적이며 지속 가능한 생산 과정에 주목하는 기업들이 늘고 있습니다. 위와 같은 기업들의 상품을 골라 구매한다면 이는 구매 단계에서 푸드 시스템의 지속 가능성에

기여할 수 있는 방안이 될 것입니다. 섭취 측면에서는 친환경적 조리 방식을 사용함으로써 푸드 시스템의 지속 가능성에 기여할 수 있으리라 생각합니다. 예컨대, 화석 연료를 사용하는 가스레인지나 오븐보다는 전기 인덕션을 사용하는 방안을 들 수 있습니다. 마지막으로, 폐기·재활용의 측면에서는 분리수거를 생활화하는 동시에 구매 단계에서부터 폐기물을 최소화할 수 있는 상품을 구매하는 것이 하나의 방안이 될 수 있다고 생각합니다.

2. 교직 적성(오전)

〈자료〉

(A) 베르그송(Bergson)은 인간을 '과거를 등에 짊어지고 미래를 향해 도약하는 존재'로 규정했다. 즉, 인간은 과거에서 얻은 지혜에 기대어 미래의 삶으로 나아가는 시간적 존재인 것이다. 하지만 그런 규정은 미래 시대에 유효하지 않다. 과학 기술 문명의 발달과 더불어, 삶의 변화 속도가 기하급수적으로 빨라지고 있기 때문이다. 그 결과, 현대인은 과거와 현재, 미래를 전혀 다른 질감의 시간으로 경험하고 있다. 이를 탈시간화라고 한다. 탈시간화의 시대에서 과거와 미래는 완전히 단절되어 버린다. 따라서 인류는 더 이상 과거의 경험을 가지고 미래를 살 수 없게 될 것이다.

(B) E. M. 포스터는 고대 서사물과 현대 서사물의 차이를 '가치에 의한 삶'과 '시간에 의한 삶'으로 구분한 바 있다. 전자는 시간을 초월하여 보편적 가치를 추구하는 삶이라면, 후자는 시간의 흐름 속에서 변화하는 삶을 의미한다. 서사물에 담긴 삶의 방식은 인물의 모습에도 반영되어 있다. 고대 서사물의 인물은 대체로 시간의 흐름에도 변하지 않는 신념형의 인물이다. 반면, 현대 서사물의 인물은 시간의 흐름 속에서 다양한 시련과 갈등을 겪으면서, 종국에는 삶에 대한 인식 변화를 드러내는 유동적 면모를 지닌다.

로버트 숄즈(Robert Scholes) 외, 『서사문학의 본질』 중에서

(C) 현대 사회는 오늘의 정상이 내일의 정상이 아닐 수 있는 '뉴노멀(New Normal)의 시대'이다. 뉴노멀 시대의 생존 방식은 선도자(first mover)의 삶이다. 선도자란 빠르게 변화하는 현실에 동반된 새로운 문제를 발견하고 해결하는 가운데, 시대를 이끌 새로운 가치를 창조하는 사람이다.

김기봉, 『내일을 위한 역사학』 중에서

1. (A)의 탈시간화에 따른 사회 문화적 변화에 대해 구체적 사례를 들어 설명하시오.

2. (B)의 '가치에 의한 삶'과 '시간에 의한 삶'을 토대로 (C)에 제시된 선도자의 삶을 학생들에게 어떻게 교육할 것인지를 설명하시오.

이 문항은 변화하는 현대 사회에 대한 인문학적 분석을 이해하고 미래 교사로서 이를 교육과 연계시킬 수 있는지 평가하는 문항이다. 1번 질문을 통해서는 '탈시간화' 개념을 이해하고 이를 실제 사회 문화 현상과 연결하는 능력을 평가할 수 있다. 2번 질문을 통해서는 서로 다른 텍스트가 전달하는 메시지를 연결 지어 이해하고, 이를 토대로 현대 사회에서 요구되는 교사의 역할을 추론할 수 있는지 평가할 수 있다.

이 문항은 고등학교 「국어」 교과의 '읽기' 영역과 '독서' 영역에서 '읽기의 방법'으로 제시된 방법 중 특히 '추론적 독해'와 연계된다. 추론적 독해는 '필자의 의도, 목적, 숨겨진 주제 등을 추론한다.'와 '글의 내용을 여러 가지 관점에서 분석하고 종합한다.'라는 내용 요소를 포함한다. 따라서 연관성 있는 3개의 제시문을 읽고 공통된 메시지를 추론하고 이해하는 능력을 평가하는 이 문항과 연계된다고 할 수 있다.

이 문항은 고등학교 「사회」 교과의 '사회·문화'에서 '현대의 사회 변동' 영역과 연계된다. 특히 정보화로 인한 시간 개념의 변화와 이로 인한 인간 삶의 변화에 대한 이해와 대처 방안을 묻는다는 점에서 '[12사문05-02] 세계화 및 정보화로 인한 변화 양상을 설명하고 관련 문제에 대처하는 방안을 모색한다.'의 성취 기준과 연계된다고 할 수 있다.

1번 질문은 사회 문화적 변화의 구체적인 사례를 묻고 2번 질문은 이와 관련된 미래 교사로서 역할에 대한 응시자의 차별화된 아이디어를 묻는다. 즉, 이 문항은 획일적인 답을 요구하는 것이 아니기 때문에 지식 위주의 사교육을 통한 학습 경험이 답변에 영향을 줄 가능성이 매우 적다. 따라서 이 문항은 교육과정을 넘어서는 선행 학습을 유발한다고 할 수 없다.

한편, 베르그송이나 포스터와 같은 인문학자의 이름과 '탈시간화'나 '뉴노멀'과 같은 전문 용어가 제시되어 응시자에게 다소 난해하게 느껴질 수 있다. 그러나 제시문 안에서 인용구나 용어를 자세히 설명함으로써, 응시자에게 단순 지식의 유무를 묻는 것이 아니라 주어진 텍스트를 총체적으로 이해하고 추론할 수 있는지를 묻는다는 점에서 고등학교 교육과정을 넘어서는 선행 학습을 유발한다고 할 수 없다.

다소 생소한 개념이 등장하더라도 당황하지 말자. 결국 모든 면접 질문의 답은 제시문에 있다. 탈시간화라는 개념을 바탕으로 과거와 현재의 차이가 무엇인지 생각해 보자. 어떤 사례든 탈시간화의 개념을 잘 녹여내기만 하면 괜찮다. 주어진 상황에 대해 교사로서 나는 어떠한 역할을 할 수 있는가를 묻는 2번 질문 역시 단골로 등장하는 것이다. 이러한 문제에 대비하기 위해서는 모의 면접 질문들을 접할 때마다 교사의 역할을 한번 더 생각해 보는 것이 도움이 된다.

예시 답안 ✏️

1. 1번 질문에 답변하도록 하겠습니다. 탈시간화는 과거나 미래와 단절된 채 급속히 변하는 현대 사회에서 살아가는 오늘날의 사람들을 대변하는 개념이라고 생각했습니다. 이를 보여 주는 단적인 예시로 세대 간 단절과 정보력 격차가 떠올랐습니다. 첫 번째, 세대 간 단절은 과거 세대부터 전해 오던 보편적인 가치가 현대인들에게 의미 없는 존재로 전락하게 되면서 생긴 현상입니다. 옛날에는 윗세대의 조언을 존중하고 받아들이려 했던 반면, 현대 사회에서는 '꼰대', '나 때는 말이야' 등의 용어를 통해 과거 세대의 가치를 과소평가하고 경시하는 풍토가 조성되었습니다. 이러한 사회적 분위기가 지속되면서 세대 간 소통은 점점 줄어들게 되었고, 그 결과 서로를 이해하지 못해 배척하는 상황까지 발생하게 되었습니다. 두 번째, 정보력 격차입니다. 지난 10년을 돌이켜 보아도 우리 사회는 기술 발전과 더불어 급격한 사회·경제·문화적 변화를 겪었습니다. 그 과정에서 새로운 정보를 빠르게 습득하지 못하면 사회에서 도태되었고, 정보를 가진 사람이 곧 권력을 갖고 사회에서 선망 받는 대상이 되었습니다. 정보력 격차는 오늘날에도 빠른 속도로 심화되고 있으며, 이는 정보를 습득한 사람과 그렇지 못한 사람들이 나뉘어 양극화되는 결과를 이어졌습니다.

2. 2번 질문에 답변하도록 하겠습니다. (C)에서 선도자는 변화하는 현실에 빠르게 적응하면서도 그 속에서 가치를 창조하는 사람으로 묘사되고 있습니다. 이를 (B)와 연결해 보았을 때 저는 선도자가 '가치에 의한 삶'과 '시간에 의한 삶'을 동시에 추구하는 사람이라고 생각했습니다. 학생들에게 선도자의 삶을 교육하기 위해서는 과거를 되돌아보고 미래를 지향하는 동시에 현재를 살아가도록 지도해야 합니다. 그 방법으로서 저는 도덕 교육이 하나의 방법이 될 수 있다고 생각합니다. 가장 효과적이면서도 효율적으로 도덕 교육을 실천할 수 있는 방법은 토론을 활용하는 것입니다. 도덕적 딜레마 상황을 제시하고 이를 해결하는 과정 중에 학생들은 변하지 않는 도덕적 가치와 급변하는 현대 사회의 시대적 흐름을 동시에 생각하게 됩니다. 이를 통해 학생

들은 넘쳐나는 정보를 빠르게 받아들이는 것뿐만 아니라 오랜 시간 전해져 온 보편적 가치를 추구하는 것 역시 중요하다는 인식을 갖게 되고, 이는 궁극적으로 선도자로서 살아가는 법을 경험할 수 있게 해 줄 것입니다.

3. 교직 교양(오후)

※ 다음 글을 읽고, 각 질문에 답하시오.

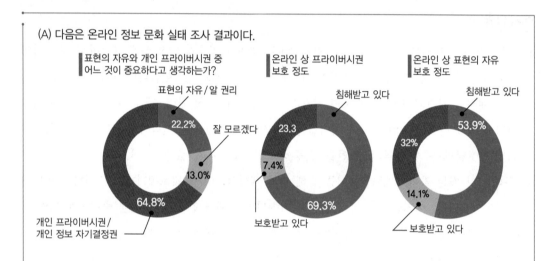

(A) 다음은 온라인 정보 문화 실태 조사 결과이다.

표현의 자유와 개인 프라이버시권 중 어느 것이 중요하다고 생각하는가?
표현의 자유 / 알 권리 22.2%
잘 모르겠다 13.0%
개인 프라이버시권 / 개인 정보 자기결정권 64.8%

온라인 상 프라이버시권 보호 정도
침해받고 있다 23.3
보호받고 있다 69.3%
7.4%

온라인 상 표현의 자유 보호 정도
침해받고 있다 53.9%
32%
보호받고 있다 14.1%

(B) 사람들은 페이스북, 카카오톡과 카카오스토리, 인스타그램 등 다양한 인터넷 공간에 자기를 스스로 노출하고 과시한다. 인터넷 공간에서 자신의 세계를 훤히 비추는 사람들은 스스로를 자유롭다고 믿는다. 이에 따라 그들은 인터넷 공간에서 열렬하게 자신의 정보를 공개하고, 공감을 갈구한다. 다른 한편으로는 타인의 삶을 탐색하며 정보를 얻고, '좋아요'를 누른다.

서길완, 『기억』 중에서

1. (A)와 (B)에 나타난 디지털 사회의 단면을 비교해서 설명하시오.

2. (B)의 현상으로 인한 사회 문제의 사례를 제시하고, 그 해결 방안을 설명하시오.

학교 측 해설 ✏️

이 문항은 디지털 시대의 사회 문제에 대한 이해도와 문제 파악 및 해결 역량을 평가하는 문항이다. 1번 질문을 통해서는 제시문이 전달하는 내용을 정확히 이해하고 설명할 수 있는지 평가할 수 있다. 2번 질문을 통해서는 텍스트에 내포된 메시지를 이해하고 이를 사회 현상과 연결하여 구체적인 해결 방안을 도출하는 역량을 평가할 수 있다.

이 문항은 고등학교 「정보」 교과의 '정보 문화' 영역 중 '정보 사회에서 구성원이 지켜야 하는 올바른 가치관과 행동 양식'인 '정보 윤리'와 연계된다. 또한, 고등학교 「사회」 교과의 '사회 문제 탐구' 영역에서 그래프나 통계 자료 등을 활용해 사회 현상을 이해하고 탐구하는 교수·학습 방법과도 연계된다.

이 문항은 실태 조사 결과라는 객관적 자료와 저자의 주관적 메시지가 담긴 텍스트를 서로 연계하여 총체적으로 이해하고 의미를 추론해낼 수 있는 역량을 평가할 수 있다. 즉, 이 문항은 단순 지식이나 특정 전문 영역에 대한 이해를 묻는 것이 아니므로 고등학교 교육과정을 넘어서는 선행 학습을 유발한다고 할 수 없다. 또한, 문제 사례와 해결 방안에 대한 설명을 요구하는 문항은 단일화된 답변이 아니라 응시자들의 분석력과 창의적 문제 해결 역량을 보여 주는 답변을 요구한다는 점에서 선행 학습을 유발한다고 할 수 없다.

선배들의 TIP ✏️

두 제시문을 비교할 때, 서로 대응되는 키워드를 사용하여 논의를 전개한다면 보다 명확한 비교가 가능하다. 예시 답안은 삶을 두 가지 측면으로 나누어 분석을 시도했는데, 꼭 이 내용을 언급하는 것이 아니더라도 본인만의 생각을 키워드화해 명확하게 제시할 수 있어야 한다.

예시 답안 ✏️

1. 1번 질문에 대해 답변하도록 하겠습니다. 개인의 삶이란, 남들에게 '보여 주고 싶은 모습'과 '보여 주고 싶지 않은 모습'으로 나눌 수 있다고 생각합니다. (A)와 (B)는 그러한 두 가지 측면들 중 서로 다른 측면에 각각 집중하고 있다고 할 수 있습니다. 우선 (A)에서는, 온라인상에서 최우선적으로 보호되어야 할 가치로서 개인의 프라이버시를 꼽고 있습니다. 이는 '남들에게 보여 주고 싶지 않은 모습'이 노출되지 않을 권리를 중시하는 것이라고 할 수 있습니다. 반면, (B)는 남들에게 자신의 삶을 공개하는 SNS의 양상에 대해 논하고 있습니다. 이는 (A)와 달리, '남들에게 보여 주고 싶은 삶'의 모습에 초점을 맞춘 것이라고 할 수 있을 것입니다.

2. 2번 질문에 대해서도 살펴보도록 하겠습니다. 저는 최근 문제가 되고 있는 청년층의 우울증 유병률, 자살률 증가 현상이 위와 밀접한 관련을 가지고 있다고 생각합니다. SNS에 전시된 타인의 화려한 삶을 보며 자신의 삶과 타인의 삶을 비교하게 되는데, 이는 자존감 하락에 따른 우울증 및 자살을 초래할 수 있습니다. 앞서 1번 질문에 대해 답변드리며 언급했듯, 인생이란 남들에게 보여 주고 싶은 모습과 보여 주고 싶지 않은 모습 모두가 공존하는 것일 터입니다. 좋은 일이 있으면 나쁜 일도 있는 법이기 때문입니다. 하지만 좋은 일만을 전시하는 SNS에 과몰입하게 되면, 좋은 일과 나쁜 일 모두 겪고 있는 자신의 삶은 SNS에 전시된 타인의 삶에 비해 초라해 보이게 됩니다. 이러한 문제들을 극복하기 위해서는 SNS와 디지털 기기를 통한 소통을 넘어 사회 구성원들 간 직접적인 교류의 활성화가 이루어져야 한다고 생각합니다. 주변인들과 소통하고 삶을 공유하며, 인생에는 좋은 일과 좋지 않을 일들이 모두 공존하는 것이라는 점을 느낄 수 있을 것입니다.

4. 교직 적성(오후)

〈자료〉

(A) 다음 네 가지의 요건을 충족시키는 미래 초등학교를 설계하고자 한다.

〈학생, 교사, 직원의 만족〉　　　　〈지역 사회와의 연계〉

〈스마트 교육〉　　　　〈에너지 절약〉

(B) 보편적 설계는 제품과 환경을 개조하거나 추가적인 설계 없이도 모든 사람이 최대한 편리하게 사용할 수 있도록 설계하는 공학적 개념이다. 이 개념은 건축학에서 비롯된 것으로 무장애 설계, 통합 설계, 혹은 모든 사람을 위한 설계라고도 한다. 장애인이건 비장애인이건 모든 사람의 다원적인 요구와 변화하는 유동적 요구를 포용할 수 있는 공통 설계 요인을 최대한 반영해야 한다. 최근에는 보편적 설계의 개념 적용 범위가 넓어져 장애 학생들만을 대상으로 하는 특수 교육이 아니라, 처음부터 모든 학생들을 위한 보편적 설계에 기반한 교육이 강조되고 있다.

국립특수교육원, 『특수교육학 용어 사전』

1. (B)의 보편적 설계 개념을 바탕으로 (A)의 네 가지 요건을 모두 충족한 미래 학교의 완성된 모습을 상상하여 설명해 보시오.

2. 위의 미래 학교에서 교사가 수행해야 할 바람직한 역할을 제시해 보시오.

학교 측 해설

이 문항은 미래 초등학교의 모습에 대한 이해와 변화된 환경에서의 교사 역할에 관해 묻는다. 1번 질문을 통해서는 이미지, 핵심어, 전문 용어 설명 등의 주어진 자료들을 연계하여 '미래 학교'를 창의적으로 구안해낼 수 있는 역량을 평가할 수 있다. 2번 질문을 통해서는 변화한 교육 환경에서 교사가 수행할 수 있는 역할에 대한 응시자의 이해와 생각을 알 수 있다.

이 문항에서 '보편적 설계'가 내포하는 미래 교육의 포용성과 통합성에 관한 내용은, 고등학교 「사회」 교과의 '인간과 공동체' 내용 영역 중 '인권'과 '정의'의 개념과 연계된다. 특히 장애인과 비장애인을 아우르는 미래 학교의 설계는 인권 보장 및 차별 감소와 관련한 실천이라는 점에서 '[10통사04-03] 사회적 소수자 차별, 청소년의 노동권 등 국내 인권 문제와 인권 지수를 통해 확인할 수 있는 세계 인권 문제의 양상을 조사하고 이에 대한 해결 방안을 제시한다.'라는 성취기준과 연계된다고 할 수 있다.

이 문항은 '보편적 설계'를 설명하는 제시문 (B)에 대한 정확히 이해를 기반으로 응시자의 답변을 요청한다는 점에서 고등학교 「국어」 교과의 읽기와 독서 과목과도 연계된다. 특히 '독서의 방법' 내용 영역에서 '[12독서02-01] 글에 드러난 정보를 바탕으로 중심 내용, 주제, 글의 구조와 전개 방식 등 사실적 내용을 파악하며 읽는다.'는 성취 기준이 추구하는 '사실적 이해'를 위한 독서 방법과 연계된다.

이 문항을 통해 응시자의 통합적 사고력과 창의적 문제 해결 역량뿐 아니라 미래 사회에서 교육 공간 및 정의로운 사회 구현을 위한 교사의 역할에 관한 생각을 평가할 수 있다. 이는 획일화된 답변이나 건축 설계와 같은 전문 영역에 대한 지식을 묻는 것이 아니므로 이 문항은 고등학교 교육 과정을 넘어서는 선행 학습을 유발한다고 할 수 없다.

선배들의 TIP

보편적 설계의 개념이 생소하더라도 당황하지 말자. 지문에 제시된 내용만 정확히 이해해도 충분히 풀 수 있는 문제이다. 특히 1번 질문과 같이 문제의 경우 전문 지식이 없어도 나의 의견을 바탕으로 충분히 좋은 답안을 구성할 수 있기 때문에 겁먹지 말자.

예시 답안 ✏️

1. 1번 질문에 대해 답변드리도록 하겠습니다. 저는 보편적 설계가 모든 사람이 최대한 편리하게 사용할 수 있도록 설계하는 방법이자, 장애인과 비장애인 모두가 제약 없이 사용할 수 있는 시설을 만드는 것이라고 이해했습니다. 이를 바탕으로 제가 생각한 미래 학교의 모습은 다음과 같습니다. 우선 첫 번째로 대체 에너지를 기반으로 한 테크놀로지 중심의 교육 환경을 구축하는 것입니다. 에너지 절약과 대체 에너지의 사용은 지속 가능한 발전과 학습을 위해 필수적인 요소입니다. 이러한 환경은 현재뿐만 아니라 미래 사회에서도 존속 가능한 보편적 설계를 가능하게 해 줍니다. 두 번째로 지역 사회와의 연계를 통해 다양한 체험 활동을 제공하는 것입니다. 이러한 체험 활동은 장애 학생과 비장애 학생이 학교라는 환경 속에서 제약 없이 많은 경험을 쌓을 수 있도록 모두에게 보편적인 학습 환경을 조성해 줍니다. 마지막으로 언제든 학교 구성원들의 의견을 들을 수 있는 소통의 장이 마련되어야 합니다. 교사들의 교원 학습 공동체 혹은 장애 학생과 비장애 학생들이 함께 참여하는 학급 회의 등이 그 예시가 될 수 있습니다. 이러한 환경을 통해 최대한 많은 사람들의 의견을 반영한다면 학교는 모두가 만족할 수 있는 보편적 설계에 기반한 교육 시설로 발돋움 할 수 있을 것입니다.

2. 2번 질문에 대해 답변드리도록 하겠습니다. 제가 제시한 미래 학교가 기존의 의도에 맞게 실현되기 위해 교사가 해야 할 역할로서 조력자와 학습 제공자를 생각해 보았습니다. 보편적 설계의 취지는 모든 학생이 주인이 되는 학교를 만드는 것입니다. 장애 학생이든 비장애 학생이든 그 어떤 학생도 제약 없이 학교 시설을 이용하고 학습을 추구할 수 있도록 하기 위해서는 조력자로서 교사의 도움이 뒷받침 되어야 합니다. 즉, 학생들이 학습 환경을 활용하는 데 있어 어려움을 겪는다면 언제든 올바른 방향으로 학생들을 안내할 수 있도록 수시로 학생들의 요구 사항을 점검하고 분석하는 노력이 필요합니다. 두 번째로 학습 제공자로서의 역할입니다. 보편적 설계를 바탕으로 학습 환경이 조성되었더라도 근본적으로 교육을 제공하는 것은 교사입니다. 따라서 소외되는 학생 없이 모든 학생들이 평등하게 학습을 받기 위해서는 교사가 다양한 학생들의 수준을 고려하여 최적의 교수를 설계하도록 노력해야 합니다.

[수시]

1. 학생부위주(교과)전형 일반 면접

【일반 교양】

- 코로나19 전염병으로 많은 사람들이 어려움을 겪고 있습니다. 코로나19 사태로 가장 취약한 환경에 놓인 사람은 누구이며, 그렇게 생각한 이유와 그들을 위한 지원 방안을 말하시오.

【교직】

- 최근 들어 우리나라의 학령 인구가 감소하고 있습니다. 이 현상이 학교 교육에 미치는 긍정적·부정적 영향을 말하시오.

선배들의 TIP ✐

전주교대는 매우 빠른 시간 내에 짧은 문항에 대해 답변해야 하므로 너무 많은 것을 생각해 담으려고 하기보다는 간결하면서 명확하게 자신의 의견을 전달하는 것이 좋다.

예시 답안 ✐

【일반 교양】

코로나19가 확산된 뒤 사회적 거리두기 개념이 생겨나며 집 밖을 나가기 어려워져 배달 음식이 성행하는 등 사회적으로 많은 변화가 있었습니다. 코로나 시대에 가장 취약한 환경에 놓인 사람들은 쪽방촌 사람들과 같은 주거 불안 계층입니다. 제가 제시한 주거 불안 계층은 쪽방촌처럼 자신의 거주 구역 내에 화장실이나 상수관이 없으며 취사도 불가능한 경우를 말합니다. 코로나가 닥쳐 집 밖을 나가기 어려워진 지금, 집 안에 수도, 하수, 취사처럼 살기 위해 기본적으로 사용해야 하는 부분들을 보장받지 못하는 사람들이 있습니다. 실제로 높은 위험성에도 불구하고 목욕탕, 식당 등의 시설에 정부가 제한을 두지 못한 이유에는 방금 말한 주거 불안 계층의 기본적인 생활을 보장하기 위함이 있다고 합니다. 그들을 지원하기 위한 방안으로는 기본적인 상하수도 이용을 위해 목욕탕, 식당 등을 방역 감사하여 지속적으로 시설을 이용할 수 있게 하는 것, 직접적으로 도시락과 같은 형태로 식사를 배급하는 것 등을 들 수 있습니다.

학령 인구가 감소하여 한 반의 인원이 점점 줄고 있다고 들었습니다. 긍정적인 면에서 보면 교사 1인당 담당 학생 수가 줄면서 교사의 수업 진행에 대한 부담이 덜어지고 더 효율적인 수업을 진행할 수 있는 가능성이 커졌다고 생각합니다. 하지만 부정적인 면에서 보자면 도서 지역이나 인구 감소세가 뚜렷한 지역의 학교는 안정적인 교육 진행이 어려워질 수 있다는 문제가 있습니다. 이를 위해 교사 개인보다 교육 당국 단위의 행정적인 대책이 필요하다고 볼 수 있습니다.

2. 학생부위주(종합)전형 일반 면접

【일반 교양 · 교직】

※ 다음은 김지혜의 '선량한 차별주의자(창비, 2019)'의 일부 내용이다. 아래 〈표 1〉에 있는 6가지 기준을 모두 선택하여 한국 사회에서 가장 유리한 위치에 있다고 생각되는 대상(예 여성-청년-공무원-천주교인-이성애자-한국인)을 고르고, 그렇게 고른 이유를 말하시오.

〈표 1〉 분류 기준(김지혜, 2019: 43)

① 성별	② 나이	③ 직업	④ 종교	⑤ 성적 지향	⑥ 출신 국가
여성	청소년	주부	불교인	이성애자	한국인
남성	청년	공무원	천주교인	동성애자	미국인
트랜스젠더 남성	중년	농업 노동자	개신교인	양성애자	일본인
트랜스젠더 여성	노인	교수	무슬림	무성애자	예멘인

* Mahzarin R. Banaji & Anthony G. Greenwald, Blindspot: Hidden Biases of Good People, Bantam, 2013, 81면의 표를 재구성한 것을 인용함

• 위 〈표 1〉에 근거하여 한국 사회에서 가장 불리한 위치에 있다고 생각되는 대상을 고르고, 그들에 대한 차별을 해소하기 위해 학교 교육에서 기울일 노력을 구체적인 예를 들어 말하시오.

선배들의 TIP ✏️

교육대학교 면접 특성상 사회학적인 접근을 요하는 문제들도 종종 출제된다. 사람 개인 한 명으로 접근하는 것이 아니라 사회 현상 전반에 거시적으로 접근하는 관점을 기르는 것이 좋다.

예시 답안 ✏

【일반 교양 · 교직】

　한국 사회에서 가장 유리한 위치에 있는 존재는 남성-중년-교수-개신교인-이성애자-한국인이라 할 수 있습니다. 우리나라는 경제적인 면에서 아직 남성이 조금 더 우위를 선점할 수 있는 사회입니다. 다른 부분을 떠나 경제적으로 조금 더 우위를 선점한다는 것은 그만큼 다른 조건의 사람들보다 유리한 위치에 있다는 증거가 됩니다. 교수가 되었다는 것은 고용 안정이 이루어졌다는 의미이며 그 직위와 관련된 네트워크 또한 활용할 수 있다는 의미입니다. 종교적으로는 각종 사회 · 정치적 활동을 위해 단체 움직임을 자주 보여 주는 개신교인을 뽑았습니다. 실제로 종교인들이 정치적인 압박을 위해 시위를 하거나 정치인들에게 선거와 관련된 압박을 넣기도 하기 때문입니다. 성적 지향 면에서는 숨길 필요가 전혀 없이 있는 그대로 드러낼 수 있다는 점에서 이성애자를 골랐고, 국가로는 아직 단일 민족 관념이 남아 있으므로 한국인을 뽑을 수 있습니다.

　가장 불리한 위치에 있는 사람들은 트랜스젠더 여성-노인-주부-무슬림-동성애자-예멘인이라 할 수 있습니다. 이들의 특성은 '소수'이거나 경제적 능력이 없거나 매우 낮으며 사회적으로 질타를 받는 혐오의 대상이라는 겁니다. 이들에 대한 차별을 줄이기 위해서 학교에서는 이 세상의 사람들이 모두 같은 속성을 지니지 않으며 누구에게나 소수자성을 지닐 가능성이 있다는 점을 주지하는 시민 교육이 필요합니다. 요즘 자주 언급되는 혐오라는 단어에 대한 개념을 가르침으로서 사회에서 배제되어 혐오의 대상이 되는 존재들이 있음을 주지하고 소수를 배척하지 않는 사회를 위해 노력해야 함을 가르쳐야 할 것입니다.

[정시]

1. 일반 면접

• 다음은 하버드 교육대학원 교수인 Todd Rose가 오늘날의 학교 교육을 비판한 글의 일부입니다. 아래 글을 읽고 우리나라의 학교 체제를 개선하기 위한 방안을 말하시오.

> 우리의 학교들은 100년 전과 똑같은 유연성 없는 학업 일정을 따르고 있다. 아직도 여전히 고정된 수업 시간, 고정된 등교일, 고정된 학기 시스템으로 똑같은 '핵심' 과목을 가르쳐 모든 (정상적인) 학생이 똑같은 나이에 고등학교를 졸업하도록, 게다가 적어도 이론상으로는 똑같은 지식을 갖추고 졸업하도록 짜 놓은 탄력성 없는 똑같은 학제를 따른다. 정상적인 교육 경로에 정상적인 직업 경로까지 더해지면 평생 정상적인 경로를 따르게 된다. 우리들 대다수는 본능적으로 이러한 정상적 경로에서의 이탈을 뭔가 잘못됐다는 확실한 신호로 간주한다. 정상적인 성공 경로에 대한 믿음으로 인해 우리는 어쩔 수 없이 자신의 삶의 전개를 이런 평균 중심적 기준과 비교하지 않을 수 없게 된다.
>
> Rose, T. (2015), 『The End of Average』, 정미나 (옮김) (2020), 평균의 종말, pp.182-184.

선배들의 TIP ✏️

교육 제도, 체제 등을 비판적으로 바라보는 문제가 출제되는 경우가 있지만, 수험생에게 너무 많은 걸 바라지 않으므로 긴장하지 않고 본인의 생각을 명확하게 전달하는 데 집중하는 것이 좋다.

예시 답안 ✏️

제시된 글에는 모든 학생이 고정적인 교육과정에 따라 진급하고 교육받으면서 '정상적 경로'라는 개념이 공고화되고 그것에서 벗어나는 것을 두려워하게 된다고 나와 있습니다. 이 경우 정상적 경로에서 이탈하는 것에 대한 두려움 때문에 모두 획일화되고 경직된 틀 안에서 사고하게 되는 것이 문제입니다. 그리고 현실적으로 교육과정 자체를 유연화하는 것은 아주 어렵습니다. 제시문에서 지적하는 바와 함께 고려하자면 교육과정을 어느 정도 유연화하면서, 동시에 고정된 경로로 가는 것만이 답이 아니라는 것을 상기해 주는 분위기가 필요합니다. 실제로 자유 학기제, 고교 학점제 등 교육과정을 유연화하려는 시도가 빈번히 이루어지고 있었습니다. 그것들을 최대한 활용하면서 학생들이 반드시 고정된 정상적 경로를 따르지 않아도 자신만의 길을 갈 수 있다는 생각을 심어 주는 것이 필요합니다. 따라서 현재 이루어지고 있는 자유 학기제, 고교 학점제 등의 제도 내에서 진로, 학업에 대해 다양한 가능성을 열어 두고 사고하게 하는 전제로 교육과정이 진행된다면 학생들이 획일적이지 않은 사고를 할 수 있을 것입니다.

[수시]

수시 면접은 생기부 기반 면접으로 문항 없이 진행되었다.

[정시]

1. 개별 면접(A)

※ 다음 〈제시문〉을 읽고, 아래 질문에 답하시오.

〈제시문〉

　　2020년 11월 교육부가 발표한 '인공 지능 시대 교육 정책 방향과 핵심 과제'라는 보고서에 따르면, 인공 지능(AI: Artificial Intelligence) 시대의 교육은 인간다움과 미래다움이 공존하는 교육 패러다임의 실현을 목표로 한다. 인간다움이란 인간의 본질적 특성과 인간 소외의 문제에 대한 관심을 의미하며, 미래다움이란 미래 사회의 혁신과 변화에의 적응을 의미한다. 교육부는 이러한 교육 목표를 실현하기 위한 세 가지 핵심 추진 과제로 '인간'에 집중하는 교육, '시대'에 부합하는 교육, '기술'과 결합하는 교육을 제시하고 있다. 이 가운데 '인간에 집중하는 교육'이란 어떤 사람을 길러 낼 것인가의 문제와 관련되어 있으며, 인간 중심 사고에 바탕을 둔 새 구조를 만드는 인재 육성을 일컫는다. 인공 지능 시대에 AI에게 요구하는 것은 더욱 정확하고 신속한 효율성이다. 반면, 인간에게 요구되는 것은 더욱 인간적인, 인간만의 특성이다. 인간의 감성에 대한 이해와 공감, 타인과의 소통과 협업 등 사람에 대한 깊은 관심에 바탕을 둔 인간적인 사고를 요구하는 것이다. 마이크로소프트 아시아연구소(2020)는 "AI가 만드는 시, 음악, 회화도 정해진 알고리즘 속 모방의 결과이며, 기존에 없던 수학 공식을 만드는 일 등은 사람만이 가능하다."고 주장한다. 정해진 구조에서는 인공 지능이 효율적이지만, 인간에게 요구되는 것은 기존 틀을 넘어 새로운 구조를 만드는 창의력인 셈이다. 따라서 인공 지능 시대를 준비하기 위한 학교 교육은 정답만을 요구하는 학습 목표나 교육 방식보다 새로운 접근을 불러일으키는 독창적 질문, 스스로 문제를 해결하고 설정하는 능력 등이 강조되어야 한다. 정해진 길을 찾아가는(path-finding) 것이 아니라, 자신만의 방식을 만드는(path-building) 인재를 길러 내는 일이다.

• 제시문에 언급된 '인간에 집중하는 교육'을 위해 교사가 할 수 있는 교육 방법을 제시하고 그 이유를 설명하시오.

선배들의 TIP 🖋

　최근 가장 크게 떠오르는 이슈는 인공 지능, 코로나19 이 두 가지 중 하나이다. 인간성에 집중하는 문제가 나왔을 때, 인공 지능이 아직은 인간들의 과거 행동 양식을 통해 학습한다는 것을 활용해 답변하면 좋다.

예시 답안 🖋

　답변드리겠습니다. 딥 러닝, 머신 러닝 등 고성능 컴퓨터나 슈퍼컴퓨터의 신경망 연결 등으로 천문학적인 양의 데이터를 인공 지능이 고속으로 학습하는 기술이 발달하면서 인공 지능에 대한 접근 방식이 과거와는 달라졌습니다. 지금까지 축적되어 온, 그리고 현재도 축적되고 있는 인간들의 언어, 행동 등을 광범위한 네트워크로 학습하며 인간보다 더 인간 같은 모습으로 인공 지능은 진화하고 있습니다. 하지만 이것은 결국 인공 지능이 스스로 무언가 창조해 내는 근원으로서 작용하기는 어렵다는 것을 의미합니다. 인공 지능은 인간의 행동이 축적된 데이터를 토대로 앞으로의 행동을 결정합니다. 결국 인공 지능의 앞으로의 행동 방향성은 인간에게 달려 있습니다. 일례로, 머신 러닝을 활용해 인공 지능에게 얼굴 인식 기능을 개선하도록 명령하자 전 세계의 웹을 통해 학습한 인공 지능은 백인에게는 탁월한 적중률을 보였지만 흑인은 침팬지와 혼동하거나 아시아인은 눈을 인식하지 못하는 등 인종 차별적인 방식으로 진화했다는 뉴스가 있습니다. 인공 지능이 지금까지의 인간을 보고 학습하기 때문에 아직 여전히 남아 있는 인종 차별마저 학습했다는 것입니다. 따라서 인공 지능이 정말 우리 삶과 산업에 아무 제재 없이 활용되려면 인간들 스스로 먼저 윤리적인 학습을 시킬 수 있도록 인공 지능 기술을 가진 주체로서 스스로를 인식하는 윤리관이 선행되어야 합니다. 학생들에게 기술보다 앞서 그 기술에 대한 윤리가 앞선다는 것을 상기하는 과학 기술 윤리 수업을 통해 앞으로 인간적인 주체로서 존재할 수 있도록 하는 교육이 필요합니다.

2. 개별 면접(B)

※ 다음 〈제시문〉을 읽고, 아래 질문에 답하시오.

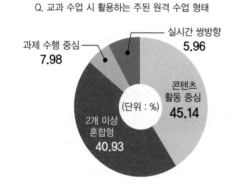

〈제시문〉

코로나19로 인해 등교 수업의 비중이 줄고 원격 수업이 진행되면서 많은 문제점이 드러나고 있다. 그림과 같이 초·중등 교사 5만여 명을 대상으로 한 한국교육학술정보원의 연구 결과에 따르면, 교사의 79%가 코로나19 여파로 실시된 콘텐츠 활용 원격 수업 이후 학생들 간의 학습 격차가 커졌다고 인식했다. 특히 취약 계층 학생들에게 학습 결손과 사회 정서 발달 지체 현상이 뚜렷하게 나타났고, 이를 개선하기 위한 정책적 대안 마련이 시급하다고 강조했다. 교육의 공공성 차원에서 온라인으로 바뀐 학습 공간이 모든 학생에게 같은 정도의 영향을 준 것은 아니었다.

코로나19 원격 교육 경험 및 인식 분석(교사)

Q. 교과 수업 시 활용하는 주된 원격 수업 형태

실시간 쌍방향 5.96
과제 수행 중심 7.98
콘텐츠 활동 중심 45.14
(단위 : %)
2개 이상 혼합형 40.93

Q. 학생 간 학습 격차 인식

줄어듬 3.15
매우 줄어듬 0.22
변화없음 17.64
매우 커짐 32.67
(단위 : %)
커짐 46.33

*자료: 교육부, 한국교육학술정보원(KERIS)

• 제시문을 참고하여 포스트코로나 시대에 운영될 원격 수업에서 학생 간 교육 격차를 해소할 수 있는 구체적인 방안에 대해 말해 보시오.

학교 측 자료 ✏

진주교대는 각 기출문제에 대한 학교 측 해설이 없기에 생략한다.

선배들의 TIP ✏

최근 가장 크게 떠오르는 이슈는 인공 지능과 코로나19이다. 코로나19와 관련된 사회 변화상에 대한 문제이므로 신선한 관점에서 답변을 해도 좋다. 하지만 개연성이 떨어지지 않게 주의하자.

예시 답안 ✏️

　코로나19로 인해 원격 수업을 해야 하는 때가 오면서 학생들의 학력이 크게 떨어지고 학생 간 학습 격차가 벌어졌다고 합니다. 원격 수업 특성상 학생의 집중도나 이해도를 수업 중간에 확인하기 어렵기 때문에 발생하는 일이라 생각합니다. 보호자에게 시간적 여유가 있어 학생이 가정에서도 수업에 집중할 수 있도록 챙겨 주는 환경에 있는 경우와, 소득이나 편부모 문제 등으로 그렇지 못한 경우처럼 학생의 가정 학습 환경의 문제도 큰 영향을 끼친 것이라 생각합니다. 이를 위해 모든 학생의 가정에 방문해 직접 가정 학습을 돕는 것은 불가능하므로 앞으로는 원격 수업 방식이 더 다채롭게 바뀌어야 한다고 생각합니다. 전면 등교 제한이 아니라는 가정 하에, 한 학급의 일부는 등교하고 일부는 원격 수업을 들으며 등교 시기를 줄이기 위한 조정이 필요합니다. 모둠 학습을 최대한 활용해 원격으로도 학생들이 수업에 흥미를 잃지 않고 같은 반 학생들과 소통할 수 있도록 하며, 모둠 학습과 강의식 수업을 병행해 학생들의 학력 수준이 크게 떨어지지 않게 하는 방안을 제안하겠습니다.

3. 개별 면접(C)

※ 다음 〈제시문〉을 읽고, 아래 질문에 답하시오.

〈제시문〉

(가) 초등학교 담임 교사는 아동의 성장과 발달에 관한 전문적인 이론은 물론, 현재 5, 6학년 기준 10개의 교과(국어, 사회, 도덕, 수학, 과학, 실과, 체육, 음악, 미술, 영어) 전반에 관한 기본 지식과 이를 효율적으로 가르칠 수 있는 능력을 갖추어야 한다.

(나) 현장 교사와의 면담

면담자: 이제 초등 교직에 발을 내디딘 지도 만 3년이 되었는데 학급 담임으로서 교과를 지도하는데 어떤 보람과 어려운 점이 있었나요?

A 교사: 사실 제가 학창 시절부터 체육 시간을 별로 좋아하지 않았어요. 선천적으로 타고난 운동 신경도 없을뿐더러 초등학교 5학년 때 뜀틀을 넘다가 다친 기억과 두려움 때문에 체육을 멀리하게 되었죠. 그런데 체육 시간은 우리 아이들이 가장 좋아하고 기다리는 시간이잖아요. 아이러니하게 저는 가장 기피하는 교과이고, 진도가 늦다는 핑계를 대면서 다른 교과 수업으로 대체하거나 아예 스포츠 강사에게 수업을 맡기거나, 축구나 피구 위주의 수업만 했어요.

B 교사: 5, 6학년 사회 교과는 우리나라 역사에 관한 내용이 많이 나옵니다. 자랑 같지만, 학창 시절 친구들이 역사 이야기를 해 달라고 옆에 와서 조르곤 했습니다. 그래서 단순 암기보다는 영화나 드라마처럼 역사의 흐름을 이어가면 스토리텔링으로 한 저의 사회 수업을 아이들이 가장 좋아했습니다. (중략) 일주일에 2시간밖에 하지 않지만, 음악 시간이 든 날은 시범창이나 시범 연주 때문에 솔직히 아침부터 걱정이 됩니다.

- (가)와 (나)를 읽고 자신이 학창 시절 관심과 흥미가 부족했던 교과를 제시하고, 예비 초등 교사가 되었을 때 이를 극복할 수 있는 방법을 말해 보시오.

학교 측 자료 ✏️

진주교대는 각 기출문제에 대한 학교 측 해설이 없기에 생략한다.

선배들의 TIP ✏️

자신의 부족한 점이나 단점을 노출하는 것을 두려워하지 말자. 예비 교사로서 모든 면에서 완벽할 수 없다는 것을 학교 측에서도 당연히 인지하고 있기 때문에 부족한 교과를 얘기해도 괜찮다. 다만 문제를 해결하는 방안에 대해 더 고려한 답안을 구술해야 한다.

예시 답안 🖊

    가능하면 예비 교사로서 어떤 과목도 포기하지 않겠다고 말해야겠지만, 지식 이외에 실기 능력도 필요한 예체능 과목의 경우 그렇게 하기 쉽지 않습니다. 저의 경우는 미술이 그러합니다. 잘 하지 못했기 때문에 흥미도 없었고 그렇기 때문에 더더욱 발전이 느려지는 식의 악순환이었습니다. 학생들을 수업에서 지도하기 위해서는 교사가 시범을 보이며 가이드를 제공하는 것이 필수적입니다. 하지만 제가 제대로 된 가이드를 제공하기 어렵다면 수업을 진행하는 것뿐만 아니라 학생들의 신뢰를 얻는 것도 힘들 것입니다. 마찬가지로 음악 또한 음감이 없는 분들은 아무리 노력해도 최소한의 음악적인 지도도 하기 어려울 것입니다. 위와 같은 경우, 과목 전담 교사 체제를 도입해 해당 과목에 대한 부담을 줄이는 것이 좋다고 생각합니다. 특정 과목에 전담 교사를 둔다면 교사는 그 과목에 대한 부담도 줄일 수 있고 또 역으로 다른 반에 특정 과목으로 전담으로 수업을 할 수도 있습니다. 교사의 자기 효능감을 지키면서도 수업이 파행되지 않게 하는 방법이라 생각합니다.

4. 개별 면접(D)

※ 다음 〈제시문〉을 읽고, 아래 질문에 답하시오.

〈제시문〉

(가) 어린이는 자신을 둘러싼 장소 안에서 상호 작용을 통해 사회적 정의와 형평성을 배우며, 그들의 규칙과 규정을 만들고 협상할 수도 있다. 유대감과 소속감을 경험하기도 한다. 이러한 경험은 주로 타인과의 관계를 통해 이루어진다.

(Bath and Karlsson, 2016)

(나) 어린이와 어른은 모두 자신의 모습을 완성해 가는 존재이다. 코로나19로 인해 어린이의 이동성이 줄어드는 상황을 고려할 때, 가정, 학교, 사회에서 어린이의 정체성과 사회적 참여에 더욱 관심을 기울일 필요가 있다. 우리는 어린이가 부모, 교사, 사회로부터 보호받고 교육받는 대상이기도 하지만, 또래, 어른, 사회와 협력을 모색하여 주체적으로 생활 세계를 배우면서 자신의 모습을 완성해 가는 존재라는 인식부터 다시 살펴보아야 한다.

• (가)와 (나)를 참고하여 자신이 생각하는 어린이의 모습에 대해 자신의 경험을 바탕으로 자유롭게 제시하고, 그 이유를 말해 보시오.

학교 측 자료 ✏️

진주교대는 각 기출문제에 대한 학교 측 해설이 없기에 생략한다.

선배들의 TIP ✏️

어린이, 학생이 어떤 존재인지 평소에 생각해 두어야 한다. 교사가 되기 위해서는 반드시 전제되어야 하는 부분이므로 충분히 숙고하고 관련 자료를 미리 찾아보는 것도 추천한다.

예시 답안 ✏️

어린이는 아직 미완의 존재이며 성년이 되지 못한 상태이기에 미성년자라 부릅니다. 하지만 그렇기 때문에 성인이 더 우월하고 어린이보다 나은 존재로서 어린이를 대할 수 있는 것은 아닙니다. 어린이 또한 미래의 성인이나 한 명의 사람으로 존중받아야 하는 인격적 개체입니다. 따라서 보호자나 교사, 혹은 모든 성인들은 어린이에게 역할 모델이자 가이드, 보호자로 존재하면서 동시에 동등한 의사 결정권자로 스스로를 인식해야 합니다. 코로나19 사태 이전 봉사 활동으로 가게 된 아동 센터의 아이들은 작은 부분에서부터 제 모습을 관찰하고 조금씩 따라했습니다. 또 동시에 아이들을 염두에 두지 않고 행동하면 자신들을 무시한다며 서운해 했습니다. 이처럼 아이들은 아직 자라나는 존재임과 동시에 하나의 인간으로서 존재하고 있습니다. 따라서 미래의 교사는 이런 부분을 고려하여 학생들을 지도해야 할 것입니다.

[수시]

※ 청주교대는 하나의 면접 문항만 공식적으로 공개했다.

1. 개별 과제 발표 면접

※ 다음은 언어생활과 관련된 자료들이다.

1. 〈자료 1〉의 내용을 바탕으로 언어 감수성이 왜 필요한지 설명하시오.

2. 〈자료 2〉와 〈자료 3〉을 참조하여 언어 감수성 혹은 민감성 신장 방안에 대해 말해 보시오.

〈유의 사항〉

▶ 주어진 자료를 분석하여 발표 준비를 하는 데 주어지는 시간은 10분 이내이며, 개별 과제 발표 시간은 5분 이내로 제한함

▶ 주어진 자료에 근거하여 대답할 것

〈자료 1〉

말은 그 말이 지시하는 대상에 의미를 부여하고 그 대상을 다른 것들과 구별하는 기능을 한다. 가령, '엄마'라는 말은 다른 사람들, 구체적으로 '아빠'와도 구별되는 특별한 누군가에게 붙여진 이름이다. 말의 가장 본질적인 기능이 바로 이렇게 구분하고 분별하는 일이다. 희노애락애오욕(喜怒哀樂愛惡慾)이라고 이름 지음으로써 우리는 복잡하게 얽혀 있는 감정들을 7개의 감정으로 구분하여 인식할 수 있고, 일상이나 학교에서 어떤 개념어를 새로 알게 되면 그 개념어가 지시하는 새로운 세계를 비로소 인식할 수 있게 된다.

그러나 이러한 본질적인 기능 혹은 속성으로 인해 말은 때로 갈등을 초래하기도 한다. '여자'라는 말은 그 자체로 가치 중립적인 지시어이지만, 누군가의 의도나 편견이 개입했을 때는 차별의 말이 되기도 한다. '여교수'나 '외할머니'는 대표적으로 유표화*된 단어들인데, '여교수'라는 말은 같은 교수임에도 불구하고 굳이 여성이라는 성별에 주목하게 하고, '외할머니'라는 말은 엄마의 엄마를 '친할머니' 혹은 그냥 '할머니'와 다르게 부르는 이름이다. 교통사고 가해자가 여성인 경우, 가해 차량을 '여성 차량'이라고 보도하는 경우도 있다.

* 유표화(有標化, Markedness): 여럿 가운데 두드러진 특징을 나타내게 됨. 또는 그렇게 함

<자료 2>

　'프로 불편러', 'PC충', 이런 말들이 있는 것은 안타까운 일이죠. 사실 우리가 공부를 하는 이유는, 자꾸 깨어 있는 시민이 되려고 하는 이유는, 뭐가 불편한지를 깨닫기 위해서예요. 진짜 '프로 불편러'가 되기 위해서 공부하는 거거든요. 그러니까 '프로 불편러'가 비하의 대상이 아니고, 조롱의 대상도 아니고. 이제는 '프로 불편러'라는 말이 굉장히 영예로운 명칭이 되었으면 좋겠어요. 남들은 생각하지 못하는 것을 생각해냈으니까요. 그랬으면 좋겠다고 생각합니다.

<자료 3>

　○○ 작가가 다른 작가의 글을 인용하면서 병과 관련된 두 가지 이야기를 했는데, 그게 굉장히 인상적이었어요. 어떤 작가가 몸이 안 좋아서 투병 중이라고 들었습니다 라고 이야기를 했더니, 나는 투병하지 않는다. 왜 병과 싸우느냐, 병은 싸움의 대상이 아니다, 병은 다스리는 거다. 그래서 나는 투병이라는 말이 싫고, 치병하고 있다. 이렇게 이야기를 했다는 거예요. 굉장히 의미 있는 이야기죠. 또 하나는 어떤 사람들은 건강을 잃으면 모두 다 잃는다. 이렇게 이야기를 하는데 이것은 건강 중심적인 것이다. 그렇다고 하면 병을 가진 사람은 루저냐, 다 잃은 사람이냐, 병을 가진 사람 입장에서 들어 보면 건강을 잃었으니까 나는 모든 것을 잃었구나 라고 생각할 수 있다. 그렇게 하지 말자. 그런 이야기를 했는데, 그 말 역시 굉장히 인상적이었어요.

학교 측 자료 🖊

　〈자료 1〉에 나오는 내용, 즉 언어의 본질에 대한 앎은 고등학교 '국어' 교과 전 영역–듣기/말하기, 읽기, 쓰기, 문법, 문학은 물론이고 '언어와 매체' 등 진로 선택 과목에서 중요하게 다루는 교육 내용이다. 국어과 교육과정의 목표 중의 하나가 국어 생활을 주체적으로 하는 태도를 길러 주려는 것이고, 세대와 성별, 문화가 다른 언어 사용자들 간에 발생하는 언어 문제나 갈등을 어떻게 해소할 것인지, 나아가 어떻게 소통할 것인지 등이 고등학교 국어 교육의 주요 상황이나 과제들이다. 그런 점에서 〈자료 2〉와 〈자료 3〉 역시 고등학교 교육과정에서 배운 내용을 크게 벗어나지 않는다.

선배들의 TIP 🖊

　청주교대의 경우 과제 해결식 면접 문항을 제시하므로 다채로운 답안을 구상할 수 있도록 여러 방면에서 접근하는 것이 좋다. 코로나19 이전에는 발표하듯 답안을 구술했다는 점을 기억하며 당당한 태도로 답안을 설명할 수 있도록 하자.

예시 답안 ✏️

1. 과거와 달리 모든 사람들을 포괄하는 언어생활에 대해 관심이 높습니다. '언어 감수성'이라는 개념이 등장하며 비장애인, 비소수자, 비저소득층 중심으로 이루어졌던 그동안의 언어생활에 비판이 가해졌습니다. 일례로, 이제는 거의 쓰지 않게 된 말 중에 '처녀작'이라는 말이 있습니다. 어떤 종류의 작품이든 그 사람의 첫 작품을 지칭할 때 쓰던 말입니다. '처녀'라는 말을 처음이라는 말과 연결시키는 것은 성인지 감수성 면에서 매우 퇴보되었다고 할 수 있습니다. 마찬가지로 예전에는 여류 시인이라는 말로 여성 시인을 따로 지칭했는데 이 또한 남성 시인을 단순히 '시인' 기본형으로 두고 여성 시인을 따로 분류해 지칭하는, 언어 감수성 면에서 비판 받을 수 있는 예시입니다. 이처럼 사회가 변화하고 여러 가지 속성을 가진 사람들이 존재하므로 언어 감수성이라는 개념은 언어생활에서 반드시 고려되어야 하는 부분에 속했다고 볼 수 있습니다.

2. 영어 단어로 장애인이라는 말은 한 때 능력이 떨어진다는 의미를 가진 'disabled'였지만 현재는 다소 제약이 있다는 의미의 'handicapped', 더 나아가 'physically challenged'라는 말로까지 진화했습니다. 언어로 누군가를 함부로 단정 짓지 말자는 의미에서 일어나는 언어적 현상입니다. 마찬가지로 교육 현장에서도 언어 감수성에 대한 인식이 증대되어야 합니다. 당장 한 반에 편부모 가정의 아이, 장애가 있는 아이, 다문화 가정의 아이, 불치의 병이 있는 아이나 학부모 등, 소수자의 속성을 가진 학생이 얼마든지 있을 수 있습니다. 따라서 국어 및 사회, 도덕 시간을 활용해 교과 연계 수업 등의 방식으로 각 과목의 성취 기준을 엮은 융합 수업을 고려해 볼 수 있습니다. 우리가 언중으로서 사용하는 말들에 어떤 인식과 가치관이 배어 있는지 살펴보고 더 나은 사회로 이끌 수 있는 언어 습관에 대해 성찰하는 방식의 수업을 진행할 수 있을 것입니다.

[수시]

1. 교직 적성(가)

코로나19 확산으로 전면적인 온라인 원격 수업이 수개월간 지속되면서, 학력 격차 문제가 새로운 이슈로 대두되었다. 한 기관에서 전국 초·중·고 교사를 대상으로 한 설문 조사 결과, 학력 격차 문제가 심각하다고 응답한 교사가 약 80% 가까이 되었고 초등학교의 경우 상황이 더 심각한 것으로 나타났다. 그동안 가정 배경이나 교육 환경 등의 영향에 따라 발생하는 학력 격차의 문제는 지속해서 제기되어 왔지만, 온라인 교육 상황이 교육 불평등과 학력 격차를 심화시킨 것으로 평가되고 있다.

1. 코로나19 확산으로 인한 원격 수업이 교육 불평등과 학력 격차를 가져 오는 이유를 말해 보세요.

2. 원격 교육으로 인한 교육 불평등과 학력 격차를 줄일 수 있는 방안을 말해 보세요.

학교 측 자료 ✏️

【출제 의도】

코로나19 확산으로 인한 온라인 원격 교육 경험을 통해 교사와 학생 모두 새로운 가능성을 인식했지만 이에 따른 부작용 또한 나타나고 있다. 이러한 교육 현상과 문제에 대해 지원자가 문제의식을 느끼고 해결 방안을 구체적으로 제안할 수 있는지 평가하고자 했다. 전면적인 원격 수업으로 인한 학력 격차와 교육 불평등의 문제점이 발생하고 이의 해결 방안이 요구되고 있다. 1번 질문은 이러한 현상의 원인에 대한 문항이고, 2번 질문은 해결 방안에 대한 문항이다.

【채점 기준】

하위 문항	채점 기준	배점
1	원격 교육으로 인한 학력 격차와 교육 불평등의 원인에 대한 자신의 생각을 이유와 근거를 들어 제시하는 경우	0~100
2	학력 격차와 교육 불평등을 줄이는 방안을 제시하는 경우	

【예시 답안】

1. 〈교육 불평등과 학력 격차의 원인〉

   - 가정에 따라 IT 기기의 구비 정도가 다르다.

   - 초등학생은 아직 IT 활용에 서툴고 부모의 도움 여부에 따라 학습 참여도가 달라진다.

   - 자기 주도 학습 능력이 부족한 학생은 방치될 수 있다.

   - 협력 학습을 통한 동기 유발이 어렵다.

   - 도움이 필요한 학생이 교사로부터 적시에, 적절한 지원을 받기 어렵다.

2. 〈교육 불평등과 학력 격차를 줄일 수 있는 방법〉

   - 적절한 방역을 유지하며 대면 수업을 확대한다.

   - 학생과 학부모, 교사를 대상으로 디지털 리터러시 교육을 강화한다.

   - 온라인 수업에 적합한 교육 콘텐츠를 개발한다.

   - 상호 작용이 가능하도록 온라인 학습 환경을 개선한다.

   - 지역 사회, 학교에서 공동으로 활용할 수 있는 IT 기기들을 구비하고 제공한다.

선배들의 TIP 및 예시 답안 ✏️

학교 측 해설이 상세하므로 예시 답안은 생략한다.

[정시]

1. 교직 적성(가)

자료 (A)

착한 사마리아인 (Vincent van Gogh)

자료 (B)

… 위험에 처해 있는 사람을 구해 줘도 자신이나 제 3자에게 위험이 없는데도 … 도와주지 않는 자는 3개월에서 5년까지의 징역이나 3백60프랑에서 1만 5천 프랑까지의 벌금에 처한다.

(프랑스 형법 63조 2항)

동행이나 동거한 사람이 타인을 모해(謀害)함을 알고 조당(阻當)치 않거나, 수화(水火)나 도적(盜賊)의 급(急)이 유(有)한데 구호치 아니한 자는 태일백(笞一百)에 처한다.

(조신 형법대전 제675조)

1. 자료 (A), (B)가 공통으로 지향하는 법 정신을 간략하게 말해 보세요.

2. 이러한 법 정신에 대해 찬반 의견이 있습니다. 이유와 근거를 들어 자신의 관점을 설명해 보세요.

학교 측 자료 ✏️

【출제 의도】

　두 자료에 들어 있는 구조 의무와 관련된 법 정신을 이해하고, 논리적 이유와 근거를 들어 자신의 관점을 제시할 수 있는지 평가하고자 했다. 1번 질문은 구조 의무 법 정신을 읽어 낼 수 있는지를 평가하는 문항이고, 2번 질문은 이에 대한 자신의 입장을 묻는 문항이다.

【채점 기준】

하위 문항	채점 기준	배점
1	두 자료의 공통점을 구조의 의무 관점에서 설명	80~64
2	자신의 관점을 하나 이상의 근거를 들어 제시	

【예시 답안】

1. 〈공통으로 지향하는 법 정신〉

어려움이나 위험에 빠진 사람에게 도움이 필요한 경우 적극적으로 구조해야 한다는 법 정신, 즉 '구조의 의무'를 담고 있다.

2. 〈자신의 관점과 이유〉

(찬성 관점인 경우)

 − 공동체(사회)의 연대감을 높일 수 있다.

 − 범죄를 예방하고 범죄율을 낮출 수 있다.

 − 인권은 천부적인 것으로 모든 사람은 인권을 보호해야 할 의무를 진다.

(반대 관점인 경우)

 − 법적 의무는 최후의 수단으로 최소한으로 부여되어야 한다.

 − 개인의 자유를 제한하고 선택을 강제할 우려가 있다.

 − 구조의 의무를 적용해야 하는 상황에 대한 판단 기준이 애매모호할 수 있다.

 − 개인의 자율성을 침해할 수 있다.

선배들의 TIP 및 예시 답안 🖊

학교 측 해설이 상세하므로 예시 답안은 생략한다.

[수시]

1. 면접 개방형 질문

【교육학과】

1. 교육학은 인간과 사회에 대한 종합적인 이해를 통해 다양한 분야에서의 교육 현상을 탐구합니다. 귀하가 특히 관심을 가지고 있는 교육 현상은 무엇이며, 그 현상에 관심을 갖게 된 이유에 대해 말해 보세요.

2. "교육"과 관련된 동아리 활동이나 봉사 활동을 통해 타인을 배려하고 도운 경험이 있다면, 그 내용과 그것을 통해 느낀 점을 말해 보세요.

3. 향후 대학 생활을 통해 어떤 진로 분야에 관심을 가지고 자신을 계발할 것인지, 졸업 후에는 어떤 진로 분야로 나아갈 계획인지 말해 보세요.

【유아 교육과】

1. 유아 교육과에 지원하신 동기와 고등학교 재학 중 지원 전공과 관련된 경험이 있다면 말해 보세요.

2. 유아 교사에게 가장 필요한 자질과 역량은 무엇이라고 생각하는지 아래 사례 중 하나를 골라 말해 보세요(각 항목별 선택에서 점수 차이는 없음).

   1) 최근 보도된 유치원 / 어린이집 관련 뉴스(급식, 교사, 안전 교육, 학대 등)에 비추어 유아 교사가 갖추어야 할 자질과 역량은 무엇이라고 생각하는지 말해 보세요.

   2) 최근 읽은 도서의 내용과 관련지어 유아 교사가 갖추어야 할 자질과 역량은 무엇이라고 생각하는지 말해 보세요.

   3) 고등학교 재학 기간 동안 자신의 경험에 비추어 유아 교사가 갖추어야 할 자질과 역량은 무엇이라고 생각하는지 말해 보세요.

3. 고등학교 재학 기간 동안 나눔과 배려의 경험이 있다면, 간단하게 그 경험과 느낀 점을 말해 보세요.

【초등 교육과】

1. 학기 초에 정한 규칙에 따라 짝을 일주일에 한 번씩 바꾸었는데, 몇몇 학생들이 자신의 짝이 싫다고 울면서 소란을 피우고 있습니다. 이때 초등 교사는 어떻게 대처해야 하는지 근거를 들어 설명해 보세요.

2. 민주주의의 다양한 특성 중, 초등학교에서 특히 강조되어야 할 부분은 무엇인지 자신의 생각을 근거를 들어 설명해 보세요.

3. 자신의 성격, 태도, 능력 등이 긍정적으로 변화된 경험과 부정적으로 변화된 경험이 있다면 각각 소개하고, 이러한 경험을 토대로 자신의 성장 가능성을 구체적으로 설명해 보세요.

【특수 교육과】

1. 한국교원대 특수 교육과를 지원한 동기는 무엇인지 말해 보세요.

2. 지금까지 참여했던 동아리 / 자율 / 봉사활동이 있다면 소개해 보세요.

3. 특수 교사로서 갖추어야 할 역량이 있다면 무엇이라고 생각하는지 근거와 함께 말해 보세요.

【국어 교육과】

1. 나의 이런 면은 국어 교사가 갖추어야 할 자질이나 역량 측면에서 보았을 때 매우 경쟁력이 있다고 생각하는 것에 대해, 구체적인 예를 들어 말해 보세요.

2. 한 학생의 삶에 국어 교사가 미치는 영향은 어느 측면에서 어느 정도라고 생각하는지를, 자신의 학창 시절을 떠올리면서 구체적인 예를 들어 말해 보세요.

3. 학창 시절에 겪었던 어려움을 이겨 냈던 경험이나 갈등 상황을 해결했던 경험을 떠올려 보고, 자신이 적극적으로 어떠한 노력을 기울였는지에 대해 말해 보세요.

【영어 교육과】

1. 언제부터, 어떤 계기로 영어 교사가 되고자 했으며, 이를 위해 지금까지 어떠한 노력과 준비를 해 왔는지 말해 보세요.

2. 4차 산업 혁명 시대가 가속화되면서 영어 교사가 위기를 맞고 있다고 합니다. 이러한 위기 상황을 구체적으로 설명하고, 위기를 극복하기 위해 영어 교사로서 갖추어야 할 자질과 전문성은 무엇인지 말해 보세요.

【독어 교육과】

1. 지원 분야인 독어 교육 전공이나 교사 양성 분야에 입학하기 위해 지원자가 학교생활 중 특별히 노력한 내용과 성과는 무엇이었는지 말해 보세요.

2. 지원자가 감명 깊게 읽었던 문학 작품 한 편을 선택해 그 작품의 핵심적 내용이나 의미를 간략히 소개하고, 어떤 점에서 감명을 받았는지 말해 보세요.

【불어 교육과】

1. 불어 교육과에 지원하신 동기와 지원 전공과 관련하여 고등학교 재학 기간 동안 노력한 경험이 있다면 말해 보세요.

2. 문학, 예술, 교육, 사회, 역사, 일상 문화 등과 관련하여 프랑스 및 프랑스어권 문화에 대해 아는 대로 말해 보세요.

【중국어 교육과】

1. 지원자가 생각하는 '좋은 중국어 교사'는 어떤 모습인지 설명해 보세요.

2. 중국, 혹은 중국어에 대한 관심이 실생활에서 드러났던 사례를 구체적으로 말해 보세요(학교 정규 교육과정 관련 활동 제외).

3. 중국어 학습 경험에 대해 말해 보세요(기간 및 방식 등). 특히 중국어 학습의 소감을 구체적인 하나의 중국어 문장을 예로 들어 말해 보세요.

【윤리 교육과】

1. 중·고등학교 재학 기간의 도덕(윤리) 수업에서 경험한 1가지 사례를 들어 도덕·윤리 교사가 학생들의 도덕성 발달을 촉진하기 위해 갖추어야 할 역량을 설명해 보세요.

2. 윤리 교육과에 지원하신 동기를 밝히고, 윤리 교육 전공에 지원하기로 결심하게 된 가장 결정적인 일이나 계기를 설명해 보세요.

【일반 사회 교육과】

1. 한국교원대 일반 사회 교육과에 지원한 이유 혹은 계기를 말해 보세요.

2. 고등학교 수업 중 일반 사회 교육 전공과 관련하여 가장 흥미 있었던 주제(관련 개념 혹은 이론)는 무엇이었는지, 왜 그랬는지 말해 보세요.

3. 일반 사회 교육 전공과 관련하여 지금까지 읽었던 책들 중에서 가장 인상 깊었던 책에 대해 그 책의 서명과 인상 깊었던 이유를 말해 보세요.

【지리 교육과】

1. 지리 교육과에 지원한 동기를 간략하게 말하고, 지원 전공과 관련하여 학우들과 함께 활동한 경험에 대해 구체적으로 설명해 보세요.

2. 지원 전공과 관련하여 학우들의 학습을 도운 경험에 대해 그 내용과 느낀 점을 설명해 보세요.

【역사 교육과】

1. 중·고등학교 시절 가장 인상 깊게 들었던 역사 수업(내용 혹은 주제)이 무엇이었는지 말해 보고, 또 인상 깊었던 이유를 설명해 보세요.

2. 한국교원대 역사 교육과에 진학해서 공부할 계획을 학년별로 구분해서 말해 보세요.

3. 인류의 역사에서 가장 위대한 발명(품)을 제시하고, 위대한 이유를 설명해 보세요.

【수학 교육과】

1. 다른 직업도 그러하지만, 수학 교사가 되기 위해서는 어려운 수련 과정과 임용고시라는 좁은 문을 통과해야 합니다. 본인은 왜 수학 교사가 되고자 하는지 말해 보세요.

2. 수학을 오랫동안 공부해 온 본인의 경험에 비추어볼 때, 수학을 잘 공부하기 위해서는 어떻게 공부하는 것이 중요한지 말해 보세요.

3. 이제 선택 과목이 된 「기하(와 벡터)」 과목을 수강했거나 하고 있나요? 그렇다면 기하 과목을 배우면서 인상 깊었던 점에 대해 말해 보고, 만약 수강하지 않았다면 그 이유가 무엇인지 말해 보세요.

【물리 교육과】

1. 물리교육과에 지원한 동기를 물리와 교육 두 가지 측면에서 소개해 보세요.

2. 물리 교과서나 수업에서 이해하기 힘들었던 개념을 본인의 관점에서 이해하려고 했던 경험이 있다면, 그 과정을 구체적으로 설명해 보세요.

【화학 교육과】

1. 코로나19 대유행의 상황에서 비대면 교육은 기존 교육의 패러다임을 변화시키고 있습니다. 또한, 인공 지능 기술의 빠른 발달은 가까운 미래의 교육에도 이러한 기술이 적용될 것이라는 예측을 하게 합니다. 이러한 변화는 교육자의 역할을 어떻게 달라지게 하며, 지원자는 구체적으로 어떠한 준비를 통해 뛰어난 교사가 될 것인지 설명해 보세요.

2. 사회–문화의 변화와 교육은 어떠한 관계를 갖나요? 우리나라의 사회–문화적 변천의 맥락에서 예를 제시하며 지원자의 주장을 설명해 보세요.

【생물 교육과】

1. 생명 과학과나 생명 공학과가 아닌 생물 교육과를 선택하게 된 동기와 생명 과학을 탐구하기 위해 창의적으로 노력한 사례에 대해 말해 보세요.

2. 자신이 생각하는 좋은 생물 교사란 어떤 태도와 인성을 갖추어야 하는지 그 근거와 함께 말해 보세요.

3. 중학교 과학 교사와 고등학교 생명 과학 교사가 갖추어야 할 역량에 대해 공통점과 차이점으로 구분해서 말해 보세요.

【지구 과학 교육과】

1. 지구 과학 교육과 지원과 관련하여 고등학교 재학 기간 동안 노력한 경험에 대해 말해 보세요.

2. 지구 과학 교사로서 갖추어야 할 역량이 있다면 무엇이 있을지, 그리고 어떻게 함양해 나갈 수 있을지 말해 보세요.

3. 봉사 활동에서 나눔, 배려의 경험이 있었다면 그 경험과 느낀 점에 대해 구체적으로 말해 보세요.

【가정 교육과】

1. 한국교원대 가정 교육과에 지원하게 된 구체적인 동기와 자신이 가정 교육과에 입학해야 하는 당위성에 대해 말해 보세요.

2. 가정과 교육 전문가(가정과 교사)에게 필요한 자질과 역량은 무엇이고, 현재 자신이 갖추고 있다고 생각하는 자질(역량)과 대학 생활을 통해 더 함양하고 싶은 자질(역량)에 대해 구체적으로 말해 보세요.

3. 지원자의 학교생활 중 나눔, 배려, 공감, 소통의 경험을 소개하고, 그것이 가정과 교육과 어떤 연관이 있는지 말해 보세요.

【기술 교육과】

1. 기술 교육과에 지원하신 동기를 설명하고, 지원 전공과 관련하여 고등학교 재학 기간 동안 노력한 경험이 있다면 말해 보세요.

2. 고등학교 재학 기간 동안 기술 / 과학 수업에서 기술이나 자연 현상을 탐구한 활동 중 기억에 남는 것을 이야기해 보세요. 그리고 본인이 기술 교사가 되면 이러한 활동 경험을 어떻게 발전시켜 교육에 활용할지 말해 보세요.

3. 기술 교사로서 갖추어야 할 역량이 있다면 무엇이 있을지, 자신이 되고 싶은 교사의 모습과 연관해서 말해 보세요.

【컴퓨터 교육과】

1. 4차 산업 혁명 시대를 살아가야 할 학생들에게 요구되는 역량과 이 역량을 키워주기 위한 정보 교사의 역할에 대해 말해 보세요.

2. 실생활에서 컴퓨터 교육 전공과 관련한 지식을 활용하거나 응용해 본 경험과 느낀 점에 대해 말해 보세요.

【환경 교육과】

1. 온라인으로 환경 교육을 한다면 어떤 방식으로 해야 가장 좋을지 말해 보세요.

2. 지원자의 교직관을 말하고 대학교에 진학했을 때 이러한 교직관을 함양하기 위한 계획을 말해 보세요.

3. 학교에서의 교육과 가정에서의 교육에 어떠한 차이점이 있는지 말하고 두 가지 교육이 어떻게 조화를 이루어야 할지 말해 보세요.

【미술 교육과】

1. 미술 교육과에 지원하신 동기를 말씀해 주시고, 미술 교육과에 지원하기 위해 전공과 관련하여 고등학교 재학 기간 동안 어떠한 노력을 했는지 말해 보세요.

2. 중·고등학교 기간 중 가장 기억에 남는 미술 수업은 어떤 수업이었으며 왜 기억에 남는지 설명해 보시고, 좋은 미술 수업을 위해 미술 교사가 갖추어야 할 역량은 무엇이라고 생각하는지 말해 보세요.

3. 학교생활을 포함한 실생활에서 미술과 관련된 지식 혹은 실기 능력을 활용하거나 응용해 본 경험에 대해 말씀해 주시고, 그러한 경험을 통해 느낀 점에 대해 말해 보세요.

【체육 교육과】

1. 전공을 지원하게 된 동기와 전공과 관련하여 노력한 경험에 대해 말해 보세요.

2. 체육 교사로서 갖추어야 할 역량을 제시하고, 그 역량을 키우기 위한 실천 의지 및 노력한 경험에 대해 말해 보세요.

3. 교사로서 갖추어야 할 인성에는 어떤 것들이 있는지 제시하고, 교사로서의 인성을 갖추기 위해 노력한 경험에 대해 말해 보세요.

학교 측 해설 ✏️

생기부 기반 개방형 질문이므로 학교 측 해설이 존재하지 않는다.

선배들의 TIP 및 예시 답안 ✏️

생기부 기반 개방형 질문이므로 예시 답안은 생략한다.

[정시]

1. 면접 개방형 질문

1. (공통 문항) 최근 교육과 관련하여 본인이 관심을 가졌던 이슈(issue)에 대해 설명하고, 예비 교사로서 그 해결 방안에 대해 말해 보세요.

【교육학과】

2. 교육학은 인간과 사회에 대한 종합적인 이해를 바탕으로 다양한 분야에서의 교육 현상을 탐구하는 학문입니다. 다양한 교육학 분야 중 지원자는 어느 분야에 특별히 관심이 있는지, 그리고 졸업 후 어떤 진로를 희망하는지를 그 이유와 함께 말해 보세요.

【유아 교육과】

2. 유치원 및 초·중등학교에서 학생들을 가르치는 교사를 전문가라고 합니다. 그렇다면 초·중등 교사와 구별되는 유치원 교사의 전문성은 무엇이고 그 이유는 무엇이라고 생각하는지 말해 보세요.

【초등 교육과】

2. 아파트 단지 중심에 위치한 A 초등학교는 운동장이 있지만 전교생이 이용하기에는 공간이 턱없이 부족합니다. 체육 시간에는 학년 및 학급별로 돌아가면서 2주에 한 번 운동장을 이용할 수 있습니다. 중간 놀이 시간이면 몇몇 6학년 학생들이 축구를 하면서 운동장을 독차지해 버리고 나머지 학생들은 주변을 배회할 수밖에 없습니다. 축구하는 학생이 없더라도 많은 학생들로 인해 마음 놓고 뛰어놀 수 있는 공간은 허용되지 않습니다. 초등학교 시기의 신체 활동의 의미와 중요성을 바탕으로 이러한 상황을 극복할 수 있는 방안에 대해 말해 보세요.

【특수 교육과】

2. 예비 특수 교사에게 요구되는 역량은 무엇이라고 생각하는지, 그리고 그러한 역량과 관련하여 자신이 가진 강점은 무엇이라고 생각하는지 말해 보세요.

【국어 교육과】

2. 훌륭한 국어 교사가 갖추어야 할 모습이 무엇이라고 생각하는지를 밝히고 훌륭한 국어 교사가 되기 위해서 지금껏 자신이 노력한 경험에 대해 말해 보세요.

【영어 교육과】

2. 지금까지 학교에서 영어를 공부해 오면서 가장 어렵거나 힘들다고 느낀 것이 무엇이며, 후에 자신이 영어 교사가 되면 이러한 문제점을 해결하기 위해 영어 교육과에 입학하여 무엇을 어떻게 준비할 계획인지 말해 보세요.

【독어 교육과】

2. 중등 교사가 갖추어야 할 가장 중요한 능력은 '전공 교과에 대한 전문성'과 '학생들과의 상호 작용'이라고 합니다. 이 두 가지 중에서 경중을 따진다면, 지원자는 어떤 것이 더 중요하다고 생각하며, 그 이유는 무엇인지, 그리고 그 능력을 기르기 위한 방법은 무엇일지 말해 보세요.

【불어 교육과】

2. 한국교원대 불어 교육과에 입학하게 된다면, 입학 후 전공 능력 향상 계획에 대해 말해 보세요.

【중국어 교육과】

2. 중국어 학습의 경험이 있다면, 다른 언어(국어, 영어 등)와 비교할 때 중국어가 갖는 가장 큰 특징이 무엇인지 말해 보세요. 만약 중국어 학습의 경험이 없다면, 지원자가 접했던 중국 관련 뉴스 중 가장 인상 깊었던 것을 소개하고 그 소감을 말해 보세요.

【윤리 교육과】

2. 윤리 교육과에 입학한다면 무엇을 어떻게 공부할지, 그리고 왜 그렇게 공부할지를 구체적으로 말해 보세요.

【일반 사회 교육과】

2. 일반 사회 교육과 교사가 되기 위해 지원자가 고등학교 재학 중 노력한 경험이 있다면 무엇인지 말해 보세요.

【지리 교육과】

2. 한국교원대 지리 교육과에 지원한 동기를 말하고, 생활 속에서 지리 관련 지식을 활용해 본 경험에 대해 구체적으로 설명해 보세요.

【역사 교육과】

2. 우리는 포털 사이트, 유튜브 등에서 언제든지 자료를 검색하여 역사 사실에 관한 글이나 다양한 콘텐츠를 쉽게 찾을 수 있는 정보 환경을 가지고 있습니다. 이와 같은 상황에서 중등학교의 역사 교육이 나아가야 할 방향과 교육 방법에 대해 말해 보세요.

【수학 교육과】

2. 어려운 수학 문제를 오랫동안 생각하여 스스로 해결해 본 경험이 있습니까? 본인의 경험에 비추어 볼 때 어려운 수학 문제를 해결하기 위해서는 어떻게 해야 하는지 말해 보세요(본인이 터득한 문제 해결을 위한 노하우(knowhow)나 신념 등 자유롭게 서술).

【물리 교육과】

2. 물리를 좋아하는 이유와 물리 교사가 되려고 하는 이유를 말해 보세요.

【화학 교육과】

2. 화학 교사가 갖추어야 하는 과학적 소양과 교육적 소양은 무엇이라고 생각합니까? 두 소양을 갖춘 훌륭한 교사가 되기 위해 지원자는 대학 생활 중 어떠한 노력을 할 것이며, 뛰어난 과학 교사가 됨으로써 교사가 성취하게 되는 보람은 무엇이라고 생각하는지 말해 보세요.

【생물 교육과】

2. 생물 교사로서 갖추어야 할 중요한 역량 두 가지를 제시하고, 그렇게 생각하는 근거와 함께 설명해 보세요.

【지구 과학 교육과】

2. 지구 과학 전공과 관련한 지식을 활용하거나 응용하여 자신의 생활에 적용해 본 경험과 그때 느낀 점을 말해 보세요.

【가정 교육과】

2. 한국교원대 가정 교육과에 지원한 동기를 밝히고, 실생활에서 가정 교육의 필요성을 느낀 경험이 있다면 말해 보세요.

【기술 교육과】

2. 중·고등학교 기술(혹은 과학) 수업에서 기억에 남은 학습 내용과 그 이유를 설명하고, 중·고등학교 기술 교사가 가져야 할 역량에 대한 본인의 생각을 말해 보세요.

【컴퓨터 교육과】

2. 한국교원대 컴퓨터 교육과에 지원하신 동기와 컴퓨터 교육과 관련하여 고등학교 재학 기간 동안 노력한 활동과 경험이 있다면 말해 보세요.

【환경 교육과】

2. 환경 교육과에 지원하신 동기와 최근 기후 위기(기후 변화) 문제와 환경 교육의 관련성에 대해 설명해 보세요.

【음악 교육과】

2. 음악 교육과에 지원하게 된 동기와 이와 같은 진로를 위해 노력한 과정에 대해 구체적으로 답변해 보세요.

【미술 교육과】

2. 한국교원대 미술 교육과에 지원하게 된 동기를 설명하고, 장차 어떤 미술 교사가 되고자 하는지 말해 보세요.

【체육 교육과】

2. 체육 교육과에 지원한 동기를 설명하고, 체육 교사가 갖추어야 할 역량에 대해 말해 보세요.

학교 측 해설 ✏️

생기부 기반 개방형 질문이므로 학교 측 해설이 존재하지 않는다.

선배들의 TIP 및 예시 답안 ✏️

생기부 기반 개방형 질문이므로 예시 답안은 생략한다.

2020 학년도 | 교대 면접 기출문제

1 경인교대

[수시]

1. 집단 면접 교직적성전형 문제 A형

최근 우리 사회에서는 노인 복지법상 65세로 되어 있는 현행 노인 기준 연령을 상향시키자는 논의가 진행되고 있다. 이는 우리나라가 총 인구 중 노인 인구의 비율이 20% 이상을 차지하는 초고령 사회로의 진입을 눈앞에 두고 있고, 노인 인구 비율의 증가에 따라 사회가 책임져야 할 부담도 증가한다는 염려를 고려한 것이다. 또한, 대다수의 노인들은 노인의 기준 연령으로 70세 이상이 적절하다고 본다는 보건 복지부의 조사 결과가 있었으며, 65세 이후에도 충분히 일을 할 수 있다는 인식이 사회 전반으로 확산되고 있다. 그러나 노인 기준 연령을 상향 조정했을 경우 여러 측면에서의 복잡한 사회 문제가 발생할 것이라는 반대 의견도 있다.

• 노인 기준 연령을 상향 조정했을 경우에 나타날 수 있는 기대 효과와 문제점을 각각 세 가지 제시하고, 이러한 문제점을 해결하기 위한 방안 세 가지를 제안하시오.

학교 측 해설 ✏

평균 수명 증가와 저출산 문제 등으로 인해 우리 사회는 수년 내에 초고령 사회로 진입하게 된다. 노인들은 노동 생산성을 상실한 후의 여생을 위해 사회적 보조를 필요로 하게 되고, 젊은 세대는 노인 세대에 대한 부양 부담으로 경제적 여유를 갖기 어렵게 될 수 있다. 나아가 한국 사회 전체는 노인 부양 및 노인 복지에 상당한 예산을 사용해야 하며 그 규모를 계속해서 늘려야 할 것이다. 이를 해결하기 위해 최근 한국 사회에서는 현행 65세로 되어 있는 노인 기준 연령을 상향시켜 이러한 문제를 완화해 보고자 노력하고 있다. 그러한 노인 연령 기준 상향은 노인 복지 축소와 노인층에 대한 경제적 지원을 축소하는 결과를 낳을 수 있어 상향 정책의 도입에 대한 사회 각개의 의견이 상충하고 있다. 이에 이와 같은 우리 사회의 당면 과제를 면접 문항으로 출제하고 응시자들이 이에 대해 어떠한 가치 판단을 할 수 있으며, 어떠한 해결 방안을 제시할 수 있는지 평가하고자 한다.

노인 복지와 초고령 사회에 대한 문제와 해결책은 「사회·문화」, 「생활과 윤리」 과목 등에서 비교적 자세하고 넓게 다루는 주제로 우리 사회의 구성원에 대한 이해, 사회 구조 및 미래 사회의 문제와 이에 대한 대처, 바람직한 사회 윤리적 자아 형성을 통한 사회 구성원으로서의 책무성을 기르도록 할 수 있는 주제로 고등학교 사회 교과의 성취 기준에 매우 부합하며, 고등학교 교육과정을 정상적으로 학습한 학생의 경우이면 친숙하게 답변이 가능한 것으로 판단된다. 더불어 국어 교과에서도 자주 다루는 주제로 비판적인 사고와 사회 이해력 및 포용력, 인성 등을 넓게 평가할 수 있는 바람직하고 교육과정을 충실히 따른 출제이다.

교육과정 속에서 넓고 다양하게 다루어지고 학습할 수 있는 주제로 쉽게 접근이 가능한 제시문과 질문이다. 그리고 일반 토론 수업이나 참여형 수업에서 많이 다루어지는 주제로 사회 현상을 이해하고 그에 따른 원인과 문제점을 분석하고 해결책을 모색하는 평가를 통해 비판적 능력과 분석적 능력, 사고력, 인성을 통합 교과적으로 평가할 수 있는 출제이다. 따라서 선행 학습은 전혀 필요 없고 학령 인구가 줄고 노인 인구가 증가하는 이 시점에서 교대에서 문제 제기를 할 수 있는 매우 바람직한 출제이다.

선배들의 TIP

세 가지 문제 원인과 세 가지 해결책은 서로 별개의 내용이 아니라 연관시켜 제시하는 편이 좋다. 기왕이면 '교육자'의 입장에서 문제의 원인과 해결책을 찾는 편이 교대 응시자에게는 모범 답안일 것이다.

답변은 문제가 요구한 내용 순서대로 구성하면 간편하고, 듣는 사람 입장에서도 예상이 가능하므로 듣기에도, 이해하기에도 편하다. 내용을 두괄식으로 제시하고, 첫째·둘째와 같은 담화 표지를 적절히 사용하자.

예시 답안

먼저, 노인 기준 연령을 상향 조정했을 때 나타날 수 있는 기대 효과를 세 가지 말씀드리겠습니다. 첫째, 젊은 세대의 노인 부양 부담을 줄일 수 있습니다. 고령화 진행 속도가 매우 빠른 우리나라의 경우 지금의 상태를 유지한다면 앞으로 노인 부양에 대한 부담이 더욱 커질 텐데, 국가 재정을 책임져야 하는 젊은 세대들의 부담도 매우 커질 것입니다. 노인 기준 연령을 상향함으로써 이로 인한 사회 혼란을 예방할 수 있습니다. 둘째, 국가의 복지 예산을 절감할 수 있습니다. 국가는 노인들에게 기초 연금, 지하철 무료 이용 등의 복지 혜택을 제공하고 있고 이로 인해 많은 예산을 소모합니다. 연금 지급액 중 4분의 1이 65~69세 노인에게 돌아갔다고 하는데, 이 비용을 줄일 수 있습니다. 셋째, 사회가 활력을 얻게 됩니다. 노인들이 무료하게 시간을 보내기보다 사회의 일원으로서 일할 때 경제적·정신적 자립도가 높아지고 이를 통해 생산성이 향상될 수 있습니다.

다음으로 발생할 수 있는 문제점에 대해 세 가지 말씀드리겠습니다. 첫째, 소외된 계층의 복지 혜택이 감소하여 노인 빈곤 문제가 심화될 수 있습니다. 노인 기준 연령이 상향 조정되면 노인 복지 제도 수급 자격도 상향될 가능성이 높습니다. 노인 복지 혜택이 줄어들면 노인 복지 사각지대가 넓어질 것이고, 국가의 도움이 필요한 사람들이 적절한 도움을 받지 못하는 경우가 생길 수 있습니다. 둘째, 청년 일자리의 문제입니다. 노인 기준 연령이 높아지면 정년 연장도 이루어질 것입니다. 일자리는 한정되어 있고, 정년이 연장되면 그만큼 더 오래 일하는 사람이 많아져서 취업의 장이 더 좁아질 수 있습니다. 보통 나이가 많을수록 더 높은 직급에 더 많은 연봉을 받기 때문에, 정년이 높아지면 기업의 부담이 커지게 되어 새롭게 청년을 채용하는 것에 대한 부담도 커질 수 있습니다. 셋째, 노인 일자리의 문제입니다. 이 경우 새롭게 일을 시작해야 하는 노인들에게 부담이 됩니다. 노인으로서의 혜택이 줄어들면 65~70세 노인들도 일을 해야 할 텐데, 이를 위한 노인 일자리가 제대로 마련되어 있지 않다는 것이 문제입니다.

이러한 문제점을 해결할 수 있는 방안 세 가지를 말씀드리겠습니다. 첫째, 복지 대상에 대한 새로운 기준을 마련해야 합니다. 노인에서 제외되더라도 생산력이 없고 소외되어 있는 계층에게 적절한 복지 혜택을 줄 수 있도록 기준을 마련해야 할 것입니다. 둘째, 청년의 취업 기회를 보장해 주는 것입니다. 기업은 더 높아진 정년을 보장해 주되 청년의 취업 기회 역시 확대할 수 있어야 합니다. 이런 기업의 부담을 보완할 국가 정책이 반드시 필요할 것입니다. 셋째, 노인들을 위한 일자리 창출입니다. 나이가 많아도 충분히 역할을 다할 수 있는 노인만을 대상으로 한 일자리가 필요할 것입니다. 무작정 노인 기준 연령을 상향시키지 말고 이러한 문제들에 대해 충분히 대비한 뒤에 상향시킨다면 바람직할 것입니다.

2. 집단 면접 교직적성전형 문제 B형

최근 배송·배달 서비스 시장이 호황을 맞고 있다. 당일 배송, 새벽 배송 등 배송 방식이 다양해지고 배송 가능한 품목도 크게 증가하고 있다. 그리고 음식 배달 대행 서비스의 등장은 이전까지 배달 서비스를 제공하지 못했던 소규모 음식점의 판매 경로를 확대시키고 있다. 일반적으로 배송·배달 서비스의 성장은 소비자와 판매자 모두의 편익을 증진시킨다는 평가를 받고 있다. 특히 애플리케이션(앱)을 기반으로 하는 모바일 중개 시장의 성장은 배송·배달 서비스와 연계되어 새롭고 다양한 사회적·경제적 가치를 창출해 내고 있다. 그러나 배송·배달 서비스 시장의 성장은 새로운 사회 문제를 만들고 있다는 비판도 받고 있다.

• 배송·배달 서비스의 확산이 가져온 긍정적 효과와 그로 인해 발생하는 문제점을 각각 **세 가지** 제시하고, 이러한 문제점의 해결 방안을 **세 가지** 제안하시오.

학교 측 해설 🖊

4차 산업 혁명 시대에 접어들면서 사회의 연결, 공유, 개방 시스템 구축으로 우리 삶의 패턴이 급격히 변하고 있다. 그중 배송·배달 서비스는 관련 애플리케이션을 기반으로 한 모바일 중개 시장의 성장과 함께 성황을 이루고 있다. 이 산업의 발전은 개인의 상품에 대한 선택의 폭을 넓히고 배송 방식도 다양하게 변화시켰으며, 그 결과 사회적·경제적 측면뿐만 아니라 개인 또는 가정의 소비 패턴이나 삶의 양식까지 변화시키고 있다. 이 문항에서는 배달 서비스에 대한 관점을 중심으로 4차 산업 혁명이 우리 사회에 미치는 영향, 한 산업의 성장이 다른 산업에 끼치는 영향, 그리고 사회의 변화가 개인과 가정에 미치는 영향과 그 요인들을 분석할 수 있는지, 그리고 이와 관련하여 타당하고 합리적이며 실천 가능한 문제 해결 방안을 제시할 수 있는지 평가하고자 했다.

사회과 교육과정의 '과학 기술의 발달과 정보화로 인해 나타나는 긍정적인 측면과 부정적인 측면을 파악하고, 이러한 변화의 과정에서 인간이 삶의 영역을 어떻게 확장해 왔는지를 이해한다.'라는 성취 기준에 부합하며, 고등학교 교육과정을 학습한 학생의 경우 무난하게 접근이 가능할 것으로 판단된다. 도덕과의 직업 윤리와 함께 국어과의 제시문 독해력과 비판적 사고에 이르기까지 고교 교육과정 범위 내에서 출제했다.

교육과정을 충실히 학습한 학생이라면, 충분히 답할 수 있는 문항으로 보인다. 제시문에 대한 이해 및 분석뿐만 아니라 주제의 긍정적인 면, 부정적인 면, 방안까지 요구하는 문항으로 매우 잘 설계되었다고 생각된다. 읽기와 토론, 토의 등 고등학교 교육과정에 충실하게 임한다면 충분히 경인교대 및 대학별 고사를 준비할 수 있을 것이라 본다.

선배들의 TIP 및 예시 답안 ✏️

실제로 답변할 때는 위의 형식으로 답변하고, 여기서부터는 간단히 내용만 정리하고자 한다. 실제 시험장에 들어가서도 모든 내용을 줄글로 쓰려고 생각하지 말고 자신이 생각한 방향성을 학생들과 토론하며 무난하게 개진할 수 있도록 하자.

〈배송·배달 서비스의 확산이 가져온 긍정적 효과〉

- 소비자 입장에서의 편리성: 바쁜 직장인이 퇴근하고 마트에서 장을 보지 않아도, 스마트폰 어플리케이션으로 몇 번 클릭하면 다음 새벽에 배송이 된다. 먼 거리를 이동하지 않아도 실내에서 모든 것을 해결할 수 있다. 시간을 효율적으로 사용할 수 있고, 보다 편리하게 재화 및 서비스를 이용할 수 있다.

- 판매자 입장에서의 효율성: 판매할 수 있는 새로운 장이 하나 더 생긴 것이다. 예전의 중국집, 피자집 같은 가게들만 배달 서비스를 했던 것과 달리 최근에는 마카롱, 샐러드 등 더 다양한 품목이 배달 서비스를 이용하게 되었다. 이러한 서비스를 통해 더 많은 소비자들의 욕구를 자극하고 면대면으로 주문받지 않아도 더 많이 판매할 수 있게 되었다.

- 새로운 형태의 일자리 창출: 어플리케이션을 통해 아무나 자차, 자전거, 도보로도 배달을 할 수 있다. 새로운 형태의 아르바이트가 창출된 것이다.

〈배송·배달 서비스의 확산이 가져온 부정적 효과〉

- 배달 노동자의 워라밸: 당일 배송, 새벽 배송 서비스는 확산되었으나, 늦은 시간 배달하는 노동자들의 안전이나 워라밸은 보장되지 않는다.

- 배달업계 구조 문제: 배달 대행업체가 외식업체에게 수수료를 많이 청구하기 때문에 배달료가 말도 안 되게 높아졌고, 소비자 판매자 모두에게 부담이 된다.

- 배달 노동자 소양 문제: 배달 중 음식을 빼먹거나 교통 법규를 위반하는 등 소양이 부족한 사람들이 많다. 이와 관련한 비용 역시 소비자가 부담하게 된다.

〈해결 방안〉

- 배달 노동자 워라밸의 보장: 건당 배달료가 낮아 여러 배달을 묶어 폭주해야만 그나마 최저 시급 이상을 챙길 수 있다고 한다. 노동에 맞는 적절한 보수가 이루어져야 하며 휴식 시간 역시 보장해 주어야 한다.

– 배달업체 수수료 제한: 중간 업체만 많은 이득을 보게 되는 구조를 타파하고 수수료를 무한대로 올리지 못하도록 규제해야 한다.

– 충분한 교육 및 강제: '아무나' 배달할 수 있다는 것은 효율적이지만, 지켜야 할 것들에 대한 충분한 교육을 거침으로써 소비자와 판매자의 부담을 줄일 수 있어야 한다. 뿐만 아니라 교통 법규를 어기거나 중간에서 물건을 가로채는 등의 행위를 하면 법적으로 처벌받는 강제가 필요할 것이다.

3. 집단 면접 고른기회입학전형

> 최근 우리 사회에서 '인싸', '아싸'라는 말이 유행하고 있다. 이는 영어 단어인 '인사이더 (insider)', '아웃사이더(outsider)'를 한국식으로 변화시킨 신조어이다. 일반적으로 '인싸'는 '조직이나 무리 안에서 잘 어울리는 사람'을, '아싸'는 '무리에 어울리지 못하거나 또는 혼자 지내고자 하는 사람'을 뜻한다. '인싸'와 '아싸' 모두 인간관계에서 발생하는 다양한 현상과 감정 등을 담고 있는 말이다. 누구는 '인싸'로 행동하면서 만족감을 느낄 것이고, 누구는 '아싸'이어서 편안함을 느낄 수 있다. 그러나 '인싸'이든, '아싸'이든 인간관계에 대한 여러 가지 고민이 있을 수 있다. 그래서 "'인싸'가 좋은가, '아싸'가 좋은가?"와 같은 질문을 하기도 하는데, 이에는 균형 잡힌 조언이 필요하다.

• '인싸'가 가질 수 있는 고민 세 가지와 '아싸'가 가질 수 있는 고민 세 가지를 제시하고, 이러한 인간관계의 문제로 고민하는 청소년을 상담하면서 줄 수 있는 조언 세 가지를 제안하시오.

학교 측 해설 🖊

최근 등장한 '인싸', '아싸'라는 용어는 인간관계를 중요시하는 직장인이나 유행에 민감한 대학생들뿐만 아니라, 어린 초등학생들 사이에서도 빈번히 사용되고 있다. 이는 '인싸', '아싸'라는 용어가 단순히 재미있는 축약어의 의미를 넘어서, 현재 우리 사회의 모습을 반영하는 문화 현상으로 해석될 필요가 있다는 것을 뜻한다. 이러한 점들을 고려하여 본 문항에서는 수험생들과 비슷한 또래의 청소년들이 실제로 겪는 고민을 소재로 삼아, '인싸', '아싸'라는 용어에 함의된 복합적인 인간관계를 이해하는 능력을 평가하고, 그러한 이해를 바탕으로 자기 자신의 삶의 태도에 대해 성찰하고 폭넓은 사회 문화적 시각에서 합리적인 자세를 제안하는 역량을 살펴보고자 했다. 이와 같은 능력과 역량은 장차 초등학교 교원이 되고자 하는 수험생들의 종합적인 사고 능력을 평가하는 데 적합하다고 판단된다.

사회과 교육과정의 '개인을 둘러싼 다양한 인간관계와 사회 공동체를 이해하고, 이들과 상호 작용하는 효과적인 방법을 제시하고, 사회적 관계에서 인간 존중의 필요성을 설명할 수 있다. 인간은 각각 고유한 가치를 지니는 존엄한 존재이면서 타인과 더불어 살아가는 공동체의 일원임을 이해하여, 시민 사회에서 성숙하게 행동할 수 있는 의식을 갖도록 한다.'의 성취 기준에 부합하는 문항이다.

이 문항은 사회과의 주요 내용인 개인이 타인과 사회 공동체와 더불어 살아가는 존재임을 이해하는 데 기초가 되는 내용으로 출제된 문항으로, 단순히 지식의 유무나 고차원적 이론 지식을 묻는 문항이 아니다. 초등 교사로서 학교 현장에서 발생할 수 있는 상황에서의 창의적이고 융합적인 사고 능력을 평가하고자 한 문항으로, 선행 학습 내용과는 무관하다.

선배들의 TIP 및 예시 답안 🖊

〈'인싸'가 가질 수 있는 고민〉
- 무리 안에 속해 있기 때문에 가지는 여러 사람과의 인간관계에 대한 고민이 있다.
- '인싸'일수록 반장 등 부담이 되는 일을 맡는 경우가 많고 그에 대한 기대도 큰 편이다.
- 많은 인맥을 유지하기 위해 챙겨야 할 것이 많다. 시간과 비용이 많이 든다.

〈'아싸'가 가질 수 있는 고민〉
- '인싸'적인 인재를 원하는 세태: 무리 속에 자연스럽게 어울리고 화술이 좋은 사람들을 더 높은 가치로 평가하는 사회적 경향이 발견된다.
- 때로 다른 사람의 도움이 필요한 순간이 있는데 인맥이 좁아 도움을 구하기 쉽지 않다.
- '혼밥', '혼영' 등 혼자 무언가를 하는 것에 대한 시선이 불편하다.

〈조언〉
- 인싸는 인싸로서, 아싸는 아싸로서의 장점이 있다. 인싸는 여러 사람과 협동하는 일에, 아싸는 혼자 고민해서 하는 일, 예를 들어, 글쓰기 같은 일에 강하다. 각자의 장점에 대해 집중한다.
- 인싸: 여러 특성을 가진 사람들 사이에서 좋은 관계를 유지할 수 있다는 것은 화술이 좋거나 리더십이 좋거나 사람과의 문제를 해결하는 데 좋은 능력이 있다는 것이다. 따라서 그러한 자신의 특성을 계발한다면 더 멋진 사람이 될 수 있을 것이다. 많은 노력이 필요하지만, 주변에 있는 사람들이 모두 자신의 자산이 될 것임을 기억했으면 좋겠다.

– 아싸: '대기업 인재상'이라고 하면 말도 잘하고 활동적인 사람을 떠올리고는 한다. 하지만 다시 생각해 보면 연구원, 예술가 중에는 인싸보다 아싸인 사람이 더 많을 것이라 추측된다. 따라서 인싸, 아싸와 같은 것에 집중하기보다는 자신의 능력을 알고 키워 나가는 것이 더 중요할 것이다. 많은 사람을 아는 것도 좋지만 몇몇의 친구와 깊게 사귀는 것도 좋은 사귐이다.

[정시]

1. 발표 면접 A형

> 미래보다 현재의 행복을 중시하는 '욜로족(YOLO, You Only Live Once)'과 반대 개념인 '파이어족(FIRE, Financial Independence · Retire Early)'이 주목받고 있다. 이것은 '경제적 자립(Financial Independence)'을 토대로 자발적 '조기 은퇴(Retire Early)'를 추진하는 사람들을 일컫는 말이다. 파이어족이라는 개념은 1990년대 미국에서부터 시작해서 온라인을 통해 영국, 호주, 네덜란드, 인도 등지로 급속하게 확산되었고 최근 국내에도 알려지게 되었다. 이들은 빠르면 20대, 늦어도 40대 초반에 퇴직해 은행 빚이나 소비 생활에 따른 스트레스에서 벗어난 삶을 살고자 하기 때문에 현재의 소비를 극단적으로 줄이고 조기 은퇴를 꿈꾼다. 어떤 이들은 수입의 70% 이상을 저축하면서 생활비를 절약하기 위해 먹거리를 스스로 재배하는가 하면, 내 집을 마련하기보다는 전셋집에 살면서 오래된 차를 탄다. 또한, 유통기한 직전의 떨이 식품을 할인가로 구매해 식료품 비용을 줄이고 웬만한 거리는 걸어 다니며 각종 포인트를 모아 현금처럼 쓰기도 한다.

• 위와 같은 파이어족의 삶에 대해 긍정적인 면과 부정적인 면의 논거를 각각 <u>두 가지씩</u> 제시하시오.

학교 측 해설 ✏️

오늘날 사회를 살아가기 위해 새로운 전략을 사용하고 있는 파이어족의 등장과 그들의 삶의 방식에 대해 긍정적인 면과 부정적인 면에 대한 논거를 논리적으로 제시할 수 있는지 평가한다. 또한 사회적 논쟁거리에 대한 합리적 문제 해결 방안을 도출하게 함으로써 교직 적성 및 교직 수행 잠재 능력을 평가한다. 마지막으로, 사회적 현상에 대해 자신만의 시각으로 논리적으로 분석할 수 있는지 평가한다.

본 문항은 주제 중심의 통합적 관점을 바탕으로 하는 사회과 교육과정에서 다루는 사회 현상 및 사회적 논쟁이라는 핵심 개념을 다룬 문항으로서 고등학교 교육과정을 학습한 학생의 경우 무난하게 접근이 가능할 것으로 판단된다. 특히 교육과정에서 강조하고 있는 민주 시민 육성을 위한 교과(사회과) 역량, 즉 문제 해결력 및 의사 결정력을 측정하기에 적합한 문항으로 사회과 교육과정 범위 내에서 출제했다.

사회적 논쟁 거리에 대한 합리적 문제 해결 방안을 도출하게 함으로써 교직 적성 및 교직 수행 잠재 능력을 평가하고, 사회적 현상에 대해 자신만의 시각으로 논리적으로 분석할 수 있는지 평가함으로써 제시문을 단순히 이해하는 수준을 넘어 비판력 및 고급 사고력을 동시에 측정하는 문항 도구로서 실제 사회생활을 반영하여 매우 잘 설계되었다고 생각하며, 일반 고등학교 교육과정을 충실히 학습한 학생이라면 충분히 접근할 수 있는 문제로 보인다. 따라서 경인교대 면접·구술고사 평가 도구는 별도의 선행 학습이 불필요하다고 여겨진다. 토론·토의 학습, 프로젝트 학습, 협동 학습 등 고등학교 교육과정에 충실하게 임한다면 충분히 경인교대 대학별 고사를 준비할 수 있을 것이라 본다.

선배들의 TIP 및 예시 답안 ✎

〈파이어족 삶에 대한 긍정적인 면〉

– 이러한 움직임은 저축과 장기 투자를 독려할 수 있다. 실제로 유럽 및 북미의 대부분의 사람들이 수입 중 월세 및 주택 모기지에 대한 지출이 차지하는 비중을 매우 높아 통장에 100만 원이 없이 그 달의 수입으로 근근이 살아가는 사람들이 매우 많다. 그러다 보니 그리 심각하지 않은 자동차 접촉 사고, 부상, 근무 시간 단축 등 예상치 못한 일에 대해 대처할 여유가 전혀 없어 노숙자로 전락한 사람들이 의외로 많다고 한다. 이런 면에서 평소의 절약을 통해 여유 자금을 마련하고자 하는 움직임은 예상치 못했던 경제 불황 및 개인적인 어려움을 조금 더 여유롭게 대처할 수 있는 효과가 있다.

– 삶의 행복을 결정하는 것이 돈뿐만이 아닌 직장 스트레스에서 벗어나는 것, 삶의 여유라는 점에서 보다 정신적 가치를 지향하게 한다. 스스로 먹을 것을 재배하고 물건을 더 오래 씀으로써 사회적 비용이 줄어들게 된다.

〈파이어족 삶에 대한 부정적인 면〉

– 실질적으로 벌어들인 현금으로 남은 50여 년의 생애를 여유롭고 안정적으로 살 수 있는지에 대한 현실성에 대해서는 아무도 장담할 수 없다. 주식 투자 및 은행 이자 수익률이 어떻게 될지 누구도 보장할 수 없으며 앞날에 대한 불안감과 안정적인 삶에 대한 열망이 현금 100만 달러로 해소할 수 있을지 겪어 보지 않고서는 아무도 모른다.

– 절약을 위해 신선한 과일과 채소, 적당량의 단백질 공급까지 포기하면서 오직 저렴한 먹거리를 고집하는 경향까지 있어 건강이 우려된다.

2. 발표 면접 B형

작년 11월 한국계 미국인 작가 유니 홍은 한국의 '눈치' 문화를 소개하는 『눈치의 힘(The Power of Nunchi)』
이라는 책을 출간했다. 작가는 눈치를 "다른 사람으로부터 신뢰를 얻고 인간관계를 형성하기 위해 필요하며
다른 사람의 생각과 느낌을 가늠하는 미묘한(subtle) 기술"이라고 설명했다. 또 눈치에는 요령, 재치, 상황을
바라보는 안목과 순간적인 판단력 등 여러 의미가 포함된다고 덧붙였다. 그는 "무엇보다 중요한 것은 눈치가
행복과 성공의 열쇠가 된다는 점"이라고 강조했다. 영국 일간 데일리 메일은 책 출간 소식을 전하며 한국에서
눈치는 사고방식보다 더 미묘하고 좀 더 폭넓은 것으로 규정된다고 소개했다. 또 한국에서 살았던 영국인들
의 말을 인용해 "눈치가 때로 냉소적인 의미를 띄지만 삶을 좀 더 효율적으로 살 수 있게 해 주는 수단이 된
다."고 설명했다.

• 위에 제시된 '눈치' 문화에 대해 긍정적인 면과 부정적인 면의 논거를 각각 **두 가지씩** 제시
하시오.

학교 측 해설 🖍

우리 사회의 독특한 문화인 눈치에 대한 긍정적인 면과 부정적인 면에 대한 논거를 논리적으로
제시할 수 있는지 평가한다. 문화의 흐름에 대한 합리적 시각을 가지고 있는지 진단함으로써 교직
적성 및 교직 수행 잠재 능력을 평가하며 문화적 현상에 대해 자신만의 시각으로 논리적으로 분석
할 수 있는지 평가한다.

우리 사회에서 접할 수 있는 행동 양식 중 '눈치'라는 말이 있는데 이 말 속에 들어 있는 표현을
통해 다양한 차원에서 정의되는 언어의 의미와 문화의 속성을 이해하는 문항이다. 그리고 국어과
교육과정 내에 포함된 다양한 언어 체계를 이해하고 효과적으로 소통하고 있는지를 알아보는 문
항이다. 사회과 교육과정과 관련된 다양한 사회적 현상을 분석하고 이해하는 과정에서 교직자로
서 갖추어야 할 바람직한 인성 및 공동체 의식을 가지고 있는지를 알아보는 문항이다. 고등학교의
사회과 교육과정, 국어과 교육과정을 이수한 학생이라면 교과 내에서 출제된 문항이기 때문에 문
제 해결 과정에 어려움 없이 논거를 제시할 수 있다고 판단되어 고등학교 교육과정 범위 내에서
출제 되었다고 생각된다.

국어과 교육과정의 특성인 언어적 · 비언어적 표현에 관한 기본 지식이 있는지를 살펴보고 국어,
윤리, 사회 교과 등의 교과와 비교과적 요소를 포함한 범교과적 내용과 연계되어 학교 교육과정
내에서 충분히 문제를 해결할 수 있는 문항이라고 생각된다. 특히 범교과적 내용이 포함된 글을

이해함으로써 미래 사회가 요구하는 융합적 사고력을 판단을 할 수 있다고 생각된다. 사회 현상과 문제를 파악하는 데 필요한 지식과 정보를 획득·분석·조직·활용하는 역량을 살펴보고 사회생활에서 나타나는 여러 문제를 합리적으로 해결하기 위한 탐구 능력과 의사 결정 능력을 알아보는 문제로 교육과정 수준 내에서 출제되었기에 사교육의 도움을 받지 않고도 충분히 문제 해결이 가능하다고 판단된다.

선배들의 TIP 및 예시 답안 ✏️

〈눈치 문화에 대한 긍정적인 면〉

- 불필요한 갈등을 피할 수 있다. 사람 간 관계에 긴장감이 돌거나 어색할 만한 상황이 생길 때 눈치를 통해 더 큰 갈등 상황을 피해갈 수 있다.
- 일을 더 효율적으로 할 수 있다. 굳이 말로 지시하지 않아도 무엇이 필요한지 스스로 눈치 채서 직접 찾아서 일함으로써 보다 적극적이고 효율적으로 대응할 수 있다.

〈눈치 문화에 대한 부정적인 면〉

- 눈치를 보고 다른 사람의 입맛에 맞게 살다 보면 자신이 정말로 하고 싶은 것을 할 수 없게 된다. 우리나라에서는 다른 사람들이 이상하게 볼까 봐 옷 하나를 입더라도 눈치를 보는 경우가 많다. 자유롭게 자신을 표출하는 데 걸림돌이 될 수 있다.
- 말로 지시하지 않았는데 눈치로 일을 한 경우 오류가 생겼을 때 모든 것에 대한 책임을 져야 한다. 효율적일 수도 있지만 반대로 실제로 필요한 것을 잘못 눈치 챌 경우 오히려 비효율성이 초래될 수도 있다.

[수시]

1. 개별 면접

※ 수시 학생부종합전형은 서류 평가를 바탕으로 개인별 문항을 작성하여 진행되는 점을 감안하여 아래의 문항을 단순 참고하시기 바랍니다.

【학생 1】

1. 예비 초등 교사로서 본인만의 장점이 있다면 무엇인가요? 그리고 그것이 교사로서 어떻게 긍정적으로 발휘된다고 생각하는지 말해 보세요.

2. 초등·중등·고등 교육의 대상과 특성이 다른데, 초등 교육의 특성은 무엇이라고 생각하는지 말해 보세요.

3. 독서와 관련해서 수상한 기록이 많은데, 지원자의 진로에 영향을 크게 미친 책이 있다면 말해 보세요.

4. ○○○를 희망하다가 교육대학교에 지원하게 된 계기가 있는지 말해 보세요.

5. ○○○ 동아리 활동을 하면서 응급 처치 교육을 받았다고 하는데, 본인의 학급에 갑자기 쓰러진 친구가 있다면 어떻게 대처할 것인지 말해 보세요.

6. ○학년 봉사 활동으로 지역 초등학생들과 교육 봉사를 하면서 소통하는 방법과 지식을 전달하는 방법을 배웠다고 하는데, 이에 대해 자세하게 말해 보세요.

【학생 2】

1. ○학년 때 ○○○라는 동아리 활동을 하면서 모의 수업을 했다고 하는데 준비 및 운영하는 과정에서 어려움이 있었다면 말해 보고, 잘했던 점과 부족했던 점을 말해 보세요.

2. 4차 혁명의 사회에 대비하기 위해 인간의 창의성을 길러 로봇 사회의 위험성을 극복해야 한다는 입장을 발표한 이유는 무엇인가요? 창의성 신장 교육을 위해 어떤 교육적 방법이 좋다고 생각하는지 말해 보세요.

3. 3년간 학교 신문 기자로서 꾸준히 활동했는데, 가장 기억에 남는 기사 보도를 한 가지 소개해 보고, 그 이유는 무엇인지 설명해 보세요.

4. 자기소개서 ○번 문항에 다문화 가정 아이들의 따돌림 문제, 언어 소통의 어려움 등 고충을 알게 되었다고 하는데, 어떻게 하면 해결할 수 있을지 말해 보세요.

5. 1, 2학년 학급 반장, 3학년 대의원으로 활동을 했는데, 본인의 리더십을 보여 줄 수 있는 사례가 있다면 말해 보세요.

【학생 3】

1. '우리나라 교육의 문제점'이란 주제로 3분 스피치를 했다고 하는데, 구체적으로 어떤 내용을 가지고 했었는지, 그 해결 방법도 함께 제시해 보세요.

2. '사회적 불평등은 해소될 수 있는가'를 주제로 철학하기 발표 수업을 준비하고 진행했다고 했는데, 이에 대한 학생의 의견을 말해 보세요.

3. 장애인의 인권 보호를 위해서 초등학생들에게 어떤 내용을 지도해야 하는지 말해 보세요.

4. ○○시간에 동서양 원근법 비교를 통한 표현 특징을 중심으로 작품 분석을 하면서 토론을 했는데 자신이 분석한 주요 내용은 무엇이었는지 말해 보세요.

5. 동아리 활동 내용 중에서 초등 교사가 되기 위해 가장 도움이 되었던 점은 무엇인지 말해 보세요.

6. 어느 할아버지의 생애를 추적해 본 경험이 있던데, 현재 자신의 모습에서 성찰하고 있는 면이 있다면 말해 보세요.

학교 측 해설 ✒️

광주교대는 위의 서류에 따른 개인별 질문 문항 예시에 대한 학교 측 해설이 없기에 생략한다.

선배들의 TIP 및 예시 답안 ✏️

학생마다 질문이 다르므로 예시 답안은 생략한다. 다만 본인의 학교생활기록부를 미리 출력하여 꼼꼼히 검토하고 어느 부분에서 어느 활동과 연계하여 어떤 질문이 나올 것인지 예상 문제를 만들어 본다. 그리고 각 문제에 대한 답변을 작성하여 대략적인 흐름을 암기한다. 대략적인 흐름을 암기하는 이유는 면접관의 추가 질문이나 예상하지 못한 상황에 대해 융통성 있게 대처하기 위함이다. 예상 답안과 상황별 답변 전략을 구상했다면, 실제로 말로 표현하는 연습을 진행해야 한다. 글로 작성한 것을 입 밖으로 말하는 것은 매우 다르기 때문에 충분한 연습이 필요하다. 자신의 목소리, 표정, 눈빛, 시선, 불필요한 손 동작, 다리 떨기에 유의해야 하며, 특히 "어‥ 음… 그 뭐더라." 등과 같은 습관성 말투를 없애도록 노력해야 한다.

[정시]

1. 개별 면접

1. 우리는 살아가면서 타인과 크고 작은 갈등을 경험하게 됩니다. 자신이 경험한 갈등 사례를 한 가지 제시하고, 이를 해결하기 위해 어떤 노력을 했는지 말해 보세요.

2. 저출산·고령화로 인한 사회적 변화에 대한 관심이 높아지고 있습니다. 이러한 변화가 우리 사회에 미칠 영향과 대응 방안을 말해 보세요.

3. 4차 산업 혁명으로 인한 과학 기술 발전은 우리 일상생활에 많은 변화를 가져오고 있습니다. 긍정적인 측면과 부정적인 측면의 변화에 해당하는 사례를 한 가지씩 제시하고, 부정적인 측면의 변화를 해결하기 위한 방안을 말해 보세요.

4. 오늘날 창의적 인재 양성을 위한 교육이 강조되고 있습니다. 창의적 사고나 방법을 적용하여 문제를 해결하기 위해 본인이 노력했던 경험이나 사례를 말해 보세요.

학교 측 해설 🖊

【평가 기준】
– 문제 해결 능력(50점): 이해력, 분석력, 창의력, 의사소통 능력 등(매우 우수~매우 미흡 5단계)
– 인성 및 교직 적성(25점): 적성, 사회성, 가치관, 도덕성 등(우수~미흡 3단계)
– 교양 및 용모(25점): 교양, 용모, 태도 등(우수~미흡 3단계)

【출제 의도】
1. 지원자들이 민주 사회 시민으로서 타인과 화합을 이루며 더불어 살아가기 위해 절대적으로 필요한 자질 중의 하나인 갈등 해소 능력의 소유 여부를 판단하기 위한 것이다. 더불어 인성은 미

래 시민을 길러 내는 교사들이 꼭 갖추어야 하는 매우 중요한 자질로, 1번 질문을 통해 인성 중에서 이해, 배려, 소통, 존중 등의 대인 관계 능력을 알아보고자 했다.

2. 저출산·고령화로의 사회적 변화를 인식하고, 이러한 변화로 인해 나타날 수 있는 문제를 진단하고 있는지, 그리고 여러 가지 예견되는 문제에 대응하기 위한 방안을 제시할 수 있는지를 알아보기 위한 문항이다.

3. 4차 산업 혁명 시대로 급격하게 변화함에 따라 우리 일상생활에 나타나는 변화를 인식하고, 긍정적인 변화와 부정적인 변화에 해당하는 사례들은 무엇이 있는지, 그리고 부정적인 측면의 변화에 해당하는 사례를 해결하기 위한 방안에는 무엇이 있는지를 알아보기 위한 문항이다.

4. 창의적 교육의 결과 자신의 창의성을 발휘한 경험을 살펴봄으로써 창의성에 대한 지원자의 생각을 알아본다. 본인의 경험을 말해 봄으로써 자신이 받았던 교육에 대해 성찰할 수 있는 능력, 그리고 이를 통해 지원자가 성장한 면을 살펴볼 수 있도록 함으로써 예비 교사로서의 품성과 성찰 능력, 교육관 등을 알아보기 위한 문항이다. 출제 근거는 실과 교육과정의 「기술·가정」 과목에서 추구하는 '기초 능력의 바탕 위에 새로운 발상과 도전으로 창의성을 발휘하는 사람'에 근거를 두며 성찰 능력, 예비 교육자로서의 품성과 관련되어 있다.

【문항 해설】

1. 이 문항은 타인과의 갈등 경험 사례를 통해 크게 두 가지를 묻고 있다. 하나는 사례로 제시한 갈등 상황 및 원인을 무엇으로 파악하고 있는가이며, 또 하나는 그 갈등의 해소를 위해 지원자가 취한 방법은 무엇이었는가 하는 것이다. 이는 민주 사회 시민으로서 타인과 더불어 살아가는 우리의 일상 속에서 흔히 접할 수 있는 갈등을 유발하는 원인을 정확히 파악할 줄 아는지, 또 갈등을 해소하기 위한 능동적인 태도를 형성하고 있는지, 더불어 갈등 해소에 효과적일 뿐 아니라 추후 관계 형성에 도움이 되는 접근이나 방법을 선택할 줄 아는지를 알아보기 위한 것이다.

2. 저출산·고령화로의 사회적 변화는 개인의 의식뿐만 아니라 사회·인구 구조 및 경제 분야에도 영향을 미쳐 국가 경쟁력 약화 등 여러 가지 부정적인 사회적 이슈가 발생하고 있다. 국가 구성원들은 이러한 사회적 변화를 정확하게 인지해야 하고, 긍정적인 방향으로 변화가 일어나도록 제도적·정책적·교육적 고려를 우선시해야 한다. 특히 미래 교사로서 사랑, 성, 결혼, 가

족 등에 대한 올바른 가치관을 가져야 하고, 교육을 통해 학습자들이 저출산·고령화 사회로의 변화에 대응할 수 있는 자질과 역량을 갖출 수 있도록 지도하는 것이 무엇보다 필요하다. 또한, 국가 차원에서 접근하고 있는 여러 가지 정책 대안들을 파악하여 교육적으로 활용할 수 있는 능력을 갖추는 것도 필요하다.

3. 과학 기술의 발달은 우리 일상생활 환경에 많은 영향을 미친다. IoT(사물인터넷) 등에 의한 생활의 편리성 증가, 과학 기술 분야의 고용 증가, 단순 노동력 대체 기술의 발달 등과 같은 긍정적인 측면에서의 변화와 인공 지능 및 기계에 의한 단순 노동력 중심의 전체 일자리 감소, 독과점(구글, 유튜브, 아마존, 페이스북 등) 발생, 인공 지능에 대해 소유권 문제 발생 등과 같은 부정적인 측면에서의 변화가 예측된다. 이와 같이 예측되는 변화에 대한 내용을 알고, 선제적으로 교육을 통해 대처할 수 있도록 할 필요가 있다. 특히 부정적인 측면의 변화에 대해서는 어떻게 대처해야 하는지에 대한 효과적인 방안을 강구할 필요가 있다.

4. 과거 자신의 교육 또는 경험 속에서 창의적 사고나 방법을 해결했던 사례를 살펴봄으로써 창의적 사고에 대한 지원자의 인식 수준, 교육에 대한 생각, 창의성에 대한 인식 수준, 예비 교사로서의 품성과 성찰 능력, 교육관 등을 알아보기 위해 출제한 문항이다.

【예시 답안】

갈등 사례	**갈등 해결을 위한 노력**
– 오해 또는 소통의 부재로 인한 갈등 – 자기의 주장만 내세우거나 이기심으로 인한 갈등 – 서로 기대하는 바나 어떤 일에 대한 서로의 생각이 다름으로 인한 갈등 – 배려심이나 이해심 부족으로 인한 갈등 등	– 상대방의 입장에서 생각해 보기 – 대화하기 – 이해하는 마음/열린 마음 갖기 – 배려하는 마음 갖기 – 상대의 입장 존중하기 등

영향	대응 방안
– 학령 인구 감소, 학급당 학생 수 감소 – 노동력 부족, 소비 인구 감소 등에 의한 국가 경쟁력 약화 – 사회 활력 저하, 사회 보장 비용 증가 – 세대 간 갈등 증가 등	– 사랑, 성, 결혼, 가족 등에 대한 올바른 가치관 형성 – 저출산·고령화로 인한 사회적 변화의 이해 – 출산 장려 및 노인 복지 향상을 위한 정책 추진 – 이민 등 인구 유입 정책 추진 – 생산성 향상을 위한 노력 등

긍정 사례	대응 방안
– 과학 기술 발달에 의한 생활의 편리성 증가 – 과학 기술 분야의 고용 증가 – 단순 노동력을 대체하는 기술의 발달 등	
부정 사례	– 감성(상황 맥락, 정서, 영감 등) 증진을 위한 교육 활동 – 문제 해결력, 창의력 증진 활동 전개 – 인간에 대한 신뢰와 협력 회복 – 4차 산업혁명에 대한 올바른 이해 – 4차 산업혁명 시대에 대비한 역량 습득 등
– 인공 지능 및 기계에 의한 단순 노동력 중심의 전체 일자리 감소 – 기술 수준에 따른 직업의 양극화 – 소득 수준 격차로 인한 사회 불안 및 갈등 심화 – 독과점(구글, 유튜브, 아마존, 페이스북 등) 발생 – 인공 지능에 대한 소유권 문제 발생 등	

4

사례
– 다양한 발상과 적용 　• 남들이 말하지 않은 새로운 아이디어 제시하기 　• 아이디어를 남과 다른 방법으로 표현하기 – 생각의 전환을 통한 문제 해결 　• 폐품을 활용해 예술품을 만든 업사이클링 경험하기 　• 교과서나 문제집의 풀이와 다른 방법으로 문제 해결하기 　• 학문의 통합적 활용을 통한 문제 해결하기(미술 시간에 과학이나 수학을 이용한 작품 만들기 등)

선배들의 TIP 및 예시 답안 ✏️

다양한 문제들 중에서 스스로 선택해서 푸는 문제이므로 평소에 관심이 있고 낯설지 않은 소재를 골라서 답변을 준비할 수 있는 장점이 있다. 선택을 망설이는 데 너무 오랜 시간을 쓰지 말고 최대한 빨리 한 가지를 골라 답변 준비에 집중하도록 하자.

각각의 문항에 대한 학교 측 예시와 해설이 잘 제공되어 있으므로 이를 주의 깊게 참고하여 연습해 보자.

- 갈등 사례 및 해결하기 위한 노력: 사소한 갈등, 친구들 또는 선생님과의 단순 마찰, 결과가 안 좋게 마무리된 갈등보다는 어떤 일을 진행하는 데 있어서 생길 수밖에 없었던 갈등 또는 느낀 점이 많았던 갈등을 선정하여 구체적으로 설명한다. 해결하기 위한 노력도 마찬가지이다. 구체적으로 설명하되 자신의 잘못이 있었다면 솔직하고 정직하게 언급해야 한다. 그리고 어떤 방식으로 해결되었고 그 과정에서 어떠한 노력을 했으며 그 결과 갈등이 어떻게 마무리되고 무엇을 깨달았는지를 체계적인 구조에 맞추어 정리한다.
- 저출산 고령화로 인한 사회 변화 및 대응 방안: 세금 부담, 교육 예산 감소, 농촌의 학교 통폐합 등이 문제이다. 해결 방안은 뉴스 및 관련 자료를 참고하여 정리한다. 단, 고등학생 수준 이상의 해결 방안이나 교육 제도와 전혀 관련이 없는 사회 제도를 통해서만 해결이 가능한 문제는 제외한다.
- 4차 산업의 장점: 편리한 삶, 교육 방식의 다양화 등
- 4차 산업의 단점: 인간 소외, 물질 만능 주의, 빈익빈 부익부, 도농 간 교육 격차 심화 등
- 해결 방안: 마찬가지로 관련 자료를 조사하고 참조하여 답변을 마련한다.
- 창의적 사고나 방법을 적용하여 문제를 해결하기 위해 본인이 노력했던 경험: 창의적 사고는 자신의 배경지식과 그 당시 배운 내용을 활용하여 참신한 것을 생성해 내는 것을 의미한다. 이 정의에 근거하여 창의적 사고를 적용하여 어떤 문제를 어떻게 해결했는지를 구체적으로 녹여 낸다.

2번 질문의 경우, 미세 먼지에 관한 답변 요령은 2019학년도 경인교대 정시 발표 면접 예시 답안을 참고해도 좋다.

[수시]

1. 집단 면접

• 다음 상황을 읽고, 여러분이 아래의 '담임 선생님'이라면 학생들을 어떻게 지도할 것인지 학교 생활에서 직접 또는 간접 경험(졸업자 등은 졸업 후 경험 가능)을 토대로 이야기해 보고, 그렇게 지도하는 이유를 설명하시오.

우리 ○○초등학교는 매년 가을에 종합 학예 발표회를 개최한다. 올 가을에도 그 일환으로 교내 합창 대회가 열린다. 특히 올해에는 합창 대회에서 우수한 성적을 거둔 학급을 위해 예년과 달리 푸짐한 상품이 준비되어 있다.

우리 6학년 4반은 다른 학급보다 한 달 먼저 합창 대회 준비를 위해 연습을 시작했다. 그런데 음치인 한 학생 A 때문에 생긴 고민이 연습을 하면 할수록 계속되고 있다. 기본 박자도 제대로 못 맞출 정도로 A는 음감이 아주 없다. A가 학급 아이들과 함께 합창 대회에 참여하게 되면 우리 학급은 꼴찌가 될 가능성이 높다. 학급의 학예부 학생들은 이 문제를 논의하기 위해 합창 대회를 1주일 남겨 두고 긴급 회의를 열었다. 교내 합창 대회는 참여에 더 의미를 두기 때문에 비록 꼴찌를 하더라도 A를 참여시켜야 한다는 의견과 우리가 1등을 하려면 A를 참여시키지 말아야 한다는 의견이 팽팽히 맞서고 있다.

담임 선생님: _____

선배들의 TIP ✎

대구교대는 교사가 되었을 때 어떤 입장이 되었을지 생각해 보는 문제가 출제된다. 자신이 교사라 상정하고 학생들에게 어떻게 대할지를 생각해 보되, 교사 입장에서 감당할 수 없는 부분까지 업무로 하는 식의 답안을 지양할 수 있도록 현실적으로 생각해 보아야 한다.

예시 답안 ✎

이런 상황에서 담임 선생님의 역할은 한 사람도 소외되지 않고 모든 학생이 협동하여 합창 대회에 참여할 수 있도록 하는 것입니다. 우선 합창 대회가 개최된 이유부터 먼저 설명해 줄 것입니다. 합창 대회가 열린 것은 우수한 합창단을 만들기 위함이 아니고, 합창을 함께 연습하는 과정에서 서로서로 부족한 것은 채워 주고 잘하는 것은 나눠 주며 협동의 가치를 배우기 위함이라는 것을 인지시킬 것입니다. 때문에 A를 제외하고 1위를 해 보았자 의미가 없다고 말해 줄 것입니다.

저 역시 고등학교 1학년 때 '외국어의 날'이라는 교내 행사에서 학급별로 팝송에 맞추어 춤과 노래를 했던 적이 있습니다. 당연하게도 모든 학생들이 춤과 노래에 뛰어난 재능을 갖고 있는 것은 아니었습니다. 한 달의 시간 동안 가장 춤을 잘 추는 친구가 안무를 만들어서 반 친구들에게 알려 주었습니다. 리더가 된 친구의 말을 따라 안무를 연습하고, 동작이 잘 안 되는 친구들은 따로 모아 추가적으로 연습을 하기도 했습니다. 각자 노래 가사를 외울 때까지 더 잘하는 친구가 부족한 친구들을 도와주면서 서로서로 협동하여 무대를 만들어 나갔습니다. 만약 이때 못하는 친구들을 배제하고 무대를 했더라면 그 친구들은 소외감과 상처를 받았을 것이고, 1등을 하더라도 뿌듯하지 못했을 것입니다. 또, 오랜 시간 남아 무대를 준비하는 과정에서 서로서로 더 친해질 수 있었고 이때 선생님이 많은 격려와 관심을 주셔서 우리들도 더 힘을 낼 수 있었습니다.

이런 경험을 통해 아이들에게 함께하는 것의 가치에 대해 얘기해 주고, 만약 1등을 못해서 상품을 못 받더라도 담임인 제가 다른 좋은 것을 줄 것이라고 약속할 것입니다. 또는, 합창에서 노래가 뛰어나지 않더라도 보는 아이들에게 즐거움을 주는 것이 어쩌면 더 눈에 띌지도 모른다고 설득하여 모든 학생이 합창 대회에 참여할 수 있도록 독려할 것입니다.

[정시]

1. 집단 면접

• 아래의 교실 상황에 대한 내용을 읽고 여러분이 '담임 선생님'이라면 학생 A를 어떻게 지도할 것인지 자신의 학교생활에서 겪었던 직접 또는 간접 경험(졸업자 등은 졸업 후의 경험도 가능)을 토대로 이야기해 보고, 그렇게 지도하는 이유를 설명하시오.

현재 ○○초등학교는 도시 근교 공단 지역에 위치해 있어 국제 결혼 가정 자녀와 외국인 근로자 자녀 등 다문화 학생이 많이 재학하고 있다. 이 학교의 6학년 3반에도 다문화 학생이 6명이나 된다. 어느 날 도덕 수업 시간에 '공정한 생활'이라는 소재의 역할 놀이를 모둠별로 준비하다가 문제가 발생했다. 여러 모둠들 중에서 유독 학생 A가 포함된 모둠에서만 역할 놀이 연습이 잘 되지 않았다. 특히 모둠원이 어떤 역할을 맡아야 하는지에 대한 의견이 서로 달랐다. 그렇게 되자, A가 자기 모둠에는 다문화 학생이 2명이나 있어서 역할 놀이 연습이 잘 되지 않는다며 담임 선생님에게 불만을 늘어놓고 있다.

담임 선생님: _____

우선 가장 먼저 모둠의 역할 놀이 진행 상황에 대해서 면밀히 살펴볼 것입니다. 무엇이 문제인지 알아야 더 적절한 조언을 해 줄 수 있기 때문입니다. A의 모둠이 역할 놀이 연습이 잘 되지 않는 이유는 다문화 학생이 있어서가 아니라 서로의 의견이 합의되지 않았기 때문입니다.

먼저 바른 의사소통 방법에 대해서 제안해 줄 것입니다. 서로 어떤 역할을 맡아야 하는지 관련하여 갈등을 맺고 있으므로 각자가 왜 이 역할을 맡아야 하는지 후보자가 되어 차례대로 말해 보게 할 것입니다. 그리고 투표를 통해 정한다거나, 발언 막대기를 주고 막대기를 가진 사람만 말을 할 수 있도록 차례대로 순서를 주어 차분한 분위기 속에서 원활한 의사소통이 이루어질 수 있도록 할 것입니다. 각자의 의견만 관철시키지 않고 서로의 의견을 존중할 수 있도록 교육하겠습니다.

또, A는 다문화 학생에 대한 나쁜 편견을 가지고 있는 것으로 판단됩니다. 따라서 다문화 학생이 가진 강점을 강조할 것입니다. 「슈퍼맨이 돌아왔다」의 나은이도 다문화 가정의 아이입니다. 나은이는 독일인과 한국인 사이에서 태어난 만큼 독일어도 잘하고 한국어도 잘합니다. 이렇듯 다문화 학생들은 대체로 이중 언어라는 강점을 가지고 있고, 여러 문화를 접해 보았기 때문에 문화에 대한 이해도도 높을 것입니다. 이러한 특성을 토대로 '공정한 생활'과 관련한 역할 놀이를 준비한다면 더 다채로운 내용을 다룰 수 있을 것이라고 설득하겠습니다.

이 수업에서 A만 교육하고 끝나는 것이 아니라, 이후에도 학급의 전체 학생을 대상으로 다문화 교육을 실시하여 A와 같이 편견을 가지고 있는 학생들의 시선을 변화시킬 수 있도록 노력을 기할 것입니다. 특히 학급에 있는 6명의 다문화 학생들에게 각자에 맞는 역할을 부여하여 학급 내에 잘 적응할 수 있도록 돕고, 다른 학생들이 잘 어울릴 수 있도록 할 것입니다.

4 ▶ 부산교대

[수시]

1. 면접고사 가형

1. 본인이 교사가 되었을 때 학교에서 꼭 실시해 보고 싶은 행사나 프로그램을 말하고, 그러한 행사나 프로그램을 기획한 이유를 설명해 보세요.

2. 교육대학교 입시 방법으로서 학생부종합전형이 지닌 장점과 단점을 설명하고, 교육대학교에 적절한 입시 방법을 말해 보세요.

3. 인공 지능의 발달에도 초등 교사라는 직업은 사라지지 않을 것이라는 주장에 대해 자신의 의견을 말하고, 미래 사회의 교사에게는 어떤 역량이 필요할지 말해 보세요.

학교 측 해설 ✏

교육과 관련된 주요 현안 문제에 대한 물음을 통해 교육 문제에 대한 다각적인 사고 능력을 측정함으로써 융·복합 역량과 유연한 사고력을 평가하고자 했다. 아울러 그러한 문제에 대한 해결 방안을 묻는 열린 질문을 통해 문제 해결 능력을 평가하고자 했으며, 면접관과의 질의응답이라는 상호 작용의 태도와 방식을 통해 소통 능력을 알아보고자 했다. 나아가 현상에 대한 분석이나 문제 해결 방안에 투영된 교육적 관점이나 사고를 통해 바른 교사상 및 교육적 가치관을 적절히 갖추고 있는지를 평가하고자 했다.

【채점 기준】

면접 문항을 명료하게 이해하고 의견을 다각도로 제시하고 있는지를 살펴 창의 지성을 평가한다. 응답 과정에서 면접관과의 상호 작용을 고려하며 의견을 개진하고 문제를 제대로 파악하고 그 해결을 위한 방안을 제시하고 있는지를 고려하여 문제 해결 능력과 소통하는 자세를 평가한다. 그 의견의 내용이 교육적이고 자신의 교직관을 드러낼 수 있는지를 파악하여 교직 적성을 평가한다.

【예시 답안】

교직에 대한 적성과 인성을 갖춘 학생을 선발함을 목적으로 하므로 정답을 요하지 않는다.

부산교대는 집단 면접의 형태를 띠고 있지만 함께 면접을 보는 학생의 의견에 대해 첨언하거나 반론을 개진하는 것 이외에 더 많은 토론의 과정을 요구하지 않는다. 처음 자신의 의견을 말할 때 개인 면접이라 생각하고 간결하게 말한 뒤 다른 학생들의 의견을 경청하며 논점에서 크게 벗어나지 않는 정도의 답변을 하자.

예시 답안 ✏️

1. 제가 교사가 되었을 때 하고 싶은 행사는 문화제입니다. 그 이유로는 첫째, 민주 시민으로서의 자질을 함양할 수 있습니다. 학급 회의를 통해 문화제를 준비할 텐데 이 과정에서 자발적·능동적인 태도로 문제를 해결할 수 있습니다. 또, 민주적인 절차에 따라 여러 가지 문제를 해결할 수 있음을 깨닫고 앞으로의 문제 상황도 협조적·민주적 과정을 통해 해결해야겠다는 점을 내면화할 수 있습니다. 둘째로, 갈등 관리 전략을 학습할 수 있습니다. 문화제 준비 과정에서 크고 작은 갈등이 생기는 것은 당연한 일입니다. 이때 상대를 존중하고 배려하는 태도로 함께 노력하여 문제를 해결함으로써 갈등을 효과적으로 대처하는 방법을 내면화할 수 있습니다. 셋째로, 협동심을 기를 수 있습니다. 함께 협조하고 협동함으로써 공동의 목표를 달성하는 기회를 얻습니다. 이를 통해 타인과 어떤 일을 진행할 때 협동의 자세가 중요함을 깨달을 수 있습니다. 마지막으로 자기 효능감을 향상시킬 수 있습니다. 구체적인 결과물을 산출하고 이에 대해 좋은 평가를 받는다면 자아 개념이 긍정적인 쪽으로 전환될 것입니다. 높은 자기 효능감과 긍정적인 자아 개념은 앞으로의 여러 문제 상황을 해결할 수 있는 강한 동기의 원천이 될 것입니다.

2. 현행 학생부종합전형의 장점은 한쪽으로 치우친 기준으로 평가하는 것을 방지합니다. 예를 들어, 수능 및 내신 성적으로만 학생을 선별한다면 인지적으로 우수한 학생들이 많이 뽑히겠지만, 그것이 좋은 교사로 이어진다는 보장은 없습니다. 하지만 학생부종합전형은 그 학생의 다양한 면모를 두루 살필 수 있습니다. 이는 인지적·정의적·인격적 측면에서 타의 모범을 보여야 하는 예비 교사들을 선별하기에 적절합니다. 그러나 단점도 있습니다. 학생부종합전형은 학교별 또는 지역별 격차를 고려하지 못합니다. 도시와 농촌의 학생들은 학생부 기록 양상이 다를 수밖에 없습니다. 어디가 유리하고 불리한지를 떠나서 전국의 학교생활기록부를 기술하는 데 적용되는 객관적인 기준이 없다는 것은 학생부종합전형의 신뢰도를 떨어뜨리는 원인입니다. 따라서 교육대학교에서는 학생들의 전인격적 능력을 평가함과 동시에 형평성도 고려해야 합니다. 이는 수능 성적과 학생부를 입시 기준에 동시 적용함으로써 구체화할 수 있습니다.

3. 인공 지능이 아무리 인간과 유사한 감정, 언어 등을 표현한다 해도 실제 인간과 근본적으로 차이가 날 수밖에 없습니다. 바로 사회·문화적 맥락 때문입니다. 인간은 자신이 나고 자란 지역의 문화와 가치관, 생활 양식 등을 오랜 기간 동안 습득해 왔습니다. 또, 이러한 것들을 통해 타인과 상호 작용을 합니다. 그리고 무엇보다 사회·문화적 맥락은 딱 나눠떨어지는 요소도 아니고 아주 미묘한 차이에 따라 의사소통의 결과가 천차만별입니다. 이러한 특성으로 인해 인공 지능은 단기간에 사회·문화적 맥락을 학습할 수 없습니다. 따라서 교사는 인공 지능이 발달한다고 해도 사라지지 않을 것입니다. 그 지역의 아동들을 사회·문화적 맥락에 근거하여 지도하는 것은 인간, 즉 교사만이 할 수 있기 때문입니다. 이는 미래 사회의 교사는 자신이 속한 지역의 올바른 가치관과 정서를 함양해야 한다는 말과 일맥상통합니다. 교사의 자의적 판단에 근거하여 지도하면 학생의 발달에 부정적인 영향을 끼치기 때문입니다. 그러므로 교사는 사회·문화적 맥락에 포함되는 올바른 가치관, 태도, 정서, 생활 양식 등을 체득해야 합니다.

2. 면접고사 나형

1. 우리나라의 학교 교육에서 학생들의 창의적 사고를 저해하는 요인에는 어떤 것들이 있는지 말하고, 창의적 사고를 기를 수 있는 교육 방안을 말해 보세요.

2. 최근 우리 사회에서 발생하고 있는 교육 불평등 현상의 사례를 말하고, 교육 불평등을 완화하기 위한 방안을 말해 보세요.

3. 교실에 CCTV를 설치함으로써 해결할 수 있는 교육적 문제가 무엇인지 말하고, CCTV를 설치하지 않고도 문제를 해결할 수 있는 방안을 말해 보세요.

학교 측 해설 🖋

가형과 동일하므로 학교 측 해설은 생략한다.

예시 답안 🖋

1. 창의적 사고를 저해하는 요인 중 하나는 자율 활동과 동아리 활동을 자습 시간으로 활용하는 것입니다. 학생들은 자율 활동과 동아리 시간을 통해 다양한 경험을 쌓을 수 있고 자신의 흥미, 적성, 수준에 따라 여러 가지 활동 중 하나를 선택함으로써 창의적인 사고를 발달시킬 수 있습니다. 하지만 대부분의 학교에서 경제적 부담 및 학생 통제의 어려움 등을 이유로 이 시간을 자

습 시간으로 대체하고 있는 실정입니다. 이는 학생들이 창의적 사고를 계발할 기회를 박탈하는 것뿐만 아니라 성적이 그 무엇보다도 중요하다는 잘못된 편견을 심어 줄 가능성이 높습니다.

창의적 사고를 기를 수 있는 방안으로는 관심 있는 주제를 선택하여 심도 있게 탐구한 후 그 결과를 학급과 공유하는 활동이 있습니다. 여러 주제들 중에서 관심 있는 주제를 선정하여 다양한 방식으로 조사, 관찰, 실험한 뒤에 결과를 분석하여 보고서를 작성하는 활동을 통해 창의적이고 체계적인 탐구 능력을 기를 수 있는 것입니다. 또, 보고서를 작성하는 데 있어서 효과적으로 내용을 전달하기 위해 다양한 전략을 활용하도록 교사가 미리 안내한다면 학생들의 표현력도 창의적으로 발달할 것입니다.

〈덧붙임〉 창의성을 저해하는 요인으로 주입식 교육 및 선택형 평가를 들 수도 있다. 이를 보완하는 방안으로서 학생들이 무언가를 직접 수행하도록 한 후 그 결과뿐만 아니라 수행 과정도 함께 평가하는 것을 들 수 있다.

2. 대표적인 교육 불평등 현상은 도농 간 교육 접근성의 차이입니다. 도시는 학생 수가 많다 보니 거주지와 학교와의 거리가 비교적 가깝습니다. 반면, 농촌은 학생 수가 적어 거주지와 학교와의 거리가 먼 것은 물론 학교 통폐합으로 인해 다른 지역구에 있는 학교로 등교해야 하는 경우도 꽤 있습니다. 이를 완화하기 위해서는 교육을 경제적인 측면에서만 바라보는 태도를 버리는 것입니다. 경제적인 관점에서만 교육 제도를 운영하면 비용 대비 이익을 높이기 위해 학생들의 의사를 고려하지 않는 정책이 마련될 가능성이 높기 때문입니다. 대표적인 경우가 아까 언급했던 학교 통폐합입니다. 교원의 수를 줄임으로써 비용을 낮추는 것은 농촌 지역 학생들의 교육 접근성을 떨어뜨리는 주요 원인입니다. 물론 교육은 사회 제도의 한 부분으로서 효율성을 추구해야 하는 것이 맞습니다. 하지만 교육은 교육만의 특수성이 있습니다. 바로 학생들의 발달에 직접적으로 관여하며 장기적인 관점에서 바라보아야 한다는 점입니다. 따라서 교육을 경제적 측면에서만 보지 말고, 발달을 돕는 본질적 측면도 함께 고려해야 합니다. 교사 한 명당 학생의 수를 낮춤으로써 통폐합을 막는 것이 가장 좋겠으나 여의치 않는다면 농촌 학생들을 위한 보충 수업 영상 제공, 등교 시간 늦추기 등을 활용할 수 있습니다.

3. CCTV를 설치함으로써 해결할 수 있는 교육적 문제로는 교사의 아동 학대, 학교 폭력, 절도 등이 있습니다. 실제 사회에서도 CCTV 설치가 확대됨에 따라 범죄율이 낮아졌고, 용의자를 쉽게 검거할 수 있게 되었습니다. 마찬가지로 교실에 CCTV를 설치하면 위에 언급한 문제들을 해결할 수 있습니다. 그러나 CCTV를 설치하면 학생들로 하여금 감시받는 듯한 느낌이 들게 하여 긴장과 부담을 높인다는 부작용도 있습니다. 이에 CCTV를 설치하지 않는 것을 원칙으로 하는

학교도 있습니다. 만약 CCTV를 설치하지 않는다면 위의 문제들은 교사의 역량을 통해 해결할 수 있습니다. 예를 들면 교사는 학생 한 명 한 명의 특성과 교우 관계 등을 꼼꼼히 살펴야 하고, 수시로 교실 상황을 들여다봄으로써 학생들을 세심하게 관찰해야 합니다.

[정시]

1. 면접고사

1. 국가 수준 학업 성취도 평가 결과 최근 학생들의 기초 학력 부진 문제가 심각하다는 지적이 있습니다. 학력 부진의 문제가 생기게 된 원인을 이야기해 보고, 교사와 학교가 학생들의 기초 학력을 신장시키기 위한 방안을 말해 보세요.

2. 최근 유튜브나 인터넷 개인 방송을 운영하는 교사가 늘어나고 있습니다. 이러한 현상이 학교와 교육에 미치게 될 영향을 이야기해 보고, 유튜브나 인터넷 개인 방송을 교육 활동에 활용하기 위한 바람직한 방안을 말해 보세요.

3. 최근 교육부는 학생부종합전형에서 비교과 영역에 대한 평가를 축소하기로 했습니다. 이에 대한 자신의 의견을 이야기해 보고, 교육대학교 입시에서 지원자의 인성과 교직 역량을 평가하기 위한 효과적인 방법을 말해 보세요.

학교 측 해설 🖊

1.

【채점 기준】

평가 항목	채점 시 고려 사항
교직 태도와 사명감, 가치관 및 인성	– 기초 학력 저하의 문제와 해결 방안을 교육적 측면과 관련하여 설명했는가? – 다른 사람의 말을 경청하는 태도를 지녔는가?
의사소통 능력, 사고력	– 문제를 정확하게 파악했는가? – 원인과 문제 해결 방안이 논리적인가?

【예시 답안】

구분	예시
원인	수업 방식의 변화, 학생 특성의 변화(예 다문화 학생의 증가, 특수 학생의 증가 등), 경제적 소득 격차 등
방안	– 교사가 학생들의 기초 학력 도달 여부를 진단 – 학생 개인별 맞춤형 지도, 보충 학습 지도, 보조 교사 배치 – 교사 연수를 통한 전문성 신장

2.

【출제 의도】

현재 우리 사회에 나타나고 있는 인터넷 현상을 이해하고 있으며 교사들의 유투버 활동에 대한 논의를 할 수 있는지를 평가한다. 이를 통해 미래 사회를 제대로 이해하고 그 원인을 분석하여 대안을 제시할 수 있는지를 파악하여 사고력과 의사소통 능력을 평가하고자 했다. 제시하는 대안의 내용을 통해 학생의 교육적 가치관과 인성을 평가하고자 했다.

【채점 기준】

평가 요소	채점 시 고려 사항
교직 태도와 사명감, 가치관 및 인성	– 유튜브나 인터넷 개인 방송의 교육적 측면을 고려했는가? – 다른 사람의 말을 경청하는 태도를 지녔는가?
의사소통 능력, 사고력	– 문제를 정확하게 파악했는가? – 긍정적 · 부정적 영향을 종합적으로 제시했는가? – 타당하고 현실 가능한 방안을 제시했는가?

【예시 답안】

구분	예시
영향	– 수업의 다양화, 학생 및 학부모와의 소통 활성화 – 교사 본연의 업무 소홀 가능성, 교사 품위의 실추, 영리 추구의 가능성
방안	– 수업 자료와 내용 공유, 다양한 수준별 콘텐츠 개발로 학생 개인별 맞춤형 교육 – 정규 수업에서 다루지 못한 내용의 보완 교육으로 활용, 반복되는 수업과 시범 수업에 활용

3.

【출제 의도】

우리 교육과 사회에 지대한 영향을 미치는 입시 전형을 제대로 파악하고 있는지를 통해 사고력과 의사소통 능력을 평가하고자 했다. 또 교사로서 갖추어야 하는 역량을 파악하고 있는지를 살펴 교직 가치관과 인성을 평가하고자 했다.

【채점 기준】

평가 요소	채점 시 고려 사항
교직 태도와 사명감, 가치관 및 인성	– 교대에서 필요한 인성과 교직 역량을 잘 제시했는가? – 다른 사람의 말을 경청하는 태도를 지녔는가?
의사소통 능력, 사고력	– 비교과 영역에 대한 평가를 잘 이해했는가? – 제시한 평가 방법이 효과적이었는가?

【예시 답안】

구분	예시
영향	– 수업의 다양화, 학생 및 학부모와의 소통 활성화 – 교사 본연의 업무 소홀 가능성, 교사 품위의 실추, 영리 추구의 가능성
방안	– 수업 자료와 내용 공유, 다양한 수준별 콘텐츠 개발로 학생 개인별 맞춤형 교육 – 정규 수업에서 다루지 못한 내용의 보완 교육으로 활용, 반복되는 수업과 시범 수업에 활용

선배들의 TIP 및 예시 답안 ✏️

1. 학력 부진의 원인은 읽기 능력 퇴화에 있다. 많은 학생들이 시청각 자료에 익숙해지다 보니 텍스트를 독해하는 데 큰 어려움을 겪고 있다. 소설을 읽을 때에도 따옴표에 있는 말이 어느 인물의 발화인지도 분간할 수 없다고 한다. 학생들의 기초 학력을 신장시키기 위해서 학교와 교사는 충분한 독서 시간을 확보해야 할 것이다. 이때의 독서는 평가와 일절 관련이 없어야 하고, 학생의 선택권이 일정 부분 반영되어야 한다.

2. – **교사 유튜버의 영향**: 조회수를 늘리기 위해 자극적인 영상을 올리는 타 유튜버와는 달리 교사는 교육적이고 건전한 영상을 게시한다. 요즘 학생들은 글로 지식을 습득하지 않고 영상 매체를 통해 학습한다. 따라서 교사의 유튜브 영상을 잘 활용한다면 학생들의 흥미를 높임과 동시에 바람직한 교육 내용을 은연중에 학습시킬 수 있다.

   – **유튜브와 개인 방송 활용 방안**: 거꾸로 수업에 적용할 수 있다. 거꾸로 수업이란, 교실에서 지식이 전달되고 집에서 숙제를 하는 기존의 수업 방식과는 반대로 집에서 먼저 영상을 통해 지식을 배우고 교실에서는 그 지식을 적용하는 활동을 진행하는 수업이다. 영상을 활용하면 학습 내용을 재미있고 효과적으로 전달할 수 있다. 또, 학습 부진아를 위한 보충 수업을 인터넷 방송이나 유튜브 영상을 통해 진행할 수도 있다. 영상 강의의 장점은 속도를 조절할 수 있고 언제든 다시 들을 수 있다는 점이다. 보충 수업을 영상이나 개인 방송으로 진행한다면 이러한 장점들을 한번에 경험할 수 있다.

3. 비교과 영역의 축소는 곧 내신 성적의 비중을 높이겠다는 말이다. 하지만 좋은 성적이 좋은 교사로 직결되는 것은 아니다. 예비 교사의 태도 및 정서적 측면도 비중 있게 고려해야 한다. 따라서 비교과 영역을 다시 확대해야 할 것이다.

지원자의 인성과 교직 역량을 평가하는 효과적인 방법은 첫째, 집단 토의이다. 집단 토의를 진행함으로써 지원자의 문제 해결 능력, 순발력, 협동심, 배려 등을 총체적으로 평가할 수 있기 때문이다. 둘째, 수업 시연이다. 교육과정 범위 내에 있는 교과 내용을 직접 수업하게 함으로써 지원자의 내용 전달 능력, 지식 전달자로서의 역량 등을 평가할 수 있다.

[수시]

1. 교직 교양(오전)

※ 다음의 〈자료〉를 보고, 질문에 답하시오.

〈자료〉

(B) 사회적 다윈주의(Social Darwinism)는 다윈(C. Darwin)의 진화론을 적용하여 사회의 모습과 변화를 해석하는 이론이다. 사회적 다윈주의에서는 열등한 자가 도태되고 생존 조건에 적합한 자만이 살아남게 되어 사회가 야만적 형태에서 문명화된 형태로 진화한다고 본다.

1. (A)의 그림을 설명하고, 이 그림으로부터 추론할 수 있는 문제점을 제시하시오.

2. 1번 질문에서 언급한 문제점을 바탕으로 (B)에서 제시된 사회적 다윈주의를 비판하시오.

학교 측 해설 ✏️

본 문항은 삽화와 글을 보고 기회 불평등과 사회적 다원주의의 내용을 연계하여 이해하고 그 문제점을 비판할 수 있는지를 묻는 문항이다. 1번 질문은 제시된 이미지를 보고 획일적인 잣대로 평가하는 불평등한 경쟁이 마치 공평한 것처럼 보이는 현상을 파악할 수 있는지를 평가한다. 2번 질문은 이미지(A)와 텍스트(B)를 연계시켜 사회의 계급이나 불평등의 문제를 통합적으로 이해하는 능력과, 사회 이론의 문제점을 추론할 수 있는 비판적 사고 능력을 평가한다.

이 문항은 '사회적 다원주의(Social Darwinism)' 이론에 대한 지식의 확인이 아니라, 이해력, 분석력, 융합적·비판적 사고력 등을 평가한다. 사회 불평등이라는 주제가 고등학교 교육과정의 사회과와 도덕(윤리)과 내용 체계에 포함되어 있으며, 학문적인 이론을 다루었지만 제시문 안에 이에 대한 설명이 있으므로 이 개념을 접해 본 적이 없는 응시자도 충분히 답변할 수 있다는 점에서 선행 학습을 유발한다고 볼 수 없다.

이 문항은 사회 교과의 「사회·문화」에서 '사회 계층과 불평등'에 대한 내용 영역과 연계되며 '사회 불평등을 보는 관점'과 '사회 불평등 양상'이라는 내용 요소와 밀접한 관련을 가진다. 이 영역에서 명시한 성취 기준 중, '사회적 소수자는 인종, 민족, 국적, 신체 등 다양한 요인에 의해 규정될 수 있다는 점과 그로 인해 발생하는 차별에 대한 대응이 필요하다는 점을 인식한다.'라고 해설한 부분이 있다. 이는 응시자들이 이 문항에 대한 응답으로서 사회적 다원주의가 합리화하고 있는 소수자에 대한 불공정한 경쟁과 차별에 대해 인식하고 비판할 수 있어야 함을 나타낸다.

또한, 사회 문제에 대한 이해와 탐구를 위한 교수·학습 방향에 대한 제언으로, '현대 사회의 다양한 사회·문화 현상에 대한 다각적인 이해를 위해 관련 학문이나 관점을 폭넓게 활용한다.'라는 점과 '교수·학습의 효율성을 높일 수 있도록 그래프, 통계표, 슬라이드, 영화, 연감, 신문, 방송, 사진, 기록물, 민속 자료, 유물, 여행기 등 다양한 자료를 활용한다.'라고 제시되어 있으므로 사회 이론과 관련 이미지를 활용한 본 문항의 형태가 적절하다고 할 수 있다.

본 문항은 고등학교 「현대 생활과 윤리」의 '사회 정의와 직업 윤리' 영역 중 '분배적 정의론에 비추어서 계층 격차를 이해하고 능력주의와 평등론이 계층 격차에 미치는 영향을 이해한다.'라는 성취 목적과도 연계된다. 이는 분배적 정의론의 사회 윤리적 함의와 개인적·사회적 차원에서의 정의론 및 정의론적 사고의 윤리적 장단점을 다루고 있으므로 본 문항에서 제시된 이미지와 사회적 다원주의와 직접적인 연관을 가진다.

서울교대는 여타 교육대학교와 달리 면접 문제의 주제가 일반 교양 문항으로 출제되는 것이 특징이다. 서울교대 입시를 준비할 때 타 종합 대학 문제를 활용해도 좋을 정도로 주제가 다양하다. 또한, 교육 이슈를 반영해 답변하기 어려운 부분이 있는데 이러한 경우 무리하게 교육 주제로 이끌어 가려다 오히려 감점될 수 있으므로 제시문 주제에서 벗어나지 않도록 주의하며 교육 주제를 답변에 무리하여 사용하지 않는 것이 더 바람직하다.

예시 답안 ✏️

1. 그림 (A)에서는 새, 원숭이, 코끼리 등 다양한 동물들이 등장합니다. 그런데 시험관은 모든 동물들에게 '공평하게 같은 문제를 주겠다.'며 나무를 오르라고 합니다.

   이 그림에서 나타나는 문제점은 마치 공평한 것처럼 보이는 이 시험이 사실은 불평등한 경쟁을 만들고 있다는 것입니다. 동물들이 가진 특성이 모두 다른데, 획일적인 잣대를 들이댐으로써 오히려 불평등한 상황을 만들고 있습니다. 여러 동물 중 나무를 오르기에 가장 유리한 동물은 원숭이입니다. 원숭이가 다른 동물들을 제치고 나무 오르기 시험에서 1등을 한다고 해도 원숭이가 가장 우월한 존재라고 말할 수는 없습니다.

2. 사회적 다윈주의에 따르면 그림 (A)에서는 원숭이만 살아남고 다른 동물들은 도태되어야 합니다. 이러한 논리는 결국 사회적 불평등을 정당화하게 된다는 문제점이 있습니다. 다른 동물들이 열등하기 때문에 어쩔 수 없이 도태된다고 설명하기 때문입니다. 하지만 방금 그림 (A)에서의 문제점을 살펴보았듯이, 그 대상이 열등한지 아닌지 구분하는 잣대가 획일적이므로 불평등한 경쟁이 이루어졌습니다. 우리 사회에서도 이와 똑같은 문제가 발견됩니다. 몸이 불편한 장애인, 기초 수급자, 성 소수자, 여성들과 같은 사회적 약자들이 '열등'하기 때문에 약자가 된 것이라고 설명해서는 안 됩니다. 하나의 잣대로 인해 불리한 상황 속에서 불리한 기회를 갖게 된 사람들을 내버려두고 어쩔 수 없다고 설명하는 사회적 다윈주의의 논리는 비판받아야 하며, 진정한 공정의 의미를 다시금 고민해 보아야 할 것입니다.

2. 교직 적인성(오전)

※ 다음 글을 읽고, 각 질문에 답하시오.

(A) 교사는 자신을 초월하는 위대한 도덕적 인간, 즉 사회의 전도자이다. 성직자가 신의 해석자인 것과 마찬가지로 교사도 그 시대와 국가의 위대한 도덕 사상의 해석자인 것이다. 교사에게 이러한 사회의 도덕 사상에 숙달하도록 하고, 이 사상의 향기를 느끼도록 해야 한다. 그러면 이 사상이 갖고 있는 권위와 그것에 대해 교사가 느끼는 권위는, 교사의 모든 행동으로 표출되고 아동에게 반드시 전달되고야 말 것이다.

뒤르껭(E. Durkheim)의 「교육과 사회학」 중에서

(B) 제6조(교육의 중립성) ① 교육은 교육 본래의 목적에 따라 그 기능을 다하도록 운영되어야 하며, 정치적·파당적 또는 개인적 편견을 전파하기 위한 방편으로 이용되어서는 아니 된다.

「교육 기본법」 중에서

1. (A)에서 제시된 '위대한 도덕적 인간'으로서의 교사의 특성을 추론하여 설명하시오.

2. (A)의 내용을 바탕으로 (B)에 제시된 법 조항의 의미를 해석하시오.

학교 측 해설 ✏️

본 문항은 학술 서적과 법 조항이라는 다른 장르의 글을 읽고 연결시켜 이해하고 설명할 수 있는지를 묻는 문항이다. 1번 질문은 교육학 전문 서적에서 발췌한 글을 읽고 그 맥락을 파악하고 전제와 가정을 분석하여 그 안에 들어 있는 메시지를 바르게 추론할 수 있는 역량을 평가한다. 2번 질문은 주장이 강한 글인 (A)와 객관성이 특징인 법 조항 텍스트인 (B)를 비교·분석하여 그 의미를 총체적으로 해석할 수 있는지를 평가한다.

본 문항의 제시문이 교육학자인 뒤르껭의 저서에서 발췌한 문단과 교육 기본법의 조항으로 구성되어 있다는 점에서 다양한 장르의 글을 읽고 이해하는 능력이 일차적으로 필요하다. 그리고 (A)와 (B)는 '교육/교수자의 사회적 역할'이라는 공통 분모를 가지고 있으며 응시자가 이를 파악하고 비교·분석할 수 있는지를 평가한다.

본 문항은 고등학교 국어 교과의 '읽기' 영역에서 '읽기의 방법'으로 제시된 5가지(사실적 이해, 추론적 이해, 비판적 이해, 창의적 이해, 읽기 과정의 점검) 방법과 모두 연계된다. 특히 '읽기' 영역에서 글의 맥락에 따라 의미를 이해할 수 있는 기능적 측면의 '추론' 영역, 그리고 추론과 비판을 통한 창의적인 연계 능력 평가가 본 문항과 관련이 깊다.

또한, 10학년 국어과 '읽기' 영역에서 성취 기준으로 제시한 '여러 글을 읽고 전제나 가정을 비교·분석하고 평가한다.'와 연계되는데 그 내용 요소 중 '글의 전제와 가정을 분석하면서 읽기', '글의 전제나 가정을 파악하여 다른 글과 비교하기'와 관련성을 가진다.

내용적으로는 고등학교 「현대 생활과 윤리」에서 '전문직·공직자 윤리'와 관련이 깊다. 이 영역에서는 전문직 종사자와 공직자가 가져야 할 윤리적 책임의 인식과 공익성의 요구 등에 대한 이해와 '도덕 문화의 선도자로서 전문직에 요구되는 도덕성' 등 내용 요소를 포함한다. 이는 본 문항에서 다루는 교사의 도덕적 특성과 사회적 역할에 대한 주제와 내용 범위에서 적절히 연계된다.

선배들의 TIP 🖉

교사 정체성은 교직 과정에서 매우 중요하게 다루는 부분 중의 하나이므로 본인이 어떤 교사를 꿈꾸고 어떤 교사상을 목표로 하는지 평소에 생각해 보는 것이 좋다. 단순히 잘 가르치는 것만이 교사의 덕목은 아니며 학생들을 잘 이끄는 것 이외에도 교사 사회 내에서의 교사, 교장·교감과 같은 상급자와의 관계에서의 교사, 교육 전문가로서의 교사 등 학생 입장에서 생각해 본 적이 없는 교사의 면모가 많다. 그러므로 직업으로서 교사가 어떤 입지에 있는지, 어떤 태도로 교직에 임해야 하는지 미리 생각해 보자.

예시 답안 🖉

1. 교사의 정체성은 성직자, 전문직 종사자 등 다양하게 설명되고는 합니다. (A)에서 뒤르껭은 교사를 '위대한 도덕 사상의 해석자'라고 정의 내리고 있습니다. (A)에서 제시된 '위대한 도덕적 인간'으로서의 교사의 특성은 세 가지로 설명할 수 있습니다.

첫째, 도덕 사상의 객관적 전문가입니다. 교사는 지식적으로 그 사회의 도덕 사상에 대해 완벽히 이해하고 있어야 합니다. 자기 자신의 해석이 아닌 그 사회에서 통용되는 도덕 사상을 알아야 합니다. 둘째, 도덕 사상의 실천가입니다. 단순히 아는 것에 그치지 않고 그 도덕 사상을 자신의 삶에 녹여 실천하는 사람이어야 합니다. 셋째, 도덕 사상의 전달자입니다. 완벽하게 이해하고 실천함으로써 학습자의 모델이 되어야 합니다. 학생들은 그런 교사의 모습을 모방하고 결국 교사에서 학생에게로 도덕 사상이 전달되게 됩니다.

2. (B)에서는 '교육의 중립성'에 대해 설명하고 있습니다. 교육은 교육 본연의 목적의 기능을 할 수 있어야 하며, 교사 개인의 편견을 전파해서는 안 된다고 말합니다. 뒤르껭에 의하면 교육 본연의 목적은 '도덕 사상의 전달'입니다. 결국 교육이 중립성을 지키기 위해서는 앞에서 살펴본 것처럼 교사가 도덕 사상을 개인의 편견이 아닌 사회의 입장에서 해석할 수 있어야 하며, 이를 학생에게 적절하게 전달할 수 있어야 합니다. 즉, 교사 스스로의 편견이나 주관성을 버리고 사회적 가치가 담긴 도덕 사상을 체화함으로써 학생들에게 도덕 사상을 전달하라는 의미로 해석할 수 있을 것입니다.

3. 교직 교양(오후)

※ 다음 자료를 보고, 각 질문에 답하시오.

(A) 최근에는 누구나 자신이 좋아하는 콘텐츠로 자유롭게 방송할 수 있는 시대가 되었다. 많은 사람들이 취미 활동이나 전업으로 1인 방송을 하고 있다. 이처럼 개인이 방송을 만들고 소비하는 시대를 '1인 미디어 시대'라고 한다.

(B) 미디어 리터러시는 일반적으로 다양한 형태의 매체에 접근하여 내포된 메시지를 이해, 분석, 평가할 뿐만 아니라 새로운 메시지를 만들고 소통할 수 있는 능력을 의미한다. 미디어 리터러시가 풍부한 사람은 누가, 누구를 대상으로, 어떤 매체와 기술을 이용하여, 어떤 메시지를 전달하고자 하는지를 비판적으로 분석할 수 있으며, 가치 있는 미디어 메시지를 생산할 수 있다.

1. (A)와 (B)의 내용을 바탕으로 1인 미디어 시대의 긍정적인 측면과 부정적인 측면을 각각 설명하시오.

2. 1인 미디어 시대의 부정적인 측면을 개선하기 위한 제도적 방안을 제안하시오.

학교 측 해설 ✏️

본 문항은 미디어를 주제로 하는 두 개의 제시문을 연계하여 이해하고, 문제에 대한 다각적 분석과 대안을 찾는 확장적인 사고를 할 수 있는지를 묻는 문항이다. 1번 질문은 현대 사회에 새로운 문화 현상으로 떠오른 미디어에 대해 다각적인 측면에서 이해하고 논리적으로 분석하는 능력을 평가한다. 2번 질문은 1인 미디어의 부정적 측면에 대한 제도적 개선 방안에 대한 질문을 통해 주제에 대한 이해의 깊이와 사고력, 창의적인 문제 해결 역량을 평가한다.

제시문에서 '1인 미디어 시대'와 '미디어 리터러시'와 같은 전문적인 용어가 사용되었으나 이에 대한 정의와 자세한 설명 및 이해를 돕기 위한 이미지도 제공하고 있으므로 응시자가 이 개념에 대한 사전 지식이 없어도 답변할 수 있다.

본 문항은 국어 교과의 「언어와 매체」 과목과 연계된다. 이 과목은 '매체 언어의 탐구와 활용'과 '언어와 매체에 관한 태도'를 다룬다. 구체적으로는 '매체 언어의 다양화에 대한 이해'와 '매체 자료를 비판적으로 수용하고 창의적으로 생산'하는 것, 즉, 미디어 리터러시를 직접적으로 다루고 있다. 그리고 국어 능력과 매체 언어 능력에 대한 연계와 비판적 성찰 등을 포함하는 내용 요소를 가지므로 본 문항과 관련이 깊다.

1인 미디어 시대에 발생할 수 있는 문제점과 개선 방안에 대한 문항은 「기술·가정」의 정보 과목에서 '매체와 윤리' 내용 영역과 연계된다. 이 영역의 '언론의 자유와 윤리 문제', '이해의 상충과 매체 윤리' 등의 내용 요소는 본 문항과 직접적으로 관련되며, 매체 윤리로서 진실성, 공정성 및 공익성에 대한 인식과 우리 사회에서 건강한 매체 문화 정착을 위한 방안 등이 포함되어 있다. 특히 언론의 자유가 강조됨으로써 발생할 수 있는 대표적인 윤리적 문제 유형 및 사례를 조사·분석하는 내용 요소가 들어 있어 고교 교과 과정을 수학한 응시자는 본 문항의 질문에 대한 응답이 가능하다.

또한, 본 문항은 고등학교 도덕(윤리)과의 '현대 생활과 윤리' 영역에서도 '문화와 윤리'의 장에서 연계된다. 교과 내용은 예술과 도덕의 관련성을 이해하고, 인간 형성을 위해 예술과 도덕의 조화로운 관계를 추구하는 태도의 중요성을 강조하므로 미디어 문화와 사회 윤리의 조화에 대한 본 문항과 관련이 깊다.

선배들의 TIP ✏️

1인 미디어 시대에 접어들며 학생들이 유튜브 영상들에 무방비로 노출되면서 우려의 소리가 크다. 수업 보조 자료로서 유튜브가 가치 있다는 것도 사실이지만 평상시 학생들이 자율적으로 제재 없이 보는 영상들로 그릇된 가치관을 가질 수 있다는 것 또한 유의미한 논의이므로 미디어의 영향에 대해 생각해 보아야 한다. 또한, 교사 역시 미디어에 영향을 받음과 동시에 미디어를 새로 만들어 내는 창작자로서의 정체성을 지닐 수 있으므로 교사의 입장에서 1인 미디어가 어떻게 비치고 다가올지 생각해 보아야 한다.

예시 답안 ✏️

1. 최근 먹방, 브이로그, 음악, 운동 등 다양한 콘텐츠를 가지고 1인 방송을 하는 사람들이 많아졌습니다. 특별히 연예인이나 인플루언서만 하는 것이 아니라 평범한 사람들도 개인 계정에 영상을 올리고는 합니다. 이렇게 1인 미디어 시대가 시작됨으로써 여러 긍정적이거나 부정적인 영향이 나타나게 되었습니다.

　먼저 긍정적인 측면에 대해 말씀드리겠습니다. 첫째, 다양한 분야의 정보 접근성이 좋아졌습니다. 화장실이 막혔을 때 방법을 검색하면 수많은 방법들을 담은 영상이 나옵니다. 운동을 하고 싶어 홈트레이닝을 검색하면 초보자도 쉽게 따라할 수 있는 운동 영상들이 등장합니다. 이렇게 어떠한 정보를 얻고 싶을 때 검색만 하면 여러 1인 미디어 생산자들의 영상을 통해 쉽게 배울 수 있습니다. 둘째, 별다른 진입 장벽 없이 평범한 사람들이 방송할 수 있는 1인 미디어 시대에서 평범한 사람들의 표현 기회가 더욱 다양해졌고, 이를 통해 사회의 다원화를 이룰 수 있습니다. 특히 과거에는 잘 나타나지 않던 사회적 약자들의 발언 기회가 더욱 많아졌습니다. 장애를 가진 사람들, 성 소수자 등 흔히 접할 수 없던 사람들의 생활을 가까이 바라보고 그들에 대한 편견을 줄일 수 있게 되었습니다.

　다음으로 부정적인 측면에 대해 말씀드리겠습니다. 첫째, 부정확하고 나쁜 의도를 가진 정보들이 더욱 많이, 빠르게 생성된다는 것입니다. 발 없는 말이 빨리 간다는 말도 있듯이, 여러 사람들이 자유롭게 자신의 의견을 공개할 수 있는 1인 미디어 시대에서는 하나의 가짜 뉴스가 생성될 경우 더 빠른 속도로 전달되게 됩니다. 그 메시지가 바르고 정확한지 비판적으로 판단하는 미디어 리터러시가 더욱 강조되는 이유입니다. 둘째, 사이버불링의 문제입니다. 1인 방송을 하던 개인이 어떤 잘못된 발언이나 행동을 하면 여러 사람들이 몰려와 불링을 하는 모습을 많이 발견하게 되었습니다. 사람들은 '내 댓글 하나가 무슨 문제가 되겠어.'라고 생각하지만, 방송을 하는 사람은 수많은 비난을 받게 됩니다. 아직 매체 윤리가 확립되지 않아 이러한 문제가 많이 나타나고 있습니다.

2. 앞서 미디어 리터러시와 매체 윤리의 부족 때문에 여러 문제들이 나타난다고 설명드렸습니다. 따라서 이 두 요소를 개선할 수 있는 방안에 대해서 두 가지 측면으로 말씀드리겠습니다. 첫째로 교육적 측면에서의 개선 방안에 대해 말씀드리겠습니다. 현재 국어 시간과 실과 시간에서 미디어 리터러시와 매체 윤리에 대한 내용을 학교에서 가르치고는 있습니다. 하지만 실질적인 연습을 해 볼 수 있는 시간은 부족하고, 단순히 지식적으로 학습하는 것에 그치고 있어 이를 제

대로 배우기에는 한계가 있습니다. 더욱 시수를 확대하고 실제로 인터넷 환경에서 실습해 볼 수 있도록 교육적 제도가 마련되어야 할 것입니다. 둘째로 법 제도 측면에서의 개선 방안에 대해 말씀드리겠습니다. 가짜 뉴스를 퍼뜨리거나 악플을 썼을 때 처벌의 강도가 세다면 이러한 문제가 다소 줄어들 수 있을 것이라 생각합니다. 이런 일을 했을 때 어떤 처벌을 받게 되는지 더 알리고, 그 처벌의 강도를 더욱 높임으로서 개선할 수 있을 것입니다.

4. 교직 적인성(오후)

※ 다음 글을 읽고, 각 질문에 답하시오.

인간은 자신이 속한 사회에서 대중의 취향과 의견의 기세를 알아내는 능력을 가지고 있다. 대부분의 사람들은 통계 조사나 인터뷰를 통해 사람들의 의견을 종합해 보기 전에 여론의 향방을 감지할 수 있다. 그런데 자신의 견해가 다수 의견에 속하면 공개적으로 표명하고, 그렇지 않으면 침묵을 지키는 경우가 많다. 이처럼 소수의 의견을 가진 사람들이 점차 줄어들어 침묵하게 되는 과정을 나선의 모양에 비유하여 설명할 수 있는데, 이를 '침묵의 나선 이론'이라고 한다.

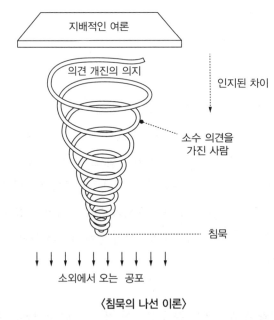

〈침묵의 나선 이론〉

1. 침묵의 나선 이론에 비추어 볼 때, 의견 개진이나 여론 수렴 과정에서 발생할 수 있는 문제점을 제시하시오.

2. 학교에서 침묵의 나선 이론이 적용되는 사례를 들고, 이를 해결할 수 있는 방안을 제시하시오.

본 문항은 '침묵의 나선 이론'을 설명하는 제시문과 이해를 돕기 위한 이미지를 보고, 이론을 이해할 뿐 아니라 실제 상황과 연계시켜 구체적으로 사고할 수 있는지를 평가한다. 1번 질문은 텍스트와 이미지를 통해 침묵의 나선 이론에 대해 정확히 이해했는지, 그리고 추상적인 이론을 실제 여론 수렴 상황으로 연계시킬 수 있는 응용력의 평가에 주안점을 둔다. 2번 질문은 학교 상황과 연계하여 예시와 해결 방안을 물어 예비 교사에게 필요한 자질로서 현장에 대한 관찰력과 분석력, 이론의 현장 응용력, 그리고 창의적 문제 해결 능력을 평가한다.

제시문에서 학문적이고 전문적인 개념인 '침묵의 나선 이론'에 대한 자세한 설명 및 이해를 돕기 위한 이미지도 함께 제공하고 있으므로 이 이론에 대한 사전 지식이 없더라도 추론을 통해 응답할 수 있는 수준의 문항이다.

내용 면에서는 고등학교 「국어」 교과의 '화법' 영역에서 다루는 언어의 기능적 측면에서 보는 '의사소통 전략'과 '사회적 상호 작용'과 연계된다. '화법'의 세부 내용에서 지식적으로 '화법의 성격 (구두 언어적 성격, 상호 교섭적 성격, 대인 관계적 성격 사회·문화적 성격)'을 이해하고 '화법의 유형' 중 특히 의사소통 목적과 상황에 따른 화법 유형을 이해하는 것이 포함되어 있다.

특히 '사회적 상호 작용' 영역에서 '주도와 협력'의 요소와 밀접한 관련을 지니는데 이는 의사소통 상황에 따라 주도자와 협력자의 역할을 효과적으로 수행할 필요와 함께 '말하기 불안'의 원인과 대처 방안도 다루고 있다.

이 문항은 민주 사회의 여론 형성 과정에서 소수 의견이 개진되지 못하고 침묵될 수 있는 문제를 다룬다는 점에서 고등학교 사회과의 '정치' 주제에서 '정치 과정과 참여' 영역의 내용 요소 중 하나인 '여론' 요소와도 밀접히 연계된다. 이 영역에서 학생들은 여론 형성에 영향을 미치는 다양한 요인을 살펴보고, 정치 참여에서 나타나는 긍정적 측면과 문제점을 분석하여 민주적인 정치 참여에 대해 배운다.

선배들의 TIP ✏️

침묵의 나선 이론은 단순히 수업 내에서의 발화뿐만 아니라 학급 운영 측면에서 학생들의 발화와 교우 관계에도 영향을 미치므로 수업이나 학습 이외의 영역까지 넓혀 사고해 보아야 한다.

예시 답안 ✏️

1. 침묵의 나선 이론은 자신의 의견이 다수 의견이면 밝히고 그렇지 않으면 침묵을 지키게 되는 경향을 설명해 줍니다. 침묵의 나선 이론을 나타낸 그림을 보면 지배적인 여론과 자신의 의견이 차이가 있음을 인지했을 때 의견 개진의 의지가 나선형으로 줄어들어 결국 아예 침묵하게 됨을 볼 수 있습니다. 또, 이 이유를 소외에서 오는 공포 때문이라고 설명합니다. 결국 실제로 여론과 반대되는 의견이 있음에도 불구하고 이를 밝히지 않기 때문에 하나의 의견만 많아 보이는 현상이 나타나게 될 것입니다.

   따라서 의견 개진이나 여론 수렴 과정에서 소수의 의견은 묵살되고 실제 의견이 반영되지 못한다는 문제가 나타날 수 있습니다. 어떤 문제를 발견하고 해결할 때 여론을 수렴하는 과정을 거치게 되는데, 이때 다양한 의견을 듣지 못하고 지배적인 여론과 가까운 의견만 듣게 된다면 문제를 해결하기 더 어려워질 것입니다. 또 다른 문제가 발견되더라도 그것을 지적하면 도리어 비난받고 소외될까봐 침묵하는 경우가 생길 것이고, 마찬가지로 문제를 더욱 심화시키게 될 것입니다.

2. 먼저 학교에서 침묵의 나선 이론이 적용되는 사례를 한 가지 말씀드리겠습니다. 저번 시간 수업에서 선생님께서 수행 평가 과제를 내주셨는데 이것을 확인하지 않고 넘어간 상황을 예로 들 수 있을 것입니다. 다수의 여론은 검사를 이대로 하지 않고 넘어가기를 원한다는 것으로 추측할 수 있습니다. 하지만 소수의 학생들은 과제를 기한에 맞게 잘 해 왔기 때문에 이를 밝히고 더 좋은 점수를 얻고 싶을 것입니다. 이때 과제가 있었다는 사실을 밝히면 다른 친구들에게 비난받을까 두려워서 소수의 학생들은 침묵하게 됩니다.

   이를 해결하기 위한 방안 두 가지를 말씀드리겠습니다. 첫째, 익명으로 의견을 개진할 수 있는 창구를 마련하는 것입니다. 요즘은 스마트폰을 통해 쉽게 익명 창구를 만들 수 있습니다. 구글 설문 조사, 카카오톡 익명 채팅방, 카페 등 다양한 인터넷상의 도구를 활용하여 익명 창구의 접근성을 높일 수 있을 것이라 생각합니다. 둘째, 소수 의견을 밝히는 것의 가치에 대해 교육하는 것입니다. 자신이 소수라고 느끼기 때문에 더욱 침묵하게 되고, 그럴수록 자신의 의견은 더욱 소수의 것이 되고 맙니다. 용기 내서 의견을 밝힐 때 더 많은 사람들이 침묵을 깰 수 있게 됩니다. 앞서 예로 든 상황에서도 어쩌면 과제가 있었음을 밝히고 싶은 학생이 더 많을지도 모르는데, 침묵하기 때문에 소수로 남게 되는 것입니다. 따라서 한 명의 소수 의견이 어떤 변화를 일으킬 수 있는지 교육하는 것이 근본적인 해결이 될 것이라 생각합니다.

5. 사향인재추천전형 발표 면접 출제 기반 개별 면접(오전)

1. 대학 생활 동안 가장 도전해 보고 싶은 것이 무엇인지 제시하고, 그 이유를 말하시오.

2. 자신이 가장 부족하다고 생각하는 점을 들고, 이를 보완하기 위해 어떤 노력을 기울일지 말하시오.

3. 공동체 사회에서 개인이 갖추어야 할 가장 중요한 덕목이 무엇인지 설명하고, 이와 관련된 자신의 경험을 말하시오.

4. 초등 교사가 된 이후 세계 시민으로서 본인이 할 수 있는 일이 무엇인지 말하시오.

학교 측 해설

1번 질문은 '도전 의식', 2번 질문은 '자기 계발', 3번 질문은 '공동체 의식', 4번 질문은 '글로벌 교사상'을 평가하기 위한 문항이다.

모든 문항은 특정한 내용 지식을 요구하는 문항이 아니라, 지원자가 자신의 생각과 가치관 및 경험 등에 근거하여 답변할 수 있는 문항이다. 즉 모든 문항은 지원자의 학교생활기록부 비교과('수상', '동아리 활동', '독서 활동', '봉사 활동' 등) 및 자기소개서에 기재된 내용을 토대로 종합적으로 답변할 수 있는 문항으로 구성되어 있다. 실제로 면접 과정에서 지원자는 학교생활 경험과 자신의 생각 등을 토대로 답변했으며, 면접 위원은 각 문항에 대한 지원자의 답변을 듣고 이와 관련된 지원자의 학교생활기록부와 자기소개서의 내용을 토대로 추가 질문을 했다.

평가 기준은 학교생활기록부 비교과에 기재된 내용의 진위성과 함께, '도전 의식'은 도전적 · 진취적 사고, 구체적 실행력, 미래 지향적 가치관, '자기 계발'은 자신에 대한 이해, 반성적 성찰, 자기 관리 역량(목표 의식, 계획성), '공동체 의식'은 공동체 생활 경험, 의사소통 능력, 다양한 입장과 견해에 대한 수용성, '글로벌 교사상'은 글로벌 시대 인식, 세계 시민성에 대한 이해, 글로벌 교사상에 대한 인식이다.

모든 문항과 면접 시 제시된 평가 기준은 서울교육대학교가 추구하는 교직 적성 및 교직 인성과 관련 있는 5C(인성, 융합, 창의성, 코칭, 의사소통) 역량에 포함되는 것들이다.

선배들의 TIP 및 예시 답안 ✏️

위에 예시된 질문들은 인성·적성 면접에서 빈번히 출제되는 유형이다. 학교생활기록부를 보지 않은 상태에서 백지에 가장 인상적인 경험과 기억부터 서술해 가며 어떤 일들이 있었는지, 본인이 그것을 어떻게 생각하고 이후에 어떤 영향을 미치게 되었는지 서술해 보며 현재의 자신의 모습에 얼마나 파급력이 있었는지 되짚어 보자.

학교 측 해설에 자세한 평가 포인트가 적혀 있는 만큼 예시 답안은 생략한다. 자신의 경험과 생각을 어떻게 정리하면 위의 평가 포인트를 가장 잘 만족시킬 수 있을지 고민해 보도록 하자.

6. 사향인재추천전형 발표 면접 출제 기반 개별 면접(오후)

※ 일상생활 속에서 궁금한 점을 탐구 주제로 정하고 정보를 수집하여 분석한 후, 그 결과를 통계 자료가 포함된 '통계 포스터'로 만들려고 한다. 아래의 【과제 수행 지침】에 따라 통계 포스터를 가상으로 제작하여 발표하시오.

【과제 수행 지침】

1. 주어진 필기구와 용지를 사용하여 자유롭게 제작하되, 다음 내용을 반드시 포함해야 한다.

〈구성 내용〉
- 제목: 탐구 주제를 잘 보여 줄 수 있는 제목으로 한다.
- 탐구 동기: 탐구 문제를 정하게 된 이유를 기술한다.
- 탐구 방법: 탐구 내용과 자료 수집 및 처리 방법 등을 기술한다.
- 예상 결과: 탐구 결과를 예상하여 반드시 통계 자료(표, 그래프, 이미지 등)로 제시한다.
- 활용 방안: 탐구 결과를 실제로 활용할 수 있는 방안을 기술한다.

---

2. '탐구 방법'에서 수집할 자료는 직접 조사하여 얻거나 기존 자료를 활용하여 얻는 경우가 모두 가능하다고 가정한다.

3. '예상 결과'에서 제시하는 통계 자료는 가상의 자료이나, 가능한 한 현실성 있는 자료이어야 한다.

4. 발표 방법은 제한이 없으며, 5분 발표 / 5분 질의응답 시간을 갖는다.

학교 측 해설 ✎

'통계 포스터'는 일상생활 속에서 궁금한 점을 탐구 주제로 정하고 정보를 수집하여 통계적으로 분석한 후, 그 결과를 통계 자료가 포함된 한 장의 포스터로 구현한 것이다.

가상의 통계 포스터 제작 활동은 특정한 내용 지식을 묻는 활동이 아니라 학생들의 창의적 문제 해결 능력, 정보 처리 및 해석 능력, 자료 구성 능력, 논리적 사고력 및 비판적 사고력 등을 종합적으로 요구하는 활동이다.

이 활동은 현행 고등학교 교육과정에서 제시하고 있는 '교수 · 학습 방법' 요소(예 개방형 탐구)에 해당하므로 학생들이 현행 고등학교 교육과정을 통해 충분히 경험했다고 볼 수 있다. 따라서 통계 포스터 제작 활동을 위한 선행 학습 유발 요인을 가지지 않으며 고등학교 교육과정 내에서 충분히 수행할 수 있는 과제라고 할 수 있다.

평가 기준은 창의 역량, 실행 역량, 소통 역량 등 고등학교 교육과정에서 강조하고 있는 목표로서 선행 학습을 통해 특별한 이득을 얻을 수 있는 기준이 아니므로 대학교 수준의 선행 학습을 유발할 가능성은 매우 적다고 볼 수 있다.

선배들의 TIP 및 예시 답안 ✎

발표는 자신 있는 태도로 하도록 한다. 설사 자신감이 부족하더라도 자신감을 연기한다는 마음으로 임하기 바란다. 발표 내용도 중요하지만, 발표자의 태도 역시 듣는 이가 받는 인상을 좌우하기 때문이다.

[정시]

1. 교직 교양(오전)

최근 국회 본회의에서 데이터 3법(개인 정보 보호법·정보 통신망법·신용 정보법 개정안)이 통과되었다. 이 법의 주요 내용은 개인 정보에서 성명 등 일부 정보들을 삭제 혹은 암호화함으로써 특정 개인을 식별할 수 없도록 처리된 가명 정보를 도입하는 것이며, 이 가명 정보에 대해서는 본인 동의가 없어도 통계 작성이나 산업적 연구 등의 목적으로 활용할 수 있게 하는 것이다.

〈가명 정보 예시〉

구분	이름	생년월일	휴대 전화	직장 전화	자택 전화	주소	직업	가족	예금 잔액	대출액
개인 정보	홍길동	80년 1월 1일	010-9999-3333	02-3475-2100	02-2345-6789	서울특별시 서초구 서초중앙로 96	교사	배우자, 아들 1, 딸 1	500만 원	1억 원
가명 정보	– *삭제	– *삭제	ajeejkc93 *암호화	– *삭제	– *삭제	서울특별시 서초구 *범주화	– *삭제	배우자, 아들 1, 딸 1	500만 원	1억 원

이 법은 개인 정보 등과 관련된 빅데이터를 개인과 기업에서 좀 더 자유롭게 활용할 수 있도록 규제를 완화한 법으로, 산업계는 크게 환영을 하고 있는 반면 시민 단체들은 20대 국회 최악의 입법 중 하나로 기록될 것이라고 비판하고 있다. 정부는 이러한 의견들을 수렴하여 시행령 및 시행 규칙을 마련할 예정이다.

1. 위 자료를 바탕으로, 데이터 3법 통과에 대해 산업계가 환영하는 이유와 시민 단체가 반대하는 이유가 무엇인지 사례를 들어 설명하시오.

2. 향후 데이터 3법 시행령 및 시행 규칙을 만들 때, 어떤 내용들을 담아야 할지 근거를 들어 설명하시오.

학교 측 해설

본 문항은 제4차 산업 혁명 시대에 데이터의 수집과 활용을 위한 데이터 3법으로 발생하는 사회적 쟁점을 제시하고 있다. 이 문항은 개인 정보 식별이 가능한 핵심 데이터를 삭제하고 이를 산업계와 인간 생활에 필요한 유용한 정보로 활용하려는 진영과, 정보 인권 차원에서 개인 정보의 불법적 수집과 오용에 대해 우려하는 진영의 주장과 논리를 확인하고, 데이터 3법으로 발생하는 쟁점을 창의적으로 해결할 수 있는 방안을 모색하도록 하는 문항이다.

본 문항은 고등학교 학생으로서 사회 탐구 및 과학 탐구와 시사적 상식을 갖추고 있는 학생이라면 쟁점에 대한 해석이 가능하다. 또한, 시사 상식이 부족하더라도 문제가 제시하는 자료를 통해 상황 해석이 가능하며 문제에 대한 답변을 충분히 추론할 수 있다.

선배들의 TIP ✏️

전혀 예상하지 못한 사회 이슈가 문제로 출제될 수 있다. 뉴스를 보며 어떤 종류의 사회 문제가 있으며 그것이 어떤 식으로 사람들의 삶에 영향을 미치는지는 교육 현장에도 중요하기 때문에 이런 방식으로 문제를 출제하는 편이다. 세부 내용을 알지 못한다 하더라도 풀 수 있게끔 문제가 출제되므로 모르는 이슈가 나왔을 때도 당황하지 말고 제시된 문제를 꼼꼼히 읽어 보고 답변하도록 하자.

예시 답안 ✏️

1. 먼저 데이터 3법 통과에 대해 산업계가 환영하는 이유에 대해 말씀드리겠습니다. 우선 산업계에서는 연구 등의 목적으로 가명 정보를 얻기 위해 개개인의 동의를 얻지 않아도 되기 때문에, 기존에 동의를 위해 필요로 했던 비용과 시간을 현저히 줄일 수 있게 되었습니다. 예를 들어, 특정 지역에 사는 사람들을 타겟으로 장사를 하려고 할 때 그곳에 사는 사람들의 가족 구성이나 자산의 내용을 확인해서 시장 조사에 더 도움을 받을 수 있고, 이 과정에서 특별한 비용이 들지 않아 효율적입니다.

다음으로 시민 단체가 반대하는 이유에 대해 말씀드리겠습니다. 개인의 정보를 자유롭게 사용하도록 했다는 것은 정보 인권 차원에서 비판받을 수 있습니다. 이름, 생년월일 등의 정보를 삭제했다고는 하나 여전히 주소, 가족, 예금 잔액, 대출액의 정보는 그대로 남아 있습니다. 이것 또한 여전히 소중한 개인 정보입니다. 또한, 가족 구성을 통해 나이대를 추측해 볼 수 있는 등, 이미 공개된 정보를 통해 다른 정보를 추측할 수 있다는 것도 문제가 될 것입니다. 뿐만 아니라 정보에 접근하는 사람들의 의도를 알 수 없습니다. 예를 들어, 보이스 피싱과 같이 나쁜 의도를 가지고 정보에 접근할 경우 자산의 내역을 보고 쉽게 피해자의 대상으로 정해질 수 있다는 문제가 있습니다.

2. 앞서 살펴본 산업계와 시민 단체의 반응을 토대로 데이터 3법 시행령 및 시행 규칙을 만들 때 다음과 같은 내용을 담아야 할 것입니다. 첫째, 시스템상 정보에 접근하려는 주체의 소속과 그 의도를 면밀히 파악할 수 있도록 설계해야 할 것입니다. 정보가 불법적인 의도로 사용되지 않도록 충분히 확인해야 합니다. 또 정보가 남용되지 않도록 정보 열람에 대해서도 한계를 두어야 할 것입니다. 둘째, 본인의 동의를 받지 않아도 된다는 내용의 동의서를 미리 전 국민을 대상으로 받아야 한다고 생각합니다. 개인 정보를 국가가 관리하더라도 그 정보에 대한 주인은 개인입니다. 따라서 이 제도에 대한 충분한 설명과 함께 동의서를 받는 것이 정보 인권을 지키는 길일 것입니다.

2. 교직 적성(오전)

(A) 아래 그래프는 성인 40명을 대상으로 어린 시절 부모로부터의 언어 학대 정도와 뇌에서 청각을 담당하는 '상측두이랑 회백질'(gray matter in superior temporal gyrus) 부피와의 관계를 연구한 자료이다(Tomoda 외, 2011).

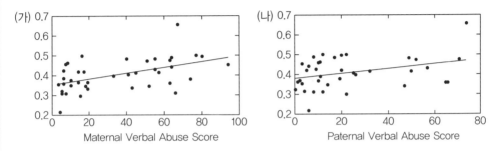

* 가로축은 언어 학대의 정도, 세로축은 '상측두이랑 회백질'의 부피값을 나타낸다.

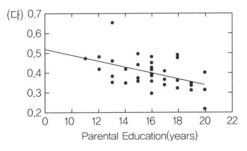

* 가로축은 부모의 교육 정도, 세로축은 '상측두이랑 회백질'의 부피값을 나타낸다.

(B) 인간은 창조적으로 이룩된 그의 윤리적 실체를 지껄임이나 큰소리, 그리고 빈말이나 굳은 말을 통해서 상실해 버리게 된다. 이와 같은 말의 변질된 형태들 속에서 인간은 그의 실존을 잃어버리게 되고, 자기 자신을 구름과 같은 흐름 속에 놓쳐 버리게 된다. 이렇게 자기 자신을 놓쳐 버리는 과정에서 참다운 삶의 현실도 잃어버리게 된다. 이러한 위험의 가능성은 크다. 말의 변질을 회피하는 길은, 전인적인 결단으로서의 말을 찾고, 말을 한다는 것이 창조적인 긴장과 고통을 동반한다는 것을 깨닫는 것이다.

이규호, 『말의 힘』

1. (A)의 (가), (나), (다)의 결과와 그로부터 추론할 수 있는 내용을 말하시오.

2. (A)와 (B)에 기초하여, 가정과 학교에서 언어폭력을 예방할 수 있는 효과적인 방안을 근거를 들어 말하시오.

학교 측 해설 ✏️

본 문항은 언어가 뇌의 발달에 큰 영향을 미친다는 관계를 그래프를 통해 추론하고, 가정과 학교에서 올바른 언어 사용 교육의 방법을 제시할 수 있는지 여부를 파악하기 위한 문항이다.

(A)는 Tomoda 외(2011)의 연구 결과의 일부를 그래프로 제시한 것으로 어린 시절 언어 학대를 받은 경험이 있는 성인의 경우 '상측두이랑 회백질'의 부피가 확대되었으며, 부모의 언어 학대가 아동에게 스트레스와 강박감을 주게 되어 청각 기능의 예민함으로 연결되었음을 보여 준다.

또한, 어린 시절 언어 학대는 어머니가 아버지보다 약간 더 큰 영향을 미치는 것으로 나타났으며, 부모의 교육 수준이 높을수록 언어 학대의 경우가 줄어드는 경향이 있다. 이를 바탕으로 어린 시절 부모의 자녀에 대한 올바른 언어 교육의 중요성을 추론해 낼 수 있다.

1번 질문은 제시문의 그래프를 보고 이러한 의미를 바르게 읽고 추론할 수 있는지를 묻는다. 특정한 의학적 사전 지식이 없어도 그래프의 분석을 통해 답변할 수 있다.

(B)는 이규호의 『말의 힘』의 관한 내용으로 올바른 언어 사용을 위해서는 부단한 노력이 필요함을 나타내고 있다.

2번 질문에 대한 답변으로, 가정생활에서는 부모와 자녀가 지속적인 대화 시간을 통한 서로를 이해하는 노력, 바른말 사용의 중요성과 언어폭력의 악영향 인식, 부모는 어릴 때부터 자녀의 언어 교육에 신경을 써야 함 등의 방안을 제시할 수 있다.

또한, 학교 교육에서는 '정확한 학생 실태 조사, 국어 교육뿐만 아니라 학교생활 지도 등을 통한 바른말 사용하기 교육 실시, 바른말 사용의 중요성 교육, 언어폭력의 악영향에 대한 학생들의 인식, 학생 상호 간, 교사-학생 간 존댓말 쓰기 생활화, 교사의 모범' 등을 제시할 수 있다.

본 문항은 「과학」 교과의 '생명 과학' '항상성과 건강-항상성과 몸의 조절', 「수학」 교과의 '수학' '함수의 그래프', 그리고 「국어」 교과의 '문법' '언어의 본질-언어의 특질' 내용 영역과 연계된 융합 문항으로 고등학교 교육과정의 범위를 벗어나지 않는다.

선배들의 TIP 및 예시 답안 ✏️

그래프의 해석 및 해결 방안과 관련한 학교 측 해설이 상세하게 제시되어 있기 때문에 별도의 예시 답안은 생략한다.

3. 교직 적성(오후)

(A) 감각의 대상으로부터 사고의 대상으로 갑자기 비약하지는 말자. 감각적인 것을 통합함으로써 우리는 지적인 것에 도달하게 된다. 그러니 언제나 감각만이 이성을 인도해 가도록 하고 싶다. 이 세상 외에는 어떤 책도 주어서는 안 되고, 사실 외에는 어떤 것도 가르치면 안 된다. 책을 읽는 아이는 사고하지 않는다. 단지 읽을 뿐이다. 그래서 그는 지식은 생기지 않고 말만 익힌다. …… 실물! 실물! 이 실물이라는 말은, 내가 아무리 되풀이해서 말해도 결코 충분하지 않다. 우리의 수다스러운 교육에 의해서, 우리는 수다쟁이들을 만들어 내고 있음에 지나지 않는다.

루소, 「에밀」

(B)

위 그림은 뿔 달린 영양처럼 보이기도 하고, 또한 긴 부리를 가진 펠리컨처럼 보이기도 한다. 우리가 사물을 본다는 것은 곧 그것을 '해석'한다는 것이다. 이 경우, 우리는 눈에 들어오는 것을 다른 방식으로 해석하는 것이다. 우리는 '똑같은 것'을 보고, 그런 다음 그것을 다르게 해석하는 것이 아니라, 사물을 볼 때 이미 그러한 해석에 입각하여 보는 것이며, 그리하여 '다른 것'을 보는 것이다. …… 우리의 해석은 우리가 가지고 있는 신념이나 생각 또는 이론에 기초한다.

한슨, 「발견의 패턴」

1. (A)에서 루소가 주장하는 아동 교육의 모습을 구체적인 사례를 들어 설명하시오.

2. (B)의 관점에서 (A)의 문제점을 사례를 들어 지적하고, 그 해결 방안을 제시하시오.

학교 측 해설

본 문항은 아동 교육에 있어서 감각주의, 실물주의 교육과 이에 대비되는 이론 의존성, 지식 교육의 특성을 구별하고, 이를 바탕으로 학교 교육에서 구체적인 사례(적용 방안)를 제시할 수 있는지 여부를 파악하기 위한 문항이다.

자료 (A)에서는 루소의 '아동기 교육'에 제시된 내용으로 감각주의와 실물주의 교육의 특징을 드러내고 있으며, 언어는 지식이 아니라 사물에 대한 감각과 경험이 우선해야 함을 강조하고 있다.

1번 질문은 루소의 주장에 대한 이해를 기반으로 '아이들이 직접 보고, 만지고 느끼게 하는 것, 체험 중심의 수업 실시, 일상생활에서 경험하는 대상, 소재 등을 중시, 자연 체험 활동 강화' 등 다양한 학교 교육 방안을 제시할 수 있다.

자료 (B)에서는 한슨(Hanson)의 관찰 의존성에 관한 내용으로 지각에 대한 감각주의나 경험론을 비판하는 주장이다. 인식은 일종의 해석이기 때문에, 감각만으로는 인식이 성립되지 않으므로 인식 주체가 가지는 개념, 지식, 이론에 기초해야 함을 강조한다.

2번 질문은 (A)와 (B)를 연계하여 이해하고 (A)의 문제점으로, 감각만으로 인식이 일어나지 않으므로 지식의 중요성이 간과되고 있으며, 감각, 경험, 체험만으로는 효과적인 학습이 일어나지 않는다는 점을 이해했는지 묻고 있다.

또한, 해결 방안으로서, 감각, 경험 등과 더불어 그것을 해석할 수 있는 사고 능력, 지적 능력 등을 계발하는 것의 중요성을 들 수 있다. 이에 대한 사례로는 '국립 중앙 박물관 체험 학습 전에 필요한 사전 지식을 가르치거나 현장에서 안내하는 것'이 예시가 될 수 있다.

본 문항은 고등학교 교육과정의 「윤리와 사상」 중 '서양 윤리 사상의 특징과 흐름'의 내용 요소와 연계되며 제시문에 대한 이해력과 융합적 사고력, 현실 응용력 등을 평가하고 있으므로 특정한 사전 지식의 습득을 위한 선행 학습 유발 요인이 없다.

사례 및 해결 방안과 관련한 학교 측 해설이 상세하게 제시되어 있기 때문에 별도의 예시 답안은 생략한다.

4. 교직 교양(오후)

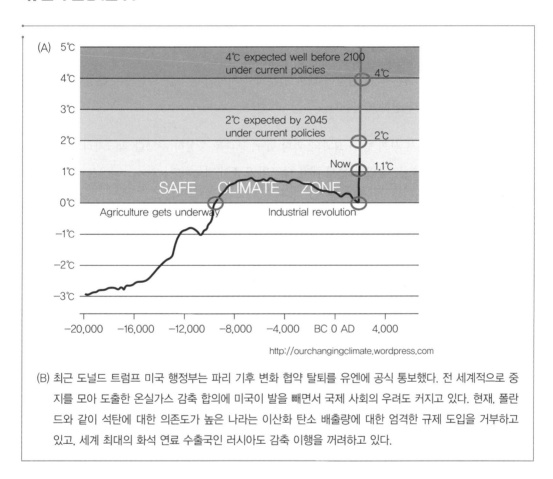

(B) 최근 도널드 트럼프 미국 행정부는 파리 기후 변화 협약 탈퇴를 유엔에 공식 통보했다. 전 세계적으로 중지를 모아 도출한 온실가스 감축 합의에 미국이 발을 빼면서 국제 사회의 우려도 커지고 있다. 현재, 폴란드와 같이 석탄에 대한 의존도가 높은 나라는 이산화 탄소 배출량에 대한 엄격한 규제 도입을 거부하고 있고, 세계 최대의 화석 연료 수출국인 러시아도 감축 이행을 꺼려하고 있다.

1. (A)가 보여 주는 내용과 시사점을 'O' 부분 중심으로 설명하시오.

2. (B)에 나타난 국가들의 입장을 설명하고, 이 문제의 해결 방안을 제시하시오.

  본 문항은 기후 변화에 대한 그래프 해석과 추론을 통한 시사점 도출을 요구하고 있다. 이를 바탕으로 글로벌 공동체에서 발현되는 기후 변화에 대한 국가적 표상을 설명하고 합리적 문제 해결 방안을 모색하도록 유도하는 문항이다.

  특히 자료 (A)와 자료 (B)의 연결을 통한 관계적 추론을 요구하고 있다. 기후 변화에 대한 기초 지식, 도표 해석, 단순 추론, 관계적 추론을 단계적으로 요구하고 마지막 단계에서 창의적 문제 해결 방안을 모색하도록 한다.

  본 문항은 기후 변화 혹은 국제 협약에 대한 전문적인 지식의 유무를 확인하는 문항이 아니므로 선행 학습 유발 요인을 포함하지 않는다.

  고등학교 교육과정에서 사회 탐구 교과와 과학 탐구 교과를 충실히 수행한 학습자라면, 기후 변화 쟁점에 대한 해석, 추론, 창의적 문제 해결 방안의 도출이 가능하다.

선배들의 TIP 및 예시 답안 ✏️

1. (A)는 시간에 따른 기후 변화를 나타낸 그래프입니다. 농업이 시작되는 지점까지 기온은 계속 올랐으나 여전히 안전한 구간에 머물렀습니다. 그러다 산업 혁명이 시작된 이래로 급격한 속도로 기온이 상승하게 되었고, 현재 1.1도 상승으로 이미 안전한 구간을 벗어나고 있습니다. 앞으로 기온이 더욱 수직 상승할 것이라 예측되고 있습니다. 이를 통해 지구 온난화가 심각한 지점에 이르렀고, 앞으로도 더욱 심해질 것이라는 시사점을 보여 줍니다.

2. 이산화 탄소와 지구 온난화의 연관성은 이미 널리 알려져 있고, 따라서 이산화 탄소를 줄이기 위한 국제적인 노력이 이어져 왔습니다. 하지만 (B)에서 알 수 있듯이 미국, 폴란드, 러시아와 같은 국가들이 이에 대해 합의하지 못하고 있습니다. 미국은 산업 국가로서 이산화 탄소 누적 배출량 1위인 나라입니다. 이산화 탄소 배출량을 줄이기 위해서는 공장을 현재보다 조금 돌려야 하고, 농장도 줄여야 하며, 이로 인해 국가 경제에도 악영향을 끼치게 될 것입니다. 석탄 의존도가 높은 폴란드도, 화석 연료 수출국인 러시아의 입장도 똑같습니다. 결국 경제적인 이유가 가장 큽니다.

  하지만 당장의 경제적 이익을 위해 온실가스 감축에 합의하지 않는 것은 매우 근시안적인 태도입니다. 이미 지구 온난화로 인한 여러 문제들이 발생하고 있고, 앞으로 인간의 삶에도 엄청난 영향을 끼칠 것이기 때문입니다. 따라서 반드시 국가 간의 합의를 이루어야 합니다. 이를 위한 해결 방안으로 두 가지를 제시하고자 합니다.

첫째, 친환경적인 새로운 에너지의 개발입니다. 결국 (B)의 국가들이 온실가스를 적극적으로 감축시킬 수 없는 원인은 석탄의 존재감 때문일 것입니다. 석탄은 언젠가는 고갈될 자원이고 따라서 새로운 에너지를 개발하는 것이 석탄을 통해 대부분의 이익을 창출해 내는 국가들이 앞으로 살아나갈 수 있는 방안임을 깨달을 수 있도록 설득해야 합니다. 또 국가 차원에서가 아닌 국제적 차원에서의 연구를 통해 대세 에너지 자원이 변화해야 할 것입니다.

둘째, 협약의 내용에 온실가스 감축으로 인한 경제적 손실에 대해 보상할 수 있는 방안을 추가해야 할 것입니다. (B)의 국가들이 온실가스 감축을 꺼리는 이유는 결국 경제적 손실 때문입니다. 따라서 이를 어느 정도 보완할 수 있는 대책을 마련하여, 합의를 이룰 수 있도록 해야 합니다.

[수시]

1. 학생부위주(종합)전형 심층 면접

【구상형 문항】

1. 다음 글과 그림은 닉 수재니스(N. Sousanis)의 책(『언플래트닝: 생각의 형태』, 원제: Unflattening, 하버드대학교 출판부)의 일부를 발췌한 것이다. 다음 글과 그림(총 6개)에 묘사된 '전통적인 학교의 기능'을 비판하시오.

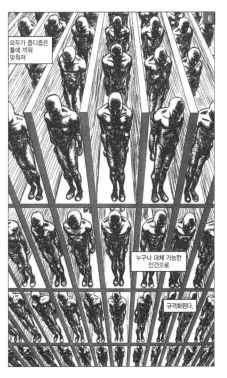

2. 앞서 제시한 글과 그림에 묘사된 상태에서 벗어나려면, 학교의 기능이 어떻게 변화되면 좋을지 말해 보시오.

【일반 교양】

· 지구 온난화로 인한 기후 변화 문제에 대응할 수 있는 실천 방법을 개인 차원과 국가 차원에서 말하시오.

【교직】

· 최근 교육부는 학생이 자기 주도적으로 과목을 선택하여 이수하는 고교 학점제 시행을 발표했다. 이러한 고교 학점제의 장단점을 말하시오.

선배들의 TIP 및 예시 답안

【구상형 문항】

1. 글과 그림에서 나타난 전통적인 학교의 기능은 바로 관료제에 걸맞은 규격화된 인간을 양성하는 것입니다. 글과 그림을 살펴보면, 인간의 개성을 무시하고 이미 정해진 길을 통해 지시받는 대로 정해진 결과로 향합니다. 사람들은 네모난 상자, 즉 학교 안에서 더 큰 존재인 국가가 중요하게 여기는 내용을 그대로 주입받습니다. 모두가 다른 특성을 가지고 있음에도 불구하고 획일적 평가 방식을 통해 사람들을 평가하고 이를 점수, 등급 등으로 수치화해서 보여 줍니다. 이런 획일적인 교육 방식과 평가를 통해 결국 어느 관료제에 들어가서도 대체 가능한 존재로 만들어집니다.

이런 학교의 기능은 교육의 본질을 저해합니다. 학생들의 능력과 소질을 개발하고, 도덕적 인간을 양성하며, 각자의 자아실현을 위해 도움을 주는 것이 교육의 본질이라고 생각합니다. 그런데 학교가 그림에서 나타난 기능을 수행하게 될 때 인간의 개성은 억압되고 학교는 그저 취업 시장의 준비 기관으로 전락하고 맙니다. 특히 이런 학교의 기능은 국가 차원에서도 손실이 큽니다. 4차 산업 혁명 이후 남들과는 다른 창의성을 중요시하게 되었고 따라서 이런 사회에서 규격화된 인간은 그 생산성을 잃을 가능성이 높습니다. 하지만 아직도 학교의 모습들은 네모난 공간에서 정해진 교육과정을 통해 정해진 입시 제도에 맞추어 학생들을 교육하고 있습니다.

2. 이러한 전통적인 학교의 기능을 탈피하기 위해서 학교의 기능이 어떻게 변화해야 할지 말씀 드리겠습니다. 첫 번째로 교육과정의 획일성을 벗어나야 합니다. 이런 학교의 기능에 반대하여

여러 대안 학교들이 등장하고 있습니다. 기존의 교육과정을 거부하고 자연, 종교 등 다른 가치를 중시하며 새로운 교육과정을 만들어 냈습니다. 뿐만 아니라 많은 학교들이 혁신 교육을 지향하며 실제 학생들의 삶과 연관되는 교육, 다양한 문제 해결의 상황 등을 제시하고 있습니다. 이를 통해 학생들의 개성과 능력에 맞는 교육이 전개될 수 있을 것입니다.

두 번째로 평가 방식을 변화시켜야 합니다. 획일적인 평가 방식을 지양하고 창의적인 사고를 통해 문제를 해결할 수 있는 과제를 제시해야 합니다. 또 결과물만 가지고 평가하기보다는 학생들이 과제를 수행하는 과정에 대해서도 전반적으로 평가해야 합니다. 단순히 결과물을 점수화·수치화하지 않고 어떤 점은 잘했고 어떤 점은 개선했으면 좋겠는지 학생의 수행 과정 및 그 결과물에 대해 구체적인 피드백을 제공하여 개인의 능력과 흥미, 수준 등을 발전시킬 수 있도록 해야 합니다.

세 번째로 학교 기능에 대한 학교 구성원들의 인식 변화입니다. 학교의 여러 구성원, 학생, 교사, 학부모들은 여전히 학교에게 입시의 기능을 요구합니다. 더 좋은 대학에 가서 더 좋은 직장을 얻기 위해 '수능'을 잘 볼 수 있는 수업을 기대합니다. 학교는 이러한 기대에 부응할 수밖에 없습니다. 따라서 학교와 교육의 기능에 대한 전반적인 인식 변화가 먼저 일어날 수 있어야 하겠습니다.

【일반 교양】

〈지구 온난화 대처 방안〉

- 개인적 차원: 분리수거, 전기 절약, 일회용품 줄이기, 대중교통 이용 등
- 국가적 차원: 환경 오염을 규제할 수 있는 법안 마련, 국제 협약 맺기 등

【교직】

〈고교 학점제의 장단점〉

- 장점: 원하는 수업을 들을 수 있으므로 동기 부여가 가능하다. 흥미 수준 적성에 따라 강의를 선택할 수 있다. 선택권이 보장되어 학업 능률이 올라간다.
- 단점: 실질적으로 실현되기 어렵다. 원하는 강의가 하나로 몰릴 경우 누군가는 강제로 다른 강의로 옮겨질 수밖에 없다. 이는 오히려 학업 성취의 측면에 부정적인 영향을 끼칠 것이다. 또 수능 내지는 대학 입시가 있는 한 고교 학점제의 신뢰성은 지속적으로 의심받을 것이다. 그리고 수능에도 효과적이지 않을 수 있다. 좋아하는 것만 선택하다 보니 편향된 지식을 학습할 가능성이 높다.

2. 학생부위주(교과)전형 일반 면접

【일반 교양】

1. 최근 들어 "기사 포함 렌터카 대여 서비스('타다')"를 이용하는 사람들이 증가하고 있다. '타다' 서비스의 긍정적인 측면과 부정적인 측면을 말하시오.

2. 정부와 지자체는 미세 먼지 저감 대책의 일환으로 노후 경유차 폐차 지원금 제도를 시행하고 있다. 이 제도의 장단점에 대해서 말하시오.

3. 최근 할로윈 축제에 대한 젊은 세대의 관심이 증가하고 있다. 이러한 현상의 긍정적인 측면과 부정적인 측면을 말하시오.

4. 우리나라에서 반려동물과 함께 생활하는 가구가 증가하고 있다. 이러한 현상의 긍정적인 측면과 부정적인 측면을 말하시오.

【교직】

1. 어느 초등학교가 학교 건물을 신축하게 되자, 아파트 주민 중 일부가 조망권을 침해받는다고 주장하고 있다. 학교 건물 신축에 대한 찬반 입장을 밝히고, 그 이유를 말하시오.

2. 최근에 새로운 형태의 학교 폭력인 사이버 괴롭힘이 학생들 사이에 만연하고 있다. 이러한 현상의 원인과 그 해결 방안을 말하시오.

3. 최근 교육부는 2025년까지 자사고, 외국어고, 국제고를 일반고로 일괄 전환한다고 발표했다. 이에 대한 찬반 입장을 밝히고, 그 이유를 말하시오.

4. 최근 30명 미만의 극소규모 학교가 증가하여, 불가피하게 초등학교와 중학교를 통합하여 운영하는 사례가 있다. 이러한 통합 운영에 대한 장단점을 말하시오.

선배들의 TIP 및 예시 답안 🖋

【일반 교양】

1. 먼저 '타다' 서비스의 긍정적인 측면부터 말씀드리겠습니다. 타다는 일반 승용차보다 큰 승합차, 예를 들면 카니발과 같은 차량을 이용하는 서비스입니다. 이는 한 번에 이동할 수 있는 인원의 수가 택시보다 많다는 것을 의미합니다. 또한, 보다 넓고 쾌적한 환경에서 편하게 이동할

수 있다는 점에서 고객 만족도가 높습니다. 그리고 타다가 개시된 것은 새로운 운송 서비스가 등장했다는 것과 같은 말입니다. 이는 운송 서비스 사업 내에 경쟁자가 늘었다는 것이고, 각 사업 주체들은 더 많은 고객을 모시기 위해 서비스의 질을 향상시킬 것입니다. 이러한 점들은 타다의 긍정적인 영향이라 할 수 있습니다. 반면, 부정적인 영향도 있습니다. 타다가 등장함에 따라 기존에 운송 서비스 사업을 운영하는 주체들의 이익이 줄어들었습니다. 특히 평소에 택시 이용에 불편함을 느꼈던 승객들이 타다로 대거 이탈함에 따라 택시 기사의 수입이 크게 줄어들었습니다. 생존권 차원에서 바라본다면 이는 택시 기사의 생계에 부정적인 영향을 끼친 것이라 할 수 있습니다.

2. 노후 경유차 폐차 지원금 제도의 장점으로는 발문에 나와 있듯이 미세 먼지를 줄이는 데 효과적이라는 점을 들 수 있습니다. 노후 경유차는 배기가스를 많이 배출하는데, 이는 대기 오염과 직결됩니다. 그렇다고 차 소유주에게 폐차를 강요하기에는 폐차 비용이 누군가에게는 큰 부담이 될 수 있습니다. 이를 해결하기 위해 정부에서 폐차 지원금 제도를 실시했습니다. 폐차를 하는 데 쓰이는 비용을 일정 부분 지원해 줌으로써 폐차를 유도하고, 이를 통해 대기의 질을 향상시키는 것입니다. 단 한 명이라도 이 제도로 인해 노후 경유차를 폐차시켰다면 이는 지원금 제도의 긍정적인 측면으로 볼 수 있습니다. 반면 부정적인 측면도 있습니다. 먼저, 얼마의 기간 동안 차를 운행해야 노후 경유차에 포함되는지 객관적인 기준을 마련하기 어렵습니다. 설령 기준을 마련했다 하더라도 몇 개월, 또는 1년 정도의 차이로 인해 노후 경유차로 분류되지 않았다면, 그 차의 소유주는 폐차 비용을 자기가 전부 부담해야 합니다. 이는 형평성에 어긋나는 것입니다. 또한, 폐차 지원금 제도에 많은 예산이 투입되고, 이는 곧 세금의 증가 내지는 다른 분야 예산의 삭감으로 이어질 가능성이 높습니다.

3. 할로윈, 듣기만 해도 즐거운 축제가 떠오릅니다. 저도 할로윈을 재밌게 즐긴 경험이 있는데, 젊은 세대들 역시 할로윈에 높은 관심을 가질 것입니다. 이에 따른 장점은 다음과 같습니다. 첫째로, 할로윈 행사를 성황리에 진행된다면 상권 및 경제가 활성화될 수 있습니다. 국민들이 돈을 쓰지 않고 가지고만 있으면 불경기가 닥치는 것은 당연합니다. 하지만 할로윈 데이에 먹거리, 분장 소품 등 다양한 물품에 돈을 쓰면 화폐가 활발하게 순환되어 경제가 활성화될 것입니다. 둘째로, 개개인의 스트레스가 해소됩니다. 별거 아닌 듯하지만 의외로 스트레스의 해소가 일으키는 긍정적인 영향은 꽤 크다고 생각합니다. 공휴일이 적은 편에 속하는 우리나라의 상황, 그러한 상황에서 업무 시간마저 다른 나라들에 비해 많은 현실은 국민들에게 큰 부담과 스트레스

를 줍니다. 이는 개인적 차원에서만 보면 업무 능률의 저하를 일으키지만 사회 전체 차원으로 확대하면 국가 경제에 큰 손실로도 이어집니다. 그런데 할로윈 데이를 재미있게 즐긴다면, 그래서 쌓여 있던 스트레스가 해소된다면, 다시 과업을 수행할 힘을 얻게 되고 생산성도 높아질 것입니다. 물론 단점도 있습니다. 할로윈 데이를 위한 다양한 소품들은 할로윈 데이 하루에만 쓰이고 버려질 물건들이 대부분입니다. 이는 자원의 낭비, 환경 오염의 주요 원인입니다. 거기에다가 만약 행사 참여자들이 쓰레기를 아무 곳에다 버린다면 이것 역시 부정적인 영향을 끼칠 것입니다.

4. 최근 1인 가구가 증가함에 따라 반려동물과의 동거 비율도 덩달아 증가했습니다. 이러한 현상은 1인 가구의 고질적인 문제인 외로움과 소외감을 해소하는 데 효과적입니다. 1인 가구가 아니라 하더라도 반려동물을 키움으로써 생명을 존중하는 태도를 배울 수 있고, 인간 중심적 사고로부터 탈피할 수 있습니다. 또한, 반려동물 관련 사업이 활성화되는 것도 장점이라 할 수 있습니다. 반려동물 관련 사업이 활성화되면 국가 경제 발전에 도움이 되고, 반려동물을 기르는 사람들 입장에서도 질 좋은 서비스를 받을 확률이 높아집니다. 하지만 부작용도 있습니다. 반려동물을 끝까지 책임진다면 문제없겠지만, 분명 유기하는 사람도 늘어날 것입니다. 이는 동물에게도 큰 상처를 남기지만 이들을 보호하고 다른 집으로 입양 보내고, 안 좋은 경우 안락사 시켜야 하는 등 사회적 비용의 증가로 이어집니다. 뿐만 아니라 반려동물을 유기함으로써 오히려 생명 경시 풍조가 만연해질 수도 있습니다.

【교직】

1. 학교 건물 신축에 대해 찬성하는 입장, 반대하는 입장을 각각 말씀 드리겠습니다. 찬성 입장에서는 학교와 같은 교육 환경의 질을 높이기 위한 건물 신축은 반대할 이유가 없다고 할 것입니다. 공공 보건, 공공 경제를 해치지 않는 선에서 학교 건물 신축은 허용되어야 합니다. 학교 건물은 일반 고층 건물처럼 과하게 높고 넓게 짓지 않기 때문에 조망권이나 일조권 침해가 크게 있다고 볼 수 없습니다. 반대 입장에서는 이미 정착된 환경에서 대규모 공사가 이루어지는 것에 난색을 표할 것입니다. 주변 주민들은 이미 공사가 완료된 건물 근처에 모여 살기 시작한 것이며 일조권, 조망권의 변화가 있지 않을 것을 예상하고 이주한 것입니다. 부동산이 재화로서 기능한다고 생각한다면 주변 주민들의 거주 변화를 일으키는 건물 신축은 반대될 수 있습니다.

2. 사이버 폭력에 대해 답변드리겠습니다. 학교 폭력은 아주 오래 전부터 이어져 왔으며 요즘 일어나는 사이버 폭력은 형태와 매체만 달리할 뿐 이전의 학교 폭력의 연장선이라 생각합니다. 다만 접근성이 좋은 디지털 기기와 인터넷 커뮤니티를 활용해 그 양상이 다르게 나타나는 것이며 새로운 현상으로 만들어졌다고 보기 어렵습니다. 본질적으로는 학교 폭력과 같은 원인을 공유하기 때문에 사이버 폭력 또한 학생들에게 학교 폭력과 같은 정도의 무게를 두고 교육하고 계도해야 할 것입니다.

3. 외국어고, 국제고의 일반고 전환을 찬성합니다. 대부분의 국제고나 외국어고는 사실상 비슷한 성적의 학생들을 모아 좋은 입시 성적을 거두는 입시 학원으로 변질되었다 생각합니다. 외국어고에서 외국어 관련 전공으로 진학하는 경우가 적다는 보도가 있었으며, 심지어 과거엔 외국어고나 국제고에서 의대 진학을 목표로 반을 따로 만들기도 했다고 합니다. 과학고, 예술고, 마이스터고와 달리 설립 목적에 맞추지 못하는 국제고와 외국어고는 자사고 등과 크게 다르지 않으며 그러므로 일반고 전환을 찬성합니다.

4. 작은 규모의 초등학교와 중학교를 통합한다면 지역적인 끈끈함을 기반으로 공동체 의식이 발달할 것이라 생각합니다. 또한, 학교가 단순히 교육 기관으로 존재하는 것이 아니라 사회화 기관으로 존재한다는 것을 학생 스스로 알기 쉽게 될 것입니다. 초등학생들은 중학교 상급생들을 보며 자신들이 자라나며 성장할 미래를 보게 되고 중학교 상급생들은 어린 초등학생들을 보며 함께 이끌어야 할 지역 공동체의 아이들로 인식할 것이며 이는 큰 교육적 효과를 줄 것입니다. 반면 현행 교육과정에서 초등 교육과 중등 교육이 분리되어 있기 때문에 교사들의 행정적 업무가 과중해질 것이며 학교 운영에도 어려움이 있을 수 있습니다. 또한, 지역 공동체로 묶인 학교이기 때문에 초등학생들과 중학생들 사이의 알력으로 인한 학교 폭력 문제가 있을 수 있습니다.

[수시]

1. 일반 면접 A형

【일반 교양】

1. 한정판 운동화를 구입하여 비싼 가격에 되파는 '스니커테크(sneakertech)'가 최근 유행하고 있다. 이러한 경제 활동을 옹호하는 측과 비판하는 측의 견해를 모두 말하시오.

2. 최근 젊은 세대일수록 사람보다는 기계와의 상호 작용을 선호하는 경향이 있다. 이러한 사회 현상으로 인해 나타날 수 있는 문제점과 개선 방안을 말하시오.

3. 공직 선거법 개정안이 국회를 통과함으로써 고등학교 3학년 일부 학생들도 선거에 참여할 수 있게 되었다. 이에 대한 긍정적인 면과 부정적인 면을 모두 말하시오.

【교직】

1. 교육부는 대학 입시에서 정시 수능 위주 전형을 2023년까지 40% 이상으로 확대하기로 했다. 수능 위주 전형 확대에 대한 찬반 입장을 밝히고, 그 이유를 말하시오.

2. 일제 강점기 이후 남아 있는 바람직하지 않은 학교 문화를 두 가지 이상 말하고, 이를 개선할 수 있는 방안을 말하시오.

3. 현재 국정으로 발행되는 초등학교 3~6학년 사회, 수학, 과학 교과서가 2022년부터 점차 검정으로 전환된다. 이에 대한 찬반 입장을 밝히고, 그 이유를 말하시오.

선배들의 TIP ✏️

　전주교대 면접의 경우 주어진 시간이 매우 짧으므로 서론-본론-결론 구조를 갖추어 탄탄하게 말하려 하기보다는 자신의 의견을 매우 압축적으로 간결하게 전달하는 것에 초점을 맞추는 것이 좋다. 자신의 견해 및 주장과 그를 받쳐 줄 수 있는 근거들을 함께 전달력 있게 답변할 수 있도록 하자.

예시 답안 ✏️

【일반 교양】

1. 스니커테크는 한정판 운동화를 정가나 싼 가격에 산 뒤 중고로 비싸게 되파는 것을 말합니다. 이러한 예시는 비단 운동화에만 한정되어 있지 않으며 중고 나라나 당근 마켓 등 중고 거래 시

장에서 상당히 활성화되어 있습니다. 스니커테크에 찬성하는 입장은 자유 시장 경제에 입각하여 한 소비자가 또 다른 판매자로서 합리적인 경제 활동을 한다고 할 수 있을 것입니다. 스스로 재화를 생산하는 것은 아니지만 수요와 공급의 간극 사이에서 현명하게 차익을 얻는 방식이라는 겁니다. 반대하는 입장에서는 이러한 되팔기가 보통 한정판, 즉 수요가 많은 몇몇 재화에만 한정되어 있어 시장 가격을 불균등하게 만들 수 있다고 할 것입니다. 결국 정말 사고자 하는 이에게 재화가 돌아가기보다는 차익을 노리고 되팔고자 하는 사람에게만 제공될 수 있어 실제 그 재화를 필요로 하는 사람에게는 주어지지 않을 수 있다는 불합리가 존재한다는 겁니다.

2. 최근 인터넷, 스마트폰 등의 발달로 사람들의 커뮤니티는 전 세계로 넓어졌지만 동시에 대면적인 성격은 잃어버리는 현상이 발생했습니다. 초면에 사람들이 가지는 어색함이나 낯가림들을 회피하기 위해 인터넷을 활용한 커뮤니티가 유행하게 되었으며 스마트폰과 기술의 발달로 가상 현실과 실제 현실의 간극이 좁아져 이러한 현상은 더욱 심화되었습니다. 대면적인 인간관계가 줄면서 실제로 사회화에 필요한 요소들을 학습하지 못하고 인터넷 관계처럼 사람을 대하는 청소년과 젊은 층이 늘며 세대 간 소통이 어려워지는 등의 문제가 생기고 있습니다. 이미 발전한 가상 현실 커뮤니티를 줄일 수는 없으므로 사람들이 대면적인 의사소통과 사회화의 필요성을 느낄 수 있도록 의식의 개선과 교육이 필요하다 할 수 있습니다.

3. 정부 시책에 교육 제도가 있다는 점에서 투표권이 있는 고등학생들이 직접 정치에 참여한다는 것은 긍정적으로 다가올 수 있습니다. 학생들은 자신들에게 적용되는 시안들에 직접 정치적인 의견을 선거를 통해 표출할 수 있으며 시민 교육적 측면에서도 이점이 있다 할 수 있습니다. 반면, 아직 어린 미성년자들이기에 다양한 정치적 의견을 접하지 못하고 합리적인 선택을 내리지 못할 수 있으며 또래 문화에 영향을 받기에 자신의 개인적인 정치 견해보다 무리의 견해에 편승하는 부정적인 면모도 있을 수 있습니다.

【교직】

1. 현재까지 수시가 70%가 되도록 진행된 입시 제도는 정시를 준비하는 학생들에게는 불리한 방식이었습니다. 수시와 정시 모두 합리성을 가진 제도이지만 한 전형을 절반 이하로 줄여 선발하는 건 불합리한 측면이 있다 할 수 있습니다. 수시가 맞지 않아 다른 전형을 준비하고 싶은 친구들에게는 형평성 문제가 있을 수 있으며 정시를 준비하려다가도 문이 너무 좁아 처음부터 포기하는 친구들도 있을 수 있습니다.

2. 일제 강점기 이후 남아 있는 부정적인 문화로 첫 번째는 상급생, 하급생의 위계 서열이라 할 수 있습니다. 일본의 사관 학교에서 전해졌다고 하는 소위 '꼰대' 문화가 학년별 위계로 남아 여전히 전해지고 있습니다. 일반적인 학교 환경에서는 많이 나아졌다고 하지만 소수의 모임, 즉 동아리와 같은 곳에서는 기수, 학년 등의 위계가 강하게 존재하기도 합니다. 두 번째로는 교사와 학생의 수직적인 관계입니다. 한 군단에서 지휘관과 사병의 관계처럼 교사와 학생의 관계가 과거 군인 학교처럼 남아 있는 경우가 있습니다. 특히 교육청이나 관계 당국의 손길이 덜 미치는 지방의 학교에서는 여전히 체벌이 있을 정도로 교사와 학생이 수직적인 관계에 있으며 그로 인해 인도적인 교육이 이루어지지 못한 경우가 있습니다.

3. 현재 우리나라는 국정 · 검정 교과서를 과목별 · 학년별로 나누어 쓰고 있습니다. 몇 십 년 전과는 달리 이제 검정 교과서가 어느 정도 자리를 잡았고 처음 검정 교과서를 도입했을 때의 우려도 거의 불식되었다고 봅니다. 따라서 각 과목들에 검정 교과서가 도입되면 출판사별로 각각 다른 성향의 다양한 교육 방식이 반영된 교과서들이 나올 것이며 교사들의 선택권 또한 넓어질 것입니다. 그리고 시장 경제의 논리에 따라 교과서 출판사끼리 더 나은 교재를 개발하기 위해 노력할 것이며 이로 인해 교육의 질도 오를 것이라 예상할 수 있습니다.

2. 일반 면접 B형

【일반 교양】

1. 최근 음식점이나 편의점 등에서 '무인 정보 단말기(kiosk)'가 널리 운영되고 있다. 이러한 현상의 긍정적인 면과 부정적인 면을 모두 말하시오.

2. 개인의 온라인 활동으로부터 수집한 데이터를 활용하여 소비자에게 필요한 광고나 서비스를 제공하는 기업이 늘어나고 있다. 이러한 정보 수집 및 활용 방식의 긍정적인 면과 부정적인 면을 모두 말하시오.

3. 동영상 스트리밍 서비스를 이용하여 뉴스를 자발적으로 선택하고 소비하는 경향이 점점 늘어나고 있다. 이로 인해 발생할 수 있는 문제점과 개선 방안을 말하시오.

【교직】

1. 2024학년도 대학 입시부터는 정규 교육과정 이외의 수상 경력, 봉사 실적, 동아리 활동, 독서 활동 등 모든 비교과 활동과 자기소개서가 폐지된다. 이러한 대입 정책 변화에 대한 찬반 입장을 밝히고, 그 이유를 말하시오.

2. 수업 시간에 학생들이 자는 이유를 두 가지 이상 말하고, 이를 개선할 수 있는 방안을 말하시오.

3. 최근 언론 보도에 의하면 초등학교에서 학교 폭력의 피해 사례가 고등학교의 약 7배에 달한다고 한다. 초등학교에서 학교 폭력 발생률이 높은 이유와 개선 방안을 말하시오.

선배들의 TIP 및 예시 답안 🖊

【일반 교양】

1. 무인 정보 단말기가 보편화됨에 따라 여러 긍정적인 면과 부정적인 면을 발견할 수 있습니다. 우선 긍정적인 면을 소비자와 판매자의 입장으로 나누어 말씀드리겠습니다. 요즘 음식점에서는 단순히 음식 하나가 아니라 여러 옵션을 선택해야 하는 추세인데, 사람이 주문을 받을 때보다 정확하고 간편하게 주문이 가능합니다. 판매자의 입장에서는 따로 주문받는 인력을 쓰지 않아도 되어 인건비를 줄일 수 있습니다. 하지만 부정적인 면도 존재합니다. 기기에 익숙한 젊은 세대들은 이 시스템에 금방 적응했지만, 기기에 익숙하지 않은 노인, 화면을 볼 수 없는 시각 장애인, 시야가 맞지 않는 어린이 등 기술로 인해 소외되는 사람들이 생겼습니다. 이런 경우 오히려 효율성은 떨어지고 주문 시간이 더 오래 걸리게 되며, 다른 소비자들에게도 손해가 됩니다.

2. 최근 개인이 검색한 내역이나 언급한 단어를 조합해 소비자 맞춤 광고가 제시되고는 합니다. 실제로 유튜브에서 운동 관련 영상을 많이 보면 운동과 관련한 광고가 주로 나옵니다. 이러한 정보 수집 및 활용 방식은 긍정적인 면과 부정적인 면을 모두 가지고 있습니다. 우선 긍정적인 면으로는 소비자의 입장에서는 자신에게 필요한 광고를 보게 됨으로써 구매하려고 했던 상품을 좀 더 싸게 구입할 수 있고, 다양한 상품이 있음을 알 수 있습니다. 판매자의 입장에서도 보다 구매 가능성이 높은 사람들을 타겟으로 하여 효율적인 광고가 가능해집니다. 반면 부정적인 면도 있습니다. 소비자의 입장에서는 불필요한 소비를 조장하게 됩니다. 견물생심이라고, 몰랐으면 안 샀을 제품인데 눈에 보여서 사게 되는 경우가 많습니다. 또 어떤 상품에 관심이 많은지에 대한 정보도 개인 정보인데 이를 동의 없이 수집함으로써 정보 인권 문제에도 문제가 있을 수 있습니다.

【교직】

1. 2024학년도 대학 입시부터는 정규 교육과정 이외의 수상 경력, 봉사 실적, 동아리 활동, 독서 활동 등 모든 비교과 활동과 자기소개서가 폐지되는 것에 찬성합니다. 비교과 활동과 자기소개서는 과거 성적에만 집중된 입시 제도를 타파하고 실질적인 능력과 소질을 파악하기 위해서 도입되었습니다. 하지만 이것 또한 학생의 실질적인 능력을 판단할 수 있는 도구가 되기보다는 오히려 사교육을 조장하는 모습으로 변질되고 말았습니다. 학생의 의미 있는 경험이 되어야 하는 봉사, 동아리, 독서 활동이 오로지 입시를 위한 도구가 되어 버렸고 본래의 목적을 잃게 되었습니다. 이러한 문제를 해결하고 순수한 목적을 돌려놓기 위해서 위의 방안은 바람직하다고 생각합니다. 보다 공교육의 위상을 높이고 학생들의 바른 성장을 위해 정규 교육과정을 중심으로 한 입시 제도의 시행을 찬성합니다.

2. 수업 시간에 학생들이 잠을 자는 이유를 먼저 두 가지로 설명드리겠습니다. 첫째, 수업 시간에 배우는 내용이 자신의 삶에 연관성이 없다고 생각하기 때문입니다. 수학 공식 같은 것이 자신의 삶에 쓰이지 않는다고 생각하면 수업 참여도가 떨어질 것입니다. 둘째, 수업 자체의 흥미도가 떨어지기 때문입니다. 다양한 활동과 동기 유발을 통해 수업의 흥미도가 높아진다면 잠을 자지 않고 수업에 참여할 것입니다. 이를 해결하기 위한 방안도 두 가지 말씀드리겠습니다. 첫째, 실생활에 수업 내용이 적용되는 것을 여러 가지 사례를 들어 보여 줍니다. 또, 역할극 등과 같은 방법을 통해 수업 상황에서 실제로 적용해 볼 수 있는 기회를 마련해 줍니다. 둘째, 수업의 흥미도와 참여도를 높이기 위해 활동 중심 수업을 구상합니다. 앞서 말한 역할극, 직소, 골든벨과 같은 보다 재미있게 참여할 수 있는 활동 중심 수업을 통해 학생들이 잠을 자지 않고 적극적으로 수업에 참여해 배움이 일어날 수 있도록 할 수 있습니다.

3. 초등학교의 학교 폭력 피해 사례가 고등학교에 비해 7배나 높은 이유는 학교 폭력의 범주에 들어가는 행동에 대해 잘 모르기 때문이라고 생각합니다. 많은 학생들이 친구들을 놀리고, 그것을 학교 폭력이라고 하면 자기는 그냥 장난을 쳤을 뿐이라고 말합니다. 변명일 수도 있지만, 그것이 학교 폭력인지 인지하지 못하는 학생들도 실제로 많습니다. 따라서 이를 개선하기 위해서는 어떤 행동이 학교 폭력의 범주에 들어가는지 충분한 교육을 시행해야 할 것입니다. 1에서 10까지 학교 폭력 지수를 제시하고, 각 단계에 해당하는 폭력의 예시를 알려 줌으로써, 자신의 말과 행동을 점검하고 학교 폭력에 대한 인지 감수성을 높여 주어야 합니다.

[수시]

1. 개별 면접

【예시 질문】

1. 고교 활동 중 본인이 의미를 두고 노력했던 부분은 무엇인가?

2. OOO 봉사 활동을 통해 배우고 느낀 점은 무엇인가?

3. 아이들에게 지원자는 어떤 선생님이 되고 싶은가?

학교 측 자료 ✎

2020학년도 수시 모집 학생부종합전형의 1단계 합격자 2.5배수를 대상으로 하는 2단계 심층 면접 중 개별 면접은 교직 적성과 인성을 평가하기 위해 학교생활기록부와 자기소개서를 중심으로 평가자의 질의 · 응답을 통해 예비 초등 교사로서의 자질을 파악하는 평가로 이루어진다. 집단 면접에서는 「공교육 정상화 촉진 및 선행 교육 규제에 관한 특별법」 제10조에 근거하여 선행 학습 방지를 위해 지원자의 고등학교 교육과정 학습 범위 내에서 면접 문항을 출제하고 응시자 간 질의응답으로 예비 초등 교사로서의 자질을 평가한다.

선배들의 TIP 및 예시 답안 ✎

1. 자신의 학교생활기록부를 미리 출력하여 활동 내역을 검토한 다음 의미가 깊었거나 배운 점이 많았던 활동 두세 개를 추려 낸다. 그리고 자신의 경험을 구체적이고 생생하게 드러낸 후 어떠한 점을 배웠는지 서술하는 답안을 작성한다. 수시로 읽고 수정하여 최종 답안을 완성한다.

2. 어떤 마음에서 봉사 활동을 시작했고, 구체적으로 무슨 업무를 했는지, 그리고 봉사 활동 중 어떠한 특별한 사건이 있었는지 설명하고 거기서 무엇을 깨달았는지를 체계적으로 구성한다.

3. 교대를 왜 지원했는지와 관련하여 답안을 작성한다. 단, 안정적인 직업을 얻기 위해서, 가르치는 것이 재미있어서보다는 학생들의 발달에 긍정적인 영향을 주는 것과 관련된 답변을 준비해

야 한다(예 '학생 한 명에게서라도 제 이름이 기억되는 선생님이 되고 싶다.', '지금까지 자라 오면서 여러 사건과 갈등, 고민을 겪은 인생 선배로서 학생들에게 진심 어린 조언을 전하고, 그들의 인생에 전환점이 되는 교사가 되고 싶다.' 등).

2. 집단 면접(토요일 오전)

> (가) 독일 정치 교육의 원칙으로 인정되는 보이텔스바흐(Beutelsbacher) 합의의 세 원칙 중에, 논쟁성 유지의 원칙이 있다. 이는 수업 시간에 쟁점을 도입하는 것이 부담스럽다는 이유로 논쟁을 배제해서는 안 된다는 것이다. 학문 세계와 정치 영역에서 다루는 쟁점은 가급적 수업에서도 논쟁으로 재현되어야 한다는 의미이다.
>
> (나) 학교에서는 특정 시기에 사회적 쟁점을 다루는 이른바 계기 교육을 실시하고 있는데, 최근 우리 사회에서 논쟁이 되고 있는 해당 사안(세월호, 촛불 집회)을 활용하여 계기 수업을 하려고 하는 일부 교사와 그것을 사회 혼란의 주범으로 간주하거나, 편향된 교육으로 간주하고 징계하려는 교육 당국 간의 마찰이 계속되고 있다.
>
> 조선일보, 2017.04.07.
>
> (다) 최근 한국 사회는 각종 정책이나 사안에 대해 보수–진보 진영 간 대립이 심각하다. 서로 다른 이념을 가진 집단 간의 경쟁이나 대립은 민주주의 사회에서 당연하고 바람직하다. 문제는 다른 입장을 가진 사람들을 아예 배제해 버리거나 다른 생각에 대해 아예 들어 보지도 않으려고 하는 모습도 나타난다는 점이다.

※ 앞의 제시문과 관련하여 답하시오.

1. (가)의 논쟁성 원칙과 (나)의 교육 당국의 입장 중에서 자신이 동의하는 것을 이유를 들어 밝히시오.

2. 민주주의 사회의 발전과 (다)의 문제를 해결하기 위해서, 수업 시간에 할 수 있는 교사의 역할에 대해 말해 보시오.

학교 측 자료 ✏

교직 적성과 인성을 겸비하고, 학교생활에 충실한 학생을 선발하기 위해 고등학교 교육과정 내에서 집단 면접 문제를 출제했다.

집단 면접에서는 6인 1조로 구성된 집단 토의 면접을 통해 교직 적성·인성을 가진 예비 초등 교사를 평가하고 있다. 집단 면접의 경우 경쟁 방식의 토론이 아닌 상호 보완적인 자유 토의 방식의 면접을 채택했다. 제시문에 대한 답을 요구하는 것이 아니라 제시문에 대한 지원자의 생각이나 주장을 나타낼 수 있는 발표력, 자신의 의견을 적절한 방법으로 전달하는 표현력, 다양한 관점과 사고를 포용하여 자신의 생각을 발전시키는 수용력, 토의를 잘 이끌어 가고 구성원과의 공동체 의식을 발휘하는 사회성 등을 자유 토의 과정 면접 위원이 관찰하여 평가하는 방식의 면접이다. 제시문에 대해 답을 요하는 면접이 아닌 지원자 간 자유 토의 과정을 평가하는 관찰 면접이며, 이를 통해 지원자의 교직 적성과 인성을 종합적으로 평가한다.

본 문항은 정답을 요하는 대학별 고사가 아니며 지원자의 고등학교 교육과정에서 습득한 다양한 학습과 창의 체험 활동을 통해 드러나는 기본 소양을 평가하고, 교직에 적합한 적성과 인성을 가진 학생을 선발하는 면접이다.

선배들의 TIP 및 예시 답안 🖊

집단 토론 형식이지만 상호 경쟁보다는 상호 보완적으로 자유 토의하는 방식으로 안내되어 있다. 상대편 의견에 너무 공세적으로 반응하지 않도록 유의하고, 상대 의견을 존중하면서도 부드럽게 자신의 의견을 개진하는 모습을 보여 주도록 하자.

1. 논쟁성 원칙을 우선시하고 싶다. 제시문에서 알 수 있듯이 논쟁으로 인한 집단 간 경쟁과 갈등은 바람직한 현상이다. 다만 경쟁과 갈등을 올바르게 대처하려면 논쟁의 쟁점을 정확히 이해하는 능력, 상대 진영을 설득하는 능력 등이 필요하다. 이러한 능력들은 학교에서의 계기 교육을 통해 신장시킬 수 있다.

2. 학생들이 자신과 다른 관점을 지닌 아이를 비난하지 않도록 미리 언급해야 한다. 토론을 주도하는 사회자로서 계기 교육을 진행할 때 명확한 규칙을 설정하고 학생들을 공정하게 대우하도록 노력해야 한다. 사회적 쟁점은 학생들이 이해할 수 있는 수준 내에서 선정되어야 한다.

3. 집단 면접(토요일 오후)

> 서울특별시 교육청은 최근 '숙제 없는 학교'와 '초등 선택형 평가 폐지'를 발표했다. 숙제를 폐지하는 것은 학생의 학습 부담을 덜어 주자는 취지이고, 선택형 평가 폐지는 단순한 암기 중심 학습을 탈피해야 한다는 측면에서 공감의 여지가 있다. 대부분의 사람은 숙제를 가정에서 공부시키는 수단으로 인식한다. 그러나 숙제는 교실을 벗어나 배운 내용을 확인하고, 다시 활용하는 기회를 제공하는 동시에 앞으로 배울 내용을 준비하는 기회가 될 수 있다. 이러한 과정에서 학습은 교실 내에서 종결되는 것이 아니라 자연스럽게 가정과 연계되는 새로운 활동으로 이어진다. 이처럼 숙제가 갖는 순기능적 측면을 고려한다면 폐지하기보다 가정과 연계하여 '숙제다운 숙제'를 할 수 있는 방법이 무엇인지 먼저 면밀히 검토하는 과정이 선행되어야 한다. 물론 그동안 학교에서 숙제를 교육적으로 부과하거나 활용하는 측면에서 노력이 소홀했던 점도 있었다. 전체 학생에 대한 획일적인 숙제 부과나, 짧은 기간에 해결해야 한다든지 또는 스스로의 힘이 아닌 다른 사람의 도움을 받아야 하는 부정적 측면이 있는 것도 사실이다. 이러한 점은 교사가 반성해야 할 여지가 있다.
>
> 한국교육신문, 2016.10.01.

※ 앞의 제시문과 관련하여 답하시오.

1. 숙제가 가지는 긍정적인 측면과 부정적인 측면을 제시하시오.

2. 수업 과정에 미치는 효과, 가정에서의 학습 활동과 영향, 자기 주도적 학습력 신장 등에 미치는 영향 등을 고려하여, 숙제다운 숙제의 활성화 방안을 제시하시오.

선배들의 TIP 및 예시 답안 ✏

1. – 긍정적 측면: 교실에서 배운 내용을 새로운 문제에 적용할 수 있는 기회를 제공한다. 배운 내용을 다시 회상하게끔 함으로써 장기 기억으로 저장시킨다. 그 장기 기억은 앞으로 배울 내용의 토대가 된다.
   – 부정적인 측면: 그동안의 숙제가 학생의 수준 차 및 개인 특성을 고려하지 않고 획일적으로 부과되었다. 짧은 기간 내에 높은 성취도를 보이도록 하여 학습에 대한 부담감을 증가시켰다. 숙제를 일종의 의무로서 부여하여 학습 동기를 낮추었다. 숙제를 잘 해결하지 못했거나 하지 않은 학생을 실패자 내지는 문제아로 낙인찍어 부정적인 자기 정체성을 형성시켰다.

2. – 숙제다운 숙제의 활성화 방안: 숙제를 꼭 문제 풀이의 방식으로만 제시할 필요는 없다. 오늘 배운 내용을 A4 한 장에 요약 및 정리하기, 그림이나 그래프 또는 도표 등을 활용하여 배운 내용 정리하기, 다음 시간에 오늘 배운 내용을 말로 설명할 시간을 줄 테니 어떻게 말하면 좋을지 준비하기 등의 형태로 제시하는 것도 하나의 방법이 될 수 있다.

4. 집단 면접(일요일 오전)

> (가) 미시간 그랜드 밸리 주립대학교의 제이슨 시코 교수는 "고령화로 정부 예산이 삭감되면서 초·중등 공교육 지원 시스템 등이 2030년에는 모두 사라질 것"이라고 예측했다. "고등 교육 시스템의 종말은 더 오래 걸리겠지만, 이 역시 같은 원인으로 인해 소멸할 수밖에 없다."라는 게 시코 교수의 이야기다. 물론 우리나라 이야기는 아니다. 미국의 이야기이다. 그렇다고 우리와 전혀 관계가 없다고 하기에는 무리가 있다. 고령화와 관해서라면 우리나라는 미국보다 더 가파른 곡선을 그리고 있기 때문이다.
>
> (나) 50여 개국 1,500명의 미래 전문가와 각 분야별 학자, 첨단 기업의 CEO 등이 참석해서 엮어 낸 유엔의 공식 보고서인 「UN 미래 보고서」에 따르면 미래 교육은 온라인 수업이 교육 방법의 주류가 되어서 향후의 수업은 인터넷상에서 행해질 것이며, 교사는 언제 어디서나 무엇이든 대답할 수 있는 가상 교사로 대체할 것이다. 교육 시스템은 크게 바뀌어 비용도 크게 낮아질 것이다.
>
> (다) 한국 고용 정보원은 2016년 영국 옥스퍼드 대학교에서 미래 기술의 영향을 연구하는 칼 베네딕트 프레이와 마이클 오스본 교수의 분석 모형을 활용해 국내 주요 직업 400여 개 중 AI 로봇으로 대체 확률이 높은 직업을 분석·발표했다. 대체 가능성이 높은 직업은 콘크리트공, 정육·도축원, 고무·플라스틱 제품 조립원, 청원 경찰, 조세 행정 사무원 순이다. 반면 대체 확률이 낮은 직업으로는 화가·조각가, 사진사, 작가, 지휘·작곡가, 만화가, 무용·안무가, 가수 순이었다. 초등 교사는 AI 로봇으로 대체 확률이 낮은 직업으로 26위에 올랐다.
>
> 뉴스 1, 2016.03.24.

※ 앞의 제시문과 관련하여 답하시오.

1. 제시문의 내용에서 교육 및 교사에 대한 미래 전망이 서로 다른 까닭이 무엇인지 말하시오.

2. 초등 교사가 미래에도 직업으로서 존속 가능할지 자신의 입장을 이유를 들어 밝히시오.

선배들의 TIP 및 예시 답안 ✏️

1. 미래 전망을 어둡게 본 견해는 고령화로 인해 교육에 할당되는 예산이 삭감되었음을 근거로 하고 있다. 또 온라인 학습이 기존의 대면 학습을 대체함으로 인해 교사라는 직업이 사라지고 언제 어디서든 필요한 정보를 제공할 수 있는 가상 교사가 그 자리를 차지할 것임을 예견했다. 반면 긍정적으로 본 견해는 교사는 AI로 대체될 가능성이 낮은 직업임을 입증하는 연구 결과를 근거로 삼고 있다. 이는 다양한 직업군을 대체할 수 있을 정도로 인공 지능이 발달했음에도 불구하고 학생들과 직접적으로 상호 작용하며 그들의 발달을 돕는 교사는 인간만이 할 수 있다는 점을 간접적으로 드러낸다.

2. 초등 교사는 미래에도 직업으로서 존속이 가능하다. 인공 지능이 사람이랑 구별이 안 될 정도로 비슷하다 할지라도 학생과의 정서적 교류 및 연대감, 발달 과정상의 중요한 지점, 의사소통 과정에서 발생하는 뉘앙스의 미묘한 차이 등은 인간을 따라잡을 수 없기 때문이다.

5. 집단 면접(일요일 오후)

세계적으로 인기 있는 페이스북이 나오기 전 2004년 미국 컬럼비아 대학생이던 애덤 골드버그와 웨이팅이 개발한 SNS가 있었다. 프로필을 올리고 친구 찜하기 기능만 있는 페이스북에 비해 훨씬 앞서 있었지만 오늘날 페이스북을 만든 마크 저크버그는 알지만 애덤 골드버거는 모른다. 이는 결국 '색다름'과 '친숙함'이라는 두 관점에서 찾아볼 수 있다.

애덤 골드버거가 만든 SNS는 처음부터 고급 기능을 선보였지만 실명(이름)을 사용하게 했고 사진 공유와 업데이트를 요구하게 했다. 반면 페이스북은 편안하고 부담 없이 정보 공유를 하게 했으며 새로운 기능을 조금씩 추가해 나갔다. 이처럼 아무리 신선해도 누구도 좋아하지 않는 색다른 기능은 사람들이 다가오지 못하며 반대로 너무 친숙한 것은 어떤 흥미도 자아내지 못한다.

이처럼 천재적인 창의자들은 선호도 및 흥미도가 급격히 떨어지는 지점에 이르지 않도록 스타일을 바꿔 가면서 창작품에 대한 지속적인 흥미를 유도하고 있다.

※ 앞의 제시문과 관련하여 답하시오.

1. 위의 제시문을 읽고 "색다름"과 "친숙함"의 두 관점이 초등학교 교육에 시사하는 의미를 비교하여 설명해 보시오.

2. 위에서 제시한 지문에서 얻은 두 관점(색다름, 친숙함)을 가지고 자신이 선호하는 특정 교과와 연계해서 학생들의 잠재된 창의성을 높이는 교육과정을 제안해 보시오.

선배들의 TIP 및 예시 답안 ✏️

1. 색다름의 관점에서 보면, 초등 교육이 이뤄지는 과정 및 학습 내용 등은 학생들에게 참신한 것이어야 합니다. 기존의 지식과 경험과는 다른 새로운 것이 입력될 때 학생들은 흥미와 도전심, 학습 동기가 유발됩니다. 그러나 색다른 것이라 하더라도 학생들에게 도움이 되지 않거나 학생들이 꺼려하는 것이라면 교육이 제대로 이뤄질 수 없습니다. 이는 초등 교육이 어느 정도는 학생들에게 친숙한 수준에서 이뤄져야 함을 의미합니다. 하지만 반대로 너무 친숙하면 학생들은 학습 동기가 유발되지 않고 흥미도 느끼지 못할 것입니다. 오히려 지루함을 느낄 가능성이 높

다고 할 수 있습니다. 정리하자면, 초등 교육은 학생들에게 친숙한 것을 중심으로 이루어져야 하지만 너무 친숙해선 안 되고 색다른 요소를 적절히 제시하는 방식으로 이루어져야 한다고 생각합니다.

2. 색다름과 친숙함의 관점을 사회 교과에 적용할 수 있습니다. 학생들에게 익숙한 주제에 교과서 만으로는 배울 수 없는 실제적인 삶과 관련된 요소를 가미하여 사회 교과 내용과 연계하는 것 입니다. 예를 들어, 우리 동네를 관찰하여 보고서 작성하기, 경매 또는 시장 놀이를 통해 화폐 의 유통과 물물 교환 과정 등을 이해하기, 반장 선거 및 학급 회의 과정을 대통령 선거와 정치 와 연계하기 등이 있습니다. 상술한 활동들을 토대로 학생들은 흥미를 갖고 활동과 교과 학습 에 임할 것이며 단순한 사회 교과 학습을 넘어 시민 교육적인 요소도 체화할 수 있을 것입니다.

[정시]

1. 일반전형(특별전형) 면접고사

※ 다음 〈제시문〉을 읽고, 아래 질문에 답하시오.

〈제시문〉

(A) 뉴질랜드 오클랜드대학교의 교육학 교수인 존 해티는 학생 성취도에 영향을 주는 요소들을 다룬 전 세계 의 연구들을 비교했다. 그가 이런 요소들 140개를 정리해 놓은 리스트에 따르면, 그중 최상위 요소는 '학 생의 스스로에 대한 기대'이며, 가장 중요한 요소 중에는 '학생들에 대한 교사의 기대'도 들어 있다.

(B) '교육'은 살아 있는 과정으로서 '농업'에 가장 적절하게 비유된다. '농부'들은 자신들이 식물을 자라게 해 주는 것이 아님을 안다. 식물은 스스로 자란다. 농부가 할 일은 식물이 스스로 자랄 최적의 환경을 만들어 주는 것이다. '훌륭한 농부'는 그런 환경을 만들어 주지만, 서툰 농부는 그러지 못한다. 가르치는 일도 마 찬가지다. '훌륭한 교사'는 학습 환경을 만들어 주지만, 서툰 교사는 그러지 못한다. 또한, 훌륭한 교사는 이런 학습 환경이 항상 통제 가능한 것이 아니라는 사실도 알고 있다.

Ken Robinson, Creative Schools

• 〈제시문〉 (A), (B)를 참고하여 앞으로 자신이 추구하고자 하는 교사의 모습에 대해 자신의 경 험을 바탕으로 자유롭게 제시하고, 그 이유를 말해 보시오.

학교 측 자료 ✏️

2020학년도 정시 모집 일반전형에서 면접고사는 1단계 합격자 2배수에 대해 이루어진다. 출제 문제는 교직 적성과 인성을 평가하기 위해 「공교육 정상화 촉진 및 선행 교육 규제에 관한 특별법」 제10조에 근거하여 선행 학습 방지를 위해 지원자의 고등학교 교육과정 학습 범위 내에서 출제하여, 개별 면접 시 지원자가 3분 이내에 답변이 가능한 <u>교양, 교직관, 표현력, 인성</u>에 대해 질문을 통해 평가한다.

선배들의 TIP 및 예시 답안 ✏️

자신을 가르쳤던 교사 중에서 이 말과 관련이 있는 사람을 선정하고, 내가 그 과정에서 어떠한 것을 스스로 배웠는지 구체적인 경험을 제시할 수 있다.

"물고기를 잡아다 주지 말고 물고기 잡는 방법을 가르쳐 주어야 한다."라는 말이 있듯이, 바람직한 교사는 학생들이 스스로 문제를 해결하고 학습하는 능력을 갖추도록 교육 환경을 제공해야 합니다. 저 역시 이 말에 크게 동의하고 실제로 그러한 교사가 되고 싶습니다.

단, 이때 교사는 자신이 조성한 교육 환경이 절대적인 것이 아니라 학생 상황에 따라 충분히 변화될 수 있음을 인지해야 하고, 학생들이 자신의 능력에 대해 신뢰할 수 있도록, 또 교사 자신도 학생들을 대할 때 선입견을 가지지 않고 모두가 스스로 발전할 잠재력을 지닌 존재로 여겨야 합니다.

[수시]

1. 개별 과제 발표 면접

※ 다음은 인공 지능(AI)이 예술과 교육에 미치는 영향을 비교하여 설명한 〈자료〉이다. 〈자료〉를 읽고, 1번 질문과 2번 질문에 대해 각각 답하시오.

〈자료〉

인공 지능(AI)이 발전을 거듭하면서 인간의 고유한 영역이라고 믿어 왔던 예술과 교육 분야에서도 영향을 미치고 있다.

인공 지능이 문학 작품을 쓰고 그림을 그리며 작곡을 하고 연주를 한다. 질적인 수준도 인간의 작품과 비교해서 큰 차이가 없다는 평가도 있다. 그러나 인간이 작품에 불어넣는 창의적인 발상과 심미적인 영감은 이미 있는 기존의 데이터를 기반으로 작품을 만드는 인공 지능이 따라오지 못한다는 반론도 있다. 예술에는 인공 지능이 수행할 수 없는 인간적 능력이 있으며, 이것이 더 중요하다는 것이다.

예술가의 천재적인 창작 못지않게 감상자의 다양한 취향도 예술의 발전에 영향을 미친다. 소수 특권층이 향유하던 예술이 대중도 참여해 즐기는 것으로 탈바꿈할 때, 예술의 붕괴를 걱정하는 사람들이 많았지만, 대중의 취향은 대중 예술을 낳았다. 그리고 대중 예술은 기존의 예술과 경쟁하거나 협력하면서 서로 발전하고 있다. 예술가와 인공 지능도 비슷한 경로를 밟을 수 있다.

예술 감상자는 인공 지능이 만든 작품을 통해서 기존의 예술 작품이 주던 것과는 다른 것을 체험하고 향유할 수 있다. 이로 인해 감상자의 취향에 변화가 생기고, 인공 지능이 주도하는 새로운 예술 장르가 등장한다. 이에 자극을 받은 예술가는 인공 지능이 내놓은 작품의 소재나 주제, 또는 모델을 가지고 새로운 작품을 다시 창작해 보여 줌으로써 인공 지능의 작품과 차별화된 예술가의 작품이 무엇인지 드러낼 수 있다. 또는 예술가가 자신만이 할 수 있는 것을 찾아 새로운 실험과 도전에 나서는 가운데 인공 지능이 구현한 예술과는 구분되는 새로운 예술의 지평을 열 수도 있다.

국가가 주도하는 공교육 체제의 출현과 함께 교육이 대중화되었다. 산업 발전에 따른 인력 양성과 보급이라는 사회적 필요도 급속히 커졌다. 이로 인해 교육의 성격에 변화가 생겼다. 이전 시대에 교육은 개인의 인간다운 성장을 돌보는 일로서 이를 이끄는 스승이 교육의 과정을 주도했다. 그러나 이제 교육은 사회적으로는 국가 발전과 경쟁력 제고, 개인적으로는 취업과 경제 활동에 필요한 능력 습득을 목적으로 하는 일로 변모하고 있다.

현대는 수요자 중심 교육의 시대이다. 교사는 수요자인 학생들이 필요로 하는 지식과 기술을 효과적이고 효율적으로 제공해야 하는 공급자다. 그러나 교사는 능력과 소질이 다른 학생들이 뒤섞여 있는 다인수 학급에서 국가가 정한 내용을 동일한 방법으로 가르치고 있다. 이로 인해 수요자의 필요에 적절히 대응하지 못하고, 기계적인 전달과 주입에 그친다는 비판을 받고 있다.

인공 지능은 교사의 단순 업무를 보조하던 역할에서부터 학생 개개인의 수준과 반응을 살피면서 질문하고 대답하는 역할까지 수행하고 있다. 이는 교사에게 위협이 될 수 있다. 물론 인공 지능이 지식과 기술의 전달을 대신한다고 해도, 교사가 학생들의 덕성(인성, 사회성)을 길러주는 일을 담당하면, 인공 지능에 밀려나지 않을 것이라는 주장도 있다. 그러나 수요자인 학습자의 입장에서 보면, 필요한 지식과 기술을 자신의 수준과 이해 속도에 맞추어 제공한다면, 누가 가르치는 일을 담당하느냐는 중요하지 않다. 덕성(인성, 사회성)도 사회적 삶을 통해 함양되는 것인 만큼, 교사를 통하지 않아도 더 효과적으로 기를 가능성도 있다.

인공 지능의 도전을 받고 있다는 점에서는 같지만, 예술은 창작자와 감상자 가운데 어느 한쪽이 일방적으로 주도하지 않으면서 발전하기 때문에 교육과 사정이 다르다. 교사라는 직(職)은 학생이 있어야 존속할 수 있다. 반면 학습은 반드시 교사를 전제하지 않는다. 이제는 혼자서도 다양한 것들을 활용해 충분히 학습할 수 있는 시대이다. 이 점에서 현대 교육의 주도권을 교사가 아닌 수요자(학습자)가 쥐게 되었으며, 인공 지능의 도입은 이러한 흐름을 더욱 부채질할 수도 있다.

1. 인공 지능의 도전에 직면하여 예술가와 교사가 대처하는 방식에 어떤 차이점과 유사점이 있는지 비교하여 설명하시오.

2. 예술과는 달리 교육의 경우는 인공 지능이 교사의 역할을 대체할 수 있다는 우려가 〈자료〉에 나타나 있다. 그럼에도 불구하고 예술가가 인공 지능의 도전에 대처하는 것처럼 교사가 대응할 수 있는 방안에 대해 근거를 들어 말해 보시오.

학교 측 해설 ✏

【출제 의도】

이 문항은 인공 지능의 도전에 직면한다는 점에서는 유사한 형편에 있지만, 이에 대처하는 방식에서는 차이를 보이는 예술계와 교육계를 비교하면서 미래 사회 교육의 성격과 교사의 역할에 초래될 현실적인 변화의 요구는 무엇인지 파악하고, 교육자의 새로운 위상과 소임은 무엇인지 추론하는 능력을 평가하기 위한 것이다.

이 문항은 고등학교 사회과 교육과정 중 '현대의 사회 변동'과 도덕과 교육과정 중 '과학과 윤리', '평화와 공존의 윤리'에 관한 내용을 주요 내용 요소로 포함하고 있으며, 해당 교과에 대해 충실하게 학습한 수험생이라면 어렵지 않게 문제를 인식하고 과제를 해결할 수 있을 것으로 판단되며 본 문항의 출제 의도와 부합한다.

선배들의 TIP ✏️

청주교대의 경우 교사처럼 서서 칠판을 사용해 판서할 수 있도록 허용되어 있다. 칠판을 적극적으로 이용하지는 않더라도 자신이 답변할 내용의 중심 키워드를 개요화·목차화하여 칠판에 판서하며 답변하는 모습을 보이는 것이 점수를 더 얻는 요인이 될 수 있다. 차분하게 정리된 개요와 판서를 활용할 수 있도록 하자.

예시 답안 ✏️

1. 예술가와 교사는 모두 인공 지능의 도전에 직면했고 이에 대해 대처하고 있습니다. 둘의 대처에는 유사점과 차이점이 존재합니다. 우선 예술과 교육 모두 인공 지능은 수행할 수 없는 인간만의 역할이 있음을 강조합니다. 예술가는 이미 있는 데이터로만 움직이는 인공 지능과 달리 이전에 없었던 완전히 새로운 작품을 창작할 수 있습니다. 교사도 마찬가지로, 인공 지능이 길러 줄 수 없는 덕성을 길러줄 수 있음을 통해 대처하고자 합니다.

   한편, 둘의 대처에는 차이점이 있습니다. 인공 지능과의 공존 가능성 면에서, 예술은 인공 지능과 공존할 수 있습니다. 감상자의 취향에 따라 인공 지능의 예술을 더 선호할 수도 있고, 예술가의 예술을 더 선호할 수도 있습니다. 예술가는 인공 지능의 영향을 받아 또 새로운 예술을 창조해 낼 수도 있습니다. 반면 교사의 경우 이미 주도권을 가진 학생들의 선택에 밀리면 제 역할을 하지 못하게 되고, 공존하기 어렵습니다. 또 감상자의 취향은 예술의 발전을 가져오게 되고 예술가는 그들의 취향에 휩쓸리지 않을 수 있지만, 학습자의 요구는 교사에게 지대한 영향을 줍니다.

2. 〈자료〉에는 예술과 달리 교육의 경우 학생이 주도권을 갖고 있기 때문에 인공 지능이 교사의 역할을 대체할 수 있다는 우려를 보여 주었습니다. 하지만 교사 역시 인공 지능의 도전에 충분히 대응할 수 있습니다. 학습자의 수준을 파악해서 약점인 문제를 계획적으로 제시하는 인공 지능 토익 학습 어플리케이션이 있음에도 불구하고 여전히 사람들은 유명한 토익 수업을 듣기 위해 강남으로 향합니다. 자신에게 딱 맞는 문제와 강의를 제공하는 프로그램이 있더라도 이를 관리하고 피드백해 주는 관리자를 채용합니다. 이는 교육에 영향을 미치는 것이 단순히 질 좋은 강의와 수준에 맞는 지식 및 기술이 다가 아니라는 것을 방증합니다. 학습을 진행하는 교실의 분위기, 교사와 학생 간의 인간적인 관계 등이 학습에 큰 영향을 미치곤 합니다. 선생님에게 잘 보이고 싶어서 열심히 공부하는 학생은 있어도 인공 지능에게 잘 보이고 싶어서 공부하는 학생은 없습니다.

학습자들이 원하는 지식과 기술을 제공하는 방향으로 교육의 목적이 변했을지라도, 교사의 존재는 여전히 유의미합니다. 따라서 교사는 인공 지능의 도전에 대해 잘 대응하기 위해서는 인공 지능 못지않게 질 좋은 강의를 제공할 수 있어야 하며, 단순히 수준에 맞는 지식과 문제를 제공하는 것을 넘어서서 이를 활용할 수 있는 기회를 많이 만들어 주어야 합니다. 이를 바탕으로 유의미한 학습이 일어날 수 있도록 학습 분위기와 환경을 조성할 줄 아는 전문성을 더욱 갖추어야 할 것입니다.

[정시]

1. 교양 문항

• 각종 매체에서는 다양한 분야의 순위를 발표하고 있다. 최근에 자신이 접했던 매체의 순위 발표 사례 하나를 들어 그것의 순기능과 역기능을 설명하고, 역기능을 해소하기 위한 방안을 제시하시오.

학교 측 해설 ✏️

순위 발표 제도의 순기능과 역기능을 파악하고, 역기능의 해소 방안을 논리적으로 설명하는 능력을 평가하는 문항이다. 사회 문화적으로 문제가 되는 이슈를 학생들이 다양한 관점에서 검토하고 해석하는 능력을 평가할 수 있다. 고등학교 사회과 및 도덕과 교육과정에서 사회 문제에 대한 탐구 능력을 다루고 있으며 일반적인 고교 과정을 이수한 학생은 충분히 대답할 수 있는 문제이다. 교양 면접 문항의 경우 일반적인 사회 문제나 각종 언론 매체에서 소개되는 사실들을 기반으로 고등학교 교육과정 수준에서 문제 해석 및 논리적 사고의 접근과 표현 능력을 답변으로 요구하고 있다.

선배들의 TIP 및 예시 답안 ✏️

최근 오디션 프로그램들이 다시 한 번 열풍을 불러일으켰습니다. 프로듀스 101, 미스트롯, 미스터트롯, 퀸덤 등 많은 프로그램들이 '순위 발표'를 전제하고 있습니다. 여러 무대를 펼치고 이에 대해 현장 투표, 문자 투표 등을 통해 순위를 결정합니다. 최종 순위에서 1위를 차지하면 더 많은 기회와 부를 가질 수 있게 되므로 여기에 참여하는 출연자들과 그들의 팬은 열과 성을 다합니다.

먼저 이것의 순기능에 대해 말씀드리겠습니다. 이렇게 순위를 발표하게 되면 서로 간의 경쟁을 통해 더 좋은 결과물을 만들게 되고, 소비자들은 더 멋진 무대와 음악을 누릴 수 있게 됩니다. 또 자신이 응원하는 대상의 순위에 대한 궁금증을 증폭시켜 프로그램의 흥미도를 높일 수 있습니다.

다음으로 이것의 역기능에 대해 말씀드리겠습니다. 경쟁이 너무 과열되어 여러 가지 문제가 발생할 수 있다는 점입니다. 경쟁에서 이기기 위해 출연자들은 밤을 새서 무대를 준비하고, 무대를 준비하는 과정에서 다치기도 합니다. 건강을 해쳐 가며 경연을 준비하는 모습은 마치 시청자로 하여금 이것이 당연하게 느껴지도록 만들고 극심한 경쟁 사회를 부추기게 됩니다. 또 팬덤끼리의 갈등이 문제가 됩니다. 자신이 응원하는 대상이 우승하도록 만들기 위해 다른 출연자들을 헐뜯고 루머를 퍼뜨리는 등 문제가 발생하고는 합니다. 이 피해는 오롯이 출연자들이 입게 됩니다.

이러한 역기능을 해소하기 위한 방안으로는 두 가지가 있습니다. 첫째, 순위에 들지 못한 사람들에게도 과정의 노력에 대한 보상을 마련합니다. 출연자들이 혼신의 힘을 다해 순위에 들기 위해 노력하는 이유는 그 보상이 1위, 그리고 순위권에만 몰려 있기 때문입니다. 순위에 들지 못하더라도 다시 시작할 수 있는 기회를 줄 수 있어야 합니다. 대중 매체로서 사회에 지대한 영향을 끼치므로, 이런 모습을 매체에서 보여 주면 극심한 경쟁을 완화시킬 수 있을 것이라 생각합니다. 둘째, 출연자들을 보호할 수 있는 제도를 마련해야 합니다. 최근 오디션 프로그램들은 아주 자극적인 편집을 하는 것으로 유명합니다. 부정적인 이야기가 돌 때 오히려 이것을 자극적으로 적용하여 방송하고, 소위 '악마의 편집'으로 출연자의 부정적인 모습을 더 강조할 때도 있습니다. 이런 편집을 지양하고, 서로를 비난하게 만드는 구조를 벗어나야 할 것입니다.

2. 교직 문항

• 다음 대화를 읽고 두 교사의 입장을 교육의 관점에서 비교하시오. 그리고 자신이 지지하는 교사를 선택하여 그 이유를 말하시오.

> A 교사: 우리 학교 6학년 1반 한 학생의 언어폭력 때문에 급우들이 피해를 호소하고 있어요. 그리고 학부모들이 그 학생의 전학을 요구하고 있어요.
> B 교사: 학교 폭력 대책 심의 위원회에 상정하여 위원회에서 내린 결정에 따라 일을 진행하는 게 좋겠어요.
> A 교사: 그런데 저는 학교 폭력 대책 심의 위원회에 상정하기보다는 학부모들과 적극적으로 대화하고 학생들을 잘 지도하는 게 좋다고 생각해요.

학교 측 해설 🖉

특정 학생의 언어폭력으로 인해 급우들이 정신적 피해를 입고 있는 상황이라면 이는 학교 폭력의 사례에 해당한다. 두 교사가 말한 학교 폭력 해결 방안을 교육의 관점에서 비교·분석하여 설명하는 역량과 본인이 정한 한쪽의 입장에 대해 타당한 근거를 들어 생각을 제시하는 능력을 갖추고 있는지 평가하고자 하는 것이 출제 의도이다.

고등학교 교육과정을 정상적으로 이수하고 폭넓은 독서를 경험한 수험생은 출제 의도를 정확히 파악하여 두 입장을 교육의 관점에서 비교·설명하고, 자신이 지지하는 입장을 적절하고 타당한 근거를 들어 설득력 있게 제시하는 것을 주안점으로 한다.

교직 면접 문항의 경우 교육 및 교직 분야의 현상에 대한 관심과 이해를 바탕으로 고등학교 교육과정 수준에서 문항의 출제 의도를 파악하여 자신의 의견을 논리적이고 명확하게 표현할 수 있는지 묻고 있는 것으로 나타난다.

선배들의 TIP 및 예시 답안 ✏️

A 교사가 말한 특정 학생의 언어폭력으로 인해 급우들이 정신적 피해를 입고 있는 상황은 학교 폭력의 사례에 해당합니다. 이에 대해 B 교사는 학교 폭력 위원회의 결정에 따라서, A 교사는 학부모들과의 대화 및 학생 지도를 통해 문제를 해결하고자 합니다.

B 교사는 응징의 관점에서 처리하고자 합니다. 학교 폭력이라는 잘못을 저지른 학생에 대해 그 잘못에 대해 심의를 통해 결정한 응징적 처벌을 내리고, 정해진 규칙에 따라 일을 해결하려고 하고 있습니다. 반면 A 교사는 교화의 관점에서 처리하고자 합니다. 응징적 처벌보다는 학부모 및 학생들과의 대화를 통해 일을 원만하게 처리하고자 하며, 학생이 다시 같은 문제를 겪지 않도록 생활 지도를 하려고 합니다.

두 교사 중 더 교육적으로 적절한 방법을 쓰는 교사는 A 교사라고 생각합니다. 그 학생이 처음부터 나쁜 학생이 아니고, 충분히 교육을 통해 바르게 변화할 수 있기 때문입니다. 최근 들어 '회복적 생활 교육'이 대세로 떠오르고 있습니다. 잘못을 저지른 학생을 폭력적 학생으로 낙인찍어 응징하는 것이 아니라, 이 학생 역시 사랑받고 바르게 교화될 수 있어야 하는 존재이기 때문에 교육을 통해 바른 모습으로 회복될 수 있어야 합니다. 그 학생이 언어폭력을 저지른 배경을 파악하고 그 원인을 해결해 주어야 합니다. 주변 학생들도 이 학생을 용서할 수 있도록 화해의 장을 마련하고, 다시는 똑같은 잘못을 저지르지 않을 수 있게 도와주어야 합니다. 응징의 관점으로 처벌하고 전학을 보내면 그 학생은 영원히 변화될 수 없지만, 교육을 통해 변화시킨다면 진정한 교육의 의미가 있는 것이므로 A 교사의 입장을 지지합니다.

[수시]

1. 교직 적성(가)

※ 다음은 '초등학생을 대상으로 하는 경쟁 대회'에 관한 기사의 주요 내용이다.

○○교육청이 30여 년간 운영했던 초등학생 대상 경쟁 대회 3개가 올해를 끝으로 사라지게 되었다. ○○교육청은 교육감 배 수영 대회를 비롯해, 학생 탐구 발표 대회와 청소년 과학 탐구 대회 등 참가자가 많은 대회도 초등 부문을 없애기로 했다.

○○교육청 관계자는 "아직 어린 초등학생들에게 지나친 경쟁을 조장하는 것은 바람직하지 않다. 그래서 경쟁을 위주로 하는 몇몇 대회들을 폐지하기로 했다. 수영 대회나 과학 경진 대회도 등수를 매기므로 교육적이지 않다."라고 말했다.

이에 대해 한 교육 관계자는 "단순히 등수를 매긴다는 이유로 부정적인 시각으로만 바라보아서는 안 된다. 대회를 준비하는 과정에서 학생들에게 동기를 유발하는 것과 같은 교육적 효과도 있다. 사소한 부작용들은 보완하고 개선하면 된다."라고 말했다.

1. 초등학생 대상 경쟁 대회의 순기능과 역기능을 각각 **두 가지** 이상 제시해 보세요.

2. 경쟁 대회의 역기능을 최소화하거나 보완할 수 있는 방법을 구체적으로 설명해 보세요.

학교 측 해설 ✎

【출제 의도】

학교 안팎에서는 학생들을 대상으로 하는 각종 경쟁 대회들이 개최된다. 이러한 경쟁 대회는 학생들의 삶에 다양한 방식으로 영향을 미친다. 교육적 측면에서 볼 때 경쟁 대회는 순기능과 역기능을 동시에 지니고 있다. 따라서 지원자가 이러한 상황에 대해 문제 의식을 갖고 해결 방안을 구체적으로 설명할 수 있는지 평가하고자 했다.

이 문제는 초등학생을 대상으로 하는 경쟁 대회에 대한 서로 다른 의견을 드러내고 있다. 1번 질문은 지원자가 경쟁 대회의 순기능과 역기능을 설명할 수 있는지 묻는 문항이고, 2번 질문은 지원자가 경쟁 대회의 역기능을 최소화하거나 보완할 수 있는 방법을 논리적으로 설명할 수 있는지 묻는 문항이다.

【채점 기준】

1. 초등학생 대상 경쟁 대회의 순기능과 역기능을 종합적으로 파악하여 각각 두 가지 이상 제시할 수 있는지 평가한다.

2. 경쟁 대회의 역기능을 최소화하거나 보완할 수 있는 방법을 논리적으로 설명할 수 있는지 평가한다.

【예시 답안】

1. 〈경쟁 대회의 순기능〉

  – 학생들의 흥미와 동기를 유발하고 실력을 향상시킬 수 있다.

  – 목표 달성을 통해 자신감·자존감을 향상시키고 성취감을 느끼게 할 수 있다.

  – 학생들에게 과제 집중력과 문제 해결력을 향상시킬 수 있는 기회를 제공할 수 있다.

  – 대회 준비 과정에서 학생 간, 교사–학생 간 교육적 상호 작용을 촉진할 수 있다.

  – 잠재된 능력을 개발하거나 경험을 확장시키는 기회를 학생들에게 제공할 수 있다.

  – 학생들에게 자신을 객관적으로 평가하는 기회를 제공할 수 있다.

〈경쟁 대회의 역기능〉

  – 경쟁에서 낙오되는 학생의 자신감이나 자존감을 저하시킬 수 있다.

  – 타인을 경쟁 상대로 인식하게 하고, 지나치면 갈등을 야기할 수 있다.

  – 준비 비용이 과다한 일부 경쟁 대회의 경우 참가하지 못하는 학생들의 사기를 저하시킬 수 있다.

  – 사교육을 부추기고 위화감을 조성할 수 있다.

  – 일부 경쟁 대회는 획일적인 평가 기준으로 인해 자유롭고 창의적인 사고를 저해한다.

  – 교사의 업무를 과중하게 하여 학생들의 지도를 소홀하게 할 소지가 있다.

2.

경쟁 대회의 역기능	보완 방법
낙오되는 경우 자신감이나 자존감 저하	– 수상자 수를 늘려 낙오자 수를 줄인다. – 수상 종류를 확대하여 다양한 학생들이 고루 상을 받게 한다.
경쟁 의식으로 인한 갈등 야기	– 협동심을 배양할 수 있도록 개인보다 팀으로 출전하는 대회를 많이 만든다. – 우열을 가르는 방식 대신 경험을 쌓거나 목표에 도달했는가를 평가하는 방식으로 개선한다.

– 과다한 준비 비용으로 인해 참가하지 못한 학생들의 사기 저하 – 사교육 조장	– 공교육에서 대회 준비를 도와줄 수 있는 강좌를 개설하거나 준비 비용을 보조해 준다. – 온라인 매체를 통해 정보나 도움을 얻을 수 있도록 안내한다.
자유롭고 창의적인 사고 저해	– 자율성, 창의성을 증진시킬 수 있는 다양한 평가 기준을 개발한다. – 다양한 영역의 경쟁 대회를 더 많이 개발해 학생들에게 선택의 폭을 넓혀 준다.
교사 업무 과중으로 인한 부작용	방과 후 교사, 외부 강사 등 대체 인력을 적극적으로 활용한다.

선배들의 TIP 및 예시 답안 ✎

학교 측 해설이 상세하므로 예시 답안은 생략한다.

2. 교직 적성(나)

※ 다음은 교실 청소에 대해 A 교사가 고민하고 있는 내용이다.

> A 교사는 정규 수업이 끝난 후 학생들이 자기 교실을 직접 청소하도록 지도하고 있다. 교실 청소를 하면서 얻게 되는 교육적 순기능이 크다고 생각하기 때문이다. 그러나 일부 학부모들은 학생들이 정규 수업이 끝나면 바로 학원을 가야 하기 때문에 교실 청소를 시키지 말아 달라고 건의했다. 올해부터 A 교사가 근무하는 학교는 담임 교사가 원하면 교실 청소를 외부 용역 업체에 맡길 수 있도록 예산을 지원해 주기로 했다. 따라서 A 교사는 기존처럼 교실을 학생들에게 직접 청소하게 할 것인지, 교실 청소를 외부 용역 업체에 맡길 것인지, 또 다른 방법은 없는지 고민에 빠져 있다.

1. 학생들이 직접 자기 교실을 청소하는 방식의 순기능과 역기능을 각각 <u>두 가지</u> 이상 제시해 보세요.

2. 만일 지원자가 A 교사라면 어떻게 할 것인지를 말하고, 그 이유를 설명해 보세요.

학교 측 해설 ✎

【출제 의도】

최근 학생들이 자기 교실을 직접 청소하는 경향이 점점 사라지고 있다. 그러나 학생이 직접 자기 교실을 청소하는 것에 대해 찬반 의견이 여전히 분분하다. 따라서 지원자가 교실 청소의 순기능과 역기능을 파악하고 자신의 의견을 설득력 있게 설명할 수 있는지 평가하고자 했다.

이 문제는 교실 청소를 누가, 어떻게 할 것인지에 관한 교사의 고민을 담고 있다. 1번 질문은 교실 청소를 학생이 직접 하는 방식의 순기능과 역기능을 지원자가 종합적으로 파악할 수 있는지 묻는 문항이며, 2번 질문은 지원자가 자신의 생각을 설득력 있게 설명할 수 있는지 묻는 문항이다.

【채점 기준】

1. 교실 청소를 학생이 직접 하는 방식의 순기능과 역기능을 종합적으로 파악하여 각각 2가지 이상 제시할 수 있는지를 평가한다.

2. 지원자가 A 교사라면 어떻게 할 것인지에 대해 이유를 들어 설득력 있게 설명할 수 있는가를 평가한다.

【예시 답안】

1. 〈학생이 직접 청소하는 방식의 순기능〉
   - 학교는 교과 교육뿐만 아니라 학생의 인성 교육과 올바른 생활 습관 형성도 담당해야 한다. 청소를 통해 바른 인성과 습관이 형성될 수 있다.
   - 교실 청소를 통해 자기가 사용하는 공간에 대한 주인 의식이 형성될 수 있다.
   - 교실을 친구들과 함께 청소하면서 공동체 의식을 배양할 수 있다.

   〈학생이 직접 청소하는 방식의 역기능〉
   - 방과 후 활동으로 시간이 없는 학생들에게 청소까지 시키면 학생들이 학업에 할애할 시간이 줄어들게 된다.
   - 학생들은 청소를 싫어한다. 싫어하는 일을 억지로 시키면 오히려 수동적 생활 태도를 조장하거나 학교생활에 부정적 인식을 갖게 할 수 있다.
   - 공동체 생활을 하는 공간이라는 이유로 교실 청소를 함께 시키면 학생들 간의 갈등이 야기될 수 있다.

2. - 청소의 교육적 효과를 유지하면서도 학부모들의 요구를 들어 주기 위해, 청소는 방과 후가 아니라 쉬는 시간이나 점심시간을 활용하여 하겠다.
   - 청소는 역기능보다는 교육적 순기능이 더 크므로 지금처럼 학생들에게 청소를 직접 하도록 지도하겠다.
   - 청소는 아동의 노동력을 착취할 우려가 있으므로 예산이 지원된다면 청소를 외부 용역 업체에 맡기겠다.

– 청소를 통한 인성 교육의 효과를 얻기 위해 자기 자리를 각자 정리하게 하고, 공용 공간은 교대로 청소하는 방식으로 하겠다.

– 학생들에게 모범을 보이기 위해 교사 본인이 교실 청소를 하겠다.

선배들의 TIP 및 예시 답안 ✏️

학교 측 해설이 상세하므로 예시 답안은 생략한다.

3. 교직 인성(가), (나)

【교직 인성(가)】

1. (공통 문항) 지원자는 본인이 어떠한 면에서 교사로서의 인성을 갖추었다고 생각하는지 말하고, 그것이 가장 잘 드러난 사례를 구체적으로 소개해 보세요.

2. (선택 문항) 학생부종합전형 서류 평가에 근거하여 면접 위원들이 선택한 교직 인성 문제

【교직 인성(나)】

1. (공통 문항) 자신이 가장 닮고 싶은 교육자를 소개하고, 그와 비교했을 때 지원자 본인이 더 노력해야 할 점이 무엇인지 말해 보세요.

2. (선택 문항) 학생부종합전형 서류 평가에 근거하여 면접 위원들이 선택한 교직 인성 문제

학교 측 해설 ✏️

【출제 의도】

면접 질문별 응답 내용을 통해 수험생이 바람직한 교직 인성(예 책임 / 성실, 배려 / 존중, 협동 / 참여)을 갖추었는지, 그리고 수험생이 자신의 경험을 진정성 있게 표현하고 있는지를 평가한다.

【채점 기준】

1. 인성 관련 평가 요소(예 책임 / 성실, 배려 / 존중, 협동 / 참여)가 깊이 있게 행동 사례에 반영되어 있는지를 판단하여 평가한다.

2. 학교생활을 하는 가운데 직접 경험했던 개인적인 경험에 근거하여 답변하도록 한다.

개인적 경험에 의거해 답변해야 하는 문제이므로 별도의 예시 답안은 생략한다.

[정시]

1. 교직 적성(가)

※ 다음은 최근 중 · 고등학교에서의 평가 방식의 변화에 관한 글이다.

> 최근 중 · 고등학교의 평가 방식이 변화하고 있다. 예를 들어, 경기도 중학교에서는 2017년부터 1학년 1년간 지필 고사의 폐지를 추진해 오고 있다. 또한, 서울시 중학교에서는 2020년부터 5개 교과목(국어, 영어, 수학, 사회, 과학) 중 최소 1과목 이상에서 지필 고사의 객관식 선다형 문항을 폐지하고, 중 · 고등학교에서는 정기 고사 중 서술형 · 논술형 문항 비율을 확대할 방침이다. 교육계 안팎에는 이러한 평가 방식의 변화에 대해 찬성 하는 목소리와 우려하는 목소리가 공존하고 있다.

1. '지필 고사의 객관식 선다형 문항 폐지 및 서술형 · 논술형 평가 확대'의 순기능과 역기능을 각각 <u>두 가지</u> 이상 제시해 보세요.

2. '지필 고사의 객관식 선다형 문항 폐지 및 서술형 · 논술형 평가 확대'의 역기능을 보완하거나 최소화하기 위해 교사가 할 수 있는 일을 제시해 보세요.

학교 측 해설 ✏️

【출제 의도】

최근 중 · 고등학교에서는 지필 고사의 객관식 선다형 문항을 점차적으로 축소하고 서술형 · 논술형 평가를 확대하는 추세에 있다. 이러한 평가 방식의 변화는 순기능과 더불어 역기능을 지니고 있다. 이 문제는 지원자가 평가 방식 변화의 순기능과 역기능을 파악하고, 역기능을 보완하거나 최소화하기 위해 교사가 할 수 있는 일을 구체적으로 제시할 수 있는지 평가하고자 했다.

이 문제는 지필 고사의 객관식 선다형 문항 폐지 및 서술형 · 논술형 평가 확대에 관한 것이다. 1번 질문은 이러한 평가 방식의 순기능과 역기능을 제시할 수 있는지 묻는 문항이고, 2번 질문은 역기능을 보완하거나 최소화하기 위해 교사가 할 수 있는 일을 구체적으로 제시할 수 있는지 묻는 문항이다.

【채점 기준】

1. 지필 고사의 객관식 선다형 문항 폐지 및 서술형·논술형 평가 확대의 순기능과 역기능을 각각 두 가지 이상 제시할 수 있는지 평가한다.

2. 역기능을 보완하거나 최소화하기 위해 교사가 할 수 있는 일을 구체적으로 제시할 수 있는지 평가한다.

【예시 답안】

1. 〈'지필 고사의 객관식 선다형 문항 폐지 및 서술형·논술형 평가 확대'의 순기능〉

   − 학생들에게 스스로 사고하고 표현할 수 있는 기회를 제공할 수 있다.

   − 학생의 학습 동기 유발 및 학습 태도 개선에 효과적이다.

   − 창의력, 표현력, 문제 해결력과 같은 다양한 역량을 측정하고 학생들의 추론·해석·적용의 과정을 더 효율적으로 평가할 수 있다.

   − 지식 전달 위주의 일방적 강의에서 탈피하여 토의나 토론 등 수업 방식을 다양화하는 계기가 될 수 있다.

   − 비판적 사고력, 창의력, 의사소통 능력 등 미래 인재가 갖추어야 할 역량을 증진하는 데 기여할 수 있다.

   − 결과 중심 교육에서 과정 중심 교육으로의 전환 계기를 마련할 수 있다.

   〈'지필 고사의 객관식 선다형 문항 폐지 및 서술형·논술형 평가 확대'의 역기능〉

   − 교사의 업무 부담이 증가한다(채점 자체 및 채점 소요 시간의 부담).

   − 측정하고자 했던 평가 요소가 아닌 글쓰기 능력에 의해 평가 결과가 좌우되는 문제가 발생할 수 있다(타당도의 문제).

   − 평가하는 교사의 개인적 특성에 따라 평가 결과가 달라질 수 있다(평가자 내 신뢰도, 평가자 간 신뢰도의 문제).

   − 한정된 시간과 지면으로 인해 문항 수가 제한적이어서 측정하지 못한 학습 목표가 생길 수 있다.

   − 교사의 평가 관련 역량이나 공정성에 대한 사회적 불신으로 논란이 발생할 수 있다.

   − 사교육 시장을 조장하고 학부모의 교육비 부담을 가중시킬 수 있다.

2. 〈역기능을 보완하거나 최소화하기 위해 교사가 할 수 있는 일〉

　－ 교사의 전문적 평가 역량 개발　　　　－ 공정한 평가 기준 마련 및 교육 구성원 간의 공유

　－ 교사 협의체 구성을 통한 교사 간 협업 강화　－ 온라인 플랫폼을 활용한 교사 간 자료 공유

　－ 수업 방식의 개선

선배들의 TIP 및 예시 답안 ✒️

학교 측 해설이 상세하므로 예시 답안은 생략한다.

2. 교직 인성(나)

※ 다음은 '인터넷 댓글 실명제' 도입에 관한 글이다.

> 　인터넷 실명제는 2007년 정보 통신망법에 의해 시행되었다가 2012년 헌법 재판소의 위헌 결정으로 효력이 상실되었다. 그런데 최근 악성 댓글로 인해 연예인들이 스스로 목숨을 끊은 사건이나 악성 댓글로 여론을 조작하는 사태가 잇따라 발생하면서, '댓글'에 대해서 만큼은 실명제를 다시 실시해야 한다는 논의가 이어지고 있다. 국내 주요 포털 사이트에서는 회원 가입 후 로그인을 한 사용자만 댓글을 남길 수 있는 '준 인터넷 실명제'를 이미 실시하고 있으며, 일부 포털 사이트에서는 연예 기사에 대한 댓글 서비스를 최근 중단하기도 했다. 또한, 국회에서는 악성 댓글에 대한 감시와 처벌을 강화하는 법안을 발의할 예정이다.

1. '인터넷 댓글 실명제' 도입의 순기능과 역기능을 각각 **두 가지** 이상 제시해 보세요.

2. 바람직한 인터넷 댓글 문화 정착을 위해 초등학교에서 실행할 수 있는 교육 방안을 제시해 보세요.

학교 측 해설 ✒️

【출제 의도】

　인터넷 실명제는 2007년 정보 통신망법에 의해 시행되었다가 2012년 위헌 결정이 내려져 효력이 없어졌지만, 최근 악성 댓글이 사회적 문제로 부각되면서 '댓글'만큼은 실명제를 실시해야 한다는 논의가 다시 활발히 이루어지고 있다. 이 문제는 지원자가 이러한 사회적 쟁점을 파악하고, 이에 대한 교육적 대처 방안을 적절히 제시할 수 있는지 평가하고자 했다.

　이 문제는 인터넷 댓글 실명제에 관한 것이다. 1번 질문은 인터넷 댓글 실명제 도입의 순기능과 역기능을 적절히 파악하여 제시할 수 있는지 묻는 문항이고, 2번 질문은 바람직한 인터넷 댓글 문화 정착을 위해 초등학교에서 실행할 수 있는 교육 방안을 적절히 제시할 수 있는지 묻는 문항이다.

【채점 기준】

1. 인터넷 댓글 실명제 도입의 순기능과 역기능을 각각 두 가지 이상 파악하여 제시할 수 있는지 평가한다.

2. 바람직한 인터넷 댓글 문화 정착을 위해 초등학교에서 실행할 수 있는 교육 방안을 적절히 제시할 수 있는지 평가한다.

【예시 답안】

1. 〈인터넷 댓글 실명제 도입의 순기능〉
   - 인터넷 댓글의 익명성을 제거하여 자신의 행동에 대한 책임 의식을 높임으로써 자극적이고 폭력적인 언행을 감소시킬 수 있다.
   - 악성 댓글에 대한 추적을 용이하게 하여 댓글을 통해 이루어지는 모욕, 명예 훼손, 성폭력 등의 범죄를 수사하는 데 도움을 주며, 이는 결과적으로 범죄 예방 효과를 낳는다.
   - 출처나 근거가 명확하지 않은 왜곡된 정보의 무분별한 게시를 차단하여 온라인 정보의 신뢰도를 높일 수 있다.

   〈인터넷 댓글 실명제 도입의 역기능〉
   - 익명성은 사회적 약자나 소수자도 자신의 의견을 자유롭게 표출할 수 있게 하는 통로가 된다. 댓글 실명제를 실시하면 대중의 심리를 위축시켜 결과적으로 표현의 자유와 언론의 자유를 제한할 수 있다.
   - 인터넷 댓글 실명제를 위해 특정 사이트에 개인 정보를 제공할 경우, 특정인의 개인 정보가 유출될 위험성이 커지며 이는 범죄에 악용될 수 있다.
   - 인터넷 댓글 실명제는 의도와 다르게 전체 댓글의 수만 감소시킬 우려가 있다.

2. 〈바람직한 인터넷 댓글 문화 정착을 위한 교육 방안〉
   - **사이버 폭력 예방 교육**: 악성 댓글도 사이버 폭력이자 범죄 행위임을 인식하도록 한다. 악성 댓글로 인해 피해를 입었을 경우 대처 방안에 대해 알려 준다.
   - **인터넷 윤리 교육**: 인터넷 윤리 의식을 갖추도록 인터넷상에서 지켜야 할 윤리와 언어 예절을 가르친다.
   - **공감 교육**: 영상물 시청이나 역할극 참여 등을 통해 악성 댓글 피해자의 감정을 공감할 수 있도록 교육한다.

- **자아 존중감 교육**: 자아 존중감 교육을 통해 다양한 상황에서 감정을 스스로 조절할 수 있는 능력을 키워 준다.
- **표현 교육**: 자신의 감정을 긍정적인 언어로 표현하고 소통할 수 있도록 교육한다. 혐오 표현이나 차별 표현에 대한 감수성을 기르도록 교육한다.
- **인식 개선 교육**: 학생 주도의 사이버 폭력 예방 캠페인, UCC 제작 활동 등을 통해 문제의 심각성을 인식시킨다.

선배들의 TIP 및 예시 답안 🖋

학교 측 해설이 상세하므로 예시 답안은 생략한다.

[수시]

1. 개별 면접 문제

<문제 상황>

학생들에게 수십 개의 다양한 물체를 줍니다. 각각의 물체는 모양과 크기가 서로 다릅니다. 직육면체, 원기둥 같은 일반적인 모양은 물론, 말로 설명하기 어려울 정도로 특이한 모습을 한 물체도 있습니다. 그리고 다음과 같은 상황에서 학생들의 창의성을 살펴보았습니다.

(1반) "앞에 있는 물체 중 각자 마음에 드는 것 5개를 골라 새로운 걸 만들어 보세요."라고 말합니다.

(2반) "마음에 드는 물체를 5개씩 고르세요."라고 말하고, 학생들이 물체를 다 고르고 난 뒤 "여러분이 고른 5개의 물체를 가지고 새로운 걸 만들어 보세요."라고 말합니다.

(3반) "어떤 새로운 물건을 만들고 싶으세요?"라고 질문을 한 후, 앞 반들에서 사용했던 것과 똑같은 물체들을 건넵니다. 그리고 "눈앞에 있는 물체 중 5개를 골라 아까 만들고 싶었던 물건을 만들어 보세요."라고 말합니다.

1. 학생들의 수준을 고려할 때, 가장 창의적인 결과물을 많이 만든 반은 어느 반이며, 그렇게 생각한 이유는 무엇인지를 설명해 보시오.

2. 1번 질문에서 설명한 이유 외에 교육 현장에서 창의성을 키우기 위해 고려해야 할 요소가 있다면, 무엇인지 사례를 들어 설명해 보시오.

학교 측 해설 🖋

【출제 의도】

학교에서는 창의적 인재를 키우려고 하고, 기업은 창의적 인재를 선발하려 한다. 심리학자와 교육학자들이 여러 창의성 검사를 만들어 창의성을 평가하려고 노력하기도 한다. 그런데 최근 연구를 살펴보면 '창의적 인재'가 있다기보다는 '사람을 창의적으로 만드는 상황'이 있다는 쪽으로 연구의 흐름이 바뀌고 있다. 이 실험 결과는 창의성 자체보다, 창의성을 발휘할 수 있는 상황이 더 중요하다는 것을 보여 준다. 또 목표 달성을 위한 방법과 같은 현실적 여건부터 고민하게 되면 창의적 결과물이 나오기 어렵다는 것을 보여 주고 있다. 면접 대상 학생이 실험 상황을 어떻게 이해하고 있는지 그리고 창의적인 인재를 양성하기 위해 교육이 어떻게 변화해야 하는지에 대해 확인해 보고자 한다.

【평가 주안점】

실제로 실험 결과는 3반, 2반, 1반순으로 더 창의적인 결과물을 보였고, 그 이유에 대해서는 수단(물체 5개)과 목표(새로운 것 만들기)가 분리될수록 창의성이 더 발현되는 것으로 설명했다. 그렇지만 실험 결과에 관계없이 예비 교사의 입장에서 논리적이며 설득력 있게 자신의 생각을 제시하는지를 평가한다. 교육 현실을 고려하여 창의성을 발달시킬 수 있는 방안을 추가로 다양하게 제시할 수 있는지를 평가한다.

선배들의 TIP 및 예시 답안 ✎

1. 가장 창의적인 결과물을 많이 만든 반은 3반일 것이라 생각합니다. 1반과 2반의 경우 공통적으로 물체를 먼저 고르고 새로운 걸 만들어 보라고 지시했습니다. 1반과 2반의 학생들은 새로운 걸 만들 재료인 물체를 먼저 골랐기 때문에 한정된 조건 안에서 새로운 물건을 생각해 내야 했습니다. 반면 3반의 경우 어떤 새로운 물건을 만들지 먼저 정했습니다. 한정되지 않은 상황에서 물건을 생각해 낼 수 있었기 때문에 다른 반에 비해 더 다양하고 독특한 물건을 만들 수 있었을 것입니다. 즉, 한정되지 않은 조건에서 새로운 것을 고민할 수 있었던 3반이 가장 창의적인 결과물을 만들 수 있었을 것입니다.

2. 1번 질문에서 창의성을 키우기 위한 요인으로 '조건을 한정하지 말 것'을 들었습니다. 이것 외에 교육 현장에서 창의성을 키우기 위해 고려해야 할 요소로 두 가지를 더 들고 싶습니다.

첫째, 수용적인 분위기입니다. 우리나라 교육 현장에서는 단 하나의 답만이 정답이 되는 경우가 많습니다. 그래서 학생들은 대답을 하고 싶어도 정답이 아닐까 봐 망설이고는 합니다. 이런 분위기 속에서는 창의성이 발현되기 어렵습니다. 따라서 학생의 아이디어에 대해 비판하거나 평가하지 않는 수용적 분위기를 만들어야 합니다. 예를 들어, 문제 해결을 위해 '브레인스토밍'을 사용할 수 있습니다. 브레인스토밍을 할 때에는 모든 의견을 받아들이고 그 의견에 대해서 관련이 없다거나 현실성이 없다거나 하는 부정적인 평가를 하지 않습니다. 이런 방법을 사용하면 좀 더 부담을 덜고 자유롭고 창의적인 의견이 많이 나올 수 있을 것입니다.

둘째, 실제의 복잡한 상황을 활용하는 것입니다. 예를 들어, 실제 어떤 초등학교 선생님은 학급을 실제 사회처럼 만들었습니다. 모든 학생들이 직업을 선택하고 각자의 역할을 하며 그것을 통해 '학급 화폐'를 법니다. 이걸로 물건을 구입하거나 예금을 하기도 하고 세금도 냅니다. 때로 파산을 하기도 하는데, 이때 학생들이 스스로 고민해서 문제를 해결해야 합니다. 실제의 상황은 여러 가지 복잡한 문제가 얽혀 있기 때문에 학생들의 창의력을 더욱 자극할 수 있을 것입니다.

창의성은 국가와 기업이 강조하는 중요한 능력 중 하나입니다. 앞으로의 세대에서 더 중요하게 여겨지는 능력이기도 합니다. 따라서 학교에서는 이렇게 학생들의 창의성을 향상시킬 수 있는 요인들을 고민하고, 실제 학교 현장에서 적용시킬 수 있어야 할 것입니다.

2. 개별 면접 문제 2

학교에서 가르치는 내용은 시대와 상황에 따라 계속 변화하고 있다. 국가관과 민족애가 필요했던 시기에는 이러한 것이 중요한 교육 내용이 되었고, 과학과 기술의 발달이 국가 발전에 크게 이바지한다고 생각했던 시기에는 이러한 교육 내용이 주요 학습 내용으로 인식되었다. 또한, 세계화를 외치며 외국어 학습을 강조하던 시기도 있었고, 최근에는 컴퓨팅과 관련하여 프로그래밍과 코딩 교육을 강조하기도 한다. 전체적으로 살펴보면 과거나 현재 교육에서 중시하는 교육 내용은 다분히 사회적인 변화나 분위기와 관련하여 변화하고 있음을 인식할 수 있다.
이러한 변화를 인정한다면, 과연 교육 자체가 중시해야 하는 본질적인 교육 내용은 존재하는지, 존재한다면 그것은 무엇인지 궁금해진다. 시대나 상황에 관계없이 강조되어야 하는, 교육의 본질이라고 할 수 있는 교육 내용이 존재한다면 위에서 살펴본 교육 내용의 변화는 무엇을 의미하는 것일까. 만약 시대나 상황에 따라 새로운 교육 내용이 등장해야만 한다면 교육의 본질이라는 것은 과연 존재한다고 할 수 있을까?

1. 시대나 상황의 변화에 따라 중시하는 교육 내용은 변화해야 하는지, 아니면 교육의 본질이라는 측면에서 변화가 없어야 하는지에 대해 한쪽의 입장을 선택하고, 그와 관련한 구체적인 근거를 들어 그런 입장을 선택한 이유를 설명해 보자.

2. 현재 우리 사회에서 강조해야 할 교육 내용은 무엇이며, 앞에서 주장한 자신의 생각과 이러한 교육 내용은 어떤 관련이 있는지 설명해 보자.

학교 측 해설 ✏️

【출제 의도】

이 문항은 교육 내용의 시대적 변화와 관련하여 교육의 본질을 어떻게 판단하는가를 평가하고자 한 것이다. 실제로 시대의 변화에 따라 교육 내용은 끊임없이 바뀌고 있는데 그것이 교육의 본질과 어떤 관련이 있는 것인가에 대해 면접 대상 학생의 생각을 확인해 볼 수 있을 것이다. 또한, 현재 우리 교육에서 중시하는 내용을 자신의 관점에서 어떻게 평가하고 있는지, 그리고 자신의 입장에서 일관성 있게 교육 내용의 문제에 대해 판단하고 있는지를 확인할 수 있다.

【평가 주안점】

지원자가 어떤 의견을 제시하는가 자체는 평가의 중요 내용이 아니다. 그 의견을 뒷받침하는 충분한 근거가 제시되고, 그 근거가 논리적이고 합리적인가 하는 것을 확인하여 평가한다.

선배들의 TIP ✏️

어떤 입장을 선택하느냐에 따라 후속 답변의 논지가 달라질 수 있는 문제다. 2번 질문의 경우에는 1번 질문의 입장에 따라 답변이 달라질 것이다. 교육 내용의 변화를 지지하는 입장에서는 기술, 실제 경제 지식 등의 교육 내용을 강조할 것이고, 교육 내용의 변화를 반대하는 입장에서는 도덕과 같은 교육 내용을 강조할 것이다. 따라서 적절히 선택해서 주장하도록 한다.

예시 답안 ✏️

1. 시대나 상황의 변화에 따라 중시하는 교육 내용은 변화해야 합니다. 이 입장을 선택한 이유에 대해 두 가지 말씀드리겠습니다. 첫째, 교육은 학생들이 사회에 잘 적응할 수 있도록 하는 기능을 하기 때문입니다. 사회의 경제, 법, 기술 등은 계속해서 더 빠른 속도로 변화하고 있는데 교육이 이를 따라가지 못한다면 학생들은 사회에 적응하기 어려울 것입니다. 학생들이 사회 속에서 잘 살아갈 수 있기 위해서 교육도 민감하게 반응하고 변화할 수 있어야 합니다. 둘째, 사회가 변화함에 따라 사회가 요구하는 가치와 인재상이 변화하기 때문입니다. 기술 자체뿐만 아니라 그 기술을 활용하는 문제 해결력, 창의력, 다원화되는 사회 속에서의 대인 관계 능력 등 사회가 요구하는 능력이 변화했습니다. 과거처럼 단순히 지식을 암기하는 능력만 있어서는 안 되기 때문에, 이러한 능력을 키워 줄 수 있도록 교육의 모습도 변화해야 할 것입니다.

2. 교육의 본질이라는 측면에서 변화하지 말아야 할 것이 있다고 생각합니다. 이 입장을 선택한 이유에 대해 두 가지 말씀드리겠습니다. 첫째, 사회의 기술 문제는 빠르게 변화하고 있지만 문

화 지체 현상으로 인해 그것을 다루는 사람들의 윤리 의식은 많이 뒤떨어져 있습니다. 이로 인해 여러 사회 문제가 발생하곤 합니다. 특히 학생의 성격과 인성에 지대한 영향을 끼치는 초등학교의 경우, 교육의 본질에 초점을 맞추어 학생을 교육해야 할 것입니다. 이때의 교육적 본질은 '바른 인간'을 만드는 것이라고 생각합니다. 둘째, 이런 도덕적 내용의 본질은 변화하지 않기 때문입니다. '이웃을 사랑하라.', '부모를 공경하라.'와 같은 도덕적 내용들은 수백 년, 수천 년이 지나도 변하지 않을 것입니다. 이런 본질을 지킴으로써 사회가 변화하더라도 정신적 · 도덕적 가치를 지킬 줄 아는 사람을 키워 내는 것이 교육의 진정한 역할이라 생각합니다.

[정시]

1. 개별 면접 문제 1

김 교사는 새로운 학년이 시작되면 담임을 맡게 된다. 새롭게 담임을 맡으면 꼭 해 보고 싶은 것 중에 하나가 한 명을 학급 반장으로 선발하여 한 학기나 일 년 동안 반장 역할을 맡기지 않고 모든 학생들이 돌아가면서 짧은 기간 동안이라도 반장을 하게 하여 책임감과 리더십, 동료 학생들과의 소통 능력을 키워 주는 것이다. 물론 학급의 학생들이 선출한 반장과 오랜 기간 동안 호흡을 맞추어 가며 담임 교사의 역할을 수행하는 게 수월하겠지만 학생들의 미래를 위해서는 학급 반장을 해 보는 기회를 모두에게 제공하는 게 교육적으로 좋겠다는 생각을 한 것이다.

새로운 학년이 시작되어 김 교사는 학급 전체 학생들에게 일 년 동안 한 번은 학급 반장 역할을 하게 될 것이라고 설명하고 번호 순서대로 반장을 맡는 것에 대해 어떻게 생각하는지를 물었다. 그런데 공부하는 데에 방해가 된다며 반장 역할을 맡는 것 자체를 싫어하는 학생, 본인은 남 앞에 서면 목소리도 작아지고 많이 떨려서 반장을 하기 어렵다는 학생, 자신이 싫어하는 친구가 반장이 되는 모습은 떠올리기조차 싫다는 학생, 그냥 선거를 통해 반장을 선발하자는 학생 등이 있음을 알게 되었다. 김 교사는 자신이 애초에 생각한 방식을 고수해서 밀고 나가야 할지, 반장을 선거로 선출하는 기존의 방식을 따라야 할지, 반장 역할을 맡는 것을 원하는 학생을 먼저 뽑고 나서 그 학생들이 돌아가면서 반장을 맡는 것으로 할지, 또 다른 방식을 적용할지를 고민하느라 머리가 아파져 오기 시작했다.

1. 김 교사가 학급의 모든 학생들에게 반장 역할을 맡게 하겠다는 생각에 대해 교육적 관점에서 비판해 보자.

2. 면접 대상 학생이 김 교사가 되었다고 생각하고 학생들의 다양한 의견을 감안하여 반장을 어떻게 뽑아 학급을 운영할지에 대해 설명해 보자.

학교 측 해설 🖋

【출제 의도】

  교사는 자신의 교육관에 따라 학생들을 지도하거나 학급을 운영하는 방식을 다양하게 적용할 수 있다. 그런데 어떤 방식은 교육자로서 소신 있는 행동이라고 볼 수 있는 반면 어떤 방식은 교육자가 고수하기에는 바람직하지 못한 행동으로 볼 수도 있다. 교사가 평상시 가지고 있는 생각과 교육 현장의 현실이 잘 조화를 이루기 위해서는 어떤 생각을 가지고 어떻게 행동해야 하는지에 대해서 다양하고 구체적인 견해를 제시할 수 있는지를 파악하는 데 평가의 목적이 있다.

【평가 주안점】

1. 김 교사의 생각을 지지한다면 그에 대한 이유나 근거를 잘 제시하고 있는지, 만약 반대하거나 우려하는 면에 대해서 조언을 한다면 객관적인 관점에서 비판받을 부분을 잘 지적하고 있는지를 평가한다. 예를 들어, 김 교사의 생각에 대해서는 '리더십은 단기간 내에 길러지지 않는다.', '리더십은 꼭 반장을 해야만 길러지는 것이 아니다.', '리더십은 반장이 아니라 모둠장이 되어서도 길러질 수 있다.', '책임감은 청소 당번을 제대로 하는 것으로도 길러질 수 있다.' 등 다양한 비판이 가능하다.

2. 학생들의 의견을 어느 정도 수용하면서도 교사가 애초에 가지고 있는 생각을 소신 있게 실천하여 조화를 이루는 방안에 대해 다방면으로 제시하고 있는지를 평가한다. 예를 들어, 모든 학생들에게 반장을 하게 한다면 반장 역할을 하는 데 어려움을 느끼는 부분은 미리 해결해 준다거나, 반장을 하고자 하는 학생들부터 반장 역할을 먼저 수행하게 하여 나머지 학생들이 반장 역할에 대해 두려워하는 생각을 없애고 나서 최종적으로는 모든 학생들에게 반장을 맡긴다거나 하는 등의 여러 방안을 제시할 수 있는지를 평가한다.

선배들의 TIP 및 예시 답안 🖋

2. 제가 김 교사였다면 우선 반장 선출 방법에 대한 여러 방법의 장단점을 설명한 뒤, 여론을 조사하여 투표를 통해서 결정하겠습니다. 이런 문제 상황에서 교사가 일방적으로 결정하기보다는 학생들에게 선택권을 줌으로써 민주 시민으로 교육하는 토대가 될 수 있도록 할 것입니다. 투표로 결정하게 된다면 학생들도 이를 납득하고, 교사가 일방적으로 결정할 때보다 불만이 적어질 것입니다.

그래도 아이들의 리더십을 기르겠다는 목적도 달성해야 하기 때문에, 우선 리더십을 기를 수 있는 반장 선출 방법에는 무엇이 있을지 먼저 고민해 볼 것입니다. 예를 들어, 모든 학생들에게 반장을 하게 한다면 반장 역할을 하는 데 어려움을 느끼는 부분은 미리 해결해 준다거나 반장을 하고자 하는 학생들부터 반장 역할을 먼저 수행하게 하여 나머지 학생들이 반장 역할에 대해 두려워하는 생각을 없애고 나서 최종적으로는 모든 학생들에게 반장을 맡긴다거나 하는 등의 여러 방안을 먼저 제시한 뒤 학생들에게 선택권을 줄 것입니다.

2. 개별 면접 문제 2

폐쇄 회로 텔레비전인 CCTV는 범죄 예방 및 범죄자 검거에 기여하는 등 매우 유용한 용도로 일상생활에서 광범위하게 쓰이고 있다. 그런데 CCTV가 이해 당사자들 사이에 갈등을 일으키는 경우도 있다. 예를 들어, 어린이집에 다니는 아이들이 제대로 보호를 받으면서 안전하게 교육받고 있는지를 확인하고 싶은 부모 입장에서는 어린이집 곳곳에 CCTV를 설치하는 것을 찬성하는 반면, 자신들의 행동이 감시당하는 느낌을 받고 잠재적인 아동 학대범 취급을 받는다고 우려하는 어린이집 교사들은 설치를 반대하기도 한다. 이런 갈등은 영유아 보육법에서 아동 학대 방지 등 영유아의 안전을 위해 CCTV를 의무적으로 설치하게 함으로써 어느 정도 해결이 되었다고 할 수 있다. 그런데 최근에는 유치원에서도 아동 안전을 위해 CCTV를 설치하자는 의견이 있다. 또한, 초·중·고등학교에서 학교 폭력이 심해지고 있어서 이를 방지하거나 학교 폭력 가해자를 처벌할 때 근거 자료로 활용할 용도 등으로 교실이나 복도 등에 CCTV를 설치하자는 의견도 있다.

1. 면접 대상 학생의 입장에서 유치원, 초·중·고등학교에 CCTV를 설치하는 것에 찬성하는 입장과 반대하는 입장, 절충하는 입장 등에 대한 자신의 생각을 설명해 보자.

2. 만약 CCTV를 설치하는 것에 사회적 합의가 도출된다면 유치원이나 학교의 어느 장소에서, 어떤 시간에, 어떤 방식으로(예 녹음 허용 등) 촬영하는 것을 허용할지에 대한 자신의 생각을 설명해 보자.

학교 측 해설 🖊

【출제 의도】

학교는 학생, 학부모, 교사 등이 화합할 수도 있고 갈등을 일으킬 수도 있는 공간이다. 학생들이 어떤 환경에서 어떤 내용을 배우고 있는지를 보고 싶은 학부모 입장에서는 CCTV 설치에 대해 찬성할 수 있고, 자신이 감시당하는 느낌을 받거나 교육 행위가 위축되고 예비 범죄자 취급을 받는다고 느끼는 교사들은 반대할 수도 있다. 예비 교사의 입장에서 CCTV 설치에 대해 어떤 관점을 가지고 있으며 그것을 잘 피력하는지, 그리고 CCTV 설치로 인한 갈등을 최소화하기 위해서는 설치 시 어떤 점을 고려해야 하는지를 적절히 분석하여 조리 있게 제시하는지를 평가하고자 한다.

【평가 주안점】

1. 면접 대상 학생이 자신의 학교생활에서의 경험, 평상시 생각, 교육적 관점 등을 바탕으로 하여 찬성과 반대, 절충 등의 이유나 근거를 충분히 제시하는지, 그리고 자신과 다른 생각을 가진 사람의 의견에 대해 잘 이해하고 그들을 설득할 수 있는 근거를 잘 제시하고 있는지를 평가한다. 예를 들어, 유치원에 설치하는 것은 찬성하지만 초등학교 이상 학교에 설치하는 것은 반대한다는 입장을 밝히고 나서 유치원생은 교사의 부당한 대우나 학교 폭력 피해 등에 대해 정확한 진술을 하기에는 미숙하기 때문이라는 등의 근거를 잘 제시하는지를 평가한다.

2. CCTV 설치의 부작용을 최소화하고 장점을 극대화하기 위해 다양하고 구체적인 방안을 제시하는지를 평가한다. 예를 들어, 복도 등 교실 이외의 장소에서는 24시간 촬영하되 교실은 휴식 시간에만 촬영 허용한다거나 학교 폭력이 많이 일어나는 장소를 조사해 특정 장소에만 설치하는 등 다양한 방안을 제시하는지를 평가한다.

선배들의 TIP 및 예시 답안 ✏️

학교 측 해설이 상세하므로 예시 답안은 생략한다.

「김윤환의 교대사대 구술면접」구매자를 위한

교대사대 구술면접
시사 / 교육 이슈 강좌
특강 안내

지난 10여 년간 많은 선배에 의해 검증된 '교대·사대 면접을 위한 시사 / 교육 이슈 쟁점 정리' 특강 소식을 전합니다. 교대 면접은 출제 범위가 한정되어 있습니다. 그렇기 때문에 최소한의 쟁점과 지식을 정리하면 더욱 편하게 시험에 임할 수 있습니다. 교재를 통해 스스로 공부하고 학습했던 내용들을 김윤환 선생님과 직접 정리할 수 있는 좋은 기회에 함께 하시기 바랍니다.

일시 '아토즈 논술·구술 아카데미', '시대인재 목동학원'에 직접 문의해 주세요.

장소 대치동 아토즈 논술·구술 아카데미 / 시대인재 목동학원

대상 교대·사대 구술면접을 준비 중인 학생

※ 전형에 따라 개설되지 않은 강좌가 있을 수 있으니 반드시 시간표를 미리 확인해 주세요.

내용 김윤환 선생님의 직강으로, 교재에 수록된 쟁점과 문항에 대한 핵심 정리가 이루어집니다. 교재에 반영되지 않은 최근 이슈와 예상 문제를 추가 자료로 배부하여 강의를 진행합니다. 수업 전후로 희망 학생들은 질의응답 시간을 가질 수 있습니다.

신청 방법 대치동 수업은 '아토즈 논술·구술 아카데미', 목동 수업은 '시대인재 목동학원'에 직접 전화로 신청해 주세요.

아토즈 논술·구술 아카데미 02) 565-0715

시대인재 목동학원 02) 2643-1237

나에게 딱 맞는 한능검 교재를 선택하고 합격하자!

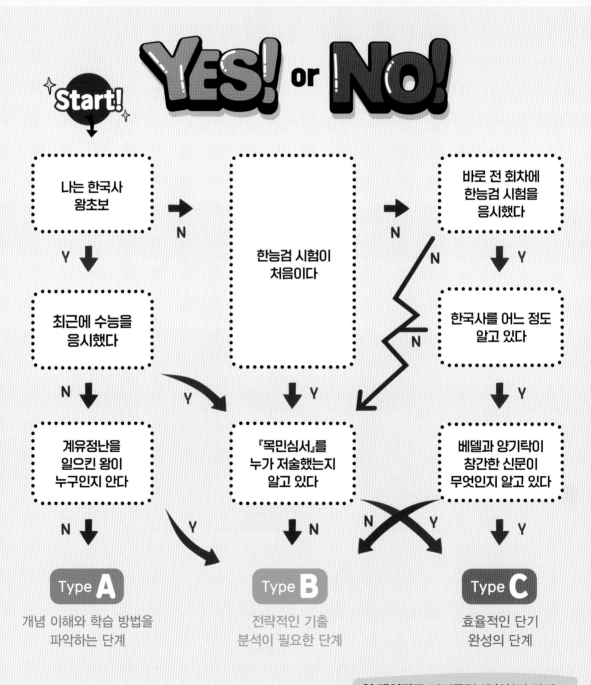

Start! YES! or NO!

나는 한국사
왕초보

→ N

바로 전 회차에
한능검 시험을
응시했다

→ N

Y ↓

최근에 수능을
응시했다

한능검 시험이
처음이다

N

N

한국사를 어느 정도
알고 있다

N ↓ Y ↘

↓ Y

↓ Y

계유정난을
일으킨 왕이
누구인지 안다

『목민심서』를
누가 저술했는지
알고 있다

베델과 양기탁이
창간한 신문이
무엇인지 알고 있다

N ↓ Y ↘

↓ N

N ╳ Y

↓ Y

Type A

개념 이해와 학습 방법을
파악하는 단계

Type B

전략적인 기출
분석이 필요한 단계

Type C

효율적인 단기
완성의 단계

옆 페이지로 커리큘럼 계획하러 가기

2025 **김윤환의**

교대 사대 구술면접

편저 | 김윤환

교대·사대 최종 합격을 위한 **필독서!**

책 속의 책 | 제1~5편 이론

시대에듀

책 속의 책 차례

제 1 편

교대·사대 면접의
유형과 기본

제 1 편 | 교대 · 사대 면접의 유형과 기본

1 ▶ 면접 유형

자신이 준비하는 교대의 면접 유형에 맞추어 시뮬레이션하는 것이 가장 좋은 면접 대비법이다. 아래 나와 있는 면접 유형과 팁을 통해 실제 상황과 같은 긴장감 속에서 연습을 반복해 보기를 바란다.

1. 토의형 면접

토의형 면접의 경우, 25분의 준비 시간이 주어지지만 생각보다 그렇게 길지 않은 시간이다. 주어진 시간을 효율적으로 운영하기 위해서는 서로의 역할을 토의 전에 미리 정하고 진행하는 것이 좋다. 우선 발표자는 3명(3명이 발표할 정도의 분량이 제시되기 때문에 발표자로는 3명이 가장 적당하다. 하지만 정해진 인원수는 없기 때문에 모든 조원이 발표하거나 한 명만 발표해도 된다), 의견 정리자 2명, 전지에 정리할 사람 1명 정도로 역할을 정하는 것이 가장 안정적이다. 의견 정리자는 팀원들이 자신의 의견을 말할 때 팀원들의 의견을 정리하는 사람을 말한다. 평소 다른 사람의 이야기를 집중해서 듣는 학생들이 이러한 역할을 맡는 것이 좋다. 사실상 6명의 의견을 1명이 정리하는 것은 어렵기 때문에 2명이 파트를 나누어서 정리하는 것이 좋다. 그리고 전지에 정리하는 학생은 핵심적인 사항을 잘 요약할 수 있는 학생이 하는 것이 효율적이다. 전지에 정리할 때는 팀원들과 다같이 모여 상의하여 정리하는 것이 보기에 더욱 좋다.

일반적으로 정해진 토의의 절차는 없으나 토의 면접에 임하기 전 다음의 절차를 간략하게 참고하면 많은 도움이 될 수 있을 것이다.

1. 주제 파악하기

문제지를 받아들고 주제를 파악하는 단계이다. 문제를 자세히 읽어 보고 어떠한 것을 묻고 있는 것인지, 어떠한 식으로 해결할 것인지 서로 이야기를 나눈다.

2. 의견 정하기

주제를 파악했다면 그 주제에 대한 자신의 의견을 정하는 시간을 갖는다. 가장 좋은 토의는 즉석에서 자신의 의견을 말하는 것이지만, 시험이라는 특수한 상황에서 바로 의견을 말하는 것은 어려운 일이므로 1~2분 정도의 짧은 시간 안에 자신의 입장과 의견을 정리하도록 한다. 의견 정하기를 할 때 지나치게 세부적으로 자세히 적어 5분이 넘는 긴 시간을 할애하는 학생들이 많은데, 긴 시간을 할애하는 것보다는 짧은 시간 동안 큰 흐름만을 파악하고 팀원들끼리 서로 이야기해 가며 의견에 살을 붙이고 정교화 하는 것이 훨씬 좋은 방법이다. 자신의 의견을 정하는 침묵의 시간이 5분 이상이 되면 토의의 느낌보다는 찬반 토론 형태의 느낌이 강하게 들기 때문에 침묵의 시간은 최대한 자제하자.

3. 의견 나누기

자신의 의견을 정했으면 이제 팀원들끼리 그 의견을 이야기해 보는 시간을 갖는다. 이때 다른 팀원들의 의견을 들어 보고 서로 각자 피드백을 해 줄 수도 있으며, 보완할 수 있는 사항은 보완해 가며 세부적으로 주제에 대한 해답을 찾아 가야 한다.

4. 의견 모으기

지금까지 나왔던 모든 의견을 한곳으로 집중시켜 모으는 단계이다. 팀원들과 서로 이야기하며 중복된 의견이나 대책이 필요한 의견은 과감히 버리고 팀원들끼리 발표해야 할 핵심 의견들만 모아야 한다.

5. 의견 정리하기

모은 의견을 한곳에 정리하는 단계이다. 이때 전지에 직접 정리해도 되고, 토의를 하면서 전지에 정리를 했다면 구두로 다시 한 번 의견을 정리해 보는 시간을 가져도 좋다.

6. 발표하기

지금까지 정리한 의견을 발표하는 시간을 갖는다. 발표할 때 목소리의 크기는 기본적으로 평소 말하는 정도보다 조금 크게 말하는 것이 좋다. 말의 빠르기도 중요하지만 무엇보다 중요한 것은 정리한 의견을 더듬지 않고 조리 있게 말하는 것이다. 조금 템포가 느리더라도 끊이지 않게 이야기할 수 있도록 빨리 말해야 한다는 강박을 버리고, 자연스럽게 이야기할 수 있도록 연습하자.

토의형 면접 준비를 위한 TIP!

자기 중심적인 토의에 치우치지 않도록 유의할 것

토의형 면접을 진행하다 보면 특정 학생을 중심으로 토의가 진행되는 경우가 많다. 하지만 꼭 자신이 의견을 많이 말하고 토의를 이끌어 간다고 높은 점수를 받는 것은 아니다(물론 토의에서 발언을 하지 않는 것보다 많이 하는 것이 더 좋긴 하다). 토의라는 것은 서로 협의를 통해 최선의 해결책을 만들고 찾아가는 것이다. 자신이 토의를 이끌어 가고 싶다면 자신의 의견만 내는 것이 아니라 토의 안에서 조율자나 진행자 역할을 하는 것이 더욱 좋은 인상을 줄 수 있다. 발언을 잘 하지 않는 팀원에게 발언을 할 수 있게 자연스러운 분위기를 조성하거나 자연스럽게 질문하여 발언을 이끌어 내야 한다. 의견을 말하는 과정에서 말문이 막히는 경우가 많은데(의견을 말할 때 떨리는 경우가 많기 때문에 표현하고 싶은 단어가 생각나지 않거나 말의 끝을 마무리 짓지 못하는 학생이 많다) 이때 침묵한 상태로 지켜보지 말고 자연스럽게 말을 이어갈 수 있게 특정 단어를 말해 준다든가 의견자의 말을 한 번 더 정리하며 말해 주는 식으로 토의를 이끌어 가는 것이 좋다.

편안한 토의 분위기를 조성하도록 노력할 것

토의라는 것은 사실 특정한 형식이나 방법이 정해져 있는 것은 아니다. 그렇기 때문에 토론과 비교했을 때 토의는 상당히 자율적인 부분이 많고 자연스러운 분위기 안에서 진행된다. 하지만 우리는 평가를 받고 있는 수험생 입장이기 때문에 처음 면접실에 들어가면 엄숙한 분위기에 눌려 위에서 말한 것처럼 토의를 진행하기 어렵다. 적당한 긴장은 면접에 효과적이지만 지나친 긴장은 오히려 독이 된다는 것을 모두 잘 알고 있을 것이다. 우리는 충분한 연습을 통해 자기 자신뿐만 아니라 팀원들 전체가 긴장을 풀고 자연스럽게 토의에만 집중할 수 있도록 분위기를 조성하는 역할을 해야 한다. 지나치게 딱딱한 표정으로 토의를 진행하는 것보다 편안한 표정이나 미소를 짓고 있는 듯한 표정으로 토의하는 모습이 면접관이 보는 입장에서는 훨씬 좋을 것이다.

자연스러운 리액션을 연습할 것

팀을 이루어 진행되는 면접에서 가장 중요한 것은 액션이 아니라 리액션이다. 발언자가 이야기했을 때 그것에 대해 좋은 의견이었다고 칭찬해 주거나 다른 방향으로 모색해 보자는 식으로 리액션을 잘하는 학생이 더 좋은 점수를 받을 수 있다. 이러한 학생은 자연스럽게 토의를 진행하는 역할을 할 수도 있기 때문에 자신이 큰 액션을 하지 않고도 면접관들 눈에 자연스럽게 좋은 인상으로 남을 수 있다.

교육자의 입장에서 발언할 것

개별 면접이 없기 때문에 면접관들에겐 지원자가 교육자로서 인성과 적성을 가지고 있는지 판단할 수 있는 근거가 없다. 이러할 경우 의견을 이야기하면서 교사의 입장에서 한 번씩 발언해 주는 기회를 가지는 것이 좋다. 토론식 면접에서도 마지막 발언에서는 교사의 입장에서 말하는 것이 높은 점수를 받는 포인트라고 이야기했었는데(당시에도 개별 면접이 없었기 때문에), 토의식 면접 역시 동일하다. 교육과 관련지을 수 있는 것들은 최대한 관련지어 이야기하는 것이 좋다.

2. 토론형 면접

　토론형 면접은 대체로 60분 동안 한 가지의 주제에 대해 3번의 발언 기회가 주어진다. 세 분의 교수님이 심사를 진행하며, 일단 입장하면 1분 내외의 자기소개 후, 학생이 손을 든 순서에 따라 토론이 시작된다. 토론이지만, 사실상 집단 발표와 같이 진행된다. 각자의 책상 왼쪽 위에는 세 개의 자석이 놓여 있다. 발표 기회를 한 번씩 쓸 때마다 자석을 오른쪽으로 옮기는 식으로 횟수를 산정한다. 한 번의 발언 시간은 2분이다. 1분 30초가 지나면 종을 울려 30초가 남았음을 알려 준다.

　주제는 A4 용지에 적혀 있고, 이것에 대해 사전 메모할 수 있는 시간이 5분 정도 주어진다. 다른 번호의 학생들이 발표하는 동안 다음에 발표할 내용을 정리할 수 있는 시간적 여유가 있다. 세 번의 발표가 모두 끝나면 교수님의 재량으로 추가 질문을 받거나 추가 발언 기회가 주어질 수 있으니 유의해야 한다.

토의형 면접 준비를 위한 TIP!

사회 이슈들을 잘 정리해 둘 것

　지금까지 출제된 주제 중에는 사회 이슈와 관련된 것이 많았다. 교내 CCTV 문제나 성범죄자에 대한 전자 발찌 문제, 신종 플루 접종 순서 등의 기출 문제들은 평소 사회 이슈에 관심을 두고 정리한 학생들이라면 쉽게 접근할 수 있는 것들이었다. 그런 부분들을 염두에 두고 반드시 그 해의 주요 이슈들을 정리해 둘 필요가 있다.

메모를 잘 활용할 것

　메모의 활용이 매우 중요하다. 학교 측에서 배부하는 필기구를 이용해 처음 5분과 다른 학생들이 말하는 중간중간에 메모를 할 수 있다. 간략하게라도 메모해 두면 논리적인 순서를 지켜서 대답할 수 있고, 발표 시 긴장감을 줄일 수 있다. 평소 연습할 때, 메모를 잘 활용하는 자신만의 방법을 터득해야 한다. 특히 다른 사람의 말을 잘 경청하고 이것을 메모에 남기는 것은 꼭 지켜야 할 규칙과도 같은 것임을 명심해야 한다.

'100분 토론'식 감정 싸움이나 인신 공격성 상대 비하는 절대 금물

　남들보다 앞서기 위해, 더 나아 보이기 위해 지나치게 상대를 자극하는 어휘를 쓰는 것은 오히려 마이너스 요소이다. 상대를 무조건 공격하기보다 상대의 견해를 일정 부분 인정하고 받아들이면서, 그것이 성립될 수 없는 논리의 모순이나 현실적 제약을 집어내는 기각 논의의 방식을 취하는 것이 좋다. 따라서 '전혀, 절대, 결단코' 등과 같은 어휘의 사용은 자제하는 것이 좋다.

내용보다 중요한 것은 역시 태도와 자세(조화의 자세를 보여 줄 것)

　토론형 면접에서는 다른 사람과의 조화가 매우 중요하다. 이를 위해 경청의 자세를 적극적으로 견지하고, 타인의 견해 중에 좋은 논리가 있으면 좋다고 말할 수도 있어야 한다. 마지막 발언 기회에서는 지금까지 나온 것들을 정리해 주는 역할을 하는 것도 좋다. 시선과 어조, 말하기의 태도 등에 신경을 쓰는 동시에 다른 사람 말에 대한 경청과 배려의 자세가 토론형 면접에서는 매우 중요하다.

3. 개별형 면접

개별형 면접은 교대와 사대에서 가장 많이 진행되는 방식이다. 채점자(교수님)가 2~3명 있고, 미리 뽑은 질문이나 즉석에서 던지는 질문에 학생이 답하는 방식이다. 학교와 전형에 따라 2~3명이 한 조가 되어 면접실에 들어가는 경우도 있다. 그렇기 때문에 교대·사대 면접을 준비하기 전에 자신이 응시하는 학교의 면접 유형을 세심하게 확인해야 한다. 혼자 들어가는지, 다른 학생들과 함께 들어가는지, 그리고 미리 생각하거나 메모할 수 있는 기회나 시간이 주어지는지, 즉석에서 응답해야 하는지 등에 대해 미리 알아보고 준비해야 한다. 개별형 면접의 경우, 토론형 면접과 달리 다른 친구들과의 조화를 강조하기보다 응시자 스스로의 자신감과 교육자로서의 자질, 인성을 파악하기 위한 것이기 때문에 자신감을 가지고 당당하게 면접에 임하는 것이 가장 중요하다.

개별형 면접 준비를 위한 TIP!

메모나 사전 정리 시간이 허용되는지 미리 검토하고 적응해 둘 것

앞서 말했듯 면접의 유형을 미리 알고, 거기에 맞추어 연습하는 것이 가장 중요하다. 특히 미리 생각할 수 있는 시간이 있는지, 메모를 허용하는지는 매우 중요하므로 미리 확인해야 한다. 많은 대학에서 교양과 교육 문제를 분리해서 복수의 문제 중 하나씩 골라 말하는 방식을 채택하고 있다. 따라서 미리 문제를 검토할 시간이 있을 경우 2~3분 내로 말할 내용을 정리하고 머릿속에 상기시키는 연습을 해야 한다. 처음 시도할 때는 무엇부터 말해야 할지 막막할 수 있지만, 연습하면 굳이 메모를 하지 않더라도 충분히 생각한 것들을 정리할 수 있게 된다. 메모가 있다면 더 쉽게 준비할 수 있지만 메모에 의존하기보다 가급적 머릿속으로 정리해서 말하는 연습을 하는 것이 좋다. 어떤 질문이 나온다 하더라도 출제 가능한 주제나 쟁점에 대해 정리되어 있다면 금상첨화이다.

두괄식으로 2분 내외의 말하기면 충분

특정 쟁점에 대한 응시자의 견해를 묻는 경우가 대부분의 문제 유형이다. 따라서 두괄식으로 자신의 입장을 먼저 제시하고 타당한 근거를 충분히 드는 것이 좋다. 여러 번에 걸쳐 반복적인 이야기를 들어야 하는 채점자의 입장을 고려할 때, 명확하고 분명하게 전달하기 위해서라도 두괄식은 꼭 필요하다. 그리고 답변 시간은 2분 내외로 하는 것이 좋다. 너무 짧으면 충분한 입장 전달이 어렵고, 너무 길면 장황함과 반복을 피할 수 없다.

추가 질문의 가능성을 항상 예상할 것

교수님의 추가 질문은 언제든 있을 수 있음을 기억해야 한다. 예를 들어, A 현상에 대한 자신의 견해를 말하라고 했을 때, 답변의 내용이 A 현상을 부정적으로 평가했을 경우, 추가 질문으로 그것의 대안을 제시하라는 것은 충분히 예상할 수 있다. 추가 질문의 내용이 때로는 학생의 긴장을 풀어 주기 위한 일상적인 질문일 수도 있다. 그렇다고 해도 진지함을 잃지 말고, 추가 질문에 성의껏 답변해야 한다. 평소 이른바 '압박 면접' 연습을 많이 해 두는 것이 이런 추가 질문에 대한 민첩한 대응력을 키우는 데 도움이 되는 만큼 연습 시 다양한 추가 질문을 진행자에게 요구하는 것이 좋다.

2 ▶ 교대 · 사대 면접은 내용이 아니라 태도다!

1. 표정과 시선

교대 · 사대 면접에서 중요한 것은 표정과 시선이다. 표정과 시선이 중요한 이유는 아무리 객관적으로 평가한다 하더라도 짧은 시간에 처음 본 사람에 대한 인상이 평가 내용에 반영될 수밖에 없기 때문이다. 표정은 밝고 부드럽고 자연스러워야 한다. 무조건 웃는 것이 좋은 것은 아니다. 스튜어디스 면접이 아니기 때문에 치아를 드러내고 친절하게 웃을 필요까지는 없다. 무표정과 찡그림을 피하는 정도면 된다. 얼굴에 미소를 머금고 말하는 연습을 꾸준히 하면 누구나 긍정적인 표정을 만들 수 있다. 이를 위해 평소에 거울을 보며 연습하거나 자신의 모의 면접 장면을 촬영해서 표정을 체크하는 것이 필요하다. 특히 추가 질문 시 당황하거나 안절부절 못하는 모습을 보이지 않게 조심해야 한다.

시선은 면접관의 얼굴에 둔다. 눈을 너무 뚫어져라 보는 것은 채점자 입장에서 부담스러울 수 있다. 보통 2~3명의 채점자가 있으니, 채점자들을 번갈아 바라보면서 이야기하는 것이 좋다. 진지하고 솔직하게 이야기하고 있다는 인상을 심어 주기 위해서는 상대방의 눈을 보아야 한다. 적당히 시선을 맞추면서 자연스럽게 이야기할 수 있도록 연습하자. 보통 처음 연습할 때 천장이나 바닥 쪽으로 시선이 분산되는 경우가 많다. 이 부분이 반복적으로 보이면 상대방 입장에서는 시선을 회피하고 자신감이 없어 보인다는 인상을 받을 수밖에 없다. 표정과 시선은 가장 중요한 기본 태도임을 명심하자.

2. 목소리의 크기, 빠르기, 어조

목소리의 크기, 빠르기, 어조는 면접 시 매우 중요하다. 물론 목소리 자체를 바꿀 수는 없다. 하지만 어떻게 연습하고 실전에 임하느냐에 따라 자신의 목소리는 득이 될 수도, 실이 될 수도 있다. 목소리의 크기는 기본적으로 평소 말하는 정도보다 조금 크게 말하는 것이 좋다. 옆 사람에게 속삭이는 듯한 목소리로는 '나중에 교사로서 수업을 할 수 있을까?' 하는 채점자의 의심만 키울 뿐이다. 목소리가 일정한 크기로 유지되는 것은 청자 입장에서도 자신감 있어 보인다는 점에서 좋다. 귀청이 떨어지게 소리를 외치라는 것은 아니지만, 평소 말하는 정도보다는 조금 목소리의 크기를 올려 보자. 말하는 빠르기는 당연히 너무 느려서도 빨라서도 안 된다. 사실 빠르기보다 더 조심해야 할 것은 말을 더듬는 것과 말했던 단어를 반복하는 것이다. 한 박자 느리더라도 흐름이 끊이지 않고 이야기하는 것이 훨씬 낫다. 빨리 말해야 한다는 강박을 버리고, 중간중간 흐름이 끊이지 않고 자연스럽게 이야기할 수 있도록 연습하자.

3. 어휘 사용의 적절성

바른 말, 고운 말 쓰기는 교사의 기본 자질이다. 상황과 맥락에 어울리지 않는 어휘를 사용하는 경우가 있어서는 안 된다. '저희 나라'라고 말한다든가, '열심히 가리키겠습니다.'라고 말하는 등의 명백한 오류는 평소 연습 과정에서 걸러내야 한다. 최근에는 지나친 구어체의 사용이나 유행어, 통신체 등이 문제가 되는 경우도 있다. '~했구요, ~하구요' 등의 해요체 남발도 조심해야 한다. 어휘 사용에 있어서는 스스로 조심하는 것만으로는 한계가 있다. 평소 자신에게 익숙한 어휘나 말하기 습관은 쉽게 고쳐지지 않기 때문이다. 따라서 자신의 잘못된 어휘 사용이나 언어 습관을 교정·지적해 줄 수 있는 사람이 필요하다. 선생님이나 부모님께 부탁을 드려 반복적으로 모의 면접을 하는 것이 좋다.

4. 경청의 자세

경청의 자세는 토론 면접에서 특히 중요하지만, 개별 면접에서도 중요하다. 면접 시 교수님의 말씀을 잘 듣는 것은 답변을 잘하는 것만큼이나 중요하다. 개별 면접에서도 조별로 입장하는 경우가 있는데, 그때도 역시 다른 학생들이 말하는 동안 충분히 경청하는 자세를 보여 주는 것이 좋다. 토론 면접은 앞서 강조했듯, 경청의 여부가 성패를 가르는 핵심이라 볼 수 있다. 면접에서는 아무래도 본인이 말하는 것에 집중할 수밖에 없는데, 경청의 자세도 놓칠 수 없는 중요한 태도임을 명심하자.

5. 제스처

과도한 제스처는 작위적으로 보일 수 있다. 그렇기 때문에 간단하게 손을 움직이는 정도의 제스처는 좋지만 팔을 크게 움직인다든가, 종이를 구긴다든가, 손톱을 물어뜯는다든가, 머리와 얼굴에 손이 간 다든가 하는 행동들은 삼가야 한다. 적절한 제스처는 청자의 이해를 돕는 장점이 있지만, 교대·사대 면접에서는 제스처를 과도하게 할 필요가 없음을 알아 두자.

6. 무엇보다 중요한 자신감과 진지함

교대·사대 면접에서 가장 중요한 태도는 무엇일까? 바로 자신감이다. 쭈뼛쭈뼛하고, 얼버무리는 듯하고, 당황하고, 목소리가 지나치게 떨리는 경우 등은 면접 실패의 명백한 징후들이다. 이 모든 징후는 자신감의 부족에서 온다. 자신감은 말처럼 쉬운 것이 아니다. 누군들 자신감을 가지기 싫어서 이러한 행동들을 보이겠는가. 중요한 것은 스스로 자신감을 가질 수 있을 정도로 충분히 준비하고 연습하는 자세이다. 보통 교대·사대 면접에서 출제될 수 있는 쟁점들은 한정되어 있다. 이 쟁점들을 충분히 검토하고 연습해 둔다면 자신감은 저절로 생기게 된다. 그리고 교수님이 농담을 하더라도 농담으로 맞대응하기보다, 진지하고 겸손한 자세를 보여야 한다는 점도 함께 기억해 두자.

3 내용에 있어 균형적·조화적이면서 논지를 굳게 세우는 방법들

1. 두괄식이 중요하다.

교대 면접에 있어 앞서 언급한 것처럼 두괄식은 필수이다. 왜냐하면 면접은 짧은 시간 동안 자신의 견해를 명확하게 전달해야 하는 말하기이기 때문이다. 두괄식으로 명확하고 분명한 입장을 표명해야, 근거를 통해 입증하는 논리 구성도 편해진다. 다만 두괄식으로 이야기할 때 너무 호전적인 어휘를 쓰거나, 반대의 논리나 주장이 완전히 배제된 절대적인 주장은 피해야 한다. 예를 들어, '사형 제도는 있을 수 없는 반인륜적인 제도입니다.'라고 말하는 것보다는 '사형 제도는 법 감정과 범죄 예방 효과를 고려한다 하더라도, 현대적 상황에서 제한될 필요가 있다고 생각합니다.'라고 말하는 것이 더 낫다. 어쨌든 자신의 전체 입장을 포괄적으로 제시할 수 있는 문장으로 배치해서 면접관이 바로 이해할 수 있게 하면 충분하다. 가장 좋은 면접의 내용은 '면접관이 한 번에 이해할 수 있고, 알 수 있는 내용'임을 기억하자.

2. 근거의 분류화는 논리성과 체계성을 부각시킨다.

근거의 분류화는 두 가지 이상의 근거, 즉 복수의 근거를 제시함을 의미한다. 한 가지의 근거보다는 두 가지 이상의 근거가 있을 때, 더 체계적·논리적·분석적으로 접근할 수 있기 때문에 일반적 논증의 방식으로 많이 강조되는 방식이다. 그렇기 때문에 면접에서도 자신의 주장과 견해를 두괄식으로 명확하게 제시하고, 그것을 강화하거나 지지하는 근거를 두 가지 이상 말하면 된다. 보통 분류화의 방식은 영역이나 주체별로 나누는 것이 쉽다. 예를 들어, 공교육 붕괴의 원인을 말하라는 문제가 나오게 되면 ① 교사의 수업 준비 부족, ② 대입을 정점으로 한 입시 제도, ③ 학부모의 문제, ④ 학생의 태도 문제 …… 이런 식으로 다양하게 접근할 수 있다. 보통 '첫째', '둘째'와 같이 순서를 나타내는 말을 붙여서 말하기도 하고, '우선', '또한' 등의 단어를 쓰면서 분류화하기도 한다.

주의할 것은 무조건 근거가 많다고 알찬 답안이 되지는 않는다는 것이다. 다섯 가지의 근거를 말했다고 해서 그것이 좋은 면접 답안이라 단정할 수 없다. 오히려 지나치게 분류화할 경우 장황함과 중복 가능성만 높일 뿐이다. 2분 내외의 교대·사대 면접의 형식을 고려할 때, 두~세 가지 정도의 근거를 제시하면 충분하다.

3. 구체적인 사례를 제시하자.

사례는 그 자체로는 근거가 될 수 없다. 사례가 그 자체로 근거가 되면 우리는 그것을 '성급한 일반화의 오류'라고 부른다. 사례는 근거를 강화하기 위한 보조 근거, 2차 근거이다. 그렇기 때문에 자신의 근거를 밝히고, 그와 같은 근거가 적용된 실제 사례를 제시하면 좋다. 교대·사대 면접에서는 자신의 진솔한 경험이나 역사적 사실이 중요한 사례가 될 수 있다. 우리는 이미 학교 교육을 받아 온 교육 소비자이자 교육 주체이기 때문에 우리가 겪고 느꼈던 진솔한 과거의 사례는 좋은 근거 강화 자료가 될 수 있다. 그리고 가정적 사례도 그것이 충분히 일반적·보편적으로 수용될 수 있으면 허용될 수 있다. '만약 학급 내에 ~경우가 있다면, ~하게 될 것이다.'라는 가정적 사례도 인정될 수 있다는 것이다.

4. 극단적인 선택과 내용은 창의성으로 평가받지 않는다.

논의는 100:0의 논리보다 70:30의 논리가 좋다. '일제 고사에 대한 찬반 견해' 제시 문제가 출제되었을 때, 일제 고사에 반대한다 하더라도 찬성 쪽에서 제기하는 내용 중에서 타당한 부분은 일부 긍정해도 무방하다. 다만 70:30이 아닌 50:50은 위험하다. 양시 · 양비론에 빠질 수 있기 때문이다. 따라서 어느 쪽의 입장인지 두괄식으로 분명히 밝히는 것이 중요하다.

극단적인 선택을 피하기 위해 흔히 '기각 논의'라 불리는 논리를 전개하면 좋다. 기각 논의는 선택한 입장의 한계를 인정하고 그것의 대안을 제시하거나, 선택하지 않은 입장의 긍정적 부분을 인정하고, 그것의 한계를 다시 제시하는 것을 의미한다. 이것은 70:30의 논의를 수용하면서도 본인이 선택한 입장을 강화해 주는 논리 전개 방식이기 때문에 논술과 면접에서 모두 유용하게 활용할 수 있다.

5. 교육과의 연관성을 항상 생각하자.

우리가 응시하는 대학은 교육대학교이거나 사범대학교로, 교사를 양성하는 곳이다. 어떤 사회적 쟁점과 현상에 대한 입장을 밝힐 때, 교육자의 시각이 반영될 수 있으면 좋다. 예를 들어, 우리 사회의 문제를 극복하기 위한 대안을 제시하라는 주제가 출제되었을 때, '교육'을 통한 인식의 전환을 강조하는 것은 예비 교사로서 충분히 검토할 수 있는 부분이다. 다만 무조건 '교육'과 연관시켜야만 한다는 고정관념은 버리자. 출제된 문제가 교육적으로 검토될 수 있거나 교사로서의 시각이 필요하면 적극적으로 활용하자는 것이지, 모든 문제를 교육과 연관시키자는 이야기는 아니기 때문이다.

제 2 편

교육 소양

제2편 | 교육 소양

1 교사가 되려는 이유(지원 동기)

선배들의 TIP 및 교육 이론 ✏️

나는 왜 교사가 되려고 하는가, 이 문제야말로 가장 기본적이고 중요한 질문이라고 할 수 있어. 하지만 이 질문에 대한 정확한 해답은 없어. 왜냐하면 이것은 지극히 개인적인 이야기이니까. 이 질문의 관건은 얼마나 진실하고, 확신에 찬 어조로 얘기하느냐의 문제라고 생각해. 자신의 경험과 함께 이야기를 풀어 나가면서 교수님들이 너의 이야기에 흥미를 가지고 경청할 수 있도록 하는 게 중요해. 어릴적 은사님께 훌륭한 가르침을 받았던 일, 누군가를 가르쳐 보며 느꼈던 소소한 행복, 교육자셨던 주변 분들의 영향을 받을 수밖에 없었던 이야기 등, 너의 경험에 기초한 이야기들을 펼쳐 나가 봐. 이 질문에 대한 답이 한정되어 있는 만큼 답변할 때의 너의 어조와 태도가 상당히 중요해. 그 어떤 질문의 답보다도 이것은 네가 살면서 겪었던 경험을 이야기하는 거니까 너도 가장 편하고 자신감 있게 대답할 수 있을 거야. 얼마나 교사가 되고 싶은지, 그리고 얼마나 그 꿈에 대한 확신을 갖고 있는지, 이런 것들을 교수님들께 확실히 보여 드려. 한 가지 주의할 점은 교사가 되고 싶은 이유에 너무 물질적인 면을 강조하면 안 되겠지? 예를 들어, '교사라는 직업이 사회적 지위나 경제적인 면에서 안정적이기 때문'이라는 답변은 솔직함이 도를 지나쳐 무례하다는 평가를 받을 수도 있어. 특별히 답변할 내용이 생각나지 않는다면, 네가 존경하는 은사님들을 생각해 보면서 그분들처럼 너도 누군가에게 영향력 있는 사람이 되고 싶다는 식으로 진솔하게 이야기를 풀어 나가도 좋아.

합격 선배들의 답안 ✏️

저는 어렸을 적부터 '좋은 교사'가 되고 싶다는 꿈을 가지고 있었습니다. 그 이유는 첫째, 저에게 항상 따뜻한 가르침을 주셨던 선생님들처럼 되고 싶었기 때문입니다. 제게 가장 큰 동기 부여를 주신 분은 바로 초등학교 6학년 때 선생님이십니다. 그 이전에 선생님들은 조금은 어렵기도 하고, 딱딱하게만 보였는데, 그 선생님께서는 항상 따스하게 웃는 얼굴로, 때로는 친구처럼 편하게 대해 주시기도 하고, 또

때로는 엄마처럼 제자들을 다독여 주기도 하시면서 저희를 사랑으로 가르쳐 주셨습니다. 선생님의 진심이 전해진 것인지, 초등학교 졸업 이후에도 계속 그 선생님이 제 가슴에 남았고, 항상 어떤 일을 하기 이전에 '선생님이라면 어떻게 결정하실까?', '이 상황이었다면 선생님은 어떻게 생각하고 행동하실까?'를 먼저 생각하게 되었습니다. 그리고 그때, 사람들의 기억에 영원히 남아 있으며, 또 그 사람에게 평생 영향을 줄 수 있는 직업인 교사가 굉장히 멋지고 대단하게 느껴졌고 저도 그 선생님처럼 학생에 대한 따뜻한 애정과 열정을 가진 선생님이 되고 싶다는 꿈을 가지게 되었습니다.

두 번째 이유는, 단순하지만 제가 아이들을 가르치는 것을 좋아하기 때문입니다. 거창한 경험은 아니지만, 외국에서 태어나고 살아서 한국말을 잘 하지 못하는 제 친척 동생들에게 방학 동안에 잠시 한국어를 가르쳐 준 적이 있었습니다. 아이들이 서툴게나마 제가 전달해 주는 지식을 받아들이고 또 그에 대한 성과를 일궈 나가는 것을 보면서 뿌듯함과 희열을 느꼈습니다. 또한, 아이들이 느끼는 것을 함께 느끼고 공감하면서 가르치다 보니, 가르치는 일이 매우 보람 있게 느껴졌고, 한 단계 더 나은 사람이 될 수 있도록 옆에서 도와주는 직업인 교사가 꼭 되고 싶다고 생각했습니다. 비록 짧은 시간이었지만 이런 경험을 통해 저는 좋은 교사에 대한 꿈을 굳히기 시작했습니다.

김윤환 선생님의 평가 및 보충 ⓠⒶ

전반적으로 자신의 경험을 바탕으로 잘 구성한 답안이다. 교사가 되고 싶은 이유를 크게 두 가지로 분류해 응답했다. 첫 번째 이유가 다소 감성적이고 개인적인 경험에서 비롯된 반면, 두 번째 이유는 교직에 대한 자신의 적성을 잘 드러냈다는 점에서 각각의 근거가 서로 보완적으로 작용했다. 이런 경우 자신의 답안에 대한 분류화를 잘 했다고 볼 수 있다. 다만 첫 번째 이유에서 막연히 누군가의 기억 속에 남겨지고 싶다는 바람은 다소 설득력이 약할 수 있다. 단지 '기억에 남는다.'라는 표현에 그칠 것이 아니라, 좋은 교사는 한 사람의 인생에 지대한 영향력을 끼칠 수 있고, 그 가운데 긍정적인 영향, 누군가가 인생을 살아가는 데 있어 큰 도움을 주는 일을 한다는 점을 강조하자. 사실상 여기에 초등학교 교사의 가장 큰 메리트가 존재한다. 두 번째 이유에서도 평소 경험을 바탕으로 이야기를 풀어 갔으며 대답의 내용도 전반적으로 매끄러웠다. 두 근거 모두 '왜 다른 교사가 아닌 초등학교 교사인가?'에 대해서는 다소 미약한 답변이 될 수 있다. 문제 속에 직접적인 지적은 담겨 있지 않지만, 현장에서 왜 '어린 아이들에 대한 교육을 하려 하는가?'에 대한 질문과 맥이 닿는다고 생각해야 한다. 첫 번째 이유에서 이 부분을 보다 심화시켜 이야기하고, 두 번째 이유에서도 어린 친척 동생들을 가르치며 느꼈던 경험을 초등 교육 중심으로 풀어 가는 것이 좋다.

선배들의 TIP 및 교육 이론 ✏

외모 지상주의라는 주제는 우리가 흔히 접할 수 있는 사회 문제야. 그리고 흔한 만큼 그것에 대한 문제점과 생각을 말하기가 막연하게 느껴지기도 해. 그럴 땐 주제에 대한 구체적인 사례를 제시하고 그에 대한 경험과 느낌을 덧붙이면서 너의 생각을 펼쳐 나가는 것이 좋아. 네가 외모 지상주의 때문에 상처나 피해를 입었던 경험을 예로 들며 너의 의견을 말하고 교수님들의 공감을 이끌어 내는 거지. 그 경험이 교육적으로 연관된 것이라면 더할 나위 없이 좋겠지? 하지만 혹시라도 너의 경험을 이야기하다가 흥분해서 감정이나 어조에 변화를 보여선 안 돼. 시종일관 차분하고 객관적인 말투를 유지하는 것이 중요해.

외모 지상주의가 아이들의 인성 발달에 악영향을 미칠 수 있다는 점에서 올바른 인성 발달을 강조하는 전인 교육과 연관 지어 생각해 볼 수 있어. 아이들이 외적인 아름다움보다는 내적인 아름다움을 볼 수 있는 인성을 갖도록 교사들이 노력해야 한다는 식으로 외모 지상주의를 교육적으로 승화시킨다면, 교수님들이 너의 답변에 매료될 거야.

합격 선배들의 답안 ✏

외모 지상주의는 외모가 개인의 성패나 그 외의 모든 것을 결정짓는다고 보는 것을 일컫는 말로, 현대 사회의 가장 큰 문제점 중 하나입니다. 대중 매체가 발달하면서 예쁘고 멋진 연예인들이 등장했고, 그들의 외모를 강조하여 사람들에게 미의 기준을 제시함으로써 외모 지상주의도 급격히 확산되고 있습니다. 그런데 이러한 현상에는 사회적·교육적으로 아주 큰 문제점이 있습니다.

첫째, 사람들이 첫인상, 즉 외모로 그 사람을 판단함으로써 그들이 가진 개개인의 개성이나 능력을 무시하게 된다는 점입니다. 외모 지상주의로 인해 사람들은 능력 위주의 사회를 외모 위주의 사회로 바꾸어 놓았습니다. 능력 위주의 사회에도 분명 문제는 있습니다만, 외모 위주의 사회는 노력만으로 절대 이룰 수 없는 외모라는 기준으로, 사람들에게 열등감을 안겨 주고 자신감을 잃게 하며 이로 인해 자신의 지적 개발을 위해 노력하는 사람들을 무기력하게 하고, 성형 열풍과 과소비 열풍을 조장합니다.

둘째, 아직 인격이 완전히 형성되지 않은 초등학생들이 외모 지상주의를 접하게 되면 그들의 성격이나 사회성에 매우 큰 악영향을 끼치게 됩니다. 아이들에게 무조건 예쁜 것, 멋진 것이 좋은 것이라는 관념이 심어지면 아이들이 외모 만능주의와 물질 만능주의에 빠지게 되고, 외모를 기준으로 두고 왕따 문화가 형성되기도 합니다. 또한, 상대적으로 외모에 자신 없는 아이들이 스스로 콤플렉스를 만들게 되어 인성에도 악영향을 미치게 됩니다. 이는 비단 아이들의 문제만은 아닙니다. 예쁘고 멋진 것에 눈이 가는 것은 본능에 가깝기 때문에 선생님들도 항상 주의를 기울여야 합니다. 제 경험으로 미루어 보았을 때, 선생님들께서도 학생들의 외모에 대해 장난삼아 농담을 하시기도 하고 예쁜 학생들에게 더 관심을 두는 경우도 있습니다. 학생들에게 선생님의 영향은 생각보다 크기 때문에 이 역시 아이들에게 큰 상처를 주고, 자신감 결핍을 가져오거나 소외감을 느끼게 할 수 있습니다. 아이들의 인격이 형성되는 중요한 시기인 만큼 심각한 문제가 될 수 있습니다.

그 사람의 인격과 능력보다도 외모가 중시되는 풍조는 현대 사회에서 없어져야 할 것 중 하나이지만 이 흐름을 막을 수는 없습니다. 하지만 최소한 교실에서만큼은 교사가 아이들이 외모 지상주의에 대해 다시 한 번 돌아보고 반성할 수 있도록 지도하고, 외면보다는 내면의 아름다움을 중시할 수 있도록 교육해야 합니다.

김윤환 선생님의 평가 및 보충 Q&

외모 지상주의에 대한 자신의 의견을 논리적으로 구성해 전달한 것은 매우 좋았다. 특히 두괄식 구성을 통해 근거를 분류화한 점과, 답변 초반부에서 외모 지상주의가 무엇인지에 대해 먼저 정의 내린 것도 좋았다. 답변 자체가 다소 딱딱한 감은 있으나, 전반적으로 답변을 조밀하게 구성했다. 특히 사회적인 문제점들 이외에 교육 중심으로 이 사안을 파악하고, 여기에 교사의 역할론까지 덧붙인 것은 답변 전체에 깊이를 더했다.

전반적으로 훌륭한 답변이지만, 자신의 의견에 감성적인 설득력을 좀 더 강화할 필요가 있다. 실생활의 예에서 답변의 맥락을 조금 더 연결지어 보는 것이 좋겠다. 학생 답안에서 이러한 문제가 왕따 문화나 콤플렉스로 이어진다고 지적한 부분은 좋으나, 사회적인 측면에 대한 답변에서는 다소 일반론적인 시선에 머무르고 있다.

3 ▶ 소지품 검사

선배들의 TIP 및 교육 이론 ✏️

이 문제에 대해서는 다른 누구도 아닌 바로 학생인 너희가 가장 공감하고 또 잘 대답할 수 있을 거야. 바로 너희의 문제니까. 그런데도 막상 대답하려고 하니 너무 어렵게 느껴진다고? 그럴 필요 없어. 너희가 평소에 소지품 검사에 대해 느꼈던 점이나 불평·불만들을 논리적으로 첫째, 둘째로 나누어 가면서 차분한 어조로 이야기해 나가면 될 거야.

소지품 검사를 하면서 아이들이 인격적으로 받을 상처나 모욕에 대해 너무 극단적이지 않은 사례를 들어 가며 말해 봐. 만약에 네가 소지품 검사를 반대하거나, 반대로 소지품 검사의 좋은 점에 대해 이야기하고 싶다면 네가 그렇게 생각하는 이유를 논리적으로 펼치고 그에 따른 사례를 들면 되겠지? 교육적으로도 연관 지어 본다면 교수님들의 동의를 얻기에 더욱 좋을 것 같아. 정해진 정답은 없어. 단지 대답을 통해 교수님께 간접적으로 너의 생각과 성향을 보여 드리면 돼. 최대한 밝고, 자신 있고, 당당하게 너만의 논리를 펼쳐 보이는 게 중요해.

합격 선배들의 답안 ✏️

저는 소지품 검사가 꼭 필요한 것은 아니라고 생각합니다. 제가 초등학교를 다니던 시절에 소지품 검사란 한 달에 한 번씩 치르는 통과 의례 같은 것이었습니다. 하지만 개인의 인권을 점차 중시하는 사회에서 점점 소지품 검사의 문제점을 인식하기 시작했습니다.

첫째, 소지품 검사는 그 본질적인 목적을 잃은 지 오래입니다. 흔히 소지품 검사를 하는 목적은 도난 사건이 일어났을 때 범인을 잡기 위해, 또는 학생이 가지고 있어서는 안 되는 물건을 가지고 있을 경우를 대비하기 위한 것입니다. 하지만 제 경험으로 미루어 보았을 때 꼭 소지품 검사를 한다고 하여 그 목적을 달성할 수 있는 것은 아닙니다. 학교가 넓어 물건을 숨길 곳이 많기 때문에 소지품 검사는 '눈 가리고 아웅 하기'일 뿐입니다. 오히려 아직 철이 없고 사춘기인 학생들이 누군가에게 누명을 씌우거나 누군가를 괴롭히기 위해 역이용하기도 합니다. 소지품 검사를 한다고 하여 학생들의 본질적인 문제를 파악할 수 있는 것은 아닙니다. 이러한 방법보다는 아이들을 관심 있게 지켜보고, 그 아이의 문제를 직접 알아가며 해결해 주는 것이 참된 교사가 해야 할 일이라고 생각합니다.

둘째, 소지품 검사는 아이들의 인권 보호 차원에서 사라져야 할 제도입니다. 사춘기에 접어들면서 어떤 아이든지 혼자 간직하고 싶은 비밀이 생깁니다. 그런데 '소지품 검사'라는 명목으로 아이들의 가방 속을 헤집고 다른 친구들 앞에서 물건을 모두 보여 준다면 인격적 모욕감을 줄 수 있습니다. 제 학창 시절의 예를 들어 보자면, 막 사춘기에 접어들어 여성 용품을 지니기 시작했을 때 소지품 검사를 하게 되어 혹시 내 물건이 남들 눈에 띄어 놀림을 당할까 봐 조마조마하기도 하고, 실제로 다른 남자아이가 제 물건을 보고 놀려대서 굉장히 부끄럽고 어린 마음에 상처를 받기도 했습니다. 또한, 이런 경우 외에도, 도난 사건이 일어났을 때 자신이 단지 도난품과 비슷한 물건을 가지고 있다고 하여 다른 아이들에게 의심을 받고 상처를 입는 제2의 피해자가 생길 수도 있기 때문에 소지품 검사 외에 아이들과 1:1 면담을 한다든지, 아이들이 스스로 반성할 수 있는 시간을 갖게 해 주는 것이 중요하다고 생각합니다.

앞서 말했듯이 소지품 검사의 목적은 도난당한 물건을 찾거나 해로운 물건을 갖고 있는 것을 막기 위해서입니다. 하지만 중요한 것은 물증을 찾아내는 것이 아니라 아이들 스스로 생각할 시간을 갖고 반성하게 하고, 다시는 그런 일이 벌어지지 않도록 지도하는 것입니다. 때문에 소지품 검사는 사라져야 할 불필요한 제도입니다.

김윤환 선생님의 평가 및 보충 ⓆⒶ

실효성과 인권 보호 측면에서 답변을 구성한 점은 매우 좋았다. 특히 청소년 인권 측면을 언급한 후 자신의 경험 사례를 들어 답변의 질을 더욱 높이려 한 점이 인상적이었다. 덕분에 '소지품 검사'라는 명분이 아이들에게 어떤 상처로 이어질 수 있는지 청취자 입장에서 보다 확실하게 인지할 수 있게 했다. 또한, 전체 답변을 마무리하면서 앞선 상황에서 진짜 교육자가 무엇을 먼저 생각해야 하는지 강조한 점이 좋았다. 물증을 찾아내고 누군가의 잘못을 알아내는 것보다 중요한 것은, 스스로 도난 사건에 대해 고민하고 반성할 수 있도록 하는 것이라는 점을 잘 지적했다.

다소 아쉬운 점이라면 '제 경험에 비추어 보았을 때', '저의 경우에는'과 같은 수식어가 많이 붙는다는 점이다. 경험에서 비롯된 진정성 있는 답변은 장점이 되기도 하지만, 답변 자체가 '경험으로부터 기인한 것'이라고 재차 강조하는 것은 다소 위험할 수 있다. 경우에 따라서는 이 같은 수식의 반복이 지나친 일반화로 이어질 수 있기 때문이다. 특히 첫 번째 근거에 대한 답안이 조금 더 매끄러울 필요가 있는데, 자신의 경험임을 강조하기보다는 소지품 검사가 내포하고 있는 부작용과 '보이지 않는 폭력성'에 대해 보다 구체적으로 언급해 주는 것이 좋다.

선배들의 TIP 및 교육 이론 ✏️

'일기장이 주는 이미지가 무엇일까?' 먼저 곰곰이 생각해 보고 그에 대한 너의 솔직한 생각을 서술해 봐. '비밀스러워야 할 나의 일기장을 다른 사람이 보고 거기에 코멘트까지 달아 준다니……' 진솔하게 너의 느낌을 서술해 보고 거기에 논리적인 설명만 조금씩 덧붙인다면 끝! 너의 생각을 말하는 것이기 때문에 일관성 있는 태도로 교수님께 너의 의견에 대해 확신을 드려. 만약 네가 일기장 검사에 찬성하는 입장이라면, 일기장 검사의 좋은 점에 대한 너의 경험과 사례를 섞어 가며 말하면 정말 좋겠지. 예를 들자면, 그렇게 해서 쓴 일기장들 또한 나중에 돌이켜 보면 멋진 추억이 된다든지, 선생님께 직접 말로는 할 수 없는 사적인 이야기나 마음속의 이야기들을 일기장을 통해 보여 드려 선생님과 학생이 좀 더 가까워지고 서로를 이해하는 계기가 될 수 있다는 등 너의 생각 그대로를 진솔하고 당당하게 교수님께 전달해 드리는 것이 관건이야. 또 일기를 통해 교사와 학생 간의 공감과 교류가 가능하게 되면서 전인적인 교육이 가능하게 된다는 식의 교육적인 측면으로 접근해도 좋겠어.

합격 선배들의 답안 ✏️

저는 일기장 검사에 반대하는 입장입니다. 제가 학교에 들어가기 전에는 항상 부모님께서 저의 그림 일기를 검사하셨고, 학교에 입학한 후에는 담임 선생님께서 저의 일기를 검사하셨습니다. 그렇기 때문에 저에게 일기는 저만의 비밀 이야기를 쓰는 공간이 아니라 그저 다른 사람들이 모두 보아도 아무런 상관이 없는 그날 하루의 일과를 적는 공간이 되어 버렸습니다. 저뿐만이 아니라 일기를 검사받아 왔던 모든 학생이 아마 저와 똑같이 느낄 것입니다. 혼자 간직하고 싶은 이야기를 적는 곳이었던 일기장의 본질이 사라져 버린 것입니다. 제가 일기장 검사를 반대하는 이유에는 두 가지가 있습니다.

첫째로, 일기장을 검사하는 것은 학생들의 인권을 침해할 우려가 있습니다. 아무리 어린아이라 하더라도 그들은 사생활 보호권을 가진 엄연한 인격체입니다. 그 목적이 어디에 있건 간에 우리는 그들의 사적인 이야기를 들여다보고 그것에 대한 평을 내릴 권한이 없습니다. 학생들은 점점 자신의 비밀을 털어 놓을 공간을 뺏기게 될 것입니다. 속마음을 숨기고 남에게 보이기 위한 일기를 쓰게 하는 것이 아이들에게 도움이 되는 교육은 아니라고 생각합니다.

둘째로, 아이들이 생각하는 능력을 키워 주기 위해 자신이 느끼고 생각하는 것을 말로 잘 표현할 수 있도록 하고, 맞춤법 등을 확실히 익히고, 글쓰기 능력을 향상시켜 주기 위해 일기장 검사를 하고 있는데, 이러한 능력 계발을 위한 방법에 일기장 검사만 있는 것은 아닙니다.

매일 소설을 읽고 그 주인공에게 편지 쓰기, 독후감 쓰기, 선생님, 가족들 및 친구들에게 편지 쓰기 등 일기를 대체할 수 있는 글쓰기는 매우 많습니다. 그런데도 굳이 아이들이 말로 할 수 없는 비밀 이야기를 적는 곳인 일기장을 검사하는 것은 타당하지 않습니다. 일기를 쓰게 하되 내용면은 검사하지 않고 글을 썼는지 안 썼는지의 유무만 확인하는 방법도 있습니다. 저학년의 맞춤법을 검사하기 위함이라면 다른 글쓰기 방법을 택하여 아이들의 인권을 보호해 주어야 한다고 생각합니다.

이처럼 일기장 검사가 학생들의 글쓰기 신장을 위한 것이라면 위에서 열거한 다른 방법들을 사용하고, 대신에 그들에게 진정한 일기의 의미를 깨우쳐 주고 일기를 인생의 동반자이자 친구로 만들어 주는 것이 학생들에게 더욱 더 도움이 되고 의미 있는 일이라고 생각합니다. 때문에 일기장 검사는 없어져야 할 것이며, 다른 방안으로 대체되어야 할 것입니다.

김윤환 선생님의 평가 및 보충 ⓆⒶ

답변은 전반적으로 논리적이며 깔끔하다. 일기장 검사가 인권을 침해할 우려가 있다는 지적과 글쓰기 능력 향상을 위해서는 일기장 검사 외에도 다른 방안이 많다는 점을 강조했다. 특히 일기 내용은 읽지 않으면서 썼는지 안 썼는지 확인만 하거나, 일기 이외의 다양한 교육적 대안을 제시한 점이 좋았다. 답변의 서두 역시 두괄식으로 자신의 종합적인 의견을 말한 후 일상적인 경험을 중심으로 구성했는데, 일기가 가지는 은밀함을 강조한 것 역시 유효했다.

그러나 전반적인 내용에서 일기를 써야 하는 구체적인 이유와 일기 쓰기의 효과는 무엇인지에 대한 원천적인 고민이 더 묻어나올 필요가 있다. 일기장 검사의 목적은 글쓰기의 일상화이다. 여기에는 글쓰기 습관을 들인다는 목적, 글쓰기 자체를 아이들이 친근하게 여길 수 있도록 유도한다는 목적이 존재한다. 학생의 답변에서는 이 같은 일기장 검사의 원천적이면서도 교육적인 목표에 대한 지적을 조금 더 분명하게 제시해 주는 것이 필요하다. 즉, 일기장 검사가 가지는 실효성에 대한 문제를 조금 더 강조해 주어야 한다. 일기장 검사에 대한 단순하고 감정적인 반대 외에 '그렇다면 일기장 검사의 교육적인 목표는 어떤 방식으로 실현할 수 있는가?'에 대해 보다 폭넓은 답변을 해 주는 것이 좋다.

선배들의 TIP 및 교육 이론 ✎

주제가 교복인 만큼 찬성, 반대 두 입장 모두 할 말이 많겠어. 찬성 의견으로는 학생들에게 경각심과 유대감, 통일감을 느끼게 해 주며 빈부 격차를 느끼지 않게 해 준다는 말 등을 할 수 있겠고, 반대 의견을 가지고 있다면, 학생들의 개성과 자율성을 억압한다는 점과 비싼 교복 값 등을 이야기할 수도 있겠지. 이 질문을 받고 어떤 입장을 취할지 고민이 된다면 네가 정말 원하는 방향으로 대답을 하는 것이 좀 더 자신감 있고 합리적으로 말하기에 도움이 될 거야. 어차피 학생들의 주장과 근거는 한정되어 있어. 교수님들이 눈여겨보시는 것은 학생이 자신의 의견을 얼마나 소신 있고 자신 있게 피력하는 거야. 물론 너무 터무니없는 얘기면 안 되겠지만, 언제 어떤 질문을 받든지 자신감을 잃지 말고 당당하게 너의 주장을 펼치는 것이 중요해. 교복 문제에서는 그 어떤 교육적인 이론을 결부시키는 것보다도 너의 생각을 조리 있게 말하는 것이 중요해.

합격 선배들의 답안 ✎

저는 학생들이 교복을 입는 것을 찬성하는 바입니다. 찬성하는 이유에는 두 가지가 있습니다. 첫째, 학생들이 한창 공부에 집중해야 할 시기에 외모에 대한 신경을 덜 쓸 수 있기 때문입니다. 학생들은 외모에 관심이 많은 사춘기입니다. 이런 학생들에게 공부 외의 다른 곳에 한눈팔 시간을 줄여 주고, 옷에 대한 걱정과 고민 없이 편하게 학교에 오게 하기 위해 교복이 꼭 필요합니다. 예를 들면, 제 친구는 교복을 입지 않는 기숙 학교에 다니는데 항상 옷이 부족해서 학교 갈 때 고민해야 하고, 친구들과 멋 부리는 재미에 빠져 학업에 방해가 된다는 이야기를 들은 적이 있습니다. 교복을 입는다면 이러한 문제점을 해결할 수 있습니다.

둘째, 학생들에게 자신이 학생이라는 경각심을 갖게 해 주고, 행동을 조심하게 하도록 합니다. 교복을 입으면 자신의 신분이 드러날 뿐 아니라 자신의 학교까지도 사람들에게 알려지게 되므로 책임감을 가지게 되고 말과 행동을 조심하게 됩니다. 또한, 같은 학교 학생들끼리는 동질감과 소속감을 느낄 수 있으며, 학교에 대한 자부심도 가질 수 있습니다. 뿐만 아니라 선생님들의 입장에서도 학생을 관리하고 지도하는 데 용이합니다. 교복을 입는 것에 대해 일부는 '학생들의 개성을 무시하는 행위이다.'라는 말을 하는데 같은 교복을 입고 있다고 하여 학생들의 개성이 가려지는 것이 아니라 오히려 교복을 통해 학생들만의 개성과 특성을 잘 살릴 수도 있다고 생각합니다.

셋째, 학생들이 사복 대신 교복을 입으면 상대적으로 빈부 격차를 덜 느끼도록 해 줍니다. 사복을 입게 된다면, 학생들이 옷 브랜드나 가격에 따라 친구들을 판단하고 평가할 수도 있습니다. 그리고 부유한 아이들과 상대적으로 빈곤한 아이들 사이에 보이지 않는 벽이 생겨 위화감을 불러일으킬 수 있습니다. 또한, 사복을 입었을 경우에 상대적으로 허름한 옷을 입은 아이들은 다른 아이들과 스스로를 비교하며 큰 상처를 받거나, 스트레스를 받을 수도 있습니다. 하지만 교복을 입는다면 이러한 위화감을 없애고 모두 다 같은 학생 신분으로 아무런 벽 없이 만날 수 있습니다.

이러한 세 가지 이유 때문에 저는 학생들이 교복을 입는 것에 대해 찬성합니다.

김윤환 선생님의 평가 및 보충 Q&A

교복이 가지는 기능적인 측면의 장점을 열거하며 자신의 입장을 논증하고 있다. 답변 전체는 매우 깔끔하다. 자신의 입장을 단순화시켜 제시했고, 이를 세 가지 논거를 통해 보충하고 있다. 각각 세 논거가 가지는 논리적 정합성 역시 매끄럽다. ① 학생들이 공부에 집중해야 할 시기에 옷에 신경 쓰지 않을 수 있다. ② 학생이라는 경각심을 불러온다. ③ 빈부 격차를 표면적으로 보이지 않게 한다. 세 논거 모두 옳은 지적이기 때문에 학생의 답안은 내용상으로는 크게 문제되지 않는다.

그러나 말의 전개와 반대 논증에 대한 개방성 측면에서는 조금 더 보충이 필요하다. 우선 전반적으로 답변이 너무 간결하여 다소 건조해 보일 수 있다. 답변의 서두에서 개인적 경험이나 교복의 효용성 논쟁의 본질적 이유에 대해 조금 언급하며 자신의 답변을 구성할 수 있다. 일종의 기름칠인 셈인데, 답변 전체가 다소 경직된 듯한 느낌을 주기 때문에 이 같은 여유가 조금 더 필요하다. 반대 논증에 대한 개방성은 말 그대로 자신과 입장이 반대되는 이들의 논리를 일부 소개하며 이러한 반박 논리를 재반박하는 구조를 의미한다. '물론 교복에도 이러이러한 병폐가 존재할 수 있으나, 이것은 교복 착용의 원칙적인 측면에 대한 보완을 통해 충분히 해소할 수 있는 문제입니다.'와 같은 지적이 첨가된다면 좋을 것이다. 반대 논증이나 자신의 의견에 대한 한계 및 문제점을 함께 지각하고 있음을 알리는 것은 무척 중요하다.

6 ▸ 체벌 문제

선배들의 TIP 및 교육 이론 ✏

체벌 문제에 대해 논하기 전에 일단 네가 생각하는 참된 교육이 무엇인지 한번 깊이 생각해 봐. 네가 생각하는 참된 교육이 체벌을 통해서라도 아이들이 옳은 방향으로 갈 수 있도록 도와주는 것인지, 아니면 아이들이 잘못을 저질러도 무조건 사랑으로 감싸 주며 기다려 주는 것인지에 대한 결론을 먼저 내린 후 거기에 맞는 사례를 사용하여 주제에 흥미 있게 다가갈 수 있도록 해. 문제에 접근할 때 사회적 접근, 개인적 접근으로 나누어서 접근하면 좋은 점수를 받을 수 있어. 그리고 한 가지 의견만 피력하기 싫으면 약간 중립적인 입장을 취하여 그 두 가지 문제를 절묘하게 잘 섞어서 최종적인 해결책과 그에 대한 너의 생각을 이야기하는 것도 좋아.

합격 선배들의 답안 ✏

체벌 문제는 오래전부터 찬반 의견 간의 논란이 많은 것으로 알고 있습니다. 이는 학생들의 인권을 위해 체벌을 반대하는 의견과 학생들의 통제와 올바른 지도를 위해서는 체벌이 꼭 필요하다는 의견으로 나뉩니다. 저는 그중에서 학생들을 체벌하는 것에 찬성하는 입장입니다. 그 이유에는 제 개인적인 경험에 의한 것과 사회적인 경향에 의한 것 두 가지가 있습니다.

첫째, 제 개인적인 경험에 의한 것으로는, 체벌을 하지 않으면 통제가 되지 않는 아이들이 분명 존재한다는 것입니다. 사춘기 학생들은 자신의 의견과 다른 의견이 충돌하게 되면 난폭해지기도 하고, 자신의 답답함을 폭력으로 표현하기도 합니다. 이를 제지하려고 할 때 적당한 체벌을 가하지 않는다면 이들에 대한 통제는 불가능합니다. 사랑으로 아이들을 가르치면 된다는 말은 사춘기 아이들에게 절대 통하지 않습니다. 무조건적으로 때리기만 하면 습관이 되어 무뎌지기 때문에 학생과 교사 모두에게 안 좋겠지만, 체벌 받는 학생에게 본인이 왜 이러한 체벌을 받는지의 충분한 설명과 함께 앞으로는 그러지 말 것을 약속하며 감정적이지 않은, 객관적인 태도로 그 학생이 진심으로 발전하기를 바라는 마음에서 체벌을 하는 것은 그 학생을 위해서도 굉장히 좋은 일이라고 생각합니다.

둘째, 사회적으로 보았을 때, 선생님을 하늘 같이 우러러 보던 과거와는 매우 다르게, 오늘날에는 학생들이 선생님을 친구처럼 대하고 버릇없게 굴어서 사회적 이슈가 되는 경우가 종종 있습니다. 이러한 경향은 점점 증가하는 추세이며, 요즈음의 아이들은 굉장히 조숙하기 때문에 선생님께 함부로 대하는 아이들을 체벌 없이는 다루기가 힘듭니다. 체벌을 하지 않는다면 문제가 되는 학생들을 바로잡을 수 없고, 그 학생을 통제하지 못한다면 수업이 원활히 진행되기가 어렵기 때문에 나머지 학생들은 공부할 권리를 빼앗기게 됩니다. 서울시에서 체벌 금지령이 내려지자마자 서울의 많은 학교에서는 여교사가 남학생 반에서 수업하는 데 많은 어려움을 겪고 있다고 합니다. 학생들에게 경각심을 주기 위해서라도 체벌은 꼭 필요하다고 생각합니다.

이처럼 제가 아이들의 인성 교육을 위해, 또는 원활한 수업 진행 등을 위해 체벌을 찬성했지만, 이는 무조건적으로 체벌을 가하는 것, 또는 감정적으로 아이들을 때리는 것을 말하는 것이 아닙니다. 아이들과 함께 학급의 규칙을 만들고 규칙을 지키지 못하는 아이들을 객관적으로 체벌하는 것을 허용하자는 것입니다. 필요하다면 학생들에게 사랑의 매를 들어서라도 그들을 옳은 길로 이끌어 주기 주는 것이 교사의 할 일이라고 생각합니다.

김윤환 선생님의 평가 및 보충 ⓆⒶ

체벌 문제는 크게 원칙·가치적 차원과 효용성의 차원에서 따져 보아야 한다. 폭력은 어떠한 경우에도 허용될 수 없다는 원칙과 학생의 통제 측면에서 어쩔 수 없다는 점이 충돌한다. 응답자 입장에서는 이 같은 의견 충돌의 원천적인 배경을 먼저 설명하는 것이 좋다.

학생의 답변은 이 같은 배경 설명을 미리 했다는 점에서 답변의 전체적인 방향을 잘 이끌었다고 볼 수 있다. 특히 초반부에서 논지를 이끌어 가기 위해 각각의 의견이 어떻게 나뉘는지 설명한 점과 마지막 부분에서 '체벌에 찬성하되 원칙을 확실히 해야 한다.'고 강조한 점이 좋았다. 답변의 서두와 마무리를 잘 구성해 전반적으로 체벌 찬성 측이 빠질 수 있는 극단적인 경우에 대비했다는 점이 인상적이다.

그러나 전체 논거를 분류화하는 과정에서 카테고리를 개인적 경험과 사회적 차원 두 가지로만 나누는 것은 다소 애매할 수 있다. 개인적인 경험은 논거를 이끌어 가는 원칙적 도입으로 적절하지만, 이것을 하나의 논거로 작동시키기는 어렵다. 차라리 첫 번째 논거를 통제 차원에서 다루는 것이 더 깔끔하다. 두 번째 논거 역시 '사회적인 이슈가 되는 경우가 있다.'라는 이유로 이것이 사회적인 논거가 된다고 보기 힘들다. 즉, 두 논거 모두 답변을 위한 억지 분류화로 여겨질 수 있다. 이럴 때에는 아예 두 경우를 '논거'나 '이유'라고 설명하기보다는 편안하게 이야기를 이끌어 가며 '개인적인 경험 차원에서', '사회 전체적으로 보았을 때에도' 정도로 구성하는 것도 좋다. 즉, 반드시 '두괄식' 또는 '논거 1, 2, 3'과 같은 형식을 따를 필요는 없다는 것이다.

7 ▸ 교사에게 가장 필요한 자질

선배들의 TIP 및 교육 이론 ✎

교사에게 필요한 자질은 평소 자신의 생각을 논리적으로 분류하여 이야기하는 것이 포인트야. 어려운 말로 멋지게 포장하지 않아도, 억지로 길게 말하지 않아도 좋아. 중요한 것은 말하는 이가 얼마나 교육에 대한 열정을 보이고 교사라는 꿈에 대해 확신에 찬 어조로 이야기하느냐이지. 자신이 평소에 진심으로 '이런 선생님이 되고 싶고, 선생님이 되기 위해선 이렇게 해야겠다.'라고 생각했던 점들을 말하면 돼. 정 생각이 나지 않는다면 가장 존경하고 기억에 남는 은사님을 떠올리며 그 은사님이 왜 기억에 남고 네가 그 은사님을 존경하는지 잘 생각해 봐. 그게 바로 네가 생각하는 교사가 갖추어야 할 자질이야. 쉽지?

합격 선배들의 답안 ✎

어렸을 적 '좋은 교사'의 꿈을 꾸기 시작했을 때부터 교사에게 가장 필요한 자질에 대해 항상 궁금했습니다. 제가 생각하는 교사에게 가장 필요한 자질은 다음 세 가지와 같습니다.

첫째, 학생들에게 교육적 지식을 알기 쉽게 전달해 줄 수 있는, 가르치는 능력이 교사에게 가장 필요한 자질 중 하나입니다. 교육의 주목적은 지식 전수에 있으므로 교육 내용을 정확히 학생들이 이해할 수 있도록 쉽게 전달해 주는 능력이 교사에게 반드시 필요하다고 생각합니다. 학생들에게 무조건적·일방적으로만 지식을 전달하는 사람이 아니라, 학생들과 양방향으로 소통하며 그들이 느끼는 것을 함께 느끼고 학생들에게 지식을 자연스럽게 익히게 하는 능력이 교사에게 가장 필요한 자질이라 생각합니다. 아이들과 양방향으로 의사소통을 하려면 학생들에게 동화되어야 합니다. 때로는 친구가 되어 그들을 이해하고 이야기를 들어 줄 수도 있고, 때로는 그들이 한 단계 더 나은 사람이 될 수 있도록 지식과 지혜를 전수하는 자질이 교사에게 필요하다고 생각합니다.

둘째, 학생들을 여러 면으로 발전할 수 있도록 돕는 교사의 열정입니다. 교육이란 아직 인격이 덜 형성된 아이들을 대상으로 하는 것이기 때문에 학생들에게 인격적으로 좋은 영향을 줄 수 있는 교사의 능력이 필요합니다. 지적·정신적·사회적·문화적·정치적 등 복합적 특성을 가진 사람을 가르치는 것이기 때문에 교사는 학생들에게 여러 면으로 좋은 영향을 줄 수 있는 자질을 갖추고 있어야 합니다. 자신의 가르침을 평생 기억 속에 간직하고 되새김질할 학생들을 떠올리며, '선생님'이라는 직업이 부끄럽지 않도록 다방면에서 좋은 가르침을 주기 위해 열심히 뛰어다니는 열정은 좋은 교사의 자질입니다.

그렇기 때문에 교사를 아이들을 위해 봉사하는 직업이라고 생각하고, 그들의 전인적인 발달을 위해 더욱 힘써야 합니다. 잘못한 것이 있으면 그 아이의 발전을 위해 혼내기도 하면서 바른 길로 인도하는 가르침이 필요합니다. 여러 교육자에 대한 글을 읽어 보았지만 그들의 공통된 의견은 조력자의 역할을 하는 사람의 행동에 따라 학생의 발달 속도나 정도가 달라질 수 있다는 말이었습니다. 그 말을 항상 되새기며 학생들의 능력이 자신의 무력함으로 인해 드러나지 않는 일이 없도록 열심히 발로 뛰는 열정이 필요하다고 생각합니다.

마지막으로 중요한 것은 바로 진심 어린 마음으로 아이들을 사랑하고 그들이 잘되기를 바라며 도와주는 마음가짐입니다. 아무리 잘 가르치고 교육 이론에 대해 숙지하고 있더라도 아이들을 진심으로 사랑하고 아끼는 마음이 없다면 아이들에게 제대로 전달이 될 수 없다고 생각합니다.

김윤환 선생님의 평가 및 보충 ⓠ

교사로서의 지식적 자질을 평가하기보다는 인성적 측면, 교사관에 대해 묻는 질문이다. 교사라는 직업적 사명감에 대한 고민이 뒤따라야 하는 문항이다. 이러한 질문에는 무엇보다 진정성이 중요하다. 자신이 교사라는 진로에 대해 충분히 고민했음을 보여 주어야 한다. '좋은 교사'란 무엇인가에 대해 나름대로의 답을 내려 주는 것이 중요하다. 이때 초등 교육의 큰 틀인 인성 교육적 측면과 지식 전달 측면을 모두 다루는 것이 좋다.

학생의 답안에서는 자신이 생각하는 이상적인 교육자의 모습을 분류화해서 답했다. 첫째와 둘째 요소를 지식 전달과 상황 대응적 측면에서 다루었는데, 각각의 주장을 전개하는 방식이 매우 안정적이다. 특히 첫 번째 답변에서 무엇보다 소통 능력을 강조한 점은 매우 유효했다. 아이들의 목소리에 귀 기울일 수 있어야 한다는 지적과 양방향적 소통을 강조한 점이 논증을 더욱 탄탄하게 했다. 두 번째 자질을 언급하는 과정에서도 다방면에서의 열정을 강조하며 초등 교육의 복합성을 염두에 둔 점이 매우 주효했다. 다만 두 번째 논증 과정에서 '열정'이라는 것 다소 추상적일 수 있기 때문에 '제가 생각하는 열정이란'과 같이 자신이 정의하는 열정에 대해 간략하게 언급하며 주장을 전개하는 것이 좋다.

마지막 부분에서 진정성에 대해 강조하는 것은 파토스적 측면에서 매우 중요하다. 여기에서는 아무리 지식적인 전달이 능숙하고 열정이 있더라도 아이들을 사랑하는 마음이 중요함을 한 번 더 강조하는 것이 좋다. 이를 '셋째'라고 항목화 하는 것도 좋지만, 두 요소를 뛰어넘는 가장 중요한 원칙과 전제임을 강조하며 마무리하는 것도 좋다.

선배들의 TIP 및 교육 이론 🖉

요즘은 정말 왕따를 당하는 학생이나, 다문화 가정의 학생뿐만 아니라 여러 가지 특수성을 가진 학생들이 증가하고 있어. 그러니 교사가 되고 싶다면 이러한 학생들을 어떻게 대해야 할지 진지하게 고민해 보아야 할 것 같아. 이런 문제는 지금뿐만 아니라 앞으로 더욱 더 큰 문제로 자리 잡을지도 몰라. 또한 교육학에서는 교사의 바람직한 태도에 대해 많이 다루고 있어. 개방적인 태도와 일관된 모습으로 학생을 대하는 태도 등 교사로서의 많은 자질이 필요하지.

또 이번 논제는 두 가지 학생 유형에 대한 태도를 물어보고 있잖아? 이럴 경우 이 둘에 대한 공통적인 태도를 답하는 게 좋아. 따로따로 나누어서 답을 하다 보면 자칫 잘못하다가 답의 통일성을 잃기 쉽거든. 앞으로 이렇게 두 가지 문제의 해결책을 묻는 문제가 나온다면 공통성이 있는 부분으로 해결책을 제시하면 좋을 거야. 답의 통일성을 유지하는 데 도움이 될 뿐만 아니라 결론을 말할 때도 유용하거든.

합격 선배들의 답안 🖉

요즘 학교에서는 왕따를 당하는 학생과 다문화 가정 학생이 늘고 있습니다. 그렇기 때문에 이들을 대하는 교사들의 태도도 중요한 문제가 되었습니다.

우선 왕따를 당하는 학생과 왕따를 시키는 학생들을 대하는 태도가 일관되어야 합니다. 자칫 잘못하면 왕따를 시키는 학생들에게 불만을 갖게 하여 더 큰 피해를 줄 수 있습니다.

마찬가지로 다문화 가정의 학생들에게도 일관된 태도는 필수적입니다. 다른 문화를 가진 학생에게 그 학생의 특수성을 고려하여 특혜나 불이익을 주는 태도를 보인다면 학생들은 거기에 맞추어 그 학생을 자신들과 다른 사람이라고 인식하게 될 것이기 때문입니다. 따라서 특혜나 불이익을 주는 것보다는 우리 문화에 적응을 잘 할 수 있도록 다른 아이들과 같은 태도를 보여야 합니다.

두 번째로는 개방적인 태도를 보여야 합니다. 왕따를 당하는 학생은 왕따를 시키는 아이들과는 다른 특성을 지니고 있을 가능성이 큽니다. 이러한 개인적인 특성을 개방적인 태도로 인정하고 받아 주어야 합니다. 교사가 먼저 개방적인 태도를 모범으로 보여서 왕따를 시키는 학생들에게도 그러한 태도를 본받게 하는 것입니다. 개방적인 태도가 학생의 모든 면을 무조건 수용하는 것은 아닙니다. 적당한 선에서 수용하고, 고칠 점이 있다면 고치도록 지도하는 것입니다.

개방적인 태도는 다문화 가정의 학생을 대할 때 매우 중요한 요소입니다. 왕따를 당하는 학생의 경우와 같이 교사가 다른 학생들에게 모범이 되어야 합니다. 또한, 다문화 가정 학생과 유대를 형성하려면 개방적인 태도로 학생을 이해해야 합니다. 학생과의 유대가 없는 교육은 인간관계에 대한 교육이 제대로 이루어지지 못한다는 점에서 전인 교육이라 할 수 없습니다. 따라서 개방적인 태도를 통해 다문화 학생과 유대를 형성하기 위해 노력해야 합니다.

결론적으로 왕따를 당하는 학생과 다문화 가정의 학생을 대할 때 일관된 태도와 개방적인 태도는 교사가 갖추어야 할 가장 기본적인 태도라고 생각합니다. 아이들은 교사의 가벼운 농담에도 상처를 받을 수 있기 때문에 조심스럽고 신중한 태도로 학생들에게 접근해야 합니다.

김윤환 선생님의 평가 및 보충 ⓠⒶ

왕따 문제는 한 개인에게 평생 상처로 남을 수 있다는 점에서 사려 깊은 접근이 필요하다. 이와 같은 문항에서의 난점은 굳이 왕따 학생, 다문화 가정 학생을 동일시할 필요는 없다는 것이다. 현실에 비추어 보았을 때 다문화 가정 학생이 왕따를 당할 가능성이 비교적 높은 것은 사실이지만 답안 전체에서 다문화 가정 학생이 곧 왕따 학생으로 이어질 것이라 단정 짓는 것도 위험하다. 그렇기에 답변을 할 때에는 이 두 경우를 모두 포괄하는 원칙을 제시하거나, 각각의 특수성을 따로 언급하는 것이 중요하다.

학생의 답변에서는 일관성과 개방성이라는 가치를 강조하며 두 경우 모두를 아우를 수 있는 포괄적인 접근을 보여 주었다. 특히 각각의 원칙을 언급하면서 왕따 학생과 다문화 가정 학생 두 경우를 하나하나 언급한 것은 매우 효과적이고 체계적인 답변으로 이어졌다. 답변의 마지막 부분에서도 두 경우 모두 공통적으로 예민한 반응을 보일 수 있는 학생이라는 점을 언급해 주어 포괄적 원칙의 타당성을 보다 원칙적으로 강화한 점이 매우 인상적이다.

전반적인 답변의 질이 매우 높으나, 개방적 태도를 논증하는 과정은 보다 논거를 강화할 필요가 있다. 특히 다문화 가정 학생을 대하는 부분에서 개방적 태도는 '한국 문화와 원칙, 룰을 일방적으로 강요하기보다는 학급 전체가 사람들 사이의 차이 자체를 인정할 수 있도록 지도해야 한다.'라는 원칙을 조금 더 강조하는 것이 좋다. 학생의 답변에서는 개방적인 태도가 정확히 무엇을 의미하는가에 대한 설명이 조금 부족한데 이를 조금 더 명확히 할 필요가 있다.

선배들의 TIP 및 교육 이론 🖊

이 문제는 실제로 교육 현장에 나갔을 때의 내 모습을 떠올리면서 가장 중요하게 생각했던 주제야. 아이들을 사랑하는 마음만으로 좋은 교사가 될 수 있다고 생각하고 모든 아이를 포용하는 교사가 될 수 있을 것이라고 자신 있게 생각했던 나에게 실제 현장에 계신 선생님 한 분이 해 주신 말씀이 많은 생각을 하게 해 주었어. 우리는 1등의 아이들이 아니라 1등부터 마지막 등수까지의 전체 아이를 통솔하는 역할을 해야 하는데, 지금의 예비 교사들 같은 경우는 초등학교를 시작으로 우수한 성적으로 중·고등학교를 마친 경우가 많아서 공부를 못하는 아이들의 마음을 잘 헤아리며 이해할 수 있을지 걱정이 된다는 말씀이었어. 이러한 주제인 경우 실제적으로 의견을 발표할 때 전체적으로 포괄할 수 있는 방안을 아이들의 특성별로 분류해서 말하는 게 좋을 듯해. 무턱대고 공부를 잘하는 아이들이든, 공부를 못하는 아이들이든 모두 잘 어우러질 수 있도록 한다는 투의 대답이 아닌 조금 더 논리적으로 보일 수 있는 대답이 좋아.

나는 직접 교사분들에게 이러한 이야기를 듣고 주제에 대해 생각해 본 적이 있었는데, 이처럼 면접이나 논술 등을 준비하며 시사적인 면 외에도 실제 교사가 되고 나서 생길 수 있는 문제를 생각해 보는 것이 도움이 되지 않을까 해. 면접의 경우에서 보면 시사 문제 외에도 실제 교사가 된 후의 예를 문제로 내는 경우도 많이 있기 때문에 이러한 생각을 깊이 있게 해 보면 여러 가지 질문에 답을 할 때에도 밑거름이 될 수 있다는 거지. 나는 1:1 면접을 볼 때 '6학년 아이들의 교실 뒤편을 어떻게 꾸밀 것인가?', '아이들의 자리 배치는 어떤 방법으로 할 것인가?' 등의 질문을 받은 적이 있어. 막연히 교사가 될 것이라는 꿈만 가지고 이러한 현실적인 면을 진지하게 생각해 본 적이 없는 나에게는 쉬워 보이면서도 어려울 수 있는 주제들이었거든. 그러니 자투리 시간이나 공부로 머리가 피곤할 때쯤은 교사가 되고 싶은 꿈을 생각하며 이러한 소소한 문제들을 생각해 보는 것이 도움이 될 것 같아.

합격 선배들의 답안 🖊

학업 성취 능력에 따른 교사의 태도는 교사가 생각해 보아야 할 교육적 가치관에서 가장 중요한 것 중 하나라고 생각합니다. 아이들은 학습 속도나 학습 동기 등이 다르기 마련이며, 교사는 이렇게 다양한 아이들을 전체적으로 통솔해야 합니다. 교사는 아이들에게 지적인 측면과 도덕적인 측면을 동시에 가르쳐 주는 역할을 해야 하기 때문에 학습에 대한 의욕과 동기를 부여해 줌과 함께 성적만이 전부가 아니며 다른 요소들 또한 중요하다는 것을 인지시켜 주는 것이 중요합니다. 따라서 아이들 앞에서 이야기할 때에도 성적뿐만이 아니라 생활 태도나 개개인의 잠재적인 능력과 가능성 등도 중요하다는 것을 이야기해야 한다고 생각합니다.

성취 능력이 우수한 학생들에게는 먼저 현재의 능력에 대해 칭찬을 자주 하며 학습에 대한 동기나 의욕을 불러일으키도록 하는 역할을 해 주어야 합니다. 우수한 면은 조금 더 발휘할 수 있거나 시야를 넓힐 수 있는 조언들도 해 주며 아이들의 잠재력을 극대화시킬 수 있도록 하는 학습 조력자의 태도가 필요할 것이라고 생각합니다.

그와 반대인 학습 부진아들의 태도는 두 방향으로 나누어질 수 있는데, 먼저 첫 번째 유형인 학습 부진아들은 자신들의 학습 능력에 대해 무기력감을 느껴 자신감 상실 등의 모습을 보이며 학교생활에 의욕을 잃는 등의 모습을 보일 수도 있습니다. 또 두 번째 유형인 아이들은 첫 번째 유형인 아이들과는 정반대로 조금씩 엇나가는 모습을 보이며 집중을 못하고 산만한 모습을 보이는 등의 방향으로 나가는 모습을 보일 수 있습니다. 첫 번째 유형인 아이들의 경우, 개개인을 정확히 관찰하여 아이들의 숨어 있는 잠재력을 일깨워 주며 자신의 능력을 발견하는 것을 도와주고 자신감을 회복할 수 있도록 그 방면을 직접 체험할 수 있는 기회를 주는 등의 태도가 필요할 것이라 생각합니다. 이를 통해 아이들은 자신의 능력과 가능성을 직접 체험하며 자신감 또한 기를 수 있을 것입니다. 두 번째 유형인 아이들 같은 경우는 먼저 학업적인 능력이 아닌 수업 시간의 학습 태도가 학습 능력을 더 극대화시킬 수 있음을 설명하고 미래의 모습들을 제시해 주거나 다양한 방면의 진로 탐색 등의 활동으로 학습에 있어서의 동기유발과 학습 의욕을 높이는 태도가 필요하다고 생각합니다.

이러한 다양한 학습 능력을 가지고 있는 아이들을 가르치는 데에 있어서 가장 중요한 태도는 편견을 갖거나 편애하지 않는 것이라고 생각합니다. 학습 능력에 따라 조금씩 다른 태도로 아이들의 학습 의욕을 불러일으킬 수 있는 조력자의 역할을 하는 동시에, 아이들이 학업적 능력만으로 서로에게 편견을 갖거나 서로를 판단하지 않도록 하려면 교사인 자신부터 올바른 본보기가 되는 실천이 필요하다고 생각합니다.

김윤환 선생님의 평가 및 보충 🄰🄰

학습 성취 능력이 어느 정도까지 선천적인가, 만일 차이가 있다면 교육은 어떻게 이를 보완할 수 있는가 하는 문제는 제도 교육의 가장 큰 과제 중 하나라 할 수 있다. 여기서는 사람마다 지식에 대한 수용 속도나 성취도가 다소 다를 수 있다는 점을 전제하고 이야기하는 것이 좋다. 그러나 그것이 학교 교육에서 가장 중요한 원칙은 아니며, 누구나 각자가 지닌 재능이 다를 수 있다는 점과 그 재능이나 성취도의 종류 및 정도의 차이가 근원적인 인간성의 차이는 아니라는 점을 함께 강조하고 전제할 필요가 있다.

여기서는 성취 능력이 우수한 학생과 다소 부진한 학생에 대해 서로 다른 접근을 제시하는 것이 좋다. 학생의 답안에서는 이러한 각각의 경우에 대한 대응을 매우 상세하게 다루고 있다. 성취 능력이 뛰어난 학생들의 의욕을 북돋는 태도를 강조한 점이 좋았고, 그와 반대인 경우는 자신감을 회복할 수 있도록 조력하는 역할을 강조한 점이 좋았다. 전체 응답에서 상황적 특수성을 일일이 살핀 점도 주효했는데, 학습 부진아의 경우 잠재력을 극대화할 수 있도록 교사의 역할론을 함께 제시한 점이 매우 효과적이었다.

답변 말미에서 아이들을 가르치는 과정에서 편견을 갖거나 편애하지 않는 것이 중요하다고 다시 한 번 강조하는 것도 매우 중요하다. 여기에는 교사라는 직업의 특수성을 함께 언급하는 방향으로 보완할 수 있다. 교사의 역할이 단순히 학습 효과를 극대화시키는 데에 있지 않고 학급 구성원 각자가 지니고 있는 다양한 가능성을 발견하고 학생 스스로 이를 발전시킬 수 있도록 유도하는 것이 중요하기 때문이다. 이러한 원칙적인 차원을 조금 더 보충해 주면 효과적인 답변이 될 것이다.

선배들의 TIP 및 교육 이론 ✏️

특수 교육과 통합 교육은 교육 현장에서도 찬반이 대립하고 있는 중요한 시사 문제야. 과거에는 장애 아동끼리 수업하는 특수 교육이 중요시되었어. 하지만 오늘날은 서로의 조화를 통한 통합 교육의 중요성이 대두되고 있는 게 현실이야. 사실 이러한 통합 교육이 장점만을 가지고 있는 것이 아니기 때문에 그에 따른 장점과 단점에 대해 생각해 두는 게 필요해. 이 질문은 찬반이 나누어지는 질문인 만큼 자신의 의견 결정과 근거 설정에 있어서 논리적인 이유와 그에 따른 해결 방안 등을 생각해 보는 것도 좋을 것 같아. 또한, 통합 교육이 이루어지기 위한 교육적 여건이나 환경들이 어떻게 보완되어야 할 것인가와 같은 새로운 방향도 토론에서 언급한다면 조금은 더 다양한 이야기로 구성할 수 있겠지.

합격 선배들의 답안 ✏️

■ 통합 교육

통합 교육은 장애인들도 존엄한 인간으로서 다른 사회 구성원들과 함께 살아갈 권리가 있다는 인식에서 출발하고 있습니다. 통합 교육에서는 장애가 있는 학생에게 일반 학생이 적절한 행동과 사회 규범을 보여 줌으로써 역할 모델이 된다고 하며, 또 장애 학생은 일반 학생과의 상호 교류를 통해 현실 세계에 적응할 기회를 제공 받기도 합니다. 무엇보다도 두 학생 간에 밀접한 교류를 통해 일반 학생이 장애 학생을 존중하게 된다는 장점이 있습니다. 학교는 사회 구조의 일부분으로 장애 학생을 위한 교육은 단순히 장애 학생과 일반 학생을 함께 배치하여 교육하는 것에서 벗어나 장애 학생이 가장 잘 학습할 수 있는 제반 여건을 갖추는 것이 중요합니다.

■ 장애 아동에 대한 통합 교육의 장점

장애 아동이 정상 발달을 보이는 또래의 아동들과 함께 교육을 받음으로써 적절하고도 나이에 맞는 또래의 행동을 관찰하고 학습할 뿐만 아니라, 이러한 적절한 행동을 보이는 또래들과 상호 작용 할 수 있습니다. 특히 의사소통과 사회성 영역의 발달 측면은 정상적인 발달을 보이는 또래들과의 통합을 통해 얻을 수 있는 가장 큰 혜택이기도 합니다.

■ 비장애 아동에 대한 통합 교육의 장점

실질적으로 통합 교육을 통해 비장애 아동이 얻을 수 있는 가장 큰 효과는 장애인을 사회의 구성원으로 인식하고 수용할 수 있게 된다는 것입니다. 인간이 사회의 구성원으로서 자신의 능력을 발휘하면서 더불어 살기 위해서는 사회의 다양한 구성원에 대한 이해가 필요한데 통합 교육이 이에 좋은 효과를 가지기도 합니다. 또한, 비장애 아동들은 통합 환경에서 장애 아동들과 상호 작용을 경험하면서 장애인을 나와 비슷한 점을 많이 지니고 있는 사람으로서 수용·존중하게 됩니다. 나아가 학교와 지역 사회가 장애 아동들도 포함·수용해야 한다는 일종의 사회적 책임감을 학습할 수 있습니다.

■ 비장애 아동에 대한 통합 교육의 단점

준비되지 못한 통합 교육은 개개인의 장애 아동에게 최적화된 교육 서비스를 제공하지 못할 수도 있습니다. 통합 교육은 분리 교육보다 더욱 짜임새 있는 교육 계획이 필요하고 교구와 특수 교사 등 더 많은 인적·물적 자원을 필요로 합니다. 그리고 통합 교육 담당 교사의 특수 교육에 대한 이해와 관심이 교육의 성패에 미치는 비중이 지대하기 때문에 준비 없는 교사는 효과적인 교육을 할 수 없습니다. 또한, 비장애 아동들이 통합 교육의 필요성과 목적을 문제 삼을 수 있기 때문에 이에 대한 정확한 인식의 고무도 필요합니다.

김윤환 선생님의 평가 및 보충 Q&A

통합 교육의 근본적인 목적은 작은 사회와 같은 교실에서 상호 간의 차이를 인정하고 배려할 수 있도록 유도하기 위한 전인 교육적 차원의 시도에 있다. 이에 대한 장애 아동의 입장과 비장애 아동의 입장 모두를 아우르는 답변이 필요하다. 통합 교육이 정확히 무엇을 의미하는지 설명하고, 이것이 장애·비장애 아동 모두에게 어떤 효과가 있는지 나누어서 설명하는 것이 좋다. 이를 위해 통합 교육을 통해 교실 내에서 보다 폭넓은 인간관계의 전형을 경험할 수 있음을 강조할 수 있다. 교육을 통한 사회성의 증진은 학교 교육에서 매우 중요한 요인인데, 이 같은 방식을 통해 상호 교류를 통한 조화로운 관계를 아이들이 어릴 적부터 습득할 수 있다는 장점이 있다.

물론 통합 교육을 현실적 차원에서 조심스럽게 바라볼 필요도 있다. 가령 학급 인원이 30~40명이 넘는 상황에서 단순히 장애 학생을 일반 학급에 배치하는 것만으로 통합 교육을 접근하는 것은 그 아이들에게 알아서 적응하기를 강요하는 것에 불과하다. 때문에 물적·질적 차원의 보충과 교사 차원에서도 통합 교육에 대한 역량을 보충할 수 있도록 점진적으로 시행하는 것이 중요하다.

이러한 문제를 답변할 때에는 장단점을 함께 언급하며, 이러한 교육적 목표가 실현되기 위한 현실적·단계적인 과정을 상세하게 설명해야 한다. 학생의 답변은 통합 교육의 정의, 장애 학생과 비장애 학생 각각의 경우에서의 장점, 통합 교육의 단점 및 현실적 한계와 보완점을 순서대로 언급한 점이 인상적이다. 통합 교육과 관련한 이슈에 대해 정확히 파악하고 있다고 볼 수 있다. 답변 말미에 이 같은 흐름을 완결하기 위한 향후 과제를 조금 더 명확히 언급한다면 보다 훌륭한 답변이 될 수 있을 것이다.

11 ▶ 환경 오염이 세계에 미치는 영향, 생태 교육

선배들의 TIP 및 교육 이론 🖉

이 질문 같은 경우에는 환경 오염이 오늘날 세계적인 문제로 대두되고 있다는 점을 강조함으로써 생태 교육의 중요성이 증가하고 있다는 식으로 대답하는 것이 가장 기본적인 답변 구조가 될 것 같아. 생태 교육이 무엇인지에 대한 내용도 넣어 주고, 또 이런 생태 교육이 어떤 방향으로 나아가야 하는지도 언급해 주는 게 좋아. 이런 질문은 찬반의 내용이 딱히 구분되지 않는 내용이니까 제시된 질문의 중요성과 이유, 교육적 방향에서의 의의 등을 말해 주는 것이 중요하겠지. 교육이라는 단어가 직접 언급된 교육적 이론의 질문이니까 환경 오염의 실태나 문제점보다는 교육에 초점을 두는 것이 조심해야 할 포인트야.

합격 선배들의 답안 🖉

오늘날 환경 오염은 세계적인 문제점 중 하나로 대두되고 있으며, 이에 따라 생태 교육의 필요성 또한 중요시되고 있습니다. 생태 교육이란 오늘날 아이들이 잃어버린 자연과의 놀이를 통해 아이다움을 되찾아 주어 몸, 마음, 영혼이 건강한 아이들로 자라날 수 있도록 하는 교육을 말합니다. 이는 아이들을 자연의 본성을 지닌 선한 존재로 보고, 이들이 본래 지니고 있는 원기와 생기를 되찾을 수 있도록 도와주는 교육이기도 합니다. 이러한 자연 생태 교육은 자연 속의 생명체들과 자연스러운 교감으로 이루어져야 하고 서서히 자연에 감화되는 교육이어야 한다고 생각합니다. 즉, 자연 생태 교육을 이론 중심으로 해서는 안 된다는 뜻입니다. 스스로 보고, 듣고, 맛보고, 냄새 맡고, 피부로 느낄 수 있는 오감(五感)의 교육을 통해 스스로 자연 생태계를 깨닫게 하는 것이 진정한 생태 교육일 것입니다. 그리고 생태 교육을 통해 자연 생태계에서 생물과 무생물 모두 인과관계를 맺고 있음을 인지하고, 인간이 범한 문제점이 무엇일까를 생각해 보는 계기가 될 것입니다. 이러한 문제점을 해결하는 과정 중에서 자연에 대한 감각을 회복하고, 반성의 계기가 되며, 생동감과 상상력이 넘치는 현장 체험 교육이 가능할 것입니다.

김윤환 선생님의 평가 및 보충 ⒬Ⓐ

생태와 환경은 전 세계에서 가장 중요한 이슈로 부각되고 있는 주제다. 이러한 문항에서는 환경오염이 전 세계적으로 어떤 딜레마를 유발하고 있으며, 이를 해결하는 과정에서 교육이 어떤 역할을 수행할 수 있는지에 대한 고민이 수반되어야 한다. 이를 위해 두 단계에 걸쳐 답변을 구성하는 것이 좋다.

첫 번째로 환경 오염이 영향을 미치는 전 지구의 위기에 대해 지적해야 한다. 이것이 자연스럽게 생태 교육의 필요성으로 이어져야 하는데, 이때 생태 교육이 정확히 무엇을 의미하는지에 대해 함께 언급하는 것이 중요하다. 생태학적 관점은 인간이 결국 자연의 일부임을 인식하고 자연과 조화롭게 공존하는 것을 목적으로 한다. 교육에서도 이 같은 관점이 적용되어야 한다는 점을 강조해 주면 좋겠다.

생태 교육에서는 아이들이 자연과의 상호성을 지식과 경험 차원에서 받아들일 수 있도록 유도하는 것이 중요하다. 이를 위해 다양한 프로그램을 도입할 수 있는데, 이 같은 프로그램의 적용과 활용의 구체적인 언급이 이어져야 한다. 학생의 답안에서 자연 생태 교육이 이론 중심으로 이루어져서는 안 된다고 지적한 부분은 이러한 측면에서 매우 적절했다고 볼 수 있다. 여기에 생태적 마인드는 어릴 적부터 신장시키는 것이 매우 중요하다는 점을 보충하는 것도 좋다.

12 자신의 삶에 가장 큰 영향을 끼친 인물이나 사건

선배들의 TIP 및 교육 이론 ✏️

이러한 질문은 자신의 삶에 대한 개인적인 질문이기 때문에 각자 대답이 다르고 다양할 수 있어. 일반적인 내용보다 더 다양하고 살을 붙인 내용들을 말할 수 있기 때문에 자신의 삶에 영향을 준 인물이나 사건 등에 대해 솔직하고 자신 있게 발표하는 것이 좋아. 자신의 삶에 큰 영향을 미친 것이니까 일반적인 내용이라고 할 수는 없지만 교수님들이 어느 정도 공감할 수 있는 내용이어야 해. 지나치게 개인적인 내용이라면 공감대를 형성하는 데에 조금은 어려움이 있을 수 있으니까. 또 말하는 내용 중 가장 중요한 것은 교대·사대와의 연관성이야. 너무 면접에 끼워 맞춘 듯이 교대·사대에 오게 된 동기를 부여한 인물이나 사건 등을 말하는 것은 오히려 부자연스럽거나 지나치게 평범해 보일 수 있어. 자신의 삶에서 방향이나 가치관에 영향을 준 인물이나 사건이 좀 더 좋을 듯하고, 교대·사대와의 연관성(교수 방법, 학습 방향)을 조금 이야기해서 질문의 의도에서 너무 벗어난 이야기를 하지 않도록 하는 것이 좋아.

합격 선배들의 답안 ✏️

저의 삶에 가장 큰 영향을 준 사건은 고등학교 때 참여한 리더십 연수와 해외 어학 연수였습니다. 먼저 리더십 연수는 '성공하는 10대들의 일곱 가지 습관'이라는 주제로 시작되었고, 3일 동안 저는 정말 많은 것을 체험하고 느꼈습니다. 교사라는 직업에 대한 진지한 고민을 이곳에서 했다는 점에서 삶에 큰 영향을 미쳤고 지금의 길로 나아가는 데에 밑바탕이 된 사건이라 생각합니다. 인생의 지도를 그리며 앞으로 교사가 될 나의 모습을 상상해 보기도 했고, 나의 장점과 단점을 찾아 더 나은 내가 되기 위한 활동도 해 볼 수 있는 기회였습니다. 또한, 친구들과 협동하여 발표하는 프로젝트로 서로 다른 의견도 받아들일 수 있는 개방적 사고를 배웠고, 이러한 과정 등을 통해 목표 의식을 가지고 진정으로 하고 싶은 일을 하고 있는 제 자신의 모습을 상상하며 노력하는 모습이 진정 아름답다는 것 또한 느꼈습니다. 진지하게 제 자신에 대해 깊이 생각해 볼 수 있었던 시간, 생각의 패러다임을 변화시킨 시간, 그리고 가장 중요한 제 미래에 대한 전환점을 제시해 준 소중한 시간이었습니다. 저는 이 연수 기간 동안 제 자신에 대한 깊은 성찰을 통해 교사로서의 가능성과 열정을 확인했고, 부족한 점들에 콤플렉스를 느껴 움츠리기보다는 단점을 곧 개선의 가능성과 함께 발전의 계기로 삼을 수 있음을 깨달았습니다.

두 번째 사건은 한 달 정도 영국과 유럽에서 여러 가지 경험을 할 수 있었던 단기 어학 연수였습니다. 2주 동안은 영국 Brunel 대학교에서 어학 연수를 했고, 1주 동안은 프랑스·독일·스위스·오스트리아를 방문했습니다. 세계 각국에서 온 학생들과 수업을 함께 들으며 많은 것을 느꼈습니다. 주입식 교육만 받는 한국 학생들과 달리 자신의 의견을 발표하고 질문하는 데에 당당한 다른 나라 학생들을 보며 틀에 갇힌 한국의 교육이 부족하다는 생각이 들었고, 개개인의 특성과 창의성을 중요시하는 참여식 교육에 자극받았습니다. 다른 나라 아이들과 함께 수업을 들으며 우리와는 다른 그들의 수업 태도나 발표 방법, 또한 영국 교사들의 지도 방법을 보면서 우리나라 교육과의 차이와 앞으로 제가 준비해야 할 열린 교육에 대한 방향도 한 번 더 생각해 볼 수 있는 좋은 계기가 되었습니다. 이러한 외국에서의 문화 및 교육 체험은 제가 미래의 교사이자 세계화 시대의 인간으로서 세계를 바라보는 시야를 한층 더 넓고 깊게 해 준 소중한 경험이었습니다.

김윤환 선생님의 평가 및 보충 ⓆⒶ

모든 학문은 스스로에 대한 성찰에서 비롯된다. 교육학 역시 타인을 가르치고 인도하는 역할에 머무르는 것이 아니라 전인적 차원에서 일종의 학문적 탐구가 수반되어야 한다. 위와 같은 질문은 교육자로서의 자질을 평가하는 동시에 인간으로서 얼마나 사려 깊게 자신의 삶을 성찰할 수 있는지를 알아보기 위한 질문이다. 때문에 자신의 삶과 목표, 자신이 영향을 받은 개인적인 부분을 설명하며 자기 자신을 얼마나 진실하게 표현할 수 있느냐가 중요하다.

학생의 답변은 전체적으로 경험적 사건에 기반을 두고 있다. 리더십 연수와 어학연수 기간 동안 자신이 느낀 바를 담담하고 솔직하게 표현하고 있다. 이와 같이 경험적인 설명을 할 때에는 자신의 경험을 너무 장황하게 늘어놓지 않으면서 자신이 그 경험을 통해 어떤 고민을 하게 되었는지를 설명하는 것이 중요하다. 첫 번째 경험에서 자신의 단점을 발견하고 성찰하는 과정을, 두 번째 경험에서 견문을 넓히며 느낀 바를 솔직하게 이야기한 점이 매우 좋았다. 단순히 경험에 머무르는 것이 아닌, 보고들은 부분을 자신의 진로와 연결 짓는 것이 매우 효과적이라 할 수 있다.

선배들의 TIP 및 교육 이론 ✏️

이 질문 또한 개인적인 질문이기 때문에 사람마다 대답이 다양할 수 있어. 이 질문 같은 경우에는 책의 내용을 중심으로 답변하기보다는 왜 그 책이 나에게 영향을 주었고, 구체적으로 어떤 부분이 인상적이었는지 그 이유에 대해 이야기하는 것이 좋은 점수를 받는 데 도움이 될 거야. 교수님들은 그 책이 무슨 내용인지 궁금한 게 아니니까 말이야. 수험생이 어떤 장르의 책을 어떻게 소화했고 그것이 어떤 영향을 주었는가를 알아보려는 질문이니까 느낀 점을 더 정확히, 그리고 또 인상적인 내용과 감명 깊었던 부분을 교육과 조금이라도 연관 짓는 게 좋아. 너무 끼워 맞추어서 대답하기보다는 자연스럽게 연관성을 만드는 것이 중요해.

합격 선배들의 답안 ✏️

제가 가장 감명 깊게 읽은 책은 정약용의 『목민심서』입니다. 조선 시대의 생활상이 중심을 이루며, 옛 현인의 책이라 지루하거나 고리타분할 것이라 생각했지만, 이 책의 주제인 지도자의 덕목은 지금과 다를 바 없었고 많은 생각을 하게 했습니다. 이 책은 수령의 지침서로, 조선 후기 실학자 정약용이 지방 관리들의 비리를 막고 지방 행정을 쇄신하기 위해 지은 책입니다. 이 책의 핵심은 백성이 국가의 중심이라는 것입니다. 관리는 백성을 위해 존재한다는 것이 정약용의 지론이며, 수령 역시 백성을 위해 존재하므로 아전이 백성을 수탈하는 것을 방지할 의무가 있고, 감사가 백성을 부당하게 억압하는 것을 차단할 의무가 있다는 점을 누차 강조하고 있습니다.

이 책의 내용 중 가장 기억에 남고 감명 깊었던 부분은 '율기'라는 부분입니다. 율기(律己)는 몸을 다스리는 원칙이라는 뜻으로 목민관이 지켜야 할 생활 원칙이 담겨 있습니다. 목민관은 몸가짐을 절도 있게 해서 위엄을 갖추어야 하며, 아랫사람이나 백성들을 너그럽게 대하는 동시에 원칙을 지키는 것을 통해 위엄이 자연스럽게 나타나야 한다고 합니다. 이러한 '율기'를 읽으며 제 자신을 돌아볼 수 있었고 진정한 지도자로서의 의미도 다시 한 번 생각해 볼 수 있는 계기가 되었습니다. 다수를 이끌어 가는 진정한 지도자의 마음은 나보다 다른 사람을 먼저 생각하고 원칙을 지키되 아랫사람을 사랑하는 마음 또한 버리지 않는 것임을 다시 한 번 되새겼고, 이러한 내용들은 교사로서의 지침으로도 의미를 찾을 수 있었습니다. 한 반을 이끌어 가는 지도자로서 아이들을 지도하며 원칙을 지키는 것과 아이들을 사랑하는 마음을 동시에 지니고, 자기 자신에 대한 원칙 또한 철저히 지키는 것이 중요하다는 생각을 했습니다.

다른 대학, 다른 학과에서도 감명 깊게 읽은 책에 대해 자주 묻는다. 이 같은 질문에 대응할 때에는 어떤 책을 선택했느냐가 아니라, 그 책을 통해 자신이 어떤 감정을 느끼고 어떤 교훈을 얻었는지 솔직하고 구체적으로 답변하는 것이 중요하다.

학생의 경우 정약용의 『목민심서』를 선택했는데, 이 책에 대한 간략한 설명과 함께 자신이 구체적으로 어떤 대목을 인상적으로 읽었는지 설명한 점이 좋았다. 특히 리더십적인 측면을 보다 강조한 점이 인상적이었으며 내용에 대한 감상을 교육적 차원으로 끌어올려 설명한 것도 효과적이었다. 답변 말미에서 이와 같은 부분이 첨가되기는 했는데, 교육 현장에서 리더십이라는 것이 정확히 어떻게 적용된다고 생각하는지 자신의 의견을 좀 더 보충하는 것도 좋을 것이다.

물론 모든 답변에 교육을 너무 억지로 연결 짓는 것도 좋지는 않다. 많은 학생이 이 같은 질문에서 어떻게 해서든 교육적인 차원의 언급을 이끌어 내려고 하나, 자칫하면 작위적인 정의나 연결로 이어질 수 있다. 학생의 답변에서는 리더십과 교육이라는 가치관적 연결이 보충되면 좋으나, 그것이 억지에 가까울 필요는 없다는 점을 염두에 두자.

14 초등 교사 여성 편중으로 인한 초등학생의 여성화 논란

선배들의 TIP 및 교육 이론 ✎

이러한 질문처럼 찬성과 반대가 나뉘는 질문은 답을 하기 전에 찬성과 반대의 의견 정리와 나의 의견 확립 과정이 중요해. 먼저 자신의 생각을 주장하기보다는 토론 전 주제에 대한 찬성과 반대 측의 논점과 근거들에 대해 짧게 정리해 본 후 자신의 의견을 결정하는 것이 보다 효율적이라고 할 수 있지. 짧은 시간 동안 논리적인 생각과 표현을 보여 주어야 하는 면접인 만큼 보다 논리적으로 이야기할 수 있는 측의 의견을 선택하는 것이 좋아. 이런 찬반이 분명한 주제에서 또 중요한 점은 지나치게 흑백 논리를 적용해서 주장하는 것은 바람직하지 못하다는 것이지. 일반적인 내용이 많이 허용되는 교대 · 사대 논술이나 면접에서는 지나치게 한 방향에 치우친 주장이나 극단적인 단어, 내용들을 포함한 주장은 오히려 해가 될 수 있어. 찬성의 측면을 이야기하면서도 부정적인 측면의 이야기도 약간 언급하며, 서로의 장점과 단점을 조금씩 보완해 나가는 중립적인 의견을 내놓는 것이 가장 적절한 답변이 아닐까 생각해.

오늘날 초등 교사 여성 편중이 큰 이슈가 되고 있으며, 서울시 교육청이 이러한 성비 불균형 해소를 위해 양성 평등 채용 목표제를 추진하기로 한 이후 이 쟁점은 더 주목받고 있습니다. 이는 여교사 과잉에 따른 생활 지도나 성 역할 정체성 확립에 대한 우려 때문이라고 봅니다. 지난해 초등학교 여교사는 전체의 74%, 중학교와 고등학교는 각각 64%와 42%로 수년간 증가세를 보이고 있습니다. 그러나 교원의 양성 균형 임용이 이미 할당제를 시행하고 있는 교대 신입생 선발에 이어 남성에게 이중 혜택을 준다는 점과 헌법의 평등권 침해 소지가 있어 논란은 계속될 것으로 보입니다. 여교사 비율이 70~80% 수준에 이르는 '여초(女超) 현상'이 계속되면서 남성 교사가 부족하다 보니 학생들의 생활 지도와 성 역할 정체성 확립에 문제가 생길 수 있다는 우려가 높아지고 있습니다. 이들은 남성들이 교직에 많이 지원하면 자연스럽게 해결될 수 있는 문제이나 여성에 비해 남성의 교직 선호도가 높지 않은 상황에서 자연 해소가 어려운 만큼 인위적인 개입도 필요하다고 주장하고 있습니다.

저는 초등 교사 여성 편중 문제를 어느 정도는 인위적으로 해결해야 할 필요가 있다고 생각합니다. 사실 초등학생들이 초등 교사의 여성 편중에 의해 여성화된다는 의견은 조금은 지나치게 앞서나간 것이라는 생각이 듭니다. 하지만 가정에서 사회로의 첫걸음이라 할 수 있는 초등학교는 아이들이 올바른 성 정체성과 성 역할을 확립할 수 있도록 도와주어야 하는 공간이므로 여성 교사와 남성 교사의 비율이 어느 정도 적정선을 이루어야 한다고 생각합니다. 하지만 현 상태에서는 여교사에 비해 남교사의 수가 턱없이 부족합니다. 초등학교 시절은 성 정체성이 제대로 확립되지 않은 시기입니다. 물론 남성은 꼭 남성다워야 하고 여성은 꼭 여성다워야만 한다는 생각에는 저도 반대하지만, 남성과 여성은 분명한 차이가 있고 각각의 성 역할이 다르다고 생각합니다. 남선생님에게는 여선생님에게서 배울 수 없는 부분이 있고, 그 반대의 경우도 마찬가지입니다. 초등학교는 교과를 가르치는 곳이기도 하지만, 보다 중요한 역할은 아이들이 앞으로 사회에 잘 적응해 나갈 수 있도록 올바른 인성과 사회성을 길러 주는 곳이라고 생각합니다. 여기에는 성 정체성을 제대로 길러 주는 것도 포함됩니다. 따라서 여선생님에게만 교육을 받는 것보다는 여선생님과 남선생님 모두에게 교육을 받는 것이 아이들이 양성성을 보다 바람직한 방법으로 습득하고, 건전한 사회인으로 자라는 데에 도움이 될 것이라 생각합니다.

초등 교사의 여성 편중 논란은 교육적 차원의 문제와 개인의 기회적 차원의 문제로 확장할 수 있다. 또한, 성 역할이라는 것이 과연 해당 성을 가진 이들을 통해서만 습득할 수 있는 것인지에 대한 논란으로도 이어질 수 있는 문제다. 양성 평등 채용제의 경우, 열심히 노력한 이들에 대한 기회의 불평등을 야기할 수 있다는 점에서 문제가 될 수 있다. 이 같은 이슈를 학생의 입장, 사회적 차원, 원칙적 차원에서 다각적으로 살펴보아야 한다.

학생의 답변에서는 전반적으로 이 같은 논란이 제도적 보완을 요구하는 목소리에서 비롯되었음을 적절하게 미리 지적했으나, 이슈의 소개에 머물 뿐 보다 다각적인 의견 제시는 다소 부족했다고 볼 수 있다. 더욱이 여성 편중 문제를 해결하기 위해 단순히 쿼터제를 도입하는 것 외에도 남성이 초등 교사라는 직업을 매력적으로 느낄 수 있도록 하는 다양한 방안에 대한 고려도 보충될 수 있다. 문제점에 대해 지적하고 있으나, 이에 대한 대안적 측면의 언급이 다소 부족한 것이 아쉽다.

15 › 성선설과 성악설 중 무엇을 지지하는가?

선배들의 TIP 및 교육 이론 ✏

성선설과 성악설 문제는 면접을 보는 입시생들에게는 친숙한 주제라고 생각해. 그만큼 공부를 한 학생이 많다는 것인데, 합격을 하기 위해서는 명확한 개념 정리가 필수적이겠지. 성선설·성악설에 대한 개념을 포괄하여 정리하고 주요 학자들의 주장을 미리 파악해 둔다면 다른 경쟁자와 차별성을 가질 수 있다고 생각해. 또한, 미리 자신의 관점을 정리하는 것도 유리할 거야. 자신의 관점을 미리 정리하면 개념 파악에 도움이 될 뿐더러 다른 영역과의 연계 등 한층 더 복합적인 사고의 가능성이 있으므로 연습이 필요해. 또한, 면접을 준비한 학생들이 다 알만한 주제가 나왔을 경우에 무조건 창의적인 대답만을 말하려고 하면 자기 모순에 빠지는 경우가 종종 있기 때문에 먼저 주제의 큰 줄기를 짚어 주고서 이를 뒷받침하는 예시 등에서 남들과의 차별성을 두면 효과적이지.

합격 선배들의 답안 ✏

먼저 성선설과 성악설을 비교해 보겠습니다. 인간이 합리적인 존재인가, 아니면 불합리한 존재인가 하는 문제가 중국 철학에서 성선설과 성악설로 구분되는데, 이는 본성을 선과 악이라는 측면에서 설명하는 이론입니다. '성'이란 인간의 마음에 '본래적인 것', '타고난 것'이라는 뜻입니다. 따라서 '성'을 일단 '본성'이라고 해석하겠습니다. 성선론자들은 '본래적인 것', '본질적인 것'이라는 의미를 중시하므로 그들이 쓰는 '본성'이라는 말은 '도덕적 이성'을 가리킵니다. 그 이성이야말로 인간에게 본래적인 것이며 본질적인 것이라고 보기 때문입니다.

반대로 '타고난 것'이라는 뜻을 중시하는 성악론자들에게 본성은 '감정', '욕망'을 의미합니다. 인간이 태어날 때 '타고난 것'은 바로 감정, 욕망이기 때문입니다. 이처럼 학자에 따라 가리키는 대상이 다르기는 하지만, '본성'이라고 할 때는 일단 인간의 능력, 특히 마음의 본질을 말하며, '행위의 원동력'이라는 뜻을 담고 있습니다. 그 원동력이 선한가, 악한가 또는 좋은 것인가, 나쁜 것인가를 탐구하는 이론이 바로 성선설과 성악설입니다. 따라서 성선설과 성악설 모두 결국은 선악의 문제를 통해 인간의 본성을 문제 삼는 것입니다.

그러나 저는 두 이론 중에서 성악설을 지지하는 쪽입니다. 성악설은 현대 사회에서 인간의 행동을 대표하는 단어가 될 수 있습니다. 무한 경쟁 사회 속에서 사람들은 서로 누르고 올라가려고 노력합니다. 그 예로 국회의원 선거를 들 수 있습니다. 한 명만 당선되는 상황에서 유권자에게 표를 더 얻기 위해 금품을 뿌리고 상대 출마자의 공약의 허점을 비난하고, 자신은 허위 공약을 하는 등 목적을 위해 수단과 방법을 가리지 않는 경우가 많습니다. '말 타면 경마 잡히고 싶어 한다.'라는 말이 있습니다. 걷다가 말을 얻어 타게 되면 누가 앞에서 끌어 주기를 바란다는 뜻입니다. 이처럼 인간의 욕심은 끝이 없습니다. '첫 술에 배부르랴.'는 말도 있듯이 인간은 지금 당장 지닌 것에 만족하지 못하고 끊임없이 탐내고 사물에 욕심을 부립니다. 이렇듯 인간은 태어나면서부터 자기의 이익을 챙기기 좋아합니다. 갓난아기만 보아도 자신의 것이라고 생각하는 것을 빼앗기면 울면서 자신의 것을 지키려 하지 않습니까?

즉, 태어날 때부터 선함이 내재해 있는 것이 아니라 선함을 배우기 전까지는 자기 중심적인 사고만 할 뿐입니다. 이런 이기적인 사고와 행동만 지녔던 인간이 선한 행동을 할 수 있는 이유는 이성이라는 것을 배웠기 때문입니다. 따라서 사회의 관습과 사람들의 행동에 의해 정의된 이성으로써 인간은 선한 행위를 할 수 있기에 인간은 본디 악하다는 성악설의 주장에 동의합니다.

김윤환 선생님의 평가 및 보충 Q&A

성선설과 성악설은 고등학교 윤리 시간에도 필수적으로 다루는 주제이므로 단순한 입장 표명 이외에도 지식적인 차원의 해설과 명확한 개념의 이해가 동반되어야 여타 학생들과 차별화되는 답안을 내놓을 수 있다. 인간의 본성에 대한 의견을 묻기 때문에 필연적으로 교육에 대한 논쟁까지 연결시킬 수 있다. 인간의 본성을 어떻게 바라보고, 어떠한 관점에서 교육을 해야 하는지는 전통적으로 중시되어 왔던 주제다. 이미 오랜 시간 인류에게 무척 중요한 주제로 부각되어 온 탓에 어떤 입장을 선택하는가가 중요한 것은 아니다. 자신의 입장을 명확히 하고, 이에 맞게 논거의 구체성을 확보하는 것이 포인트다.

학생의 경우 성선설과 성악설의 개념적 정의부터 짚고 넘어간 점이 무척 좋았다. 인간이 본래 선한가, 악한가에 대한 논쟁을 도덕적 이성과 감정·욕망의 대립으로 이어갔다. 이 같은 대립을 '본성을 어떻게 보는가'에 대한 이슈로 이어갔고, 이를 풀어 가는 데 있어 질문에 대한 배경지식을 적절히 활용했다. 두 이론 중 성악설을 지지한다는 점을 명확히 한 후 논지를 전개한 것도 좋았다. 선택형 논증을 요구하는 상황에서는 입장 표명을 두괄식으로 구성하는 것이 중요하다. 논증을 풀어 가는 과정에서 예시를 적절히 활용한 점도 눈에 띈다.

한 가지 더 보충하자면, 본성에 관한 논증을 교육적 차원에서 짚어 보는 것도 좋다. 성선설을 신뢰하는 입장이라면 교육이 타고난 본성을 잘 발휘할 수 있도록 유도해야 한다고 지적해 주어야 하며, 성악설을 지지하는 편이라면 교육이 이 같은 본성을 공동체 차원에서 어떻게 조절하도록 유도해야 하는가를 지적하는 것이 좋다. 인간이 스스로의 본성을 다스리고 공동체 내에서 조화롭게 살아가도록 교육하는 것이 초·중등 교육의 본질적인 목표이기 때문이다.

선배들의 TIP 및 교육 이론 ✏️

평소에도 이러한 상황에 대해 자신의 생각을 간단하게라도 정리해 두는 것이 좋아. 적어 놓지 않더라도 한 번쯤 생각해 놓으면 나중에 문제로 접했을 때 그 생각을 밑바탕으로 해서 시작을 쉽게 할 수 있으니까. 나도 이 질문에 대해 답변할 때 중학교 담임 선생님을 떠올렸거든. 중학교 3학년 때 담임 선생님은 평소에 교사로서 떳떳하지 못한 행동을 했을 때, 교탁 앞에 서서 아이들을 바라볼 때마다 양심의 가책을 느꼈다고 하셨어. 그래서 초롱초롱한 아이들의 눈을 볼 때마다 다시 한 번 자신의 행동에 반성하고 더 나은 교사가 될 수 있도록 노력했고, 아이들은 당신이 느슨해질 때마다 스스로를 채찍질할 수 있게 하는 원동력이 되었다고 하셨어. 그 당시 선생님이 말씀해 주신 이 이야기를 듣고 나는 마음속으로 '나도 나중에 교사가 된다면 이런 마음가짐을 가져야겠다.'라고 생각했고, 오래전에 스쳐 지나가듯 했던 생각이 이 문제를 만나 다시 떠오르게 되었지. 평소에 여러 상황에 대해 잠깐이라도 관심을 갖고 생각하고 지나간다면 그것들이 쌓여 나중에 자신의 생각을 표현하는 데 큰 도움이 될 거야. 그리고 이 문제 같은 경우 지나치게 형식적인 답안도 좋지 않지만, 너무 자신의 개성만 생각하는 것도 좋지 않아. 교사로서 갖추어야 할 도덕적 자질을 염두에 두고 그것을 밑바탕에 깔고 자신의 생각을 정리해야 해. 이것에 자신의 참신한 생각을 덧붙인다면 눈에 띄는 좋은 답안이 될 거야.

합격 선배들의 답안 ✏️

아이들이 보는 앞에서의 행동이든, 아이들이 없는 곳에서의 행동이든 상관없이 교사로서 아이들에게 떳떳하지 못한 행동을 했다면 저는 아이들 앞에서 저의 잘못된 행동을 고백하고 반성하는 시간을 가질 것입니다. 교탁 앞에 서서 저의 떳떳하지 못했던 행동을 구체적으로 말하고, 그 행동이 왜 떳떳하지 못한 것인지 이유를 설명한 다음 반성의 태도를 보이며 앞으로의 다짐을 하겠습니다. 그 반성의 시간은 아이들에게 모범을 보여야 할 교사로서의 반성과 자기 자신에 대한 개인적인 성찰의 시간입니다.

교사로서 학생들 앞에 서서, 한 어른으로서 어린아이들 앞에 서서, 진지하게 자신의 잘못을 인정하고 반성하는 것은 쉬운 일이 아니라고 생각합니다. 그러나 모든 부끄러움을 떨쳐 내고 아이들에게 자신의 잘못을 고백하는 것은 아이들에게도 긍정적인 영향을 줄 수 있다고 생각합니다. 먼저 아이들은 그런 교사의 모습에서 인간적인 부분을 볼 수 있고 이것은 아이들이 교사에게 더 친근감을 느낄 수 있는 계기가 될 수 있습니다. 아이들은 교사가 권위적이고 완벽한 존재가 아닌 자신과 같은 한 인간이라는 생각을 할 수 있습니다. 또한, 아이들은 선생님이 진지하게 잘못을 고백하는 모습에 자신이 교사로부터 존중받고 있음을 느낄 수 있습니다. 선생님이 자기를 어린아이로만 보고 무시하는 것이 아니라 동등한 인격체로 생각하고 있다고 느낄 때에 아이들은 교사에게 더 큰 신뢰를 갖게 되고, 교사가 자신의 의견에 귀 기울일 것을 알며 교사의 말에 잘 따를 것입니다. 그리고 아이들은 잘못을 고백하고 반성하는 교사를 보며 자신의 잘못을 숨기지 않고 당당하게 말할 수 있는 자세를 갖게 됩니다. 이런 자세는 아이들의 인격 형성에도 큰 도움을 줄 수 있다고 생각합니다. 다른 사람 앞에서 자신의 잘못을 인정하는 자세는 아이들의 인생에 있어서 소중한 자산이 될 것입니다.

마지막으로 저는 고백의 시간만으로 저의 떳떳하지 못한 행동에 대한 반성을 끝내지 않고 그 후에 제가 어떤 실천을 했는지에 대해서도 아이들에게 알려 줄 것입니다.

김윤환 선생님의 평가 및 보충 🄰🄰

언뜻 생각해 보면 꽹장히 난감한 질문일 수 있다. 위와 같은 질문처럼 교육 현장에서 일정한 상황을 제시하고 이와 같은 상황을 타개해 나가는 방식을 묻는 질문이 종종 등장하기 때문에 각별히 유의해야 한다. 상황 해결 문제에서는 자신이 교사로서 중시하는 몇 가지 원칙에 따라 문제를 해결해 나가는 것이 좋다. 가령 교사로서 떳떳한 행동을 하지 못한 상황에서 스스로 '격의 없는 소통'을 중시한다면 이 점에 대해 아이들과 허심탄회하게 이야기를 나누는 방식의 대안을 내세울 수 있다. 스스로 원칙과 규율을 중시하는 편이라면 그 원칙에 따른 벌칙을 스스로에게 내리는 방법을 취할 수도 있다. 상황에 따른 대응은 다양하며, 그 대응에는 일정한 원칙과 철학이 존재해야 한다. 단순히 '상황을 어떻게 모면할 것인가'를 답하기보다는 자신의 교육관이 상황 해결에 묻어 나올 수 있도록 답안을 구성하는 것이 좋다.

학생의 답변은 공개적인 개인 성찰을 진행하겠다는 것이다. 여기에는 교사가 권위적이고 완벽한 존재가 아니라 아이들과 똑같은 인격체로서의 존재라는 점을 가정했다. 학생이 답변한 상황적 해결 방식에 대해 어떤 원칙을 적용했고, 왜 그러한 선택을 내렸는가를 교육적 차원에서 정리한 점이 매우 설득력을 갖는다. 스스로의 잘못을 아이들 앞에서 반성하면서 아이들로 하여금 교사로부터 존중받고 있음을 느끼게 한다는 점이 매우 원칙적이면서도 현실적인 공감을 이끌어 낼 수 있다. 해결 방안과 그것으로 인한 효과를 순차적으로 구성해 매우 깔끔한 답변 구성을 이끌어 냈다.

선배들의 TIP 및 교육 이론 🖊

평소에 '내가 선생님이라면 이렇게 하겠다.'와 같은 구체적인 생각을 해 보는 습관이 중요해. 막연하게 '선생님이 되고 싶다.'라는 생각보다 더 구체적으로 내가 선생님이 되기 위해선 어떠한 자아관, 세계관, 도덕성, 사고력, 의사소통 능력, 사회성 그리고 적성을 지녀야 할지 생각해 보는 적극적인 자세가 많은 도움이 될 거야. 평소 이런 생각들을 해 보고 간단하게 자신의 생각들을 정리해 본다면 문제 해결에 도움이 될 수 있어. 그리고 자신이 학창 시절을 겪으며 거쳤던 수많은 선생님 중 학생의 입장에서 바람직했다고 생각되는 선생님, 바람직하지 못했다고 생각되는 선생님을 정해 놓고 그 선생님의 행동 등을 토대로 답변을 구상하는 것도 답변을 구체적으로 하는 데 도움이 된다고 생각해. 구체적일수록 생각이 보다 깊은 단계까지 진전되었다는 증거이기 때문에 바람직한 답변에 도움이 될 거야.

일반 대학의 질문들은 창의력을 요구하는 경우가 많아. 하지만 교대 · 사대의 경우, 기본적으로 교사로서의 자질을 알아보기 위해 제시되는 문제이므로 문제의 취지를 잘 생각하여 창의력보다는 자신이 생각하는 '선생님다운' 사고로 답변을 하는 것이 더 좋아. 따라서 이러한 문제에서 돋보이기 위해선 '구체적인 사고를 얼마나 했나'를 보여 주는 것이 도움이 돼. 이 구체성의 차이가 생각의 깊이 차이를 보이는 것이며, 이것이 곧 다른 학생과 사고의 차이로 돋보일 수 있는 요인이 되기 때문이야.

합격 선배들의 답안 🖊

먼저 학교를 찾아온 학부모가 어떠한 이유로 학교에 찾아온 것인지 파악할 것입니다. 그리고 두 아이가 싸운 것 때문에 찾아온 것이라면 그중 어떠한 점에 대해 말하고 싶은지 물어보고 거기에 대해 침착하게 설명을 해 드릴 것입니다. 아이들의 싸움 때문에 학부모가 학교에 찾아온다면 그 싸움에 대해 한 아이의 말만 듣고 원인 규명이 제대로 안 된 상태로, 상대방 아이에게 문제가 있다고 생각하여 온 경우가 대부분일 것입니다. 따라서 전문가의 입장으로서 이전에 어떠한 상황이 있었고 싸움의 원인이 무엇이었는지 파악하여 이를 알려 준다면 학부모는 만족할 것이라 생각합니다. 이렇게 학부모를 만족하게 할 만한 정확한 상황 파악을 위해서는 평소 담임으로서 아이들에게 관심을 갖고 지켜보는 태도가 필요합니다. 선생님은 학생만 다루는 것이 아니라 학생을 잘 이해하고 대하기 위해 관련된 주변 인물도 파악해야 합니다. 이러한 이유로 학부모와의 상담도 매우 중요하며 학부모와의 상담으로 가정 환경과 학교생활을 일관성 있고 바람직하게 지도한다면 학생의 생활에 매우 긍정적인 발전을 기대할 수 있을 것입니다.

학부모와 상담하는 데 있어서 정확한 상황을 파악하여 설명해 주는 것 외에도 중요한 것이 있는데 그것은 바로 친절과 편안함입니다. 상담을 요청하는 학부모와 원활한 의사소통을 하기 위해서는 공손하고 예의 바른 자세와 행동으로 대해야 하며, 지나치게 격식을 차리지는 않되 편안함을 주는 정도로 대화를 이끌어 나가는 것이 중요합니다. 혹시 학부모가 자신의 자식이 부당한 대우를 받았다고 생각해서 격양된 상태로 따져도 이를 가라앉히고 대화를 할 수 있는 침착성 역시 학부모와의 상담에 있어서 필요한 조건이라고 생각합니다. 그리고 학부모의 상황과 감정을 잘 이해하고 자신의 의견을 피력하는 것이 필요하다고 생각합니다.

마지막으로 싸움에 대한 해결 방법을 어떻게 제시할 것인가도 학부모와의 상담에서 중요한 주제가 될 수 있습니다. 보통 학부모가 싸움 때문에 학교에 올 정도라면 두 아이가 싸우다 한 아이가 상해를 입었을 경우가 많습니다. 이때 어느 측의 부모님이 학교에 찾아오든 공통적으로 말해 주어야 하는 것은 어제 일어난 사건은 '폭력'이 아닌 '싸움'이었기에, 그 원인은 두 아이 모두에게 있다는 것입니다. 그리고 상대방 아이의 상황도 충분히 이해할 수 있게끔 상담을 유도하여 아이들 간의 순간적인 싸움이 학부모 간의 갈등으로 번지지 않게 방지할 것입니다. 물론 신체적으로나 물질적으로 피해를 입은 정도를 결과로 따지면 상해를 입은 아이가 더 많은 피해를 입은 것입니다. 따라서 앞서 말한 정확한 상황 파악을 토대로 잘못의 정도도 파악하여 그만큼 학생에게 부담을 지우는 식으로의 해결책을 내놓고 학부모를 설득시키겠습니다. 또한, 학부모가 그 싸움에 대해 학생에게 지나친 질책을 하지 않도록 해야 합니다. 심각한 수준이 아니라면 자신의 잘못된 점을 깨닫는 정도로만 자극을 주는 것이 좋다고 생각하기 때문입니다.

김윤환 선생님의 평가 및 보충 ⒬Ⓐ

교사와 학부모는 보완적 관계다. 흔히 교육의 3주체를 교사·학부모·학생으로 보는데, 학생에게 발생한 갈등은 기본적으로 교사와 학부모가 함께 풀어 나가야 하는 문제이다. 그렇기 때문에 이와 같은 문항에서는 상황을 해결해 나가는 문제 해결 방식을 서술함과 동시에, 학부모에 대해 어떻게 대하는 것이 좋은가에 대한 질문이 함께 내포되어 있다고 볼 수 있다.

답변에서 우선 이 상황이 단순한 폭력이 아닌 '싸움'이라는 점을 설명할 것이라는 점이 매우 인상적이다. 이는 상황에 대한 지나친 흥분보다는 교육을 분담하고 있는 입장에서 교사와 학부모가 함께 대화하기 위한 전제이다. 특히 이 같은 문제는 단순히 어느 한쪽 편을 들거나 누군가를 질책한다고 해결할 수 있는 문제가 아니다. 그렇기 때문에 대화를 위한 전제 조건으로 교육자의 입장이자 중재자의 입장을 동시에 수행할 수 있도록 상황적 기반을 마련해야 한다는 점을 강조했다. 답변에서 전반적으로 상황에 대한 차분한 인식이 돋보인다. 답변이 조금 길기 때문에 상황을 보다 단계적으로 간결하게 하는 것도 좋다. 학부모에 대응하는 교사의 자세를 답변에 함께 언급한 점도 논쟁의 핵심에 접근하는 좋은 방법이다. 답변에서 학부모에 대한 태도를 언급해 준 것은 매우 효과적이었다.

18 ▶ 인문학의 위기와 이공계 기피 현상

선배들의 TIP 및 교육 이론 ✎

이런 사회적 현상에 대한 자신의 의견을 쓰려면 그 전에 주어진 현상에 대한 구체적인 파악이 우선적으로 필요해. 가장 좋은 방법은 역시 틈틈이 신문 기사를 읽는 것이지만 나는 그렇게 하지는 못했지. 평소 인터넷을 할 때마다 헤드라인 정도만 훑어보는 정도라서 하나의 현상에 대해 수박 겉핥기식으로만 알고 있었거든. 대입 면접을 준비할 때 얼마나 후회되던지…… 뒤늦게 최근의 시사 이슈들을 모아 반복해서 읽는 방법밖에는 없더라. 시사 이슈들에 대한 나의 생각은 둘째 치고 그 이슈에 대한 구체적인 내용을 먼저 파악하는 것이 중요하다고 생각했어. 어설프게 잘못 알았다가는 그것에 대한 나의 의견을 생각할 때에 완전히 다른 방향으로 나아갈 수 있기 때문이야. 그리고 시간이 된다면 단순히 그 현상에 대한 이해를 넘어서 그로 인해 제기되는 문제점들에 무엇이 있는지 찾아보고 이에 대한 사람들의 의견과 해결 방안에 대해 생각해 보는 것이 좋아. 그리고 이 현상에 대한 각 분야의 전문가들은 어떠한 의견을 가지고 있는지 찾아보고 이를 종합해 자신의 의견에 덧붙이고 수정하는 과정을 거친다면 하나의 현상에 대한 풍부한 이해는 물론 다방면으로 생각할 수 있게 돼.

합격 선배들의 답안 ✎

오늘날은 치열한 무한 경쟁 시대입니다. 이러한 효율성과 수익성을 추구하는 논리에 의해 철학, 문학, 예술 등의 인문학을 경시하는 풍조가 생겨났습니다. 듣고, 보고, 만질 수 있는 것만 따지는 감각적·실증적이고 과학적인 생활에서 눈에 보이지 않는 윤리 의식이나 정신문화는 살아가는 데 별 도움이 되지 않는 것으로 치부되고 있습니다. 대학은 학생들의 취업을 제일의 목표로 삼아, 취업에 불리한 학과들을 인기 없는 학과로 여기고 인문학과를 축소하거나 심지어 폐지하고 있습니다. 인문학은 대학과 학생들 사이에서 소위 '취업하기 힘든' 학과로 여겨져 그 자리가 점점 줄어들고 있는 상황입니다.

그러나 이러한 인문학의 위기를 곧 인문학의 새로운 기회로 생각할 수 있습니다. 우선 인간의 가치와 소외된 사회 분위기가 다시 '사람'을 중심으로 변화하고 있다는 데에서 기회를 찾을 수 있습니다. 광고에서도 제품의 성능보다는 사람의 감정과 소통을 극대화하자는 내용이 더 큰 호응을 얻고 있습니다. 대학, 정부, 인문학자 등 각각의 자리에서도 인문학의 위기를 극복하기 위한 노력이 필요합니다.

우선 대학은 시장 논리에 따르지 않는 충실한 인문 교육이 이루어지도록 해야 하며, 인문학자들은 인문학과 다른 학문과의 소통을 적극적으로 모색하고 인문학이 사회에서 다양한 역할을 할 수 있음을 생각해야 합니다. 어떤 분야일지라도 인문학을 기초로 하지 않는 분야는 없을 것입니다. 인문학자들이 앞으로도 안일한 연구에만 몰두한다면 인문학의 발전은 어려울 것입니다. 정부는 인문학의 존속과 발전을 위해 장기적이고 지속적인 지원을 아낌없이 해야 한다고 생각합니다.

한편, 이공계 분야에서도 기피 현상이 일어나고 있습니다. 이공계 기피 현상은 이공 계열 직업의 상황과 연관이 있습니다. 우선 이공계 출신에 대한 경제적 대우가 회계사, 의사, 변호사 등의 전문직에 비해 낮은 편입니다. 또한, 승진의 어려움과 이른 퇴직 등 이공계 직업의 전망은 밝지 않으며, 제조업 중심에서 서비스업 중심으로 변화한 산업 구조로 인해 상대적으로 이공계 계열의 산업 인력 수요가 감소한 것도 이공계 기피 현상의 원인이 됩니다.

이와 같이 기초 과학 분야, 순수 인문학 분야 등으로의 지원이 감소하는 공통적인 이유는 직업 선택과 관련하여 연봉이 낮다는 인식이 사회적으로 퍼져 있기 때문입니다. 단순히 연봉 때문이 아니라 자신이 선택한 분야에서 안정적이고 꾸준히 활동할 수 있다면 사람들은 자신의 분야에 신념을 갖고 몰입할 수 있을 것입니다. 정부는 가시적인 성과가 보이는 단기적인 제도를 수립하기보다는 근본적인 문제를 해결하기 위해 노력해야 하며, 인문학이든, 이공계 분야든 기초 학문에 몸 담그고 있는 사람들에게 알맞은 사회 제도를 마련해 주어 기반을 튼튼히 해야 할 것입니다.

김윤환 선생님의 평가 및 보충 ⓆⒶ

인문학의 위기와 이공계 기피 현상은 각각 서로 다른 분야에서 발생하고 있는 문제이나, 기초 학문으로서 현대 사회에서 소외받고 있다는 공통점을 지닌다. 이러한 문제들은 공통적으로 효율성을 중시하는 사회적 풍토로부터 비롯된 것이다. 당장 돈이 되지 않는 학문에 투자하지 않으려는 인식을 문제 삼아야 한다. 그렇기 때문에 답변 전체에서 현실 사회에 대한 냉철한 분석과 자신의 목소리가 담긴 논증이 적절히 반영되어야 한다.

학생의 답변은 두 문제가 내포하고 있는 현실 세계의 문제를 적절히 파악해 논증하고 있다. 인문학의 위기와 이공계 기피 현상이 경제적 소득 격차로부터 비롯된다는 점을 인식적 차원과 사회적 대우 차원에서 함께 다루었다. 우선 폭넓은 사회 배경지식을 동원한 점에서 답변의 논거를 다양하게 확보했다. 특히 인문학의 위기를 다루는 부분에서 오히려 이러한 위기가 곧 기회가 될 수도 있음을 지적한 것이 인상적이다. 그러나 전체적인 답변의 범주가 매우 장황하며 포괄적인 인상을 줄 수 있다. 특히 답변의 양이 매우 많은 편인데, 주어진 시간 내에 이를 모두 말하기란 다소 어려울 수 있다. 답변의 분량을 조금 더 간소하게 다듬는 것이 좋다.

답변의 구성적 측면에 있어서도 인문학의 위기와 이공계 기피 현상의 공통적인 문제를 우선 언급하는 것이 좋다. 답변이 다소 인문학의 위기 측면에 치우친 경향이 있는데, 문제가 요구하는 것은 전반적으로 팽배해 있는 효율성 위주의 사고를 문제 삼고, 이를 극복하기 위한 노력에 무엇이 있을지 고민하는 것이다. 두 현상을 별개로 여기지 않고, 후반부에 잠깐 등장하는 공통적인 문제 상황을 중심으로 각각의 경우가 가지는 특수한 상황을 풀어 나간 것이 좋았다.

선배들의 TIP 및 교육 이론 ✏️

이 주제는 여러 대학 논술 문제에 자주 등장하는 것이고, 특히 교대 면접을 준비하는 학생들이라면 한 번쯤은 꼭 자신의 생각을 정리해 두어야 할 주제야. 공교육의 위기, 사교육의 폐해 등 교육과 관련된 주제나 최근 이슈들은 잘 알아 두어야 해. 그리고 그것에 대한 자신의 생각을 확실히 정리해야 해. 자신의 신념과 가치관을 바탕으로 자신의 생각을 확고히 해 놓는다면 면접을 볼 때나 논술을 볼 때 관점이 흔들릴 일 없이 수월하게 논지를 전개해 나갈 수 있을 거야.

합격 선배들의 답안 ✏️

현재 우리나라의 공교육은 학부모들의 신뢰를 잃은 지 오래되었고, 학생들 또한 공교육을 외면하고 사교육에만 의존하고 있는 상황입니다. 공교육은 현재 사교육에 비해 그 수준이 훨씬 낮고 창의성 발달은 생각할 수도 없는 주입식 교육에, 시설도 낙후되어 있습니다. 이렇게 공교육이 신뢰를 잃어 가는 이유 중 하나는 바로 입시 위주의 교육 제도입니다. 학벌 위주의 사회에서 좋은 대학에 들어가는 것은 곧 출세할 기회를 갖는 것이고, 좋은 대학에 들어가기 위해서는 고등학교, 중학교, 이제는 초등학교와 유치원 때부터 공부를 해야만 하는 상황입니다. 이런 경쟁만을 부추기는, 주입식뿐인 교육 환경에서 공교육은 그저 뒤따라갈 뿐입니다. 학교마저 성적 향상을 최고의 목표로 삼고 아이들에게 지식을 주입하기만 하고, 가르치는 것마저도 시원치 않으니 점차 공교육만으로는 대학에 진학할 수 없는 실정인 것입니다. 교사는 교사대로 열악한 환경에서 업무하랴, 아이들 가르치랴, 교사로서의 자긍심은 사라진 지 오래고 하루하루 맡은 일을 끝내기에 급급합니다. 학생들은 학생대로 학교는 빼먹지 않고 가야 하고, 그렇다고 학교가 끝난다고 그날 할 공부가 끝난 것도 아니고, 대학에서는 점점 더 높은 수준을 요구하고, 혼자만 학원을 안 다니기엔 너무 불안합니다. 학부모는 우리 아이가 남들보다 더 좋은 대학에 들어가 더 좋은 직장에 취직해 더 풍요로운 삶을 살기를 원하는데, 학교에서는 이를 충족시켜 주지 못하니 남들 따라 좋다는 학원을 알아보아야 하고, 돈이 부족하면 대출을 받아서라도 가르쳐야 하는 압박감에 힘들기만 합니다. 결국 이것은 아이들을 지치게 하고, 충분한 능력이 있음에도 불구하고 성적 하나로 평가를 받아 낙인찍히게 됩니다. 이것은 국가적 손실로도 이어집니다. 공교육에서나, 사교육에서나 소비되는 돈은 기하급수적으로 커져만 가는데 투자한 만큼의 결과가 나오지 않으니 여러 가지로 낭비가 되는 것이 사실입니다.

공교육이 위기에 처한 이유는 꼬리에 꼬리를 물고 복잡하게 얽혀 있습니다. 그렇게 된 사회적 배경도 매우 복잡하고, 그런 배경을 만든 여러 좋지 않은 제도들도 뿌리 깊게 박혀 있습니다. 그러나 우리 모두를 위해서라도 공교육은 다시 일어서야 하며 확고하고 믿음 가는 교육 철학을 가져야 합니다. 이를 위해서는 첫째로 사교육에서는 따라 할 수 없는 공교육만의 교육과정을 만들어야 합니다. 사교육은 돈을 받고 학생들의 성적을 올려 주는 것이 최고의 목표입니다. 그러나 학교는 학생들의 성적만 올려 주는 곳이 아닙니다. 인성을 바르게 길러 주고 재능을 발견하도록 도와주며 다방면에서 학생들이 유능한 인재가 되도록 이끌어 주는 곳입니다. 그리고 대학 입시 제도 또한 학교가 어쩔 수 없이 아이들의 대학 진학에 연연해하지 않도록 변화해야 합니다. 학생들 또한 학교 수업에 충실하되, 그리고 나서도 부족한 부분이 있을 경우에 사교육을 받겠다는 태도를 가져야 합니다. 우리 모두가 공교육을 기본으로 하는 마음가짐을 가져야만 우리 공교육은 다시 일어서고 학생들을 바르게 이끌 수 있게 될 것입니다.

김윤환 선생님의 평가 및 보충 ⓆⒶ

공교육의 위기는 단순히 공교육이 부실하거나 경쟁력을 잃었기 때문만은 아니다. 현실 사회의 다양한 측면을 고려해 자신이 중요하게 여기는 사회적 문제를 위주로 효과적으로 논증해야 한다. 특히 교대 면접을 준비하는 입장에서 꼭 한 번쯤 스스로 생각해 보았어야 할 법한 문제이기 때문에 자신만의 고민이 답변에 투영되는 것도 좋다.

학생의 답변에서는 상황적 설명과 함께 공교육의 위기를 풀어 나가고 있다. 단순히 학교 내에서의 문제뿐만 아니라 학교 외적인 사회적 인식과 문제점을 적절히 함께 언급하고 있다. 교사의 어려움, 학생의 부담감, 사회적 차원에서의 낭비와 병폐 등을 적절히 조화롭게 언급하고 있다. 이어서 공교육의 위기에 대한 원인 분석 역시 다양한 요인들이 복잡하게 얽혀 있음을 잘 지적해 주었다. 극복 방안에 관한 지적에서도 대안의 분류화를 통해 접근하려는 노력이 잘 반영되었다.

그러나 이런 문제일수록 현상에 대한 분석보다는 대처 방안에 대한 지적 부분에서 면접자의 역량과 창의적 문제 해결 능력을 더 심도 깊게 평가한다는 점을 염두에 두어야 한다. 학생의 경우 현상 파악과 문제점 지적에 힘을 실었기 때문에 상대적으로 대안적 측면이 다소 약하게 느껴질 수 있다. 또한, 대안 역시 보다 명료하게 재분류할 필요가 있다. 공교육 자체의 경쟁력을 강화하는 것과 함께 제도적 차원, 인식적 차원의 대응을 보다 깊이, 다각적으로 지적해 줄 필요가 있다. 특히 문제점 지적과 대안 제시는 병렬적으로 이어지도록 구성하는 것이 좋은데, 이를 위해서는 문제점을 지적하는 부분 역시 조금 더 명료하게 정리하는 것이 보다 효과적이다.

선배들의 TIP 및 교육 이론 ✏️

주어진 키워드에 대해 서술할 때 자신이 아는 주제라고 해서 자신이 얼마나 많이 알고 있는지 자랑하기 위해 최대한 이것저것 많이 말하는 것은 금물이야. 면접관들은 자기들이 낸 문제에 대해 학생들보다 충분히 잘 알고 있을 거야. 그렇기 때문에 주제에 대한 설명은 군더더기 없이 간략하게 하고 바로 자신의 의견을 서술하는 것이 중요하다고 생각해. 그리고 찬성과 반대의 의견을 말해야 할 경우 한쪽 입장에서 자신의 의견을 분명히 말하는 것이 중요해. 물론 찬성과 반대를 모두 아우를 수 있는 의견이 좋을 수도 있지만, 면접에서는 찬성과 반대 사이에서 애매모호한 의견을 제시하는 것은 좋지 못한 자세야.

합격 선배들의 답안 ✏️

3불(不) 정책은 대한민국의 대학 입시 제도에서 '기여 입학제', '본고사', '고교 등급제'의 세 가지를 금지한다는 정책입니다. 기여 입학제는 대학에 일정한 돈을 주면 입학을 허용하는 제도를 말하고, 본고사는 대학이 자체적으로 주요 과목에 대한 시험을 실시하여 신입생을 선발하는 제도를 말하며, 고교 등급제는 모든 대한민국 소재 고등학교를 등급화한 다음, 그 결과를 입시에 반영하는 제도를 말합니다.

저는 3불(不) 정책을 유지하는 것에 찬성하는 입장입니다. 이 3불(不) 정책을 폐지하자는 의견은 주로 주요 상위권 대학 및 사립 대학 총장 등의 주장으로, 이 정책은 교육의 하향 평준화를 유도하는 것이며 각 대학의 학생 선발 자율권을 침해한다고 주장하고 있습니다. 그러나 저는 3불(不) 정책이 교육의 하향 평준화를 야기하는 것이 아니라, 대학의 이기주의와 각종 입학 비리를 견제하는 역할을 하고 있다고 생각합니다. 3불(不) 정책에서 금지하고 있는 세 가지를 허용한다면 여러 가지 문제점이 발생할 것입니다.

일단 기여 입학제를 허용하게 되면 학생의 학업 성취 능력과는 상관없이 부모의 사회 · 경제적 능력과 배경에 따라 학생들의 교육 기회가 불평등해질 것입니다. 이미 '개천에서 용 난다.'라는 말은 의미를 잃은 지 오래 되었습니다. 부모의 경제적 능력에 따라 사교육을 어느 정도 받을 수 있느냐가 결정되고 이것은 학생의 대학 입학에도 결정적인 영향을 끼치고 있습니다. 그런데 거기다가 부모가 학교에 장학금을 기부하거나 건물을 기증하면 그 자녀를 입학시켜 준다는 것은 어려운 환경 속에서도 희망을 가지고 미래를 향하여 열심히 공부하고 있는 학생들에게 그 기회조차 주지 않는 일이 될 것입니다. 또한,

학교에 물품을 기부한 부모의 자녀를 입학시키는 것은 수준 높은 학생들을 선발하기 위해 본고사를 시행하겠다는 대학의 주장에 모순됩니다. 둘째, 대학별로 본고사가 시행된다면 지금보다 더 사교육이 난립하는 폐해가 발생할 것입니다. 지금도 학교마다 논술 시험을 시행하고 학생부종합전형을 도입하여 대학 입학 평가 기준이 다양해져 학생들은 이를 따라가기 위해 더욱 더 사교육을 찾아 의지하고 있습니다. 물론 논술 시험과 학생부종합전형의 도입으로 다양한 관점에서 학교가 원하는 학생을 선발할 수도 있겠지만 현재 상황으로는 그런 이점보다는 사교육에 허덕이는 학부모와 학생들의 피해가 더 크다고 생각합니다. 마지막으로 고교 등급제는 고등학교의 서열화를 발생시키고 학교 간의 경쟁을 더욱 심화시키는 요인이 됩니다. 학교 간의 경쟁은 자칫하면 학생들의 전인적인 성장이라는 교육과정의 목표를 무시한 채, 학업 성취 능력을 키우는 데에만 초점이 맞추어질 수 있으며 이는 학생들의 학업 스트레스만 과중시키는 결과를 초래할 것입니다.

그렇지만 3불(不) 정책을 폐지하면 현재의 대학 입시 제도에서 나타나는 문제점보다 더 큰 문제들이 발생할 것이기 때문에 어쩔 수 없이 유지하는 임시 방편일 뿐이라 생각합니다. 본질적인 대학 입시 제도의 문제를 해결하기 위해서는 초·중·고등학교와 대학 간의 긴밀한 연계가 필요합니다. 초·중·고 교육과정은 학생들의 인성 교육과 더불어 학생들이 대학에 진학하여 학문을 공부할 때에 기반이 되는 기초 학력을 튼튼히 하는 것에 초점을 맞추어야 합니다. 대학에서 정하는 선발 기준은 초·중·고 교육과정과 같은 연속선상에 있어야 합니다. 하위 교육과정을 완전히 무시한 선발 기준은 학부모와 학생들이 공교육을 외면하는 결과를 초래할 수 있기 때문입니다. 초·중·고등학교와 대학 상호 간의 교류를 통해 올바른 교육과정과 대학 입학 제도가 성립된다면 기여 입학제와 같은 불평등한 제도는 사라질 것이며 지나친 사교육 문제와 학교 간의 필요 이상의 경쟁 문제도 해결될 것이라 생각합니다.

김윤환 선생님의 평가 및 보충 Q&A

3불(不) 정책에 대한 기본적인 설명과 함께 각각의 정책에 대한 자기 생각을 순차적으로 논증하는 것이 좋다. 먼저 학생의 답변과 같이 3불(不) 정책이 정확히 무엇을 의미하는 것이며, 본인은 구체적으로 각각의 정책에 대해 어떤 입장을 가지고 있는지 두괄식으로 말하는 것이 좋다. 학생의 경우 3불(不) 정책 모두를 유지해야 한다고 주장하는데, 이에 대해 종합적 차원에서의 언급에 이어 각각의 정책이 가지는 효용성을 논증한 점이 매끄럽고 체계적인 답안을 만들었다. 기여 입학제, 본고사, 고교 등급제에 대한 각각의 생각을 논증하는 과정 역시 매우 현실적인 차원에서 이루어져 설득력을 더하고 있다. 그러나 답변 말미에서는 다소 논증력이 떨어졌다. 3불(不) 정책은 임시 방편에 불과하다는 것인데 어째서 이 정책이 나름의 한계를 가지는지에 대해서는 설명이 다소 부족하다. 마무리를 다소 급하게 지은 면이 있는데, 차라리 본인이 생각하기에 3불(不) 정책에도 다소 한계가 존재하고, 이러한 정책으로 완벽하게 해결할 수 없는 교육 현장의 모순이 존재한다면, 답변 서두에서 이를 함께 언급하는 것이 보다 효과적이다. 가령 서두에서 3불(不) 정책 역시 나름의 한계를 가지고 있으나 현 상태에서는 유지되는 것이 좋다.'라는 입장을 보다 명확히 하는 것이 더 좋다.

21 ▶ 사교육 열풍의 문제와 대책

선배들의 TIP 및 교육 이론 ✏

나는 문제에 제시되지 않은 것을 너무 많이 말하는 것은 좋지 않다고 생각해. 사교육 열풍의 '문제와 대책'을 중점적으로 써야지 평소 자신이 사교육 열풍에 대해 생각했던 것들을 정리 없이 마구 말하는 것은 좋지 않아. 그리고 국어 영역 독서 부분에서 배운 것처럼 문제 A, B, C를 제시했다면 대책 역시 a, b, c를 제시하는 것이 좋아. 문제점과 대책이 서로 많이 연관될수록 좋은 답이 나올 수 있다고 생각해.

합격 선배들의 답안 ✏

사교육은 완전히 없어져야 할 대상이 아닙니다. 공교육의 부족함을 보완해 준다는 점에서 사교육은 존재할 이유가 있습니다. 그러나 현재의 문제는 사교육이 공교육을 보완해 주는 데 그치지 않고 무제한으로 팽창하고 있다는 것입니다. 뿌리 깊은 학벌 위주의 사회 분위기와 부모와 학생들을 부추기는 사교육 시장의 장삿속, 그리고 부모들의 자녀에 대한 지나친 기대감과 교육열이 사교육 열풍을 더욱 거세게 만들고 있습니다.

첫째로, 지나친 사교육은 경제적인 문제점을 가지고 있습니다. 통계에 따르면 부모의 소득 수준과 학력에 따라 자녀의 사교육비 지출이 많은 차이를 보인다고 합니다. 하지만 부모의 교육열은 소득 수준의 차이와는 상관없습니다. 무리한 교육비 지출은 결국 가정 경제를 더욱 어렵게 합니다. 한 가정의 어려움은 국가 경제의 어려움까지 초래할 수 있습니다. 사교육비 지출이 국가 발전에 도움이 되는 우수한 인재를 양성하는 일에 쓰인다면 그 쓰임은 가치가 있겠으나, 현실에서는 사교육비 지출이 인재 양성보다는 단순히 진학을 위한 것이기 때문에 이것은 심각한 자원의 낭비라 볼 수 있습니다.

둘째로, 과열된 입시 위주의 경쟁과 이로 인한 지나친 사교육은 참교육의 본질을 무시한 채 교육을 그저 취업과 진학을 위한 수단으로만 보게 할 가능성이 있습니다. 그렇게 되면 학생들의 전인적인 성장을 목표로 해야 할 공교육은 부모와 학생들로부터 더욱 외면받게 될 것이며, 공교육의 입지는 무너지게 될 것입니다. 결국에는 교육부나 국가에서 지향하는 교육 정책은 실효성을 잃어버리게 될 것입니다.

그 밖에도 사교육 열풍으로 인한 문제는 수도 없이 많으며 여러 면에서, 지속적·근본적인 대책이 필요합니다. 우선 현재 학생들을 평가하는 기준은 오로지 성적입니다. 교육의 성과는 학생들의 성적이 얼마나 향상되었느냐에 집중되어 있습니다. 그래서 조금 더 우수한 성적을 얻기 위해 사교육을 찾게 되는 것입니다. 그러므로 이제는 성적 위주의 교육 평가 방식을 지양하고 전인적인 평가 방식을 도입하는 것이 절실히 필요합니다.

학생들의 미술, 체육, 음악 등의 예체능 활동은 거의 대부분이 사교육을 통해 이루어지고 있습니다. 따라서 이런 국·영·수 이외의 활동 역시 공교육 안에서 이루어지게 할 필요가 있습니다. 문화 활동은 학생의 전인적인 발달을 목표로 하는 공교육에서 필수로 책임져야 한다고 생각합니다. 방과 후 각자 돈을 지불하던 활동을 학교에서 할 수 있게 한다면 그만큼 사교육에 지출되는 비용을 줄일 수 있을 것입니다. 다만 중요한 것은 학교 내에서 실행되는 프로그램들이 사교육에 비해 질적으로나 양적으로 충분히 만족되어야 한다는 것입니다. 학생들이 만족하지 못하는 프로그램 운영은 오히려 시간 낭비라는 생각을 들게 할 것이며 학교에 대한 신뢰를 더욱 무너뜨리는 일이 될 것입니다.

학벌 위주의 사회적 분위기도 사교육을 부추기는 데 큰 역할을 했습니다. 기업에서는 대학을 서열화하여 인재를 평가하는 기준으로 삼고, 그렇기 때문에 모든 사람이 좋은 대학에 들어가고 싶어 합니다. 대학 이름이 곧 그 사람을 평가하는 기준이 되는 것입니다. 이런 풍토는 뿌리가 깊어 쉽게 해소되기는 힘들겠지만 기업에서 능력 중심의 채용을 위해 힘쓰고 그러한 풍토를 확산시킨다면 학벌 위주의 사회는 점차 변화할 것이라 생각합니다.

사교육 열풍에 대한 문제는 분명 하루아침에 간단히 해결될 문제가 아닙니다. 오랜 시간 굳어져 온 사회적 배경과 풍토를 바꾸기는 쉽지 않습니다. 그러나 이를 해결하기 위한 노력 역시 오랜 시간 지속된다면 사교육 열풍은 해결될 수 있으며 누구나 공교육을 통한 평등한 교육 기회를 가질 수 있을 거라 생각합니다.

김윤환 선생님의 평가 및 보충

　사교육 열풍의 문제점에 대한 분석과 이러한 분석을 바탕으로 한 대안 마련의 두 요소가 핵심을 이룰 수 있도록 답변을 구성해야 한다. 사교육 열풍에 대한 현실적 문제점은 그 원인이 매우 다층적인 차원에서 발생한다는 점이다. 사교육 열풍은 단순히 학교 교육에 대한 불만족에서만 비롯되는 것이 아니라 사회적 불안감, 학벌 사회의 모순, 자본주의적 모순으로부터 발생한다. 이에 대한 다각적인 분석이 이루어져야 하며, 이를 해결하기 위한 제도적 차원, 개인적 차원, 사회 공동체적 차원의 대안을 제시해야 한다.

　학생의 답변은 우선 사교육이 무조건 없어져야 할 병폐는 아니라는 점을 명시했다. 그럼에도 불구하고 사교육 열풍이 사회 전체의 경제적 모순을 만들어 내고 있으며 성과주의를 더욱 심화시킨다고 지적했는데, 이 같은 지적을 통해 사교육 열풍이 교육 현장에서의 성적 지상주의와 필연적으로 연결될 수밖에 없다는 점을 잘 분석해 내었다. 대안 역시 문제점 지적에서 곧바로 이어지도록 구성했는데, 교육에 대한 질적·가치적 재인식이 무엇보다 중요하다는 점을 잘 지적했다. 대안을 보다 다양한 분야로 확대해 조금 더 구체적으로 제시한다면 보다 훌륭한 답변이 될 수 있을 것이다. 문제점과 대안에 대한 분류화에 조금 더 신경을 쓰고, 답변을 간소하면서도 명료하게 구성한다면 보다 설득력 있는 답변이 될 수 있을 것이다.

22 ▸ 교원 평가제

선배들의 TIP 및 교육 이론 ✏

교원 평가제라는 주제는 찬성과 반대 의견을 동시에 가지기 쉬워. 중립의 의견을 말하는 것도 좋지만 이런 방법은 혼란을 일으키기 쉬우니까 너의 의견과 조금 맞지 않더라도 최대한 많은 의견을 제시할 수 있는 쪽을 선택해서 의견이 확고하다는 것을 보여 주는 것이 중요해. 너무 많은 의견을 보여 주려고 애쓰기보다는 한두 가지 의견에 부연 설명을 붙여서 제시하는 것이 더 효율적이라고 생각해.

그리고 만약 적당한 의견을 생각하기 어려울 때는 상반된 입장에서 제기할 수 있는 반론을 생각해 보는 것도 좋은 방법인 것 같아. 교원 평가제 문제에서 볼 때 찬성의 의견에 공교육의 질 향상이 포함되지만 반대의 의견에서 볼 때는 공교육의 질 향상은 표면적인 목표만 될 뿐 실질적으로 실현되지 못한다는 의견이 포함될 수 있으니까.

합격 선배들의 답안 ✏

■ 반대 입장

저는 교원 평가제에 대해 반대하는 입장입니다. 이 제도를 만들 때 정부가 의도했던 바는 교사들의 능력 개발을 통한 공교육의 질 향상입니다. 하지만 이 제도는 몇 가지 한계를 지니고 있다고 생각합니다.

우선 교원 평가제는 교사의 능력 개발을 목적으로 하고 있음에도 불구하고 교사 자신은 평가 기준 선정에 권한이 없다는 점이 문제라고 생각합니다. 교원 평가제에서 교사는 수업 계획과 실행, 평가 등 세 개 분야에서 평가받습니다. 그러한 평가 항목은 교사 본인의 능력을 개발하는 데 기여하기보다는 단순히 '평가'를 위한 기준일 뿐이라고 생각합니다. 교사의 의지와는 상관없이 단위 학교 수준에서 공식적으로 정보가 수집되어 처리됩니다. 이는 단순히 교사들을 등급으로 점수를 매겨 서열화하고 교직 사회를 경쟁으로 몰아세운다고 생각합니다.

둘째, 평가의 주체 문제입니다. 교원 평가제는 평가 주체로 교장, 교감, 동료 교사, 학생, 학부모를 들고 있습니다. 이들은 모두 인간이기 때문에 주관적인 평가를 내릴 가능성이 있습니다. 그렇기 때문에 이러한 교원 평가제는 객관성이 떨어진다고 생각합니다. 특히 학생들은 미숙한 판단을 내릴 가능성이 큽니다. 학생들의 평가는 교사의 자질 평가라기보다 인기 투표에 치중될 가능성이 다분합니다. 그리고 학부모들의 평가는 교원의 수업이나 생활 지도 능력보다는 학생으로부터 전해들은 이야기나 참관 수업 혹은 학부모 모임 등에서 본 인상 및 소문에 의존하기 쉽습니다. 그리고 동료 평가나 교장과 교감에 의한 평가도 평가자들의 주관에 의해 얼마든지 왜곡될 수 있습니다.

따라서 저는 교원 평가제가 올바른 평가 기준을 제시하고 있지 않고 올바른 평가 주체를 중심으로 하고 있지 않기 때문에 교원 평가제 도입에 반대합니다.

■ 찬성 입장

저는 교원 평가제에 찬성합니다. 우선 교원 평가제를 통해 교사의 자질을 향상시켜 교육의 질을 높일 수 있습니다. 지금처럼 무작정 근무 경력만을 중요하게 여기는 교직 사회보다는 전문성과 윤리성을 갖춘 교사가 우대받는 올바른 학교 현장이 될 수 있기 때문입니다. 또한, 아이들이 우수한 교사들로부터 양질의 교육을 받을 수 있기 때문에 사교육비 문제도 줄어들 수 있습니다.

둘째, 교원 평가제는 이미 수년 전부터 논의되어 오던 사안입니다. 교직 사회라고 해서 오직 동등성과 공평성만이 존중될 수는 없다고 생각합니다. 경쟁과 평가는 이 시대에서 거스를 수 없는 부분입니다. 요즘은 평가가 이루어지지 않는 직장이 없을 정도입니다. 그러므로 교원 평가는 누구도 막을 수 없는 시대의 대세라고 생각합니다.

따라서 교육의 질을 높여 줄 교원 평가제는 거스를 수 없는 시대적 요구이기 때문에 시행되는 것이 옳은 일이라고 생각합니다.

김윤환 선생님의 평가 및 보충 ⓆⒶ

찬반 문제에서는 무엇보다 어떠한 근거로 자신의 주장을 뒷받침하느냐가 중요하다. 논거의 적절성과 정합성, 논리성이 중요하다. 여기에서는 자신의 입장을 미리 확실하게 언급한 후 각각의 논리적 근거를 차근차근 제시하는 것이 좋다. 먼저 전체적인 입장 표명은 두괄식으로 구성해야 한다. 논거를 분류화할 때에도 각각의 원인을 두괄식으로 표현하는 것이 좋다. 이 과정에서 반박에 대한 재반박을 통해 논증을 보다 강화할 수 있다는 점도 염두에 두자.

교원 평가제는 교원의 경쟁력을 강화하려는 목적을 갖고 있다. 이는 공교육의 약화, 사교육 열풍과 함께 필연적으로 고려되어야 하는 문제다. 제도권 학교 교육을 보완하기 위한 제도로 등장한 것이기 때문에 이에 찬성한다면 제도 교육의 문제점을 함께 언급해야 하며, 이에 반대한다면 공교육 현장에서의 문제가 단순히 교원의 역량만의 문제가 아님을 같이 지적해 주어야 한다. 물론 제도 자체의 효용성에 대한 논쟁도 이어질 수 있다. 찬성하는 입장에서는 이 제도가 가지는 목적성과 효율성을 보다 강조해야 하며, 이에 반대하는 입장에서는 교원 평가만으로 교육의 질이 더 높아질 것이라는 기대가 현실적이지 않을 수 있다는 점을 지적해 주어야 한다.

교원 평가제는 사회적 차원에서 경쟁과 효율성 추구의 분위기와 맥을 함께 한다. 교원이 경쟁력과 효율성이라는 근대 사회의 원칙에 해당하는가에 대한 문제도 함께 고민해 보아야 한다. 현실적 차원에서 공교육의 질을 높인다는 것이 무엇을 의미하는지에 대해서도 함께 언급하는 것이 좋다.

23 창의적 교육을 위한 교사의 역할

선배들의 TIP 및 교육 이론 ✎

얼핏 보기에는 모호해 보이는 이런 문제들이 면접에서는 오히려 더 쉽게 대답할 수 있는 문제가 될 수 있어. 이런 문제들은 정해진 답이 없기 때문에 자신감 있는 태도와 나의 의견이 옳다는 생각으로 답하기만 하면 돼. 확신이 넘치는 목소리로 너의 주장을 펼쳐 나가면 좋은 결과가 있을 거야.

또한, 말할 때 면접관과 눈을 맞추며 이야기하는 것을 잊지 마. 사람의 첫인상은 또렷한 눈망울에서 결정된다고 해도 과언이 아니야. 그렇기 때문에 초롱초롱한 눈빛으로 면접관을 쳐다보며 너의 의견을 전달하는 것은 성공적인 면접에 있어서 매우 중요한 부분이야.

그런데 주제에 어긋나지 않는 방향으로 말해야 한다는 것을 잊으면 안 돼. 답할 수 있는 범위가 넓기 때문에 미리 주제를 파악하고 말하는 것이 중요해.

합격 선배들의 답안 ✎

교사는 창의적 교육을 위해 우선 학생들을 규제하지 않는 개방적인 수업 태도와 자세를 취해야 합니다. 학생들을 제한하지 않는다는 의미는 짜인 수업 방식에 얽매이지 않는다는 의미입니다. 틀에 박힌 수업 방식을 벗어나 아이들이 최대한 많이 참여할 수 있는 수업을 하는 것이 중요하다고 생각합니다. 예전에 학생들은 올바른 자세로 선생님의 수업을 경청해야만 했습니다. 하지만 듣고 필기하기만 하는 수업은 학생들에게 획일화된 지식만 주입시킬 뿐, 스스로 생각하고 창의성을 기를 수 있는 기회를 제한합니다. 그래서 창의적 교육이 중시되는 요즘은 학생들이 최대한 수업에 참여할 수 있고 선생님과 학생 모두가 함께 만들어 나가는 수업이 중요시되고 있습니다.

둘째로 교사는 학생에게 학습 결과만을 중요시하기보다는 학습 과정을 중요시하는 태도를 취해야 합니다. 학생들은 배워 가는 과정에 있기 때문에 그 과정에서 실수하기 마련이고 때로는 엉뚱한 방향으로 학습을 하기도 합니다. 하지만 창의성은 그런 과정에서 생겨나는 것입니다. 그런 과정을 교사가 꾸짖기만 하고 격려해 주거나 칭찬해 주지 않는다면 학생은 배움에는 오직 한 가지 방향만이 존재한다는 생각을 할 수도 있으며 다시는 새로운 시도를 하지 않을 수도 있습니다. 그러므로 교사는 학생을 꾸짖기보다는 최대한 칭찬해 주고 창의적 활동 및 사고를 더 북돋아 주어야 합니다.

마지막으로 교사는 학생에게 다양한 학습 과제를 제시해 주어야 합니다. 학생들이 자율적으로 어떤 결과물을 생산해 내는 것은 학생들의 창의력 증진에 큰 도움이 됩니다. 교사는 학생들의 창의적인 결과물 생산 과정에서 완전히 제외되어 방관하는 자세를 가지기보다는 학생들이 자율적으로 문제를 해결할 수 있도록 도와주는 안내자가 되어야 합니다.

김윤환 선생님의 평가 및 보충 ⓆⒶ

창의적 교육이라는 명제 자체가 다소 추상적일 수 있다. 이 같은 추상적 가치를 묻는 질문이 나왔을 때에는 자신이 생각하는 창의적 교육이란 무엇인가에 대한 정리가 선행되는 것이 좋다. 창의적 교육에 대한 정의와 함께 실제 교육 현장에서 이 같은 교육이 실현되기 위한 조건들을 위주로 직접 교사가 되었다고 가정하고 답변을 구성하는 것이 좋다. 이러한 문항일수록 실제 교육 현장에서의 적용이 중요하다. 현실적이고 구체적인 답변을 하되 거기에 자신만의 생각과 교육 원칙이 투영되는 것이 좋다.

학생의 답변은 우선 개방적인 수업 태도와 과정 중심의 교육관을 강조했다. 창의적인 교육을 위한 방법론적 차원에서 다양한 학습 과제를 강조하며, 무엇보다 학생의 잠재력을 이끌어 내야 하는 교사의 역할을 중시했다. 그러나 답안의 구체성을 확보하기 이전에 창의적인 교육이 정확히 무엇을 의미하는가에 대해 먼저 짚고 넘어가는 것이 좋다. 또한, 마지막 부분에서 강조한 다양한 학습 과제 역시 구체적으로 어떤 성격의 학습 과제를 말하는 것인지 다소 모호하다. 창의적인 사고를 배양할 수 있는 학습 과제를 의미한다는 것을 이해는 하겠으나 이에 대한 설명을 조금 더 추가하는 것이 좋다. 실제로 어떠한 과제를 내 줄 수 있을지에 대해 예시를 통해 보충할 필요가 있다.

24 조기 유학과 기러기 아빠 문제 ★ 중요

선배들의 TIP 및 교육 이론 🖍

조기 유학은 여러 차례 구술 면접 및 논술에서 주제가 되어 왔잖아. 이런 주제는 많이 접한 문제이기 때문에 다양한 관점에서 주제에 대해 생각해 보는 것이 중요해. 사전 지식을 가지고 있는 것도 면접에 상당한 도움이 되겠지?

기러기 아빠 문제의 경우 대부분의 사람들이 반대의 의견을 보이고 있잖아. 그렇기 때문에 조금만 관점을 다르게 생각해 보면 다른 아이들과는 차별화된 답변을 제시할 수 있어. 구술할 것이 많은 관점을 선택하여 차분히 너의 의견을 펼쳐 나가는 것도 참 좋은 방법이야. 그 방법 못지않게 좋은 방법은 새로운 길을 개척해 나가는 것이야. 남들이 많이 시도하지 않은 의견인 만큼 자신감 있는 태도로 정리해서 말하다 보면 면접관의 눈에 띄기 쉬울 거야.

합격 선배들의 답안 🖍

■ 찬성 입장

저는 조기 유학에 찬성합니다. 조기 유학이 등장하게 된 배경은 국내 공교육에 대한 불신 때문입니다. 부모님들은 한국에서 제도화된 절차에 맞추어 교육을 받는 것보다 한 살이라도 어릴 때 외국에 나가 언어도 배우고 글로벌 감각도 익혀야 사회에서 성공할 수 있다는 생각을 가지고 자녀들을 어린 나이에 유학을 보냅니다.

실제로 조기 유학을 다녀오면 제2외국어를 자연스럽게 습득할 수 있습니다. 영유아기는 언어 습득이 이루어지기 쉬운 나이이므로 언어 체계가 완성된 나이에 새로운 언어를 접하는 것보다 더 빠르고 쉽게 배울 수 있습니다. 발음 면에서도 어린 나이에 배우는 외국어가 유리합니다. 한글과 영어는 발음 체계가 다르기 때문에 영유아기에 한글만 접한 아이들은 우리말에 적합한 방식으로 발음 체계가 자리 잡게 됩니다. 하지만 어린 나이부터 한글과 영어를 모두 접한 아이들은 두 언어에 모두 적합한 발음 체계가 형성될 것입니다. '같은 값이면 다홍치마'라는 말이 있듯이 문법적 측면 이외에 듣기 좋은 발음까지 습득할 수 있는 것은 조기 유학이 가지는 장점이라고 생각합니다.

또한, 조기 유학은 외국의 문화를 몸소 체험할 수 있는 기회라고 생각합니다. 최근 글로벌 사회에서는 글로벌 감각이 매우 중시되고 있습니다. 자문화를 존중하는 만큼 타문화를 존중할 수 있는 능력도 매우 중요하게 여겨지고 있습니다. 그런데 한 번도 겪어 보지 않았던 문화를 존중하고 우리의 문화만큼 소중하게 여기는 것은 말처럼 쉽지 않은 일이라고 생각합니다. 조기 유학은 자문화와 타문화의 경계를 허물어 줄 수 있는 좋은 기회입니다. 인종적·문화적 차별이 존재하지 않는 영유아기에는 서로 허물 없이 문화를 교류할 수 있다고 생각합니다.

하지만 조기 유학은 '기러기 아빠'라는 큰 문제를 낳았습니다. 기러기 아빠라고 하면 대부분의 사람들이 부정적인 측면만을 생각하곤 합니다. 하지만 저는 기러기 아빠가 되는 것이 어떤 사람들에게는 최선의 선택이 될 수도 있다는 생각을 해 보았습니다. 현 사회가 평등하고 공정한 사회라고는 하지만 아직까지는 직업에 귀천을 따지는 경향이 있으며 상위 계층의 자녀들이 성장해서도 상위 계층을 차지한다는 연구 결과도 밝혀진 바 있습니다. 이런 관점에서 볼 때 부모의 입장에서 자신이 살아왔던 힘들고 고달픈 삶을 자녀들에게 물려주고 싶지 않은 것은 당연한 이치입니다. 그렇기 때문에 자신을 희생해서라도 자녀들에게 양질의 교육을 제공해 주고 싶어 하는 것입니다.

그러므로 저는 조기 유학을 적극 찬성합니다. 조기 유학은 언어적 측면과 문화적인 측면을 살펴보았을 때 글로벌 시대에 적응하기 위해 꼭 필요합니다.

김윤환 선생님의 평가 및 보충 ⓆⒶ

조기 유학과 기러기 아빠 문제는 현대 사회의 가족 관계, 외국어 교육, 경제적 불균형 등 다양한 사회 문제와 연관되어 있다. 조기 유학 자체가 나쁜 것은 아니지만, 이러한 경향이 확대되면 교육적 차원을 넘어서 사회 공동체의 문제가 될 수 있기 때문이다. 기러기 아빠 문제 역시 같은 맥락인데, 한국 사회에서 기러기 아빠의 경향성이 나타나는 것이 어떠한 사회적 의미를 내포하는지 함께 분석하는 것이 좋다.

학생의 답변에서는 전반적으로 글로벌 경쟁력 강화를 위한 수단으로 조기 유학이 적절할 수 있다는 주장을 펼치고 있다. 이로 인한 기러기 아빠의 문제 역시 개인적인 선택이며, 계층 이동 차원에서 충분히 감수할 수 있다는 주장이다. 전체적인 구성은 자신의 입장을 자신감 있게 피력한 것이 좋았으며, 글로벌 경쟁력을 취할 수 있는 효율성 측면에서 접근한 점이 자신의 논증을 강화하는 데 매우 적절한 입장으로 작용했다.

그러나 이와 같은 논증을 보다 강화하기 위해서는 단순히 조기 유학과 기러기 아빠가 되는 것이 '성공을 위한 방식'이라는 점만 논증하기보다는 개인의 사회적 여건 역시 선택할 수 있는 자유로운 결정의

한 방식임을 강조하는 것도 좋다. 즉, 공교육에 대한 불신 앞에서 개인이 사회적 환경에 수긍하고 적응하기만 하는 것이 아니라 적극적으로 그러한 환경을 선택할 수 있는 자유로운 주체임을 강조할·수 있다는 것이다. 이것은 구조 앞에서 자유로울 수 없었던 개인적 차원의 결정을 적극적으로 옹호하는 논리로 확대될 수도 있다.

25 ▶ 초등 영어 교육 강화의 장단점 ★ 중요

선배들의 TIP 및 교육 이론 ✏

 장점과 단점을 말해야 하는 문제에서는 두서없이 장단점을 섞어서 언급하기보다는 우선 장점을 말하고 단점을 말하는 편이 듣는 사람의 입장에서 정리된 의견 같아 보일 거야. 뿐만 아니라 너 자신도 장점과 단점을 섞어서 말하다 보면 헷갈려서 어떤 것을 언급했고 어떤 것들을 이어서 말해야 하는지 잊어버릴 수 있어.

 초등 교육이라고 하면 공교육이 중심이 되는 것인지, 사교육이 중심이 되는 것인지 헷갈릴 때가 가끔 있잖아. 그럴 때는 공교육과 사교육을 연결 지어서 말하면 어떤 면이 중심이 되어도 면접관들이 원하는 답을 제시할 수 있어. 공교육은 여기까지이고, 사교육은 여기까지라고 분명히 구분지을 수 없기 때문에 약간은 애매해 보여도 그것이 틀린 답은 아니야.

합격 선배들의 답안 ✏

 우선 초등 영어 교육 강화를 통해 미래의 인재를 길러 낼 수 있습니다. 우리가 살아가는 사회는 현재 글로벌 단위로 세계와 연결되어 있습니다. 이제 한 나라의 인재가 세계로 뻗어 나갈 수 있는 가능성이 무한하기 때문에 영어는 필수가 되었습니다. 영어는 세계 어느 나라에 가더라도 의사소통을 가능하게 하는 언어이기 때문에 영어를 잘하는 것은 세계적 인재가 되는 기본이라고 할 수 있습니다.

 두 번째로, 초등 영어 교육 강화는 학생들의 평균 영어 능력을 높이는 데 일조합니다. 초등학생은 모국어의 습득이 웬만큼은 완성된 상태이며 아직 언어 습득 능력이 활성화된 상태이기 때문에 제2외국어를 학습하기에 좋은 시기입니다. 이 시기에 영어를 학습하면 나이가 더 들어 영어를 익히려고 노력하는 것보다 더 쉽고, 큰 성과를 얻을 수 있습니다.

하지만 초등 영어 교육을 강화하면 사교육비가 급증할 수 있습니다. 조기 유학을 보내는 것도 초등 영어 교육 강화에 부합하려는 것이며, 이는 어린 나이부터 사교육에 치중하게 되는 문제점을 일으킬 수 있습니다. 이런 문제점을 해결하기 위해서는 초등학교 영어 교육을 정상화하고 효과를 극대화시켜야 합니다. 하지만 지금 당장 공교육을 바로잡기에는 어려움이 따른다고 생각합니다. 영어 교육을 담당하는 교사는 전문적인 지식과 기능을 제대로 갖추어야 하기 때문입니다. 즉, 영어의 발음 · 어휘 · 문법 · 담화 등에 관해서 능숙하게 학생들을 지도할 수 있는 능력이 있어야 합니다. 그러나 현재 공교육에서 이에 부합하는 교사를 당장 찾아내는 일은 쉽지 않습니다. 그렇기 때문에 급작스럽게 초등 영어 교육을 강화한다는 정책만 내놓는 것은 오히려 학부모들에게 경제적 부담을 더하는 것에 불과할 뿐입니다.

뿐만 아니라, 초등 영어 교육은 몇몇 소수의 학생들에게는 정신적으로 큰 부담이 될 수도 있습니다. 아이들의 성장 속도는 정해져 있는 것이 아닙니다. 그렇기 때문에 모두가 각기 다른 발달 과정을 거치고, 모국어를 습득하는 속도도 모두 다르기 마련입니다. 초등학교 저학년 아이들의 경우 대부분의 아이들이 모국어의 언어 체계를 갖추고 있고 새로 습득하는 언어와 분간할 수 있는 정도가 됩니다. 하지만 소수의 아이들은 아직 모국어조차 제대로 익히지 못한 시기에 새로운 언어까지 받아들여야 하기 때문에 언어적 측면에서 엄청난 혼란을 겪게 됩니다. 그 아이들은 새로운 언어를 습득하기는커녕 둘 중 어떤 언어도 제대로 습득할 수 없게 되는 문제를 안게 될 수 있습니다.

김윤환 선생님의 평가 및 보충 (Q)(A)

문제는 초등 영어 교육을 강화했을 때 발생할 수 있는 장단점을 파악하는 문제이다. 때문에 장점과 단점을 세밀하게 분석해 분류화하는 것이 보다 명료한 답안을 제시하기 위한 방편이 될 수 있다. 초등학교 영어 수업에 관한 논쟁은 기초 교육과정에서 모국어 사용의 중요성을 강조하는 입장과 영어 교육의 효율성 극대화를 주장하는 입장 간의 대립에서 비롯된다. 답안 전체에서 각각의 입장이 어떤 논리로 대립할 것인지에 관해 충분히 고려해 보아야 한다.

학생의 답변은 전반적으로 글로벌 인재 양성, 영어 교육의 효율성 극대화 등을 통해 장점을 제시하고 있다. 또한, 단점으로는 사교육비의 급증, 초등 교육 현장에서의 정신적 부담 등을 들고 있다. 특히 단점을 언급하는 부분에서 현실적 시행 가능성과 학습 능력의 다양성을 미리 염두에 둔 점이 인상적이다. 그러나 장점을 언급하는 부분에서는 공교육 차원에서의 영어 교육 강화를 통해 오히려 기형적으로 왜곡된 영어 교육의 병폐를 바로잡을 수 있다는 것을 두 번째 논거 후반부에서 조금 더 보충해 언급하는 것이 좋다. 답변 마무리 부분에서는 단순히 장단점의 열거를 넘어서 초등학교 영어 교육의 원칙을 보다 더 강조하는 것도 좋다. 무엇보다 시험을 위한 영어가 아닌 기본적인 의사소통을 위한 영어 교육이 수준에 맞게 시행되어야 한다는 점을 강조해 줄 필요가 있다.

26 본인이 생각하는 전인 교육의 의미와 방법 ★중요

선배들의 TIP 및 교육 이론 ✎

본인이 생각하는 전인 교육에 대해 말해 보라는 문제를 접했을 때 전인 교육의 기본적인 의미를 생각해 보고, 그것을 토대로 네가 중요하게 여기는 부분을 강조해서 전인 교육의 새로운 정의를 내려 봐. 내가 생각하는 바에 대해 구술하는 문제이기 때문에 옳고 그름의 기준은 없어. 그저 사람마다 중요하게 여기는 가치가 다르기 때문에 서로 다른 답안을 말하게 될 뿐이야.

전인 교육이라고 하면 엄청 어려워 보이고 '내가 올바른 교육의 방법을 어떻게 알아?'라고 생각할 수도 있어. 그런데 그냥 쉽게 생각해서 '올바른 인간이 되는 교육 방법에는 어떤 것들이 있을까?'라고 생각해 봐. 교육 방법에는 개인적인 측면도 있고 사회 구조적 측면도 있어. 그러니까 양쪽 측면을 모두 생각해서 조금 더 가득 찬 듯한 느낌이 드는 답안을 제시해 봐. 분명 면접관들도 너를 마음에 들어 할 거야.

합격 선배들의 답안 ✎

일반적으로 전인 교육은 지·덕·체가 조화된 인간을 기르기 위한 교육이라고 합니다. 산업 사회에서의 비인간화를 없애고 인간성 회복에 초점을 맞추어 바른 인간으로 성장하도록 돕는 교육이 전인 교육입니다. 제가 생각하는 전인 교육도 이런 전인 교육의 일반적 의미에 기초합니다. 전인 교육은 한마디로 인간 교육이라고 생각합니다. 전인 교육은 교과서적 지식을 전달하는 교육 이전에 인간적인 사람이 되기 위해 꼭 필요한 교육입니다.

우선 전인 교육을 올바르게 실현하기 위해서는 학생들이 행동을 하기 이전에 자신의 기준을 세워 분명한 방향과 목표를 갖게 하는 것이 중요합니다. 행동을 실행하기 이전에 스스로 기준을 세우고 방향을 설정하며 행위의 어떤 범위까지가 남들에게 해를 끼치지 않을 것인지 스스로 판단할 기회를 줍니다. 또한, 모든 것에는 배울 점들이 있습니다. 그러므로 스스로 가치를 발견하고 활용하는 과정에서 학생은 올바른 인간으로 자라나는 과정을 거치게 되는 것입니다. 물론 이러한 과정에서 교사는 조력자가 되어서 학생들이 스스로 판단하고 생각하는 데 어려움을 느낀다면 도움을 주어야 합니다.

전인 교육을 실현하는 방법 중의 한 가지로 교사와 학생이 인간적인 관계를 맺는 것도 교육의 일부라고 생각합니다. 훌륭한 성인들은 거의 대부분 자신들에게 멘토 같은 존재가 적어도 한 사람쯤은 있었습니다. 멘토 같은 존재라 함은 어렵고 힘든 문제를 의논했을 때 마음에 안정을 얻을 수 있고 올바른 조언을 얻을 수 있는 조력자를 뜻합니다. 현 교육 실태를 보았을 때 교사와 학생 간에 이런 인간적인 관계는 흔하지 않아 보입니다. 서로를 오직 자신의 목적 달성을 위한 존재로 생각하는 경우가 많고, 서로를 인격적으로 존중해 주고 편한 친구처럼 인간적인 관계를 맺기는 어려운 것이 현재의 교육 실태입니다. 하지만 교사가 학생에게 조금만 더 관심을 가지고 학생들도 교사를 단지 자신들의 공부를 도와주는 존재가 아닌 나보다 먼저 더 많은 경험을 하고 나에게 많은 조언을 해 줄 수 있는 인생 선배라고 생각한다면 서로 인격적으로 더 많은 것을 배우고 느끼게 해 줄 수 있을 것입니다.

하지만 이런 자유로운 교육을 행하기 위해서는 근본적인 교육의 문제를 해결해야 합니다. 입시 위주의 교육과 같은 학교 교육의 비인간화 현상을 먼저 극복해야만 올바른 전인 교육이 가능해집니다. 공교육을 강화시켜 사교육의 비중을 낮추고, 오직 입시만이 목적인 교육에서 벗어남으로써 학생들은 자신들에게 진정 필요한 교육을 받을 수 있습니다.

김윤환 선생님의 평가 및 보충 ⓠⒶ

전인 교육에 대한 자신만의 철학과 생각, 그리고 효과적인 전인 교육을 위해 자신이 강조하는 원칙과 방법론에 대해 묻는 문제이다. 우선 답안의 초반부에 자신이 생각하는 전인 교육과 그렇게 생각하는 이유를 구체적으로 언급하는 것이 좋다. 이어서 이를 위한 교사로서의 역할론과 교실에서 취할 수 있는 다양한 방법론을 설명해야 한다. 이러한 응답은 무엇보다 자신이 교육에 대해 어떤 관념과 기준을 가지고 있으며, 이를 위해 어떤 방식으로 노력을 기울일 것인지에 대한 고민을 충분히 설명할 수 있어야 한다.

학생의 답안은 흔히 전인 교육에 대한 나름의 정의를 일반적 전인 교육에 맞추어 설명하며, 이를 다시 한 번 '인간 교육'이라는 말로 재해석하고 있다. 이를 위한 방법으로 교육자와 학생 사이에서의 인간적인 관계를 강조하고 있는데, 답안 전체에서 일관적인 자신의 철학이 묻어나 매우 안정적이면서도 이상적인 답안을 구현했다고 할 수 있다. 특히 이 같은 답변에서는 자신이 평소에 중시하는 키워드나 기준점을 적용할 수 있는데, 이를 교사의 역할론·방법론으로 이어간 점은 매우 훌륭하다. 사안의 해결이나 대안을 제시하는 문제 유형이 아니기 때문에 편안한 마음가짐으로 자유롭고 자신감 있게 평소 생각을 전달할 수 있도록 해야 한다.

27 ▶ 대안 학교 ★중요

선배들의 TIP 및 교육 이론 ✏️

'대안'이란 양자택일의 상황에서 기존의 것 대신에 선택할 수 있는 것을 말하는데, 이 중에서 어디까지가 기존 교육의 혁신이고 어디부터 대안 교육이라고 할 수 있는가에 대한 생각은 사람마다 달라.

또 학교의 제도나 조직과 같은 형식을 위주로 보느냐 아니면 추구하는 교육 이념이나 주된 교육과정의 구성과 같은 내용을 위주로 보느냐에 따라 대안 교육의 분류가 달라질 수도 있어.

어떻게 보면 애매할 수 있는 대안 학교의 분류 및 정의를 감안하여 어떻게 해야 대안 학교가 공교육을 메울 수 있는지 고민해 보아야 한다고 생각해.

합격 선배들의 답안 ✏️

대안 학교는 공교육에 염증을 느낀 학생들이 그들의 특성에 맞는 교육을 받기 위해 가는 학교입니다. 일률적이고 정형화된 학교 교육에서 탈피하여 공동체 및 자연 체험 등 인간성 회복에 힘쓰고, 자율적·개성적인 분위기 속에서 입시 스트레스를 받기보다는 인성 교육에 힘쓰는 학교입니다. 이런 학교의 특징은 소수의 학생을 중심으로 하기 때문에 올바른 인성 교육이 가능하다는 점입니다.

그러나 대안 학교도 해결해야 할 시급한 과제를 안고 있습니다. 우선 대안 학교를 부정적인 시각으로 바라보는 사람들이 많습니다. 간혹 대안 학교를 '공교육의 적'이라고 하며 대안 학교의 특수성을 인정하기보다는 이를 비난하는 사람들이 있습니다. 이런 비난들을 그대로 받아들인다면 해마다 수천 명에 달하는 학교 부적응 학생들은 교육을 받지 못하는 것일까요? 교육은 본래 그 형식과 내용 및 방법에 있어서 차이가 있다 할지라도 삶의 모든 장소에서 존재할 수 있는 것입니다. 대안 학교를 진정한 교육의 파트너로 받아들일 때 우리나라는 교육에 대한 모든 국민의 뜨거운 관심과 열망에 걸맞은 교육 대국이 될 수 있을 것입니다.

다음으로 대안 학교가 해결해야 할 과제는 재정 문제입니다. 대안 학교는 등록금으로 재정을 꾸릴 수밖에 없기 때문에 학부모에게 경제적으로 큰 부담을 안겨 줍니다. 또한, 대안 학교는 기존 학교 교육 구조와는 다른 독창적인 학교 운영 체계를 가지고 있기 때문에 더욱 더 많은 재정적 지원이 필요합니다.

대안 학교의 취지는 모든 학생이 그들에게 맞는 형태의 교육을 받을 수 있도록 하자는 것입니다. 하지만 주위의 시선, 경제적 문제들로 인해 고충을 겪고 있는 것이 대안 학교의 현실입니다. 그러므로 교육의 다양화라는 측면에서 대안 학교를 공교육의 빈자리를 메우기 위해 어떻게 활용할 수 있을지 고민해 보는 자세는 우리나라의 교육을 한 단계 발전시키는 데 큰 도움이 될 것입니다.

김윤환 선생님의 평가 및 보충 ⓆⒶ

대안 학교는 일반 교육 현장에서도 그 정의와 기준이 굉장히 각양각색이다. 그렇기 때문에 자신이 알고 있고, 또 정의 내리는 대안 학교의 의미에 대해 간략하게 구술한 후 본격적인 서술로 이어가는 것이 좋다. 문제가 전반적으로 자유로운 스피치를 요구하고 있기 때문에 대안 학교의 본질적인 의미나 제도권 바깥에 존재하기 때문에 겪게 되는 다양한 어려움 등을 언급할 수 있을 것이다. 대안 학교가 해결해야 하는 문제와 대안 학교 자체를 바라보는 사회적 시선도 함께 생각해 볼 문제다. 전반적으로 대안 학교에 대한 다양한 이슈를 종합적으로 짜임새 있게 설명하는 것이 중요하다.

위 학생의 답안은 전반적으로 대안 학교의 의미를 먼저 설명한 후 이들이 겪고 있는 다양한 어려움에 대해 해결을 촉구하는 형태로 제시하고 있다. 특히 여기서 강조되는 점은 대안 학교가 정상으로부터의 일탈이 아니라 다양한 교육 형태의 일부라는 것이다. 이러한 인식을 바탕으로 사회적 시선의 문제와 재정 문제를 언급했는데, 각 이슈의 연결이 매우 매끄럽고 유기적이다. 논증을 마무리하는 단계에서도 교육의 다양화라는 측면을 강조한 점 역시 좋았다.

교대 · 사대 입시 면접에서 대안 교육에 대한 논증은 공교육의 역할에 대한 고민으로도 확장될 필요가 있다. 특히 대안 교육이 하나의 이단이나 변종이 아니라 공교육을 보완하며 함께할 수 있는 대상이라는 점을 함께 언급하는 것이 교육자로서 가질 수 있는 열린 태도로 이어질 수 있다. 물론 현실적인 관점에서 커리큘럼의 문제, 학생 통제의 문제 등을 언급할 수도 있다. 입장은 다양할 수 있으나 각각의 논증은 보다 세밀하게 구성하는 것이 중요하다.

28 정보화 시대의 교육 방향 및 방법과 교사의 역할 ★ 중요

선배들의 TIP 및 교육 이론

정보화 사회의 교육 방향이라고 하면 어렵게 생각되는 문제일 수도 있는데, 간단히 생각해 보면 우리가 살고 있는 세상이 정보화 사회잖아. 그러니까 학교에서 듣는 수업에 대해 떠올려 봐. 멀티 미디어를 사용하는 수업들이 많지? 그리고 인터넷 강의도 정보화 사회이기 때문에 가능한 수업이야.

이런 수업들이 교사와 학생의 관계를 어떻게 바꾸어 놓았는지 생각해 봐. 예전에는 교사와 학생이 꼭 만나야만 교육이 이루어질 수 있었는데 지금은 수백 명의 학생이 한번에 다른 곳에서 같은 강의를 들을 수 있잖아. 그런 것들은 모두 교육의 방향이 변화된 것이야. 면대면으로만 가능하던 교육이 이렇게 다양한 방향으로 변화한 것이잖아.

교사의 역할도 마찬가지야. 예전의 교사들은 지식인으로 이미 많은 것을 알고 있는 신분이었잖아. 그런데 지금은 이런 지식인들도 학습을 멈추어서는 안 돼. 사회가 계속해서 변화해 가고 그에 따라 교육의 매체도 계속 변화해 가기 때문에 그런 매체들을 제대로 사용하려면 교사들도 끊임없는 학습과 노력이 필요해.

합격 선배들의 답안

정보화 시대에 교육은 새로운 교수 · 학습법, 새로운 지식 전달 및 정보 습득 방법을 가지게 될 것입니다. 아날로그식 방식보다는 디지털 방식을, 종이보다는 인터넷을 중심 학습 도구로 사용하는 시대가 도래했습니다.

먼저 인터넷 중심의 교육은 학생들이 서로 다른 환경에서 성장한 학습자들과 의사소통을 통해 문화적인 차이를 이해하고 인정하는 기회가 되며 서로의 문화를 실제로 경험하지는 못하더라도 간접적으로 체험할 수 있는 기회가 됩니다. 이는 학생들의 세계관 확대에 큰 도움이 됩니다.

또한, 새로운 지식 전달 및 정보 습득 방법으로 원격 수업이 떠올랐는데 이는 학생들로 하여금 정보 수집과 분석 능력을 기르게 하며 학생의 자율 학습 능력 신장에 도움이 됩니다. 학생의 개인적인 성장 · 발달 면에서도 큰 부분을 차지하지만 더 나아가 이런 교육 방식은 교육에 장소의 한계나 시간의 한계가 존재하지 않음을 강조해 줍니다. 교사와 학생이 직접 대면하여 지식과 정보를 소통하지 않아도 인터넷을 통해 그 모든 일을 할 수 있으며, 교육의 공간적·시간적 한계를 무너뜨려 줍니다.

교육의 방향이 바뀌었는데 교사의 역할이 바뀌지 않을 수 없습니다. 우선 교사는 이전에는 학생들에게 지식을 제공해 주는 사람으로서의 역할이 강했습니다. 하지만 현대에 들어서 학생의 학습 설계를 돕는 설계자로서의 역할이 중시되고 있습니다. 정보 공학의 시대에는 학습자가 스스로의 학습을 설계하는 역할을 하는데, 교사는 이를 도와주는 역할을 합니다.

둘째로, 교사는 평생의 학습자가 되어야 합니다. 멀티 미디어 시대에는 다양한 미디어들이 등장하는데 교사는 이러한 미디어에 대해 체계적으로 자세히 알고 있어야 이런 미디어들을 사용한 교수 방법을 개발·교육할 수 있을 것입니다.

마지막으로 정보화 사회에서는 시·공간적 제약을 뛰어넘은 원격 강의가 가능하기 때문에 교사는 언제 어디에서든 학생과 함께하는 존재가 되어야 합니다. 시간과 장소에 따라서 다양한 역할과 교수 방법을 취할 수 있는 교사가 되어서 학생들에게 언제나 새롭고 다양한 모습으로 제시하는 것이 중요합니다.

김윤환 선생님의 평가 및 보충 Q&A

정보화 시대에서 교사의 역할론에 대해서는 다양한 의견과 이슈가 부각될 수 있다. 특히 교수 방법론 측면에서 지식의 전달과 소통 방식의 다양화를 통해 교실 내에서의 활용을 중심으로 살펴볼 필요가 있다. 단순히 방법론뿐만 아니라 시대적 변화가 가져올 교사의 역할 변형 역시 고민해 보아야 한다. 단순히 교구를 통해 지식을 전달하는 차원이 아닌 교사와 학생의 소통 방식 역시 변화할 수 있기 때문이다.

학생의 경우 정보화 혁명이 가져오는 다양한 상황적 변화에 맞추어 교실 역시 변화해야 한다고 강조한다. 이 같은 주장을 펼칠 때 실질적인 방법론과 함께 교사의 역할 변화, 교사의 지속적인 학습 역시 강조하는데, 전반적으로 시대적 흐름을 잘 반영한 답안이라 볼 수 있다.

여기에 보충할 수 있는 내용으로는 정보화 시대로 인해 발생할 수 있는 학생들의 새로운 갈등과 고민을 해결할 수 있는 역할, 바람직한 인터넷 활용을 위한 교육 등을 들 수 있다. 정보화가 가져오는 변화는 단순히 교육 현장이나 학습법, 교사의 자질 측면에만 적용되는 것이 아니기 때문이다. 학생들이 직면할 수 있는 변화를 교사가 어떻게 보완하고, 어떻게 지도해야 하는지도 함께 고민해 보는 것이 좋다.

선배들의 TIP 및 교육 이론 ✏

수월성 교육과 같은 큰 이슈들은 이미 신문이나 인터넷 등 매스컴을 통해 접해 본 익숙한 주제일 거야. 하지만 네가 이 주제에 익숙한 것처럼 대부분의 친구들도 그렇게 생각해. 즉, 실제로 면접에서 수월성 교육을 주제로 면접이 진행된다면 너도나도 같은 내용으로 답변을 할 거야. 면접에서 조금이라도 더 빛나려면 평소에 아는 주제라도 한 번 더 생각해 보고 더 알아보는 자세가 필요해. 그리고 평소에 수월성 교육 이외에도 생각난 주제가 있다면 머릿속으로만 생각하지 말고 손으로 직접 써 보는 것도 좋은 방법이야.

그리고 수월성 교육의 장단점이라고 했으니까 장점과 단점을 나누어서 구술하는 게 보기에도 좋고 이해하기 쉬워. 만약 네 생각을 일정한 기준에 따라서 나누지 않고 쭉 구술하면 이해하기 어렵겠지? 평소에도 정리되지 않은 말은 알아듣기 힘들잖아. 또 장점이 여러 개 있을 경우 그 장점만 구술할 게 아니라 각 장점에 대한 추가적 논의도 말하는 것이 좋아. 정확히 그 장점만 말할 리는 없겠지?

수월성 교육이란 논제는 교대에 지원한 학생이 예비 교사로서 어떤 생각을 가지고 있느냐를 물을 수 있는 좋은 주제라고 생각해. 교사가 된다면 수월성 교육에 대해 고민하지 않을 수 없다는 거지. 교사는 기본적으로 학생들을 대할 때 차별하지 않고, 학생들이 위화감을 느끼지 않도록 언행을 조심해야 하는 게 제일 중요한 것 같아. 따라서 이 주제가 나온다면 기본적인 교사의 마음가짐을 기본으로 생각하는 것 잊지 마. 그런데 수월성 교육을 맹목적으로 추종하는 우를 범해서는 안 되는 것 알지?

합격 선배들의 답안 ✏

수월성 교육이란 평준화의 틀을 유지하면서 잠재력이 뛰어난 학생을 골라 그 잠재성을 극대화시키는 교육을 뜻합니다. 이는 소수의 엘리트들을 육성시키는 교육과는 구분되는 것으로, 선진국에서도 지향하는 교육 정책입니다.

우리나라에서는 고교 평준화 제도가 도입된 지 30년이 되면서 계층 간·지역 간 위화감을 해소하고 교육의 기회를 확대해 고교 간 격차 해소에 기여해 왔습니다. 하지만 평준화 제도를 보완할 필요성이 제기되면서 수월성 교육이 대두되고 있습니다. 정부가 발표한 수월성 교육에는 수준별 수업, 조기 진급과 조기 졸업 제도의 활성화, 수월성 교육을 위한 특목고의 운영, 영재 교육의 운영 등이 있습니다.

모든 학생이 자신의 소질을 계발하게 하여 자신이 가진 능력의 최대치를 유도하는 수월성 교육에는 장단점이 존재합니다. 장점부터 살펴보면, 학생들을 자신과 비슷한 수준의 집단에서 공부하게 함으로써 학습 성취도의 향상이라는 효과를 가져올 수 있습니다. 그것이 평준화 교육의 실패 또는 단점을 보완할 수 있다고 생각합니다.

또한, 국가적 차원에서도 영재를 길러 내거나 우수한 학생들의 잠재성을 살려 주는 것이 장기적으로 보았을 때 국가 경쟁력에 도움이 됩니다. 한 치 앞을 알 수 없고 신속하고 정확한 정보 습득이 국가의 경쟁력을 좌우하는 현실을 직시한다면 수월성 교육이 반드시 필요하다고 할 수 있습니다.

하지만 이로 인해 발생하는 몇 가지 단점도 존재합니다. 수월성 교육을 받기 위해 사교육에 의존하고, 영어와 수학으로 한정된 수준별 이동 수업이 우열반 편성 등으로 변질될 우려가 있습니다. 무엇보다도 우열반 편성은 편 가르기, 위화감 조성의 등의 부작용을 불러올 수 있습니다. 아울러 우리 사회에서 교육이 계층 재생산의 기능을 하고 있으므로 엘리트 교육이 자칫 경제적·사회적 불평등을 심화하는 원인으로 작용한다면 그것은 불씨에 기름을 붓는 격이라고 할 수 있습니다. 교육 기회의 균등이라는 공정성에 기반을 둔 원칙이 지켜져야 하고, 수월성 교육이라는 불가피한 카드는 어디까지나 이 범위 내에서 이루어져야 한다고 생각합니다.

김윤환 선생님의 평가 및 보충 🅀🄰

수월성 교육에 대한 설명과 함께 이것이 단순한 엘리트 교육과는 차이가 있음을 강조해야 한다. 수월성 교육이 주목하는 점은 개별적 잠재성이다. 이는 입시 위주의 교육 정책하에 단순히 주어진 학습 과정을 잘 따르는 아이들을 별도로 관리한다는 개념이라기보다는 각자가 지니고 있는 서로 다른 자질과 재능을 극대화할 수 있도록 유도하는 방식이다. 답변하는 입장에서는 이 같은 수월성 교육의 특성에 대해 먼저 설명한 후 장단점을 구체적으로 언급해야 한다.

수월성 교육으로 얻을 수 있는 장점으로는 개별적 능력을 더욱 더 극대화시키는 것이다. 이는 사회 전체적인 차원에서도 훨씬 이득이 될 수 있다. 단점의 경우 제도적 효용성과 부작용 측면으로 바라볼 수 있다. 이와 같은 수월성 교육이 정상적으로 이루어지기 위해서는 학교 내에서 물적·인적 재원을 확보하는 것이 중요하다. 이것이 현실화되기 위해서는 매우 많은 관문을 넘어서야 한다. 또한, 이것이 자칫 단순한 엘리트 교육으로 흘러갈 수도 있다는 점을 명확히 해야 한다.

학생의 답변은 이와 같은 기준에 잘 대응하고 있다. 특히 고교 평준화 제도의 보완적 측면을 강조하며, 이 같은 제도에 대해 적절한 설명과 함께 시대적·상황적 배경을 설명한 점이 주효했다. 이는 자연스럽게 수월성 교육의 장점으로 이어지는데, 이에 맞서는 단점으로 이 같은 정책이 자칫 엘리트 교육과 별 차이가 없이 흘러갈 수도 있다는 점을 잘 언급했다. 다만 조금 더 제도적 효용성 차원에서 어떤 방식으로 이 제도가 사회 전체에 긍정적인 효용을 안길 수 있을 것인지, 과연 그 효용성이 제대로 구현될 수 있을 것인지에 대한 고민도 함께 수반되면 좋을 것이다.

30 ▶ 자율형 사립고, 자립형 사립고, 외국어고에 대한 생각 ★ 중요

선배들의 TIP 및 교육 이론 ✏

자율형 사립고에 대해 잘 아는 학생들도 있고 모르는 학생들도 있을 거야. 물론 처음부터 모든 주제를 알면 좋겠지만 모르는 게 나왔을 경우 최대한 단어의 뜻을 유추해 보는 것도 좋아. 시험 현장에서 다른 사람이 발언하는 내용을 경청해서 그것이 무엇인지 알아내는 기지를 발휘하는 것도 유용하지.

만일 자율형 사립고라는 주제에 대해 알고 있었다면 아는 내용을 무조건 다 활용할 것이 아니라 문제가 요구하는 핵심을 파악해서 관련된 내용을 말하는 것이 중요해. 아는 것을 다 이야기하고 싶더라도 오히려 불이익을 볼 수 있다는 점을 기억해야 해. 그리고 세 가지 주제가 연속으로 나열되었을 때는 세 가지의 공통점과 차이점을 논의해 보는 것도 좋아. 각각의 정의와 특징부터 설명하고, 비교 및 대조한 내용을 이야기하면 될 것 같아.

이 문제에서는 과연 예비 교육자로서 문제의 소지가 다분한 학교 제도에 대해 어떻게 생각하고 있는지를 묻는 것 같아. 자율형 사립고나 자립형 사립고, 외국어고등학교 모두 일반계가 아니고 학생을 선별하는 학교니까 거기에 초점을 두고 서술하면 될 거야.

합격 선배들의 답안 ✏

과거와 달리 학생 개인별 맞춤형 교육을 위해 운영이 조금 더 유연하고 여유로운 학교들이 생겨났습니다. 그중 하나가 '자율형 사립고'입니다. 사립학교가 허가받은 경우 자율형 사립고로 전환되는데 이는 교장의 자율성이 보장되는 학교입니다. 따라서 수업 수가 다른 일반 학교에 비해 많을 수도 있고 학비도 올라갈 수 있습니다.

이에 대해 긍정적인 입장에서는 고등학교 평준화 정책이 가지고 있는 단점을 보완한다는 취지로 사학의 자율성 제고, 학생과 학부모들의 학교 선택권 보장, 다양한 학습자 욕구 충족과 교육 경쟁력 강화라는 장점을 제시합니다. 반면, 이에 대해 부정적인 입장에서는 평준화 정책의 기조를 흔들리게 하여 공교육의 근간을 위협할 수 있다는 점, 입시 명문고의 부활, 사회 양극화 현상의 교육으로의 확대, 사교육비의 기하급수적 증가, 교육 기회의 불평등 심화 등을 제시합니다.

자율형 사립고와 비슷한 학교 제도로 자립형 사립고가 있습니다. 그 수가 자율형 사립고에 비해 훨씬 적지만 이 학교들은 운영 형태가 자율형 사립고와 비슷합니다. 지난 2002년부터 정부는 자립형 사립고를 시범 운영해 왔는데 시범 운영 평가를 통해 자율형 사립고 제도의 시행으로 예상되는 많은 문제점이 지적되어 확산을 보류하고 시범 기간을 연장했습니다.

이처럼 새로운 유형의 학교가 갖는 장점과 단점은 기존의 자립형 사립 고등학교의 경우와 크게 다르지 않습니다. 그렇기 때문에 자립형 사립 고등학교 정책에 대한 제대로 된 결정도 이루어지지 않은 상태에서 유사한 형태의 학교를 또 다시 대규모로 확대하는 정책은 사회적 이해와 합의가 부족한 상태에서 이루어진 조급한 결정이라고 생각합니다. 만일 자립형 사립고가 많아진다면 고등학교 수업료 양극화 문제가 있을 수 있습니다. 또한, 이런 학교에 들어가기 위해 사교육이 더욱 더 성행할 가능성도 있습니다.

외국어고는 과학고와 함께 특목고에 해당하는데 이러한 특목고 역시 논란의 중심에 있습니다. 물론 국가적 차원에서 보았을 때 우수한 인재를 배출하는 데 도움이 되는 유용한 학교이지만 주위를 둘러보면 외국어고에 들어가기 위해 비싼 영어 전문 학원을 다니는 친구들이 많습니다. 위화감 조성에 일조하는 셈입니다. 이는 사회적으로 형성된 경제적 불평등 구조를 심화시키기에 충분합니다. 요 근래 몇 년간 외국어고가 설립 취지와 달리 어학 분야 이외의 전공으로 진학한다는 점을 들어 외국어고가 고급 입시용 학교가 되었다는 비판도 있어 왔습니다. 이로 인해 외국어고의 폐지를 둘러싸고 많은 논란이 있었습니다. 이처럼 다양한 학교 형태가 주는 장점에도 불구하고 교육 기회 공정성, 사회·경제 구조적 측면에서의 문제점도 많이 존재하고 있습니다.

여기서는 자율형 사립고, 자립형 사립고, 외국어고(특목고)에 대한 차이를 명확하게 제시해 주는 것이 중요하다. 그리고 각각의 정책이 불러올 수 있는 사회적 효용이나 문제점 등에 대해서도 필수적으로 언급해야 한다. 이는 교육의 자율권과 평등권 사이의 충돌로 이어질 수 있는데, 필연적으로 고교 평준화와 함께 언급할 수밖에 없는 주제이다. 평소 자신이 생각해 온 고교 평준화 문제와 더불어 이에 대한 의견을 제시할 필요가 있다.

학생의 답안은 자율형 사립고, 자립형 사립고에 대한 설명이 장황한 편이다. 초반부의 상세한 설명과는 달리 이것이 불러올 수 있는 다양한 이슈와 가치 충돌에 대해서는 비교적 설명이 부족하다. 각각의 경우가 어떤 배경에서 어떤 가치관을 담고 탄생했는지에 관해 설명한 점은 좋았으나, 이 같은 고등학교의 설립이 불러올 수 있는 갈등에 어떤 사회적 맥락이 함께 존재하는지 조금 더 보충해서 설명하는 것이 좋다. 답안 전개 과정을 조금 더 가볍게 손질하고 논쟁적 차원의 문제를 강조하면 훨씬 매끄러운 답안이 될 것이다.

31 초등학생 인터넷 중독 ★ 중요

선배들의 TIP 및 교육 이론 ✏

초등학생들의 인터넷 중독이라는 주제는 많이 들어 보았을 거야. 인터넷 중독은 비교적 오래된 주제라서 문제로 나올 가능성은 희박하지만 한 번쯤은 생각해 보는 것도 도움이 될 거야. 구체적으로 교대니까 초등학생들에게 인터넷 중독이 어떤 부작용을 일으킬지에 대해 고민해 보고 생각을 정리해 봐.

이 문제에서는 어떻게 보면 가장 기초적이지만 중요한 밑거름이 되는 초등 교육의 대상자인 초등학생들의 인터넷 중독에 어떻게 대처해야 할지에 대해 묻고 있어. 중·고등학생들의 인터넷 중독과 초등학생들의 인터넷 중독 중 어느 것이 더 해로운지를 논하는 것은 불가능하지만 상식적으로 생각해 보았을 때 아직 자기 조절 능력이 부족한 초등학생들에게 그 폐해가 더 클 것임을 예상해 볼 수 있잖아. 예비 교사로서 이러한 문제에 대해 어떤 생각을 갖고 있는지를 묻는 문제라고 할 수 있지.

　인터넷 중독이라는 말은 일부 중·고등학생 및 성인들을 대상으로 하는 것이 보통이었지만, 최근에는 초등학생들의 인터넷 중독이 심각한 수준에 다다랐습니다. 수년 전부터 개인용 컴퓨터와 인터넷의 활발한 보급으로 이제는 모든 아동과 청소년들이 인터넷에 친숙해져 있고 그 대상이 초등학생들까지 내려왔습니다. 최근에는 예전과 달리 초등학생조차도 학교 숙제를 수행할 때 인터넷의 이용은 필수적이라고 할 수 있습니다. 아동은 물론 부모도 인터넷에 익숙하면 자녀를 교육하고 가르치는 데 편리합니다. 이러한 인터넷 자체는 매우 유용하지만 '인터넷에 대한 지나친 몰두'는 간과할 수 없습니다. 인터넷 중독은 단지 컴퓨터 사용에 관련한 문제뿐만 아니라 학교 적응의 어려움이나 의욕 저하, 스트레스, 우울 등의 문제를 초래할 가능성이 높기 때문에 더욱 더 심각한 문제입니다.

　장시간 한 자세로 인터넷에 몰두하게 되면 신체적으로 피로하고, 이것이 반복되면 한창 성장할 시기의 초등학생들로 하여금 신체 쇠약을 유발할 수 있습니다. 활력이 떨어지고 성장기 아동들에게 자세 불량, 시력 저하, 신진대사 저하 등을 유발할 수 있습니다. 게임에 중독된 아이들의 경우 흔히 스트레스를 풀기 위해 인터넷에 몰두한다고 말합니다. 물론 인터넷의 긍정적 효과에는 인지 발달 촉진이나 스트레스 해소도 있습니다. 하지만 인터넷을 하는 시간이 길어질수록 오히려 짜증이나 스트레스가 증가할 수도 있습니다. 인터넷 중독은 우울증의 동반율도 높은데 특히 연령대가 낮을수록 인터넷에 몰두할 경우 '될 대로 되라' 식의 사고가 형성되기 쉽습니다. 물론 다음 날 큰 지장을 주는 것은 당연합니다. 불안 때문에 인터넷 중독에서 벗어나지 못하는 경우도 많습니다. 불안이 인터넷 중독을 나타내는 핵심 증상인데 인터넷을 하지 못하는 상황에서 불안, 초조, 안절부절, 집중력 저하 등을 경험한다면 '중독'이라고 할 수 있습니다. 인터넷을 하고 싶은데 하지 못할 때 발생하는 불안이야말로 대표적인 금단 증상이라고 할 수 있습니다.

　또한, 초등학생들은 그들의 발달 수준에 맞지 않는 정보에 대한 노출(예 폭력물, 성인물 등)로 정신적 충격을 받을 수 있습니다. 적절한 시기에 적절한 제공자로부터 얻어야 하는 정보들이 갑작스럽고 무분별하게 받아들여진다면 아동들은 혼란스러울 것이고, 심한 경우에는 충격에 빠질 것입니다. 부모로서는 이러한 부분에 신경이 많이 쓰일 수밖에 없지만 일일이 자녀를 감시하기도 힘듭니다.

　따라서 건강한 부모−자녀 관계를 통해 인터넷 중독이 발생할 가능성을 낮추는 것이 중요합니다. 부모와 자녀 간에 관계가 원만하다면 부모가 원치 않는 것에 그렇게 몰두할 가능성이 낮다는 것입니다. 부모가 구체적으로 인터넷 사용 시간이나 기준을 제시해 주는 것도 도움이 될 수 있습니다. 이 방법이 어렵다면 전문가의 도움을 받아 심층 심리 검사를 해 보는 것도 좋습니다. 부모 또한 이런 경우 어떻게 대처해야 하는지에 대해 상담을 받는 것이 중요합니다.

김윤환 선생님의 평가 및 보충

인터넷 중독은 인터넷의 발전과 함께 발생한 폐해 중 하나로서 인터넷으로 인해 사회적인 활동과 개인의 인성 발달, 신체 발달에 좋지 않은 영향을 줄 수 있다는 점에서 위험하다. 특히 인터넷이 중독의 성향을 띤다는, 대부분의 사람들이 알지 못하는 것을 언급하며 이에 대한 인식과 그 부정적 측면에 대한 구체적인 생각을 발전시키는 것이 중요하다. 아울러 사회적인 인간으로서 발달이 미숙한 어린 청소년들에게 인터넷이 잘못된 사회화의 방식으로 작용할 수 있다는 점을 지적해야 한다.

이미 인터넷 중독이라는 말 속에 부정적인 뜻이 담겨 있다는 것을 감안하면 이에 대한 부정적인 측면과 폐해를 구체적으로 살펴보아야 한다. 답변 내용에 이러한 중독을 막기 위한 개인적 · 사회적 차원의 노력에 대해, 그리고 교육적인 측면에서 자신의 시각을 담아 이야기할 수 있도록 해야 한다.

32 ▶ 홈스쿨링 ★ 중요

선배들의 TIP 및 교육 이론 ✏️

공교육과 홈스쿨링에 관해서 교육 이론을 굳이 묶자면 전인 교육에 대해 말해야 할 것 같아. 일단 전인 교육에 대해 설명하자면 인간이 가진 모든 자질에 대해 전면적 · 조화적으로 교육하는 것을 말해. 공교육은 이러한 전인 교육을 기초로 하여 학생들을 가르칠 의무가 있지만 입시 위주의 홈스쿨링 교육에서 전인 교육은 무시되고 학업 성취 위주의 교육만 이루어지게 된 거지. 또 학업 위주의 교육으로 인해 학생들의 개성과 장기를 무시하게 된 것이고, 이에 대한 학부모들의 우려와 반발로 홈스쿨링이 시작된 거야. 하지만 우리나라의 사회적 분위기로 인해 홈스쿨링도 공교육과 마찬가지로 변질되어서 결국 홈스쿨링 또한 입시를 위한 교육의 하나로 변하게 되었어.

여기서 약간의 팁을 알려 주자면 홈스쿨링이라는 제도에 너의 경험을 충분히 적용하라는 거야. 그동안 너도 입시 위주의 교육을 받아 왔을 테고, 공교육에 대해 많은 의구심과 반발을 가지고 있을 거라는 거지. 그런 너의 생각들을 솔직하게 표현해 봐. 너의 생각과 평소에 친구들이랑 했던 이야기들을 천천히 정리한 다음 그것들을 서론-본론-결론의 순서를 정해서 논리적으로 배열하는 거지. 그러다 보면 솔직하고 담백한 너의 답이 완성되는 거야. 요즘 면접 학원이다 뭐다 해서 모두 똑같은 내용을 준비하고 똑같은 답변들을 누가 더 논리정연하게 배열했느냐가 면접의 채점 기준이 된 것 같아 보여도, 면접의 채점에 있어서 가장 큰 부분은 내용에 있어. 너의 경험을 바탕으로 너만의 개성을 실어서 답을 한다면 분명 좋은 결과를 거둘 수 있을 거야.

합격 선배들의 답안 🖊

우리나라의 공교육은 학생들의 복지와 사회성 발달이 필수적인 요소라고 보며 중학교까지의 교육을 의무화하고 있습니다. 하지만 홈스쿨링은 이러한 공교육에 대한 우려와 반발로 생겨났습니다. 홈스쿨링의 시작은 공교육의 획일적인 교육을 통한 몰개성화, 입시 위주의 주입식 교육에 대한 비판이었습니다.

이러한 공교육에 대한 반발로 나타난 홈스쿨링은 여러 장점을 지닙니다. 아이들의 개인적인 특성에 맞추어 교육을 할 수 있기 때문에 학업 성취도가 높을 뿐더러 아이의 장기를 특화시킬 수도 있습니다. 또 아이의 사회성에 상관없이 안정적인 정서 상태를 유지하며 공부를 할 수 있다는 장점을 지닙니다.

하지만 요즘의 홈스쿨링은 초기의 홈스쿨링과 달리 아이들의 걱정에서부터 시작하는 경우가 대부분입니다. 학부모들은 내 아이가 왕따를 당하지는 않는지, 학교 폭력에 시달리지는 않는지, 학업 진도는 제대로 따라가는지, 획일적인 교육에 아이의 재능이 사장되지는 않는지 등을 걱정합니다. 이는 주로 공교육에 대한 불신에서 오는 걱정입니다.

또한, 홈스쿨링은 본래의 목적에서 벗어나고 있습니다. 공교육의 단점에 대한 대안으로 생겨났지만 공교육과 마찬가지로 지나친 사교육 바람과 함께 획일적인 교육과 입시 위주의 교육이 이루어지고 있는 것입니다. 그리고 홈스쿨링의 상업화와 함께 지나친 조기 교육, 좀 더 나은 학업 환경을 위한 학부모들의 욕심으로 학생들과 학부모들의 부담감만을 늘리고 있는 상황입니다.

이러한 상황에서 저는 홈스쿨링과 공교육의 잘잘못을 따지기보다는 교육이 이렇게 변질되어 가는 상황의 본질적인 원인을 파악하고 개선해야 한다고 생각합니다. 분명 홈스쿨링이 발생하게 된 배경에는 공교육에 책임이 있기 때문에 공교육의 근본적인 문제점을 해결해야 합니다. 또 홈스쿨링도 본래의 목적을 이룰 수 있도록 사회 전체적인 노력이 필요합니다. 이러한 본질적인 문제의 해소가 홈스쿨링과 공교육의 관계를 불신만이 가득한 적대적인 관계가 아니라 상호 보완적인 관계로 만들어 줄 수 있을 것입니다.

김윤환 선생님의 평가 및 보충

홈스쿨링은 단순히 탈학교라는 개념에서 벗어나 하나의 교육 형태·방식으로 자리 잡았다. 여기에는 개별적 재능을 극대화할 수 있는 장점이 존재하지만, 사회성 함양의 문제, 재원의 문제, 사회적 인식의 문제가 동반될 수 있다. 답안 전체에서 홈스쿨링의 발생 배경과 장점에 대한 지적은 무난하지만 홈스쿨링 자체가 초기와 달리 아이들의 걱정에서 비롯되었다는 지적은 다소 성급한 일반화가 반영되었다. 홈스쿨링의 상업화와 자본화에 대한 지적은 좋으나 주장함에 있어 일방적으로 '변질되었다.', '본래의 의미를 잃었다.'라고 단정 짓는 것은 좋은 태도가 아니다.

홈스쿨링이 단순히 공교육에 대한 불만으로 인해 발생했다고 볼 수는 없다. 공교육이라는 제도 교육은 아무리 그 목적과 시행이 훌륭하다 하더라도 어디까지나 의무적 교육일 따름이다. 홈스쿨링은 이러한 제도적 커리큘럼에 대한 거부일 수 있으며, 이는 학교 붕괴로 인해 파생된 결과라기보다는 하나의 교육적 방법론이라 볼 수 있다. 답안에서 이 같은 점을 명시하고 조금 더 개방적인 태도를 보일 필요가 있다.

33 ▶ 해외 수학여행 ★ 중요

선배들의 TIP 및 교육 이론 ✎

해외 수학여행에서는 교육 이론을 끄집어 내기 힘들 거 같아. 하지만 이렇게 찬성과 반대하는 입장을 골라서 답을 해야 할 때는 확실한 자신의 생각이 있어야 해. 내가 찬성을 하는지, 반대를 하는지 확실히 해 두라는 것이지. 이것도 아니고 저것도 아닌 중립적인 입장을 취한 상태에서 이쪽에도 반대하고 저쪽에도 반대하고, 부분적으로 옳고 어디는 틀리다, 이런 식으로 답을 이어 간다면 답의 통일성을 해칠 뿐만 아니라 너의 생각을 효과적으로 전달할 수 없어.

그리고 이렇게 답을 할 땐 너무 많은 내용을 담으려는 욕심을 버리도록 해. 너의 입장을 밝힌 다음 한 가지 내용으로 너의 입장에 확실한 근거를 다는 거야. 입장은 밝혔는데 근거가 불분명하다면 신뢰가 가지 않는 답이 되어 버리는 거지. 주로 이렇게 근거가 불분명해지는 데는 너무 많은 내용을 담으려고 욕심을 내서 입장을 제대로 전달하지 못했기 때문이야.

진지하게 고민해서 너의 입장을 정하고, 그 입장에 가장 도움이 될 만한 근거를 하나 골라서 말하는 게 제일 좋을 거야.

합격 선배들의 답안 ✏️

■ 찬성 입장

학교에서의 교육은 전적으로 교과서와 교사가 준비한 시청각 자료에 의한 간접 경험을 바탕으로 합니다. 해외의 역사와 경제, 문화 등에 관한 내용도 상상만으로 공부하는 것입니다.

하지만 이러한 교육은 한계가 있습니다. 문화와 언어를 공유하는 우리나라에 관한 교육에 있어서도 수업 내용에 해당하는 지역과 수업이 이루어지는 지역의 위치가 다르다면 학생들은 다른 지역에 관해서 신기해하지만, 신기해하는 만큼 배우기 어려워합니다. 이러한 상황에서 해외 지역의 교육을 교실 안에서만 한다면 학생들은 배움에 있어서 더욱 더 어려움을 가질 것입니다.

따라서 해외 수학여행이라는 직접 경험을 통해 학생들에게 해외에 대해 알아감에 있어서 적대감을 없앨 수 있는 기회를 제공할 수 있기 때문에 해외 수학여행을 적극 찬성합니다.

■ 반대 입장

요즘 학생들을 보면 외국에 대한 동경과 외국인에 대한 지나친 우상화를 하고 있습니다. 길거리 학생들의 옷차림과 언행에서 이러한 문제점이 바로 드러납니다.

이러한 상황에서 학생들이 해외 수학여행을 가게 된다면 해외 문화에 대한 잘못된 인식과 자신의 정체성에 대해 부정적인 생각을 심어 줄 수 있습니다. 적절하지 못한 시기의 경험으로 인해 학생들에게 옳지 못한 문화 사대주의를 심어 주게 되는 것입니다. 또 이러한 인식이 고착화될 경우 한국에 대한 부정적인 인식으로 이어질 수 있습니다.

따라서 저는 해외 수학여행에 대해 반대합니다. 해외 수학여행뿐만 아니라 해외에 나가는 것은 한국의 문화에 대한 이해가 충분히 이루어지고 한국의 정체성이 정립된 후가 좋다고 생각합니다.

■ 찬성과 반대가 모호한 입장

요즘 중·고등학교에서 해외 수학여행이 인기를 끌고 있습니다. 하지만 해외 수학여행은 여러 가지에서 문제점을 지닙니다.

해외 여행은 여러 장점을 지니지만 학생들의 경제적인 상황을 고려하지 못합니다. 경제적인 불평등을 학생들에게 실감하게 할 수 있는 계기가 되기 때문입니다. 해외 수학여행으로 새로운 경험을 할 수 있고, 학생들을 교실에서 벗어나게 해 학생에게 활력을 불어넣을 수 있다는 장점을 가지고 있습니다. 하지만 이는 경제적으로 상위 계층의 학생들에 한하는 이야기일 것입니다.

따라서 해외 수학여행은 분명 장점도 가지고 있지만, 경제적인 측면을 고려한다면 단점도 있습니다.

김윤환 선생님의 평가 및 보충 Q&

해외 수학여행은 학생들의 다양한 경험을 장려하고 인식을 넓힌다는 측면에서 어느 정도 바람직한 것이 사실이다. 하지만 이러한 해외 수학여행이 논쟁이 되는 것은 그 이면에 숨겨진 사회적인 갈등 때문이다. 해외 수학여행을 가지 못하는 학생들의 상대적 박탈감은 물론, 외국에 대한 막연한 동경을 키우는 현재의 환경과 영어 위주의 교육을 이에 수반되는 문제로 지적할 수 있다. 따라서 해외 수학여행의 장점을 취하고 올바른 교육의 장으로 나아가기 위한 방법을 모색하려는 고민이 필요하다. 단지 해외 수학여행에 찬성한다, 반대한다의 입장에서 더 나아가 찬성과 반대 모두를 고려하여 이러한 제도가 나아갈 방향에 대한 교육적인 태도나 혹은 이를 대체할 수 있는 교육의 장을 마련하는 것을 생각해 보아야 할 것이다.

34 학생 간 차별 문제 ★ 중요

- 교사가 특정 학생들을 차별하는 문제 외에도, 학생 간 차별이 문제되고 있다. 예를 들어, 임대 아파트에 사는 학우에게 '휴거(휴먼시아 거지)'라는 혐오 발언을 하는 문제가 이에 해당한다. 본인이 교사가 되었을 때 이런 문제에 마주한다면 어떻게 대처하겠는가?

선배들의 TIP 및 교육 이론 ✏️

인성 교육과 관련한 문항이야. 이런 문항을 만났을 때 가볍게 문제점을 다시 환기하는 것도 좋아. 문제점을 환기할 때는 차별 의식이 왜 문제가 되는지 설명하면 돼. 또 교사의 역할을 묻는다고 해서 교사가 단독으로 할 수 있는 일만 언급할 필요는 없어. 「인성 교육 진흥법」을 떠올려 봐. 인성 교육은 가정, 학교, 사회가 모두 노력해야 할 과제야. 가정, 사회(정부 등)와 협업할 수 있는 지점을 떠올려 볼 필요가 있어.

합격 선배들의 답안 ✏️

특정 집단에 대한 차별은 개인적 차원에서 피해자에게 큰 상처가 된다는 점, 공동체적 차원에서 사회 갈등을 조장하여 공동체를 와해시킬 수 있다는 점에서 문제가 있습니다. 학교 내에서 학생 간 차별은 사실 우리 사회의 차별 의식이 반영된 결과라 할 수 있습니다. 또한, 인성 교육은 학교에서만 실시되는 것이 아니라 가정과 사회가 함께 노력해서 달성해야 할 과제입니다. 따라서 첫째, 학부모들에게 차별적 언행의 문제점을 환기하고, 교사로서 이런 언행을 하는 학생들에게는 필요한 제재를 하겠다고 알리겠습니다. 문제되는 언행을 하거나 과거에 그런 언행을 했던 사람들이 SNS 등을 통해 알려지는 시대이므로 학생들을 보호하기 위해서라도 가정의 협조가 절실하다는 점을 말씀 드릴 것입니다. 둘째, 차별적 언행을 하는 학생들에 대해 집중적인 상담과 설득을 실시하여 그런 행동이 잘못된 점이라는 것을 깨우치게 하겠습니다. 셋째, 피해를 입은 학생들에 대해서도 적극적인 상담을 실시하여 위축되지 않도록 하겠습니다. 넷째, 차별적 언행을 학교 전체에서 막기 위해 동료 교사들과 적극적으로 협업할 것입니다.

김윤환 선생님의 평가 및 보충 Q&A

먼저 학생 간 차별 문제가 왜 문제되는 현상인지, 그리고 그 원인이 어디에 있는지 밝힌 점은 좋았다. 특히 우리 사회의 차별 의식이 반영되었다고 했기 때문에 이후 대안을 제시하는 과정에서 학부모, 동료 교사의 협조를 제시한 것과 논리적으로 잘 연결되고 있는 점이 돋보인다.

그러나 피해 학생에 대한 보호 조치 및 가해 학생에 대한 상담 조치는 가장 기본적이고 시급하게 행해져야 한다. 따라서 이 내용을 우선 답변하는 것이 좋았을 것이다. 이후 학생 간 차별은 사회의 차별 의식이 반영된 결과이기 때문에 가정의 협조, 동료 교사와의 협업이 중요하다는 점을 강조하면 될 것이다. 여기에 가정과 학급, 학교 전체가 사회화 기관에 해당한다고 덧붙이면 보다 논리적 근거를 보강할 수 있었을 것이다.

다음으로, 사회의 차별 의식이 반영된 결과라면 가정과 동료 교사의 협조만으로는 한계가 있을 수 있다. 따라서 교육 현장에 있는 교사로서 현장의 목소리를 적극적으로 사회에 알리겠다는 답변을 추가해도 좋았을 것이다. 이렇게 답변을 구성한다면 '개별 학생에 대한 미시적 처방·가정과 동료 교사와 협조한 중간적 처방·사회의 개선을 도모하는 거시적 처방'에 있어서 교사의 역할을 체계적으로 답변할 수 있었을 것이다.

35 ▶ 격오지 근무 문제 ★중요

• 교사가 되었을 때, 근무지가 농어촌 지역으로 배정되었다고 가정하자. 예상되는 어려움을 말하고, 이에 어떻게 대응할지 구술해 보시오.

선배들의 TIP 및 교육 이론 ✎

실제 교사가 되었을 때 현실적으로 마주하게 될 수 있는 문제야. 다양한 어려움을 제시하고 각 대응 방안을 간단하게 검토해 보도록 하자.

합격 선배들의 답안 ✎

먼저 농어촌 지역 특성상 교사와 학부모 간에 정서적 유대감이 강조될 수 있습니다. 학생 교육에 도움이 되는 수준의 유대감 형성은 도움이 될 수 있겠지만, '김영란법'에 저촉되는 행위 등이 발생할 수 있습니다. 따라서 농어촌 문화에 적응하되, 교사로서 지켜야 할 원칙들에 대해서는 학부모들에게 충분히 알리고 협조를 구하겠습니다. 다음으로, 농어촌 지역의 다문화 가정 아이들이 많을 수 있습니다. 이런 학생들을 위해 학급 전체를 대상으로 문화적 다양성을 강조하는 교육을 해야 할 것입니다. 끝으로, 개인적 차원의 어려움도 겪을 수 있습니다. 도시 생활과는 다른 생활 양식 때문에 겪는 불편함, 범죄 위험 등이 있을 수 있습니다. 교사 개인의 노력만으로 이런 점이 극복되기는 어렵겠지만, 그래도 적절한 취미 활동을 병행하고 해당 지역에 관심을 갖고 탐구해 보는 활동을 함으로써 극복할 수 있을 것입니다.

김윤환 선생님의 평가 및 보충 Q&A

농어촌 지역 학부모의 특성과 '김영란법'과 같은 최근 이슈를 결부시킨 점이 돋보인다. 또한, 다문화 가정의 학생들과 같은 교육 현실에 대한 검토도 훌륭했다. 그리고 교사의 개인적 어려움도 언급함으로써 평소 진지한 자세로 교사라는 직업에 대해 성찰했음을 보여 주고 있다.

아쉬운 점은 첫째, 교육대학교에 재학할 때 농촌 봉사 활동을 많이 해 보고 현장에 계신 선배 교사들과 잦은 교류를 가져서 대비하겠다는 자세를 언급해 주면 좋았을 것이다. 당장 배치를 받았을 때가 아니라, 미리 준비하는 자세를 보여 줄 수 있다. 둘째, 개인의 노력만으로 극복되기 어렵다면 제도적 보완이 필요할 텐데 이를 위해 대략적인 방향이라도 제시해 주었으면 좋았을 것이다. 시간상 구체적 대안 소개는 어렵더라도 "개선이 필요한 점이 있다면 제도 개선을 요청하고, 차후 동료 교사의 근무 환경을 솔선수범하여 개선한다는 목표 의식을 갖겠다."라는 식의 답변도 좋았을 것이다.

MEMO

제 3 편

최근 이슈

제3편 | 최근 이슈

1 ▶ 가정에서의 아동 학대(특례법 추진)

이슈의 정리

아동 학대는 신체적 또는 정신적으로 아동의 권리를 박탈하는 행위를 총칭한다. 보건 복지부에 따르면 전국 아동 보호 전문 기관에 접수된 아동 학대 실태 조사 결과, 신고 건수는 총 1만 146건으로 전년도에 비해 약 10% 증가했으며 이 중 아동 학대 의심 사례는 8천 325건, 아동 학대 판정 사례는 6천 58건이었다. 특히 아동 학대 판정 사례 가운데 가정 내 발생이 86.6%를, 부모에 의한 사례는 83.1%를 차지했다.

아동 학대는 중복 학대가 43.3%로 가장 많았고, 이어 방임 29.4%, 정서 학대 15%, 신체 학대 7.7%, 성 학대 3.7%, 유기 0.9% 등의 순이었다. 이에 따라 복지부는 아동 학대 사건 처리의 절차 특례법(가칭) 제정을 추진키로 했다. 또 아동 학대 범죄로 법적 처분을 받을 경우 10년 동안 아동 관련 기관의 운영이나 취업을 제한하고 위반 시 1년 이하의 징역 또는 1천 만 원 이하의 벌금을 부과하는 아동 복지법을 개정하기로 했다.

아동 학대는 어제 오늘의 문제가 아니다. 표면상 드러나기 어려운 문제이기 때문에 실제 피해 아동은 더욱 많을 것으로 추정하고 있으며, 그 심각성 또한 상상을 넘어선다. 작년 아동 학대로 인해 사망한 아동이 수십 명이다. 아동 학대에 대한 미봉책이 아니라, 아동 학대 근절을 위해 정부 차원에서 근본적인 대책이 필요한 시점이다.

※ 아동 학대 범죄의 처벌 등에 관한 특례법이 2016.05.29. 공포되었다. 가정에의 아동 학대는 교대 면접에서 중요하게 다루어지는 주제이므로 다음 페이지의 답변을 참고하자.

　정부가 이른바 '아동 학대 사건 처리의 절차 특례법' 제정을 추진하고 있습니다. 아직 우리나라에서는 아동 학대를 막기 위한 법적인 근거가 통일되어 있지 않습니다. 특히 가정 내에서 아동 학대가 일어난 경우에는 특별법이 적용되어 아이와 부모의 격리 조치도 쉽지 않으며, 아동 보호 기관에서 도움을 쉽게 주지 못하는 경우가 많다고 합니다. 가정에 의한 아동 학대의 비율이 해를 거듭할수록 증가하고 있습니다. 저는 이러한 아동 학대 증가를 막기 위해서라도 가정에서의 아동 학대 특례법이 하루 빨리 실행되어야 한다고 생각합니다.

　아동 학대가 늘어나는 이유는 첫째, 아동 학대를 바라보는 사람들의 무관심 때문이라고 생각합니다. 부모가 아이에게 무차별적으로 폭력을 가해도 대부분의 사람들은 그냥 지나칩니다. 남의 가정사엔 개입하지 않으려는 우리의 문화적 특성 때문에 가정에서 일어나는 아동 학대는 제대로 제지되거나, 신고가 이루어지지 않고 있습니다. 둘째, 이러한 무관심 외에도 아동 학대가 증가하는 이유에는 사람들이 아동 학대를 범죄라고 인식하지 않는다는 것에 있습니다. 심각한 학대로 인해 사망하는 아동도 있는 만큼 아동 학대는 명백한 범죄 행위입니다. 하지만 아동 학대를 목격한 사람들은 부모가 폭력을 행할 이유가 있거나, 교육적 의도가 있을 것이라는 인식이 강합니다. 이러한 인식 때문에 신고로 이어지지 않고, 신고로 이어지지 않는 아동 학대는 시간이 지날수록 무방비 상태가 됩니다.

　가정에서의 아동 학대는 적절한 대비책이 없기 때문에 그 위험성이 더욱 큽니다. 특히 이러한 학대는 언제든지 재발할 수 있으며, 지속 기간 또한 정해져 있지 않기 때문에 더욱 위험합니다. 복지부는 아동 학대 예방을 위해 아동 학대 범죄의 정의, 학대 행위자 보호 처분, 피해 아동 임시 보호 조치 등을 규정한 아동 학대 사건 처리의 절차 특례법을 하루 빨리 추진하고 도입해야 합니다. 그리고 국민들의 의식 개혁을 위한 대국민 홍보가 이루어지고, 교육 또한 함께 이루어져서 이러한 범죄가 늘어나고 있는 상황을 개선해야 한다고 생각합니다. 아이들은 신체적으로 완전하게 성장하지 못했고, 정신적으로도 아직 미숙한 상태에 있습니다. 그렇기 때문에 더욱 관심이 필요하고, 사랑이 필요한 대상입니다. 아이들을 보면 우리 사회의 미래를 볼 수 있습니다. 밝고 건전한 세계 속의 우리나라가 되기 위해 이러한 아동 학대가 하루라도 빨리 근절되기를 바랍니다.

아동 학대는 우리 사회가 꼭 줄여 나가야 할 하나의 심각한 사회적 문제이다. 그럼에도 불구하고 그 대비책은 미흡한 현실이다. 지금까지의 면접 문제로는 주로 또래 집단에 의한 학교 폭력, 교사의 엄한 체벌 등이 주로 출제되었는데, 가정에서의 아동 학대 특례법을 추진하고 있는 지금, 아동 학대 문제도 출제될 수 있는 가능성이 있기 때문에 한 번쯤은 신경을 써 볼 만한 주제이다. 위 답안에서 아동 학대의 심각성과 원인, 그리고 대비책으로 나누어 논리적인 흐름을 유지한 것은 좋다. 그리고 제도적인 차원에 더해서 국민들의 의식적인 개혁까지 언급하고 있는 부분도 좋다.

하지만 아동 학대의 심각성을 지나치게 신체적인 학대에만 집중하고 있다는 부분이 아쉽다. 아동 학대는 신체적으로 폭력을 행사하는 것 외에, 아이가 필요로 하는 것들을 채워 주지 않는 것, 예를 들어, 끼니를 제대로 챙겨 주지 않는다거나 아플 때 병원에 데려가지 않는 것 등 그 유형이 다양하다. 이러한 유형에 맞추어 대비책을 내놓았다면 더욱 훌륭한 대답이 되었을 것이다. 그리고 아동 학대의 원인에서 심리적인 부분에 중점을 두고 대답을 하고 있지만 사실 아동 학대의 원인은 복잡하고 다양하기 때문에 더욱 세부적으로 분류화하여 대답했다면 더욱 좋았을 것이다. 예를 들어, 부모 요인, 아동 요인, 가정적·사회적 요인 등으로 분류하여 각각에 맞는 대응책이 나왔다면 더욱 논리적인 대답이 되었을 것이다.

그리고 아동과 관련된 이야기나, 교육과 관련된 사회적 문제는 이러한 문제에 마음 아파하는 자세를 보여 주는 것도 좋다. 지금 여기는 예비 교사를 뽑기 위한 자리이다. 아이들을 사랑하고 배려하는 사람은 우리가 직면한 이러한 사회적 문제를 보고 가슴 아파하는 것이 당연하다. 논리적인 주장을 펼치기 전, "이러한 일이 일어나고 있다는 것에 정말 가슴이 아프고 진심으로 어떻게 해결하면 좋을지 생각해 보았습니다."라는 간단한 언급을 하는 것만으로도 교육자로서 더 좋은 인상을 줄 수 있다.

┌ 이슈의 **정리** ┐

　　2019년 4월 11일 헌법 재판소는 낙태한 여성을 처벌하도록 한 형법 269조 1항(자기 낙태죄 조항)과, 낙태 수술을 한 의사를 처벌하도록 한 형법 270조 1항(의사 낙태죄 조항)에 대해 헌법 불합치 결정(2017헌바127)을 내렸다. 헌법 불합치 결정이란 어떤 법 조항에 대해 그 위헌성을 인정하면서도, 즉시 폐지할 경우 생겨 날 규범 공백이 우려되는 경우, 또한 전면 폐지보다는 일부 수정이 필요하다고 여겨지는 경우에, 현행 조항의 효력을 한시적으로는 유지하면서 그 기간 안에 국회가 법률 개정안을 만들도록 하는 결정을 가리킨다. 헌재의 이번 결정에 따라 현행 낙태죄는 앞으로 2020년 12월 31일까지만 효력이 유지된다. 그동안 한국에서는 모자보건법 14조 및 15조에 의거해 (a) 임신부에게 유전학적 장애가 있는 경우, (b) 전염성 질환이 있는 경우, (c) 근친 상간에 의한 임신, (d) 강간 등에 의한 임신, (e) 임신이 지속되면 산모 건강이 위험해지는 경우 등 5가지 사유에 한해서만, 임신 24주 이내에 합법적으로 낙태할 수 있도록 예외를 허용하고, 그 이외의 낙태는 형사 처벌 대상으로 삼고 있다. 그러나 대부분의 낙태 시술이 위의 사유에 해당하지 않는 불법 시술로 이루어져 왔기에 시대 변화에 뒤쳐진 유명무실한 규제라는 비판이 있어 왔으며, 여성의 행복 추구권과 선택의 자유를 위해 낙태를 합법화하거나 합법적 낙태의 범위를 넓혀야 한다는 주장도 꾸준히 존재해 왔다.

합격 선배들의 답안 ✏️

　　그동안 첨예한 의견 대립이 있었던 낙태에 대해 최근 헌법 재판소가 낙태죄 헌법 불합치라는 신중한 결정을 내린 것을 환영합니다. 낙태를 죄로 처벌하는 방침에는 긍정적인 면과 부정적인 면이 동반될 수밖에 없어 신중한 접근이 필요합니다. 왜냐하면 낙태는 '원치 않는 임신'의 문제여서 본질적으로 태아의 생명과 여성의 자유라는 두 근본적 권리 사이에 갈등이 존재하기 때문입니다. 이번 헌법 재판소 결정의 요지는 '태아가 모체를 떠나 생존할 수 있게 되는 시점인 임신 22주' 이전은 '결정 가능 기간'으로 보아 낙태가 허용될 수도 있는 시기로 보아야 한다는 것, 그리고 현재 낙태를 허용하는 예외 범위가 너무 좁은데 여기에 다양한 사회적 · 경제적 사유를 추가할 필요가 있다는 것입니다. 다시 말해 헌법 재판소는 갈등하는 두 권리 중에서 그동안 태아의 권리에 지나친 우위가 주어져 있었다고 보고, 좀 더 가운데를 향해 균형을 이동시키고자 했다고 말할 수 있습니다.

　　제가 헌법 재판소 결정에 찬성하는 이유는 세 가지로 나누어 말씀 드릴 수 있습니다. 첫 번째, 맥락 상의 이유는 법이 실효적이기 위해선 그 사회의 맥락과 동떨어져서는 안 된다고 생각하기 때문입니다. 특히 살인, 강도처럼 가치와 비가치가 선명하게 구분되는 경우가 아니라 낙태처럼 두 개의 가치가 충돌하는 경우에는 각각의 권리가 사람들 사이에서 어떻게 인식되고 실현되는지를 법률은 잘 관찰하고 반영해야 한다고 생각합니다. 보수적인 입장에서는 낙태 역시 태아의 생명을 빼앗는 일이므로 살인죄나 다름없다고 주장할 수 있지만, 실제로는 현행 법령에서도 강간이나 근친상간 같은 사례에서 여성이나 태아 자신에게 낙태가 더 나은 경우가 있음을 인정하고 있으므로 낙태는 언제나 양쪽의 가치를 저울질하는 문제로 여겨졌음을 알 수 있습니다. 근래에 여성의 권리가 증진되고 자유주의 가치관이 퍼짐으로 인해 점점 더 많은 사람들이 현행법의 낙태죄를 상식적 도덕관념과 불일치한다고 여기게 되었습니다. 현재의 법이 정당한 낙태 이유로 고려하지 않는 여러 사유들 중에는 상대 남성의 출산 반대와 육아 책임 거절, 혼인의 파탄, 미성년자 임신 등 많은 사람들이 도덕적으로 용인 가능하다고 보는 이유들이 포함되어 있습니다. 때문에 헌법 재판소도 현행법이 침해의 최소성 원칙과 법익 균형성 원칙에 위반된다고 밝힌 바입니다.

두 번째는 실천상의 이유로서, 현행법이 여성의 자유를 박탈하는 것은 물론 태아의 권리조차 제대로 보장해 주지 못하고 있는 것으로 보이기 때문입니다. 몇몇 조사에 의하면 낙태 시술의 무려 95%가 모자 보건법의 예외 사유에 해당하지 않는 불법 시술이라고 합니다. 이는 법이 금지하더라도 이를 감행해야 할 정도로 여성들이 체감하는 낙태의 필요성이 크며 다수의 의사들도 여기 동조하고 있다는 사실을 보여 줍니다. 이런 상황에서 낙태 시술을 무작정 금지하는 법률은 사실상 수많은 여성들을 음성적이고 보호받지 못하는 의료 시술에 노출시키거나 혹은 혼자서 아이를 지우거나 몰래 낳고 유기하는 등의 더 극단적인 행위로 내몰게 됩니다. 결국 낙태죄는 태아와 여성의 권리 사이에서 한쪽이라도 지키려는 본래의 취지조차도 잘 지키지 못하고, 태아와 여성을 모두 위험에 빠뜨리게 되고 맙니다. 즉, 현행 법령은 취지와 왜곡된 모두에게 불합리한 결과를 가져오므로 개정해야 할 필요성이 높습니다.

마지막으로 정책상의 이유입니다. 앞서 말씀드렸듯 낙태는 '원치 않는 임신'으로 인해 생기는 도덕적 딜레마입니다. 원치 않는 임신이 일어난 이후에 낙태를 금지하거나 또는 허용함으로써 한쪽의 희생을 강요하는 정책이 아니라 원치 않는 임신을 예방하는 정책에 강조점이 주어져야 합니다. 원치 않는 임신 자체가 줄어들 수 있도록 성교육과 범죄 예방에 훨씬 커다란 노력을 기울여야 합니다. 그렇게 되면 낙태로 인한 개인적 고통과 사회적 비용은 무시할 수 있을 만큼 작아질 것입니다. 그러한 개선 방향을 향해 계속 노력하면서, 이미 발생한 원치 않는 임신에 대해서는 여성 개인의 처신 문제가 아닌 사회적 정책 실패의 문제로 바라보고, 여성에게만 지나친 책임을 묻는 법보다는 양쪽 권리의 균형을 추구하는 법으로 접근해야 한다고 생각합니다.

〈참고〉 헌법 재판관 9명 중 4명이 헌법 불합치 의견을, 3명은 단순 위헌 의견을, 2명은 합헌 의견을 냈다. 보다 진보적인 견해와 논리에 관심이 있는 응시자들은 단순 위헌 의견을, 보수적인 견해와 논리에 관심이 있는 응시자들은 합헌 의견을 함께 참고해 보기 바란다.

낙태 자유화 문제도 오랜 논쟁거리이며, 사형 제도 존폐 문제, 안락사 합법화 문제와 함께 '생명'에 관한 주제로서 면접 시험의 단골 메뉴이다. 더구나 헌법 불합치 결정이 나기 전(2010년)에는 프로라이프 의사회에서 불법 낙태 시술 병원 세 곳을 고발 조치하고 이에 대해 여성계를 중심으로 규탄 시위를 벌이는 등의 사회적 관심도 받았다. 낙태 자유화 찬성의 논거는 다음과 같이 정리해 볼 수 있다.

첫째, 인간의 생명이 언제부터 시작되는지를 판단해야 한다. 가령, 사람의 정자와 난자가 만나 수정되면 배아를 이루는 데에 약 48시간이 걸린다. 배아가 자궁에 착상되어 태아가 되는 데에는 수정 후 약 14일, 태아에 뇌간이 생겨나는 데에는 수정 후 60일, 대뇌와 소뇌가 생겨나는 데에는 수정 후 100일 정도가 걸린다. 수정 후 28주(약 200일)가 지난 태아는 모체 밖에서도 의료 기구의 도움을 받으면 살아갈 수 있고, 수정 후 10개월(약 300일)이 되면 출산이 시작된다. 비록 이것은 연속적인 과정이지만 어느 단계부터 인간으로 볼 것인가에 따라 그 이전 단계까지는 임신의 포기가 허용된다는 논의를 가능케 한다.

둘째, 국가가 개인에게 강요할 수 없는 행동에 대해 중단하지 말도록 요구하는 것은 부당하다. 임신이 개인의 자유라면 낙태도 개인의 자유라고 할 것이며, 임신은 자유지만 낙태는 자유가 아니라고 논증하기란 어렵다. 낙태 자유화를 원하는 사람은 태아를 죽이려는 잔혹한 사람이 아니라 임신을 포기할 수밖에 없는 괴로운 사람이다.

셋째, 국가가 낙태를 규제하는 것은 실효성이 없고 오히려 개인에게 불필요한 비용과 위험을 부담시킨다. 국가가 낙태를 규제하면 국내에서 비밀리에 행하는 불법 낙태, 낙태가 자유화되어 있는 나라에 가서 행하는 원정 낙태 등을 선택하는 사람이 생길 수밖에 없다. 실제로 종래에는 20~30만 원 수준이던 임신 중절 비용이 프로라이프 의사회의 불법 낙태 시술 병원 고발 조치 후에는 최대 300만 원까지 급등했다는 보도가 있다.

끝으로 우리나라의 현행법은 낙태를 제한적으로 허용하고 있다는 점을 분명히 알아 두어야 할 것이다. 즉, 형법은 낙태를 범죄로 처벌하고 있지만, 모자보건법에서 이미 합법적인 임신 중절을 인정하고 있다. 이를 살펴보면 임신의 계속이 모체의 생명을 위협하는 경우나 태아가 생물학적·유전적 결함을 가지고 있는 경우 또는 근친상간이나 강간에 의한 임신과 같이 출산을 요구하는 것이 윤리적으로 부적절한 경우 중 하나로서 임신 28주 이내에 의사에 의해 시술될 것을 요건으로 한다. 낙태 자유화 문제는 이러한 제한 없이 임신의 포기 여부를 개인의 선택에 맡길 것인지에 대한 논쟁이라는 사실을 잊지 말아야 한다.

┌─ **이슈의 정리** ───

전자 발찌 제도

　16세 미만 아동에 대한 성폭력 범죄, 미성년자 유괴 범죄, 상습 성폭력 범죄, 살인 범죄에 한해서 범죄자에게 전자 발찌를 착용시키는 제도이며 이를 통해 범죄자의 위치를 추적할 수 있다. 이에 대해 범죄자의 가석방 대체물, 범죄자의 인권 침해 등의 부정적인 의견과 범죄자의 범죄 심리 억제 등의 긍정적인 의견이 있다.

화학적 거세 제도

　성범죄자에게 약물을 투여하여 성 기능을 마비시킴으로써 범죄자의 재범을 방지하려는 제도이다. 현재 찬반 의견이 팽팽하게 맞서고 있는 가운데 성범죄자 약물 치료법은 2011년 7월부터 시행되었다.

└──

합격 선배들의 답안 🖊

　저는 아동 성범죄자를 징벌하는 수단으로 전자 발찌 제도를 도입하는 것에 대해 찬성합니다. 전자 발찌 제도는 범죄자들을 감옥에 수감하는 대신 전자 발찌를 착용하게 하여 사회생활을 할 수 있도록 하는 제도입니다. 전자 발찌 제도의 시행을 반대하는 입장에서는 이 제도가 인간의 프라이버시와 존엄성을 침해한다고 주장합니다. 그리고 전자 발찌를 착용한 범죄자가 범죄 발생 지역의 근처에 있었다는 이유만으로 수사 기관의 감시 대상이 되면 심리적인 피해를 받을 수 있으며, 전자 발찌를 착용함으로써 사람들이 그 사람을 경계하는 등의 낙인 효과가 야기될 가능성이 있습니다. 그러나 저는 이러한 주장들이 근시안적이라고 생각합니다.

　범죄자는 전자 발찌를 착용함으로써 시설 내에 구금되는 것에 비해 더 많은 사회 적응의 기회를 가질 수 있고 행동의 자유도 어느 정도 누릴 수 있을 것입니다. 이런 점에서 전자 발찌 제도를 인간의 존엄성에 대한 침해라 생각할 필요는 없다고 생각합니다. 오히려 전자 발찌보다 감옥에 수감되는 것이 사생활을 완전히 감시당하는 일이라고 생각합니다. 통계에 따르면 전자 발찌 제도 시행 이후 성범죄자의 재범률이 눈에 띄게 줄어들었다고 합니다. 그러므로 이 제도는 범죄를 예방하고 재범을 방지하려는 본래의 목적에 잘 부합하는 효율적인 제도라고 생각합니다.

　하지만 저는 화학적 거세 제도에 대해서는 반대합니다. 이 제도는 긍정적인 효과보다는 우려되는 문제점이 더 많기 때문입니다. 화학적 거세 제도는 범죄자에게 성욕을 낮추는 약물을 투여하여 성욕을 감소시키는 것을 말합니다. 여러 나라에서 이 제도를 시행하여 성범죄 발생률을 낮추었다고는 하지만, 화학적 거세는 여러 가지 문제점을 가지고 있습니다.

첫째, 화학적 거세든 물리적 거세든 이것이 완벽하게 성 기능을 상실시켰다고 할 수 없습니다. 한 실험을 통해 물리적 거세를 한 사람에게 성적 자극을 유발하는 비디오를 보여 주자 거세를 했음에도 불구하고 발기가 이루어지는 결과를 얻었는데 학자들은 화학적 거세도 이와 마찬가지라고 주장했습니다. 또한, 약물의 효과는 투여 기간에만 볼 수 있고 약물 투여가 중단되면 다시 성 기능이 원상 복귀될 수 있습니다. 화학적 거세가 성욕을 감소시킬 수는 있지만 성 기능을 완전히 마비시킬 수 있는 방법은 아니라는 것을 알 수 있습니다.

둘째, 화학적 거세는 사람의 몸에 약물을 투여하는 것으로 이것은 부작용을 일으킬 수 있습니다. 범죄자라고 해서 징벌 이외에 부작용까지 얻을 이유는 없다고 생각합니다.

셋째, 화학적 거세에 사용되는 약물은 고가입니다. 거기다가 주사를 맞은 범죄자들은 주기적으로 호르몬 검사를 해야 합니다. 이 약값을 부담하는 것은 국가입니다. 이 제도에 들어갈 엄청난 비용은 아동 성범죄를 예방하는 데에 더 투자해야 한다고 생각합니다.

마지막으로 징벌의 수단으로 화학적 거세 제도를 도입하는 것은 아동 성범죄자로부터 반성보다는 오히려 그에 대한 반감으로 인한 재범을 발생시킬 수 있습니다. 범죄에는 아동 성범죄만 있는 것이 아닙니다. 강제적으로 거세를 당한 범죄자는 처벌에 대한 분노로 사회에 더욱 반감을 품고 또 다른 방식으로 범죄를 일으킬 수 있다고 생각합니다.

김윤환 선생님의 평가 및 보충 (Q&A)

아동 성범죄자에 대한 비난을 넘어 그에 대해 전자 발찌 제도나 화학적 거세 제도를 시행해야 할 필요성이 있는지를 다시 한 번 따져 보아야 한다.

위 답안은 전자 발찌에는 찬성하지만 화학적 거세에는 반대하는 응답을 하면서 자신의 주장을 적절히 논증하고 있다. 특히 같은 맥락에서 논의되는 두 개의 제도 중 하나에는 찬성하고, 다른 하나에는 반대하면서 이들이 어떻게 다른지를 대비시킴으로써 모범적인 태도를 보여 주었다. 이렇게 하면 두 제도를 모두 찬성하거나 모두 반대하는 답안에 비해 차별화된 내용을 풍부하게 드러낼 수 있다.

다만 화학적 거세에 사용되는 약물이 고가인데 그 비용을 차라리 범죄 예방에 투자하는 것이 합리적이라고 언급한 것은 사족이 되고 말았다. 왜냐하면 전자 발찌에 대해서도 그 유지 · 운영에 상당한 비용이 소요되어 비효율적이라는 비판이 제기되고 있기 때문이다. 이를 굳이 언급하고 싶었다면 순서를 바꾸어 화학적 거세 반대를 먼저 논증하고 전자 발찌 찬성을 나중에 논증하면서 전자 발찌의 경우 화학적 거세와 달리 재범 방지 효과가 크므로 그 운영에 상당한 비용이 소요되어도 계속 시행할 가치가 있다고 응답을 하는 것이 논리적으로 치밀한 답안이다.

4 ▶ 저출산 문제

이슈의 정리

저출산

현재 우리나라는 1가구당 출산율이 1명이 채 되지 않을 정도로 저출산 문제가 매우 심각하다. 2019년의 통계 보도에 따르면 현재 출산율은 약 0.92명이라고 한다.

원인

- 여성의 사회 진출 증가: 경제 활동에 나서는 여성은 1970년 368만 명에서 2000년 900만 명으로 뛰었고 결혼에 대한 부정적 견해가 남성에 비해 높기 때문에 이러한 여권의 신장으로 인한 저출산 추세는 앞으로도 계속될 것으로 보인다.
- 여성들의 관심도의 다변화
- 부부 중심의 가족생활 선호
- 독신의 증가와 높은 이혼율: 결혼과 가족에 대한 가치관이 급속하게 바뀌었다. 결혼에 대한 전통적 강제가 많이 약화된 지금, 결혼 시기가 늦어지고 있으며 가족의 대를 잇기 위해 자녀를 꼭 가져야 한다는 의식도 많이 약화되었다. 그리고 높아진 이혼율도 저출산의 원인이 되고 있다.
- 자녀보다 자신의 요구나 성취에 더 많은 관심
- 맞벌이 가족의 증대
- 자녀 양육비 부담의 증대: 아이를 기르는 데에는 양육비가 드는 데 그중에도 교육비로 들어가는 돈이 만만치 않아 저출산 현상이 늘어나고 있다.
- 자녀 양육에 대한 사회적 지원의 부족: 직업이 있는 여성들을 위한 탁아소 시설이 부족하고 아이를 기르며 일을 할 수 있는 기회가 주어지지 않아서 저출산 현상이 더 심각하게 늘어나고 있다.
- 사회 전반의 개인주의화 심화: 아이를 낳아 아이를 위해 자신의 시간을 투자하는 것보다는 자신을 위해 시간과 돈을 투자하는 개인주의가 심화되면서 저출산 현상이 더욱 심각해지고 있다.

문제점

- 산업 인력 감소: 기술직이나 연구 개발직뿐 아니라 육체 노동을 하는 직업에서도 일할 수 있는 사람들이 줄어든다.
- 노인의 증가와 인구의 고령화: 오늘날의 의료 기술은 예전보다 훨씬 더 발달하여 앞으로는 더 오래 살 수 있을 것이다. 하지만 아이는 적고 노인은 늘어나 젊은 사람들이 노인들을 대신하여 모든 것을 해야 하고 노인들을 책임져야 하는 시대가 예측된다. 그리고 노인을 보호할 수 있는 시설들이 더 필요하고 이것으로 인해 각종 세금을 모두 책임져야 하는 부담이 발생한다.
- 직업과 산업의 변화: 노인들은 회사에서 정년 퇴직을 하게 된다. 하지만 이들은 과거의 노인들과는 건강과 지식면에서 여러 가지로 다르고 충분히 일할 수 있는 상태이므로 이들의 사회적 진출은 늘어날 것이다. 그러나 이들을 위한 일자리 환경이 준비되어 있지 않아 직업과 산업의 변화에 따른 혼돈이 예상된다.

대책

- **출산 지원**: 정부는 급속히 떨어진 출산율을 높이기 위해 우선 출산 비용 부담을 줄이기 위한 정책을 마련했다. 보건 복지부는 2010년 9월 30일 자연 분만 보험 진료 본인 부담금 전액 지원, 미숙아 치료 시 모든 보험 진료비 지원, 풍진 검사와 선천성 기형아 검사의 보험 급여, 자연 분만 수가 조정 방안 검토 계획 등 건강 보험 지원을 확대하는 내용의 출산 장려 대책을 발표했다. 이러한 건강 보험 지원 방안은 종합적인 출산 장려 대책의 하나로서 정부의 강한 의지와 본격적인 지원 대책을 알리는 시작으로 볼 수 있다.
- **보육 지원**: 출산 후 아이를 키우는 과정이 부모에게 지나친 부담이 되지 않도록 정부는 장기적으로 국가와 사회의 부담을 늘리겠다는 계획이다. 이를 위해 정부는 국공립 보육 시설을 확충하고 육아 휴직제를 활성화하는 한편, 저소득층 보육비 지원을 강화한다는 방침이다.
- **교육 지원**: 무엇보다 과도한 사교육비가 부모들에게 압박 요인으로 작용하고 있어 사교육비 부담을 줄이기 위한 대책이 절실하다. 교육부는 이미 '사교육비 줄이기'를 목표로 대학 입학 제도 개선에서부터 방과 후 교실 확대에 이르기까지 다양한 정책을 수립하여 추진 중이다.
- **세제 혜택**: 정부는 여성의 출산과 보육에 대한 세제 지원을 확대하는 한편, 교육비 소득 공제 한도를 높이는 등 각종 세제 혜택도 늘리고 있다.

합격 선배들의 답안 ✏️

오늘날 우리나라는 심각한 저출산 문제에 빠져 있습니다. 2019년의 출산율이 1가구당 0.92명으로 채 한 명이 되지 않는 심각한 상황입니다. 이러한 저출산의 문제는 여성의 사회 진출이 늘어나거나 핵가족화 등의 이유도 있지만 현재의 사회 환경에서 그 원인을 찾아야 한다고 생각합니다. 여성들의 사회 진출 속도에 맞지 않는 보육 복지는 이러한 저출산의 문제만이 아닌 고급 인력의 사회 진출, 지역 경제 활성화에도 큰 피해를 주고 있기 때문입니다. 현재 맞벌이를 하고 있는 부부들을 조사해 보아도 아이를 낳고 싶은데도 믿고 맡길 수 있는 보육 시설이 제대로 구비되어 있지 않고, 아이들을 양육하기 위한 출산 휴가, 양육 휴가 등은 법으로는 구비되어 있어도 실제적으로 사용하기가 힘들어 아이를 낳지 못하는 상황입니다. 법적 제도가 제대로 구비되어 있어도 그 제도들이 제대로 실효성을 발휘하고 있는지에 대한 감사가 절대적으로 부족하고 이러한 사회적 환경이 저출산 문제를 더 악화시키고 있는 실정입니다. 이러한 저출산 문제는 실제적인 산업 인력을 줄어들게 만들고 고령화 문제를 발생시키는 등의 부가적인 문제들을 만들어 내고 있습니다. 이러한 저출산 문제를 해결하기 위해서는 국가가 나서서 양육 환경을 개선하고, 이를 바탕으로 출산을 장려하는 캠페인이나 활동들을 하는 것이 옳은 방향이라고 생각합니다.

김윤환 선생님의 평가 및 보충 ⓠⓐ

저출산 문제는 출산율이 너무 낮아 사회 구성원의 인적 구성에 불균형을 초래하고 그에 따라 산업 인력 감소, 인구의 고령화, 직업 및 산업의 변동이 초래되는 현상을 가리키는 말이다. 따라서 이에 관한 문제를 다룰 때에는 '이슈의 정리'에 나와 있는 내용을 적절히 선택하여 요약하는 가운데 그에 관한 자신의 의견을 밝히는 형태를 취하는 것이 좋다.

한편, 위 답안은 저출산의 주요 원인으로 우리의 사회 환경을 강조하는 한편, 출산 휴가, 육아 휴가 등 제도의 실효성 등을 보충 논거로 삼고 있다. 다만 원인에 대한 논증을 중심으로 한 결과, 문제점이나 대책에 대한 논의의 비중이 너무 적으므로 균형 있는 안배에는 실패했다고 생각한다.

위와 같은 문제에 대한 답안을 만들어야 할 경우에는 문제점, 원인, 대책의 순서를 추천하고 싶다. 원인과 대책은 서로 연결시켜 설명하는 것이 깔끔하며, 문제점을 그 앞에 배치함으로써 왜 이 문제가 중요한지를 강조하는 효과를 거둘 수 있기 때문이다. 물론 최초의 시작은 기본적인 형식에 맞게 저출산 문제의 의미를 정의하는 데에서 출발하도록 한다.

┌─ **이슈의 정리** ─

대한민국의 청년 실업 문제

청년 실업은 15세에서 29세 사이의 청년 계층의 실업을 말한다. 대한민국에서는 청년층 실업의 비중이 2004년 기준으로 전체 실업자의 47.8%를 상회할 정도로 높게 나타나고 있으며, OECD 국가들이 대부분 청년 실업으로 고민할 만큼 심각한 사회 문제이다. 대한민국에서도 청년 실업률이 2006년 당시 8%를 넘었다.

원인

- 일자리 부족: 첫째 이유는 청년층의 일자리 창출률이 중·장년층보다 낮다는 것이다. 학교 졸업생은 해마다 쏟아지고 있는데 일자리는 그 수를 따라가지 못해 취업문은 갈수록 좁아지고 있다. 그 실례로 전자 산업의 경우 1994년부터 2002년까지의 고용 증가율은 3.1%에 불과했다.

- 기업들의 신규 인력 채용 기피: 둘째는 기업들의 신규 인력 채용 기피이다. 일부 기업들이 공공연하게 20대는 쓰지 않는다고 말했다는 이야기가 있을 정도로 기업들은 신규 인력 채용을 기피하는데, 이는 신규 인력들은 3~4년간 가르쳐야 쓸 만한 인재로 만들 수 있다고 생각하기 때문이다. 그에 반해 업무 교육이 필요하지 않은 경력직은 선호되고 있는데, 주요 기업들의 경력자 채용 비중은 1996년 39.6%에서 1998년 61.9%, 2000년 77.0%, 2004년 79.0%로 늘어났다. 구직자들이 기업들이 원하는 수준을 맞추지 못하는 점도 청년 실업의 원인이다. 그 실례로 한국의 인력 시장에서는 구직자들은 많은 반면, 기업들은 원하는 수준의 사람을 찾지 못해 인력난을 겪고 있는 모순이 벌어지고 있다.

특징

청년 실업이 다른 실업과 다른 특징으로는 상당수의 청년 구직자들이 취업 의사는 있으나, 구직 활동을 포기한 실망 실업자이며, 이는 청년 구직자에게는 먹여 살려야 할 가족이 없고 취직에 실패하는 횟수와 기간이 늘어나 아예 구직 활동을 포기한 것으로 해석할 수 있다. 또한, 청년 실업률이 고착화되면서 취업에 실패한 청년이 우울증 등의 정신 장애로 고통받거나, 자살하는 등 청년 실업은 사회 불안정의 한 요소가 되고 있다. 설사 일하고 있다 해도 파트 타임제, 계약직, 일용직처럼 꾸준히 일할 수 없는 고용 형태에서 일하고 있기 때문에, 언제든지 실업자가 될 수 있다. 그 실례로 청년층 임금 근로자 가운데 임시·일용직 비중이 1996년 41.7%에서 2000년 54.4%, 2003년 49.7%로 증가했다. 이러한 문제들로 인해 88만 원 세대라는 신조어가 유행하기도 했다. 그 외 교육을 받는 것도, 직장 생활을 하는 것도 아닌 상태를 가리키는 니트족(NEET)이라는 말도 있는데, 이는 취업에 실패하여 구직과 근로 의욕이 없어진 무기력한 청년 실업자들을 가리키는 말이다.

해결 방안

이러한 실업 문제를 해결하려면 경제적 차원과 사회 복지적 차원에서의 실업 대책이 종합적으로 균형 있게 마련될 수 있도록 실업 정책의 패러다임이 과감히 전환되어야 할 것이다.

첫째는 소득이 상실된 실업자에게 국민 최저 기본 생계 수준을 유지할 수 있는 소득을 보장하기 위해 실업 보험과 실업 보조가 뒷받침되어야 한다는 과제가 있다. 실업 보험은 실업 보험에 가입한 자에게 우선적으로 혜택을 주는 것이고, 실업 부조는 실업 보험에 가입하지 못했거나 실업 보험만으로 소득 유지가 보장되지 않는 실업자에게 혜택을 주는 것이다.

둘째는 실업자들을 위해 의료와 보건을 보장해 주어야 한다는 의료 보장의 과제가 있다. 이것은 실업자들의 의료와 보건을 위해 의료 보험과 의료 부조의 서비스를 제공하고, 실업자들을 질병으로부터 벗어나게 해야 한다는 것이다.

셋째는 예방적 차원에서 미래 지향적인 종합적 실업 대책을 수립하고 실천할 수 있는 제도적 장치를 마련해야 한다는 과제가 있다. 따라서 앞으로는 실업 정책의 패러다임 전환을 과감히 시행하여 사회 복지적 차원에 중점을 두고 경제적 측면과 사회 복지적 측면에서 균형을 이루어야 할 것이다. 그래서 사회 복지적 차원에서는 중요한 네 가지 정책, 즉 실업자 소득 유지 정책, 실업자 의료 보건 정책, 실업자 교육 정책 및 실업자 주택 정책을 강화해야 할 것이다.

합격 선배들의 답안 ✏️

청년층의 실업 문제는 우리나라뿐만이 아닌 OECD 국가들이 모두 고민하는 사회적 문제 중 하나입니다. 이러한 청년 실업은 기업에서 청년 일자리를 적게 만들어 내서 생기고 있습니다. 신규 채용을 하게 되면 적어도 2~3년 정도는 일에 익숙해지기 위한 시간이 필요하기 때문에 기업에서는 신규 채용보다는 경력자들을 우대하고 있는 실정입니다. 그러다 보니 학교 졸업생은 해마다 쏟아지고 있는데 일자리는 그 수를 따라가지 못해 취업문은 갈수록 좁아지고 있습니다. 그 실례로 전자 산업의 경우 1994년부터 2002년까지의 고용 증가율은 3.1%에 불과하다고 합니다. 정부는 이러한 청년 실업의 대책으로 대규모 행정 인턴 제도를 시행하고 있습니다. 청년 실업 해소에 도움을 주고자 하는 것이 기본 취지이며, 취업 준비자가 양질의 일자리를 얻을 수 있는 기본 소양과 실무 역량을 갖추게 하는 것이 중요 목표인 행정 인턴 제도는 이러한 실업률 해소를 위한 대책으로 크게 부상했습니다. 하지만 이러한 행정 인턴 제도가 꼭 실업률 해소에 긍정적인 효과를 보이는 것만은 아닙니다. 이러한 행정 인턴 제도를 두고 '직업 체험'이냐 '행정 알바'냐 하는 평가가 엇갈리는 가운데 조금 더 나은 행정 인턴 제도의 운영을 바라는 목소리가 절실한 상황입니다. 단순 업무 보조보다는 본래의 취지에 알맞게 실무에 대한 습득과 준비 과정을 위한 제도가 되어야 할 것이며 기업들이 단순히 값싼 임금으로 노동력을 얻기 위한 수단으로 사용해서는 안 될 것입니다.

김윤환 선생님의 평가 및 보충 🔍

실업 문제 중에서도 특히 청년 실업 문제를 중심으로 이 쟁점을 정리하는 것은 의미가 있다. 왜냐하면 청년 시절을 실업 상태로 보내는 것은 결국 이후까지 지속적인 실업을 예고하는 것이 될 수 있기 때문이다. 그리고 이 경우 청년 실업이란 15세부터 29세 사이의 청년 계층의 실업을 말한다는 개념 정도는 암기할 필요가 있다.

이 문제를 다룸에 있어도 '이슈의 정리'에서 다룬 내용을 얼마나 조리 있게 이야기하는가에 따라 평가가 달라질 것이며, 위 답안은 이러한 기본에 충실한 서술을 펴고 있다. 특히 청년 실업 해소를 위한 국가의 정책으로서 행정 인턴 제도를 검토하여 그 한계를 지적한 점은 이 답안의 차별화된 모습을 보여주고 있다.

다만 이러한 맥락에 대해서는 다른 관점도 존재한다. 바로 전통적인 고용 형태로서의 정규직에 대한 선호가 21세기 정보화 사회에 여전히 적합한지에 대한 근본적인 문제 제기가 그것이다. 가령, 갈수록 프리랜서나 파트 타임과 같이 자기 시간을 스스로 활용하여 경제 활동을 하는 인구가 더욱 증가할 것이라는 전망이 있다. 비록 이러한 전망은 프리랜서나 파트 타임이 경제적 빈곤의 위험에 놓일 수 있는 불안정한 형태의 고용이라는 반박을 받고 있으나, 그럼에도 이러한 관점에서 직업관을 새롭게 구상해 나갈 가능성은 계속 검토되어야 할 것이라는 지적도 나름의 대안이 될 수 있다.

이슈의 정리

　고령화 사회(高齡化 社會)는 다른 사회와 비교할 때 노령 인구의 비율이 현저히 높은 사회이다. 의학의 발달, 생활 수준과 환경의 개선으로 평균 수명이 높아지면서 고령화 사회로 진행되고 있다.

문제점

　오늘날의 고령화 사회는 가정에서 노인의 역할이 축소되는 문제점을 가지고 있다. 또한, 노인들의 경험과 지혜를 활용한 적절한 일자리가 제공되지 않음에 따라 노인들의 경제적인 어려움과 불안한 노후 생활이 문제점으로 지적되고 있다. 고령화에 발 맞추어 여생을 편안하게 보낼 수 있는 노인들의 복지 시설이나 휴식 공간이 절대적으로 부족한 실정이며 체력의 저하와 잦은 질병들이 발생함에도 그에 따른 치료 문제를 해결하기 위한 방안이 제대로 구비되어 있지 못한 것도 문제가 되고 있다. 또 노인들의 소일거리가 부족함에 따라 느낄 수 있는 무료함이나 소외감이 증가하고 있으며 노부모와는 함께 살지 않으려는 젊은 부부들이 증가하여 더욱 더 외롭고 불안한 노후가 걱정되는 실정이다. 이는 사회의 구조적 변화에 따라 노인에 대한 공경심이 약화된 것을 바탕으로 한 것이라 보인다.

해결 방안

　노인들을 위한 취업 및 일터의 여건을 개선하여, 일할 능력이 있는 노인들에게 소일거리를 제공하고 무력감이나 소외감 등을 감소시킬 수 있는 노력을 해야 한다. 실버 산업을 활발히 하고 노인들을 위한 탄력적 근무를 실시하는 방법도 해결 방안이 될 수 있다. 또한, 노인들을 위한 복지 정책, 복지 기관 등을 확충하고 양로원이나 쉼터 등을 마련하여 국가가 자녀들에게 노인에 대한 부담을 조금은 덜어 주는 정책들도 필요하다.

합격 선배들의 답안 ✏

　고령화 사회란 다른 사회와 비교할 때 노령 인구의 비율이 현저히 높은 사회입니다. 오늘날 의학의 발달, 생활 수준과 환경의 개선으로 평균 수명이 높아지면서 고령화 사회로 진행되는 속도가 이전보다 빨라졌습니다. 이러한 고령화 사회에서는 가정에서의 노인의 역할이 축소되고 왜소화됨에 따라 노인의 소외감과 우울증 등이 발생하며 사회 구조의 변화에 따라 노인에 대한 공경심이 약화됩니다. 또한, 이러한 고령화 사회는 저출산의 문제와 함께 발생하기 때문에 후에 중 · 장년층의 노동력 부족 문제를 일으키기도 하며 일할 능력이 있는 노인들의 일자리 문제가 제대로 해결되지 않아 사회의 혼란을 초래하기도 합니다. 고령화가 진행될수록 국가 경쟁력이 약화된다는 문제점도 있습니다. 노령 인구는 증가하는 데 비해 반대로 일을 할 수 있는 젊은 노동 인구가 줄어들어 인적 자원이 중요시되는 대외 경쟁력에 큰 타격을 입힐 수도 있습니다. 또한, 중 · 장년층이 부담해야 할 세금이나 사회적 책임 등이 증가하게 되는 문제도 예상됩니다. 고령 인구에게 있어서는 자신들이 받을 혜택과 연금이 줄어들고 젊은 사람들에게는 고령 인구의 증가로 인한 노인 부양 부담이 증가하여 더 큰 국가의 재정 부담 또한 발생시킵니다. 이러한 고령화 문제를 해결하기 위해 정부에서는 노인들을 위한 취업 및 일터 등을 마련하고, 실버 산업을 활성화하거나 노인의 복지를 확충하고, 양로원 및 쉼터 등을 마련하여 노인들의 소외감과 우울증을 해결하는 등의 노력을 하고 있습니다.

김윤환 선생님의 평가 및 보충 Q&A

위 답안은 고령화 사회의 개념 정의부터 시작하여 원인, 문제점, 해결 방법에 대한 논의의 순서로 접근하고 있다. 다만 앞서 다룬 저출산, 청년 실업과 달리 고령화 사회 문제의 경우 그 원인과 해결 방법은 서로 긴밀한 관계를 갖는다고 보기 어렵다는 점에서 답의 구성을 굳이 문제점, 원인, 해결의 순서로 재배치할 필요는 없다고 본다.

그보다는 고령화 사회를 해결하는 방법에 대한 논의들이 앞서 다룬 청년 실업의 문제와 상충되는 국면을 갖는다는 점에 주의하는 것이 좋겠다. 실제로 2010년 프랑스에서는 정년 연장을 통해 고령화 사회에 대응하려다가 거센 반대 시위에 휘말렸는데, 시위대의 주요 주장을 보면 정년 연장으로 인해 청년 실업 등의 문제가 발생할 수밖에 없다는 점과 연금 수급을 위해 늘어난 정년만큼을 더 근로해야 한다는 불이익을 다루는 내용임을 알 수 있다.

따라서 청년 실업, 고령화 사회, 저출산의 맥락을 서로 연결 지어 통합적으로 설명할 수 있는 능력을 발휘하면 차별화된 답안을 구성해 낼 수가 있을 것이다.

제 4 편

학생부종합전형 대비 전략

제4편 | 학생부종합전형 대비 전략

1 ▶ 학생부종합전형이란 무엇인가?

1. 도입 배경

지금까지 대학들은 학생부, 수능 시험, 대학별 고사 등 성적 위주로 학생을 선발해 왔다. 그러다 보니 초·중등학교에서는 지나친 점수 경쟁을 초래했고, 대학 입장에서는 대학이나 모집 단위의 특성에 맞는 잠재력과 소질을 가진 학생을 선발하는 데 한계가 있었다. 따라서 대학의 학생 선발 권한을 확대하여 초·중등 교육 정상화를 이룰 수 있도록 대입 전형의 자율화·특성화 역량을 강화하고, 이를 지원할 필요성이 대두되었다.

2. 목적

1. 성적 위주의 획일적 선발 방식에서 벗어나 학생의 잠재력, 대학의 설립 이념 및 모집 단위 특성 등 다양한 요소를 고려한 선발 방식으로 개편
2. 학교생활기록부, 수능 성적, 각종 서류 등 다양한 전형 요소를 해석하여 활용할 수 있는 대입 전형 전문가 활용 체제 구축

3. 대입 전형에서 입학 사정관의 역할

대학마다 대입 전형을 통해 선발하고자 하는 인재상이 다르고, 환경과 여건이 다르며, 지원자의 특성 또한 다르기 때문에 입학 사정관의 역할과 활용 정도 역시 다르다.

대학의 입시 전략과 전형 방법에 따라 입학 사정관이 합격 여부를 최종적으로 결정할 수도 있고, 전형의 일부 과정에만 참여할 수도 있으며, 전혀 개입하지 않을 수도 있다.

1. 기본 절차

사전 공지	서류 심사	심층 면접 / 토론	최종 선발
– 전형 취지 – 지원 자격 – 선발 기준 – 선발 방법 – 제출 서류 등	– 자격 심사 – 학생부(교과 · 비교과) – 추천서 – 수능 성적 등	– 잠재력, 창의성, 소질, 　사고력 등 파악 – 인성 및 적성 파악 – 교육 환경 조사	합격자 결정

2. 공통 전형 요소

요소	주요 내용
학생의 특성	– 인지적 특성 　• 사고력: 이해력, 분석력, 논리적 사고력, 창의력, 문제 해결력 등 　• 적성: 관련 분야에 대한 소질, 학업 적성 등 　• 표현력: 의사소통 능력(토론/설득력 등) – 정의적 특성 　• 인성: 자신감, 책임감, 자기 조절 능력, 도덕성, 사회성 등 　• 흥미: 지적 호기심, 열정, 학습 동기 등 　• 태도: 가치관, 학습 태도, 잠재력, 학과 적응 가능성 등
대학 및 모집 전형에의 적합성	– 건학 이념 및 학과 특성에 부합하는 학생인지의 여부 – 리더십 전형, 사회적 배려 전형 등 모집 전형에 부합하는지의 여부
교육 환경	가정 환경, 교육 여건, 고등학교의 교육과정 및 특성

학생부종합전형 대비 방법

학생부종합전형은 지원자가 교직에 알맞은 인성과 적성을 가지고 있는지를 평가하는 비중이 크게 늘어났고, 서류 평가에서 지원자의 교내·외 활동 내역이 평가에 들어가게 되었다. 공통적으로 준비해야 하는 요소로는 최저 학력(수능), 서류 평가, 면접 평가, 인·적성 검사, 내신 성적 등이다. 신입생을 선발하는 전형이나 평가 요소들의 비중이 각 학교마다 조금씩 다르기 때문에 원하는 학교에 대한 입시 모집 요강을 면밀히 분석하는 것이 수험생들이 가장 먼저 해야 할 일이다.

1. 최저 학력

학생부종합전형을 통해 신입생을 선발할 경우, 수능 성적을 과연 얼마나 반영하는지 궁금해 하는 학생들이 많을 것이다. 결과적으로 학생부종합전형을 통해 입시를 준비하는 학생이라도 끝까지 수능에 손을 놓아서는 안 된다.

2. 서류 평가

서류 평가는 주로 학생부종합전형에서 1단계 평가로 많이 활용되고 있으며 학생들이 지금까지 교직에 대해 얼마나 많은 관심을 가지고 활동을 했는지를 평가한다. 1단계에서 주로 2배수 정도를 선발하기 때문에 대충 준비해도 된다고 생각할 수도 있지만 최종 합격에까지 그 점수가 합산되어 들어가는 경우가 대부분이기 때문에 서류 평가 역시 소홀히 할 수 없는 부분이다.

일반 학교에서는 대부분 필수 봉사 활동 시간이 있다. 봉사 활동을 할 경우, 이왕이면 아동 보호 센터와 같은 기관에서의 멘토링이나 아이들을 가르치는 봉사 활동을 하면 더욱 좋을 것이다. 그리고 자신이 교직을 위해 어떠한 노력을 했고, 평소에 어떠한 생각을 가지고 있었는지를 글이나 사진으로 포트폴리오를 작성해 두는 것도 좋은 방법이다.

3. 면접

면접의 형태는 기존의 면접 형태와 거의 유사하다. 개별 면접을 보는 학교도 있으며, 집단 면접이나 토론식 면접 또는 토의식 면접을 하는 학교도 있다. 대부분의 학교에서 개별 면접을 하고 있으며, 부산 교대는 3명 내외의 학생을 하나의 조로 묶어 집단 형태의 면접 평가를 하기도 한다.

학생부종합전형에서 면접은 주로 교직 소양에 관한 문제가 출제되거나, 수험생의 적성이나 자질을 평가하기 위한 질문이 주로 출제된다. 그렇기 때문에 이 책에 수록된 교직 소양 부분은 다른 것들보다 더 우선적으로 준비해야 할 것이다. 교육적 문제나 자신의 인성과 적성을 말할 때에도 예비 교사의 마음에서 답변하는 것을 연습해 두어야 한다. 교대나 사대를 지원한다는 것은 이미 교사가 되었다고 하는 것과 크게 다르지 않다. 그렇기 때문에 자기 자신을 가장 많이 보여 줄 수 있는 면접에서 이러한 부분을 크게 어필하는 것이 관건이다.

4. 내신 성적

내신 성적 역시 1단계 서류 평가에서 반영하거나, 아예 반영하지 않는 학교도 있다. 하지만 학생부 성적을 중요시하는 학교가 많기 때문에 내신에 대한 관리도 신경 써야 한다. 학생부 성적 반영 비율이나 교과목들의 반영 비율이 학교마다 조금씩 차이가 나기 때문에, 자신이 원하는 학교나 자신에게 유리한 학교를 찾아서 준비하는 것이 수험생의 입장에서는 좋을 것이다.

1. 기출로 보는 학생부종합전형 면접 질문 유형

- 체벌이 금지되었다면 불량 학생을 어떻게 지도할 것인지 말해 보시오.

- 학습 부진 학생을 어떻게 지도할 것인지 말해 보시오.

- 어떤 교사가 되고 싶은지 말해 보시오.

- 모의고사 성적이 어떤지 말해 보시오.

- 자기 자랑을 해 보시오.

- 본인이 못하는 것은 무엇인지 말해 보시오.

- 고등학교 때 가장 뜻깊었던 기억은 무엇인지 말해 보시오.

- 교사가 된다면 다른 교사들과 비교했을 때, 자신만의 강점이 있는지 말해 보시오.

TIP!

개별 면접은 아주 일반적인 질문들이 나왔다. 교사가 되었다고 생각하고 자신의 교직관이 어떠한지 묻는 질문과 자기 자신에 대해 묻는 질문들로, 크게 두 가지로 분류하여 질문했다. 학생부종합전형의 취지가 '교사로서의 자질을 갖춘 학생을 선발'하겠다는 것이기 때문에 평소에 교육과 교직에 대해 어떻게 생각하고 있는지를 확인하는 질문이 대부분일 것이다. 이점을 유념하고 자신이 예비 교사가 되었다는 마음가짐으로 면접 준비를 하는 것이 효과적이고 바람직하다.

또한, 앞으로도 개별 면접에서는 개인 신상 및 예비 교사로서의 자질에 관한 질문이 나올 것으로 예상된다. 그렇기 때문에 교직 소양에 대한 부분은 다시 한 번 꼭 정리해 두는 것이 필요할 것이다. 교직 소양 파트에 나와 있는 부분 외에 교육에 대해 기본적인 것들에 대해 정리해 둔다면 개별 면접에서는 크게 어렵지 않게 좋은 대답을 할 수 있을 것이다.

2. 교육 소양 예상 면접 문제

● 학력신장 ●

1. 수준별 수업

- 수준별 수업이 필요한 이유는 무엇이라고 생각하는지 말해 보시오.

- 학급에는 다양한 수준의 아이들이 있다. 수준별 수업에서 교사가 신경 써야 할 가장 중요한 것이 무엇이라고 생각하는지 말해 보시오.

2. 학습 부진아

- 학습 부진이 생기는 원인은 무엇이라고 생각하는지 말해 보시오.
- 학급에 학습 부진아가 있다. 어떻게 지도를 할 것인지 말해 보시오.

3. 창의력 신장

창의력 교육이 중요시되는 이유를 지금의 시대 흐름과 연관 지어 말해 보시오.

4. 자기 주도적 학습

- 자기 주도적 학습이 무엇이라고 생각하는지 말해 보시오.
- 공부를 잘하는 학생은 자기 주도적 학습자라고 생각하는지 말해 보시오.

● 인성 교육 ●

1. 기본 생활 습관 교육

- 욕을 하는 학생이나 은어를 사용하는 학생을 순화시키기 위한 방안에는 어떤 것이 있다고 생각하는지 말해 보시오.
- 예절과 같은 기초 생활 습관이 잘 지켜지지 않는 이유는 무엇인지 말해 보시오.

2. 감성 교육

감성 지능이란 일반 지능과는 달리 다른 사람의 감정을 읽고 그 감정에 맞추어 대화하고 타협하는 능력을 말한다. 오늘날 학교에서 감성 교육이 부족한 이유는 무엇이라고 생각하는지 말해 보시오.

3. 선행 활동

이번 연말에 반 아이들과 모금을 하려고 한다. 모금한 돈으로 반에서 가정 형편이 어려운 친구를 도우려 하는데 도움받는 친구가 이러한 사실에 수치심을 가질까 걱정이다. 수치심을 가지지 않게 친구를 도울 수 있는 방법은 무엇이라고 생각하는지 말해 보시오.

● 생활 지도 ●

1. 청소년 비행 문제

- 청소년 비행의 원인은 무엇이라고 생각하는지 말해 보시오.
- 교사로서 비행 소년을 선도하는 방법에는 어떤 것이 있는지 말해 보시오.

2. 학교 폭력

- 학교 폭력의 유형에 대해 아는 대로 말해 보시오.
- 학교 폭력의 피해자 중 자신의 상황이나 처지가 나아지지 않고 앞으로도 계속될 것이라고 생각하는 수동적 피해자가 늘어나고 있다. 이러한 학생이 있다면 어떻게 지도할 것인지 말해 보시오.
- 학교 폭력을 방치해서는 안 되는 이유를 가해자 측면과 피해자 측면으로 나누어 말해 보시오.

3. 집단 따돌림

- 집단 따돌림을 당하는 학생이 있다. 이러한 문제를 해결하기 위해 어떻게 해야 하는지 말해 보시오.
- 집단 따돌림이 일어나는 원인이 무엇이라고 생각하는지 말해 보시오.

● 공교육 정상화(전인 교육) ●

1. 학교 붕괴

- 학교 붕괴의 원인을 학교 내·외로 나누어 말해 보시오.
- 공교육이 중요한 이유를 말해 보시오.
- 학교 붕괴를 막기 위해서는 어떻게 해야 하는지 말해 보시오.

2. 사교육

- 학생들이 학교 교육보다 학원 과외를 선호하는 이유가 무엇이라고 생각하는지 말해 보시오.
- 사교육의 역기능에는 어떠한 것이 있는지 말해 보시오.
- 사교육의 긍정적 요인과 부정적 요인을 말해 보시오.
- 학원에서 배우는 선행 학습에 대해 어떻게 생각하는지 말해 보시오.

● 교육 유형 ●

1. 장애아 통합 교육
- 장애아 통합 교육이 일반 교실에서 필요한 이유를 말해 보시오.
- 통합 교육에서 일반 학생과 특수 학생 모두가 최대한의 효과를 볼 수 있게 하기 위해서는 어떻게 지도해야 하는가지 말해 보시오.

2. 통일 교육
A 학생은 통일에 대해 "무조건 통일해야 해!", B 학생은 "안 돼. 우리나라가 가난해질 거야."라는 견해의 차를 보이고 있다. 이런 상황에서 통일 교육을 어떻게 지도할 것인지 말해 보시오.

3. 진로 교육
- 입시 위주의 진로 지도에 대해 어떻게 생각하는지 말해 보시오.
- 교사가 된다면 진로 교육의 방향을 어떻게 잡을 것인지 말해 보시오.

4. 양성 평등 교육
'남성다움'과 '여성다움'에 대한 성 고정 관념에서 벗어날 수 있는 방안에는 어떠한 것들이 있는지 말해 보시오.

● 교육 복지 ●

1. 소외 계층을 위한 교육 복지
- 저소득층 자녀가 학습 부진에 빠지는 이유가 무엇이라고 생각하는지 말해 보시오.
- A 학생은 할머니와 함께 살고 있어서 점심은 빵으로 해결하거나 아예 굶는다. 그래서 도시락을 싸올 수가 없어서 현장 체험 학습을 너무 싫어한다. 교사로서 어떻게 할 것인지 말해 보시오.

2. 다문화 가정의 자녀 지도 & 다문화 교육
- 다문화 가정의 자녀가 학교 적응에 어려움을 겪는 이유가 무엇인지 말해 보시오.
- 다문화 가정의 학생이 즐겁게 학교생활을 할 수 있게 하는 방안을 말해 보시오.
- 지금 우리 사회에는 다문화 가정이 늘어나고 있다. 그 이유가 무엇이라고 생각하는지 말해 보시오.

● 교육 쟁점 ●

1. 주 5일제 수업

- 주 5일제 수업의 장점과 단점을 말해 보시오.

- 주 5일제의 교육적 목적과 의의는 무엇이라고 생각하는지 말해 보시오.

2. 학업 성취도 평가

- 학업 성취도 평가의 긍정적 효과와 부정적 효과는 무엇이라고 생각하는지 말해 보시오.

- 학업 성취도 평가에 대해 어떻게 생각하는지 말해 보시오.

● 교직과 교사 ●

1. 교직 적성

- 교사가 되려는 이유는 무엇인지 말해 보시오.

- 학교 무용론에도 불구하고 교사가 필요한 이유는 무엇인지 말해 보시오.

- 자신의 인성을 고려할 때 교사로서 장점은 무엇인지 말해 보시오.

- 자신이 생각하는 교사라는 직업의 가장 큰 매력은 무엇인지 말해 보시오.

- 교사의 자질은 무엇이라고 생각하는지 말해 보시오.

- 자신이 생각하는 가장 이상적인 교사상은 무엇이라고 생각하는지 말해 보시오.

- 존경하는 은사가 있는지 말해 보시오.

2. 교육관 & 교직관

- 교직이 전문직인 이유를 말해 보시오.

- 교직과 관련된 한자성어나 격언, 속담을 들고 자신의 교직관에 대해 말해 보시오.

3. 교권 신장

- 교권 실추의 원인이 무엇이라고 생각하는지 말해 보시오.

- 교권 신장을 위해 교사가 할 수 있는 일에는 무엇이 있는지 말해 보시오.

3. 면접에 임하는 태도와 자세-교사의 입장에서 생각하라는 것이 무엇인가?

앞에서도 언급했듯이 기본적인 예절을 지키며, 자신감 있는 태도를 보이는 것은 면접에 임하는 가장 기본적인 자세이다. 우리가 시험을 보는 학교는 교사를 양성하는 교대와 사대이다. 따라서 면접에서 답변을 할 경우 교사의 입장에서 생각하라는 지시를 앞에서도 계속해서 했다. 하지만 교사의 입장에서 생각하라는 것이 과연 무엇인지 어려워하는 수험생들이 많다. 특히 학생부종합전형에서의 면접은 교직에 대한 인성과 적성을 가지고 있는가를 판단하는 것이 우선인 시험이다. 당연히 교사의 입장에서 답변을 한다면 더욱 좋은 인상을 줄 수 있으며, 준비된 교사로서의 모습도 보여 줄 수 있다.

그렇다면 교사의 입장에서 생각하는 것은 무엇인가? 이에 대한 답을 얻기 위해서는 교직의 특성과 자질에 대해 가장 먼저 알아야 한다. 가장 기본적으로 생각할 수 있는 교직의 특성과 자질은 다음과 같다.

1. 윤리 의식

최근 논란이 되고 있는 교권 실추에는 많은 원인이 있는데, 교사의 윤리 의식이 낮은 것도 큰 요인 중 하나로 꼽는다. 촌지 수수, 체벌 문제, 성희롱 등 교원의 비윤리적인 행동은 교사와 교직 사회의 신뢰를 떨어뜨리는 심각한 문제가 되고 있다.

교사는 윤리 의식을 가져야 한다. 교사는 학생들을 가르치는 사람이며, 학생들에게 동일시 대상이 될 수 있는 존재이다. 따라서 모범을 보여야 하는 위치에 있으며, 가장 기본적인 윤리 의식을 가지고 인격자로서의 모습을 학생들에게 보여야 할 의무가 있다. 면접에서 윤리 의식과 관련된 문제가 있다면, 꼭 언급해 주고 넘어가야 할 것이다. 특히 지금 우리 학생들에게는 윤리 의식과 관련된 교육이 필수적으로 필요한 때이다. 가르치는 사람이 이러한 윤리 의식이 투철해야 가르침을 받는 학생들의 윤리 의식이 높아지는 것이 당연하다. 이러한 부분도 평소에 신경 쓰고 있어야 면접 현장에서 대답을 잘할 수 있을 것이다.

2. 균형 잡힌 시각

교사는 직업적 특성상 다양한 아이들을 만나게 된다. 아이들은 각각 세상을 보는 시각이 조금씩 다르다. 아이들의 다양한 시각에 눈높이를 맞추며 교육을 하려면 균형 잡힌 시각이 필수적으로 필요하다. 하나의 편향적인 생각이나 시각을 가지고 있다면 모든 아이를 이끌고 함께 나아갈 수 없다. 면접에서도 편향적인 생각이나 시각으로 답변을 하는 것은 위험할 수 있다. 교사라면 다양한 시각에서 다양한 의견을 받아들이고 상대방을 존중하는 자세가 기본적으로 필요하기 때문이다. 항상 균형 잡힌 생각과 시각을 유지한다는 마음으로 면접에 임해야 좋은 결과를 얻을 수 있을 것이다.

3. 사람들과의 관계(상호 작용 능력)

교사는 학생, 동료 교사, 그리고 학부모 등 다양한 사람들과 만나는 직업이다. 따라서 사람들과의 관계를 잘 유지하는 것은 교사의 중요한 자질 중 하나이다. 다양한 사람들을 만나는 것 외에 학생들을 가르칠 때도 이러한 상호 작용 능력이 필요하다. '상대방을 가르칠 때 가장 중요한 것이 무엇인가?'라고 묻는다면 '상대방에 대한 이해'라는 답변이 빠질 수 없을 것이다. 상대방을 알아야 거기에 맞는 교육을 할 수 있기 때문이다. 상대방을 알기 위해서는 상호 작용을 해야 하고, 사람들과의 상호 작용은 주로 대화를 통해 이루어진다. 대화 기법 중 우리가 면접에서 활용할 수 있는 것은 공감 능력, 경청, 인정 등이다. 특히 이러한 대화 기법은 토론식 면접이나 집단 면접에서 활용할 수 있다. 우리가 왜 공감해야 하고 경청해야 하며 상대방을 인정해야 하는지 이해하고, 면접에서 이를 꼭 활용할 수 있어야 한다.

이렇게 교직의 특성과 자질적인 측면을 생각하고 답변을 한다면 교사의 입장에서 답변하는 것이 된다. 위에서 언급했던 것 이외에 배려하고 사랑하는 마음이나 한 학급을 운영하기 위한 리더십 등도 교직의 특성과 자질에 포함될 수 있을 것이다. 이러한 것들은 말로 연습한다고 되는 것들이 아니다. 평소에 자신이 교직에 대해 깊게 생각하고 교사란 무엇인가에 대해 자주 고민해 보았다면 자연스럽게 교사로서의 자질을 갖추게 되는 것이다. 평소 자주 생각해 보아야 자연스럽게 말로 표현할 수 있다. 자연스럽게 나오는 말이 아니더라도 입학 사정관들은 그것이 진심으로 나오는 말인지 그냥 연습해서 나오는 말인지 구분할 수 있다. 따라서 우리는 교직에 대해 평소에 생각해 보는 연습을 해야 할 것이다.

학생부종합전형에서는 교사에게 필요한 인성과 적성을 알아보고 수험생의 자질과 잠재력을 알아보는 데 그 목적이 있다. 따라서 시사 이슈도 중요하지만 교육 관련 내용이 훨씬 더 중요하고 자주 출제되었다.

1. 교육 관련 활동

우리가 지원하는 학교는 예비 교사를 선발하는 곳이라는 것을 잊으면 안 된다. 교사는 '배움의 터'인 학교에서 학생들을 가르치는 사람이다. 이것이 본분이기 때문에 교육 관련 활동은 충분히 준비해야 한다. 또한, 생기부 세특을 작성할 때에도 교육 관련 활동이나 교사의 자질적인 측면을 다루어야 하는 부분들이 많기 때문에 미리미리 대비하여 좋은 결과를 만들 수 있도록 노력해야 한다. 이미 많은 학교에서 이러한 문제가 출제되었으며 앞으로도 출제될 가능성이 있으므로 철저히 생각하고 가자.

입학 사정관이 '지금까지 살아오면서 어떠한 교육적 활동을 했는지 말해 보라.'는 식의 질문을 하면 어떻게 대답할 것인가? 실제로 교대 학생부종합전형 지원자를 보면 봉사 활동을 통해 교육적 활동의 경험을 쌓았던 학생들이 많았다. 이러한 봉사 활동을 할 기회가 없었던 학생은 딱히 교육적 관련 활동을 한 기억이 없을 것이다. 시간적 여유가 되는 학생은 학생들을 가르치는 봉사 활동을 지원해서 하면 되지만, 이미 코앞에 시험이 다가온 학생은 이러한 여유가 없을 것이다.

이럴 경우, 억지로 교육 활동 경험을 지어내기보다는 간단한 교육적 활동들을 준비하면서 면접 때 활용하면 좋을 것이다. 예를 들어, 서로 공부하기 바쁜 고 3 교실에서 자신 있는 과목이지만 이 과목을 어려워하는 친구들에게 자신이 알고 있는 노하우 등을 설명해 주거나 어려운 문제를 같이 푸는 활동을 해 보는 것이다. 쉬는 시간만이라도 활용하여 이러한 활동을 한다면 가르치는 입장이 어떠한지 느낄 수 있고, 자신이 다른 사람에게 어떠한 영향을 줄 수 있는지도 느낄 수 있는 좋은 경험이 될 것이다.

이와 같은 교수법을 '동료 교수법'이라고 한다. 실제 교사들이 많이 활용하는 학습법 중 하나이기도 하며, 가르치는 사람과 가르침을 받는 사람 모두에게 교육적 효과가 크기 때문에 잘 활용하면 훌륭한 교수법이 될 수 있다. 하루에 10분이라도 남에게 무엇인가를 알려 주는 시간을 오늘부터라도 가져 보기를 바란다. 학교 친구, 후배, 동생 등 자신과 가까이 있고 자주 볼 수 있는 사람을 대상으로 하면 따로 시간을 내지 않더라도 충분히 의미 있는 교육적 경험을 하게 될 것이다.

직접 경험하고 말하는 것과 남에게 들어서 하는 이야기는 크게 다를 수 있다. 학생부종합전형의 경우 구체적인 질문을 받을 수 있기 때문에 직접 경험하지 않고 지어내기 식으로 이야기했다가는 당황할 수 있으므로 작은 경험이라도 꼭 실천하고 가기를 바란다.

2. 교육 관련 기사와 뉴스

입학 사정관이 면접을 통해 수험생에게 확인하고 싶은 것은 교육적 자질, 성품, 그리고 교사가 되기 위한 열정이다. 이러한 자질, 성품, 열정은 어떻게 확인할 수 있는 것일까?

가장 먼저 선행되어야 할 것은 우리나라의 교육 현실과 교육 문제에 대해 다른 학생들보다 자세히 알고 있는 것이다. 교육 현실과 교육 문제를 알기 위해 가장 먼저 해야 할 일은 교육 관련 기사와 뉴스를 항상 접하는 것이다. 하루 10분의 시간만 투자하면 된다.

교육 관련 쟁점들은 서로 비슷한 것들이 많기 때문에 어느 정도의 시간만 투자해도 우리나라의 교육 현실을 바라보는 눈이 훨씬 깊고 넓어질 것이다. 교육 관련 쟁점에 대해 잘 알고 있는 학생과 그렇지 않은 학생은 교육에 관련된 사고 자체에서 큰 차이가 나기 때문에 무조건적으로 교육 관련 이슈는 점검해야 한다. 그리고 이러한 교육적 이슈들이 직접 면접 문제로 출제될 수도 있다.

교육 관련 이슈를 통해 자신에게 필요한 부분이 무엇인지 알게 되고, 자신이 가지고 있는 장점이 무엇인지도 알 수 있다. 학생부종합전형 면접에서 출제된 기출문제들을 살펴 보면, 높은 지적 수준과 사고력을 요구하는 문제는 많지 않았다. 대부분의 문제들이 평소에 어떻게 교직을 위한 준비를 하고, 교직에 대해 어떠한 생각을 가지고 있는지를 묻는다.

의외로 교육대학교나 사범대학교를 지원하는 학생 중 평소에 교육 관련 문제에 대해 깊게 생각해 보고 자신의 의견을 정리하는 학생이 많아 보이지는 않았다. 문제집이나 참고서에 적힌 기출문제만 보고 면접에 임하는 학생과 자신이 직접 생각해 보고 면접에 임하는 학생을 비교했을 때 사고의 질에서 많은 차이를 보였다.

앞으로 얼마 남지 않은 시간이지만, 하루 10분의 투자로 '교육'이라는 것에 한 걸음 더 다가가기를 바란다.

3. 교육 관련 도서 읽기

교육과 관련된 도서를 읽은 기억이 없다면 지금이라도 교육 관련 도서를 한 권 정도 읽어 보자. 단, 자신이 좋아하는 장르의 책을 읽었으면 좋겠다. 인터넷이나 포털 사이트 같은 곳에서 교육 관련 도서를 치면 각 장르에 따른 추천 도서가 있으니, 꼭 한두 권 정도는 읽어 보는 기회를 가졌으면 한다. 단순히 책의 줄거리만 알고 교육적인 요소만 정리하는 것이 효율적이라고 생각하는 수험생도 있겠지만, 정말 시간이 촉박하고 책 읽을 여유가 없는 경우가 아니라면 직접 읽어 볼 것을 권한다.

서울교대 정시 면접에서 자신이 좋아하는 책 세 권과 그 책을 좋아하는 이유를 말하라는 문제가 출제된 적이 있다. 이처럼 학생부종합전형뿐만 아니라, 면접에서 분명히 도움이 될 만한 요소이기에 적극 추천한다.

책을 다 읽고 난 후엔, 책에서 느낀 교육적 감정을 솔직하게 정리해 보는 시간도 꼭 가져 보기를 바란다. 우리는 면접관 앞에서 몇 분 동안의 발언 기회로 자신이 알고 있는 모든 것을 쏟아 내고 표현해서 자신을 알려야 한다. 이렇게 자신이 느낀 것과 알고 있는 것을 후회 없이 그 자리에서 표현하기 위해서는 평소 자신의 생각을 정리하는 시간을 가지는 것이 중요하기에 책을 읽고 난 후, 스스로 생각해 보는 시간과 정리해 보는 시간을 가져야 한다.

아직 교육 관련 도서를 어떻게 읽어야 할지 방향을 잘 잡지 못하는 학생들에게는 편한 마음으로 책을 골라 읽으라고 권하고 싶다. 교육학이나 유명한 교육론 관련 도서를 좋아하는 학생은 읽어도 되지만 따분하다고 느껴지는 학생은 읽기 쉬운 책을 읽어도 좋다. 우리가 교육이라고 하면, 가장 먼저 학생과 교사를 떠올리지만 꼭 그러한 관계가 아니더라도 충분히 교육 관련 책이 많다. 우리가 흔히 알고 있는 율곡의 어머니인 신사임당, 그리고 한석봉의 어머니의 이야기에서 알 수 있듯이 부모와 자식 사이의 교육도 교육 관련 도서가 되는 것이다. 앞으로 얼마 남지 않은 시간, 교육 관련 도서 몇 권 정도는 꼭 읽고 정리하기를 바란다.

4. 학생들의 잘못된 습관과 행동에 대한 대처법

교대·사대 면접에서 가장 많이 출제되는 내용 중의 하나가 학생들의 잘못된 행동이나 습관을 어떻게 바르게 교정해 줄 수 있는지 묻는 문제였다. 잘못된 행동이나 습관에 어떻게 대처해야 하는지 평소에 생각해 두지 않는다면 제대로 된 답변을 하기 힘들다.

수업 시간에 집중을 하지 못하는 학생, 교사에게 반항심을 가진 학생, 욕을 많이 하는 학생, 폭력을 쓰는 학생, 친구와 어울리지 못하는 학생, 거짓말을 자주 하는 학생 등 학생들의 다양한 문제 행동들이 출제되었고 앞으로도 출제될 가능성이 높다. 이러한 문제 행동들은 항상 빈번하게 출제되기 때문에, 학생들의 잘못된 행동에 대한 대책을 만들어 놓는 것이 좋다.

학생들의 문제 행동에 대처하기 위해 가장 우선시 되어야 할 것은 학생들이 그러한 문제 행동을 하게 되는 원인을 찾아야 하는 것이다. 원인을 찾아야 그에 맞는 대책을 적용할 수 있기 때문이다.

이러한 문제 행동의 원인을 찾는 것 또한 교사가 혼자 알아채기에는 현실적으로 힘든 부분이 많다. 설령 교사가 문제 행동의 원인을 발견했다 하더라도 그것이 정확하게 문제 행동의 원인인지 판단 내리기가 어렵기 때문에 다양한 사람들의 도움을 받아 함께 원인을 찾아가는 것이 더욱 바람직하다. 동료 교사에게 상담이나 조언을 구하거나, 가정과의 연계를 통해 학생이 겪고 있는 문제의 원인을 찾을 수 있다.

원인을 찾았으면 그에 맞는 대책을 학생에게 적용해야 한다. 저학년의 경우, 아직 기본 생활 습관이 형성되어 있지 않기 때문에 반복적인 주의로 습관을 형성시켜 주는 것이 좋다. 이와는 다르게 고학년의 경우에는, 학생 스스로 그러한 행동을 천천히 줄여 나갈 수 있도록 교사가 적극적으로 도와주어야 한다. 먼저 그러한 행동을 하면 안 되는 이유를 교사가 인지적으로 이해시킨다. 그리고 그러한 행동으로 상처를 받는 사람이 생기는 것을 마음속으로 느끼게 하여 정의적인 부분까지 이해하게 한 후 점차 개선된 행동을 할 수 있게 유도하는 것이 좋다. 이때 교사는 지속적인 관심과 꾸준한 피드백을 해 주어야 한다.

위에서 말한 것을 다시 요약하면 다음과 같다. 학생들에게서 문제 행동이 보이면 가정과 연계하거나 다른 교사의 조언을 통해 그 원인을 찾도록 한다. 원인을 찾은 후, 학생들에게 인지적·정의적으로 이해를 시켜 점차 개선할 수 있도록 교사가 꾸준한 관심과 피드백을 준다.

5. 앞으로의 자기 계발 계획

이화여대 초등 교육과에서 출제된 문제이기도 하며, 다른 학교에서도 이와 비슷한 질문을 하거나 추가 질문의 형태로 물어보기도 했다. 자기 계발 계획에 대해서는 크게 대학교에 입학하여 어떤 자기 계발을 할 것인지 묻거나, 교사가 된 후에는 어떻게 자기 계발을 할 것인지 물어볼 수 있다.

대학교 때의 자기 계발에 대한 질문에는 다양한 활동을 언급하면 좋다. 우리나라 학생들은 입시 위주의 교육으로 인해 다양한 활동을 할 수 있는 기회나 환경을 누리지 못했다. 다양한 경험을 하면서 나 자신을 좀 더 성찰하고 되돌아 볼 수 있으며, 그러한 경험이 훗날 좋은 교육적 소재로 활용될 수도 있기에 많은 경험을 하라고 추천해 주고 싶다. 대학생들이 가장 많이 하는 것이 여행, 동아리 활동이다. 그리고 학교 행사에 참여하거나 대학생 멘토-멘티 활동도 한 번쯤은 해 보는 것이 좋다. 다양한 경험 위에 다양한 교육적 소재와 이야기가 나온다는 것을 명심하고 면접을 볼 때 이를 언급해 주는 것이 좋다.

다음으로 경험 이외에 자신만의 특기를 하나 가져 보는 것이 좋다. 악기를 하나 배우거나 운동을 꾸준히 하는 것, 혹은 외국어 공부를 하는 것 등 자신이 다른 학생들보다 뛰어나게 잘하는 것 하나 정도를 만들어 보자. 이러한 것들이 나중에 교사 생활을 하는 데 큰 도움이 되기 때문이다.

다음으로 교사가 된 후에는 어떠한 자기 계발을 해야 하는지 알아보자. 교사라는 집단을 조금 비꼬아 이야기할 때 철밥통이라는 말을 많이 한다. 그만큼 교사는 안정적이고 정년까지 보장되는 직업이기 때문이다. 이와 같이 교사가 된 후에 철밥통이라는 말을 듣지 않기 위해서라도 교사들은 많은 자기 계발과 노력을 해야 한다. 가장 쉽게 생각할 수 있는 것은 대학원 진학이다. 대학원 진학을 통해 교육과 관련된 전문성을 더욱 키우고, 다양한 교육적 사례와 자료들을 공부할 수 있다. 대학원 이외에 교사들끼리 모이는 교육 소모임 활동을 하는 것도 좋다. 소모임 활동을 통해 다른 교사들의 교육적 지식과 방법 등을 서로 공유하고 배울 수 있기 때문이다. 교사는 혼자 있는 시간이 많기 때문에 다른 교사들과 소통할 수 있는 기회와 시간이 많지 않다. 그렇기 때문에 작은 소모임 활동을 통해 교류도 하고 소통할 수 있는 기회를 가져 자신이 부족한 점이 무엇인지 깨달을 수 있는 시간을 가지는 것이 중요하다. 이러한 활동 외에 여행을 통한 견문 넓히기, 자신에게 필요한 연수 이수 등 자신에게 꼭 필요한 것이 무엇인지 알고 그때그때 개선해 나가는 자세 자체가 더욱 중요한 것임을 언급해 주는 것이 좋을 것이다.

6. 선행 학습

선행 학습에 대해 이야기하기 전에 선행 학습의 개념에 대해 정확하게 알아보자. 선행 학습은 정규 교육과정을 미리 앞당겨 학습하는 것을 말한다. 쉽게 말해 초등학교 4학년 1학기에 배우는 내용을 3학년들이 미리 학습하는 것이다. 이러한 선행 학습은 예습과 매우 비슷하다고 생각할 수 있는데 사실 그 의미에는 미묘한 차이가 있다. 예습은 다음 수업 시간을 잘 이해하기 위해 미리 공부하는 것이고 선행 학습은 다음 수업 시간에 배울 내용이 아니라, 6개월 혹은 2~3년 이후의 과정을 미리 학습하는 것을 의미한다.

그렇다면 이러한 선행 학습의 문제점은 무엇인가? 선행 학습은 특히 사교육과 밀접한 관련이 있기 때문에 사교육의 문제점과 함께 생각해 보는 것이 좋다. 그리고 이러한 문제점을 생각할 때 범주를 나누어 정리하면 머릿속에 명확히 각인시킬 수 있다.

학생의 입장, 학부모의 입장, 학교의 입장으로 나누어 생각해 보자. 첫째, 학생의 입장에서는 지나친 선행 학습이 학습 부담으로 연결될 수 있다. 대부분의 초등학생들이 평균적으로 1~4개 정도의 사교육을 받고 있는 것으로 조사되었다. 이러한 사교육의 대부분이 선행 학습을 위한 것이고, 학생들은 많은 부담감과 함께 학습에 대한 흥미 또한 줄어들고 있다고 발표되었다.

둘째, 학부모의 입장에서는 선행 학습이 지나친 사교육비 부담으로 연결될 수 있다. 오로지 좋은 학교 코스를 밟고 명문대를 가야 성공할 수 있다는 생각 때문에 자녀 교육에 엄청난 투자를 하게 되고 결국은 지나친 교육비가 부담되어 많은 갈등이 일어난다고 한다.

셋째, 학교 입장에는 선행 학습으로 인해 학교가 해야 할 역할을 다하지 못하게 된다. 학교라는 곳은 배움이 일어나는 장소이다. 입시 위주의 교육이 자리 잡으면서 어느 순간부터 모든 사람들이 인성적인 배움은 뒤로 하고 오로지 지식적인 배움만을 생각하게 되었고, 이러한 지식적인 배움마저도 선행 학습이라는 명목 아래에 정규 교육과정보다 미리 배우게 되어 학교의 기능이 더욱 약해졌다.

공교육의 정상화를 위해서라도 지나친 선행 학습은 지양되어야 할 것이고 이러한 문제에 대해 우리는 심도 있게 생각해 보아야 할 것이다.

7. 다문화 교육

다문화 가정이 증가하면서 자연스럽게 한 교실 안에서도 다양한 문화권의 학생들이 같은 수업을 받게 되는 일이 많아지고 있다. 하지만 다문화 가정 학생들은 실제 학교생활을 하는 데 많은 어려움을 겪고 있다. 학생들 사이에서 피부와 언어 등의 차이에서 오는 각종 차별이 생기기 때문이다. 앞으로 교사가 된다면, 다문화 가정 학생의 담임을 맡을 수도 있기 때문에 어떻게 교육 계획을 세우고 실천할 것인지 미리 대비하고 있어야 한다.

우선 다문화 가정 학생들이 받게 되는 차별이나 심리적 압박이 무엇인지 알아보자. 첫째로 소수와 다수의 차이에서 오는 압박감이 있다. 다문화 가정 학생이 늘어나고 있는 것은 사실이지만 교실에서는 소수의 입장에 있기 때문에 심리적으로 위축될 수 있다. 둘째, 외모 차이를 들 수 있다. 실제로 다문화 가정 학생들은 피부색 차이에서 오는 이질감과 같이 외모가 조금 다르다고 하여 놀림을 받거나 괴롭힘을 당한다고 한다. 셋째, 언어의 차이로 인해 쉽게 적응을 못하는 학생이 있다. 한국어를 배웠더라도 부모님의 영향으로 인해 억양 차이가 날 수 있기 때문에 이러한 언어적 차이로 인한 부적응 또한 심할 수 있다. 그 외에 경제적인 문제로 한국으로 온 다문화 가정이 많기 때문에 경제적 문제 또한 있을 수 있다.

다문화 가정 학생들이 잘 적응하기 위해서는 우리 사회에서 다문화 가정을 바라보는 인식 자체를 먼저 바꿔야 한다. 그들에게 한국어 교육을 시키고 한국 문화를 이해시키기 위해 노력하는 것만이 올바른 다문화 교육이 아니다. 그 사람들의 문화도 인정해 주면서 우리의 것을 알려 주는 것이 더욱 좋은 방법이기 때문이다. 여러 가지 과일을 블렌더에 넣고 갈아버리는 것보다는 과일 바구니에 담겨 있는 과일들처럼 각 과일의 고유성은 인정하면서 바구니라는 테두리 안에 같이 담아두는 시각과 사고가 더 필요한 것이다.

이를 위해 교사는 편향된 시각을 가지고 있으면 안 된다. 다문화 가정 학생이 자연스럽게 다른 친구들과 어울릴 수 있도록 학급 분위기를 유도하고 이끌어야 한다. 그리고 다문화 교육이 소수만을 위한 교육이라는 인식을 가지지 않도록 한다. 교사의 세심한 노력과 함께 학교에서는 창의적 체험 활동 시간 등을 활용하여 다문화 교육 지원 센터와 같은 외부 기관과 연계 교육을 할 수도 있다. 이는 학생들에게 다양한 문화를 경험할 수 있는 기회를 주고 다문화를 바라보는 시각을 넓혀 줄 수 있기 때문이다.

처음부터 '다문화'에 대한 완벽한 의식 개선과 제도적 뒷받침을 기대하는 것은 아니다. 많은 시행착오를 거쳐 천천히 변화하면 되는 것이다. 호주나 캐나다와 같이 다문화 가정의 교육이 자리 잡은 나라의 사례도 살펴보면서 교육의 현장에 나가 있는 교사들이 열심히 노력한다면 분명 지금보다 훨씬 잘 어울려 지내는 사회가 될 것이라 생각한다.

모집 요강 참고 시 주의 사항

- 출간 당시 일부 대학은 전형 요강이 발표되지 않아 계획안을 참고하여 자료를 작성했습니다. 변동 사항이 있을 수 있으니 지원하는 학교의 입학처 홈페이지에서 모집 요강을 반드시 확인하기 바랍니다.
- 지원 자격, 성적 산출 방법, 한국사 응시 필수 여부, 서류 평가 기준 및 배점 등 세부적인 모집 기준 및 평가 기준은 반드시 모집 요강 전체를 확인 바랍니다.
- 전형 주요 사항에서는 평가 기준인 서류에 대해서만 표기했고, 지원 자격 등과 관련된 제출 서류들(입학 원서, 전형별 지원 자격 증빙 서류 등)이 추가로 있으니 혼동하지 않도록 주의하기 바랍니다.
- 코로나19 이후 대학의 전형 일정, 방식이 시시각각 변하고 있으니 학생 본인이 꼭 입학처에서 전형을 확인하시기 바랍니다.
- 학교 순서는 가나다순입니다.

경인교대

1. 모집 인원

(단위: 명)

모집 시기	전형명		모집 인원		비고
			정원 내	정원 외	계
수시 모집	학생부교과(학교장추천전형)		120	–	120
	학생부종합(교직적성전형)		215	–	215
	기회균형 특별전형	학생부종합(국가보훈대상자전형)	4	–	4
		학생부종합(저소득층학생전형)	18	–	18
		학생부종합(농어촌학생전형)	–	21	21
		학생부종합(장애인학생전형)	–	20	20
		학생부종합(서해5도학생전형)	–	3	3
	소계		357	44	401
정시 모집 「나」군	수능(일반학생전형)		173	–	173
	기회균형 특별전형	수능(저소득층학생전형)	–	7	7
	기타(탈북학생전형)		–	3	3
	소계		173	10	183
합계			530	54	584

2. 수시 모집(학생부교과, 학생부종합) 전형 주요 사항

전형	구분	선발 방법	선발 비율	전형 요소 반영 비율 및 점수			비고
				서류 평가	학생부 교과	면접 평가 (비대면)	
학생부교과 (학교장추천전형)	일괄 합산	일괄 합산	100%	–	70% (700점)	30% (300점)	국어, 수학, 영어, 탐구 (사회/과학) 4개 영역 합 12등급 이내
학생부교과 (학교장추천전형)을 제외한 모든 전형	일괄 합산	일괄 합산	100%	100% (1,000점)	–	–	대학수학 능력시험 최저 학력 기준 없음

※ 탐구 영역은 응시 과목 중 상위 등급 1개 과목을 반영함

※ 한국사 영역 응시 필수, 제2외국어와 한문 반영하지 않음

※ 면접 평가는 비대면 영상 업로드 형식으로 평가

3. 정시 모집(수능위주) 전형 주요 사항

전형	구분	선발 방법	선발 비율	전형 요소 반영 점수		비고
				수능 성적	면접 평가	
수능 (일반학생전형)	일괄 합산	일괄 합산	100%	100% (1,000점)	–	영어 3등급 이내, 한국사 4등급 이내
수능 (저소득층학생전형)			100%	100% (1,000점)	–	대학수학 능력시험 최저 학력 기준 없음
기타(탈북학생전형)			100%	–	100% (1,000점)	

※ 한국사 영역 응시 필수, 제2외국어와 한문 반영하지 않음

※ 영어 영역은 등급에 따른 환산 점수 부여

공주교대

1. 모집 인원

(단위: 명)

모집 시기	전형명			모집 인원		비고
				정원 내	정원 외	계
수시	학생부 종합		교직적성인재	53	–	53
			지역인재선발	123	–	123
			국가보훈대상자	5	–	5
			농 · 어촌학생	–	14	14
			기회균형선발	–	5	5
			장애인 등 대상자	–	10	10
	소계			181	29	210
정시	수능 위주		일반학생	132	–	132
			기회균형선발	–	–	–
			농 · 어촌학생	–	–	–
			장애인등대상자	–	–	–
	소계			132	–	132
합계				313	29	342

2. 수시 모집 전형 주요 사항

전형	구분	전형 절차	전형 요소별 반영 비율	비고
학생부 종합	교직적성인재 지역인재선발 국가보훈대상자 농 · 어촌학생 기회균형선발 장애인등대상자	1단계	서류 평가 100%	모집 인원의 2~3배수 선발
		2단계	1단계 점수 50% + 면접 고사 점수 50%	현장 대면 개별 면접 실시

※ 교직적성인재 1단계 3배수 선발, 그 외 모든 전형 1단계 2배수 선발

※ 수시 모집 미충원 인원은 정시 모집으로 이월하여 선발

※ 한국사 영역 응시 필수, 제2외국어와 한문 반영하지 않음

3. 정시 모집 전형 주요 사항

전형	구분	전형 절차	총점	전형 요소별 반영 비율		비고
				수능 성적	면접	
정시 「나」군	일반학생	1단계	500점	100%	–	2배수 선발
		2단계	600점	90.1%	9.9%	

광주교대

1. 모집 인원

(단위: 명)

모집 시기	전형명			모집 인원		비고
				정원 내	정원 외	계
수시	학생부종합		교직적성우수자	40	–	40
		지역 인재	전라남도교육감추천	60	–	60
			광주인재	40	–	40
			전남인재	40	–	40
		사회통합(국가보훈대상자/자립지원아동/만학도)		7	–	7
		다문화가정		7	–	7
		장애인대상자		–	10	10
		농 · 어촌학생		–	10	10
		기초생활수급자 및 차상위계층		–	7	7
	소계			194	27	221
정시 「나」군	수능위주		일반전형	108	–	108
	소계			108	–	108
합계				302	27	329

※ 2025학년도부터 모든 전형의 성비 제한 폐지

2. 수시 모집 전형 주요 사항

전형	구분		전형 방법	전형 반영 비율	선발 비율
학생부종합	교직적성우수자 국가보훈대상자 사회통합 다문화가정 장애인대상자 농 · 어촌학생 기초생활수급자 및 차상위계층		1단계	서류 평가 100% (1,000점)	300~400%
			2단계	1단계 점수 70% (700점) + 면접 30% (300점)	100%
	지역 인재	전라남도교육감추천 광주인재 전남인재	1단계	서류 평가 100% (1,000점)	200%
			2단계	1단계 점수 70% (700점) + 면접 30% (300점)	100%

※ 교직적성우수자전형 1단계 4배수 선발, 그 외 전형 1단계 3배수 선발

※ 학교생활기록부 내 '학교 폭력 조치 사항'은 서류 평가 및 면접 평가 시 반영

3. 정시 모집 전형 주요 사항

전형	전형 방법	선발 비율	비고
수능위주(일반전형)	수능 100%(1,000점)	100%	수능 백분위 및 등급 활용

※ 면접 폐지

대구교대

1. 모집 인원

(단위: 명)

모집 시기	전형명			모집 인원		비고
				정원 내	정원 외	계
수시	학생부종합		참스승전형	50	–	50
		기회균형	지역인재 특별전형	180	–	180
			국가보훈대상자 특별전형	6	–	6
			기초생활수급자, 차상위계층, 한부모가족 지원대상자 특별전형	11	–	11
			농어촌학생 특별전형	–	15	15
			장애인 등 대상자 특별전형	–	10	10
	소계			247	25	272
정시 「나」군	수능위주		일반전형	92	–	92
		특별전형	고른기회	수능위주 (기초생활수급자, 차상위계층, 한부모가족 지원대상자 특별전형)	–	6	6
			농어촌학생 특별전형	–	–	–
			장애인 등 대상자 특별전형	–	–	–
			만학도 특별전형	–	10	10
	소계			92	16	108
합계				339	41	380

2. 수시 모집 (학생부종합) 전형 주요 사항

선발 모형	전형 단계	선발 인원	전형 요소	전형 요소별 반영 비율	평가 자료	배점	실질 반영 비율
단계별 전형	1단계	2배수 또는 5배수	서류 평가	개인·사회적 역량	학교생활기록부 (학생부 대체 서류)	1,000점	100%
				교직 소양			
				창의적 지식 활용 역량			
				교직 수행 역량			
	2단계	1배수	1단계 성적	1단계 성적을 700점으로 환산	서류 평가 성적	700점	68.8%
			면접	의사소통 능력	학교생활기록부 (학생부 대체 서류)	300점	31.2%
				문제 해결 능력			
				교직 소양 및 인성			

※ (5배수 선발)참스승전형, (2배수 선발)기타 전형

3. 정시 모집 전형 주요 사항

전형	선발 인원	전형 요소별 반영 비율		
		서류 평가	면접 평가	총점
일괄합산전형	1배수	97.1% (1,000점)	2.9% (100점)	100% (1,100점)

부산교대

1. 모집 인원

(단위: 명)

모집 시기	전형명		모집 인원		비고
			정원 내	정원 외	계
수시	학생부종합	초등교직적성자전형	65	–	65
		지역인재전형	125	–	125
		국가보훈대상자전형	3	–	3
		농어촌학생전형	–	12	12
		장애인등대상자전형	–	12	12
		저소득층학생전형	–	5	5
	소계		193	29	222
정시 「나」군	수능	일반전형	123	–	123
		농어촌학생전형	–	–	–
	소계		123	–	123
합계			316	29	345

2. 수시 전형 모집 인원 및 전형 주요 사항

(단위: 명)

모집 단위	구분	전형명	모집 인원	전형 유형	전형 방법	최저 학력 기준
수시 모집	정원 내	초등교직적성자전형	65	학생부위주 (학생부종합)	• 1단계(3배수): 학생 (교과 · 비교과) 100% • 2단계: 1단계 성적 60% (실질 반영 비율 71.4%) + 면접 40%(실질 반영 비율 28.6%)	해당 없음
		지역인재전형	125			
		국가보훈대상자전형	4			
	정원 외	농어촌학생전형	12			
		장애인등대상자전형	12			
		저소득층학생전형	5			
계			223			

3. 정시 전형 모집 인원 및 전형 주요 사항

(단위: 명)

모집 단위	구분	전형명	모집 인원	전형 유형	전형 방법	최저 학력 기준
정시 「나」군	정원 내	일반전형	123	수능	수능 95.2% + 면접 4.8%	해당 없음
	정원 외	농어촌학생전형	–			
계			123			

서울교대

1. 모집 인원

(단위: 명)

구분		전형명	모집 인원		
			정원 내	정원 외	계
수시	학생부교과	학교장추천전형	40	–	40
	학생부종합	교직인성우수자전형	100	–	100
		국가보훈대상자전형	5	–	5
		농어촌학생전형	10	–	10
		기초생활수급자등전형	–	19	19
		장애인등대상자전형	–	11	11
		재외국민특별전형	–	7	7
		북한이탈학생전형	–	3	3
	소계		155	40	195
정시	수능위주	일반전형	159	–	159
	소계		159	–	159
합계			314	40	354

2. 전형 주요 사항

구분		전형명	전형 요소 반영률 및 전형 단계
수시	학생부교과	학교장추천전형	• 1단계(2배수): 학교생활기록부 교과 성적 100% • 2단계: 1단계 성적 80% + 면접 20%
	학생부종합	교직인성우수자전형	• 1단계(2배수): 학교생활기록부 서류 100% • 2단계: 1단계 성적 50% + 면접 50%
		사향인재추천전형	
		다문화가정자녀전형	
		국가보훈대상자전형	
		농어촌학생전형	
		기회균형선발전형	
		장애인등대상자전형	
	기타	북한이탈학생전형	면접 100%
		재외국민특별전형	
정시	수능위주	일반전형	• 1단계(1.5배수): 수능 800점 • 2단계: 면접 200점

3. 수능 최저 학력 기준

구분	전형명		최저 학력 기준
수시	학생부교과	학교장추천전형	• 국어, 수학, 영어, 탐구(사회/과학) 4개 영역의 합이 10등급 이내, 한국사 4등급 이내 (단, 기회균형특별전형 I, II 및 기타 특별전형은 4개 영역의 합이 13등급 이내, 한국사 4등급 이내) • 탐구 영역은 2과목 등급 평균 • 제2외국어와 한문은 반영하지 않음
	학생부종합	교직인성우수자전형	
		그 외	수능 최저 학력 기준 없음
정시	수능	일반전형	영어 3등급, 한국사 4등급 이내

전주교대

1. 모집 인원

(단위: 명)

모집 시기	전형 유형 및 전형명			모집 인원	
수시	학생부종합		교직적성우수자	정원 내	35
			지역인재선발		101
		고른기회전형 I	국가보훈대상자		5
			다문화가정자녀		2
		고른기회전형 II	농어촌학생	정원 외	11
			기회균형선발		4
			장애인 등 대상자		8
	소계			166	
정시	수능위주		일반학생	정원 내	110
		고른기회전형 II	농어촌학생	정원 외	–
			기회균형선발		–
			장애인 등 대상자		–
	소계			110	
합계				276	

2. 수시 모집 전형 요소별 반영 비율

구분	전형 유형 및 전형명		모집 인원	최저 학력 기준
수시	학생부종합	교직적성우수자	• 1단계(2배수): 서류 평가 100%(600점) • 2단계: 서류 평가 60%(600점) + 면접 40%(400점)	국어, 수학, 영어, 탐구(2개 영역 평균) 합 15등급 이내, 한국사 4등급 이내
		지역인재선발		
		고른기회전형 I · II		미적용

3. 정시 모집 전형 요소별 반영 비율

구분	전형 유형 및 전형명		모집 인원	최저 학력 기준
정시	수능위주	일반학생	• 1단계(2배수): 수능 100%(900점) • 2단계: 1단계 점수 97.8%(900점) + 면접 2.2%(100점)	미적용
		고른기회전형 II		

진주교대

1. 모집 인원

(단위: 명)

모집 시기	전형명			모집 인원		비고	수능 최저 학력기준(4개 합)
				정원 내	정원 외	계	
수시 모집	학생부종합		21세기형 교직 적성자	50	–	50	12
		특별전형	지역인재	123	–	123	
			국가보훈대상자	3	–	3	14
			다문화(탈북)학생	3	–	3	
			농어촌학생	–	12	12	
			기회균형	–	5	5	
			장애인 등 대상자	–	12	12	16
	소계			179	29	208	
정시 모집	수능위주		일반학생	104	–	104	–
		특별전형	농어촌학생	–	–	–	16
			기회균형	–	–	–	
			장애인 등 대상자	–	–	–	
	소계			104	–	104	
	합계			283	29	312	

2. 수시 모집 전형 주요 사항

구분	일괄 선발	비고
전형 요소별 반영 비율	서류 평가 100%	• 국어, 영어, 수학, 탐구(사회/과학) 4개 영역의 합이 위의 표 기준을 충족하여야 함 • 탐구는 2과목의 평균 등급 적용 • 한국사는 4등급 이내 (수시: 공통, 정시: 해당 사항 없음)

※ 2024학년도부터 수시 면접 전형 폐지

3. 정시 모집 전형 주요 사항

구분	1단계	2단계	
반영 비율 및 배점	대학수학능력시험	대학수학능력시험	면접 고사
	100%(800점)	80%(800점)	20%(200점) 기본 점수 150점
총점	800점	1,000점	
선발 비율	2배수	1배수	

청주교대

1. 모집 인원

(단위: 명)

모집 시기	전형명		모집 인원			비고
			정원 내	정원 외	계	
수시	학생부종합	배움나눔인재전형	42	–	42	
		지역인재전형	112	–	112	
		국가보훈대상자전형	5	–	5	
		다문화가족자녀전형	5	–	5	
		농어촌학생전형	–	7	7	
		장애인학생전형	–	10	10	
		기회균형선발제전형	–	8	8	
	소계		164	25	189	
정시	수능	일반전형	90	–	90	성비 적용
		국가보훈대상자전형	–	–	–	수시 모집 해당 전형 미충원 시 선발
		다문화가족자녀전형	–	–	–	
		농어촌학생전형	–	–	–	
		장애인학생전형	–	–	–	
		기회균형선발제전형	–	–	–	
	소계		90	–	90	
합계			254	25	279	

2. 수시 모집 전형 주요 사항

모집 시기	전형 단계	선발 인원	서류 평가	면접 고사	합계
수시	1단계	4배수	100% (600점)	–	100% (600점)
	2단계	1배수	60% (600점)	40% (400점)	100% (1,000점)

3. 정시 모집 전형 주요 사항

모집 시기	전형 단계	선발 인원	수능	면접 고사	합계
정시 「나」군	1단계	2배수	100% (800점)	–	100% (800점)
	2단계	1배수	90.9% (800점)	9.1% (200점)	100% (1,000점)

춘천교대

1. 모집 인원 및 전형 주요 사항

(단위: 명)

모집 시기		전형명	모집 인원	선발 모형	학생부 교과	서류	면접	면접	수능	수능 최저 학력 기준
						전형 요소 및 반영 비율(%)				
						학생부종합				
수시	정원 내	교직적 · 인성인재	101	일괄 합산		100				국, 수, 영, 탐 (2과목 평균) 등급 합 12 이내, 한국사 등급 4 이내
		강원교육인재	60	일괄 합산		100				국, 수, 영, 탐 (2과목 평균) 등급 합 14 이내, 한국사 등급 4 이내
		국가보훈대상자	4	일괄 합산		100				
		다문화가정의자녀	2	일괄 합산		100				
	정원 외	농 · 어촌학생	12	일괄 합산		100				
		기초생활수급자 및 차상위계층	5	일괄 합산		100				
		특수교육대상자	5	일괄 합산		100				국, 수, 영, 탐 (2과목 평균) 등급 합 16 이내, 한국사 등급 4 이내
	소계		189							
정시 「나」군	정원 내	일반학생	116	일괄 합산					100	국, 수, 영, 탐 (2과목 평균) 등급 합 16 이내, 한국사 등급 4 이내
		강원교육인재	–	일괄 합산					100	
	정원 외	농 · 어촌학생	–	일괄 합산					100	
		기초생활수급자 및 차상위계층	–	일괄 합산					100	
	소계		116							
	합계		305							

한국교원대

1. 모집 단위 및 인원

(단위: 명)

대학	모집단위	학생부종합우수자	국가보훈대상자	지역인재	소계	농어촌학생	기초수급 및 차상위계층	장애인 등 대상자	소계	합계	수능성적우수자	예술체육실기	합계	총계
제1대학	교육학	7			7			1	1	8	2		2	10
	유아	12	1	1	14		1	1	2	16	5		5	21
	초등	62	1	2	65	7	3	2	12	77	33		33	110
	특수	7			7			1	1	8	2		2	10
제2대학	국어	22	1	1	24	2	1	1	4	28	10		10	38
	영어	16	1	1	18	1	1	1	3	21	6		6	27
	독어	7			7			1	1	8	2		2	10
	불어	7			7			1	1	8	2		2	10
	중국어	7			7			1	1	8	2		2	10
	윤리	13		1	14		1	1	2	16	6		6	22
	일반사회	12		1	13		1	1	2	15	7		7	22
	지리	13		1	14		1	1	2	16	5		5	21
	역사	12		1	13		1	1	2	15	6		6	21
제3대학	수학	16	1	1	18	1	1	1	3	21	6		6	27
	물리	11	1	1	13		1	1	2	15	6		6	21
	화학	12	1	1	14		1	1	2	16	6		6	22
	생물	11	1	1	13		1	1	2	15	6		6	21
	지구과학	12	1	1	14		1	1	2	16	6		6	22
	가정	12	1	1	14		1	1	2	16	5		5	21
	기술	13	1		14		1	1	2	16	6		6	22
	컴퓨터	13	1		14		1	1	2	16	5		5	21
	환경	12	1	1	14		1	1	2	16	5		5	21

표 구분: 수시 모집 〈학생부위주전형〉 — 정원 내(학생부종합우수자, 고른기회전형: 국가보훈대상자·지역인재, 소계), 정원 외(고른기회전형: 농어촌학생·기초수급 및 차상위계층, 장애인 등 대상자, 소계), 합계 / 정시 모집 가군 〈수능성적위주전형〉 — 정원 내(수능성적우수자, 예술체육실기, 합계) / 총계

제4대학	음악						1	1	1		19	19	20
	미술						1	1	1		19	19	20
	체육	5			5		1	1	6		14	14	20
합계		314	13	16	343	11	19	26	56	399	139	52	191	590

2. 수시 모집 전형 주요 사항

• 학생부종합전형(지역인재전형을 제외한 수시 모집 모든 전형)

선발 모형	전형 단계	전형 요소별 반영 비율(점수)		합계
		서류 평가	면접	
단계형	제1단계 (3배수 선발)	100%(80점)	–	80점
	제2단계	80%(80점)	20%(20점)	100점

• 학생부교과전형(지역인재전형)

선발 모형	전형 단계	전형 요소별 반영 비율(점수)			합계
		학생부 교과 성적	학생부 비교과 성적		
			봉사 활동 시간	출결 상황	
일괄 합산형	–	90%(90점)	5%(5점)	5%(5점)	100점

3. 정시 모집 전형 주요 사항

• 수능성적위주전형(예체능 실기 전형 제외)

선발 모형	전형 단계	전형 요소별 반영 비율(점수)	합계
		수능	
일괄 합산형	–	100%(400점)	400점

• 예술체육실기전형(음악 · 미술 · 체육 교육과)

선발 모형	전형 단계	전형 요소별 반영 비율		합계
		수능	실기 고사	
일괄 합산형	–	65%(260점)	35%(140점)	400점

4. 수능 최저 학력 기준 및 필수 응시 기준

전형명	최저 학력 기준	필수 응시 기준
학생부종합우수자 (초등·불어 교육과 제외)	국어, 수학, 영어, 탐구 4개 영역 등급의 합이 14등급 이내	국어, 수학, 영어, 탐구, 한국사
지역인재	국어, 수학, 영어, 탐구 4개 영역 등급의 합이 12등급 이내	국어, 수학, 영어, 탐구, 한국사
농어촌학생 기초수급 및 차상위계층	없음	없음
국가보훈대상자 장애인 등 대상자	국어, 수학, 영어, 탐구 4개 영역 등급의 합이 20등급 이내	국어, 수학, 영어, 탐구, 한국사

※ 수능 필수 응시 기준 적용 시 탐구는 2과목 반영(제2외국어/한문 영역 제외)

제5편

면접 준비 기본 사항
및 체크리스트

제5편 면접 준비 기본 사항 및 체크리스트

■ 1단계: 서류 준비 단계

학생으로서의 기본적 인성+지원하는 학교가 원하는 인재상+교사에게 요구되는 능력과 자질, 세 가지를 고려해서 작성하도록 한다. 동아리 경험에서는 학생으로서의 기본적 인성을, 봉사 활동 경험에서는 교사로서의 자질을 서술할 수 있다. 하나의 활동에 너무 많은 자질을 드러내려고 할 필요는 없다. 또한, 모든 인성, 적성 요소를 다 드러내려고 할 필요도 없다. 이런 식의 서술은 당연히 과장되기 마련이다.

진정성이 느껴지는 서술 방식을 택할 필요도 있다. 예를 들어, 어떤 봉사 활동을 하면서 곧바로 교훈을 얻었다고 하기보다는 '활동을 하던 때에는 ~점만 느꼈었는데, 돌이켜보니 ~점을 느꼈다.' 이런 식으로 적어도 좋겠다. 그리고 서류 기재 사항을 다양하고 멋있게 작성하는 것도 좋지만, 실제로 자신이 기재한 사항들에 대해 진지하게 고민하는 시간을 가져 보는 것도 좋다. 어차피 과장되거나 미화된 것처럼 보이는 경험에 대해서는 실제 면접에서 질문이 들어올 가능성이 높다.

객관적인 제3자에게 첨삭을 받되, 친구의 조언은 지나치게 신경 쓰지 않도록 하자. 친구 중에서도 함께 교대를 준비하는 친구에게 조언을 얻는 선에서 그치기를 바란다. 학교 선생님이나 면접 전문가의 평가는 도움이 될 수 있으나, 비전문가의 조언은 오히려 독이 될 수 있다.

기본적인 맞춤법, 띄어쓰기를 반드시 검사하자. 포털 사이트 검색창에서 '부산대학교 맞춤법검사기'로 검색하면 '한국어 맞춤법/문법 검사기'가 뜬다. 이 사이트에서 제공하는 맞춤법 검사기를 이용하면 좋다. 대학생 선배들도 각종 공식적인 문서를 써야 할 때 많이 사용한다(http://speller.cs.pusan.ac.kr/).

교대 · 사대 면접을 준비하는 학생들이 어려워하는 추상적인 교육 관련 개념

시사나 교육 관련 최신 이슈들을 정리하고 숙지하는 작업은 본격적인 시험 준비 기간에 할 수 있을 것이다. 또한, 최신 이슈는 아니지만 교과 과정을 통해 충분히 답변할 수 있는 쟁점들도 있을 것이다.

그런데 수험생들이 실제로 답변하기 어려워하는 질문은 교육과 관련한 추상적인 개념들을 마주했을 때이다. 교육의 목적, 교사의 자질, 이런 것들에 대해 여러 가지 답변이 가능하겠지만 막상 '교육의 본질을 고려해야 한다고 하는데 교육의 본질이 뭡니까?', '인성 교육이 중요하다고 하셨는데, 인성 교육은 어떤 교육이라 생각하세요?'와 같은 질문을 마주했을 때는 당황하게 된다. 이런 개념들은 추상성이 높아서 즉흥적으로 대답하기가 곤란하다. 간신히 대답을 마쳤더라도 단편적으로만 대답할 수 있다.

이런 질문에 잘 대답하기 위해서는 추상성이 높은 개념들이 어떤 요소들로 구성되어 있는지 분석해 볼 필요가 있다. 하지만 어떤 개념을 분석해서 파악하는 것이 학생 스스로 달성하기 어렵고, 그렇다고 명쾌하게 답변해 주는 사람을 만나기는 것도 어렵다. 따라서 교육 관련 법률, 교육부가 공표한 기준 등을 참고하면 좋다. 이런 법률, 기준들은 아무렇게나 만든 것이 아니라 실제 교원 대학의 교수님들이 자문 위원으로 참여해서 만든 것이기 때문이다.

이하에서는 공식화된 추상적 개념들을 소개하고자 한다. 밑줄 친 부분들이 키워드이자 구성 요소라 생각하면 된다. 이를 기초로 '교육의 목적이 무엇입니까?', '교사의 자질이 무엇입니까?'라는 추상적 질문을 만났을 때 당황하지 않고 자신만의 답변을 할 수 있도록 준비를 해 두자. 이런 질문은 사실 교수님들도 뭐라 단언하기 어렵다. 학생이 진지한 자세로 교직을 고민하고 있었는지, 근사한 말들만 나열하고 있는 것은 아닌지를 평가하기 위함이다. 주의할 점은, 아래에 소개하는 내용들에 지나치게 집착하면 자칫 고루한 답안이 될 수 있다는 점이다. 자신의 경험 및 생각을 대입해서 적절히 가공하여 활용하도록 하자. 또한, 아래에 소개하는 개념 외에 학생 스스로가 면접을 준비하면서 추상적이라고 생각하는 개념들을 구체화시켜서 파악하는 자세도 필요하겠다.

Ⅰ. 교육의 목적

1. 교육 기본법 제2조(교육 이념) 교육은 홍익인간(弘益人間)의 이념 아래 모든 국민으로 하여금 인격을 도야(陶冶)하고 자주적 생활 능력과 민주 시민으로서 필요한 자질을 갖추게 함으로써 인간다운 삶을 영위하게 하고 민주 국가의 발전과 인류 공영(人類共榮)의 이상을 실현하는 데에 이바지하게 함을 목적으로 한다.

II. 교원의 역할, 자격 혹은 의무

1. 교육 기본법 제14조 ① 학교 교육에서 교원(敎員)의 전문성은 존중되며, 교원의 경제적 · 사회적 지위는 우대되고 그 신분은 보장된다.

2. 교육 기본법 제14조 ② 교원은 교육자로서 갖추어야 할 품성과 자질을 향상시키기 위하여 노력해야 한다.

3. 교육 기본법 제14조 ③ 교원은 교육자로서의 윤리 의식을 확립하고, 이를 바탕으로 학생에게 학습 윤리를 지도하고 지식을 습득하게 하며, 학생 개개인의 적성을 계발할 수 있도록 노력해야 한다.

4. 교육 기본법 제14조 ④ 교원은 특정한 정당이나 정파를 지지하거나 반대하기 위하여 학생을 지도하거나 선동해서는 안 된다.

결국 교사의 자질은 전문성/인성으로 나눌 수 있다. 대부분의 교대 · 사대 면접이 명칭은 다르지만 '지적 능력 평가/인성 평가'로 시험을 나누어 치르는 것도 비슷한 맥락으로 볼 수 있다. 전문성에 관해서는 교과 과목에 대한 지식 및 효과적인 교수법을 체득하는 측면뿐 아니라, 학생 · 학부모 · 동료 교사 등 교육 당사자 및 관련자 간의 이해관계를 조절하기 위해 필요한 의사소통 능력, 수평적 인간관계 형성 능력 등도 포함될 수 있다. 또한, 변화하는 교육 목표와 교육 환경에 발맞추어 자기 계발에 힘쓰는 것도 전문성의 영역이라 할 수 있다. 인성에 관해서는 윤리 의식, 성실/책임, 배려/존중, 협동/참여 의식 등 다양하게 다양하게 접근할 수 있다.

III. 기타

1. 인성 교육의 의미: 인성 교육 진흥법 제2조 1호

   '인성 교육'이란 자신의 내면을 바르고 건전하게 가꾸고 타인 · 공동체 · 자연과 더불어 살아가는 데 필요한 인간다운 성품과 역량을 기르는 것을 목적으로 하는 교육을 말한다.

   위 조문을 통해 인성 교육은 학생 개인의 자아 정체성 차원뿐 아니라 공동체 의식을 확립하는 차원도 있음을 알 수 있다.

2. 인성 교육의 기본 방향: 인성 교육 진흥법 제5조

   ① 인성 교육은 가정 및 학교와 사회에서 모두 장려되어야 한다.

   ② 인성 교육은 인간의 전인적 발달을 고려하면서 장기적 차원에서 계획되고 실시되어야 한다.

   위 조문을 통해 인성 교육은 교사 개인의 과제가 아니라 다른 관계자(가정, 사회)의 역할도 필요함을 알 수 있다. 그리고 이러한 인성 교육은 단기적 차원의 문제가 아님을 확인할 수 있다.

■ 2단계: 면접 준비 단계

1. 기재 사항 점검 및 예상 질문, 답변 준비

① 학교생활기록부, 교사 추천서 최종 제출본 내용을 최대한 반복하여 읽어 본다. 그리고 함께 면접 준비를 하는 친구들이나 학교 선생님을 통해 예상 질문을 받아 본다. 이런 예상 질문들은 모두 정리해 두도록 한다. ② 또한, 친구나 학교 선생님은 지원자에 대한 정보를 어느 정도 갖고 있다. 이런 사람 외에 완전한 제3자에게 면접을 받아 보는 것도 필요하다. 완전한 제3자는 오로지 서류만으로 지원자를 판단하고 질문하므로 실제 면접관과 비슷한 질문을 할 수 있다. ③ 수집한 질문에 대한 답변을 준비한다. 반론할 부분은 반론하고, 잘못을 수용할 부분은 수용한다. 잘못이나 실수를 수용하는 자세도 매우 중요한 평가 요소 중 하나이다. ④ 통상적인 질문에 대해서도 대비를 해 본다. 예를 들어, 30초~1분 자기소개는 서류 기재 사항을 적당히 드러내면서 지나치게 튀지 않게 준비하면 된다. 이런 질문은 면접관들이 서류 기재 사항을 읽어 보는 시간을 확보하려고 통상적으로 던지는 경우가 많다. 너무 짧으면 지원자의 서류를 제대로 읽지도 못하고 질문을 시작해야 하므로 지원자 본인에게도 도움이 되지 않을 수 있다. 한편, 성격의 장점, 단점도 미리 준비해 두면 좋다. 장점이야 다들 잘 말하는데, 단점은 말하기 어렵다. 장점 같은 단점을 말하는 것도 상당히 식상하다. 따라서 차라리 적당한 수준의 단점을 말하되, 구체적인 경험을 가미해서 말하면 좋겠다. 면접관들로 하여금 단점 자체에 집중하기보다는 구체적 경험에 주의를 분산시킬 수 있기 때문이다.

2. 기출문제 연습 및 시사 이슈 최신화

다른 교대나 사대의 기출문제도 충분히 좋은 자료이다. 이런 문제들로 모의 면접을 해 보는 것도 좋다(기출문제가 무엇이 있었는지, 어떤 답변이 가능한지 등은 평소에 준비를 해야 한다. 지금은 본격적으로 면접을 집중해서 준비하는 단계에 관한 조언이다. 평소에 해야 할 일들은 평소에 해 두도록 한다). 또한, 시사 이슈를 최신화하는 것이 필요하다. 교육 분야 이슈가 가장 우선이며, 그 다음이 일반적인 최신 시사 이슈다.

3. 모의 면접 및 동영상 촬영 활용

실제 면접 상황과 동일한 시뮬레이션을 여러 번 반복할 필요가 있다. 그리고 이 모든 과정은 동영상으로 촬영해야 한다. 시선 처리, 몸짓, 목소리, 말투 등을 모두 체크해서 개선해야 한다. 시선, 몸짓과 자세, 목소리, 표정 등을 점검한다. ① 시선은 본인에게 시선을 주는 모든 면접관에게 고르게 배분해야 한다. 서류를 읽고 있는 분이 있다면 굳이 쳐다보고 있을 필요는 없다. 눈을 바라보는 연습을 하면 좋지만, 눈 마주치기가 어렵다면 인중을 보도록 하자. 또한, 눈을 자주 깜빡이거나 고민할 때 눈을 하늘로 보는 것은 고쳐야 한다. 살짝 고개를 숙여서 아래를 보면서 고민하는 자세를 보이도록 한다. ② 몸짓과 관련해서 손을 꼼지락거리거나, 어깨를 들썩이거나, 발을 움직이는 경우가 있다. 초조함이 생기면 무의식 중에 그런 행동들이 나온다. 따라서 이런 행동들도 신경 쓰도록 한다(일단 면접 연습을 여러 번 해서 자신감이 붙으면 초조할 일이 없어서 저런 동작들은 잘 나오지 않을 수 있다. 그러나 실제 면접 상황에서는 초조함이 배가되는 경우도 있으므로 가급적 실제 면접에서 마음을 편하게 먹도록 노력하고, 설령 초조함을 느끼더라도 불안한 모습을 보이지 않도록 연습해 두도록 한다). 평소 자세가 좋지 않다면 의식적으로 자신감 있는 자세로 바꾸도록 한다. 처음에는 불편하고 어색하겠지만, 자신감 있는 자세가 편한 자세가 되도록 한다. ③ 목소리는 배로 호흡을 하도록 노력해 본다. 울림이 좋아질 뿐 아니라, 호흡이 잘 통제되면서 마음의 편안함도 가져다줄 수 있다. 목소리 톤 등은 교정이 어렵겠지만, 어미를 웅얼거리는 식으로 답변하지 않도록 주의한다. ④ 말투는 비격식체 종결인 '-오, -요'보다는 격식체 종결 어미 '-ㅂ니다.'를 사용하는 것이 적절하다. ⑤ 표정은 가볍게 미소를 머금는 연습을 해야 한다. 평소에 잘 웃는 학생이라도, 막상 가벼운 미소를 띠고 이를 지속하는 것은 상당한 연습이 필요하다.

4. 면접 준비 체크리스트 활용

서류 기재 사항, 기출문제, 이슈 준비 등 여러 준비 활동을 해야 하다 보니, 중요한 사항을 빼먹을 수 있다. 따라서 체크리스트를 만들어 놓고 점검해 본다. 아래 기본적인 체크리스트에 더해서 본인만의 체크 사항들을 추가하도록 한다.

사전 정보 및 기재 사항 점검	✓
– 학교 측에서 제공한 최신 정보로 면접 유형, 방식 등이 갱신되었는가?	
– 시사 / 교양의 경우 최근 시사 이슈에 대해 정리했는가?	
– 교직 면접의 경우 최근 교육 이슈에 대해 정리했는가?	
– 토론 면접의 경우 진행 절차, 역할 분담, 할당 시간 등에 대해 숙지 및 숙달했는가?	
– 토의 면접의 경우 진행 절차와 할당 시간 등에 대해 숙지 및 숙달했는가?	
– 학교생활기록부 / 자소서 / 면접의 경우 최종 제출본의 내용을 확인했으며, 객관적으로 타당한 답안인지 검증했는가?	
– 서류 기재 사항에 대해 예상 질문 및 반론, 수용 답변을 점검했는가?	

복장 / 외모	✓
– 교복 착용 금지 등 복장에 관한 학교 측 면접 규정을 점검했는가?	
– 자신의 장점을 적당히 어필할 수 있는 복장인가(본인에게 어울리는 색 등)?	
– 헤어스타일은 단정하다고 볼 수 있는 수준인가(과한 염색이나 펌 등은 권하지 않음)?	

면접 태도	✓
- 면접실 규정 및 예절을 확인했는가? 　• 수험표 착용 여부 및 위치 확인하기 　• 이름 및 신상 발표 금지 여부 확인하기 　• 문 열기, 들어오기, 인사하기, 나가기 등 주어진 상황에 맞게 예의 갖추기	
- 면접관에 대한 배려는 충분한가? 　• 피곤한 면접관을 위해 가급적 밝은 표정과 긍정적인 태도 갖추기 　• 과하지 않은 위트를 활용할 수 있다면 활용하기(평소 재미없다는 얘기를 많이 듣는다면 권하지 않음) 　• 질문에 대한 답변은 가급적 두괄식으로, 근거는 구체적이고 객관적인 것으로 제시하기 　• 나만 이해하는 경험보다는 모두가 스토리텔링을 듣고 나면 공감할 만한 경험 준비하기 　• 자기소개, 마지막으로 하고 싶은 말 등은 분위기 전환 및 자기 어필에 효과적이기에 물어보지 않는다 해도 준비하기	
- 의사소통의 기본은 잘 갖추었는가? 　• 발음은 명확하게, 구성은 명료하게, 시간은 적절하게 활용하기 　• 말하는 것만큼 듣는 것도 중요하니, 면접관의 질문을 요약하고 질문 의도를 읽어내기 　• 메모가 가능할 때는 메모하며 듣기 　• 비속어 절대 금지, 유행어 및 신조어 최대한 자제하기(꼭 필요한 경우만 사용) 　• 시선 처리, 고개 끄덕이며 듣기, 몸짓 등 비언어적 의사 표시도 적절한 방식으로 활용하기	

■ 3단계: 면접 시험 당일

1. 가벼운 스트레칭

가볍게, 그리고 자주 미소를 지으면서 얼굴 근육을 풀어 준다. 가벼운 스트레칭으로 몸의 긴장도 풀어 준다.

2. 자기 암시

위에서 언급한 사항들을 충분히 준비했고, 자신만의 약점을 충분히 보완했다면 면접 준비는 충분하다. 따라서 자기 암시를 하면서 자신감과 차분한 마음을 갖도록 한다. 자기 암시는 구체적으로 해 보자. '나는 오늘 면접관들이 아니라 곧 수업받게 될 교수님들께 인사하러 가는 것이다.', '나는 오늘 면접 질문과 내 답변을 다 기억할 정도로 차분하게 면접을 보고 온다.' 이런 식으로 구체적인 암시를 하자.

3. 면접장에서 마실 물, 간식 챙기기

대기 시간이 길어지거나 초조함 때문에 생각보다 빠르게 공복을 느낄 수 있다. 가벼운 간식을 준비하자. 또한, 물통을 챙겨 가도 좋다. 갑자기 긴장해서 목이 마를 수 있는데, 물통을 가져가서 의자 옆에 두는 것 정도는 양해를 받을 수 있다.

좋은 책을 만드는 길, 독자님과 함께 하겠습니다.

2025 김윤환의 교대사대 구술면접

개정14판2쇄 발행	2024년 11월 05일 (인쇄 2024년 09월 25일)
초 판 발 행	2011년 01월 20일 (인쇄 2010년 11월 20일)
발 행 인	박영일
책 임 편 집	이해욱
저 자	김윤환
편 집 진 행	이미림 · 김하연 · 박누리별 · 백나현
표지디자인	김지수
편집디자인	박지은 · 고현준
발 행 처	(주)시대에듀
출 판 등 록	제10-1521호
주 소	서울시 마포구 큰우물로 75 [도화동 538 성지 B/D] 9F
전 화	1600-3600
팩 스	02-701-8823
홈 페 이 지	www.sdedu.co.kr

I S B N	979-11-383-7243-5 (13370)
정 가	28,000원